प्राचीन विश्व का उदय एवं विकास

[विज्ञान की भूमिका]

प्राचीन विश्व का उदय एवं विकास

[विज्ञान की भूमिका]

ओम् प्रकाश प्रसाद
रीडर, इतिहास विभाग
पटना विश्वविद्यालय, पटना

राजकमल प्रकाशन

ISBN : 978-81-267-1993-8

मूल्य : ₹ 895

पहला संस्करण : 2011
दूसरा संस्करण : 2016

प्रकाशक : राजकमल प्रकाशन प्रा. लि.
1-बी, नेताजी सुभाष मार्ग, दरियागंज
नई दिल्ली-110 002

शाखाएँ : अशोक राजपथ, साइंस कॉलेज के सामने, पटना-800 006
पहली मंजिल, दरबारी बिल्डिंग, महात्मा गांधी मार्ग, इलाहाबाद-211 001
36 ए, शेक्सपियर सरणी, कोलकाता-700 017

वेबसाइट : www.rajkamalprakashan.com
ई-मेल : info@rajkamalprakashan.com

आवरण : मनोज

मुद्रक : बी.के. ऑफसेट
नवीन शाहदरा, दिल्ली-110 032

PRACHIN VISHWA KA UDAY EVAM VIKAS [Vigyan Ki Bhumika]
by Om Prakash Prasad

दो शब्द

यह विश्व, यह दुनिया-संसार गरीबों, कामगारों, अशिक्षितों, 'निम्न पशुमानव' की उपाधि से विभूषित होनेवाले तथाकथित म्लेच्छों और स्पृश्यों की कमाई हुई सम्पत्ति और प्रकृति का अमूल्य देन है। कड़ी धूप में और बालू की रेत पर हजारों वर्षों तक एक लम्बा सफर तय करने के बाद मानव ने अनाज और अग्नि की खोज की। वे हमारे पूर्वज थे। वे अवैज्ञानिक थे किन्तु उनके पास एक वैज्ञानिक दृष्टि थी, उनके पास प्रकृति को चुनौती देने का साहस था।

हमारे अतिप्राचीन पूर्वजों के बीच गरीबी-अमीरी, ऊँच-नीच, धर्म-अधर्म और अपने-पराए में अन्तर नहीं था। उनके बीच की दुश्मनी में दोस्ती छिपी थी। उनका लक्ष्य एक था—बेहतरी का मार्ग तैयार करने में लगे रहो। उन्होंने समस्या को महसूस किया। उसे सुलझाने के लिए उन्होंने जादू-टोने से मदद ली। पूरी मदद नहीं मिली। वे विज्ञान की तलाश में लगे। विज्ञान ने उन्हें ज्ञान की रोशनी दी। वे विश्व का सबसे शक्तिशाली जीव बने और आज भी विश्व का सबसे शक्तिशाली जीव मानव है।

इन प्रारम्भिक 'अज्ञानियों' के आँचल में पलकर 'ज्ञान' बड़ा हुआ। 'ज्ञान' के दुरुपयोगी अवतार ने सामाजिक विभाजन और तनाव का नया विश्व निर्मित किया। एकता को अनेकता और धर्म के कन्धे पर चढ़कर अधर्म ने वायुमंडल को दूषित किया।

अन्धविश्वास के दौर से गुजरते हुए अपने निजी अनुभवों के आधार पर मानव ने सामान्य जीवों से अलग अपना एक स्वतंत्र अस्तित्व बनाया। शिकार से जीविका चलानेवालों ने वर्छी, गदा, पाषाणफलक, खुरचनी और चर्म-रस्सी का आविष्कार किया। अपने निजी अनुभवों के आधार पर बहुत-सी जड़ी-बूटियों के गुणों के सम्बन्ध में उन्होंने जानकारी प्राप्त की।

वैदिक शास्त्र का आरम्भ जादू से ही हुआ। प्रारम्भ में बीमारियों के इलाज में औषधियों के साथ-साथ मंत्र-प्रयोगों से सहायता ली जाती थी और इसी प्रयास के कारण अनुभव करते-करते औषधियों का प्रभाव एवं प्रयोग अधिक निश्चित हो गया और आयुर्वेद का जन्म इसी से हुआ। मौसम का कृषि से सम्बन्ध इन्होंने ही जोड़ा। ज्योतिष के जन्मदाता ये लोग ही थे। फलित ज्योतिष के विपरीत वैज्ञानिक ज्योतिष एवं गणितीय भूगोल की

परिपक्व तस्वीर इन्होंने ही बनाई।

विश्व में ऐसे आदिम कबीले मौजूद हैं जो अपने लोकनृत्यों में वर्षा, बिजली और मेघगर्जन का अनुकरण इस विश्वास के साथ करते हैं कि ऐसा करने से वर्षा होगी। उनकी यौनक्रियात्मक अनुष्ठानों में भी यही भावना रहती है। उनका विश्वास है कि इससे कृषि-उर्वरता बढ़ती है। इसी परंपरा पर आधारित आधुनिक शिव-पार्वती के नाम पर लिंग-योनि की पूजा प्रचलित है।

मनुष्य द्वारा खाद्य-संग्रहकारी अवस्था से खाद्य-उत्पादक की अवस्था में पहुँच जाना एक क्रान्तिकारी घटना थी। पशु और मछली का शिकार तथा उसी बीच जंगली कन्दमूल बटोरकर जब मनुष्य जीवन व्यतीत करता था, उस समय एकमात्र खाद्य-संचय के सिवा और कुछ करने की उसे फुरसत न थी। शिकार के पीछे भाग-दौड़ करते रहने के कारण उसे आवास बनाने की जरूरत नहीं पड़ी। इस घुमक्कड़ जीवन में शिशु और वृद्ध अवांछनीय भार स्वरूप थे। जहाँ शिकार कम और समाप्तप्राय होते, जनसंख्या भी वहाँ क्रमशः घटती रहती।

कृषि का आविष्कार हुआ और मनुष्य अब स्वयं अनाज का उत्पादन करने लगा। भेड़, बकरी, सूअर, गाय आदि पशुओं को पालतू बनाकर उसने भोजन की स्थायी व्यवस्था की। अनाज के खेत और पशुओं के झुंडों की देखभाल के लिए अब स्थायी तौर पर एक जगह बसने की जरूरत पड़ी। फलतः ग्राम और समाज-व्यवस्था अस्तित्व में आया। कृषि-उपज तथा मांस, दूध आदि से मनुष्य को पुष्टिकर भोजन मिलने लगा। जनसंख्या बढ़ने लगी। शिशु और वृद्ध अब भारस्वरूप नहीं रहे। वे पशुपालन और कृषि में सहयोग करने लगे।

अनाज रखने के लिए मिट्टी के बर्तन बनाने पड़े। कुम्हारों की जिन्दगी बेहतर हुई। पशुओं के बालों की सहायता से कुछ लोग बुनकारी की कला सीख लिये और अनुत्पादित वर्ग में शामिल हो गए।

शिकार में कुछ भी हाथ लग जाय, इसके लिए जादू-विद्या, भूत-प्रेत और देव-देवियों का पहले महत्त्व था। अब उसे ऐसी जादू-विद्या की आवश्यकता हुई, जिससे भूमि की उर्वरता बनी रहे, अकाल न पड़े और पशुओं के समूहों में महामारी न फैले। ऐसे देव-देवियों की आवश्यकता हुई, जो इन उपद्रवों से उसकी रक्षा कर सकें।

जिस गेहूँ और जौ से हम परिचित हैं उनके पुरखे कई किस्मों के जंगली घास हैं। आधुनिक गेहूँ और जौ इन घासों के सम्मिश्रण से उत्पन्न संकर वनस्पति हैं। गेहूँ के पूर्वज का नाम **डिनकेल** और **एमेर** नामक दो जंगली घास है। ये घास आज भी क्रीमिया, एशिया माइनर, पैलेस्टाइन और फारस के पर्वतीय प्रदेशों में होती हैं।

गेहूँ की प्रथम खेती सम्भवतः अफगानिस्तान और उत्तर-पश्चिम चीन में आरम्भ हुई। जौ का पूर्वज एक प्रकार का पर्वतीय घास है। उत्तर अफ्रीका के मार्मारिका में और पैलेस्टाइन, फारस, अफगानिस्तान आदि में यह पहाड़ी घास उगती है। जौ की खेती के कुछ काल बाद गेहूँ और धान की खेती प्रारम्भ हुई। Stuart Piggot (*Prehistoric India*, Penguin books, 1950, P,43) बताते हैं कि धान की खेती पहले-पहल भारत में शुरू हुई। इसके बाद चीन में करीब 2000 ई.पू. के आसपास धान की पैदावार शुरू हुई।

करीब 10 हजार वर्ष पहले मनुष्य शिकारी जीवन से कृषि जीवन में प्रवेश कर चुका था। इसी समय खुदाई से छुरा, चमड़ा उतारने के औजार, काँटा, हँसिया, पत्थर की कुल्हाड़ी आदि के अवशेष मिले हैं।

कृषि की प्रारम्भिक अवस्था में कृषि-जीवियों के लिए एक स्थान पर अधिक दिन बसना सम्भव नहीं हो सका था। एक ही खेत में लगातार कई वर्ष अनाज उपजाने के कारण भूमि की उर्वरता घट जाती थी। फलतः उन्हें उपजाऊ क्षेत्रों की खोज में अन्यत्र जाना पड़ता था। बाद में चलकर उन्हें मालूम हुआ कि पशुपालन और पशुओं की चराई से भूमि की उर्वरता का संरक्षण किया जा सकता था, फलतः इस ज्ञान ने उन्हें स्थायी जीवन बीताने का अनुकूल अवसर प्रदान किया।

अनाज उपजाने का श्रेय स्त्रियों को है। पुरुष जब जंगलों-पहाड़ियों में वन्य पशुओं का पीछा करने में लगे होते, स्त्रियों ने उस समय, गुहा-कन्दराओं के आसपास कृषि तकनीक का विस्मयजनक, युगान्तरकारी आविष्कार किया होगा। कृषि व्यवस्था का अनिवार्य परिणाम है मृद्‌भांड। कृषि के तुरन्त बाद कुम्हार द्वारा पकाई गई मिट्टी का बर्तन बनाना एक क्रान्तिकारी आविष्कार था। कुम्हार एक जटिल रासायनिक परिवर्तन सचेत अवस्था में सम्पन्न करता है। ऊपरी तौर पर ऐसा लगता है कि कुम्हार नरम मिट्टी को इच्छानुसार विभिन्न आकारों में ढालकर उसे आग में तपाकर मिट्टी का बर्तन तैयार कर देता है। परन्तु वास्तव में हाइड्रेटेड अल्यूमीनियम सिलीकेट अर्थात् कुम्हार की मिट्टी से 600 डिग्री ताप की सहायता से जल के कुछ अणुओं को निकालकर अन्दर ही अन्दर एक रासायनिक परिवर्तन को सम्भव बनाकर ही पकाई मिट्टी के बर्तन तैयार हो पाते हैं। सभी प्रकार की मिट्टी से अच्छे बर्तन नहीं बनते। अनुकूल मिट्टी की तलाश करने के सिलसिले में कुम्हार ने ही सबसे पहले लोहा, ताँबा, सोना आदि खनिज पदार्थों को खोज निकाला होगा।

3000 ई.पू. के आसपास सिन्धु क्षेत्र में कपास की खेती होने लगी। 7 हजार ई.पू. में लोग सोने का प्रयोग करते थे।

प्रारम्भ में मनुष्य पशुओं के चमड़े को छीलकर और सुखाकर वस्त्र के रूप में इस्तेमाल किया। बाद में उसी चमड़े से रस्सी बनाने और रस्सी से

चटाई बनाने की तकनीक विकसित हुई। बालवाली भेड़ पालने की शुरुआत और भेड़ के बाल से गरम वस्त्र तैयार किए जाने लगे।

कृषि तथा पशुपालन का आगामी विकास मातृक सगोत्रता से पैतृक सगोत्रता में संक्रमण से घनिष्ठतः सम्बद्ध है। कृषि और पशुपालन ऐसे क्षेत्र बन गए, जिनमें से पुरुष ने नारी को धीरे-धीरे बाहर निकाल दिया। स्वयं यह कदम हल के आविष्कार और खुदाई पर आधारित कृषि के जुताई पर आधारित कृषि में संक्रमण के साथ जुड़ा हुआ था। अधिक श्रमसाध्य होने के कारण जुताई का काम भारवाही पशुओं की सहायता से पुरुषों द्वारा किया जाने लगा। स्त्री को अब घरेलू कामों को सँभालने की नई भूमिका प्रदान कर दी गई।

पैतृक सगोत्रता अथवा पितृतंत्र की स्थापना मानव समाज के विकास में एक नए चरण की द्योतक थी। इसी काल में पाषाण उपकरणों से धातु उपकरणों में महत्त्वपूर्ण संक्रमण संपन्न हुआ। सबसे पहले लोगों ने ताँबे को गलाना सीखा, लेकिन चूँकि ताँबा बहुत ही नरम धातु है, इसलिए वे जल्दी ही उसे राँगे के साथ पिघलाने और इस तरह काँसा बनाने लगे। काँसा ताँबे की अपेक्षा कहीं कठोर होता है, उससे नीचे ताप पर पिघल जाता है और अधिक पिटवाँ होता है। इस कारण वह औजारों और हथियारों के लिए बहुत ही उपयुक्त सिद्ध हुआ।

कृषि तथा पशुपालन के विकास और धातु उपकरणों के उपयोग के फलस्वरूप शनैः-शनैः कृषि या पशुपालन में ही विशिष्टता रखनेवाले जनों या कबीलों का उदय हुआ। कृषिजीवी कबीले पश्चिमी गोलार्ध के कई भागों में फैल गए। पूर्वी गोलार्ध में वे अधिकांशतः बड़ी-बड़ी नदियों की घाटियों में बसे, जैसे—मिस्र में नील, मेसोपोटामिया में दजला और फरात, भारत में सिंधु, चीन में ह्वांग-हो की घाटियों और एशिया-ए-कोचक तथा बाल्कन प्रायद्वीप के अनेक भागों में। पशुचारक मुख्यतः दक्षिणी साइबेरिया, आमू और सीर दरियाओं के दोआब, ईरानी पठार और काला सागर की तटवर्ती स्तेपियों (मैदानों) में बसे।

कृषिजीवियों और पशुचारकों के बीच उपज के नियमित विनिमय का सिलसिला पैदा हो गया। जहाँ पुराने जमाने में लोग अपने परिवार या गोत्र के भरण-पोषण के लिए ही काफी पैदा करने की कोशिश करते थे, वहाँ अब वे विनिमय की सम्भावना के कारण कुछ **फालतू** भी पैदा करने का यत्न करने लगे। अब किसी भी जन, गोत्र या परिवार के भीतर **बेशी उपज** का संचय करने के लिए एक प्रेरक मौजूद था।

विनिमय के लिए बेशी उपज के संचय की लालसा ने जनों के आपसी युद्धों में पकड़े गए लोगों के बारे में एक नया रवैया पैदा कर दिया। जहाँ पहले इन लोगों को आम तौर पर मार डाला या विजेता जन की कतारों में

जब्ब कर लिया जाया करता था, वहाँ अब उन्हें पकड़कर कैदी बनाने और विजेताओं के लिए काम करने को विवश करने और इस तरह **दासों** में परिणत करने का नया रिवाज पैदा हो गया। इस प्रकार पितृतंत्रात्मक युग में आदिम अथवा पितृतंत्रीय दासप्रथा अस्तित्व में आई। दासप्रथा का उदय आदिम समुदाय के विघटन के सबसे प्रारम्भिक चिह्नों में एक था।

लौह उपकरणों के युग का प्रारम्भ चौदहवीं सदी ई.पू. में, सबसे पहले एशिया-ए-कोचक में हुआ। लोहे के हलों, कुल्हाड़ों और फावड़ों का चलन शुरू हुआ। लोहे के उपयोग से कृषि प्रविधियों और दस्तकारी में आमूल क्रान्ति आ गई। लोहारों का उदय हुआ और उसके बाद चाक तथा करघे का आविष्कार हुआ। जब दस्तकारों ने कृषिकर्म में और किसानों ने धातु और मिट्टी की चीजें बनाने में अपने समय का एक भाग लगाना बन्द कर दिया तो इसके साथ एक और श्रम विभाजन हुआ।

इस युग की एक सबसे महत्त्वपूर्ण घटना **निजी सम्पत्ति** की शुरुआत थी। निजी सम्पत्ति के सर्वप्रथम रूप पशु और दास, अर्थात् गुलाम बनाए कैदी थे। धीरे-धीरे जमीन निजी सम्पत्ति का एक और तथा सबसे महत्त्वपूर्ण रूपों में एक बन गई, क्योंकि वह समस्त निर्वाह साधनों के मूल की प्रतीक थी। और इसके साथ ही जमीन को काश्त करने के औजार भी निजी सम्पत्ति बन गए। इससे साम्पत्तिक सम्बन्धों पर आधारित असमानता पैदा हुई और अब स्वतंत्र लोगों तथा गुलामों के संवर्गों के साथ-साथ धनी और निर्धन के नए संवर्ग भी उत्पन्न हो गए। जल्दी ही कुछेक परिवार या व्यक्ति जमीन के सबसे बढ़िया हिस्सों या पशुओं के सबसे बड़े रेवड़ों के स्वामी बन बैठे, जब कि अन्य परिवार अधिकाधिक निर्धन होते गए और कंगाल बन गए। विभिन्न गोत्रों के भीतर एक प्रकार का अभिजात वर्ग प्रतीयमान होने लगा, अर्थात् वे लोग, जिनके पास धन-दौलत और सत्ता थी। इस अभिजात वर्ग से जनों या कबीलों के नेताओं और ज्येष्ठजन परिषदों के सदस्यों का उदय हुआ।

मानव समाज के विकास की इस अवस्था में गोत्र सम्बन्धों की भूमिका कम महत्त्व की होने लगी और धीरे-धीरे उनकी जगह स्थान-सामीप्य पर आधारित सम्बन्ध, अर्थात् उसी इलाके में रहनेवाले लोगों के बीच सम्बन्ध लेने लगे। जब गोत्राधारित समुदाय विघटन की प्रक्रिया में था, तो प्रादेशिक समुदाय प्रस्फुटित हो पड़े। वे सदियों तक अस्तित्वमान बने रहे और कई जगहों पर तो वे ठेठ बीसवीं सदी के आरम्भ तक भी विद्यमान थे, जैसे—भारत और रूस में।

मनुष्य के प्राविधिक साज-सामान के विकास, निजी सम्पत्ति के उदय और अन्ततः दासप्रथा के प्रसार के फलस्वरूप समाज भिन्न-भिन्न सामाजिक हैसियत रखनेवाले बड़े-बड़े समूहों में विभाजित हो गया। समाज में ऐसे लोग

थे, जिनके पास जमीन, औजार और गुलाम थे, मगर जो खुद कोई काम नहीं करते थे, और ऐसे भी लोग थे कि जो अपनी गुजर अपने ही श्रम से किया करते थे—चाहे ऐसे कि जिनका अपने श्रम-उपकरणों पर स्वामित्व था (किसान और दस्तकार) और चाहे ऐसे कि जिनका किसी भी चीज पर स्वामित्व नहीं था और जिन्हें गुलामों की हैसियत से अपने मालिकों के लिए काम करना पड़ता था। इतनी अधिक भिन्न-भिन्न सामाजिक स्थिति रखनेवाले ये बड़े-बड़े समूह **वर्गों** के नाम से विज्ञात हुए।

जिस वर्ग का सम्पदा पर स्वामित्व था और जो अन्यों (दासों, किसानों और दस्तकारों) को अपने लिए काम करने को विवश करता था, उसने उन्हें अपने अधीन बनाए रखने का प्रयास करना शुरू किया। इसके लिए एक नई संस्था विकसित हुई, जो सगोत्रता के सिद्धान्तों पर आधारित समुदायों में सर्वथा अज्ञात थी और जिसे हम राज्य कहते हैं। बन्दीगृह सेना और न्यायालय जैसे सत्ता के विभिन्न निकाय राजकीय तंत्र के संघटक अंग थे।

समाज के वर्गों में विभाजन और राज्य के उदय के समय से ही मानवजाति के इतिहास में एक नए युग का समारम्भ हुआ।

प्रस्तुत पुस्तक में मानव के विकास से सम्बद्ध इन सभी तथ्यों का विस्तृत ब्योरा प्रस्तुत किया गया है। विश्व के उदय और विकास में सर्वाधिक महत्त्वपूर्ण भूमिका विज्ञान और प्रौद्योगिकी की रही। इस तथ्य को स्पष्ट करने के लिए उन तमाम वैज्ञानिक तथ्यों को इस पुस्तक में स्थान दिया गया है जिनकी मदद से मिस्र, मेसोपोटामिया, चीन, यूनान और रोम तथा भारत में सभ्यताएँ पनपीं। यह भी स्पष्ट करने का प्रयास किया गया है कि पूरे विश्व में आपसी एकता और सहयोग स्थापित करने में वैज्ञानिक उपकरणों की भूमिका सर्वोपरि रही। वर्तमान में जितनी प्रकार की सुख-सुविधाएँ विश्व को प्राप्त हैं वह विज्ञान की देन है।

इस पुस्तक को तैयार करने में जो विभागीय सहयोग और प्रोत्साहन मिला उसके लिए प्रोफेसर भारती एस. कुमार (अध्यक्ष साहिबा, स्नातकोत्तर इतिहास विभाग, पटना विश्वविद्यालय) और डॉ. अमरनाथ सिंह (प्रोफेसर, स्नातकोत्तर इतिहास विभाग, प.वि.) के प्रति आभार व्यक्त करता हूँ। प्रशान्त गौरव, प्रतीक गौरव, अनु, प्रियंका, ऋचा और सुदक्ष से सहयोग प्राप्ति के वगैर इस पुस्तक को तैयार करना मेरे लिए असम्भव था। इन सबको मैं धन्यवाद देता हूँ।

पटना —**लेखक**

31 मार्च, 2011

अनुक्रम

अध्याय-1

सिन्धुघाटी की सभ्यता

1.1 उद्भव

सिन्धु नदी के किनारे और उसके आसपास जिस सभ्यता का उदय एवं विकास हुआ, उसे **सिन्धुघाटी की सभ्यता*** कहते हैं। इसे **कांस्ययुगीन सभ्यता** भी कहते हैं, क्योंकि टीन जो अफगानिस्तान से आता था और ताँबा को, जो खेत्री (राजस्थान) में पाया जाता था, मिलाकर काँसा बनाने की तकनीक इसी काल में विकसित हुई। सिन्धु सभ्यता के काल को **नगरीकरण का प्रथम चरण** कहते हैं, क्योंकि भारत में सबसे पहले हड़प्पा, मोहनजोदड़ो, कालीबंगा आदि नगर इसी समय पाए गए। इसे हड़प्पा संस्कृति भी कहते हैं और वह इसलिए कि 1921 में पाकिस्तान में अवस्थित हड़प्पा नामक स्थल की ही सबसे पहले जानकारी हुई।

सिन्धु क्षेत्र में लगभग 4000 से 3000 ई.पू. के बीच गाँवों का उदय और विकास हो चुका था। 3000 ई.पू. के पश्चात् सिन्धु गाँवों में से कुछ गाँवों में शहरों के लक्षण प्रकट होने लगे थे। इस क्षेत्र में पाए गए पुरातात्त्विक सामग्रियों की रासायनिक विधि से जाँच करने पर पता चलता है कि करीब 2500 से 2000 ई.पू. के बीच सिन्धु-नगरों की दशा सबसे अधिक बेहतर रही। लेकिन, लगभग 2000 से 1750 ई.पू. तक सिन्धु नगरों की दशा बहुत अच्छी नहीं रही। 1750 ई.पू. के बाद सिन्धु-नगरों का पतन तेज गति से होने लगा।[1]

1.2 पुरातत्त्ववेत्ता

अंग्रेज इंजीनियर अलेक्जेंडर कनिंघम ने 1853 में हड़प्पा की एक मुहर देखी, जिस पर साँड़ अंकित था। 1921 में दयाराम साहनी ने हड़प्पा की खुदाई शुरू की। इसी समय राखाल दास बनर्जी ने मोहनजोदड़ो की खुदाई की। एस.एस. वत्स ने आठ वर्षों में (1926-1934 तक) हड़प्पा की खुदाई की। जॉन मार्शल ने 1934 से मोहनजोदड़ो की खुदाई प्रारम्भ की। 1946 में मार्टिमर ह्वीलर ने हड़प्पा की खुदाई की। 1947 के बाद गुजरात, हरियाणा और राजस्थान

* **सभ्यता**—किसी समाज की भौतिक तथा आत्मिक उपलब्धियों का योग सभ्यता के नाम से जाना जाता है। बुद्धि तथा न्याय पर आधारित समाज को सभ्य कहते हैं। सभ्य समाज में आपसी सामंजस्य सुनिश्चित करनेवाले कारकों पर जोर दिया जाता है। प्रत्येक अवधि की पूर्णता एक सभ्यता को दूसरी सभ्यता से पृथक् करनेवाली सीमारेखा निर्धारित करती है।

में पाए गए सिन्धु-नगरों में पुरातात्त्विक कार्य करने का श्रेय सूरजभान, एम.के. धावलिकर, जे.पी. जोशी, वी.बी. लाल, एस.आर. राव, बी.के. थापर, आर.एस. बिष्ट आदि को है।

सिन्धु सभ्यता या हड़प्पा संस्कृति का विस्तार पंजाब, सिन्ध, बलूचिस्तान, गुजरात, राजस्थान, हरियाणा और पश्चिमी उत्तर प्रदेश के सीमान्त भाग तक था। इस सभ्यता का क्षेत्रफल करीब 13 लाख किलोमीटर था।

सिन्धु सभ्यता से सम्बद्ध करीब 2800 स्थलों की जानकारी हो चुकी है, किन्तु इनमें से अधिकांश छोटी-छोटी बस्तियाँ हैं। प्रमुख नगरों में पश्चिमी पंजाब (पाकिस्तान) में हड़प्पा, सिन्ध में मोहनजोदड़ो, चन्हूदड़ो (मोहनजोदड़ो से करीब 130 किलोमीटर दक्षिण में स्थित), लोथल (गुजरात), कालीबंगा (उत्तरी राजस्थान), बनावली (हरियाणा), सुत्तकांगेडोर और सुरकोटदा थे। गुजरात में स्थित धौलावीरा, हरियाणा में स्थित राखीगढ़ी एवं रोपड़, गुजरात के काठियावाड़ प्रायद्वीप में स्थित रंगपुर औरा रोजदी भी प्रमुख सिन्धु-नगरों की श्रेणी में आते हैं।

1.3 मुख्य नगर

मोहनजोदड़ो—मोहनजोदड़ो का खँडहर सिन्धु नदी के दाहिने तट पर स्थित है। यह सिन्ध के लरकाना जिले में है। स्थानीय भाषा में मोहनजोदड़ो का अर्थ 'मुर्दों का ढेर' होता है। इस स्थान के राजमहल क्षेत्र में सर जॉन मार्शल ने कच्ची ईंटों और मिट्टी का बना एक विशाल चबूतरा पाया, जो 20 फीट नीचे था और जिसके ऊपर भवन-निर्माण के छह मुख्य स्तरों का प्रमाण था। इस चबूतरे के नीचे पूर्वी हड़प्पायुग के कुछ खँडहर मालूम पड़े। ऐसा लगता है कि इस चबूतरे को बनाने का मुख्य कारण नगर को बाढ़ से सुरक्षित रखना था।

इस नगर में सबसे आकर्षक स्थान विशाल स्नानघर (हम्माम) है। यह बहुत ही अच्छी ईंटों का बना हुआ है और माप में 39 फीट लम्बा, 20 फीट चौड़ा और 8 फीट गहरा है (12 × 7 × 25)। यह एक ऐसे हौज का रूप है, जिसकी सतह ईंट की दो सतहों की बनी हुई है और दोनों सतहों के बीच में पानी को रिसने से रोकने के लिए डामर (Bitumen) दिया हुआ है। ईंटें एक-दूसरे से चिरोड़ी (Gypsym) के मसाले से जोड़ी गई है। इस स्नानघर को पानी बगल के कुएँ से मिलता था और एक नाली द्वारा गन्दा पानी पश्चिम की ओर बह जाता था। स्नानघर तक पहुँचने के लिए दोनों ओर सीढ़ियाँ बनी हुई थीं।

इस अजूबे स्नानघर के महत्त्व के सम्बन्ध में हम केवल अन्दाज लगा सकते हैं। आमतौर पर इसे धार्मिक महत्त्व का बताया गया है। इस धार्मिक स्थान के उत्तर और पूरब में कई कमरे बन हुए हैं, जो किसी विशेष अवसर के लिए मालूम पड़ते हैं।

स्नानघर के पश्चिम में ईंट से निर्मित कई चबूतरे पाए गए, जो 5 फीट ऊँचे और संकीर्ण रास्तों से विभाजित लगभग 150 × 75 फीट (50 × 25 मी.) की लम्बाई-चौड़ाई में फैले हुए हैं। मार्टिमर ह्वीलर ने इस स्थान को एक विशाल अनाज-भंडार की नींव बताया है, लगभग उसी प्रकार, जैसा कि हड़प्पा में पाया गया है।

मोहनजोदड़ो नगर के दक्षिण में एक आयताकार सभा भवन पाया गया है, जिसमें चार पंक्तियों में ईंट के बने कई चबूतरे नजर आते हैं। इन चबूतरों पर सम्भवतः लकड़ी के स्तम्भ

होंगे। इस भवन के निकट एक कमरे में बैठे हुए पुरुष की पत्थर की मूर्ति मिली है, और करीब में ही पत्थर के बड़े-बड़े चक्र (Large Stone Rings) हैं। जिसका महत्त्व ठीक-ठीक मालूम नहीं पड़ता, क्योंकि मोहनजोदड़ो के अन्य भागों से ऐसी मूर्तियाँ उपलब्ध नहीं हैं। इसलिए, इस भाग को मन्दिर या किसी धार्मिक महत्त्व का नहीं बताया जा सकता है।

हड़प्पा—हड़प्पा का अति प्राचीन खँडहर पाकिस्तान (पंजाब) में रावी नदी की बाईं ओर पर स्थित है। इस खँडहर में 19वीं शताब्दी से ही लोग अपनी रुचि दिखाने लगे थे। 1853 एवं 1873 में जनरल कनिंघम भी इसका मूल्यांकन करने आए, लेकिन वे सफल नहीं हो सके, क्योंकि हड़प्पा के खँडहरों को काफी क्षति पहले ही पहुँच चुकी थी। इसकी ईंटों को रेलवे लाइन बिछाने के काम में लाया जा रहा था। इस खँडहर की खुदाई 1920 और 1934 ई. के बीच भारतीय पुरातत्त्व सर्वेक्षण विभाग द्वारा की गई। 1946 ई. में सर मार्टिमर ह्वीलर ने इस कार्य को आगे बढ़ाया।

इस शहर के पश्चिम में स्थित राजमहल लगभग 400 मीटर लम्बा और 200 मीटर चौड़ा है। मोहनजोदड़ो के समान यह नगर 20 फीट ऊँचा एक चबूतरे पर बसा था और इसके चारों ओर सुरक्षा के लिए एक बड़ी दीवार का भी प्रमाण मिलता है। इस खँडहर की ऊपरी सतह पर एक नए प्रकार की मिट्टी के बर्तन वास्तविक हड़प्पन बर्तनों के साथ मिलते-जुलते पाए गए हैं। इन बर्तनों को सिमेट्री एच. टाइप (Cemetery H. type) के बर्तनों की संज्ञा दी गई है। 'सिमेट्री एच' एक कब्रिस्तान है, जो इस खँडहर के बहुत निकट पाया गया और वास्तविक हड़प्पा युग के कुछ बाद का नजर आता है। सम्भवतः यह एक आर्य-खँडहर है। हड़प्पा के खँडहर में भी चबूतरे के स्तर से ऊपर भवन निर्मित था। इस नगर की सबसे आकर्षक उपलब्धि राजमहल के उत्तर में है। यहाँ गोलाकार चबूतरों की एक श्रृंखला पाई गई है, जो सम्भवतः अनाज की दौनी के लिए थी। साथ-ही-साथ, ईंट के चबूतरों की कतारें भी पाई गईं। ऐसा लगता है कि यह अनाज भंडारों की दो कतारें थीं। प्रत्येक अनाजघर 50 × 20 फीट का था और इसकी बनावट मोहनजोदड़ो से भिन्न थी। नाशपाती के आकार की कुछ भट्ठियाँ भी पाई गई हैं, जिनमें धातुएँ गलाई जाती होंगी। हड़प्पा के खँडहर का एक भाग कुलियों या दासों के रहने के लिए बनाया गया होगा; क्योंकि इसमें एक कमरेवाला बैठका पाया गया है।

हड़प्पा की दो अन्य दिलचस्प उपलब्धियाँ राजमहल भाग के दक्षिण में स्थित हैं। ये हैं—सिमेट्री आर. 37, जो हड़प्पा युग्र का कब्रिस्तान है और सिमेट्री एच. जैसा कि पहले कहा जा चुका है, उत्तर हड़प्पा काल का कब्रिस्तान है।

कालीबंगा—कालीबंगा उत्तरी राजस्थान में सरस्वती नदी के बाएँ किनारे पर स्थित है। अन्य महत्त्वपूर्ण स्थानों के समान कालीबंगा के मुख्य सतह के नीचे एक हड़प्पाकाल की बस्ती भी दिखाई पड़ती है। मौलिक तौर पर कालीबंगा शहर का नक्शा मोहनजोदड़ो और हड़प्पा से भिन्न नहीं है। नगर के मुख्य निचले भाग में भवन-निर्माण के नौ स्तर पाए गए हैं। इस नगर का राजमहल क्षेत्र 260 × 30 मीटर है और इसका भी फैलाव उत्तर-दक्षिण है। ईंट चोरों ने इस ऐतिहासिक स्थान को काफी क्षति पहुँचाई है। इस नगर का मध्य भाग आयताकार है और चारों ओर से एक मजबूत दीवार से घिरा हुआ है। इन दीवारों को स्तम्भों द्वारा अतिशक्तिशाली बनाया गया है। नगर में प्रवेश करने का रास्ता दक्षिण से है।

नीचेवाले आम शहर के चारों ओर भी सुरक्षा के लिए एक दीवार खड़ी थी। इस शहर के राजमहल भाग के बीच में ईंट के काफी ऊँचे-ऊँचे चबूतरे पाए गए हैं, जो एक-दूसरे से संकीर्ण रास्तों द्वारा विभाजित हैं। एल्विन के अनुसार, यह किसी भी प्रकार अनाज-भंडार नहीं हो सकता है, यद्यपि इस भवन का उद्देश्य अभी भी एक रहस्य बना हुआ है। शहर के उत्तरी भाग में औसत दर्जे के मकान हैं। निकट में एक कब्रिस्तान भी पाया गया है, जो शहर के पश्चिम की ओर है। अपने क्षेत्रफल और अभिन्यासात्मक संरचना के लिहाज से, जिसमें दुर्ग भी सम्मिलित है, कालीबंगा मोहनजोदड़ो और हड़प्पा से टक्कर लेता प्रतीत होता है।

लोथल—सिन्धुघाटी के महत्त्वपूर्ण स्थानों में लोथल का खँडहर महत्त्वपूर्ण है। यह आधुनिक गुजरात में है। ऐसा ज्ञात होता है कि हड़प्पा-सभ्यता का यह एक बन्दरगाह है। नक्शे के अनुसार, 370 मीटर लम्बा और 210 मीटर चौड़ा उत्तर-दक्षिण दिशा में फैला हुआ था। यह एक विशाल दीवार से घिरा हुआ था, जो सम्भवतः नगर को बाहर से सुरक्षित रखने के लिए बनाई गई थी। शहर का दक्षिण-पूर्वी भाग एक बड़े चबूतरे के समान है, जो चार मीटर ऊँचा है। इस चबूतरे पर छोटे चबूतरों की कई कतारें हैं, जिनके बीच से संकीर्ण रास्ते गुजरते हैं। इन चबूतरों की बनावट को देखकर मोहनजोदड़ो के अनाज-घर का स्मरण होता है। यह चबूतरा 48.5 × 42.5 मीटर का है। नगर के इस भाग के पीछे और भी कई इमारतें हैं, जो एक ही नाली से जुड़े हुए हैं। शहर के अन्य भाग में अनेक घर और दुकानें हैं। इनमें से अधिक महत्त्वपूर्ण घर थे—दाने बनानेवालों ठठेरों और सोनारों के उद्योगघर आदि। इस नगर की मुख्य सड़क उत्तर-दक्षिण दिशाओं में थी। लोथल की सबसे आश्चर्यजनक उपलब्धि ईंट से निर्मित एक विशाल हौज है। इसका माप 17 × 27 है और 4.5 मीटर अपनी सतह से ऊँचा है। यह लोथल बस्ती के पूरब में और अनाज-भंडार से सटा हुआ है। इस हौज के एक किनारे के बाँध के दरवाजे पर पानी के बहाव को नियन्त्रित करने के लिए किसी प्रकार का फाटक रहा होगा। आधुनिक अहमदाबाद से 83 किलोमीटर दक्षिण में स्थित लोथल प्रायः बाढ़ के प्रकोपों का शिकार बनता रहा होगा और वहाँ के निवासियों को बार-बार उसका पुनर्निर्माण करना पड़ा होगा। फलस्वरूप जिन चबूतरों पर इमारतें खड़ी की जाती थीं, उनकी ऊँचाई हर बार बढ़ती गई। लोथल का पतन लगभग 1000 ई.पू. में पूर्णतः हो गया। अन्य स्थानों की तरह इस शहर के निकट भी एक कब्रिस्तान पाया गया है।

चन्हूदड़ो—इस स्थान की खुदाई अभी तक ठीक से नहीं हो पाई है, इसलिए इसमें छिपे बहुत से रहस्यों का उद्घाटन अभी तक नहीं हो पाया है। इस स्थान में बहुत-से सामानों के निर्माण से सम्बन्धित अवशेष मिले हैं। खुदाई से पता चलता है कि यहाँ गनके (धातुओं के दाने की माला) बनाने का कारखाना भी था।

सुरकोतदा—यहाँ केवल एक ही टीला मिला है। कालीबंगा के समान यह भाग चहारदीवारी से घिरा था। दो अलग-अलग चहारदीवारी है, जो आपस में एक-दूसरे से जुड़ी हुई है। एक भाग में धनी लोग रहते थे तथा दूसरे भाग में धार्मिक अनुष्ठान होते थे। जिस भाग में धार्मिक अनुष्ठान होने का अनुमान किया जाता है, वहाँ का चबूतरा ऊँचा है। इसके पश्चिम भाग में कब्रिस्तान था। कालीबंगा के पश्चिम टीले की योजना की पुनरावृत्ति ही यहाँ दिखाई देती है। इसका कोई पूर्व टीला नहीं मिला है।

बनवाली—सिन्धु क्षेत्र में स्थित इस स्थान की योजना सुरकोतदा तथा कालीबंगा के पश्चिमी टीले से मिलती-जुलती है। यहाँ दो-दो किलेबन्दियाँ थीं, जो आपस में एक-दूसरे से मिली हुई थीं। एक भाग में विशिष्ट वर्ग के लोग रहते थे तथा दूसरी चहारदीवारी में पूजा-पाठ का कार्य सम्पन्न किया जाता था।

धौलावीरा—धौलावीरा एक प्रमुख नगर था। आधुनिक गुजरात के कच्छ जिले के भचाऊ तालुके में यह नगर स्थित था। जे.पी. जोशी के नेतृत्व में भारतीय पुरातत्त्व सर्वेक्षण द्वारा इस नगर की खोज 1967-68 में की गई। 1990-91 में इस नगर की व्यवस्थित खुदाई आर.एस. विष्ट द्वारा प्रारम्भ की गई। पता चला कि सिन्धुघाटी काल का यह दूसरा सर्वाधिक विशाल नगर था। ऐसा प्रतीत होता है कि हड़प्पा-संस्कृति के नगर-नियोजन के मानक तत्त्वों को यहाँ स्थानीय परिवेश में परिवर्तित कर एक नया रूप प्रदान किया गया है। शासकवर्ग, मध्यमवर्ग एवं सर्वहारावर्ग के लिए अलग-अलग क्षेत्रों का विभाजन हुआ और इनकी सुरक्षा का भी इनकी सामाजिक स्थिति के अनुरूप ही प्रावधान किया गया। इसलिए यह आश्चर्यजनक प्रतीत नहीं होता है कि इस बस्ती के पतन का प्रभाव सबसे पहले बाहरी बस्ती पर पड़ा और फिर मध्य और राजप्रासाद के क्षेत्रों पर। उत्खनन में यहाँ कई बड़ी-बड़ी प्रतिमाएँ एवं उत्कीर्ण शिलाखंड भी मिले हैं।

इस नगर की किलेबन्दी चारों ओर से थी। शासकवर्ग का क्षेत्र अलग से घेराबन्द था। उजले चमकीले पाषाण खंडों (Polished stone blocks) के जो अवशेष यहाँ से पाए गए हैं, उनसे पता चलता है कि इस नगर के निवासी पत्थर चमकाने की कला से पूर्ण परिचित थे। यहाँ की लिपि के जो अक्षर मिले हैं, उनका आकार 37 से.मी. तथा 27 से.मी. चौड़ा है। जलप्रणाली की अच्छी व्यवस्था यहाँ थी। नगर के बीच विशाल खुले मैदान, घरों में रसोईघर, स्नानागार आदि के अवशेष मिले हैं। मकानों से निकले गन्दे जल को इकट्ठे किए जाने के लिए सड़क के किनारे जमीन के अन्दर निर्मित मटके तथा यहाँ से प्राप्त कब्रों में रखे गए मृद्भांड के अन्दर राख एवं कोयला के छोटे-छोटे टुकड़े मिले हैं। कब्र में नरकंकाल के अवशेष भी मिले हैं। इनसे पता चलता है कि मृतक शरीर को गाड़ा एवं जलाया जाता था। प्राचीरयुक्त बस्तियों में प्रवेश करने के द्वार एवं उच्चाधिकारियों के आवास-क्षेत्र से सटे करीब 13 मीटर आयत का एक तालाब मिला है। करीब 3000 ई.पू. से यह नगर हजार वर्ष तक जीवित रहा।

राखीगढ़ी—हरियाणा में अवस्थित राखीगढ़ी सिन्धुकाल का दूसरा विशाल नगर है, जो दो भागों में बँटा था—दुर्ग तथा निचला नगर। इस नगर का उत्खनन 1990 में आरम्भ हुआ, किन्तु 1992-93 के बाद वित्तीय अभाव में उत्खनन-कार्य ठप पड़ गया। पुनः 1999 में यहाँ खुदाई का कार्य प्रारम्भ हुआ है। खुदाई से यहाँ प्रागैतिहासिक स्थल के कुछ नवीन लक्षण सामने आ रहे हैं, जिनमें एक पहलू तो यह है कि सभी सिन्धुघाटी स्थलों की तुलना में यह दूसरा सर्वाधिक बड़ा स्थल है। इस नगर की एक अत्यधिक महत्त्वपूर्ण विशेषता यह है कि इसमें स्पष्ट तथा फारस की खाड़ीवाली मुद्राओं (विशेषकर बेलनादार मुद्रा) के कुछ अवशेष प्राप्त हुए हैं, किन्तु इन प्राप्त मुद्राचिह्नों पर फारस के खाड़ी क्षेत्र की या सुमेरिया सभ्यता की कोई उत्कीर्ण लिपि का प्रमाण अब तक नहीं मिला है। फिर भी इस स्थल के उत्खननकर्ता

को आशा है कि जितनी पुरातात्त्विक सामग्रियाँ यहाँ से मिल रही हैं, वे स्वयं छिपे रहस्यों पर प्रकाश डालेंगी। इस स्थल की खोज सूरजभान ने की है। यहाँ से ताँबे की वस्तुएँ एवं सैन्धवलिपि की मुहरें मिली हैं।

सुक्तागेंडोर—पाकिस्तान में कराची के पश्चिम में करीब 500 किलोमीटर की दूरी पर स्थित सुक्तागेंडोर नगर की खोज 1931 में सर ऑरल स्टीन ने किया और इस स्थल पर जॉर्ज एफ. डेल्स द्वारा 1962 में उत्खनन-कार्य किया गया। यह नगर चारों तरफ से दीवारों से घिरा था। इस दुर्ग का प्रवेश-द्वार ढाई मीटर चौड़ा था। यह नगर दो भागों—नगर दुर्ग एवं निचला नगर में विभाजित था। यह नगर एक बन्दरगाह था, जो बाद में अरब सागरीय तट से कट गया था।

बालाकोट—पाकिस्तान में कराची के दक्षिण-पश्चिम में स्थित बालाकोट में जॉर्ज एफ. डेल्स ने 1963 से 1976 के बीच उत्खनन कार्य किया और उन्हें यहाँ से काफी अवशेष प्राप्त हुए। इस बस्ती में हड़प्पा-पूर्व और हड़प्पाकालीन ऐतिहासिक गतिविधियों के प्रमाण मिले हैं। लगभग 3250 ई.पू. का एक विशाल टीला-क्षेत्र मिला है। कच्ची ईंटों से भवन-निर्माण और पकाई ईंटों से कुछ नालियों के निर्माण के अवशेष यहाँ से मिले हैं। स्नानगृह, शौचालय, मिट्टी का टब, जमीन में गड़ा मिट्टी का बड़ा जलपात्र आदि के प्रमाण मिले हैं।

अल्लाहदीनो—यह बस्ती कराची से करीब 40 किलोमीटर पूर्व में स्थित थी। 1982 में डब्ल्यू. एफ. फेयरसर्विस द्वारा यहाँ उत्खनन कार्य किया गया और लम्बी दीवारों की नींवें, स्थलमार्ग, पत्थर से नालियों का निर्माण, आयताकार भवनों, सोने-चाँदी के आभूषण, मिट्टी की एक खिलौना-गाड़ी आदि के अवशेष मिले।

कोटदीजी—यह नगर सिन्धु नदी के बाएँ तट पर और मोहनजोदड़ो के पूर्व में स्थित था। पाकिस्तान पुरातत्त्व विभाग के पुरातत्त्वविद् एफ.ए. खान ने 1955 और 1957 में इस नगर की खुदाई कराई, जहाँ से नगर-योजना के विकसित प्रमाण प्राप्त हुए। पत्थर की बुनियाद पर ईंट से बने भवन, सरकंडे की चटाइयों से टँके छत, ईंट से बने बड़े-बड़े चूल्हे, नक्काशीवाले गोमेद से बने मटरमाला, ताँबे एवं काँसे की चूड़ियाँ, कुल्हाड़ी, छेनी, पक्की मिट्टी के बने साँड़ तथा मातृदेवी की मूर्तियों आदि के अवशेष मिले हैं। मिट्टी के बर्तन ऐसे मिले हैं मानो ठोस धातु को चमकाकर बनाए गए हैं। इन पर पीपल के पत्तों, मयूर, बारहसिंगे, सूर्य आदि के चित्र अंकित हैं।

देसलपुर—गुजरात में भुज जिले के नखत्राण तालुके में भादर नदी के किनारे देसलपुर अवस्थित है। पी.पी. पंड्या एवं एम.ए. ढाके द्वारा इस स्थान पर खुदाई की गई, जहाँ प्राचीरयुक्त (किलेबन्दी) वाले नगर के अवशेष मिले हैं। 1964 में इस स्थान की खुदाई के.बी. सौंदरराजन ने कराई। यहाँ से मिट्टी एवं जेप्सर के बटखरे, गाड़ियों के चक्के, ताँबे की मुहर, अँगूठी आदि पाए गए हैं।

रोजदी—गुजरात के राजकोट जिले में भादर नदी के किनारे अवस्थित इस स्थल की खुदाई से हड़प्पाकालीन अवशेष मिले हैं। कच्ची ईंटों के निर्मित चबूतरे, गोमेद पत्थर के बाट, बिल्लौर (काला शृंग) के छेददार मनके, पक्की मिट्टी के मनके, लाल एवं काले मृद्भांड और पत्थर की बनी सुरक्षा-दीवार के अवशेष मिले हैं।

दैमाबाद–दैमाबाद महाराष्ट्र के अहमदनगर जिले में प्रवरा नदी के किनारे अवस्थित है। यहाँ मानव-शवाधान में एक पुरुष का शव पाया गया है, जिसका सिर उत्तर और पैर दक्षिण की ओर है। कब्र पर पत्थर लगाने के प्रमाण मिले हैं। इस स्थल को सिन्धु सभ्यता की दक्षिण-सीमा बताया जाता है। यहाँ प्याले, तश्तरी के अवशेष मिले हैं। सैन्धवलिपि की एक मुहर भी यहाँ मिली है।

कुन्तासी–गुजरात के राजकोट जिले में अवस्थित इस स्थल को एम.के. धावलिकर, एम. आर. रावत तथा वाई.एम. चौतवाल ने बन्दरगाह बताया है। इन पुरातत्त्ववेत्ताओं को यहाँ से मिट्टी की सुराही, कटोरे, खिलौनागाड़ी एवं सेलखड़ी के मनके, ताँबे की चूड़ियाँ, अँगूठियाँ आदि वस्तुएँ मिली हैं।

हुलास–यह स्थान उत्तर प्रदेश के मेरठ जिले में स्थित है। यहाँ से काँचली मिट्टी की चूड़ियाँ, मनके, खिलौने, गाड़ी आदि मिले हैं।

आलमगीरपुर–यह स्थान उत्तर प्रदेश के सहारनपुर जिला में स्थित है। यहाँ एक टीला था, जिसकी खुदाई करने पर सिन्धु सभ्यता के उत्तरकालीन अवशेष मिले हैं। इस स्थल से प्रमाणित होता है कि सिन्धु-सभ्यता का विस्तार गंगा-यमुना दोआब तक था। यहाँ से रोटी बेलने की चौकी और कटोरे तथा सिन्धु अक्षर के अवशेष मिले हैं।

भगवानपुरा–सैन्धव-सभ्यता के पतनोन्मुख काल का यह स्थल हरियाणा के कुरुक्षेत्र जिला में सरस्वती नदी के दक्षिणी किनारे पर अवस्थित है। जे.पी. जोशी ने इस स्थान की खुदाई कराई, तो कई रंग की काँच एवं ताँबे की चूड़ियों तथा मिट्टी के चित्रित मनके के अवशेष मिले।

मीत्ताथल–हरियाणा के भिवानी जिले में स्थित मीत्ताथल की खुदाई 1968 में सूरजभान ने कराई। यह स्थल विकसित हड़प्पाकाल का है। यहाँ से दुर्ग के अवशेष के अलावा पान-पात्र, ताँबे की कुल्हाड़ी, शिला-बाट, मिट्टी एवं सीप की चूड़ियाँ आदि मिले हैं।

1.4. नगर योजना

सिन्धु क्षेत्र के निवासी न केवल छोटे-बड़े और कच्चे-पक्के मकानों में रहते थे, बल्कि स्वच्छता एवं सुन्दरता पर भी काफी ध्यान देते थे। मोहनजोदड़ो की प्राचीन संस्कृति का अध्ययन कर रहे पुरातत्त्वविदों ने तो यह देखकर दाँतों तले उँगली दबा ली कि यहाँ के मकानों में ताजा हवा के आने और मकानों को ठंडा रखने की कितनी उत्तम व्यवस्था थी। सम्पन्न लोगों के मकान, जो पकी ईंटों से बनाए जाते थे, वे खुले और आरामदेह होते थे। प्रायः सभी मकानों में शौचालय और स्नानागार होते थे। भवनों में इस या उस युग में उत्पादक शक्तियों के विकास का स्तर प्रतिबिम्बित होता है। भवन अपने युग के तत्कालीन लोगों के व्यवसायों, आदतों, उनकी आस्थाओं और दृष्टिकोणों की गाथा सुनाते हैं। मकानों के निर्माण में जिन ईंटों का प्रयोग होता था, वे प्रबल, पक्की तथा लाल रंग की होती थीं। ईंटों को लकड़ी जलाकर पकाया जाता था। उत्खनन से प्राप्त ईंटों को नापने से पता चलता है कि छोटी ईंट सवा दस इंच लम्बी तथा पाँच इंच चौड़ी होती थी। एक-दूसरे प्रकार की छोटी ईंट मिली है जो पाँच इंच लम्बी और सवा दो इंच चौड़ी है। बड़ी साइज की ईंट भी मिली है, जो सवा बीस

इंच लम्बी, सवा दस इंच चौड़ी और साढ़े तीन इंच मोटी है। पुरातात्त्विक अन्वेषण से पता चलता है कि सिन्धुघाटी की इमारतें योजनाबद्ध तरीके से बनाई जाती थीं। नगरों में जो मकानों के अवशेष मिले हैं, उनके अनुसार एक साधारण मकान प्रायः 30 फीट लम्बा और 26-27 फीट चौड़ा होता था। समृद्धशाली लोगों के मकान इससे दुगुने और कहीं-कहीं तिगुने बड़े क्षेत्रफल में बनाए जाते थे। सिन्धु क्षेत्र में ऐसे दो मंजिले और तीन मंजिले मकानों के अवशेष मिले हैं। सुरक्षा के दृष्टिकोण से मकानों की दीवार बहुत मोटी होती थी, कमरों को पाटने में प्रयुक्त होनेवाली लकड़ी की कड़ियों के अवशेष मिले हैं।

सिन्धु क्षेत्र में हमें नालियों की जानकारी होती है। मकान के अन्दर नीचे से ऊपर जाने के लिए लकड़ी या ईंटों की सीढ़ियाँ होती थीं। इन सीढ़ियों की चौड़ाई लगभग सवा फीट होती थी। सिन्ध प्रदेश में बाढ़ का डर हमेशा बने रहने के कारण, वहाँ के मकान प्रायः ऊँचे चबूतरे पर बनाए जाते थे। मकानों में आधुनिक काल जैसा खाना पकाने के लिए मिट्टी तथा ईंटों के चूल्हे होते थे। मकानों में कई कमरे बने रहते थे। इन कमरों में लगभग पौने चार फीट के दरवाजे लगे रहते थे। कुछ बड़े मकानों में लम्बे-चौड़े दरवाजे लगाए जाते थे। एक दरवाजा एक पल्ले का होता था, ताकि आदमी के अलावा घरेलू पशु या गाड़ियाँ आसानी से भीतर घुस सकें।

यहाँ के प्रायः सभी घरों में चौकोर स्नानागार बने होते थे। इसका फर्श चिकना होता था। यह पक्की ईंटों का बना होता था। स्नानागार में नहाने के लिए पानी की व्यवस्था रहती थी। पानी एक बड़े बर्तन में रखा रहता था। स्नानागार के समीप ही शौचालय बना रहता था। स्नानागार से नाली के सहारे पानी शौचालय में जाता था। इसी पानी से शौचालय स्वच्छ रहता था। शौचालय का पानी सड़क की नाली में गिरता था। स्नानागार और शौचालय के बीच एक नाली होती थी। इसी तरह शौचालय से नाली तक के बीच में एक नाली होती थी। नाली से पानी इधर-उधर नहीं निकले, इसके लिए नाली के पास की ईंट को घिसकर इतना चिकना कर दिया जाता था कि उसके जोड़ एक-दूसरे से बिलकुल सट जाते थे।

1.5 जनसंख्या

एच.टी. लाम्ब्रिक ने यह अनुमान लगाया था कि मोहनजोदड़ो की जनसंख्या लगभग 39,000 रही होगी, परन्तु डब्ल्यू.ए. फेयरसर्विस ने इसे 41,290 के लगभग बताया है और हड़प्पा के विषय में इनका मत है कि यहाँ लगभग 23,500 लोग बसते होंगे।

1.6 जातियाँ

परम्परागत विचार के अनुसार, सिन्धुघाटी सभ्यता में मेडेटरेनियन लोगों की प्रधानता थी। इसके बाद प्रोटो ऑस्ट्रायड मंगोलॉयड और अल्जिर जातियाँ पाई जाती थीं। हाल में हड़प्पा सभ्यता से उपलब्ध हड्डियों को अधिक विस्तार से फिर से जाँचा गया है। इस जाँच से यही निष्कर्ष निकलता है कि इस विषय पर हमारा ज्ञान बहुत ही सीमित उदाहरणों पर आधारित था और अब विभिन्न प्रकार की जातियाँ, जैसे—मंगोलॉयड, और ऑस्ट्रायड इत्यादि में हड़प्पा जनसंख्या को बाँटना अर्थहीन नजर आता है। मोहनजोदड़ो और हड़प्पा सभ्यता के लोग लम्बे

कद, लम्बे सर और चौड़ी नाक के होते थे। लोथल के निवासियों की खोपड़ी अन्य स्थानों की अपेक्षा अधिक चौड़ी नजर आती है। अतएव एल्चिन के अनुसार, सिन्धुघाटी की जनसंख्या को भिन्न-भिन्न मानव-जातियों का बताना तर्कसंगत नहीं मालूम पड़ता है।

1.7 कृषि और पशुपालन

यह लगभग निश्चित है कि सिन्धु युग के पहले भारत-पाकिस्तान क्षेत्र में इतनी अधिक जनसंख्या एक क्षेत्र में इकट्ठी नहीं हुई थी। एक विकसित कृषि पर आधारित अर्थव्यवस्था ही इतनी बड़ी जनसंख्या का पोषण कर सकती थी। सिन्धु नदी के समीपवाले समतल इलाकों में खेती की जाती होगी और सम्भवतः हल का प्रयोग होता होगा; क्योंकि कृषि के इस मौलिक यन्त्र का प्रभाव हमें कालीबंगा के पूर्व हड़प्पाकाल में प्राप्त हुआ है। हल के सहारे इस सभ्यता में खेत आबाद करने के प्रमाण का सामान्य अभाव है। आरम्भ में सिन्धुघाटी के बाद वाले समतल भू-भाग पर खेती आसानी से कर ली जा रही होगी और इस प्रकार की खेती में न तो खेत को हल द्वारा जोतने की, न खाद देने की और न कोई विशेष सिंचाई की ही आवश्यकता होती होगी। मुख्य अनाजों को बाढ़ का पानी हटने के शीघ्र ही बाद बो दिया जाता होगा। अन्य फसलों को बाढ़ से सुरक्षित खेतों में बोया जाता होगा। बाढ़ आने से पहले फसल बो दी जाती होगी, ताकि बाढ़ के पानी से इसकी सिंचाई हो सके।

खाद्य-पदार्थ–सिन्धु नगरों में दो प्रकार के गेहूँ और कई प्रकार के जौ पाए गए हैं। चावल लोथल में पाया गया है, परन्तु यह पता नहीं कि यह कृषि द्वारा उपलब्ध होता था या जंगली अवस्था में मिलता था। अन्य खाद्य पदार्थों में तरबूज, विभिन्न प्रकार की सेम एवं छीमी आदि होते थे। चान्हुदड़ो से सरसों के दाने प्राप्त हुए हैं। अन्त में कपास का प्रमाण है। इसे उपजाया जाता था और इसके सूत से वस्त्र तैयार होते थे।

अनेक पालतू जानवरों के प्रमाण पाए गए हैं। ऐसा ज्ञात होता है कि मवेशी पुट्ठावाले पाए जाते थे। भैंस का प्रमाण बहुत कम है और ऐसा लगता है कि इस समय भैंस एक जंगली जानवर थी। अन्य जानवरों में भेड़, बकरी, सूअर, ऊँट और गधे भी पाए गए हैं। मुर्गा भी पाया गया है। कुत्ते, बिल्ली आदि घरेलू जानवर बन चुके थे। सिन्धुघाटी वाले हाथी से परिचित थे, परन्तु यह इस समय पालतू जानवर था या नहीं, इस विषय पर कुछ नहीं कहा जा सकता। सिन्धुघाटी वाले शायद घोड़ों से परिचित थे, परन्तु इस सभ्यता में घोड़ा बहुत ही दुर्लभ जानवर रहा होगा और इसका जो कुछ भी प्रमाण मिलता है, वह हड़प्पाकाल के अन्तिम भाग में ही।

1.8 यातायात

सिन्धुघाटी की भौतिक संस्कृति की समरूपता को देखकर यह साफ-साफ प्रकट हो जाता है कि यहाँ के नगरों के बीच काफी घनिष्ठ सम्पर्क रहा होगा। ऐसा सम्पर्क जल एवं स्थल दोनों मार्गों द्वारा रहा होगा। स्थलयात्रा के लिए बैल, ऊँट और गधे सामान्य प्रयोग में लाए जाते होंगे। समतल भूमि पर यात्रा के लिए बैलगाड़ियों का प्रयोग होता था। ऐसी बैलगाड़ियों के समान मिट्टी के अनेक खिलौने पाए गए हैं। नाव के भी कई प्रमाण मिले हैं। अधिकतर

ये बिना पालवाली होती थीं, जो समुद्र की अपेक्षा नदियों के लिए अधिक उपयुक्त थीं। परन्तु लोथल नगर से एक-दूसरे प्रकार की नाव का नमूना मिला है, जिसकी बनावट को देखकर यह कहा जा सकता है कि ये समुद्रयात्रा के लिए उपयुक्त थीं। लोथल के इर्द-गिर्द कुछ छिद्रवाले पत्थर मिले हैं, जो नाव के लंगर के काम आते होंगे। अभी भी पाकिस्तान और ईरान के तटीय क्षेत्रों में ऐसे ही लंगर का प्रयोग होता है।

1.9 भाषा एवं लिपि

हड़प्पा लिपि वर्षों के प्रयास के बावजूद अभी तक सन्तोषजनक रूप से पढ़ी नहीं गई और इसलिए इस सभ्यता की भाषा अभी भी अबूझ बनी हुई है। फिर भी विद्वानों द्वारा अनेक विवेचनाओं के बाद अभी इस निष्कर्ष पर पहुँचा गया है कि यह भाषा इंडो-यूरोपियन समूह की नहीं है। सुमेरियन, हुरियन या इलामाइट भाषाओं से भी सम्बन्ध नहीं रखती है। आधुनिक भारत के मुंडा भाषा से भी इसका सम्बन्ध नहीं है। अगर इसका सम्बन्ध किसी आधुनिक भाषा से है तो वह किसी द्रविड़ भाषा से ही ज्ञात पड़ता है। हड़प्पा लिपि दाहिने से बाएँ की ओर उर्दू की तरह लिखी जाती थी। इस बात की जानकारी हमें दो हजार अभिलेखों और दो हजार मुहरों के अध्ययन से मिलती है।

इस भाषा के लगभग 700 चिह्न अक्षर थे, लेकिन पता नहीं कि यह भारतीय चिह्न शब्दचिह्न या और किसी प्रकार की लिपि थी। स्केनडिनेविया के कुछ विद्वानों विशेषकर ए. पारपोला ने यह दावा किया है कि उन्होंने प्राचीन तमिल के आधार पर कई अभिलेखों को पढ़ लिया है किन्तु, इनकी इस खोज को अन्य विद्वानों ने स्वीकार नहीं किया है।

1.10 माप-तौल

हड़प्पावासियों ने वजन और माप की एक ही प्रणाली हरेक नगरों और क्षेत्रों के लिए अपनाया था। खँडहरों से प्राप्त कई बाटों (बटखरे) के परीक्षण से यह पता चलता है कि छोटे अंकों के लिए दो गुणजों का व्यवहार किया जाता था, जैसे—1,2,4,8,16,32 आदि और बड़े अंकों के लिए दशमलव प्रणाली का व्यवहार किया जाता था, जैसे—320, 640, 1600, 3200 आदि। माप के कई स्केल पाए गए हैं, जिनमें से एक भाग या इकाई 1.32 इंच का है। यह माप लगभग समकालीन पश्चिम-एशिया में पाए जानेवाले फुट के बराबर था। एक दूसरा माप पीतल का एक छड़ है, जिसकी इकाई 0.367 इंच की है और जो एक नजर में एक क्यूबिट की इकाई का अर्द्धभाग है। क्यूबिट भी समकालीन पश्चिम-एशिया में सामान्य प्रयोग में थी। यह 20.7 इंच का होता था। पक्के माप के लिए कुछ विशेष यंत्र भी प्राप्त हुए हैं और सम्भवतः ये यन्त्र भवन-निर्माण के समय काम आते होंगे। तौलने के तराजू भी मिले हैं।

1.11 सामाजिक जीवन

खुदाइयों से प्राप्त मूर्तियों, सोने-चाँदी के आभूषण और हाथीदाँत की बनी विभिन्न शृंगार-सामग्रियों के आधार पर सिन्धु सभ्यता के सामाजिक जीवन के बारे में जानकारी मिलती है। भवन-अवशेष के आधार पर यहाँ के लोगों के सामाजिक संगठन पर ठीक से प्रकाश नहीं डाला जा सकता

है। सिन्धुघाटी में पाए गए सभी मकान एक समान हैं। अतः यहाँ के निवासियों का जीवन-स्तर भी समान ही रहा होगा। जब हम आर्थिक दृष्टिकोण से सिन्धु सभ्यता के लोगों का अध्ययन करते हैं तो यहाँ के निवासियों का जीवन-स्तर एक समान नहीं पाते हैं। यहाँ के लोग सामाजिक दृष्टिकोण से कई भागों में बँटे हुए थे। सुविधापूर्वक अध्ययन के दृष्टिकोण से इन्हें हम मुख्यतः चार भागों में बाँट सकते हैं—प्रथम श्रेणी में व्यापारी, दूसरे में बुद्धिजीवी, तीसरे में श्रमिक और चौथी श्रेणी में सैनिक। सिन्धुकाल के बाद विश्व में एकमात्र देश चीन में हम पाते हैं कि सैनिकों का स्थान समाज में काफी नीचे था; क्योंकि यह देश भी प्राचीनकाल में शान्तिप्रिय था। ऋग्वैदिककाल में तो लड़नेवाला वर्ग भारतवर्ष में द्वितीय श्रेणी में था।

पुजारी, ज्योतिषी तथा वैद्य बुद्धिजीवी वर्ग में आते थे। मेहनत-मजदूरी करनेवाले तथा घरेलू नौकर श्रमिक वर्ग में थे। इसके अलावा श्रमिक वर्ग में चमार, टोकरी बनानेवाले, मछुआरे आदि भी शामिल थे। विभिन्न तरह के उद्योग करनेवाले लोग व्यापारी वर्ग में थे। सिन्धुघाटी के समाज में आर्थिक दृष्टिकोण से धनी, मध्यम एवं गरीब—तीनों वर्ग के लोग थे। यहाँ से दूर-दूर के देशों के साथ व्यापार होता था। अतः समाज में व्यापारियों की काफी प्रतिष्ठा थी।

पारिवारिक जीवन—परम्परागत परिवार समाज की इकाई था। पाए गए अवशेषों के आधार पर परिवारों के रहने की योजना मिलती है। यहाँ का समाज मातृप्रधान था। फलतः सिन्धु क्षेत्र के निवासी मातृदेवी का बड़ा आदर करते थे। यहाँ समाज की स्त्रियों को श्रद्धा की दृष्टि से देखा जाता था। इस काल में पर्दा प्रथा की बात नहीं पाई गई है। स्त्रियों का मुख्य काम शिशुपालन और सूत कातना था। यहाँ खुदाई से कई स्त्रियों की मूर्तियाँ भी मिली हैं। इसमें सबसे ज्यादा आश्चर्य काँसे की बनी हुई नर्तकी की एक मूर्ति देखकर होता है। यह नर्तकी गले में कंठहार पहनी हुई है। यह सारी भुजाओं को ढँके हुए है तथा वलय समूह के अतिरिक्त नग्न है। उसकी वेणी एक सुन्दर केशावरण में सुसम्बद्ध है। इस नर्तकी की एक भुजा अपने कूल्हे पर है। यह अर्द्धावनत जंघा के साथ उत्तेजनात्मक मुद्रा में खड़ी है। इसे देखने से ऐसा लगता है कि इसमें सजीव धृष्टता का गर्व है। इस तरह की सजीव धृष्टता का गर्व विश्व की दूसरी प्राचीन सभ्यतताओं में नहीं मिलता है। सिन्धु क्षेत्र की खुदाई से कुछ प्रभावहीन देवियों की मूर्तियाँ भी मिली हैं। इससे पता चलता है कि सिन्धु समाज में औरतों की दशा बाद के काल अर्थात् ऋग्वैदिककाल से भिन्न थी। विद्वानों का मत है कि इन देवियों की मूर्तियाँ वास्तव में नर्तकी, देवदासी एवं वेश्याओं की प्रतिनिधि थीं। मध्यपूर्व की सभ्यताओं में देवदासी और वेश्याएँ थीं, लेकिन सिन्धु क्षेत्र से प्राप्त मूर्तियों के बारे में निश्चय रूप से बताना कि वे वेश्याओं की प्रतिनिधि थीं, मुश्किल है। फिर भी इतना तो निश्चित है कि सिन्धु समाज में देवी-पूजा काफी प्रचलित थी। खुदाई से बहुत-सी साधारण किस्म की मूर्तियाँ मिली हैं, जो लगभग नग्न थीं। उनके शिरोपरिधान सुन्दर थे।

अतिसुन्दर दिखने के लिए अथवा तन्त्र-मन्त्र एवं जादू-टोना के कुप्रभाव से बचने के लिए हड़प्पावासी अनेक तरह के आभूषणों का प्रयोग करते थे। खुदाई से प्राप्त सामग्री के आधार पर पता चलता है कि यहाँ के लोग गले में हार, सिर पर आभूषण, सिरबन्द, पैर में पायल, हाथ की कलाई में कंगन, पैर के कड़े, कानों में बालियाँ तथा अँगुली में अँगूठी

पहनते थे। समाज के गरीब लोग ताँबा, हड्डी एवं मिट्टी के बने आभूषण पहनते थे। अपने-आपको सँवारने के लिए पीतल एवं ताँबे का बना हुआ आईना एवं हाथीदाँत की कंघियों का इस्तेमाल भी किया जाता था। आँखों की सुन्दरता बढ़ाने के लिए सुरमे का प्रयोग लोग करते थे।

रहन-सहन—धनी लोग अपने मकानों को सजाकर रखते थे। मकान के आगे एक बैठका होता था, जिसमें कुर्सी, पलंग और स्टूल रखा जाता था। सोने के लिए लोग चारपाई का इस्तेमाल करते थे। चारपाइयाँ प्रायः लकड़ी की बनती थीं। नरकुल की चटाइयाँ भी बनाई जाती थीं। घर में रोशनी के लिए दीपक जलता था। ये दीपक पत्थर, ताँबे और मिट्टी के बनाए जाते थे। सीप को भी दीपक के रूप में प्रयोग किया जाता था। मोम और रुई की बत्तियाँ घरों में प्रकाश के लिए इस्तेमाल की जाती थीं। सामान ढोने के लिए टोकरियों का प्रयोग किया जाता था। ये टोकरियाँ लड़ी या बेंत की बनी होती थीं।

मनोविनोद के साधन—दिन भर के थके-हारे शहरी व्यक्ति के लिए मानसिक रूप से तरोताजा होने के लिए आधुनिककाल की तरह सिन्धुकाल में भी मनोविनोद का बड़ा महत्त्व था। यहाँ के लोग मुख्यतः नाचने और गाने में बहुत रुचि रखते थे। खुदाई से यहाँ बहुत-सी नाचनेवाली स्त्रियों की मूर्तियाँ मिली हैं, जिनसे पता चलता है कि यहाँ के लोग नृत्य के शौकीन थे। शतरंज एवं जुआ खेलने की प्रथा समाज में थी। सिन्धुनिवासी रथ-दौड़ में भाग लेते थे। चिड़िया उड़ाना मनोरंजन का एक मुख्य साधन था। इसके लिए चिड़ियाँ पाली जाती थीं। गोली खेलना, पासा फेंकना तथा गेंद खेलना लोगों के मनबहलाव के साधन थे। गोली खेलने की प्रथा सिन्धुघाटी के अलावा सुमेर एवं मिस्र में भी थी। पुरातत्त्व से काफी संख्या में पासा मिलने से लगता है कि सिन्धुघाटी के निवासी जुआ खेलने के बहुत शौकीन थे। ऋग्वैदिककाल में भी हम पाते हैं कि पासा खेलना काफी लोकप्रिय था। सिन्धुवासियों को शिकार करने का बहुत शौक था। इसकी जानकारी खुदाई से प्राप्त मुद्राएँ देती हैं। इन सिक्कों पर बने चित्रों से पता चलता है कि यहाँ के लोगों को धनुष-बाण से बकरियों, हिरणों आदि का शिकार करना प्रिय था। बैलों की कुश्ती कराने की प्रथा प्रचलित थी। बच्चों के मनोरंजन के साधनों के बारे में जानकारी मिलती है। छोटी-छोटी गाड़ियाँ बनाकर सिन्धु समाज के बच्चे खेला करते थे। मनुष्य तथा पशुओं के आकार के खिलौने बतने थे। ये मिट्टी के हुआ करते थे। बच्चों को खेलने के लिए मिट्टी के भेड़ बनाए जाते थे। एक बैल जैसा खिलौना मिला है, जिसका सिर हिलता है। एक हाथी मिला है, जिसका सिर दबाने से शब्द होता है। सिन्धु क्षेत्र में एक ऐसे पशु का अवशेष मिला है, जिसका सर तो भेड़ के समान है, लेकिन शरीर चिड़िया के समान है। कुछ पक्षियों की चर्चा मिलती है, जो बन्द पिंजड़े में दिखाए गए हैं। मिट्टी के झुनझुने बनाए जाते थे। मुँह से बजानेवाली सीटियाँ मिली हैं। बच्चों के लिए मनुष्य-आकृति के मिट्टी के खिलौने मिले हैं। बौनों के रूप में खिलौना बच्चों द्वारा खेला जाता था। मिस्र में भी ऐसे बौने-खिलौने के अवशेष मिले हैं। पहिएवाली गाड़ी का खिलौने के रूप में उपयोग किया जाता था। ताँबे की बनी एक छोटी-सी सुन्दर गाड़ी हड़प्पा की खुदाई से मिली है। उपर्युक्त खिलौनों के आधार पर सिन्धुवासी के जीवन को समझने में हमें सुविधा मिलती है।

मृतक संस्कार—मोहनजोदड़ो से प्राप्त अवशेष के आधार पर पता चलता है कि मृतक-संस्कार के तीन प्रकार थे—(क) शव को मांसभक्षी जानवरों के सामने फेंक दिया जाता था। मांस खाने के बाद जो हड्डियाँ बच जाती थीं, उन्हें दफना दिया जाता था। (ख) शव को उसी रूप में दफना दिया जाता था। (ग) दाह-क्रिया करने के बाद उसके शेष राखों को कलश में भरकर गाड़ दिया जाता था। अस्थियाँ, कोयला तथा भस्म तीनों चीजों से भरे अनेक कलश सिन्धु क्षेत्र में मिले हैं। हड़प्पा से प्राप्त कुछ अवशेषों से पता चलता है कि शव का सिर उत्तर की ओर रहता था। शव को लम्बा रखने की प्रथा थी। शव के साथ जेवरात और श्रृंगार की चीजें भी गाड़ दी जाती थीं। कुछ ऐसे शव मिले हैं, जिनके दाहिने हाथ की अँगुली में ताँबे की अँगूठी है। शव के पास पायल, हार, आईना आदि मिले हैं। एक स्थान पर खुदाई से एक साथ कई शवों के अवशेष मिले हैं। अनुमान किया जाता है कि किसी युद्ध में मारे गए लोगों को एक साथ ही गाड़ दिया गया था। कहीं-कहीं स्त्री-पुरुष दोनों की लाशें एक साथ मिली हैं। ऐसे अवशेष हड़प्पा से मिले हैं। हड़प्पा के समान ही प्राचीन सुमेर में इसी तरह की प्रथा प्रचलित थी। हड़प्पा से एक ऐसा शव मिला है जिसके बगल में एक बकरी की लाश है। विद्वानों का अनुमान है कि अन्तिम संस्कार के अवसर पर शायद बकरे की बलि चढ़ाई गई होगी।

औषधियों का प्रयोग—मोहनजोदड़ो की खुदाई से शिलाजीत मिला है। यह काले रंग का है, जिसे घोलने के बाद इसका रंग गहरे बादामी रंग का हो जाता है। इसका प्रयोग आज भी कई बीमारियों के लिए किया जाता है। औषधि के रूप में समुद्र के फेन का प्रयोग लोग करते थे। कर्नल स्यूयल के अनुसार, हिरण तथा बाहरसिंगों के सींगों का प्रयोग औषधि बनाने के लिए किया जाता था। नीम की पत्तियों से आज की ही तरह औषधि बनाई जाती थी।

भोजन—खाद्य-सामग्री पैदा करने के लिए लोगों को प्राकृतिक सुविधाओं पर अधिक निर्भर रहना पड़ता था। मोहनजोदड़ो की खुदाई से पता चलता है कि यहाँ के लोग भोजन में गेहूँ तथा जौ का इस्तेमाल करते थे। यहाँ राई और मटर की पैदावार होती थी। हड़प्पा की खुदाई से कई किस्म की खाद्य-सामग्रियों के बारे में जानकारी होती है। यहाँ के लोग चावल, दाल एवं सब्जी के अतिरिक्त खजूर, तिल, फलियाँ और तरबूज भी खाते थे। पशुओं का दूध पीने से स्वास्थ्य पर अच्छा असर पड़ता है, इसकी जानकारी हड़प्पावासियों को थी। दूध से घी बनाया जाता था। नींबू की जानकारी भी इन्हें थी। भोजन में ये मिठाई और रोटी से परिचित थे। अनाज को कूटा एवं पीसा जाता था। बड़े-बड़े गोदाम रहते थे, जिसमें धनी लोग अपना अनाज रखते थे। गरीब व्यक्ति अपना अनाज साधारण लिपे हुए गड्ढे में रखते थे। यहाँ के लोग मांसाहारी भी थे। पत्थर के औजार मिले हैं, जिनसे जानवर और बड़ी-बड़ी मछलियाँ काटे जाते थे। खाने के बर्तन के रूप में प्याला, चम्मच, तश्तरी, थाली आदि का प्रयोग होता था।

1.12 आर्थिक जीवन

प्राचीनकाल या आधुनिककाल की किसी भी देश की आर्थिक स्थिति का अच्छा या बुरा उत्पादन पर निर्भर करता है। आवश्यकता से जितना अधिक उत्पादन होगा, आर्थिक अवस्था उतनी ही मजबूत होगी।

कृषि—सिन्धु लोगों का मुख्य व्यवसाय कृषि था। कृषि सम्बन्धी बचत के आधार पर यहाँ के लोगों ने एक सुखदायी सभ्यता का निर्माण किया। इस काल का मानव प्रकृति से अधिक निकट का सम्बन्ध रखता था। जो कुछ भी वह पाता, उसमें प्रकृति का बहुत बड़ा हाथ रहता था। कृषि के लिए समतल मैदान एवं सिंचाई के लिए जल की आवश्यकता थी। सिन्धु नदी के समीप बाढ़वाले समतल इलाकों में खेती की जाती थी। इस क्षेत्र में जल पर्याप्त मात्रा में उपलब्ध था। आरम्भ में तो सिन्धुघाटी के बाढ़वाले समतल भू-भाग पर मुलायम मिट्टी रहने के कारण खेती आसानी से कर ली जाती थी लेकिन मुलायम मिट्टी नहीं रहने पर खेत जोतने में काफी दिक्कतों का सामना सिन्धुवासियों को करना पड़ता होगा। खेत जोतने के लिए जहाँ तक हल का प्रश्न है, कृषि के लिए इस मौलिक यन्त्र का प्रमाण हमें बिलकुल नहीं मिलता है। फिर भी यह तो मानना ही पड़ेगा कि सिन्धुकाल के पहले आधुनिक भारत-पाकिस्तान के इन क्षेत्रों में इतनी अधिक जनसंख्या एक क्षेत्र में कभी एकत्र नहीं हुई थी। एक विकसित कृषि-व्यवस्था ही इतनी बड़ी आबादी का भरण-पोषण कर सकती थी। इससे अनुमान किया जा सकता है कि सिन्धुवासी खेती में हल का प्रयोग करते होंगे। हल लकड़ी के बनाए जाते होंगे, जो काल के साथ नष्ट हो गए होंगे। इस क्षेत्र की खुदाई से नहर की कोई जानकारी नहीं मिलती है। आधुनिक काल की तरह सिन्धु क्षेत्र की भूमि शुष्क एवं वृष्टिहीन नहीं थी। कुछ नदियों, जैसे—सिन्धु, मिहरान और उनकी सहायक नदियों से सिंचाई का काम हो जाता था। अतः सिंचाई के लिए किसी औजार की आवश्यकता नहीं पड़ी थी और इसीलिए खुदाई से किसी प्रकार के सिंचाई से सम्बन्धित औजार नहीं मिले हैं। विद्वानों का ऐसा भी मत है कि उस काल में यहाँ पर्याप्त वर्षा होने के कारण नहरों के निर्माण की आवश्यकता नहीं पड़ी हो। मुख्य अनाजों को बाढ़ का पानी हटाने के तुरन्त बाद ही बो दिया जाता होगा। जब ये फसलें बढ़कर पक जाती होंगी, तो काट ली जाती होंगी। फिर अन्य फसलों को बाँध से सुरक्षित खेतों में बोया जाता होगा। ऐसा प्रायः बाढ़ आने के पहले होता होगा, ताकि बाढ़ के पानी से इसकी सिंचाई हो सके।

सिन्धुवासी कई तरह के पशुओं, जैसे—गाय, बैल, भैंस, सूअर आदि पालते थे। यहाँ के कई प्राचीन नगरों की खुदाई हुई है और भेड़, सूअर, हाथी, बैल, भैंस, गाय आदि की हड्डियाँ मिली हैं। खुदाई से प्राप्त हड्डियों से पता चलता है कि वे लोग कुत्ता, गधा आदि से परिचित थे। सिन्धुवासी मांसाहारी थे। वे कछुआ, भेड़, बकरी, सूअर, घड़ियाल आदि का मांस खाना अधिक पसन्द करते थे। मांस ये लोग सीधे आग में पकाकर या भूनकर नहीं खाते थे, बल्कि चकमक पत्थर को गरम और तेज घिसकर उसकी धार से मांस छोटे-छोटे टुकड़ों में काटकर खाते थे। सिन्धु क्षेत्र में अनेक प्रकार के जंगली पशु भी पाए जाते थे। इन पशुओं में मुख्य थे—रीछ, चीता, गैंडा, बन्दर, दरियाई घोड़ा तथा शेर। इतना ही नहीं, ये सिन्धुवासी छोटे-छोटे जानवरों, जैसे—नेवला, बिल्ली, गिलहरी, मोर, तोता, मुर्गी, खरगोश आदि से परिचित थे। सम्भवतः यहाँ के निवासी घोड़ा से परिचित नहीं थे। भोजन के लिए ये लोग पशुओं का शिकार करते थे। कभी-कभी कृषि की रक्षा के लिए पशुओं को मार दिया जाता था तथा उनकी हड्डियों से कई तरह के सामान बनाए जाते थे।

सिन्धुघाटी के निवासी कृषि, पशुपालन एवं विभिन्न प्रकार के कला-कौशल से परिचित होने के कारण माल-उत्पादन के कार्यों में भी दिलचस्पी लेने लगे थे। व्यापार के क्षेत्र में यह इलाका विश्व के अन्य नगरों की तुलना में काफी उन्नतिशील था। इस तरह की उन्नति के लिए एक ठोस नियम एवं सुरक्षा की आवश्यकता पड़ती है। वस्तुओं के वास्तविक निर्यात के प्रमाण को आसानी से पाना सम्भव नहीं, लेकिन इस क्षेत्र के बड़े पैमाने पर निर्मित अनेक वस्तुओं को देखने से लगता है कि यहाँ आवश्यकता से अधिक सामान बनाए जाते थे, जो निर्यात होते होंगे। यहाँ के नगरों में चौड़ी-चौड़ी सड़कें पाई गई हैं। इनके दोनों ओर छोटी-छोटी दुकानें होती थीं। इससे भी अनुमान लगाया जा सकता है कि व्यापार काफी उन्नत अवस्था में था। सम्भवतः जल एवं थल दोनों मार्गों से व्यापार होते थे। जो कच्चा माल सिन्धु क्षेत्र में नहीं मिलता था, उसे यहाँ के व्यापारी बाहर से मँगाते थे। सोना ये लोग दक्षिण भारत में स्थित आधुनिक कर्नाटक प्रान्त से मँगाते थे। ऐसा अनुमान किया जाता है कि यहाँ के व्यापारी पश्चिम में स्थित फारस एवं अफगानिस्तान से सोना आयात करते थे। चाँदी का आयात ये लोग सम्भवतः ईरान और अफगानिस्तान से करते थे। चाँदी दक्षिण भारत से भी मँगाई जाती होगी। यातायात के साधन एवं खनिज पदार्थों को ध्यान में रखते हुए ऐसा लगता है कि चाँदी का आयात अरब एवं बलूचिस्तान से भी होता था। बड़े-बड़े भवनों के निर्माण में सिन्धु क्षेत्र में लाजवर्त पत्थर का इस्तेमाल पाया गया है। यह पत्थर अफगानिस्तान के पूर्वी-उत्तरी हिस्से में स्थित बदक्शाँ नामक स्थान से आयात किया जाता था।

पश्चिम भारत से गोमेद, मूँगा और लाल मँगाया जाता था। इन पत्थरों का एक दूसरा प्रसिद्ध बाजार सौराष्ट्र में स्थित था। वहाँ से भी मूँगा, लाल और गोमेद खरीदकर मँगाया जाता था। जम्बुमणि नामक पत्थर महाराष्ट्र से आता था। फिरोजा का आयात ईरान से किया जाता था। मध्य एशिया में हरे रंग का एक बहुमूल्य पत्थर पाया जाता था, जिसे संगयशब कहते हैं। यह पत्थर सिन्धु के व्यापारियों द्वारा मध्य एशिया से आयात किया जाता था। सिन्धु क्षेत्र के पूरब एवं पश्चिम में स्थित कई स्थानों से सेलखड़ी मँगाया जाता था। इस तरह सिन्धु क्षेत्र की औद्योगिक-कला की विभिन्नता और विशेष पदार्थों के प्रयोग होने से ऐसा जान पड़ता कि यहाँ के व्यापारियों ने बाहर के लोगों से व्यापारिक सम्पर्क किया था। ऐसे व्यापार दो प्रकार के रहे होंगे। एक सिन्धुघाटी के आसपास में बसे ग्रामीण समुदायों से और दूसरा जंगली कबीलों से। यह व्यापार विशेषकर कच्चे पदार्थों की प्राप्ति के लिए होता होगा। कच्चे माल के लिए व्यापार का आन्तरिक जाल विस्तृत पैमाने पर बिछा था। यहाँ के लोग अपने लिए कुछ ताँबा राजस्थान में स्थित खत्री नामक स्थान की खानों से अवश्य ही मँगाते थे। टीन का आयात बाहर के देशों से किया जाता था। इन सामानों का आयात जल तथा थल दोनों मार्गों से होता था। सिन्धुकाल की एक मुद्रा पर जहाज बना हुआ है। इससे अनुमान किया जा सकता है कि विदेशों से सामान जहाज पर लादकर जल के मार्ग से यहाँ पहुँचता था। जहाँ से स्थलमार्ग की सुविधा होती थी, वहाँ से माल बैलगाड़ियों पर लादकर मँगाया जाता था। ऐसा लगता है कि मोहनजोदड़ो एक अन्तर्देशीय बन्दरगाह के रूप में अपना स्थान बनाए हुए था। इसका व्यापार उर, किश, मिस्र आदि के साथ चलता था। इस क्षेत्र के व्यापारी बारहसिंगा एवं लकड़ी कश्मीर से मँगाते थे। कच्चे माल एवं विलास

की वस्तुओं को बाहर से मँगाने के अलावा, यहाँ के लोग खाने के लिए अरब सागर के तट से मछली भी मँगाते थे। निर्यात के दृष्टिकोण से हम पाते हैं कि यहाँ से सूती कपड़े तथा बर्तन सुमेर, मिस्र और बेबीलोन भेजे जाते थे। यहाँ की निर्मित सामग्री दजला-फरात अर्थात् मेसोपोटामिया के बाजारों में बिकती थी। खरीद-बिक्री में विनिमय का माध्यम क्या था, इसकी जानकारी हमें नहीं है। यहाँ पाए गए अनेक गोदामों से सुसंगठित एवं समृद्धशाली व्यापारियों की जानकारी मिलती है। व्यापारियों की सम्भवतः अपनी मुहर होती थी। हुंडी एवं साख-प्रथा भी व्यापार में प्रचलित थी। निर्यात के दृष्टिकोण से सम्भवतः अकीक के हार के दाने, विशेषकर गुर्दे के आकार के दाने, सीप आदि मेसोपोटामिया को निर्यात किए जाते थे। जूँ निकालने के लिए हाथीदाँत की कंघी, मोती और कश्मीर से मँगाई गई बहुमूल्य लकड़ियों का भी निर्यात होता था। इन सभी तथ्यों को ध्यान में रखते हुए **सर जॉन मार्शल** का कथन सत्य ही प्रतीत होता है। वे लिखते हैं, "सिन्धुघाटी के साधारण नागरिक भी उस काल में जिस प्रकार की सुख-सुविधा एवं विलास की सामग्रियों का उपभोग करते थे, उनकी तुलना उस काल के सभ्य संसार के किसी भी भाग के निवासियों से नहीं की जा सकती।"

1.13 राजनीतिक जीवन

राजनीतिक संगठन के बारे में सिन्धु क्षेत्र में कोई स्पष्ट प्रमाण नहीं मिले हैं। राजभवन जैसा कोई विशाल भवन अवशेष के रूप में यहाँ नहीं मिला है, जिसके आधार पर राजनीतिक अध्ययन किया जा सके। किसी विशाल मन्दिर और उसके प्रधान देवता की जानकारी नहीं हो पाई है, जिसके आधार पर यह अनुमान किया जाए कि यहाँ का प्रधान शासक कोई पुरोहित था। अभी तक अवशेष के रूप में, जहाँ विशाल स्नानागार मिला है, उसी के समीप कुछ भवनों के अवशेष भी मिले हैं। इसे कुछ लोग राजभवन की संज्ञा देते हैं, लेकिन यह विचार ठीक नहीं लगता। असल में इन भवनों में एकमात्र एक विशाल कमरे की जानकारी होती है और एक ही विशाल कमरे के आधार पर इसे राजभवन कहना उचित प्रतीत नहीं होता। इसके बावजूद, इतना तो कहा ही जा सकता है कि इतना विशाल क्षेत्र किसी-न-किसी राजनीतिक घेरे के अन्दर निश्चित रहा होगा। इस तर्क के पक्ष में यह प्रमाण दिया जा सकता है कि सारे क्षेत्र में एक ही तरह की माप तथा तौल प्रचलित थी। भवनों का निर्माण भी यहाँ लगभग एक ही प्रकार का होता था। यहाँ पाई गई मूर्तियों में एकरूपता पाई गई है तथा लिपि का प्रचलन एक ही तरह का था। इन तथ्यों के आधार पर ऐसा लगता है कि यहाँ एक व्यवस्थित शासन-संगठन था। इस क्षेत्र में पाए गए नगरों की योजनाओं को देखकर यह कहा जा सकता है कि यहाँ नगरपालिका संगठन था, जो राजनीतिक व्यवस्था का ही एक अंग है। नगरपालिका होने के कारण ही यहाँ गलियों एवं सड़कों की रक्षा तथा नालियों की समुचित व्यवस्था थी। अतएव विद्वानों का मत है कि यहाँ एक विशाल राजनीतिक संगठन था।

ह्वीलर ने उत्खनन के आधार पर यहाँ की शासन-व्यवस्था को मध्यमवर्गीय जनतान्त्रिक शासन कहा है। उसके अनुसार, "चाहे कहीं से भी उपर्युक्त तथ्य ज्ञात हुआ हो; धार्मिक प्रवृत्ति की प्रमुखता तो स्वीकार करनी ही होगी।" सुमेर और अक्कड़ के पुरोहित राजा के

समान हड़प्पा के मालिक भी अपने नगरों पर शासन करते थे। मन्दिर के मुख्य देवता के ही हाथ में सुमेर नगर का अनुशासन और धन रहता था। यहाँ के देवता को पुरोहित राजा कहा जाता था। सुमेर की शासन-प्रणाली को इतिहासकार हंटर द्वारा राजतान्त्रिक-प्रणाली कहा गया है। सिन्धुघाटी की सभ्यता में जनतान्त्रिक शासन-प्रणाली प्रचलित थी, इसका अनुमान सिन्धु क्षेत्र में पाए गए विशाल स्नानागार में सटे हुए भवनों के आधार पर किया जा सकता है। विद्वानों का कहना है कि यहाँ के नगर के व्यक्ति इस विशाल भवन में अपने प्रतिनिधियों का निर्वाचन करने के लिए एकत्र हुआ करते थे। साथ ही विशेष महत्त्वपूर्ण समस्याओं पर विचार करने के लिए भी वे इस भवन में एकत्रित होते थे। वैसे यह स्पष्ट नहीं हो सका है कि शासन की लगाम एक संवैधानिक राजा के हाथ में थी या जनता के प्रतिनिधियों के हाथ में। शासन में विकेन्द्रीकरण जैसी व्यवस्था शायद थी।

सिन्धुघाटी के लोग युद्धप्रिय नहीं थे, यह प्रमाण तो उत्खनन से प्राप्त सामग्री के आधार पर ही मिल चुका है। इनकी सभ्यता शान्तिप्रधान थी। खुदाई से प्राप्त अस्त्र-शस्त्र का अध्ययन करने पर पता चलता है कि अस्त्र-शस्त्र ताँबे एवं काँसे के बने रहते थे। ये औजार अधिक तीक्ष्ण नहीं थे। सिन्धुघाटी के निवासी **ऋग्वैदिककाल** के समान तलवार, कवच, शिरस्त्राण आदि का प्रयोग नहीं करते थे। शायद इन सब औजारों से ये अनभिज्ञ थे। यहाँ के निवासियों को शान्तिमय जीवन व्यतीत करने में ज्यादा विश्वास था। फलतः कहा जा सकता है कि सिन्धुकाल में शासन-व्यवस्था अच्छी थी। अशान्ति एवं राजनीतिक अशान्तियों से यह मुक्त था। युद्धप्रिय नहीं रहने के कारण ही अगर बाहर की जातियों ने इन पर आक्रमण करके इन्हें परास्त कर दिया हो, तो कोई आश्चर्य नहीं।

खुदाइयों से प्राप्त सामग्री के आधार पर हमें हड़प्पा के लोगों के धर्म की विशेषताओं की जानकारी होती है। इस तरह की विशेषता प्राचीनतम धार्मिक साहित्य में नहीं है। उदाहरणस्वरूप, हड़प्पा काल में देवी की पूजा होती थी। लेकिन इसके पतन के लगभग एक हजार वर्ष के बाद ही देवी की पुनः पूजा करने की बात पाई जाती है। लिखित साहित्य या स्मारक धार्मिक सूचना देने में असमर्थ हैं। इस सम्बन्ध में धातु-पात्रों एवं मुहरों पर अंकित विभिन्न प्रकार के चित्रों का गहरा अध्ययन करके ही कुछ तथ्य निकाला जा सकता है।

मातृदेवी की पूजा–मिस्र, मेसोपोटामिया, क्रीट, साइप्रस, फिलिस्तीन, सीरिया, एशिया माइनर, बाल्कन, एल्म, पश्चिमी एशिया, इजियन सागर आदि के आसपास मिली देवियों की पूजा के समान ही सिन्धु क्षेत्र में भी देवी की पूजा होती थी। मातृपूजा की परम्परा की शुरुआत पृथ्वी की पूजा से हुई। इस पूजा का सम्बन्ध उत्पत्ति के महत्त्व से है। सिन्धु क्षेत्र से एक ऐसी स्त्री का चित्र मिला है जिसके पेट से एक पौधा निकला है। इस चित्र का सम्बन्ध विद्वानों ने पृथ्वी, देवी, पौधे की उत्पत्ति एवं उनके विकास से लगाया है। हड़प्पा से खुदाई में एक और स्त्री का चित्र मिला है। वह पालथी मारकर बैठी है। स्त्री के दोनों ओर पुजारी बैठे हैं। फिर इस स्त्री के सिर के ऊपर पीपल की पत्तियों के चित्र हैं। इस तरह इस काल में शक्ति की पूजा प्रचलित थी। मातृ एवं देवी की उपासना होती थी। सिन्धु सभ्यता में अलग-अलग क्षेत्रों में भिन्न-भिन्न देवियों की पूजा प्रचलित थी। मातृदेवी के कई रूप थे। उनकी उपासना भिन्न-भिन्न रूपों में की जाती थी। मोहनजोदड़ो में खुदाई से एक अलग प्रकार की मातृदेवी

की मूर्ति मिली है। इस मूर्ति के सिर के ऊपर एक पक्षी अपना पंख फैलाकर इस तरह बैठा है, जैसे कि वह मातृदेवी की रक्षा कर रहा हो। इस काल में प्रकृति के सहारे ही मनुष्यों का पालन-पोषण होता था। अतः यहाँ के लोगों द्वारा प्रकृति को मातृदेवी मानकर उपासना करना स्वाभाविक था।

पेड़-पौधों की उपासना–सिन्धुकाल से ही वृक्षों की पूजा होती रही है। आज भी उत्तर भारत में पीपल, आँवला आदि के पेड़ों की पूजा होती है। दक्षिण भारत में इमली के पेड़ की पूजा का प्रचलन आज भी है। वृक्षों को देवी-देवताओं का रूप मानकर पूजा होती थी और होती है। इन बातों की पुष्टि सिन्धु क्षेत्र से प्राप्त कुछ मुद्राओं से होती है। इस तरह के अवशेष हड़प्पा और मोहनजोदड़ो में मिले हैं। मोहनजोदड़ो में एक ऐसी मुद्रा मिली है, जिसमें एक पशु के दो सटे हुए सिर हैं। इन दोनों जुड़वाँ सिरों से नौ पीपल की पत्तियाँ निकली हैं। इससे पता चलता है कि कुछ विशेष प्रकार के पशु और पीपल के पेड़ का समाज में धार्मिक महत्त्व था। अधिक दिनों तक जीवित रहने के कारण पीपल के पेड़ का आज भी महत्त्व है। पीपल का पेड़ स्वास्थ्य के दृष्टिकोण से भी काफी महत्त्वपूर्ण है। यह एक ऐसा पेड़ है जो दूसरे भारतीय पेड़ों के समान रात में कार्बन डाईऑक्साइड गैस नहीं छोड़ता, बल्कि ऑक्सीजन छोड़ता है, जिसका स्वास्थ्य के दृष्टिकोण से काफी महत्त्व है। आज भी महिलाएँ शादी होने से पहले पीपल के पेड़ की पूजा करती हैं। इस पूजा का प्रधान उद्देश्य यही होता है कि वर एवं वधू दोनों की उम्र पीपल के पेड़ के समान काफी लम्बी हो। *ऋग्वेद* में अश्वत्थ वृक्ष की चर्चा है। इस वृक्ष के बारे में कहा गया है कि इस पर जल चढ़ाने से स्वर्ग की प्राप्ति होती है। अश्वत्थ का पेड़ ही बाद में चलकर पीपल का पेड़ कहलाने लगा। पीपल के पेड़ के महत्त्व की चर्चा *गीता* में कृष्ण के द्वारा भी की गई है। पीपल के पेड़ के नीचे ही बौद्ध धर्म के महान प्रवर्तक महात्मा गौतम बुद्ध को ज्ञान की प्राप्ति हुई थी। सिन्धुकाल में नीम और बबूल के पेड़ की भी पूजा होती थी। इस काल में वृक्ष-पूजा, देवी-देवताओं को खुश करने के लिए पशुओं की बलि चढ़ाई जाती थी।

पशु-पूजा–सिन्धु क्षेत्र में बहुत-सी मुद्राएँ पाई गई हैं, जिनके अध्ययन से अनेक पशुओं की आराधना की हमें जानकारी होती है। पशु-पूजा के अध्ययन को अधिक तथ्यपूर्ण बनाने के लिए मार्शल ने इन पशुओं को तीन भागों में बाँटा है और इनकी पूजा करने के भिन्न-भिन्न पहलुओं पर प्रकाश डाला है। सिन्धुकाल के लोगों का पुनर्जन्म में विश्वास था। इन लोगों का कहना था कि मनुष्य के रूप में देवताओं की पूजा बाद में शुरू हुई। चूँकि, पहले देवता पशुओं के रूप में रहते थे, इसलिए मनुष्य के पहले पशुओं के रूप में दो देवताओं की पूजा प्रथा सिन्धुकाल में प्रचलित थी। कहते हैं कि जब पशु देवता के रूप में मनुष्यों का रूप धारण करने लगे, तो उनके चिह्नरूप में केवल सींग ही रह गए। जानवरों के सींग उस समय बहुत बड़ी शक्ति का प्रतीक माने जाते थे। पशुओं की पूजा के रूप में हाथी, गैंडा, बैल, ऋषभ, भैंस आदि पशुओं का चित्रण मुहरों पर मिला है। यहाँ ध्यान देने की बात है कि मिस्र में भी नन्दी या साँड़ की शक्ति को देखते हुए उसकी पूजा होने लगी थी। सिन्धु क्षेत्र से प्राप्त मुद्राओं के आधार पर पता चलता है कि कूबड़ तथा बिना कूबड़ के बैलों की भी पूजा प्रचलित थी। शिव की सवारी बैल की कल्पना की शुरुआत भी सम्भवतः यहीं से हुई। इस काल

में अलग-अलग पशुओं को अलग-अलग देवताओं का दूत माना जाता था। इसलिए हम पाते हैं कि देवताओं के साथ-साथ पशुओं की भी पूजा प्रचलित होने लगी। सिन्धु-समाज में साँपों की पूजा होती थी। सिन्धुघाटी में एक मनुष्य की प्रतिमा मिली है, जिसके दोनों ओर साँप फन फैलाए हुए हैं। बैल की पूजा तो लगभग सभी प्राचीन सभ्य देशों में लोकप्रिय थी। खुदाई से प्राप्त एक तावीज पर लेटे हुए नाग को देखकर **मैके** महोदय का अनुमान सही लगता है कि नाग को पीने के लिए दूध दिया जाता था। (साँप दूध नहीं पीता है।) आज भी नागपंचमी के दिन नागों की पूजा हमारे समाज में प्रचलित है। कुछ ऐसी मुद्राएँ मिली हैं, जिन पर बत्तख का चित्र बना हुआ है। इससे अनुमान किया जा सकता है कि सिन्धु-समाज में बत्तख की पूजा प्रचलित थी। ऐसे भी बत्तख की एक प्रधान विशेषता यह है कि वह पानी में तैरता है और पानी में चल रहे छोटे-मोटे कीड़े-मकोड़ों को मारकर खा जाता है। फलतः पानी काफी स्वच्छ रहता है। पानी का सिन्धुकाल में काफी धार्मिक महत्त्व था।

अन्य धार्मिक विश्वास–सिन्धु प्रदेश के लोग मूर्ति-पूजा में विश्वास करते थे। मन्दिर तो यहाँ मिले नहीं हैं, लेकिन **मार्शल** का कहना है कि लकड़ी के मन्दिर होते थे। यहाँ से प्राप्त कुछ नारी-मूर्तियों के आधार पर कहा जाता है कि ये मूर्तियाँ मन्दिर में उपासना करनेवाली की हैं। कुछ नारी-मूर्तियाँ निर्वस्त्र अवस्था में भी मिली हैं। इस सम्बन्ध में कुछ विद्वानों का कहना है कि ये मूर्तियाँ देवदासियों की हैं। ऐसा भी लगता है कि यहाँ के लोग देवताओं को मनुष्य के रूप में देखते थे। इसी कारण यहाँ से प्राप्त मुहरों तथा प्रतिमाओं में बहुत-से देवी-देवताओं के चित्र मिले हैं।

तार्किक विचार के अभाव में यह तो मानना ही पड़ेगा कि सिन्धु लोगों के बीच जादू-टोना एवं अन्य दूसरे अन्धविश्वासों का काफी बोलबाला था। खुदाई से प्राप्त बहुत से चकोर तावीज मिले हैं, जिन पर देवी-देवताओं की मूर्तियाँ तथा कुछ मन्त्र अंकित हैं। शायद सिन्धुवासी भूत-प्रेत से अपनी रक्षा के लिए ये तावीज धारण करते थे। ये तावीज ताँबे के बने होते थे। कुछ मिट्टी के भी मिले हैं।

सिन्धुघाटी सभ्यता को एक ऐसा मापदंड मानना पड़ेगा, जिसे हम देखकर कह सकते हैं कि वर्तमान काल की सृष्टि भूतकाल में हुई थी और वर्तमान के गर्भ में भविष्य छिपा है। जहाँ भूतकाल का ज्ञान नहीं, वहाँ आधुनिककाल के प्रश्नों को समझना असम्भव नहीं तो कठिन अवश्य है।

1.14 विज्ञान

अनुभाव को जब सिद्धान्त रूप में सामान्यीकृत कर दिया जाता है, तो वह **विज्ञान** कहलाता है। इसमें सुधार के लिए पुनः अभ्यास की जरूरत होती है। विज्ञान विश्व को भयमुक्त बनाता है। जो पुरुष विज्ञान से सम्पन्न होता है, वह स्वयं को भी जीत सकता है। विज्ञान ज्ञान की वही शाखा है, जिसे प्राकृतिक तथ्यों एवं घटनाओं को वस्तुनिष्ठ तरीके से नियमानुसार अवलोकन कर प्रयोगों द्वारा प्राप्त किया जाता है। **उपकरणों** के बिना विज्ञान सम्भव नहीं था। पाषाणयुग में ही मनुष्य अपने जीवन-निर्वाह और भौतिक परिवेश को अपने हित में नियन्त्रित करने हेतु पाषाण उपकरणों के रूप में **प्रौद्योगिकी** को विकसित कर रहा था। उपकरण

(यन्त्र, औजार) ज्ञान का एक ऐसा साधन है, जिसे विभिन्न प्रकार के मापन का अवलोकन करने और उसे दर्ज करने के लिए उपयोग में लाया जाता है। वैज्ञानिकों और अध्ययन से सम्बद्ध विषयों के बीच उपकरण एक विशेष बिचौलिया के रूप में मनुष्य की ज्ञानेन्द्रियों को सशक्त बनाता है। उपकरणों के माध्यम से ही मनुष्य भौतिक यथार्थ का निर्माण करता है। प्रगति का महान मार्ग प्रशस्त करने में उपकरणों की भूमिका महत्त्वपूर्ण रही है।

1.15 विज्ञान एवं खोट विज्ञान

भौतिकवादी दर्शन, औषधविज्ञान, ज्योतिष इत्यादि पर प्राप्त प्राचीन सार-संग्रह का अधिकांश हिस्सा संशोधित रूप में हजार वर्षों में लिखा गया था। इस बीच असंख्य बातें इनमें ऐसी जोड़ी गईं, जो इनके मूलभूत रूपों में नहीं थीं। नई बातों को जोड़ने के लिए या तो तत्कालीन भौतिकवादी दार्शनिकों और वैज्ञानिकों पर दबाव डाला गया था या ब्राह्मण-पुरोहित वर्ग द्वारा छल से इनके पाठों में प्रक्षिप्त अंश जोड़ दिए गए। इस तरह विज्ञान और धार्मिक रूढ़िवाद के बीच तीव्रतम संघर्ष रहा। विशुद्ध वैज्ञानिक और खोट वैज्ञानिक के बीच प्राचीनकाल के स्पष्ट विभाजन करना कठिन है, क्योंकि विज्ञान और खोट विज्ञान एक-दूसरे के विकट तरीके से उलझे रहे हैं। खोट विज्ञान वास्तविक विज्ञान से इस अर्थ में भिन्न है कि इसमें बिना प्राकृतिक तथ्यों के विधिवत् अवलोकन के सिद्धान्तों-मन्त्रों और जादू-टोना के रूप में धारण कर लिये जाते हैं और उन्हें ही सत्य माना जाता है, चाहे वे वास्तविकता के परे क्यों न हों।

अनेक उदाहरणों में यह पाया जाता है कि विशुद्ध उपलब्धियाँ नकली वैज्ञानिक चिन्तन तथा प्रयोगों के माध्यम से ही हो पाई हैं। *रत्नाकर* नामक तन्त्रग्रन्थ का लेखक नागार्जुन ने नालन्दा में खोट रासायनिक विधि से सोना बनाने का प्रयास किया, किन्तु इसके लिए उसने कोष्ठिकायन्त्र वक्नाल (मुँहवाली फुँकनी), धमन (धौंकनी) एवं लौहपत्र (iron plates) का प्रयोग किया और इन उपकरणों का वैज्ञानिक महत्त्व रहा।

1.16 सिन्धुकाल में विज्ञान

हड़प्पा और मोहनजोदड़ो में चूहा पकड़ने की चूहेदानियों के अवशेष मिले हैं। चूहादानी मिट्टी तथा अभ्रक के मिश्रित पदार्थ से बना है। इसका पेंदा समतल है और सिरे पर 3 छिद्र हैं। कुछ चूहेदानी के मुँह पर 4 छिद्र हैं। इन पर लकड़ी डालकर सींकचे डाले जाते रहे होंगे। सिन्धुवासी जानते थे कि पीपल का पेड़ रात में शुद्ध हवा (ऑक्सीजन) छोड़ता है।

मोहनजोदड़ो में आग में पकाई ईंटों का प्रयोग ज्यादा हुआ था। कालीबंगन घरों में स्थित स्नानघरों, कुओं और नालियों में पक्की ईंटें प्रयोग में लाई जाती थीं। ऐसी ईंटें चिकनी मिट्टी की बनतीं और लकड़ी की आग में पकाई जाती थीं। छतों की मजबूती के लिए लकड़ी के शहतीर प्रयोग में लाए जाते थे। ईंट बिछाने की तकनीक विकसित थी। सवा दस इंच लम्बी और 5 इंच मोटी ईंट भी बनाई जाती थीं। मुख्य सड़कों के दोनों ओर ईंटों से बनी नालियाँ होती थीं। इन ईंटों को घिसकर इतना चिकना कर दिया जाता था कि उसके जोड़ एक-दूसरे से बिलकुल सट जाते थे, जिससे नाली का पानी इधर-उधर नहीं निकलता था। नालियों के ढक्कन चूना-पत्थर के बनाए जाते थे, लकड़ी से भी ढके जाते थे। ईंट से बना 219 फीट

लम्बा और 27 फीट चौड़ा एक हौज, जो 4.5 मीटर अपनी सतह से ऊँचा है, लोथल से प्राप्त हुआ है। मकान के अन्दर नीचे से ऊपर जाने के लिए लकड़ी या ईंटों की जो सीढ़ियाँ बनी थीं, उनकी चौड़ाई सवा चार फीट होती थी। सामान्य मकानों के दरवाजे पौने चार फीट के होते थे। स्नानागार और शौचालय के बीच नाली होती थी। शौचालय का पानी नाली में जाकर गिरता था। 50 × 20 के आयात में अनाजघर के अवशेष मोहनजोदड़ो में मिले हैं।

कपास से वस्त्र बनाने की तकनीक विकसित थी। धातु को ढालकर या पीटकर कुल्हाड़ी, छुरी, तीर, आरी, उस्तुरा आदि बनाए जाते थे। धातुओं की छोटी मूर्तियाँ ढालकर बनाई जाती थीं। इस प्रक्रिया को बन्द ढलाई और लुप्त मोम प्रक्रिया कहा जाता था। कालकों अर्थात् ताँबा और लिथिक अर्थात् पत्थर के प्रयोग के कारण सिन्धुकाल को **कालकोलिथिक** युग कहा गया है। पत्थर की सिल्लियों से तेज औजार बनाए जाते थे। पत्थर की ऐसी सिल्लियाँ सक्कर (Sakker) के निकट की पहाड़ियों से काटकर लाई जाती थीं। रंगीन चमकीली मिट्टी बनाने की तकनीक विकसित थी। ऐसी मिट्टी को फेयांस (Faience) कहते थे। फेयांस से अधिकतर हार के दाने, तावीज, मोहरें और छोटे बर्तन बनते थे। मोहरें अधिकतर स्टेलाइट पत्थर से बनती थीं, जिस पर ताँबे की छेनी से चिह्न गढ़ा जाता था। हार के दाने कई पदार्थों से बनते थे, जिनमें कार्नेलियन सबसे आकर्षक हैं। कंघी, ब्रासलेट आदि हाथीदाँत एवं सीप से बनाए जाते थे।

1.17 वैदिककाल में विज्ञान

उत्तर-वैदिककाल में आदिम जनजातियाँ पित्त और कफ से उत्पन्न रोगों के इलाज के लिए शहद, चर्बी, घी, तेल और पलाश वृक्ष के फूल का प्रयोग करती थीं। हिमालय पर्वत के उत्तर भाग से आंजन नामक औषधि उत्तर-पूर्वी-भारत के घुमन्तू लोगों ने खोजा। इस औषधि से यक्ष्मारोग का इलाज किया जाता था। गान्धार, अंग और मगध के निवासी जानलेवा बिमारी—पित्तज्वर से पीड़ित रहते थे। ऐसे रोगी को गरम जल से स्नान कराया जाता था और खेत की मिट्टी जल में घोलकर पीने को दी जाती थी। इन्हें काला चावल का माँड़ भी पीने को दिया जाता था। **असुरमायारूप** नाम की सूअर चरानेवाली प्रथम महिला चिकित्सक ने कोढ़ को मिटानेवाली औषधि की खोज की थी। विष दूर करने के लिए सुपारी डाला हुआ गरम जल रोगी को पिलाया जाता था। **कूट** नामक औषधि नेत्ररोग में प्रयोग की जाती थी। पांडुरोग से पीड़ित व्यक्ति को लाल वृषभ का रोम जल मिलाकर पिलाया जाता था। कूट नामक औषधि से सिरदर्द का इलाज किया जाता था। हड्डी टूटने से जो घाव होता उसे ठीक करने के लिए लाख का काढ़ा बनाकर पिलाया जाता था। कदम्ब के वृक्ष, पाकड़ के वृक्ष, खैर के वृक्ष, धव के वृक्ष आदि से लाख निकाला जाता था। हिमवान पर्वत पर पाई जानेवाली कूट नामक औषधि की प्रथम जानकारी राजा इक्ष्वाकु को हुई थी। आंजन औषधि त्रिकूट पर्वत और विन्ध्य पर्वत पर पाई जाती थी। यह औषधि जल और मिट्टी आदि पदार्थों के साथ पर्वत से नीचे आती थी। कफ और पित्त की बीमारी को दूर करने के लिए रोगी को पेठे की जड़ का रस पीने को दिया जाता था। इस औषधि को सर्वप्रथम शूकर ने नाक सहित दाढ़ से खोदकर निकाला था और तब जाकर लोगों को इसके महत्त्व की जानकारी

हुई। इस तरह भावी समाज के लिए चिकित्सा के क्षेत्र में एक सुदृढ़ बुनियाद का निर्माण हुआ और आगे चलकर जीवन, चरक, धन्वन्तरि जैसे चिकित्सकों का प्रादुर्भाव हुआ।

शिकार से जीविका चलानेवालों ने बर्छी, गदा, पाषाणफलक, खुरचनी और चर्म-रस्सी का आविष्कार किया। नदी, झील, पहाड़ी गुफाओं एवं उभरी हुई चट्टानों के नीचे निवास करनेवाले वैदिककालीन अनार्यों ने पशुपालन करना सिखाया। सर्वप्रथम इन्होंने ही जाना कि बीज गाड़ने से पौधे निकल आते हैं। उत्तर-वैदिककाल में जिन्हें सर्वाधिक निम्न और घृणा की दृष्टि से देखा गया, उन शूद्रों एवं दासों ने ही कृषि का अनुकूल माहौल बनाया। बाण, खड्ग, रथ, पालकी, तलवार, तीर-धनुष, लौहशलाका, मूँज से रस्सी, तिनकों से झोंपड़ी और बाढ़ से बचने के लिए जलप्रवाह को दूसरी दिशा में ले जाने के लिए भूमि को बाँस से खोदकर नवीन जलमार्ग निर्मित किया। खेत जोतने के लिए फाल और धान की फसल काटने के लिए दराँती, छुरा, चटाई, चलनी, टोकरी, ओखल, मूसल और विभिन्न प्रकार के लौह-उपकरण उनके द्वारा बनाए गए। यज्ञ में काम आनेवाले उपकरणों के निर्माता शूद्र और दास ही थे।

उत्तर-वैदिककाल में रोगमुक्त होकर अधिक दिनों तक जीवित रहना एक बड़ी समस्या थी। मगधवासी कफ, खाँसी, पित्त, सन्निपात, यक्ष्मा, शीतज्वर, बेलाज्वर, कृमिरोग, कुष्ठ, दाद-खुजली, जलोदर, हृदय रोग, विष, केशरोग, पांडुरोग (पीलिया), सिररोग, पत्थरी रोग, रक्त प्रवाह, हड्डी रोग, गंडमाला आदि बीमारियों से पीड़ित थे। जल को सभी रोगों का निवारण करनेवाला माना जाता था। लम्बी आयु एवं स्वस्थ जीवन के लिए उदुंबर (गूलड़), शतकांड, जंगिड और शतवार नामक औषधि का प्रयोग कई बीमारियों में किया जाता था। गुग्गुल सिन्धुदेश या समुद्र में पाया जाता था। कूट हिमवान पर्वत पर पाया जाता था। जंगिड वाराणसी में प्रसिद्ध था। आंजन औषधि का प्रयोग कई बीमारियों में किया जाता था। भूख एवं प्यास मृत्यु का सबसे बड़ा कारण था। अनुचित आहार बीमारियों का प्रमुख कारण था। अधिकांश बीमारियों का सम्बद्ध भौगोलिक बनावट और जलवायु से था। बीमारियों को दूर करने के लिए जिन औषधियों का प्रयोग किया जाता था, वह अनुमान और अनुभव पर मुख्य रूप से आधारित था। इस स्थिति में अधिकांश रोगों से रोगी को शायद ही छुटकारा मिल पाता था। मौसम बदलने के साथ-साथ बीमारियाँ स्वयं ठीक हो जाती थीं। तत्कालीन समाज इसका वैज्ञानिक कारण समझने में सक्षम नहीं था। अतः अधिकांश बीमारियों को दूर करने के लिए जड़ी-बूटी से अधिक महत्त्व देवताओं की कृपा और जादू-टोने को दिया गया। स्वस्थ रहने के लिए तन्त्र-मन्त्र से प्रभावित मणि या तावीज कलाई या गले में धारण किए जाते थे। *अथर्ववेद* के रचनाकार ऋषि अथर्वा को औषधियों का प्रसिद्ध जानकार बताया गया है, किन्तु उनकी भूमिका के बारे में *अथर्ववेद* से कोई विशेष जानकारी प्राप्त नहीं हो पाती है।

अथर्ववेद के अध्ययन से पता चलता है कि लोग 28 नक्षत्रों—चित्रा, कृत्तिका, रोहिणी, मृगशिरस्, आर्द्रा, पुनर्वसु, सुनृता, पुष्य, आश्लेषा, मघा, पूर्वाफाल्गुनी, स्वाति, हस्त, राधस्, विशाखा, अनुराधा, ज्येष्ठा, मूल अषाढ़ा, उत्तर फाल्गुनी, अभिजित, श्रवण, अविष्ठा, शतभिष्क्, प्रोष्ठपदा, रेवती, अश्वयुज और भरणी से परिचित थे। मौर्यकाल में नक्षत्र गणना के आधार पर भाग्य की परीक्षा या कार्यसिद्धि की आशा नहीं की जाती थी। इस समय काल को तुट (त्रुटि), लव, निमेष, काष्ठा, कला, नालिका, मुहूर्त, पूर्वभा (forenoon), अपराह्न (afternoon), दिवस, रात्रि, पक्ष, मास, ऋतु, अयन, संवत्सर और युग नामक इकाइयों में बाँटा गया था। जब धूपघड़ी में छाया 8 पौरुष (96 अंगुल) की होती थी, तब दिन का 18वाँ भाग व्यतीत माना जाता था। 72 अंगुल छाया रहने पर दिन का 14वाँ भाग व्यतीत होता था, 48 अंगुल (4 पौरुष) छाया रहने पर दिन का 8वाँ का भाग होता था, दो पौरुष (24 अंगुल) छाया रहने पर छठा भाग और एक पौरुष छाया रहने पर दिन का चौथा भाग, 8 अंगुल छाया रहने पर 3/10 भाग और 4 अंगुल छाया रहने पर 3/8 भाग। जब छाया बिलकुल न रहे, तो मध्याह्न समझा जाता था। परावृत्त दिवस में (यानी यदि दिन उलट पड़े), तो इसी प्रकार से शेष की गणना की जाती थी। आषाढ़ मास के मध्याह्न में छाया का पता नहीं चलता था। श्रावण के मास में आगे 6 मास तक 2 अंगुल छाया बढ़ती थी और माघ मास से लेकर शेष 6 महीनों तक अंगुल छाया घटती थी।

उत्तर-वैदिककाल में तिनकों से ढकी झोंपड़ी बनाए जाते थे। भीतर के मध्यभाग में बाँस का स्तम्भ लगा दिया जाता था, ताकि झोंपड़ी गिरे नहीं। मिट्टी के ईंट से घर बनाए जाते थे। घास की चटाई से छत बनाए जाते थे। मजबूत और बड़ा मकान बनाने में, जो ईंटें प्रयोग में लाई जाती थीं, उन्हें बनाने के लिए पलाश की छाल और पत्तों को पानी में खूब उबालकर काढ़ा बनाते थे और तब मिट्टी में लोहे और पत्थर का चूर यथोचित मात्रा में मिलाकर एक मिश्रण तैयार करते थे। उस मिश्रण में जल नहीं मिलाकर इसी चूर को घोल (काढ़ा) में मिलाकर अच्छी तरह सानकर ईंट बनाने योग्य मिट्टी तैयार करते थे। दर्म तथा रज्जु मूँज नामक घास को त्रिगुणित कर **रशना** नामक चटाई बनाई जाती थी। वैतस (बेंत) से **कट** तथा **इटसुन** नामक चटाई बनती थी। घास की चटाई छत ढालने के काम आती थी तथा नरकट की चटाई भित्ति के रूप में प्रयोग किया जाता था। द्रव वस्तुओं को छानने के लिए **कारोतर** तथा **बाल** नामक चलनियाँ बनाई जाती थीं, जो सामान्यतः ऊन से बनती थी।

1.18 ई.पू. छठी शताब्दी में विज्ञान

लोहा शोधनेवाली **धमन-भट्ठियों** ने उत्पादित लोहों को गुणात्मक रूप में शोधित कर लेने में सफलता हासिल की।[2] इसके साथ ही कुछ निश्चित तरह की प्रारम्भिक रासायनिक प्रक्रियाएँ भी विकसित हुईं। जैसे—चमड़ा शोधने और चमड़े के उत्पादों को और ज्यादा अच्छा बनाने हेतु इन प्रक्रियाओं का विकास हुआ। नए शिल्प विकसित हुए। व्यापार और परिवहन में विस्तार हुए। मुद्रा पर आधारित अर्थव्यवस्था, अधिक फैले हुए गाँवों के स्थान पर वास्तविक कस्बों और शहरों ने एक-दूसरे का अनुसरण किया। एक स्थान की देखा-देखी दूसरे स्थान पर विकास की प्रक्रिया प्रारम्भ हुई। शहरों में व्यापारियों और शिल्पियों के संघ बनने लगे। इस नई अर्थव्यवस्था के विकास और सुरक्षा हेतु शक्तिशाली केन्द्रीकृत प्रादेशिक राज्यों (जो पहले से चले आते हुए कबीलाई राज्यों और गणतन्त्रों से अलग थे) की जरूरत महसूस हई, जो इस तीव्र गतिवाले विकास के संचालन का उपकरण बन सकें। मौर्यों के अधीन राज्यों ने अर्थव्यवस्था की सम्पूर्ण शाखाओं, खासकर—खान और व्यापार की कुछ निश्चित शाखाओं का विकास किया। विशाल सेनाएँ और सरकारी नौकरों का जाल बिछ गया। अनगिनत कर और शुल्क लगाए गए। किसानों की पैदावार में से बहुत-कुछ राज्य ने वसूल किया। आजीविका

के बढ़ते हुए इन साधनों की वजह से पहले की तुलना में नगरों की जनसंख्या तेजी से बढ़ने लगी। इस समय सभ्यता के भौगोलिक क्षेत्र का अभूतपूर्व गति से विस्तार हुआ। **उपकरणों** के सहारे विज्ञान की सीढ़ी पर चढ़ते हुए इन कामों को करनेवाली अनेक आदिम जनजातियाँ, दास, शूद्र, अछूत, वैश्य, ग्रामीण शिल्पी, कस्बों के कारीगर-शिल्पी आदि थे। ये अवैज्ञानिक, अशिक्षित, निम्न और निर्धन थे। यन्त्र-विज्ञान और इससे सम्बद्ध विज्ञानों के विकास के लिए खासकर इस बात की जरूरत होती है कि वैज्ञानिक स्वयं मिस्त्री का काम भी करे, किन्तु भारत में ऐसी बात नहीं पाई गई। आर्यभट्ट या वराहमिहिर जैसे ब्राह्मण सम्भवतः मिस्त्री नहीं रहे।

ई.पू. छठी शताब्दी और उसके आसपास मगध प्रदेश में बीमारियों के प्रकार में उत्तर-वैदिककाल की तुलना में कुछ बदलाव दिखाई देने लगते हैं। चिकित्सा-पद्धति में भी अन्तर दिखाई पड़ने लगा। वर्षा ऋतु में मच्छर, मक्खी, साँप और बिच्छू के काटने से बीमारियाँ होती थीं और लोग मर भी जाते थे। पादखील, शीतज्वर, दाद रोग, सिररोग, वातरोग, गठिया, घाव, ज्वरपित्ती, शून्यरोग, वायुगोलक, दाह, भगन्दर, फीलपाँव, कूबड़, अन्धा, गूँगा, अंग का टेढ़ा हो जाना, घाव, कुष्ठ, मिर्गी, सुखंडी आदि रोगों से लोग पीड़ित रहते थे। इन बीमारियों के कारणों की तलाश की जाने लगी। सर्दी, गरमी, भूख, प्यास, अतिभोजन, अधिक खड़ा रहना, अधिक परिश्रम करना, बहुत तेज चलना और बाह्य प्रकृति के अन्य कारणों से वायुरोग होते थे। वायु का बिगड़ना, पित्त का प्रकोप, कफ का बढ़ना, सन्निपात का दोष, ऋतुओं का बदलना, खाने में गड़बड़ी और बाह्य प्रकृति का असर आदि बीमारी के मुख्य कारण माने जाने लगे।

बीमारियों से मुक्त रहने के लिए वर्षा ऋतु में बहनेवाली ठंडी हवा से बचने की सलाह दी गई। मच्छर और मक्खियों को बीमारी का कारण बताया गया। बाहर से आने पर पैर धोना और लकड़ी (पादकठली) पर पैर रगड़कर साफ करना स्वास्थ्य के लिए लाभदायक माना जाता था। एड़ी रगड़ने से बिवाई रोग नहीं होता था। धनाढ्य लोग हेमन्त, गरमी एवं वर्षा ऋतु में अलग-अलग भवनों में रहते थे। प्रत्येक मौसम चार मास का होता था। हेमन्त में हड्डियों तक में घुस जानेवाली ठंडी हवा जब गया नगरी और उसके आसपास बहती थी, तो लोग अँगीठियों में आग सुलगाकर तापते थे। भोजनपात्र साफ करने के बाद धूप में सुखा दिया जाता था। स्वास्थ्य-लाभ के लिए जन्ताघर (यन्त्रगृह) में जाकर वाष्पस्नान किया जाता था। कमरे में थूकने के लिए पीकदान का प्रयोग किया जाता था। पूरब की ओर बहनेवाली धूल भरी तेज हवा चलती थी तो पूरब की खिड़की बन्द कर दी जाती थी। पश्चिमी तेज हवा चलने पर पश्चिम की खिड़की बन्द कर दी जाती थी। शरद् ऋतु में रात्रि में खिड़की बन्द कर दी जाती और दिन में खोल दी जाती थी। इसके विपरीत गरमी के दिनों में रात्रि में खिड़की खोल दी जाती और दिन में बन्द कर दी जाती थी। शौचालय को स्वच्छ रखने पर विशेष ध्यान दिया जाता था। तत्कालीन समाज की ऐसी जीवन शैली स्वास्थ्य के प्रति जागरूकता का द्योतक था। स्वस्थ रहने के लिए स्वच्छ रहना आवश्यक समझा जाने लगा था।

पादकी (पैर में बिवाई या खील फटना) से बचने के लिए खड़ाऊँ पहनने की सलाह

दी जाती थी। शीतज्वर के रोगी को वैसा भोजन दिया जाता, जो आसानी से पच सके। दाद, खुजली के उपचार के लिए पशुओं का मल, मिट्टी आदि का चूर्ण बनाकर दाद-स्थान पर लगाया जाता था। चन्दन, तगर, कालानुसारी, तालीस और भद्रमुक्ता आदि को मिलाकर अंजन बनाया जाने लगा था, जो नेत्ररोग दूर करने में उपयोगी होता था। सिररोग को दूर करने के लिए माथे पर तेल मले जाते या औषधियुक्त धूम्रपान कराए जाते थे। औषधियुक्त नशीला पदार्थ पिलाकर वातरोग का इलाज किया जाता था। गठिया का इलाज रोग-स्थान से रक्त निकालकर किया जाता था। पीसी हुई सरसों की लुगदी का प्रयोग घाव सुखाने में किया जाता था। गन्धक का पूरे शरीर में लेप करके ज्वरपित्ती का इलाज किया जाता था। पांडु या पीलिया के रोगी को गोमूत्र में हर्रे मिलाकर पिलाया जाता था। शल्यचिकित्सा-विधि से भगन्दर का इलाज किया जाता था। जनसाधारण द्वारा खिचड़ी, मधु, गुड़, मक्खन, हल्दी, अदरक, चिरायता, खस, नागरमोथा, नीम, कुटज, पटोलपत्र, पग्गव, हर्रे, बहेड़ा, आँवला, हींग, समुद्री नमक, काला नमक, सेंधा नमक आदि का प्रयोग औषधि के रूप में किया जाता था।

ई.पू. छठी शताब्दी से लोहा-तकनीक, लोहे का प्रयोग एवं लौह-उपकरणों की संख्या में विकास एवं वृद्धि होने लगी। राजगृह में लोहा गलाया जाता था। ठोस (पक्का) लोहा बनाने के लिए कच्चे लोहे को आग में अच्छी तरह तपाकर पुनः उसे ठंडे जल में डाल दिया जाता था। इस क्रिया को **लोहे पर पानी चढ़ाना** भी कहा जाता था। लौह-उपकरणों के कारण विशाल भवन तैयार किए जाने लगे।

बौद्धकाल में कृषि से सम्बद्ध उपकरणों में काफी वृद्धि की बात पाते हैं। चिड़िया फँसाने के लिए घोड़े के पूँछ के बाल में फँदा बनाने का आविष्कार 'गया' के एक गाँव में हुआ। खेत में पानी पटाने के लिए कई साधनों के प्रयोग किए जाते थे। अनाज घड़ा एवं कोठी में रखे जाते थे। ड्योढ़ी या कोठा बनाने की तकनीक बौद्धकाल में विकसित हुई। मुख, इदुर, अलिन्द, ओचार आदि कई प्रकार के अनाजघर पाए जाने लगे। गन्ना कोल्हू में पेरा जाने लगा। फसल को पक्षियों एवं पशुओं से बचाने के उपाय किए गए। मृगों को मारने के लिए गड्ढा खोदा जाता, काँटा लगाया जाता, पत्थरयन्त्रों (गुलेल) का प्रयोग किया जाता था और कूटपाश आदि जाल फैलाए जाते थे। गन्ध सूँघकर शिकारी जान जाते थे कि मृग किधर से आने-जानेवाले थे। विशाल शिलाखंडों को बसूला, कुल्हाड़ा और मूसल से हटाकर रास्ता बनाया जाता था। बंजरभूमि को कृषि योग्य बनाने की तकनीक विकसित हुई।

ई.पू. छठी शताब्दी और उसके बाद कई प्रकार के औजारों के सहारे स्वर्णाभूषणों के अलावा अन्य प्रकार की वस्तुएँ भिन्न-भिन्न विधियों से बनने लगे। विभिन्न आकार, प्रकार और वजन के धातु के सिक्के अन्य तरीके से बनाए जाने लगे। मौर्यकाल में सोना परखने के लिए कसौटी का प्रयोग किया जाता था। सोना और चाँदी शुद्ध करने की नवीन तकनीक विकसित हुई। रासायनिक विधि का प्रयोग किया जाने लगा। ताँबा, चाँदी, तीक्ष्णत्रपु, सीस और अंजन को मिलाकर सिक्के बनाए जाने लगे। इनका वजन अलग-अलग होता था। तौलने के लिए 8 प्रकार की तुलाओं का प्रयोग किया जाने लगा। यह तकनीक भी विकसित हुई कि शुद्ध सोना में कौन सी धातु किस मात्रा में मिलाकर गलाने पर सोने का रंग कैसा होगा और उससे कौन सी वस्तु या आभूषण बनाया जा सकेगा। सोना गलाने के समय धौंकनी,

मूकमूषा, पूतिकिट्ट, करकटमुख, नाली, सँड़सी, जोंगनी आदि औजारों का प्रयोग किया जाता था। सोना को गलाते समय उसकी शुद्धता और चमक बढ़ाने के लिए शोरा और सुहागा आदि उसमें मिलाए जाते थे।

नवीन नगर बनाए जाने लगे। नया नगर (जिस प्रकार एक नत्र (पर्वत) में पाषाण शिलाओं के कारण दृढ़ता एवं स्थायित्व होता है, उसी प्रकार ऐसी बस्ती, जिसमें पक्के मकान हों तथा जिसकी दीवारें एवं छतें विशेषकर पाषाण-शिलाओं अथवा तप्त इष्टकाओं से निर्मित हों—इन गच्छतीतिनत्रः) बसाने के लिए इंजीनियर पहले कोई ऐसी जगह ढूँढ़ता, जो ऊबड़-खाबड़, कँकरीली या पथरीली नहीं होता था, जहाँ किसी उपद्रव (बाढ़, आगलगी, चोर या शत्रु के आक्रमण) का भय नहीं होता; जहाँ अन्य कोई दोष नहीं होता और वह अतिरमणीय होता था। ऐसी जगह को चुन लेने के पश्चात् वहाँ के ऊँची-नीची जगह को इंजीनियर बराबर करवाता और ठूँठ-झाड़ी को कटवाकर साफ कर देता था। शहर का नक्शा तैयार कराता था। नक्शा तैयार करते समय सुन्दरता को ध्यान में रखते हुए नाप-जोखकर तथा भाग-भाग में बाँटकर चारों ओर खाई और हाता, मजबूत फाटक, चौकस अटारियाँ, किलाबन्दी, बीच-बीच में खुले उद्यान, चौरोह, दोराहे, चौक, साफ-सुथरे और बराबर राजमार्ग, बीच-बीच में दुकानों की कतारें, आराम के लिए बगीचे, तालाब, बावली (चौड़ा कुआँ, जिसमें नीचे जाने के लिए सीढ़ियाँ बनी हों; सीढ़ीयुक्त तालाब), कुएँ, देवस्थान, सुन्दर और सभी दोषों से रहित होने को ध्यान में रखते हुए इसी नक्शे के अनुसार, शहर को निर्मित करता था। जब शहर पूरा-पूरा बस जाता था तो इंजीनियर को उस नगर में रहने की मनाही कर दी जाती थी और उसे किसी अन्य प्रदेश में जाकर रहने का आदेश दे दिया जाता था। गन्दा पानी साफ करने के लिए फिटकरी का प्रयोग किया जाता था। चम्पा में कपास धुनने के लिए **धुनकी** नाम यन्त्र का प्रयोग किया जाता था।

1.19 मौर्यकाल

मौर्यकाल में अधिकांश गतिविधियों का केन्द्र पाटलिपुत्र इतना विशाल और समृद्ध था कि इसके सम्बन्ध में सभी प्रकार की जानकारियाँ देने के लिए डाइरेक्टरी विद्यमान थी। यहाँ अनेक बीमारियों का कारण पेशाब, पैखाना और भूख को रोकना माना गया। पहले की तुलना में अधिक वैज्ञानिक विधि से बीमारियों का इलाज किया जाने लगा। पागलपन, कुष्ठरोग, क्षयरोग, सिररोग, बेहोशीरोग आदि के इलाज पर कौटि्ल्य ने महत्त्वपूर्ण प्रकाश डाला है। 10-15 दिनों तक भूख ही नहीं लगे, इसकी भी दवा मिलती थी। औषधि-विज्ञान तरक्की पर था। विषमिश्रित भोज्य-पदार्थों की पहचान की विधि पाई जाने लगी थी। बड़े-बड़े अस्पताल स्थापित हुए, जहाँ रोगियों के इलाज होते थे। चन्द्रगुप्त मौर्य का मन्त्री कौटिल्य एक कुशल शल्यचिकित्सक भी था। उसके कहने पर चन्द्रगुप्त मौर्य को उसके भोजन में रोजाना थोड़ा-थोड़ा विष मिलाकर दिया जाता था, ताकि वह विष पचाने का अभ्यस्थ हो जाए, दुश्मन द्वारा विष देने से मरे नहीं। एक दिन महारानी ने, जो गर्भवती थी, चन्द्रगुप्त के भोजन से एक निवाला ले लिया। कौटिल्य को उसे रोकने में देर हो गई और तब उसने महसूस किया कि बच्चे को बचाने का एक ही तरीका है कि रानी का भ्रूण निकालकर उसे यन्यत्र गर्भ में प्रत्यारोपित

कर दिया जाए। अतः उसने रानी के पेट से भ्रूण निकालकर एक बकरी के गर्भ में रख दिया। जब बच्चा पैदा हुआ तो उसके शरीर पर अनेक धब्बे (बिन्दु) थे, जिससे उसका नाम बिन्दुसार पड़ा। अशोक की रानी तिष्यरक्षिता भी एक कुशल चिकित्सक थी। उसी के कारण अशोक भयंकर बीमारी से चंगा हो सका था।

मौर्यकाल में 4 स्वर्ण माषक मोटा और 4 अंगुल लम्बा छिद्र यदि कुम्भ (घड़े) में कर दिया जाता, तो उसमें से एक आढक जल जितनी देर में निकलता, उस समय को **नालिका** कहते थे। 2 नालिका का एक मुहूर्त, 15 मुहूर्त के दिन और रात चैत्र एवं आश्विन मास में होते थे। इनके आगे 3 मुहूर्त तक दिन और रात घट-बढ़ जाते थे। 30 अहोरात्र (दिन-रात) के मास का नाम **प्रकर्ममास** (वेतनादिका) था। (त्रिंशदहोरात्रः प्रकर्ममासः, 3.1/2)। दिन-रात का एक सौरमास (सार्धःसौर, 29.1/2) दिन-रात का चन्द्रमास (अर्धन्यूनश्चान्द्रमास), 32 दिन-रात का मलमास (द्वात्रिंशत् मलमासः), 35 दिन-रात का अश्ववाहा (साईस) और 40 दिन-रात का हस्तिवाहा (पीलवान) का मास होता था। (पंचत्रिंशदश्ववाहायाः। चत्वारिंशद्धस्तिवाहायाः)। सूर्य प्रतिदिन दिन के 60वें भाग (1 घटिका) का छेद कर लेता था अर्थात् बढ़ा देता था। इस प्रकार एक ऋतु (दोमास) में एक दिन बढ़ जाता था। इसी प्रकार चन्द्रमा प्रत्येक ऋतु में एक दिन कम करता चला जाता था। इसी कारण 2.1/2 वर्ष में एक 'अधिमास' पड़ता था। जब पहला अधिमास या **मलमास** ग्रीष्म में पड़ता, तो दूसरा मलमास 5 वर्ष बाद हेमन्त में होता था।

खेतों में खाद डालकर पैदावार में वृद्धि की तकनीक विकसित हुई। अनाज नापने एवं तौलने के नए-नए उपकरण बनाए जाने लगे। नक्षत्रों के हिसाब से वर्ष और कृषि के बीच सम्बन्ध जोड़े गए। अधिक वर्षा होने पर किस अन्न की पैदावार ज्यादा और किसका कम तथा कम वर्षावाले क्षेत्र में किस प्रकार का बीच उपयोगी होगा, यह तकनीक विकसित हुई। सिंचाई के नवीन साधनों की संख्या में वृद्धि हुई। वर्षा के अतिरिक्त सिंचाई के अन्य साधन भी थे, जिनका प्रयोग कौटिल्य के समय में होता था, जैसे—स्वसेतु (अपना पोखर या तालाब) से (1) हाथ से पानी ढोकर सिंचाई की जा सकती थी (हतप्रावर्तिमम्), (2) कन्धों पर ढोकर सिंचाई की जा सकती थी। (व्कन्धप्रावणिमम्) और (3) स्रोतयन्त्र (water lifts) द्वारा सिंचाई की जा सकती थी। इनके अतिरिक्त सिंचाई के लिए नदी, सर तटाक (tanks) और कूप से पानी लिया जाता था।

तीन प्रकार की फसलें जल की मात्रा और कर्म (labour) के अनुसार होती थीं—(1) केदार (जो वर्षा में बोई जाए), (2) हैमन (जो जाड़े में बोई जाए) और (3) ग्रैष्मिक (जो गरमी की ऋतु में बोई जाए। आजकल हम लोग साधारणतया इन्हें रबी और खरीफ कहते हैं। उपज की दृष्टि से शाल्यादि (चावल आदि) की खेती सर्वश्रेष्ठ, षंड (खंड—जैसे आलू, जमीकन्द, शकरकन्द आदि? अथवा तरकारी मात्र अथवा बाल से उत्पन्न गेहूँ आदि) की खेती मध्यम और ईख की खेती निम्नतम मानी जाती थी। ईख की खेती मालूम होता है उस समय बड़ी कठिनाई से होती थी और खर्चीली थी। **फेनाघत** प्रदेश अर्थात् नदियों के तट के प्रदेश वल्लीफलों (ककड़ी, तरबूज, खरबूज आदि) के लिए अच्छे होते थे। **परीवाहान्त** प्रदेश (जहाँ नदियों की बाढ़ का पानी विशेष आता हो) **मृद्वीक** (अंगूर, मुनक्का) और ईख के लिए अच्छे थे। शाक मूलों के लिए (तरकारी और मूली आदि) कूप के निकट का प्रदेश **कूपपर्य्य**

अच्छा माना जाता था। **हरितकों** (हरे शस्यों, green vegetables या सागपात) के लिए **हरिणपर्यन्त** (low grounds) स्थान अच्छा माना जाता था। **बाल्योलवान** भूमि (marginal furrows between any two rows of crops) सुगन्ध, भैषज्य, **उशीर** (खस) और **पंडालुक** (जमीकन्द या रतालू आदि) के लिए श्रेष्ठ मानी जाती थी। ऐसी औषधियाँ, जो **अनूप्य** थीं (दलदल (marshy) में उत्पन्न होनेवाली), उन्हें उनके अनुकूल भूमि में अथवा स्थलियों (गमलों) में लगाया जाता था। धान्यबीजों को रात में ओस में और दिन में धूप में 7 दिनों तक रखा जाता था। धान्यबीजों को (जैसे मूँग, उड़द को) ओस और धूप में 3 या 5 दिनों तक रखा जाता। कांडबीजों जैसे ईखादि के कटे सिरे पर मधु, घृत और सूकरवसा से और उसमें गोबर मिलाकर उससे लेप करके रखा जाता। कन्दों के बीजों को मधु-घृत से लेप करके रखा जाता। अस्थिबीजों (जो गुठली के भीतर होते हैं) को गोबर में लपेटकर रखा जाता। जड़ों के निकट के गर्तों को जला दिया जाता और उनमें हड्डी और गोबर की खाद समय-समय पर दिया जाता था। अंकुर निकलने पर अशुष्क छोटी-छोटी मछलियों की खाद दी जाती और सैंढ के दूध से (स्नूहिक्षीर) सींचा जाता था। 3 प्रकार की खादों—गोस्थि (पशुओं की हड्डी), गोशकृद् (गोबर और अन्य पशुओं की विष्ठा की और अशुष्क कटुमत्स्य (छोटी ताजी मछली) खाद का प्रयोग किया जाता था।

मौर्यकाल में नया शहर बसाने के साथ-साथ योजनाबद्ध तरीके से दुर्गों एवं राजमहलों का निर्माण किया जाने लगा। ई.पू. चौथी शताब्दी के पर्वतों को काटकर चैत्यागार बनाए जाने लगे। सफाई पर विशेष ध्यान दिया जाने लगा। वैज्ञानिक विधि से स्थानीय, द्रोणमुख, कसबा (खर्वाटिक) और गाँव बसाने पर विशेष ध्यान दिए गए। वास्तुकला-विशारदों से राय लेकर दुर्ग एवं नगर बनाए जाते थे। राख और मिट्टी को मिलाकर चूर्ण बनाया जाता और धतूरे को पानी में मिलाकर दीवारों पर लेप कर दिया जाता था। इससे दीवार पर अग्नि का असर नहीं होता था। नगर में स्थित घरों के बीच 1.1/4 फीट का फासला होता था। घरों में नाली, शौचालय आदि की व्यवस्था सफाई की दृष्टि से रहती थीं।

मेदक, प्रसन्ना, आसव, अरिष्ट, मैरेय, राजपेयसुरा आदि प्रकार की मदिरा विभिन्न प्रकार के पदार्थों को मिलाकर रसायनविधि से तैयार की जाती थी। पशु-विज्ञान में काफी उन्नति हुई। पीलवानों ने जान लिया कि उष्ण प्रदेशों में पानी के अभाव में हाथी के पेट में इतनी गरमी बढ़ जाती है कि वे कोढ़ी या अन्धे हो जाते थे। वैज्ञानिक ढंग से पशुपालन किए जाते थे। खोट-विज्ञान भी जड़ जमाए हुए था। मौसम-विज्ञान विकसित अवस्था में था। मौर्यकालीन विद्वान् और अर्थशास्त्र का रचनाकार कौटिल्य ने बताया कि विज्ञान मनुष्य को भय से मुक्त करता है। अपने कार्य की सिद्धि चाहनेवाला व्यक्ति नक्षत्र गणना पर अपने भाग्य की परीक्षा नहीं करता था। नक्षत्रविधि, लगन, मुहूर्त आदि से कार्यों की सफलता का कोई सम्बन्ध नहीं था। पर्याप्त धन और आवश्यक साधन से ही सफलता प्राप्त करना सम्भव था।

1.20 कुषाण एवं गुप्तकाल

अंक-लेखन में शून्य और दशमलव-प्रणाली की विस्मयकारी खोज ने विश्व के स्तर पर गणित के विकास में क्रान्तिकारी योगदान किया था। साधारण अंकों का जोड़, बाकी, गुणा और

भाग सारे गणितों का मूलाधार है। गणित, परिणाम-आकारमान (लम्बाई-चौड़ाई) और इनका अत्यन्त अमूर्त रूप में अन्तःसम्बन्ध बतलाने का विज्ञान है। भारत में गणित के विकास का श्रेय ब्राह्मण वर्ग को है, क्योंकि शूद्रों और वैश्यों को किसी तरह की बौद्धिक गतिविधि में सम्मिलित होने का अधिकार ही नहीं था। ज्योतिष और गणित एक-दूसरे में अभिन्न हैं। हमारे सारे महान ज्योतिषी महान गणितज्ञ भी थे। पाई का मान निकालना और पृथ्वी, चन्द्रमा, सूर्य की परिधि के साथ-साथ इनकी आकाशीय गति की सही-सही गणना करना आसान नहीं था। पुरोहित के अलावा ब्राह्मणों का एक वर्ग **फलित ज्योतिष** (टीपन, जन्मकुंडली आदि बनाने के लिए) और पंचांग कार्यों तथा सामाजिक पर्व, उत्सवों, संस्कारों आदि का मुहूर्त निर्धारित करते थे। पुरोहित कर्म से ज्योतिष बहुत घुल-मिल गया था तथा वेदांग ज्योतिष ब्राह्मणों का बाइबिल बन चुका था।

वेदांग ज्योतिष का मानना था कि चन्द्रग्रहण और सूर्यग्रहण का कारण राहु नामक राक्षस द्वारा सूर्य और चन्द्र को निगलना था। अतः जरूरी था कि इन दोनों को इस शैतान से बचाया जाए, जिससे सृष्टि को विनाश के खतरे से बचाया जा सके। इस काम को धार्मिक रीति से सम्पन्न कराने के लिए ब्राह्मण वर्ग जनता से बड़ी-बड़ी दक्षिणाएँ लेता था। दूसरी ओर, ब्राह्मण ज्योतिषियों का एक अन्य वर्ग था, जिसने प्रमाणित किया कि सूर्यग्रहण का कारण सूर्य और पृथ्वी के बीच चन्द्रमा का आ जाना है और चन्द्रग्रहण होने का कारण सूर्य और चन्द्रमा के बीच में पृथ्वी का आना है और पृथ्वी की छाया चन्द्रमा पर पड़ना है। लेकिन ऐसी बात कहने की अनुमति नहीं दी गई, बल्कि उन्हें ब्राह्मण-पुरोहित वर्ग से समझौता करते हुए धर्म और अन्धविश्वास के लिए रियायतें देने को विवश होना पड़ा।

हमारे ज्योतिषविदों में आर्यभट्ट, वराहमिहिर और ब्रह्मगुप्त के नाम अग्रिम पंक्ति में हैं। आर्यभट्ट वैज्ञानिक ज्योतिष पर सुदृढ़ रहे। उन्होंने फलित ज्योतिष का विरोध किया, लेकिन उसकी वैज्ञानिक वैधता के दावे को नामंजूर कर दिया गया। वराहमिहिर ने राहु-सिद्धान्त का विनम्रता से खंडन किया और फलित ज्योतिष में योगदान दिया। ब्रह्मगुप्त ने ब्राह्मण-पुरोहितवर्ग से समझौता किया। उसने अन्धविश्वास को रियायतें दीं, किन्तु गणित ज्योतिष के क्षेत्र में उल्लेखनीय योगदान दिया।

कुषाणकाल में अश्वघोष ने शून्यवाद का प्रतिपादन किया और त्रिकायवाद के सिद्धान्त का विकास किया। गुप्तयुग में ब्राह्मण-पुरोहितों ने वैज्ञानिकों और भौतिकवादी दार्शनिकों पर उनके विवेकसंगत अनीश्वरवादी और वैज्ञानिक स्थितियों को अपने अनुरूप बदलने के लिए भारी दबाव डाला। अक्सर ईश्वरवादी प्रवंचनायुक्त विचारों को उनके वैज्ञानिक चिन्तन के साथ प्रक्षिप्त रूप से जोड़ा गया। इसी काल में पृथ्वी की परिधि 24835 मील बतानेवाले आर्यभट्ट का जन्म करीब 476 ई. (शक संवत् 398) में पाटलिपुत्र में हुआ। उसने *आर्यभटीय*, *दशगीतिकासूत्र* और *आर्याष्टशत* की रचना की। *आर्यभट्ट* यथासम्भव ब्राह्मण-पुरोहितवर्ग से समझौता नहीं करते हुए फलित ज्योतिष का विरोध और वैज्ञानिक ज्योतिष पर सुदृढ़ रहे।

वराहमिहिर ने प्राचीन आचार्यों—लाट देवसिंह, प्रद्युम्न, विजय नन्दी—के साथ-साथ आर्यभट्ट का भी उल्लेख किया है। इससे प्रकट है कि अपने से कुछ ही दशक वर्ष पूर्व होनेवाले आर्यभट्ट की ख्याति देश में इतनी फैल गई थी कि वराहमिहिर को उसे आचार्यों में उल्लेख

करना पड़ा। वह पहला व्यक्ति था, जिसने पृथ्वी को गोल माना और उसकी परिधि का माप प्रायः सही प्रस्तुतः किया। उसने पृथ्वी का अपनी धुरी पर घूमना भी सिद्ध किया।

बिहार में नालन्दा, विक्रमशिला, ओदन्तपुरी, तिलाढक और फल्लहरी शिक्षा के प्रसिद्ध केन्द्र थे। व्यापारियों ने काफी मूल्य चुकाकर नालन्दा विश्वविद्यालय के लिए भूमि खरीदी थी, जहाँ शक्रादित्य (कुमारगुप्त प्रथम), बुद्धगुप्त तथा गुप्त बालादित्य, वज्र तथा हर्ष जैसे शासकों ने 6 मठ बनवाए। एक या दो मठों के रूप में आरम्भ होकर नालन्दा शीघ्र ही शिक्षा का अन्तर्देशीय केन्द्र बन गया। पालशासक धर्मपाल ने **विक्रमशिला विश्वविद्यालय**, गोपाल ने **ओदन्तपुरी विश्वविद्यालय** और बंगाल के ही राजा रामपाल ने **जागद्दक विश्वविद्यालय** की स्थापना की। वहाँ शिल्पकला, चिकित्सा, तर्कशास्त्र, दर्शन आदि विषयों की पढ़ाई होती थी। तन्त्रविद्या जैसे खोट विज्ञान की पढ़ाई भी होती थी। विदर्भ में जन्मा नागार्जुन कुषाणकाल में प्रसिद्ध विद्वान् और बौद्धभिक्षु था। वह नालन्दा में रासायनिक विधि से सोना बनाने का ज्ञान देता था। इस खोटविज्ञान के माध्यम से उसे रसायन विज्ञान का अच्छा ज्ञान हो गया था। उसने *रत्नाकर* नामक तन्त्रग्रन्थ की रचना की। सोना बनाने की तान्त्रिक विधि का प्रयोग करने के क्रम में उसने कोष्ठिकायन्त्र, वक्रनाल (मुँहवाली फुँकनी), धमन, लौहपत्र (iron plates), कन्दराएँ (hooks) जैसे उपकरणों का प्रयोग किया। इन उपकरणों का वैज्ञानिक महत्त्व था और प्रयोगशाला में इनमें से कई का आज भी महत्त्व है। विक्रमशिला विश्वविद्यालय का केन्द्रीय हॉल 'विज्ञान घर' के नाम से प्रसिद्ध था। ओदन्तपुरी में पालशासक गोपाल द्वारा 8वीं सदी में स्थापित शिक्षा केन्द्र विज्ञान और प्रौद्योगिकी से अपरिचित नहीं था। इत्सिंग और ह्वेनसांग के काल में नालन्दा के पास स्थित **तिलाढक** नामक बौद्धविहार शिक्षा का भी केन्द्र था, जहाँ दर्शन के अलावा शिल्प और चिकित्साशास्त्र की भी शिक्षा दी जाती थी। नालन्दा के पास ही स्थित **फुल्लहरी** नामक शिक्षा केन्द्र के शिक्षक और शिल्पकला एवं चिकित्सा जैसे विषयों से पूर्ण परिचित थे।

मिथिला के लोग पित्त, कफ, वायुरोग, वातज्वर, कफज्वर, पांडुमल, कुष्ठ, शोथ (सिखंडी), प्लीहा, शूल, ज्वरातिसार, ग्रहणी कास (खाँसी), व्रण, हलीमक, मूत्रकृष्छ, गुल्म, विषमेह, कुब्ज, गोद, गलगंड (घेघा), भ्रमरी, सन्निपात, विषूची (हैजा) और दारुणी नामक रोगों से पीड़ित रहते थे। नेत्र को जल से साफ करने, चरणतल में तेल मलने, दोनों कानों में एवं सिर पर तेल डालने से रोगों का नाश होता था। वसन्तकाल में भ्रमण, स्वल्प, अग्निसेवन और समय पर भोजन करनेवाले को जानलेवा बीमारी नहीं होती थी। ग्रीष्मकाल में तालाब आदि के शीतोदक से स्नान, चन्दनलेप और वायुसेवन करनेवाले रोग से मुक्त रहते तो या बुढ़ापा उनमें देर से आती थी। वर्षाकाल में उष्णोदक (गरम जल) से स्नान, वर्षाजल का सेवन और समय पर परिमित आहार करनेवाले के समीप जरा (वृद्धावस्था) नहीं आती थी। शरत्काल में धूपसेवन करने, भ्रमण करने, तालब आदि में स्नान करने और परिमित भोजन करने से वृद्धावस्था पास नहीं फटकती थी। हेमन्तकाल में प्रातःस्नान, समय पर अग्निसेवन तथा किंचित् गरम और नवान्न, क्षीर भोजन और घृत के सेवन करनेवाले को जरा नहीं होती थी। भूख लगने पर उत्तम अन्न का भक्षण, प्रयास लगने पर जलपान और नित्य ताम्बूल सेवन करनेवालों को जरा नहीं होती थी। जो व्यक्ति संयमपूर्वक नित्य दही, मक्खन, घी और गुड़ का सेवन

करता, उसके समीप जरा नहीं जाती थी। धनिया, गुड़, नींबू, केला, ताड़फल, ईख का रस, अदरक, मूली, मूँग की दाल, तिल, मरिच, मधु, पीपर, घी, नारियल, आँवला आदि का प्रयोग औषधि के रूप में किया जाता था। इस तरह उत्तर-वैदिककाल के दौरान बिहार में विज्ञान और प्रौद्योगिकी के क्षेत्र में एक पृष्ठभूमि तैयार हुई, किन्तु खोटविज्ञान फिर भी प्रभावशाली बना रहा। विज्ञान के क्षेत्र में बौद्धकाल में एक अनुकूल परिपक्व वातावरण तैयार हुआ। चिकित्सा-विज्ञान को तत्कालीन प्रसिद्ध वैद्य जीवक ने व्यवस्थित ढंग से आगे बढ़ाया। उत्पादन में वृद्धि की दृष्टि से लौह-उपकरणों का महत्त्व बढ़ने लगा। नवीन नगर वैज्ञानिक विधि से बसाए जाने लगे। कृषि से सम्बद्ध उपकरणों में नवीनता आई। खोट विज्ञान का सामाजिक महत्त्व घटा। मौर्यकाल में लौह-उपकरणों का व्यापक प्रयोग होने से विज्ञान के प्रति आकर्षण बढ़ा। युद्ध के नवीन औजार, रत्न-विज्ञान, खान-विज्ञान, धातु साफ करने की विधि, माप-तौल के बाट, तराजू, कृषि-विज्ञान आदि के क्षेत्रों में अद्‌भुत विकास हुआ। नगरों की संख्या बढ़ी और गाँवों की स्थिति बेहतर हुई। खोटविज्ञान पर विज्ञान चढ़ बैठा। आर्यभट्ट के कारण, विज्ञान को नवीन ढंग से आगे बढ़ने का मार्ग प्रशस्त हुआ।

शिक्षा और साहित्य की दृष्टि से गुप्तकाल की प्रगति सराहनीय रही। पाटलिपुत्र, वल्लभी, उज्जयिनी, पद्मावती, अवरपुर, काशी, मथुरा, नासिक, काँची आदि शिक्षा के केन्द्र-स्थान थे। छठी शताब्दी में नालन्दा का विश्वविद्यालय भी शिक्षा का प्रमुख केन्द्र बन गया और दूर-दूर के विद्यार्थी यहाँ शिक्षा प्राप्त करने के लिए आने लगे। इस युग में धर्म और धर्मनिरपेक्ष दोनों ही प्रकार के साहित्यों की प्रगति हुई। साहित्यिक प्रगति का कारण ही इस युग को **पेरिक्लीन युग, आगस्टन युग** अथवा **आभिजात्य युग** के नाम से पुकारा गया है। अधिकांश ग्रन्थों की रचना संस्कृत भाषा में की गई क्योंकि संस्कृत इस युग की राष्ट्रभाषा थी। *रामायण, महाभारत* और पुराणों का वर्तमान स्वरूप इसी काल में बना। विभिन्न स्मृतियों, जैसे—*नारदस्मृति, याज्ञवल्क्यस्मृति, वृहस्पतिस्मृति* आदि की रचना इसी काल में हुई। मीमांसा सूत्रों पर टिकाएँ भी इसी काल में लिखी गईं। चौथी सदी में *ईश्वरकृष्ण* ने *सांख्यकारिका* को लिखा। पंचतन्त्र का पुनः संकलन किया गया, जिसका अनुवाद प्रायः 50 भाषाओं में हुआ। विभिन्न बौद्ध और जैन विद्वानों ने अनेक धार्मिक ग्रन्थों की रचना की। असंग, सुबन्धु, दिकनाक् आदि विद्वानों ने भी ग्रन्थों की रचना की। जैन विद्वानों में सिद्धसेन, भद्रबाहु द्वितीय और उमास्वाति अधिक विख्यात हुए। पाली साहित्य में *दीपवंस* और *महावंस* नामक ग्रन्थ प्रमुख स्थान रखते हैं। तमिल और प्राकृत भाषा में अनेक ग्रन्थ लिखे गए। संस्कृत के अनेक ग्रन्थों का अनुवाद इन भाषाओं में किया गया। धर्मनिरपेक्ष साहित्य में सुबन्धु द्वारा रचित *वासवदत्ता*, भट्टि का *रावण-वध*, भारवि का *किरातार्जुनीय*, विशाखदत्त का *मुद्राराक्षस*, शूद्रक का *मृच्छकटिकम्*, दंडिन का *दशकुमारचरित* आदि अपने समय की महान रचनाएँ मानी गईं। इनके अतिरिक्त भर्तृहरि जो दार्शनिक और कवि था, वीरसेन जो महान व्याकरणाचार्य था, अमर सिंह, जिसने *अमरकोष* की रचना की आदि इस काल के महान विद्वान् थे। सबसे अधिक उल्लेखनीय नाम कालिदास का है। उन्होंने अनेक ग्रन्थों की रचना की, जिनमें *ऋतुसंहार, मेघदूतम्, कुमारसम्भवम्, रघुवंशम्, अभिज्ञानशाकुन्तलम्, विक्रमोर्वशीयम्* का स्थान प्रमुख माना गया है।

विज्ञान, गणित, ज्योतिष आदि के अनेक विद्वान् हुए, जो इस युग के भारतीयों की अन्वेषण-शक्ति के प्रतीक माने गए। आर्यभट्ट अपने युग का महान वैज्ञानिक और गणिताचार्य माना गया। उसने अंकगणित, बीजगणित, ज्यामिति और त्रिकोणमिति में विभिन्न नवीन खोजें कीं। ज्योतिष में आर्यभट्ट के कार्य को निशंक, पांडुरंग और लाटदेव ने आगे बढ़ाया और वराहमिहिर ने उसे श्रेष्ठतम बना दिया। वराहमिहिर ने भी अनेक ग्रन्थों की रचना की, जिनमें *बृहत्संहिता* सबसे अधिक प्रसिद्ध हुई। ब्रह्मगुप्त नाम के एक अन्य महान ज्योतिषाचार्य हुए। इसके अतिरिक्त अन्य विद्वानों ने *सूर्यसिद्धान्त, वैशिष्ठसिद्धान्त,* षटपंचाशिका जैसे विभिन्न ग्रन्थों की रचना की। यह भी विश्वास किया जाता है कि दशमलव-प्रणाली (Decimal System) का आविष्कार हिन्दुओं ने किया था। इसे किसने आरम्भ किया, यह तो पता नहीं लगता, परन्तु आर्यभट्ट और वराहमिहिर ने अपने ग्रन्थों में इसका उल्लेख किया। चिकित्साशास्त्र में भी काफी उन्नति हुई। *अष्टांग संग्रह, अष्टांगहृदय-संहिता* और *नवनीतिकय* इस युग के प्रसिद्ध आयुर्वेदिक चिकित्सा-ग्रन्थ हैं। पशुचिकित्सा के सम्बन्ध में कार्य किया गया। *हस्ति-आयुर्वेद* और *अश्वशास्त्र* पशुओं की चिकित्सा सम्बन्धी पुस्तकें हैं। दिल्ली के कुतुबमीनार के निकट महरौली का लौहस्तम्भ उस समय के धातु विज्ञान का अद्भुत नमूना है। उसे किस प्रकार बनाया गया होगा और अभी तक खुले स्थान में होते हुए भी उसका चिकना रहना और उसमें जंग न लगना आश्चर्य का विषय है। इस प्रकार गुप्तकाल शिक्षा, साहित्य, विज्ञान आदि सभी क्षेत्रों में ज्ञान की अद्भुत प्रगति और नवीन अन्वेषणों का काल था।

रोम में पेरीक्लीज, यूनान में अगस्टन, इंग्लैंड में रानी एलिजाबेथ एवं शाहजहाँ के काल को, जहाँ स्वर्णयुग की उपाधि से अलंकृत किया गया, वहीं सम्पूर्ण गुप्तकाल ही स्वर्णयुग कहलाया। तत्कालीन सांस्कृतिक उपलब्धियों ने गुप्तकाल को अमर बना देने में सर्वाधिक महत्त्वपूर्ण भूमिका निभाई। इस काल की संस्कृति को यह रूप प्रदान करने में विज्ञान एवं तकनीक की भूमिका सर्वोच्च रही।

वैज्ञानिक उन्नति को लेकर गुप्तकाल भारतीय इतिहास में अपना एक विशिष्ट स्थान रखता है। गणित, ज्योतिष, रसायनशास्त्र, धातुशास्त्र, चिकित्साशास्त्र आदि के क्षेत्रों में इस काल में काफी प्रगति हुई। गणित के क्षेत्र में नवीन सिद्धान्तों का प्रतिपादन हुआ और दशमलव-पद्धति का आविष्कार हुआ। आर्यभट्ट (जन्म 479 ई.) इस युग का प्रसिद्ध गणितज्ञ था। पृथ्वी गोल है और वह धुरी पर घूमती है, पृथ्वी और चन्द्रमा की स्थिति के कारण ग्रहण होता है, आदि तथ्यों का पता इसी समय लगा। बीजगणित में समीकरण तथा अंक लिखने की नवीन शैली (अक्षरों द्वारा) को कार्यान्वित किया गया। उसने बताया कि दाएँ से बाएँ जाने पर अंक का मूल्य दस गुना हो जाता है। ज्योतिष पर वराहमिहिर (505-587) ने *बृहत्संहिता* तथा *पंचसिद्धान्त* नामक दो ग्रन्थ इसी काल में लिखे। ब्रह्मगुप्त (जन्म 598 ई.) नामक ज्योतिष ने *ब्रह्मसिद्धान्त* नामक ग्रन्थ की रचना की। रसायनशास्त्र में भारतीयों ने सुन्दर पक्के रंगों का आविष्कार किया।

धातुविज्ञान में यह काल उन्नति का काल था।[3] धातु को गलाकर उससे तरह-तरह की चीजें तैयार करने में यहाँ के कारीगर बड़े निपुण हो गए थे। इसी काल का निर्मित दिल्ली

के कुतुबमीनार के पास एक लौहस्तम्भ है, जो लगभग डेढ़ हजार वर्षों के बाद भी जंग से मुक्त है। स्तम्भ पर खुदी लिपि से लगता है कि यह चौथी शताब्दी में चन्द्रगुप्त द्वितीय द्वारा जयस्तम्भ के रूप में मथुरा के विष्णुपाद पहाड़ पर निर्मित कराया गया था। 1050 ई. के आसपास अनंगपाल द्वितीय ने इसे दिल्ली में पुनः स्थापित किया। यह स्तम्भ 24 फीट ऊँचा है। इसके नीचे का व्यास 16.4 इंच और ऊपर का 12 इंच है। इसका वजन 6 टन से अधिक है। इस लौह-स्तम्भ की आपेक्षिक गुरुता 7.81 है; जबकि शुद्ध लोहे की आपेक्षिक गुरुता 7.14 होती है। यह स्तम्भ लोहा (99.720 प्रतिशत), ताँबा, मैगनीज, नाइट्रोजन, फॉस्फोरस, गन्धक, सिलीकॉन और कार्बन (अंगारक) के मिश्रण से बना है। सम्भवतः फॉस्फोरस की अधिकता, गन्धक की स्वल्पता और मैगनीज के अभाव के परिणामस्वरूप यह लौह-स्तम्भ आज भी जंगरहित है। गन्धक की स्वल्पता से मालूम पड़ता है कि इस लौह-स्तम्भ में बहुत ही बढ़िया लौह खनिज (Ore) और लकड़ी का कोयला का इस्तेमाल किया गया है। इस स्तम्भ को तैयार करने के लिए करीब 80 पाउंड के आसपास वजन के छोटे-छोटे लौह-स्तम्भ-खंडों को ढालकर उन्हें बाद में जोड़ा गया है। जोड़ने का काम इतनी खूबी के साथ और वैज्ञानिक दृष्टि से किया गया है कि सारा स्तम्भ एक अखंड लोहे से बना लगता है। इससे यह स्पष्ट है कि इस काल में धातु-विद्या के कलाकार बड़े ही निपुण होते थे। इस काल में वे धातुओं के सुन्दर सिक्के तैयार करते और जिन पर चित्र तथा लेख अंकित होते थे।

वराहमिहिर इसी युग का प्रसिद्ध रसायनशास्त्र तथा धातुविज्ञान के आचार्य था। वनस्पति और जीवविज्ञान का भी उसे अच्छा ज्ञान था। इस समय की कलात्मक वस्तुएँ तत्कालीन तकनीक का ज्ञान कराती हैं। बौद्धविहारों में गान्धार शैली की झलक दिखाई देती है। ईंट और पत्थर से निर्मित ये विहार आठमंजिला तक होते थे। खम्भों पर देवमूर्तियाँ उकेरी गईं और अनेक रंगों से उन्हें सजाया गया। अनेक वैष्णवमन्दिर बनाए गए, जिनका अलंकरण प्रशंसा के योग्य है। इस काल का देवगढ़ (मध्य प्रदेश, झाँसी के पास) मन्दिर का शिखर 40 फीट ऊँचा और पिरामिडनुमा बनाया गया है। इससे निर्मित कलाएँ दीवारों में गहरे धँसे हुए और स्तम्भों पर टिकी हैं। स्तम्भ 4, 8 और 16 पहल के हैं। इससे स्पष्ट है कि स्तम्भों पर मूर्तियाँ उकेरने की कला विकसित थी। मन्दिरों में ईंटों की जालियाँ बनाई जाती थीं।

भवन में प्लास्तर और चूने का प्रयोग किया जाता था।[4] राजभवनों में स्नानागारों में मशीन से चलनेवाली जलधारा का प्रयोग होता था। फर्श संगमरमर और स्फटिक के बने होते थे। पत्थरों में नक्काशी कर फल के गुच्छे तैयार किए जाते थे। देवमूर्तियों के अलावा खिलौने के रूप में मिट्टी के हाथी, घोड़े, मगर, सिंह, मानव, पक्षी आदि बनाए जाते थे। मिट्टी की मूर्तियाँ गीली मिट्टी में ढालकर आँवों में पकाई जाती थीं। कुछ घिसकर चिकनी कर ली जाती थीं, कुछ पर लेप चढ़ा दिया जाता था और कुछ को रँग दिया जाता था। मिट्टी के बने प्रायः सभी बर्तनों व चमकती बालू या माइका के टुकड़ों का प्रयोग हुआ है। गुप्तकाल में मिट्टी के बर्तन लाल भूरि देकर सुन्दर बनाए जाते थे और उसे चिकना कर उन पर अनेक ज्यामितिक आकृतियाँ बनाईं या ठप्पे तैयार कर उन पर विभिन्न रंगों के पशु-पक्षियों की अनेक डिजाइन छापे जाते थे। अलंकृत ईंट, विभिन्न मूर्तियाँ, मुहरें आदि के साँचों का अध्ययन विकसित तकनीक की बात बताता था।[5]

सिक्के ढालकर बनाए जाते और उन पर अनेक चिह्नों का प्रयोग किया जाता था। चित्रों को बनाने के लिए रेखांकन से पूर्व दीवारों की भूमि तैयार कर ली जाती, अर्थात् दीवारों को घिसकर चिकना कर लिया जाता था। चिकने दीवार पर प्लास्तर के चूर्ण, मिट्टी और गोबर को मिलाकर तथा शिरे द्वारा उनका एक बार लेप बनाकर उससे दीवार लीप दिया जाता था। लेप प्लास्तर के समान भूमि पर चढ़कर जम जाता। बाद में चूने के पानी से प्लास्तर को गीला रखते और उसे धो देते थे। तब शुरू होता खाका बनाने की कला। चित्रों की सीमाएँ गेरू से खींच दी जाती। चित्रकार आकृतियों का रेखांकन करते और अन्य कलाकार रंग भरते थे। चित्र को अन्तिम रूप प्रदान करने का काम गुरु चित्रकार करता था। चित्रों को गेरुआ, लाल, हरा, नीला, काला आदि रंगों से रँगा जाता। कपड़ों पर चित्रकारियाँ की जातीं। चित्रों को बनाते समय कलाकार विशेष प्रकार के टेबुल का प्रयोग करते थे। चित्रों की सीमारेखा पतले नोकवाली पेंसिल से तैयार की जाती थी और फिर ब्रश से चित्र तैयार किए जाते थे।

1.21 प्राचीन भारत में ताम्र-खनन और धातुकर्म

भारत में ताम्र-खनन की परम्परा का लम्बा इतिहास है। 4 से 5 हजार ईसा पूर्व मेहरगढ़, बलूचिस्तान एवं कालीबंगा (श्री गंगानगर के समीप राजस्थान में) में उपलब्ध सामग्री ताँबे के प्रगलन पर निर्विवाद रूप से सर्वाधिक प्राचीन विवरण प्रस्तुत करती है। भारतीयों का ताम्र-खनन-कौशल उनके द्वारा जहाँ-जहाँ निक्षेपण मिलते हैं वहाँ पहले से ही पुरानी धातु-कर्मशालाओं के अवशेष मिलने से स्पष्ट होता है। भारतीयों द्वारा धातु-खनिजों को पहचानने एवं उनके प्राप्ति-क्षेत्रों का पीछा करने की क्षमता का इनसे पता चलता है। धातु-प्राप्ति के पश्चात् बचे धातुमल के विश्लेषण से तत्कालीन धातु-निष्कर्षण के उत्कृष्ट स्तर की दक्षता पर प्रकाश पड़ता है। मध्य भारत में इंगल्हाल स्थित ताम्र खननी का काल 45-255 ई. का प्रमाणित हुआ है। सिंघभूम, बाँकुड़ा एवं गिरिडीह के खनन क्षेत्रों का भी पुरातत्त्व की दृष्टि से विशेष महत्त्व है। इन्हीं खानों से प्रागैतिहासिक काल, आदिकाल, मध्यकाल एवं आधुनिक काल तक ताँबे की आपूर्ति पूर्वी भारत में होती रही है।[6]

मनुष्य द्वारा ताँबे एवं काँसे के आविष्कार और उपयोग के प्रयत्नों में भारत का प्रारम्भिक योगदान कम महत्त्वपूर्ण नहीं है। भारत में कांस्य-युग के प्रारम्भ ने सिन्धुघाटी की सभ्यता, जो नागरिक योजना (Town Planning) एवं जनपद (Civil) इंजीनियरी की अग्रदूत सभ्यता के रूप में विश्व भर में विख्यात है, को जन्म दिया। खनन का मौर्यकालीन भारत से सम्बन्ध बताया गया है। अकबर के दरबार के विद्वान् सभासद अबुल फजल ने 1590 ई. में इनका उल्लेख किया है एवं अंग्रेज अधिकारी कप्तान बेली ने भी 1830 ई. में इसका वर्णन किया है। सनाउल्ला खाँ ने सिन्धुघाटी की सभ्यता से सम्बद्ध ताम्र सम्पदा के स्रोतों का अनुमान किया है। ये स्रोत हैं—बलूचिस्तान के शाह बलोल, रोबात, रस्कुह, कोजाक आमरान, अफगानिस्तान के शाह मकसूद व कलीह जेरा, ईरान के अनरक एवं भारत में अजमेर, सिरोही, मेवाड़ व जयपुर। फॉर्ब्स ने शान रियासत, इन्दौर, नैल्लोर, किस्तना जिलों व काठियावाड़ के रूपावती स्थान में एवं उत्तरी गुजरात के अम्बर माता एवं कुम्बारिआ में एवं नेपाल में खनन की पुरानी परम्परा के प्राप्त अवशेषों का उल्लेख किया है।

फॉर्ब्स के अनुसार प्राच्य-ताम्र-धातुकर्म के विविध सोपान निम्न हैं :

सोपान-एक : प्राकृतिक ताँबे का रूपण :
हथौड़े से पीटकर, काटकर, मोड़कर, घिसकर व पॉलिश करके

सोपान-दो : प्राकृतिक ताम्र का अनीलन-तापन

सोपान-तीन : ऑक्साइड अथवा कार्बोनेट अयस्क का प्रगलन
(लकड़ी/चारकोल की आँच में मिट्टी से पटे गड्ढे में वायु की उपस्थिति में) व धातुमल को निकालकर धातु की प्राप्ति

सोपान-चार : ताँबे का गलन एवं ढलाई

प्रगलन प्राकृतिक ताम्र का अथवा अयस्क से प्राप्त ताम्र को भट्ठी या मूषा में पिघलाना व पत्थर, मिट्टी या रेत के साँचों में ढालना, धातुरूपण के शीतोपचार।

1.22 सोपान-पाँच-सल्फाइड अयस्कों का प्रगलन

प्राप्त अन्तिम पदार्थ, ठोस पिच ताँबा (99.50 प्रतिशत शुद्ध) अन्तिम सोपान में चारकोल व हवा के प्रवाह के साथ किए गए प्रगलन के उपरान्त प्राप्त होता था। वायु के प्रवाह से ताँबे में क्यूप्रस ऑक्साइड रह जाता है जो धातु को भंगुर बना देता है। इसको रोकने के लिए पिघली हुई धातु में हरी ठोस लकड़ी डाली जाती थी जो धातु ऑक्साइड का अवकरण करके धातु बना देती थी। इस क्रिया को 'पोलिंग' कहा गया है। 2000 ई.पू. से लोग इस क्रिया के नियंत्रण में दक्ष हो गए थे। इससे पूर्व के सामानों में ताम्र ऑक्साइड के अन्तर्भूत (Inclusions) उचित पोलिंग नियंत्रण की कमी की ओर संकेत करते हैं।

1.23 हड़प्पा व मोहनजोदड़ो की सभ्यता (2500-1750 ई.पू.)

ताँबे की हड़प्पा स्थित सभ्यता से पहले के काल की सम्पदा जैसे मुंडिगक से उपलब्ध कांस्य वस्तुओं के विश्लेषण से उनमें 1.06 प्रतिशत टिन प्राप्त होता है। नाल से उपलब्ध वस्तुओं में टिन नहीं है एवं 2.14 प्रतिशत सीसा मिलता है। आरेख-3 में हड़प्पा सभ्यता के क्षेत्रों को दर्शाया गया है।

हड़प्पाकाल के सामानों में टिन की मात्रा एक सामान से दूसरे सामान में बहुत बदली हुई है। 70 प्रतिशत तक सामानों में टिन की मिश्र धातु बनाने का प्रयत्न नहीं मिलता। चालीस प्रतिशत सामानों में टिन की अनुकूलतम मात्रा 8-12 प्रतिशत को अधिकतम सामर्थ्य व तन्यता उत्पन्न करने के लिए मिलाया जाता था। काँसे की छड़ों में टिन का प्रतिशत 22 से अधिक नहीं था। यह स्पष्ट होता है कि उस काल में मिश्र धातु बनाने की कला का ज्ञान सिन्धुघाटी के वासियों को रहा होगा किन्तु अवयवों के उचित अनुपातों का नियंत्रण नहीं किया जा सका था। मुख्यतः चाकू, छेनियाँ एवं कुल्हाड़ियाँ टिन-कांस्य के बनाए जाते थे। उपलब्ध प्रमाणों से प्रतीत होता है कि हड़प्पा के लोग आर्सेनिक, सीसे एवं टिन से ताँबे की मिश्र धातु बनाना जानते थे। हड़प्पा में ऑक्साइड अयस्कों (मैलेकाइट आदि) के उपयोग की सम्भावना बहुत अधिक है। मोहनजोदड़ो में चाल्कोपाइराइट (सल्फाइड अयस्क) को भी पिघलाने की विधि ज्ञात थी एवं सम्भव है इससे भी ताँबा प्राप्त किया जाता हो। हड़प्पन लोग सम्भव

है खेतड़ी से अयस्क प्राप्त करते रहे होंगे। धातु-रूपण की अनेक विधियों, जैसे–हथौड़े से पीटने, शीतोपचार, अनीलन व धातु जोड़ने की विधियों से सिन्धुघाटी सभ्यता का परिचय था। ढलाई के लिए खुले साँचों, बन्द साँचों एवं 'लुप्त-मोम' पद्धति पर आधारित विधियों का उपयोग वे जटिल आकृतियों, मूर्तियों व घरेलू सामानों को बनाने के लिए, शस्त्रों व आभूषणों को

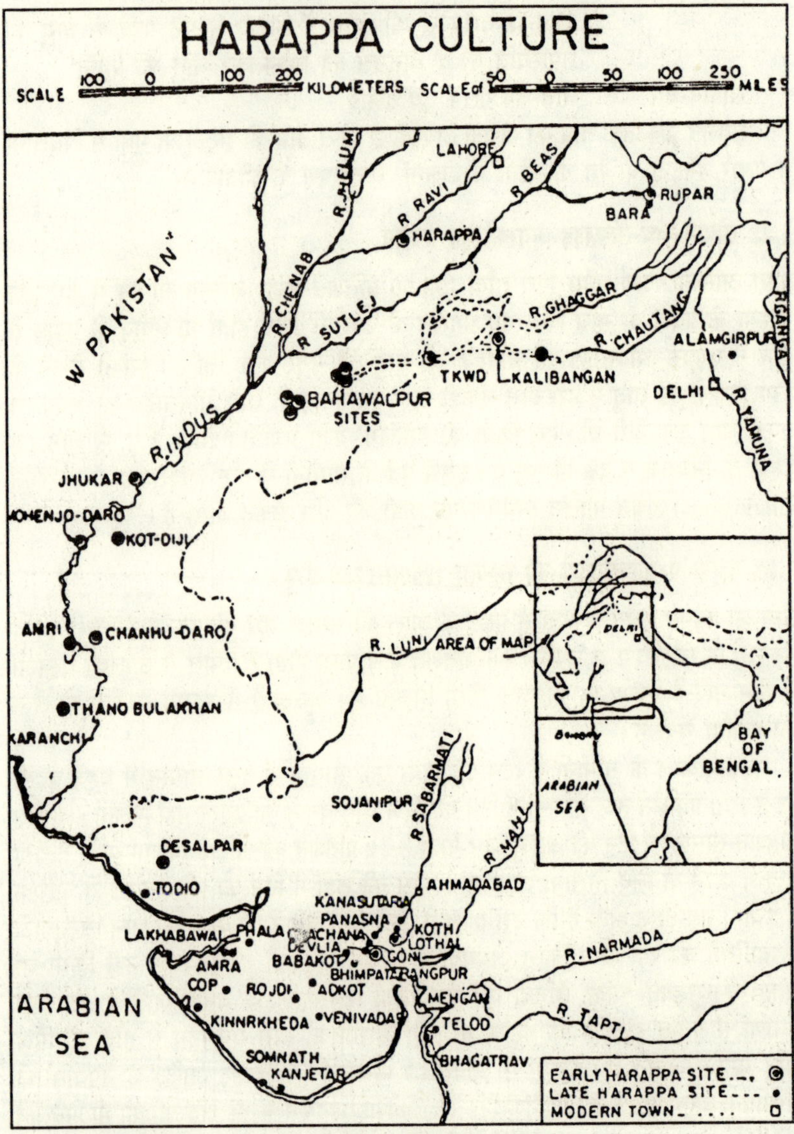

हड़प्पा सभ्यता के क्षेत्र

गढ़ने के लिए करते थे। हड़प्पा की ट्यूबाकार ड्रिलें विश्व में सबसे पहले के उदाहरण प्रस्तुत करती हैं। उस्तरे, तीरों के शीर्ष, मछलियों के काँटे, आरियाँ एवं खेती में काम आनेवाले औजार सिन्धुघाटी की सभ्यता की उत्कृष्ट धातुकर्म-दक्षता को रेखांकित करते हैं। इनमें से 8 प्रतिशत में आर्सेनिक, 4 प्रतिशत में निकेल एवं 6 प्रतिशत में सीसे के मिश्र धातुओं को पाया गया है। हड़प्पा-सभ्यता द्वारा धातुकर्म की कला के उत्कर्ष की प्राप्ति के मूल में उनकी उन्नत आर्थिक दशा, कृषि-समृद्धि एवं उपलब्ध खनन सुविधाओं का होना रहा है। हड़प्पा व मोहनजोदड़ो से सीसे की बनी वस्तुएँ भी उपलब्ध हुई हैं। मोहनजोदड़ो से उपलब्ध सीसे के अयस्क में सिर्फ सीसा और एंटीमनी प्राप्त हुआ है। राजस्थान से जावर की खानों से सीसा राणा लाखा के समय (1382-97 ई.) से निकाला जाता रहा है।

1.24 कुछ मौलिक उपलब्धियाँ

भारत में प्रागैतिहासिक काल में धातुकर्म कौशल के प्रमाण बलूचिस्तान, सिन्ध और पंजाब के उत्खनन से उपलब्ध सामग्री में मिलते हैं। मोहनजोदड़ो एवं हड़प्पा (जो क्रमशः आज सिन्ध (पाकिस्तान) व पंजाब में आते हैं) की सभ्यताएँ, मेसोपोटामिया की दजला-फरात की घाटी की सुमेरियन सभ्यता एवं मिस्र में नील नदी की घाटी की सभ्यता के आसपास की हैं। इन प्राचीन सभ्यताओं के अवशेषों से सिन्धुघाटी के निवासियों के धातुकर्म की समृद्ध जानकारी का पता चलता है। रेडियोकार्बन काल तिथि निर्धारण से इस सभ्यता को 2500-2000 ई. पू. के आसपास का बताया गया है। बलूचिस्तान और सिन्ध में अन्य स्थानों पर किए गए उत्खननों से और अधिक पुरानी सभ्यता के अस्तित्व का प्रमाण मिलता है। इसी प्रकार उपलब्ध सामग्री से संकेत मिलता है कि भारत में लोग चार हजार ईसा पूर्व से ही ताँबे के बनाने व रूपण की कला से अवगत थे। हड़प्पा व मोहनजोदड़ो की भारतीय कांस्य सम्पदा व सुमेरियन कांस्य की सामग्री के संघटन व रूपण की समानताएँ इस बात की ओर संकेत करती हैं कि इन दोनों सभ्यताओं में परस्पर आदान-प्रदान एवं व्यावसायिक सम्बन्ध भली प्रकार स्थापित थे। यही नहीं, इस घनिष्ठ समानता ने अनेक विद्वानों को यह सोचने के लिए आधार दिया कि ये दोनों सभ्यताएँ न केवल सांस्कृतिक व व्यावसायिक सम्बन्धों से जुड़ी थीं, बल्कि वे बहुत सम्भव है कि एक ही मूल स्रोत से उत्पन्न हुई हों। सिन्धुघाटी की सभ्यता की विशेषताएँ उसमें घने बसे शहरों की विस्तृत योजना (सड़कें, इमारतें (बहुमंजिली) एवं जल-मल व्ययन व्यवसाय की विकसित उच्च दक्षता), उद्योगों की स्थापना एवं व्यापार के लिए नदियों के उपयोग की प्रणाली है। वजन एवं मापन के निश्चित मानकों का उपयोग एवं एक चित्रलिपि का प्रयोग भी इसी सभ्यता की विशेषताएँ रही हैं। इसके अन्तर्गत दक्षिण में मालेरन से काठियावाड़ तक का प्रदेश, पश्चिम में बलूचिस्तान और वजीरस्तान, उत्तर में हिमालय के भू-भाग एवं पूर्व में थार का रेगिस्तान आते थे। बीकानेर में सरस्वती एवं दृशद्वती नदियों की घाटियों के उत्खननों से पता चलता है कि हड़प्पन संस्कृति एवं सभ्यता पूर्व में राजपूताने के थार रेगिस्तान से भी आगे तक फैली हुई थी। यहाँ उपलब्ध ताम्र-सम्पदा हड़प्पा के उत्खनन से उपलब्ध सामग्री से बहुत मिलती-जुलती है। हड़प्पा व मोहनजोदड़ो में उपलब्ध सामग्री से सिद्ध होता है कि इस सभ्यता के लोग अत्यन्त कुशल धातुकर्मी थे एवं उनको ताँबे, चाँदी,

जस्ते, सोने की आपूर्ति प्रचुर मात्रा में मिलती थी। टिन, जस्ते एवं सीसे का उपयोग भी ताँबे के मिश्र धातुओं (कांस्यों) के रूप में निरन्तर मिलता है। टिन का प्रयोग ताँबे को उसकी ढलाई में आसानी के लिए एवं उसे कठोर बनाने के लिए किया जाता था। टिन के स्रोत सम्भवतः राजपूताना एवं बलूचिस्तान में रहे होंगे। इस प्रकार के मिश्र धातुओं में टिन का कोई निश्चित अनुपात नहीं मिलता, फिर भी मोटेतौर पर साधारण कार्य के लिए प्रयुक्त कांस्य में 9 से 12 प्रतिशत टिन एवं हथियारों के लिए मिश्र धातु के मिलने का कारण आर्सेनिकयुक्त ताम्र अयस्कों का उपयोग हो सकता है। ताँबे के सामान जैसे कुल्हाड़ियाँ आदि ढलाई द्वारा एवं हथौड़े से पीटकर बनाए गए हैं। उन्हें सीधे ढालकर फिर उनकी धार हथौड़े से पीटकर बनाई जाती थी। तत्कालीन धातुकर्मी मूर्तियाँ बनाने में लुप्त मोम तकनीक (Lost Wax Method) का उपयोग करने में बहुत दक्ष थे। ताँबे का सम्भवतः खानों के समीप ही प्रगलन किया जाता था। धातु का शोधन तत्पश्चात् मिट्टी की मूषाओं में किया जाता था। मोहनजोदड़ो के उत्खनन से ऐसी एक मूषा का अवशेष, जिसके सिरों पर धातुमल लगा हुआ है, मिला है। विस्तृत विश्लेषणों से सिद्ध होता है कि सिन्धुघाटी के लोग ताँबे व इसकी मिश्र धातुओं से निम्न प्रकार से अवगत थे—

1. कच्चा ताँबा,
2. शोधित ताँबा,
3. ताँबे व टिन की मिश्र धातु, कांस्य व ताँबे-जस्ते की मिश्र धातु, पीतल,
4. ताम्र-आर्सेनिक व ताम्र-आर्सेनिक-सीसे के मिश्र धातु।

कच्चा ताँबा जो भट्ठी में प्रगलन से सीधे प्राप्त होता था, अधिक सल्फर के होने से हथौड़े से पीटकर धातु-रूपण के लिए अनुपयुक्त था। इसको बड़े व सपाट सामानों की ढलाई में इस्तेमाल किया जाता था। शोधित ताँबा शुद्धता और तन्यता के कारण सुघड़ आकृतियों के बर्तन बनाने के लिए काफी उपयुक्त था और उसकी बन्द साँचों में उत्तम ढलाई की जाती थी। इसमें एंटीमनी और आर्सेनिक की थोड़ी मात्रा में उपस्थिति उपलब्ध धातु को पर्याप्त कठोरता प्रदान करती थी। टिन की उपस्थिति 0.090 प्रतिशत से 13.21 प्रतिशत तक मिलती है जिसमें 7 से 10 प्रतिशत तक टिन की मात्रा सबसे अधिक सामानों में मिलती है।

टिन को जानबूझकर मिलाया जाता था न कि यह मात्र संयोग था जैसा कि उच्च कोटि के मिश्र धातुओं, जो पैनी धार के औजारों में प्रयुक्त हुई हैं, के संघटन से स्पष्ट है। टिन की आपूर्ति सम्भवतः फारस से की जाती थी। आर्सेनिक व एंटीमनी की कांस्य में कुछ मात्रा द्वारा कठोरता और अधिक बढ़ाई जाती थी। ताम्र आर्सेनिक मिश्र धातु को निम्नकोटि के कांस्य के स्थान पर काम में लाया जाता था। सीसे के प्रयोग से ताम्र व कांस्य की संगलन क्षमता (Fusibility) बढ़ जाती थी और इससे धातु ढलाई के लिए अधिक उपयुक्त हो जाती थी। किन्तु अधिक सम्भावना इस बात की है कि मिश्र धातु में सीसे की उपस्थिति संयोगवश (इसके अयस्क में अपद्रव्य के रूप में होने से) रही होगी न कि इसे जान-परखकर मिलाया जाता था। सिन्ध में ताम्र के स्रोत नहीं मिलते। समीप में बलूचिस्तान में शाह बल्लोल एवं रोबात में प्राचीन ताम्र-प्रगलन के प्रमाण मिलते हैं। बलूचिस्तान के ही रासकूट एवं काम आनेवाले कांस्य में 26 प्रतिशत टिन का उपयोग मिलता है। अधिक टिन के प्रयोग से भंगुर पदार्थ

बनता है, यह जानकारी हड़प्पा निवासियों को थी। ईंटों से पटे गड्ढे की कोष्ठिका में धातु का प्रगलन किया जाता था। अयस्क को चारकोल से मिलाकर धरती में एक छेद के भीतर कम ऑक्सीजन में पिघलाया जाता था। विषम शीतलन के कारण सभी इन्गटों की ऊपरी सतहें काफी टेढ़ी-मेढ़ी मिलती हैं। धातु-रूपण के लिए धातु की चादर को पीटकर आकार दिया जाता था अथवा उपयुक्त ढलाई की जाती थी। काँसे व ताँबे की सामग्री में घरेलू बर्तन, कुल्हाड़ियाँ, तलवारें, आरियाँ, भाले, छुरे, चाकू, तीरों के फल व सिरे, मछली पकड़ने के काँटे, उस्तरे सम्मिलित हैं। इनमें से अनेक पर उकेरी गई सुन्दर कलाकृतियाँ व अलंकृत बेल-बूटे आदि भी मिलते हैं। चूड़ियों, अँगूठियों व हाथ के कवच के रूप में व तारों व छड़ों के रूप में भी ताँबे व काँसे का प्रयोग खूब होता था। अतिरिक्त रूप से तेज धारोंवाले हथियारों व औजारों के निर्माण के लिए काँसे के प्रयोग को ताँबे की तुलना में अधिक वरीयता दी जाती थी। सिन्धुघाटी की सभ्यता में उपलब्ध सामग्री में ही अनेक देवी-देवताओं की मूर्तियाँ एवं अन्य उत्कृष्ट कलाकृतियाँ उस काल की धातु-रूपण कला के कौशल का प्रमाण देती हैं। उपलब्ध कांस्य सामग्री में संयोग से अथवा जान-बूझकर टिन का 10 प्रतिशत तक प्रयोग हुआ है। टिन व ताम्र अयस्कों के प्रायः पास-पास होने से उनके प्रगलन द्वारा कांस्य की प्राप्ति होती थी। काँसे के स्थान पर ताँबे व आर्सेनिक (0.04-3.42 प्रतिशत) का एक मिश्र धातु भी प्रयोग में आता था। सिन्धुघाटी की ताम्र सम्पदा में प्रायः थोड़ी ही मात्रा में निकेल (Nickel) 0.19-1.27 प्रतिशत (सम्भवतः अयस्क के साथ होने से) धातु के साथ उपस्थित हैं।

धातु-रूपण की कला

सिन्धुघाटी की सभ्यता में उपयोग में आनेवाली तकनीकों में ढलाई और फॉर्जन सम्मिलित हैं। पहली पद्धति में धातु को साँचे में ढालने से पूर्व पिघलाना पड़ता था। शुद्ध ताँबे को एक बन्द साँचे में ढालने पर वह मुक्त ऑक्सीजन के बुलबुलों के रूप में निकलने के कारण स्पंजी हो जाता था। इससे छुटकारा पाने के लिए उसमें आर्सेनिक अथवा टिन (विऑक्सीकारक के रूप में) मिलाया जाता था। हड़प्पा व मोहनजोदड़ो क्षेत्रों में उपलब्ध सामग्री में थोड़ी मात्रा में ये धातुएँ मौजूद हैं। इससे स्पष्ट है कि उनका संघटन ढलाई के लिए काफी उपयुक्त था। अधिकांश कांस्य सामग्री ढलाई द्वारा तैयार की जाती थी। कुछ को हथौड़े से पीटकर तैयार किया जाता था। सिन्धुघाटी के धातुकर्मी काँसे के इस गुण से परिचित थे जिसके कारण गरम लाल करने के ठीक नीचे के ताप पर इसका फॉर्जन किया जा सकता था। सम्भव है टिन की कमी के कारण ताँबे एवं काँसे का उपयोग साथ-साथ मिलता है। कठोरता में ताँबे व आर्सेनिक की मिश्र धातु नीचे के स्तर के काँसे से तुलनीय है। हड़प्पा एवं मोहनजोदड़ो की सामग्री में इस प्रकार का जले अमरू क्षेत्र में एवं अफगानिस्तान के शाह मुकुन्द में ताम्र-निक्षेप उपलब्ध थे। फारस (ईरान) में अनरक एवं काली जेरी स्थानों में भी प्राचीन ताम्र-प्रगलन के प्रमाण मिलते हैं। राजपूताना में अजमेर के अन्तर्गत सिरोही में ताम्र अयस्क मिलते हैं। मेवाड़ एवं जयपुर जनपदों में खेतड़ी एवं सिन्धाना में ताम्र स्रोत विद्यमान थे एवं इस बात का प्रमाण मिलता है कि यहाँ बहुत पहले से ताम्र-प्रगलन किया जाता था। मोहनजोदड़ो में

उपलब्ध ताँबे से उसके सल्फाइड अयस्क से प्राप्ति पर प्रमाण मिलता है। राजपूताने के खेतड़ी व सिन्धाना में उपलब्ध यही सल्फाइड अयस्क उपलब्ध था जो मोहनजोदड़ो में ताम्र आपूर्ति का मुख्य स्रोत था। बलूचिस्तान से भी ताम्र आपूर्ति की जाती थी और अफगानिस्तान व फारस के स्रोतों का भी सम्भव है उपयोग सिन्धुघाटी सभ्यता में ताम्र आपूर्ति के लिए किया जाता रहा होगा।

ताम्र-प्रगलन के लिए धरती में अवतल गढ़ों, जिनमें मिट्टी का लेप किया जाता था, का उपयोग होता था। इनमें लकड़ी के कोयले की एक तह इसके फर्श पर जलाई जाती थी। इस पर चारकोल मिश्रित अयस्क को फैला दिया जाता था एवं हवा के झोंकों की सहायता से दहन की क्रिया की जाती थी।

धातु-रूपण में खुले साँचों के लिए उपयुक्त उच्च तापसह पाषाण व रेतीली चट्टानों या तापसह मिट्टियों का उपयोग किया जाता था। इनको समतल ढक्कनों से बन्द कर दिया जाता था ताकि मन्द शीतन हो सके। बन्द साँचों को भी (पाषाण, मिट्टी अथवा काँसे से) आवश्यक मापन करके बनाया जाता था। जटिल आकृतियों को बनाने में लुप्त मोम-पद्धति का प्रयोग होता था। सिन्धुघाटी की सभ्यता के उत्तर काल में ताम्र पाषाण-संस्कृति (2000-1100 ई.पू.) एवं ताम्र-संग्रह-काल की संस्कृति (Copper Hoards Period) (1100-800 ई.पू.) के अस्तित्व का प्रमाण मिलता है। पुरातत्त्वविदों के अनुसार सिन्धु घाटी-सभ्यता को बर्बर आक्रान्ताओं के आक्रमणों से अथवा प्राकृतिक आपदा से ध्वस्त किए जाने पर उसके निवासियों ने अपनी ताम्र-सम्पदा को लेकर देश के अन्य भागों में बाध्य होकर संचरण व प्रवास किया होगा। सिन्धुघाटी की इस ध्वस्त धातु-सभ्यता का निदर्शन ताम्र जमा करने (Copper Hoard Age) वाले युग की ताम्र सम्पदा से होता है। इन लोगों में भी ताम्र औजार बनाने की विकसित कला का ज्ञान था एवं उनकी धातु आपूर्ति प्रचुर मात्रा में होती थी। हालाँकि इस काल में मिश्र धातुओं को बनाने एवं धातु-रूपण की व अनीलन की बारीकियों का ज्ञान प्रायः नष्टप्राय हो गया था जैसा कि इस काल से सम्बद्ध ताम्र-सामग्री से स्पष्ट होता है।

ताम्र-पाषाण व ताम्र-संग्रह-काल

हड़प्पा की सभ्यता के अवसान पर ताम्र-युग के एक और अध्याय का जिसे ताम्र-पाषाण (Chalcolithic) संस्कृति कहा जाता है, उदय हुआ। इसके प्रवर्तक ताम्र-प्रगलन, सीसे के साथ उसके मिश्र धातु बनाने एवं खुली ढलाई करने की कला को जानते थे किन्तु इनके पास हड़प्पा की-सी उन्नत प्रौद्योगिकी का अभाव था। ताम्र-संग्रह करनेवाले युग (Copper Hoard Age) एवं हड़प्पन सभ्यता से वे इस बात में भी भिन्न हैं कि उनमें विशिष्ट औजार बनाने की कला अधिक नहीं दिखाई देती। ताम्र-पाषाण-संस्कृति के पश्चात् ताम्र-संग्रह-काल में धातु की समृद्धि के दर्शन होते हैं जिसमें बिहार के सिंहभूम अयस्कों का खनन व उपयोग उसकी उपलब्धियों में सम्मिलित है। छोटानागपुर, गंगा-यमुना का दोआब इस सभ्यता के प्रमुख केन्द्र थे। इसमें लोग ताँबे की ढलाई का प्रगलन को जानते थे किन्तु मिश्र धातु बनाने, अनीलन व शीतोपचार (जिसका उपयोग कठोरण के लिए किया जाता था) से प्रायः परिचित न थे। इस काल के औजारों के विशिष्ट प्रकार में जो उनकी हड़प्पा व

ताम्र-पाषाण-संस्कृति से भिन्न पहचान बनाते हैं, उनकी धातुकर्म-कला के वैशिष्ट्य एवं उन पर दक्षिण-पूर्वी एशिया के प्रभावों को लक्षित किया जा सकता है। इस काल की ताम्र सम्पदा में घरेलू बर्तनों का अभाव इस सभ्यता के घुमन्तू चरित्र को स्पष्ट करता है। अनेक कुल्हाड़ियाँ, तलवारें, भाले आदि सामग्री जो राजपुर, बिजनौर (उ.प्र.), फतेहगढ़ (उ.प्र.), उन्नाव (उ.प्र.), बुलन्दशहर व हरदोई (उ.प्र.), मानभूम (बिहार), राँची (बिहार), मयूरगंज (उड़ीसा), हजारीबाग (बिहार) से उपलब्ध हुई हैं, इस काल में साँचों के द्वारा ढलाई की कला व हथौड़े से पीटकर धारें व सान बनाने के कौशल का प्रमाण देती हैं। भारत द्वारा सुदूर अनेक देशों से व्यापारिक आदान-प्रदान, एक स्थान से दूसरे स्थान को जाने की व भारतीयों के स्थायी निवास की स्थितियों पर इनसे मौलिक प्रकाश पड़ता है जैसा कि गेल्डुन ने अपने लेख 'वैदिक आर्यों के पुरातात्त्विक अवशेष' में भारत में अनेक सुदूर देशों की ताम्र-सम्पदा के नमूनों की ओर ध्यान दिलाकर स्पष्ट किया है।

सन्दर्भ सूची

1. F. Hole and R.F. Heizer, *An Introduction of Pre-historic Archaeology,* New york, 1969
2. G. S. Upadhyaya, 'Metallurgy in Ancient India' *Pragnya Banaras Hindu University Journal,* Part III, 1959
3. D.P. Agrawal, *The Copper Bronze Age in India,* Delhi, 1971
4. R.J. Forbes, *Studies in Ancient Technology,* Vol. 8, Leiden, 1964
5. H.C. Bhardwaj, *Aspects of Ancient Indian Technology,* Delhi, 1979
6. C. Singer (eted.) *History of Technology* III, Oxford, 1957

अध्याय-2

मानव विकास की कहानी

2.1 डारविन (Charles Rober Darwin-1809-1882) का मत

मनुष्य जिस वर्ग के स्तनपायी प्राणी का सगोत्र है, कैरोलस लिनियस (Carolus Linnaeus-1707-1718) ने उस वर्ग का नामकरण **प्राइमेट** (Primates) किया था। वृक्ष-स्कंध के विभिन्न अंशों से जिस प्रकार शाखा-प्रशाखाएँ निकलती हैं, प्राइमेट[1] वर्ग के प्राणियों ने भी उसी प्रकार मूल स्कंध की शाखा-प्रशाखाओं के रूप में, भिन्न-भिन्न समय में, क्रम-विकास के नियमानुसार आत्म-प्रकाश किया था। लिनियस द्वारा उल्लिखित प्राइमेट-वृक्ष-स्कंध के एक विशेष स्थान से मनुष्य-शाखा फूट निकली, डारविन के इस साधारण मत के सम्बन्ध में वैज्ञानिक एक मत हैं। लेकिन किस स्थान से और किस समय मनुष्य-शाखा की उत्पत्ति हुई, इस विषय में मतभेद अवश्य है। डारविन ने आधुनिक प्राइनेटों (नरवानर) में गोरिल्ला और शिंपांजी का मनुष्य से सादृश्य बहुत बढ़ा-चढ़ाकर देखा और उसकी यह धारणा बनी कि इस प्राइमेट-क्रय (मनुष्य, गोरिल्ला और शिंपांजी) का पूर्वज एक ही था और वह था 'एंथ्रापाइड' वर्ग का प्राइमेट। एंथ्रापाइड की उत्पत्ति 'कैटारीन' नाम के एक और वर्ग के प्राइमेट-प्रतिरूप से हुई। इस 'कैटारीन-' प्रतिरूप वर्ग से 'कैटारीन' वानर-शाखा की उत्पत्ति हुई। कैटारीन का पूर्वज एक साधारण 'सीमियन'-वर्ग-प्रतिरूप था।

2.2 हेकेल का मत

हेकेल ने डारविन-परिकल्पित चित्र में कई उल्लेखनीय परिवर्तन किए। उनके मतानुसार कैटारीन एवं एंथ्रापाइड के बीच कई और वर्ग-प्रतिरूप थे तथा इनमें से एक से पहले गिबन और बाद को ओरांगउटान की उत्पति हुई। क्रमविकास की समय-सारणी में गिबन और ओरांगउटान की उत्पति, उच्च श्रेणी के एंथ्रापाइड जंगली आदमी, गोरिल्ला और शिंपांजी से पहले हुई। मनुष्य, गोरिल्ला और शिंपांजी के पूर्वज एंथ्रापाइड-वर्ग-प्रतिरूप को उन्होंने **ड्रायोपिथिक्स** नाम दिया। हेकेल का एक और महत्त्वपूर्ण अनुमान यह था कि एंथ्रापाइड ड्रायोपिथिक्स से पूर्णावयव मनुष्य के आविर्भाव होने के मध्य भाग में मानव के अनुरूप एक प्रकार के जंगली मनुष्य का आविर्भाव हुआ था। इस जंगली मनुष्य का आकार और शरीर-संगठन मनुष्य के समान ही था, लेकिन वह मनुष्य की तरह बोल नहीं सकता था। हेकेल ने इस अंतर्वर्ती जंगली मनुष्य का नाम रखा पिथेकांथ्रोपी।

2.3 पिलग्रिम का मत

भारतीय भूविज्ञान सर्वेक्षण संस्था के डॉक्टर पिलग्रिम तथा उनके सहयोगियों ने प्रमाणित किया कि मायोसीन कल्प में (डेढ़ से साढ़े तीन करोड़ वर्ष) और प्लायोसीन के प्रारम्भ में भारत में विभिन्न जातियों के एंथ्रापाइड जीवों का निवास था। इनमें प्रमुख था हेकेल-कल्पित मनुष्य का पूर्वज ड्रायोपिथिक्स जाति-प्रतिरूप। पिलग्रिम द्वारा प्राप्त अन्य एंथ्रापाइडों में 'शिवालिक' और 'शिव-पिथिक्स विशेष रूप से उल्लेखनीय है। ड्रायोपिथिक्स जाति-प्रतिरूप से ओरांग, शिंपांजी और गोरिल्ला का निकट सम्बन्ध है और शिवालिक तथा शिवपिथिक्स से मनुष्य का। पिलग्रिम के मतानुसार शिवपिथिक्स मनुष्य का आदिम पूर्वज है।

2.4 मानव देहावशेष

1892 ई. में डॉक्टर दुबोआ ने जावा में भूगर्भ से जबड़ों और पैरों की कुछ जीवाश्मित हड्डियाँ और दाँत प्राप्त किए। हड्डी और दाँत के परीक्षण से देखा गया कि ये मानवानुरूप किसी प्राणी के जीवाश्मित देहावशेष हैं। यह भी प्रमाणित हुआ कि यह जीव मनुष्य की तरह सीधा खड़ा होकर चल-फिर सकता था। हेकेल-कल्पित पिथिकांथ्रोपी से इसका इतना गहरा मेल है कि पुरातात्त्विकों और मानव-जाति वैज्ञानिकों ने यह मान लिया कि यह जावा-मानव (Pithecanthropus Erectus) हेकेल-प्रकल्पित, वर्तमान समय में लुप्त, अंतर्वर्तीकालीन वनमानुष है।

1929 ई. नें पीकिंग (वर्तमान पीपिंग) के पास चो-कू-तियेन में सिरकंकाल का जो जीवाश्म मिला है, वह भी मनुष्य की तरह एक प्रकार के वनमानुष का देहावशेष है। पीकिंग-मानव (Sinanthropus Pekinensis) और जावा-मानव के बीच अनेक विषयों में जैसी समानता है, वैसा ही कुछ विषयों में उनका पार्थक्य भी स्पष्ट है। जावा-मानव की ऊँचाई लगभग 5 फीट 6 इंच है; उसका कपाल छोटा है, जिसकी ढलान पीछे की ओर है; उसका जबड़ा उभरा हुआ और सिर कुछ सामने की ओर झुकता हुआ है। मस्तिष्क का आयतन आधुनिक मनुष्य के मस्तिष्क के आयतन के दो-तिहाई भाग के बराबर है, अर्थात् यह वृहत्तम गोरिल्ला और निम्नतम आधुनिक मानव के लगभग बीच का है। पीकिंग-मानव, जावा-मानव की तुलना में आपेक्षिक रूप से छोटे कद का था, उसमें मस्तिप्क का आयतन कुछ अधिक था और संभवतः वह कुछ अधिक सीधा होकर चल सकता था। भूवैज्ञानिकों के अनुसार नवजीवक युग में, प्लामोसान काल के अंतिम भाग और प्लीस्टोसीन काल के प्रारम्भ या हिमकाल अर्थात् 5 से लेकर 10 लाख वर्ष पहले, मनुष्य की तरह एक प्रकार का जीव पृथ्वी पर रहता था।

यूरोप में जावा या पीकिंग-मानव की तरह के किसी जीव के जीवाश्मित देहावशेष अभी तक नहीं मिले हैं। हाइडेलबर्ग में धरती से 80 फीट नीचे जबड़े की जो हड्डी मिली है, विद्वानों का अनुमान है कि वह भी मनुष्य की भाँति किसी जीव की हड्डी है, परन्तु पूर्णावयव मानव की नहीं। 1911 ई. में चार्ल्स डॉसन ने ससेक्स के पास, बजरी के एक गढ़े में, धरती के अन्दर से सिर-कंकाल के कई टुकड़े, दाँत और जबड़े के कुछ अंश प्राप्त किए। यह स्त्री-जातीय किसी वनमानुष का जीवाश्म था। जावा या पीकिंग-मानव की अपेक्षा इस 'इओएंथ्रोपस'

(Eoanthropus dawsoni) या पिल्टडाउन-मानव के जीवाश्म के सम्बन्ध में किए गए महत्त्वपूर्ण परीक्षणों के परिणाम कुछ ही वर्ष पहले प्रकाशित हुए थे। ये परीक्षण ब्रिटिश अजायबघर (इसकी स्थापना 1753 में हुई थी।) तथा ऑक्सफोर्ड विश्वविद्यालय (इसकी स्थापना 12वीं सदी में हुई।) के शरीर-रचना-विज्ञान विभाग के कुछ विशेषज्ञों द्वारा किए गए थे। इन परीक्षणों से निःसंदेह प्रमाणित हुआ है कि पिल्टडाउन-मानव की खोपड़ी तो असली बनमानुष की है, लेकिन इसके जबड़े की हड्डी और दाँत बिल्कुल नकली हैं। असली बनमानुष की खोपड़ी में वास्तविक मनुष्य के जबड़े की हड्डी और दाँत कैसे जोड़ दिए गए, यह बात बहुत दिनों तक मानव वैज्ञानिकों का एक दल समझ नहीं सका। इस जीवाश्म के विभिन्न अंशों में फ्लोरीन के परिमाण का सही-सही और निर्मूल निर्णय कर लिये जाने के बाद यह पता चला कि मस्तिष्काधार खोपड़ी की अपेक्षा जबड़े की हड्डी और दाढ़ बहुत हाल के जीवाश्म हैं। रंग के अंतर के कारण होनेवाले संदेह को ढकने के लिए हड्डी और दाँत, लौह-घटित लवण और पोटैशियम डाइक्रोमेट से किंचित् रंग दिए गए थे। यह एक निपुण वैज्ञानिक जालसाजी थी, जिसका इतने दिनों बाद भेद खुला। इओएंथ्रोपस के अन्वेषण से मानव-विकास के इतिहास के बारे में जो जटिलता उत्पन्न हो गई थी, विशेषज्ञों के अनुसार, अब वह समाप्त हो गई है।

2.5 हिमकाल

किसी-किसी समय पृथ्वी का ताप इतना घटा कि सारी उत्तरी गोलार्द्ध हजारों फीट बर्फ के नीचे दब गया। आगे बढ़ते हुए बर्फ के इस विपुलाकार पहाड़ ने पृथ्वी का अधिकांश जल आत्मसात् कर लिया और परिणामस्वरूप नदी, झील और समुद्र का एक व्यापक अंश सूखता गया। जहाँ आज समुद्र का पानी तरंगित हो रहा है, वह अंचल उस समय सूखी जमीन, पेड़-पौधों और प्राणियों के जीवन-स्पंदन से मुखरित था। कई हजार वर्ष ऐसी स्थिति कायम रहने के बाद पृथ्वी फिर तप्त हो उठी। बर्फ का पहाड़ पिघलकर पुनः उत्तर ध्रुव की ओर लौट चला और उस पिघले हुए पानी से उफनकर समुद्र, झील और नदियों ने एक बड़े भूखंड को ग्रस्त कर लिया। भूवैज्ञानिकों का अनुमान है कि इस प्रकार का हिमकाल चार बार आया : पहला 10 से 5 लाख वर्ष पहले और चौथा लगभग 50 हजार वर्ष पहले।

2.6 नियंडर्थल मानव

पृथ्वी पर जिस समय चौथा हिमकाल चल रहा था, उस समय या उसके कुछ पहले मानव की एक निकृष्ट जाति, नियंडर्थल मानव के अस्तित्व का पता चलता है। 1856 ई. में, जर्मनी में डूसेलडार्पफ के पास, नियांडर की घाटी में एक कन्दरा के भूगर्भ में नियंडर-मानव का एक असंपूर्ण कंकाल मिला। उसके कुछ वर्ष पहले जिब्राल्टर से भी इस प्रकार के एक कंकाल की प्राप्ति का संवाद मिला था। ला शपेल, ला मुस्तिए, ला किनाय आदि फ्रांस के विभिन्न स्थानों से तथा इंग्लैंड, इटली, स्पेन, रूस, पोलैंड, क्रोशिया, क्रीमिया आदि देशों से यूरोप में प्रायः सर्वत्र और एशिया माइनर, पैलेस्टाइन, सीरिया, इराक, अरब मरुभूमि का उत्तरी प्रदेश, अफ्रीका तथा चीन से नियंडर्थल-मानव के बहुत से कंकाल और उनके द्वारा इस्तेमाल किए

जानेवाले औजारों और उपकरणों के टूटे हिस्से प्राप्त हुए हैं। इन तथ्यों से इस मानवजाति की आकृति और व्यवहार के सम्बन्ध में एक विश्वसनीय चित्र प्रस्तुत करना संभव हो सका है। नियंडर्थल (Neanderthal) मानव नाटा और कृशकाय था : ऊँचाई 5 फीट 3 इंच से लेकर 5 फीट 4 इंच तक, सिर साधारण रूप में कुछ बड़ा और सामने की ओर झुकता हुआ, भौंहें बड़ी, आँखें गोल और छोटी नाक चपटी और जबड़े दृढ़ होंगे। इस प्रकार उसके चेहरे पर हिंसा का भाव झलकता होगा। शरीर की तुलना में उसकी बाँहें छोटी थीं; और इस अनुपात में हथेली और पाँव का तला बड़ा था। आयतन और जटिलता की दृष्टि से, उसके और आधुनिक मानव के मस्तिष्कों में प्रभेद होते हुए भी, उसके पहले की किसी और मानवेतर जाति के मस्तिष्क की तुलना में उसका मस्तिष्क कहीं बड़ा था। कपाल के गठन से जान पड़ता है कि उसमें बुद्धि और विचार-शक्ति का यथेष्ट विकास हुआ था। नियंडर्थल-मानव कंदरावासी है। एक प्रकार के परिवार-गठन का प्रयास भी उनमें सुस्पष्ट था। वे मुर्दों को दफनाते थे और सम्भवतः आग के इस्तेमाल की जानकारी भी उन्होंने कर ली होगी। आधुनिक मानव का आविर्भाव होने पर, उससे संघर्ष के परिणामस्वरूप संभवतः नियंडर्थल जाति धीरे-धीरे लुप्त हो गई। इनके अंतिम वंशज विशुद्ध मानव के समसामयिक थे और इन दोनों जातियों में कभी-कभी यौन-संपर्क हुआ होगा, इस प्रकार का अभिमत भी मानव वैज्ञानिक प्रकट करते हैं।

2.7 क्रोमैग्नन और ग्रिमाल्डी मानव

चतुर्थ हिमकाल के अवसान के साथ जब धीरे-धीरे पृथ्वी की जलवायु फिर गरम होने लगी, उस समय एक संपूर्ण नई मानव-जाति का आविर्भाव हुआ। ये हैं क्रोमैग्नन और ग्रिमाल्डी मानव। आधुनिक मानव से उनका कोई प्रभेद नहीं है। वास्तव में, क्रोमैग्नन और ग्रिमाल्डी जाति-प्रतिरूप से ही आधुनिक भूमध्य-सागरीय, आपीय, नार्डिक, सेमिटिक, मंगोलकल्प नीग्रोकल्प, अस्ट्रालकल्प आदि जातिसमूह की उत्पत्ति हुई है। फ्रांस के दारदाइंये प्रदेश में क्रोमैग्नन मानव का और दक्षिणी फ्रांस में माँतों के पास ग्रिमाल्डी कन्दरा के भूगर्भ से ग्रिमाल्डी मानव का कंकाल मिला है। आरियाँक, ओत, गैरोन आदि स्थानों से 1860 ई. में फ्रेंच पुरातत्त्वविद् एदुआर लार्ते ने पत्थर के जो औजार और उपकरण खोज निकाले, उनका निर्माता क्रोमैग्नन-मानव थे। ये लोग लंबे कद के थे और इनके शरीर सुगठित थे; कपाल पूर्णतः विकसित था। नियंडर्थल-मानव की भाँति ये भी कन्दरावासी, शिकारी, परिवारबद्ध तथा अग्नि का प्रयोग करनेवाले थे। लेकिन इस बर्बर जीवन में भी वे एक प्रकार की सभ्यता के सृजन में व्यस्त थे। प्राचीन चित्रों, जादू विद्या और प्राकृतिक पर्यावरण के सम्बन्ध में एक प्रकार के कुतूहल के मध्य उनका यह प्रयास परिस्फुट था।

मनुष्य, क्रम-विकास के नियमानुसार, निम्न श्रेणी की किसी एंथ्रोपाइड जाति से उदित हुआ है। एंथ्रोपाइड और मनुष्य के बीच, मानवानुरूप अनेक प्रकार के जीव क्रमिक रूप से प्रकट होकर फिर लुप्त हो गए। इन मध्यवर्ती जीवों का बहुत कम पता लगता है। सबसे उन्नत एंथ्रोपाइड और सबसे अनुन्नत मानव पिथिकैंथ्रोपस के बीच एक बहुत बड़ी खाई अब भी मौजूद है। जब तक यह खाई पाटी नहीं जाती, तब तक मनुष्य का आदिम वंश-परिचय

निश्चय ही अधूरा रहेगा। तथापि यह सुनिश्चित है कि मायोसीन युग के प्रारम्भ में मनुष्य ने एंथ्रोपाइड के पर्याय का अतिक्रमण किया। मायोसीन और प्लायोसीन युग में उसका शरीर और उसके अंग-प्रत्यंग सीधे खड़े होने के योग्य हुए।

2.8 प्रागैतिहासिक युग

प्लीस्टोसीन (Pleistocene) (अत्यंत नूतन) युग के प्रारम्भ से पृथ्वी पर मनुष्य का निवास प्रायः 10 लाख वर्ष से है। इस अवधि में मनुष्य के लिखित-इतिहास की आयु 5 हजार वर्ष से अधिक नहीं है। 7-8 हजार वर्ष से वह धातु का प्रयोग कर रहा है—पहले ताँबा और पीतल, और कुछ काल बाद लोहा। इसके पहले कई लाख वर्ष तक मनुष्य केवल पत्थर का इस्तेमाल करता रहा। जीवन-संग्राम में पत्थर-निर्मित औजार उसका प्रधान अवलंबन और सहारा थे। पीछे छूटे हुए काल पर विजय प्राप्त करनेवाले पत्थर के औजार-उपकरणों के भग्नावशेष लाखों वर्ष के उसके कार्यकलाप के एकमात्र निदर्शन हैं।

पत्थर के प्रयोग और पत्थर-निर्मित औजारों की उन्नति और विकास-क्रम को ध्यान में रखते हुए पुरातत्त्वविद् समग्र पाषाण युग को मुख्यतः दो भागों में विभाजित करते हैं—पुरापाषाण युग (Paleolithic or Old Stone Age)और नवपाषाण युग (Neolithic or New Stone Age)। मनुष्य की चेष्टाओं के परिणामस्वरूप नवपाषाण युग की विशिष्टताएँ अनुमानतः 10 से 12 हजार वर्ष पहले प्रकट हुईं। इसलिए देखा जाए तो प्रायः पूरा का पूरा पाषाण युग पाषाण युग ही है। मानव विकास की अंतिम सीढ़ियाँ इसी युग की हैं। इस विकास के साथ ही औजार बनाने की उसकी दक्षता में भी विलक्षण परिवर्तन हुए। नियंडर्थल-मानव के औजारों और उसके पूर्वगामी इओएंथ्रोपस, सिनेंथ्रोपस और पिथिकेंथ्रोपस-मानव-निर्मित औजारों में प्रचुर प्रभेद है। उसी प्रकार का प्रभेद नियंडर्थल और क्रोमैग्नन तथा ग्रिमाल्डी मानव-द्वारा निर्मित औजारों में भी है।

2.9 पुरापाषाणयुग

पुरापाषाणयुग का मानव खाद्य-संग्राहक था। शिकार उसकी जीविका का मुख्य साधन था। शिकार और आत्मरक्षा के लिए मनुष्य ने जो औजार या इयोलिथ (Eolith) तैयार किए, वे बिल्कुल ही साधारण हैं। पत्थर ठोक-पीटकर और तोड़कर साधारण अवस्था से अधिक कारगर और पैने पत्थर के टुकड़े बनाने की चेष्टा इयोलिथ में भले ही प्रकट हुई हो, किन्तु इसमें और प्राकृतिक रूप में प्राप्त पत्थर के टुकड़ों में इतना कम अंतर है कि इयोलिथ वास्तव में मनुष्य के हाथ से बनाया हुआ है, इस विषय में अब भी बहुतों को संदेह है। पहले सभी प्रकार के कार्यों में इस औजार का प्रयोग होता था-जैसे छुरी, आरा, खुरचनी आदि का काम इसी एक औजार से लिया जाता था। पत्थर के टुकड़ों से छुरी, आरी आदि विशेष प्रकार के विभिन्न औजार बनाने का कौशल, चेलीय मानव ने ज्ञान की वृद्धि के साथ बहुत धीरे-धीरे प्राप्त किया।

इस प्रकार के औजार बनाने में मनुष्य की आविष्कार-क्षमता का पर्याप्त परिचय मिलता है। सभी पत्थरों से अच्छे और कारगर औजार तैयार नहीं किए जा सकते। अतएव इस काम के उपयुक्त फ्रिलंट अथवा चकमक पत्थर पहचानने के कौशल का उसे **आविष्कार** करना

पड़ा। इसके उपरांत किसी पत्थर से उसके टुकड़े निकालकर, उनसे विभिन्न प्रकार के उपयोगी औजार गढ़ने के लिए एक विशेष पद्धति का प्रयोग आवश्यक है। गॉर्डन चाइल्ड ने कहा है-"एक प्रकार की वैज्ञानिक परंपरा का सृजन किए बिना इस प्रकार के औजार तैयार नहीं किए जा सकते। औजार बनाने की प्रक्रिया में प्राचीनतम मानव-समुदायों ने पत्थरों का निरीक्षण कर यह तय किया कि कौन से पत्थर उत्तम हैं और कहाँ मिल सकते हैं तथा उन्हें कैसे काम में लाया जा सकता है।[2]" यही विचारधारा उसके शिकार के सम्बन्ध में भी लागू होती है। चेलीय मनुष्य जैसे जंगली जानवरों का शिकार करता था, वैसे ही वह स्वयं भी हिंसक जंगली पशुओं का एक अति प्रलोभनीय शिकार था। सामान्य पत्थरों के टुकड़ों पर निर्भर हो, अपने से कहीं अधिक बलशाली पशुओं का शिकार करने के लिए, उसे स्वभाव, गतिविधि, प्राप्तिस्थान, शिकार के लिए श्रेष्ठ ऋतु आदि नाना विषयों का पर्याप्त ज्ञान होना आवश्यक था। धीरे-धीरे इन सब बातों का ज्ञान प्राप्त न होने तक शिकार में सफलता प्राप्त करने की आशा नहीं की जा सकती थी। इसलिए शिकार-चेष्टा के माध्यम से इसने निश्चय ही **प्राणि-विज्ञान** का प्राथमिक ज्ञान अर्जित किया।

चेलीय मानव के युग में, संभवतः अंतिम हिमकाल के आविर्भाव से पहले, एक प्रकार के प्रस्तर-शिल्प के गठित होने के अनेक पुरातात्त्विक प्रमाण मिलते हैं। मूल पत्थर से निकाले गए टुकड़ों से जो औजार बनते थे, उनके माध्यम से संभवतः एक श्रेणी के उद्योग, Flake Industry की स्थापना यूरोप और एशिया के उत्तरी भाग में हुई। टुकड़े के बाद टुकड़े अलग करके मूल पत्थर को ही औजार-उपकरण में परिणत करने के जिस दूसरे कौशल का परिचय मिलता है, उसके माध्यम से, एक और श्रेणी का उद्योग, Core Industry का जन्म हुआ। इसके अनेक दृष्टांत दक्षिण भारत, सीरिया, पैलेस्टाइन, स्पेन, फ्रांस, इंग्लैंड और अफ्रीका आदि स्थानों में मिले हैं।

2.10 मौस्तारी संस्कृति

करीब 50 हजार वर्ष पहले, चौथे हिमकाल के अग्रसर होते समय, यूरोप में जिस मौस्तारी संस्कृति का परिचय प्राप्त होता है, वह अनेक दिशाओं में उन्नत और विशेषतापूर्ण है। मौस्तारी संस्कृति का नायक छोटे कद का नियंडर्थल मानव था। आधुनिक मनुष्य की तरह वह अनायास बातचीत नहीं कर सकता था, लेकिन मोटे तौर पर वह बोल सकता था। उसमें यह क्षमता नहीं होती तो नियंडर्थल मानव के संघबद्ध होने की जो सूचना मिलती है, वह सम्बद्धता संभव न होती।

मौस्तारी संस्कृति की प्रथम उल्लेखनीय विशिष्टता कृत्रिम उपाय से **अग्नि-उत्पादन** का कौशल प्राप्त करना है। कुछ लोगों का कहना है कि अग्नि का आविष्कार करनेवाला चेलीय मानव ही है। चेलीय मानव द्वारा आग के व्यवहार का प्रमाण नहीं के बराबर है, जबकि मौस्तारी संस्कृति के अनेक निदर्शनों में आग के इस्तेमाल किए जाने का प्रमाण मौजूद है। आग से मनुष्य का परिचय प्रारम्भ में ही हुआ था। भूगर्भ में प्राकृतिक सूराखों से होकर निकलते हुए जलते पेट्रोलियम या प्राकृतिक गैस-जनित आग उसने कहीं-न-कहीं अवश्य देखी होगी। बिजली गिरने से या पेड़ की डालों में रगड़ लगने से अपने आप उत्पन्न दावानल की अभिज्ञता भी

उसे निश्चय ही हुई होगी। ज्वालामुखी की आग के रूप को देखकर वह भले ही भयभीत हुआ हो या घबरा गया हो, परन्तु जलती हुई प्राकृतिक गैस और पेट्रोलियम की आपेक्षिक रूप से शांत अग्नि को देखकर शायद वह हिम्मत बाँधकर आगे बढ़ा होगा। कुतूहलवश उसमें लकड़ी का टुकड़ा या पेड़ की सूखी शाखा डालकर शायद देखा होगा कि आग के स्पर्श से वह भी जल उठती है। ऐसी अवस्था में लकड़ी का एक टुकड़ा जलाकर उसकी सहायता से अन्यत्र रखे हुए लकड़ी के एक ढेर में आग लगाने की प्रबल इच्छा होना बहुत स्वाभाविक थी। अग्नि से परिचय के प्रथम चरण में आदिम मानव ने निस्संदेह इस प्रकार के अनेक परीक्षण किए। आग का सर्वस्व विध्वंसकारी और प्रलयकारी रूप के अतिरिक्त एक कल्याणकारी रूप भी है—यह अंधकार का नाश करती है, गरमी देती है और जंगली पशुओं को पास नहीं आने देती—यह अनुभव करके वह प्रकृति पर निर्भर रहने की अपेक्षा कृत्रिम उपाय से स्वयं आग उत्पन्न करने में प्रवृत्त हुआ। चकमक पर हेमाटाइट या लौहयौगिक खनिज पत्थर ठोककर, या सूखी लकड़ी के दो टुकड़ों को परस्पर रगड़कर या बाँस के खोखले भाग में बन्द हवा का दबाव बढ़ाकर आदिम मानव कृत्रिम उपाय से आग उत्पन्न करने में कब और कहाँ सफल हुआ, कहना मुश्किल है।

अग्नि के इस आविष्कार के द्वारा मनुष्य ने प्रकृति की एक विराट शक्ति को अपने वश में किया। यह पहला मौका था कि प्रकृति की एक शक्ति पर आधिपत्य प्राप्त कर उसने अपने भाग्य का नियंत्रण स्वयं करना शुरू किया। मनुष्य ने अपने भाग्य का नियंत्रण अपने हाथों लेने पर ही, क्रमशः पशुत्व से मनुष्यत्व को प्राप्त किया। इस प्रचेष्टा के इतिहास में अग्नि के व्यवहार का आविष्कार एक क्रान्तिकारी घटना है। गार्डन चाइल्ड ने लिखा है—"आग को तेज या धीमा करने, उसे एक स्थान से दूसरे स्थान पर ले जाने और उसके प्रयोग-द्वारा मनुष्य ने अपने को अन्य पशुओं के व्यवहार से बिल्कुल भिन्न दिशा में मोड़ लिया। इस प्रकार वह मनुष्य होने के दावे को सुप्रतिष्ठित कर आत्मनिर्माण कर रहा था।[3]

आदिम मानव का आत्मविश्वास बढ़ने लगा। अब कड़ाके की ठंडी रातें उसके लिए भयावह नहीं रहीं। शीतोष्ण और शीत कटिबंध में जाकर बस्तियाँ बसाना भी उसके लिए संभव हुआ। अग्नि की सहायता से, एक ओर गुहा-कन्दरा को आलोकित करके, और दूसरी ओर रात में हिंसक पशुओं के अचानक आक्रमण की रोकथाम कर, उसने अपने लिए पहले की अपेक्षा अधिक सुरक्षित और आरामदेह आश्रय का निर्माण किया। इसी समय संभवतः पाक-विद्या का आविष्कार भी हुआ होगा। इससे खाद्यों के चयन की स्वतंत्रता बहुत बढ़ गई। परवर्ती काल में, मिट्टी के बर्तन और धातु-पदार्थों के निर्माण-कौशल का आविष्कार, मुख्य रूप से अग्नि के आविष्कार का ही परिणाम है।

मौस्तारी-मानव परिवार-सहित रहता था और दलबद्ध होकर शिकार करता था। **समाज-गठन** का यह पहला प्रयास था। वे मृतकों को विशेष आदर-सम्मान के साथ दफनाते थे। ला शापेल-ओ-सें में प्राप्त एक मौस्तारी कब्र में, मृतक के सिर के नीचे पत्थर की तकिया और उसके पास कुछ औजार और जीवाश्मित मांस के टुकड़े मिले। मृतक के चारों ओर पत्थर जमाए गए हैं, जिससे मिट्टी धँसकर मृत देह पर छा न जाए और शव की रक्षा हो सके। मृतक को गरमी मिल सके, इस उद्‌देश्य से चूल्हा या आग जलाने के

स्थान के बहुत पास कब्रों में शवदेह मिलते हैं। शव-देहों के प्रति इस प्रकार के सम्मान-भाव से यह जान पड़ता है कि मौस्तारी मानव का मृत्यु के बाद एक प्रकार के जीवन के अस्तित्व में विश्वास था। उसके लिए ताप, औजार और खाद्य की व्यवस्था किए जाने का यही कारण है।

2.11 अन्य संस्कृतियाँ

क्रोमैग्नन और ग्रिमाल्डी जातियों के मानव यूरोप, उत्तर अफ्रीका, ईरान, भारत आदि विभिन्न स्थानों में प्रागैतिहासिक कार्य-कलाप के जो चिह्न छोड़ गए हैं, उनसे पता चलता है कि उनसे पहले की किसी मानव जाति को अपने अधीन करने में इस जाति ने बहुत अधिक सफलता प्राप्त की। केवल यही नहीं कि उन्होंने नाना प्रकार के तथा अधिक कारगर औजार बनाए, बल्कि औजार बनाने के औजार भी तैयार किए। इसके अलावा औजार और हथियार बनाने के लिए चकमक पत्थर के अतिरिक्त, वृहदाकार प्रागैतिहासिक पशुओं की हड्डियों और दाँतों का इस्तेमाल उनकी एक और विशेषता है। हथियारों में अनेक प्रकार के तेज धारवाले औजार, फलक, तीर की नोक, लकड़ी, पत्थर आदि कठिन पदार्थ, छेदने के लिए बरमा, भाला, दूर फेंकनेवाला यंत्र, हार्पून (काँटेदार बर्छी) आदि उल्लेखनीय हैं। विशेष प्रकार के फलकों के अस्तित्व और तत्कालीन भित्तिचित्रों से हमें यह ज्ञात होता है कि इस नए मानव समुदाय ने **तीर-धनुष** और **भाला** फेंकने का कौशल प्राप्त किया था। वास्तव में धनुष एक विशेष प्रकार का इंजन है। इसके जरिए शारीरिक शक्ति की सहायता से तीर बहुत वेग के साथ फेंका जाना संभव है। इसी प्रकार, भाला-निक्षेपकारी यंत्र भी लीवर (उत्तोलक) की सहायता से भाले की गतिशक्ति बढ़ाता है। हार्पून, काँटा आदि देखकर लगता है कि उन्होंने मछली पकड़ने की विद्या भी सीख ली थी।

इन औजारों और हथियारों से सज्जित होकर (ऑरिग्नेसी, माग्दली आदि संस्कृतियों की मानव-जाति ने खाद्य-संग्रह के मामले में मौस्तारियों की अपेक्षा कहीं अधिक सफलता प्राप्त की। इस सफलता के परिणामस्वरूप, इस काल में मनुष्य जाति की जनसंख्या में विशेष वृद्धि हुई। अकेले फ्रांस में पुरापाषाण काल के अंतिम भाग के जो नरकंकाल मिले हैं, उनकी संख्या इसके पहले के संपूर्ण पुरापाषाण काल के नरकंकालों की सम्मिलित संख्या से कहीं अधिक है।

2.12 चित्रांकन और मूर्तिकला

खाद्य-चिंता बहुत कुछ दूर होने पर, मनुष्य को संभवतः पहली बार कुछ अवकाश पाने का सौभाग्य प्राप्त हुआ। प्रागैतिहासिक मानव ने चित्रांकन, मूर्तिकला आदि विभिन्न विषयों पर ध्यान दिया। माग्दली संस्कृति चित्रांकन और मूर्तिकला की दृष्टि से विशेष समृद्ध है। पत्थर और हाथीदाँत के बने औजारों पर ये चित्र अंकित हैं। गुहा-प्राचीर और छतें इस प्रकार के अनेक चित्रों से सुशोभित देखी जाती हैं। प्रायः सभी क्षेत्रों में चित्रों का विषय पशु-पक्षी और विशेषकर वे पशु हैं, जो प्रागैतिहासिक मानव के प्रिय शिकार थे, जैसे, जंगली भैंसा (Bison), बारहसिंघा, जंगली घोड़ा, भालू, जंगली सूअर और कभी-कभी अन्य वृहदाकार जंतु।

प्रागैतिहासिक कलाकार ने केवल कला के लिए चित्रांकन अथवा प्रस्तर-मूर्तियों का निर्माण नहीं किया। उसका उद्‌देश्य कुछ और था। शिकार में हर समय कुछ अनिश्चितता होती थी। इस अनिश्चितता को दूर करने के लिए शिकारी कुछ कर नहीं सकता, तथापि यह उसके या उसके परिवारवालों के लिए आहार या उपवास की समस्या थी। ऐसी अवस्था में शिकार की सम्भावना-वृद्धि के लिए प्रागैतिहासिक शिकारी ने जादू-विद्या की शरण ली होगी। लगता है कि उसका कला-सृजन इसी जादू-विद्या से अनुप्रेरित है। कन्दरा-प्राचीर पर किसी जंगली भैंसा या बारहसिंघा का चित्र अंकित करते समय उसके मन में यह विचार आया होगा कि अभी कुछ समय पहले जहाँ कुछ नहीं था, वहाँ अब देखो कि एक मनोरम जंगली भैंसा या बारहसिंघा ऐसा खड़ा है, मानो हाथ बढ़ाने से ही उसे पकड़ लिया जा सकता है। पत्थर की एक और खरोंच से एक भाला अंकित करके जंगली भैंसे को बींधने से ही काम पूरा हो जाएगा। क्या कन्दरा में चित्रित यह मूर्ति मिथ्या है? क्या वह अविलंब, कन्दरा के बाहर खुले प्रदेश में यह न देख पाएगा कि वास्तव में ऐसा ही एक मनोरम जंगली भैंसा, उसके बलिष्ठ हाथों से भाला-विद्ध होने की प्रतीक्षा कर रहा है? इस प्रकार जादू-विद्या का प्रभाव बढ़ाने के लिए प्रागैतिहासिक चित्रकार ने स्वेच्छा से दुर्गम, विपदावेष्टित और निवास के अयोग्य गुहा-गह्वरों को चुना और नाना प्रकार के शारीरिक क्लेश और असुविधाएँ होते हुए भी इन दुर्गम स्थानों पर बैठकर चित्र अंकित किए। इसका कारण यह था कि उसे लगा कि इस प्रकार की असुविधाओं के होते हुए यदि जीता-जागता चित्र अंकित करना संभव था तो हो सकता था कि सैकड़ों अनिश्चितताओं के होते हुए भी वह शिकार में सफलता प्राप्त करे। ध्यान देने की एक और बात यह है कि इन चित्रों में मनुष्य-मूर्ति शायद ही कहीं दिखाई पड़े। मनुष्य की प्रतिकृति अंकित करने से कहीं पशु उसे देखकर उलटे मनुष्य पर जादू-विद्या का प्रयोग न करे, इस डर से वह इस प्रकार के चित्र अंकित करने से सम्भवतः दूर रहा।

ऑरिग्नेसी और प्रेद्‌मोस्ती कलाकारों द्वारा निर्मित पत्थर और हाथीदाँत की बनी कुछ बहुत छोटी नारी-मूर्तियाँ भी मिली हैं। ये गर्भवती, स्थूलकाय नारियों की मूर्तियाँ हैं। इनमें स्त्री जाति की शारीरिक विशेषताएँ अस्वाभाविक रूप से अतिरंजित करके दिखाई गई हैं, लेकिन चेहरे पर नाक, आँख, मुख आदि कुछ भी नहीं दिखाया गया है। ये मूर्तियाँ भी जादू-विद्या का प्रकट रूप थीं। इन विचित्र मूर्तियों द्वारा संभवतः उर्वरता को ही इंगित किया गया है। परन्तु इसका सम्बन्ध मनुष्य जाति की उर्वरता से है या शिकार की वृद्धि से, यह प्रश्नात्मक है। पुरापाषाण काल के अंतिम भाग के ऑरिग्नेसी, माग्दली और प्रेद्‌मोस्ती संस्कृतियों के मनुष्यों के इन कार्यकलापों से यह बात सहज ही मालूम पड़ जाती है कि मनुष्य इस काल में द्रुत उन्नति के मार्ग पर अग्रसर हो रहा था। मात्र 20 हजार वर्षों में पुरापाषाण-काल के अंतिम नेताओं ने प्रस्तर-औजारों के निर्माण में क्रान्ति ला दी। पत्थर के साथ उन्होंने हड्‌डी और दाँत का प्रयोग औजार और हथियार-निर्माण के काम में किया। तीर, धनुष, भाला, हार्पून आदि नए-नए हथियारों का आविष्कार करके उन्होंने अपने शिकारी-जीवन की सफलता को सुनिश्चित किया। चित्रकारिता, मूर्तिकला और जादू-विद्या के माध्यम से उन्होंने उच्चतर मानसिक वृत्तियों का अनुशीलन शुरू कर दिया। अंत में अजीली

संस्कृति के एक मनुष्य-समुदाय ने ई.पू. 14 हजार वर्ष में **कुत्ते** को पालतू पशु बनाकर शिकार के इतिहास में एक और नए अध्याय की रचना की। कुत्ते को पालतू पशु बनाने की यही पहली मिसाल है। इसी प्रकार कैंपिग्नियाई संस्कृति के एक और मानव-समूह को इस समय मिट्टी के बर्तन बनाने की प्राथमिक चेष्टा करते देखा जाता है। इसलिए इसके पूर्ववर्ती काल की लाखों वर्ष की व्यापक निश्चेष्टता की तुलना में यह अत्यंत ही द्रुत प्रगति है, इसमें कोई संदेह नहीं, फिर भी पाषाणकाल की पहली और विराट क्रान्ति संघटित होना अभी बाकी है। मनुष्य उस समय भी खाद्य-संग्रहकारी की अवस्था से उठकर खाद्य-उत्पादक की स्थिति पर नहीं पहुँचा था।

2.13 नवपाषाण युग

गॉर्डन चाइल्ड ने मनुष्य के खाद्य-संग्रहकारी अवस्था से खाद्य-उत्पादक की अवस्था में उन्नत होने को एक क्रान्तिकारी घटना बताया है पशु और मछली का शिकार तथा उसी बीच जंगली कन्दमूल बटोरकर जब मनुष्य जीवन व्यतीत करता था, उस समय एकमात्र खाद्य-संचय के सिवा और कुछ करने की उसे फुरसत न थी। शिकार के पीछे भाग-दौड़ करते रहने के कारण उसे आवास बनाने की जरूरत नहीं पड़ी और दलबद्ध रूप में विचरते रहने पर भी, इस अवस्था में ग्राम और सामाजिक जीवन की स्थापना असंभव थी। इस घुमक्कड़ जीवन में शिशु और वृद्ध अवांछनीय भार स्वरूप थे। जहाँ शिकार कम और समाप्त-प्राय होते, जनसंख्या भी वहाँ क्रमशः घटती रहती।

कृषि के आविष्कार के परिणामस्वरूप वह अब स्वयं अनाज का उत्पादन करने लगा। ई.पू. 8000 में भेड़, बकरी, सुअर, गाय आदि पशुओं को पालतू बनाकर उसने अपनी खाद्य-सूची में मांस-संभरण की स्थायी व्यवस्था की। अनाज के खेत और पशुओं के झुंडों की देखभाल के लिए अब से स्थायी तौर पर एक जगह बसने की जरूरत पड़ी। इसके परिणामस्वरूप **ग्राम** और एक प्रकार की **समाज-व्यवस्था** का उद्‌भव हुआ। कृषि-उपज तथा मांस, दूध आदि पशु-जनित विभिन्न खाद्यों से मनुष्य को पुष्टिकर भोजन मिलने लगा। जनसंख्या तेजी से बढ़ने लगी। शिशु और वृद्ध अब भार-स्वरूप नहीं रहे। वे पशुपालन और खेतों की निरौनी जैसे हलके कामों में सहायता दे सकते थे। वर्ष के जिस मौसम में कृषि-कार्य बन्द रहता, उस समय पशु और मछली के शिकार के लिए ग्राम से बाहर निकल पड़ने का प्रलोभन तो था ही। शिकार मिला तो बहुत अच्छा और खाली हाथ लौटना पड़े तो भी अनशन की दुश्चिंता नहीं थी, कारण अनाज और पशुओं का झुंड घर में मौजूद होता। फिर अनाज के संचय के लिए ई.पू. 4000 में **मिट्टी के बर्तन** बनाने पड़े। कुशल कुम्हार खाली पात्र गढ़कर और उनके बदले किसानों से अनाज लेकर स्वच्छंद जीवन बिता सकते थे। उनको खेतीबारी, पशुपालन या शिकार के झंझट में पड़ने की कोई जरूरत नहीं थी। इस बीच एक और जनसमूह पशुओं के बालों की सहायता से **बुनकारी** की कला सीखकर, मनुष्य की एक और प्राथमिक आवश्यकता की पूर्ति में सहायता प्रदान करने लगा।

कृषि और पशुपालन-द्वारा खाद्य-समस्या का संतोषजनक समाधान कर लेने के बाद मनुष्य को अन्य दिशाओं में ध्यान देने का अवसर मिला। नए अभावों का उसे बोध होने लगा।

अब तक इन अभावों की बात सोचने का उसे अवकाश नहीं मिला था। इन विचित्र प्रवृत्तियों के लिए सहयोगिता और समाज-व्यवस्था की आवश्यकता थी। गाँव के मुखिया को अब अनेक नई समस्याओं का सामना करना पड़ा। एक व्यक्ति की भेड़ों ने दूसरे व्यक्ति के गेहूँ के खेत नष्ट कर डाले, तो वह दूसरा व्यक्ति मुआवजे का दावा करने के लिए मुखिया का शरणापन्न हुआ। शिकारियों के सरदार को इस प्रकार के प्रश्नों पर माथापच्ची नहीं करनी पड़ी। यहाँ तक कि जादू-विद्या की आवश्यकता हुई, जिससे भूमि की उर्वरता बनी रहे, अकाल न पड़े और पशुओं के समूहों में महामारी न फैले। ऐसे देव-देवियों की आवश्यकता हुई, जो इन उपद्रवों से उसकी रक्षा कर सकें।

2.14 कृषि

पुरापाषाण काल के अंतिम भाग में फ्रांस के ऑरिग्नेसी और माग्दली मानव-द्वारा औजार-निर्माण, चित्रांकन और स्थापत्य में पर्याप्त उन्नति का परिचय दिए जाने पर भी 8000 ई.पू. में कृषि के आविष्कार के माध्यम से नव-पाषाणकाल की क्रान्ति पहले उनमें प्रचलित नहीं हुई। इस क्रान्ति के क्षेत्र हैं उत्तरी अफ्रीका, पैलेस्टाइन, सीरिया, मेसोपोटामिया, फारस और भारत। मध्यपूर्व के मानचित्र में इन अंचलों को जोड़ने से फर्टाइल क्रिसेंट की भाँति जो भूखंड बनता है, उसी Fertile Crescent अर्थात् धन्वाकार उर्वर भूभाग में **कृषि-कार्य का प्रथम उद्भव** हुआ। वनस्पति विज्ञान तथा पुरातत्त्व की गवेषणाओं और आविष्कृत तथ्यसमूह से इस सिद्धान्त को अब साधारण स्वीकृति मिल चुकी है।

इस समय जिस जाति के गेहूँ और जौ की खेती हुई, उनके पुरखे कई किस्मों की जंगली घास हैं। आधुनिक गेहूँ और जौ इन घासों के सम्मिश्रण से उत्पन्न संकर वनस्पति हैं। गेहूँ के पूर्वज, **डिनकेल** और **एमेर** नाम की दो जंगली घास अब भी प्रचुर परिमाण में उगती देखी जाती हैं। पहली प्रकार की उपज बालकन, क्रीमिया, एशिया माइनर और काकेशस के पर्वतीय प्रदेशों में और दूसरी किस्म की पैलेस्टाइन और फारस के पर्वतीय प्रदेशों में होती है। इनकी उपज के वर्तमान स्थानों से यह अनुमान करना सहज नहीं है कि सुदूर अतीत के पाषाणकाल में ये कहाँ उत्पन्न होती थीं, क्योंकि जलवायु के परिवर्तन के साथ वनस्पतियों का भी स्थान-परिवर्तन हुआ है। वनस्पति-भूगोल (Plant Geography) सम्बन्धी गवेषणा से वाबीलॉव्ह ने अनुमान लगाया है कि **गेहूँ की प्रथम खेती** संभवतः अफगानिस्तान और उत्तर-पश्चिम चीन में आरम्भ हुई। प्रागैतिहासिक स्विट्जरलैंड और मध्य यूरोप के विभिन्न स्थानों में घटिया किस्म के जिस गेहूँ की खेती होने का प्रमाण मिलता है, वह संभवतः **डिनकेल** घास से उत्पन्न है। प्राचीन काल में मिस्र, एशिया माइनर और पश्चिमी यूरोप में उत्कृष्ट गेहूँ का उत्पादन होता था और कहीं-कहीं अब भी होता है। इसके अलावा **ट्रिटिकम बलगेर** (Triticum Vulgare) नाम की एक और जाति के गेहूँ की खेती प्राचीन मेसोपोटामिया, तुर्की, फारस और भारत में होती देखी जाती है और इस समय इसी गेहूँ की खेती अधिकांश स्थानों में हो रही है। इसकी किसी जंगली जाति का संधान नहीं मिला है। गेहूँ संभवतः एमेर और किसी अन्य अज्ञात किस्म की जंगली घास के सम्मिश्रण से उत्पन्न एक संकर वनस्पति है।

जौ का पूर्वज भी एक प्रकार का **पर्वतीय घास** है। उत्तर अफ्रीका में मार्मारिका में पैलेस्टाइन, ट्रांसकॉकेशस, फारस, अफगानिस्तान और तुर्की में यह पहाड़ी घास उपजती थी। जौ की पहली खेती सम्भवतः अफगानिस्तान और दक्षिण-पूर्वी एशिया में हुई। इस विषय में निश्चित रूप से कुछ नहीं कहा जा सकता। पैलेस्टाइन की नाटुफी संस्कृति में नवपाषाणकाल के प्राथमिक भाग में जौ की खेती होने की सूचना मिलती है।

धान की खेती, गेहूँ और जौ की खेती के कुछ काल बाद शुरू हुई। लेकिन इसमें कोई संदेह नहीं कि इसका आविष्कार प्रागैतिहासिक काल में ही हुआ। **धान की खेती** संभवतः भारत में पहले-पहल शुरू हुई।[4] चीन में अनुमानतः ईसा के जन्म के लगभग 2000 वर्ष पहले धान की खेती का प्रारम्भ हुआ। ज्वार-बाजरा ही उस देश का नवपाषाणकालीन अनाज था। इन अनाजों के अलावा नवपाषाणकाल में राई की खेती भी शुरू हो गई थी।

कृषिजीवियों के आविर्भाव सम्बन्धी पुरातात्त्विकों के विचार विशेष रूप से ध्यान देने योग्य हैं। पैलेस्टाइन में, वादी-एल-नाटुफ नामक स्थान में पुरातात्त्विक खुदाई से जो सामान मिले हैं, उनसे स्पष्ट प्रतीत होता है कि लगभग 10 हजार वर्ष पहले एक मानव-समूह खाद्य-संचय की जीवन-प्रणाली छोड़कर खाद्य-उत्पादन की प्रणाली अपना रहा था। नाटुफियों द्वारा छोड़ी गई चीजों में जिस प्रकार छुरा, चमड़ा उतारने के औजार, काँटा आदि पशु और मछली-शिकार के उपयोगी हथियार मिले हैं, उसी प्रकार कुछ हँसिए और घास तथा अनाज काटने की छुरियाँ भी इस संग्रह की मूल्यवान वस्तुएँ हैं। घास और अनाज में बालू या रेत भी कुछ मात्रा में होती थी। सिलिका (बालू) की लगातार रगड़ से **अनाज काटने का औजार** अपने आप चिकना और चमकदार हो जाता था। इन हँसियों और छुरियों को देखने से ऐसा जान पड़ता है कि उनका इस्तेमाल कभी अनाज काटने के लिए किया गया होगा। इसके अलावा कुछ ओखलियों और फर्श पर बने बड़े-बड़े गड्ढों से लगता है कि वहाँ अनाज कूटा या पीसा जाता होगा।

मेसोपोटामिया में मसूल (Mosul) के पास टेल हसूना (Tell Hasuna) नाम के टीले के सबसे निचले स्तर में नवपाषाणकालीन कृषि का एक और दृष्टांत मिला है। इस स्थान से पुरातत्त्वविदों ने निराई के औजार, अनाज काटने की ओखली और मूसल, अनाज जमा रखने के लिए मिट्टी के पात्र और भेड़ें तथा अन्य मवेशियों की हड्डियाँ इत्यादि प्राप्त किए हैं। इस अंचल के नवपाषाणकालीन मानव कृषिजीवी और पशुपालक थे।

भारत में नवपाषाणकालीन कृषि-कार्यों के प्रमाण बलूचिस्तान में राणा घुंडाई टेल (Rana Ghundai Tell) से प्राप्त हुए हैं। यहाँ भी नवपाषाणकालीन कृषि-जीवियों के एक समूह के कार्यकलाप के निदर्शन मौजूद हैं। लेकिन ये कार्यकलाप पैलेस्टाइन, मेसोपोटामिया या फारस के कार्यकलापों की भाँति उतने प्राचीन नहीं हैं। संभवतः इन प्रांतों से ही, नवपाषाणकाल के अंतिम भाग में, कृषि-विद्या भारत पहुँची थी।

किसी-किसी पुरातत्त्वविद् की धारणा है कि नील नदी की घाटी ही कृषि की आदिम जन्मभूमि है। नील नदी की नियमित बाढ़ द्वारा जमा की जानेवाली सैलाबी मिट्टी से इस घाटी की मिट्टी को सदा उर्वर बनाए रखने का जो आयोजन प्रकृति ने स्वयं किया है, इस कारणं कृषि का आविष्कार इसी स्थान पर हुआ, ऐसा अभिमत, पेरी ने *सभ्यता का विकास*

(*Growth of Civilization*) नामक अपने ग्रंथ में प्रकट किया है। काहिरा के दक्षिण और नील नदी से 25 मील पश्चिम फायूम झील के किनारे-किनारे एक के बाद एक बहुत से छोटे-छोटे ग्राम और कृषि योग्य उपकरणों के खँडहर खोज निकाले गए हैं। यह एक अतिसमृद्ध नवपाषाणकालीन संस्कृति के साक्ष्य हैं, इसमें कोई संदेह नहीं। लेकिन ये प्राचीनतम हैं, इस विषय में मतभेद है। गॉर्डन चाइल्ड का यह अभिमत है कि नील नदी के उपत्यका-प्रदेश की विशेष प्राकृतिक परिस्थिति को कृषि के आविष्कार का कारण मान लेने से तो पैलेस्टाइन, मोसोपोटामिया, फारस आदि स्थानों में कृषि कार्य की अति प्राचीनता की व्याख्या करना कठिन हो जाएगा। पुरातात्त्विक गवेषणाओं से भी यह प्रमाणित हुआ है कि आपेक्षिक रूप से नाटुफ, हसूना, शियाल्क आदि स्थानों का काल फायूम के काल से प्राचीनतम है। इसलिए ऐसा लगता है कि नाटुफ, शियाल्क या हसूना में जिन्होंने पहले-पहल बस्ती बसाने का प्रयत्न किया था, वे ही संभवतः प्राचीनतम कृषिजीवी मानव-समुदाय थे।

कृषि की प्राथमिक अवस्था में कृषि-जीवियों के लिए एक स्थान पर अधिक दिन बसना संभव नहीं हो सका था। एक ही खेत में लगातार कई वर्ष अनाज उपजाने के कारण भूमि की उर्वरता घट जाने पर, उन्हें उपजाऊ क्षेत्रों की खोज में अन्यत्र जाना पड़ा था। जब तक उन्हें यह जानकारी नहीं हुई कि पशुपालन और पशुओं की चराई से किस प्रकार भूमि की उर्वरता का संरक्षण किया जा सकता है, तब तक कृषिजीवियों को भी यायावर-जीवन व्यतीत करना पड़ा था।

गेहूँ, जौ आदि की जंगली घास के बीज बोकर पहले-पहल खाद्यान्न उपजाने का श्रेय संभवतः **स्त्री जाति** को ही प्राप्त है। पुरुष जब जंगलों-झाड़ियों में वन्य पशुओं का पीछा करने में लगे होते, स्त्रियों ने उस समय, गुहा-कन्दराओं के आसपास वनस्पति-राज्य से लता-फल-मूल संग्रह करने का प्रयास करते हुए, यह विस्मयजनक, युगान्तरकारी आविष्कार किया होगा।

2.15 पशुपालन

कृषि-कार्य शुरू होने के साथ ही नवपाषाणकालीन मानव ने कुछ सीधी किस्मों के वन्य पशुओं को पालतू बनाकर पशुपालन का अभ्यास आरम्भ किया या नहीं, इस विषय में बड़ा मतभेद है। किसी-किसी विशेषज्ञ का मत है कि शिकारी से किसान बनने के पहले ही पशुपालक के रूप में मानव का आविर्भाव अधिक युक्तिसंगत है। कुछ विद्वानों की धारणा है कि मनुष्य ने प्रायः एक ही समय, पृथ्वी के विभिन्न भागों में, स्वतंत्र रूप से शिकारी, पशुपालक और कृषक के रूप में अपने को विकसित किया था। अर्थात् मनुष्यों का एक समूह जब जंगली घास के बीज बोकर अनाज उत्पादन की प्राथमिक परीक्षा में लगा हुआ था, उसी समय एक और समूह किसी अन्य स्थान में जंगली पशुओं को पालतू बनाने के काम में मनोनिवेश कर रहा था। परन्तु मेसोपोटामिया, मिस्र और फारस में प्राचीनतम नवपाषाणकालीन संस्कृति के जो नमूने मिले हैं, उनमें कृषि-कार्य और पशुपालन साथ-साथ होते देखा जाता है। कम-से-कम 'फर्टाइल क्रिसेंट' में पशुपालन की अभिज्ञता कृषि के बाद की घटना है, यह उस अंचल की मानव-प्रवृत्तियों की धारा को तनिक गहराई से देखने पर ही स्पष्ट हो जाता है।

पशुपालन की चर्चा से हमें भेड़, बकरी, सूअर, मवेशी आदि पशुओं की बात का ही ध्यान हो आता है। लेकिन केवल पालतू बनाने की चर्चा उठे तो निस्संदेह यह कहना पड़ेगा कि कृषि के आविर्भाव के पहले ही शिकारी मनुष्य ने पशुओं में से सबसे पहले कुत्ते को पालतू बनाया था। पुरापाषाणकाल के अंतिम भाग में ऐजीलियाई संस्कृति के एक समूह ने शिकारी कुत्ते को पालतू बनाकर स्वयं अपने लिए शिकार की सुविधा प्राप्त कर ली थी।

पशुपालन के आविष्कार का कृषि से संपर्क है, इस अनुमान का मुख्य कारण यह है कि पृथ्वी के जिन अंचलों में एक समय गेहूँ और जौ के पूर्वजों का निवास था, ठीक उन्हीं अंचलों में या उनके पास-पड़ोस में भेड़, बकरी, सूअर, गौ आदि के पूर्वज विचरण करते थे। पिरेनीज से हिमालय तक जो पर्वत-शृंखला फैली हुई है, वहाँ पहाड़ी प्रदेशों में एक समय जंगली भेड़-बकरियों का निवास था। **भूफ्रलॉन** जाति की जंगली भेड़ अब भी भूमध्यसागर के द्वीपों और तुर्की से पश्चिमी ईरान तक के इलाके में पाई जाती है। इसके पूर्व तुर्की, अफगानिस्तान और पंजाब में जंगली भेड़ की एक और जाति **युरियाल** का निवास है। और भी पूर्व, एशिया के पहाड़ी इलाकों में **आर्गल** जाति की भेड़ें हैं। मेसोपोटामिया के प्राचीन प्रस्तर स्तंभ पर मूफ्रलॉन और युरियाल के चित्र देखे जा सकते हैं। इस विस्तृत क्षेत्र में, तृणाच्छादित खुला प्रदेश, जंगल और दलदल, गाय-भैंस आदि मवेशियों और सूअर के वन्य पूर्वजों का आदि निवास था। इसलिए इस बात की प्रबल सम्भावना है कि इन अंचलों के निवासियों ने ही पहले पहल भेड़-बकरी, गाय-भैंस और सूअर को पालतू बनाया होगा।

पशुओं को पालतू बनाने के काम में शिकारियों की तुलना में कृषिजीवियों के अग्रणी होने की सम्भावना ही अधिक है। मध्यपूर्व के जिन अंचलों में कृषि का उद्‌भव हुआ था, उन स्थानों में नवपाषाणकाल में बीच-बीच में जलवायु में व्यापक परिवर्तन हुए। विशेषकर उत्तरी यूरोप और एशिया में बर्फ पिघलने से इन अंचलों में वर्षा की मात्रा कम होते-होते कभी-कभी भीषण सूखा पड़ा, उस समय जलाभाव और वनस्पति की कमी के कारण मनुष्य को जिस प्रकार जलाशय, मरूद्यान आदि स्थानों में सामयिक रूप से आश्रय लेना पड़ा था, उसी प्रकार जंगली मूफ्रलॉन, गाय-भैंस आदि पशुओं ने भी उन स्थानों पर मनुष्य का अनुसरण किया। ऐसी स्थिति में, यदि मनुष्य ने इसके पहले ही कृषि कार्य शुरू किया हो तो अनाज का भूसा और खेतों में उपजनेवाली, मनुष्य के लिए अनुपयुक्त वनस्पति अकाल-पीड़ित सीधे-सादे पशुओं को घूस के तौर पर देकर, उन्हें धीरे-धीरे पालतू बनाने का प्रयास किया गया हो, यह बहुत स्वाभाविक है। कारण, उन्हें किसी-न-किसी तरीके से यदि पालतू बनाया जा सके तो स्वयं मनुष्य की खाद्य समस्या के समाधान की सम्भावना हो। इस सम्भावना की बात सोचकर ही वह शायद उन प्राणियों की हत्या करने से या उन्हें भयभीत करने से दूर होगा और उन्हें अपने पास आने को प्रोत्साहित करता रहा होगा। उनकी प्रकृति और आदतों को उसने देखा होगा और अनाज के अखाद्य अंश देकर उन्हें जीवनधारण की सुविधा दी होगी, और इस प्रकार क्रमशः उन्हें पालतू बनाने में समर्थ हुआ होगा।

2.16 मृत्तिका शिल्प

मृत्तिका शिल्प (आग में पकाई मिट्टी के उपकरणों को तैयार करने की तकनीक) कृषि-व्यवस्था का ही अनिवार्य परिणाम था। गेहूँ या जौ की फसल साल में केवल एक बार होती थी। कृषि-जीवियों के लिए यह सारे वर्ष का खाद्य था। इसका एक अंश अगले वर्ष की फसल के लिए बीज बोने के काम आता था। ऐसी हालत में अनाज का संचय अवश्य ही करना पड़ता था। अनाज जमा रखने के लिए आग में पकाई गई मिट्टी के पात्र की आवश्यकता थी। एकमात्र कन्दरा-निवासी नाटुफियों के सिवा, शियाल्क, हसूना और फायूम में प्राचीनतम कृषिजावियों द्वारा व्यवहृत वस्तुओं में मृत्तिका शिल्प के अस्तित्व के प्रचुर प्रमाण मिले हैं।

अनेक कारणों से मृत्तिका शिल्प एक अति महत्त्वपूर्ण **आविष्कार** है। प्रागैतिहासिक मानव की विचारधारा का यह जिस प्रकार निर्भर योग्य माप योग्य मापदंड है, उसी प्रकार उसकी वैज्ञानिक मनोवृत्ति और प्रचेष्टा इसमें जितनी स्पष्ट हुई है, वैसी और किसी चीज में नहीं। वास्तव में मृद्भांड निर्माण के माध्यम से कुम्हार एक जटिल रासायनिक परिवर्तन सचेत अवस्था में संपन्न करता है। ऊपरी तौर पर ऐसा लगता है कि नरम हालत में मिट्टी को इच्छानुसार विभिन्न आकारों में ढालकर उसे आग में तपाने से ही मिट्टी के बर्तन बनकर तैयार हो जाते थे। परन्तु वास्तव में हाइड्रेटेड अल्यूमीनियम सिलीकेट यानी कुम्हार की मिट्टी से 600 डिग्री ताप की सहायता से जल के कुछ अणुओं को निकालकर अन्दर-ही-अन्दर एक रासायनिक परिवर्तन को संभव बनाकर ही इस संघनित ठोस पदार्थ को तैयार किया जाता था। सभी प्रकार की मिट्टी से अच्छे पात्र नहीं बनते। उपयुक्त मिट्टी का चुनाव अनेक दिनों की अभिज्ञता और प्रेक्षण पर निर्भर है। इसके अतिरिक्त मिट्टी के दाने मोटेतौर पर बराबर होने चाहिए; मोटे दानों को छानकर या धोकर अलग कर दिया जाता था। मिट्टी अधिक चिपकनेवाली हो तो हाथ में मिट्टी सन जाती और बर्तन गढ़ने में असुविधा होती थी, इसलिए कुछ मात्रा में रेत या पिसा पत्थर मिलाना आवश्यक था। गीली और लचीली हालत में मिट्टी के लोंदे को सीधे आग में तपाने से बर्तन में दरार पड़ जाने की सम्भावना थी, इसलिए धूप में या चूल्हे के पास स्वल्प ताप में इसे सुखा लेना पड़ता था। आग में जलाने पर गीला लांदा केवल सख्त ही नहीं बनता, बल्कि उसका रंग भी आश्चर्यजनक रूप से बदल जाता था। मिट्टी में कई प्रकार के रासायनिक पदार्थ मिले होते थे, जैसे—अति सामान्य मात्रा में यौगिक लौह, लवण आदि। खुले चूल्हे में जलाने की व्यवस्था हो तो ऑक्सीजन के संपर्क से लाल रंग की फेरिक ऑक्साइड उत्पन्न होने के कारण पात्र का रंग लाल हो जाएगा। लेकिन पात्र को लकड़ी के कोयले से ढककर जलाया जाए तो यौगिक लौह-लवण जलकर फेरोसी-फेरिक ऑक्साइड में परिणत हो जाएगा। कोयले का रंग चूँकि काला था, इसलिए पात्र भूरे रंग का बनता था।

नवपाषाणकालीन कुम्हार को इस प्रकार के रासायनिक परिवर्तन के रूप और कारण का ज्ञान अवश्य ही नहीं था, लेकिन कौन-सी पद्धति अपनाने से मिट्टी के विभिन्न रंगों के अच्छे पात्र बनाए जा सकते हैं, इसकी उसे भली-भाँति जानकारी थी।

कृषि के आविष्कार की भाँति मृत्तिका शिल्प के आविष्कार का श्रेय भी संभवतः स्त्री जाति को ही प्राप्त है। पाषाणकाल से लेकर अब तक, मिट्टी के बर्तनों का इस्तेमाल मुख्यतः स्त्रियाँ ही करती आई थीं।

मनुष्य को, मिट्टी के बर्तन के आविष्कार में, सृजन के अव्यक्त आनंद की उपलब्धि हुई थी। अपने अन्दर उसे एक वैसी ही शक्ति का आभास हुआ था, जैसे अग्नि के आविष्कार में हुआ था। गंदी मिट्टी के लोंदे से विचित्र वर्णों और विविध आकृतियों के अति आवश्यक कठोर मृद्भांडों के निर्माण की अभिज्ञता अतुलनीय है। उस दिन मानव ने अपने को स्रष्टा के आसन पर प्रतिष्ठित देखा होगा। परवर्ती काल में, धर्म-नायकों ने, ईश्वर की महिमा का गान करने के लिए, लौकिक दृष्टांत की खोज में बारंबार कुम्हार के सृजन-चातुर्य का ही उल्लेख किया है।

2.17 बुनाई

बुनकारी का आविष्कार नवपाषाणकाल के अंतिम भाग की घटना है। मनुष्य पुरापाषाणकाल से ही पशुओं के चमड़े को छीलकर और सुखाकर परिधान के तौर पर उसका इस्तेमाल करता रहा है। उसी चमड़े की उसने रस्सी बनाई और इन रस्सियों की सहायता से चटाइयाँ बनीं। वस्त्र बुनने के लिए कच्चे माल थे—तीसी, कपास और पशुओं के लोम। कृषि विज्ञान के पर्याप्त प्रगति न होने तक तीसी और कपास जैसी विशेष प्रकार की वनस्पतियों की खेती संभव नहीं थी। उसी प्रकार बुनकारी में पशुओं के लोम के इस्तेमाल के पहले विशेष प्रकार की लोमश भेड़ें पैदा करना आवश्यक था। भेड़ों के बारे में दीर्घकालीन अभिज्ञता और फिर उनके बारे में जानकारी प्राप्त करने के परिणामस्वरूप ही इस प्रकार के लोमश भेड़-वंश का उद्भव संभव था। नवपाषाणकाल में मिस्र और स्विट्जरलैंड में अलसी के कपड़े बुने जाने का प्रमाण मिला है। अनुमानतः ईसा के जन्म के 3 हजार वर्ष पहले सिंधु नदी की घाटी तथा अन्य स्थानों में कपास की खेती और बुनकारी में कपास का इस्तेमाल और मेसोपोटामिया में ऊन का इस्तेमाल शुरू हुआ। तीसी, कपास और ऊन से धागा कैसे बनता था और कपड़ा बुनने के लिए किसी प्रकार के आदिम करघे का आविष्कार हुआ था या नहीं और हुआ हो तो वह किस प्रकार का था, इन विषयों में पर्याप्त तथ्य पुरातात्त्विक अभी तक खोज नहीं पाए हैं। संभवतः धागा तैयार करने के उपकरण और करघे, लकड़ी के बने हुए होने के कारण काल के गर्भ में समाकर मिट गए हैं।

2.18 गृह-निर्माण

मध्यपूर्व (पश्चिमी एशिया) का नवपाषाणकालीन किसान साधारणतया मिट्टी के मकान में रहता था। इस समय झीलों के आसपास के रहनेवालों ने पानी के ऊपर मकान बनाने में विशेष दक्षता प्राप्त की थी। झील के आसपास के स्विस निवासी पानी में लकड़ी के बड़े-बड़े तने गाड़कर उन पर मजबूत मकान बनाते थे। झील-प्रदेशवासियों की जाति कर्मठ और कुशल थी, इसके अनेक प्रमाण मौजूद हैं। ये लोग भेड़, बकरी, सूअर और मवेशी का पालन करते थे और पशुओं का दूध पीते थे। उनकी खेती में गेहूँ और जौ उल्लेखनीय हैं

और उन्होंने तीसी से वस्त्र बुनने में पटुता प्राप्त कर ली थी। फलों में वे मुख्यतः सेब, अंगूर, चेरी, रैस्पबेरी और ब्लैकबेरी खाते थे। इसके अतिरिक्त वे अच्छे शिकारी भी थे। स्विट्ज़रलैंड की यह नवपाषाणकालीन संस्कृति पैलेस्टाइन, मेसोपोटामिया आदि स्थानों की नवपाषाणकालीन संस्कृति से बहुत बाद की है। स्कॉटलैंड, आयरलैंड, न्यूगिनी आदि कुछ और स्थानों में भी, नवपाषाणकाल में, झीलों के अंचल के निवासियों के इस प्रकार के कार्यकलाप के कुछ दृष्टांत मिले हैं।

सन्दर्भ सूची

1. प्राइमेट (नरवानर) स्तनपायी जीवों के विशाल समूह के बीच एक उपसमूह है। वानर, लंगूर और मानव इसी उपसमूह में शामिल है। अमर फारुकी, *प्राचीन एवं मध्यकालीन सामाजिक संरचनाएँ एवं संस्कृतियाँ,* दिल्ली, 2003
2. V. Gordon Childe, *Man makes himself, 1936, p. 55*
3. *Ibid,* p. 56
4. Stuart Piggott, *Prehistoric India*, Penguin Books, 1950; p. 43

अध्याय-3

धातु तकनीक

3.1 सोना

पाषाणकाल का मनुष्य कोमल धातु के रूप में सोने (Gold) से परिचित था। प्राचीन काल के पॉलिश किए हुए पत्थर के औजारों के ध्वंसावशेष के साथ सोने की बनी चीजें भी मिली हैं। सात हजार वर्ष पहले बहुत छोटे आभूषणों के रूप में ही सोने का पहले-पहल प्रयोग होते देखा जाता है। प्राकृतिक अवस्था में तट-भूमि पर कभी-कभी सोना मिलता है। नवपाषाणकाल में व्यवहृत सोना संभवतः ऐसे ही स्थानों से प्राप्त हुआ। स्वर्ण की विशेषता यह है कि अन्य धातुओं की तरह इसका रंग वायु के संस्पर्श से काला नहीं हो जाता। साधारण हालत में ऑक्सीजन के साथ इसकी कोई यौगिक क्रिया न होने के कारण यह बहुत उज्ज्वल और चमकदार हालत में मिलता है। इसके अलावा पृथ्वी पर प्रायः सर्वत्र यह धातु मिलती है। जहाँ तक इसके मिलने का प्रश्न है, यह लोहा के यौगिक खनिज की तरह ही सुलभ है। सोने की रासायनिक निष्क्रियता और अन्य पदार्थों की तुलना में इसका आपेक्षिक घनत्व होने के कारण, किसी-किसी शिला की प्रथमावस्था में इसका परिमाण बहुत कम होने पर भी, कालांतर में उक्त पत्थर की क्षयप्राप्ति के साथ, सोने का भाग बढ़ता और एक स्थान पर जमा होते देखा गया है। प्रागैतिहासिक मानव प्राकृतिक अवस्था में प्राप्त इस उज्ज्वल पदार्थ की ओर सहज ही आकृष्ट हुआ होगा और उसने इस लचीली (malleable) धातु का प्रयोग आभूषण के रूप में किया होगा। नवपाषाणकालीन फ्रांस के अनेक खँडहरों में सोने की मनका माला आदि मिली हैं। सुमेर सभ्यताकालीन उर (जनपद), मिस्र का प्राक्-राजवंशीय स्मृति स्तंभ और क्रीट की मिनोयाई सभ्यता के ध्वंसावशेष छोटे-बड़े अनेक प्रकार के स्वर्णाभूषणों से समृद्ध हैं। इसका गलनांक 1063^0 सेंटीग्रेट होता है। लैटिन भाषा के शब्द AURORA (उषाकालीन सवेरा) से सोने के रासायनिक संकेत औरम् AU की उत्पति हुई। यूरोप की अनेक मध्यकालीन पांडुलिपियों में सोने के चूर्ण से बने रंगों का उपयोग उनकी विलक्षण सुन्दरता का आधार रहा है। सोने-चाँदी के चूर्ण से बनी स्याहियों व रंगों का उपयोग अलंकरण के लिए भारत, मिस्र, चीन व जापान में प्रचुरता से होता था। मिस्र की एक प्राचीन ग्रीक पांडुलिपि है (300 ई.) जो अब लीडेन में रखी है और जिसका अनुवाद बर्थलॉट[1] ने किया था। इसमें स्वर्ण-चूर्णों की दो विधियों (यांत्रिक विघटन अथवा स्वर्ण सरंसों को गरम करके) द्वारा उत्पादन का वर्णन दिया गया

है। ऐसी ही विधियों पर 994 ई. में एराक्लियस[2] ने प्रकाश डाला था। मूलतः इटालियन भाषा में लिखे *सीक्रेट्स ऑफ ऐलेक्सिज* नामक पुस्तक जो 1555 ई. में प्रकाशित हुई थी, का बाद में फ्रेंच व अंग्रेजी में अनुवाद भी प्रकाशित किया गया। सोने के पारे में सरंस को बनाने के लिए स्वर्ण को पारे के साथ गरम किया जाता था। दूसरी विधि के अनुसार पारे को सोने के पत्तरों पर रगड़ा जाता था। यह क्रिया ठंडे में ही की जाती थी व इसमें थोड़े सिरके अथवा नीबू का उपयोग किया जाता था। सरंस में पारे की अधिक मात्रा को निकालने के लिए इसे एक विशेष पत्थर (Prophyry) की सिल पर गंधक के साथ पीसा जाता था। फिर मिश्रण से गंधक और पारा वाष्पित कर निकालने के लिए उसे गरम किया जाता था। ग्यारहवीं शताब्दी में सन्त थिओफिलस द्वारा लिखी गई सुप्रसिद्ध लैटिन[3] पांडुलिपि में सोने, चाँदी व अन्य धातुओं को पीसकर चूर्ण बनानेवाली चक्की (Mill) का बहुत उत्तम विवरण मिलता है। इसकी कुछ प्रतियों में सरंस विधि को भी बताया गया है। 1739 में यांत्रिक विघटन द्वारा स्वर्ण-चूर्ण उत्पादन की विधि का विवरण ऐरकर[4] ने दिया था। इसमें पानी में घूमती हुई मथानी पर पिघली हुई धातु डालकर उसके कण प्राप्त किए जाते थे।

सोने के पत्तरों का दाँत मढ़ने में उपयोग बहुत प्राचीन काल से होता रहा है। 1855 में अनीलित कोमल स्वर्ण या स्पंजी स्वर्ण को, मुख के ताप पर ही संपीडित करने की सम्भावना ने इस ओर बहुत तेजी से सुधार का क्रम प्रशस्त किया।

कार्स्टेन नीबुहर ने जब 1761-63 में अरब देशों की यात्रा की तब उसने[5] लिखा था कि प्राचीन काल में सम्भवतः अरब के देश भारत से सोने का प्रचुर मात्रा में आयात करके यूरोप को उसका निर्यात करते थे।

ज्योर्जियस एग्रिकोला (1494-1555 ई.) स्वर्ण को परखने के लिए कसौटी और स्पर्श करनेवाली सुइयों का उपयोग करते थे। आर्किमिडीज ने सोने के घनत्व को नापकर इसकी शुद्धता को जाँचने में उपयोग की प्रणाली विकसित की। अग्नि में जलाने पर ऑक्सीकरण के प्रति प्रतिरोध-क्षमता एवं इसकी अम्लों में अघुलनशीलता शुद्धता की अन्य परीक्षाएँ थीं।

नाइट्रिक अम्ल[6] के उपयोग द्वारा सोने को चाँदी से अलग करने की विधि का सर्वप्रथम उल्लेख 1505-1508 में लिओनार्दो दा विंसी द्वारा लिखे *कोडेक्स अटलांटिकस* नामक संग्रह में मिलता है। इस प्रक्रम का वर्णन बाद के धातु कर्मियों ने भी किया और लजारस एरकर ने 1574 ई. में इसे अंतिम रूप प्रदान किया।

एच. लोस्नर[7] ने कलिल अवस्था में सोने को बनाने के प्रयत्नों की ऐतिहासिक समीक्षा करते हुए कुछ प्रारम्भिक विधियाँ (जो लाल स्वर्ण सोल (Sols) अथवा बर्तन में रखने योग्य स्वर्ण, जिसको 'ड्रिंकगोल्ड' कहा जाता था, से सम्बंधित है) प्रस्तुत की हैं। इस प्रकार की विधियों को क्रीलिंग (1730), वैलेंटीन क्रॉटरमैन (1717), जी. ई. स्टॉल (1744) एवं जॉर्ज विल्सन आदि ने विकसित किया। जर्मन वैज्ञानिक जे. बैंजामिन रिश्टर (1762-1807) ने, और बाद में माइकेल फैराडे ने बताया कि यह कलिल धात्विक-स्वर्ण के सूक्ष्म कणों से बना हैं। इन्होंने ही कलिल स्वर्ण के गुणों व रंगों को इसके कणों की सूक्ष्मता के स्तर से जोड़ने का कार्य किया। रिश्टर ने ही कलिल स्वर्ण का उपयोग लाल रंग के 'रूबी काँच' को बनाने

में भी किया। रैवरैड अब्राहम बैनेट ने 1786 में रॉयल सोसाएटी, लंदन को पत्र लिखकर स्वर्ण-पत्र विद्युतदर्शी के बारे में अवगत किया। विद्युत् मापन का यह प्रथम प्रयत्न था जिसकी शुरुआत अठारहवीं शताब्दी में स्वर्ण-पत्र विद्युतदर्शी (Gold Lead Electroscope) से हुई थी। इसमें स्वर्ण-पत्र के दो टुकड़े, विभव-युक्त चालक से जुड़कर उसके आवेश से आविष्ट होकर आपस में विकर्षित होते थे। उनके विकर्षण का यह परिमाण चालक के वोल्टेज को बताता था।

कोलम्बस ने 1492 ई. में भारत आने के प्रयत्न में अमेरिका की खोज की। तब भारत अपनी सम्पत्ति के लिए विश्व भर में विख्यात था और कोलम्बस के द्वारा भारत की खोज की परिणति नई दुनिया (अमरिका) की खोज में हुई। इसके पश्चात् मध्य व दक्षिणी अमेरिका के स्वर्ण-भंडारों का पता चलने पर सोने की प्राप्ति के लिए यूरोप के अनेक देशों में होड़ मच गई। दक्षिण अमेरिका में पेरू जो सोने में सर्वाधिक समृद्ध था, पर सोलहवीं शताब्दी में स्पेन ने हमला किया और उनके मंदिरों का सारा सोना लूटकर अपने देश को भेज दिया। उत्तरी अमेरिका में कैलीफोर्निया के भंडारों का 1848 के लगभग पता चला। 1851 से ऑस्ट्रेलिया का सोना निकाला जाने लगा। यद्यपि पुर्तगालियों ने दक्षिण अफ्रीका में सोने की खोज 1455 में ही कर ली थी, किन्तु 1887 में अंग्रेजों द्वारा यहाँ अधिकार कर लेने पर ही खानों से सोना प्राप्त करने का क्रम चला।

3.2 सोने का उपयोग

सोने का सबसे बड़ा औद्योगिक उपयोग आभूषण बनाने में होता है। इलेक्ट्रॉनिक्स उद्योग में सोने का उपयोग पतले तारों और सूक्ष्म फिल्म सतहों को बनाने में होता है। आभूषण बनाने योग्य सोने के मिश्र-धातु स्वर्ण, चाँदी और ताँबे पर आधारित होते हैं और उनको अनेक धातुओं, जैसे—कैडमियम, निकेल, प्लेटिनम, पैलेडियम आदि मिलाकर उनके भिन्न-भिन्न रंग और छायाएँ बदली जा सकती हैं। स्वर्ण-रजत-ताम्र निकाय में रजत से समृद्ध फेज **श्वेत स्वर्ण** कहे जाते हैं। ये प्लेटिनम के स्थानापन्न के रूप में प्रयोग किए जाते हैं। श्वेत स्वर्ण के धूमिल होने के प्रति अपर्याप्त प्रतिरोध के कारण दो अन्य मिश्र धातुओं स्वर्ण-निकेल-ताम्र (प्रायः जस्ते के साथ) और स्वर्ण-पैलेडियम मिश्र धातुओं में रजत, निकेल, प्लेटिनम एवं जस्ता भी प्रायः मिले रहते हैं। आभूषणों के लिए काम आनेवाले स्वर्ण मिश्र धातुओं में स्वर्ण-रजत-ताम्र पर आधारित संकाय आते हैं। स्वर्ण-रजत के अनुपात को बदलकर इनमें वांछित गलनांक को प्राप्त किया जा सकता है। स्वर्ण मिश्र धातुओं का उपयोग प्रतिरोधकों, चालकों, विभवमापियों, प्रतिरोध तापमापियों एवं विद्युतीय सम्पर्कों में होता है।

हवाई जेट इंजनों में ताप नियंत्रण व 1000^0C के परास में तापमान के लिए 55 Pd-31 Pt-14Au (धनात्मक पद) एवं 65Au-35Pd (ऋणात्मक पद) जैसे तापीय युग्म विकसित किए गए हैं। शून्य कैल्विन के समीप के तापों पर उच्च शुद्धतावाले स्वर्ण के, स्वर्ण-लौह के तापीय युग्म काम आते हैं।

संयोजी टाँके और सोल्डर बनाने में स्वर्ण के मिश्र धातुओं का उपयोग इलेक्ट्रॉनिकी, वायु-अंतरिक्ष एवं नाभिकीय ऊर्जा के क्षेत्रों में होता है।

सोने के विद्युल्लेपन के लिए मुख्यतः दो लेपन विलयन विकसित किए गए हैं--ये संयोजी स्वर्ण के दो संकर यौगिकों पर आधारित हैं। प्रथम में पोटैशियम के $(Au(CN)_2)$ और दूसरे प्रकार में सोडियम के $(Au(SO_3)_2)^{-3}$ वाले सल्फाइट संकर यौगिक आते हैं। दाँतों की चिकित्सा में उपयोगी अनेक मिश्र धातुओं में सोने, चाँदी व ताँबे के साथ थोड़ी मात्रा में प्लेटिनम व पैलेडियम भी रहता है।

स्वर्ण की पतली विद्युल्लेपित सतहों का उनकी उत्तम विद्युत् चालकता एवं संक्षयन प्रतिरोध क्षमता के कारण राडार के उच्च आवृत्तिवाले चालकों में उपयोग होता है। अनेक सूक्ष्म इलेक्ट्रॉनिक युक्तियों व अवयवों, जैसे—ट्रांजिस्टरों, माइक्रोसर्किटों, मुद्रित सर्किटों और इंटीग्रेटेड सर्किटों (जो बहुत छोटे होने से सोने के उपयोग को खर्चीला नहीं बनाते) में सोना बखूबी इस्तेमाल होता है। सोने की खपत की दृष्टि से विश्व उत्पादन का तीन-चौथाई भाग आभूषण बनाने में खर्च होता है। 10-15 प्रतिशत सोना, इलेक्ट्रॉनिकी व अन्य औद्योगिक उपयोगों में एवं शेष औषधि, दंत चिकित्सा और मुद्रा सम्बन्धी सरकारी व निजी उपयोगों के रूप में काम आता है।

3.3 ताँबा

वायु में मौजूद ऑक्सीजन से रासायनिक क्रिया के फलस्वरूप ताँबे का असल ताम्रवर्ण बिल्कुल बदल जाता है और यह काले रंग का या हरियाली लिये हुए काले रंग का बन जाता है। सोने की तलाश करते हुए प्रागैतिहासिक मानव ने इस प्रकार के काले या हरियाली लिये हुए काले रंग के पत्थर का अवश्य ही आविष्कार किया होगा और यह देखा होगा कि इस प्रकार के पत्थर को सामान्य रूप से पीटने से यह उज्ज्वल पीले-लाल रंग का हो जाता है। सोना और इस नए पदार्थ के रंगों में इतना अधिक सादृश्य है कि इस नए ढंग के पत्थर के प्रति वह निश्चय ही आकृष्ट हुआ होगा। इसलिए, आभूषण के रूप में सोने के साथ ताँबे का व्यवहार हम ऐतिहासिक काल के बहुत पहले से ही देखते हैं। उत्तरी फारस (ईरान) में टेप शियाल्क के नवपाषाणकालीन खँडहरों में ताँबे की बनी छोटी-छोटी कीलों की प्राप्ति हुई है। टेप शियाल्क के काल से इतना कहा जा सकता है कि ताँबे का व्यवहार सोने से पहले न हुआ हो, तो भी दोनों रासायनिक तो हैं ही। प्राक्-राजवंशीय जमाने की मिस्री कब्रों में सोने और ताँबे की अनेक मनका मालाएँ एक साथ मिली हैं। प्राचीन कैल्डिया के ध्वंसावशेषों में भी (ईसा पूर्व 4500) ताँबे के बने आभूषण और वस्तुएँ उल्लेखनीय हैं।

खनिज ताँबे से विशुद्ध धातु को अलग करके, उससे औजारों और वस्तुओं का निर्माण बिल्कुल भिन्न बात है। इस कार्य के घटित होने का अर्थ है धातु विद्या के बारे में मनुष्य के ज्ञान में पर्याप्त वृद्धि। धातु जहाँ प्राकृतिक अवस्था में ही प्रचुर परिणाम में मिलती है, वहाँ खनिज धातु की खोज और उससे विशुद्ध धातु निकालने की चिंता अनावश्यक है। कोलंबस के अमेरिका पहुँचने के पहले रेड इंडियन लोग उस देश में प्रचुर परिमाण में प्राप्त प्राकृतिक ताँबे को केवल पीटकर और उससे नाना प्रकार की वस्तुएँ तैयार कर, उनका व्यापक रूप से प्रयोग करते थे। प्रकृति की इस कृपा के कारण खनिज पिघलाकर उससे विशुद्ध धातु निकालने की चिंता उन्हें नहीं करनी पड़ी। इसीलिए प्राचीनकाल की पृथ्वी पर विशुद्ध धातु

निकालने की विद्या प्रायः 5 हजार वर्ष पुरानी होते हुए भी हम प्राक्-कोलंबस रेड इंडियनों को इस विद्या से पूर्णतः अनभिज्ञ पाते हैं।

मेसोपोटामिया और फारस के अंतर्गत फर्टाइल क्रिसेंट की कुम्हार श्रेणी के कारीगरों ने नवपाषाणकाल में ही ताँबा निकालने की पद्धति का आविष्कार किया। मैलाकाइट आदि सुलभ खनिज ताँबे को वे पहले एक किस्म का पत्थर ही समझते थे। हो सकता है कि नितांत आकस्मिक रूप से या खेल-खेल में इस प्रकार का पत्थर आग में फेके जाने पर, किसी ने पहले-पहल देखा होगा कि यह पत्थर पिघलकर, एक किस्म के लाल पदार्थ के रूप में चू रहा है। ऐसी अभिज्ञता बहुत ही हलचल पैदा करनेवाली रही होगी। साधारण पत्थर आग में ऐसे रहस्यजनक रूप में नहीं बदलता। ताँबे की खानों के अंचल में, नवपाषाणकालीन किसी बस्ती के खेमे या गृह में संयोगवश अग्निदुर्घटना के परिणामस्वरूप भी ऐसी अभिज्ञता का होना असंभव नहीं। कटांगा प्रदेश में खान-अन्वेषणकारियों ने नीग्रो बस्ती में इस प्रकार के अग्निकांड के बाद बच रहे राख के ढेर से ताँबे के दाने प्राप्त किए थे।

खनिज पिघलाकर ताँबा निकालने के लिए साधारणतया 700 से 800 डिग्री तापमान की जरूरत होती है। केवल यही नहीं, ऑक्सीजन की अधिकता यथासंभव घटाकर अपचायक वातावरण (reducing atmosphere) में यह काम पूरा करना पड़ता है। मिट्टी के बर्तन पकाने के लिए भी इसी तरह के ताप की जरूरत होती है। लकड़ी का कोयला जलाकर अपचायक वातावरण की सहायता से भूरे रंग के मिट्टी के बर्तन गढ़ने में नवपाषाणकालीन कुम्हार इसके पहले ही सिद्धहस्त हो चुका था। इसलिए पत्थर की भाँति खनिज ताँबे को कहीं एक बार अकस्मात् पिघलते देखकर, बिना विलंब के, ताँबा निकालने की पद्धति का आविष्कार करना उसके लिए बिल्कुल भी कठिन नहीं था। नवपाषाणकालीन कुम्हार ने पहले इसी तरीके से ताँबे का उत्पादन किया होगा, यह विश्वास करने का पर्याप्त कारण है। स्टुअर्ट पिगट ने लिखा है–"बन्द भट्ठे (Closed kiln) की प्रगलन भट्ठी (Smelting furnace) में संक्रमण की कल्पना अधिक मानसिक श्रम-सापेक्ष नहीं है, इसलिए इसमें आश्चर्य की कोई बात नहीं कि सबसे पहले ताँबा पिघलाए जाने का प्रमाण, प्राचीन पूर्व में हम रँगे हुए मिट्टी के बर्तनों के निर्माणकर्ताओं के बीच पाते हैं।

खनिज ताँबे को पिघलाना भले ही सहज हो, लेकिन धातु को पिघलाना आसान नहीं है। ताँबे का गलनांक 1085 डिग्री सेंटीग्रेड है। नवपाषाणकालीन कुम्हार का चूल्हा यह उष्णता उपलब्ध नहीं कर सकता था। अतएव इस प्रकार का ऊँचा तापमान प्राप्त करने के लिए विशेष किस्म के चूल्हे का निर्माण आवश्यक था। उसमें वेग के साथ हवा के झोंकों के प्रविष्ट कराने का प्रबंध होना आवश्यक था और इसके लिए धौंकनी आवश्यक थी। पुरातात्त्विकों के अनुसार, धौंकनी का आविष्कार बहुत बाद को, ऐतिहासिक काल में हुआ। इसके बाद ढलाई द्वारा विभिन्न प्रकार की वस्तुएँ तैयार करने के लिए ही धातु पिघलाने की जरूरत हुई। यह ढलाई की पद्धति अथवा तकनीक भी एक कठिन आविष्कार था। इसके लिए साँचा की जरूरत थी। नवपाषाणकाल में पत्थर पर खुदाई द्वारा एक किस्म के साँचे के निर्माण के सम्बन्ध में कई प्रमाण प्राप्त हैं। छुरी के फल या कुल्हाड़ी के धातु-भाग के आकार पत्थर पर खोदकर इस प्रकार का साँचा तैयार किया जाता था। इस प्रकार के प्राथमिक प्रयत्न से

ही बाद को खोखले साँचे का उद्‌भव हुआ। इसलिए नाना वस्तुओं के निर्माण में ताँबे के प्रयोग को संभव बनाने के लिए धातु विद्या के सम्बन्ध में और भी अधिक जानकारी अभिज्ञता प्राप्त करना अपरिहार्य था। धीरे-धीरे यह ज्ञान और अभिज्ञता मनुष्य के आयत्ताधीन होने पर ही ताँबा पत्थर का स्थान ले सकता था। संभवतः ऐतिहासिक काल के ठीक पहले, नदी घाटियों में नागरिक सभ्यता के आविर्भाव होने पर, ताँबे का व्यवहार दूर-दूर तक फैला। मेसोपोटामिया और मिस्र में ताँबे की बनी वस्तुओं के जो ध्वंसावशेष खोज निकाले गए हैं उनसे अनुमान लगाया जाता है कि उपर्युक्त उपाय से प्राप्त ताँबे का प्रयोग ईसा पूर्व 5000 वर्ष से लेकर ईसा पूर्व 4000 बर्ष के बीच शुरू हुआ।

3.4 कांस्य और पीतल

ताँबा के कुछ बाद ही कांस्य और पीतल का प्रयोग होते देखा जाता है। कांस्य, ताँबा और टिन के सम्मिश्रण से उत्पादित एक मिश्र धातु (Alloy) है। ताँबा और जस्ता के सम्मिश्रण से पीतल बनता है। ये दोनों मिश्र धातुएँ ताँबा की तुलना में अधिक सख्त हैं और इन्हें आपेक्षिक रूप में बहुत कम ताप में पिघलाया जा सकता है। ताँबे के साथ 1 से 3 शतांश मात्र टिन मिलाए जाने से ही इसकी कठोरता और दृढ़ता बहुत बढ़ जाती है। फिर ढलाई के काम के लिए विशुद्ध ताँबा बिल्कुल ही उपयोगी नहीं है। कारण यह है कि इसका गलनांक बहुत अधिक है; यह गैस सोखकर क्षुद्र रंध्रों की रचना करता है और ठंडा होते समय बहुत अधिक सिकुड़ जाने पर साँचे का आकार, अविकल रूप में पकड़ नहीं पाता। लेकिन ताँबे में टिन की मिलावट से इसका गलनांक घट जाता है। इसके अलावा धातु में गैस का शोपण रुक जाता है और ठंडा होते समय सिकुड़न भी कम होती है। इन गुणों के कारण ढलाई के काम में कांस्य का व्यवहार कहीं अधिक सुविधाजनक है। इसलिए व्यवहार की सुविधा की दृष्टि से कांस्य और पीतल, ताँबा की अपेक्षा सभी विषयों में श्रेष्ठतर है। प्रथम दृष्टि से ऐसा लगेगा कि मिश्र धातुओं का उत्पादन टिन और जस्ता की खोज पर निर्भर है, लेकिन ताँबा, टिन और जस्ता पृथक् रूप से प्राप्त नहीं हुए। ताँबा के साथ कभी टिन, कभी एंटीमनी और कभी जस्ता की कुछ-न-कुछ मिलावट होती है। ताँबे का काम करते-करते ताम्रकार को इस मिलावट के अस्तित्व की जानकारी हुई होगी और उसने यह देखा हो कि मिलावट की मात्रा अधिक होने पर धातु की कठोरता भी बढ़ जाती थी। इसके अलावा पृथ्वी पर अनेक स्थानों में खनिज ताँबा के साथ ही खनिज टिन भी पाया जाता था। कार्नवाल, बोहेमिया और चीन के विभिन्न स्थानों में खनिज ताँबा में थोड़ी बहुत टिन की मिलावट रहती थी। दक्षिण स्पेन के 'पारा जुएल्स' और 'द कांपो' जिलों के खनिज ताँबे में 0.08 से लेकर 0.25 शतांश तक टिन मौजूद है। भारत में कहीं-कहीं खनिज ताँबे के साथ ही खनिज जस्ता भी मिलता था। ताँबा निकालने के उद्‌देश्य से ऐसे मिश्र खनिजों को लेकर काम करते हुए संभवतः कांस्य और पीतल का प्रथम उत्पादन हुआ होगा। उत्तरी अमेरीका मे ताम्रयुग के बाद किसी कांस्य युग का आविर्भाव नहीं हुआ। अर्थात् उस देश के निवासी कांस्य या पीतल के निर्माण का कौशल प्राचीनकाल में प्राप्त नहीं कर सके थे। इसका मुख्य कारण यह है कि इस महादेश में खनिज ताँबे के साथ, साधारणतया टिन, जस्ता, एंटीमनी आदि की मिलावट नहीं होती।

विशुद्ध कांस्य के प्राचीनतम नमूने का आविष्कार विख्यात पुरातत्त्वविद् श्लिमैन ने, हिसार्लिक (Hissarlik) के द्वितीय नगर के खँडहरों की खुदाई के दौरान किया। यह प्राचीन नगर ईसा पूर्व 2200 और ईसा पूर्व 1900 के बीच का है। हिसार्लिक के निकट बोहेमिया के अंतर्गत एत्सगेबिर्ज की ताँबा और टिन की खानें मशहूर थीं। हिसार्लिक के व्यवसायियों ने इस खान से पहले ताँबा और बाद में टिन का इस्तेमाल किया होगा और इन दोनों धातुओं से कान करने की जानकारी के बाद संभवतः काँसे का आविष्कार किया होगा। इस आविष्कार के सम्बन्ध में बोहेमिया के धातुकारों के दावे की उपेक्षा नहीं की जा सकती। जो भी हो, अनुमानतः ईसा पूर्व 2200 वर्ष के लगभग पूर्वी यूरोप और ईजियन सागर के तटवर्ती अंचलों में कांस्य का प्रयोग प्रचलित था।

मिस्र में इससे भी पहले काँसे का प्रयोग प्रचलित था या नहीं, इस विषय में मतभेद है। पुरातत्त्वविद् पेत्रि ने कांस्य निर्मित जिन वस्तुओं को यहाँ खोज निकाला, उनके मिस्र के चौथे से लेकर छठे राजवंश के शासनकाल में प्रयुक्त होने का अनुमान है। यह शासन-काल ईसा पूर्व 3 हजार वर्ष से पहले का है। प्रथम राजवंश के शासनकाल में (ईसा पूर्व 3400 वर्ष) कांस्य निर्मित कुछ वस्तुओं के प्रयोग के अनुमान का उल्लेख मोसो ने किया है।[8]

यदि यह सत्य हो तो नवपाषाणकाल के अंतिम भाग में ही मिस्र में कांस्य का इस्तेमाल शुरू हो गया होगा। मिस्र में पीतल की इस प्राचीनता के सम्बन्ध में मुख्य प्रश्न यह उठता है कि कांस्य का प्रधान उपादान टिन कहाँ से आया? मिस्र में टिन प्रायः नहीं मिलता। मिस्र-निवासी अति प्राचीन काल से सिनाई के पर्वतीय प्रदेश की ताँबा-खानों से ताँबा का उत्पादन करते रहे, ऐसी जानकारी मिलती है। इन खानों में टिन मौजूद नहीं है। किसी पुरातत्त्वविद् का मत है कि यह टिन संभवतः ब्रिटेन के अंतर्गत कार्नवाल के तट-प्रदेश से आया होगा। ब्रिटेन के तटप्रदेश के निवासियों से प्राचीन मिस्र-निवासियों के वाणिज्य-संपर्क होने की बात प्रमाणित हो चुकी है। अतः फिनीशिया के व्यवसायियों से मिस्री धातुकारों ने यह टिन प्राप्त किया हो, यह असंभव नहीं है। पार्टिंगटन का अभिमत है कि यह टिन फारस की द्रांगियाना (Drangiana) टिन-खानों से आता था।[9] स्ट्रैबो ने अपने भूगोल में द्रांगियाना की टिन-खानों का उल्लेख किया है। इस समय वहाँ टिन का अस्तित्व नहीं है; संभवतः बहुत प्राचीनकाल में ही फारस की टिन की खानें निःशेष हो गई थीं। कुछ पुरातत्त्वविद् की धारणा है कि मिस्र की प्राचीन कब्रों से जो कांस्यनिर्मित वस्तुएँ मिली हैं, वे विदेशों से मँगाई गई थीं। मिस्र में कांस्य शिल्प की वास्तविक बुनियाद अठारहवें राजवंश के काल में अर्थात् ईसा पूर्व 1480 में पड़ी। इस समय सीरिया मिस्र के अधिकार में आ जाने से उसके लिए विदेशों से टिन का आयात सहज हो गया होगा।

भारत में भी ताँबे का प्रयोग अत्यंत प्राचीन है। *ऋग्वेद* में 'अयस' नाम से जिस धातु का उल्लेख किया गया है, उससे संभवतः ताँबा का बोध होता था। सिंधुघाटी-सभ्यता का पता लगने के पहले गंगा-यमुना के दोआब में ताँबे की बनी कुछ वस्तुएँ मिली हैं। दक्षिण भारत में हैदराबाद, नागपुर, मदुराई और मैसूर से ताँबा और पीतल के बने अनेक औजार और हथियार आदि मिले हैं। पिगट का विचार है कि राजपूताना (राजस्थान) और छोटानागपुर

तथा सिंहभूम जिला से मँगाए गए ताँबे के ये औजार तथा अन्य वस्तुएँ तैयार की जाती थीं। अरब सागर से बंगाल की खाड़ी तक संपूर्ण उत्तर भारत में भारतीय सभ्यता के आविर्भाव के प्रारम्भ में ताँबे और पीतल का प्रयोग व्यापक रूप से किया जाता था। अर्थात् नवपाषाणकाल से लौह युग तक पहुँचने के अंतर्वर्ती काल में भारत को भी ताँबा और पीतल-युग के बीच से होकर गुजरना पड़ा था। यहाँ तक कि पश्चिमी एशिया के पीतल के कारीगरों की तुलना में भारतीय पीतल के कारीगरों की पटुता का नमूना देखकर बहुत लोगों का यह खयाल होता है कि संभवतः पीतल का प्रथम आविष्कार भारत में ही हुआ था।

आविष्कार और वाणिज्य-व्यवसाय के प्रसार की दृष्टि से पीतल-युग विराट प्रयत्नों और कार्यकलाप का युग था। पीतल का प्रयोग अधिक प्रचलित होने और धातु की माँग बढ़ने पर ताँबा और दुष्प्राप्य टिन की खानों का पता लगाना अनिवार्य हो गया। इन धातुओं का अन्वेषण करने के लिए व्यापारी एक से दूसरे और दूसरे से तीसरे देशों में फैल गए। इस व्यापक अन्वेषण के फलस्वरूप निःसंदेह अनेक खानों का पता लगाया गया और संभवतः इसी समय कार्नवाल की टिन-खान का भी पता लगाया गया। इस तरह के प्रयत्नों से एक प्रकार के रत्न, खनिज और भू-विज्ञान की उत्पत्ति युक्तिसंगत है। पृथ्वी के ऊपरी भाग की आकृति देखकर खनिजों के अस्तित्व का अनुमान करना, विभिन्न प्रकार के खनिज पत्थरों को, नितांत असंलग्न रूप में ही सही, श्रेणीबद्ध करना आदि विषयों का ज्ञान पीतल युग के आविर्भाव के बाद मनुष्य ने प्राप्त किया था।

ताँबा और पीतल सम्बन्धी धातु-विज्ञान के आविष्कार के बहुत बाद तथा-कथित ताँबा और पीतल युगों का आविर्भाव हुआ। दोनों के बीच कम-से-कम एक हजार वर्ष का व्यवधान होगा। ताँबा या कांस्य युग का अर्थ यह है कि इस काल में मनुष्य औजार और हथियार बनाने के लिए पत्थर की जगह इन दोनों धातुओं का इस्तेमाल करता था। परिचित पुरानी चीज या पुरानी पद्धति के प्रति मनुष्य की आसक्ति चिरकाल से रही है। अतः लाखों वर्षों से परिचित और जीवन-संग्राम के एकमात्र सहारे पत्थर को मनुष्य रातो-रात कैसे छोड़ सकता था? इसके अतिरिक्त नई चीज और नई पद्धति को सम्यक् रूप से कार्यकारी बनाना भी समय-सापेक्ष है। पत्थर की एक मुख्य त्रुटि यह है कि इसकी तीक्ष्णता बहुत जल्दी नष्ट हो जाती है। कुल्हाड़ी, छुरी आदि औजार, कई बार इस्तेमाल किए जाने पर, काम के लायक नहीं रहते। लेकिन पत्थर की जहाँ प्रचुरता है, वहाँ नए औजार बनाने में ही कितना समय लगेगा। पत्थर के औजार बनाने के लिए किसी अलग उद्योग की स्थापना आवश्यक नहीं थी। मनुष्य अपना औजार या हथियार स्वयं बना सकता था। उपर्युक्त असुविधा केवल उन्हीं स्थानों के लिए प्रधान समस्या होगी, जहाँ पत्थर की प्रचुरता न हो। धातुनिर्मित स्थायी औजारों की सुविधा का अनुभव भी पहले-पहल ऐसे ही स्थानों में हुआ होगा। अवश्य ही प्रयोग के साथ धातु-निर्मित औजार भी क्षय को प्राप्त होते हैं। लेकिन उसे आग में पिघलाकर, फिर पीट लेने से एक बिल्कुल नया औजार पुनः बनकर तैयार हो जाता है। इसके अलावा धातु के अनेक गुण हैं और उन गुणों को देखकर ही पत्थर का इस्तेमाल करनेवाला धातु के व्यवहार की ओर आकृष्ट हुआ होगा, फिर क्यों पत्थर छोड़कर धातु को अपनाने में उसे इतना विलंब हुआ?

इसका कारण यह है कि धातु का काम आरम्भ से अंत तक जटिल था, खनिज पत्थर की तरह सुलभ नहीं। पहले पक्का बन्दोबस्त होना चाहिए कि खनिज बराबर मिलता रहे। फिर इस खनिज से धातु निकालना, उसे पिघलाना, ढालना एवं पीटकर उसको धारदार बनाना होगा, तब कहीं औजार बनकर तैयार होगा। ऐसा विशेष प्रकार का और जटिल काम, खेती या शिकार के बीच मिलनेवाले अवकाश में पूरा नहीं किया जा सकता था।

इसका कारण यह है कि धातु का काम आरम्भ से अंत तक जटिल है, खनिज पत्थर की तरह सुलभ नहीं। पहले पक्का बन्दोबस्त होना चाहिए कि खनिज बराबर मिलता रहे। फिर इस खनिज से धातु निकालना, उसे पिघलाना, ढालना एवं पीटकर उसको धारदार बनाना होगा, तब कहीं औजार बनकर तैयार होगा। ऐसा विशेष प्रकार का और जटिल काम, खेती या शिकार के बीच मिलनेवाले अवकाश में पूरा नहीं किया जा सकता। फिर यह एक आदमी का काम भी नहीं था। इसके लिए कुशल कारीगरों के निरंतर और सम्मिलित श्रम की जरूरत थी। इन कारीगरों को खाद्यान्न उपलब्ध करने का भार किसी अन्य समूह को लेना होता था। जिस अवस्था में प्रत्येक व्यक्ति को अपने लिए खाद्य का उत्पादन स्वयं करना पड़ता था, उस अवस्था में इस प्रकार के प्रयत्न संभव नहीं था। जिस व्यवस्था में किसान अपने तथा अपने परिवार के प्रयोजन के अतिरिक्त खाद्योत्पादन करने में समर्थ हो और समूह के प्रत्येक व्यक्ति के लिए यह जरूरी न हो कि अपने लिए खाद्य का उत्पादन वह स्वयं करे, केवल वही व्यवस्था ऐसे जटिल और एक प्रकार के वैज्ञानिक ज्ञान पर निर्भर विशेष प्रकार के श्रम और कार्य के लिए श्रेष्ठ होती है। करीब 3 हजार ई.पू. के दौरान इसके उद्‌भव के साथ सभ्यता का अभ्युदय हुआ।

3.5 चाँदी

बर्तनों, आभूषणों, पदकों, सिक्कों और औषधियाँ बनाने में चाँदी से मनुष्य का परिचय आदिकाल से ही रहा है। सुन्दर रुपहली चमक के कारण संस्कृत में इस धातु को 'रजत' अथवा 'रौप्य' कहा गया। बाद में चाँदी से ढले सिक्कों को 'रूप्यक' (हिन्दी में रुपए) की संज्ञा दी गई। अमेरिकन 'डॉलर' और रूसी 'रूबल' के नामकरण के मूल में भी चाँदी के सिक्के आते हैं। 1486 में जोआशिमस्थाल, बोहेमिआ (चेकोस्लोवाकिया) में स्थापित की गई एक टकसाल स्थानीय खान से उपलब्ध चाँदी से बड़े सिक्के बनाती थी। इनको प्रारम्भ में **जोआशिमस्थालर** व बाद में संक्षेप में **स्थालर** कहा जाने लगा। इसी से **थालर** और फिर बिगड़कर डॉलर शब्द की उत्पत्ति हुई। इसी प्रकार तेरहवीं शताब्दी में कीव (यूक्रेन) में **रूबल** का चलन प्रारम्भ हुआ। रूबल रूसी शब्द 'रूबित' से आया है जिसका अर्थ होता है 'काटना'। रूबल के सिक्के ढालते समय पहले चाँदी की एक बहुत बड़ी सिल्ली ढाली जाती थी जिसे काट-काटकर रूबल प्राप्त किए जाते थे।

निस्संदेह चाँदी अतिमूल्यवान धातुओं में से एक है। यह सभी धातुओं में सर्वाधिक सफेद धातु है। सर्वोत्तम परावर्तन क्षमता के कारण इसकी पॉलिश की हुई सतह 95 प्रतिशत तक प्रकाश को परावर्तित कर देती है। यह उम्दा तन्यता और घातवर्ध्यता के गुण प्रदर्शित करती है। चमचमाती रुपहली आभावाले सुन्दर स्वरूप के साथ-साथ इसके अन्य उत्तम

भौतिक गुण जैसे संक्षयन प्रतिरोध क्षमता, उच्च ताप चालकता एवं उच्च विद्युत् चालकता। इसे बीसवीं शताब्दी में उच्च प्रौद्योगिकी की धातु का दर्जा प्रदान करते हैं। फोटोग्राफी के सामानों की आधारभूत सामग्री व इलेक्ट्रोप्लेटन के लिए, हवाई जहाजों में उच्च कार्य-कुशलता वाली बॉल बियरिंगों को बनाने में, मुद्रित परिपथों में विद्युत् चालक के रूप में और दाँत भरने के लिए चाँदी के सरंसों और उच्च स्तर, पर टिकाऊ सिद्ध होने वाले, अस्थि-उपचार की (Prosthetic) पिनों में चाँदी के उपयोग इस प्राचीन धातु की विविधोपयोगी छवि को सिद्ध करते हैं।

चाँदी सोने के समान ही धन की प्रामाणिक माप का साधन थी। प्राचीन काल में कुछ देशों, जैसे—अरब व जर्मनी, में इसका मूल्य सोने से भी अधिक था। सोने के समान ही चाँदी भी एक भद्र धातु है। प्राकृतिक रूप में यह सोने की अपेक्षाकृत अधिक मिलती है।

स्वर्ण के सौ बार उल्लेख की तुलना में, *ऋग्वेद* में चाँदी के लिए **रजत** शब्द का मात्र एक बार ही प्रयोग हुआ है। स्वर्ण की तुलना में चाँदी के निष्कर्षण की जटिलता को दृष्टि में रखकर यह उचित प्रतीत होता है कि उस समय चाँदी का चलन सोने की अपेक्षा काफी कम रहा होगा। **अथर्ववेद** में चाँदी के लिए नया नाम अर्जुन प्रयुक्त हुआ है। चाँदी का लैटिन भाषा में नाम 'आरजैंटम' की उत्पत्ति इसी संस्कृत मूल शब्द[10] अर्जुन से हुई है।

वेदांग ज्योतिष के अनुसार यह चन्द्रमा की धातु है। स्मृतियों और पुराणों में भी रजत का उल्लेख विस्तार से मिलता है एवं अनेक रसायन-ग्रन्थों व धातु-शास्त्र के ग्रन्थों में चाँदी के खनन व शोधन[11] आदि का विस्तृत विवरण मिलता है। दैनिक आवश्यकता की वस्तुएँ बनाने, मूर्तियाँ बनाने, आभूषण ढालने और औषधि-निर्माण के अतिरिक्त चाँदी का उपयोग राजकीय टकसालों में सिक्कों को बनाने में भी किया जाता था। चाँदी की शुद्धता की परीक्षा की वैज्ञानिक विधियाँ विकसित की गई थीं और धोखा देने की नीयत से मिलावट करनेवालों को दंड देने का विधान किया गया था। तंत्रयुक्तियों के द्वारा चाँदी के अनेक मिश्र धातुओं[12] के बनाने का सटीक विवरण अनेक मध्यकालीन ग्रन्थों में मिलता है। रजत-चूर्ण व भस्म बनाने, उसके गुणों और जीवित शरीर पर उसके प्रभाव का सूक्ष्म अध्ययन कर *रस-रत्न-समुच्चय* और *भैषज तंत्र*[13] जैसे ग्रन्थों में विस्तृत जानकारी दी गई है।

राजस्थान में उदयपुर से पन्द्रह मील दक्षिण में अरावली पर्वत में स्थित जावर की खानों से प्राचीन काल में चाँदी युक्त गेलेना अयस्को से चाँदी को निकाला[14] जाता था। प्राचीन भारत में चाँदी के स्रोतों में प्राकृतिक चाँदी, प्राकृतिक चाँदी-सोने की मिश्र धातु (जिसे इलेक्ट्रम कहा जाता था), सीसे, ताँबे व जस्ते के सल्फाइड अयस्क और आर्सेनिक, एंटीमनी व सिल्वर क्लोराइड के साथ उपस्थित सिल्वर सल्फाइड अयस्क सम्मिलित थे। बर्मा के सीसे-जस्ते-ताम्र सल्फाइड के अयस्कों से जो **बॉडिन** (बर्मी भाषा में इसका अर्थ होता है चाँदी की खान) नामक खान से उपलब्ध थे, निकाली गई चाँदी भी प्राचीन भारत में प्राप्त की जाती थी। इनमें अफगानिस्तान की-फरानूजल खानें, आरमीनिया की कुछ खानें, फारस (ईरान) की कुछ सीसे की खानें और बाख्त्रीआ और ट्रान्सोक्सेनिया की खानों का विवरण दिया जाता है।

चाँदी का गेलेना (सीसे के सल्फाइड) अयस्क के निष्कर्षण करने में हड़प्पा सभ्यता के लोग (2300 ई.पू.) कुशल[15] थे। कौटिल्य रचित *अर्थशास्त्र* में[16] और अन्य रसायन ग्रन्थों

में[17] चाँदी के सल्फाइड अयस्क से निष्कर्षण की विधि का विस्तृत विवरण मिलता है। *अर्थशास्त्र* में शुद्ध चाँदी की प्राप्ति के लिए सीसे के उपयोग की बात कही गई है, जिसे खर्पर-विधि का नाम दिया गया। यह आश्चर्य ही है कि अंग्रेजी की Cupellation विधि का नाम ठीक इसी खर्प-विधि का रूपान्तर है। **कौटिल्य** ने टकसाल के अध्यक्ष को लोहाध्यक्ष (Mint Master) की संज्ञा दी है। लोहाध्यक्ष धातु की शोधन-प्रक्रिया में दक्ष होता था। चाँदी में कैडमियम की मिलावट अभी भी प्रचलित है। प्राचीन भारत में अयस्कों में सीसा, जस्ता और कैडमियम मिले रहने के कारण, बहुत सम्भव है कि इन लोहाध्यक्षों का कैडमियम मिले रहने की जानकारी रहा हो। यह धातु स्वास्थ्य के लिए घातक है। निश्चित रूप से भारत के प्राचीन धातुविदों ने इस धातु को चाँदी से अलग रखने के निमित राजकीय दंड-विधान मान्य किया होगा। भोजन के पात्रों के लिए चाँदी के प्रचुर उपयोग को ध्यान में रखते हुए यह और भी आवश्यक रहा होगा।

चाँदी के लिए रोमनों द्वारा स्वीकृत संकेत था हँसिएवाला चाँद। चाँदी का रासायनिक संकेत लैटिन मूल के **आरजैण्टम्** शब्द से बना है जिसका अर्थ होता है श्वेत और चमचमाता हुआ। **सिल्वर** शब्द भी एंग्लो-सेक्सन मूल के **सिओल्फॉर** (Seolfor) नामक शब्द से निकला है। इसका अर्थ भी श्वेत और चमकता हुआ है।

3100 ई.पू. मिस्र के सम्राट मेनेस ने बताया था कि एक भाग स्वर्ण, ढाई भाग चाँदी के बराबर है। चीन एवं ईरान से प्राप्त अभिलेखों के अनुसार चाँदी का चलन वहाँ 2500 ई. पू. से था। वृहद् स्तर पर खनन और प्रगलन का कार्य रोमनों ने प्रारम्भ किया। प्लिनी (23 ई. -79 ई.) के अनुसार, ''अयस्क को धोकर पाँच बार छाना जाता था, सीसे के साथ गलाकर इसकी कपालक्रिया (Cupellation) करके अधिक चाँदी प्राप्त की जाती थी। रोमन-पद्धति का उपयोग 16वीं शताब्दी तक होता रहा। इसके पश्चात् स्पेन द्वारा अमेरिकी महाद्वीप में चाँदी की विशाल खानों का पता लगाने पर नई विधियाँ विकसित की गईं। मैक्सिको, बोलिविया और पेरू में प्राप्त चाँदी के अयस्क यूरोपीय अयस्कों की तुलना में अधिक समृद्ध थे। स्पेन के अमेरिका स्थित धातुकर्मियों ने जो विधि अपनाई उसके अन्तर्गत अयस्क को पानी मिलाकर इसका गारा बनाते थे। इसमें नमक मिलाकर इसमें ताँबे व लोहे के सल्फाइड अयस्कों को जारित अवस्था में मिलाते थे और फिर कुछ पारा मिलाया जाता था जिसे अलग कर रिटार्टो में एकत्र करके क्यूपलेशन हेतु भेज दिया जाता था। यह विधि अठारहवीं शताब्दी तक उपयोग में आती[18] रही।

1802 ई. में पेरिस में **दारसैत** ने सल्फ्यूरिक अम्ल प्रक्रम को विकसित किया। अधिकांश चाँदी के अयस्कों में थोड़ी मात्रा में सोना उपस्थित होता है जिसे कपालक्रिया द्वारा अलग नहीं किया जात सकता। दारसैत[19] ने बताया कि कुल चाँदी को उबलते हुए सल्फ्यूरिक अम्ल में घोलने पर स्वर्ण अलग हो जाता था और शुद्ध चाँदी को ताम्र अथवा लौह धातु द्वारा विलयन का अवकरण कराकर प्राप्त किया जाता था।

दारसैत के प्रक्रम को उन्नीसवीं शताब्दी के दौरान उपयोग में लाया जाता रहा। बाद में इसका स्थान चाँदी के ऋणोद (एक सिल्वर नाइट्रेट विलयन में) के उपयोग पर आधारित विद्युत् अपघटन विधि ने ले लिया। इसके द्वारा 99.9 प्रतिशत शुद्ध चाँदी प्राप्त होती थी।

निष्कर्षण की प्राचीन विधि में चाँदी को अन्य धातुओं से अलग करने की विधि निम्न थीं--चाँदी के अयस्क को पीसकर पानी से धोने के बाद सुखाया जाता था। इसके पश्चात् इस अयस्क में गालक मिलाकर प्रगलित कर एक मिश्र धातु प्राप्त किया जाता था। इसको लकड़ी के कोयले के साथ गरम करके चाँदी व अन्य धातु जैसे सीसा के मिश्र धातु का निस्तापन किया जाता था। वायु में गरम करने पर चाँदी अनॉक्सीकृत अवस्था में और अन्य धातु ऑक्सीकृत अवस्था में अलग-अलग कर ली जाती थी। उदाहरणार्थ, वायु में गरम करने पर सारा सीसा उसके ऑक्साइड के रूप में ऑक्सीकृत हो जाता था। लेड ऑक्साइड का गलनांक 896^0C एवं चाँदी का 960^0C है। इस प्रकार लगभग शुद्ध रजत प्राप्त किया जाता था।

बोलिविया, मैक्सिको और पेरू से चाँदी लानेवाले ब्रिटिश और स्पेनिश वीरों के वृत्तान्त ने चाँदी को यूरोप में एक विस्तृत आर्थिक व वैज्ञानिक आधार प्रदान किया। **अल डोराडो** (El Dorado) नामक कल्पित स्वर्ण देश की खोज के प्रयत्नों ने ही स्पेनवासियों को अमेरिका के नए महाद्वीप का पता लगाने में आज से पाँच सौ वर्ष पूर्व सफलता प्रदान की। मैक्सिको में प्रायः पूर्ण शुद्ध जैसी चाँदी के एक टन से भी अधिक भारी निक्षेप आराजुमा में मिला। वहीं सोनोरा के सांटा यूलालिया नामक स्थान में भी समृद्ध रजत के अयस्क प्राप्त हुए। बाद में उन्नीसवीं शताब्दी में असाधारण रूप से समृद्ध चाँदी के अयस्क नेवादा एवं कोलोराडो, संयुक्त राज्य अमेरिका में प्राप्त हुए। नेवादा के कॉमस्टॉक लोड के प्रसिद्ध सोने-चाँदी के अयस्कों के मात्र एक ठिकाने से केवल तीन वर्ष में दो सौ लाख पौंड चाँदी निकाली गई थी। 1545 से 1938 ई. तक बोलिविआ से 53,000 टन और पेरू से 47,500 टन चाँदी निकाली गई। **अरजेंटाइना** देश का नामकरण तो वहाँ चाँदी की प्रचुरता के होने से चाँदी के लिए प्रयुक्त लैटिन शब्द (व रासायनिक प्रतीक) आरजेंटम के आधार पर किया गया था।

अफ्रीका के सोने की खानों से निकले स्वर्ण में लगभग दस प्रतिशत चाँदी संयुवत रहती है। विश्व भर से प्राप्त आधे से अधिक चाँदी, चाँदी की खानों में से नहीं, बल्कि सीसे, जस्ते और ताँबे के खनिजों में से उन-उन धातुओं को निकालने के पश्चात् बची 'अशुद्धियों' से प्राप्त होती है। विश्व भर में मैक्सिको मे सबसे अधिक चाँदी निकलती थी। इसके पश्चात् संयुक्त राज्य अमेरिका का स्थान था। विश्व में चाँदी का मुख्य स्रोत चाँदी का सल्फाइड खनिज आरजेंटाइट है। यह सीसे के मुख्य अयस्क गेलेना में न्यूनाधिक रूप से मिलता है। अन्य खनिज सीरार्जीराइट या हॉर्न सिल्वर (Ag_2S) है। प्राकृतिक मिश्र धातु के रूप में सोने के साथ चाँदी इलैक्ट्रम नामक खनिज से और सोने के टैल्यूराइडों में भी उपस्थित रहती है। ट्रांसवाल, दक्षिणी अफ्रीका की मुख्य स्वर्ण खानों से उपलब्ध सोने में औसतन 10 प्रतिशत चाँदी भी प्राप्त होती थी।

सर्वोत्तम परावर्तन क्षमतावाली धातु होने से इसका उपयोग डॉक्टरों के यंत्रों, दूरदर्शियों और अन्य प्रकाशिकी के यंत्रों व उपकरणों को बनाने में किया जाता है। उत्तम विद्युत् चालकता एवं ताप चालकता के कारण सुग्राही भौतिक यंत्रों के तारों को बनाने और विभिन्न प्रकार की सम्प्रेषण युक्तियों (Relays) के महत्त्वपूर्ण टर्मिनल बनाने में भी इसी धातु का उपयोग होता है। रेडियो इंजीनियरी में महत्त्वपूर्ण अवयवों की ब्रेजन धातु के रूप में चाँदी ही काम

आती है। अनेक स्वचालित मशीनों, अन्तरिक्ष रॉकेटों, कम्प्यूटरों, परमाणु उपकरणों, संचार के साधनों और सिग्नल प्रणालियों में सम्पर्कों की विश्वसनीय स्थापना का आधार भी चाँदी का उपयोग ही है।

फोटोग्राफी की सामग्री बनाने में चाँदी की खपत सबसे अधिक होती है। इसके व्यर्थ विलयनों से चाँदी की पुनःप्राप्ति (Rcovery) चाँदी के महत्त्वपूर्ण स्रोतों में गणनीय है।

साधारण बैटरियों की तुलना में बीस गुनी शक्तिशाली 'चाँदी-जस्ते' की बैटरियाँ अन्तरिक्ष यात्राओं में कई एक स्थानों पर काम आती रही हैं। अनेक अन्तर्राष्ट्रीय हवाई कम्पनियाँ पेयजल को खराब होने से बचाने के लिए चाँदी का उपयोग करती हैं। नासा (NASA) अमेरिका के वैज्ञानिकों ने स्पेस शटल में जल को शुद्ध करने के लिए चाँदी का प्रक्रम लगभग तेईस भिन्न-भिन्न विधियों को आजमाने के बाद चुना। प्राचीन भारतीय मान्यता जिसके अनुसार पवित्र नदियों में चाँदी के सिक्के डाले जाते थे, सम्भवतः इसी वैज्ञानिक तथ्य पर आधारित रही होगी। ग्रीक और रोमन सभ्यताएँ चाँदी के द्रवों को ताजा रखने के गुण से परिचित थीं और अमेरिका के लोग दूध को खराब होने से बचाने के लिए उसमें चाँदी का एक डॉलर डाल दिया करते थे। शल्य चिकित्सक चाँदी के तारों, पट्टियों और पत्रों का उपयोग अपने कार्य में करते हैं। अंधत्व से नवजात बच्चों को बचाने के लिए सिल्वर नाइट्रेट के विलयन की बूँदें उनकी आँखों में डाली जाती है। जले स्थान के उपचार के लिए सिल्वर सल्फाडायजीन यौगिक बहुत प्रभावशाली सिद्ध हुआ है। प्रशीतकों (रेफ्रीजरेटरों) व विमानों में चाँदी के सोल्डरों का उपयोग बहुत पहले से होता रहा है। दाँत भरने के लिए भी चाँदी प्राचीन काल से काम आती रही है। चाँदी क कीटाणुनाशक प्रभाव के कारण अनेक उपकरणों व प्रक्रमों में इसका लाभ लिया जाता है। सम्पन्न परिवारों में चाँदी के बर्तनों में खाना खाने, पानी रखने आदि की परम्परा का आधार इसका कीटाणुनाशक गुण रहा होगा। सिरके व अन्य कार्बनिक अम्लों में संक्षयित न होने के कारण इसके बड़े पात्रों का उपयोग आसवों को बनाने में किया जाता था। चाँदी के वरकों का उपयोग पान के ऊपर लगाने, मिठाइयों पर और औषधियों में, चाँदी के अनेक स्वास्थ्यकारी प्रभावों के कारण ही किया जाता था।

सभी धातुओं की तुलना में उत्कृष्टतम ऊष्मा चालकता एवं विद्युत् चालकता के कारण चाँदी का उपयोग विद्युत् व इलेक्ट्रॉनिक उद्योग में योजक विद्युत-स्पर्शों (Contacts) की धातु के रूप में किया जाता है। चाँदी के विद्युल्लेपन का उपयोग न केवल नकली आभूषणों को बनाने में, बल्कि अनेक विशिष्ट उपयोगों जैसे थर्मस फ्रलास्क की भीतरी दीवारों पर चाँदी चढ़ाने या दर्पण बनाने में भी बखूबी होता आया है। फॉस्फोरस के मेल से बनी ब्रेजन मिश्र धातुओं (जिसका गलनांक ताँबे से कम होता है) के बने टाँकों का उपयोग होता है। एक कोमल, तन्य और घातवर्ध्य धातु होने से चाँदी को लगभग सभी सामान्य यांत्रिक रूपण-विधियों द्वारा आकार दिया जा सकता है और इसको पीटकर .001 सेंटीमीटर तक पतले वरक बनाए जा सकते हैं।

शुद्ध चाँदी के अत्यन्त कोमल होने से सिक्कों और आभूषणों के गढ़ने में ताँबे के साथ मिश्रित कर इसे कठोर बनाया जाता है। इस प्रकार मिश्रित करने से चाँदी का गलनांक कम

हो जाता और सम्पिण्डन (Solidification) के समय इसके छिद्र भी कम हो जाते हैं जिससे कठोरता बढ जाती है। किन्तु इसके रुपहले रंग और चमक में इससे विशेष अन्तर नहीं पड़ता। 7.5 प्रतिशत ताँबे और शेष चाँदी वाले मिश्र धातुओं को स्टर्लिंग सिल्वर के नाम से जाना जाता है। 0 से 28.1 प्रतिशत ताँबा मिलाने पर चाँदी का गलनांक 960.5°C से 779°C हो जाता है। ताँबे की ठोस चाँदी में अधिकतम विलेयता ताप के 779°C से 200°C हो जाने पर 88 प्रतिशत से घटकर 0.2 प्रतिशत रह जाती है। 1792 में अमेरिका में सोने और चाँदी को मुद्रा का प्रामाणिक मानक माना गया। वहाँ की टकसाल को सोने-चाँदी के सिक्के ढालने का अधिकार प्रदान किया गया। तब सोने व चाँदी के मूल्यों का अनुपात 15:1 था। चाँदी के सिक्कों का चलना अमेरिका के 1873 ई. के गृहयुद्ध में बन्द कर दिया गया। प्रथम विश्वयुद्ध में चाँदी का मूल्य बहुत घट गया तब फिर सिल्वर डॉलरों का चलन शुरू हो गया। 1965 ई. में अमेरिका में सिक्कों में चाँदी का उपयोग बहुत घटा दिया गया। यह दशांश (Dime) व चतुर्थांश (Quarter) के सिक्कों से बिल्कुल हटा लिया गया और आधे डॉलर के सिक्कों में चाँदी 90 प्रतिशत के स्थान पर मात्र 40 प्रतिशत रह गई। आज यही सिक्के ताँबे निकेल की दो तहों के बीच स्थित एक ताम्र की तह पर आधारित संरचना से बनाए जाते है। ब्रिटिश सिक्कों में भी 1920 ई. से शुद्ध चाँदी के स्थान पर 50% चाँदी का उपयोग होने लगा और 1947 ई. के पश्चात् ब्रिटेन में सिक्के पूर्णतः ताम्र निकेल द्वारा ही बनाए जाने लगे। रूस में चाँदी के रूबलों की मानक मुद्रा के रूप में प्रतिष्ठा थी। 1897 ई. में इसका स्थान स्वर्ण ने ले लिया। 1917 ई. में रूसी क्रान्ति के पश्चात् मुख्यतः मिश्र धातुओं (जिनमें बहुत थोड़ी चाँदी रहती थी) पर आधारित सिक्के चलाए गए।

3.6 जस्ता

जस्ते का नम्बर अल्यूमीनियम और ताँबे के बाद आता है। अन्य औद्योगिक धातुओं की तुलना में लोहे एवं सीसे को छोड़कर जस्ते का उत्पादन सबसे सस्ता पड़ता है। जस्ते का मुख्य खनिज बहुधा सीसे के मुख्य खनिज के साथ मिलता था। इसको सीसे की खानों में बेकार वस्तु समझकर छोड़ देने की प्रथा पूरे यूरोप भर में थी। जस्ते के खनिज का नाम **स्फेलेराइट** अथवा **ब्लैण्डी**[20] (Blende) है जिसका अर्थ होता है 'धोखा देनेवाला'। यह इस खजिन के 'बिल्कुल बेकार होने' एवं एक उपयोगी खनिज गेलेना से इसके मिलते-जुलते होने के कारण उसके निष्कर्षण में रुकावट के कारण दिया गया था।

पीतल बनाने में जस्ते के अयस्क को कार्बन एवं ताँबे के चूर्ण को मिलाकर गरम करने से प्राप्त पीतल (Cementation Brass) में तकनीकी कारणों से 28-30 प्रतिशत से कम ही जस्ता रहता है। इससे अधिक जस्ते वाले पीतल को बनाने के लिए जस्ते का निष्कर्षण स्वतंत्र धातु रूप में आवश्यक है।

प्राचीन भारत में जस्ते का उपयोग पीतल बनाने एवं अन्य उपयोगी सामानों के लिए किया जाता था। सबसे पुरानी पीतल की वस्तुओं जो तक्षशिला के उत्खनन से उपलब्ध हुई हैं, के विश्लेषण से पीतल में 34 प्रतिशत तक जस्ते की मात्रा मिलती है। ये वस्तुएँ जो चौथी शताब्दी ईसा पूर्व की हैं इस बात का प्रमाण देती हैं कि इनमें पीतल को बनाने में जस्ते के

धातु रूप का उपयोग हुआ होगा। पुरातात्त्विक (जैसे रेडियोकार्बन काल निर्धारण तकनीक) प्रमाणों के अनुसार भारत में जस्ते के अयस्क के खनन और प्रगलन का उद्योग राजस्थान स्थित जावर क्षेत्र (उदयपुर के समीप) में प्रथम सहस्राब्दी (Mellenium) ईसा पूर्व की प्रारम्भिक शताब्दियों में प्रारम्भ हुआ[21]। जावर क्षेत्र में उपलब्ध धातुमल के ढेर के परिमाण (जो अनुमानतः दस लाख टन होगा) से भी इस बात का संकेत मिलता है कि पिछली शताब्दियों में जावर में बड़ी मात्रा में (लगभग 30,000 टन) जस्ते का आसवन किया गया था।

जस्ते के उत्पादन के लिए न केवल विशेष प्रकार से बनाई गई भट्ठियों व मूषाओं की बल्कि जस्ते की धातु-वाष्पों के संघनन के लिए भी उपयुक्त व्यवस्था आवश्यक थी। सही अवकारक वातावरण को बनाए रखना भी बहुत आवश्यक था। इसके अभाव में धातु के ऑक्सीकृत हो जाने का खतरा था[22]। जस्ते के ऑक्साइड से जस्ते के सफल निष्कर्षण के लिए तापसह पदार्थ से निर्मित एक मूषा में अनुमानतः 1250^0 सें. तक का ताप वांछनीय होता था। साथ ही जिंक वाष्प के संघनन के ताप को 420 से 550^0 सें. के सँकरे परास में नियंत्रित करना आवश्यक था।

ईसा पूर्व की कई शताब्दियों से लेकर अठारहवीं शताब्दी के आने तक इस प्रक्रम का उपयोग करके भारत में जस्ते का उत्पादन किया जाता रहा। 1812 ई. में भयंकर अकाल पड़ने एवं मराठा युद्धों के कारण और स्थानीय जस्ता अयस्क खानों के समीप रहनेवालों के कैडमियम गर्द के लिए विष के सम्पर्क से मर जाने जैसी घटनाओं ने इस उद्योग को बद हो जाने के लिए विवश कर दिया। भारत में जस्ते का उत्पादन औद्योगिक स्तर पर इस प्रकार दो हजार वर्ष से भी पूर्व से होता आया है। उल्लेखनीय है कि यूरोप में जस्ता जब मात्र एक वैज्ञानिक जिज्ञासा का विषय था तब ही भारतीय खनन और धातु-निष्कर्षण की कला की मौलिकता और उत्कृष्टता को दर्शानेवाली जस्ते के आसवन की यह सिद्धि भारत ने प्राप्त कर ली थी।

चीन में ईसा की प्रारम्भिक शताब्दियों से ही लोग जस्ते के धातु रूप से यूरोप से कहीं बहुत पहले से अवगत थे। फारस के लअ-काजवीनी[23] ने अपने *यात्रा वृत्तांत* (1200 ई.) में लिखा है कि चीनी लोग घातवर्ध्य धातु को टूयूशिआ (Tutia, जस्ते के ऑक्साइड का मध्यकालीन लैटिन नाम) से बनाना जानते थे।

ईसा की प्रारंभिक शताब्दियों से ही चीनी लोग जस्ते का उपयोग करना जानते थे। इस सम्बन्ध में प्रोफेसर ली के अनुसार चीनी धातु-कर्म के विकास को चार भागों में मोटेतौर पर बाँट सकते हैं। प्रथम से सातवीं शताब्दी तक उपलब्ध सामानों में जस्ता पीतल में सीसे के अयस्कों के साथ होने से उपस्थित है। सातवीं के दसवीं शताब्दी तक पीतल जस्ते के अयस्क से बनाया जाता था एवं अनेक आभूषणों में जस्ता प्रमुख धातु के रूप में मिलता है। दसवीं से चौदहवीं शताब्दी तक पीतल के सिक्के ढालने के लिए पीतल बनाने में चीनी लोग जस्ते का उपयोग करते थे एवं 1450 ई. से जस्ते धातु व पीतल का उपयोग सिक्कों एवं अन्य सामानों के बनाने में होने लगा था। *तियें कोंग काई* में जस्ते के निष्कर्षण का निम्न विवरण मिलता है। अयस्क ('लुकांशी' = कैलेमिन) को मिट्टी की मूषाओं में रखकर उनको गारे से भली प्रकार से बन्द कर दिया जाता था। इन मूषाओं को एक

पिरामिड के आकार में लगाकर (कोयले के टुकड़े बीच-बीच में डालकर) लाल गरम कर ठंडा करके तोड़ दिया जाता था। जस्ता केन्द्र में इकट्ठा होता था जिसे अलग कर लिया जाता था।

यूरोप में सोलहवीं शताब्दी तक लोग जस्ते को आमतौर पर सिर्फ **कैलेमिन** के नाम से ही जानते थे। इसे 'नकली' पदार्थ (Countrefey) (The Counterfeit) कहा जाता था, क्योंकि यह ताँबे से मिलकर सोने जैसी चमक की मिश्र धातु बनाता था। मध्य पूर्व देशों से जस्ते को लानेवाले व्यापारियों ने यूरोप में इसका नाम **कालेम** (Calaem) रखा जिसका अर्थ होता था खालिस टिन। इसके पश्चात् इसको व्यक्त करने के लिए Pweter शब्द, जिसका अर्थ 'कुछ और चीज' होता है, का प्रयोग किया गया। लैटिन के जिंकम् शब्द का (जिसका अर्थ होता है सफेद परत) पहले पहल प्रयोग वैज्ञानिक एवं चिकित्साशास्त्री पैरासैल्सस (1493-1541 ई.) ने किया था। काफी समय तक यह अयस्क एवं धातु दोनों के लिए समान रूप से व्यवहृत होता रहा। **स्पैल्टर** शब्द का उपयोग व्यावसायिक जस्ते के लिए किया गया। यह जर्मन भाषा के Spiauter अथवा Spialter से मिलता-जुलता है एवं बायल के समय से प्रयोग में आने लगा था।

1546 ई. में ऐग्रिकोला (1495-1555 ई.) ने इस धातु को **काउंटरफीट** (Counterfeit) के नाम से जो गोस्लर हार्ज में भट्ठियों की दीवारों पर सीसे के अयस्क के प्रगलन के कारण जमी श्वेत धातु की परत के रूप में प्राप्त होती थी, पुकारा। यह धातु भी जस्ता ही था। जर्मन रसायनज्ञ और धातुकर्मी फ्रेडरिक गेन्कैल ने खनिज कैलेमाइन को जलाकर प्राप्त राख से चमकीली जस्ते की धातु को प्राप्त किया। 1738 ई. में अंग्रेजी धातुकर्मी विलियम जॉन चैम्पियन से ऑक्सीकृत अयस्कों से आसवन विधि द्वारा जस्ते के उत्पादन का पेटेंट लिया। इसके पश्चात् 1743 ई. में यूरोप में जस्ते का **प्रथम कारखाना** ब्रिस्टल, इंग्लैंड में लगाया गया। बीस वर्षों की अवधि में चैम्पियन ने यहाँ काम किया एवं सल्फाइड अयस्क से भी जिंक धातु प्राप्त करने की विधि को विकसित किया। स्वानसी क्षेत्र में छिटपुट कार्य को छोड़कर 1780 ई. तक आते-आते यह कारखाना प्रायः बन्द हो गया था। इसके पश्चात् इंग्लैंड में जस्ते के उत्पादन का कोई अधिक महत्त्वपूर्ण केन्द्र नहीं रहा एवं प्रथम विश्वयुद्ध के पश्चात् ही इस ओर इंग्लैंड ने पुनः ध्यान दिया।

जिंक का प्रथम यूरोपीय कांटीनेंटल कारखाना लिएज (Liege) , बेल्जियम में 1807 ई. में लगाया गया। जस्ते का उत्पादन मध्य अठारहवीं शताब्दी में इंग्लैंड में कम था और इसका आयात चीन एवं भारत से होता था। 1731 में इसका मूल्य 260 पौंड प्रति टन पड़ता था। 1820 ई. तक उत्पादन बढ़ चुका था एवं इंग्लैंड द्वारा जस्ते का निर्यात कुल आयात के बराबर हो गया एवं यह जस्ते के सन्दर्भ में अपनी आपूर्ति करने में समर्थ हो गया।

1939 ई. के द्वितीय विश्व युद्ध तक कुछ डाई-संवपनी कम्पनियाँ 99.99 प्रतिशत शुद्धता के जस्ते को खरीदकर व अल्यूमीनियम, ताम्र व मैग्नीशियम को मिलाकर स्वयं मिश्र धातु बनाती थीं। हालाँकि तैयार मिश्र धातु को ही खरीदने का चलन अधिक प्रचलित था क्योंकि इससे फाउंड्रियों को उन दिनों उपलब्ध धीमी प्रयोगशाला विधियों का उपयोग कर रासायनिक

विश्लेषण की अनिवार्यता से मुक्ति मिल जाती थी। अमेरिका की न्यू जरसी जस्ता कम्पनी ने जमाक (जस्ते, अल्यूमीनियम, मैग्नीशियम, एवं ताँबे पर आधारित) मिश्र धातु (Zamak) एवं ब्रिटेन की इम्पीरियल स्मेल्टिंग कॉर्पोरेशन ने इसी मिश्र धातु को मजाक (Mazak) के नाम से बेचा। युद्धोपरांत अन्य अनेक उत्पादकों ने नोर्जाक (Norzak) एज्दा (Ezda), जाम (Zama) आदि के ब्रांड-नामों के मिश्र धातुओं का विक्रय किया।

जस्ते-अल्यूमीनियम की डाई ढलाई मिश्र धातु को निम्न ताप पर अनीलन उपचार देकर स्थैर्य प्रदान करने की विधि खोज निकाली गई। यह अनीलन उपचार 3-8 घंटे के लिए 100^0 सें. ताप पर अथवा 10-12 घंटे के लिए 70^0 सें. पर दिया जाता था। इस उपचार के लिए आठ वर्ष तक रखने पर ताम्ररहित मिश्र धातु 0.8 मि. मी. प्रति मीटर एवं 1 प्रतिशत ताँबे युक्त मिश्र धातु 1.4 मि. मी./मीटर संकुचित हो जाती थी। निम्न ताप पर स्थायीकरण उपचार के फलस्वरूप दोनों मिश्र धातुएँ 0.0002 प्रति इंच के लगभग सिकुड़ जाती थीं एवं इसके पश्चात् उनकी विमाएँ निश्चित हो जाती थीं।

जस्ते के मिश्र धातु के पीतल के स्थान पर उपयोग होने पर इसका विद्युल्लेपन प्राप्त विधियों द्वारा किया जाने लगा। 1930 ई. में जस्ते के मिश्र धातु के डाइकास्टिंगों का उन्हीं पात्रों में जिनको पीतल के लिए उपयोग किया जाता था, प्लेटन किया जाने लगा। जस्ते के विद्युत रासायनिक गुणों की ओर ध्यान दिए बिना विकसित इन प्रारम्भिक प्लेटनों से सन्तोषजनक ताँबे अथवा निकेल की परत न बनने के बाद में यह अनुभव किया जाने लगा कि इसके लिए विशेष विधियों एवं विलयनों की आवश्यकता है। यहाँ तक कि इस ओर मिली प्रारम्भिक असफलताओं ने उपभोक्ताओं को जस्ते के मिश्र धातुओं के अवयवों को उपयोग में लाने की ओर से काफी निराश किया। किन्तु अन्ततोगत्वा उत्साही अनुसंधानकर्ताओं की खोजों एवं विशेष रूप से जिंक डेवलपमेंट ऐसोसिएशन, ब्रिटेन एवं अनेक अन्तर्राष्ट्रीय जस्ता उत्पादक कम्पनियों के शोध-विभागों एवं बर्मिंघम के प्लेटिंग कारखाने डब्ल्यू कैनिंग के एकजुट प्रयासों से 1933 ई. के आते-आते यह सिद्ध हो गया कि जस्ते के मिश्र धातुओं के सामानों का संतोषजनक प्लेटन सम्भव है। इस उत्साह एवं लगन से उपलब्ध जानकारी एवं बाद के विकास ने जस्ते के लिए स्वचालित प्लेटिंग के प्लांटों को चलाने का मार्ग भी प्रशस्त किया।

जस्ते का उत्पादन मुख्यतः जस्ते के सल्फाइड अयस्कों से होता है। अयस्क को प्लवन (Floatation) विधि से सांद्र बनाकर जारित करके जस्ते के ऑक्साइड में परिवर्तित कर लिया जाता है। उन देशों में जहाँ विद्युत पावर सस्ती है, जस्ते के ऑक्साइड को सल्फ्यूरिक अम्ल में घोलकर इस प्रकार बने हुए जिंक सल्फेट का विद्युत अपघटन कर धातु रूप में जस्ता प्राप्त किया जाता है। जहाँ विद्युत सस्ती नहीं है वहाँ जस्ते का उत्पादन जिंक ऑक्साइड के प्रगलन द्वारा किया जाता है। जिंक उत्पादक कारखानों से अनेक देशों द्वारा प्रवाहित किए गए पदार्थों (Effluents) की मात्रा पर कठोर पाबंदियाँ लगाई गई हैं। इनका पालन उत्पादक प्लांट जलीय प्रवाहित (Effluents) पदार्थों के चूने के साथ उपचार एवं गैसीय प्रदूषकों को वातावरण में आने से पूर्व ही कक्ष में छानकर निर्दोष बनाने के उपायों से करते हैं।

जस्ते के यौगिकों का रेडियो-सम्प्रेषण-टेलीविजन-तकनीक एवं अन्य अर्धचालक युक्तियों में बखूबी उपयोग होता है। मुद्रणालय में चित्र छापने की विधि **जिंकोग्राफी** (1850 ई.) के आविष्कार, प्रकाश के प्रभाव से जिंक द्वारा इलेक्ट्रॉनों के उत्सर्जन (1887 ई.) एवं इसी के समकालीन ग्रामोफोन की डिस्क में ध्वनिवाहक के रूप में जिंक की डिस्क का प्रयोग उन्नीसवीं शताब्दी के वे क्रान्तिकारी आविष्कार थे जिन्होंने जस्ते की उपयोगिता के औद्योगिक जगत् में नई मान्यता प्रदान की।

जस्ता जर्मन-सिल्वर, व्हाइट-मेटल एवं मैगनीज कांस्य मिश्र धातुओं को बनाने में भी काम आता है। कीटनाशक व रँगाई उद्योग में मार्डेंड के रूप में जस्ते के लवणों का उपयोग होता है। लकड़ी के सरंक्षण में भी जस्ते के क्लोराइड का उपयोग होता रहा है। जिंक ऑक्साइड रंग व पॉलिश करने के काम में, मोटर के टायर चिपकानेवाले टेप आदि में पूरक (Filler) के रूप में भी काम आता है। जिंक ऑक्सीक्लोराइड का उपयोग दाँत भरने में होता है। जिंक ब्लैंड (ZnS) प्रायः घड़ियों आदि के डायलों पर लगाए जानेवाले चमकीले (Luminos) पेंट बनाने में काम आता है। बेरियम सल्फाइड से जिंक सल्फेट को मिलाकर लिथोफोन नामक उपयोगी रंग बनता है। जस्ते के अनेक यौगिकों के विलयनों से आँख, कान या अन्य घाव आदि साफ किए जाते हैं। इसके यौगिक खाने में दाहक और विषैले होते हैं। इनका कीटाणुनाशक गुण इनके चिकित्सकीय उपयोग का आधार है। मध्ययुग के चिकित्सक इलाज में जिस सफेद पाउडर का उपयोग करते थे वह जिंक ऑक्साइड होता था। आज भी मरहमों, बच्चों व प्रसाधन के लिए उपयोग में आनेवाले पाउडरों एवं आँख की दवाओं में किसी न किसी रूप में जस्ते का ऑक्साइड इस्तेमाल होता है।

उत्तम कोटि के अंकन प्राप्त होने से जस्ते का उपयोग सिक्के ढालने में भी होता है। 1920 ई. में विश्वयुद्ध के बाद बेल्जियम ने जस्ते के सिक्के चलाए किन्तु ये उपयोग में भद्दे थे एवं जेबों को खराब कर देते थे। फ्रांस में छोटी-छोटी मूर्तियों एवं राजकीय आदेशों व राजपत्रों को जस्ते की (17 प्रतिशत Cu युक्त) बनी पट्टियों पर ढाला जाने लगा।

1930-40 ई. के दशक के दौरान कारों को बनानेवाली सभी कम्पनियों ने कारों के अन्दर एवं बाहर के द्वारों के हत्थों को जस्ते की मिश्र धातु से बनाना प्रारंभ किया। इनमें बाहरी हत्थे में एक वर्गाकार इस्पात की पत्ती से द्वार को बन्द करने की युक्ति जुड़ी रहती थी। इसी अवधि में तालों के बैरल का डिजायन 'जोसिआह पार्क्स' और 'विलमौट ब्रीडन' कम्पनियों ने मिलकर निकाला और वोल्वर हैम्पटन कम्पनी ने इसकी डाई-ढलाई से वस्तुएँ बनाकर प्रति सप्ताह सूक्ष्म ताला बैरलों का उत्पादन हजारों की संख्या में करना प्रारम्भ कर दिया।

1800 ई. में इटली के सुप्रसिद्ध वैज्ञानिक **अलाक्सान्द्रो वोल्टा** ने पहली बार जस्ते-ताँबे की चकतियों पर आधारित विद्युत बैटरी का प्रदर्शन किया। तभी से विद्युत के आधुनिक रासायनिक स्रोत के रूप में जस्ते की पट्टियाँ ऋणोद के लिए आदर्श पदार्थ के लिए वांछनीय गुणों की कसौटी पर बहुत अनुकूल सिद्ध हुआ है। इसके उच्च अवकरण वोल्टेज की परिणति काफी ऊँचे सेल वोल्टेज में होती है। अन्य सामान्य धातुओं के जलीय निकायों (Aqueous Systems) के मुकाबले जस्ते का वोल्टेज सबसे अधिक है। इसका उच्च हाइड्रोजन ओवर वोल्टेज जल से इसकी अभिक्रिया को नियंत्रित रखता है। विद्युत सेलों में सोडियम,

पोटैशियम, मैग्नीशियम एवं अल्यूमीनियम जैसी धातुओं की तुलना मे जस्ता कई दृष्टियों से बेहतर है। सोडियम व पोटैशियम तो जल से तीव्र अभिक्रिया करके हाइड्रोजन देते हैं। मैग्नीशियम के बने ऋणोद उच्च वोल्टेज तो देते हैं किन्तु इन सेलों में सर्किट बन्द किए जाने पर विद्युत धारा के बहने में एक मिनट तक का समय लग जाता है जो उपयोगिता की दृष्टि से एक गम्भीर दुर्गुण है। अल्यूमीनियम का उच्च अवकरण वोल्टेज होने पर भी यह अपनी सतह पर अल्यूमीनियम ऑक्साइड की परत के कारण अक्रिय हो जाता है।

3.7 लोहा

रोजाना उपयोग में आनेवाली अनेक वस्तुओं में लोहा विद्यमान है। एक साधारण कार में 100 प्रकार के इस्पातों का उपयोग होता है। 1880 में अमेरिका में रेलें बिछाने के काम ने एक औद्योगिक क्रान्ति की पहल की। पश्चिमी एशिया और उससे लगे हुए यूरोपीय प्रदेश में ईसा पूर्व दूसरी शती के मध्य भाग से लोहे का व्यापक रूप से प्रयोग मिलता है। इसलिए ऐतिहासिक काल शुरू होने के लगभग डेढ़-दो हजार वर्ष बाद लौह युग का आविर्भाव हुआ। इस युग ने सर्वत्र कांस्य युग का अनुसरण किया, ऐसी बात नहीं है। अकेले मिस्र को छोड़कर अफ्रीका में सर्वत्र आदिम निवासियों ने पाषाणकाल से सीधे लौहयुग में प्रवेश किया। ताँबा, पीतल आदि धातुओं के काम में मिस्र की दीर्घकालीन अभिज्ञता होते हुए भी नील नदी की निचली घाटी में साधारणतया लोहे का इस्तेमाल अर्थात् वास्तविक लौहयुग का प्रारम्भ ईसा पूर्व 400 वर्ष के पहले नहीं हुआ था। प्रारम्भिक लौह-धातुकर्मी ने लंबे अनुभव से यह सीखा कि लौह अयस्क का शुद्धीकरण और उससे लोहा तैयार करना विशेष स्थितियों में ही सम्भव था। मेसोपोटामिया में ई.पू. 3000 के दौरान ही लौह अयस्क से लोहा बनाने की तकनीक विकसित तो अवश्य हो गई किन्तु लौह-उपकरण बनाने की तकनीक में ई.पू. 1500 तक कोई विकास नहीं हो सका था। भारत में ई.पू. 1000 के आसपास लौह अयस्क की जानकारी और उससे लोहा तैयार करने की तकनीक विकसित हो गई किन्तु ई.पू. 800 के बाद ही यहाँ विभिन्न प्रकार के लौह-उपकरण तैयार करने की तकनीक विकसित हो सकी। *वेदांग-ज्योतिष* में लोहे को शनि ग्रह का धातु होने का विधान वर्णित है। *महाभारत, अर्थशास्त्र* एवं बौद्ध साहित्य तथा जैन साहित्य में लौह-उपकरणों की विस्तृत चर्चा है। *अग्निपुराण* में तलवार बनाने के 5 उद्योग केन्द्रों का वर्णन है। भोजराज कृत *युक्तिकल्पतरु* (11-12वीं शताब्दी) में उन स्थानों की सूची दी गई है जो इस्पात की तलवारें बनाने के लिए विख्यात थे। ये थे वाराणसी, मगध, श्रीलंका, नेपाल, अंगदेश, मैसूर, सूरत और कलंग। *शारंगधरपद्धति* (14वीं शताब्दी) में तलवार पर विस्तृत प्रकाश डाला गया है। *शुक्रनीति* (17वीं शताब्दी) में बारूद का उपयोग करनेवाले आयुधों की जानकारी संकलित है। *आइने-अकबरी* में बन्दूकों के निर्माण पर प्रकाश डाला गया है।

उल्कापात के बाद पत्थर का जो टुकड़ा बचा रहता है, उसका मुख्य भाग लोहा होता है। इस प्रकार के पत्थर या उल्का लोहे के साथ प्रागैतिहासिक मनुष्य का परिचय था, यहाँ तक कि आभूषण के रूप में भी इसके प्रयोग के कुछ नमूने मिले हैं। लाजवर्त (Lapis-Larzuli) यानी लाल रंग की मणि के साथ लोहे के मनके पिरोया हुआ एक हार विद्वान पिशेया पैत्री

ने मिस्र में प्राक्-राजवंशीय कब्र से खोज निकाला, जो 4 हजार वर्ष ई.पू का है। चौथे राजवंश के शासनकाल में निर्मित पिरामिड (ईसा पूर्व 3100 वर्ष) के अन्दर कुछ लोहे के औजार आदि खोज निकाले गए हैं जिनसे यह संकेत मिलता है कि लोहे का इस्तेमाल बहुत प्राचीनकाल से होता आया है।

लोहा निकालने के कौशल और लौह-शिल्प का प्राचीनतम स्थान उत्तर-पूर्वी एशिया माइनर है। प्राचीन काल में इस प्रदेश के कैलिबिस (Chalybis) में लौह-शिल्प के एकाधिकार होने की ख्याति थी। इससे 2 सौ मील दक्षिण में कोमाजेन (Commagene) नगर के लौह-शिल्प की स्थापना में अग्रणी होने का दावा भी उपेक्षणीय नहीं है। वास्तव में एशिया माइनर[24] लौह खनिज में विशेषरूप से समृद्ध था और हित्तियों (Hittites) के शासनकालीन लौह-शिल्प के ध्वंसावशेष इस प्रदेश में अनेक मिले हैं। हित्ती लौह-शिल्प में विशेष कुशल थे। इनके माध्यम से ही मध्य तथा निकट-पूर्व में और बाद को यूरोप में लोहे का प्रचलन हुआ। ईसा पूर्व 1250 में मिस्र-नरेश ने हित्तियों के राजा को लोहा उपलब्ध कराने का अनुरोध करते हुए जो पत्र लिखा था और उत्तर में हित्ती-नरेश ने अपने पत्र में लोहा के बदले सोना भेजने का जो अनुरोध किया था, उन दोनों पत्रों की मूल पांडुलिपियाँ संरक्षित हैं।[25] लौह-शिल्प में हित्तियों का प्रमुख होना इस पत्र-विनिमय में बहुत स्पष्ट हो जाता है।

प्राचीन यूरोप में डेन्यूब नदी की घाटी में हालस्टाट आदि स्थानों की लौह शिल्प में ख्याति इतिहास-प्रसिद्ध थी। पूर्व से आई हुई केल्ट, डोरियन आदि जातियों के साथ एशिया माइनर की लोहा निकालने सम्बन्धी धातु-विद्या पहले-पहल डेन्यूब घाटी में पहुँची और वहाँ कुछ शताब्दियों में इस शिल्प की बहुत उन्नति हुई। लोहा इस्तेमाल करनेवाली केल्ट, डोरियन आदि डेन्यूब प्रदेश की जातियों के आक्रमण के फलस्वरूप क्रीट द्वीप में नोसस और ग्रीस में मिसीन की कांस्य सभ्यता का ईसापूर्व दूसरी सहस्राब्दी के अंतिम भाग में अंत हो गया था। इसी समय से (ईसा पूर्व 1900 से) क्रीट और ईजियन सागर के तटवर्ती प्रदेश में लौहयुग के आरम्भ के कुछ ही बाद हम एक संपूर्ण नई सभ्यता का आकस्मिक और अति उज्ज्वल विकास देखते हैं।

3.8 काँच

काँच मनुष्य की सर्जन-प्रतिभा के विकास का उदाहरण है। मृत्तिका शिल्प, धातु और मिश्र धातु के आविष्कार और व्यवहार के माध्यम से मनुष्य की बहुमुखी प्रतिभा का जो परिचय हमें मिलता है, काँच का आविष्कार उसी प्रतिभा पर एक और आश्चर्यजनक तथा नया प्रकाश डालता है।

प्लिनी ने लिखा है कि **रेत और सोडा मिश्रित मिट्टी में आकस्मिक अग्नि-संयोग के परिणामस्वरूप काँच उत्पन्न होता है।** इस प्रकार की सम्भावना के आधार पर बाद में नाना प्रकार की कहानियाँ भी गढ़ी गईं। इन सब कहानियों की सत्यता की जाँच करने की चेष्टा अवश्य ही व्यर्थ होगी। लेकिन **बिजली की आग से रेत और सोडा के प्राकृतिक मिश्रण को बहुत बार पिघलकर काँच में बदलते देखा जाता है और इस प्रकार की नैसर्गिक प्रक्रिया से उत्पन्न काँच के कुछ नमूने मिले हैं।**

पुरातत्त्वविदों का खयाल है कि रंगीन और चिकने मिट्टी के बर्तन तैयार करने के प्रयत्न से ही काँच का आविष्कार हुआ। मिस्र और मेसोपोटामिया के प्राचीन बाशिंदे रंगीन और चिकने मिट्टी के बर्तन बनाने में दक्ष थे। काँच इन मिट्टी के दक्ष शिल्पियों का ही आविष्कार है। बहुत दिनों तक पुरातत्त्वविदों के एक दल की धारणा थी कि मिस्र ही काँच का आदि जन्म स्थान है। अब देखा जाता है कि इस आविष्कार में मेसोपोटामिया के अग्रणी होने का दावा भी उपेक्षणीय नहीं है। सर फ्रिलडर्स पैत्री का कहना है कि 12 हजार ई.पू. पहले मिस्र में बादारी (Badarian) पत्थर के मनकों पर हरे रंग का जो चिकनापन देखा जाता है, वह कृत्रिम उपाय से उत्पादित चिकनेपन का प्राचीनतम दृष्टांत है। यह कला शायद एशिया से मिस्र आई थी। उन्होंने विशुद्ध काँच के एक टुकड़े का नमूना भी खोज निकाला है, जो देखने में लाजवर्त मणि जैसा है और जिसके सम्बन्ध में अनुमान किया जाता है कि वह ईसा के जन्म के 7 हजार वर्ष पहले का है। विशुद्ध काँच का इससे प्राचीन नमूना अब तक नहीं मिला है। मिस्री राजवंश के शासन काल में आभूषण के तौर पर व्यवहृत बहुविध रंग के काँच के मनके, कंगन आदि जो चीजें मिली हैं, उनके सम्बन्ध में पैत्री का अनुमान है कि उन्हें एशिया से मिस्र में लाया गया था।

पश्चिमी एशिया में काँच शिल्प की अति प्राचीनता के सम्बन्ध में प्रत्यक्ष पुरातात्त्विक प्रमाण भी थोड़े-बहुत मिलते हैं। बगदाद के उत्तर-पश्चिम, टेल आसमार में हलके नीले रंग के काँच के जिस बेलन का संधान फ्रैंकफर्ट ने किया, उसका निर्माण-काल ईसा पूर्व 2700 और 2600 के बीच है। वहाँ ईसा पूर्व 2450 वर्ष के एक प्राचीन कारखाने की खुदाई से रंगीन काँच के अनेक मनके मिले हैं।

काँच शिल्प की उन्नति और प्रसार का प्रधान केंद्र मिस्र था। अठारहवें राजवंश के शासनकाल से ही एक अति-प्रतिष्ठित शिल्प के रूप में इसका परिचय हमें मिलता है। आमेनहोटैप (ई.पू. 1551-1527) का नामांकित एक बड़ा गोल काँच का मनका, इस शिल्प-द्वारा निर्मित वस्तुओं का सबसे प्राचीन मिस्री निदर्शन है। तृतीय थटमेस (ई.पू. 1527-1475) शासन काल के पीने के कुछ छोटे-छोटे पात्र, जिन पर मीनाकारी की गई है, अब ब्रिटिश संग्रहालय (British Museum) की मूल्यवान वस्तुएँ हैं। काँच की ये चीजें रंगीन किन्तु स्वच्छ नहीं थीं। स्वच्छ काँच के निर्माण कौशल का आविष्कार बहुत बाद में हुआ। धातु विद्या में पारदर्शी मिस्रियों ने विभिन्न वर्ण के काँच के उत्पादन में विशेष दक्षता का परिचय दिया था। यौगिक ताँबा लवण के व्यवहार से नीले, हरे और लाल रंग के और टिन ऑक्साइड के व्यवहार से सफेद रंग के काँच के उत्पादन में मिस्री प्राचीन जातियों में अद्वितीय थे। पिघली हालत में काँच के अन्दर फूँक मारकर विभिन्न आकारों के पात्रों के निर्माण-कौशल के आविष्कार के पहले काँच की ये वस्तुएँ किस प्रकार तैयार की जाती थीं, यह विशेष रूप से ध्यान देने योग्य है। खोखला फूलदान या उसी प्रकार का कोई पात्र गढ़ने के लिए पहले जिस प्रकार का पात्र तैयार करना होता, उसी आकार का, गीली रेत का एक पिंड, धातु की छड़ी के चारों ओर लपेट देते। इस पिंड पर, सुघट्य अवस्था (Plastic State) में, गरम काँच की एक छड़, धीरे-धीरे और बहुत सावधानी तथा धैर्य के साथ, चारों ओर लपेट दी जाती। विकल्प पद्धति से, पिघले काँच के अन्दर, उपर्युक्त रेत के पिंड को बार-बार

डुबोकर, इच्छानुसार मोटे पात्र तैयार किए जाने का प्रमाण मिलता है। बाद को काँच के ठंडा और सख्त हो जाने पर, अन्दर की रेत के पिंड को खुरच डालने पर एक संपूर्ण खोखला पात्र बनकर तैयार हो जाता। इस पद्धति से प्याला-प्याली जैसे खुले पात्र तैयार करना संभव नहीं था। ऐसे पात्र तैयार करने के लिए साँचे का व्यवहार आवश्यक था। ई.पू. 1200 के लगभग मिस्रियों को साँचे के इस्तेमाल से प्याला-प्याली आदि काँच की खुली वस्तुएँ निर्माण करते देखा जाता है। ईसा पूर्व 1550 से प्रथम शताब्दी तक, इस प्रकार के काँच के पात्रों के निर्माण में मिस्र-निवासी न केवल प्राचीन जातियों में अग्रणी थे, बल्कि मिस्र समग्र काँच शिल्प का केंद्रस्थान रहा। फोनिसिया के व्यापारियों की कृपा से इस विद्या का, समय पाकर, विभिन्न देशों में प्रसार हुआ।

फूँक मारकर काँच के पात्रों का निर्माण कौशल काँच शिल्प का सबसे बड़ा आविष्कार था। इसे समग्र कारीगरी विद्या का श्रेष्ठ आविष्कार कहना भी अत्युक्ति न होगी। सच तो यह है कि इस कौशल या तकनीक के आविष्कार के बाद ही काँच शिल्प की वास्तविक बुनियाद पड़ी।

इस तकनीक का कब और कहाँ आविष्कार हुआ, इसकी ठीक जानकारी हमें नहीं है। अधिकांश विशेषज्ञों का यह मत है कि ई.पू. 300 और ई.पू. 200 के बीच फोनिसिया के काँच शिल्पियों ने इस कौशल का आविष्कार किया। एक और मत के अनुसार, ऑगस्टस के काल में सिडन में इस तकनीक का आविष्कार हुआ। फूँक मारने के लिए चार से पाँच फीट लंबी लोहे की नली का इस्तेमाल किया जाता था। यह विशेष रूप से लक्ष्य करने की बात है कि काँच शिल्प में आज भी फूँक मारने के लिए इसी माप की नली का इस्तेमाल किया जाता है।

3.9 पहिया

पहिए के आविष्कार प्रागैतिहासिक काल में हुआ। पहिया लकड़ी का बनाया जाना ही स्वाभाविक था और लकड़ी स्थायी नहीं होती। इसलिए लकड़ी के बने प्रागैतिहासिक पहिए का कोई नमूना नहीं मिलता। प्रागैतिहासिक काल में या ऐतिहासिक काल के बिल्कुल प्रारम्भ में शिल्पियों ने पहिए के जो चित्र अंकित किए थे, केवल उन्हीं के सहारे पहिए के आदि-इतिहास के सम्बन्ध में कुछ सामान्य तथ्यों का उद्घाटन हुआ है।

सुमेरी चित्रांकन में पहिएवाली गाड़ी का पहला नमूना करीब 3600 ई.पू. का मिलता है। उत्तरी सीरिया के चित्रांकन में पहिएवाली जो गाड़ियाँ दिखाई पड़ती हैं, वे इससे भी प्राचीन हैं। सिंधुघाटी सभ्यता में कुम्हारों के शिल्प और यानवाहनों में शुरू से ही पहिए का प्रयोग देखा जाता है। इसके प्रायः 500 वर्ष बाद एशिया माइनर और क्रीट में पहिए का प्रयोग प्रचलित हुआ। ई.पू. 1650 से पहले मिस्र को पहिए के प्रयोग की कोई जानकारी नहीं थी। मिस्र में पहिए का प्रथम प्रचलन पश्चिमी एशिया की दुर्धर्ष हिक्कस जाति ने किया। मिस्र पर हिक्कस-आक्रमण तथा विजय के बाद से ही नील नदी के देश में पहिए का प्रथम व्यवहार दृष्टिगत होता है।

पहिए का प्रथम प्रयोग मृत्शिल्प और परिवहन में कहीं एक साथ, कहीं आगे-पीछे किया

गया। पश्चिमी एशिया और भारत में पहिए का प्रयोग प्रायः साथ-साथ हुआ। मिस्र में परिवहन के काम में पहिए का इस्तेमाल शुरू होने के बहुत पहले कुम्हारों ने मिट्टी के शिल्प में चक्के के व्यवहार का प्रवर्तन किया। उधर क्रीट टापू में, कुम्हार के शिल्प में चक्के का दृष्टांत, पहिएवाली गाड़ी के आविर्भाव के कम-से-कम दो सौ वर्ष बाद हमें मिलता है। यूरोप में, आल्पस पर्वत के उत्तर में ई.पू. 500 तक कुम्हार यह नहीं जानते थे कि मिट्टी के शिल्प में चक्के का प्रयोग किया जा सकता है। लेकिन इसके एक हजार वर्ष पहले से उन अंचलों में पहिएवाली गाड़ियाँ प्रचलित थीं।

पहियों के चालू होने से मृत्तिका-शिल्प और परिवहन-व्यवस्था में युगान्तरकारी परिवर्तन हुए। पहले जहाँ मझले आकार का एक पात्र गढ़ने में कुम्हार को कई दिन लग जाते थे, वहाँ अब मिनटों में वह पात्र तैयार होने लगा। केवल समय की बचत ही नहीं बल्कि चक्के की सहायता से तैयार किए गए पात्र और इससे पहले के हाथ से गढ़े गए पात्रों में कोई समानता नहीं है। ऊपरी तौर पर देखने में सामान्य एक आविष्कार का उपयुक्त सुयोग ग्रहण करने के कारण मृत्‌शिल्प प्रायः एक हजार वर्ष आगे निकल गया। चक्के के आविष्कार के पहले भी मृत्‌शिल्प था, लेकिन किसी प्रकार की गाड़ी अथवा रथ था या नहीं, यह संदेहजनक है। बर्फ पर चक्रविहीन स्लेजगाड़ी खींचना संभव होने पर भी उष्ण या शीतोष्ण कटिबंध के खुरदरे मार्गों पर चक्रविहीन गाड़ी की कल्पना करना कठिन है। गाड़ी में पहिया जोड़ना शुरू-शुरू में निश्चय ही सहज काम नहीं था। संभवतः अर्द्धवृत्त आकार में कटे लकड़ी के दो टुकड़ों या वृत्तांश आकार में कटे एकाधिक टुकड़ों को ताँबे की कीलों से जोड़कर, चमड़े की एक प्रकार की चक्रवेष्टनी से लकड़ी के टुकड़ों को मजबूती से बाँधकर गाड़ी का पहिया तैयार किया जाता था। फिर धुरी दंड से कसकर बँधे पहिए, इस दंड के साथ ही घूमा करते। किसी-किसी पिछड़े हुए अंचल के आदि निवासी अब भी इसी पद्धति से पहिया तैयार करते हैं।

3.10 नाव और पाल

प्रागैतिहासिक मानव एक प्रकार की चमड़े की नाव या पेड़ का तना पानी में तैराकर मछली का शिकार करता था। इस प्रकार की अभिज्ञता से क्रमशः नौका-निर्माण और हवा के गतिवेग का सहारा लेने के लिए पाल के आविष्कार के बीच कई सीढ़ियाँ हैं। एक के बाद एक सीढ़ी सफलता से पार करके अंत तक पाल-सहित नाव का आविष्कार हुआ। पत्थर और मिट्टी के पात्रों पर अंकित प्रागैतिहासिक मिस्र के चित्रों में नाव का जो नमूना दिखाई पड़ता है, उससे लगता है कि पीरस का गट्ठर बाँधकर चाटी जैसी किसी तरणी का उस समय प्रयोग करते थे। नाव के बीच छोटा-सा एक छप्पर होता था। ऐसी बड़ी नाव के भी कुछ चित्र मिले हैं, जो यात्री और मल्लाह मिलाकर लगभग 40 व्यक्तियों को ले जा सकती थी। लगभग 3500 ई.पू. से पाल-सहित नाव के चित्र मिस्री मृत्तिकाशिल्प की नक्काशी में दृष्टिगोचर होने लगते हैं। इस प्रकार की नाव समुद्र के किनारे-किनारे आती-जाती थी।

3.11 सिंचाई और नदी-नियंत्रण

सभ्यता के प्राथमिक उपादान कृषि, पशुपालन, कपड़ा बुनाई, मिट्टी के काम, धातु का प्रयोग आदि अनेक व्यावहारिक विज्ञानों का आविष्कार फर्टाइल क्रिसेंट के अर्द्ध-ऊसर अंचल में नवपाषाणकाल में हुआ। फर्टाइल क्रिसेंट इन आविष्कारों के पुरातात्त्विक निदर्शनों से विशेष समृद्ध है। इस विस्तृत अंचल के किसी स्थान में नवपाषाणकालीन निवासियों में सभ्यता का प्रथम उद्‌भव न होकर उसका आविर्भाव इस अंचल के दक्षिण में कुछ विशेष नदी घाटियों में, जैसे—नीलनदी, ताइग्रिस, युफ्रेतिस और सिंधु नदी के किनारे हुआ।

नद-नदियों से धुली घाटी अन्ततः किसानों का स्वर्ग था। नीलनदी की वार्षिक बाढ़ से जहाँ एक ओर नदी के दोनों तटों पर संकीर्ण पट्टियाँ जलोढ़ मिट्टी से सदा उर्वर रहतीं वहाँ पास ही, बाढ़ का पानी जमा होकर, मनुष्य के निवास के अयोग्य, कुत्सित, भयावह दल-दल से कुछ ही दूर दुर्गम पर्वत और कठिन मरुभूमि थी। ताइग्रिस और युफ्रेतिस नदियों में बाढ़ नील नदी की बाढ़ की तरह नियमित रूप से नहीं आती। इस अंचल में वर्षा भी सामान्य होती थी। बीच-बीच में उच्छृंखल नदी अकस्मात दोनों तटों को बहा ले जाती थी। सिंधु नदी की भी यही हालत थी। स्वाभाविक अवस्था में नदी सभ्यता-निर्माण के काम में कतई सहायक नहीं है। तथापि नदी-तट पर अवस्थित हेलिओपोलिस, मम्फिस, निनेवे, इरेक, मोहनजोदड़ो, हड़प्पा आदि जनपद ही तो मानव-सभ्यता के प्रथम लीला-क्षेत्र हैं।

जंगली नदी को पालतू बनाने और काबू में लाने के कौशल के आविष्कार में ही, इस सफलता का कारण निहित था। जंगली **डिनकेल** और **एमेर** घास की खेती करने के पहले पृथ्वी का वनस्पति-राज्य मनुष्य के कितने उपयोग में आया? पशुओं को पालतू बनाने के पहले क्या वह जानवरों के शिकार की अपेक्षा जानवरों के उपद्रव से आत्मरक्षा में ही अधिक परेशान नहीं होता था? उच्छृंखल अशांत नदी को अपने वश में करके उससे काम लेने के कौशल का मनुष्य ने जिस दिन आविष्कार किया, उसी दिन से सभ्यता का सिंहद्वार उसके सामने खुल गया।

बाढ़-विध्वस्त नीलनदी की घाटी को जरूरत थी बाँध की सहायता से बाढ़ का पानी रोककर, सुविधानुसार कृषि-कार्य के लिए उसका पूर्ण व्यवहार किए जाने की। दक्षिण मेसोपोटामिया की प्रधान समस्या थी युफ्रेतिस और ताइग्रिस नदियों से कृत्रिम नहर निकालकर, सिंचाई के जरिए संपूर्ण घाटी को नम बनाए रखने की व्यवस्था करना। इस प्रकार की चेष्टा व्यक्ति विशेष की क्षमता के बाहर था। आधा-ऊसर पैलेस्टाइन, सीरिया या फारस में, जहाँ वर्षा थोड़ी होती थी, नवपाषाणकालीन किसान, जमीन के अपने-अपने छोटे टुकड़ों पर खेती करके, किसी प्रकार पेट भर सकते थे, लेकिन मनमौजी नदियों के किनारे रहनेवालों के लिए जिंदा रहने का एकमात्र उपाय था। जन-समूह के सम्मिलित श्रम से बाँध का निर्माण, नहरें निकालना, पूरे वर्ष बाँध और नहरों पर निगरानी रखना और उनका संरक्षण करना। यह एक विशाल सामूहिक सहकारी प्रयत्न था। इस सहकारी प्रयत्न के परिणामस्वरूप न केवल बाढ़-मुक्त, सिंचित घाटी में हरियाली लहलहाने लगी और अनाज की भरपूर पैदावार होने

लगी, अपितु मनुष्य ने मनुष्य के साथ एक होकर, मिलकर काम करना सीखा। मनुष्य के साथ मनुष्य का नया संपर्क स्थापित हुआ, अनेक कानून बने, नाना बाधाओं एवं निषेधों की सृष्टि हुई और नाना प्रकार की शासन-व्यवस्थाओं का प्रचलन हुआ। इसके बाद सभ्यता-जनित संपन्नता के अनिवार्य आकर्षण से उत्तर से अनेक भूखी, पिछड़ी हुई, बर्बर जातियाँ उतर आईं और उनके संघर्षों ने कितने ही योद्धा, वीर नृपति और सम्राट पैदा किए। कितने ही राज्यों और साम्राज्यों की स्थापना हुई, युद्ध-विग्रह अनिवार्य हो पड़ा, राज्यों और राज-शासनों के उत्थान-पतन हुए और सभ्यता का विपुल भँवर और घटना-प्रवाह शुरू हो गया। इस भँवर में पड़कर नील नदी, युफ्रेतिस, ताइग्रिस और सिंधु नदी के किनारे जिन साहसी और बलिष्ठ किसानों, पशुपालकों, कारीगरों और मजदूरों ने, प्रचुरता के बीच जीने की आशा से, सभ्यता का प्रथम बीज बोया था, वे ही भाग्य के परिहास से, चिर-दुर्भाग्य को अपना अवलंबन बनाए सबसे पीछे रह गए।

सन्दर्भ सूची

1. गोपाल शंकर उपाध्याय एवं अविनाश चन्द्र वाजपेयी, *धातुओं का इतिहास*, लखनऊ, 1997 पृ. 163-65
2. *वही*
3. *वही*
4. *वही*
5. *वही*
6. C. Niebuhr's '*Travels in Arabia*', in 'A General Collection of the Best and Most Interesting Voyages and Travels in All parts of the World', (Ed. J. Pinkerton) Longman, Hurst, Rees and Orme, London, 1809, Vol. 10, p. 199.
7. गोपाल शंकर उपाध्याय, *पूर्वोद्धृत*
8. G.S. Upadhyaya, 'Metallurgy in Ancient India,' *Pragna*, [Banaras Hindu University Journal] Pt. III, 1959, pp. 240-245.
9. *वही*
10. विश्वनाथ द्विवेदी, *भारतीय रसशास्त्र*, शर्मा आयुर्वेद मन्दिर, दतिया (म. प्र.), 1977, पृ. 121-122.
11. *वही*, पृ. 478
12. *The Wealt, of India*, Pt. V Council of Scientific and Industrial Research, New Delhi 1960, p. 193.
13. H.C. Bhardwaj, Aspects of Ancient Indian Technology, Motilal Banarasidass, Delhi, 1979, p. 170.
14. Kautilya's *Arthashastra*, English Tr. Ed. R. Shama Shastri, 1929, Stanza 89.
15. P.C. Ray, *History of Chemistry* in Ancient and *Medieval India*, Calcutta, 1956, p.54.
16. K.J. Anderson, 'Moon Metal', (Historical Note), *Materials Research Society Bulletin*, 17(1) 1992, p. 61.
17. बी.सी. हैफर्ड, डब्ल्यू.ई. पीपर एवं टी.बी. लॉयड, *जिंक डस्ट एंड जिंक पाउडर*, न्यूऑर्क, 1982
18. गोपाल शंकर उपाध्याय एवं अविनाश चंद्र वाजपेयी, *धातुओं का इतिहास* लखनऊ, 1997, पृ. 175-81

19. Stuart Piggot, *Opcit* p 51-52
20. J.R. Partington, *A Short history of Chemistry,* Macmillan, 1948, p.6
21. *Ibid*, p. 6
22. Partington, *Opcit*, p. 8
23. *Encyclopaedia Britannica* 1, Vol 2; p. 253;
24. पश्चिम एशिया में, मध्यधरा समुद्र से लगा हुआ एक प्रायद्वीप। इसका एक बहुत बड़ा हिस्सा तुर्की देश के नाम से जाना जाता है। इस प्रायद्वीप के उत्तर में काला समुद्र, पश्चिम में ईजियन सागर, दक्षिण में मध्यधरा समुद्र है। वास्फरस, हार्डेनल्स जल-संधियाँ इस प्रायद्वीप को यूरोप से अलग करती है ई.पू. पाँचवीं शताब्दी से यह प्रायद्वीप 'एशिया माइनर' के नाम से जाना जाने लगा। रोमन साम्राज्य के अधीन के हिस्से को बाकि एशिया से अलग करने के लिए रोमन लेखकों ने इसे एशिया माइनर (छोटा एशिया) नाम दिया होगा, ऐसा अनुमान किया जाता है।
25. *Encyclopaedia Britanica*, Vol 10, p. 400; 'Glass' शीर्षक निबंध देखिए।

अध्याय-4

लिपि और वर्णमाला

प्राचीनकाल में ही लोगों ने अपने कामकाज के ब्योरों, घटनाओं आदि को लिखकर दर्ज करना सीख लिया था। वे पेड़ की छाल, पत्तों, पत्थर, चमड़े आदि पर लिखा करते थे। इस तरह लिपि मनुष्य का प्रमुख और श्रेष्ठ आविष्कार है। उसने भाषा को स्थायित्व प्रदान कर और भाव-विनिमय को सहज बनाकर मानव के लिए चिन्तन करने का पथ उन्मुक्त किया है और ज्ञान-विज्ञान को संभव बनाया है।

पृथ्वी पर मनुष्य का आविर्भाव जिस समय हुआ, उसकी तुलना में लिपि का आविष्कार प्रायः हाल की घटना है। यह केवल 5-6 हजार वर्ष की कहानी है और पूर्णांक आक्षरिक लिपि का इतिहास तो और भी हाल की बात है। लिपि के प्रचलन के पहले मनुष्य को भाव-विनिमय के क्षेत्र में, मुख्यतः कथित भाषा के सहारे, बहुत धीरे-धीरे आगे बढ़ना पड़ा है। पाषाण युग की महानिश्चेष्टता और अनग्रसरता का एक प्रमुख कारण था लिपि का आविष्कार न होना। लिपि के अभाव में हजारों वर्ष तक पृथ्वी में सर्वत्र विभिन्न मानव-समुदायों के उत्थान, पतन और लोप के साथ अनेक भाषाओं का भी जन्म और मृत्यु हुई। इन मानव-समुदायों की चेष्टा से जो मूल्यवान अनुभव और ज्ञान संचित हुए थे, उनके लिपिबद्ध न होने के कारण, परवर्ती समुदायों को अनेक क्षेत्रों में उनके लाभ से वंचित रहना पड़ा। उन्हें सब कुछ नए सिरे से शुरू करना पड़ा। इस प्रकार मनुष्य को कितनी बार बहुमूल्य तथ्य, अभिज्ञता और ज्ञान खोकर उन्हें पुनः प्राप्त करना पड़ा, इसका कोई ठिकाना नहीं। लिपि के आविष्कार से मानव-चेष्टा का विराट अपचय समाप्त हुआ। पूर्वजों की लिपिबद्ध अभिज्ञता और ज्ञान ने बाद की पीढ़ियों का काम सरल बना दिया। सभ्यता के मार्ग पर उसके महाभियान ने और द्रुतगति प्राप्त की।

लिपि हमारी बोली का लिखित रूप है। बोली की ध्वनि तथा भाव लिपि में स्थायी रूप से प्रकाशमान है। और स्पष्ट रूप में कहा जाए तो उच्चरित शब्द या वाक्य की ध्वनि-विचित्रता अथवा अव्यक्त चिंता तथा भाव को पत्थर, धातु, लकड़ी, चमड़ा, कपड़ा, कागज या अनुरूप किसी वस्तु पर, दृश्यमान संकेतों की सहायता से स्थायी रूप से चिह्नित करने या उनकी खुदाई करने का नाम **लिपि** है। वर्णमाला और उसके प्रयोग के आविष्कार होने के बाद ही किसी प्रकार की लिपि का उद्‌भावन संभव हो सका। यह महत्त्वपूर्ण आविष्कार ईसा के जन्म से लगभग दो हजार वर्ष पहले हुआ। आज सभ्य जगत् में सर्वत्र वर्णमाला की लिपि ही प्रचलित है।

4.1 प्रागैतिहासिक चित्रांकन

वर्णमाला की लिपि, लिपि-विकास की अंतिम परिणति है। इस विकास का इतिहास अनेक स्तरों में विभक्त है। इन स्तरों का पूरा इतिहास अब भी लिपि-विशारदों के लिए खोज और तर्क-वितर्क का विषय बना हुआ है। ध्वनि को प्रकाशित करने की क्षमता को अलग रखकर यदि केवल भाव प्रकाशित करने की क्षमता पर विचार किया जाए तो पाते हैं कि प्रागैतिहासिक चित्रांकन भी एक प्रकार की लिपि थी। पाषाण युग के लोग, पत्थर की दीवारों पर खरोंच द्वारा अंकित, नाना पशुओं अथवा प्राकृतिक वस्तुओं के जो चित्र छोड़ गए हैं, वे ही वास्तविक लिपि के मार्गदर्शक थे। पाषाण युग के अंतिम भाग में दुनिया में सर्वत्र—फ्रांस, स्पेन, अफ्रीका, आस्ट्रेलिया, साइबेरिया में—इस प्रकार के प्राचीन चित्रों के अनेक निदर्शन मिले हैं। यह जिस प्रकार चित्रांकन का निदर्शन है, उसी प्रकार इस तरह की चेष्टा में लिपि की सम्भावना भी अंतर्निहित है। चित्र और लिपि, दोनों की ही यह शिशु-अवस्था है। शिशु आज भी चित्र खींचना सीखकर ही लिखना सीखता है।

प्रागैतिहासिक मिस्र और ग्रीस में चित्रांकन और लेखन में कोई विभेद नहीं किया जाता था। मिस्री शब्द स्-श् (S-Sh) या ग्रीक शब्द ग्राफीन (Graphein) चित्रांकन और लिपि, दोनों अर्थों में व्यवहृत होते थे। परन्तु, फ्रेंच पंडित तथा लिपिविद् मॉरिस दूनाँ पशुओं या वस्तुओं की इस प्रकार की प्रतिमूर्तियों को लिपि की संज्ञा देने को तैयार नहीं हैं। कारण यह है कि लिपि में चिंता-धारा या गति का जो संकेत होता है, वह इस प्रकार के चित्रों में नहीं है।

4.2 स्मृति-सहायक लिपि

लिपि स्मृति की सहायक है। 'पेरूविया' पोलीनेसिया-द्वीप-समूह तथा भारत में आसाम, संथाल परगना आदि प्रांतों के आदिवासी, लिपि का व्यवहार न जानते हुए भी, कुछ चीजें स्मरण रखने के लिए अनेक प्रकार के कौशलों का अवलंबन करते थे। ये लोग रस्सी में गाँठ लगाकर या किसी लाठी पर चिह्न काटकर किसी व्यक्ति के द्वारा एक स्थान से दूसरे स्थान को संदेश भेजते थे। संदेह-वाहक को इन गाँठों या चिह्न का अर्थ समझा दिया जाता था ताकि उस व्यक्ति को, जिसके पास संदेश भेजा गया था, सूचना देने में वाहक को कोई कठिनाई न हो। वास्तव में गाँठ-बँधी सुतली या चिह्नित लाठी एक प्रकार का पत्र था। आस्ट्रेलिया, उत्तर अफ्रीका, चीन, हिंदचीन आदि देशों के कुछ अंचलों में आदिवासियों को, सप्ताह, मास या वर्ष का हिसाब रखने के लिए और लेन-देन, यहाँ तक कि व्यवसाय सम्बन्धी हिसाब रखने के लिए यही तरीका अपनाते देखा जाता था। यह भी देखा गया है कि पेरूविया के आदिवासी विभिन्न लंबाइयों और रंगों की रस्सियों में गाँठ लगाकर मुख्य घटनाओं को प्रकाशित करते थे, यहाँ तक कि दलपतियों की महत्त्वपूर्ण घोषणाओं का भी प्रचार करते थे। पेरूवियाई भाषा में इस पद्धति का नाम क्विपस् (Quipus) या किपस् (Kipus) है। उत्तर अमेरिका के इरोकोआ आदिवासियों की वांपुम (Wampum) सांकेतिक पद्धति भी बहुत कुछ इसी प्रकार की है। वांपुम, घोंघा या मनकों से तैयार किया गया एक विशेष प्रकार का चौड़ा कमरबन्द है। मनकों के गूँथने और उनकी सजावट की विचित्रता में ही वक्तव्य का विषय निहित रहता है।

पृथक रूप से खींचे गए जीव-जानवरों या जड़ वस्तुओं के चित्र ठीक-ठीक लिपि के पर्याय में नहीं पड़ते थे। केवल एक मनुष्य के चित्र द्वारा व्यक्ति विशेष का ही बोध कराया जा सकता था। किसी वृत्त की सहायता से अधिक-से अधिक चंद्र, सूर्य, चक्र या अनुरूप किसी गोलाकार वस्तु की अभिव्यक्ति संभव थी। लेकिन अनेक अवसरों पर एकाधिक चित्र के निपुण समावेश द्वारा वास्तव में जटिल विषय तथा घटना का सुंदर और स्पष्ट प्रकाशन तथा व्याख्या भी संभव थी। इस प्रकार के भाव-व्यंजक चित्रों में गति होती है, उसे पढ़ा जा सकता है। इस प्रकार के चित्र को लिपि के पर्याय में शामिल करना पूर्णतः युक्तियुक्त है। विशेषज्ञ इस प्रकार के चित्र को **भाव-लिपि** (Ideographic Writing) या **चित्र-लिपि** (Picture Writing) की संज्ञा देते हैं। उनके मतानुसार चित्र-लिपि वास्तविक लिपि की प्राचीनतम अवस्था है। विज्ञापन साहित्य में चित्र-लिपि का स्थान अब भी सुप्रतिष्ठित है।

चित्र-लिपि की अधिक उन्नत अवस्था में देखा जाता है कि किसी भावविशेष को हर समय एक ही चिह्न या प्रतीक द्वारा प्रकट किया जाता है। उदाहरण के रूप में एक आँख और उससे निकलती हुई दो बूँद आँसू के चित्रण द्वारा दुःख प्रकट किया जाता है। मनुष्य की पीठ अंकित करके किसी वस्तु या बात की उपेक्षा अथवा अस्वीकृति समझाई जाती है। एक ही विशिष्ट प्रकार के चित्रण द्वारा किसी विशिष्ट वस्तु या भाव को लगातार प्रकट करने का यह अर्थ है कि इन चित्रों ने संकेत का रूप ग्रहण कर लिया था और इनके अर्थ और व्यवहार साधारण रूप से, समूह या उपजाति के सभी सदस्यों में प्रचलित हो गए थे। इस सांकेतिकता के कारण ही चित्र-लिपि लिपि के पर्याय-रूप में आ जाती है।

चित्र-लिपि की मुख्य दुर्बलता यह है कि इसके साथ ध्वनि संयुक्त नहीं होती। आँख से जिन वस्तुओं को देखा जाता है और विचार करते समय मानस-पट पर जो चित्र स्फुट होता है, यथासंभव उन्हीं का अनुकरण करके चित्र-लिपि का उद्भावन किया गया था। यह लिपि उच्चरित शब्दों का प्रतिरूप नहीं है। **ध्वनि लेखन** (Phonetic Writing) के उद्भव के पहले उच्चरित वाणी के वास्तविक लिखित प्रतिरूप ने आत्मप्रकाश नहीं किया था।

4.3 ध्वनि-लिपि

बात करते समय हम विभिन्न प्रकार की ध्वनियों का सृजन करते हैं। "स्व तथा दीर्घ नाना प्रकार की ध्वनियों और ध्वनि-समष्टि के विशेष अर्थ निर्दिष्ट होकर जब उन्हें समूह-विशेष या जन-समुदाय की साधारण स्वीकृति या समर्थन प्राप्त होता है, तब उन उच्चरित ध्वनियों द्वारा निष्पन्न शब्द समष्टि को भाषा का नाम दिया जाता है। उच्चरित ध्वनियों तथा ध्वनि-समष्टि का इस प्रकार अर्थकरण मनुष्य की इच्छा के अधीन है; दुनिया के विभिन्न देशों, यहाँ तक कि एक ही देश के विभिन्न भागों के निवासियों द्वारा उच्चरित ध्वनियों के भिन्न-भिन्न अर्थकरण के परिणामस्वरूप विभिन्न भाषाओं की उत्पत्ति हुई है। यदि इन ध्वनियों के कुछ संकेतों या चिह्नों को सर्वसम्मति से ग्रहण करना संभव हो तो उच्चारण के अनुकरण में उन संकेतों को एक के बाद एक सजाकर हम भाषा का लिखित प्रतिरूप प्राप्त कर सकते हैं। कारण यह है कि ये संकेत जिन ध्वनियों के निर्देशक हैं, उन्हें वाग्यंत्र द्वारा एक के बाद एक निकालने से वही बोली निकलती है, जिसे प्रकट करने के लिए उन संकेतों का प्रयोग

किया गया था। इस प्रकार के संकेतों की सहायता से जिस लिपि की उत्पति हुई, उसका नाम **ध्वनि लिपि** (Phonetic Writing) है।

ध्वनिलिपि के दो प्रकार हैं। पहले प्रकार में शब्दांश या अक्षर के प्रतीक व्यवहृत होते हैं; दूसरे प्रकार में वर्णमाला के वर्ण। दूसरी पद्धति ही ध्वनि लिपि की अधिक उन्नत तथा अंतिम अवस्था है। भाषा की सहज और सरल अवस्था में स्वाभाविक कारणों से ही अक्षर के प्रतीक के व्यवहार द्वारा ध्वनि लिपि की रचना होती है। पहले हुआ भी ऐसा ही। असीरिया की कीलाक्षर लिपि अथवा चीन या जापान की लिपियाँ इसका दृष्टांत हैं। परन्तु भाषा की जटिलता में वृद्धि के साथ तथा उच्चारण-विकार, ध्वनि की अवनति तथा शब्दांश में व्यंजन वर्णों की बहुलता आदि विभिन्न कारणों से इस पद्धति का चलन क्रमशः रुक गया। उदाहरण के रूप में अंग्रेजी 'Family' शब्द को सहज ही तीन शब्दांशों या अक्षरों में (Fa-mi-ly) विभाजित किया जा सकता है, और इन तीन शब्दांशों के लिए तीन प्रतीकों के व्यवहार द्वारा इसे सरलतापूर्वक प्रकाशित किया जा सकता है। परन्तु 'Strength'– जैसे किसी शब्द को उपर्युक्त पद्धति में (Se-te-re-ne-ge-the ?) प्रकाशित करना बहुत ही असुविधाजनक है। आधुनिक वर्णमाला के प्रयोग से इस प्रकार की असुविधा पूरी तरह दूर हो गई है। कारण यह है कि वर्णमाला का एक-एक वर्ण यथासंभव केवल एक ही विशुद्ध ध्वनि को प्रकाशित करता है। विभिन्न ध्वनियों के शुद्ध रूप में प्रकाशित होने के कारण एक ही प्रकार के वर्णों द्वारा एकाधिक भाषा को व्यक्त करना संभव हो सका है। अंग्रेजी, फ्रेंच, इटालवी, जर्मन, पोलिश, चेक, हंगेरीय, वेल्श आदि विभिन्न यूरोपीय भाषाएँ इस समय रोमन वर्णमाला में ही लिखी जाती हैं। इसी वर्णमाला की सहायता से बँगला, आसामी, उड़िया, हिंदी आदि विभिन्न भारतीय भाषाओं को भी व्यक्त करना दुःसाध्य नहीं है, विशेषज्ञों ने प्रमाणित कर दिखाया है।

4.4 कीलाक्षर लिपि

चित्रलिपि और आक्षरिक लिपि के बीच की जिन अंतर्कालीन लिपियों का उल्लेख किया गया है, उनमें कीलाक्षर लिपि प्राचीनतम है। सुमेर, मेसोपोटामिया, बेबीलोन, असीरिया, एलम, फारस आदि देशों के प्राचीन निवासियों में यह लिपि प्रचलित थी। कीलाक्षर लिपि अंग्रेजी Cuneiform Script का हिंदी रूपांतर है। क्युनिफॉर्म (Cuneiform) शब्द की उत्पत्ति लैटिन Cuneus (अंग्रेजी Wedge या हिंदी कील) तथा Forma (अंग्रेजी Shape या हिंदी आकृति) से हुई है। नरम मिट्टी की चक्की, बेलन (Cylinder) या त्रिपार्श्व (Prism) के ऊपर किसी लकड़ी के नुकीले अग्रभाग द्वारा चिह्न खरोंचकर लिखने से लिपि-चित्र बहुत कुछ कील की तरह दिखाई पड़ते हैं; इस कारण लिपिविद् टॉमस हाइड ने इस नाम का प्रस्ताव किया। क्युनिफॉर्म के जर्मन प्रतिशब्द keilschrift का अर्थ भी कीलाक्षर लिपि है।

ईसा पूर्व चतुर्थ शताब्दी के मध्यकाल से कीलाक्षर लिपि का व्यवहार होते देखा जाता है। मध्यपूर्व में ठीक किस समय और ठीक किस स्थान में इस लिपि का आविष्कार हुआ, यह अभी तक अज्ञात है। बहुतों का मत है कि प्राचीन सुमेर निवासियों ने ही इस लिपि का आविष्कार किया था। कुछ अन्य लोगों का कहना है कि इस लिपि का जन्म-स्थान मेसोपोटामिया है। वास्तविकता जो भी हो, कीलाक्षर लिपि के सबसे प्राचीन नमूनों के ध्वंसावशेष

अभी तक केवल उरुक या बाइबिल-वर्णित 'इरेक' में प्राप्त हुए हैं। यह मेसोपोटामिया के प्राक्-राजवंशीय काल की बात है।

चित्रलिपि के प्रकार विशेष से ही कीलाक्षर लिपि की उत्पत्ति हुई। उरुक में जो नमूने मिले हैं, वे वस्तुओं तथा प्राणियों के चित्र-प्रतीक हैं। इसके बाद की अवस्था में प्रतीक क्रमशः भाव-व्यंजक होते गए हैं और बीच-बीच में ऐसे प्रतीक दिखाई पड़ते हैं, जो किसी शब्द विशेष या किसी शब्द-समष्टि का बोध कराते हैं। चित्रलिपि की एक मुख्य असुविधा यह है कि इससे सर्वनाम, क्रिया विशेषण, उपसर्ग आदि शब्दों को व्यक्त नहीं किया जा सकता। इस असुविधा की जानकारी के साथ क्रमशः संकेतों के साथ उच्चरित ध्वनियों के योग की आवश्यकता का अनुभव होने लगा। इसकी परवर्ती अवस्था थी ध्वनियों के अनुकरण में संपूर्ण एक-एक अक्षर (Syllable) को निर्देशित करके, विभिन्न प्रकार के कुछ संकेतों का सृजन। यह अक्षर-सृजन ही कीलाक्षर लिपि की अंतिम परिणति है। इससे ऊपर की सीढ़ी पर है वर्णमाला। कीलाक्षर लिपि वहाँ तक प्रगति नहीं कर सकी।

चित्रलिपि का स्तर पार करके एक प्रकार की ध्वनि-लिपि में परिणत होने पर, कीलाक्षर लिपि के प्रतीकों ने जो रूप ग्रहण किया, उसमें एक ही प्रतीक का व्यवहार प्रायः एकाधिक ध्वनि को प्रकट करने के लिए किया जाता था। साथ ही, एक ही ध्वनि को चिह्नित करने के लिए एकाधिक प्रतीक का व्यवहार होता था। ऐसी स्थिति में लिपि की व्याख्या में बहुत अनिश्चितता, संदेह और गड़बड़ी की प्रबल आशंका रहती है और संभवतः इस प्रकार की अप्रीतिकर परिस्थिति की उत्पत्ति हुई भी थी।

इस अनिश्चितता से बचने के उद्देश्य से प्रतीकों के आगे या पीछे विशेष प्रकार के कुछ चिह्नों का व्यवहार किया जाने लगा था। ये चिह्न उच्चरित नहीं होते थे। लेकिन जहाँ एक ही प्रतीक एकाधिक ध्वनि अथवा एकाधिक वस्तु या भाव को प्रकट करता है, वहाँ इस प्रकार के चिह्नों द्वारा यह निर्देश करना असंभव है कि लेखक ठीक किस ध्वनि या भाव को प्रकट करने को इच्छुक है। इसलिए कीलाक्षर लिपि में हम साधारणतया यह देखते हैं कि एक ही प्रकार के प्रतीक कुछ विशिष्ट चिह्नों से संयुक्त होकर कभी किसी अक्षर, कभी एक स्वरवर्ण, कभी एक शब्द और कभी-कभी किसी संपूर्ण भाव को व्यक्त करते हैं।

इन प्रतीकों की रचना सुगम चित्रों के अनुकरण में हुई; एक खोपड़ी का चित्र खींचकर मनुष्य के सिर, या अनाज की एक बाली का चित्र खींचकर गेहूँ या जौ का बोध कराया गया है। दूसरे और तीसरे स्तंभों में कीलाक्षर प्रतीकों की विकसित अवस्था दिखाई गई है। अब उन प्रतीकों के साथ वस्तुओं के चित्रों का कोई संपर्क नहीं रह गया था; सीधी समानांतर या टेढ़ी रेखाओं की सहायता से इनका गठन हुआ था। नरम मिट्टी पर लकड़ी के नुकीले अग्रभाग द्वारा इन रेखाओं की रचना के कारण उन्होंने यह कीलाक्षर रूप ग्रहण किया है। नरम मिट्टी पर वक्र रेखाएँ हैं ही नहीं। अंतिम स्तंभों के प्रतीकों में तुलनात्मक रूप से कम संख्यक रेखाओं का समावेश और सुसम्बद्ध योजना, असीरियाई कीलाक्षर लिपि की अधिक उन्नत अवस्था को प्रकट करती है। इस उन्नत्तर लिपि में भी लगभग 570 प्रतीकों के व्यवहार के बिना काम नहीं चल सकता था। यह लिपि बाएँ से दाहिने लिखी जाती थी।

कुछ रूढ़िवादी पुरोहित वर्ग इस लिपि का व्यवहार प्रायः ईस्वी संवत् के प्रारम्भिक चरण तक करते आए थे। लेकिन ईसा पूर्व 5वीं या छठी शती से ही वाणिज्य-व्यवसाय में इसका चलन प्रायः बन्द हो गया था।

4.5 हेरोग्लिफी लिपि

कीलाक्षर लिपि की भाँति हेरोग्लिफी लिपि अति प्राचीन लिपि है। इस लिपि का जन्म नील नदी की घाटी में हुआ। कीलाक्षर तथा हेरोग्लिफी लिपियों में कौन-सी अधिक प्राचीन है, इस प्रश्न का अभी तक समाधान नहीं हुआ है। ईसा पूर्व चौथी सहस्राब्दी के अंतिम भाग में दोनों लिपियों का अस्तित्व देखा जाता है।

हेरोग्लिफी (Hieroglyphic Script) 'पवित्र लिपि' है। इसकी उत्पत्ति दो ग्रीक शब्दों से हुई है Hiero's (पवित्र) और glyphien (रेखांकन)। प्राचीन मिस्र निवासियों ने इस लिपि का जो नामकरण किया था (mdw-ntr), उसका अर्थ है देव-भाषा। मंदिर, समाधि आदि पवित्र स्थानों के संगमरमर के फलकों को अलंकृत करने के उद्देश्य से इस देव-भाषा का व्यवहार किया जाता था।

बहुत-से लोगों की यह धारणा है कि प्रथम राजवंश के शासनकाल में (अनुमानत : ई.पू. 3000 वर्ष) मिस्र के एकीकरण के समय राजनीतिक तथा आर्थिक प्रयोजन से ही इस लिपि का उद्भव हुआ था। उनका कहना है कि मिस्र में जिन्होंने पहले पहल लिपि शुरू की, उन्हें अन्यत्र प्रचलित लिपियों की जानकारी थी और प्रयोजन होते ही उन्होंने उस जानकारी का प्रयोग किया और बिरादरी में अपनी लिपि को प्रचलित किया। अन्यों की अभिज्ञता से प्रेरणा मिलने पर ही सभ्यता का प्रसार संभव है, विद्वान ए.एल. क्रोबर के इस प्रकार के अभिमत पर जिन्हें विश्वास है, वे मिस्र में लिपि के प्रचलन के विषय में उपर्युक्त धारणा के विशेष रूप से समर्थक हैं। लिपि-विशेषज्ञों के एक और दल की इस मत पर आस्था नहीं है। उनका कहना है कि कीलाक्षर लिपि की तरह हेरोग्लिफी लिपि की उत्पत्ति भी चित्र लिपि से ही हुई; इस चित्र-लिपि के साथ धीरे-धीरे ध्वनि संयुक्त होकर भाव तथा ध्वनि-ज्ञापक एक प्रकार के मिश्र प्रतीक का उद्भव हुआ; और कीलाक्षर लिपि की भाँति ही, एक ही प्रतीक द्वारा एकाधिक ध्वनि के प्रकाश की असुविधा दूर करने के लिए विभिन्न अर्थबोधक चिह्नों का प्रयोग होने लगा। लिपि के पठन के समय ये चिह्न उच्चरित नहीं होते थे।

हेरोग्लिफी लिपि की प्रधान विशेषता है विभिन्न व्यंजन ध्वनियों (Consonantal Sounds) को व्यक्त करने के लिए भिन्न-भिन्न प्रतीकों का व्यवहार। कुछ प्रतीक निर्दिष्ट एकमात्र व्यंजन को प्रकट करते थे और कुछ दो या तीन व्यंजनों की समष्टि को। एक ध्वनि व्यक्त करनेवाले 24 प्रतीक और दो प्रकार के व्यंजनों को व्यक्त करनेवाले 75 विशेष प्रतीक हेरोग्लिफी लिपि में दिखाई पड़ते हैं।

व्यंजन ध्वनियों के इस प्रकार के सांकेतिक नमूनों को देखकर अनेक व्यक्तियों ने यह धारणा बना ली कि मिस्र निवासी ही एक प्रकार से प्राथमिक वर्णमाला के आविष्कारक थे। वास्तव में ऐसा नहीं है।[1] पहली बात तो यह है कि एक ही व्यंजक-ध्वनि एकाधिक प्रतीक की सहायता से व्यक्त हुआ है। दूसरी यह कि अर्थ प्रकट करने के उद्देश्य से इस प्रतीक

के अतिरिक्त कुछ अन्य चिह्नों का भी व्यवहार होता था, जिनका उच्चारण से कोई सम्बन्ध नहीं था।

हेरोग्लिफी लिपि साधारणतया दाहिने से बाएँ लिखी जाती थी। बाएँ से दाहिने भी इस लिपि को अनेक बार लिखते देखा जाता है। यह नितांत ही जाति-विशेष की लिपि थी। मिस्र में इसका जन्म हुआ, मिस्र की मिट्टी में ही यह पनपी और वहीं इसकी मृत्यु हुई। कीलाक्षर की तरह यह अंतर्जातीय लिपि नहीं हो पाई और एक मात्र मिस्र की भाषा को छोड़कर, अन्य किसी जाति की भाषा का वह वाहन नहीं बन सकी।

4.6 हेरेटिक तथा डिमोटिक लिपि

हेरेटिक और डिमोटिक लिपियाँ हेरोग्लिफी का अपभ्रंश हैं। हेरोग्लिफी लिपि का व्यवहार मंदिर की दीवारों या राजकीय अथवा धर्म-सम्बन्धी कार्यों तक सीमित होने के कारण इसकी आकारिक शोभा और सुंदरता को बनाए रखना आवश्यक था। इसलिए ये प्रतीक सूक्ष्म रेखाओं की बहुतायत से जटिल हैं। साधारण कामकाज के लिए यह बिल्कुल उपयोगी नहीं था। व्यवसाय, वाणिज्य और लेन-देन के मामलों में शीघ्रता की आवश्यकता होती है, इन क्षेत्रों में लिपि की संरचना जितनी सरल होगी, उनका आदर उतना ही अधिक होगा। इस आवश्यकता की पूर्ति की पहले हेरेटिक और फिर डिमोटिक लिपि ने। हेरेटिक लिपि में भी शुचिता की गंध है। मिस्र का पुरोहित वर्ग ही मुख्यतः इसके प्रति उत्साही था और वही इसका व्यवहार करता था। धर्म सम्बन्धी विभिन्न अनुशासनों तथा ग्रंथ-रचना के काम में इसका मुख्यतः प्रयोग होता था।

इस दृष्टि से डिमोटिक लिपि ही वास्तव में मिस्र की साधारण जनता की लिपि थी। इस लिपि का उद्भव हुआ ईसा पूर्व सातवीं या छठी शती में और पाँचवीं शती तक इसका प्रचलन बना रहा। इसकी लोकप्रियता बढ़ने के साथ, युक्तिसंगत कारणों से ही हेरेटिक (पौरोहित्यिक) लिपि की अस्वाभाविक मृत्यु घटित हुई।

4.7 रॉसेटा संगमरमर फलक

1799 ई. में नेपोलियन के मिस्र अभियान के समय फ्रेंच कप्तान एम. बूसार ने सैं जूलियाँ द रॉसेटा किले में इस शिला-खंड का आविष्कार किया। 1801 में अंग्रेजों ने इस फलक को हथिया लिया और आज यह ब्रिटिश संग्रहालय में सुरक्षित है।

रॉसेटा फलक की लिपि पंचम टॉलेमी एपिफानेस के सम्मानार्थ ई.पू. 197-96 में रचित, पुरोहितों का एक विशेष घोषणा-पत्र है। यह घोषणा-पत्र मिस्री और ग्रीक, इन दो भाषाओं में तथा हेरोग्लिफी, डिमोटिक और ग्रीक, इन तीन लिपियों में लिखा गया है। ऊपर की 14 पंक्तियाँ हेरोग्लिफी लिपि में, बीच की 32 पंक्तियां डिमोटिक लिपि में और नीचे की 54 पंक्तियाँ ग्रीक भाषा तथा वर्णमाला में लिखी गई हैं। स्वीडेन के जे.डी. आकेरब्लड, फ्रांस के सिलवेस्त्र द साकी और कैंब्रिज के डॉक्टर टॉमस यंग जैसे प्रख्यात पंडितों तथा लिपिविदों की चेष्टा से रॉसेटा-फलक की लिपि का पाठोद्धार और साथ ही हेरोग्लिफी, हेरेटिक तथा डिमोटिक लिपियों का रहस्योद्घाटन हुआ।

4.8 वर्णमाला की उत्पति का हेरोग्लिफी मतवाद

पहले पंडितों की यह धारणा थी कि सभ्यता के अन्यतम प्राचीन केंद्र मिस्र में ही वर्णमाला का उद्भव हुआ था। शापोलियों, नेनोर्म, ऑलेवी, दरूजे, टेलर, बावर आदि प्रख्यात पुरातात्त्विकों का यही मत है। हेरोग्लिफी, हेरेटिक अथवा डिमोटिक लिपि को वर्णमाला-लिपि का नाम देने में प्रधान आपत्ति यह है कि इनमें व्यंजन-ध्वनि-विशिष्ट बहुविध प्रतीक होते हुए भी एक ही व्यंजन-ध्वनि को प्रकट करने के लिए एकाधिक प्रतीकों का व्यवहार हुआ है। इसके अतिरिक्त, इन प्रतीकों को छोड़कर इस प्रकार के कुछ चिह्नों का प्रयोग किया गया है, जिनके उच्चारण की कोई आवश्यकता नहीं है। दूसरी ओर वर्णमाला का प्रत्येक वर्ण वाग्यंत्र से निःसृत किसी-न-किसी विशुद्ध शब्द को प्रकट करता है।

4.9 सिनाई मतवाद

1906 ई. में फ्रिंलडर्स पेत्री ने सिनाई उपद्वीप में प्राचीन लिपि के कुछ नमूने ढूँढ़ निकाले। इस लिपि का परीक्षण करके डॉक्टर ए. गर्डिनर ने दिखाया कि यह हेरोग्लिफी लिपि और सेमेटिक वर्णमाला-लिपि के बीच की अवस्था है। इस खोज से उन्हें यह विश्वास हुआ कि सिनाई लिपि, सेमेटिक वर्णमाला-लिपि की मार्ग-प्रदर्शिका है और इस तथ्य के अनुसार मिस्र के हेरोग्लिफी लिपि से ही वर्णमाला-लिपि का आविष्कार हुआ। अब भी अनेक लिपिविद् डॉक्टर गार्डिनर के मत के समर्थक हैं। दूसरी ओर मॉसिए दूना आदि अन्य लिपिविद् इस मत के विरोधी हैं। सिनाई लिपि के अपर्याप्त पाठोद्धार और इसकी अंतर्निहित असंगति को प्रदर्शित कर, ये लोग कहते हैं कि इसमें वर्णमाला-लिपि के उद्भावन की प्राथमिक चेष्टा का निर्देश होने पर भी यह मत ग्रहण योग्य नहीं है कि वर्णमाला की उत्पति इससे हुई।

4.10 क्रीटीय मतवाद

सर आर्थर इवांस ने अपने विख्यात ग्रंथ *स्क्रप्टा मिनोआ* (Scripta Minoa) में वर्णमाला-लिपि के आविष्कार का श्रेय क्रीट की प्राचीन सभ्य जाति को प्रदान किया है। उनका कहना है कि फिलिस्तीनी पहले पहल क्रीट से वर्णमाला-लिपि पैलेस्टाइन ले गए। ऐतिहासिक कारणों से ही यह मत स्वीकार करने योग्य नहीं है। फिलिस्तीनियों ने ई.पू. 1220 में पैलेस्टाइन के तटवर्ती भाग पर अधिकार जमाया; इससे कई सौ वर्ष पहले ही मध्यपूर्व के विभिन्न स्थानों में वर्णमाला-लिपि का आविर्भाव देखा जाता है लेकिन क्रीटीय वर्णों से, कुछ विषयों में, सेमेटिक वर्णों का आकारिक मेल है; संभवतः सेमेटिक वर्णमाला के आविष्कारक को क्रीटीय अक्षरों की जानकारी थी।

4.11 यूगारिट कीलाक्षर वर्णमाला

1929 ई. में शेफर, शाने और विरोला ने सीरिया के तटवर्ती रास शामरा (Ras Shamrah) (प्राचीन यूगारिट) में प्राचीन वर्णमाला लिपि के कुछ अति महत्त्वपूर्ण नमूनों का आविष्कार किया। इस लिपि के अक्षरों के आकार कीलाक्षर लिपि के प्रतीकों की तरह थे और इनको

भी बाएँ से दाहिने लिखा जाता था। इस नितांत बाहरी आकारिक मेल को छोड़कर, यूगारिट लिपि से सुमेरी, बेबीलोनियाई या असीरियाई कीलाक्षर लिपि का और कोई मेल नहीं हैं। इसमें 32 वर्णों का व्यवहार होते देखा जाता है। इस लिपि का काल ई.पू. 15वीं शती में आरम्भ होता है और लगभग ई.पू. 13वीं शती में इसका लोप हो गया है।

कुछ क्षेत्रों में यूगारिट वर्णमाला से उत्तर-सेमेटिक वर्णमाला का थोड़ा-बहुत रूपात्मक मेल था। विशेषज्ञों का यह अभिमत है कि यूगारिट लिपि के प्रवर्तक को उत्तर-सेमेटिक लिपि से वर्णमाला की धारणा प्राप्त हुई, परन्तु वर्षों के प्रतीकों के उद्‌भावन में, उसने कीलाक्षर चिह्नों की सहायता ली। दोनों के मिश्रण से यह एक अति-अभिनव आविष्कार बन गया।

4.12 बिब्लस के अनुकरण में हेरोग्लिफी लिपि

सीरिया में बिब्लस नामक एक और स्थान में फ्रेंच पंडित दूना ने 1929 ई. तथा 1933 ई. में एक प्रकार की प्राचीन लिपि के कुछ नमूनों की खोज की। यह लिपि बहुत कुछ हेरोग्लिफी लिपि के ढाँचे पर गठित है। दूना का खयाल है कि फिनिशियनों ने बिब्लस लिपि के अक्षरों को ही और सरल बनाकर उन्हें अपनी भाषा के लिए उपयोगी कर लिया था। उन्होंने दिखाया है कि खेट (Kheth) और कोफ (Qoph), इन दोनों अक्षरों को छोड़कर अन्यान्य फिनिशियन अक्षर बहुत कुछ बिब्लस लिपि के अक्षरों की तरह हैं। दोनों लिपियाँ दाएँ से बाएँ लिखी जाती थीं। इस प्रकार के कुछ और तथ्यों से वे इस सिद्धान्त पर पहुँचे कि बिब्लस और फोनिसियाई लिपियाँ समसामयिक हैं, इनका काल ई.पू. 2000 से ई.पू. 1780 है, और वर्णमाला-सृजन के मार्ग में संभवतः यही प्राचीनतम प्रयास है। इस अभिमत की मुख्य निर्बलता यह है कि लिपि की तिथि के विषय में ठोसता का अभाव है। लेकिन इसमें कोई संदेह नहीं कि ईसापूर्व द्वितीय सहस्राब्दी में सीरिया और पैलेस्टाइन के जिन क्षेत्रों में एक प्रकार की वर्णमाला की सहायता से लिपि के आमूल संस्कार का प्रयास चल रहा था, बिब्लस उनमें अन्यतम था।

4.13 कनानी लिपि

डॉ. गार्डिनर तथा उनके समर्थकों का विचार था कि सिनाई लिपि से ही सेमेटिक वर्णमाला की उत्पति हुई। कनानी लिपि का आविष्कार होने पर उन्होंने यह प्रतिपादित करने की चेष्टा की कि यह लिपि सिनाई तथा सेमेटिक लिपियों के बीच की एक प्रकार का मध्यवर्ती अवस्था है। कनानी अक्षरों के आकारों का सिनाई और सेमेटिक अक्षरों के आकारों से प्रचुर मेल है, परन्तु असंगति की भी कमी नहीं है। इसलिए वर्णमाला-लिपि के उद्‌भावन में यह एक पृथक् और स्वतंत्र चेष्टा हो सकती है। दूना आदि पंडितों का मत है कि यह इसी प्रकार की स्वतंत्र चेष्टा का निदर्शन है।

4.14 उत्तर सेमेटिक लिपि

ग्रीक और परवर्ती यूरोपीय वर्णमालाओं का सेमेटिक वर्णमाला से अभिन्न योग है। इस वर्णमाला के कुछ प्राचीनतम नमूने हैं : (1) मोआबाइट शिला (Moabite Stone)—इसका काल है ईसा पूर्व नवीं शती का मध्य भाग; (2) साइप्रस में प्राप्त एक पात्र के बाहरी भाग पर खुदी

हुई फोनिसियाई लिपि का एक अंश—यह भी संभवतः मोआबाइट शिला का समसामयिक है; और (3) सीरिया के जेंजिर्ली नामक स्थान में प्राप्त प्राचीन आरामी लिपि के कुछ नमूने—ईसा पूर्व नवीं या आठवीं शती में ये लिपियाँ प्रचलित थीं। उत्तर सेमेटिक लिपि के कुछ और प्राचीन दृष्टांत हैं—(1) एलीबाल शिलालेख (Eliba'al inscription)-ईसा पूर्व दसवीं शती; (2) आबीबाल शिलालेख (Abiba'al inscription)-ईसा पूर्व दसवीं शती; (3) येखीमिल्क शिलालेख (Yekhimilk inscription)-ईसा पूर्व 11वीं शती। 1923 ई.में फ्रेंच पुरातत्त्वविद् पी. मौने ने बिब्लस (फिनीशिया) में अखिराम लिपि नाम की एक और उत्तर-सेमेटिक लिपि का नमूना खोज निकाला। इसकी तिथि ईसा पूर्व 13वीं शती निर्धारित हुई है। पुरातात्त्विक मॉरिस दूना ने बिब्लस में, आब्दो (Abdo), शफातबाल (Shafat ba'al) और आसद्रुबाल (Asdrubal) नामों से ज्ञात प्राचीन सेमेटिक लिपि के कुछ और नमूने प्राप्त किए हैं। यदि उनके काल-निर्णय में कोई भूल न हुई हो तो ईसा पूर्व 18वीं शती में आब्दो लिपि, ईसा पूर्व 18वीं शती के शेष भाग या ई.पू. 17वीं शती के प्रथम भाग में शफातबाल लिपि और ई. पू. 14वीं शती में आसद्रुबाल लिपि का उद्भव हुआ था। प्रथमोक्त दोनों लिपियों की इतनी प्राचीनता के सम्बन्ध में मतभेद अवश्य है।

4.15 वर्णमाला का आविष्कार

साधारण रूप से प्राचीन लिपि-विशारदों का यह मत है कि उत्तर सेमेटिक वर्णमाला के ठीक पहले का रूप, अर्थात् आद्य-सेमेटिक वर्णमाला ही प्राचीनतम है; हिक्सस लोगों के राजनीतिक प्राधान्य के काल में, अनुमानतः ई.पू. 1730 और ई.पू. 1580 के बीच, इस वर्णमाला का आविष्कार हुआ, और सीरिया तथा पैलेस्टाइन इसकी आदि जन्मभूमि है। 'आब्दो' लिपि के समय से 'मोआबाइट शिला' की लिपि तक प्रायः 900 वर्ष के काल में प्रचलित उत्तर-सेमेटिक लिपि के अनेक नमूनों को पुरातत्त्वविदों ने खोज निकाला है। विभिन्न कालों की इन लिपियों में एक आश्चर्यजनक मेल दिखाई पड़ता है। यहाँ तक कि प्राथमिक काल की फिनिशियन और हिब्रू वर्णमालाओं से उत्तर-सेमेटिक वर्णमाला का विभेद सामान्य मात्र है। समय के साथ अक्षरों के रूपों में थोड़ा-बहुत परिवर्तन अवश्य हुआ। लेकिन परिवर्तन का नमूना देखकर लगता है कि यह बहुत धीमी गति से हुआ। इससे अनेक लोगों में यह धारणा बनी है कि उत्तर-सेमेटिक वर्णमाला के ठीक पहले के रूप, जिसे विशेषज्ञों ने आद्य-सेमेटिक वर्णमाला का नाम दिया है, और अखिराम, येखीमिल्क, लिएबाल, मोआबाइट आदि विशुद्ध उत्तर-सेमेटिक वर्णमालाओं में विशेष भेद नहीं था।

पुरातत्त्वविद्गण उत्तर-सेमेटिक वर्णमाला का जो काल-निर्देश करते हैं (आब्दो-ईसा पूर्व 18वीं शती, अखिराम ई.पू. 13वीं शती आदि), वह मोटेतौर पर हिक्कससों की राजनीतिक प्रधानता का काल है। (ई.पू. 1730-1580)। हिक्कससों का आविर्भाव, विभिन्न दिशाओं में निकट तथा मध्यपूर्व के राजनीतिक और सामाजिक जीवन में, एक महान क्रान्ति और परिवर्तन की सूचना देता है। हिक्कसस आंदोलन से इन क्षेत्रों में जिस नए उत्साह, उत्तेजना और परिवेश की सृष्टि हुई, वह वर्णमाला के उद्भावन में विशेष सहायक हुई।

वर्णमाला की आदि जन्मभूमि के तौर पर सीरिया और पैलेस्टाइन का दावा विभिन्न कारणों

से समर्थन योग्य है। इन दो देशों में पुरातात्त्विक खनन कार्य से प्राचीन उत्तर-सेमेटिक लिपि के अनेक नमूने मिले हैं। ईसा पूर्व द्वितीय सहस्राब्दी में इन दोनों देशों में वाणिज्य-व्यवसाय तथा संस्कृति के क्षेत्रों में विशेष उन्नति हुई थी। अनेक शतियों तक यह इलाका, प्राचीन काल के दो सभ्य देशों, मिस्र और मेसोपोटामिया, के बीच सेतुस्वरूप था। इन दोनों सभ्यताओं में सांस्कृतिक आदान-प्रदान मुख्यतः सीरिया और पैलेस्टाइन के मार्ग से ही हुआ था। पश्चिम में क्रीट और साइप्रस की कांस्ययुग की उन्नत मिनोयाई सभ्यता ने भी इस अंचल को कम प्रभावित नहीं किया। व्यवसाय, वाणिज्य और जटिलतर समाज-व्यवस्था की आवश्यकताओं की पूर्ति के हेतु जिस समय लिपि में शीघ्र परिवर्तन की प्रवृत्ति उत्पन्न हो रही थी, और जिस समय कीलाक्षर लिपि, हेरोग्लिफी आदि प्राचीन लिपियों की असुविधा का व्यापक रूप से अनुभव किया जा रहा था, उस समय अधिक उन्नत लिपि पद्धति के आविष्कार को संभव बनाने के लिए जिस प्रकार अनुकूल अवस्था की जरूरत थी, वह सीरिया और पैलेस्टाइन में पूर्णतः विद्यमान थी।

वर्णमाला का जन्म सीरिया और पैलेस्टाइन की मिट्टी में होने पर भी, पास-पड़ोस के विभिन्न अंचलों की अभिज्ञता और चेष्टा ने इस महत्त्वपूर्ण आविष्कार को अनेक प्रकारों से प्रेरित और प्रभावित किया। कम-से-कम मिस्री, कीलाक्षर और क्रीटीय लिपियों का प्रभाव तो इस आविष्कार पर अवश्य ही पड़ा।

उत्तर-सेमेटिक वर्णमाला के बाईसों वर्ण, व्यंजन वर्ण मात्र हैं। इनमें स्वर वर्ण एक भी नहीं है। वर्णमाला में स्वर वर्ण की योजना पहले-पहल ग्रीकों ने की। सेमेटिक वर्णमाला में स्वर वर्णों के न होने की व्याख्या संतोषजनक रूप से नहीं की गई है। कुछ विशेषज्ञों का खयाल है कि सेमेटिक जातियाँ जानबूझकर स्वर वर्णों के प्रतीकों के व्यवहार से विरत रहीं थीं। संभवतः उनकी इच्छा यही थी कि देश तथा काल-भेद का विचार कर और भाषा तथा उच्चकारण की पृथकता का विवेचन कर, विभिन्न क्षेत्रों के लोग, अपनी सुविधा के अनुसार स्वर वर्ण लगा लेंगे। यह कहने की आवश्यकता नहीं कि तात्कालिक दृष्टि से स्वर वर्ण का अनस्तित्व एक गंभीर त्रुटि जान पड़ने पर भी यही सेमेटिक वर्णमाला के व्यापक प्रचलन का कारण भी था। सेमेटिक वर्णमाला में केवल व्यंजन ध्वनि के प्रतीक होने के कारण, विभिन्न भाषा-भाषी जातियों के लिए उसे अपनाना सहज हो गया था।

उत्तर-सेमेटिक वर्णमाला के वर्णों के नाम आधुनिक हिब्रू वर्णमाला में आज भी संरक्षित हैं। 22 हिब्रू वर्णों के नाम इस प्रकार हैं—आलेफ ('Aleph), बेथ (Beth), गिमेल (Gimel), डालेथ (Daleth), हे (He), वाव (Waw), जैन (Zayin), खेथ् (Kheth), तेध् (Teth), योड (Yod), लामेड् (Lamed), काफ (Kaph) मेम् (Mem), नून (Nun), सामेख (Samekh), ऐन ('ayin),पे (Pe), सादे (Sade), कोफ (Qoph), रेश (Resh), शिन् (Shin), टाव (Taw)। अल्फा (Alpha), बीटा (Beta), गामा (Gamma), डेल्टा (Deltha) आदि ग्रीक वर्णों के नाम हिब्रू नामों से ही लिये गए हैं। हिब्रू नाम अधिकांशतः किसी-न-किसी व्यंजन वर्ण पर समाप्त होते हैं और ग्रीक नाम स्वर वर्ण पर। पुनः, हिब्रू भाषा में ये नाम किसी-न-किसी वस्तु, मानव देह के किसी-न-किसी अंग या पशु के नाम भी हैं। उदाहरणार्थ, बेथ-गृह, डालेथ-द्वार, योड-हाथ, ऐन-आँख, पे-मुख, अलेफ-बैल, कोफ-बंदर इत्यादि।

ईसा पूर्व द्वितीय सहस्राब्दी के प्रथम भाग में उत्तर-पश्चिमी सेमेटिक जातियों द्वारा यह युगान्तरकारी आविष्कार घटित हुआ। इस सहस्राब्दी के शेषार्ध में वर्णमाला की पूर्ण परिणति और विकास हुआ। पृथ्वी के विभिन्न स्थानों और जातियों में, विभिन्न प्रकार की लिपियों ने परस्पर प्रभाववश या पूर्णतः स्वतंत्र रूप से, आत्मप्रकाश किया था। इनमें से कुछ लिपियाँ प्राथमिक अवस्था को पार करने के पहले ही लुप्त हो गईं; साथ ही कई लिपियाँ उन्नत स्तर तक पहुँचीं। स्वतंत्र रूप से और एक ही समय या विभिन्न समय में एकाधिक जातियों ने आक्षरिक लिपि का आविष्कार और व्यवहार किया, इस बात को अस्वीकार नहीं किया जा सकता। लेकिन वर्णमाला का आविष्कार केवल एक ही बार हुआ। यह एक ऐसा आविष्कार है, जो एक बार ही घटित हो सकता है, दुबारा नहीं।

सन्दर्भ सूची

1. लिपि पर वर्णित तथ्य समरेन्द्र नाथ सेन द्वारा दो जिल्दों में लिखित *विज्ञान का इतिहास* (पटना, 1984) और फ्रयोदोर द्वारा लिखित *प्राचीन विश्व इतिहास का परिचय* (जयपुर, 1986) पर आधारित।

अध्याय-5

प्राचीन मिस्त्र

5.1 स्रोत

प्राचीन मिस्त्र की सभ्यता एवं संस्कृतियों के विकास का काल, स्थान, कृषि का विकास, स्थायी जीवन व्यतीत करने एवं इसके सुदृढ़ीकरण के लिए किए गए प्रयासों के बारे में जानने के लिए हमें इतिहास के शरण में जाना आवश्यक है। उत्पादन के साधनों और सम्बन्धों में क्रमिक परिवर्तनों का कालक्रम से विवरण ही इतिहास है। इतिहास का अर्थ ''निश्चय ही हुआ या ऐसा ही हुआ या ऐसा ही था'', होता है। अंग्रेजी में हिस्टरी शब्द लैटिन का हिस्ट्रॉय से बना है जिसका शाब्दिक अर्थ 'खोजबीन करना' होता है।

कुछ विश्वप्रसिद्ध इतिहासकारों ने इतिहास को सारे सामाजिक विज्ञानों की 'माता' माना है। विश्व की अनेक समस्याओं को सुलझाने में इतिहास का महान योगदान है। इतिहास के माध्यम से भविष्य को सबसे अच्छे एवं आकर्षक ढंग से सजाया जा सकता है और इस दृष्टिकोण से हमारा सबसे बड़ा सहयोगी यही हो सकता है।

इतिहास से सम्बद्ध इन तत्त्वों पर ध्यान दिया जाए तो हम पाते हैं कि मिस्त्र का प्राचीन इतिहास को क्रमबद्ध ढंग से अध्ययन करने के लिए सबसे प्रमुख आधार स्रोत या प्रमाण का अध्ययन करना आवश्यक है। प्रमाणों का बिना अध्ययन किए मिस्त्र का प्राचीन इतिहास को समझना मुश्किल ही नहीं, बल्कि असम्भव है।

मिस्त्र में आधुनिक युग की भाँति कोई भी ऐतिहासिक लेख नहीं उपलब्ध हुआ है। इसके मूल में कारण सम्भवतः यह था कि मिस्त्रवासियों को ऐतिहासिक ज्ञान बहुत ही कम था तथा उनके लिए प्रसिद्ध पौराणिक गाथा महत्त्वपूर्ण प्रसिद्ध रचनाओं की तुलना में अधिक विश्वसनीय एवं प्रामाणिक थे। इस प्रकार मिस्त्री इतिहास के साधनों में एक विशेष स्वरूप का दिग्दर्शन होता है जो विभिन्न साहित्यिक रूपों में पाए जाते हैं और जिसके आधार पर मिस्त्री इतिहास के अध्ययन को सामग्री मिलती है।

मिस्त्री इतिहास के साधनों को मूलतः साहित्यिक (Classical) एवं स्वदेशी कार्यों तथा पुरातात्त्विक लिखित प्रलेखों एवं स्मारकों के रूप में विभाजित किया जा सकता है।

5.2 साहित्य

साहित्यिक साधनों के अन्तर्गत मिस्त्र के साहित्यिक इतिहासकारों के द्वारा लिखे गए विवरण आते हैं जो यूनानी एवं मिस्त्री भाषा में लिखे गए हैं। मिस्त्री साहित्यिक इतिहासकारों में हेरोडोटस

भूगोलवेत्ता में स्ट्रेबो एवं क्रिश्चियन वंशानुलेखक (Chronoghrapher) में जोसेफ्स अफ्रीसीयनस एवं यूसीबियस (Eusebius) आते हैं। इनमें से प्रत्येक लेखकों ने पुरातन मिस्र पर अपनी-अपनी दृष्टि से विचार किया है। क्रिश्चियन वंशानुलेखक (Chronographer) ने उदाहरण के लिए मिस्र के प्रारम्भिक इतिहास को यहूदी धर्म के उच्च रचना को स्थापित करने तथा Oriental पैगनबाद (Paganism) के लिए प्रस्तुत किया है।

प्रारम्भिक यूनानी इतिहासकारों में मिलेटस (Meletes) का टिकाटाकिस (Tecatacis) था जो प्रारम्भिक छठी सदी ई.पू. का था। उसने दो पुस्तकों *(Geneologies) जेनियोलॉजीज* एवं *लिविया का इतिहास* की रचना की। दोनों रचनाएँ मिस्र के पुराहितों द्वारा वर्णित सूचनाओं पर आधारित है।

दूसरा यूनानी इतिहासकार हेरोडोटस था जो 5वीं सदी ई.पू. का था। उसने घाटी के विभिन्न भागों का निरीक्षण किया था। वह मेम्फीस और हेलियोपॉलिस में कुछ समय के लिए रहा। उसने मिस्री पुरोहितों से घनिष्ट सम्बन्धों की स्थापना की तथा अपनी रचनाओं में पुरातन मिस्र के सम्बन्ध में जो कहा गया, उसकी रचना की। इसके अतिरिक्त उस घाटी में रहकर उसने जो अनुभव किया उसका भी अपनी रचनाओं में उसने स्थान दिया। परन्तु उसकी रचनाओं में कतिपय दोष विद्यमान है, जैसे समीक्षात्मक अशुद्ध रूप में वर्णित किए गए हैं।

यूनान एवं मिस्र के बीच सम्बन्धों का विकास 332 ई.पू. में सिकन्दर के मिस्री अभियान के पश्चात् हुआ। टोलेमी हलेनिज ने मिस्र पर चौथी एवं तीसरी सदी ई.पू. में शासन किया था। इस काल का एक महत्त्वपूर्ण भूगोलवेत्ता इराटोस्थेनीज (Eratosthenies) था, जिसने घाटी को सर्वप्रथम आक्षांश के समानान्तर तक अपने प्रसार की स्थापना की। उसका अनुकरण स्ट्रैबो तथा प्लूटार्क ने किया था। प्लूटार्क ने इसीस एवं ओसीरिस (Isis and Osiris) पर ग्रन्थ की रचना 120 ई. में की, जिसमें प्राचीन मिस्री धर्म विशेषतः ओसिरियन सोजी (Osirian sogi) के सन्दर्भ में क्रमानुगत विवरण मिलता है। यद्यपि उसकी रचनाओं से सिद्ध होता है कि यूनानी अन्धविश्वास (Mythology) की ओर मिस्री देवताओं का झुकाव था। इससे ओसीरियन पौराणिक गाथा के रहस्य को समझने में मदद मिलती है। कतिपय अभिव्यक्तियों की पुष्टि हेरोग्लिफिक (Heiroglyphic) रचनाओं से होती है।

साहित्यिक (Classical) साधनों के महत्त्व पर एमेरी (Emery) का विचार है कि हेरोडोटस की रचना का सीमित महत्त्व है, क्योंकि वह कही गई कहानियों पर अधिक विश्वास करता और उसे स्पष्ट रूप में अभिव्यक्त करता था। परन्तु जोसेफस (Josephus) अफ्रीकनस (Africanus) एवं यूसीवियस (Eusibius) के लेखों में मनेथो (Manetho) के लेखों के उद्धरण वर्णित हैं, जो अत्यधिक महत्त्व के थे तथा जिसने सामान्य रचना का निर्माण किया है। इसी के आधार पर मिस्री इतिहास का निर्माण किया गया है।

स्वदेशी साहित्यिक साधनों में महत्त्वपूर्ण मनेथो (Manetho's) का *एजिप्सिया* (Aegyptiaeae) है। टोलेमी, (Ptolemy I 305-285 B. C.) ने यूनानी भाषा में राजाओं की सूची को विभक्त किया तथा परिवार का उद्भव जिस क्षेत्र से होता था, उसका नाम भी उल्लिखित किया। हेलीयोपॉलिस मन्दिर का एक पुजारी होने के नाते मनेथो (Manetho) की मन्दिरों में रखी गई पुरातन अभिलेखों के प्रति आसानी से पहुँच थी। इसीलिए उसके

विवरण विश्वसनीय हैं। दुर्भाग्यवश मनेथो का इतिहास खो गया है तथा उसके केवल बाद के लेखकों द्वारा उद्धृत उद्धरण मिलते हैं। लेखक के मृत्यु के छः सदियों के उपरान्त नकल किए गए उद्धरण थे जिनमें स्पष्टता एवं शुद्धता का अभाव पाते हैं।

मनेथो की कृति के महत्त्व को विभिन्न ढंग से मूल्यांकन किया गया है। ब्रेस्टेड कहती है कि "मनेथो द्वारा लिखित ग्रामीण कहानियों का संग्रह मुश्किल से इतिहास नाम लायक है।" वह उसकी व्याख्या करती है कि मनेथो का वंशानुगत विभाजन निरंकुश है एवं इस प्रकार के अनेक वंशानुगत परिवर्तन का विवरण मिलता है जहाँ वह किसी के सम्बन्ध में सूचित नहीं करता है। हॉल (Hall) के अनुसार, "जो कुछ भी हो, मनेथो की कृति अत्यधिक महत्त्वपूर्ण है।" प्रत्येक वंश की राजाओं की संख्या प्रायः सही है तथा वंशों की संख्या व्यावहारिक रूप से सही पाई गई है। सबसे स्पष्ट गुथ्थि का दिग्दर्शन 12वें एवं 18वें राजवंश के मध्यवर्ती काल में देखने को मिलती है। इन चार वंशों के अन्तराल में इतनी लम्बी अवधि देखने का कारण सम्भवतः स्वदेशी अभिलेखों के भ्रम के कारण हैं, जहाँ से मनेथो ने अपनी सामग्रियों को प्राप्त किया था। जहाँ पर स्वदेशी लेख अच्छे थे, वहाँ मनेथो का भाव अच्छा था और जहाँ पर वे टूटे हुए थे और अपूर्ण हैं वहाँ पर उसके विवरण अपूर्ण एवं भ्रमपूर्ण हैं।

5.3 पुरातात्त्विक सामग्रियाँ

पुरातात्त्विक ग्रन्थों में सबसे महत्त्वपूर्ण पाँच राजाओं की सूची है। इस क्रम में एबीदोस (Abydos) की पट्टी प्रथम है जो सेती के मन्दिर के ओसारे (Coridor) पर लिखा हुआ है। यह मेनीस से सेती तक 76 राजाओं का उल्लेख करता है। कर्नाकवाली दूसरी सूची मेनीस से थुतमोस III तक में 62 राजाओं के नामों का विवरण देता है। सकारा (Saqqara) के अभिलेख जो शाही लिपि में मीनार पर पाए गए हैं इनमें थुनेरी (Thunery) का अत्यधिक महत्त्व है। यह 47 राजाओं मेरबापेन (Merbapen) राजवंश के छठे राजवंश से रेमसेस II तक का विवरण देता है। यह सूची यह प्रलेख निचले मिस्र के लेखों का प्रतिनिधित्व करता है तथा मेरबापेन के पाँच पूर्वजों के नामों का जिक्र नहीं करता है जिसकी सार्वभौमिकता की मान्यता निम्न मिस्र में नहीं थी। ये तीन सूचियाँ केवल नामों की सूची के अतिरिक्त कुछ नहीं देता है परन्तु मनेथो की कृति के आधार पर उन्होंने एक स्वरूप का निर्माण किया है जिसके आधार पर विभिन्न राजाओं के शासन का हमें ज्ञान प्राप्त होता है।

ट्यूरीन पैपिरस जो हिक्रेटिक (Hicratic) में लिखे गए हैं, में ऐसे राजाओं का विवरण मिलता है जो कि मरणशील राजाओं से ईश्वर के वंश तक जाता है। यह उन राजाओं को विभिन्न भागों में वर्गीकृत करता है तथा उनके शासन को विभिन्न कालों में विभाजित करता है। पैपिरस की रचना 19वीं राजवंश के राज्यकाल में हुई जो कि निःसन्देह रूप से मन्दिर का प्रलेख था तथा उन प्रलेखों के आधार पर ही साहित्यिक (Classical) लेखकों ने अपने-अपने इतिहासों की रचना की।

इनमें से सबसे महत्त्वपूर्ण सूचियों में पलेर्मो स्टोन (Ptlermo stone) है जिसमें प्रथम पाँच राजवंशों का इतिहास उल्लिखित है। ऊपरी तथा निचली मिस्र के राजाओं के नामों की

भी सूची अंकित है, जिसने दो राजाओं के एकीकरण के पूर्व में शासन किया था। ये सभी प्रलेख पाँचवें राजवंश के शासनकाल में लिखे गए। दुर्भाग्यवश पत्थर हम लोगों को छोटे एवं अपूर्ण टुकड़ों में मिले हैं। यद्यपि इस सन्दर्भ में काफी शोध किए गए हैं परन्तु विभिन्न विद्वानों द्वारा निकाले गए निष्कर्ष विरोधी हैं तथा पूर्णतः सन्तोषजनक नहीं है। जो कुछ भी हो, काल का एक तुलनात्मक अध्ययन जो कि एक पत्थर पर आधारित है तथा मनेथो की वंशपरम्परा ने इस तथ्य को सिद्ध किया है, काफी महत्त्वपूर्ण है।

कैरो म्यूजियम के प्रथम निर्देशक के नेतृत्व में मिस्र के मैरीयेट (Marriette) नामक स्थान में पुरातात्त्विक खुदाइयाँ शुरू हुईं। 1850 से 80 तक के काल में उन्होंने देश में महत्त्वपूर्ण खुदाइयाँ कराईं। इन खुदाइयों के परिणामस्वरूप मेम्फीस के अपीस के मन्दिर, गिजे का स्फिक्स मन्दिर तथा सागाराह (Saggarah) का कब्रिस्तान (Cementries) मिला। उसी समय असंख्य अभिलेखों, कला-कृतियों, मूर्तियों तथा अन्य दूसरी छोटी वस्तुओं की भी खोज की गई थी। उनके द्वारा खोज के उपरान्त यह काम मेसपेरो (Mespero) द्वारा जारी रहा, जिन्होंने सकारा में अवस्थित उनास (Unas) के पिरामिड की खोज की। इस क्रम में प्रसिद्ध पिरामिड के ग्रन्थ मिले जो मिस्री भाषा विज्ञान (Philo-logical) इतिहास एवं मिस्री धार्मिक विचारों की प्रगति के अध्ययन की दृष्टि से काफी महत्त्वपूर्ण हैं। इसके अतिरिक्त यह शव के दाहने के ढंग, दैवी स्वरूप, ईश्वर पूजा की विधियाँ तथा मृतक के सम्बन्ध में स्पष्ट विवरण प्रस्तुत करता है।

1881 एवं 1906 के बीच में पेट्रीक, मासपेरो, नेवीले (Naville) एवं मोर्गन (Morgan) ने अनेक खोजें कीं। इस खोज के क्रम में अबीडोस के प्रारम्भिक राजवंश के राजाओं की मीनारें, अखनाटन की मीनारें तथा थीब्स के निकट के राजाओं की मीनारों का दिग्दर्शन होता है। 1887 ई. में तेल-अल-अमरना (Tel-el-Amarna) से ग्रन्थों की प्राप्ति खुदाई से हुई। इस ग्रन्थ से एक और मिस्री राजदरबार तथा दूसरी ओर अनातोलिया, असीरिया, बेबीलोनिया, साइप्रस, मीतानी, सीरिया एवं पैलेस्टाइन के नगर राज्यों तक कूटनीतिक सम्बन्ध की जानकारी मिलती है। इतना ही नहीं, इस अभिलेख के द्वारा इस काल के इतिहास, व्यापारिक सम्बन्धों, सामाजिक एवं धार्मिक रिवाजों, भूगोल आदि की भी जानकारी मिलती है।

1902-14 के बीच कार्टर, क्यूबेल एवं आर्टन (Ayrton) ने खुदाइयों का निर्देशन पश्चिमी थीब्ज के बीबन-एल-मोलूक (Biban-el-Moluk) में किया। इसी काल में एक जर्मन मीशन ने अखनाटन के राजत्ववाले भू-प्रदेश में खुदाइयाँ कराईं। 1921 में यह कार्य मिस्री खुदाई समाज (Egyptian Exploration Society) द्वारा सम्पादित कराया गया। इसी शुभ अवसर पर प्रसिद्ध कोर्णाक मन्दिर के हॉल का निर्माण कराया गया। हॉल ही में मिस्री पुरातत्त्ववेत्ताओं जालरिया गोनेइम (Zalaria goneim) ने महत्त्वपूर्ण खोज की।

कतिपय (Epigraphic) अभिलेखीय स्मारकों में विजयों का विवरण जैसे थुतमस III के सीरिया के विजय अभियान का प्रलेख, शाही घोषणाओं से प्राचीन मिस्र के इतिहास के निर्माण में अत्यधिक जानकारी मिलती है। काफी संख्या में पैपरी मिलते हैं जिसमें साहित्यिक रचनाएँ, सरकारी पत्राचार, वैधानिक प्रलेखों तथा व्यक्तिगत कागजातों का विवरण मिलता है।

ब्रेस्टेड महोदया इस तथ्य की ओर ध्यान आकृष्ट करती हैं कि अधिक साधनों एवं अभिलेखों को उस समय पढ़ा गया और सम्पाद्रन किया गया जिस समय (heiroglyphic) अभिलेखों को पढ़ने का ज्ञान प्रारम्भिक था।

लेकिन हम ब्रेस्टेड के कथन के प्रति सहमति नहीं प्रकट कर सकते जिसमें वे कहती हैं–"नील घाटी के लोगों के जीवन की जानकारी के सम्बन्ध में जो साधन उपलब्ध हैं वे विस्तार में अत्यल्प एवं स्वरूप में अत्यधिक अपूर्ण हैं।" मिस्री साम्राज्य के सन्दर्भ में जो कागजात किस्म एवं परिणाम की दृष्टि से मौजूद हैं, वे पूर्णतः ठीक ढंग से एक राष्ट्र के चरित्र को प्रस्तुत करते हैं। इस प्रकार यद्यपि साधन हमें यत्र-तत्र बिखरे उपलब्ध होते हैं फिर भी सामग्री हमें पर्याप्त मात्रा में मिस्री इतिहास के लिए मिल जाती है। पतन (Decadence) एवं पुनर्स्थापन (Restoration) काल में ठीक उसी तरह कागजातों एवं अभिलेखों की कमी रहती है जिस तरह से प्रारम्भिक काल में थी। इसके परिणामस्वरूप इतिहासकार ऐतिहासिक तथ्यों को निरूपित करने में अनुमान (Hypothesis) तथा सम्भावनाओं का प्रयोग करते हैं।

अध्याय-6

मिस्र का प्राचीन राजवंश

6.1 पृष्ठभूमि

आज जहाँ मरुभूमि की मात्रा ज्यादा है, वहाँ एक समय प्राचीनतम सभ्यता विकसित हुई थी। भूगर्भीय परिवर्तन ने प्राचीन मिस्र को बिना वर्षावाला क्षेत्र बना दिया है जिस कारण कृषि योग्य भूमि का बिलकुल अभाव है। मिस्र की ऐसी स्थिति आज से हजारों वर्ष पहले थी जब यहाँ सभ्यता ने जन्म नहीं ली थी। प्रकृति से टकराकर मिस्र निवासियों ने यहाँ एक सभ्यता को विकसित किया जिसका अवशेष उस क्षेत्र में यहाँ-वहाँ आज भी बिखरा पड़ा है और कुछ अवशेष अन्तर्राष्ट्रीय ख्यातिप्राप्त अजायबघरों के सुन्दरता को बढ़ा रहे हैं। मिस्र में प्राचीनतम निवासी उस समय पाए गए जब वे लोग पत्थर के औजारों का प्रयोग करते थे लेकिन इन्हें प्रागैतिहासिक काल या ऐतिहासिक काल का निर्माता किसी हालत में नहीं कहा जा सकता है।

मिस्र-सभ्यता के निर्माताओं के पूर्वजों का अध्ययन करने के लिए हमें लीबिया या उत्तरी अफ्रीका के निवासियों का एक तरफ और दूसरी तरफ पूर्वी अफ्रीका के निवासियों, जैसे—गल्ल, सोमली, बेग, आदि जनजातियों का अध्ययन करना आवश्यक है। एशिया के सेमेटिक नामक घुमन्तू लोगों ने इन क्षेत्रों एवं जनजातियों पर आक्रमण किए क्योंकि सेमेटिक लोगों द्वारा बोली जानेवाली भाषा अफ्रीकी भाषा से भिन्न है और सेमेटिक भाषा की जानकारी स्रोतों के आधार पर पता चलता है कि मिस्र में काफी प्राचीन है। इसका अर्थ यह नहीं हुआ कि समेटिक लोगों ने यहाँ के सभी निवासियों को भगा दिया या मार दिया वरन् सेमेटिक जातियों के आगमन के बावजूद मिस्र में लीबिया या उत्तरी अफ्रीका के लोग वहाँ थे। प्रमाण के अभाव में यह बताना मुश्किल है कि सेमेटिक जाति के लोग मिस्र में कब क्यों और कैसे आए। ब्रेस्टेड ने बताया है कि अरब होकर ये लोग आए। सेमेटिक जाति के लोग जब मिस्र में आए उसके पूर्व यहाँ के निवासियों के बीच आत्मा के अस्तित्व के सम्बन्ध में कोई विचारधारा नहीं थी। मिस्री सभ्यता में पाए गए धार्मिक रीति-रिवाजों की शुरुआत सम्भदतः सेमेटिक लोगों के आने के पश्चात् ही शुरू हुई। नील नदी की घाटी में लीबिया के कबायलियों के आने के बाद ही यहाँ भाषा की बात हम पाते हैं। इस समय के कुछ बर्तन भी खुदाई से प्राप्त हुए हैं। यहाँ के स्रोतों में सोमाली लोगों की चर्चा हम पाते हैं जिससे मिस्रवासी प्रभावित हुए थे। नील नदी की घाटी में अभी भी खुदाई से काफी मात्रा में नर-कंकाल मिले हैं जिनके

अध्ययन से और भी नई बातों की जानकारी हो सकती है। कुछ इतिहासकार आज भी इसी बात पर एकमत हैं कि मिस्री सभ्यता का निर्माण करनेवाले अफ्रीका के नीग्रो जाति के लोग थे लेकिन यह विचार अब मान्य नहीं है।

6.2 संस्कृति

प्राचीन कब्रों में पाए गए मुर्दों के अध्ययन से पता चलता है कि यहाँ के निवासी काले बालोंवाले थे। वे लोग कन्धे पर चमड़े का वस्त्र पहनते थे। ये लोग कभी-कभी चमड़े का चादर भी रखते थे और फिर मात्र एक छोटा-सा पतला कपड़ा। औरतें कन्धों से पैर तक ढँकनेवाला सूती वस्त्र पहनती थीं। यह वस्त्र काफी पतला होता था। नारी और पुरुष की कई मूर्तियाँ मिली हैं जो निर्वस्त्र हैं जिससे पता चलता है कि वस्त्र बहुत-से लोग नहीं पहनते थे। पैर में कुछ मिस्रवासी चप्पल भी पहनते थे। कभी-कभी वे शृंगार करते थे और आभूषण, जैसे—अँगूठी, भुजदंड, करधनी आदि पहनते थे। ये आभूषण प्रायः पत्थर, हाथीदाँत एवं पशुओं के हड्डियों द्वारा बनाए जाते थे। पत्थरों को तराशकर छोटे-छोटे दाने बनाए जाते थे और उसे गूँथकर माला के रूप में मिस्रवासी पहना करते थे। औरतें बालों को हाथीदाँत की बनी कंघी से सँवारती थीं। जूड़े को चुस्त रखने के लिए बालों में पिन भी लगाती थीं। आँखों और चेहरे को सजाने के लिए सुगन्धित लेपों का प्रयोग मिस्र की औरतें करती थीं। रहने के लिए मकान कच्चे मिट्टी के बनते थे। मकान को बनाने में धूप में सुखाई हुई ईंटों का प्रयोग भी ये लोग करते थे। मकान के भीतरी भागों को सजाने के लिए मिस्रवासियों द्वारा कई प्रकार की वस्तुओं का प्रयोग किया जाता था। हाथीदाँतों से चम्मच बनाए जाते थे जिनके द्वारा धनी लोग भोजन करते थे। इन चम्मचों पर जानवरों के चित्र बने रहते थे। यद्यपि मिस्रवासियों को शुरू में चाक की जानकारी नहीं थी फिर भी तरह-तरह के मिट्टी के बर्तनों का निर्माण ये लोग किया करते थे। यूरोप और अमेरिका के संग्रहालयों में लाल और काले रंग के पॉलिश किए हुए इस काल में मिस्री बर्तन आज भी देखे जा सकते हैं। इस काल के कुछ चित्र भी मिले हैं जिन पर नाव, मनुष्य, पशु, चिड़िया, मछली और पेड़ के चित्र बने हैं। शीशे की वस्तुएँ नहीं पाई गई हैं लेकिन पत्थरों को रगड़कर काफी चमकीला बनाया जाता था। मिस्र की सभ्यता के आरम्भिक चरणों में हम लकड़ी, हाथीदाँत एवं पत्थरों से निर्मित अनेक मूर्तियों को पाते हैं। कोपटोश में पेट्री द्वारा बड़े आकार की तीन मूर्तियाँ पाई गई हैं जिनसे पूर्व राजवंश सभ्यता की जानकारी होती है। मिट्टी के बर्तन बनाने की कला ने ही स्थापत्य कला को विकसित किया और पत्थरों के जार या जग बनने लगे। पत्थरों से बने औजार जैसे भाला का प्रयोग राजवंश का विकास के पूर्व ही मिस्रवासियों द्वारा किया जाने लगा था। इसी समय मिस्रवासी ताँबा से भी लड़ाई के औजार बनाने लगे थे। इस स्थिति में इतिहासकार ब्रेस्टेड का मत है कि मिस्र का समाज धीरे-धीरे पत्थर युग से ताम्र युग की ओर बढ़ रहा था।

नील नदी की घाटी में हम ऐसा नहीं सोच सकते हैं कि प्राचीनतम मिस्र में कृषकों के अलावा अन्य कोई दल था जो कृषि कार्य न करके अन्य पेशे में गहरे ढंग से लगा हो। यही कृषक वर्ग बाद में चलकर मिस्र में सभ्यता को विकसित किया और वैसे धर्म को मानना

शुरू किया जो प्राक् इतिहास काल में मिस्र में था। इसके बावजूद मिस्र की आरम्भिक सामाजिक एवं आर्थिक स्थिति बड़े पैमाने पर पशुपालन अवस्था से प्रभावित थी। बर्तन पर हाथी के चित्र पाए जाने से पता चलता है कि उनके बीच जंगली हाथी का महत्त्व था। आदि पशुओं का इस समाज में धार्मिक महत्त्व था जो निश्चय ही जंगली पशु थे। इस तरह मिस्र का प्रारम्भिक मानव मुख्यतः शिकारी था। ये लोग मछली मारने का पेशा भी करते थे। मनोरंजन के रूप में रात में रेगिस्तानी शेर और बैल का शिकार तीर-धनुष से करते और दिन में घड़ियाल आदि का शिकार करते थे।

6.3 अर्थव्यवस्था

आरम्भ में मिस्रवासियों ने छोटी नावों का निर्माण किया लेकिन बाद में चलकर शिकार या अन्य पेशों के लिए बड़े-बड़े जहाज बनाने लगे जिसके परिणामस्वरूप इनके बीच उद्योग-धन्धे का विकास होने लगा। नील नदी के इन बड़े-बड़े जहाजों को बनाने में रस्सी या अन्य तार तथा लकड़ी प्रयोग होता था। वैसे, बड़े-बड़े जहाजों की संख्या आरम्भ में काफी कम रही। हाथीदाँत का प्रयोग काफी बड़े पैमाने पर होता था जिससे अधिक हाथियों का मिस्र में पाया जाना कहा जा सकता है। काफी हाथियों को दक्षिण से भी मँगाया जाता था। इतिहासकारों का मत है कि मिस्र के ऊपरी भाग में इस समय लगभग 20 राज्य विकसित हो गए थे। इस स्थिति में कहा जा सकता है कि मिस्रवासियों के बीच सभ्यता का विकास होने लगा और शहर एवं नगर-राज्य पाए जाने लगे। बेबीलोन की तरह मिस्र में भी नगर-राज्यों के साथ-साथ सरकार या शासक, स्थानीय देवता एवं बाजार पाए जाने लगे। मिस्री समाज में, सभ्यता का विकास अन्य देशों के समान उपर्युक्त ढंग से होता रहा लेकिन इन नगर-राज्यों का विकास बेबीलोन की तरह ऐतिहासिक काल में नहीं बल्कि प्रागैतिहासिक काल में हुआ।

6.4 विदेशों से सम्बन्ध

धीरे-धीरे विकसित अनेक नगर-राज्य बाद में चलकर दो साम्राज्यों में विभक्त हो गए। पहले साम्राज्य का विकास तो नील नदी के डेल्टा में हुआ और दूसरा साम्राज्य नील नदी के डेल्टा के ऊपर में स्थापित हुआ। साम्राज्य के विकास के प्रक्रिया को समझने के लिए हमारे पास स्रोतों का अभाव है। अनुमानतः इन विकास की प्रक्रिया लगभग ईसा पूर्व 4000 में पूर्ण हुई होगी। इस समय विकसित दोनों साम्राज्यों के बारे में हमारी जानकारी बिलकुल कम है लेकिन इतना तो अवश्य कहा जा सकता है कि मिस्र का प्राक् इतिहास काल का अन्त इसके बाद हो गया और ऐतिहासिक काल की शुरुआत हो गई। मिस्र की सभ्यता के इस विकास ने लीबिया के साथ अपना गहरा सम्बन्ध स्थापित कर लिया। हेरोडोटस के काल तक मिस्र लीबिया से प्रभावित रहा। आरम्भिक स्रोतों के अध्ययन से पता चलता है कि मिस्र के फराओ को लीबिया के आक्रमण का सामना हमेशा करते रहना पड़ा था। सैस (पश्चिमी डेल्टा में स्थित) में एक मन्दिर मिला है जिससे पता चलता है कि लीबिया से मिस्रवासी प्रभावित थे। इस मन्दिर को 'निचले मिस्र के राजा का घर' कहा गया है। इस मन्दिर में नेत नामक देवी की प्रमुख प्रतिमा

है जिसे लीबिया निवासी अपने हाथ में लिये हैं। सम्भवतः यह स्थान आरम्भ में लीबिया निवासियों का केन्द्र रहा होगा। अबूसील में स्थित सहूरे के पिरामिड मन्दिर में एक राजा के पोशाक में चार लिबियन सरदारों को पाया गया है जो सम्भवतः डेल्टा के प्राचीन लिबियन राजा के वंश कहे जा सकते हैं। उत्तरी साम्राज्य के राजा के प्रतीक के रूप में पेपिरस के पौधे को लगाते हुए दिखाया गया है जो बड़े पैमाने पर झाड़ियों में उगने लगे। राजा ने अपने को मधुमक्खी शब्द से विभूषित किया और सर पर लाल रंग का मुकुट पहना। लाल रंग उत्तरी साम्राज्य का प्रतिष्ठित रंग बन गया और साम्राज्य के खजाने का नाम 'लाल घर' पड़ा।

6.5 धर्म

दुर्भाग्यवश नील नदी के द्वारा लाई गई मिट्टी से डेल्टा इतना भर गया कि पुरानी सभ्यता की जानकारी के लिए वहाँ से कुछ भी ऐतिहासिक सामग्री प्राप्त करना सम्भव नहीं। सम्भवतः इस घाटी में पहली सभ्यता जो विकसित हुई वह मिस्र की इस सभ्यता से ज्यादा विकसित होगी। 43 ई. पूर्व में डेल्टा के लोग 365 दिनों का वर्ष की बात जान चुके थे। उन्होंने एक कैलेंडर का भी निर्माण किया था जिसका पहला दिन वह होता था जिस दिन शिरिउस नामक तारा सूर्योदय के समय दिखाई देता था। ऐसे ज्योतिषशास्त्र के विद्वान् लगभग 4241 ई. पूर्व में दक्षिणी डेल्टा में रहते थे। डेल्टा के इसी सभ्यता की देन है कि हम लोग इतिहास की सबसे प्राचीनतम तिथि जान पाते हैं। इस खोज से 4000 ई. पूर्व में एक विकसित संस्कृति की जानकारी हो पाती है। अमावस्या और पूर्णिमा की भी जानकारी इन्हें थी। ये लोग बारह महीनों का वर्ष और एक महीने को तीस दिन में बाँटना जान चुके थे। बाकी पाँच दिन उत्सव में बिताते थे। पहला दिन वर्ष का वह होता था जिस दिन पूर्वी आकाश में सूर्योदय के समय शिरिउस नामक तारा दिखाई देता था। 360 दिन का एक वर्ष मानने के कारण 1460 साल के बाद ज्योतिष विज्ञान में इन्हें कुछ गड़बड़ी दिखाई देने लगी जो स्वाभाविक था। इस तरह के वर्ष रोम में भी नकल किया गया और मिस्र का यह कैलेंडर अर्थात् लगभग 6000 वर्षों तक महत्त्वपूर्ण स्थान बनाए हुए हैं। ऊपरी मिस्र का साम्राज्य और भी ज्यादा महत्त्वपूर्ण है जिसकी राजधानी नेखव (आधुनिक एल्काव) थी। इस साम्राज्य का प्रतीक लिपि पौधा था जो उजले रंग का होता था और राजा का मुकुट भी उजला होता था। उसके खजाने का नाम 'उजला घर' पड़ा। राजभवन का नाम नेखन पड़ा। उत्तर और दक्षिण दोनों साम्राज्यों की राजधानियों की रक्षा देवी बूरो करती थी जिसे नाग देवी उत्तरी साम्राज्य में और नेखबेट दक्षिणी साम्राज्य में कहा जाता था। दोनों राजाओं द्वारा होरुस (Horus) नामक देवता की आराधना करते थे। नील नदी के लोग मरने के बाद भी जीवन के अस्तित्व में विश्वास करते थे। ऊपरी मिस्र के रेगिस्तानी क्षेत्र में वे मृतकों को इस आशा में गाड़ देते थे कि वे फिर जिन्दा हो जाएँगे। इस स्थान की खुदाई से बहुत-सी ऐतिहासिक सामग्रियाँ मिलीं जो उपर्युक्त तथ्य को प्रमाणित करती हैं। शव के साथ मृतक की आवश्यकता के अनुसार सारी चीजें कब्र में रखी जाती थीं। शव बहुत दिनों तक सड़े नहीं इसके लिए इन्होंने प्रयास किया और सफल रहे। जादू-टोना का विकास हुआ और इसे लिखित रूप प्रदान किया गया। इस तरह की लिखित सामग्री पाँचवें और छठे राजवंशों के पिरामिडों से मिले हैं। छठे वंश का एक

शासक पेपी प्रथम ने दान देकर मन्दिर को उस स्थान पर बनवाया जहाँ राजवंश के पूर्वजों ने बनवाए थे और इस तरह मन्दिरों का निर्माण इस समय हुआ।

लिखने की कला इन लोगों ने विकसित की। पाँचवें राजवंश के काल में हम एक लिखित लम्बा लिस्ट पाते हैं जो उत्तरी और दक्षिणी राजाओं द्वारा कब्रों में रखे गए थे। सम्भवतः लिखित सामग्री प्रथम राजवंश के पहले की भी मिली है।

उत्तर और दक्षिण राजाओं का काल लगभग 3400 ई.पू. है जिसके बारे में विशेष जानकारी नहीं हो पाई है क्योंकि उनकी कब्रों को अब तक नहीं खोदा जा सका है और अन्य लिखित सामग्री की कोई जानकारी नहीं हो पाई है। उत्तरी साम्राज्य के कुछ राजाओं के नामों की जानकारी होती है लेकिन दक्षिण साम्राज्य के राजाओं के बारे में वह भी नहीं। उत्तरी एवं दक्षिणी मिस्र के राजा 'होरुस के पुजारी' कहे जाते थे और बाद में चलकर इनका धार्मिक महत्त्व इतना बढ़ गया कि इन्हें देवता के रूप में धार्मिक स्थान मिल गया। ये राजा अब दैवी शक्ति के आधार पर मिस्र के राज्यों पर शासन करने लगे। इसलिए मनेथो बताता है कि मरने के बावजूद ये राजे मिस्र निवासियों की नजर में नहीं मरते थे। जिस राजधानी में जो फराओ शासन करता था, मरने के बाद उसकी पूजा वहाँ होने लगती थीं। इस तरह आज से लगभग छह हजार वर्ष पूर्व में प्रथम राज्यों का उदय और राजा की सत्ता कायम हुई। राजा के पास सेना, पहरेदार, जल्लाद और जेलें थीं। राज्य वह शक्ति था, जिसकी मदद से दासस्वामी शोषितों पर अपना अधिकार स्थापित किए हुए थे। इस काल में शोषित वर्ग में मुख्यतः कृषक और दास आते थे। जहाँ तक दासों का आविर्भाव का प्रश्न है, शुरू में मिस्र के निवासी कबीलों के बीच होनेवाले युद्धों में पकड़े हुए दुश्मनों को मार देते थे और इसीलिए दुश्मन कैदियों को प्रायः 'मुर्दा' कहा जाता था। बाद में चलकर मिस्री विजेताओं ने जब महसूस किया कि कैदियों से मेहनत कराकर उनका उपयोग किया जा सकता है, तो युद्ध बन्दियों को मारना बन्द हो गया। धनी लोग उन पर कब्जा करके दास बना लेते थे। दास अब मिस्र में 'जिन्दा मुर्दा' कहे जाने लगे।

6.6 दास

दास खेत सींचते तथा नहरें खोदते थे। इनके द्वारा बाँध बनाना और महलों के लिए पत्थर तोड़ने का काम किया जाता था। पैसा के नाम पर उनके पास कुछ नहीं होता था। ये मालिक के सम्पत्ति होते थे। इन्हें भोजन के नाम पर उतना ही मिलता था कि वे मर नहीं सकें। दासों से अधिक संख्या मिस्र में कृषकों की थी। इस तरह सामाजिक दृष्टिकोण से मिस्री समाज में दासस्वामी प्रथम श्रेणी में आते थे जिनके पास भूमि दास, मवेशी के रेवड़, काम के औजार और सोना होता था। ये लोग दासों और किसानों की मेहनत के फलों को हथिया लेते थे। द्वितीय श्रेणी किसानों की थी जिनके पास कम भूमि, अपने काम के औजार और थोड़े मवेशी होते थे। ये कृषक अपनी कमाई का एक हिस्सा दासस्वामी या सम्भ्रान्त लोगों को देते थे। तीसरी श्रेणी दासों की थी जिनके पास कोई सम्पत्ति नहीं थी। ये दास स्वयं ही दासस्वामियों के सम्पत्ति थे। इनकी मेहनत की सारी कमाई पर दासस्वामियों का अधिकार होता था जो इनके मलिक होते थे। मिस्र का समाज वास्तव में दो वर्गों में बँट गया था। प्रथम वर्ग शोषक

अर्थात् गरीबों का शोषण करनेवाला और दूसरा वर्ग शोषितों अर्थात् जिनका शोषण किया जाता था, का था। शोषक वर्ग में दासों के मालिक या दासस्वामी आते थे जिनका पहनने एवं रहने का ढंग काफी उच्चस्तर का था। ये लोग महीन वस्त्र पहनते थे और इनकी कमर में सोने की मूठवाली ताँबे की छुरी लटकी रहती थी। हाथ में कंगन और गले में ये दासस्वामी हार पहना करते थे। 4000 ईसा पूर्व में ये दासस्वामी छायाकार पेड़ों से घिरे महलों में रहते थे। कबीले के सरदार दासस्वामियों में सबसे धनी थे।

धीरे-धीरे शोषक और शोषितों के बीच तनाव बढ़ने लगा। धनी मिस्रियों द्वारा अधिक भूमि पर अधिकार जमाए जाने का विरोध अब छोटे-छोटे कृषकों द्वारा होने लगा था। मेहनती कृषक अपने खून-पसीने की कमाई का बड़ा अंश दासस्वामियों को देना अब नहीं चाहते। गुलामी की जंजीरें अब दासों को भी पसन्द नहीं थीं। अपना विलासमय एवं धनी अस्तित्व बरकरार रखने के लिए दासस्वामी लोग कबीले के सेनानी या सरदारों से मदद लेने लगे। दासस्वामियों को मदद करने के बदले सरदारों को धन मिलने लगा और ये इतने सम्पत्तिवान बन गए कि काफी संख्या में प्रहरी और पूरी सेना रखने लगे। पहरेदारों एवं सैनिकों का मुख्य काम अब यही था कि जो दास भागते थे उन्हें वे पकड़कर पुनः लाते थे और खेतों, खेड़ों और दासस्वामियों के घरों की रक्षा करते। छोटे कृषकों द्वारा जब दासस्वामियों का विरोध किया जाता था तो ये भाड़े के सैनिक उन्हें मारते थे और कुछ को कैद तथा कुछ को मृत्युदंड दे देते थे। पहरेदारों एवं सैनिकों के कारण सेनानी या सरदारों की आर्थिक एवं राजनीतिक स्थिति काफी शक्तिशाली हो गई। वह कबीले का सबसे सम्पन्न शासक बन बैठा और सभी प्रकार के मामलों का निपटारा स्वयं करने लगा और राजा बन गया।

चौथी सहस्राब्दी ई.पू. मिस्र में लगभग 40 राज्य थे जिसके राजा आपस में लड़ते रहते थे। विजयी राजा दुश्मन राजा के क्षेत्र को अपने राज्य में मिला लेता था। एक ने सारे उत्तरी मिस्र (नील के डेल्टा) और दूसरे ने सारे दक्षिण (नीला की घाटी) को जीत लिया। 3400 ई.पू. के आसपास दक्षिणी राज्य का मेसिस नामक राजा ने उत्तरी मिस्र को अपने में मिलाकर देश में राजनीतिक एकता कायम की। यह राज्य अब दक्षिण में नील के महाप्रपातों से लेकर उत्तर में भूमध्यसागर तक फैला था और मेम्फिस नगर उसकी राजधानी। मिस्र में प्रथम राजवंश की स्थापना हुई। इसके राजा को फिराउन या फराओ कहते हैं। मृत्यु नामक राजा मिस्र का एक कुशल यौद्धा एवं सफल शासक था। दक्षिण मिस्र के सभी साधनों पर उसने अपना प्रभुत्व स्थापित किया और तत्पश्चात् उत्तरी मिस्र के शासक को हराकर इस प्रदेश को अपने कब्जे में कर लिया। मेनिस राजा थीनिस का रहनेवाला था जिसकी सही जानकारी हमें कम है लेकिन इतना निश्चित है कि मेम्फिस नामक नई राजधानी के आसपास में स्थित नहीं था। हेरोडोटस के अनुसार उसने नील नदी में एक बाँध बनाकर नदी का रास्ता मेम्फिस शहर से सटे हुए बनाया। यह स्थान पहले 'उजला भवन' के नाम से जाना जाता था और बाद में इसका नाम मेम्फिस पड़ा। अगर हेरोडोटस का कथन हम सत्य मान लें तो कहा जा सकता है कि मेम्फिस शहर ऐसे जगह पर बसा था जहाँ से उत्तर एवं दक्षिण साम्राज्यों को एक साथ मिलाकर सफलतापूर्वक शासन किया जा सकता था। नील के महाप्रपातों या डेल्टा के दक्षिण में स्थित उत्तरी नूबिया पर मेनिस ने आक्रमण किया। मनेथो के अनुसार मेनिस का शासनकाल

प्राचीन राजवंश

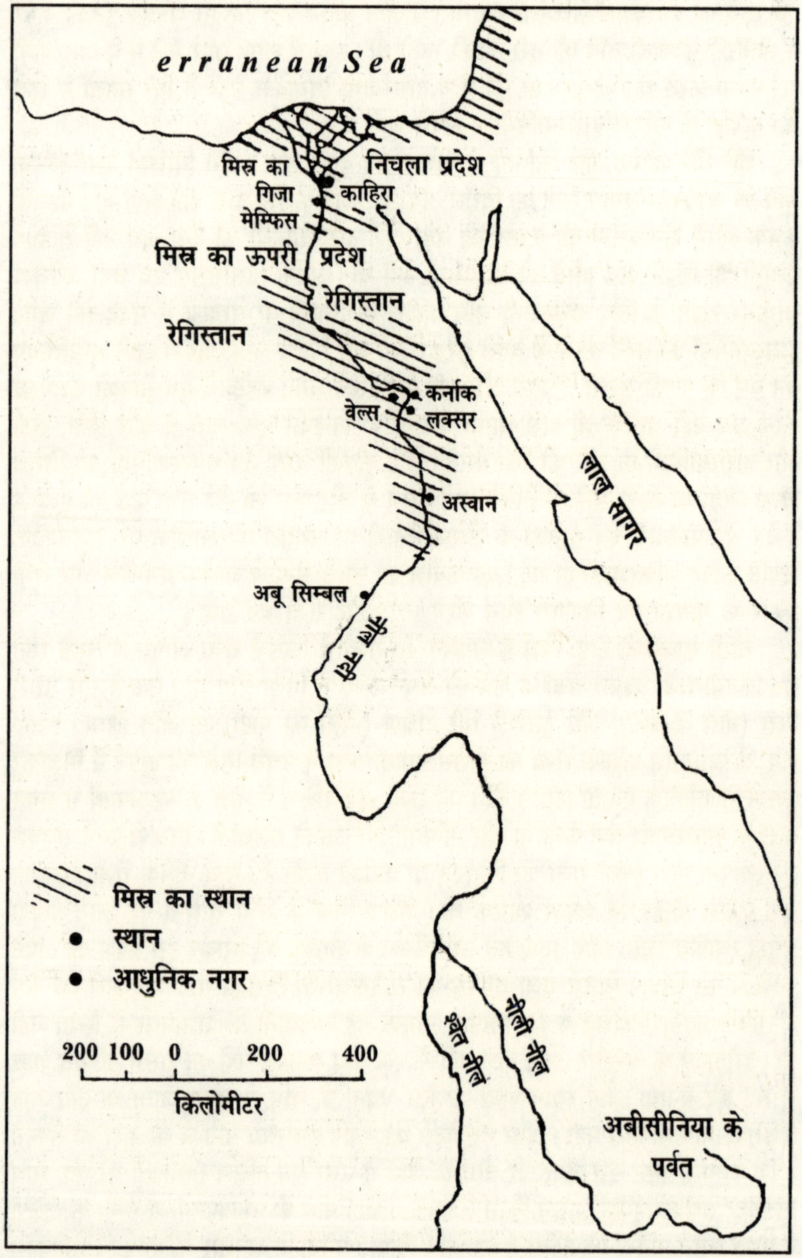
erranean Sea
मिस्र का निचला प्रदेश
गिजा
काहिरा
मेम्फिस
मिस्र का ऊपरी प्रदेश
रेगिस्तान
रेगिस्तान
कर्नाक
वेल्स
लक्सर
अस्वान
लाल सागर
अबू सिम्बल
नील नदी
श्वेत नील
नीली नील
अबीसीनिया के पर्वत
मिस्र का स्थान
स्थान
आधुनिक नगर
200 100 0 200 400
किलोमीटर

इतना सफल एवं लम्बा रहा कि मिस्र उसे भूल नहीं सकता। मेनिस जब मरा तो उसका शव थीनिस के नजदीक एविदोस या उसके आसपास नेगदेह नामक आधुनिक ग्राम में गाड़ा गया जहाँ उसके कब्र का चिह्न सम्भवतः अब भी है। उसके उत्तराधिकारी का कब्र एविदोस में पाया गया है।

मिस्र के उपर्युक्त शासक प्राक्‌राजवंश के थे। बाद के फराओ जैसा इनकी कोई लम्बी-चौड़ी सूची हमें नहीं मिल पाई है। संक्षेप में, इन शासकों के सभी पहलुओं के बारे में हमें जानकारी हो जाती है; जिनका महत्त्व ऐतिहासिक दृष्टिकोण से कम नहीं है। इन शासकों की मनपसन्द उपाधि 'होरूस' थी जिसके आधार पर वे अपने को ईश्वर का उत्तराधिकारी बताते थे। इस काल की जो भी मुहरें या सरकारी दस्तावेज मिले हैं; उन पर राजचिह्न के रूप में 'होरूस-हॉक' का चिह्न मिला है। फराओ का चित्र राजमहल के बाहरी भाग में बनाया जाता था और प्राचीन दोनों साम्राज्यों के चिह्नों को राजा एक साथ प्रयोग करने लगा जिससे पता चले कि सम्पूर्ण मिस्र देश का वह अकेला शासक था। संयुक्त मिस्र का राजा किसी राज्य में उत्सव के समय पहुँचता था तो उसके साथ मन्त्री, कई निजी सेवक और उसके दोनों तरफ दो पंखा हिलानेवाले रहते थे। कभी वह उजला और कभी लाल रंग का राजमुकुट या कभी दोनों रंगों के एक ही राजमुकुट पहनता था। राजा गद्दी पर बैठने के बाद जब तेरहवें वर्ष में पहुँचता था तो धूमधाम से एक उत्सव मनाया जाता था। उस समय वह जो लड़ाई का औजार रखता था वह काफी महँगे होते थे। उसके अधीन कई राजमहल होते थे। राजा बड़े-बड़े बगीचों और अंगूर के बागों का मालिक होता था। इन सारे बाग-बगीचों का देखभाल राजकीय अधिकारियों द्वारा की जाती थी। बाग-बगीचों से जो भी आय होती थी वह अधिकारीगण राजा के पास पहुँचा देते। राजमहल काफी कलात्मक तरीकों से सजाया जाता था। 18 या 20 प्रकार के पत्थरों से राजमहल बनता था। चट्टानी दानों से निर्मित पानी या अन्य पेय पदार्थ पीने के लिए जग का इस्तेमाल किया जाता था। इतने ऊँचे स्तर के पत्थरों का प्रयोग मिस्र में राजवंश के कालों में भी नहीं हुआ। हाथीदाँत के टेबुल राजमहल में होता था। तमेरा द्वारा राजमहल सजाया जाता था और बहुत-सी वस्तुएँ ताँबे की बनाई जातीं। राजमहल के सदस्यों के लिए स्वर्णकार सोना और बहुमूल्य रत्नों के आकर्षक आभूषण बनाते थे। राजमहल के सामानों को देखकर ऐसा लगता था कि इन्हें कलात्मक ढंग से बनाया जाता था। आभूषणों को जोड़ने की तकनीक विकसित थी। बाद में चलकर आदमकद मूर्तियाँ बनाई जाने लगीं। ऐसी मूर्तियाँ बनानेवाले शिल्पकारों का उदय हुआ जो इसी पेशे से जुट गए थे। तृतीय राजवंश के समय मिस्री समाज में ऊँचे दर्जे की सभ्यता विकसित हो चुकी थी। राजाओं की मूर्तियाँ मन्दिरों में स्थापित होने लगी थीं।

6.7 पिरामिड

पेट्री (Petrie) द्वारा एबिदोस (Abydos) से प्राचीन राजवंश की अनेक सामग्रियाँ इकट्ठी की गई हैं। ये सामग्रियाँ प्रायः मिस्री राजाओं के कब्रों से पाई गई हैं। अन्य जातियों के समान मिस्रवासियों का विश्वास था कि मरने के बाद व्यक्ति को दूसरे लोक या संसार में उन वस्तुओं की आवश्यकता होती है जिनका उपयोग वे इस विश्व में करते हैं। अतः धनी लोगों ने अपनी

लाश को ठीक से रखने के लिए बड़े-बड़े मकबरे (सजाकर कब्र को बनाना) बनवाए। इन कब्रों को पिरामिड कहा गया। खुले रेगिस्तान में पिरामिड बनने का कारण यह था कि मिस्रवासी समझते थे कि जिस तरह सूर्य प्रतिदिन सबेरे उगता है और शाम को अस्त होता अर्थात् उनके अनुसार मरता नहीं बल्कि रात भर के लिए आराम करता है, उसी तरह फराओ भी फिर जीवित हो जाएगा। प्रारम्भ के पाँच राजवंशों के राजकाल को पिरामिड युग कहा गया क्योंकि इस काल में विश्वप्रसिद्ध पिरामिड बने। कहते हैं "मनुष्य समय से डरता है और समय पिरामिड से" अर्थात् हजारों साल पहले निर्मित पिरामिड आज भी देखे जा सकते हैं। विकसित स्थापत्य कला के रूप में पिरामिडों का अध्ययन किया जा सकता है।

1. फिराउनों के पिरामिड। (विमान से लिये हुए छायाचित्र)
सबसे पीछे खूफू का पिरामिड है। पिरामिडों को विश्व के सात चमत्कारों में माना जाता है।

प्राचीन मिस्र के भवन तो नहीं मिले हैं लेकिन जो पिरामिड (मिस्र में लगभग सत्तर पिरामिड आज भी मौजूद है।) मिले हैं, उन्हें बनाने का सर्वप्रथम श्रेय 2800 ई.पू. में जोसर के वजीर एमहोटेप को है। राजाओं की कब्रें जोसर के काल में धूप में सुखाई हुई ईंटों से बनाई जाती थीं, फिर पत्थरों का प्रयोग बड़े पैमाने पर होने लगा। सबसे बड़ा और विख्यात किओप्स या खूफू का पिरामिड है। 146.5 मीटर ऊँचा और 230 मीटर चौड़े इस पिरामिड के निर्माण में दो-दो टन वजन के 23,00,000 पत्थर के टुकड़े लगाए गए थे। 20 वर्षों में यह पिरामिड बना था। इसके निर्माण में मिस्र की सारी देहाती आबादी को प्रति तीसरे माह एक-एक लाख के हिसाब से इसे बनाने में जबर्दस्ती लगा दिया जाता था। प्राचीन राज्य में 'शाही परियोजनाओं' के अवसर पर काम ऐसे ही करवाया जाता था। एक सँकरे द्वार के माध्यम से पिरामिड के भीतर एक छोटे-से कक्ष में पहुँचाया जाता था। सबसे भीतर मिस्री राजा का शव रखा होता था। पिरामिड और पत्थर खान से उस तक जानेवाली सड़क का निर्माण कोई 30 वर्ष तक चलता था। किसानों की अनुपस्थिति में उनके खेतों पर झाड़-झंखाड़ उग जाते थे और नहरें रेत से भर जाती थीं। हजारों किसान पिरामिड निर्माण करते समय मर जाते थे। पिरामिडों के पास एक ही चट्टान को तराशकर विराट मूर्ति खड़ी की जाती थी। जिसका सिर मानव का और शरीर सिंह का होता था। यह स्फिकंस कहा जाता था। यह फराओ का प्रतीक था। इस दानवाकार मूर्ति की ऊँचाई 20 मीटर होती थी और मिस्रवासी डरकर इसे 'आतंक का पिता' कहते थे।

पिरामिड समृद्धि का प्रतीक माना जाता था। कुछ ने इसे शान्ति और सुव्यवस्था का चिह्न माना है। कुछ अन्य के अनुसार मिस्र में बेकारी की समस्या सुलझाने के लिए पिरामिडों का निर्माण हुआ। तीसरे राजवंश का अंतिम शासक स्नेफू था। इस सफल एवं योग्य शासक ने बड़े-बड़े पिरामिडों का निर्माण करवाया। चौथे राजवंश का संस्थापक खूफू ने काहिरा के पास गिजे नामक स्थान में विश्वप्रसिद्ध पिरामिड का निर्माण करवाया था।

पिरामिड लाश को गाड़ने के लिए खोदे गए गड्ढे का विकसित रूप था। इसके अन्दर कई कमरे बने रहते थे और बीच में एक मुख्य कमरा होता था जिसमें फराओ की लाश को सड़ने से बचानेवाले मसाले में लपेटकर रख दिया जाता था। मकबरे में सबसे नीचे ईंटों की परत होती थी और उसके ऊपर लकड़ी का पटरा। छतों को मजबूत लकड़ी से पाटा जाता था ताकि भीतर की दीवार गरमी शोषण नहीं कर सके। ईंट के बाद लकड़ी और फिर बालू की परत से छत भरा जाता था। इस मकबरे में पूरब की ओर खम्बे रहते थे जिनमें से एक पर राजा का नाम लिखा रहता था। कब्र में जहाँ फराओ के शव को रखा जाता था उसके ठीक बगल में उसके श्रृंगार एवं अन्य साधनों को रख दिया जाता था। इसके साथ ही राजा के भोजन की सामग्री, खाने एवं पीने के बर्तन, आभूषण, वस्त्र आदि रख दिया जाता था। एक अन्य कमरे में फराओ को खाने के लिए खाद्य सामग्री, शराब एवं अंगूर रखा जाता था। इतना ही नहीं, फराओ जीवित अवस्था में जितने लोगों के साथ घिरा रहता था उनको भी कब्र में राजा के आसपास रखा जाता था। इन लोगों में औरतें, रक्षक, नर्तकियाँ आदि रहते थे। भू-स्वामियों को मारकर राजा के साथ कब्र में नहीं रखा जाता था। इस तरह पिरामिड ने स्थापत्य मूर्ति एवं चित्रकला को विकसित करने में सहायता की। प्रथम राजवंश

के काल में ही हमें ग्रेनाइट पत्थर से निर्मित छत की जानकारी होती है। इसका प्रयोग उसेफैस (Usephais) नामक राजा के कब्र में हुआ था। द्वितीय राजवंश के काल के अन्तिम चरण में खासेखेमुई (Khasekhemui) के मकबरा में कमरों को बनाने के लिए ईंटों का प्रयोग किया गया था। इन ईंटों को आपस में जोड़ने के लिए विश्व में प्रथम बार यहीं चूने का प्रयोग किया गया था। खासेखेमुई के पिता ने एक पत्थर का मन्दिर भी बनवाया था जो निश्चित ही विकसित स्थापत्य कला का प्रतीक है। हेराकोनपोलिस (Hieraconpolis) नामक स्थान में स्वयं खासेखेमुई ने ग्रेनाइट पत्थर का एक मन्दिर बनवाया था।

2. स्फिंक्स

इस विकसित स्थापत्य कला के अध्ययन से पता चलता है कि मिस्र के राजा द्वारा शिल्पियों के कामों को विकसित करने के लिए प्रोत्साहित किया जाता था। यह प्रोत्साहन उस समय एक संगठित प्रशासन के द्वारा ही सम्भव था। प्रशासनिक दृष्टिकोण से राज्य का प्रधान राजा होता था और उसका मुख्य सहायक एवं सरकारी मन्त्री चान्सलर होता था। न्यायालय का मुख्य अधिकारी सरदार होते थे। इन सरदारों का सम्बन्ध दो राजघरानों से था। प्रथम उत्तरी मिस्र और दूसरे का सम्बन्ध दक्षिणी मिस्र से था। वित्त से सम्बन्धित कामों का देखभाल करने के लिए एक अन्य विभाग था। इस विभाग का एक अलग मुहर खुदाई से मिला है। पिरामिड बनाने के लिए किए गए खर्च का लेखा-जोखा इसी विभाग के द्वारा किए जाने की जानकारी भी मिली है। वित्तीय संगठन से सम्बन्धित मिस्र में कई अन्य विभाग थे। खर्च की योजना बनानेवाले विभाग की व्यवस्था राज्य के तरफ से थी जो अलग-अलग ढंग से सामाजिक, आर्थिक एवं धार्मिक मदों पर खर्च की योजना बनाता और अन्य विभागों द्वारा खर्च किया जाता था। उत्तर एवं दक्षिण प्राचीन राजवंशों के खजानों के कार्यालयों को आपस में मिलाकर बाद में एक कर दिया गया था और अब एक ही कार्यालय से उत्तर एवं दक्षिण मिस्र के आर्थिक समस्याओं को सुलझाया जाने लगा। उत्तरी मिस्र का 'लाल भवन' धीरे-धीरे व्यावहारिक रूप में अपना महत्त्व खो दिया। अब दक्षिणी मिस्र का 'उजला भवन' ही सारे मिस्री इतिहास में एकमात्र वित्तीय केन्द्र बना रहा। एक ही वित्तीय केन्द्र को स्थापित करने के पीछे भी एक संक्षिप्त इतिहास है। असल में दो वित्तीय केन्द्रों के रहने से सारे मिस्र के प्रशासनिक कार्यों को एक साथ चलाना सम्भव नहीं लग रहा था और अगर सम्भव हो भी जाता तो कार्य की गति काफी धीमी होती थी। राजा मेनिस चाहकर भी देश की योजनाओं को तेज गति से सफल नहीं बना पाता था। मिस्र की सम्पूर्ण भूमि पर राजा का अधिकार होता था। राजा की मर्जी से यह भूमि को जमींदारों के बीच वितरित कर दिया जाता था। जमींदारों में भूमि वितरण की शर्त क्या होती थी, इस बारे में जानकारी नहीं हो पाई है। राजकीय भूमि पर रहनेवाले शिल्पियों, कुछ कृषकों एवं व्यापारियों को छोड़कर बाकी लोग गुलाम होते थे। धूप में सुखाई गई ईंटों से बने मजबूत चहारदीवारी के भीतरी शहर में ये लोग रहते थे। प्रशासनिक दृष्टिकोण से शहर का सर्वोच्च अधिकारी स्थानीय गवर्नर होता था। इस काल के मुख्य शहर की दो राजधानियाँ—एल काब (El Kab) और बूतो (Buto) थीं। राजमहल तो नेखेन (Nekhen) या हेराकोनपोलिस (Hieraconpolis) और पे (Pe) में स्थित था। मेम्फिस में 'ह्वाइट हॉल' या 'ह्वाइट हाउस' था। एविदोस (Abydos) के पास में स्थित थीनिस (Thinis) भी एक प्रमुख शहर था। इसके अलावा इस काल में हेलियोपोलिस (Heliopolis), हेराक्लेओपोलिस (Heracleopolis) और सैस (Sais) भी मिस्र के प्रमुख शहरों में से थे। तृतीय राजवंश के काल में इन शहरों की तुलना में छोटे शहर पाए गए।

राज्य की जो भी अचल या चल सम्पत्ति थी उसका वार्षिक लेखा-जोखा होता था। यह कार्य वित्तीय अधिकारियों के सहयोग से होता था। लेखा-जोखा का विवरण कार्य क्रमानुसार होता था और प्रथम वर्ष इस दृष्टिकोण से वही होता था जिस वर्ष राजा मिस्र की गद्दी पर बैठता था। दूसरा राजा जब गद्दी पर बैठता था तो उसके काल में पुनः लेखा जोखा एक

नए कालक्रम से किया जाता था। प्राचीन राजवंशों के अलावा बेबीलोन में भी हम इसी तरह की पद्धति पाते हैं। राज्य में मौसम एवं महीनों पर ध्यान दिया जाता था। प्रशासन के दृष्टिकोण से इसका लेखा-जोखा होता था और इसी के हिसाब से एक खास माह में मन्दिरों के सेवकों को वेतन दिया जाता था। कई प्रकार के व्यवसायों की शुरुआत एक विशेष माह से की जाती थी। सरकार एवं प्रशासन के द्वारा किए गए इतने बड़े पैमाने पर लेखा-जोखा बिना लिखे हुए सम्भव नहीं था। इस सम्बन्ध में स्रोत के रूप में हमें लिखित सामग्री मिली भी है। इस लिखावट को हेरोग्लिफिक (Hieroglyphic) कहा गया है। फोनेटिक (Phonetic) चिह्नों के अलावा अलफाबेटिक (Alphabetic) चिह्न मिले हैं जिसके माध्यम से लिखने का काम मिस्र में होता था। इस तरह सही अलफाबेटिक अक्षर सबसे पहले मिस्र में ही मिला। इसके ढाई हजार वर्षों के पश्चात् ही दुनिया में इसका प्रसार हुआ। सम्भवतः मिस्रवासी किसी चीज को बहुत दिनों तक आदत के रूप में प्रयोग नहीं करते थे और सम्भवतः इसीलिए ईसा के 3,500 वर्ष पूर्व ही सिलेबिक (Syllabic) चिह्नों को उन लोगों ने छोड़ दिया। मिस्र में जो भी लिखित सामग्री मिली है उसका महत्त्वपूर्ण रूप में इस्तेमाल करना मुश्किल है लेकिन इतना निश्चित है कि इस काल में प्रयोग किए गए दवाओं एवं धार्मिक विधियों की जानकारी लिखित सामग्रियों से ही हो पाती हैं। मिस्र में प्रत्येक वर्ष की प्रमुख घटनाओं को संक्षेप में लेखबद्ध कर दिया जाता था। बाद में चलकर किसी एक राजा के काल का वार्षिक क्रियाकलापों का लिखित रूप में संकलन करके राजा को बताया जाता था कि किस राजा ने अपने शासनकाल में कौन-कौन से महत्त्वपूर्ण अच्छे-बुरे कार्यों को किया। इस तरह का एक लिखित धार्मिक लेखा-जोखा का शिलालेख मिला है जिसे पालेर्मो शिलालेख कहा जाता है क्योंकि पालेर्मो (Palermo) नामक संग्रहालय में यह सुरक्षित है।

धार्मिक दृष्टिकोण से धर्म पर राजकीय अधिकार था। मिस्री समाज के धार्मिक क्रियाकलापों की जानकारी अधिक मात्रा में नहीं मिल पाती है। बाद में राजवंशों के काल में ग्रामीण या सामान्य मिस्री जनता के बारे में हमें सन्तोषप्रद जानकारी नहीं हो पाती है क्योंकि स्रोतों का अभाव है। ग्रामीण धार्मिक क्रिया-कलापों को संकलित करने की आवश्यकता सुविधा प्राप्त वर्ग ने किया ही नहीं। मेनिस के काल का राजकीय मन्दिर बिलकुल साधारण ढंग से निर्मित हुआ था। यहाँ मन्दिर छोटा-मोटा साधारण धार्मिक स्थल से थोड़ा अच्छा था जिसमें लकड़ी की दीवारें थीं। इसी से सटे हुए एक दरबार था जिसमें प्रतीक के रूप में देवता था। सामने दो स्तम्भ थे। द्वितीय राजवंश के आधे काल में पत्थरों की सहायता से मन्दिरों का निर्माण शुरू हुआ। राजा स्वयं मन्दिर का नक्शा अपनी वार्षिक योजना में बनाता था। जब मन्दिर की नींव पड़ती थी तो मन्दिर के सुपेरिंटेंडेंट के पास एक धार्मिक उत्सव किया जाता था। इस राजवंश में प्रिय देवताओं की पूजा होती थी। वे बाद में भी पूजनीय बने रहे। उदाहरण के लिए ओसिरिस एवं सेत होरस एवं अनुबीस थोथ, शोकर, मीन एवं एपिस को मुख्य देवताओं की श्रेणी में रख सकते हैं जिनकी पूजा बाद में भी होती रही। जिन देवियों की पूजा बाद तक होती रही उनमें मुख्य थी हथोर एवं नैत। इन देवताओं में से होरस एवं कुछ अन्य देवता अति प्राचीनतम राजवंशों के राजाओं द्वारा भी पूजे जाते थे। मन्दिरों से सम्बन्धित पुरोहित वर्ग का स्वतन्त्र अस्तित्व इस काल में हमें देखने को

नहीं मिलता है। उत्तर एवं दक्षिण मिस्र के राजवंशों द्वारा बहुत पहले से ही इन देवताओं की पूजा होती रही। अति प्राचीनतम राजाओं के बीच होरस सबसे प्रमुख देवता था। बाद में भी रे देवता के समान इसकी पूजा बड़े पैमाने पर होती रही। हेराकोनपोलिस में इस देवता की एक मन्दिर बनाई गई और दो वर्ष में एक बार यहाँ पुराने परम्परा के जैसा उत्सव भी मनाया जाता था। इस बात का लिखित जिक्र मिस्र के शासकों के लिखित वार्षिक ब्योरा में है। बाद के राजाओं द्वारा भी होरस के पुजारी के रूप में इस देवता की पूजा किया जाता था। जब तक मिस्र की गद्‌दी थिनाइट परिवार ने सँभाली, होरस देवता की पूजा धूमधाम से होती रही। तीसरे राजवंश के काल में मिस्र की गद्‌दी मेम्फाइट परिवार के द्वारा सँभाली जाने लगी और होरस की पूजा में कमी आने लगी। पूजा-पाठ का काम चलता रहा लेकिन धार्मिक क्रियाकलाप अब मिस्र के सामान्य लोगों द्वारा निभाई जाती रही। यह काल पुराने राजवंश का था।

प्रथम दो राजवंशों ने लगभग 400 वर्षों तक शासन किया और मिस्र ने इस काल में कई क्षेत्रों में उन्नति की। प्रथम दो सौ वर्षों में लगभग सात राजाओं ने शासन किया और इन लोगों के शासन का मुख्य आधार मेनिस का शासन-प्रबन्ध रहा। इन सात राजाओं में से दो का ऐतिहासिक प्रमाण मिलता है। इनमें से प्रथम था मेबिस (Miebis) और दूसरा उसेफिस (Usephis) था। इसी काल के कुछ अन्य स्रोत मिले हैं जिससे अठारह राजाओं के बारे में जानकारी मिलती है जिनमें से बारह ने शासन किया। लेकिन इनके शासन के सम्बन्ध में विद्वानों ने कई प्रकार की आपत्तियाँ उठाईं। सम्भवतः उत्तर और दक्षिण के दोनों साम्राज्यों के शासकों का ये सारे नाम हैं। हम लोग ऊपर ही देख चुके हैं कि प्रशासनिक दृष्टिकोण से मिस्र के उत्तर और दक्षिण के दोनों साम्राज्यों में अलग-अलग राजाओं द्वारा शासन किया जाता था। बाद में चलकर जब दोनों साम्राज्य एक हो गए तो राज्याभिषेक के समय प्रत्येक राजा एक उत्सव मनाता था जिसे 'दो भूमियों का एकीकरण' कहा जाता था। बहुत दिनों तक इन दोनों साम्राज्यों के बीच आन्तरिक तनाव बना रहा। उत्तरी मिस्र के साम्राज्य ने कई बार विद्रोह किए। राजवंश के प्रारम्भिक चरण में नारमेर (Narmer) ने ऐसे विद्रोहियों को जो पश्चिमी डेल्टा के लिबियन लोगों के नोम जाति के लोग थे, को दबाया। उसने एक लाख बीस हजार लोगों को कैद किया। लाखों पशु को भी उसने जीता। इस विजय की चर्चा हेराकोनपोलिस के मन्दिर के दीवार पर चर्चित है। नरमेर के बाद नेतेरिमू (Neterimu) ने उत्तरी साम्राज्य के कई शहरों को जीत लिया। तीसरे राजवंश के एक शासक खारसेखेम (Khasekhem) ने उत्तरी मिस्र पर चढ़ाई करके सैंतालीस हजार नौ सौ नौ लोगों को कैदी बनाया। इसके विजय की चर्चा हमें हेराकोनपोलिस में स्थित होरस के मन्दिर में देखने को मिलती है।

मिस्र के उत्तरी साम्राज्य पर दक्षिण साम्राज्य के राजाओं द्वारा किए गए आक्रमण के फलस्वरूप निश्चित ही आर्थिक स्थिति पूरे मिस्र की काफी खराब हो गई। बहुत से राजाओं द्वारा अपने निवास स्थान को बदलते रहने के कारण नए-नए राजमहल, मन्दिरें एवं चहारदीवारियों को बनाना पड़ा। इसके परिणामस्वरूप साम्राज्यों पर आर्थिक भार पड़ा। आर्थिक समस्याओं को दूर करने के लिए मिस्री शासकों द्वारा कई प्रकार के कदम उठाए गए। कृषि

में उन्नति के लिए सिंचाई के साधन बढ़ाए गए और नहरें खोदी गईं। इसके परिणामस्वरूप इंजीनियरिंग के क्षेत्र में विकास हुआ। आर्थिक स्थिति को सुदृढ़ करने के दृष्टिकोण से प्रथम राजवंश के शासकों द्वारा खान से ताँबा निकालने का काम शुरू किया गया। बड़े पैमाने पर ताँबा वादी मघार (Wadi Maghara) में स्थित सिनैटिक पेनिन्सुला (Sinaitic Peninsula) में पाया जाता था। खान से ताँबा निकालने का काम प्रथम राजवंश का राजा सिमेरखेट (Semerkhet) ने जब शुरू किया था तो इसके लिए सबसे पहले उसे बेदुन (Beduin) के जंगली लोगों से युद्ध करना पड़ा था। वेद नामक इस जिले के निवासी अभी भी पूर्णतः असभ्य थे। सिमेरखेट ने इन जंगली लोगों को हराकर जो दंडित किया उसकी चर्चा बाद में पाए गए अभिलेख से होती है। इन जंगली जातियों के साथ प्रथम राजवंश का एक अन्य शासक उसेफेइस (Usephais) के साथ भी हुआ था जिसका प्रमाण इस राजा के द्वारा छोड़े गए एक विजय लेख से होती है। विजय वर्णन हाथीदाँत पर खुदा हुआ है। अभिलेख के अध्ययन से पता चलता है कि मिस्र के विजयी राजा द्वारा 'प्रथम विजय' की चर्चा है जिससे पता चलता है कि पहले से ही ये शासक दूसरी बार आक्रमण करने का निश्चय किए रहते थे। प्रथम राजवंश के काल के पाए स्रोतों के आधार पर पता चलता है कि इस काल में मिस्र का सम्बन्ध विदेशों के साथ था। एक कब्र से कुछ ऐसे बर्तन पाए गए हैं जिसका निर्माण मिस्र में नहीं होता था। इस तरह के बर्तन प्रायः प्राक्-मेसेनियन (Pre-Mycenaen) काल में उत्तरी मेडिटेरेनियन के द्वीप में रहनेवाले लोगों के द्वारा इस्तेमाल किया जाता था। इस आधार पर कहा जा सकता है कि मिस्र का इस द्वीप के साथ व्यापारिक सम्बन्ध था जिसका काल ई.पू. 4000 वर्ष बताया गया है। मिस्र का पूर्वी लोगों के साथ तनावपूर्ण सम्बन्ध और उत्तर के साथ विदेशी सम्बन्ध के अलावा हम लोग पाते हैं कि पश्चिम निवासी लीबिया के लोगों को शान्त रखने के लिए बीच-बीच में उन पर आक्रमण आवश्यक था। हेरकोनपोलिस के मन्दिर में नरमेर के काल का हाथीदाँत का एक अभिलेख मिला है जिसमें उपर्युक्त आक्रमण की चर्चा है। प्रथम राजवंश का शासक उसेफेस (Usephais) ने पूर्वी रेगिस्तान में ट्रोग्लोडाइट (Troglodyte) कबीले पर आक्रमण किया और उन्हें हराकर वहाँ से ग्रेनाइट पत्थर मँगवाया और एबिडोस में कब्र बनाने में उसका प्रयोग किया।

इस तरह यहाँ एक धनी, सुसंस्कृत एवं ठोस राष्ट्र का निर्माण हुआ और उपर्युक्त प्रयत्नों के परिणामस्वरूप प्राचीन राजवंश का निर्माण हो सका। इस काल के लगभग नौ राजाओं को एबिडोस में दफनाया गया है। हजारों वर्ष तक इन कब्रों पर किसी ने ध्यान नहीं दिया और न ही इस समय के विकसित साम्राज्य की जानकारी किसी को थी। 20वीं सदी ई.पू. में जेर (Zer) राजा को ओसिरिस के मकबरे का निर्माणकर्ता बताया गया जिसकी पूजा बाद में भी होती रही। बहुत से कब्रों को बर्बाद भी कर दिया गया और उसका सोना, बहुमूल्य पत्थर आदि लूट लिया गया। बाद में जाकर 1902 ई. में इसकी सुरक्षा पर विशेष ध्यान दिया गया।

अध्याय-7

प्राचीन राजवंश : धर्म

7.1 पृष्ठभूमि

प्राचीन मानव जीवन को चलाने के लिए मिस्र कोई एक ऐसी ठोस शक्ति को नहीं मानता था जिसकी पूजा धार्मिक दृष्टिकोण से वह कर सके। उर को मिस्र निवासी मालिक समझते थे। पंचांग को वे भोजन का आधार मानते। धीरे-धीरे उन्हें कला, साहित्य और विज्ञान की जानकारी हुई। विश्व के अन्य लोगों के समान अंधविश्वास के माध्यम से मिस्रवासियों ने भी अपने देवताओं को देखा। उन लोगों ने महसूस किया कि कुछ खास दिनों में पेड़-पौधे हरे हो जाते थे। उन लोगों ने पत्थरों और पहाड़ियों को देखा। पशुओं एवं पक्षियों को उड़ते, चलते और दौड़ते हुए देखा और महसूस किया कि निश्चय ही इन जीवों के आस-पास एक अदृश्य शक्ति है जिसके सहारे ही कुछ पक्षी काफी ऊँचाई तक उड़ते थे। जब इनके बीच महामारी या सूखा फैलता तो इसे वे दुर्भाग्य मानते थे जो बुरी शक्तियों के कारण फैलता था। अलग-अलग इलाके के लोग अलग-अलग शक्तियों को पूजते थे और उसके सामने अपने को काफी कमजोर महसूस करते थे। धीरे-धीरे इन शक्तियों को खुश रखने के लिए ये आराधना करने लगे। प्राचीन राजवंश के प्रारम्भिक चरण में मिस्रवासियों की पूजा-पाठ करने की विधि कैसी थी इसकी जानकारी हमें नहीं है लेकिन कुछ दिनों के बाद ये जिस जमीन पर खड़े थे और जो आकाश उनके सिर के ऊपर था उसे अदृश्य शक्ति का रूप मानने लगे। इन शक्तियों का दर्शन कल्पना के माध्यम से करने लगे। इस प्रारम्भिक अवस्था में नील नदी के किनारे मिस्रवाशी पशुपालक एवं कृषकों के रूप में अपना जीवन बिताते थे। कल्पना के माध्यम से स्वर्ग में इन लोगों ने एक बहुत बड़ी गाय देखी जिसका मुँह पश्चिम की ओर था और आकाश को वह अपने पीठ पर रोके हुए थी और चारों पैर उसका जमीन पर था। कुछ अन्य मिस्र निवासियों ने एक बहुत बड़े आकार की स्त्री जो पूरब की ओर खड़ी थी और पृथ्वी को पकड़े हुए थी और दोनों हाथ पश्चिम की ओर फैलाए हुए थी एवं पैर पूरब की ओर था तथा पीठ से वह आकाश को रोके हुए थी। कुछ अन्य लोगों के अनुसार आकाश एक समुद्र था जिसे पृथ्वी पर गड़े हुए चार खम्भे उसे रोके थे। उपर्युक्त सभी धार्मिक विचारों के लोगों का आपस में कभी मिलना होता था तब इनके बीच धर्म के नाम पर काफी समस्याएँ खड़ी हो जाती थीं। ये लोग जब उगते हुए सूर्य को देखते थे तो वह उन्हें गाय का बछड़ा दिखाई देता था और शाम के सूर्य को बूढ़ा आदमी के समान वे देखते थे जो रात्रि होने के साथ-साथ अपने कब्र में चला जाता था और दूसरे दिन पुनः उसका जन्म होता था।

7.2 आकाश

पृथ्वी के सम्बन्ध में उनकी मान्यता थी कि यह ऐसी चीज थी जहाँ मनुष्य रहते थे, पशु घूमते थे और पेड़-पौधे उगते थे। अगर आकाश एक समुद्र था तो निश्चय ही इसके ऊपर सूर्य रहता था और स्वर्गीय प्रकाश पूरब से पश्चिम की ओर उसी के माध्यम से प्रतिदिन जाता था और फिर लौटकर पूरब से निकलता था। इस तरह पृथ्वी से सटे हुए जो नील नदी बहती थी उसमें रात के अँधेरे में स्वर्ग से जब आ जाता था, इसी नदी के पानी के माध्यम से इन्हें जिन्दगी मिलती थी। बाद में चलकर यह समुद्र विस्तृत हुआ और उसमें से एक अंडा या फूल निकला जिससे सूर्य देवता निकलते थे। उसी सूर्य देवता से चार बच्चों का जन्म हुआ—शू (Shu), तेफनूट (Tefnut), केब (Keb), और नूट (Nut)। ये सभी पुत्र अपने पिता के साथ चाओस (Chaos) के समुद्र में गिरे। इन पुत्रों में से शू और तेफनूट वातावरण को पैदा करते थे। सूखा या प्यास का सम्बन्ध केब और नूट के साथ था। केब पर इन पुत्रों ने पैर रखा और नूट को ऊपर उठा लिये। अतः केब पृथ्वी बना और नूट स्वर्ग। केब और नूट पिता एवं माता थे। इस माता-पिता ने ओसीरिस (Osiris), इसीस (Isis), सेट (Set) एवं नेफथिस (Nephthys) को जन्म दिया। अपने पिता सूर्य देवता के साथ होकर इन लोगों ने नौ देवियों का एक संगठन बनाया। इन देवियों को अलग-अलग स्थानों के मन्दिरों में स्थापित किया गया। पशुचारण अवस्था की पिता, माता एवं पुत्र का यह सम्बन्ध बाद में चलकर मिस्री समाज में महत्त्वपूर्ण स्थान रखने लगा। विश्व की उत्पत्ति के सम्बन्ध में अन्य कहावतें भी प्रचलित थीं। इन कहावतों में से एक के अनुसार पृथ्वी का शासक 'रे' देवता था। पृथ्वी के उपर्युक्त देवताओं के अलावा वायु एवं स्वर्ग का भी धार्मिक महत्त्व था। आरम्भ में तो सभी देवताओं का अस्तित्व अन्धविश्वास के धरातल पर ही था, अतः बाद में कुछ को छोड़कर सभी का धार्मिक महत्त्व लगभग कुछ भी नहीं रहा। कई देवताओं को मन्दिरों में स्थान तो नहीं मिला लेकिन मिस्री समाज में उनका धार्मिक महत्त्व बना रहा। कुछ देवता तो बाद में चलकर मिस्र में महान देवताओं की श्रेणी में आ गए। मिस्र के जिस भाग में आकाश साफ रहता और वर्षा कभी-कभी होती वहाँ सूर्य का महत्त्व काफी बढ़ गया ताकि वहाँ पानी बरसे। सूर्य की पूजा मिस्र में सभी जगहों में की जाती थी। लेकिन इसकी पूजा का सबसे प्रमुख स्थल मिस्र में ओन (On) था। मिस्र की डेल्टा में यह एक शहर था जिसे यूनान के लोगों ने हेलिओपोलिस कहा। यहाँ सूर्य को 'रे' कहा जाता था। यह अटुम (Atum) के समान था जो बूढ़ा व्यक्ति के समान शाम को पश्चिम में डूब जाता था। खुदाई से प्राप्त अभिलेख के अनुसार उसे एक स्थान पर खेप्री (Hhepri) कहा गया है जिसका अर्थ युवा व्यक्ति होता है अर्थात् उगता हुआ सूर्य। वह समुद्र को दो साधनों से पार करता था—एक था सुबह और दूसरा—दोपहर।

7.3 देव-देवी

मिस्रवासी चन्द्रमा की भी पूजा करते थे जिसका सबसे ज्यादा धार्मिक महत्त्व शमून (Shmun) या हेरमोपोलिस (Hermopolis) था। हेरमेंस से यूनानियों ने इस स्थान को हेरमोपोलिस रखा। आकाश या नूट की पूजा सम्पूर्ण मिस्र में होती थी; वैसे नूट का महत्त्व मात्र अन्धविश्वास

के दृष्टिकोण से ही था। आकाश की देवियाँ बाद में चलकर नारी के रूप में प्यार एवं खुशी के प्रतीक के रूप में पूजी जाने लगीं। देनदेरेह (Dendereh) के मन्दिर में आकाश देवी की पूजा गाय देवी हाथोर (Hathor) के रूप में होने लगी। सैस (Sais) में इस देवी की पूजा नेइट (Nait) के रूप में होने लगी। बुबास्तीस (Bubastis) में इस देवी की पूजा बिल्ली के रूप में होती थी। मेम्फिस में हम पाते हैं कि वह इस देवी का रूप सिंहनी का हो गया। यहाँ इसे तूफान और आतंक का देवी के रूप में धार्मिक महत्त्व मिला। ओसिरिस देवता को मानव रूप मिला और बहुत जल्द ही सारे मिस्र में इसका धार्मिक महत्त्व बढ़ गया। पुराने समय का इसीस देवी धर्म की दुनिया में अपना महत्त्वपूर्ण स्थान नहीं पा सकी। मिथ्या ही इस देवी का मुख्य आधार रहा और पत्नी तथा माँ के रूप में उसका धार्मिक महत्त्व रह गया जिसे मिस्री लोग घर में रहनेवाली देवी के रूप में धार्मिक महत्त्व दिए। होरुस (Horus) का धार्मिक महत्त्व एक अच्छे पुत्र के प्रतीक के रूप में रह गया। ओसिरिस देवता की पूजा मिस्र में बड़े पैमाने पर होने का कारण यह भी था कि मरने के बाद लाश का सम्बन्ध ओसिरिस देवता से जोड़ा गया। ओसिरिस का सबसे पुराना घर देदू (Dedu) था। इस स्थान को यूनानियों ने बुसीरिस (Busiris) कहकर पुकारा। ऊपरी मिस्र में एविदोस का धार्मिक महत्त्व काफी बढ़ गया क्योंकि ओसिरिस का सिर वहीं पर गाड़ा गया था। मेम्फिस का पताह (Ptah) नामक देवता भी मिस्र का एक बड़ा देवता था। चित्रकारों, कारीगरों एवं शिल्पकारों के बीच इस देवता का बड़ा महत्त्व था। इस देवता का मुख्य पुजारी राजा के दरबार का सबसे प्रधान कलाकार होता था। उपर्युक्त देवी-देवताओं के अलावा मिस्र में और भी देवी देवताओं की पूजा होती थी जिसके बारे में हमें विशेष जानकारी नहीं मिलती है।

जहाँ तक उपर्युक्त देवताओं को वस्त्रों से सुसज्जित करने का प्रश्न है, मिस्रवासी अपने देवताओं को साधारण वस्त्र ही पहनाते थे जिससे उन देवताओं के प्राचीनतम अस्तित्व की जानकारी हो सके। आज के बेदुन (Beduin) लोगों के वस्त्रों के समान देवताओं को साधारण वस्त्रों से और देवियों को लाल वस्त्रों से सजाया जाता था। देवताओं के रूप में कई प्रकार के पशुओं की भी पूजा होती थी। मिस्र में सभ्यता का काफी विकास हो गया और पशुओं का महत्त्व घट गया। उसके बावजूद कई प्रकार के पशुओं का समाज में धार्मिक महत्त्व बना रहा। साधारणतया यही समझा जाता है कि पशु-पूजा मिस्र में काफी प्राचीन काल से प्रचलित थी लेकिन यह धारणा गलत है। पशु-पूजा मिस्र में काफी बाद में चलकर विकसित हुई थी।

नील नदी की घाटी में अलग-अलग समाज में भिन्न-भिन्न धार्मिक विश्वास फैला था। उदाहरण के लिए, सूर्य देवता की पूजा बड़े पैमाने पर कई शहरों में होती थी और यहाँ इस देवता के लिए मन्दिरों का निर्माण भी हुआ था।

मिस्री देवताओं को राजकीय संरक्षण के अलावा सामान्य नागरिकों का संरक्षण भी मिला था। प्राक्-राजवंश के काल में देवताओं की देखभाल करने के लिए मिस्र के लोगों का अलग विभाग था। मन्दिरों के बगल में छोटे-छोटे कमरे बने होते थे जिनमें पूजा-पाठ से सम्बन्धित कई प्रकार की वस्तुएँ रखी जाती थीं। बीच का कमरा सबसे ज्यादा पवित्र माना जाता था जिसमें ग्रेनाइट पत्थर से निर्मित धार्मिक स्थल होता था। इसमें डेढ़ से छह फीट तक लम्बी देवता की मूर्ति रखी जाती थी। यह मूर्ति लकड़ी की बनी होती थी जिसे सोना, चाँदी एवं

बहुमूल्य पत्थरों से सजाया जाता था। मन्दिरों में पर्याप्त भोजन, पेय पदार्थ, बढ़िया वस्त्र, संगीत एवं नृत्य की भी व्यवस्था रहती थी। इन वस्तुओं की व्यवस्था राजा द्वारा की जाती थी। राजा कुछ जमीन दान में दे देता था जिसके आय से यह व्यवस्था होती थी। राज्य के तरफ से मन्दिरों को अनाज, शराब, तेल, मधु आदि वस्तुएँ दान में मिलती थीं। ये सारी सामग्रियाँ देवता को खुश रखने के लिए दान में दी जाती थीं। इसके लिए कोई उत्सव की व्यवस्था नहीं थी बल्कि साधारण ढंग से ये वस्तुएँ दान में दे दी जाती थीं। बाद में चलकर मन्दिरों में एक विशेष उत्सव के अवसर पर दान देने की व्यवस्था हुई। उत्सव के दिन मन्दिर के आसपास काफी मिस्रवासी इकट्ठा होते थे और दान देते थे। उस अवसर पर पुजारी एवं नौकरों को भोजन कराया जाता था। इस अवसर पर चलनेवाले नाव पर देवता की मूर्ति शहर में पुजारियों द्वारा घुमाई जाती थी।

7.4 पुजारी

प्रारम्भिक अवस्था में सरदार ही पुजारी का काम करता था और वही समाज का प्रधान पुरोहित होता था। बाद में चलकर यह सरदार प्रधान पुरोहित के रूप में राजा के अधीन प्रशासन का अंग हो गया और राजा सर्वोच्च। सैद्धान्तिक रूप से राजा ही देवताओं का प्रधान पुरोहित बन गया और अपने प्रतिनिधि के रूप में व्यावहारिक दृष्टिकोण से वह अपने अधीनस्थ अधिकारियों को मन्दिरों के पुजारियों के रूप में बहाल करने लगा। इन्हीं सरकारी पुजारियों के माध्यम से राजा मन्दिरों को दान देने लगा ताकि उसकी उम्र लम्बी हो, वह उत्थान और धन अर्जित कर सके। इन पुजारियों में से कुछ का वंश काफी पुराना था, विशेषकर हेलियोपोलिस के पुजारी का वंश तो काफी प्राचीन। पुजारियों का कर्तव्य पूजापाठ करना ही नहीं बल्कि दान में मिली वस्तुओं, भूमि, भूमि से प्राप्त आय आदि का देखभाल करना भी होता था। युद्ध के समय वह मन्दिरों के योद्धाओं का नेतृत्व भी करता था। प्रधान पुरोहित अपने काम को सुचारु ढंग से चलाने के लिए पुरोहितों का एक संघ अपने साथ रखता था। ये पुरोहित साधारण आदमी होते थे और इनका उपयोग प्रधान पुरोहित किसी धार्मिक उत्सवों के समय ही कर पाता था। इस तरह कहने के लिए राजा ही मुख्य पुरोहित था लेकिन वास्तव में मन्दिरों का सारा कार्य अन्य लोग करते थे। नैत या हथार के मन्दिरों में पुरोहित का काम औरतें किया करती थीं। इन पुजारियों का मुख्य काम मन्दिरों में नृत्य करना था और विशेष धार्मिक उत्सवों के अवसर पर ये पुजारिनें गाने-बजाने का काम करती थीं। राज्य के तरफ से मन्दिरों में जाने या धार्मिक उत्सवों में भाग लेने या धार्मिक कार्यों को करने के लिए किसी पर रोक नहीं था। पुजारी को मुख्यतः 'देवता का सेवक' कहा जाता था।

7.5 पूर्वजन्म

इन धार्मिक क्रिया-कलापों के समान मृतकों पर विशेष ध्यान दिया जाता था। आज तक विश्व में मृतकों पर उतना ध्यान कहीं भी और कभी भी नहीं दिया गया जितना मिस्र में दिया गया। उनका विश्वास था कि आदमी मरता नहीं है बल्कि यहाँ से वह पुनः दूसरे लोक में चला जाता है। इसे मिस्रवासी 'का' कहते थे जिसे दूसरे शब्दों में 'पुनः या दुबारा' कहा

जा सकता है। 'का' के अलावा प्रत्येक व्यक्ति के पास एक आत्मा होती थी जो चिड़िया के रूप में भी हो सकती थी। स्वर्ग के अलावा मिस्रवासी एक ऐसे विश्व की कल्पना किए थे जहाँ मृतक यात्रा करते थे। मिस्रवासियों की इस कल्पना में कोई ठोस आधार नहीं था और न ही इसे जानने की उन लोगों ने कोशिश की लेकिन फिर भी समाज में ऐसी धारणा बनी रही। उन लोगों ने मृतकों के एक ऐसे संसार की कल्पना किया था जहाँ से मृतक पुनः लौट आने की प्रतीक्षा करता था। इसीलिए मृतकों को बढ़िया वस्त्र आदि सामान उनके कब्र में रख दिया जाता था। बाद में मिस्रवासियों के बीच यह भावना फैल गई कि जो व्यक्ति जितना कम बुरा काम करेगा, दूसरे को दुःख नहीं देगा उसको उतना ही आराम मिलेगा। पाँचों राजवंश के काल में एक सरदार के कब्र पर यह लिखा हुआ पाया गया है कि वह इस मकबरे को इसलिए बनवाया कि इस पर उसी का अधिकार है। वह किसी का सामान उसके इच्छा के विरुद्ध नहीं लिया और न ही किसी के विरुद्ध कोई गलत काम किया। एक सामान्य नागरिक के कब्र पर लिखा गया था कि उसने कभी भी किसी सरकारी अधिकारी की उपस्थिति में किसी को नहीं पीटा। उसने वही काम किया जिसे सबने पसन्द किया। पाँचवें राजवंश के एक सरदार ने अपनी कब्र पर खुदवाया—''मैंने अपने शासित प्रदेश के भूखों को रोटी दिया। मैंने उन्हें वस्त्र दिया जो नंगे थे...। मैंने किसी की सम्पत्ति नहीं हड़प किया क्योंकि इसके विरुद्ध वह मेरे शहर के ईश्वर से कहता। कोई भी कमजोर व्यक्ति को मैं नहीं डराया क्योंकि इसके लिए भी वह ईश्वर से मेरे विरुद्ध कहता।''

ऐसे धार्मिक विश्वासों में मिस्री समाज मृत्युलोक की कल्पना करता था और बाद में चलकर इसी विश्वास ने मरने के बाद पुनः जीने की भावना को सुदृढ़ किया। मिस्रवासी समझने लगे कि मरने के बाद सभी मृतक एक ओसिरिस हो जाते थे। उनका कहना था कि जिस तरह ओसिरिस रहता है मरने के बाद वे भी उसी तरह रहेंगे; जिस तरह ओसिरिस मरता नहीं है उसी तरह वे भी मरते नहीं हैं; जिस तरह ओसिरिस का नाश नहीं होता है उसी तरह उनका भी नाश नहीं हो सकता है; जिस तरह जिन्दगी से थककर ओसिरिस आराम करता है उसी का दरवाजा खुलेगा उसी तरह उनके लिए भी स्वर्ग का दरवाजा खुलेगा। स्वर्ग में ओसिरिस की तरह उन्हें भी 'रे' दोनों हाथ फैलाकर स्वर्ग में स्वागत करेगा और स्वर्ग की पवित्र गद्दी पर ओसिरिस के समान उन्हें भी स्थान मिलेगा। ओसिरिस के समान ही उनके दोनों तरफ नौकरों की कतार रहेगी और सरदार सामने सिर झुकाए खड़े रहेंगे। सामने ईश्वर खड़ा होकर चिल्लाएगा—आइए ईश्वर! आइए! आइए! ओसिरिस की गद्दी के सही हकदार आइए। इसीस भी यही कहेगा और नेफ्थीस सलाम करेगा। देवता भी सर झुका लेगा और उनका पैर चूमेगा।''

ये विचारधाराएँ प्राचीन मृतकों की कब्रों पर लिखित रूप में पाई गई हैं। पाँचवें एवं छठे राजवंश की कब्रों में ऐसी भावनाएँ मिस्र में काफी प्रचलित थीं। जिन स्थानों में ऐसी बातें लिखित रूप में पाई गई हैं उन्हें 'पिरामिड टेक्ट्स' कहते हैं। ऐसी लिखित सामग्रियाँ प्रायः पिरामिड युग में पाई गईं। इन भावनाओं से प्रभावित होने के कारण मिस्र में इस काल में पिरामिडों का निर्माण बड़े पैमाने पर हुआ। इसीलिए मृतक के शरीर को कब्र में काफी सुरक्षित ढंग से रखा जाता था क्योंकि अगर लाश सड़ जाती तो मिस्रवासी ऐसा समझते थे

कि वह पुनः जीवित नहीं हो सकेगा। इसीलिए कब्र को विशाल रूप में पिरामिडनुमा बनाया गया जो विश्व में आश्चर्यजनक वस्तुओं में से एक है। इसी भावना से प्रभावित होकर मरने के पूर्व ही राजा एवं सरदारों द्वारा अपने कब्र बनवाए जाते थे। छठे राजवंश के एक शासक पेपी प्रथम का मन्त्री 31 कमरों वाला पिरामिड बनवाया। पिरामिड प्रायः 75° कोण पर बनवाया जाता था जो नीचे चौड़ा और ऊपर पतला हो जाता था। मकान के सामने बने चबूतरे के समान इसका निर्माण होता था इसीलिए इसका नाम 'मस्तबा' पड़ा। मस्तबा काफी साधारण होता था और इसमें लाश रखने के अलावा कोई कमरा नहीं होता था; हाँ, कमरे के दरवाजे के समान सामने बनवा दिया जाता था जिसके द्वारा जिन्दगी प्रवेश करती थी। मस्तबा के नीचे लाश दफनाने वाला कमरा होता था। दफनाने के दिन एक धार्मिक उत्सव होता था। मृतक का मुँह और कान विशेष रूप से खुला छोड़ दिया जाता था ताकि वह समय आने पर बोल और सुन सके। लाश को एक बढ़िया सुगन्धित लकड़ी के बक्से में रख दिया जाता था। उसके ऊपर से ग्रेनाइट का चूर्ण या चूना से उसे भर दिया जाता था। भोजन और जल भी इसके साथ रख दिया जाता था। नहाने-धोने एवं शृंगार की वस्तुओं के अलावा एक जादुई घड़ी एवं बहुत से वस्त्रों को रख दिया जाता था जिससे लाश की क्षति नहीं हो विशेषकर बुरी आत्माओं एवं साँपों से। पिरामिडों पर साँपों एवं बुरी आत्माओं के बारे में बहुत-कुछ लिखा हुआ है। फिर शव को बालू से भर दिया जाता था। मृतक के शुभचिन्तकों द्वारा कब्र के बगलवाली कोठरी में मृतक की मूर्ति बनाई जाती थी। कभी-कभी एक ऐसी सुरंग बनाया जाता था जो दोनों कमरों तक जाती थी। मिस्रवासियों की ऐसी भावना थी कि मृतक की मूर्ति देखकर हो सकता था कि 'का' उसी में प्रवेश करे और मूर्ति जीवित हो जाए। मृतक को भोजन एवं पानी उसके पुत्र, पत्नी या भाई के द्वारा रखा जाता था। बाद में चलकर मृतक के प्रति इसी प्यार या डर ने इस प्रथा को बड़े पैमाने पर मिस्री समाज में प्रसारित किया। मृतक के पास हमेशा भोजन पहुँचाने के लिए धनी मृतकों द्वारा पहले से ही कुछ धन या जमीन का इन्तजाम कर दिया जाता था जिससे उनके द्वारा हमेशा भोजन पहुँचता रहे। चौथे राजवंश के शासक खफ्रे के पुत्र राजकुमार नेकुरे ने बारह शहरों की आय को मरने के बाद भोजन के लिए दान कर दिया था। उसेरकाफ नामक शासक के काल में राजमहल के भोजन का इन्तजाम करनेवाले एक अधिकारी ने आठ पुजारियों को नियुक्त कर दिया था जो इसके कब्र की देखभाल कर सकें। इसी प्रकार, ऊपरी मिस्र के एक नोमार्क ने अपने कब्र की देखभाल के लिए ग्यारह गाँवों की आय को दे दिया था। इस धन से कब्रों की देखभाल करनेवाले पुजारियों को काफी आय होती थी। कब्रों की देखभाल में जो धन का खर्च होता था उसे मृतक के परिवार के लोग कुछ दिनों तक ढोते थे लेकिन बाद में यह खर्च असहनीय हो जाता था और कुछ अपवादों को छोड़कर हम पाते हैं कि कुछ वर्षों के पश्चात् कब्र की देखभाल परिवार द्वारा नहीं किया जाता था। जिस तरह मिस्र के मन्दिरों को जो दान दिया जाता था उसका एक उद्देश्य यह भी रहता था कि उसमें काम करनेवालों को भोजन और वस्त्र मिल सके और मन्दिरों की देखभाल उसके द्वारा होता रहे। इसी तरह अगर राजा अपनी कब्र की देखभाल के लिए सरदारों को जमीन दान में देता था ताकि उसके कब्र की देखभाल होती रहे। अतः सरदारों का सम्बन्ध मिस्री राजाओं से काफी

अच्छा होता था। बाद में कब्रों की देखभाल करने की परम्परा मिस्रवासियों में काफी सामान्य हो गई तो सरदार भी अपने कब्रों की देखभाल के लिए अपने अधीनस्थ आदमियों को एक मोटी रकम देने लगे। बाद में चलकर दूसरे के कब्रों के निर्माण के लिए राजा द्वारा दान दिया जाने लगा।

अब सरदारों या धनी व्यक्तियों का कब्र दान पाने का साधन हो गया जिसकी शुरुआत प्रथम राजवंश के काल से हुई। तीसरे राजवंश के काल में फराओ एक ही मकबरे से सन्तुष्ट नहीं हुआ। चूँकि फराओ समृद्धशाली होता था, अतः दो स्थानों पर दो कब्रों का निर्माण उसी तरह किया जिस तरह दो राजमहलों का निर्माण अपने लिए करता था। फराओ का मकबरा सरदारों का कुलीन पुरुषों के मकबरों की तुलना में ज्यादा आकर्षक एवं बड़े आकार का होता था। फराओ के कुलीनों के शवगृहों की सेवाएँ प्रायः प्रार्थनालय के पूर्वी भाग में होती थी। दूसरी तरफ फराओ के शवगृहों की सेवाओं के लिए मकबरे के बगल में एक भवन तैयार कर दिया जाता था और एक धनी पुजारी इसके लिए नियुक्त किया जाता था। फराओ द्वारा दिए गए दान की रकम से वह मृत फराओ के लिए भोजन, वस्त्र एवं अन्य वस्तुओं की पूर्ति करता था। फराओ का पिरामिड, पूजास्थल एवं पुजारी का निवास स्थान एक चहारदीवारी से घिरा होता था। ये सारी चीजें पहाड़ी से सटे हुए होती थी ताकि मृतक फराओ अपने शहर को वहीं से ठीक से देख सके। पिरामिडों के लिए किए गए विशाल खर्च ने राज्य की आर्थिक स्थिति को निश्चय ही डाँवाँडोल किया होगा।

प्राचीन मिस्र में पिरामिडों का बनना न केवल आडम्बर और धर्म सम्बन्धी एक प्रतीक था बल्कि मिस्रवासियों के जीने का यह एक ढंग भी था। पिरामिडों के निर्माण होने से उनके बीच कला, स्थापत्य एवं मूर्तिकला का भी विकास हुआ। मिस्री परिवार देशज परिवार का नकल था जिसने स्थायी रूप से लौकिक प्रक्रिया पर चोट किया। राजा को देवता का रूप मानने की बात प्राचीन मिस्रवासियों में प्रचलित थी जिसकी शुरुआत प्रथम दो राजवंशों के काल में बड़े पैमाने पर हुई। दूसरे शब्दों में, मिस्र के सभी संस्थाओं में धार्मेक विश्वास एवं धार्मिक भावनाओं का जड़ जम चुका था। मिस्र की प्राचीन सभ्यता पर सरसरी तौर से निगाह डालने से ऐसा लगता है कि नील नदी के किनारे बसा समाज चलना, रहना तथा कोई भी गति को मात्र धार्मिक नजर से देखता था। यह स्पष्ट रूप से देखा गया है कि सम्पूर्ण मिस्री इतिहास में अनुरूप का गहरा सम्बन्ध देवताओं के साथ रहा है। सैद्धान्तिक दृष्टिकोण से मिस्रवासी ऐसा मानते थे कि ईश्वर हमेशा उनके पास खड़ा है और उसी की कृपा से उन्हें भोजन और सामाजिक संगठन मिला है। लेकिन व्यावहारिक रूप से उनका मत यह था कि ईश्वर किसी ऊँचे स्थान पर रहता है और वहीं से सारी चीज देखते रहता है। पशु-पक्षी एवं नरसिंह के रूप में वे ईश्वर का अस्तित्व समझते थे। प्रथम राजवंश में ईश्वर को पक्षी एवं पशुओं के रूप में देखा गया तो दूसरे राजवंश के काल में नरसिंह के रूप में। तीसरे राजवंश में ईश्वर का भी रूप आदमी का हो गया। उदाहरण के लिए, इस राजवंश के काल में ओसिरिस इसी से एवं दूसरे राजाओं को ईश्वर के रूप में धार्मिक महत्त्व दिया गया।

मिस्रवासियों में उपर्युक्त धार्मिक भावना नील नदी की भौगोलिक बनावट के कारण आई। मिस्रवासियों को सूर्य के कारण गरमी एवं प्रकाश मिलता था। सूर्य के कारण ही मिस्रवासियों को वर्षा, तूफान एवं बाढ़ से मुक्ति मिल पाती थी। परिणामस्वरूप मिस्र के लोगों ने पृथ्वी के साथ-साथ आकाश की भी पूजा करने लगे। उन लोगों का विश्वास था कि मिस्र के पश्चिम में स्थित विशाल मरुभूमि भयानक एवं विरोधी अदृश्य शक्तियों के कारण है क्योंकि इस मरुभूमि से उन्हें कोई भी खाद्य सामग्री नहीं मिल पाती थी। सूर्य का उगना उन्हें जीवन की बचपनवाली अवस्था और डूबना आराम करने के समान लगता था। इस विचार ने मिस्र के लोगों को इस निष्कर्ष पर पहुँचाया कि मरने के बाद मनुष्य सूर्य के समान पुनः जीवित हो जाता है। इसी भावना ने पिरामिड बनाने को उत्साहित किया।

अध्याय-8

प्राचीन राजवंश : शासन, समाज, उद्योग एवं कला

8.1 राजनीति

मिस्र में राजतन्त्र की उत्पत्ति एवं इसके विकास की आरम्भिक अवस्था के बारे में निश्चित रूप से सारी बातों को बताना स्रोत के अभाव में मुश्किल है लेकिन इतना हम जरूर पाते हैं कि इसका विकास हंजारों वर्ष पूर्व ही मिस्र में हो चुका था। सैद्धान्तिक दृष्टिकोण से मिस्र का फराओ ईश्वर का रूप था। उसे 'अच्छा ईश्वर' की उपाधि मिली थी। समाज में उसका इतना आदर था कि उसका नाम लेकर पुकारना ईश्वर का अपमान करने के समान था। दरबारी लोग उसे एक मात्र सर्वोच्च मानते थे। राज्य में जो कुछ भी गतिविधि दिखाई देती थी उसका प्रत्यक्ष या अप्रत्यक्ष सम्बन्ध राजा से ही था, ऐसा मिस्रवासी मानते थे। राजा को सरकार और स्वयं राजा 'महान घर' कहा जाता था और मिस्रवासी उसे 'पेरो' कहते थे। यही 'पेरो' बाद में 'फराओ' हो गया। अब मिस्र के राजा को फराओ कहा जाने लगा। फराओ के बारे में तुनकमिजाज दरबारियों के द्वारा और भी कई प्रकार की बातें कही जाती थीं। मृत फराओ के बारे में दरबारियों का कहना था कि जब वह मरा तो देवताओं के झुंड ने उसे चारों तरफ से घेर लिया था और पिरामिड में उसे सोने के पूर्व से ही उसकी पूजा ये देवता करने लगे थे।

दरबारी तौर-तरीका धीरे-धीरे विकसित हुआ और अलग-अलग अधिकारियों को विशेष दृष्टिकोण से महत्त्व बढ़ा। प्रशासन के सभी कार्यों की बारीकी से देखभाल करने के लिए दरबार में अधिकारियों की बहाली हुई। धीरे-धीरे राजदरबार में प्रशासन से सम्बन्धित एक नया वातावरण विकसित हुआ। लेकिन प्रशासनिक विकास की यह प्रक्रिया आधुनिक काल के प्रशासन के समान नहीं थी। प्रशासनिक अधिकारी वर्ग कई श्रेणियों में बँटा था। नए नियम या पहले से आ रहे नियमों का पालन अनुशासनपूर्वक सभी अधिकारियों एवं दरबारियों द्वारा किया जाता था। राजपरिवार के सदस्यों की सभी आवश्यकताओं की पूर्ति दरबारी कुलीनों के द्वारा की जाती थी।

प्रबन्धक (Chamberlain) एवं मार्शल के अलावा फराओ के दरबार में गुलाम, अंगरक्षक, नौकर, अनेक अधिकारी आदि उपस्थित रहते थे। अनेक श्रेणियों में विभाजित कुलीन लोगों की उपस्थिति भी फराओ के दरबार में रहती थी। इलाज के लिए सरकारी वैद्य और मनोरंजन के लिए नर्तकियाँ होती थीं। अन्य कलाकारों को फराओ दरबार में नियुक्त किया

था। फराओ एक से अधिक औरत रख सकता था लेकिन उन औरतों में से एक ही मुख्य रानी होती थी जिसे 'राजमहिषी' कहा जाता था। मुख्य रानी से उत्पन्न पुत्र ही गद्दी का अधिकारी होता था। फराओ के मरने के बाद उसका सबसे बड़ा पुत्र उत्तराधिकारी होता था। फराओ के पुत्रों को ढंग से रखने के लिए अलग से प्रबन्ध होता था तथा इन्हें युद्ध एवं शिक्षा में निपुणता पाने के लिए शिक्षकों की नियुक्ति फराओ द्वारा की जाती थी।

राजपरिवार के सदस्यों के साथ कुलीनों का अच्छा सम्बन्ध रहता था। कभी-कभी किसी कुलीन का वैवाहिक सम्बन्ध भी राजपरिवार में हो जाया करता था। फराओ प्रशासन का सर्वोच्च था। भोग-विलास की जिन्दगी बिताने के बावजूद प्रशासनिक कार्यों को वह काफी सफलतापूर्वक करता था। इस काल के कुछ फराओ विलासमय जीवन नहीं पसन्द करते थे बल्कि जनता की सेवा अपना प्रधान कर्तव्य मानते थे। चौथे राजवंश का शासक शिक्षित एवं सुसंस्कृत था। प्रशासनिक कार्यों की देखभाल राजा मुख्यतः अपने राजमहलों से किया करता था। राजमहल में इस समय दो मुख्य दरवाजे होते थे जो उत्तरी साम्राज्य एवं दक्षिणी साम्राज्य का प्रतिनिधित्व करते थे। जैसा कि ऊपर बताया जा चुका है कि मेनिस ने मिस्र के उत्तरी साम्राज्य को दक्षिणी साम्राज्य में मिलाकर एक विशाल राजवंश की स्थापना की थी। सैद्धान्तिक रूप से दोनों साम्राज्य मिलकर आपस में अब एक हो गए थे लेकिन व्यावहारिक रूप में उनके बीच आपसी तनाव रहता था। अलग-अलग साम्राज्यों को एक होने की बात जहाँ मिस्री लोग सोचते थे वहाँ यह भी भावना स्थान बनाए हुए थी कि इसके पहले दो साम्राज्य थे। फराओ भी राजमहल में दो मुख्य दरवाजा बनाकर इस बात को प्रदर्शित करता था जिससे दोनों साम्राज्यों की जनता की भावनाओं को ठेस न पहुँचे। चोरों से रक्षा के लिए राजमहल के कमरे काफी सुव्यवस्थित ढंग से निर्मित थे।

प्रशासन में सुविधा के दृष्टिकोण से मिस्र के इलाके को 20 जिलों में विभाजित किया गया था। जिला को **नोम** कहा जाता था। प्रत्येक जिले का एक अधिकारी फराओ द्वारा नियुक्त किया जाता था। यह अधिकारी प्रथम पदाधिकारी कहा जाता था। प्रशासनिक एवं 'न्यायिक' कार्यों को जिला स्तर पर देखने का काम यही अधिकारी करता था। जिलों के इन कुछ अधिकारियों का अपना एक संगठन भी था जिससे इनकी प्रमुखता बढ़ सके। ऊपरी मिस्र के जिलों की संख्या अधिक थी तथा निचले मिस्र में कम। इन अधिकारियों को चूँकि वेतन केन्द्रीय वित्तीय विभाग से मिलता था, अतः केन्द्रीय नियन्त्रण से ये अधिकारीगण मुक्त नहीं थे। भूमि सिंचाई तथा न्याय के क्षेत्र में केन्द्र सर्वोच्च अधिकारी था। शेष मामलों में बिना केन्द्र की राय के जिले के अधिकारी स्वतन्त्र रूप से प्रशासनिक कार्यों को कर सकते थे। केन्द्र तथा जिलों के बीच का सम्बन्ध वित्त विभाग के माध्यम से स्थापित था।

न्याय के क्षेत्र में जिला स्तर पर **नोम** ही मुख्य न्यायाधीश होते थे। प्राचीन मिस्र में कार्यपालिका एवं न्यायपालिका के बीच कोई ठोस विभाजन नहीं था। न्यायाधीश ही कार्यपालिका सम्बन्धी कामों को करते थे। ऐसे अधिकारी सम्भवतः न्याय एवं प्रशासनिक

कार्यों में दक्ष होते थे। फराओ अपनी ओर से एक न्यायाधीश नियुक्त करता था जो जिला स्तर के न्यायाधीशों एवं न्यायालयों का निरीक्षण करता था। उपर्युक्त अध्ययन के आधार पर इस काल में एक ढंग की न्याय व्यवस्था होने का निष्कर्ष निकाला जा सकता है लेकिन स्रोतों के अभाव में किसी निश्चय पर पहुँचना सम्भव नहीं है। मिस्र की धार्मिक, सामाजिक और राजनीतिक स्थितियों को ध्यान में रखते हुए ऐसा कहा जा सकता है कि न्यायाधीशों द्वारा मुकदमों का निर्णय निष्पक्ष ढंग से किया जाता था। किसी महत्त्वपूर्ण मुकदमे की सुनवाई केन्द्र द्वारा नियुक्त मुख्य न्यायधीश किया करता था। राजद्रोह का अभियोग जब किसी रानी पर लगता तो उसकी सुनवाई दो विशेष न्यायधीशों की मदद से की जाती थी। ऐसा अनुमान किया जा सकता है कि मुख्य रानी के अलावा अन्य रानियों द्वारा अपने पुत्रों को गद्दी पर बैठाने के लिए कभी-कभी फराओ की गद्दी के विरुद्ध षड्यन्त्र रचे जाते थे। फराओ के द्वारा लाभ के लिए बहुत ही निम्न स्तर का काम नहीं किया जाता था, अतः उसके निष्पक्ष विचार का प्रभाव प्रशासन के सारे अधिकारियों पर निश्चय ही पड़ा और बड़े पैमाने पर भ्रष्टाचार की बात सम्भवतः इस काल में हमें देखने से नहीं मिलती है।

फराओ का मुख्य सलाहकार या मन्त्री प्रशासनिक दृष्टिकोण से काफी महत्त्वपूर्ण होता था। न्याय के क्षेत्र में फराओ के बाद इसी के निर्णय की मान्यता थी। सम्पूर्ण प्रशासन उसी की सलाह से फराओ चलाता था। आरम्भ में तो फराओ किसी योग्य व्यक्ति को इस पद पर रखता था लेकिन चौथे राजवंश के समय से मुख्य सलाहकार या प्रधानमन्त्री फराओ का पुत्र ही होता था। फराओ जान-बूझकर अपने पुत्र को इस पद पर इसलिए नियुक्त करता था ताकि उसे प्रशासन का ज्ञान हो सके। प्रशासनिक लेखाजोखा का दायित्व प्रधानमन्त्री पर रहता था। फराओ के लिए प्रधानमन्त्री काफी विश्वासी होता था। केन्द्र के प्रमुख एवं महत्त्वपूर्ण अभिलेखों को 'राजा का अभिलेख' कहा जाता था। प्रशासन का विस्तार इस समय तक काफी विस्तृत हो गया था और अनेक बड़े-बड़े अधिकारियों की नियुक्ति की गई थी। राजा की योग्यता एवं समझदारी सफल प्रशासन के लिए सबसे महत्त्वपूर्ण आधार होता था। योग्य राजा के अधिकारी भी प्रायः आज्ञाकारी एवं ईमानदार तथा योग्य होते थे। प्रशासनिक भ्रष्टाचार फैलाने का सबसे बड़ा जिम्मेदार व्यक्ति अयोग्य राजा होता था। प्रशासन को सुचारु रूप से चलाने के लिए साम्राज्य का प्रशासनिक विभाजन नोम में हुआ था लेकिन अयोग्य राजा के कारण नोम के गवर्नर भ्रष्ट एवं निरंकुश भी हो जाते थे। बाद में चलकर तो योग्य राजा की उपस्थिति में गवर्नर अपनी शक्ति बढ़ाने लगे थे और इनमें निरंकुशता की दुर्गन्ध आने लगी थी। वैसे उसी प्रशासन की जिन्दगी अधिक लम्बी रही है जिसमें निरंकुशता ज्यादा पाई गई।

8.2 समाज

सामाजिक दृष्टिकोण से मिस्र के समाज में सबसे छोटी इकाई परिवार होता था। सामान्य लोग प्रायः एक पत्नी रखते थे लेकिन धनी लोग एक से ज्यादा पत्नियाँ भी रखते थे। फराओ तो सबसे अधिक औरतों से शादी करता था, अतः उसका हरम धनी व्यक्तियों से अधिक

बड़ा होता था। मिस्र की प्रथा के अनुसार पति के धन पर कानूनी अधिकार मुख्य पत्नी का होता था। अन्य पत्नियों का अधिकार उनके पति की सम्पत्ति पर नहीं होता था। ये पत्नियाँ साधारण तरीके से भोजन एवं अन्य आवश्यक सामग्रियाँ अपने पति से प्राप्त करती थीं।

मिस्र के समाज में स्त्रियों का आदर था। शादी के अवसर पर कन्या से उसका पिता विचार जान लेता था। पति विवाह के अवसर पर पत्नी को ठीक से रखने की प्रतिज्ञा करता था। सम्पत्ति पर स्त्रियों का अधिकार भी होता था। पिता के मरने के बाद सम्पत्ति की मालकिन उसकी सबसे बड़ी पुत्री होती थी लेकिन अगर पिता अपनी सम्पत्ति का मालिक किसी और को बनाने की बात लिखकर मर गया तो पुत्री को धन नहीं मिल पाता। चूँकि सामान्य तौर पर सम्पत्ति पर पुत्री का अधिकार होता था, अतः भाई-बहन में विवाह की प्रथा मिस्र में विकसित हो गई थी ताकि सम्पत्ति दूसरे के हाथों न चली जाए और एक परिवार की सम्पत्ति उसी परिवार में रहे। राज परिवार में भी भाई-बहन में शादी होती थी। वंश परम्परा माता से शुरू होती थी और भारतीय परिवारों के जैसा दादा-दादी का महत्त्व वहाँ नहीं था बल्कि नाना-नानी का महत्त्व ज्यादा था। स्त्रियाँ सभा एवं उत्सवों में स्वतन्त्र रूप से भाग लेती थीं। व्यापार वे करती थीं और प्रेम भी।

स्त्रियों के साथ व्यभिचार को मिस्री समाज बड़ा ही निम्न दृष्टि से देखता था। स्त्रियाँ गाने में निपुण होती थीं। फैशन के दृष्टिकोण से पुरुषों को अपनी ओर आकर्षित करने के लिए वे पारदर्शी वस्त्रों का इस्तेमाल करती थीं। इनके बीच आभूषण भी प्रचलित था।

धनी वर्ग के लोग अच्छे मकानों में रहते थे जो प्रायः लकड़ी और धूप में सूखी ईंटों से बनाए जाते थे। धूप एवं हवा के लिए मकान के कमरों में खिड़कियाँ होती थीं। निम्न वर्ग के लोगों के मकान झोंपड़ीनुमा होते थे। धनी लोग जहाँ अंडा, मांस, शराब, रोटी, फल, मिठाई आदि भोजन करते थे वहाँ गरीब परिवारों में रोटी, मांस और फल ही प्रयोग होता था। आधुनिक काल से तुलना करने पर हम कह सकते हैं कि आज के भारतीय गरीब परिवार जैसी दयनीय हालत उस काल के गरीब मिस्रियों की नहीं थी। कम-से-कम दो समय सन्तोषप्रद भोजन तो मिल ही जाता था। वस्त्रों के दृष्टिकोण से धनी एवं गरीब मिस्रियों में अन्तर दिखाई पड़ता था। मिस्र के लोग प्रकृति प्रेमी थे। धनी व्यक्ति अपने मकान के साथ एक बगीचा या फुलवारी रखता था जिसमें अवकाश के समय वह मनोरंजन कर सके। धनी परिवारों में नौकर रखे जाते थे। गुलाम भी ये धनी वर्ग रखते थे।

मिस्र के लोगों का प्रमुख पेशा कृषि था। प्रमुख उपज, जैतून, अंजीर, सरसों, मटर, जौ, गेहूँ, खजूर, फ्लेक्स, रूई, अंगूर आदि था। नील नदी के किनारे अनाज आसानी से पैदा हो जाता था। इसके लिए कृषि में तकनीकी विकास की आवश्यकता नहीं थी। थोड़ी-बहुत जो सिंचाई होती थी, वह नील नदी से ही। वर्ष में कई फसलों को यहाँ के कृषक तैयार करते थे। बाढ़ में जब जल बढ़ता था तो उसे कुआँ या तालाबों (तल अर्थात् जमीन और आब अर्थात् पानी) में इकट्ठा कर लिया जाता था और नहरों के माध्यम से इसका पानी वर्षा के समाप्त होने पर सूखे खेत में पहुँचाया जाता था। मिस्र का फराओ कृषकों को

समयानुसार मदद करता था और बदले में कृषक उसे अपनी उपज का 10 से 20 प्रतिशत अनाज देते थे। यह एक प्रकार का कर था जो प्रायः नगद होकर अनाज के रूप में ही फराओ वसूलता था। समय पर कर नहीं देने से फराओ कृषकों को सिंचाई में मदद नहीं करता था।

प्राचीन मिस्री राज्य का ढाँचा। राज्य ही वह मुख्य शक्ति था, जिस पर दास स्वामियों का सारा प्रभुत्व टिका हुआ था। शोषित लोग जिनका दमन करना मिस्री राज्य अपना कर्तव्य मानता था

आर्थिक दृष्टिकोण से पशु भी आर्थिक व्यवस्था का एक मुख्य आधार था। पशुओं में गाय भेड़, बकरी, गधा आदि प्रमुख थे। ये लोग मुर्गियाँ पालते थे और मछली भी पकड़ते थे। पक्षियों का शिकार इनके द्वारा किया जाता था। गधा का उपयोग बोझ ढोने के लिए होता था।

8.3 अर्थव्यवस्था

व्यापारिक दृष्टिकोण से मिस्रवासी मकान के लिए लकड़ी और खनिज पदार्थों के दृष्टिकोण से गरीब थे, अतः इसका व्यापार विदेशों के साथ होता था। पत्थर, ताँबा, मेलेकाइट आदि खनिज पदार्थों को प्राप्त करने के लिए मिस्री विदेशों पर आक्रमण करते थे और लूटकर लाते थे। आक्रमण में फराओ साथ देता था। बर्तन, लड़ाई के औजार एवं अन्य वस्तुओं को बनाने में ताँबा का प्रयोग बड़े पैमाने पर किया जाता था। लोहे के प्रयोग की बात हमें यहाँ देखने से नहीं मिलती है। स्वर्णकारों के द्वारा आभूषण बनाए जाते थे जिसकी जानकारी हमें वहाँ पाए गए चित्रों से होती है। मिस्र में हाथीदाँत, देवदार की लकड़ी और आबनूस का आयात असीरिया एवं नूबिया से होता था। हाथीदाँत एवं लकड़ी से फराओ एवं धनी सामन्त फर्नीचर बनवाते थे। मिस्री शिल्पियों द्वारा नाव बनाई जाती थी जो जलमार्ग से माल ढोने का काम करता था। पत्थरों से गुलदस्ता, तस्तरी आदि बनाए जाते थे। कुम्हार का महत्त्व समाज में काफी था। मिस्र में जो बर्तन मिले हैं वे कलात्मक दृष्टिकोण से उतने अच्छे नहीं हैं। बड़े-बड़े बर्तनों में शराब, तेल, और खाद्य पदार्थ रखे जाते थे। पशुओं के मुलायम चमड़े से वस्त्र और मजबूत चमड़े से युद्ध में प्रयोग करने के लिए ढाल बनाए जाते थे। पेपीरस नामक पौधे से कागज, हलकी नाव, चप्पल, चटाई और रस्सी निर्मित होते थे। धूप में सुखाकर ईंट बनते थे जिसका प्रयोग मजबूत मकान बनाने के लिए होता था। यहाँ की स्त्रियाँ सूत कातती थीं और इससे कपड़ा बुना जाता था। धनी व्यक्ति लिनन वस्त्रों का इस्तेमाल करते थे जो पारदर्शी होता था। कई तह या परत पहनने के बावजूद भी लिनन को पहननेवाली स्त्री या पुरुष नंगे दिखाई देते थे। मिस्र का सूती कपड़ा आज भी विश्व प्रसिद्ध है। प्राप्त स्रोतों के आधार पर पता चलता है कि इनके बीच उद्योग का विकास हो चुका था। इन उद्योग केन्द्रों में साधारणतया दस से बीस श्रमिक काम करते थे।

फराओ के पास कर से प्राप्त वस्तुएँ आवश्यकता से अधिक हो जाता तो उनको बेचने की व्यवस्था की जाती थी। खरीद-बिक्री के लिए एक बाजार होता था। यह बाजार शहर के उस क्षेत्र में स्थित होता था जो सुरक्षा, भौगोलिक एवं यातायात के दृष्टिकोण से उपयुक्त हो। यातायात के साधन के रूप में स्थलमार्ग के अलावे जलमार्ग भी काफी प्रसिद्ध थे। मिस्र के व्यापारी नील नदी के माध्यम से नाव द्वारा माल बेचने या खरीदने एक स्थान से दूसरे स्थान पर जाया करते थे। व्यापार के क्षेत्र में खरीद-बिक्री विनिमय के माध्यम से होता था। जिन वस्तुओं का व्यापार बड़े पैमाने पर होता था उन वस्तुओं की कीमत सोना, चाँदी या ताँबा के निश्चित भारवाले छल्लों में चुकाया जाता था। मिस्र में चाँदी का आयात अनातोलिया से होता था। इस काल में चाँदी बहुत ही कम पाया जाता था और इसी कारण मिस्र में इस समय सोना से अधिक कीमती धातु चाँदी था। व्यापार के सिलसिले में व्यापारी आपस में लिखा-पढ़ी करते थे। आवश्यक वस्तुओं को मँगाने के लिए ऑर्डर भी दिया जाता था। व्यापार सामन्तों के द्वारा भी किया जाता था और इनके कार्यालयों में लिपिक नियुक्त रहते थे। इसकी जानकारी छब्बीसवें सदी ई.पू. में पाए गए स्रोत से होती है।

मिस्र में व्यापार का सबसे बड़ा शक्तिशाली यन्त्र केन्द्र होता था। इससे व्यापार में कई प्रकार की कठिनाइयाँ होती थीं। फराओ का व्यापार पर सबसे अधिक प्रभाव था जिसके कारण व्यापार में स्वतन्त्र व्यापारियों में धन वृद्धि बड़े पैमाने पर होना मुश्किल था। अतः निजी व्यापार करनेवाले व्यापारियों की संख्या मिस्र में इस समय अधिक नहीं थी।

कला के क्षेत्र में मिस्रवासी उपयोगितावादी थे। प्रकृति के प्रेमी थे वे और वस्तुओं को सुन्दर बनाने का प्रयास करते थे। राजाओं की उन लोगों ने विशाल मूर्तियाँ बनाईं क्योंकि राजाओं को ये ईश्वर का रूप मानते थे और ईश्वर की उपयोगिता उनके लिए थी। अपने लिए शौक से वे कला को विकसित करने के इच्छुक नहीं थे। बाद में चलकर जब मिस्री लोगों के बीच धार्मिक विकास बढ़ा तो इसका असर उनके कलाओं पर पड़ा। राजभवनों एवं फराओ की मूर्तियाँ बनाने में मिस्री कलाकार पत्थरों का प्रयोग करते थे। यहाँ कला के प्रतीक के रूप में पिरामिडों को आज भी देखा जा सकता है। पिरामिड बनाने का श्रेय तीसरे राजवंश के फराओ जोसर के प्रधान मन्त्री इमहोटेप को है। इसी समय से पत्थरों के विशाल भवन निर्मित होने लगे। जोसर के पहले पिरामिडों में पत्थरों का प्रयोग कम होता था। तीसरे राजवंश के काल में पिरामिडों का निर्माण काफी कलात्मक ढंग से हुआ। इस राजवंश का अन्तिम शासक स्नेफू ने बड़े-बड़े पिरामिडों का निर्माण करवाया। इसके युग में मिस्र की समृद्धि काफी बढ़ गई थी। चौथे राजवंश का संस्थापक खूफू ने गिजे में एक विशाल पिरामिड बनाया। इन पिरामिडों को बनाने में बहुत बड़ी मात्रा में धन एवं मजदूर लगते थे। पिरामिड का निर्माण चूना पत्थर से किया जाता था। खूफू के द्वारा निर्मित पिरामिड का ऊपरी भाग की तुलना में निचला भाग कला के दृष्टिकोण से अधिक प्रशंसनीय है। ऊपरी भाग सम्भवतः जल्दी में निर्मित हुआ होगा। फराओ के पिरामिड के पूर्वी भाग में राजपरिवार के अन्य सदस्यों के पिरामिड होते थे।

जहाँ तक पिरामिड निर्माण करने के उद्‌देश्यों का प्रश्न है, कुछ विद्वानों का इस सम्बन्ध में मत है कि खराब आर्थिक अवस्था में बेकारी दूर करने के लिए पिरामिडों का निर्माण प्राचीन राजवंश के काल में कराया गया। विद्वानों का उपर्युक्त मत काफी तार्किक एवं प्रामाणिक नहीं लगता क्योंकि समृद्धि के रूप में पिरामिडों का निर्माण किया गया। फराओ के अमर रहने का प्रतीक के रूप में पिरामिड को बनाया गया जिसके बारे में मिस्र में यह कहावत प्रचलित थी कि मनुष्य समय से डरता है और समय पिरामिड से। बालसूर्य की प्रथम किरणें पिरामिडों पर पड़े इसलिए इनका निर्माण शहर से दूर रेगिस्तान में किया गया। आरम्भ में लाशों को मिस्रीवासी रेत में गड्ढा खोदकर गाड़ देते थे और चारों तरफ से पत्थर के टुकड़ों से घेर देते थे। लाश को दफना करके घेरने की शैली में परिवर्तन हुआ और दीवारों से अब कब्रों को घेरा जाने लगा। चार हजार वर्ष ई.पू. के काल में पत्थर की विशाल दीवारें बनने लगीं और पत्थरों का प्रयोग भवन-निर्माण में इसी समय से हुआ। 3000 ई. पू. के आसपास समाधि को 'मस्तवा' कहा गया। यह नाम कब्र के निर्माण के शैली में परिवर्तन के कारण पड़ा। 'मस्तवा' सीढ़ीदार पिरामिड होता था। बाद में सीढ़ियों की शैली पिरामिडों से नेफ्रू के काल से हटा दी गई और पिरामिड ढलवाँ बनने लगे। पिरामिड के आरम्भिक आकार की तुलना में बाद का पिरामिड काफी विशाल बनने लगा। हेरोडोटस

के अनुसार गिजे का पिरामिड तेरह एकड़ भूमि में बना था। मिस्र में किसी तरह मन्दिरों के अवशेष मिले हैं। राजभवनों एवं सामन्तों के महलों के अलावा कच्ची मिट्टी की मन्दिरें मिस्र में थीं।

8.4 स्थापत्य

धर्म ने मिस्र में मूर्तिकला को विकसित किया। ठोस पत्थरों को तराशकर राजाओं की मूर्तियाँ इस काल में बनाई जाने लगी थीं। कुर्सी पर, दोनों हाथों को जंघा पर रखकर राजा की मूर्तियाँ बनाई जाती थीं। इस तरह की सबसे अच्छी मूर्तियाँ खेफ्रे और हेमसेट की हैं जो आज भी काहिरा और लूव्रे के अजायबघर में हैं। शिल्पकारों द्वारा खड़े आकार की मूर्तियाँ भी बनाई जाती थीं। इस आकार की मूर्ति एक पुजारी (रानोफर) की पाई गई है। आकार के दृष्टिकोण से सबसे बड़ी मूर्ति स्फिंक्स की है। इसके बारे में कहते हैं, विश्व में सबसे बड़ी मूर्ति है जिसका शरीर सिंह का और सिर मानव का है। मूर्तियों में रंगों का प्रयोग होता था। आँखों का रंग बिल्ली की आँखों के रंग का होता था। चेहरे पर विशेष भाव पर इस काल के चित्रकारों ने विशेष ध्यान नहीं दिया क्योंकि धार्मिक दृष्टिकोण से सम्भवतः वे राजा की भावना के दृष्टिकोण से दूर समझते थे। इसी भावना से प्रभावित होकर हाथों की अँगुलियों को भी वे बिलकुल बराबर रखते थे। इसके विपरीत सामान्य जनों की मूर्तियाँ, बनाते समय मिस्र के कलाकारों ने शैली एवं भावना पर विशेष ध्यान दिया। इस शैली में काठ की एक मूर्ति मिली है जो 'शेल की मूर्ति' नाम से प्रसिद्ध है। एक जीवन्त ''लिपिक की मूर्ति लूव्रे की अजायबघर में है जो इसी काल की है। ताँबे का पत्तर चढ़ी काठ की अन्य मूर्ति मिली है जो पेपी प्रथम की है। इसकी आँखें अब्सिडियन और चूना-पत्थर की हैं। स्वर्णकारों द्वारा मिस्र के एक मन्दिर में हेराकोनपोलिस की मूर्ति बनाई गई थी। इसका सिर सोने का और शरीर ताँबे का था। यह मूर्ति भी मिस्री कलाकारों की एक उच्चतम देन है। कलाकारों ने मन्दिरों में रिलीफ-मूर्तियाँ भी बनाईं लेकिन मोटाई या गोलाई वे ठीक से नहीं दिखा पाए। रिलीफ मूर्तियों में रंगों का जब प्रयोग होने लगा तो ये रिलीफ-चित्र कहलाने लगे।

8.5 लेखन कला

लेखन कला का विकास प्राचीन मिस्र में हो चुका था। मृतक-संस्कार के अवसर पर प्रयोग किए गए मन्त्रों को लम्बे समय के लिए रखने के लिए लिपि का विकास हुआ। आर्थिक लेखा-जोखा एवं राजकाज में लिपि की आवश्यकता थी। राजाओं द्वारा जमीन का लेखा-जोखा प्रति दूसरे वर्ष कराया जाता था। राजा के अधिकारियों द्वारा प्रशासनिक आय-व्यय का लेखा रखना पड़ता था। इसी स्थिति में प्राचीन मिस्र में लिपि का विकास हुआ। इस लिपि को हाइरोग्लाइफिक अर्थात् पवित्र चिह्न कहा गया। इसमें लगभग 2000 चिह्न थे। चिह्नों के माध्यम से ही अधिकांश चीजों को लिखा जाता था। उदाहरण के लिए, मध्य में बिन्दु से युक्त गोले का अर्थ सूर्य और धनुष-बाण लिए आदमी का अर्थ सैनिक था। मिस्र में युद्धबन्दियों को पशुओं की तरह गिना जाता था। एक चित्र में चील जिस आड़ी पर बैठी है, उसका हर

तना एक हजार युद्धबन्दियों का द्योतक है। मिस्र में बढ़ते हुए ज्ञान-भंडार को मौखिक रूप से याद करके दूसरे को बताना सम्भव नहीं था और लिखने की आवश्यकता महसूस की गई।

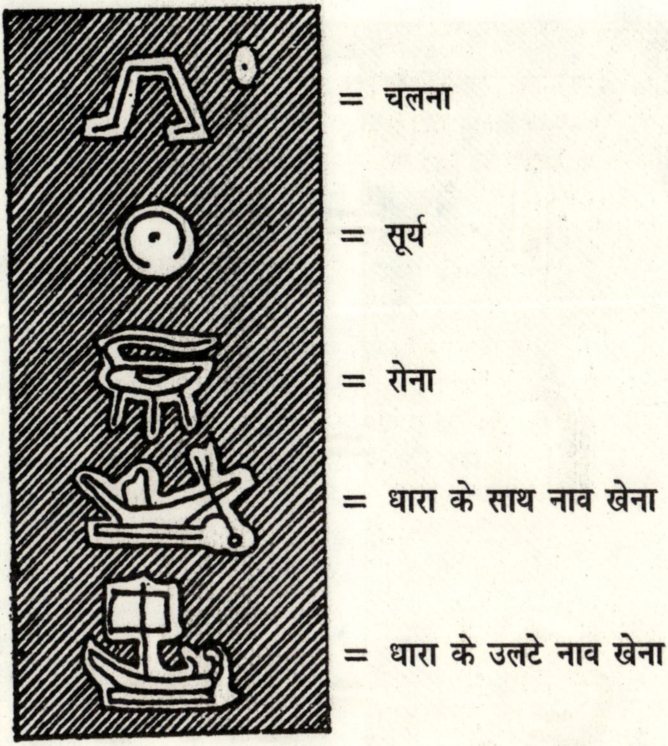

मिस्र की लिपि

लगभग 2000 चित्रों की चर्चा हमें मिस्र में मिलती है। ज्यामितिक आकृतियाँ भी मिस्र में मिली हैं जिनमें 1, 10 और 100 के अलग-अलग चिह्न मिले हैं। 183 लिखने के लिए सौ का चिह्न एक बार, दस का आठ बार और एक का तीन बार लिखा जाता था। लिपि यहाँ तीन प्रकार—भावबोधक, ध्वनिबोधक और संकेत सूचक थे जिसका प्रमाण प्रथम वंश के काल से ही मिलने लगता है। उदाहरण के लिए प्रथम राजवंश का प्रारम्भिक नरेश का एक 'स्लेट पट्टिका' मिली है। इस स्लेट के ऊपरी भाग में दो चित्राक्षर है। पहला एक मछली का और दूसरा शायद एक छेनी का। मच्छली को 'नर' और छेनी को 'मेर' कहा गया है और इस तरह नरमेर नामक राजा के नाम की जानकारी होती है शब्दांश लिपि वाली पट्टिका में श्येन रूपधारी होरूस के हाथ में एक रस्सी है जिसके दूसरे भाग से एक सेमाइट की नाक बँधी है। इस सेमाइट का केवल सिर वाला भाग ही चित्रित है। शेष शरीर के बदले एक

गोल-सा बना है जो सम्भवतः देश का प्रतीक है। इससे छः 'ख' अर्थात् कमलनाल निकल रहे हैं। 'ख' का अर्थ एक हजार भी होता है और इस दृष्टिकोण से छः 'ख' का अर्थ छः हजार होता है। इस तरह विद्वानों का मत है कि होरूस ने छः हजार युद्ध बन्दियों (सेमाइट) को पकड़ा।

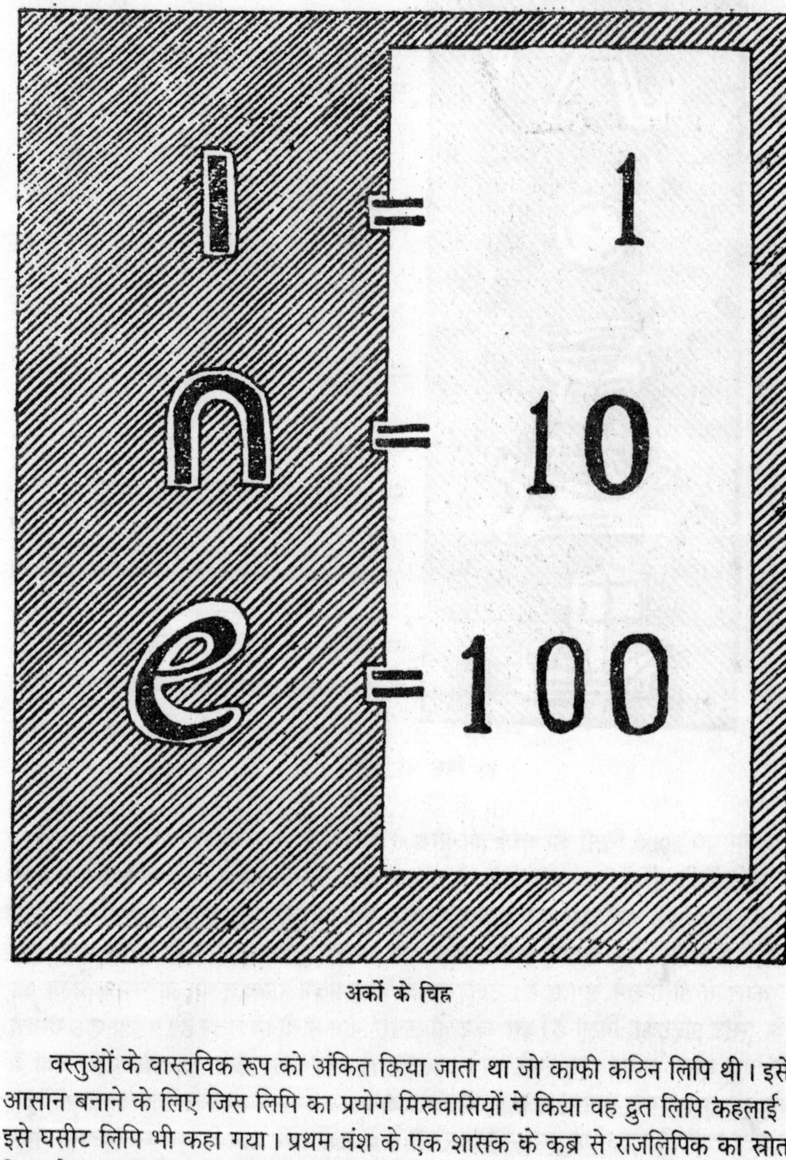

अंकों के चिह्न

वस्तुओं के वास्तविक रूप को अंकित किया जाता था जो काफी कठिन लिपि थी। इसे आसान बनाने के लिए जिस लिपि का प्रयोग मिस्रवासियों ने किया वह द्रुत लिपि कहलाई। इसे घसीट लिपि भी कहा गया। प्रथम वंश के एक शासक के कब्र से राजलिपिक का स्रोत मिला है। इस लिपिक का प्रयोग सम्भवतः चिट्ठी लिखने में किया जाता था।

बाद में चलकर मिस्रियों ने 24 चिह्नों की एक वर्णमाला तैयार करने में सफलता पाई जिनमें से प्रत्येक व्यंजन अक्षर का प्रतीक था। इसमें स्वर वर्ण नहीं लिखे जाते थे। मिस्री लोग पुराने विचारों से ज्यादा प्रभावित थे। अतः वर्णमाला के विकास के बावजूद वे लोग पहलेवाली लिपियों का ही प्रयोग ज्यादा करते थे। वर्णमाला लिपि का ढंग से विकास फिनीशियनों के काल में सम्भव हो सकी। आठवीं सदी ई.पू. में मिस्र ने 'हाइरेटिक लिपि' का विकास किया जो शॉर्टहैंड की तरह था। इसके प्रमाण पत्थर के अभिलेखों में मिले हैं।

मिस्र में लिखने के लिए अच्छी सामग्री उपलब्ध थी। नील नदी के छिछले किनारों में पेपाइरस नामक 4 या 5 मीटर ऊँची नरकल जैसी झाड़ियाँ उगा करती थीं। इनके तनों को काटकर मिस्रवासी इनमें से पतली-पतली परतें निकाल लेते थे और इन्हें किसी लसीले पदार्थ से साटकर कागज के पन्ने जैसा बना लेते थे। अंग्रेजी का पेपर शब्द पेपाइरस से ही बना है। एक पन्ने की लम्बाई 40 मीटर तक मिली है। धूप में पेपाइरस को सुखाकर कड़ा किया जाता था। चौथे राजवंश के काल में पेपाइरस को धर्म-पत्र के रूप में प्रयोग किया जाता था। चमड़े को भी पन्ना के रूप में प्रयोग किया जाता था जिस पर चित्रित वस्तुएँ मिली हैं। लिखने के लिए मिस्रवासी नरकुल का प्रयोग करते थे। नरकुल या सरकंडे का ब्रश बनाकर चित्र भी वे बनाते थे। कलमदान, दवात एवं रंगों के लिए तश्तरी का प्रयोग करते थे। तश्तरियाँ प्रायः हाथीदाँत की बनी होती थीं।

8.6 शिक्षा

शिक्षा का प्रमुख केन्द्र शुरू में मन्दिर होते थे। मन्दिरों के पुजारी शिक्षक का काम करते थे। मिस्र में शिक्षा का अर्थ विद्यार्थी को ज्ञानी बनाना नहीं बल्कि नौकरी पाने के योग्य बना देना होता था। सरकारी शैक्षणिक केन्द्रों की भी जानकारी स्रोतों से होती है। आरम्भ में तो विद्यार्थी मन्दिरों में ही शिक्षा पाते थे लेकिन बाद में चलकर उन्हें सरकारी शिक्षा केन्द्रों में शिक्षा दी जाती थी। विद्यार्थियों द्वारा शिक्षा लेखन के माध्यम से प्राप्त की जाती थी। मौखिक शिक्षा का भी प्रबन्ध था। शिक्षा के माध्यम से माँ को आदर करने पर विशेष जोर डाला जाता था। अपने को नियन्त्रण में रखने की बात स्कूलों में बताई जाती थी। बच्चों का पढ़ाते समय शिक्षक पीटते भी थे। ऐसी मान्यता थी कि बच्चों का कान पीठ पर रहता है और जब तक पीटा (पीठ से पीटना शब्द बना है।) नहीं जाएगा ठीक से नहीं सुनेगा और नहीं समझेगा। ऐसी मान्यता भारत में आज भी है। मिस्र में बच्चों को चित्राक्षर और द्रुतलिपि के माध्यम से पढ़ाते थे। बच्चों को पढ़ाई के सिलसिले में पहले से लिखित बातों या चित्रों में अंकित बातों का नकल करके पढ़ाई करनी पड़ती थी। जब बच्चे पढ़कर थोड़ा समझदार हो जाते थे तो उन्हें किसी योग्य ऑफिसर के पास भेज दिया जाता था। ताकि उस अधिकारी द्वारा बताए गए बातों को वह ढंग से सीख सके।

स्रोतों के अभाव में प्राचीन मिस्र के साहित्य पर कुछ विशेष जानकारी हमें नहीं मिल पाती है। थोड़ा-बहुत जो साहित्यिक सामग्रियाँ मिली भी हैं उन्हें ठीक से समझना अभी तक सम्भव नहीं हो पाया है क्योंकि इनमें स्वर चिह्नों का अभाव है। कॉप्टिक भाषा के माध्यम से ही हमें थोड़ी-बहुत जानकारी यहाँ के पुराने साहित्यों के बारे में मिल पाती है। मिस्र का

साहित्य उस काल के व्यावहारिक उद्देश्यों की पूर्ति करने से ही जुटा था। इनमें होरूस ओसिरिश आदि के बातों की चर्चा की गई है। विश्व की उत्पत्ति के सम्बन्ध में भी इन साहित्यों के अध्ययन से प्रकाश पड़ता है। नाटकों या महाकाव्यों से प्रभावित साहित्य नहीं मिलता। पिरामिडों में पाई गई साहित्यिक सामग्रियाँ धार्मिक बातों, जैसे—मन्त्र, पूजागीत, प्रार्थना आदि पर प्रकाश डालती हैं। इन साहित्यों की रचना ई.पू. 2625 से 2475 ई.पू. के बीच हुई। इम्होटेप, केगेम्ने, टाहोटेप आदि कुलीन एवं मन्त्रियों ने अपने अनुभव का लिखित ब्योरा प्रस्तुत किया। इन लिखित सामग्रियों में प्रशासन से सम्बन्धित कई राजनीतिक चालों का वर्णन है। पुजारी-लिपिकों के द्वारा भी लिखी गई सामग्रियाँ मिली हैं जिनमें प्राचीन शासकों का मात्र नाम वर्णित है।

विज्ञान के क्षेत्र में मिस्रवासियों ने विशेष रुचि नहीं ली लेकिन व्यावहारिक जिन्दगी के लिए आवश्यक आवश्यकताएँ ही विज्ञान में प्रगति लाने के लिए उन्हें बाध्य किया। ग्रहों और नक्षत्रों का भेद उन लोगों ने मालूम कर लिया। नील में बाढ़ का मौसम आरम्भ होने से पूर्व कृषकों को खेत, नहरें, तथा बाँध तैयार कर लेने पड़ते थे। उन्होंने पाया कि बाढ़ से पहले आकाश में नक्षत्र प्रत्येक वर्ष एक निश्चित स्थिति में होता था। इस खोज से ही खगोल विज्ञान-ग्रहों व नक्षत्रों का अध्ययन करने से विज्ञान की नींव पड़ी। पुराने यन्त्रों के सहारे उन्होंने नक्षत्रों का अन्दाज किया और आकाश का मानचित्र बना लिया। उनके वैज्ञानिक सफलता की महत्त्वपूर्ण उपलब्धि सौर पंचांग थी। कई वर्षों तक सावधानीपूर्वक ध्यान देने के पश्चात् उन्हें मालूम हुआ कि एक बाढ़ और दूसरी बाढ़ के बीच करीब 365 दिन होते हैं। उन लोगों ने यह भी देखा कि सिरियस नामक चमकीला तारा सबसे बाद में तब निकलता था जब बाढ़ काहिरा पहुँच जाती थी और ऐसा प्रायः 365 दिनों पर होता था। 360 दिनों को एक वर्ष और इस एक वर्ष को 12 माह में उन लोगों ने बाँटा। प्रत्येक माह को 30 दिनों में बाँटा गया। इसका परिणाम यह हुआ कि 360 दिनों में ही 12 माह अर्थात् एक वर्ष हो जाता था। अतः शेष पाँच दिनों को ये लोग धार्मिक उत्सवों के लिए रख लिये। मगर वास्तव में वर्ष में लगभग 365 दिन में होते हैं। काफी समय के बाद 365 दिनों के वर्ष पर आधारित पंचांग का प्रकृति से अलगाव स्वाभाविक था। मिस्रवासियों ने भी इसे महसूस किया लेकिन प्रथम पंचांग का प्रयोग समाज में इतना जमकर होने लगा था कि उसको बदलना मुश्किल था। फिर भी मिस्र का सौर पंचांग एक उपलब्धि की श्रेणी में रखे जाने के लायक है।

गणित के दृष्टिकोण से मिस्र में जोड़, घटाव और भाग की जानकारी मिस्रवासियों को थी। अनाज इकट्ठा करना, बुवाई पर खर्च और एक वर्ष में कितना अनाज खर्च होगा इसका हिसाब लगाना मिस्री परिवार के लिए आवश्यक था। ताँबा और टीन को किस मात्रा में मिलाकर गलाया जाए ताकि काँसा तैयार हो सके, इसका हिसाब इन्हें रखना पड़ता था। नदी में बाँध और भवनों के निर्माण में भी गणना की आवश्यकता थी कि कितने मजदूर होंगे और समय कितना लगेगा। इन उपर्युक्त आवश्यकताओं ने गणित को जन्म दिया। यहाँ के निवासी 10 लाख तक की संख्याओं को जोड़, घटाव और भाग कर लेते थे और धीरे-धीरे उनके श्रम ने अंकगणित को विकसित किया। उपजाऊ भूमि को कई भागों में बाँटने और नहरें खोदने के लिए कोणों पर ध्यान देना आवश्यक था जिसके सहारे ज्यामिति

या रेखागणित का विकास हुआ। कृषि, व्यापार और प्रशासन ने गणित को जब विकसित किया तो उन लोगों ने एक से नौ तक की संख्याओं के लिए एक विशेष चिह्न का प्रयोग करने लगे। इन सभी अंकों के लिए वे लोग एक ही तरह के चिह्न बनाते थे। दस के लिए दूसरा चिह्न प्रयोग करते थे।

मिस्र के स्रोतों के आधार पर चिकित्सा एवं चिकित्सकों की जानकारी होती है। चिकित्सा का जन्म प्रागैतिहासिक काल में ही हो चुका था। मिस्र में जब शवों को ममी बनाकर सुरक्षित रखने का रिवाज आरम्भ हुआ तो वहाँ के जागरूक लोगों ने शरीर की भीतरी रचना का अच्छा ज्ञान प्राप्त कर लिया। इस जानकारी से रोगों की चिकित्सा में मदद मिली। यहाँ के चिकित्सक रोग को नाड़ी की गति देखकर दूर करते थे। कुछ चिकित्सक कई प्रकार के वनस्पतियों के द्वारा रोग हरने की गुणों से परिचित थे। ऐसे कांस्य उपकरण अवरोध के रूप में आज तक संग्रहालयों में उपलब्ध हैं जिनके सहारे चिकित्सक शल्यक्रिया करते थे। मुख्य रूप से पुरोहित ही चिकित्सा और शल्यक्रिया करते थे। प्रशासन में राजा का चिकित्सक एक उच्च अधिकारी होता था। दवा का नुस्खा भी वे लिखते थे। मिस्रवासी बड़े पैमाने पर अन्धविश्वासों, जादू-टोना और प्रेतात्मा झाड़नेवालों पर विश्वास करते थे और रोगों का इलाज ओझाओं से कराते थे। ऐसा अनुमान किया जा सकता है कि साधारण शक्ति के लिए चिकित्सकों के खर्च को सहना मुश्किल था, अतः कम पैसा या मुफ्त में वे ओझा से ही इलाज करना स्वीकारे। चिकित्साशास्त्र की छह पुस्तकें भी वर्तमान हैं। *एडवीन-स्मीथ* पैपिरस शल्यशास्त्र की प्रथम ग्रन्थ है।

पाँचवें राजवंश के काल में लगभग 2625 ई.पू. से हमें प्राचीन राज्य के पतन होने के लक्षण मिलने लगता है जो छठे राजवंश तक जारी रहा। इस पतन के लिए सबसे अधिक जिम्मेदार दुर्बल एवं अयोग्य फराओ को ठहराया जा सकता है। इनके कारण राजसिंहासन की प्रतिष्ठा घटी क्योंकि इनके दुर्बलताओं की गंध मिस्र की सामान्य जनता के बीच फैल गई। अयोग्य शासकों ने केन्द्र को इतना कमजोर कर दिया कि प्रान्तीय गवर्नरों को मनमानी करने का मौका मिला। केन्द्रीय बन्धन से ये लोग अब मुक्त होना चाहने लगे। अपने को स्वतन्त्र वातावरण में रखने के लिए न केवल केन्द्र से अपने सम्बन्ध तोड़ लिये बल्कि केन्द्र के विरुद्ध षड्यन्त्र रचने लगे। कुछ ही दिनों में इन गवर्नरों ने अपना स्वतन्त्र राज्य कायम कर लिया और उन राज्यों के ये अब केन्द्रीय प्रतिनिधि न होकर स्वतन्त्र शासक बन बैठे। केन्द्र के कमजोरी से नाजायज फायदा उठाने की मिस्र में यह घटना विश्व स्तर पर नई थी। केन्द्र का राजनीतिक विभाजन प्रान्तीय गवर्नरों को न केवल शासक बनाया बल्कि जनता का शोषण इन प्रान्तीय गवर्नरों के द्वारा बड़े पैमाने पर होने लगा। मध्यकालीन सामन्तवादी वातावरण के समान मिस्र में चारों तरफ आपसी तनाव और अराजकता का वातावरण हो गया। मिस्र ने जहाँ उत्तरी भाग को दक्षिण में मिलाकर एक विशाल साम्राज्य बनाया और एक ठोस राष्ट्र का निर्माण किया वहाँ छठे राजवंश के पश्चात् मिस्र से राष्ट्र का अस्तित्व समाप्त हो गया। लूटपाट के इस वातावरण में हमें किसी भी कलात्मक स्मारक के निर्माण की बात देखने को नहीं मिलती है। अराजकता का वातावरण मिस्र में कितने दिनों तक बना रहा इसकी जानकारी स्रोतों के अभाव में हमें नहीं हो पाती। इस सम्बन्ध में मेनिथो

का कहना है कि मिस्र का साम्राज्य कुछ दिनों तक कुलीनतन्त्र से प्रभावित रहा। कुलीनों ने प्रान्तीय स्तर पर कुछ ही दिनों तक शासन किया जो सम्भवतः सातवें तथा आठवें राजवंश तक चला। इस काल को इतिहासकारों ने अन्धकारयुग माना है क्योंकि न तो विकास की बात हमें इस काल में ठीक से मिलता है और न ही इस काल का ठोस प्रमाण। 9वें तथा 10वें राजवंश का काल मिस्र में जब आरम्भ हुआ तो स्रोतों के अध्ययन से पता चलता है कि व्यवस्था में कुछ सुधार अवश्य हुआ लेकिन मिस्र अपना पुराना गौरव नहीं प्राप्त कर सका। नवें एवं दसवें राजवंश जिनका काल ई.पू. 2445 से 2160 ई.पू. तक रहा, में राजनीतिक क्रिया-कलापों का केन्द्र हेराक्लियोपोलिस रहा। अन्य कुलीनों ने इस नगर को भी बर्बाद कर दिया।

अध्याय-9

मध्यवर्ती राज्य का उत्कर्ष

9.1 सामन्ती युग

प्राचीन राजवंश का पतन आन्तरिक तनाव के परिणामस्वरूप हो गया। इस पतन के लिए किसी निश्चित निष्कर्ष पर पहुँचना स्रोतों के अभाव में मुश्किल है। राष्ट्र बिलकुल अव्यवस्थित हो गया था। इसी अव्यवस्था के वातावरण में दक्षिण मिस्र में नोमार्कों का एक शक्तिशाली परिवार के रूप में उदय हो रहा था। यह परिवार मेम्फिस से ऊपर लगभग 440 मील की दूरी पर स्थित था। इस स्थान का नाम थीब्स था। इस समय शहर के बारे में मिस्रवासी बहुत कुछ नहीं जानते थे। दक्षिण मिस्र में थीब्स हेरक्लिओपीलिटन के कारण बड़ा प्रसिद्ध हुआ। इन्तेफ के नेतृत्व में दक्षिण मिस्र का यह शहर पूरे दक्षिण मिस्र का नेतृत्व करने लगा। थीब्स की सेनाओं ने सारे दक्षिण मिस्र को अपने अधीन कर लिया और एक साम्राज्य स्थापित किया जिसका मुख्य केन्द्र थीब्स बना। यह साम्राज्य बहुत दिनों तक उन्नति करता रहा। इन्तेफ के पश्चात् एक अन्य शासक का नाम भी इन्तेफ था। इन्तेफ प्रथम के नाम से गद्दी पर बैठा। इसने अपने को पूर्ण राजा घोषित किया। उसने एविदोस को अपने कब्जे में कर लिया। सम्पूर्ण थिनाइट नोम को भी जीता। इन्तेफ प्रथम ने लगभग पचास वर्षों तक सफलतापूर्वक शासन किया। इसके बाद इन्तेफ द्वितीय गद्दी पर बैठा। इस शासक के बारे में हमें पूर्ण जानकारी नहीं मिलती है। थीब्स की गद्दी पर इन्तेफ द्वितीय सम्भवतः कुछ ही समय तक शासन किया। इसके पश्चात् मेंटुहोटेप लोगों ने थीब्स की गद्दी को लिया और मिस्र की उन्नति इस समय पराकाष्ठा पर पहुँची। मेंटुहोटेप द्वितीय ने न केवल सम्पूर्ण मिस्र को अपने अधीन किया बल्कि बाहर के प्रदेशों को भी विजित किया। विजय का चिह्न उसने अपने द्वारा निर्मित गेबलेन के एक मन्दिर में छोड़ा। गेबलेन के मन्दिर में मिले इस शासक के अभिलेख से पता चलता है कि उत्तर एवं दक्षिण मिस्र के दोनों भागों पर इसका अधिकार हो गया था।

मिस्र के बाहर दस हजार विशाल सैनिकों के साथ चढ़ाई करनेवाला एमेनेमहेट था जो मेंटुहोटेप का तृतीय मन्त्री था। इसके काल में सम्पूर्ण मिस्र इसके अधीन रहा। मेंटुहोटेप चतुर्थ के काल में मिस्र में इसी का बोलबाला रहा। इसने एक मन्दिर का भी निर्माण कराया। यहाँ से प्राप्त अवशेष बताते हैं कि थीब्स का यह प्राचीनतम स्थल था। इस शासक ने अपने चालीस वर्षों तक के शासनकाल में मिस्र में काफी विकास कार्य किया और प्रशासनिक संगठन को सुदृढ़ किया। मेंटुहोटेप पंचम के काल में मिस्र का व्यापार काफी उन्नति किया। अपने

पूर्वजों के गौरव को यह शासक बनाए रखा। इसके काल में इसी के अधिकारियों के अधीन व्यापार होता था। इस शासक को इसके पूर्वजों के समय "दक्षिणी मिस्र के दरवाजे का प्रतिहार अर्थात् रखवाली करनेवाला या प्रहरी" कहा गया। इसका प्रधान वित्त सचिव हेतु था। वह हम्मामात रोड से लाल सागर तक तीन हजार लोगों के साथ गया। सारे लोगों के लिए भोजन और पानी का इन्तजाम किया। रास्ते में पड़नेवाले रेगिस्तान में कुआँ खुदवाया। बहुत से लोग तो रेगिस्तान में पानी की सुविधा के कारण स्थायी रूप से बस गए। उसने एक जहाज का भी निर्माण कराया और उसे पुंट भेजा। स्वयं वह लाल सागर में रोड द्वारा लौटा। मेंटुहोटेप का राज्यकाल आठ वर्षों का रहा।

उपर्युक्त पाँच मेंटुहोटेपों के पश्चात् हम पाते हैं कि इस ग्यारहवें राजवंश का अन्त हो गया और थीब्स की गद्दी पर बारहवें राजवंश (ई. पूर्व 2000-1788 ई.पू.) का संस्थापक एमेनेम्हेट प्रथम गद्दी पर बैठा। विद्वानों का अनुमान है कि यह शासक ग्यारहवें राजवंश के अन्तिम शासक का मन्त्री था। इसके काल में मिस्र में सामन्ती वातावरण बना रहा, फिर भी फराओ की शक्ति बढ़ाने में एमेनेम्हेट प्रथम का काफी हाथ रहा। इसका उत्तराधिकारी सेसोस्त्रित प्रथम (Sesostris-I) था जिसने नील नदी को एक नहर के कारण लाल सागर से मिलाया। नूबिया के आक्रमणकारियों को उसने हराया और कार्नाक, हेलियोपोलिस तथा एबीडोस में मन्दिरों का निर्माण कराया। एक अन्य उत्तराधिकारी सेसोस्त्रित तृतीय ने फिलिस्तीन पर आक्रमण किया और विजय पाई। उसका उत्तराधिकार उसका पुत्र एमेनेम्हेट तृतीय (ई.पू. 1891-1841 ई.पू.) ने नहरें खुदवाईं और फायूम के नजदीक मोआरिस झील के जल को नियन्त्रित करके सिंचाई का प्रबन्ध किया। एमेनेम्हेट के उत्तराधिकारी कमजोर निकले। सामन्ती वातावरण में इस राजवंश का अन्त हुआ और अव्यवस्था फैली।

9.2 शासन व्यवस्था

ग्यारहवें एवं बारहवें राजवंशों के काल को मध्यकालीन राजवंश कहा जाता है। इस काल के पहले से ही केन्द्रीय सत्ता के कमजोर हो जाने के कारण सामन्तवाद का वातावरण मिस्र में बन गया था। जहाँ सम्पूर्ण मिस्र एक साम्राज्य के अधीन था वहाँ अब सारे प्रान्त कमजोर केन्द्र के कारण प्रान्ताधिकारियों के स्वामित्व में राज्य के रूप में बदल चुके थे। इन राज्यों के शासक मात्र कहने के लिए फराओ के प्रति निष्ठा रखते थे। यह सैद्धान्तिक निष्ठा भी केन्द्र के प्रति इसीलिए थी ताकि स्थानीय लोग राजाओं को शक्तिशाली समझते रहें। अब सरकारी अधिकारी के रूप में ये प्रान्तीय गवर्नर प्रान्तों में नौकरी नहीं करते बल्कि शासन करने लगे। कभी-कभी अगर फराओ थोड़ा शक्तिशाली निकला तो इन सामन्तों की निष्ठा बढ़ जाती थी और केन्द्रीय नियन्त्रण को इन सामन्तों को स्वीकारना पड़ता था। अगर केन्द्रीय शासक कमजोर निकला तो पुनः स्वतन्त्र होने में इन सामन्तों को थोड़ा भी समय नहीं लगता था।

इस तरह मिस्र का शासन सामन्तवादी व्यवस्था पर आधारित था जिसमें कहा जा सकता है कि व्यापार की उन्नति बड़े पैमाने पर नहीं हो पाती है, नगरों का पतन शुरू हो जाता है, भूमि पर दबाव बढ़ने लगता है, युद्ध का वातावरण बना रहता है, सामन्त विलासी हो जाते हैं, स्थानीय आवश्यकताओं से ही उत्पादन का सम्बन्ध रह पाता है, अतिरेक पर उत्पादक

वर्ग विशेष ध्यान नहीं देता आदि। कहने के लिए अभी भी फराओ सम्पूर्ण साम्राज्य का मालिक था और प्रान्त के गनर्वरों से कर वसूलता था। मिस्र में एक प्रधान पुरोहित और सेनाध्यक्ष भी था लेकिन फराओ के इन अधिकारों में कोई ठोसता नहीं थी। प्रान्तीय शासक अपने-अपने इलाके में वास्तव में सार्वभौम थे। वे काफी प्रभावशाली और शक्ति सम्पन्न थे। फराओ से थोड़ा ही कम आराम एवं विलास की जिन्दगी इन सामन्तों की थी। फराओ के समान इनकी कचहरी, सेना तथा हरम होता था। ये लोग शान से रहते थे। सामाजिक मान-प्रतिष्ठा के लिए फराओ के समान इन सामन्तों ने मन्दिरों एवं महलों का निर्माण कराया।

उपर्युक्त विकेन्द्रीकरण के बावजूद भी मध्यराजवंश के फराओं का अधिकार कुछ न कुछ प्रान्तीय अधिकारियों पर होता था। प्रत्येक प्रान्त में एक केन्द्रीय प्रतिनिधि रखा जाता था जिनका काम केन्द्रीय हितों पर ध्यान देना था। इन अधिकारियों को राजकीय सम्पत्ति का निरीक्षक कहा जाता था। केन्द्रीय सरकार का सर्वोच्च अंग राजधानी में स्थित राजकोष था जिसमें सभी प्रान्तों से वसूला गया राजस्व आता था। प्रान्तों को इसी सर्वोच्च अंग के द्वारा एक में बाँधने का प्रयास होता था।

सम्पूर्ण मिस्र का आर्थिक साधन राजाओं के हाथ में नहीं था। मनमाने ढंग से धन फराओ द्वारा खर्च नहीं किया जाता था। कहने के लिए तो मिस्र की सारी भूमि फराओ की थी लेकिन वास्तव में भूमि के अधिकांश भाग का मालिक प्रान्तों के सामन्त होते थे। धनी मिस्री लोगों के अधीन काफी भूमि थी। चूँकि आय का मुख्य स्रोत कृषि था, अतः कोई सामन्त भूमि से अपना सम्बन्ध तोड़ना बिलकुल नहीं चाहता था। भूमि से राजस्व नकद या वस्तुओं के रूप में मिलता था। भूमि पर कृषि का कार्य कृषकों द्वारा किया जाता था। केन्द्र को राजस्व की प्राप्ति अधीनस्थ शासकों से होती थी। मिस्र में कुछ खानें थीं जिससे काफी धन राजस्व के रूप में फराओ को मिलता था। नूबिया तथा लाल सागर के किनारे कई खानें स्थित थीं। सिनाई प्रायद्वीप में खानें थीं जिससे फराओ धन प्राप्त करता था। नूबिया पर विजय, सीरिया को लूटने और लाल सागर के दक्षिणी बन्दरगाहों से वसूले गए राजस्व फराओ की आय के साधन थे। इस तरह फराओ को सामन्तों की तुलना में बहुत अधिक राजस्व मिलता था। राजकीय कोष का मुख्य दफ्तर फराओ के महल में होता था। इसे 'उजला घर' (White house) कहा जाता था। राजकीय कोष की देखभाल करनेवाला एक सर्वोच्च अधिकारी या मुख्य कोषाध्यक्ष होता था। इस अधिकारी के अधीन अन्य कर्मचारी नियुक्त किए जाते थे जो वित्त सम्बन्धी कार्यों में कोषाध्यक्ष की मदद करते थे। प्राचीन राजवंश के काल में भी एक केन्द्रीय विभाग था लेकिन इसके महत्त्व एवं क्रिया-कलापों का विशाल रूप हमें देखने को नहीं मिलता। दूसरी ओर मध्य राजवंश के काल में हम पाते हैं कि इस विभाग का महत्त्व काफी बढ़ गया था और अधिक सुव्यवस्थित ढंग से संगठित था। इसका मुख्य कारण था कि साम्राज्य का खर्च बढ़ गया था जिसके लिए आय पर विशेष ध्यान देना आवश्यक था। सैनिक-कुलीनतन्त्र पर मध्यकाल का राज्य मुख्य रूप से आधारित था। सामन्तों और पुरोहितों का पद बरकरार रहा और अब ये लोग ज्यादा धनी, प्रभावशाली और सामान्य जनता का शोषण करने में ज्यादा तेज हो गए थे। सामन्तों और पुरोहितों की शक्ति में वृद्धि का मुख्य कारण था केन्द्रीय सत्ता का कमजोर होना।

इस काल में हम पाते हैं कि कुछ सामन्त फराओ के आगे-पीछे लगे रहते थे और इनसे खुश होकर फराओ उच्च पदों पर नियुक्ति कर देता था। ये सामन्त पहले से ही धनी और अपने क्षेत्र में काफी प्रभावशाली होते थे। जब इनकी नियुक्ति फराओ द्वारा उच्च पदों पर कर दी जाती थी तो इनके धन एवं प्रभाव में अपार वृद्धि हो जाती थी। इस काल में विशाल प्रशासनिक संगठन की बात हम पाते हैं जिसके कारण पहले की तुलना में सरकारी कर्मचारियों की संख्या काफी बढ़ गई थी। प्रशासनिक एवं सैनिक कार्यों के लिए नियुक्ति का काम प्रायः फराओ करता था जिसका मुख्य आधार योग्यता एवं विश्वास पात्र का होना था। इस तरह सामन्तों एवं मिस्र की साधारण जनता के बीच का आधार केन्द्रीय राजकर्मचारी हो गया था।

केन्द्रीय प्रशासन में प्रधानमन्त्री या वजीर का पद सबसे ऊँचा होता था। इसके में सभी मुख्य प्रशासनिक विभाग होते थे। इन विभागों के कार्यों का निरीक्षण वजीर करता था। प्रशासनिक समस्याओं को सुलझाने की जिम्मेदारी इसी की थी। न्यायपलिका विभाग का अध्यक्ष वजीर होता था। इससे ऊपर फराओ होता था जिसके आदेश के अनुसार वजीर अपने कार्यों को सँभालता था। फराओ द्वारा दिए गए आदेशों को वजीर राजधानी एवं प्रान्तों में लागू करता था। उसके आदेशों का कार्यान्वयन राजधानी एवं प्रान्तों में स्थित सरकारी कर्मचारियों के माध्यम से की जाती थी। प्रातों में न्यायपालिका का काम प्रशासकीय कर्मचारी करते थे लेकिन इसके लिए निर्देश उन्हें वजीर से मिलता था। प्रधान न्यायाधीश मिस्र का वजीर होता था। उसकी अपनी अदालत होती थी जिसमें झगड़ों का निबटारा किया जाता था।

वजीर के न्यायालय के अलावा एक अन्य कचहरी की व्यवस्था मिस्र में थी जिसमें न्यायाधीशों की संख्या 30 थी। इस न्यायालय का प्रधान वजीर होता था। न्यायाधीश का काम दंडाधिकारी भी करता था। यह दंडाधिकारी प्रायः शिक्षित और मध्यम परिवार का होता था ताकि सामान्य जनता की समस्याओं को सहानुभूतिपूर्वक एवं गहराई से समझने की उसमें क्षमता हो। न्यायपालिका का विकास मध्यराजवंश के काल में काफी हुआ। सम्पत्ति कमाने, रखने आदि पर कानून बने। कानून द्वारा भूमि बेचने और किराए पर देने की बात स्पष्ट की गई। सम्पत्ति का मालिक अगर मर जाए तो उसका उत्तराधिकारी किन-किन परिस्थितियों में किसे बनाया जाए, कानून में इसकी चर्चा की गई। इस समय फौजदारी मुकदमों के नियम काफी कठोर थे। मुकदमों का फैसला काफी जाँच-पड़ताल के बाद सुनाई जाती थी। दोषी व्यक्ति का अंग-भंग कर देना, जिन्दा जला देना या सिर कलम कर देना सजा का सामान्य रूप था। दोषी व्यक्ति का दोष स्वीकार कराने के लिए शारीरिक यातनाएँ दी जाती थीं। न्याय का काम सामान्यतया दंडाधिकारी करते थे लेकिन पुरोहितों का महत्त्व इस दृष्टिकोण से कम नहीं था। कानून के अनुसार सामान्य नागरिक एवं राजकर्मचारियों के अधिकारों का स्पष्ट वर्णन था। सरकारी आदमियों को कानूनी संरक्षण अधिक मिला था।

सरकारी एवं निजी भूमि से सम्बन्धित कानूनों के बारे में हमें स्रोतों से सन्तोषप्रद जानकारी नहीं मिल पाती है। ऐसा लगता है कि सार्वजनिक हित के कार्यों, कर वसूलना और जनगणना के उद्देश्य से मिस्र में कई प्रशासनिक इकाइयाँ थीं। भूमि का लेखा-जोखा सरकारी अधिकारियों

द्वारा की जाती थी। किस परिवार के अधीन कितनी भूमि है इसका लिखित ब्योरा सरकारी रजिस्टर में होता था। इसी के अनुसार कर वसूला जाता था।

मिस्र में इस समय एक केन्द्रीय अभिलेखागार होता था। यहाँ जमीन, जनगणना और कर से सम्बन्धित कागजात रखे जाते थे। इसका सर्वोच्च प्रशासनिक अधिकारी प्रधानमन्त्री ही होता था जो फराओ द्वारा बनाया जाता था। कोषपाल के रूप में भी प्रधानमन्त्री काम करता था। प्रधानमन्त्री के उपर्युक्त अधिकारों पर विचार किया जाए तो हम आसानी से इस निष्कर्ष पर पहुँच सकते हैं कि वजीर या प्रधानमन्त्री केन्द्रीय शासक या फराओ के लिए खतरा बन सकता था। इस खतरे से बचने के लिए फराओ प्रायः अपने बिलकुल खास व्यक्ति को इस पद पर बैठाता था।

प्रान्तीय गवर्नरों या सामन्तों या कुलीनों का अधिकार इस समय काफी बढ़ जाने से युद्ध की स्थिति बनी रहती थी क्योंकि सामन्ती काल की कई प्रमुख विशेषताओं में से एक प्रमुख विशेषता युद्ध एवं तनाव का वातावरण होता है। इस स्थिति में फराओ एवं सामन्तों द्वारा बड़े पैमाने पर सैनिकों को रखा जाता था। केन्द्रीय प्रशासन में सेना एक महत्त्वपूर्ण अंग थी। पेशेवर सैनिकों की चर्चा हमें स्रोतों में मिलती है। फराओ के राज्य में सैनिकों द्वारा अधिकांश कामों की देखभाल करनी पड़ती थी। समाज में अनुशासन एवं फराओ से डरने के लिए भी सैनिकों का महत्त्व था। नूबिया में सैनिकों का विशेष क्रियाकलाप हमें देखने को मिलता है। सेवा में प्रायः मध्यमवर्गीय नौजवान भर्ती होते थे। इन्हें फराओ स्थानीय रूप से बहाल करता था। जब बड़े पैमाने पर युद्ध हुआ या देश में संकटकालीन घड़ी आती थी तो केन्द्रीय सेनाओं के साथ-साथ सामन्तों द्वारा देश की रक्षा के लिए सेनाएँ भेजी जाती थीं। सगय पड़ने पर सामान्य जनता के अलावे पुरोहित भी सेना का काम करते थे। युद्ध प्रायः लूटपाट के लिए होता था। इसका रूप आधुनिक युद्ध की तरह विशाल एवं भयंकर नहीं होता था।

सेना एवं न्याय के क्षेत्र में मध्यम वर्ग के लोगों ने काफी भाग लिया। इसके परिणामस्वरूप इनकी शक्ति में वृद्धि हुई। कुलीनों का महत्त्व घटा हो तो कोई आश्चर्य नहीं। प्रशासनिक कार्यों में मध्यम-वर्ग के लोगों ने जो अनेक प्रकार की नौकरियाँ पाईं उसके परिणामस्वरूप एक नया प्रभावशाली मध्यमवर्ग के लोगों का आगमन मिस्री इतिहास के रंगमंच पर होता है। सरकारी नौकरी के कारण इन मध्यमवर्ग के लोगों में धन एवं शिक्षा का काफी विकास हुआ। समाज में इनका शान-शौकत भी बढ़ा। अब यह वर्ग अपने को अशिक्षित वर्गों से अलग समझने लगा और इनमें आपसी स्वार्थों को ध्यान में रखकर एक विशेष संगठन आई। लिपिक का पेशा प्रशासनिक दृष्टिकोण से काफी महत्त्वपूर्ण था। ये लिपिक प्रायः मध्यमवर्ग से ही आते थे। इनका पेशा प्रतिष्ठा एवं लोकप्रियता का चिह्न हो गया। इन लोगों ने भी अशिक्षित मध्यमवर्ग को नीची नजर से देखना शुरू कर दिया।

तरह मध्यमवर्ग के लिपिक, सैनिक एवं अन्य कर्मचारी एवं अधिकारियों का नए वर्ग के रूप में विकास हुआ। एक तरफ अपने से गरीब एवं अशिक्षित धनी व्यक्तियों को भी ये लोग अपने से निम्न समझने लगे तो दूसरी ओर प्रशासन में इनका महत्त्व बढ़ता गया और फराओ तथा सामन्तों के अधिक करीब ये लोग आए।

9.3 सांस्कृतिक उपलब्धियाँ

इतिहास इस बात का साक्षी है कि किसी की भी लोकप्रियता उसके सर्वांगीण विकास पर निर्भर करती है। मिस्र के इतिहास में मध्यवर्ती राज्य अपनी सांस्कृतिक प्रगति के लिए प्रसिद्ध है। उस काल की सांस्कृतिक प्रगति उस युग की राजनीतिक स्थायित्व एवं आर्थिक उन्नति का परिचायक थी। इस युग में कलात्मक प्रगति अपनी पराकाष्ठा पर पहुँच गई थी तथा साहित्यिक विकास अबाध गति से होता रहा। यही कारण है कि मिस्र के इतिहास में इसे श्रेण्य युग (Classical age) अथवा स्वर्णयुग के नाम से भी जाना जाता है।

मध्यराज्य में अभूतपूर्व कलात्मक प्रगति हुई। सारा मिस्र विशेषकर थीब्स सुन्दर महलों, भव्य एवं आकर्षक मन्दिरों, विशाल पिरामिडों तथा अन्य उत्कृष्ट कलाकृतियों से सुसज्जित था।

वास्तुकला या भवन निर्माण कला में काफी प्रगति हुई। लेकिन इस कला के अध्ययन में सबसे बड़ी कठिनाई तत्कालीन मन्दिरों एवं भवनों के अवशेषों की दुष्प्राप्यता है। इस युग में निर्मित भवन एवं मन्दिर अधिकांशतः नष्ट हो गए हैं। वास्तुकला के सम्बन्ध में केवल उन गुहा समाधियों से ही ज्ञान प्राप्त किया जाता है जिनका सामन्तों ने निर्माण करवाया था और जिनके अवशेष आज भी आंशिक रूप में विद्यमान है। फायूम में इस काल में पिरामिडों का निर्माण किया गया जिनमें ईंटों का प्रयोग किया गया था। हवारा का पिरामिड भी इस युग की विशेष देन है, जो अपनी उत्तम कलात्मकता के लिए प्रसिद्ध है।

मध्यराज्य के शासकों ने बहुसंख्यक मन्दिरों का निर्माण किया जिसमें एमन देवता का कार्नाक ओसियन देवता का एविउस एवं राहे देवता हेलियोपोलिस का मन्दिर अधिक महत्त्वपूर्ण था। अमेनमहेर तृतीय ने भी अनेक मन्दिरों एवं भवनों का निर्माण कर थीब्स की सौन्दर्य वृद्धि में समुचित योगदान दिया। बेनी हसन एवं एल वर्शाह की मीनारों से ऐसा प्रतीत होता है कि दीवारों को जीवित एवं मरे हुए लोगों के कार्यकलापों के दृश्यों से सजाया जाता था।

अमेनमेहर तृतीय के द्वारा अपने पिरामिड के सामने अन्त्येष्टि क्रिया में मन्दिर का निर्माण कराया गया था जिसमें काफी संख्या में भवन एवं दहलीज थे। विद्वान् लोग इसे एक राज्य के कार्यालय या नोम के क्रियाकलापों के लिए घरों को खाली करना मानते हैं। परन्तु हॉल के अनुसार यह विचार या कथन गलत है। उनके अनुसार नोम के राजाओं एवं उनके देवताओं में ऐश्वर्य के लिए राजकीय लोगों का प्रतिनिधित्व होता था। पिरामिडों के ग्यारहवें राजवंश में फराओ ने पिरामिडों का निर्माण अपने प्रतिनिधित्व में कराया जिसका अनुसरण बाद के शासकों ने भी किया।

मध्यकाल में मूर्तिकला की अभूतपूर्व अभिवृद्धि हुई। मूर्तिकला के क्षेत्र में आकर्षक मूर्तियों का निर्माण हुआ। किन्तु एक दृष्टि से इस युग में मूर्तिकार पिरामिड युगीन मूर्तिकारों से पीछे थे। इस युग में उनके ऊपर विभिन्न राजकीय नियन्त्रण और फराओ के निर्देशन में रहकर उनकी इच्छा एवं अभिरुचि के अनुसार मूर्तियाँ निर्मित करनी पड़ती थी। फिर भी मूर्तियों की गढ़ाई, उसकी विशालता एवं स्वाभाविक भाव-भंगिमा प्रशंसनीय है। अमेनेमहेट तृतीय का मूर्ति 50 फीट तक ऊँची थी। सेसोस्त्रित प्रथम के काले ग्रेनाइट की मूर्ति और सेसोस्त्रित तृतीय की लाल ग्रेनाइट की बनी मूर्ति भी अनुपम है। ब्रेस्टेड ने लिखा है, "तसवीरों में मुश्किल

से ठोस व्यक्तिवादिता की झलक मिलती है, जो पुरातन राज्य के कार्यों की प्रमुख विशेषता थी।" हॉल का इस सम्बन्ध में दूसरा विचार है। उसके अनुसार, "मिस्री कला 12वें राजवंश के समय में अपने चरम उत्कर्ष पर पहुँच गई थी। ऐसी उत्कृष्टतम कला में वास्तविकता का दिग्दर्शन मिलता है जो अखनाटन के काल में हमें देखने को नहीं मिलता है।"

इस काल की छोटी-छोटी कलाएँ भी अपनी उत्कृष्टता के लिए अपूर्व थीं। हाथीदाँत के बने समान, सुवर्ण के आभूषण प्रायः अच्छे पत्थरों पर मढ़े होते थे। हॉल के अनुसार 12वें राजवंश के नग्नचित्र के आधार पर 18वें राजवंश की सर्वोत्तम कृति बनाई गई थी। मुर्दा रखने की पेटी की तसवीरों से मिस्री कला के एक आकर्षक अध्याय की शुरुआत इतिहास में होती है। मृतकों की पेटिकाओं अधिक लोकप्रिय हो गईं और 12वें राजवंश के समाज में सामान्य लोगों ने भी इसका व्यवहार करना शुरू किया।

मध्ययुगीन राज्य में प्रान्तीय एवं स्थानीय कलाकारों के प्रयास द्वारा अत्यधिक चित्रकला की उन्नति हुई। उसके कतिपय कलाओं का दिग्दर्शन, मीनारों, मन्दिर और ईसाइयों के गिरिजाघरों में किए जा सकते हैं। परन्तु इस कलाकृतियों की तुलना मेम्फिस के कलाकारों से नहीं कर सकते हैं। इसका सबसे साधारण कारण है कि वे प्रान्तीय कलाकारों की कलाकृतियाँ थीं न कि साम्राज्यवादी कलाकारों की।

इस काल के विभिन्न समृद्ध जीवन के स्वरूपों का दिग्दर्शन साहित्य के द्वारा होता है। कला की तरह अनेक साहित्यिक अंग पल्लवित एवं संवर्धित हुए। साहित्यिक विकास की पराकाष्ठा के कारण मध्यराज्य के 12वें राजवंश के काल को साम्राज्य युगीन बुद्धिजीवियों ने श्रेण्य (Classical) युग की संज्ञा दी। साम्राज्ययुगीन लेखकों ने इस युग की साहित्यिक श्रेष्ठता को स्वीकार किया था और उसकी भाषा तथा शैली को अपनाया था। यह मध्यराज्य की साहित्यिक सम्पन्नता का परिचायक है।

इस काल में हमें साहसिक कहानियों एवं मनोरंजनपूर्ण साहित्य का उदाहरण मिलता है। सिनेहु की कथा (The story of Sinehue) इस युग के कला साहित्य के विकास का सुन्दर उदाहरण है जिसे मिस्र में एक भावाशास्त्री ने मिस्री साहित्य को अत्यन्तम गौरव कहा है। सामन्त सिनेहु का सीरिया में दुर्भाग्यपूर्ण पलायन, उसके जीवन एवं एशिया के साहित्यिक कृत्यों के लिए उसकी कहानी प्रसिद्ध हो गई एवं उसकी प्रतियों को मृतक के आनन्द के लिए मीनारों में रखा गया।

सिनेहु की कहानी के अतिरिक्त इस युग में एक नाविक की कहानी लिखी गई जिसमें असीम सुनसान एवं अत्यन्त निर्माध जीवन की कथा एक नाविक के माध्यम से कही गई। यह नाविक तूफान से भी अपने साहस के बल पर अपने को बचा लेता है। यद्यपि इस कहानी के आधुनिक अध्ययन से इसमें अत्यधिक कृत्रिमता का आभास होता है फिर भी इसे हम Classical मान सकते हैं।

इस काल के सामन्तों एवं दरबारियों की जिन्दगी का प्रतिबिम्ब भी (Folk) लोक कहानियों में मिलता है जिसमें राजवंशों की परम्पराओं में महान घटनाओं का उल्लेख किया गया है। इनमें से कतिपय कहानियों के आधार पर उपन्यासों की रचना की गई किन्तु जैसा कि (Murray) मुरे ने लिखी है–"इस तरह लिखे गए कथा सम्भवतः पेशेवर कहनेवालों के द्वारा

व्यवहार किया जाता था, जो एक स्थान से दूसरे स्थान पर हास्यास्पद एवं मनोरंजक कहानियाँ अशिक्षित श्रोताओं को सुनाया करते थे।

मध्यवर्ती राज्यकाल में कहानियों के आधार पर ही नीति साहित्य (Wisdom literature) का विकास हुआ, जिसमें बुद्धिमत्तापूर्ण ढंग से जीवन में रखने की आशाएँ दी गई हैं। इसके अतिरिक्त पुत्र को पिता की सलाह या पुरातन राज्य के वजीरों की बुद्धि को रखा गया है। यहाँ एक बात स्मरणीय है कि प्राचीन मिस्र का अधिकांश नीति साहित्य मध्यवर्ती राज्य के काल में ही लिपिबद्ध किया गया; जैसे—इम्टरिप, केगेम्ने तथा राटोटेप आदि की रचनाएँ पिरामिड युग में ही की गई थीं। किन्तु इस युग में पुनः इनका संकलन एवं सम्पादन किया गया। फराओ के उपदेश तथा मुख्य कृषक की कहानी इस युग के नीति साहित्य की महत्त्वपूर्ण विधि है।

कथा साहित्य के अन्तर्गत इपुवेर की चेतावनी भी महत्त्वपूर्ण है। इपुवेर एक भविष्यवक्ता था जिसने फराओ को मिस्र में आनेवाले प्रलय की सूचना देता था। ब्रेस्टेड ऐसा अनुभव करती हैं कि इस प्रकार का साहित्य हिब्रू मसीहा के साहित्य के अनुरूप था तथा यह आकर्षक रूप से मसीहा दर्शन के विचारों को इस विषयवस्तु ने बहुत हद तक प्रभावित किया।

इस युग में धार्मिक एवं पारलौकिक जीवन से सम्बन्धित साहित्य भी लिखा गया। इसके इतिहासकार ब्रेस्टेड ने 'कॉफिन टेक्स्टस' कहकर सम्बोधित किया है। इनसे ही कालान्तर में मृतकों की पुस्तक (Book of the Dead) का विकास हुआ।

पद साहित्य में निराशावाद की अभिव्यक्ति अधिक हुई। वीणावादक के गीत (The song of the Harp player) जीवन की घनीभूत निराशा को स्पष्ट करते हैं। कविताओं का भी इस काल में विकास हुआ। इस काल में विजय गीत लिखे गए। यद्यपि इस तरह के गीत पिरामिड युग में थी लिखे जाते थे लेकिन लिखने की कला के समुचित विकास के अभाव में उन्हें लिपिबद्ध नहीं किया जा सका था। विजय गीतों के साथ नृत्य की कुशल परम्परा इस समय प्रचलित हो गई और नृत्य एवं संगीत के सुमधुर सम्मिश्रण से सारा मिस्री समाज प्रभावित एवं आह्लादित हुआ।

धार्मिक प्रभावों के कारण नाट्य कला का विकास हुआ तथा सबसे अधिक सामान्य नाटक ओसीरीस के जीवन एवं मृत्यु का प्रस्तुतीकरण था। एलिडोस (Alydos) नाटक कला का एक महत्त्वपूर्ण केन्द्र था।

साहित्य की विशेषता का जहाँ तक सवाल है इसमें कल्पना को बहुत अधिक अंग में समाविष्ट किया गया है। जो कुछ भी हो इन कृतियों का विषय रचनात्मक विशेषता को सूचित नहीं करता तथा इसमें सामान्य समन्वय की कमी है। फिर भी साहित्य प्रगति से इनकार नहीं किया जा सकता है।

मध्यराज्य में धर्म के क्षेत्र में अभूतपूर्व प्रगति हुई। पुरातन राज्य का सर्वप्रथम देवता 'हे' था जो हेलीओपोलिस (Heliopolis) का सूर्य देवता था। 'अमन' तुलनात्मक दृष्टि से यीसा (Isaiah) का स्थानीय देवता था। तीन सदस्यों के गृह संघर्ष के बाद पुरातन राज्य के पतन के काल में शक्तिशाली सामन्त सभी धार्मिक कार्यों को करने लगे। इसका बुरा परिणाम यह हुआ कि पुरोहितवाद का विकास हुआ तथा स्थानीय विनम्रता का स्थान पुरोहितों ने ले

लिया। इसके फलस्वरूप केन्द्रीय राजतन्त्र को कायम करने के सभी प्रयास असफल रहे। अब नए देवता की आराधना फराओ के द्वारा होने लगी जो इसका प्रधान पुरोहित था।

इस प्रकार इन तथ्यों से मध्यराज्य की उन्नत सांस्कृतिक जीवन का आभास मिलता है। इस काल की कला सम्बन्धी उपलब्धियाँ बाद के काल में भी अतुलनीय रहीं। इस काल के साहित्य को (Classic) श्रेण्य साम्राज्य के लोगों द्वारा माना जाता था तथा आधुनिक अध्ययन इस सन्दर्भ में इस निर्णय की सम्पुष्टि करता है। ब्रेस्टेड ने ठीक ही कहा है कि "मध्यराज्य के फराओ ने अपने शासनकाल में जीवन के प्रत्येक क्षेत्र में सम्पन्न एवं रचनात्मक कार्य किए तथा मिस्र इस काल में अपनी शक्ति की चरमसीमा पर पहुँच चुका था।" इस काल में विकास का कोई भी बिन्दु अछूता नहीं बचा। हॉल का इस सम्बन्ध में मत है कि अखनाटन के समय को छोड़कर मिस्र में साहित्य, कला, धर्म तथा अन्य क्षेत्रों में इस प्रकार की प्रगति नहीं हुई। इन उपलब्धियों का पृष्ठाधार पिरामिड युग की संस्कृति है। इस काल में जीवन के सांस्कृतिक पक्ष का, विशेषकर कला का अधिक उद्घाटन हुआ था। मध्ययुग में सांस्कृतिक उपलब्धियों की दिशा में यह (कला) कई कदम आगे बढ़ गया।

9.4 सामाजिक एवं आर्थिक स्थिति

(प्राचीन एवं मध्यकालीन राजवंश के सामाजिक एवं आर्थिक परिवर्तन के बीच तुलनात्मक दृष्टि)

प्राचीन मिस्र के इतिहास में मध्ययुग का आरम्भ 12वें राजवंश की स्थापना से होता है। 12वाँ राजवंश मिस्र के इतिहास में मध्ययुग के नाम से प्रसिद्ध है। इस राज्य की स्थापना मेहर नामक योद्धा ने 2000 ई. पूर्व में किया था। गद्दी पर बैठने के समय उसके सामने अनेक समस्याएँ मुँह बाए खड़ी थीं। ये समस्याएँ मुख्यतः सामाजिक, आर्थिक तथा प्रशासनिक थीं। मध्ययुग में मिस्र की सामाजिक एवं आर्थिक व्यवस्था में कुछ महत्त्वपूर्ण परिवर्तन हुए। इस युग में सामन्त समाज का सबसे बड़ा प्रतिनिधि वर्ग बन गया था। अब इनकी गतिविधियों का केन्द्र फराओ की राजधानी न होकर इनकी अपनी जागीरें तथा प्रान्तीय नगर हो गए। इससे एक प्रान्तीय उच्चवर्ग अस्तित्व में आया। दूसरी युग की तुलना में उस युग में मध्यमवर्ग अधिक प्रशिक्षित और समृद्ध हो गया था। विशेष रूप से 12वें राजवंश के शासनकाल में सामन्तों की शक्ति घटने पर व्यापारियों, सौदागरों लिपिकों तथा दस्तकारों का शिक्षित मध्यमवर्ग राज्य की दृष्टि में सम्मान बढ़ गया था। उनकी कब्रें और स्मारक प्रकाश में आए हैं। विशेष रूप में एवाइटोस में ऐसी अनेक कब्रें मिली हैं जिनके स्मारक पाषाणों पर उनमें दफनाएँ मृतकों को केवल 'नागरिक' कहा गया है। इसमें से कुछ निश्चित रूप से पर्याप्त धनी थे और अनेक दासों और प्रभूत सम्पत्ति के स्वामी थे। वे मन्दिरों को उसी प्रकार दान देते थे जैसे जागीरदार और सामन्ती पिता के बाद पुत्र उनका पेशा अपना लेता था। राज्य कर्मचारियों ने इस परम्परा को विशेष मान्यता प्रदान की। इसलिए धीरे-धीरे एक राजपुरुष वर्ग अस्तित्व में आने लगा था। लिपिकों के पेशे को अत्यन्त सम्मानित माना जाता था। कृषक खेतों में काम करने के बाद अवकाश मिलने पर मजदूरों के रूप में काम करके देश को समृद्ध बनाते थे, लेकिन सामाजिक प्रतिष्ठा की दृष्टि से उनका स्थान अभी निम्नतम था। इस युग में मिस्र छोटे-छोटे राज्यों में बँटा था। ये छोटे-छोटे राज्य औपचारिक रूप से फराओ के प्रति निष्ठा

रखते थे। दूसरे शब्दों में, केन्द्रीयशक्ति के प्रति भी ये राजा निष्ठा रखते थे। छोटे-छोटे राज्यों के शासक फराओ के नौकर नहीं थे, बल्कि स्वतन्त्र शासक थे और फराओ के प्रति नाममात्र की वफादारी रखते थे। यदि फराओ शक्तिशाली तथा योग्य होता था तो वह इन शासकों पर नियन्त्रण रखता था। यदि फराओ कमजोर होता था तो कहना न होगा कि ये शासक भी स्वतन्त्र हो जाते थे।

मध्ययुग के राजाओं के शासनकाल में शासनतन्त्र सामन्तवादी था। ऐसा राज्य शक्तिशाली राजाओं के व्यक्तित्व पर ही जीवित था। सैद्धान्तिक रूप से फराओ स्वतन्त्र शासक था जो अपने कर्मचारियों से कर (राजस्व) वसूल करता था एवं राष्ट्र का प्रधान पुरोहित होता था तथा अध्यक्ष भी। अपने क्षेत्र में स्थानीय शासक की तरह वे अत्यन्त प्रभावशाली एवं शक्तिसम्पन्न थे। स्थानीय शासकों का जीवन फराओ की शान-शौकत का लघु रूप था। इनका भी अपना दरबार, कचहरी, हरम तथा सेना होती थी। इनके पास भी शान-शौकत तथा तड़क-भड़क के सभी उपकरण थे। अपने प्रति प्रधान नगरों में ये शासक भी सार्वजनिक हित के लिए मन्दिरों और इमारतों का निर्माण करते थे। इन स्थानीय शासकों के केन्द्रीयकरण की प्रवृत्ति के बावजूद मध्यराज्य के फराओ का अपने प्रान्तों पर आधिपत्य यथासम्भव बना रहा। इस प्रान्तीय शासकों ने फराओ की सत्ता को किस हद तक अंगीकार किया, यह कहना कठिन है। हर प्रान्त में राजकीय प्रतिनिधि तैनात किया जाता था जो इन प्रान्तों में केन्द्रित हितों की देखरेख करता था। इन लोगों को राजकीय सम्पत्ति का निरीक्षक कहा जाता था। राजा ही वह माध्यम था जिसके द्वारा विभिन्न प्रान्तों से आया हुआ राजस्व राजकोष में जाता था। राजधानी में स्थित राज्यकोष केन्द्रीय सरकार का एक प्रधान अंग था तथा केन्द्र और प्रान्तों को एक सूत्र में आबद्ध करने के लिए एक मुख्य साधन था।

मध्यराज्य के राजाओं के हाथ में पूरे राज्य के आर्थिक साधन नहीं थे। दूसरे शब्दों में प्राचीन राज्य के फराओ मनमाने ढंग से खर्च नहीं कर सकते थे। सैद्धान्तिक तौर पर सभी भूमि फराओ की थी। पर व्यावहारिक रूप में जमीन का बहुत बड़ा भाग सामन्तों तथा अन्य व्यक्तियों के हाथ में था। राजस्व का अधिकांश भाग भूमि से ही प्राप्त होता था तथा कृषक अपना राजस्व नगद या माल के रूप में दे सकते थे। अधीनस्थ शासकों से जो कर प्राप्त होता था वह फराओ की आय का एक जरिया था। न्यूबिया तथा लाल सागर के किनारे के खानों से भी फराओ को नियमित आय होती थी। सियानी प्रायद्वीपों में स्थित खानें और खदानें राजकीय आय का पूर्व साधन था। न्यूबिया की विजय, सीरिया पर लूटने के उद्देश्य से आक्रमण और लालसागर के दक्षिणी बन्दरगाह में लगाए हुए शुल्क भी राजकीय आय के महत्त्वपूर्ण साधन थे। राजकीय कोष का केन्द्रीय दफ्तर उसमें स्थित था जिसे 'उजला घर' कहते थे। कोष का अध्यक्ष मुख्य कोषाध्यक्ष हुआ करता था जिसकी सहायता के लिए बहुत से कर्मचारी थे। पुराने राज्य की अपेक्षा मध्य राज्य कोष में कोष का महत्त्व बहुत बढ़ गया था तथा इसका विकास शासन के एक सुव्यवस्थित अंग के रूप में हो गया था। मध्यराज्य वास्तव में एक सैनिक कुलीनतन्त्र था। इस युग में सामन्तों एवं पुरोहितों ने अपना पद बनाए रखा और वास्तविक शक्ति फराओ के हाथों से खिसकती गई।

सामन्त फराओ के प्रिय पात्र थे। शासन में उच्च पदों पर ये नियुक्त होते थे। मध्य राज्य में शासन अधिक विस्तृत तथा संगठित हो गया जिससे कर्मचारियों और अफसरों की संख्या में उत्तरोत्तर वृद्धि हुई। फराओ विभिन्न पदों पर लोगों की नियुक्ति करता था। नियुक्तियाँ योग्यता और फराओ के व्यक्तिगत विश्वास के आधार पर होती थीं। कालक्रम से राजकर्मचारी वर्ग सामन्तों और साधारण जनता के बीच मध्यवर्ग के रूप में परिवर्तित हो गया।

केन्द्रीय शासन का प्रधान वजीर या प्रधानमन्त्री होता था। उसका मुख्य काम राज्य के विभिन्न अंगों का निरीक्षण तथा विभिन्न प्रशासकीय समस्याओं का समाधान करना था। वह न्यायपालिका का अध्यक्ष होता था वजीर फराओ का आदेश प्राप्त करता था तथा उन आदेशों को राजधानी प्रान्तों में स्थित अधीनस्थ कर्मचारियों का प्रेषित करता था। प्राचीन राज्य की तरह प्रशासनिक कर्मचारी न्यायपालिका का भी काम करते थे। वजीर ही राज्य का प्रधान न्यायाधीश हुआ करते थे जो अधिकतम पढ़े-लिखे तथा मध्यमवर्ग के सदस्य होते थे। मध्य राज्य के अन्तर्गत न्यायपालिका का विकास हो गया। भूमि सम्बन्धी अधिकार सुस्पष्ट और सुव्यवस्थित कर दिए गए। भूमि बेचने की राय देने तथा उत्तराधिकार में आनेवाली पीढ़ियों को देने का अधिकार कानूनों के द्वारा सुस्पष्ट कर दिए गए। फौजदारी कानून बहुत कड़े थे। इसके अनुसार बिना उचित जाँच-पड़ताल किए हुए किसी को भी मनमाने ढंग से कड़ी सजा नहीं दी जा सकती थी।

भूमि के निबन्धन की सुस्पष्ट व्यवस्था का प्रचलन हो चुका था। प्रत्येक परिवार के अध्यक्ष तथा अन्य सदस्यों के नाम एक रजिस्टर में दर्ज रहते थे जिनके आधार पर आसानी से सरकारी उगाहें पाते थे।

वजीर का कार्यालय पुराने राज्य की भाँति केन्द्रीय अभिलेखागार का कार्य करता था जहाँ भूमि प्रशासन जनजागरण तथा कर सम्बन्धी सभी कागजात रखे जाते थे। समय-समय पर वजीर मुख्य कोषपाल का भी काम करता था। पर शक्तिशाली वजीर फराओ के लिए एक खतरा भी बन सकता था। इसलिए यह आवश्यक समझा जाता था कि शासनतन्त्र ऐसे लोगों के हाथ में हो जो फराओ के प्रति वफादार थे।

मध्य वर्ग की प्रधानता प्राचीन मिस्र की सामाजिक व्यवस्था की एक विशेषता थी। पुराना कुलीनतन्त्र अपनी महत्ता खोने लगा था। सरकारी नौकरियों के माध्यम से एक प्रभावशाली वर्ग मध्यमवर्ग का उदय हो गया था। सरकारी नौकरियों में निहित शक्ति और प्रभुता इसकी बढ़ती हुई शक्ति का कारण थी। इन नौकरियों की शान-शौकत पढ़े-लिखे मध्यमवर्गीय नवयुवकों को इस ओर आकृष्ट करती थी। पढ़े-लिखे होने के कारण यह वर्ग साधारणतया सभी वर्गों से विशेषकर अशिक्षित जनता से अपने को भिन्न समझता था।

इस प्रकार हम पाते हैं कि मध्य राज्य के संस्थापक एमेनहोटेप I एक ऐसे वंश की स्थापना की जिसमें अनेक सुयोग्य और अतिशक्तिशाली राजा हुए। मध्यराज्य में मिस्र की जनता खुशहाल थी। राज्य मे चारों ओर समृद्धि थी। इस बात की पुष्टि एमेनहोटेप के शिलालेख से होती है जिसमें वह कहता है कि मैंने बहुत बड़े पैमाने पर खेती की तथा उपज के देवता को प्यार किया। मेरे राज्य में न तो कोई भूखा था, न प्यासा। सभी लोग शान्ति का जीवन व्यतीत करते थे।

एमेनहोटेप के राज्य में उसकी हत्या के प्रयत्न किए गए, लेकिन वह असफल रहा। तीस वर्षों तक राज्य करने के बाद एमेनहोटेप I का ई.पू. 1970 में देहान्त हुआ। इसके बाद उसका पुत्र सेसोस्त्रिस प्रथम राजगद्दी पर बैठा। अपने पिता के पदचिह्नों का अनुसरण करते हुए इसने भी विजय तथा शासनकार्य में अनुभव प्राप्त करने का पूरा अवसर प्राप्त किया। बताया जाता है कि सेसोस्त्रित प्रथम का देहान्त ई.पू. 1935 में हुआ।

अन्त में एमेनहोटेप III राजगद्दी पर बैठा। वह शान्तिप्रिय राजा था तथा लड़ाइयों से दूर रहना चाहता था। यह राजा कृषि की उन्नति में काफी दिलचस्पी रखता था। इसके काल में सिंचाई की सुविधाओं का विकास हुआ। बहुत सी बेकार भूमि को कृषि योग्य बनाया गया और इसके राज्यकाल में कृषि की काफी उन्नति हुई। इसने थीब्स नगर के सौन्दर्य वृद्धि के लिए कई भवनों और मन्दिरों का निर्माण किया। एमेनहोटेप III का राज्य तो प्राचीन मिस्री साहित्य के इतिहास में सर्वप्रतिष्ठित युग माना जाता है। अन्त में ई.पू. 1801 में उसकी मृत्यु के बाद इस वेग की शक्ति तथा प्रतिष्ठा का ह्रास हो गया।

विदेशों से सम्पर्क

मध्यवर्ती राज्यकाल में एक बार फिर मिस्र में केन्द्रीय सत्ता और फराओ की शक्ति सुप्रतिष्ठित हो गई। नोमार्कों और सामन्तों को काबू में कर लिया गया। सुदृढ़ प्रशासन के जोर पर अराजकता और अव्यवस्था समाप्त कर दी गई और राज्य में शान्ति सुव्यवस्था कायम हो गई। इससे फराओ को विदेशी मामलों की ओर ध्यान देने का मौका मिला। फलतः मध्यवर्ती राज्य के फराओ लगभग सभी पड़ोसियों के सम्पर्क में आए। कभी-कभी यह सम्पर्क शान्तिपूर्ण होता था। ऐसे सम्पर्क का प्रयोजन व्यापारिक सम्पर्क होता था, किन्तु कभी-कभी इनका उद्देश्य देश विजय और लूट-पाट होता था और तब यह युद्ध और पारस्परिक हिंसा का सम्पर्क होता था।

इस क्रम में सेसोस्त्रित प्रथम ने स्वयं एक सेना लेकर कीश पर आक्रमण कर दिया। दोनों सेनाओं में जमकर लड़ाई हुई। दूसरा आक्रमण उसका सेनापति टेहोटेप ने किया। वादी हलफा में प्राप्त एक स्तम्भ में सेसोस्त्रित की विजय का वर्णन किया गया है। इसमें विजित इलाकों और शहरों की सूची भी दी गई है। दुर्भाग्यवश इन उल्लिखित इलाकों में से एक ही की भौगोलिक स्थिति निर्धारित की जा सकी है। उसका नाम सेत था और वह आधुनिक कोनेमा के निकट था। इस क्षेत्र पर फराओ की सत्ता भलीभाँति स्थापित हो गई क्योंकि हम देखते हैं कि स्थानीय सरदारों को उसने वादी इलाकों और आसपास की सोने की खानों में काम करने को विवश कर दिया। इसी प्रकार कापटस से पूर्व की ओर पड़नेवाले स्वर्ण क्षेत्र से भी सोना निकालने का काम किया गया।

नेसभंट के स्तम्भ से पता चलता है कि सेसोस्त्रित प्रथम ने एशियाई खानाबदोशों से लड़ाई करके अनेक गढ़ों को ध्वस्त कर दिया। लेकिन यह ज्ञात नहीं है कि इस सिलसिले में उसकी गतिविधियों का विस्तार विदेशों में कहाँ तक हुआ था। ऐसा भी लगता है कि उसने लीबिया के कबीलों पर भी आक्रमण किया क्योंकि ये लोग डेल्टा क्षेत्र पर बार-बार धावा बोल देते थे।

स्पष्ट ही सेसोस्रित प्रथम मिस्र के विदेशी हितों की सिद्धि का विशेष ध्यान रखता था। उसी के अधीन Oasag के साथ मिस्र का सम्पर्क आरम्भ हुआ था। यद्यपि उन्हें यह अपने अधीन ही नहीं कर पाया था; लेकिन यह स्पष्ट है कि उनके नगरों से इसका सम्पर्क था।

द्वितीय एमेनेमहेट और द्वितीय सेसोस्रित के अधीन मिस्र ने लगभग आधी सदी तक समृद्धि का उपभोग किया। सिनाई की खानों से ताँबा तथा मैलेकाइट निकालने का काम किया जाता था और साईन तथा पश्चिमी मरुस्थल की खानों से डायनाइट, ग्रेनाइट और आमेजन प्रस्तर निकाले जाते थे। आधुनिकवादी गासुस के पास स्थित एक बन्दरगाह से सौदागरी जहाज पुंट को जाते थे। पुंट के दूरस्थ तट धीरे-धीरे मिस्रियों के लिए एक सुपरिचित स्थान बन गया और उसको लेकर मिस्र में एक लोकप्रिय कथा भी चल पड़ी जिसमें वहाँ के समुद्र में अपने जहाज के डूब जाने के बाद एक नाविक ने साहसिक कारनामों का वर्णन किया है। न्यूबिया का स्वर्ण क्षेत्र पहले की ही तरह मिस्र की समृद्धि का स्रोत बना रहा और वहाँ किले बनवाकर, सेना रखकर तथा समय-समय पर अधिकारियों द्वारा उस क्षेत्र का निरीक्षण करवाकर यहाँ मिस्र के हितों की रक्षा की गई।

एमेनेमहेट तृतीय के शासनकाल में सिनाई प्रायद्वीप में सरलिट-अल-खादिम नामक स्थान में एक स्थायी उपनिवेश बसाया गया, जिसका उद्देश्य सिनाई पहाड़ियों की खनिज सम्पदा को निकालने के काम को बिना रुकावट के चलाते रहना था, हर खान एक-एक फोरमैन की देखरेख में रखी गई और उस खान का नाम उसी फोरमैन के नाम पर रखा गया। जब-जब सरकारी अधिकारी दौरे पर वहाँ जाता था, तब-तब हर खान से एक निश्चित मात्रा में कच्ची धातु देने की आशा की जाती थी। यहाँ एक सरकारी अधिकारी घाटी में सिनाई तक जल मार्ग से जाता था जिससे प्रकट होता है कि ताँबे के परिवहन के लिए स्वेज खाड़ी का नियमित रूप से उपयोग किया जाता था। खाड़ी को एक नहर द्वारा नील नदी के दाएँ बाजू से मिला दिया गया था।

न्यूबिया को पराजित तो प्रथम एमनेमेहट ने ही कर दिया था, लेकिन पूरे देश को अपने कब्जे में लाने का श्रेय सेसोस्रित तृतीय को जाता है। वह मध्यवर्ती राज्य के देश विजेताओं में सबसे महान था। सिंहासनारूढ़ होते ही उसने न्यूबिया पर कब्जा करने का काम शुरू कर दिया। तृतीय सेसोस्रित ने प्रथम प्रताप के ऊपर ग्रेनाइट के धुस्स को कटवाकर एक जलमार्ग बनवा लिया था। अपने प्रथम अभियान के बाद उसने द्वितीय प्रताप के ऊपर आधुनिक सुमनेह और कुमेह के निकट एक स्तम्भ खड़ा करवाकर उस स्थान का अपने राज्य की दक्षिणी सीमा घोषित की। निःसन्देह बीच में अपनी शक्ति का प्रदर्शन किए बिना इस सीमा को कायम रखना असम्भव था इसीलिए उसे और भी अभियान करने पड़े और मिस्र में व्यापार करनेवाले नीग्रो लोगों के साथ बहुत अच्छा बर्ताव किया जाता रहा।

हॉल के अनुसार न्यूबिया विजय का मुख्य उद्देश्य मात्र प्रभुत्व कामना नहीं, बल्कि नील नदी पर अधिक प्रभावकारी नियन्त्रण रखना और सालाना बाढ़ की सम्भावित ऊँचाई को ज्यादा ठीक तरह देख पाने की इच्छा थी, क्योंकि इसी बात पर मिस्र की समृद्धि निर्भर थी। इसके अतिरिक्त न्यूबिया अब मुख्यतः एक 'स्वर्णदेश' था और हाथीदाँत, टेंटुआ, चर्म आदि वहाँ से प्राप्त होते थे। इनमें से अधिकांशतः चीजें तो अदला-बदली की पद्धति से वहाँ के

मूल निवासियों से प्राप्त होती थी। कथातथ्य है कि सोने की इस बहुलता के बावजूद मध्यवर्ती राज्य के सोने के सिक्के नहीं मिलते। शायद सोने का उपयोग सिर्फ आभूषणों, सजावट या धन-संग्रह के लिए किया जाता था।

तृतीय सेसोस्त्रित दक्षिण के व्यापार मार्गों को सुरिक्षत रखने का प्रयास बराबर करता रहा क्योंकि इन्हीं मार्गों से सूडान के उत्पादन मिस्र में आते थे। इसके अतिरिक्त सैनिक अभियानों से लूट का माल विपुल मात्रा में हाथ लगता था। न्यूबिया और सूडान के साथ 12वें राजवंश के फराओ के सम्बन्ध की साक्षी करनेवाले अभिलेखीय तथा पुरातात्त्विक प्रमाण प्रचुर मात्रा में उपलब्ध हैं। लेकिन यह स्पष्ट है कि दक्षिण की ओर किए गए सैनिक अभियान बराबर साहसिक होते थे और इन अभियानों के परिणामस्वरूप उपनिवेश आदि या तो बसाए ही नहीं गए या बसाए भी गए तो बहुत कम।

तृतीय सेसोस्त्रित ने सेकनेम तक सीरिया को जीता। हॉल के अनुसार, निश्चय ही वह इससे भी उत्तर की ओर बढ़ा होगा और वहाँ लड़ाइयाँ की होंगी क्योंकि इस क्षेत्र में 12वें राजवंश की बहुत-सी चीजें मिलती हैं। इस प्रकार जैसे छठे राजवंश के फराओ ने पूर्ववर्ती काल में न्यूबिया विजय का मार्ग प्रशस्त किया था, वैसे ही बारहवें राजवंश के फराओ ने एशिया विजय का रास्ता साफ किया। इन लड़ाइयों से निश्चय ही उनके घराने की प्रतिष्ठा बढ़ी होगी।

तृतीय सेसोस्त्रित ने पूर्वी सीमा के बद्दू कबीलों को दबाया और उनके भावी आक्रमणों को रोकने के लिए उस ओर किलेबन्दी की। फराओ तथा सीरिया और फिलिस्तीन सभी कबाइली सरदारों के बीच शान्तिपूर्ण सम्पर्क स्थापित हुए। प्रथम सेसोस्त्रित के शासनकाल में ही फराओ के दूत सीरिया और फिलिस्तीन के दरबारों में आते-जाते रहते थे। मिस्र की भाषा एशियाइयों के लिए अपरिचित नहीं थी और फराओ की शक्ति का दबदबा वहाँ के लोगों पर जम चुका था। येरूशलम के निकट मिस्र से निरीक्षार्थ आए एक अधिकारी का स्तम्भ प्राप्त हुआ है और बेनीहसन के नोमार्क ने अपने मकबरे की दीवार पर व्यापार के उद्देश्य से आए इन कबायलियों का चित्रांकन करवाया है।

पड़ोसी राष्ट्रों के साथ व्यापारिक सम्बन्ध खूब विकसित था। हॉल के अनुसार, पुंट, सीरिया यूनान मिस्री माल के बदले अपने सबसे कीमती चीजें नील की घाटी में भेजते थे। फिनीशियाई नगरों से नाविक सम्पर्क था। दक्षिणी यूरोप के साथ व्यापार आरम्भ हो गया था। एजियन सागर क्षेत्र के लोगों को मिस्र में 'फाडतोबू' कहा जाता था। 11वें राजवंश का एक खजांची अपने को गर्वपूर्वक 'फाडनोबुओं का दमन करनेवाला' बताता था। इससे प्रकट होता है कि मिस्र के साथ उनका सम्पर्क बराबर शान्तिपूर्ण नहीं होता था। फच्चूम में क्रीट के बहुत से अलंकृत बर्तन मिले हैं। ऐसे बर्तन शाही मकबरों में भी मिले हैं। यद्यपि क्रीट में मिस्र की बहुत अधिक चीजें नहीं मिली हैं; लेकिन इस क्षेत्र की कला पर मिस्र का प्रभाव स्पष्ट झलकता है। इस प्रकार मध्यवर्ती राज्य-काल में मिस्री क्षितिज पर यूरोप अधिक स्पष्ट रूप से उभरता है।

इतिहासकार मर्रे इस तथ्य की ओर ध्यान आकृष्ट करता है कि 12वें राजवंश की ढक्कन सम्बन्धी कुछ चीजें माल्टा में पाई गई हैं। उसके अनुसार, "ये निश्चित ही अति प्राचीन काल

में यहाँ लाई गई होंगी।'' लेकिन साक्ष्य इतना अपर्याप्त है कि इसके आधार पर हम किसी निश्चित निष्कर्ष पर नहीं पहुँच सकते।

संक्षेप में, मध्यवर्ती राज्य के फराओ ने ओजस्वी विदेशी नीति का अनुसरण किया। उन्होंने कीश, न्यूबिया और सीरिया पर किए गए सैनिक अभियानों का स्वयं नेतृत्व किया। इन अभियानों का उद्देश्य सीमावर्ती कबीलों के हमलों को रोकना और व्यापार मार्गों को रक्षा करना था। सिनाई और न्यूबिया से खनिज सम्पदा प्राप्त करने के लिए मिस्रियों के दल भेजे गए सरविन अल खादिन् और वादी अघाश खान में उपनिवेश भी बसाए गए। इन सैनिक अभियानों के अतिरिक्त बद्दुओं और सभी जातियों तथा साम्राज्य के दक्षिण पड़नेवाले नीग्रो लोगों के साथ शान्तिपूर्ण सम्बन्ध कायम किया गया। ऐसा ही सम्बन्ध सुदूरवर्ती एजियन सागरीय देशों के साथ कायम किया गया। यह ओजस्वी विदेश नीति आन्तरिक शान्ति और सुव्यवस्था का परिणाम था और उन्नत व्यापार तथा सुधरी हुई कृषि के साथ मिलकर इस नीति ने मध्यवर्ती राज्य को अद्भुत समृद्धि प्रदान की।

9.5 12वें राजवंश की उपलब्धियाँ

प्राचीन मिस्र में 12वें वंश का शासन लगभग 212 वर्षों तक चलता रहा। राजनीतिक एकता, सामाजिक स्थिरता तथा आर्थिक उन्नति के कारण इस वंश के शासनकाल में सभ्यता एवं संस्कृति का विकास हुआ। इस विकास को ध्यान में रखकर बहुत से लेखकों ने कहा है कि कला, साहित्य एवं कानून के क्षेत्र में जो उन्नति हुई उस दृष्टिकोण से मिस्र के इतिहास को उस युग का सुसंस्कृत काल (Classical age) माना जाना चाहिए। इस सभ्यता पर विदेशी तत्त्वों का प्रभाव नहीं था। परन्तु इसका कत्तई यह अर्थ नहीं कि बाहरी दुनिया से इसका बिलकुल सम्पर्क नहीं था। विदेशियों के साथ मिस्रवासियों का सम्पर्क था इसके लिए हमें प्रमाण मिलते हैं। मिस्र एशियाई देशों से लकड़ी प्राप्त करता था। न्यूबिया से मिस्र में सोना आता था। साइप्रस से भी मिस्र के व्यापारिक सम्बन्ध थे।

इस वंश के शासन स्थापित होने के फलस्वरूप मिस्र में सामन्तवादी प्रवृत्ति का अन्त हो गया एवं एक केन्द्रीय सरकार की स्थापना की गई। शासन में सुदृढ़ता होने के कारण समाज में सभी वर्गों की स्थिति में परिवर्तन हुआ। प्राचीन राजवंश के शासनकाल के समय विभिन्न व्यवसायों के लोगों को जमींदारों की जमींदारी से बँधा रहना पड़ता था। जमींदारी में परिवर्तन के साथ ही कारीगरों के मालिक भी बदल जाते थे। परन्तु 12वें राजवंश की स्थापना के बाद कारीगरों ने आर्थिक क्षेत्र में अपना व्यक्तिगत स्थान बना लिया। फलस्वरूप देश की आर्थिक मामलों में उन्हें भाग लेने का मौका मिला।

मध्य साम्राज्य (Middle kingdom) में जहाँ तक राजनीतिक प्रश्न है इस युग में फराओ की शक्ति में काफी वृद्धि हुई। इस देश में फराओ ने संघीय राजतन्त्र की स्थापना की जिसका प्रधान स्वयं वह था। 11वें वंश के समय सामन्तों की शक्ति जो काफी बढ़ गई थी। उन्हें खत्म कर दिया गया। फलस्वरूप उनके द्वारा किए गए कार्यों का ह्रास हो गया। अब सामन्तों को राजतन्त्र के अधीन रहना पड़ा। प्रॉफिट रॉबिन्सन (Proffit Robinson) ने लिखा है कि ''उनकी स्थिति वैसी ही थी जैसे बिना दाँतवाले विषैले साँपों की होती हैं जो राजतन्त्र के

विनाश के कारण थे।" फराओ अब सामन्तों के सेना पर निर्भर नहीं थे। 12वें वंश के फराओ ने एक राष्ट्रीय सेना संगठन अनिवार्य समझा। (Sudan) सूडान के निवासी जो फराओ के भक्त थे अधिकतर इस सेवा के सैनिक बने। सामन्ती सेना को भंग कर दिया गया और तब उनकी शक्ति छिन्न-भिन्न हो गई।

सामन्तों के मृत्यु के बाद उनकी सम्पत्ति स्वयं उनके पुत्रों को प्राप्त हो जाती थी परन्तु अब इस प्रथा को खत्म कर दिया गया। अब फराओ की अनुमति के बाद ही यह सम्पत्ति जमींदारों के पुत्रों में बाँटी जा सकती थी। इससे राज्य की जमीन को नए बँटवारे का अवसर प्राप्त हुआ। जो जमीन सामन्तों के कब्जे में थे उन्हें ले लिया गया। इस तरह से सामन्तों की शक्ति को कई तरह से खत्म किया गया। इन बड़े सामन्तों की सम्पत्ति अब नए एवं छोटे जमींदारों को मिली जो पूर्णतः राजभक्त थे। परन्तु अभी भी ये नए हथियारों के क्षेत्र में काफी पीछे थे। रथ के पहिए या घोड़ों का प्रचलन अभी नहीं हुआ था। हालाँकि मिस्र के कारीगर (Mesopotamia) मेसोपोटामिया के कारीगर से अधिक कुशल थे फिर भी वे हथियार के क्षेत्र में उनसे काफी पीछे थे। इसका मुख्य कारण Middle या Old kingdom की प्रभावहीन वैदेशिक नीति थी। इसलिए Middle kingdom की आन्तरिक व्यवस्था के समय हिट्टी लोगों का आक्रमण मिस्र पर हुआ था एवं मिस्र बुरी तरह पराजित हुआ था किन्तु नौसेना के क्षेत्र में मिस्र इस समय सबसे आगे थे।

किसानों एवं जमींदारों के समय कई परिवर्तन दृष्टिगोचर हुए। अब तक किसान जमींदारों की निजी सम्पत्ति थे। जमींदारों द्वारा जमीन की बिक्री के साथ उस भूमि से जुड़े किसान भी बिक जाते थे। उन पर जमींदारों द्वारा मनमाना कर लगाया जाता था एवं बेगार ली जाती थी। नए कानून से जमींदारों की शक्ति में ह्रास हुआ एवं किसानों की स्थिति सुधरी। अब किसान स्वतन्त्र रूप से जमीन खरीद सकते थे।

इस युग में सबसे अधिक गणित विज्ञान की उन्नति हुई। गणित के क्षेत्र में संख्याओं का व्यवहार होने लगा। एक से 10 संख्या का ज्ञान सभी व्यक्तियों को था। वे गुणा करना जानते थे। वे अंक एवं संख्या का व्यवहार गुणा में करते थे। वे साधारण वर्गफल भी निकालते थे।

इस युग में चिकित्सा विज्ञान की बड़ी उन्नति हुई। कई बीमारियों की दवाएँ मिस्रवासी जानते थे। वे अनेक जड़ी-बूटियों का व्यवहार करते थे। परन्तु अभी चिकित्सा क्षेत्र में अन्धविश्वास व्याप्त था। जादू-टोना का खूब बोलबाला था। दवा के प्रयोग के पहले भी जादू-टोना या मन्त्रों का व्यवहार होता था। वास्तव में उस समय मिस्र ही नहीं बल्कि उस समय सभी जगहों में जादू-टोना का बोलबाला था।

Middle kingdom के समय साहित्य अपने उत्थान पर था। नए-नए विषयों पर लेख जाने लगे। मिस्र की प्राचीन भाषा अपनी पूर्णता पर पहुँच चुका था। इस युग की रचनाओं में निराशावादी अधिक आ सकती है। Old kingdom के समय अपरिमित धन व्यय कर पिरामिडों का निर्माण किया जाता था। अब वह व्यर्थ पड़ा था जहाँ गीदड़ एवं भेड़िया का निवास था। उस युग में प्रहसन एवं प्रेम की कहानी लिखने की परिपाटी चल पड़ी थी। सब मिलकर इस युग में साहित्य की खासी उन्नति हुई।

जहाँ तक स्थापत्यकला का प्रश्न है वह अपनी पूर्णता के चरम सीमा पर पहुँच चुकी थी। इस युग की मूर्तियाँ अत्यन्त सुन्दर एवं भावपूर्ण प्रतीत होती हैं। पत्थरों पर कलात्मक कृतियों का निर्माण यह घोषणा करता है कि इस युग के कलाकार अपूर्ण नहीं थे। अन्य कला का भी विकास हुआ। बर्तन, जूते एवं सोने का सामान बनाने में लोग पूर्ण थे। इस युग में कला सुदृढ़ता एवं सुन्दरता तीनों पर बहुत ध्यान दिया जाता था। जौहरी की दशा काफी तरक्की पर थी। यदि कला किसी सभ्यता का मापदंड हो सकता है तो इस युग के मिस्रवासी पूर्णतः सभ्य थे।

इस प्रकार मिस्र इस युग में काफी प्रगति कर सका। समाज एवं जीवन के हर क्षेत्र में परिवर्तन हुए। नए-नए उद्योग-धन्धे खुले। सिंचाई का उत्तम प्रबन्ध हुआ। इस युग में एक सुदृढ़ शासन की स्थापना हुई। मिस्र में राजनीतिक शान्ति की स्थापना हुई। इस देश का एक फराओ बड़े गर्व से कहता है कि हमारे राज्यकाल में न कोई भूखा और न कोई प्यासा है। ''लोग शान्तिपूर्वक जीवन बिताते हैं।'' ब्रेस्टेड (Breasted) ने भी ठीक ही कहा है कि ''इस युग में मिस्र ने जितनी अधिक संवृद्धि की वैसी मिस्र के इतिहास में कभी नहीं हुई।'' सचमुच इस युग को मिस्र के इतिहास का स्वर्णयुग माना जाता है।

अध्याय-10

हिक्सस

10.1 मध्यराज्य का पतन

1788 ई.पू. में 12वें राजवंश का पतन हो गया। विशेष मौलिक कठिनाई के बिना तेरहवें राजवंश ने मिस्र की गद्दी हथिया ली। इस वंश का ठोस नियन्त्रण प्रान्तों पर नहीं था क्योंकि केन्द्र में इसके लिए जिस ठोस प्रशासनिक संगठन की आवश्यकता थी वह तेरहवें राजवंश के शासकों ने नहीं प्रदान किया। शासन करने की क्षमता का अभाव होने के कारण इस काल में चारों तरफ अव्यवस्था फैलने लगी और प्रान्तीय शासकों का अत्याचार एवं शोषण पुनः बढ़ गया। केन्द्र के अधीनता को ये प्रान्तीय सामन्त अब स्वीकारने के लिए तैयार नहीं थे। केन्द्र की कमजोरी इतनी बढ़ गई कि कुछ प्रान्तीय शासक सम्राट बनने का स्वप्न देखने लगे। केन्द्र पर कब्जा करना उनको अधिक कठिन नहीं लग रहा था। किसी-न-किसी बहाने केन्द्रीय गद्दी के कई दावेदारों ने आपस में लड़ाई भी शुरू कर दी। मिस्र की इस आन्तरिक विद्रोह ने विदेशी आक्रमणकारियों को निमन्त्रण दिया। राजनीतिक अवस्था में अस्थिरता आने से आर्थिक स्थिति भी डाँवाँडोल हो गई और मिस्र पर विदेशों का आक्रमण प्रारम्भ हो गया।

1675 ई.पू. के आसपास का काल तेरहवें राजवंश का अन्तिम चरण था। इसी वर्ष में नील नदी के डेल्टा पर सेमेटिक लोगों ने आक्रमण कर दिया। इतिहासकार जोसेफोस के अनुसार ये आक्रमणकारी हिक्सस कहे जाते थे। मनेथो ने मोसेमेटिक लोगों को हिक्सस ही कहा। हिक्सस लोगों ने लगभग दो सौ वर्षों तक मिस्र पर शासन किया। मिस्र में इन लोगों का सम्भवतः कोई भी स्मारक नहीं मिला है। इसलिए उनके वास्तविक निवास स्थान के बारे में इतिहासकार एकमत नहीं। इनके बारे में जानने के लिए बहुत कम स्रोत उपलब्ध हैं। मिस्र की रानी हाशेपसुट के एक अभिलेख से पता चलता है कि उसने एशिया के रहनेवाले इन बर्बर आक्रमणकारियों द्वारा बर्बाद किए गए नगरों को फिर से बसाया और मन्दिरों का पुनर्निर्माण किया। एक सैनिक द्वारा लिखित स्रोत के अनुसार मिस्र की सेनाओं को घेरा डालना पड़ा था ताकि उत्तरी डेल्टा में स्थित अवारिस नगर से इन बर्बरों को भगाया जा सके और इन सैनिकों ने बर्बरों को फिलिस्तीन तथा फिनीशिया तक मार भगाने में सफल रहे।

10.2 हिक्सस

हिक्सस लोगों का निवास स्थान कहाँ था, विद्वानों ने इस सम्बन्ध में अभी तक कोई निश्चित मत नहीं दिया है। मनेथो ने इन्हें फिनीशिया या अरब का बताया है। कुछ अन्य विद्वानों

ने मनेथो के विचार का समर्थन किया है। ब्रेस्टेड महोदय ने इन्हें सेमेटिक जाति का बताया है। सत्रहवीं सदी ई.पू. के अन्तिम चरण में हिक्सस लोगों ने मिस्र के डेल्टा प्रदेश पर शासन करना शुरू किया। 15वें राजवंश का शासक, विद्वानों का मत है कि सेमेटिक जाति के ही थे।

जहाँ तक मिस्र पर इनके द्वारा सत्ता स्थापित करने के कारणों का प्रश्न है, इस सम्बन्ध में मिस्र की ओर से हम पाते हैं कि यहाँ सामन्ती वातावरण था। केन्द्रीय शक्ति कमजोर हो चली थी। जो भी फराओ गद्दी पर बैठा उसमें शासन करने की कुशलता उतनी नहीं थी जिसके सहारे प्रान्तीय गवर्नरों के विद्रोहों एवं उनके द्वारा स्वतन्त्र राज्य स्थापित करने पर नियन्त्रण किया जा सके और न ही केन्द्र को शक्तिशाली बनाने में वे सक्षम थे। दूसरी ओर हिक्सस लोग युद्ध कला में निपुण थे। उनमें एकता थी क्योंकि वे बाहर से आकर मिस्र को जीतना चाहते थे। एकता के अलावा, वे साहसी भी थे तभी तो काफी दूर से आकर मिस्र पर न केवल आक्रमण किए बल्कि सफलता भी पाए। ये आक्रमणकारी युद्ध में घोड़ा, रथ एवं काँसा के तलवार का प्रयोग करते थे। इन साधनों ने भी इनकी सफलता में योगदान किया।

10.3 मिस्र की पराजय

हिक्सस लोगों ने मिस्री शासक तिमाइयोस के काल में पूर्वी भाग पर आक्रमण एक और विजय पाई। अनेक नगर इन बर्बरों के द्वारा बर्बाद कर दिए गए। मिस्र के कई मन्दिरों को इन लोगों ने नष्ट कर दिया। पुरुषों को जान से मार दिया गया और स्त्रियाँ तथा बच्चे गुलाम बना दिए गए। सलातीस नामक हिक्सस राजा ने सम्पूर्ण मिस्री प्रान्तों से कर वसूल करता था। इनके शासन का मुख्य केन्द्र मेम्फिस था। मिस्र के सभी अन्य भागों में इनके सैनिक नियुक्त किए गए थे। पूर्वी भाग से मिस्र में अन्य आक्रमणकारियों का आक्रमण न हो इसके लिए हिक्सस शासक ने पूर्वी भाग में ठोस सैनिक व्यवस्था की थी। बाद में इनके शासन का प्रमुख केन्द्र अवेरिस नगर भी हो गया जिसे सुरक्षा के दृष्टिकोण से इसे चारों तरफ मजबूत दीवारों से घेर दिया गया। इस नगर की रक्षा के लिए लगभग ढाई लाख सैनिक हमेशा तैनात रहते थे। सलातीस नामक शासक गरमी के मौसम में अपनी राजधानी मेम्फिस से हटाकर अवेरिस ले जाता था और वहीं से शासन-कार्य सम्हालता था। यहाँ इस शासक का कोषागार भी होता था जहाँ से सैनिकों को वेतन दिया जाता था। सैनिकों को युद्धकला में निपुणता पाने के लिए प्रशिक्षण की व्यवस्था भी अवेरिस नगर में थी।

इन बातों से पता चलता है कि हिक्सस शासक सलातीस के पास कई लाख सेनाएँ थीं लेकिन इसे कई विद्वानों ने गलत माना है। हिक्सस का अर्थ जोसेफस ने 'गड़ेरिया राजा' बताया है। इस काल के मिस्र की धार्मिक भाषा में हिक का अर्थ राजा और सोस का अर्थ गड़ेरिया होता था। जोसेफस इस बात को भी स्वीकारता है कि ये बर्बर सम्भवतः अरब के निवासी थे। मनेथो ने इन्हें फिनीशिया का निवासी बताया है। अन्य स्रोतों के अध्ययन से पता चलता है कि हिक्स का अर्थ गँवारू भाषा में ही गड़ेरिया होता था। सभ्य मिस्री भाषा में हिक का अर्थ शासक था। मनेथो का ही यह भी कहना है कि खियाँ (khian) नामक हिक्स

शासक ने अपने नाम के आगे हिक शब्द जोड़ा था। बाद में उसने अपने नाम के साथ देश शब्द जोड़ा जिसका अपभ्रंश सोस हो गया। इसी आधार पर मनेथो हिक्स का शाब्दिक अर्थ देश का शासक बताया है। ग्रीक भाषा में हिक्सस का अर्थ देश का शासक होता है।

इनके स्रोतों के आधार पर पता चलता है कि ये लोग अरब के निवासी थे। सुटेख देवता के सम्मान में इन लोगों ने मिस्र में एक मन्दिर बनवाया। इस जाति का सबसे प्रसिद्ध राजा खियाँ था। इसके द्वारा निर्मित मन्दिर और स्मारक प्रमुख स्रोत के साधन हैं। इसके स्मारक दक्षिणी मिस्र के गबेलेन से ऊपरी डेल्टा के पास पाए गए हैं। क्रीट तथा बगदाद में भी खियाँ के द्वारा निर्मित स्मारक मिले हैं। अवेरिस को खियाँ ने अपनी राजधानी बनाई। यह नगर डेल्टा पर स्थित था, अतः यहाँ स्रोत के रूप में कुछ भी नहीं मिल पाया है। हो सकता है कि बाद में जब इनके शासन का अन्त हो गया तो मिस्रवासियों ने अवेरिस की सभी वस्तुओं को बर्बाद कर दिया क्योंकि हिक्सस से इन्हें काफी घृणा थी।

अवेरिस को हिक्सस लोगों ने अपनी राजधानी इसलिए पसन्द किया कि एशिया में भी वे लोग शासन कर सकें। इनका साम्राज्य विस्तार पैलेस्टाइन और सीरिया तक विस्तृत था। कभी-कभी मिस्री सैनिकों के द्वारा ये पराजित हो जाते थे तो एशिया में स्थित पैलेस्टाइन एवं सीरिया के प्रदेशों में भाग जाते थे।

हिक्सस लोगों का अधिकार जब मिस्र पर हो गया तो भी थीब्स के तेरहवें राजवंश का शासन इस छोटे से प्रदेश पर था। ई.पू. 1675 में मिस्र में सोलहवें राजवंश का शासन था। इस राजवंश का शासनकाल लगभग तीस वर्षों तक रहा। इसके पश्चात् 17वें राजवंश का काल चला। थीब्स के लोगों में जागरूकता और देश-प्रेम की भावना आई। इसके परिणामस्वरूप हिक्सस को इन लोगों ने देश से भगाने का प्रयास किया। मिस्र के काफी लोगों ने सैनिक प्रशिक्षण लिया जो हिक्सस की सैनिक प्रणाली पर आधारित था। काफी प्रयास के बावजूद भी मिस्र से हिक्सस नहीं भाग सके। ई.पू. 1750 में मिस्री शासक अहमोस प्रथम ने हिक्सस की राजधानी अवेरिस नगर को तीन वर्षों तक घेरे रहे। इस नगर के अन्दर भोजन की कमी होने लगी। बाहर से भोजन यहाँ मँगाना सम्भव नहीं था क्योंकि मिस्री सैनिकों ने चारों तरफ से घेरा डाल दिया था। अन्त में हिक्सस लोगों ने मिस्र छोड़ दिया और भाग गए।

हिक्सस लोगों ने सौ से अधिक वर्षों तक शासन किया। इसके परिणामस्वरूप मिस्री संस्कृति से वे प्रभावित हुए बिना नहीं रह सके। फराओ की तरह हिक्सस राजाओं ने उपाधियाँ धारण कीं। डेल्टा प्रदेश में स्थित फराओ की मूर्ति की इन लोगों ने रक्षा की। एक गणित की पुस्तक इनके द्वारा लिखी गई जो इंग्लैंड के संग्रहालय में सुरक्षित है। अवेरिस में इन बर्बरों ने मन्दिरों का निर्माण कराया।

हिक्सस लोगों से मिस्रवासी भी प्रभावित हुए। युद्ध में अब घोड़ा का इस्तेमाल किया जाने लगा। युद्ध कला के तरीकों में परिवर्तन हुए।

18वें राजवंश के काल में विकसित साम्राज्यवाद तथा सैन्यवाद की नींव हिक्सस लोगों के कारण पड़ी। इस आक्रमण के पश्चात् मिस्री लोगों में राजनीतिक चेतना आई।

विदेशी आक्रमण के परिणामस्वरूप मिस्रियों का सम्बन्ध विदेशों से हुआ और इनके बीच व्यापार की उन्नति हुई। अन्य विदेशों के साथ व्यापारिक सम्बन्ध बढ़ गया।

हिक्सस लोगों के शासन में कठोरता काफी थी, अतः यह अप्रिय होने लगा। मिस्री लोग इन्हें हमेशा जंगली जाति के रूप में समझा। अतः हिक्सस के विरुद्ध इनका असन्तोष बढ़ता गया। इस असन्तोष को बढ़ाने में मिस्री शासक अहमोज प्रथम का बहुत बड़ा हाथ था। इसी शासक के नेतृत्व में हिक्सस की हार हुई थी। मिस्र के सामन्तों ने भी अहमोज को सैनिक एवं आर्थिक दृष्टिकोण से सहायता की थी।

10.4 प्रथम साम्राज्य

अठारहवें राजवंश को प्रथम साम्राज्य के नाम से पुकारा जाता है। हिक्सस के आक्रमण और मिस्र में इनके द्वारा साम्राज्य स्थापित करने से मिस्रवासियों को अपनी कमजोरियों का एहसास हुआ और अनुभव बढ़ा। इससे लाभ यह हुआ कि नए उमंग से मिस्रवासियों ने अपने को पुनः संगठित किया और न केवल हिक्सस को भगाने में सफल हुए बल्कि देश को उन्नतशील बनाने का नया वातावरण तैयार करने का अवसर मिला। इसीलिए कुछ विद्वानों ने हिक्सस के आक्रमण को मिस्री इतिहास में प्राचीन युग के अन्त और नए युग का आरम्भ कहा है।

मिस्री समाज में एकता बढ़ी और समृद्धि का विकास हुआ। इस समय से स्रोत भी सन्तोषप्रद मात्रा में मिलने लगते हैं। अहमोज प्रथम बड़ा ही अशान्त एवं तनावपूर्ण वातावरण में मिस्र की गद्‌दी पर बैठा था। सर्वप्रथम उसने आन्तरिक व्यवस्था को सम्हाला और मिस्र के लोगों एवं सामन्तों के बीच एकता की भावना फैलाया। इसी शासक के कारण मिस्रवासियों ने हिक्सस को भगाने में जान की बाजी लगा दी। टूटे हुए शासनतन्त्र को एक सूत्र में बाँधने के पश्चात् उसने हिक्सस पर आक्रमण किया। संघर्ष लम्बे समय तक चला लेकिन नए उत्साह के कारण सफलता मिस्रवासियों को ही मिली। इस विजय ने मिस्रवासियों को काफी अनुभवशील बनाया। विदेशों के साथ सम्बन्ध बढ़ाने का यह एक सुनहरा अवसर मिस्रवासियों को हाथ लगा। आर्थिक स्थिति उन्नतशील हुई। सैनिकों के लड़ाई के तकनीक में परिवर्तन हुए। नए-नए औजारों का इस्तेमाल मिस्रवासी अब करने लगे और घोड़ा भी लड़ाई का एक प्रमुख साधन हो गया। दुनिया में सबसे तेज दौड़नेवाला घोड़ा से परिचय मिस्रवासियों को हिक्सस लोगों ने ही कराया। अहमोज प्रथम का अनुभव एवं प्रभाव मिस्र में बढ़ा। मिस्री लोग अपनी अफलता से इतना उत्साहित हुए कि विदेशों पर चढ़ाई करने की बात तक सोचने लगे। इसी समय मिस्री साम्राज्य विशाल हो गया विदेशों में किए गए आक्रमण में इन्हें सफलता भी मिली। बाद का लगभग डेढ़ सौ वर्षों का इतिहास मिस्र में सैनिकवाद पर आधारित रहा। मिस्र में डेल्टा प्रदेश एवं ऊपरी मिस्र के लिए अलग-अलग संगठित सेनाओं को नियुक्त किया गया। धनुष-बाण का प्रयोग अधिक अच्छे ढंग से किया जाने लगा। छुपकर पीछे से दुश्मनों पर आकस्मिक आक्रमण की कला मिस्र की सेनाओं ने सीखा। संगठित-सैनिकों एवं कुशल अनुभव के आधार पर प्रान्तीय गवर्नरों के मनमानी पर नियन्त्रण करने में अहमोज प्रथम सफल रहा।

अध्याय-11

प्रथम साम्राज्य

11.1 प्रशासन

लम्बे संघर्ष के पश्चात् हिक्सस लोग मिस्र छोड़ दिए और अहमोज प्रथम के नेतत्व में मिस्र एक सैनिक राज्य बन गया जिसमें केन्द्र काफी शक्तिशाली हो गया। 18वें राजवंश के शासकों ने सैनिकों के बल पर सम्पूर्ण मिस्र पर एक नवीन ढंग से शासन करना प्रारम्भ किया। आधुनिक काल के रूसी जार के समान इस काल का फराओ निरकुंश हो गया था। साम्राज्य का वह सर्वोच्च था। उसका महत्त्व देवता से कम इस समय नहीं था। मिस्री वैदेशिक नीति एवं सेना पर उसका प्रत्यक्ष नियन्त्रण था। प्रान्तों पर पूर्ण रूप से उसकी आज्ञा का पालन होता था। बढ़ते हुए इस प्रशासनिक बोझ को ढोने के लिए फराओ एक वजीर या मन्त्री अपने खास आदमी को बनाया था लेकिन मात्र एक मन्त्री विशाल प्रशासनिक कार्यों को सफलतापूर्वक देखभाल करने में असमर्थ था। बाद में चलकर फराओ ने दो प्रधान मन्त्रियों को रखा। उत्तरी मिस्र के प्रशासनिक कार्यों को चलाने का काम मन्त्री को फराओ ने सौंपा जो हेलियोपोलिश नगर में रहता था। दक्षिणी मिस्र को चलाने के लिए दूसरा मन्त्री थीब्स नगर में रहता था और दक्षिणी मिस्र के सभी प्रशासनिक, राजनीतिक एवं आर्थिक कार्यों को देखता था।

मिस्र के प्रशासन को सुविधापूर्वक चलाने के लिए फराओ ने उसे 54 जिलों में बाँट दिया था। प्रत्येक जिला को चलाने के लिए उसने अलग-अलग अधिकारी नियुक्त किया। जिलाधिकारी कार्यपालिका के साथ-साथ न्यायपालिका के कार्यों का देखभाल करते थे। जिला से केन्द्र को अधिक-से-अधिक धन मिल सके, इस पर जिलाधिकारियों को हमेशा ध्यान देना पड़ता था। मिस्र की भूमि पर फराओ का अधिकार था लेकिन वास्तव में इसका इस्तेमाल कृषकों या भूमि-सामन्तों द्वारा की जाती थी। सारी भूमि से केन्द्र जिलाधिकारियों की मदद से कर वसूलता था। मन्दिरों की भूमि करमुक्त थी। भूमि का ब्योरा लिखित रूप में प्रत्येक जिला में रहता था। इसी लिखित ब्योरा के अनुसार कर कृषकों या सामन्तों से वसूला जाता था। कोषपाल के अधीन कुछ कर्मचारी नियुक्त रहते थे। इनके द्वारा ही कोषपाल कर वसूला करता था। चूँकि वित्त अधिकारी वजीर ही होता था, अतः कोषपाल उसी के अधीन काम करता था। इस काल का प्रशासनिक केन्द्र दक्षिण मिस्र में स्थित था। सम्पूर्ण मिस्र के आय-व्यय का ब्योरा यहीं रहता था। कोषपाल के द्वारा आय-व्यय का ब्योरा वजीर के पास भेजा जाता था और वजीर इसे राजकीय कोष में भेज देता था।

दक्षिणी मिस्र का वजीर या प्रधानमन्त्री न्यांय के मामले में काफी महत्त्वपूर्ण अधिकारी होता था। इसके द्वारा न्यायालय और कार्यपालिका के कार्यों को एक साथ देखा जाता था क्योंकि इन दोनों विभागों में अभी अन्तर नहीं हो पाया था। कार्यपालिका के अधिकारी एवं कर्मचारी काफी अनुभवशील होते थे। न्याय का कार्य इन्हीं लोगों के द्वारा सम्हाला जाता था। इसके लिए कानून का अध्ययन इन अधिकारियों को करना पड़ता था। प्रधान न्यायाधीश के रूप में प्रधानमन्त्री सवेरे से ही मुकदमों की सुनवाई करने के लिए कचहरी में बैठता था। उसके द्वारा दिए गए फैसले को उसके नीचे के सभी लोगों एवं अधिकारियों तथा कर्मचारियों को मानना पड़ता था। मिस्र के थीब्स और मेम्फिस के न्यायालय सबसे मुख्य न्यायालय थे। इनके अतिरिक्त और कई कचहरियाँ मिस्र के कई भागों में स्थित थीं जहाँ मुकदमों की सुनवाई होती थी। न्याय करने का काम पुरोहित भी करते थे। मुकदमों की सुनवाई बड़े ही निष्पक्ष भाव से न्यायालयों में की जाती थी। प्रधानमन्त्री न्याय देने के मामले में निष्पक्षता के लिए प्रसिद्ध था। वह एक अनुभवशील व्यक्ति होता था तथा स्वयं मामले के भीतर पहुँचने और सच्चाई को प्राप्त करने का प्रयास करता था। न्याय देने के लिए विस्तृत नियम होते थे जिनकी जानकारी हमें विस्तृत रूप में नहीं हो पाई है। फराओ का महत्त्व समाज एवं आर्थिक क्षेत्र में काफी था लेंकिन अपने से कुछ करने से बेहतर वह समझता था कि सामाजिक नियमों को ध्यान में रखकर ही कुछ फैसला दिया जाए।

मिस्र के शासन का मुख्य आधार प्रधानमन्त्री होता था। फराओ को प्रशासन से सम्बन्धित सारी सूचनाएँ प्रधानमन्त्री के द्वारा ही दी जाती थीं। प्रतिदिन फराओ अपने राज्य के बारे में सूचना प्राप्त करता था। कोषपाल की भी यह जिम्मेवारी थी कि आय व्यय से सम्बन्धित समाचार वह प्रधानमन्त्री को दे और प्रधानमन्त्री यह खबर फराओ तक पहुँचाता, प्रान्तीय अधिकारियों से वर्ष में तीन बार आर्थिक, सामाजिक, धार्मिक एवं राजनीतिक सूचनाएँ पाता और इनमें से मुख्य बातों की जानकारी वह फराओ को देता था। इस तरह मिस्र का प्रधानमन्त्री न्याय, सैना, कर, वैदेशिक नीति आदि का देखभाल करता था और विशाल अधिकार उसमें सीमित थे। युद्ध और सन्धि के मामले में अन्तिम सूचना फराओ को वही देता था। उसके कार्यों से मिस्र की जनता काफी सन्तुष्ट थी और आदर की दृष्टि से देखती थी।

मात्र प्रधानमन्त्री को अकेले ही सम्पूर्ण प्रशासनिक कार्यों को सम्हालना मुश्किल था, अतः उसे मदद करने के लिए कर्मचारियों का एक श्रेणीबद्ध संगठन था जो उसके आज्ञा पर प्रशासनिक कार्यों को सम्हालते थे। इन कर्मचारियों का साधारण तौर से तीन श्रेणियाँ थीं। प्रथम श्रेणी में कुलीन वर्ग के अधिकारी होते थे। ये आरम्भ में उच्च अधिकारी होते थे लेकिन कुछ ही समय के पश्चात् ये समाज के प्रभावशाली कुलीन श्रेणी में आ जाते थे। बाद में चलकर ये कुलीन सामन्ती स्वभाव से प्रभावित हो जाते थे। दूसरे श्रेणी में मध्यम वर्ग के अधिकारी एवं कर्मचारी होते थे जो प्रायः शिक्षा के बल पर प्रशासन में नौकरी पाते थे। इन्हें मात्र सरकारी नौकरों के रूप में पदों को सफलतापूर्वक चलाना पड़ता था। कभी-कभी इस वर्ग के भी कुछ अधिकारी ज्यादा महत्त्वपूर्ण हो जाते थे। तीसरा वर्ग प्रशासन में निम्न श्रेणी के कर्मचारियों का था जिनमें पहरेदार, सेवक आदि आते थे।

11.2 समाज

इस काल के पूर्व मिस्र में आन्तरिक एवं बाहरी आक्रमणों का वातावरण था। इसका परिणाम राजनीति, अर्थ, समाज एवं धर्म पर पड़ा। सबसे महत्त्वपूर्ण परिणाम के रूप में हम सैनिकों का एक नए गर्व में उदय होना पाते हैं। इस काल में प्रशासनिक अधिकारियों एवं कर्मचारियों का एक वर्ग और सामान्य नागरिकों (कृषक, मजदूर, गुलाम और व्यापारी) का दूसरा वर्ग था। इन दोनों वर्गों के बीच एक तीसरा वर्ग विशाल सैनिकों का था। इसका भी अस्तित्व एक सामाजिक वर्ग के रूप में इस काल में देखा जाने लगा। सैनिकों का सामाजिक एवं प्रशासनिक महत्त्व बढ़ने का आरम्भिक काल यही था। बिना सैनिकों की सहायता के फराओ अब प्रशासनिक एवं कार्यपालिका को नहीं चला सकता।

इस काल से सामाजिक स्तर पर पुरोहितों का महत्त्व भी काफी बढ़ गया। मिस्र के लोगों ने समझा कि मिस्र से हिक्सस जैसे बर्बर लोगों को भगा देना मनुष्य के लिए सम्भव नहीं था बल्कि देवता के विशेष कृपा से ही यह सम्भव हो सकता। अतः धर्म की महत्ता और बढ़ी और जनता के दिलोदिमाग पर अधिकार करने के लिए फराओ ने मन्दिरों का निर्माण काफी किया। सामान्य जनता ने भी मन्दिरों के निर्माण में रुचि दिखाई। इसके परिणामस्वरूप पुजारियों का महत्त्व का बढ़ना स्वाभाविक था। भेंट के रूप में इन्हें काफी सम्पत्ति मिलने लगी। मन्दिरों में सम्पत्ति बढ़ने से पुरोहितों की संख्या में भी वृद्धि हुई और इनका एक संगठन तैयार हो गया जो सामाजिक दृष्टिकोण से मिस्र में एक महत्त्वपूर्ण वर्ग था। पूजा-पाठ एक मुख्य व्यवसाय के रूप में इस समय उदित हुआ।

पुरोहितों का राजनीतिक महत्त्व बढ़ा और मन्दिरों में कर्मचारियों, जैसे--मन्दिर धोनेवाला, झाड़ू लगानेवाला, पहरा देनेवाला, धन की रक्षा करनेवाला आदि की संख्या बढ़ी और पुरोहित शक्तिशाली होते गए। मिस्र का सबसे प्रधान पुजारी एमन देवता के मन्दिर में रहकर पूजापाठ कराता था। एमन देवता का मन्दिर थीब्स में स्थित था। यह पुजारी राजनीतिक एवं आर्थिक तथा सामाजिक क्षेत्र में काफी महत्त्वपूर्ण था। इतिहासकारों का कहना है कि एमन मन्दिर का यह पुजारी हेलियोपोलिस तथा मेम्फिस के पुरोहितों से ज्यादा शक्तिशाली था।

इन तथ्यों के आधार पर कहा जा सकता है कि मिस्र में इस समय सबसे महत्त्वपूर्ण वर्ग तीन थे--पुरोहित, सेना तथा राजकर्मचारी। इन तीनों वर्गों का नेतृत्व कुलीन करते थे। ये कुलीन पुराने धनी एवं सुविधाप्राप्त वर्गों से आते थे। इन तीन वर्गों के बाद मध्यम स्तर के सरकारी कर्मचारी एवं मध्यमवर्ग था। व्यापारी एवं कारीगर स्वतन्त्र मध्यम वर्ग की श्रेणी में आते थे। कृषक एवं दासों का वर्ग मिस्री समाज में सबसे निचले स्तर पर आता था।

11.3 धर्म

जैसा कि ऊपर बताया गया है, हिक्सस के आक्रमण के पश्चात् धर्म में मिस्रवासियों का विश्वास उस समय काफी बढ़ गया जब हिक्सस को भगाने में ये सफल हो गए। इसके कारण

मन्दिरों का निर्माण मिस्र में काफी हुआ और पुरोहितों का महत्त्व बढ़ा। कुछ ही दिनों के पश्चात् पुरोहितों का मिस्र के समाज का एक महत्त्वपूर्ण वर्ग बन गया। धार्मिक विधि में अब जटिलता आने लगी। इसके पीछे पहला कारण यह था कि पुजारी वर्ग जटिलताओं के आधार पर अन्य लोगों को अपने वर्ग में लाना नहीं चाहते थे क्योंकि वही व्यक्ति पुजारी के रूप में मन्दिरों में स्थान पा सकता था जिसे धार्मिक जटिलता की जानकारी हो। दूसरी बात यह थी कि धार्मिक जटिलता के आधार पर पुजारी वर्ग प्राचीन रीति-रिवाजों को ही समाज में स्थापित किए रहना चाहते थे ताकि आधुनिकता का विकास न हो और मिस्रियों का धर्म में आस्था बना रहे।

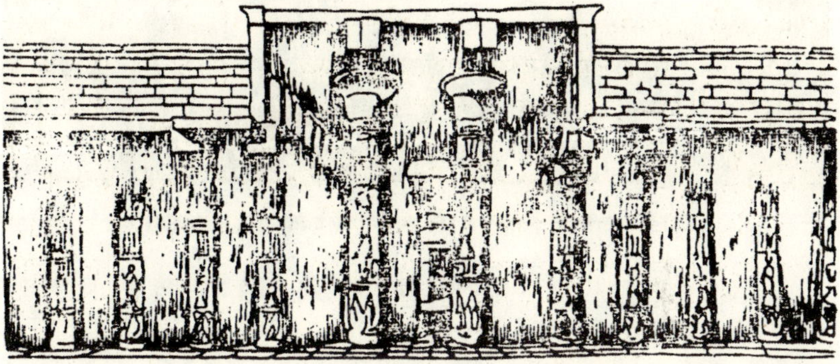

1. थीब्स के मुख्य मन्दिर का स्तम्भागार

मन्दिरों को आकर्षण का केन्द्र बनाने के लिए उसे देशी एवं विदेशी शैलियों में सजाया जाने लगा। (सजावटवाला मन्दिर आज भी विशेष आकर्षण का केन्द्र रहता है। साधारण मन्दिर में स्थित देवता का दर्शन या प्रसाद चढ़ाना भक्त उतना नहीं पसन्द करता है जितना उसी देवता के भव्य मन्दिर में वह जाता और प्रसाद चढ़ाता है। इतना ही नहीं, विशाल मन्दिर में दान भी बड़े पैमाने पर मिलता है जबकि छोटे आकार के साधारण मन्दिर में दान की मात्रा भी घट जाती है।) विशाल मन्दिरों में पुजारी वर्ग काफी संख्या में रहते थे। प्रधान पुजारी काफी विलासमय जीवन बिताता था। इसका जीवन-स्तर एक राजा के समान होता था। अपने धार्मिक प्रभाव का कारण फराओ द्वारा भी इसने काफी अधिकार प्राप्त कर लिया था।

एमन देवता का धार्मिक महत्त्व थीब्स के राजवंश में काफी हो गया था। राज्य का वह सर्वश्रेष्ठ देवता था। मिस्री जनता उसे ईश्वर का रूप मानती थी। यह देवता सबसे अधिक श्रद्धा एवं विश्वास का पात्र हो गया था। धर्म में सबसे अधिक विश्वास मिस्र की गरीब जनता करती थी क्योंकि समाज में इस वर्ग का शोषण इतने बड़े पैमाने पर किया जाता था कि ईश्वर के अलावा उन्हें अपना कहने के लिए कोई नहीं था। इसीलिए एमन देवता को 'गरीबों का वजीर' कहा गया। मिस्रवासियों का दुख दूर करनेवाला इसे माना गया। सूर्य देवता का धार्मिक महत्त्व भी पहले से थोड़ा भी कम नहीं हुआ था।

1. प्राचीन मिस्र के निवासियों की कल्पना में देवता ऐसे हुआ करते थे

इस काल में मृतक संस्कार के साथ-साथ जादू-टोना का प्रभाव भी बढ़ने लगा। तन्त्र-मन्त्र का विकास हुआ। अदृश्य शक्ति से लोग डरते थे। दुख एवं रोग अदृश्य शक्तियों के कारण भी होता है, मिस्रवासी इस समय भी मानते थे। मृत व्यक्ति को शान्ति पाने के लिए मिस्रीवासी जादू-टोना का सहारा लेते थे। शव के साथ मन्त्रों को गाड़ दिया जाता था। मन्त्र पेपिरस पर लिखे जाते थे। मृतक संस्कार में जादू-टोने की प्रधानता होती थी क्योंकि अदृश्य शक्ति के द्वारा मृत व्यक्ति अपने इच्छानुसार कुछ भी प्राप्त कर सकता था। जादू-टोना पर पुरोहितों का अधिकार होता था। इसका परिणाम यह हुआ कि पुरोहित वर्ग

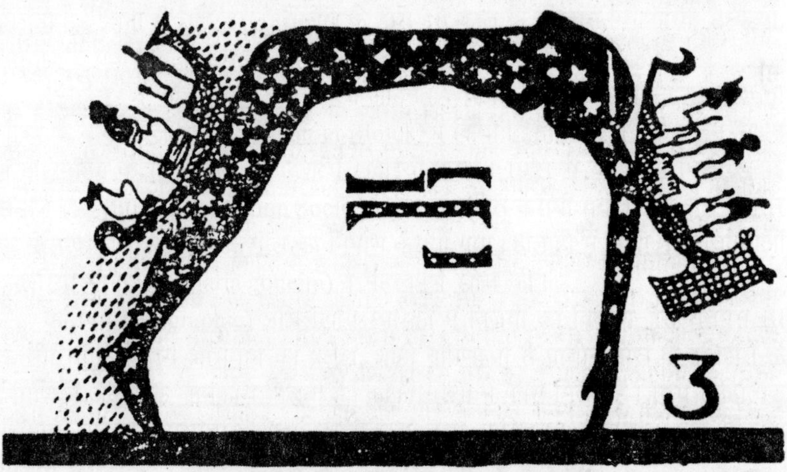

2. मिस्रवासी सोचते थे कि आकाश और सूर्य ऐसे थे

समाज में अपना प्रभाव बढ़ाते गए। इस शक्ति के बल पर वह किसी को आतंकित कर सकता था। नहीं चाहने के बावजूद व्यक्ति को पुरोहितों कब्जे में रहना पड़ता था। इस काल में जो कब्र मिले हैं उनके अध्ययन से पता चलता है कि ये कब्र विशाल शिलाखंडों को काटकर बनाए जाते थे। इन पर कई प्रकार के चित्र अंकित रहते थे जैसे व्यक्ति के जीवन की प्रमुख घटनाएँ आदि। पत्थरों पर जादू-टोना भी अंकित रहता था। कुछ ऐसी कब्रें मिली हैं जिनमें मृतक का संक्षिप्त इतिहास अंकित है। मिट्टी की कब्रें प्रायः गरीब मिस्रवासियों की होती थी।

11.4 राजनीतिक विकास

मिस्र के इतिहास में साम्राज्य युग का आरम्भ अठारहवें वंश से होता है। इसका प्रथम संस्थापक **अहमोज प्रथम** था। उपर्युक्त अध्ययन के आधार पर हम पाते हैं कि मिस्रवासी अभी तक नील नदी की घाटी में प्रशासनिक एकता को स्थापित करने में ही व्यस्त रहे और इसमें जब उन्हें सफलता मिल गई तो वे बहुत हद तक सन्तुष्ट हो गए। उनके इस विचार में हलचल हुआ जब हिक्सस लोगों ने मिस्र के अधिकांश भाग को अपने कब्जे में ले लिया। हिक्सस लोगों से मुक्ति पाने के लिए मिस्रवासियों में एक तर्क शक्ति का संचार हुआ और सैनिक, प्रशासनिक एवं एकता के सहारे ये लोग हिक्सस को भगा देने में सफल रहे। इस सफलता ने मिस्रवासियों को अधिक उत्सुक और लक्ष्यप्रेमी बना दिया। ये लोग मिस्र में प्रशासनिक शक्ति संगठन को मजबूत करने लगे। इस साम्राज्यिक प्यास ने उन्हें विदेशों पर आक्रमण करने को उत्साहित एवं बाध्य किया। अतः इनके द्वारा मिस्र के बाहरी क्षेत्रों पर आक्रमण किया जाने लगा। हिक्सस लोगों को भगाने के सिलसिले में मिस्रवासी न केवल सैनिक संगठन को मजबूत किए बल्कि विदेशियों के साथ युद्ध करने के तकनीक को भी विकसित किया। युद्ध कला की नई जानकारी होने के परिणामस्वरूप अहमोज प्रथम कुछ विशेष पाने का इच्छुक था। इसके बारे में विशेष जानकारी हमें नहीं मिल पाती लेकिन इतना पता चलता है कि 1557 ई.पू. में अहमोज प्रथम मर गया।

अहमोज प्रथम का उत्तराधिकारी एमेनहोटेप प्रथम मिस्र की गद्दी पर बैठा। मिस्र के बाहर अपने राज्य का विस्तार करने की इसे भी इच्छा थी। इसने नूबिया, एशिया और लीबिया पर आक्रमण किया। काफी कठिनाई के बाद इसे विजय मिली। एशिया से लूटे धन के द्वारा थीब्स में भवनों का निर्माण किया। कार्नाक में उसने एक मन्दिर का निर्माण किया। इस मन्दिर को बाद में थुतमोस तृतीय ने बर्बाद कर दिया। थीब्स में एमेनहोटेप प्रथम के नए भवनों को बनाने के लिए एक भवन विशेषज्ञ वियुक्त किया गया था। इसी ने अपने निर्देशन में इन भवनों का निर्माण कराया। इसी के एक लेख के अनुसार एमेनहोटेप मात्र दस वर्षों तक शासन किया। एमेनहोटेप की मृत्यु के पश्चात् उसका पुत्र उत्तराधिकारी के रूप में था या नहीं, इस पर विद्वानों में मतभेद है। लेकिन इतना निश्चित है कि एमेनहोटेप के पश्चात् मिस्र की गद्दी पर थुटमोस प्रथम गद्दी पर बैठा।

थुटमोस प्रथम के माता-पिता एवं परिवार के बारे में ठोस जानकारी हमें नहीं मिल पाती है। विद्वान् उसे एक ऐसी स्त्री का पुत्र बनाते हैं जिसका जन्म एवं परिवार स्वयं में विवादास्पद है। थुटमोस प्रथम की माँ किसी राजकुल की सम्भवतः नहीं ही थी।

अहमोज नामक एक राजकुमारी से उसकी शादी हुई। यह राजकुमारी एक पुराने राजवंश की सदस्या थी। इससे थुटमोस को बहुत बड़ा लाभ हुआ। इसी विवाह के सहारे उसे मिस्र की गद्दी मिली। थुटमोस का शानदार तरीके से राज्याभिषेक भी हुआ। कुछ ही दिनों में उसकी रानी का आकस्मिक निधन हो गया। चूँकि गद्दी और पत्नी साथ-साथ मिली थी अतः पत्नी के मरने पर गद्दी से भी उसे हाथ धोना पड़ा।

थुटमोस प्रथम के काल में नूबिया मिस्र के अधीन ही रहा। थुटमोस एक महत्त्वाकांक्षी शासक था। नूबिया को अपने अधीन करने के पश्चात् उसने एशिया पर आक्रमण किया और सीरिया तथा फिलिस्तीन पर कब्जा कर लिया। इन विजित प्रदेशों में मिस्रवासियों ने अपना निवास स्थान बना लिया। नूबिया, सीरिया और फिलिस्तीन के मूल निवासियों का धर्म, समाज एवं संस्कृति मिस्र से भिन्न थी। परिणामस्वरूप मिस्रवासियों पर इन विदेशी संस्कृतियों का प्रभाव पड़ा। इन देशों से मिस्रवासियों ने नई-नई बातों की जानकारी प्राप्त की। मिस्र की संस्कृति का प्रभाव भी इन प्रदेशों पर पड़ा।

अपने शासनकाल में थुटमोस प्रथम ने कलाप्रेमी होने के नाते कई नए मन्दिरों का निर्माण किया। मिस्र में स्थित कुछ प्राचीन मन्दिरों की मरम्मत उसने कराई। नए मन्दिरों की भव्यता को देखकर आज भी थुटमोस की पसन्द को याद किया जा सकता है। इस समय इनेनी नामक वास्तुकार मिस्र का प्रसिद्ध व्यक्ति था। इस निपुण वास्तुकार के द्वारा उसने एमन के प्रधान मन्दिर के सामने दो विशाल सिंहद्वार निर्मित कराया।

दो पुत्र और दो पुत्रियों का पिता था थुटमोस लेकिन अन्त में एक पुत्री ही बची। दोनों पुत्र और एक पुत्री मर गए। हाशेपसुट नामक इस पुत्री को अब गद्दी पर बैठना था। थुटमोस के दरबारी भी यही चाहते थे कि गद्दी उसकी पुत्री को ही मिले। इधर पहली पत्नी के मरने के बाद थुटमोस ने एक दूसरी शादी भी की थी और इस दूसरी पत्नी से उसे दो पुत्र थे। बाद में चलकर प्रथम पुत्र थुटमोस द्वितीय और दूसरा पुत्र थुटमोस तृतीय के नाम से मिस्र के इतिहास में अपना स्थायी स्थान स्थापित किया। इसलिए थुटमोस यह निर्णय नहीं कर पा रहा था कि गद्दी का हकदार अपनी पुत्री को, जो प्रथम पत्नी और पुराने राजवंश के परिवार से उत्पन्न हुई थी, बनाए या दोनों पुत्रों को जिनकी माँ थुटमोस प्रथम की दूसरी पत्नी थी।

11.5 हाशेपसुट

कुछ समस्याओं का सामना करने के पश्चात् गद्दी थुटमोस तृतीय को ही मिली क्योंकि अपनी बहन हाशेपसुट से उसकी शादी हुई। पिता के धन पर पुत्री का अधिकार होता था, अतः हाशेपसुट के कारण गद्दी थुटमोस तृतीय को मिली। अपने पिता के समान थुटमोस तृतीय भी पत्नी के कारण मिस्र की गद्दी पर बैठा। चूँकि गद्दी की वास्तविक हकदार हाशेपसुट थी और दरबारियों की सहानुभूमि उसी की ओर रही इसलिए थुटमोस तृतीय सहशासक (Regent) के रूप में गद्दी सम्हाला। हाशेपसुट के सामने उसका स्थान प्रशासन में गौण था। दूसरी तरफ रानी हाशेपसुट एक चालाक और महत्त्वाकांक्षी औरत थी। शासन का वास्तविक अधिकारी वही बनी रही।

थुटमोस तृतीय एक महत्त्वाकांक्षी व्यक्ति था लेकिन हाशेपसुट के सामने उसकी दाल नहीं गल पाती थी, अतः सारी महत्त्वाकांक्षी भावनाओं का वह दबाए रहा। अपनी पत्नी हाशेपसुट के सामने थुटमोस दबा-दबा-सा महसूस करता था।

रानी हाशेपसुट भी एक महत्त्वाकांक्षी सम्राज्ञी थीं। दरबार में उसका काफी बोलबाला था। अपने प्रशंसकों से वह सदा घिरी रहती थी। अपने समर्थकों एवं कृपापात्रों को ऊँचे पदों पर उसने बैठाया। इन अधिकारियों की सहायता से वह शासन कार्यों को चलाती थी। मिस्री राजवंश की वह प्रथम शासक थी जिसके बारे में हमें सन्तोषप्रद जानकारी स्रोतों के माध्यम से मिल जाती है। हाशेपसुट जब दरबार लगाती थी तो पुरुष के पोशाक में वह राजगद्दी पर बैठती थीं। उसके द्वारा निर्मित भवनों में वह पुरुष के रूप में पोशाक पहने खड़ी है।

जैसा कि ऊपर ही बताया गया है, हाशेपसुट के प्रिय पात्रों को महत्त्वपूर्ण पद मिले थे। कुछ प्रमुख प्रियपात्रों में सबसे खास होपुसेनेब नामक व्यक्ति था। हाशेपसुट ने इसे ही वजीर के पद पर बिठाया। धर्म के क्षेत्र में भी हापुसेनेब प्रधान पुरोहित था। एक प्रधानमन्त्री या वजीर के द्वारा प्रधान पुरोहित के पद को इस समय मिस्र में सम्हालना एक महत्त्वपूर्ण बात थी। इसका एक विशेष परिणाम यह हुआ कि मन्दिरों पर राज्य का अधिकार हो गया था। हाशेपसुट के सामने थुटमोस का कोई महत्त्व नहीं रह गया था। रानी जो चाहती मिस्र में वही होता था। थुटमोस के इच्छा पर दरबारी विशेष ध्यान नहीं देते। इधर राज्य के अधिकारियों का महत्त्व रानी की इच्छा पर निर्भर था।

अपने शासनकाल में हाशेपसुट ने कई निर्माण कार्य किया। मिस्र की कला को उसने काफी प्रोत्साहित किया। राजमहलों एवं स्मारकों का उसने निर्माण किया। थीब्स में एक विशाल मन्दिर का निर्माण इस रानी के द्वारा किया गया। कार्नाक के मन्दिर को मरस्मत करके पुनः इसे सजाया गया। थीब्स के मन्दिर को बनाने के लिए मिस्र के सभी प्रसिद्ध शिल्पकारों, कारीगरों एवं वास्तुकारों को यहाँ बुलाया गया। इस मन्दिर का निर्माण हाशेपसुट ने इतने विशाल स्तर पर कराया कि उसके काल के शान का यह प्रतीक बन गया। इस मन्दिर को अनेक चित्रों से सजाया गया। रानी हाशेपसुट ने पुंट प्रदेश को जीता था। यह क्षेत्र लाल सागर के किनारे स्थित था। इस विजय को चित्र द्वारा थीब्स के मन्दिर में दिखाया गया क्योंकि इस प्रदेश का धार्मिक महत्त्व मिस्रवासियों की दृष्टि में काफी था।

रानी हाशेपसुट ने कई भागों पर आक्रमण करके इन्हें अपने अधीन किया और इन विजयों में उसे काफी सम्पत्ति मिली। पुंट प्रदेश को जीतने के कारण उसे सेना, हाथी के दाँत की वस्तुएँ एवं अन्य बहुमूल्य वस्तुएँ मिलीं। राज्य की आमदनी भी बढ़ गई और खजाने में धन भी।

हाशेपसुट के विजयों की जानकारी जिस मन्दिर के द्वारा होती है उसे खुदाई सें प्राप्त करने का श्रेय प्रोफेसर नेबिल को है। स्रोतों के अध्ययन के आधार पर विद्वानों ने इस रानी के राज्यकाल को शान्तिपूर्ण माना है। इस समय अनेक प्रकार के निर्माण कार्य मिस्र में किए गए। मिस्र के राज्य का विस्तार होने के कारण आय में भी वृद्धि हुई। इसका उपयोग अधिकांशतः जनता एवं धर्म के लिए किया गया।

11.6 थुटमोस तृतीय

कुछ दिनों तक सफलतापूर्वक शासन बिताने के बाद लगभग 1479 ई.पू. में हाशेपसुट मर गई। अब गद्दी थुटमोस तृतीय को मिली जो हाशेपसुट का पति था। अपने पत्नी की मृत्यु से वह दुखी नहीं था क्योंकि पत्नी की कब्र पर ही उसने अपने राजमुकुट को पाया। पत्नी की गद्दी पर बैठते ही थुटमोस तृतीय उन सभी मन्दिरों एवं विशाल भवनों को तोड़कर बर्बाद करवा दिया जो उसके पत्नी द्वारा निर्मित की गई थी। हाशेपसुट के जो भी दरबारी थे उनसे भी थुटमोस तृतीय घृणा करता था एवं क्रोधित था। इस बात को दरबार के सभी अधिकारी जानते थे, अतः डरकर बहुत-से अधिकारी भाग गए। जो बच गए उन्हें थुटमोस तृतीय ने काफी तंग किया। थुटमोस इतने से ही सन्तुष्ट नहीं हुआ बल्कि जो स्मारक किसी तरह हाशेपसुट के द्वारा बनवाया हुआ बच गया था उस पर से रानी का नाम नोंचवा एवं खरोचवा दिया।

थुटमोस तृतीय मिस्र का एक साहसिक एवं महत्त्वाकांक्षी व्यक्ति था। राजनीतिक कूटनीतिज्ञता की चाल वह जानता था। साम्राज्य विस्तार की लालसा भी उसे थी। युद्ध का वह विशेष प्रेमी था। हाशेपसुट के काल में एक-से-एक मानसिक तनावों को उसने बर्दाश्त किया था। प्रतिशोध की भावना ने उसे इतना कठोर बना दिया था कि जीवन और मृत्यु में वह कोई विशेष अन्तर नहीं समझता।

गद्दी पर बैठते ही थुटमोस तृतीय ने युद्धों और विजयों का ताँता लगा दिया। इसका प्रभाव हम आज भी कार्नाक के मन्दिर के शिलालेखों में देख सकते हैं। युद्ध एवं विजय के दृष्टिकोण से थुटमोस के शासनकाल को दो चरणों में विभाजित किया जा सकता है। पहले चरण में बड़े ही तेज गति से सीरिया और फिलिस्तीन पर आक्रमण करके थुटमोस इन प्रदेशों को अपने साम्राज्य के अधीन कर लिया। सीरिया को थुटमोस इसलिए जीता कि यहाँ मिस्र एवं भूमध्यसागर के तटवर्ती देशों के रास्ते आपस में मिलते थे, अतः इसका न केवल सामरिक बल्कि व्यापारिक महत्त्व भी था। इन दोनों प्रदेशों में विद्रोह भी हुए लेकिन थुटमोस ने इन्हें सफलतापूर्वक दबाया। काफी संख्या में विद्रोहियों को पकड़ा गया। कादेश का शासक चूँकि सीरिया और फिलिस्तीन के पक्ष में था, अतः उसे भी थुटमोस ने पराजित किया। कादेश का प्रसिद्ध नगर मेगिड्डो पर थुटमोस ने अपना अधिकार कर लिया। युद्धबन्दियों को थुटमोस काफी सताया नहीं लेकिन इन प्रदेशों को काफी कठोरतापूर्वक लूटकर अपार धन मिस्र लाया।

सीरिया और फिलिस्तीन को परास्त करके ही थुटमोस तृतीय सन्तुष्ट नहीं हुआ। उसने फिनीशिया पर भी आक्रमण किया और वहाँ स्थित टायर नामक नगर पर अपना अधिकार स्थापित कर लिया। फिनीशिया के पूरब में लेबनान था। इसे हराने के बाद थुटमोस ने काफी धन प्राप्त किया। लेबनान के कई नगरों को उसने बर्बाद कर दिया। फिनीशिया के कई भागों में हुए विद्रोहों को दबाने में थुटमोस तृतीय सफल रहा।

सीरिया, फिलिस्तीन, फिनीशिया और लेबनान में अपने विजय का झंडा गाड़ने के पश्चात् थुटमोस तृतीय ने अपने अधीन यहाँ प्रशासनिक संगठन भी स्थापित किया। हारने के बावजूद

भी कादेश और फिनीशिया के लोगों द्वारा थुटमोस के विरुद्ध विद्रोह होता रहा लेकिन सफल नहीं हो सका। थुटमोस तृतीय के सामने धीरे-धीरे इन सभी नगर-राज्यों ने घुटने टेक दिए और उसकी अधीनता स्वीकार ली। थुटमोस तृतीय के प्रति यहाँ के निवासियों एवं शासकों ने राज्यभक्ति दिखाई। इस साहसी शासक द्वारा लगभग सत्रह बार किए गए आक्रमण से बाध्य होकर एशिया के उपर्युक्त प्रदेशों ने स्थायी रूप से अपनी हार मान ली। इन विजयों के पश्चात् उसने नूबिया को भी नहीं छोड़ा। इस समय तक थुटमोस बूढ़ा हो चला था लेकिन अपने विशाल साम्राज्य को नियन्त्रित करने में उसने सदा सावधानी से काम लिया और सफल रहा।

थुटमोस के उपर्युक्त उपलब्धियों को ध्यान में रखते हुए इतिहासकारों ने उसे 'प्राचीन मिस्र का नेपोलियन' कहा है। 54 वर्ष की अवस्था में थुटमोस तृतीय ई.पू. 1447 में मरा लेकिन इसके पूर्व ही सह-सहायक के रूप में अपने पुत्र एमनहोटेप द्वितीय को रख लिया था।

थुटमोस III मिस्र का एक महान विजेता था। यद्यपि गद्दी पर उसका बहुत ही कमजोर अधिकार था, तथापि राजकुमारी हाशेपसुट के साथ उसके वैवाहिक सम्बन्ध के कारण लोगों की सहानुभूति उसको गद्दी पर बिठाने के लिए प्राप्त हो गई। एमन के मन्दिर में इस विवाह के कारण ऊँचे ओहदे को प्राप्त कर लिया जहाँ पर उसने शक्तिशाली पुरोहित वर्ग को अपनी ओर मिला लिया। उसे अपनी पत्नी के साथ शासन करना पड़ता था तथा अपने शासन के 21 वर्ष के उपरान्त राजकुमारी की मृत्यु के कारण उसकी शक्ति को गहरा धक्का लगा और वह अपनी सौतेली बहन (Half sister) के साथ शासन करने को बाध्य हुआ।

विजय अभियान

इन घरेलू संकटों से ग्रसित रहने के कारण मिस्र का यह फराओ वैदेशिक मामलों की अवहेलना करने लगे। थुटमोस तृतीय एवं हाशेपसुट ने अपने 15 वर्षीय शासनकाल में एशियाई आश्रित राज्यों को उत्तर की ओर लेबनान तक नियन्त्रित किया यद्यपि एशियाई विजय अभियान के सात वर्ष पूर्व में कौन-सी घटनाएँ घटित हुई इस सम्बन्ध में कोई जानकारी नहीं मिलती है। मूरे (Murray) का ऐसा कहना है कि कादेश एवं मेगीड्डो (Megiddo) के राजाओं ने, जो मिस्र की सैनिक निष्क्रियता तथा उसकी आर्थिक उन्नतिशीलता से प्रभावित हुए, मिस्र पर आक्रमण करने को सोचने लगे। थुटमोस तृतीय को ऐसे सम्भावित शत्रुओं का सामना करना था। अभी तक उसके पूर्व किसी फराओ ने ऐसे महान कार्य को करने का बीड़ा नहीं उठाया था।

हमें थुटमोस तृतीय के बाईसवें राजस्वकाल के सैनिक अभियान की तैयारी के सम्बन्ध में मुश्किल से कोई सूचना मिलती है। कादेश के राजा के विरुद्ध उसने सैनिक अभियान किया तथा मेगीड्डो में एक मजबूत किले का निर्माण किया।

1479 ई.पू. में थुटमोस तृतीय 30,000 शक्तिशाली सेना के साथ गाजा (Gaxa) पहुँचा। समुद्र को पार करते हुए वह येहेम (Yehem) के स्थल भाग पर पहुँचा जहाँ से उसने मेगीड्डो के नगर पर एक सीधा आक्रमण किया। नगर का घेरा डाला गया तथा कुछ सप्ताह के अन्दर

ही यह नगर थुटमोस III के नियन्त्रण में चला आया। बन्दी बनाए गए लोगों में कादेश के राजा की पत्नी और बच्चे भी थे जो कुछ भी हो, नगर की जनता के साथ उदारता का व्यवहार किया गया।

अपने विजय अभियान को जारी रखते हुए थुटमोस III लेबनान के दक्षिणी मैदानी भाग पर पहुँचा, जहाँ पर कादेश के राजा के अधीन यनोअम (Yenoam), न्यूगोस एवं हेरेनक्यू (Herenkew) ट्रिपोलिस (Tripolis) की तरह एक संगठन का निर्माण करते थे। इन नगरों को आसानी से जीत लिया गया और अपनी शक्ति को संगठित करने के लिए थुटमोस III ने एक नगर-किले का निर्माण किया। इस प्रकार थुटमोस III ने सभी पैलेस्टाइन तथा लेबनान के दक्षिणी भाग दमिस्क को अपने नियन्त्रण में कर लिया। नगरों की सम्पत्ति को अधिकृत कर थुटमोस III 426 पौंड सोने एवं चाँदी तथा युद्ध में लूट-खसोट की सामग्रियों को लेकर मिस्र पहुँचा।

अपने विजय अभियान की आकांक्षाओं को तुष्ट करने के लिए थुटमोस III ने तीन और भी विजय अभियान किए। इन अभियानों के क्रम में उसने विजित राज्यों से भेंट के रूप में बहुमूल्य पत्थरों तथा घोड़ों को असीनिया के राजा से प्राप्त किया। वह पूर्व साम्राज्य से मैत्रीपूर्ण सम्बन्ध के लिए चिन्तित था।

इसके उपरान्त थुटमोस III फिनीशिया के सीमावर्ती नगरों को विजित करने की ओर अपना ध्यान आकृष्ट किया। दक्षिणी मीट्टानी के राज्य को अधिकृत करने के लिए भी फिनीशिया के सीमावर्ती नगरों को विजित करना आवश्यक था।

थुटमोस III ने एक शक्तिशाली जहाजी बेडे को संगठित किया तथा इसे एक कैप्टन के अधीन रखा। अपने 29वें वर्ष के शासनकाल में उसने अपना पाँचवाँ विजयाभियान उत्तरी सीमावर्ती नगरों के विरुद्ध किया। सर्वप्रथम उसने इस क्रम में ट्यूनीप (Tunip) के विपरीत वाले तटीय भाग पर अपने प्रभुत्व की स्थापना की जो कि काफी महत्त्वपूर्ण था क्योंकि इससे बेशुमार सम्पत्ति की प्राप्ति उसे हुई। इसके पश्चात् समुद्र तटीय अनेक राजवंशों ने आत्मसमर्पण कर थुटमोस III को भेंट देना स्वीकार कर लिया। इस प्रकार थुटमोस III ने दक्षिणी समुद्री सीमावर्ती भू-प्रदेश पर अपनी स्थिति को सुरक्षित कर स्थल भाग पर आक्रमण करने के लिए महत्त्वपूर्ण ठिकाने का निर्माण कर लिया।

कादेश पर आक्रमण करने के लिए एक लम्बी योजना तैयार हो चुकी थी। 30वें वर्ष के शासनकाल में उसका छठा विजयाभियान शुरू हुआ। कादेश के नगर में एक शक्तिशाली किला का निर्माण हो चुका था। कादेश पर थुटमोस III ने अपने प्रभुत्व की स्थापना कर ली जिससे मिस्री सेना ने अब आसानी से युफ्रेट्स के भू-प्रदेश पर अपने विजय अभियान को जारी रखा।

जब थुटमोस कादेश विजय में लगा हुआ था, उस समय आर्वाड (Arvard) के नगर ने अपने को मिस्री प्रभुत्व से स्वतन्त्र करने की असफल कोशिश की।

थुटमोस ने अपने शासनकाल के 33वें वर्ष में आठवाँ विजय अभियान किया तथा उसने केटने (Ketne) के नगर को अधिकृत कर लिया। अपने विजय अभियान को जारी रखते हुए ओरोंटेस (Orontes) तक पहुँच उसने सेंजार (Senxar) के नगर को अधिकृत कर नहारिन

में प्रवेश किया। किसी भी शक्तिशाली सेना ने उसका सामना तक नहीं किया। वह वान (Wan) की ऊँचाई तथा अलेप्पो (Aleppo) के पश्चिमी भाग को भी अधिकृत करने में सफल रहा।

अब थुटमोस III कारेहेमीश की ओर अपना विजय अभियान आरम्भ किया, जहाँ पर उसने बहुत दिनों से अवस्थित दुश्मन मीट्टानी राजा की सेना को पराजित किया। उसके पश्चात् थुटमोस ने युफ्रेट्स के नीचे की ओर अपना विजय अभियान किया तथा निय (Niy) नगर को बिना किसी व्यवधान के अपने अधीन कर लिया। इसके उपरान्त नहारीन (Naharin) के सभी स्थानीय राजकुमार एवं राजवंश के लोग थुटमोस III के सैनिक कैम्प में आत्मसमर्पण के रूप में भेंट सुपुर्द किए।

इस प्रकार थुटमोस III अब एक विस्तृत साम्राज्य पर शासन करने लगा। उसके दरबार में उत्तर एवं दक्षिण के राजदूत लगातार आने लगे तथा वार्षिक भेंट के रूप में सोना-चाँदी देने लगे। इसके अतिरिक्त सुन्दरतम वस्तुओं से लदे जहाज फिनीशिया, एशिया माइनर, साइप्रस, क्रेटे एवं एजियन प्रायद्वीप से आने लगे।

इसके बावजूद विजित प्रदेशों में विशेषतया एशियाई भू-प्रदेशों में असन्तोष पूर्णरूपेण समाप्त नहीं हुआ। अपने 34वें वर्ष के शासनकाल में थुटमोस ने लेबनान भू-प्रदेश में नौवीं बार विजय अभियान की योजना बनाई। इसके फलस्वरूप दक्षिण में उसका साम्राज्य प्रसार हुआ। थुटमोस ने अपना 10वाँ विजय अभियान नहारिन में किया जहाँ पर अनेक राजाओं ने अलेप्पो (Aleppo) राजा के नेतृत्व में थुटमोस का असफल मुकाबला किया और फिर अन्ततः उन लोगों को निम्न ओरोंटेस (Orontes) घाटी में एरियन के युद्ध में पराजित होना पड़ा। थुटमोस का 11वाँ एवं 12वाँ विजय अभियान उतना महत्त्व का नहीं है। अपने 38वें वर्ष के शासनकाल में उसने लेबनान में विजय अभियान किया जहाँ पर उसे साइप्रस के राजाओं से बेशुमार सम्पत्ति हाथ लगी।

थुटमोस III ने अपना 17वाँ एवं अन्तिम विजय अभियान कादेश के राजा के विरुद्ध किया। कादेश के राजा ने उसका प्रबल विरोध किया; परन्तु अन्ततः वह पराजित हुआ।

इस प्रकार, अपने 19 वर्षों के अल्प शासनकाल में थुटमोस III ने 17 बार विजय अभियान किया और इस क्रम में उसने एशियन राजवंशों को विध्वंस कर दिया। इसके उपरान्त उसने नूबिया की ओर ध्यान दिया। उसके कार्नाक मन्दिर से 115 स्थानों का विवरण मिलता है, जिसको उसने जीता था। नूबिया का भूगोल इतना संक्षिप्त है, जिसके कारण इन इलाकों को निश्चित करना कठिन है। ऐसा प्रतीत होता है कि उसका सीमावर्ती इलाका चौथे जलप्रपात (Cataract) तक प्रसारित हो गया। थुटमोस ने अपने शासन का अन्तिम वर्ष नूबिया के मन्दिर बनवाने में बिताया।

थुटमोस III न केवल एक सैनिक योद्धा था वरन् अपने ऊँचे आदर्शों के आधार पर वह एक रजनीतिज्ञ भी था। जो कुछ भी हो, ऐसा प्रतीत होता है कि उसने विजित भू-भागों के लोगों के प्रति माधवीय एवं सरल व्यवहार किया।

थुटमोस III ने गिरवी रखने की व्यवस्था की शुरुआत की। उसने अपने आश्रित शासकों के पुत्रों को मिस्र में गिरवी के रूप में रखा। उसके अभिलेखों से यह भी विदित होता है

कि मिस्र के फराओ ने मिस्री कृषकों को विजित भू-भागों में विशेषतया मेगीड्डो के मैदान में बसाया। विजित इलाकों के लोगों पर यह दायित्व था कि वे लोग थुटमोस के सेना एवं जहाजी बेड़े को हर तरह की चीजें मुहैया करें।

थुटमोस III एक सैनिक दूरदर्शी शासक के रूप में सेना के तेज वेग तथा अचानक आक्रमण पर विश्वास किया। उसने प्रथम विजय अभियान के क्रम में मेगीड्डो पर सफल आक्रमण किया।

ब्रेस्टेड के अनुसार, ''अखनाटन को छोड़कर प्राचीन मिस्र में थुटमोस III के चरित्र एवं व्यक्तित्व की तुलना किसी से नहीं की जा सकती है।'' उसका शासनकाल मिस्र के इतिहास में ही नहीं वरन् जैसा कि हम लोग जानते हैं पूर्व के इतिहास में भी विशिष्ट महत्त्व का है। एक भी व्यक्ति ने इतिहास को इतना प्रभावित नहीं किया जितना कि थुटमोस ने किया। उसने एक ठोस केन्द्रीकृत शासनव्यवस्था की स्थापना की। एक पुरोहित कार्यालय में कार्य करनेवाला व्यक्ति अपनी योग्यता के बदौलत मिस्र के फराओ के पद पर आसीन हुआ। अपने कार्यों के कारण वह सिकन्दर या नेपोलियन की याद दिलाता है।

थुटमोस III ने धार्मिक आदमियों का चित्र सहित कब्र बनवाया तथा उसके शासनकाल में शान्ति का वातावरण व्याप्त रहा। जैसा कि ब्रेस्टेड का कहना है, ''उसका व्यक्तित्व आकर्षक था तथा वह एक कुशल राजनीतिक था।'' अपने शासनकाल में उसने न केवल विश्वव्यापी प्रभाव रख छोड़ा वरन् एक नवीन व्यवस्था की स्थापना कर एक नवीन प्रभाव की स्थापना लोगों के मानस पटल पर की।

निष्कर्षतः थुटमोस III की तुलना सिकन्दर एवं नेपोलियन से की जा सकती है क्योंकि वह एक पुरोहित के पद पर आसीन होकर एक बड़े साम्राज्य का स्वामी मिस्र के इतिहास में बन गया। उसे भेंट या उपहार 'न्यूबिया', सीरिया, एशिया माइनर, फिनीशिया एवं पैलेस्टीन या फिलिस्तीन से मिलना शुरू हुआ। उसकी प्रतिष्ठा इतनी बढ़ गई थी कि उसकी मृत्यु के सदियों बाद भी उसका नाम शिलालेखों पर एक शक्ति के प्रतीक के रूप में खोदा गया।

11.7 उपलब्धियाँ

थुटमोस III एक सफल विजेता के साथ-साथ महान् शासक प्रबन्धक भी था। उसने विजित प्रदेशों के लिए समुचित प्रशासकीय व्यवस्था कायम की। एशिया के सारे विजित प्रदेशों की शासनव्यवस्था 'थुटी' नामक सेनापति एवं गवर्नर के हाथों सौंप दिया था। थुटी पहला व्यक्ति था जिसे वह गौरवशाली पद प्राप्त हुआ था। सीरिया एवं फिलिस्तीन में किसी प्रकार की संकटपूर्ण स्थिति या विद्रोह का मुकाबला करने के लिए सभी महत्त्वपूर्ण स्थानों पर सेना की टुकड़ियाँ रखी गई थीं जिसकी अध्यक्षता फराओ के प्रतिनिधि करते थे, उदाहरणार्थ सेना की एक टुकड़ी लेबनान के दक्षिण भाग में तथा दूसरी फिनीशिया के तट पर थी। विजित प्रदेशों के नगर राज्य आन्तरिक शासन में स्तवन्त्र थे परन्तु उन्हें फराओ को नियमित रूप से कर देना पड़ता था। कर नहीं देने पर फराओ द्वारा सैनिक कार्यवाही की जाती थी। उन देशों के गवर्नर वंशानुगत होते थे और उन्हें प्रशासन का प्रशिक्षण मिस्र में दिया जाता था। विभिन्न सूत्रों से ज्ञात होता है कि जो उन नगर राज्यों एवं फराओ के बीच कर वसूल करनेवाले

शासकों का सम्बन्ध था इन राज्यों से फराओ को कर के रूप में कितनी आमदनी मिलती थी उसका मूल्यांकन कठिन है। लेकिन प्रान्तीय खर्च के अलावे मिस्र के केन्द्रीय शासन के विशाल खर्च को देखते हुए ऐसा अनुमान लगाया जा सकता है कि पर्याप्त मात्रा में कर से आमदनी होती थी।

आर्थिक दृष्टि से थुटमोस III का शासनकाल काफी महत्त्वपूर्ण था। कादेश, न्यूबिया, फिनीशिया से पर्याप्त मात्रा में दान की प्राप्ति से मिस्र आर्थिक दृष्टिकोण से काफी सम्पन्न हो गया था। उसके शासनकाल में मिस्र की सारी भूमि का सर्वेक्षण किया गया एवं उसके आधार पर राजस्व निश्चित किया गया। विजित प्रदेशों से कर उपज के रूप में प्राप्त होता था। उदाहरणार्थ फिलिस्तीन से गुलाम, मवेशी, घोड़ा, शराब, ऊँट, भेड़ तथा अन्य सामान कर के रूप में प्राप्त होते थे। अतः अभूतपूर्व आर्थिक सम्पन्नता एवं थुटमोस III के प्रभावशाली व्यक्तित्व के चलते बाद के दो सौ वर्षों तक मिस्र संसार का सबसे शक्तिशाली तथा समृद्ध देश बना रहा।

क्रीट की मिनोअन सभ्यता के साथ मिस्र का सम्बन्ध इस समय और भी घनिष्ठ हो गया। क्रीट की सभ्यता एवं संस्कृति का मिस्री सभ्यता और संस्कृति पर असर पड़ा। इस समय मिस्र ने साइप्रस द्वीप पर भी अधिकार कर लिया। इस सम्पर्क के कारण मिस्र में धातुओं के काम, मिट्टी के बर्तन एवं चित्रकारी में काफी सुधार हुए। मिस्री कला पर मिनोअम कला की छाप पड़ गई। वास्तव में एक विशाल साम्राज्य होने के परिणामस्वरूप मिस्री संस्कृति वर्ग का प्रभाव अन्य देशों की संस्कृति पर भी पड़ा।

11.8 एमेनहोटेप द्वितीय (1447-1420 ई.पू.)

मिस्र के विशाल साम्राज्य को स्थापित करने के पश्चात् थुटमोस तृतीय ने अपने पुत्र एमेनहोटेप द्वितीय को सह-शासक के रूप में बहाल किया। अपने पिता द्वारा छोड़े गए विशाल साम्राज्य को नियन्त्रित करना इसके वश की बात नहीं थी क्योंकि अपने पिता की सारी योग्यताओं का इसमें अभाव था। साम्राज्य में विघटन प्रारम्भ हो गए। एशिया के विजित प्रदेशों में अब मिस्र के इस शासक के विरुद्ध पुनः विद्रोह शुरू हो गए। ऐमेनहोटेप द्वितीय इन विद्रोहों को दबाने में बराबर व्यस्त रहा। लूट से प्राप्त धन को वह सदा सुरक्षा के लिए तैनात किए गए सैनिकों में खर्च करता रहा। इसमें कोई शक नहीं कि एमेनहोटेप द्वितीय भी एक महत्त्वाकांक्षी शासक था। युद्धकला में वह निपुण भी था। अपनी योग्यता के बल पर ही मिस्र की गद्दी पर लम्बे अवधि तक बैठा। कार्नाक के मन्दिर को इसने मरम्मत कराई और कुछ नवीन चीजों को मन्दिर में निर्मित भी कराया। लगभग 26 वर्षों तक शासन करने के पश्चात् ई.पू. 1420 में उसकी मृत्यु हो गई।

11.9 थुटमोस चतुर्थ (1421-1412 ई.पू.)

एमेनहोटेप के पश्चात् उसका पुत्र थुटमोस चतुर्थ मिस्र की गद्दी पर बैठा। इसके काल में भी एशियाई क्षेत्रों के निवासियों का विद्रोह जारी रहा। इस आधार पर ऐसा अनुमान किया जा सकता है कि इसके काल में केन्द्रीय शक्ति काफी मजबूत नहीं रही। स्रोतों के अनुसार बेबीलोन के शासक से इसने मित्रता स्थापित की थी। एशियाई विद्रोहों को दबाने में इसे

सफलता मिली थी। मिट्टानी के राजा से वैवाहिक सम्बन्ध स्थापित करने के पश्चात् नूबिया का एक विद्रोह दबाने के सिलसिले में 1411 ई.पू. में वह मर गया और गद्दी एमेनहोटेप तृतीय को मिली।

11.10 एमेनहोटेप तृतीय (1412-1375 ई.पू.)

एमेनहोटेप तृतीय प्रथम राजवंश का एक महान शासक सिद्ध हुआ।

एमेनहोटेप तृतीय का काल मिस्र के इतिहास में उन्नति की पराकाष्ठा के लिए प्रसिद्ध है। इसका शासनकाल आर्थिक दृष्टि से सम्पन्न, व्यापारिक दृष्टि से विकसित, वैदेशिक नीति की दृष्टि से उदार तथा कला की दृष्टि से प्रगति के चरम शिखर पर पहुँच गया था। इसके अतिरिक्त एमेनहोटेप तृतीय ने अपने पूर्ववर्ती विभिन्न फराओ की लीक से अलग हटकर एक नवीन परम्परा का आरम्भ किया। उसने युद्ध से अपने को पृथक् रखा और कला एवं सौन्दर्य का महान समर्थक और संरक्षक बना। राज्य की उन्नति और परिवर्तित विचारों के कारण उसे प्रतापी एमेनहोटेप (Amenhotep the Magnetient) तथा उसके साम्राज्य को स्वर्णयुग कहकर सम्मानित किया गया है।

राज्यारोहण के समय एमेनहोटेप को विरासत के रूप में एक विशाल साम्राज्य एवं शक्तिशाली राज्य मिला। मिस्र विश्व के अन्य देशों की अपेक्षा अधिक शक्तिशाली एवं गौरवशाली था। देश आन्तरिक दृष्टि से सुव्यवस्थित और सम्पन्न था। इस तरह एमेनहोटेप तृतीय को राज्य का चतुर्दिक् विकास करने के लिए अनुकूल अवसर प्राप्त हुआ तथा उसने अपने मनोनुकूल कला, व्यापार, उद्योग-धन्धों आदि का विकास किया।

इन विकास के कार्यों का श्रेय एमेनहोटेप तृतीय की पत्नी टाई को दिया जा सकता है जिसने अपने पति को शासनकार्य के सम्पादन में अधिकाधिक सहयोग दिया और अपनी असाधारण योग्यता से स्वयं शासनव्यवस्था को सँभालकर एमेनहोटेप को कला, संस्कृति तथा व्यापार के विकास के लिए अवसर प्रदान किया। यह बात इस तथ्य को स्पष्ट करती है कि रानियाँ भी शासनकार्य में अब हाथ बँटाने लगीं।

एमेनहोटेप तृतीय अपने राज्य के विकास के लिए सर्वप्रथम आन्तरिक एवं बाह्य शान्ति तथा सुरक्षा स्थापित करने का प्रयास किया। इसके लिए उसने सामुद्रिक सैनिकों का प्रबन्ध किया जिनका काम डेल्टा के समुद्र तट का निरीक्षण करना था। अपनी प्रजा को उसने राज्य में आन्तरिक शान्ति बनाए रखने के लिए परामर्श दिया। इस शान्तिपूर्ण वातावरण में उसका राज्य तीव्र गति से उन्नति करने लगा। अब वह एशिया का सर्वोपरि शासक था। उसके शासनकाल में, यहाँ तक कि राज्यारोहण के समय एशिया के विभिन्न राज्यों ने प्रचलित परम्परा के अनुसार विद्रोह नहीं किया। बेबीलोन, असीरिया, मिट्टानी, अल्साइप्रस, लरना आदि के शासकों के साथ फराओ का मधुर सम्बन्ध कायम रहा। इस तरह मिस्र में एमेनहोटेप के काल में पूर्णतः आन्तरिक और बाह्य शान्ति तथा सुरक्षा कायम थी जो अन्य किसी भी फराओ के शासनकाल में कायम नहीं हो पाई थी।

एमेनहोटेप तृतीय के काल में मिस्र का वाणिज्य व्यापार भी अत्यधिक विकसित हुआ। नील की घाटी का मार्ग व्यापार के विकास के लिए महत्त्वपूर्ण साधन सिद्ध हुआ। भूमध्यसागर

में अनेक मार्ग नील नदी तक आते थे जो व्यापार की दृष्टि से अत्यन्त महत्त्वपूर्ण थे। इस मार्ग से मिस्र के व्यापारी व्यापारिक सामग्रियों की खरीद-बिक्री के लिए नोस रोड्स (Rhods) और साइप्रस तक जाने लगे। सीरिया से मसाले पूरब के अन्य प्रदेशों से सुगन्धित लकड़ियाँ और फिनीशिया से हथियार तथा नक्काशी किए हुए घड़े वगैरह लेकर जलपोत मिस्र पहुँचने लगे। मिस्र की सामग्रियाँ भी नोस, साइप्रस, यूनान आदि देशों में भेजी जाने लगीं। इस बात की पुष्टि उन देशों में मिले मिस्री पात्रों तथा अन्य सामग्रियों से हो जाती है।

एमेनहोटेप ने व्यापार तथा व्यापारिक मार्गों की सुरक्षा का भी प्रबन्ध किया। लीबियन समुद्री डाकुओं से रक्षा के लिए सामुद्रिक पुलिस का प्रबन्ध किया। फराओ ने चुंगीघर की व्यवस्था की जो आयात-निर्यात की वस्तुओं पर चुंगी वसूलने लगी। मिस्र तक जानेवाले सारे स्थल मार्गों की रक्षा का प्रबन्ध एवं चुंगीघर बन जाने के कारण आन्तरिक एवं वैदेशिक व्यापार सुरक्षित हुआ और मिस्र की आय में अपरिमित वृद्धि हुई।

विदेशी राज्यों के व्यापारी दासों व गुलामों को मिस्र में लाकर बेचते थे जिन्हें फराओ खरीदकर विभिन्न कार्यों में लगाकर अर्थोपार्जन करते थे। इस तरह आय का यह भी एक साधन था।

वाणिज्य एवं व्यापार की अभूतपूर्व समृद्धि के कारण एमेनहोटेप के शासनकाल में राजकोष में अभूतपूर्व वृद्धि हुई। अत्यधिक आर्थिक सम्पन्नता ने कला के विकास को प्रोत्साहित किया। एमेनहोटेप तृतीय के शासनकाल में लोग कला एवं सुन्दरता के काफी प्रेमी थे। यह तथ्य है कि इस काल के लोग लड़ाकू नहीं थे परन्तु वे विद्वान एवं साहित्यिक अभिरुचि के लोग थे। एशिया एवं न्यूबिया की सम्पत्ति एवं मजदूरों को अधिकृत कर उसका प्रयोग कला एवं शिल्प के विकास में किया गया तथा संसार में कलाकृति के इतिहास से एक नवीन अध्याय की शुरुआत हुई।

एमेनहोटेप तृतीय के शासनकाल में परम्परागत मिस्री भवन निर्माण क्षेत्र में परिवर्तन हुआ तथा नए शिल्पियों के द्वारा इसके सौन्दर्य में अभूतपूर्व विकास हुआ। इस युग का एमेनहोटेप नाम का ही एक महान स्थापत्यकार था जिसके नेतृत्व में मिस्र में स्थापत्य का विकास अबाधगति से हुआ। यह कलाकार मिस्र में इतना अधिक लोकप्रिय हुआ कि उसकी मृत्यु के उपरान्त मिस्रवासी उसकी पूजा करने लगे और देवताओं को श्रेणी में ला खड़ा किए। थीब्स में मन्दिर बनाने की कई नई-नई शैलियों का विकास हुआ। कार्नाक का मन्दिर अधिकाधिक दृढ़ एवं आकर्षक बनाया गया। लक्सर का मन्दिर अपनी भव्यता के लिए विख्यात था। थीब्स के दक्षिण में फराओ ने अपना शवगृह बनाया जो अपनी विशालता के लिए प्रसिद्ध है। हॉस्किन (Hoskin) ने इसका वर्णन करते हुए कहा है कि इस सुनसान स्थान में इन कलाकृतियों ने एक नवीन सभ्यता का निर्माण कर उसमें नई जान फूँक दी।

इस काल में मूर्तिकला का भी विकास हुआ। ब्रेस्टेड ने लिखा है कि 'इसके पूर्व इस कला का विकास इस सीमा तक नहीं हुआ था।' इस काल की मूर्तियाँ अपनी उत्कृष्टता, लालित्य और कमनीयता के लिए प्रसिद्ध हैं। फराओ ने पत्थर की अपनी मूर्तियों का निर्माण करवाया जिनकी ऊँचाई 30 फीट से कम नहीं है। एमन की मन्दिर की दीवार पर 10 फीट ऊँचाई वाली एक दूसरी मूर्ति बनाई गई जिस पर सोना और चाँदी का काम किया हुआ था।

चित्रकारी का भी पर्याप्त विकास इस काल में देखने को मिलता है। मिनाअल की तरह इस इस काल के मिस्री चित्रकार भी दक्ष थे। चित्रकारों ने अपनी चित्रों में नील की घाटी का दृश्य, शिकार का चित्र, पक्षियों तथा पौधों के चित्र उभारने में अधिक अभिरुचि ली। दीवारों को विभिन्न रंगों की सहायता से चित्रों से भर दिया गया जिसका प्रभाव विश्व की आधुनिक चित्रकला पर भी स्पष्ट रूप से दृष्टिगोचर होता है।

इस प्रकार हम देखते हैं कि एमेनहोटेप का काल कला के विकास के दृष्टिकोण से अत्यन्त उन्नत था। कला का प्रत्येक अंग विकसित हुआ। स्वयं फराओ ने इस विकास में अपूर्व सहयोग दिया और प्रत्येक रूप से इसके विकास का मार्ग प्रशस्त किया।

एमेनहोटेप के काल में मिस्र का विदेशों से अभूतपूर्व मधुर सम्बन्ध स्थापित हुआ। मिट्टानी, असीरिया, बेबीलोन, साइप्रस एवं लरना आदि के शासकगण एमेनहोटेप के दरबार में अपने मित्रमंडली को भेजा करते थे और फराओ की सेवा में पत्र लिखकर उसे अपनी समस्याओं से अवगत कराते रहते थे। इस काल में मिट्टानी के साथ मिस्र का अटूट सम्बन्ध कायम हुआ। मिट्टानी के शासक के द्वारा भेजे गए मित्रतापूर्ण सम्मानजनक पत्र एमेनहोटेप के साथ सम्बन्ध को स्पष्ट रूप से परिलक्षित करते हैं। मिट्टानी के शासक के पत्रों से इस बात पर भी प्रकाश पड़ता है कि इस काल में मिस्र से असीरिया ने सम्पर्क स्थापित किया। सम्भवतः असीरिया पर मिट्टानी के शासक का अधिकार था। इसकी जानकारी मिट्टानी के शासक के उस पत्र से मिलती है जिसमें उसने निनवे की पवित्र देवी इस्तर (Ishtar) को मिस्र की यात्रा पर भेजने की चर्चा की है। अतः अप्रत्यक्ष रूप से मिस्र का असीरिया से भी मित्रतापूर्ण सम्बन्ध था अन्यथा इस्तर मिस्र की यात्रा पर नहीं भेजी जा सकती थी। बेबीलोन के शासक 'कदाश' के साथ उसके वैवाहिक सम्बन्ध ही उसके अच्छे सम्बन्धों का परिचायक है।

विभिन्न विदेशी राज्यों से इस समय मिस्र को कोई भय नहीं था। एशिया में उसकी शक्ति की सर्वोपरिता सर्वमान्य थी। ब्रेस्टेड ने लिखा है, "In Asia Amenhotep enjoyed unchallanged supremacy." तेल अल-अभरना के पत्र, कैरो, ब्रिटेन और बर्लिन के म्यूजियम में प्राप्त विभिन्न अभिलेख उसकी विदेश नीति और सम्बन्धों पर प्रकाश डालते हैं।

एमेनहोटेप तृतीय के काल को इतिहासकारों ने प्राचीन एवं आधुनिक काल में समृद्धि एवं ऐश्वर्य का काल माना जाता है। फराओ ने एक विशाल साम्राज्य का अधिकारी बनकर सर्वत्र शान्ति एवं सुव्यवस्था की स्थापना की और अपनी पत्नी का समुचित सहयोग पाकर व्यापार, कला, साहित्य आदि के क्षेत्र में अभूतपूर्व उन्नति कर दी किन्तु एमेनहोटेप की महानता समृद्धि और गौरव की नींव थुटमोस ही था जिसने विरासत के रूप में एमेनहोटेप को एक विशाल साम्राज्य, एक शक्तिशाली सेना और परिपूर्ण राजकोष दे दिया जिनके आधार पर एमेनहोटेप तृतीय ने अपने विकास कार्यों को सम्पन्न किया। एमेनहोटेप ने केवल न्यूबिया पर आक्रमण किया था और अपने शासन के सारे वर्षों में वह निर्माण कार्यों के सम्पादन में लगा रहा। अतः वह थुटमोस से भी आगे निकल गया।

थुटमोस महान अवश्य था किन्तु शानदार एवं ऐश्वर्यशाली फराओ एमेनहोटेप ही था। उसकी मृत्यु के साथ ही 18वें राजवंश का अन्तिम महान शासक चला गया। विकास, सुख और समृद्धि के सारे साधनों का उपभोग कर वह निश्चित रूप से ऐश्वर्यशाली बन गया।

मागरिट ने ठीक ही कहा है–"Amenhotep may well be called the Magnificent he had everything that the world could give him and he spent lavishly on his own pleasures and on those things which enhanced his own position."

11.11 एमेनहोटेप चतुर्थ (अखनाटन) (1375-1358 ई.पू.)

एमनहोटेप लगभग 1375 ई.पू. में मेरा और उसका पुत्र एमेनहोटेप चतुर्थ मिस्र की गद्दी पर बैठा। यही शासक मिस्र में अखनाटन के नाम से जाना जाता है। अखनाटन नाम इसलिए पड़ा कि उसने धर्म के क्षेत्र में क्रान्तिकारी परिवर्तन किया और मिस्र का सर्वोच्च देवता 'एटन' को बनाया और इसी एटन देवता के नाम पर वह अखनाटन कहलाया।

अखनाटन के पूर्व मिस्र के विशाल साम्राज्य के अन्दर जिस तरह आन्तरिक विद्रोह फैल गया था उस स्थिति में एक काफी कुशल शासक की आवश्यकता थी। अखनाटन निश्चित ही एक कुशल शासक था लेकिन उससे अधिक एक आदर्शवादी। मिस्र के विद्रोह को दबाने एवं सुसंगठित प्रशासन के लिए आदर्शवाद का समर्थन करनेवाले शासक की इस समय आवश्यकता नहीं थी। परिणाम यह हुआ कि अखनाटन के काल में समस्याओं में कमी आने के बदले और बढ़ोतरी हो गई।

ज्ञान और दर्शन का अध्ययन करने के पश्चात् कम उम्र में ही अखनाटन मिस्र की गद्दी पर बैठा था। स्वाभाविक रूप से आदर्शवादी दुनिया में वह प्रायः खोया रहता था; जबकि उसे वास्तविकता को ध्यान में रखते हुए व्यवहार कुशल होने की आवश्यकता थी। सैनिक शक्ति के बल पर ही मिस्र के आन्तरिक विद्राहों को दबाया जा सकता था। एक तरफ अखनाटन अपने पिता के विलासी स्वभाव से प्रभावित हुआ था तो दूसरी ओर अपनी माँ के व्यवहार से। उसकी माँ टाई एक चालाक स्त्री थी। अपनी पत्नी और बचपन में उसका देखभाल करनेवाली नौकरानी के पति से भी वह प्रभावित हुआ था। औरतों के बीच आरम्भिक जीवन का अधिकांश वर्षों को बिताने के परिणामस्वरूप अखनाटन में कठोरता एवं संयमता का अभाव था। सारी योग्यताओं को उसने धार्मिक सुधारों में लगाया और प्रथम धार्मिक फराओ के रूप में अपना एक इतिहास बनाया।

अखनाटन से पूर्व मिस्र की धार्मिक दुनिया में सबसे प्रधान देवता एमन था। इस देवता के अलावा अन्य कई देवताओं की पूजा मिस्र में होती थी। अपने शासनकाल के प्रारम्भिक वर्षों में अखनाटन ने सभी प्राचीन देवताओं को मान्यता दी। इन देवताओं को उसने सम्मानित भी किया। कुछ ही वर्षों के पश्चात् उसका विश्वास 'एटन देवता' की महिमा पर काफी हो गया। इसके परिणामस्वरूप एटन देवता को वह प्रधान देवता के रूप में प्रतिष्ठित करने का प्रयास किया। इसके लिए सबसे आवश्यक यह था कि पुराने सभी देवताओं को नष्ट कर दिया जाए ताकि मिस्रवासी इन देवताओं को भूल जाएँ। यही सोचकर अन्य देवताओं के विरोध में अखनाटन ने कठोर कदम उठाया और एटन को प्रधान देवता के रूप में अपने साम्राज्य में स्थापित किया।

एटन सूर्य देवता का अवतार था। अखनाटन के माता-पिता भी एटन देवता की अराधना करते थे। अखनाटन का पिता एमेनहोटेप तृतीय इस देवता को मिस्रवासियों के विरुद्ध उन

पर लादने का प्रयास नहीं किया क्योंकि वह स्वभाव से दयालु प्रकृति का था। इससे एमन देवता का प्रधान पुजारी भी एमेनहोटेप का विरोधी हो सकता था। लेकिन इस सम्बन्ध में अखनाटन कठोर था। अपने से पहले के धार्मिक क्रिया-कलापों को उसने गलत बताया। धार्मिक संगठन का भी उसकी नजर में कोई महत्त्व नहीं था। एमन की पूजा को वह गलत बताया और एटन देवता की पूजा को सही। एटन देवता के महत्त्व पर उसने मिस्रवासियों को बताया कि यह देवता सूर्य के चक्र के माध्यम से अपने आपको प्रदर्शित करता है। इसका दर्शन प्रतिदिन किया जा सकता है।

इधर ज्ञान के अभाव में मिस्रवासी अनेक देवी-देवताओं की पूजा करते थे। एमन, रा, ओसिरिस, इसिस, होरुस आदि इस काल के प्रमुख देवता थे। देवताओं का मिस्र में इतने प्रकार थे कि सभी जिला एवं गाँव स्तर पर अलग-अलग देवता थे जिनके परिवार होते थे। इन देवताओं के परिवारों में पत्नियाँ और पुत्र थे। हजारों देवी-देवताओं की मिस्री समाज में मान्यता होने के परिणामस्वरूप धार्मिक विश्वास के मामले में यहाँ के लोग एकमत नहीं थे। इसके परिणामस्वरूप मिस्रवासियों में मतभेद एवं तनाव होते रहते थे जो साम्राज्य के लिए हानिकारक होता था। इन्हीं मतभेदों को दूर करना अखनाटन ने आवश्यक समझा और एक धर्म को सम्पूर्ण मिस्र में लाने का प्रयास किया। एशिया एवं अफ्रीका के विभिन्न प्रदेशों में भी उसने एक ही देवता एटन की पूजा करने का आदेश दिया। अपने आदेश के द्वारा उसने सभी मन्दिरों का द्वार बन्द करा दिया। दीवारों से वैसे सारे देवताओं का नाम मिटा दिए गए जिन्हें अखनाटन ने नापसन्द किया। पुराना धार्मिक केन्द्र मिस्र का थीब्स था और राजधानी के रूप में भी उसका महत्त्व था। अखनाटन ने अपने साम्राज्य की राजधानी थीब्स से बदलकर दूसरी जगह बसाई और अपने तथा सूर्य देवता के नाम पर इसका नाम एखटाटन (Aktaton) रखा। इस नई राजधानी को अखनाटन ने एटन अर्थात् सूर्य देवता का पवित्र नगर घोषित किया। अखनाटन का शाब्दिक अर्थ 'सूर्य का प्रदेश या आकाश' होता है। एमन देवता से घृणा करने के कारण ही एमेनहोटेप से अपना नाम बदलकर अखनाटन कर लिया। अपने आपको वह सूर्य या एटन देवता का सबसे प्रिय पात्र बताया।

अखनाटन के उपर्युक्त धार्मिक क्रिया-कलापों से मिस्री समाज में असन्तोष भी फैला लेकिन राष्ट्रहित के लिए मिस्र में एक ईश्वर का होना ही आवश्यक था और इसे सर्वप्रथम अखनाटन ने ही लाने का प्रयास किया। इस समय सूर्य के दृश्य-चक्र को ही एटन का प्रतीक माना जाता था। सभी जीवों और यहाँ तक कि देवताओं को प्रकाश और गरमी मात्र एटन देवता से ही मिल पाती है। एटन ही सूर्य और पृथ्वी के बीच माध्यम का काम करता है। अखनाटन का यह चिन्तन उस काल के लिए अति महत्त्वपूर्ण कहा जा सकता है।

एटन की पूजा मिस्र में पहले भी होती थी लेकिन जिस तरह अखनाटन ने इसकी मान्यता दी वह अपने आपमें काफी महत्त्वपूर्ण है। इस मान्यता में दर्शन, विज्ञान एवं मानसिक विकास तथा राष्ट्रीय उत्थान को स्थान दिया गया। इस नवीन धार्मिक विचार से अखनाटन ने सभी जीवों को एक माना क्योंकि एटन भी समान रूप से सभी जीवों को प्रकाश एवं गरमी देता था।

मिस्रवासियों के लिए एटन की पूजा प्रातःकाल और सन्ध्याकाल अर्थात् सूर्योदय और सूर्यास्त के समय अधिक उपयोगी बताई गई। इसके पीछे तर्क यह था कि इन दोनों बेलाओ में सूर्य की गरमी कठोर नहीं होती है। इस तरह सूर्य एक दयालु देवता था। इस मान्यता के पूर्व मिस्रवासी सूर्य को आतंक का देवता मानते थे। धार्मिक कर्मकांडी पर भी एमेनहोटेप ने ध्यान दिया और पूजाविधि को काफी सरल और कम खर्चवाला बनाया। इसके पूर्व मिस्र में पूजा की विधि काफी खर्चीली थी और पुरोहितों का आर्थिक महत्त्व दिनानुदिन बढ़ता जा रहा था। अब मात्र थोड़ा सा फल और धार्मिक मन्त्रों की जाप से ही एटन देवता की पूजा हो जाती थी। अखनाटन का कहना था कि एटन देवता की कृपा पाने के लिए अधिक चढ़ावा से ज्यादा अधिक श्रद्धा महत्त्वपूर्ण है। सच्ची भक्ति से ही एटन खुश होता है। प्रत्येक मानव को सभी जीवों के प्रति दयालुता की भावना रखनी चाहिए। एटन को उसने सभी जीवों का मालिक बताया। "वही माता है और वही पिता भी।" सच्चाई की राह पर चलनेवाला एटन का कृपापात्र बन सकता है। इस देवता का कोई रूप नहीं होता बल्कि यह एक ऐसी शक्ति है जो अमूर्त रूप में चारों ओर है। मूर्तिपूजा के आधार पर फैलते हुए भ्रष्टाचार को वह देख चुका था। अतः मूर्तिपूजा का अखनाटन कट्टर विरोधी था (यह बड़ा ही महत्त्वपूर्ण तथ्य है कि मूर्तिपूजा एवं बाहरी आडम्बर से उबकर भारत में आठवीं सदी में शंकराचार्य ने भी अमूर्त शक्ति के महत्त्व पर प्रकाश डाला और एटन या सूर्य की पूजा आज भी छठ व्रत के रूप में की जाती है जिसमें उगते और डूबते हुए सूर्य की पूजा होती है। फिर इस्लाम धर्म ने भी मूर्तिपूजा नहीं माना और ऐसी बात को मुहम्मद साहब ने धार्मिक अनेकता और बाहरी आडम्बर से उबकर ही फैलाया)। अखनाटन अपने उद्देश्य में सफल रहा और उसके मरने के लगभग तीन हजार वर्षों के बाद भी सूर्य पूजा का अस्तित्व मिस्र और विश्व के कई भागों में बना रहा। यह राजधर्म हो गया और सभी सरकारी कर्मचारी इसी देवता के भक्त हो गए।

पुजारियों के बीच अखनाटन के विरुद्ध चाल चली जाने लगी क्योंकि इससे उनके पुरातनपन्थी पर कुठाराघात हुआ तथा मुद्रा की प्राप्ति भी कम हो गई। पुजारियों के कारण मिस्री समाज में असन्तोष फैलने लगा। प्राचीन देवता एमन का पुजारीवर्ग इस समय काफी शक्तिशाली था और राजनीति में भी इनकी पहुँच थी। इन विरोधी तत्त्वों की परवाह किए बगैर अखनाटन अपने नए धर्म प्रचार में लगा रहा।

फराओ की पूजा अब एटन के मन्दिर में होने लगी। इस देवता की प्रशंसा में नई सुन्दर प्रार्थनाओं की रचना हुई और इन्हें कब्रों पर अंकित किया जाने लगा। नए-नए स्मारकों का निर्माण हुआ। अखनाटन को उपर्युक्त धार्मिक कार्यों के लिए इतिहासकारों ने मानव इतिहास का प्रथम पैगम्बर माना है।

धार्मिक कार्यों में अखनाटन इतना व्यस्त रहा कि प्रशासनिक गड़बड़ियाँ काफी बढ़ गईं। आन्तरिक और बाह्य शत्रुओं की संख्या काफी बढ़ गई। हिट्टाइटों की समस्या एशिया में बढ़ी और मिस्र पर भी इसका बुरा प्रभाव पड़ा। स्वभाव से अखनाटन युद्ध नहीं पसन्द करनेवाला व्यक्ति था। उसका धार्मिक विश्वास था कि एटन देवता रक्तपात नहीं पसन्द करता लेकिन राजनीति एवं निरंकुशता का सम्बन्ध धर्म से नहीं हो सकता। जबकि अखनाटन ने धर्म के सामने राजनीतिक मामलों पर ध्यान देना बिलकुल कम कर दिया।

शत्रुओं के द्वारा अखनाटन का विरोध होने लगा। विशाल साम्राज्य कई टुकड़ों में बँटने लगा। विदेशी विरोधियों के अलावा आन्तरिक विद्रोह भी इस समय काफी बढ़ गए। विरोधी पुजारियों ने थीब्स में विद्रोह शुरू कर दिया। उत्तरी मिस्र का गवर्नर चूँकि शक्तिशाली और अखनाटन का विश्वासपात्र था, अतः इस भाग में किसी तरह स्थिति शान्त रही, यहाँ का गवर्नर हरमहाब था जो स्वयं एटन का भक्त था और इस धर्म के विरोधियों को कुचल दिया। इसके वाबजूद मिस्र में सर्वत्र व्यापक असन्तोष फैल गया। अखनाटन का अन्त दुखद रहा।

धार्मिक परिवर्तन जिस सीमा तक वह करना चाहता था, उसके लिए मिस्री जनता तैयार नहीं थी। एटन के विरुद्ध असन्तोष ने एमन देवता को पुनः लोकप्रिय बना दिया। अखनाटन का नया शहर उजड़ गया और थीब्स ने पुनः अपना पूर्व गौरव प्राप्त कर लिया। पुरोहितों की प्रतिष्ठा काफी बढ़ गई क्योंकि ये लोग भी एमन देवता के पुजारी थे। अखनाटन को लोगों ने अधार्मिक शासक माना। उसका धर्म उसके पुजारियों एवं दरबारियों तक ही रहा। उसे कोई बेटा नहीं था, अतः इस कारण भी वह मानसिक तनाव में ही दिन गुजारा और बुढ़ापे में सह-शासक के रूप में अपने दामाद साकेरे (Sakere) को बैठाया। ई.पू. 1358 में वह मरा।

अखनाटन ई.पू. 1358 में मर गया। इसके पूर्व ही मिस्र की गद्दी पर उसने अपने दामाद साकेरे को सह-शासक (Regent) के रूप में नियुक्त कर लिया था। साकेरे एक योग्य शासक नहीं निकला। अपने स्वसुर के काल में हुए विद्रोहों को वह नहीं दबा सका; उलटे इसके समय में सिस्र में स्थित अनेक जिलों में विद्रोह बढ़ते गए। प्रशासनिक अधिकारियों के दिलों में केन्द्र के प्रति डर कम होता गया। विपरीत स्थिति में साकेरे अधिक दिनों तक मिस्र की गद्दी पर नहीं बैठ सका। इसे गद्दी छोड़नी पड़ी और तुतेनखातन शासक के रूप में मिस्र की गद्दी पर बैठा। यह अखनाटन का दूसरा दामाद था। यह भी एक कमजोर शासक निकला लेकिन साकेरे की तुलना में यह अधिक योग्य था। इसके काल में मिस्र के पुजारी इतने शक्तिशाली हो चुके थे कि इनसे सम्बन्ध बिगाड़ना मिस्र के शासक के लिए मुश्किल था। अतः राजधानी पुनः थीब्स को बनाई गई। थीब्स पहले से ही अपनी खोई हुई धार्मिक प्रतिष्ठा प्राप्त कर चुका और इस नगर का प्रशासनिक महत्त्व भी एक राजधानी के रूप में हो गया।

एमन का उदय

अभी तक एटन देवता का महत्त्व बिलकुल समाप्त नहीं हुआ था। तुतेनखातन अभी भी एटन का भक्त था, अतः थीब्स में भी एटन देवता का धार्मिक महत्त्व बना रहा। इस शासक के धार्मिक प्रवृत्ति से एमन के पुजारियों का नाराज होगा स्वाभाविक था, अतः नहीं चाहने के बावजूद मिस्र का शासक तुतेनखातन एटन के साथ-साथ एमन देवता की भी आराधना किया। जब मिस्र का फराओ ही एमन देवता का पूजा करने लगा तो इस देवता का धार्मिक महत्त्व एटन की तुलना में काफी हो गया। मिस्र के अधिकारीगण भी एटन देवता के भक्त हो गए। एमन देवता के मन्दिर अब पुराने पड़ने लगे और भक्तों की भीड़ भी यहाँ से छँट गई। वैसे

शहर जो एटन देवता के कारण विकसित हुए थे, उजड़ गए। तुतेनखातन एमन देवता से इतना प्रभावित हुआ कि नहीं चाहने के बावजूद उसने अपना नाम बदलकर अब तुतेनखातन कर लिया।

उपर्युक्त कमजोरियों के बावजूद मिस्र का राज्य अभी भी काफी बड़ा था। नूबिया का प्रदेश अभी भी इसी के अधीन था। यह प्रदेश अभी भी मिस्र की संस्कृति से प्रभावित था। तुतेनखातन सीरिया को अपने अधीन पूर्णरूप से तो नहीं रखा था लेकिन वहाँ से कर के रूप में काफी धन उसे अब भी प्राप्त होता था। फिलिस्तीन का भू-भाग इसी शासक के अधीन था।

इस धार्मिक एवं राजनीतिक वातावरण में तुतेनखातन मिस्र की गद्दी को कुछ दिनों तक ही चला सका। इस शासक के पश्चात् एई (Eye) नामक शासक मिस्र की गद्दी पर बैठा। इसकी शादी एखना के धाय टीय (Tiy) से हुई थी। परिणामस्वरूप एई अखनाटन के विचारों से प्रभावित था। इसीलिए हम पाते हैं कि मिस्र में प्रचलित एमन देवता की पूजा का उसने विरोध किया और एटन के महत्त्व को बढ़ाने का प्रयास किया। एमन देवता के पुजारियों के द्वारा इसके लिए किए विद्रोह को उसने दबाया भी और एटन देवता का मन्दिर थीब्स में बनवाया लेकिन आकस्मिक मृत्यु के कारण वह अपने इरादे को सफल नहीं बना सका। इसके काल में मिस्र का धार्मिक एवं राजनीतिक वातावरण असन्तोषपूर्ण ही रहा। थीब्स में अराजकता इतनी फैली कि मिस्र में यह एक सबसे अधिक बदनाम शहर हो गया। यहाँ के कब्रों का धार्मिक महत्त्व घटने लगा और आर्थिक महत्त्व बढ़ गया। लुटेरों के आक्रमण होने लगे। कब्रों में गड़े धन की जानकारी इन लुटेरों को अपने पूर्वजों के सहारे थी, अतः कब्रों को लूटा जाने लगा। ढाई सौ वर्ष का नौजवान थीब्स नगर समय से पहले ही बूढ़ा हो चला। इसका पुराना गौरव पुनः समाप्त हो गया। हिक्सस आक्रमणकारियों को मारकर भगानेवाला थीब्स स्वयं बर्बाद हो गया। मिस्र का अठारहवाँ राजवंश का अन्त 1350 ई.पू. के आसपास काफी दुखद रहा। मेनिथो कहता है कि हरमहाब नामक शासक अन्त में मिस्र की गद्दी पर बैठा। यह शासक मिस्री राजपरिवार का सदस्य नहीं था, अतः अठारहवें राजवंश का अंग इसे नहीं बनाया जा सकता। एमन देवता का धार्मिक महत्त्व इसके काल में पुनः बढ़ा और प्रशासनिक संगठन में मजबूती आई जिसके परिणामस्वरूप इसे उन्नीसवें राजवंश का नेता माना जा सकता है लेकिन प्रथम शासक नहीं।

11.12 अखनाटन का महत्त्व

इतिहासकार ब्रेस्टेड के शब्दों में, "अखनाटन केवल मिस्र के इतिहास का ही नहीं बल्कि विश्व इतिहास का एक विलक्षण और अद्भुत प्रतिभाशाली शासक माना जाता है।"

उसने केवल 17 वर्षों तक शासन किया तथा 30 वर्ष की अल्पायु में ही मृत्यु को प्राप्त हुआ, फिर भी इस अल्पकाल में धार्मिक आन्दोलन के रूप में अपने पीछे वह एक ऐसी कहानी छोड़ गया जो प्रत्येक युग में उसका स्मरण दिलाती रहेगी। उसने मिस्र में एक ऐसे धर्म का निर्देशन किया जिसने इस महान शासक को मिस्र एवं विश्व के इतिहास में प्रसिद्ध बना दिया। यह एमेनहोटेप चतुर्थ के नाम से शासन के प्रारम्भिक काल में जाना जाता था।

अखनाटन के पूर्व मिस्र की धार्मिक दशा एमेनहोटेप चतुर्थ के राज्यारोहण के पूर्व सामाजिक कुरीतियों का शिकार था। मिस्रवासी एमन, का, ओसिरिस, आइसिस, होरस, टार, अनुविस तथा अन्य देवी-देवताओं को प्राकृतिक शक्ति और मानवीय शक्तियों के समन्वित चित्र मानकर पूजा करते थे। प्रत्येक नगर में विभिन्न देवता थे। इसके अतिरिक्त वृक्षों, जानवरों तथा अन्य प्राकृतिक चीजों की पूजा की जाती थी। बहुदेववादी मिस्र के निवासी धर्म तथा देवताओं के अस्तित्व में विश्वास करने के कारण कलुषित विचारवाले पुरोहितों के प्रभाव में थे। विशेष अर्थोपार्जन के लिए पुरोहितों ने मिस्र के समाज में पूजा के जटिल विधि-विधानों का एक जाल-सा बिछा दिया था जिसमें मिथ्या, आडंबर और बाह्य चमक ही थी। मन्दिर धर्मस्थल तथा भ्रष्टाचार के शिकार थे। असमान धार्मिक व्यवस्था तथा विषम अन्धविश्वास मिस्रवासियों के मानसिक क्षितिज को संकुचित कर दिया था। वे कूपमंडूकता से अभिशप्त थे और धर्म उनके जीवन के रूप में एक आडंबर के रूप में शेष था। इस प्रकार एमेनहोटेप चतुर्थ के राज्यारोहण के समय मिस्र में बहुदेववाद प्रचलित था। देवताओं का मानवीयकरण किया गया था और धार्मिक पाखंड तथा भ्रष्ट धार्मिक जीवन का बोलबाला था।

ऐसी ही सच्ची धार्मिकता के अवसान काल में एमेनहोटेप चतुर्थ का आगमन हुआ जो कलान्तर में 'अखनाटन' के नाम से प्रसिद्ध हुआ। उसने मिस्र में एकेश्वरवाद और आडम्बर रहित धर्म की मर्यादा को कायम करने के लिए एक धार्मिक आन्दोलन प्रारम्भ किया जिसे 'अखनाटन' भी कहा जाता है। इस शब्द का अर्थ है 'एटन का क्षितिज' अर्थात् एटन देवता सर्वोपरि है। एटन सूर्यदेव था। अखनाटन ने एटन को मानव समाज का देवता बनाया और अनेक देवताओं के स्थान पर इसी एक एटन की पूजा करने के लिए आन्दोलन प्रारम्भ किया। वह स्वप्नद्रष्टा था और मिस्र का महान धार्मिक उपदेशक भी। इतिहासकार ग्रीन ने लिखा है—"He, himself was dreamer visionery and the world's first great religious teacher."

एटन की महिमा कायम कर वह शान्ति और समृद्धि का वातावरण कायम करना चाहता था और इसलिए वह युद्ध और अशान्ति का विरोध किया। उसके सम्पूर्ण धार्मिक आन्दोलन का विश्लेषण करने पर उसे मिस्र का अशोक कहा जा सकता है। उसने सम्पूर्ण प्राणिमात्र के निःस्वार्थ की कामना की। उसके अनुसार एटनदेव न तो लोभी था और न मनुष्य के रक्त का प्यासा ही। वह सच्ची अराधना की प्राप्ति से खुश हो जाता था। उसके पास पहुँचने के लिए न तो खर्चीले धार्मिक अनुष्ठानों की जरूरत थी और न पुजारियों की। एटन भय का प्रतीत नहीं प्रेम का देवता था। अशान्ति का द्योतक नहीं शान्ति का वाहक था। अनेकता का स्रोत नहीं, एकता का मूलमन्त्र था।

अखनाटन ने अब धार्मिक आन्दोलन का सूत्रपात किया। उसने राजकीय आदेश निकालकर एमन की पूजा पर रोक लगा दी और एटन की पूजा करने का आदेश दिया। एमन तथा अन्य देवी-देवताओं के मन्दिर बन्द कर दिए गए और मन्दिरों से सारे देवताओं के चित्र उतार दिए गए। समाधियों पर से एमन के नाम और चिह्न मिटा दिए गए। थीब्स तथा मेम्फिस के मरुस्थल में उसने अपनी राजधानी बनाई जिसे एखटेटन कहा गया। उसके अपने को ''अखनाटन'' कहा और एटन उसके नाम के साथ जुड़ गया। ''एटन सन्तुलन

है।" अखनाटन का अर्थ था–"Atan is satisfied" (आकर्षण ही एटन की सुन्दरता है।") राजरानी नेफर तीती अब नेफद, नेफ्रू, एटन कही गई जिसका अर्थ था। ("Beautiful is the beauty of Atan") अखनाटन ने साम्राज्य में एटन के लिए अनेक मन्दिरों का निर्माण किया। उसकी प्रशंसा में लालित्यपूर्ण कविताओं की रचना की गई और नागरिकों के साथ स्वयं आध्यात्मिक चिन्तन करना प्रारम्भ किया। उसे सर्वत्र एटन की छवि ही दिखाई पड़ती थी। वस्तुतः वह विश्व इतिहास का प्रथम शासक था जिसने भौतिक उपलब्धियों की उपेक्षा की और व्यक्ति के नैतिक स्तर को उन्नतशील बनाया। उसने मूर्तिपूजा और बहुदेव पूजा के सिद्धान्तों का खंडन किया और एकमात्र सर्वव्यापक एटन का प्रचार करना प्रारम्भ किया। वह विश्व इतिहास में एकेश्वरवाद और अन्तर्राष्ट्रीयता का प्रथम महान व्याख्याता और समर्थक था।

अखनाटन का धार्मिक आन्दोलन अनेक दृष्टियों से महत्त्वपूर्ण है। इसका दार्शनिक महत्त्व अधिक है। अखनाटन ने यह प्रचार किया कि एटन देवता सूर्य के द्वारा स्वयं को प्रकट करता है और विश्व के प्राणिमात्र पर उष्णता और प्रकाश बिखेरता है। सूर्य का दृश्य चक्र उस स्वर्गीय देवता का वातायन मात्र था जिसके द्वारा एटन देवता अपनी प्रभा को पृथ्वी पर बिखेरता है। एटन की प्रशंसा में अखनाटन ने खुद प्रार्थनाओं की रचना की जिसमें श्रेष्ठा चिन्तन की झलक मिलती है। कुछ प्रार्थनाएँ इस प्रकार है–"जब तुम दिन में एटन के रूप में क्षितिज पर उदित होते हो तो पृथ्वी प्रभापूर्ण हो जाती है। तुम उसके अन्धकार" को हरते हो और अपनी असंख्य रश्मियाँ प्रदान करते हो। समस्त क्षेत्रीय जानवर अपने चारागाह के साथ सन्तुष्ट हैं, वृक्ष तथा बूटी हरियाली धारण करते हैं, पक्षी अपने घोंसलों से उड़ते हुए तुम्हारी ही प्रशंसा में अपनी डैनों को फड़फड़ाते हैं।"

"अंडे के छिलके के भीतर जीवन बोलता है। तुम उसे जीवन धारण के लिए वायु प्रदान करते हो ताकि वह साँस ले सके। तुम्ही ऐसी व्यवस्था करते हो कि समय पूरा होने पर उसमें से जीव निकल सके और अपने पाँव पर चल सके। 'तुमने ही लाखों रूपों का सृजन किया है, नगर और गाँव, खेत, मार्ग तथा नदियाँ सभी तुझे निहारती हैं। जिस प्रकार एटन पृथ्वी पर चमकती है और उसी प्रकार तुम भी दिन में चमकते रहते हो।"

"तुम्हारे कितने ही कार्य हैं जो मानव दृष्टि में रहस्यपूर्ण हैं, हे सम्पूर्ण देवता! तुम्हारे समान दूसरा कोई नहीं है।"

अखनाटन की इन धार्मिक कविताओं की तुलना वड्र्सवर्थ की प्राकृतिक कविताओं से की जा सकती हैं। वड्र्सवर्थ के पूर्व ही अखनाटन ने प्रकृति की ओर लौटने का सन्देश दिया था। ग्रीन ने लिखा है–"Just as his revolutionin art resembls that of Willium Morris in nineteenth Century England, So his literary revolution can be compared with Wordsworth's return to nature."

अपनी इन कविताओं में अखनाटन ने यह विश्वास पैदा किया कि एटन ही समस्त जीवात्माओं का रक्षक, उनका प्रतिपालक और सहृदय अभिभावक है।

अध्याय-12

उन्नीसवाँ राजवंश

12.1 पृष्ठभूमि

1350 ई.पू. के आसपास मिस्र में अठारहवें राजवंश का अन्त हो गया। इसके पश्चात् हरमहाब गद्दी पर बैठा। इसके काल में एक नए युग का आरम्भ हुआ। इस शासक के बारे में कुछ जाना जाए इसके पूर्व इतिहासकारों के विचारों पर ध्यान देना आवश्यक है क्योंकि कुछ इतिहासकारों जैसे मनेथो और एच.आर. हॉल का मत है कि 18वें राजवंश का अन्तिम शासक हरमहाब था। ब्रेस्टेड महोदय ने इन विद्वानों के मतों को नहीं माना है। उनके अनुसार, "Manetho places Harmahab, the restorer, who now gained the throne, at the close of the Eighteenth Dynasty; but in so far as we know he was not of royal blood nor any Kin of the fallen house." उपर्युक्त विद्वानों के बीच हरमहाब पर एकमत नहीं रहने के कारण किसी निश्चित निष्कर्ष पर पहुँचना मुश्किल है।

12.2 हरमहाब

राजमहल के प्रशासक के रूप में हरमहाब मिस्र की गद्दी पर 1350 ई.पू. तक बैठा। इसके पश्चात् एक शासक के रूप में उसने गद्दी सम्हाली। मिस्र की गद्दी उसे सेना और पुजारियों के कारण मिली थी। शासक के रूप में अपनी स्थिति सुदृढ़ करने के लिए उसने अखनाटन की पत्नी की बहन से शादी कर ली। इस आधार पर वह राजवंश से सम्बद्ध हो गया। इस उपर्युक्त शादी के आधार पर ब्रस्टेड का कथन सही माना जा सकता है कि वह अठारहवें राजवंश के परिवार से सम्बन्धित नहीं था और कानूनी अधिकार पाने के लिए राजपरिवार में विवाह सम्बन्ध स्थापित कर लिया। हरमहाब की रानी एमन देवता का भक्त थी, अतः हरमहाब की सहानुभूति भी एटन देवता के प्रति नहीं बल्कि एमन देवता के प्रति रही और इसी कारण मिस्र के पुजारियों ने भी इसका समर्थन किया।

हरमहाब का शासन सुव्यवस्थित ढंग से आरम्भ हुआ। एमन देवता के वे सभी मन्दिर के द्वार खोल दिए गए जो पहले बन्द कर दिए गए थे। भ्रष्ट अधिकारियों को निकाल बाहर किया गया और कुछ को दंडित किया गया। हरमहाब यथासम्भव प्रशासन से भ्रष्टाचार को दूर करने का प्रयास किया तथा न्याय के क्षेत्र में ढंग की व्यवस्था की।

एमन का महत्त्व

धार्मिक दृष्टिकोण से थीब्स में दो माह तक रहने के बाद उसने एमन देवता के पक्ष में उत्तर-मिस्र में भी गया। नूबिया तक के सभी मन्दिरों को, जहाँ एमन की पूजा होती थी, खुलवा दिया। एमन की कई नई मूर्तियाँ भी बनाई गई। हरमहाब ने एमन देवता को प्रतिदिन चढ़ावा देने की व्यवस्था की। उसके अपने मन्दिर में सोना एवं चाँदी के बर्तन पूजा-पाठ के लिए बने। मन्दिरों को उसने पशु और भूमि भी दान में दिया। एलावस्ट्रोनपोलिस में स्थित होरुस के मन्दिर में उसने अपनी और अपने रानी की मूर्तियाँ स्थापित की। इस तरह वह फराओ की श्रेणी में आ गया। थीब्स के एमन देवता को पुनः मिस्र के सभी भागों से चढ़ावा आने लगा। उपर्युक्त धार्मिक क्रिया-कलापों के आधार पर हरमहाब को मिस्र के प्रधान पुरोहित का समर्थन मिलना स्वाभाविक था। इतना ही नहीं, हरमहाब ने एटन देवता के पूजा पर कड़े रूप से प्रतिबन्ध लगाया क्योंकि इस देवता की पूजा अभी भी मिस्र में कहीं-कहीं प्रचलित थी। थीब्स में स्थित एटन की मन्दिरों को तोड़कर उसके सामान से इसी नगर में एमन देवता का मन्दिर बनवाया। जो सामान बच गया उससे हरमहाब के बाद के शासकों ने एमन देवता के लिए ही उपयोग किया। एमन देवता के मन्दिर से लाई हुई काफी सामानों का उपयोग उसने राजभवन के निर्माण में किया। अखनाटन के कर्म पर उल्लिखित एटन देवता से सम्बन्धित चित्रों एवं लिखित सामग्री को हरमहाब ने नष्ट करवा दिया। अपने को हरमहाब ने "अखतातुन नामक शहर को बर्बाद करनेवाला कहा।" मेस के अभिलेख के आधार पर ब्रेस्टेड ने कहा है, "At Akhetaton the tomb of Ikhnaton was wrecked and its reliefs chiselled out; while the tombs of his nobles there were violated in the same way. Every effort was made to annihilate all trace of the reign of such a man; and when in legal pocedure it was necessary to cite documents or enactments from his reign he was designated as that criminal of Akhetaton."

एटन देवता और अखनाटन के विरुद्ध और एमन देवता के पक्ष में जितना कर सकता था हरमहाब ने किया लेकिन जहाँ उचित समझा वहाँ अखनाटन के आदमियों को ऊँचे पदों पर नियुक्त भी किया। एखतातुन में स्थित अखनाटन के एक पुराने आदमी पटोनेमहाब को उसने हेलियोपोलिस (Heliopolis) के प्रधान पुजारी के पद पर नियुक्त किया।

दोषी को कठोर सजा की व्यवस्था

धार्मिक सुधार के सिलसिले में हरमहाब ने अखनाटन के समर्थकों को सजा दिया या देश से निकाल बाहर किया। कानून को पालन करने के लिए उससे कड़ाई से काम लिया। दोषी अधिकारियों को या कानून का दुरुपयोग करनेवाले अधिकारियों को कठोर दंड देने की व्यवस्था थी। कर वसूल करने वाला एक अधिकारी एक गरीब आदमी से घूस माँग रहा था और जब पकड़ा गया तो उसकी नाक काट दी गई और मरुभूमि में भगा दिया गया।

हरमहाब अपने शासन का आधार सेना को बनाया था, अतः गरीब जनता इसके काल में अधिक पीड़ित थी। अधिकतर सैनिक अधिकारी अव्यावहारिक थे और बिना मतलब का

गरीब मिस्रवासियों को परेशान किया करते थे। अपने मन से ये सैनिक किसी को दोषी करार करके कठोर दंड दे दिया करते थे। दक्षिण एवं उत्तर मिस्र में किसानों से वे जबर्दस्ती कर वसूलकर निगल जाते थे और राजकोष में जब धन नहीं आ पाता था तो निर्दोष कृषक सजा पाते थे। केन्द्रीय एवं स्थानीय अधिकारियों के बीच हमेशा तनाव बना रहता था। लुटेरों की संख्या राज्य में बढ़ती जा रही थी। भ्रष्टाचार को रोकने के लिए हरमहाब ने नए कानून बनाए और इसे लागू करने के लिए एक साथ देश के कोने-कोने में भ्रमण किया।

न्याय के लिए एक न्यायाधीश को थीब्स और दूसरे न्यायाधीश को मेम्फिस में नियुक्त किया। ये दोनों न्यायाधीश चरित्रवान, अनुभवी, कानून ज्ञाता और न्याय देने की क्षमता रखनेवाले थे। हरमहाब का कहना था कि "I have appointed the two judges to judge the Two Lands (Thebes and Memphis)...I have set them in the two great cities of South and North" इन न्यायाधीशों को चेतावनी देते हुए घूस लेने की मनाही करते हुए वह कहता है, "Receive not the reward of another...How shall those like you judge other while there is one among you committing a crime ogainst justice?" स्थानीय न्यायाधीशों के बीच घूसखोरी बन्द करने के लिए हरमहाब ने नए ढंग का कठोर कदम उठाया। उसने न्यायाधीशों को करमुक्त कर दिया ताकि धनी बनने के लिए वे घूस न कमाकर शासन के द्वारा जो वेतन मिले उसी से अमीर बन सकें। इसके बावजूद अगर कोई भी स्थानीय न्यायाधीश घूस लेते पकड़ा गया तो कठोर दंड का भागी होता था और नौकरी से निकाल दिया जाता था। न्यायाधीश के पद पर काम करनेवाला ही अगर न्याय का उल्लंघन करता तो उसे राष्ट्रविरोधी माना जाता और सजा भी राष्ट्रविरोधी के स्तर का उन्हें दिया जाता था। न्यायाधीश हरमहाब के नजदीक दायरे में ही रहें और सामान्य जनता से उनका कोई विशेष सम्बन्ध नहीं रहे, इसके लिए न्यायाधीशों को कई प्रकार की स्वतन्त्रता मिली थी। अगर कोई न्यायाधीश न्यायालय छोड़कर सच्चाई की खोज करने घटनास्थल पर जाता था तो जाते समय या लौटने पर हरमहाब उन न्यायाधीशों को अपनी उपस्थिति में एक राजकीय भोज देता था और कुछ-न-कुछ उपहार के रूप में भी भेंट देता। ब्रेस्टेड के अनुसार, "There was not found one who had nothing" हरमहाब के उपर्युक्त कार्यों का विस्तृत वर्णन उसके द्वारा कार्नाक में स्थापित सोलह फीट ऊँचा और चौदह फीट चौड़ा पत्थर के प्लेट पर लिखा हुआ पाया गया है।

इन प्रशासनिक एवं न्यायिक कार्यों के आधार पर ऐसा नहीं लगता कि साम्राज्य विस्तार के लिए हरमहाब युद्ध में कोई दिलचस्पी लिया होगा। एशियाई प्रदेशों के राजनीतिक क्रिया-कलापों के बारे में जो अनुभव प्राप्त थे उनके आधार पर हरमहाब अच्छी तरह जानता था कि उन प्रदेशों में आक्रमण करके जितना वह खोया उतना पा नहीं सकता। बाहर में किए गए आक्रमण की तुलना में आन्तरिक सुधारों को उसने ज्यादा महत्त्व दिया। वैसे, हरमहाब के राजकीय दीवालों पर वैसे विदेशी प्रदेशों की एक लम्बी सूची पाई गई है जिससे विदेशों में उसके द्वारा किए गए आक्रमणों की जानकारी मिलती है। इस सूची में हिट्टाइटों पर भी आक्रमण करने की चर्चा है लेकिन अन्य स्रोतों के अध्ययन से हरमहाब की लम्बी सूची गलत लगती है। दूसरे स्रोतों से पता चलता है कि सीरिया को अपने अधीन करने के लिए हरमहाब ने कोई भी ठोस कदम नहीं उठाया था। रेमसेस द्वितीय के काल के स्रोतों से पता चलता

है कि हरमहाब ने विदेशी शक्तियों से मित्रता करना ज्यादा पसन्द किया था और इस आधार पर उसके द्वारा कई विदेशी प्रदेशों पर किए गए आक्रमण की बात सच नहीं लगती। दक्षिण की राजनीतिक स्थिति ऐसी थी कि वहाँ आक्रमण करने की आवश्यकता नहीं थी। वैसे, नूबिया के किसी कबिलाई विद्रोह को हरमहाब ने दबाया था। पुंट पर चढ़ाई करके उसने काफी धन प्राप्त किया था। अगर हरमहाब एक विजेता के रूप में इतिहास में अपना स्थान बनाना चाहता तो शायद वह नाकामयाब रहता क्योंकि इस क्षेत्र में वातावरण उसके पक्ष में नहीं था। बाहरी प्रदेशों पर आक्रमण करने के लिए वातावरण जब हरमहाब के पक्ष में था उस समय सदियों से चले आ रहे प्रशासनिक भ्रष्टाचार को दूर करने में वह लगा रहा। जितना प्रयास के फलस्वरूप आन्तरिक सुधार करके हमरहाब ने मिस्र में प्रसिद्धि पाई उतने प्रयास में वह बाहरी प्रदेशों पर विजय कभी नहीं पा सकता था।

हरमहाब मिस्र की गद्दी पर कब तक बैठा, इसकी जानकारी हमें स्रोतों में नहीं मिल पाती है लेकिन रेमसेस द्वितीय की काल के स्रोतों के आधार पर विद्वानों ने अनुमान किया है कि हरमहाब ने लगभग पैंतीस वर्षों तक मिस्र पर शासन किया।

अपने शासनकाल के पूर्व जब वह अपने से पहले वाले फराओ के अधीन किसी पद पर बहाल था मेम्फिस में एक अतिआकर्षक कब्र बनवाया। बाद में उसने एक कब्र का निर्माण थीब्स में भी करवाया। हरमहाब को सम्भवतः बनावटीपन पसन्द नहीं था। बिना किसी ऊँच-नीच का भेदभाव किए उसने शासक बनने से पूर्व के काल में जब वह एक सरकारी कर्मचारी था, उस समय की बनवाई हुई कब्र को मेम्फिस में रहने दिया था। उसने दीवालों पर से इस बात को भी नष्ट नहीं कराया कि फराओ बनने से पूर्व वह मिस्र के दरबार का एक नौकर था।

हरमहाब द्वारा मिस्र के प्रशासनिक सुधारों को किए जाने के कारण उसके बाद के शासकों को सुसंगठित एवं बुस्त प्रशासनिक अधिकारियों का सहयोग मिला और विदेशों के साथ सम्बन्ध बनाने का मौका मिल सका।

12.3 रेमेसस प्रथम (1315-1313 ई.पू.)

हरमहाब के पश्चात् रेमसेस प्रथम मिस्र की गद्दी पर सम्भवतः 1315 ई.पू. में बैठा। ब्रेस्टेड महोदय का कहना है कि रेमसेस प्रथम का मिस्र की गद्दी पर किसी प्रकार का कानूनी अधिकार निश्चित था क्योंकि काफी अधिक उम्र में रेमसेस को गद्दी मिली थी। इतने अधिक उम्र में बिना किसी ठोस कारण के उसे गद्दी मिलना सम्भव नहीं लगता।

रेमसेस प्रथम जिस उम्र में मिस्र की गद्दी पर बैठा, वह शारीरिक दृष्टिकोण से इस लायक भी नहीं था कि अपने पूर्वज हरमहाब के द्वारा बनाए गए ठोस प्रशासनिक वातावरण को ढंग से जीवित रख सके। हरमहाब के द्वारा मिस्र में बनाए गए वातावरण का उपयोग करने की क्षमता का तो प्रश्न ही नहीं उठता। अपने शासनकाल में रेमसेस ने कार्नाक में एक विशाल भवन बनाने की तैयारी शुरू की लेकिन इस कार्य को उसके बाद वाला शासक ही पूरा कर सका। अपने शासन के दूसरे वर्ष में ही वह मिस्र के शासन भार को ढोने में अपने को इतना असमर्थ पाया कि सह-शासक के रूप में अपने पुत्र सेटी को नियुक्त कर दिया।

12.4 सेटी प्रथम

अपने पिता रेमसेस प्रथम द्वारा जब सेटी प्रथम सहशासक के रूप में मिस्र में नियुक्त किया गया उस समय वह तीस वर्ष का युवक था। अपने पिता रेमसेस प्रथम के साथ सेटी प्रथम ने नूबिया पर आक्रमण किया। एक वर्ष की अवधि में ही सेटी प्रथम काफी अनुभवशील हो गया और 1313 ई.पू. के अन्तिम चरण में मिस्र का वह शासक हो गया।

शासक के रूप में सेटी प्रथम ने एशिया के प्रदेशों पर आक्रमण करने के लिए सेना का संगठन किया। एशिया के खोए हुए प्रदेशों को वह पुनः प्राप्त करना चाहता था। इसके लिए सेटी ने सड़कों की मरमत कराई। रास्ते में पड़नेवाले नालियों एवं कुओं में पानी एवं उनकी सुरक्षा के लिए उसने प्रबन्ध किया। पुराने नालियों एवं कुओं की मरम्मत कराई गई और कुछ नए कुओं और नालियों का निर्माण भी किया गया। मिस्र से रेगिस्तानी इलाके को पार करते हुए दक्षिणी फिलिस्तीन में स्थित गाजा तक पहुँचने में दस दिन लगता था। इसके लिए रास्ते में पर्याप्त मात्रा में जल की आवश्यकता थी ताकि सैनिकों को जलाभाव न हो। इससे पता चलता है कि फिलिस्तीन के प्रदेशों पर अभी भी मिस्र का नियन्त्रण था लेकिन इस प्रदेश में मिस्र का जितना प्रभुत्व अखनाटन के काल में था, उसके बाद के काल में नहीं रहा। फिलिस्तीन पर कब्जा करने के पश्चात् सेटी प्रथम एशिया के प्रदेशों पर आक्रमण करना चाहता था लेकिन इसी समय नील नदी के पश्चिम स्थिति प्रदेश को लीबिया ने ले लिया। अतः लीबिया के लोगों के विद्रोह को दबाने में ही सेटी ने अगला वर्ष बिताया। बहुत काफी मात्रा में युद्धबन्दियों को वह अपने यहाँ लाया। इसके पश्चात् सेटी ने कादेश पर आक्रमण किया। हिट्टाइटों को भी उसने हराया। इस तरह उसने अपने साम्राज्य का विस्तार टीरे और लीटानी तक करने में सफल रहा। एशिया तक साम्राज्य विस्तार करने के कारण सीरिया के साथ उसे कई बार युद्ध करना पड़ा क्योंकि हिट्टाइटों का यहाँ जमघट हो गया था। बाद में चलकर हिट्टाइट शासक मेटेल्ला से उसने सन्धि की।

शासन के प्रथम चरण में आक्रमण के पश्चात् सेटी प्रथम ने मिस्र के आन्तरिक स्थिति को ठीक करने का प्रयास किया। धार्मिक मामलों को भी निपटाने का उसके द्वारा प्रयास किया गया। एटन देवता के विरोध में उठी आवाज को शान्त करने में हरमहाब बहुत हद तक सफल रहा था। नष्ट की हुई मूर्तियों का सेटी प्रथम ने पुनर्निर्माण कराया। राजभवनों का निर्माण करने के लिए सीलसीलेह से बलुआ पत्थर आता था। इस पत्थर को लाने में हजारों मजदूर कार्यरत थे। सेटी, इन्हें प्रतिदिन चार पॉउंड रोटी, सब्जी और मांस देता था। माह में दो बार प्रत्येक मजदूर को वस्त्र भी दिया जाता था। पुराने देवताओं की विशाल मन्दिरें भी इसके काल में निर्मित की गईं।

उपर्युक्त निर्माण कार्यों के कारण सेटी का राजकोष थोड़ा खाली होने लगा अतः धन प्राप्ति के लिए अन्य उपाय किए गए। आर्थिक दृष्टिकोण से गेबेल जेबार जिला से पहले मिस्र सोना मँगाता था लेकिन यातायात की असुविधा के कारण सोना का आना रुक गया था। स्वयं इस विकास स्थान पर जाकर इसका सर्वेक्षण किया और उपाय की बात सोची। रेगिस्तानी भाग में अठारहवाँ राजवंश के काल का एक पुराना विश्राम गृह उसने देखा जिसका

उपयोग अब नहीं हो रहा था। इस स्थान में उसने देखा जिसका उपयोग अब नहीं हो रहा था। इस स्थान में उसने एक कुआँ खुदवाया और विश्रामगृह की मरम्मत कराई। भक्तों को आकर्षित करने और यातायात को विकसित करने के लिए सेटी प्रथम ने यहाँ एक मन्दिर की स्थापना कराई। इस रास्ते में कुछ अन्य विश्रामगृह भी बनाए गए। सेटी प्रथम के इन कार्यों से यात्रियों को काफी सुविधा मिली। बेस्टेड के शब्दों में, "Ye gods dwelling in the well give ye to him your (Seti) duration, for he hath opened for us the way to march in, when it was closed up before us. We proceed and are saved. we arrive and preserved alive. The difficult way which is in our memories has become a good way." (Breasted, *A History of Egypt,* p. 349)

खानों से आय प्राप्त करने के पश्चात् सेटी ने एबिदोस के मन्दिर में स्थायी दान देने का प्रबन्ध किया। वैसे सारे लोगों को उसने चेतावनी दी जो इस मन्दिर एवं स्थायी दान में किसी प्रकार का रोड़ा खड़ा करते। सेटी प्रथम लगभग 1292 ई.पू. में मरा।

मिस्र के इस शासक ने राज्य विस्तार सफलतापूर्वक किया। अपने साहसिक कार्यों के लिए मिस्र में यह काफी लोकप्रिय रहा। साम्राज्य विस्तार के पश्चात् ही प्रशासनिक सुधारों पर ध्यान दिया। इसकी प्रशासनिक क्षमता एवं योग्यता के कारण साम्राज्य में एकता बनी रही। साम्राज्य में शान्त वातावरण स्थापित करने में भी सेटी प्रथम सफल रहा। यातायात का विकास, कुओं, सड़कों, नए भवनों एवं मन्दिरों का भी उसने निर्माण किया।

12.5 रेमसेस द्वितीय (1292-1225 ई.पू.)

ई.पू. 1225 में मिस्र की गद्दी पर बैठनेवाला शासक रैमसेस द्वितीय था। मिस्र शासकों के बीच इसका राज्यकाल काफी लम्बा माना जाता है। उसने लगभग सत्ताईस वर्षों तक गद्दी सम्हाला। रेमसेस द्वितीय जिस समय मिस्र की गद्दी पर बैठा उस समय हिट्टियों की स्थिति काफी सुदृढ़ थी। सेटी प्रथम के काल से ही हिट्टियों की स्थित अच्छी थी। सीरिया भी स्वतन्त्र हो चुका था। युद्ध कला में निपुणता के आधार पर इस शासक ने अनेक दुश्मनों को परास्त किया। चारित्रिक दृष्टिकोण से रेमसेस द्वितीय सुन्दर स्त्रियों को पसन्द करता था। अनेक आकर्षक युवतियों को वह दरबार में किसी-न-किसी बहाने नियुक्त किया था।

प्रशासनिक संगठन में आन्तरिक विकट समस्या के नहीं रहने के कारण रेमसेस साम्राज्य विस्तार में व्यस्त हो गया। सर्वप्रथम उसने सीरिया पर आक्रमण करने का निर्णय किया। अपने योग्य सैनिकों को साथ लेकर 1288 ई.पू. में सीरिया की ओर बढ़ा। सीरिया का प्रदेश हिट्टियों के अधीन था। हिट्टियों का राजनेता मेटेल्ला (Metella) था। इस शासक का प्रशासनिक नियन्त्रण सीरिया के अलावा फिलिस्तीन तथा कुछ अन्य प्रदेशों पर भी था। इस तरह हिट्टी लोग काफी शक्तिशाली थे। रेमसेस इन पर चढ़ाई करके हराने का निश्चय किया और सैनिकों के साथ देश नामक नगर पहुँचा। यहीं हिट्टियों से इसका भयानक टकराव हुआ। इस युद्ध में विजय श्री रमेसेस को मिली। स्रोतों के आधार पर रेमसेस के विजयी के कारणों का पता ठीक से नहीं चल पाता। कौन सी तकनीक का उसने प्रयोग किया कि हिट्टियों को हराने में उसे सफलता मिली। अनुमानतः रेमसेस की सेनाओं में एकता थी और दुश्मन को इन लोगों ने अपने से कमजोर नहीं बल्कि अधिक शक्तिशाली समझा। सैनिकों

को इस बात का भी ध्यान था कि मिस्र में लौटने पर उनसे मिस्री जनता खुश हो और इतिहास में उनका नाम अमर रहे। रेमसेस का युद्ध हिट्टियों के साथ लगभग 29 वर्षों तक चलता रहा। इतनी दूर पर जाकर हिट्टियों को स्थायी रूप से हरा देना मिस्रवासियों के लिए मुश्किल था लेकिन हिट्टियों के मनोबल को चकनाचूर करने में रेमसेस सफल रहा। अन्ततः हिट्टियों को सन्धि करनी पड़ी और यह सन्धि रेमसेस के पक्ष में रही। इस सन्धि के अठारह शर्त तैयार हुए जिनके अनुसार सीरिया पर पुनः आक्रमण नहीं करने का निर्णय दोनों पक्षों द्वारा लिया गया। यह भी तय हुआ कि किसी अन्य शक्ति ने सीरिया पर आक्रमण किया तो हिट्टी लोग और मिस्र दोनों सीरिया की सुरक्षा पर ध्यान देंगे। सीरिया के आन्तरिक संकट को दोनों दलों द्वारा सुलझा देने का निर्णय लिया गया। हिट्टी शासक या मिस्र के फराओ का स्वागत एक-दूसरे के इलाके में करने का निश्चय दोनों ने किया।

धार्मिक स्थल पर की गई सन्धि के द्वारा राजनीतिक मतभेद को मिटाने का प्रयास किया गया और दोनों पार्टी मिस्र एवं हिट्टी के लिए यह एक लाभदायक सन्धि रही। रेमसेस द्वितीय ने इस सन्धि को मधुर सम्बन्ध में बदलने के दृष्टिकोण से अपनी पुत्री का विवाह हिट्टी नरेश मेटेल्ला से कर दिया। इसका लिखित प्रमाण रेमसेस द्वारा निर्मित मन्दिर में लिखित बातों के अध्ययन से चलता है। रेमसेस ने भी अपनी शादी हिट्टियों के राजपरिवार में कर लिया। यह उपलब्धि 20 वर्षों के अथक प्रयास के पश्चात् रेमसेस को मिली थी। इसके आधार पर उसके साहसिक, धीरज और महान भावनाओं की जानकारी होती है।

बाहरी शत्रुओं को हराने एवं मित्रतापूर्ण सम्बन्ध स्थापित करने के अलावा रेमसेस ने भवन निर्माण में दिलचस्पी दिखाई। कुशल कारीगरों द्वारा आकर्षक पत्थरों से उसने कई राजभवनों का निर्माण कराया। कार्नाक एवं लक्सर के मन्दिरों को अतिआकर्षित बनाने का श्रेय भी विद्वानों ने रेमसेस को दिया है। कृषि में विकास एवं यातायात की सुविधा के लिए उसने एक नहर खुदवाई और इसके माध्यम से नील नदी को लाल सागर से जोड़ दिया।

इसके काल के साहित्यों में वीररस की बातें हमें प्रधान रूप में देखने को मिलती हैं। साहित्यों की रचनाओं पर रेमसेस ने विशेष ध्यान दिया और अपने बारे में लिखवाने के अलावा सामन्तों की स्थितियों पर भी साहित्य में प्रकाश डलवाया। धार्मिक रचनाएँ भी इसके काल में पाई गई। एमन देवता की याद में अनेक कविताएँ रची गईं।

आन्तरिक स्थिति को सुदृढ़ करने के लिए रेमसेस धार्मिक संस्थाओं को अपने पक्ष में करना आवश्यक समझा और पुजारियों को राजकीय संरक्षण इसने दिया। परिणामस्वरूप धार्मिक संस्थाएँ इसके काल में काफी प्रभावशाली हो गईं और मिस्री समाज में पुजारियों का दबदबा बढ़ गया। दान के रूप में मन्दिरों को अपार सम्पत्ति मिली। पुजारियों की स्थिति दिन-प्रतिदिन मजबूत होती गई और प्रशासनिक कार्यों में ये लोग अब भाग लेने लगे। थीब्स का पुजारी मिस्र का प्रधान पुरोहित बन गया।

रेमसेस की मृत्यु के पश्चात् भी मिस्र की धाक पड़ोसी क्षेत्रों में बनी रही। सैकड़ों वर्षों तक धार्मिक क्षेत्र में थीब्स की प्रधानता स्थापित रही। रेससेस विलासी शासक था। अतः सैकड़ों स्त्रियाँ उसके मरने के कारण विधवा हो गईं और लगभग डेढ़ सौ पुत्र-पुत्रियाँ अनाथ।

12.6 उत्तराधिकारी

रेमसेस द्वितीय के मरने के पश्चात् मिस्र की राजनीतिक स्थिति खराब होने लगी। केन्द्रीय शासक कमजोर निकले क्योंकि कई सदस्यों ने मिस्र की गद्दी के लिए अपने को योग्य बताकर आपस में तनाव पैदा करने लगे। किसी तरह जो शासक मिस्र की गद्दी पर बैठा, वह इस लायक नहीं था कि विजय अभियान शुरू कर सके। रेमसेस II द्वारा स्थापित साम्राज्य को ठीक से चलाने तक की योग्यता का इनमें अभाव पाया गया। 1224 ई.पू. में रेमसेस द्वितीय का 13वाँ पुत्र जिसका नाम मेरने पटाह (Merne ptah) था मिस्र की गद्दी पर बैठा। गद्दी पर बैठते मेरनेपटाह काफी अधिक उम्र पार कर चुका था। अतः मात्र आठ-नौ वर्षों तक ही वह गद्दी पर बैठा। स्वाभाविक रूप से मिस्र के लिए यह एक अयोग्य शासक था। वैसे ढंग से शासन चलाने के लिए उसने यथासम्भव प्रयास किया। एशिया के विद्रोहियों को दबाने और इस दृष्टिकोण से मिस्र की राजनीतिक स्थिति थोड़ा ठीक करने में यह सफल रहा। पुराने रिश्तेदार हिट्टियों के देश में इसके समय में भयानक अकाल पड़ा। खाने के लिए अन्न का मिलना मुश्किल हो गया। कितने लोग भूख से मर गए। भूखों को भोजन देने के लिए और पुराने रिश्ते को ढंग से कामयाब करने के लिए मेरनेपटाह ने बड़े पैमाने पर अपने यहाँ अनाज भेजा और दानशीलता का परिचय दिया।

साम्राज्य की वैदेशिक प्रतिष्ठा को बनाए रखने के दृष्टिकोण से उसने सैनिक संगठन पर ध्यान दिया और फिलिस्तीन पर आक्रमण करके अपने अधीन करने में सफल रहा। लीबिया के शासकों को हराया और मिस्र में उसे मान प्रतिष्ठा काफी मिली क्योंकि मिस्र के लोगों को इस बूढ़े शासक से कोई विशेष आशा नहीं थी। इन्हीं सब कार्यों में सफलता पाने के बाद मेरने पटाह मर गया और उसके शव को थीब्स में गाड़ा गया।

भवन निर्माण के क्षेत्र में मेरने पटाह की कोई उपलब्धि हमें नहीं मिलती। अपने पिता द्वारा निर्मित कुछ भवनों एवं स्मारकों पर उसने अपना नाम खुदवा दिया और पिता का नाम हटा दिया। आन्तरिक स्थिति इस शासक के काल में मिस्र की काफी खराब रही। सामन्तों के बीच काफी झंझट होने लगा।

इसके मरने के बाद अमेनमेसेस एवं मेरनेपटाह सिपटाह मिस्र की गद्दी को पाना चाहे। लेकिन इन्हें सफलता नहीं मिली। सेती नामक एक व्यक्ति नूबिया का गवर्नर था। यह अधिकारी अपनी चलाकी एवं भाग्य के बदौलत मिस्र की गद्दी प्राप्त करने में सफल रहा। अपने पक्ष में इसने कुछ कानूनी कागजातों को इकट्ठा कर लिया, जिसने मिस्र की गद्दी पाने में मदद किया। मिस्र के इस फराओ ने कार्नाक में एक विशाल मन्दिर बन गई।

इसके बाद सम्भवतः मिस्र की गद्दी पर सेती द्वितीय नामक व्यक्ति फराओ के पद पर बैठा। इस समय जिलों में रह रहे सामन्तों का प्रभाव केन्द्रीय शक्ति कमजोर रहने के कारण काफी बढ़ गई थी। मिस्र में बहुत दिनों से फराओ द्वारा की जा रही सैनिकों के उपयोग से सैनिकों की आर्थिक स्थिति काफी अच्छी हो गई थी। सैनिक नेता मिस्र के कई भागों में अपना सैनिक दबदबा स्थापित किए हुए थे। पुरोहितों की शक्ति तो बहुत पहले से ही काफी बढ़ गई थी। इन सब तत्त्वों के क्रियाकलापों पर नियन्त्रण पाना सेती द्वितीय के लिए

सम्भव नहीं था। परिणामस्वरूप किसी समय इस राजवंश का अध्याय हमेशा के लिए बन्द हो गया। इस तरह उन्नीसवाँ राजवंश जिसकी स्थापना ई.पू. 1315 में रेमसेस I ने की थी का अन्त सेती द्वितीय के बाद हो गया और इसी कब्र पर बीसवें राजवंश का जन्म हुआ।

12.7 उन्नीसवें राजवंश की वैदेशिक नीति

रेमसेस I मिस्र के उन्नीसवें वंश का संस्थापक था जो ई.पू. 1317 में प्राचीन मिस्र की गद्दी पर बैठा। 60 वर्ष का बूढ़ा होने के कारण उसने अपने पुत्र को संयुक्त फराओ के पद पर नियुक्त किया और वह उसकी सहायता से ही शासन चलाया करता था। उस वंश के राजाओं का सम्बन्ध अपने पड़ोसी राजाओं के साथ मित्रतापूर्ण नहीं, बल्कि शत्रुता से भरा था। दूसरे शब्दों में हम कह सकते हैं कि इनकी नीति युद्ध और विजय की नीति थी।

रेमसेस प्रथम की मृत्यु के बाद उसका पुत्र सेटी प्रथम मिस्र की गद्दी पर बैठा। सेटी प्रथम ने जिन विकट परिस्थितियों का सामना धैर्यपूर्वक किया उससे हम कह सकते हैं कि वह एक कुशल शासक था। सेटी के गद्दी पर बैठने के समय प्राचीन निकटपूर्वक के राज्यों की राजनीतिक परिस्थिति बड़ी जटिल थी। ई.पू. 1500 में तीन बड़े साम्राज्य थे—(1) मिस्र का साम्राज्य, (2) हिट्टाइट साम्राज्य, (3) एजियन साम्राज्य। इन तीनों साम्राज्यों में मिस्री साम्राज्य की स्थिति बड़ी दयनीय होती जा रही थी। सीरिया और एशिया के भू-भागों पर से मिस्र का अधिकार समाप्त हो गया था। मिस्र की बिगड़ती स्थिति से हिट्टाइटों ने फायदा उठाना शुरू किया और एजियनों ने मिस्री साम्राज्य के कुछ भागों को हड़प लिया था। एजियनों ने लीबियनों के साथ मिलकर मिस्र के नील नदी के डेल्टा पर अधिकार करने का षड्यन्त्र कर रहे थे। दूसरे शब्दों में हम कह सकते हैं कि ऐसा प्रतीत होता था कि मिस्र राज्य का इन शत्रुओं के षड्यन्त्रों के कारण अन्त हो जाएगा।

केन्द्रीय शक्ति के कमजोर होने के कारण साम्राज्य विशृंखलता की ओर तेजी से बढ़ रहा था। इस दयनीय स्थिति से फायदा उठाकर प्राचीन पैलेस्टाइन के निवासियों ने मिस्र का विरोध करना शुरू किया और दासता के बन्धन को तोड़ने की कोशिश की। पैलेस्टाइन के निवासियों के अतिरिक्त और अन्य कबीलों ने मिस्र की राजनीतिक सत्ता का खुलकर विरोध करना शुरू किया। कुछ लेखकों ने इन कबीलों को हिब्रू जाति का कहा है। बात कुछ भी हो, यह सत्य है कि मिस्र के विरोधियों को मितानी और हिट्टाइटों द्वारा प्रोत्साहन मिल रहा था। वास्तव में एशिया में मिस्र साम्राज्य के घोर विरोधी हिट्टाइट ही थे। सीरिया और पैलेस्टाइन को मिस्री प्रभाव से निकलने का प्रधान कारण हिट्टाइट विरोध ही था। इस विकट परिस्थिति में सेटी प्रथम गद्दी पर बैठा और उसने अद्भुत रणनीति और राजनीतिक चातुर्य के द्वारा परिस्थिति से लड़ने की कोशिश की।

थुटमोस II के महान आदर्शों का अनुयायी होकर सेटी I ने युद्ध द्वारा अपने विरोधियों को कुचलने का प्रयास किया। अनेक युद्धों के बाद सेटी पैलेस्टाइन पर पुनः अपना अधिकार स्थापित किया। उसके बाद उत्तर की ओर बढ़ा और पूर्व-पश्चिम के क्षेत्रों पर कब्जा कर लिया। इसने अपने साम्राज्य के उत्तरी भाग में काफी मार-काट मचाई। कुछ इतिहासकारों का कहना है कि इसने हिट्टाइटों को भी हराया था। यह घटना युगान्तरकारी घटना थी।

वास्तव में यह पहला अवसर था जब मिस्रियों और हिट्टाइटों के बीच खुला संघर्ष हुआ। एक इतिहासकार ने तो यहाँ तक कहा है कि आज से लगभग सौ वर्ष पूर्व तक प्राचीन निकटपूर्व का इतिहास हिट्टाइट और मिस्रियों के संघर्ष का इतिहास है। हिट्टाइटों के हराने से पैलेस्टाइन की ओर इनका बढ़ना रुक गया था। आरम्भ में दोनों राज्यों के बीच सन्धि हुई पर यह सन्धि अल्पकालीन सिद्ध हुई।

सेटी I की मृत्यु के बाद रेमसेस द्वितीय गद्दी पर बैठा। उसने मिस्र में एक बन्दरगाह का निर्माण किया जिससे जल द्वारा मिस्र का दूसरे देशों के साथ आवागमन सुविधापूर्वक हो सके। उसने एक साल में ही उत्तरी भाग और फिनीशिया की ओर ध्यान दिया। अभाग्यवश उसकी तैयारी की सूचना हिट्टाइट राजा मेटेला को मिल जाने के कारण उसे तैयारी करने का मौका मिल गया। मिस्र के सभी पुराने दुश्मन जो सीरिया में रहते थे मेटेला को धन और सैनिकों द्वारा सहायता करने लगे। वे नाहरी अटवाद का देश न्यूगस और अलेपो के राजा थे। इस प्रकार मेटेला ने एक शक्तिशाली सेना की तैयारी की जो मिस्री सेना से कुशल थे।

रेमसेस II ने भी भाड़े पर सैनिकों को लाने के लिए काफी प्रयत्नशील था। उसके सैनिकों में अधिकतर सार्डिनियम सैनिकों को नियुक्त सार्डिनियम सैनिक किया गया था।

पुराने राजतन्त्र के समय से ही नूबिया मिस्री सेना द्वारा हड़प लिया गया था। उन्हीं जातियों में से एक जाति मजोई ने अखनाटन की राजधानी के लिए एक पुलिस सेना तैयार की थी और फराओ के राज्य में सामान्य रूप से उसी प्रकार की सेना सर्वत्र पाए गए हैं।

यह लड़ाई रेमसेस के जीवन की दूसरी घटना थी जिसे उसने अपने द्वारा बनवाए गए सभी मन्दिरों पर लिखवाया। वह अपनी सेना को चार भागों में बाँटकर देश पर आक्रमण किया। दोनों दलों में घमासान लड़ाई हुई लेकिन किसी भी दल की पराजय नहीं हुई। दोनों दलों के सैनिक काफी थक चुके थे। अतः रेमसेस को इस युद्ध को छोड़कर अपने सैनिकों के साथ वापस लौटाना पड़ा।

इस लड़ाई से सीरिया और पैलेस्टाइन पर से मिस्र का प्रभाव बहुत कम हो गया। सेटी का कब्जा उत्तरी पैलेस्टाइन पर हुआ था जो हिट्टाइटों की सीमा के समीप था जिससे हिट्टाइट गुप्तचर वहाँ बराबर विद्रोह करते रहते थे।

रेमसेस की सीमा के उत्तरी पूर्वी डेल्टा के प्रत्येक किले से दक्षिण की ओर विद्रोह का विस्तार हुआ। लेकिन वह अपने पिता के द्वारा जीते प्रदेशों को हासिल करने के उद्देश्य से विकट आक्रमणों द्वारा सिर्फ अपने जीते हुए प्रदेशों को प्राप्त करने लगा।

इस काल की जानकारी के लिए हमारे पास बहुत कम साधन हैं। लेकिन ऐसा लगता है कि रेमसेस I ही पहला व्यक्ति था जिसने पैलेस्टाइन शहर पर आक्रमण किया था और जबर्दस्ती अपने कब्जे में कर लिया था। उसने आठ वर्षों में उत्तरी पैलेस्टाइन और पश्चिम गौलिया पर एक के बाद दूसरे पर अधिकार करने के प्रयत्न किए। उसके बाद उसका हिट्टाइट से सामना हुआ। उसे एक बहुत बड़े नगर की रखवाली करती हुई सेना से सामना करना पड़ा, लेकिन इस सेना को उसने तहस-नहस कर दिया। बहरीन में उसने विजय प्राप्त की। उसकी सूचियों से मालूम होता है कि उसने बहरीन, टीटेनू और अब्देह पर विजय प्राप्त की थी।

जब इस प्रकार की घटनाएँ हो रही थीं उसी समय हिट्टाइटों के आन्तरिक इतिहास में एक ऐसी घटना घटी जो एशिया में हो रहे युद्ध को एकाएक बन्द कर दिया। रेमसेस II के 21वें वर्ष में ई.पू. 1272 में दो राजाओं के बीच एक सन्धि हुई। वे थे रेमसेस I और मेटेल्ला का लड़का। इस सन्धि की शर्तें थी कि प्रत्येक राज्य ने शपथ ली थी कि वे भविष्य में एक-दूसरे पर आक्रमण नहीं करेंगे। एक दूसरे के युद्धबन्दियों को लौटाने का वायदा हुआ। आपस में यह तय हुआ कि यदि किसी देश के नागरिक अपनी स्वेच्छा से राष्ट्रीयता बदलकर एक-दूसरे में जाना चाहें तो उन्हें किसी तरह की रुकावट नहीं होनी चाहिए। सन्धि की शर्तों में यह भी एक महत्त्वपूर्ण बात थी कि राज्यों की सीमा निर्धारित कर दी गई।

उस समय की दो महान शक्तियों में इसके द्वारा मित्रता का विस्तार हुआ। इसके द्वारा दोनों दरबारों में पत्रकारिता का विकास हुआ। इस शान्ति सन्धि के लिए देवी-देवता को रेमसेस की पत्नी, माता एवं पुत्र ने काफी धन्यवाद एवं बधाई दिए।

इस सन्धि की शर्तों का सबसे प्रमुख भाग दोनों राज्यों की सीमा रेखा में निर्धारण से सम्बन्धित था। विभिन्न भू-भागों पर दोनों राज्यों का कहाँ तक प्रभाव क्षेत्र होगा यह निश्चय कर इन भू-भागों के देवालयों को इस विभाजन की सुरक्षा के लिए जिम्मेदार ठहराया गया और विभाजन रेखा खींची गई। उसके अनुसार सीरिया का 4/5 भाग हिट्टाइटों के अधीन रहा। पैलेस्टाइन का सम्पूर्ण भाग मिस्र को दे दिया गया। ब्रेस्टेड का कहना है कि—"यह सन्धि दोनों दलों के लिए सन्तोषप्रद थी।" लेकिन कुछ अन्य इतिहासकारों ने इस सन्धि को मिस्र के लिए घातक माना है। इनका यह विचार है कि सीरिया और पैलेस्टाइन बहुत पहले से मिस्र के अधीन थे लेकिन परिस्थितिवश अब फराओ को सीरिया का एक भाग खोना पड़ा। इससे यह प्रमाणित होता है है कि मिस्र का साम्राज्य पतनोन्मुख हो चुका था और विकेन्द्रीकरण की प्रवृत्ति घर कर गई थी। सीरिया और पैलेस्टाइन पर शाश्वतवाद का सबसे प्रधान उद्देश्य रहा था। इस सन्धि ने इन उद्देश्यों की इतिश्री कर दी।

यद्यपि प्राचीन इतिहासकारों का यह विचार है कि यह सन्धि दोनों राज्यों के लिए हितकर साबित हुआ। इसके प्रमाण में इनका कहना है कि सन्धि की शर्तों में दोनों राज्यों ने एक दूसरे को मित्र कहकर पुकारा। लेकिन अन्त में कुछ इतिहासकारों ने यह दिखाने की चेष्टा की है कि हिट्टाइटों की शक्ति इतनी बढ़ गई थी कि मिस्र के फराओ से किसी भी तरह उसकी शक्ति के सामने झुकने के अलावा कोई विकल्प नहीं रह गया था। कुछ भी हो इस सन्धि को प्राचीन मिस्र की युगान्तरकारी घटना मानी जाती है।

सन्धि के तेरह वर्षों के बाद ई.पू. 1259 में हिट्टाइट राजा स्वयं मिस्र गया और रेमसेस ने उससे अपने बड़ी लड़की की शादी की। इस शादी में उसने बहुत से उपहार दिए। इस वैवाहिक सम्बन्ध ने दोनों राजघरानों को समानता के धरातल पर लाने में सफल हुआ। यद्यपि मिस्र का राजवंश से मान एवं प्रतिष्ठा में हिट्टाइट्स राजघराना कहीं अधिक प्रतिष्ठित था। इस घटना ने मिस्र के साम्राज्यवाद को एक नई गति प्रदान की और मिस्र ने अपने अधीन जातियों को उदाररता की दृष्टि से देखना प्रारम्भ किया। कठोरता की नीति का परित्याग कर मिस्र इतने से ही सन्तुष्ट हो गया कि अधीनस्थ जातियाँ उसे वार्षिक कर देती थीं और मिस्र के विरुद्ध किसी षड्यन्त्र का भय जाता रहा।

रेमसेस के दीर्घकालीन शासनकाल में इस सन्धि का पूर्ण पालन किया गया और उसके उत्तराधिकारियों के समय में भी पूरी शान्ति बनी रही। इसके बाद रेमसेस युद्ध के मैदान में कभी नहीं गया। शायद अपने शासन के दूसरे वर्ष उसने न्यूबिया के बहुत बड़े विद्रोह को दबाया। लेकिन उसके द्वारा किए गए किसी भी अभियान से यह पता नहीं चलता कि किसी भी न्यूबिया के अभियान का उसके द्वारा संचालन किया गया था। रेमसेस के बाद मेसपटा अपने शासन को पाँच वर्षों तक शान्तिपूर्वक तरीके से चलाया। लेकिन यह वह शान्ति थी जो विद्रोह का रास्ता तैयार कर रही थी। सरकार की कमजोरी के चलते पश्चिम तरफ के सभी डेल्टा विदेशियों के हाथ में जाने लगे और पूर्व में भी मिस्रवासियों को विदेशी दबाते चले जा रहे थे। मिस्र ने सभी डेल्टा को अपने अधिकार में करना चाहा। लीबिया के हार के चलते मिस्र पूर्ण विनाश से बच गया। इसके बाद इस काल में कोई दूसरा युद्ध नहीं हुआ।

मिस्र और हिट्टाइटों के साथ जो सन्धि हुई जिसके चलते पश्चिमी एशिया और मिस्र के बीच सीधा सम्पर्क कायम हो गया। दोनों के ही बीच सदियों से पनपती शत्रुता शान्त हो गई और दोनों के बीच सामाजिक और सांस्कृतिक व्यवधान धीरे-धीरे हटते गए। परिणामस्वरूप एक नई सांस्कृतिक क्रान्ति आई जिसका प्रभाव मिस्र के तत्कालीन समाज, साहित्य और कला पर कई दृष्टियों से पड़ा।

रेमसेस II एक बहुत बड़ा साम्राज्य निर्माता था। पूर्वी क्षेत्रों में उसने एक शहर और विशाल राज्य का निर्माण किया था। ऐसा कहा जाता है कि विदेशी श्रमिकों से जबर्दस्ती सेवा प्राप्त कर उसने पूर्वी डेल्टा में एक शहर वास्तव में उसके और विशाल राजभवन का निर्माण किया। शासनकाल में विदेशियों ने मिस्र के सामाजिक जीवन के सभी अंगों पर प्रभाव डालना शुरू किया था। मिस्र की सभ्यता पर इस समय सीरियनों का प्रभाव काफी बढ़ गया था। सीरिया की बहुत-सी राजकुमारियाँ उसके राजमहल में रहती थीं। इस प्रकार सीरिया का पूर्वीकरण धड़ल्ले के साथ हो रहा था। मिस्र की राजधानी काहिरा में विदेशियों की संख्या बढ़ रही थी। इन विदेशियों में कुछ लाचार थे, कुछ दास थे और कुछ विदेशी सैनिक भी थे जो मिस्र की सेना में घुस गए थे। केवल विदेशी ही मिस्र में नहीं आए, साथ-साथ भाषा और साहित्य का भी आगमन हुआ। विदेशी धार्मिक व्यवस्था का भी प्रभाव मिस्र के धर्म पर पड़ा। नए-नए देवता मिस्र के नागरिकों द्वारा अपनाए जाने लगे। इस दृष्टि से रेमसेस II का शासनकाल 19वें वंश के इतिहास में महत्त्वपूर्ण स्थान रखता है।

राजनीतिक दृष्टि से रेमसेस II की मृत्यु के बाद इस वंश की दशा और भी खराब हो गई थी। उसकी मृत्यु के बाद गद्दी के लिए गृहयुद्ध आरम्भ हुआ। अन्त में उसका उत्तराधिकारी मेसपटा हुआ कुशल शासक के गुण नहीं रहने के कारण वह अधिक दिनों तक शासन नहीं कर सका।

12.8 बीसवाँ राजवंश

जैसा कि ऊपर ही बताया जा चुका है, 19वें राजवंश के काल के अन्तिम चरणों में केन्द्रीय शक्ति कमजोर पड़ गई और मिस्र में अव्यवस्था का वातावरण बन गया था। मिस्र की गद्दी पर बैठा यह युवक सम्भवतः एक राज परिवार का ही सदस्य था जिसने अपनी समझदारी

एवं चालाकी के बल पर मिस्त्र की गद्दी पाई। बिना सामन्तों के विद्रोह को दबाए, सैनिक नेताओं को नियन्त्रित किए तथा प्रधान पुरोहित के अधिकारों को सीमित किए, इस काल में किसी भी व्यक्ति को फराओ के रूप में मिस्त्र की गद्दी पर बैठना सम्भव नहीं था। अतः विद्वानों ने यह अनुमान किया है कि उपर्युक्त सारी समस्याओं को सुलझाने की क्षमता सेनाख्त में थी। उसका पुत्र रेमसेस तृतीय था जिसने अपने पिता के गुणों की प्रशंसा की है। सम्भवतः यह शासक ई.पू. 1198 में मरा।

12.9 रेमसेस तृतीय (1198-1169 ई.पू.)

बीसवें राजवंश का शासक अपने पुत्र के लिए बहुत हद तक एक अच्छा वातावरण बनाकर मरा था। अपने पुत्र रेमसेस तृतीय को अनुभवशील बनाने के उद्देश्य से सेनाख्त ने अपने जीते जी रेमसेस तृतीय को इस प्रशासनिक कार्यों में भाग दिलाकर उसे एक अनुभवशील व्यक्ति बना दिया था। ब्रेस्टेड महोदय ने रेमसेस तृतीय को ही 20वें राजवंश का प्रथम शासक माना है।

इसमें दो मत नहीं है कि रेमसेस तृतीय जब मिस्त्र की गद्दी पर बैठा तो चारों तरफ अराजकता का वातावरण था। बाहरी दुश्मनों ने तो मिस्त्र के विरुद्ध सर उठाना पुनः प्रारम्भ कर ही दिया था, देश के भीतर भी दुश्मनों की संख्या काफी थी। इन सारी विपत्तियों से मुकाबला करने के लिए रेमसेस तृतीय ने सबसे पहले सेना का ढंग से संगठन करना प्रारम्भ किया। बड़े पैमाने पर सेनाओं का संगठन करने के पश्चात् उन्हें नियमित वेतन देना रेमसेस ने शुरू किया, ताकि सेना की नौकरी से इनका लगाव ईमानदारीपूर्वक बना रहे। बहुत से सैनिकों को उसने युद्ध के समय कुछ निश्चित रकम देकर बहाल करने की व्यवस्था की। इन सैनिकों को वेतन के रूप में कुछ नहीं मिलता था। इन्हीं सेनाओं के बल पर उसने सबसे पहले आन्तरिक अव्यवस्था को सुधारने का प्रयास किया।

इस समय मिस्त्र में लूट-पाट की घटनाएँ काफी बढ़ गई थी। डाकुओं ने देश के भीतर आतंक पैदा कर दिया था। इन डाकुओं में लूट-पाट की प्रवृत्ति बेकारी एवं गरीबी के कारण आई। जो बिलकुल गरीब था वह सम्भवतः डाकू का पेशा नहीं अपना पाया होगा। सबसे भयानक डाकू हिब्रू जाति के लोग थे। ये प्रायः भूमध्य सागर के किनारे दक्षिणी भाग में रहते थे। रेमसेस तृतीय ने इनके उपद्रवों को काफी क्षति सहने के बावजूद दबा देने में सफल रहा। काफी डाकू जान से मार दिए गए और बहुत से डाकू कैदी बना लिये गए। साधारण स्तर के डाकू या लुटेरे रेमसेस तृतीय के इस सफलता से काफी डर गए और मिस्त्र में बड़े पैमाने पर पुनः आतंक मचाने की इनकी हिम्मत नहीं हुई। रेमसेस तृतीय अपने इस अभियान में सफल रहा।

आन्तरिक सफलता के पश्चात् विदेशी शक्तियों का मुकाबला करने की योजना उसने बनाई। लीबिया से मिस्त्र की सुरक्षा के लिए अपने साम्राज्य के पश्चिमी सीमा पर उसने एक नगर का निर्माण किया और सैनिकों को स्थायी रूप से बैठा दिया ताकि लीबिया का मुकाबला रेमसेस तृतीय की सेना सीमावर्ती क्षेत्र में ही करके दुश्मनों को हरा दें ताकि देश के अन्दर उनको आने की हिम्मत न हो। मिस्त्र और सीरिया के बीच हुए तनाव को उसने कम किया।

धार्मिक दृष्टिकोण से सीरिया के साथ अच्छा सम्बन्ध स्थापित करने के लिए उसने एमन देवता का मन्दिर बनवाया और यातायात के साधन में विकास किया। फलतः दोनों देशों के बीच व्यापारिक सम्बन्ध बढ़े। पेपिरस (इसी से अंग्रेजी का पेपर शब्द बना है।) पर लिखने का कला इसी के काल में विकसित हुई। मिस्री वर्णमाला का प्रसार फिनीशिया में हुआ। इस लिपि का प्रचार यूनान में हुआ। इस तरह साम्राज्यवादी प्रवृत्ति से प्रभावित रेमसेस ने तृतीय विश्व के कई देशों को प्रत्यक्ष एवं अप्रत्यक्ष रूप से अपने अधीन कर लिया।

देश के भीतर प्रशासनिक सुधार के लिए रेमसेस तृतीय ने आर्थिक स्थिति को मजबूत करने का प्रयास किया और उसका यह प्रयास सफल भी रहा। व्यापार के केन्द्रों के रूप में मिस्र के नगरों में स्थित अनेक मन्दिरें व्यापारिक केन्द्रों के रूप में बदलते गए। देश एवं विदेशों से अनेक प्रकार की वस्तुएँ यहाँ बिकने के लिए आने लगीं और मिस्र की आय बढ़ी। मिस्र के प्रशासन में मन्दिरों के पुजारियों का प्रभाव भी काफी बढ़ गया।

रेमसेस तृतीय ने अनेक स्थलों की खुदाई कराई और वहाँ से ताँबा निकाला जाने लगा। इस धातु से अनेक प्रकार की वस्तुएँ तैयार की जाने लगीं। आर्थिक लाभ के अलावा मिस्र की प्रतिष्ठा भी बढ़ गई। रेमसेस तृतीय एक योग्य शासक था और मिस्र का विकास करना चाहता था, यह बात देश के भीतरी और बाहर फैल गई।

आर्थिक विकास के लिए एक जगह से दूसरे जगह आसानी एवं सुरक्षात्मक दृष्टिकोण से पहुँचने के लिए यातायात का विकास अतिआवश्यक था। इसके लिए मिस्र के इस फराओ ने नई-नई सड़कों का निर्माण किया। यात्रियों की सुविधा के लिए सड़कों के दोनों ओर पेड़ लगवाए गए। कुछ-कुछ दूरी पर यात्रियों के विश्राम के लिए विश्रामालय बनाए गए। इन विश्रामालयों में यात्रियों को ठहरने एवं भोजन की व्यवस्था रहती थी। सम्भवतः भोजन बनानेवाला भी यहाँ रहता था। (प्राचीन भारत के विश्रामालयों में यात्रियों को इसी तरह ठहरने और भोजन की व्यवस्था रहती थी। भोजन बनानेवाला भट्ठी पर भोजन बनाता था और इसीलिए भोजन बनानेवाले को भट्ठियार और अगर औरत हुई तो उसे भट्ठियारिन कहा जाता था। बाद में चलकर भट्ठियारिन अपने पति की जानकारी में ही पैसा कमाने के लिए वेश्यावृत्ति का काम भी करने लगीं और इसीलिए बाद में चलकर भट्ठियारिन शब्द का प्रयोग भारतीय समाज में गाली के रूप में होने लगा।) रेमसेस तृतीय के काल में भट्ठियार या भट्ठियारिनों के विश्रामालय थे या नहीं या अगर थे भी तो इनको यहाँ कौन रखता था और इनका सामाजिक स्तर क्या था इस सम्बन्ध में मिस्री स्रोत कुछ विशेष प्रकाश नहीं डालते।

रेमसेस तृतीय ने यातायात के विकास के दृष्टिकोण से ही अनेक नहरों और तलाबों (यह शब्द 'तल' अर्थात् जमीन और 'आब' अर्थात् पानी के मेल से बना है) का निर्माण करवाया। कुएँ भी खोदे गए। एमन देवता का एक नया मन्दिर इसके काल में निर्मित हुआ और इसके चारों ओर झील और फुलवाड़ी (फूलों का घर या ढेर) लगाया गया। अनेक मन्दिरों की उसने मरम्मत भी करवाई।

मिस्र के पुजारियों की मदद से रेमसेस तृतीय मिस्र की गद्दी पर बैठा था। अतः चाहकर भी इन पुजारियों के विरुद्ध कुछ नहीं कर सका जबकि केन्द्रीय शक्ति को मजबूत बनाने के लिए पुजारियों की बढ़ती हुई शक्ति पर लगाम लगाना आवश्यक था। हम पाते हैं कि

इन पुजारियों को बढ़ती हुई शक्ति पर रोक लगाना तो दूर रहा, उलटे रेमसेस ने इन्हें राजकीय संरक्षण प्रदान किया। विदेशों के साथ व्यापार करके मिस्र का पुजारी वर्ग उतना ही धनी और प्रभावशाली हो गया जितना पूर्व मध्यकालीन भारतीय मन्दिरें और यूरोपीय चर्च हो गए थे। राज कर्मचारियों की हुक्म चलती थी। अठारहवें राजवंश के काल से विकसित पुजारियों की शक्ति रेमसेस तृतीय के काल में और अधिक प्रभावशाली हुई। रेमसेस तृतीय ने पुजारियों का समर्थन पाने के लिए इन्हें संरक्षण उसी प्रकार प्रदान किया जिस प्रकार थुतमोस तृतीय एवं अखनाटन ने धार्मिक केन्द्रों को सहायता किया।

पुजारियों की शक्ति नियंत्रित करने के लिए सबसे ज्यादे इच्छुक थे भाड़े पर काम करनेवाले मिस्र के सैनिक। ये सैनिक केन्द्रों को मजबूत रखने के पक्ष में थे। इनका सम्बन्ध मन्दिरों के पुजारियों के साथ नहीं के बराबर था। ये लोग फराओ से सटे रहते थे। वैसे सैनिक जो युद्धबन्दी के रूप में मिस्र लाए गए थे, उनकी भी सहानुभूति इनका अलग धर्म होने के कारण पुरोहितों से नहीं था बल्कि फराओ से था जो इन्हें खाना देता था। इतनी बड़ी सैनिकों की सहायता से भी फराओ पुरोहितों पर नियन्त्रण करने में डर रहा था क्योंकि भाड़े के सैनिकों और युद्धबन्दी के रूप में लाए गए सैनिकों पर विश्वास करना आग में पैर रखना था जिसे रेमसेस तृतीय ने उचित नहीं समझा। अगर ये सैनिक ठीक समय पर उसे धोखा दे देते तो पुरोहितों पर नियन्त्रण करने के बजाय उसे गद्दी से ही हाथ धोना पड़ सकता था। रेमसेस का तर्क इस सम्बन्ध में यह था कि जितने पैसे में इन सैनिकों को वह भाड़ा पर खरीदता था उससे अधिक कीमत अगर पुरोहित उसे देता तो सम्भव था उसी के पक्ष में सैनिक हो जाते। राष्ट्रीय भावना का इन सैनिकों में अभाव था और ये लोग देश में सेना का काम करते थे।

ढंग से सोचने पर रेमसेस का उपर्युक्त विचार काफी मान्यपूर्ण था। दूसरी तरफ केन्द्रीय शक्ति कमजोर होती जा रही थी। इसके लिए रेमसेस को दोषी ठहराना भी ठीक नहीं लगता। आन्तरिक विद्रोह बढ़ते गए और रेमसेस के मन्त्री ने ही विद्रोह कर दिया। रेमसेस अभी भी इतना कमजोर नहीं हुआ था कि इस विद्रोह को बढ़ने देता। यह मन्त्री बन्दी बना लिया गया और इसके स्थान पर टा नामक एक अन्य व्यक्ति नियुक्त हुआ।

रेमसेस की उम्र जैसे-जैसे ढलती गई विद्रोहियों की संख्या बढ़ती गई। उसका राजमहल विद्रोहियों का अड्डा हो गया। अपने-अपने पुत्रों को मिस्र की गद्दी पर बैठाने के लिए राजमहल की रानियों ने षड्यन्त्र करना प्रारम्भ कर दिया। रेमसेस ने इन षड्यन्त्रों के बारे में जब जाना तो षड्यन्त्रकारी रानियों एवं उनको साथ देनेवाले अधिकारियों को कठोर दंड दिया। 1167 ई.पू. में रेमसेस तृतीय का प्राणान्त हुआ और साम्राज्य का भी। इधर रोमन शासकों का उदय हो चुका था जिन्होंने मिस्र को अपने अधीन कर लिया।

12.10 रेमसेस तृतीय की उपलब्धियाँ

रेमसेस द्वितीय के मरने के बाद कुछ दिनों तक मिस्र की राजनीतिक स्थिति अच्छी नहीं रही। जब 1198 ई.पू. में रेमसेस तृतीय मिस्र की गद्दी पर बैठा तो मिस्र के इतिहास में हमें कई प्रकार की उपलब्धियाँ देखने को मिलती हैं। इसके काल से ही 20वें राजवंश का आरम्भ हुआ।

राजनीतिक दृष्टिकोण से मिस्र को सुदृढ़ करने के लिए रेमसेस द्वितीय सर्वप्रथम अपना ध्यान सैनिक संगठन की ओर किया। सैनिकों को वेतन देकर काफी बड़ी मात्रा में मिस्री नौजवानों को भर्ती किया। कुछ सैनिकों को उसने भाड़ा पर भी बहाल किया। बाह्य खतरों से बचने का भी प्रयास उसका सफल रहा। मिस्र के उत्तर में जितनी लड़ाकू जातियाँ रहती थीं उनमें सबसे खतरनाक हिब्रू लोग थे जो भूमध्यसागर के दक्षिणी तट पर रहते थे। ये लोग अचानक धावा बोलकर नील नदी के पास के फसलों को लूट लिया करते। इन उपद्रवों को नष्ट करने के लिए रेमसेस तृतीय ने सर्वप्रथम उनके जहाजों को नष्ट कर डाला, फिर आक्रमणकारियों को या तो जान से मार डाला और नहीं तो बन्दी बना लिया। रेमसेस की सेनाएँ भी काफी संख्या में मारी गईं लेकिन अन्त में विजय इसी पक्ष में रहा।

पश्चिम में मिस्र को लीबिया से भी हमेशा खतरा बना रहता था, अतः मिस्र को सुरक्षित करने के लिए पश्चिम में अपने नाम पर एक नगर बसाकर उसे सेनाओं से भर दिया। उत्तर और पश्चिम के तरफ से मिस्र को सुरक्षित करने के पश्चात् उसने सीरिया से भी मिस्र को बचाने का सफलतापूर्वक प्रयास किया।

एशिया प्रदेशों को संगठित करने के पश्चात् रेमसेस ने सीरिया तथा पैलेस्टाइन में नई सीमाओं को स्थापित किया और एमन देवता का एक मन्दिर सीरिया में बनवाया। यातायात को उसने विकसित किया जिसके परिणामस्वरूप व्यापार काफी विकसित हुआ। पेपिरस का प्रयोग शुरू हो गया और लेखन शैली में आश्चर्यजनक विकास हुआ। ऐतिहासिक बातों को महत्त्व मिलने लगा और कालक्रमानुसार लिखने की प्रक्रिया का विकास हुआ। रेमसेस तृतीय के काल में ही मिस्री वर्णमाला और लिपि को फिनीशिया के शिक्षित समुदाय में काफी अच्छा स्थान मिला।

साम्राज्य की रक्षा के लिए इस फराओ ने शक्तिशाली बेड़े का निर्माण किया। यह एक निरंकुश फराओ था जिसका मुख्य कार्य कर वसूलना और साम्राज्य में शान्ति व्यवस्था स्थापित करना था। आय का मुख्य स्रोत व्यापार और वाणिज्य था जिसको विकसित करने का श्रेय रेमसेस को ही है। मिस्र का व्यापारिक बेड़ा भूमध्यसागर एवं लालसागर के माध्यम से अन्तर्राष्ट्रीय स्तर पर व्यापार में इस काल में हमेशा व्यस्त रहता था। मिस्र के मन्दिरों के पास अपने बेड़े होते थे जिसके माध्यम से ये धार्मिक केन्द्र व्यापार करते थे और अब मन्दिरों की सम्पत्ति भी बढ़ने लगी थी।

रेमसेस तृतीय की महत्त्वपूर्ण उपलब्धि खानों से ताँबा निकालना था जो सम्भवतः इसी काल में बड़े पैमाने पर शुरू हुआ। अधिक आय के परिणामस्वरूप रेमसेस ने अपनी राजधानी को काफी आकर्षक बना दिया। नई-नई सड़कों का निर्माण हुआ, पुराने मन्दिरों की मरम्मत की गई और थीब्स नगर के पश्चिम में एक बहुत बड़ा मन्दिर इसी के द्वारा बनाया गया। मन्दिर के पास झील खुदवाई और बाग-बगीचा भी लगवाए गए। कार्नाक के मन्दिर का मरम्मत कराया गया। इस काल में भवन-निर्माण एवं अन्य कलाओं का अद्वितीय विकास हुआ। भवन निर्माण कला के क्षेत्र में रेमसेस की उपलब्धि इतिहासकारों ने निश्चित रूप से स्वीकार किया है।

मन्दिरों की आर्थिक स्थिति काफी अच्छी होने के कारण रेमसेस तृतीय के शासनकाल

में पुरोहित वर्ग काफी शक्तिशाली हो गया था जो बाद में चलकर राजमुकुट के लिए खतरा साबित हुआ। पुरोहितों की बढ़ती हुई शक्ति पर ब्रेक लगाना रेमसेस तृतीय के लिए सम्भव था भी नहीं क्योंकि उन्हीं के कारण उसे मिस्र की गद्दी मिली थी। मन्दिरों की आय के स्रोत राजा, धनी व्यक्तियों एवं सामान्य व्यक्तियों से प्राप्त किए गए धन के अलावा बड़े पैमाने पर मन्दिरों द्वारा किया गया व्यापार भी था। फलतः मिस्र के ये मन्दिर अब न केवल आर्थिक दृष्टिकोण से ही काफी सुदृढ़ हो गए बल्कि मिस्री समाज पर इनका दबदबा ऐसा था कि रेमसेस तृतीय को मन्दिर अब एक विकट समस्या के रूप में दिखाई देने लगा।

रेमसेस तृतीय द्वारा प्रोत्साहित थीब्स के मन्दिर का पुरोहित अब राजकीय सत्ता भी हथिया लिया। वैसे इन पुरोहितों की शक्ति तो अठारहवें राजवंश के काल में काफी सुदृढ़ हो गई थी। मन्दिरों को नगरों की आय दान में देने की प्रथा थुटमस तृतीय के काल से ही प्रारम्भ हो चुका था, अतः मन्दिरों को शक्तिशाली होने में रेमसेस तृतीय को पूर्णतः दोषी करार नहीं किया जा सकता। उसने तो गद्दी की सुरक्षा के दृष्टिकोण से अपने पूर्वजों द्वारा बनाए परम्परा को निभाया। इन पुरोहितों के असीमित शक्ति पर सीरिया, लीबिया और एशिया माइनर से रेमसेस तृतीय द्वारा वेतन के आधार पर बुलाएँ गए निजी सहायक एवं व्यक्तिगत अनुचर तथा विदेशों से लाए गए किराए के सैनिकों ने नियन्त्रण किया। परिणामस्वरूप रेमसेस तृतीय की गद्दी बची रही क्योंकि इन विदेशी सैनिकों एवं अधिकारियों के अपने मालिक से मतलब था न कि मन्दिर या उसके पुरोहितों से। लेकिन धार्मिक प्रभाव के कारण मिस्र की आन्तरिक स्थिति आगे चलकर ठीक नहीं रही। परम्परावादी विचारधारा का बोलबाला होने से देश की प्रगति सन्तोषप्रद होना सम्भव नहीं रहा और राजनीतिक विघटन स्वाभाविक-सा था।

इस समय रेमसेस तृतीय के लिए पुरोहितों की बढ़ती हुई शक्ति एक चुनौती बन चुकी थी। बाहर से लाए गए सैनिकों से रेमसेस को काफी सन्तुष्टि नहीं थी क्योंकि रेमसेस के भविष्य की रक्षा से इनको कोई सहानुभूति नहीं थी। रेमसेस से ये लोग वेतन या भाड़ा पाते थे और मशीन के समान युद्ध के समय मदद करते। पैसा नहीं मिलने पर ये सैनिक रेमसेस को मदद करने के लिए बिलकुल तैयार नहीं थे। विदेशी जासूसों को भी साम्राज्य कल्याण और फराओ की सुरक्षा से ज्यादा महत्त्वपूर्ण अपना स्वार्थ लगता था, फलतः इनके कार्यों में ईमानदारी का अभाव था जो रेमसेस के लिए खतरनाक था। रेमसेस के रिश्तेदारों के द्वारा भी आर्थिक शोषण साम्राज्य का बड़े पैमाने पर किया जाता। छोटी-छोटी बातों के लिए ये लोग रेमसेस का विरोध करने से बाज नहीं आते। उपर्युक्त सारे कारणों से रेमसेस की आन्तरिक स्थिति दिन-पर-दिन खराब होती गई। आन्तरिक कलह के परिणामस्वरूप राजदरबार की महिलाएँ भी नाजायज ढंग से विदेशी गुप्तचरों से अपना सम्बन्ध स्थापित कर ली थीं। अब रेमसेस चाहकर भी इन गुप्तचरों के विरुद्ध कुछ नहीं कर सकता क्योंकि राजदरबार की औरतों के नाजायज सम्बन्ध स्थापित करने के कारण इन विदेशी गुप्तचरों को रेमसेस के द्वारा भविष्य के उठाए गए प्रत्येक कदम की जानकारी थी, फिर भी इन षड्यन्त्रकारियों से मिस्र को मुक्त कराने में रेमसेस काफी प्रयत्नशील रहा। कई लोगों के विरुद्ध उसे ठोस सूचना प्रमाण उपलब्ध भी हुए लेकिन अचानक 1167 ई.पू. में उसकी मृत्यु होने से मिस्र को पतन होने से वह नहीं

बचा सका और न ही षड्यन्त्रकारियों को ही सजा दे सका। फिर भी जिस तेज गति से रेमसेस मिस्र के स्तर को ऊँचा उठाया, व्यापार का विकास किया, नगरों का निर्माण किया और मन्दिरों को संरक्षण दिया वह काफी सराहनीय कहे जा सकते हैं। यह भी सत्य है कि आज का धार्मिक संरक्षण कल रेमसेस के लिए ही विरोधी सिद्ध हुआ, चूँकि रेमसेस की मिस्र का साम्राज्य पुरोहित वर्ग की मदद के कारण मिला था, अतः चाहकर भी वह पुरोहित वर्ग से पीछा नहीं छुड़ा सका। जितने क्षेत्रों में रेमसेस की उपलब्धियाँ रही उसके आधार पर भी बहुत दिनों तक साम्राज्य को बचा पाना विश्व में किसी के लिए सम्भव नहीं रहा है, इसका प्रमाण इतिहास है। अतः रेमसेस के सारे प्रयत्न साम्राज्य के पतन को नहीं बचा सके, बहुत आश्चर्य नहीं लगना चाहिए। मिस्र के काल के पश्चात् भी अन्तर्राष्ट्रीय स्तर पर जब हम इतिहास पर नजर डालते हैं तो विश्व के अधिकांश साम्राज्यों के पतन में धार्मिक संस्थाओं और पुरोहितों का सबसे बड़ा हाथ रहा है।

रेमसेस तृतीय की मृत्यु के पश्चात् भी मिस्र को उपर्युक्त विरोधी तत्त्वों से रक्षा की जा सकती थी, अगर रेमसेस के उत्तराधिकारी योग्य होते लेकिन बाद के नौ शासक इतने कमजोर निकले कि मिस्र का विघटन नहीं रुक सका। वैसे उत्तर और पश्चिम के बाहरी दुश्मनों से मिस्र को बचाने के लिए रेमसेस स्थायी तौर पर व्यवस्था कर दिया था। अब आवश्यकता थी मिस्र में योग्य शासक की जो आन्तरिक मामलों से निपट पाता। रेमसेस अगर कुछ दिनों तक गद्दी पर बैठा रहता तो शायद वह विरोधियों को दबा सकता क्योंकि क्षमता का उसमें अभाव नहीं था। लेकिन ऐसा नहीं हो सका। राजगद्दी पुरोहितों के हाथ का खिलौना हो गया। एमन देवता के प्रधान पुरोहित ने 1100 ई.पू. में एक सेना का संगठन कर लिया और अपने को फराओ घोषित कर दिया। अन्तिम राजा रेमसेस बारहवाँ तो एमन देवता के प्रधान पुरोहित के हाथ का कठपुतली था। फलतः 21वाँ राजवंश की स्थापना इसी पुरोहित ने की।

लेकिन उपर्युक्त बातों से रेमसेस की उपलब्धियों की सराहना कम नहीं किया जा सकता। रेमसेस द्वितीय की तुलना में कई क्षेत्रों में रेमसेस तृतीय की उपलब्धियाँ साम्राज्य की उन्नति के लिए काफी उपयोगी साबित हुई।

12.11 इक्कीसवाँ राजवंश

रेमसेस तृतीय के काल में मिस्र के पुरोहितों ने सत्ता हथियाने का जो प्रयास किया उसमें वे सफल हुए और एमन का प्रधान पुजारी 1100 ई.पू. में सैनिकों की मदद से मिस्र की गद्दी पर बैठ गया। बीसवें राजवंश का फराओ रेमसेस XII ने भी अपनी योग्यता के अभाव में इन पुजारियों की गद्दी प्राप्त करने की लालसा को और प्रोत्साहित कर दिया।

12.12 पुजारियों की शक्ति में वृद्धि

रेमसेस III के बाद करीब 1101 ई.पू. एमन देवता के प्रधान पुरोहित ह्रिहोर (Hrihor) के अधीन एक नए राजवंश की स्थापना मिस्र में हुई जिसे 21वाँ राजवंश कहते हैं। *Cambridge Ancient History* में Hall लिखते हैं–"It is no inspiring than yet Onabsorbing one."

रेमसेस तृतीय मिस्र का अन्तिम महान सम्राट था। इसके बाद मिस्र में कोई ऐसा योग्य

व्यक्ति न था जो मिस्री साम्राज्य को चला पाता। यद्यपि इसकी मृत्यु के बाद नौ दुर्बल प्राणियों की लम्बी शृंखला का परिचय मिलता है जो सभी रेमसेस के प्रधान नाम के ऊपर कलंक की तरह थे जिनके हाथों से फराओ के राज्यों की लड़ाई शक्ति नष्ट हो गई। ये भारत के उत्तरवर्ती मुगलों की तरह काफी विलासी थे, जिसके कारण न तो वे हरम से बाहर निकलते थे और न राज्य कार्य देखते थे।

रेमसेस IV निःसन्देह असमर्थ व्यक्ति था जो अपना समय एमन या ओसिरिस किसी भी देवता के आराधना में व्यतीत करता था जिसे वह समझता था कि वह उसकी पुकार सुनेगा। इसी तरह की प्रवृत्ति लगभग उसके उत्तराधिकारियों में भी थी। फलतः सरकार की वास्तविक शक्ति एमन के उन पुरोहितों के हाथ चली गई जो वास्तव में धन और शक्ति में राजा के बराबर थे। परन्तु अन्तिम रेमसेस के जीवन का अन्त निकट आ गया। ह्रिहोर (Hrihor) जो कि उच्च पुरोहित था सम्पूर्ण ढंग से उसका अधिकार छीन लिया तथा अपने नाम के पहले पुरोहित की उपाधि धारण करने लगा और इस तरह उसने मिस्र में 29वें राजवंश की नींव रखी।

यद्यपि 1107 ई.पू. में पुरोहित राजवंश की स्थापना हुई तथापि यह एक लम्बी प्रक्रिया की चरम परिणति थी। उन पुरोहितों की शक्ति 18वें राजवंश के समय से ही बढ़ रही थी। अन्ततः उन्होंने पूर्व शक्ति प्राप्त कर ली।

पुरोहितों की शक्ति वृद्धि की मुख्य सहायक थी मन्दिरों के प्रति न्यायालय और उसके अधिकार की प्राप्ति की भावना। 18वें राजवंश में कई ऐसे फराओ भी थे जो यह विश्वास करते थे कि देवताओं की कृपा के कारण ही वे विजय प्राप्त करते हैं, विशेषकर एमन देवता के कारण। अस्तु वे मन्दिरों को काफी बहुमूल्य दान दिया करते थे। 19वें राजवंश के समय पुरोहित लोग इतनी ऊँची माँगे प्रस्तुत करने लगे थे कि सेती प्रथम तथा रेमसेस छठे को राजस्व के नए साधनों का प्रयोग करना पड़ा था।'' पेपिरस होरिस (Papyrus horris) से पता चलता है कि रेमसेस द्वितीय ने 'रा' 'पटाह' और 'एमन' के मन्दिरों के निर्माण के लिए काफी दान दिया था। इसके अलावा अपनी जादूगरी की चीजों को बेचकर और अन्य लाभदायक कार्यों के द्वारा वे पुरोहित असाधारण ऐश्वर्य का प्रयोग करने लगे थे।

इस तरह मन्दिर मिस्र की भूमि का सातवाँ भाग तथा अनगिनत पशुओं को अपने अधिकार में रखे हुए थे। देश की सम्पूर्ण जनसंख्या का 3 प्रतिशत भाग के लगभग व्यक्ति मन्दिरों में दास की भाँति कार्य करते थे। प्रत्येक पुरोहित के पास अपना एक द्रुतगामी होता था जो सीरिया व लेबनान के जंगलों से लकड़ी लाया करता था। ये पुरोहित न्यूबिया तथा सीरिया में 169 शहरों के मालिक थे। सम्राट ने भी इन पुरोहितों के वृहत् सम्पत्ति पर कर माफ कर दिया था। थीब्स के एमन का मन्दिर सर्वाधिक धनी था जो मिस्री मन्दिरों की भूमियों के दो-तिहाई का मालिक था।

पुरोहित इस संस्था से काफी लाभ उठा रहे थे। प्रायः मिस्र में प्रत्येक जगह इनका अपना मन्दिर था और प्रत्येक मन्दिर के अधीन अपने अधिकारियों का समूह था जो विभिन्न प्रकार के पुरोहितों, लेखकों, शिल्पकारों, दासों और नर्तकियों से निर्मित था। थुटमोस तृतीय एमन के पुरोहित को मिस्र के सभी पुरोहितों का प्रधान बना दिया था। वह मिस्र के सभी मन्दिरों

के शासक के ऊपर एक समान प्रबन्धकार ही व्यवहार करता था, साथ ही इनके कार्यक्रमों की रक्षा भी करता था।

इसी तरह रेमसेस II ने उच्च पुरोहितों के कार्यालय को वंशानुगत बना दिया और सर्वोच्च शासन शक्ति प्रदान की। यह एमन के उच्च पुरोहितों की शक्ति से एक महत्त्वपूर्ण सहायता थी जिससे उसे उसी तरह सुदृढ़ता प्रदान की जिस तरह की सुदृढ़ता फराओ उपयोग करते थे।

इस तरह पुरोहितों की निरन्तर शक्ति वृद्धि ने शीघ्र ही उन्हें मिस्र के राजनीतिक जीवन को और भी आकर्षित किया।

19वें राजवंश के पहले तक पुजारी सरकारी मामलों में असाधारण समस्याओं में ही हस्तक्षेप करते थे। लेकिन 19वें राजवंश के इन पुरोहितों ने फराओ के शासनकालों में दिन-प्रतिदिन अधिक हस्तक्षेप करना प्रारम्भ किया। दैविक शक्ति का सिद्धान्त पुरोहितों की असाधारण शक्ति के उपयोग का अवसर प्रदान करता था। फराओ, देवताओं के प्रकोप के दैवी घोषणाओं जो पुरोहित द्वारा घोषित की जाती थी, को हमेशा पूर्ण करते थे। जैसा कि एक उदाहरण है कि रेमसेस द्वितीय के समय एक कर्मचारी अपने पद से इसलिए ऊँचा उठाया गया चूँकि देवता ऐसा चाहते थे। इसी समय एक पुरोहित भूमि के एक झगड़े में दैवी कृपा के कारण विजित हुआ था। अब शासन में फराओ का स्वतन्त्र स्थान रहा।

पुरोहित राजवंश की स्थापना का दूसरा कारण था रेमसेस तृतीय के अयोग्य और असफल उत्तराधिकारी–जिन्होंने पतन के कारणों की ओर अधिक ध्यान नहीं दिया था क्योंकि वे ऐसा करने में अत्यन्त दुर्बल और असमर्थ थे वे एक ही परम्परा का अनुसरण करते थे और शायद ही कोई महत्त्वपूर्ण कार्य उन्होंने किया हो। एक लम्बी अवधि से शासन करने की आशा से लालायित पुरोहित इन महत्त्वहीन फराओ से बलपूर्वक उन अधिकारों को छीनने लगे जिन्हें वे प्राप्त करना चाहते थे। रेमसेस तृतीय के शासनकाल के नवोदित दुर्बल उत्तराधिकारी एक मनुष्य एमेनहोटेप थीब्स में एमन के उच्च पुरोहित के कार्यालय में रहता था।

रेमसेस तृतीय के शासनकाल के समय एमन के उच्च पुरोहित और फराओ के बीच का सम्बन्ध और भी परिवर्तित हो गया। एमन के उच्च पुरोहित फराओ के ऊपर सर्वोच्च शक्ति तक पहुँच चुके थे। वे लोग कहा करते थे कि कार्यालय में देवता की कृपा के कारण सर्वोच्च स्थान है। पहले की तरह फराओ की कृपा के अनुसार राजा और पुरोहित एक ही तरह का क्रमिक प्रबन्ध नहीं करते। रेमसेस दसवाँ के अधीन एमन के पुरोहितों की शक्ति उस मध्यान्ह रेखा तक पहुँच चुकी थी, जब फराओ एक उच्च पुरोहित के पुत्र के संरक्षण में था। राजा विवश किया जाता था कि वह राज्य के राजस्व का एक भाग पुरोहितों के हाथ में दे दे। इसके अतिरिक्त पुरोहितों द्वारा राजकीय कार्यों में परिवर्तन लाया गया। प्रथमतः उच्च पुरोहितों हिहोर स्वयं राजकीय कृपा को प्राप्त किया और धीरे-धीरे वास्तविक प्रभुत्व को अपने हाथों में स्थिर करने लगा।

यही नहीं उसने उच्च पुरोहितों की सहायता के लिए पाँच महत्त्वपूर्ण मन्त्री पदों का अनुष्ठान किया था और इस तरह 20वें राजवंश का अन्तिम फराओ रेमसेस बारहवाँ पुरोहितों के हाथ एक कठपुतली मात्र रह गया था। इसकी मृत्यु के बाद हिहोर ने 1107 ई.पू. में फराओनिक राजगद्दी पर अधिकार जमा लिया।

जब ह्रिहोर गद्दी पर आया तो उसे एक कठिनाई का सामना करना पड़ा। टेनीस और बेसीबानेब्देद के उत्तराधिकारियों ने इसके इस अपहरण का विरोध किया। चूँकि इनका चरित्र सम्बन्धी प्रभाव काफी महान था अतः पुरोहित राजा इनसे मित्रता करना आवश्यक समझ रहे थे। अन्त में ह्रिहोर का पोता पेनोगेम (Paynogem) ने तेमिया (Tamiey) के राज्य की पुत्री से विवाह किया तथा दोनों राज्यों में मित्रता स्थापित की।

अति प्रारम्भ में पुरोहित बड़े कमजोर थे और इसलिए वे दो भूमियों की एकता की कल्पना ही नहीं करते थे। पुरोहित राजवंशों की आन्तरिक चंचलता से लाभ उठाकर धनलोलुपलोवियान डेल्टा (Delta) में अपनी शक्ति धीरे-धीरे बढ़ाने लगा और अति दूर तक बुहारस (Buharhas) एक प्रधान शासक के रूप में अन्तिम पुरोहित राजा के दाहिने हाथ की तरह प्रकट हुआ। इतना ही नहीं, तेमिय (Tamiey) परिवार में शादी करने के बाद वह गद्दी पर वास्तविक अधिकार प्राप्त कर लिया और अन्ततः राजकीय क्रान्ति के बाद 946 ई.पू. में उसने इस पुरोहित शक्ति पर आक्रमण कर 22वें राजवंश की स्थापना कर ली। इन पुरोहित राजाओं ने मिस्र में एक मिश्रित धर्म सम्प्रदायों के धर्म की स्थापना की थी।

12.13 बाईसवाँ राजवंश

मिस्र के पुरोहितों ने मिस्र में कलह और फूट पैदा कर दिया और इस समय तक मिस्र का राजनीतिक विभाजन कई टुकड़ों में हो चुका था। पुरोहित की राजनीतिक शक्ति मिस्र में अब नहीं रह पाई। मात्र नूबिया के प्रदेश में पुरोहितों का प्रशासनिक प्रभाव रहा। भाड़े के सैनिक जैसा कि रेमसेस तृतीय का अनुमान था, लीबिया की ओर से मिस्र पर आक्रमण करने लगे। लीबिया के सैनिक वातावरण ने वहाँ के सैनिक अधिकारियों को काफी शक्तिशाली बना दिया। राजा का महत्त्व घट गया। मिस्र के कई भागों पर लीबिया के सैनिकों ने अधिकार जमा लिया। मिस्र की गद्दी अब लीबिया के हाथ चली गई। बिना विशेष प्रयास के मिस्र के आपसी झगड़ा से लाभ उठाकर लीबिया लगभग दो सौ वर्षों तक मिस्र की गद्दी हथियाए रहा। सैनिकों का बोलबाला बढ़ गया और पुरोहित वर्ग का पतन स्वाभाविक था।

धार्मिक क्रान्ति की अनेक विशेषताएँ हैं। अखनाटन ने एटन की पूजा के समय सूर्योदय तथा सूर्यास्त का समय निश्चित किया क्योंकि इस समय सूर्य की किरणें कोमल, मनमोहक, सात्विक तथा लाभप्रद होती हैं, इसका अर्थ था क्रोध की भावना समाप्त हो तथा करुणा की अविरल वृष्टि हो।

अखनाटन के धर्म में दार्शनिकता तथा वैज्ञानिकता का पुट था। उसमें उच्च धार्मिक चिन्तन सूर्यचक्र की उष्णता और कोमलता व्याप्त थी। पेट्री का मत है कि वैज्ञानिकता की कसौटी पर अखनाटन के विचारों की तुलना अन्य किसी के विचार से नहीं की जा सकती।

अखनाटन की धार्मिक क्रान्ति में पुरोहित वर्ग, मन्दिर, पुजारी, बलि प्रथा, जटिल कर्मकांड इत्यादि का कुछ भी स्थान नहीं रहा। यह आडम्बरहीन एवं सरल था।

नए धर्म में नैतिकता का प्रबल पुट था। धर्मानुरूप आचरण के लिए आग्रह, नियमित

दिनचर्या के काम, विश्वबन्धुत्व की भावना, जीवन सत्य की विराट कल्पना, करुण तथा प्रेम समुद्र आदि इसकी विशेषता थी।

अखनाटन के धर्म में मूर्तिपूजा का कुछ भी स्थान नहीं था। उसका एटन निराकार था। अतः उसकी मूर्ति बनाने की आवश्यकता नहीं थी। साथ ही इस धार्मिक आन्दोलन में भूत, दैत्य, सर्प, परम्परागत अन्धविश्वास, रूढ़िगत मान्यता आदि का कुछ भी स्थान नहीं था। उसका धार्मिक आन्दोलन वस्तुतः प्राकृतिक सुषमा से मानवमात्र को परिचित कराने का प्रथम समक्ष प्रयास था। एटन के नैसर्गिक सुखों में निहित असीम सौन्दर्य एवं उदारता ही उसकी धार्मिक भावना का मूलस्रोत थी। आदर्शवाद इसकी आत्मा थी। पेट्री ने लिखा है कि अखनाटन के विचार उसके मरने के 3000 वर्ष बाद भी अपने वैज्ञानिक यथार्थता के कारण अक्षुण्ण रहे।

महान आदर्शों से सम्पुटित होने के बाद भी अखनाटन का धार्मिक आन्दोलन और उसकी सफलता के लिए किया गया तत्सम्बन्धी प्रयास सफल नहीं हुआ। इसकी विफलता के अनेक कारण हैं। अखनाटन युद्ध और रक्तपात से घोर घृणा करता था और ज्ञान तथा दर्शन का प्रेमी था। ज्ञानी और दार्शनिक सफल शासक नहीं होते हैं। तेजी से उसने मिस्र को टहलाने से पहले ही उसे दौड़ाने का प्रयास किया—"He tried to make equpt run before be could run."

उसकी शान्तिपूर्ण नीति के कारण बाह्य आक्रमण हुए। वास्तव में इस समय किसी प्रतिभाशाली और रण निपुण शासक की आवश्यकता थी किन्तु अखनाटन के रूप में मिस्र को ऐसा शासक नहीं मिला। उसमें व्यावहारिक राजनीतिक दूरदर्शिता का सर्वथा अभाव था। ब्रेस्टेड ने लिखा है, "Ikhnatan failed ulterly to understand the practical needs of his empire." अतः उसके एशियाई राज्य एवं थीब्स के राज्य उसके विरोधी हो गए। एशिया के राज्य मिस्री साम्राज्य से अलग होने लगे। सीरिया और फिलिस्तीन स्वतन्त्र हो गए। हिट्टियों ने मिस्र पर आक्रमण करना प्रारम्भ किया और अखनाटन ने हथियार नहीं उठाया।

एमन के पुजारी अखनाटन तथा उसके एटन का विरोध किए। सदियों से एमन की पूजा करनेवाले मिस्रवासी अपने इस देवता को भूल नहीं सकते थे। एमन के विरुद्ध उठाए गए उसके कदम धार्मिक असहिष्णुता के द्योतक थे। धार्मिक आडम्बर की समाप्ति के कारण पुरोहितों को आर्थिक क्षति भी उठानी पड़ी। अतः उन्होंने धार्मिक आन्दोलन का विरोध किया। थीब्स, मेम्फिस तथा अखनाटन की राजधानी में भी विरोध के स्वर उठे। राज्य में आन्तरिक विरोध होने लगे।

अखनाटन का धर्म वस्तुतः राज्यधर्म था और सारी जनता की सहानुभूति उसे प्राप्त नहीं थी। अतः एटन लोकप्रिय नहीं हो सका और सीमित समर्थन के कारण शीघ्र ही समाप्त हो गया। अकबर के दीन-ए-इलाही की तरह अखनाटन का एटन भी असफल हो गया।

अखनाटन ने राजधानी का परिवर्तन किया था। सदियों से थीब्स और मेम्फिस मिस्र की राजधानी रहे थे। एखटेटन को राजधानी बनाने से अनेक बुरे परिणाम प्रकट हुए। थीब्स में बाहृय देशों से अपार सम्पत्ति का आगमन होता था जो अब बन्द हो गया। एखटेटन में रहकर अखनाटन शासन भी नहीं कर सकता था।

युद्ध और दमन की नीति का परित्याग करने से सम्पूर्ण राज्य में सैनिक सामन्त, सेनापति निष्क्रिय किन्तु विद्रोही हो गए। युद्धों से वह कीमती चीजों की प्राप्ति करते थे। युद्धों के बन्द हो जाने से उन वस्तुओं की प्राप्ति असम्भव हो गई। अतः कथित वर्ग असन्तुष्ट हो गए।

अखनाटन के उत्तराधिकारी योग्य और सक्षम नहीं थे। अतः वे उसके देवता को जीवित न रख सके। अपने गौरवमय अलौकिक कृतियों के आकर्षण एवं विरोधात्मक अध्याय को दर्शाते हुए वह स्वप्नद्रष्टा फराओ भारतीय सम्राट अशोक की तरह अपने धार्मिक तथा राजनीतिक जीवन में असफल हो गया। वास्तव में विलक्षण प्रतिभा उसके लिए संकट बन गई। इतिहासकार हॉल (Hall) ने लिखा है–"Certainly his genius was closely akin to madness."

अपनी दुर्भाग्यपूर्ण असफलता के बाद भी अखनाटन मिस्र के इतिहास का एक महत्त्वपूर्ण पात्र है। एटन को उद्भासित करके वह अशोक की श्रेणी में आ जाता है। विश्वबन्धुत्व का उसने पाठ पढ़ाया और प्राणिमात्र को उपदेश दिया–"He is the first prophet of history." बहुदेववाद की जगह एकेश्वरवाद, अशान्ति की जगह शान्ति तथा अधार्मिकता की जगह धार्मिकता का सिद्धान्त देकर वह महान विभूतियों की श्रेणी में आ गया। Hall ने लिखा है–"Akhnatan was the first doctrinaire in history and what I much the same thing the first priest."

इतिहास उसे पहला मसीहा, पहला आदर्शवादी और पहला व्यक्तिवादी के रूप में सदैव स्मरण रखेगा। धर्म के क्षेत्र में उसने अपने को एक महान प्रवर्तक के रूप में सिद्ध किया और प्राचीन रूढ़ियों से विरोध कर जनसेवक की तरह एक ऐसे धर्म और देव को ढूँढ़ निकाला जो राष्ट्रीय एकता के निर्माण में सहायक थे। एक इतिहासकार ने लिखा है–"There is no doubt that Akhnatan was a great innovator who wanted a break with the past."

अध्याय-13

निष्कर्ष

13.1 भौगोलिक दशा

मिस्र अफ्रीकी महाद्वीप के उत्तर-पूर्व कोने पर स्थित है और नील नदी के निचले भाग में 4 से 30 किलोमीटर चौड़ी एक सँकरी-सी घाटी और उसके दोनों ओर फैले रेगिस्तानी विस्तारों से मिलकर बना है। मिस्र का ज्यादा हिस्सा शुष्क और बंजर है जहाँ बहुत ही कम वर्षा होती है। मिस्र का पश्चिमी हिस्सा एक विशाल रेगिस्तान है जो सहारा से मिल जाता है। नील मिस्र के जीवन में बहुत ही महत्त्वपूर्ण भूमिका निभाती है। यह उल्लेखनीय है कि प्राचीन काल में मिस्र को 'नील की देन' कहा जाता था। नील की घाटी के सिवा सारे-के-सारे उत्तर-पूर्व अफ्रीका का इलाका कभी का सूखे रेगिस्तान में परिणत हो चुका था। नील नदी की घाटी में जुलाई और नवंबर के बीच आनेवाली वार्षिक बाढ़ों की बदौलत प्रचुर उपजाऊ भूमि है, जिस पर खेती करना बहुत ही आसान है। इस कारण इस इलाके में परिस्थितियाँ आदिम कृषि के अनुकूल थीं। नील नदी भूमध्यसागर में मिलने से पहले घाटी के उत्तरी छोर पर एक डेल्टा का निर्माण करती है जिसे आमतौर पर निम्न मिस्र कहते हैं। देश के दक्षिणी हिस्से को ऊपरी मिस्र कहते हैं।

नील की घाटी में प्राचीन काल में भी खजूर और गूलर जैसे मूल्यवान फलदार वृक्षों का बाहुल्य था, जिनका निर्माण-सामग्री के रूप में भी प्रयोग किया जा सकता था। घाटी के सीमावर्ती पहाड़ों में ग्रेनाइट और चूर्ण-प्रस्तर जैसे इमारती पत्थरों का प्राचुर्य था और निकटवर्ती नूबिया के पहाड़ों में सोना पाया जाता था। इस प्रकार यह समझा जा सकता है कि उपजाऊ जमीन के अलावा नील की घाटी प्राकृतिक साधनों में भी समृद्ध थी।

13.2 राज्यों का उदय

करीब 5 हजार साल पहले मिस्र राजनीतिक रूप से एकीकृत हो गया। मिस्र की राजसूचियाँ करीब 3100 ई.पू. की हैं। इसी समय से मिस्री राजवंश काल की शुरुआत हुई। प्राचीन मिस्र की आबादी विभिन्न कबीलों से मिलकर बनी थी, जो नील की घाटी में अनादि काल से रहते आए थे। आबादी का मुख्य उद्यम कृषि था, यद्यपि शिकार और मछली पकड़ना भी महत्त्वपूर्ण थे। इस इलाके में कृषि के लिए सिंचाई प्रणालियों का निर्माण आवश्यक था। चूँकि यह काम अलग-अलग परिवारों और गोत्रों के बूते के बाहर था और जमीन के छोटे-छोटे

टुकड़ों के लिए नहरें खोदना कोई लाभकारी भी नहीं था, इसलिए कई-कई गोत्र-समुदायों से निर्मित अधिकाधिक बड़े समुदाय अस्तित्व में आने लगे। प्राचीन यूनानी इतिहासकारों के अनुसार ये समुदाय नोम[1] कहलाते थे। हर नोम का अपना अलग नाम, अलग रीति-रिवाज और कभी-कभी अलग बोली भी होती थी। इसके बाद नोमपतियों (नोमार्क) अथवा शासकों का उदय हुआ। नोम के भीतर प्रत्येक परिवार का अपना ज्येष्ठ होता था। दासता अधिकाधिक व्यापक प्रथा बन गई। धीरे-धीरे नोम भी आपस में मिलने लगे और मिस्र में दो राज्य—उत्तरी और दक्षिणी राज्य—पैदा हो गए।

बाद में दोनों राज्यों में झगड़ा शुरू हो गया, जिसमें दक्षिणी राज्य की विजय हुई। लगभग 3100 ई.पू. मे फराओ (राजा) मेनेस ने समस्त मिस्री भूमि को ऐक्यबद्ध किया। तभी देश में राज्यसत्ता की स्थापना भी हुई। यह सत्ता अभिजात वर्ग के बड़े भूस्वामियों के हाथों में थी। मिस्र के इतिहास को आमतौर पर पुरातन, मध्य तथा नूतन राज्य, इन 3 मुख्य कालों में विभाजित किया जाता है।

13.3 प्राचीन राजवंश

प्रारम्भिक राजवंशीय काल के दौरान मिस्र पर प्रथम एवं द्वितीय राजवंश (लगभग 3100-2686 ई.पू.) ने राज किया। तीसरे राजवंश से छठे राजवंश का काल करीब 2686 और 2161 ई.पू. के बीच रहा।

पुरातन राज्य में लोगों का मुख्य कार्य कृषि ही था। जमीन की काश्त कृषक समुदाय करते थे और प्रत्येक समुदाय का प्रशासन उसकी ज्येष्ठ परिषद् करती थी। ये परिषदें करों की वसूली और अदायगी तथा 'शाही परियोजनाओं' के लिए बेगार का भी संगठन करती थीं। कृषक समुदायों को इन 'शाही परियोजनाओं' में काम करना अनिवार्य था। गुलामों से आमतौर पर राजा के दरबारियों और बड़ी-बड़ी जागीरों या मंदिरों की जमीनों पर ही काम कराया जाता था।

तत्कालीन मिस्री शासकों के पास असीम सत्ता थी। उन्हें ऊपरी तथा निचले (दक्षिणी और उत्तरी) मिस्र के राजा की उपाधि प्राप्त थी और वे दो ताज—एक सफेद और एक लाल पहना करते थे। राजा का मुख्य परामर्शदाता उन लोगों के काम की देखरेख करता था, जो विभिन्न 'भवनों' एवं प्रशासन के विभिन्न विभागों का निर्देशन करते थे। उसके कर्तव्यों में अनाज व सोने के गोदामों, द्राक्षोद्यानों तथा वृषभशालाओं की देखरेख और फौजी मामलों और बलिदानों का प्रबंध करना सम्मिलित थे। इसके अलावा वह शासक के सारे कामों का प्रबंधक, प्रधान कोषाध्यक्ष और उच्च न्यायाधीश भी था। स्वयं उसके पास और विभिन्न विभागों में लिपिकों के बड़े-बड़े दल काम करते थे।

पुरातन राज्य के शासक ने सिनाई प्रायद्वीप और नूबिया के लोगों के खिलाफ फौजी कार्रवाइयाँ कीं। इन कार्रवाइयों से मिस्र को मैलेकाइट, ताम्र अयस्क, स्वर्ण, हाथीदाँत, आबनूस और बड़ी संख्या मे कैदियों सहित (बहुत-से कैदियों को गुलाम बना लिया जाता था) प्रभूत सम्पदा की प्राप्ति हुआ करती थी (यह अकारण ही नहीं था कि इन कैदियों को **जिंदा मुरदे** कहा जाता था)।

पुरातन राज्य में पिरामिड बनाने की अद्भुत प्रथा विद्यमान थी। ये पत्थर के विराटाकार समाधिगृह थे, जिनका राजा और उनके दरबारी अपने-अपने जीवनकाल में ही अपने लिए निर्माण करवा लेते थे। मिस्र में इनमें से कोई 70 पिरामिड आज भी मौजूद हैं। सबसे बड़ा और सबसे विख्यात **किओप्स** या **खूफू** का पिरामिड है, जो 146.5 मीटर ऊँचा है और 216 वर्गमीटर आधार पर इसका प्रत्येक बाहु 230 मीटर चौड़ा है। इसके निर्माण में दो-दो टन भार के 23 लाख पाषाण खंड लगाने पड़े थे। इस पिरामिड को बनाने में इसके बावजूद 20 साल लगे थे कि मिस्र की सारी देहाती आबादी को प्रति तीसरे महीने एक-एक लाख के हिसाब से इस काम पर जबरन लगा दिया गया था। पुरातन राज्य में 'शाही परियोजनाओं' पर काम ऐसे ही करवाया जाता था। चौथे राजवंश का दूसरा शासक था खूफू।

पिरामिडों का निर्माण मिस्री धर्म से और खासकर मृत्युपरांत जीवन में विश्वास से जुड़ा हुआ था। शव के संलेपन अर्थात् ममीकरण और उसे नियमित रूप से खाना-पीना देते रहने के मूल में यही विश्वास निहित था। ममीकरण की कला में प्राचीन मिस्री बहुत पारंगत थे।

पुरातन राज्य के अंतिम काल में राजाओं की केंद्रीय सत्ता कमजोर होने लगी और मिस्र फिर अनेक नोमों में विभाजित हो गया, जो आपस में लड़ते भी रहते थे। 21वीं सदी ई.पू. के आरम्भ के कुछ पहले देश का पुनः एकीकरण हुआ। यह काल मध्य राज्य के नाम से विख्यात है।

13.4 मध्यराजवंश

मध्य राज्य के समय फयूम (अल-फैयूम) मरूद्यान में सिंचाई प्रणाली के प्रसार और सुधार के लिए बड़े पैमाने पर काम किया गया। व्यापार और भाँति-भाँति की दस्तकारियों की बहुत उन्नति हुई। इस काल की एक विशेषता कृषक समुदायों का स्तरीकरण था, जिससे बड़ी संख्या में किसान कंगाली और तबाही के शिकार हुए।

18वीं सदी ई.पू. के मध्य में मिस्र में किसानों, कारीगरों और दासों का एक बड़ा विद्रोह हुआ। इस विद्रोह ने सारे देश को अपनी लपेट में ले लिया, जिसके परिणामस्वरूप राजा को गद्दी छोड़नी पड़ी और धनी भूस्वामियों को उनके महलों से भगा दिया गया। भूतपूर्व राजाओं की समाधिगृहों और पिरामिडों को लूट लिया गया और ममियों को बाहर फेंक दिया गया। शाही अन्नागारों, खजानों और मंदिरों पर कब्जा कर लिया गया और अनाज तथा मूल्यवान चीजों के भंडार लोगों में बाँट दिये गए। करों और खिराजों की सारी दस्तावेजें नष्ट कर दी गईं। जैसा कि एक प्राचीन मिस्री इतिवृत्त में लिखा है, "पृथ्वी कुम्हार के चाक की तरह घूम गई", क्योंकि गरीब अमीरों के घरों में रहने और उनके कपड़े पहनने लगे और अमीरों को काम करने के लिए विवश किया जाने लगा।

18वीं सदी ई.पू. के अंत के मिस्र को हिक्सोस नामक खानाबदोश एशियाई कबीले के हमले ने उजाड़ दिया। मिस्रियों को कोई डेढ़ सदी इन विदेशी आक्रमणकारियों की गुलामी में रहना पड़ा। आखिर एक मुक्ति आंदोलन ने इतना बल प्राप्त कर लिया कि उसने इन

आक्रमणकारियों को खदेड़कर देश का पुनः एकीकरण किया। यह घटना नूतन राज्य के प्रारम्भ की द्योतक है।

13.5 नवीन राजवंश

इस काल में मिस्र एक बड़ी सैनिक शक्ति बन गया। फराओ अहमोसे प्रथम ने मिस्र को हिक्सोस विजेताओं से आजाद करके उनका एशिया में दूर तक पीछा किया। इसके बाद उसने नूबिया के खिलाफ फौजी अभियान भी शुरू किया। तथापि इस नई मिस्री सैनिक शक्ति का वास्तविक संस्थापक थूतमोसिस तृतीय (1525-1491 ई.पू.) था, जिसने एशिया में 17 सैनिक अभियान चलाकर शाम (सीरिया), फिलिस्तीन, लीबिया और नूबिया को जीता। उसके पास तीर-कमान और भालों से लैस पैदल सैनिकों और रथों से सज्जित रिसाले से निर्मित विशाल सेनाएँ थीं। स्थल सेनाओं के अलावा थूतमोसिस के पास जंगी बेड़ा भी था, जिसमें डाँड़दार और पालदार, दोनों तरह के जहाज थे।

इन अभियानों से देश को बड़ी मात्रा में लूट का माल मिला, जो मुख्यतः राजा के कोषागारों और धान्यागारों में गया। शाही जागीरों को भी हजारों गुलाम और मवेशी मिले। सम्राट ने मंदिरों और पुरोहितों को भी मूल्यवान उपहार और विशेषाधिकार प्रदान किए। उदाहरणार्थ, अमोन रा के मंदिर को लेबनान के एक पूरे इलाके पर पूरा अधिकार दे दिया गया, जिसमें तीन बड़े शहर थे। इन सभी बातों से देश की आंतरिक जीवन में पुरोहित वर्ग की शक्ति में अत्यधिक वृद्धि हुई। राजधानी थीब्ज में अमोन रा का मंदिर विशेषकर महत्त्वपूर्ण था। इस मंदिर के पास इतनी जमीन, दास और किसान थे कि जितने सभी मंदिरों के पास मिलाकर भी नहीं थे।

राजा अखनाटन (अमेनहोतेप चतुर्थ, 1424-1388 ई.पू.) ने इस हालत को सही करने के लिए कदम उठाए और धार्मिक सुधार करने का निश्चय किया। बहुदेववाद को त्याग दिया गया और उसकी जगह एक देवता सूर्यदेव अमोन की उपासना शुरू की गई। देश भर में और विजित प्रदेशों में भी अमोन के मंदिरों का निर्माण किया गया। नए देवता के सम्मान में नई राजधानी की नींव रखी गई। स्वयं फराओ ने अपनी मूल उपाधि अमेनहोतेप के स्थान पर इखनातोन-अमोन का प्रिय का नाम धारण किया।

अखनाटन के सुधार अल्पकालिक थे। उसके सुधार के विरुद्ध विद्रोह तक हो गया। यद्यपि अखनाटन उसे कुचलने में सफल रहा, पर उसकी मृत्यु के बाद सुधारों को जल्दी ही तिलांजलि दे दी गई और पुरोहित वर्ग पहले से भी अधिक शक्तिशाली हो गया। मिसाल के लिए, रेमसेस द्वितीय (1317-1251 ई.पू.) के शासनकाल में मंदिरों की जमीनों का रकबा दो गुना हो गया और पुरोहित वर्ग के प्रमुख सदस्य अपने को राजा से पूर्णतः स्वतंत्र समझने लगे। इसी बीच मुख्य पुरोहित का पद पुश्तैनी हो गया।

रेमसेस द्वितीय के शासनकाल में अंतिम बड़ी सैनिक कार्रवाइयाँ की गईं। शाम के इलाके पर मिस्रियों को पहली बार एक नई और प्रबल शक्ति-हित्तियों के खिलाफ अपनी ताकत की आजमाइश करनी पड़ी, जो उस समय तक लगभग सारे ही शाम को जीत चुके थे। यह लड़ाई बहुत लंबे समय तक चली, मगर उसका परिणाम यही निकला कि शाम हित्तियों और मिस्रियों के बीच विभाजित हो गया।

नूतन राज्य के अंत तक मिस्र की सैनिक शक्ति बहुत कमजोर हो गई। उसके अधीनस्थ सामंती राज्यों ने फिर स्वतंत्रता प्राप्त कर ली और विभिन्न नोम उससे अलग हो गए। जल्दी ही मिस्र को भी विदेशी विजेताओं का शिकार हो जाना था।

13.6 मिस्र की संस्कृति

धर्म प्राचीन मिस्रियों के जीवन में एक केंद्रीय स्थान रखता था। मिस्री धार्मिक विश्वास का एक विशिष्ट लक्षण पशुओं और पक्षियों को देवत्व प्रदान करना था। मेंफिस नगर में **वृषभदेव अपिस** की उपासना की जाती थी, तानिस और बूतो नगरों में **श्येनमुख होरस** को पूजा जाता था जो आकाश का देवता था और कितने ही नोमों के नाम पशुओं पर थे—हिरण नोम, मकर नोम आदि-आदि। धीरे-धीरे सबसे शक्तिशाली नोमों द्वारा पूजे जानेवाले देवताओं की देशव्यापी पैमाने पर उपासना होने लगी। मिसाल के लिए, सूर्यदेव रा, विश्वस्रष्टा अमोन और उर्वरता देव तथा देवी ओसिरिस और ईसिस। ओसिरिस और ईसिस की उपासना कृषि परंपराओं से घनिष्ठतः सम्बद्ध थी। ओसिरिस की मृत्यु और बाद में पुनरुज्जीवन की कथा अनाज के बोने और अंकुरण की प्रतीक कथा ही थी। बुआई और कटाई के समय ओसिरिस और उसकी सहधर्मिणी के सम्मान में भव्य नाटकीय समारोहों का आयोजन किया जाता था।

प्राचीन मिस्री संस्कृति की एक बड़ी उपलब्धि **लेखन का आविष्कार** थी। करीब 3200 ई.पू. में मिस्र ने एक लिपि विकसित कर ली थी। इसे **चित्रलिपि** (Hieroglyph) लिपि अर्थात् **पवित्र नक्काशी** कहते हैं। यह लिपि करीब 35 सौ साल तक इस्तेमाल में रही। मिस्रवासी इस लिपि का एक थोड़ा संशोधित रूप का इस्तेमाल करते थे जिसे **पुरोहिती** (Hieratic) लिपि कहते थे। पुरोहिती लिपि चित्रलिपि के ही समान थी किन्तु उनमें संकेत सरल थे। वे कम जटिल थे। ब्रश से पेपाइरस (Papyrus) पर जब लंबा दस्तावेज तैयार करना होता तो पुरोहिती लिपि उपयुक्त थी। पत्थर पर लिखने के लिए मिस्री विशेष चिह्नों अथवा चित्रलेखों का उपयोग करते थे, जिनसे बाद में पेपाइरस (पटेर) पर लिखने के लिए एक सरलीकृत लिपि का विकास किया गया। साहित्य (गीत, आख्यान, यात्रावृत्त आदि), वास्तुकला और ललित कलाओं में भी महत्त्वपूर्ण प्रगति हुई। पिरामिडों के अलावा शानदार मंदिरों के खँडहर, जैसे कार्नाक में आज भी देखे जा सकते हैं। प्राचीन मिस्र के लोग गणित, खगोलिकी और चिकित्सा जैसे अनेक विज्ञानों के बुनियादी सिद्धान्तों से परिचित थे। वे दाशमिक गणन प्रणाली का उपयोग करते थे और त्रिभुज, समलंब तथा वृत्त तक के क्षेत्रफलों का आकलन कर सकते थे। आकाशीय पिंडों की गतियों के प्रेक्षण के आधार पर एक पंचांग बनाया गया था, जिसमें वर्ष को 12 महीनों और 365 दिनों में विभाजित किया गया था। शव संलेपन (ममीकरण) के व्यापार प्रचार के फलस्वरूप मानव शरीर के ज्ञान में अधिकाधिक वृद्धि हुई और चिकित्सा में शल्यचिकित्सा जैसी शाखाओं का विकास हुआ।

13.7 प्राचीन समाज

मिस्र के प्राचीन समाज में प्रथम स्थान राजा और राजकुल का था। रक्त-शुद्धता के लिए राज-परिवार में भाई-बहन और पिता-पुत्री में भी विवाह होता था। मिस्र में राज्य का

उत्तराधिकारी बहन होती थी, भाई नहीं। अतः राज्य पद प्राप्त करने के लिए वे ऐसा करते थे। वे नील नदी के माध्यम से पत्थरों को दूर-दूर से मँगाकर सुन्दर राजमहल बनाते थे, इसलिए राजा को **फराओ** (Royal house) या बड़े मकान में रहनेवाला कहा जाता था। राजा के बाद तत्कालीन समाज में **सामंतों** का स्थान था। इस श्रेणी में बड़े-बड़े जमींदार एवं राजकर्मचारी आते थे। ये ईंट से निर्मित विशाल भवनों में रहते थे। इन भवनों में खिड़कियाँ होती थीं। भवन के चारों ओर फुलवारी होती थी। अपनी सीमा में सामन्त भी राजा की तरह सम्मानित थे। धार्मिक ठीकेदार-पुरोहितों को काफी सम्मान प्राप्त था। वे राजकार्यों में सलाह भी दिया करते थे। उन्हें कुछ विशेषाधिकार प्राप्त थे। कुछ पुरोहितों के पास काफी सम्पत्ति थी।

मिस्र की सम्पूर्ण भूमि राजा की थी। खेती के लिए भूमि कृषकों के बीच बाँट दी जाती थी। अधिकांश कृषक स्वतंत्र नागरिक थे। मिस्र के समाज में अधिकांश संख्या कृषक-दासों की थी। कुछ कृषक सामंतों एवं पुरोहितों के खेतों में काम करते थे। कृषकों के घरों में प्रायः एक कमरे होते थे। इनमें घर प्रायः झोंपड़ीनुमा होते थे। इतिहासकार पीटर (*Social Life in Ancient Egypt*, p.11-12) के अनुसार मिस्र में किसी व्यवसाय के लोग दूसरे पेशे में सम्मिलित नहीं हो सकते थे। पुरोहित, सेना और कृषकों के अलग-अलग मुहल्ले थे। कठोर जाति-व्यवस्था का अभाव था। कानून की दृष्टि में मिस्र के सभी लोग एक थे। दासों को अपनी दीनता से ऊपर उठने का अवसर था। भारत और मेसोपोटामिया से मिस्री समाज भिन्न था।

प्रारम्भ में अभिजात वर्ग और पुरोहितों का समाज में प्रभुत्व था। बाद में लेखकों, व्यापारियों, कलाकारों और दासों ने सामन्ती व्यवस्था के विरुद्ध विद्रोह किया। इन वर्गों को सरकार ने सुविधाएँ प्रदान की। पुरोहित वर्ग अतिशक्तिशाली बना रहा।

अन्य देशों की तुलना में मिस्र की स्त्रियाँ अधिक स्वतंत्र रहीं। केवल मिस्र में ही स्त्रियों को राजसिंहासन पर बैठने की अनुमति समाज ने दी। परिवार मातृसत्तात्मक था। सारी सम्पत्ति स्त्री के नाम से होती थी और उसके मरने के बाद पुत्री ही उत्तराधिकारी बनती थी। राज्य की सम्पत्ति प्राप्त करने के लिए भाई को बहन से विवाह करना पड़ता था। राजा को सूर्यदेव का पुत्र माना जाता था जो अविवाहित बहन के अभाव में अपनी भगिनी या निकट सम्बन्धी के कुल की कन्या से विवाह करता था।[2]

मिस्र के समाज में एक पत्नी विवाह प्रचलित था किंतु अभिजात वर्ग में बहुविवाह और वेश्यागमन भी प्रचलित था। 10 वर्ष की अवस्था में कन्या विवाह योग्य समझी जाती थी। स्त्रियों के बीच लज्जा और संकोच का अभाव था। वे उद्योग-धन्धा कर सकती थीं। वे अपनी निजी सम्पत्ति को अपनी उत्तराधिकारी को दे सकती थीं। इन अधिकारों के बावजूद स्त्रियाँ पतियों पर आश्रित थीं।

स्त्रियों एवं पुरुषों के बीच आभूषण प्रचलित थे। रत्नजटित आभूषण प्रचलित थे। स्त्रियाँ उबटन, लेप, अंगराग आदि का प्रयोग करती थीं। वे जूड़ों में फूलों का प्रयोग करती थीं।

मनोरंजन के लिए **नाट्यगृह** बने थे। नृत्यगान प्रचलित थे। अनेक उत्सवों का आयोजन देवालयों में सम्पन्न होता था। **स्नेफरूनोफर** और **रेमरीता** तत्कालीन प्रसिद्ध संगीतज्ञ थे।

शारीरिक स्वास्थ्य पर विशेष ध्यान दिया जाता था। कुर्सी, मेज, पलंग, डिजाइनदार चादरों आदि का प्रयोग किया जाता था।

13.8 आर्थिक दशा

मिस्र में आर्थिक दशा का मूलाधार कृषि था। गेहूँ, जौ, मटर आदि मुख्य पैदावार थे। अंगूर, खजूर और जैतून की खेती होती थी। कृषि से राजा को 10 से 20 प्रतिशत तक करके रूप में प्राप्त होता था। पशुपालन व्यापक रूप में किए जाते थे। पशु का उपयोग न केवल कृषि कार्य बल्कि दूध के लिए भी किया जाता था। बैल, गाय और सूअर प्रमुख पालतू पशु थे। सोने-चाँदी के आभूषण सुनारों द्वारा बनाए जाते थे। कुम्हार मिट्टी के बर्तन और बढ़ई द्वारा लकड़ी के सामान बनाए जाते थे। बुनकर आकर्षक वस्त्र बुनते थे। यहाँ की डिजाइनदार चादरें सीरिया आदि के बाजारों में काफी प्रसिद्ध थीं। एक कारखाने में करीब 20 मनुष्य काम करते थे।

ई.पू. 2000 में मिस्र का व्यापारिक सम्बन्ध क्रीट, भारत, फिनीशिया, पैलेस्टाइन आदि देशों के साथ था। गेहूँ, आकर्षक चादर एवं बर्तन निर्यात किए जाते थे। सोना, चाँदी, हाथीदाँत आदि निर्यात किए जाते थे। व्यापार से सम्बद्ध हिसाब-किताब ठीक से रखने के प्रमाण मिले हैं। व्यापारिक कार्यों में **पुरोहिती लिपि** का प्रयोग होता था। विनिमय का साधन सिक्का नहीं बल्कि सोने-चाँदी की बनी अँगूठियाँ थीं। जन-सामान्य में अदला-बदली (barter) की ही प्रणाली थी।

मिस्री अर्थव्यवस्था में सामूहिक श्रम का पर्याप्त उपयोग हुआ। व्यवसाय में व्यक्तिगत स्वतंत्रता प्राचीन और मध्ययुग में अधिक व्यक्त होती है। साम्राज्य युग में व्यक्तिगत सम्पत्ति का लोप हो गया। समस्त आर्थिक व्यवसाय पर सम्राट का अधिकार हो गया था। कारीगरों को मंदिरों और युद्ध-औजारों के निर्माण में लगाया गया। विदेशी व्यापार राजा के नियंत्रण में हो गया। समस्त भूमि राजा की हो गई जिससे पुरोहित वर्ग लाभान्वित हुआ। पुरोहित वर्ग को कर नहीं देना पड़ता था। मिस्र का सारा धन मंदिर-निर्माण एवं बाहरी युद्धों में लगाया जाता था।

मिस्र में छोटे-छोटे उद्योग प्रचलित थे। कुर्सी-मेज का प्रयोग बढ़ने से बढ़ई का पेशा विकसित अवस्था में था। पिरामिड निर्माण करनेवाले कारीगरों (संगतराशों) की अलग बस्ती थी। वे पत्थर को तराशकर पिरामिड तथा मूर्तियाँ बनाते थे।

मिस्र का सम्पूर्ण क्षेत्र दो भागों में बँटा था। प्रथम भाग पर फराओ और शेष दूसरे भाग पर साम्राज्य (Court estate) का अधिकार था। फराओ-भूमि से प्राप्त सभी आय शाहीकोष में जमा होती थी। साम्राज्य के अधीन वाली भूमि को नोमार्कों के बीच बाँट दिया जाता था और वैसी भूमि से प्राप्त आय वे राजस्व के रूप में नियमित रूप से शाहीकोष में भेजते थे। नोमार्कों द्वारा नियंत्रित भूमि को जागीर कहते थे। ये जागीर नोमार्कों को मिले होते थे जिन पर बाद में उन्हीं का वास्तविक अधिकार हो गया और शाहीकोष में ये लोग नाममात्र की रकम भेजने लगे। ऐसा प्रायः कमजोर फराओ के काल में ज्यादा होता था। स्वर्ण एवं ताँबा खानों से राज्य को काफी राजस्व प्राप्त होता था।

13.9 राजनीतिक स्थिति

राजनीतिक दृष्टिकोण से प्राचीन राजवंश के काल में अपर एवं लोअर मिस्र का एकीकरण हुआ। फराओ सम्पूर्ण मिस्र का शासक बना। एक आदेश का पालन सारे मिस्र को करना पड़ता था। वास्तव में एक सैद्धान्तिक सरकार की स्थापना हुई जिसकी आज्ञा का पालन पूरे मिस्र को करना था। देखते-देखते मिस्र का राजनीतिक रूप रोमन साम्राज्य या प्राचीन बेबीलोन साम्राज्य के समान हो गया।

प्रशासन का प्रधान फराओ होता था। उसका प्रशासनिक केन्द्र 'महान घर' (Great House) के नाम से जाना जाता था। यहीं से लोग सभी प्रकार के सरकारी आदेश पाते थे। सारा मिस्र सैद्धान्तिक रूप में फराओ के अधीन था। फराओ दैवी सिद्धान्त के अनुसार शासन करता था। उसे नाम लेकर नहीं पुकार जा सकता था। उसे नाम के बदले **महान ईश्वर** कहकर सम्बोधित किया जाता था। सभी सरकारी अधिकारी उसे "His Majesty" कहकर या लिखकर सम्बोधित करते थे। फराओ के अधिकार असीमित थे। चरण चुम्बन करनेवाला व्यक्ति फराओ की विशेष कृपा प्राप्त करने की आशा कर सकता था। फराओ की मृत्यु होने पर उसकी पूजा की जाती थी। उसके नाम पर जनता काफी दान देती थी। फराओ के साथ उसके प्रिय एवं विश्वासी पात्रों को भी दफनाया जाता था। ऐसा इसलिए कि फराओ को कब्र में कोई कष्ट नहीं हो और दूसरे लोक में भी फराओ को शुभचिन्तकों का साथ मिलता रहे। दरबार के तौर-तरीके काफी व्यवस्थित एवं नियमबद्ध होते थे जिनका पालन सभी को करना अत्यावश्यक था। अलग-अलग कार्यों के अलग-अलग पदाधिकारी होते थे। उदाहरण के लिए शाही मुद्रा (Royal seal) रखने के लिए एक अधिकारी अलग से नियुक्त था। एक अधिकारी शाही झाड़ू (Royal brush) का देखभाल करता था। ऐसे झाड़ू का प्रयोग केवल शाही महल के लिए किया जाता था। ऐसे पदों का अधिकारी बनाकर बहुत से प्रमुख लोगों को सदा दरबार में रहने को बाध्य कर दिया जाता था ताकि इधर-उधर घूमकर वे साम्राज्यविरोधी गतिविधियों में रुचि नहीं ले सकें।

राजा को कई कार्य करने पड़ते थे। सारे मिस्र का वही प्रधान पुरोहित था। सारे धार्मिक क्रियाकलापों की देखभाल और अनेक धार्मिक कार्यक्रम सम्पन्न करने की जिम्मेवारी राजा की थी। लोक-कल्याणकारी कार्यों को सम्पन्न कराने की अंतिम जिम्मेवारी राजा की होती थी। वह सिंचाई पर ध्यान रखता था। वह सेना, कार्यपालिका एवं न्यायपालिका का प्रधान था। उसका दैनिक कार्य पूर्व नियमित एवं व्यवस्थित होता था।

असीमित अधिकार होने के बावजूद फराओ प्रचलित मिस्री प्रथाओं को ध्यान में रखकर ही शासन करता था। प्रजा की सुविधाओं को हनन करने का प्रयास वह प्रायः नहीं करता था। अपने देश के कानून का आदर करनेवाला वह प्रथम व्यक्ति था।

फराओ का मंत्री प्रशासनिक संगठन का प्रधान था। प्रधान न्यायाधीश भी वही था। मिस्र निर्मित सभी भवन कार्यों का निरीक्षण वही करता था। सभी लेख, रजिस्टर, जरूरी कागजात एवं सरकारी पेपर उसी के नियंत्रण में होते थे।

सारा मिस्र 42 जिलों में विभाजित था जिन्हें नोम (Nome) कहा जाता था। प्रत्येक नोम का एक जिलाधिकारी होता था जिसे **नोमार्क** कहते थे। जिला से टैक्स वसूलने एवं

सभी प्रशासनिक कार्यों की देखभाल नोमार्क करता था। फराओ के विरुद्ध होनेवाले विद्रोहों को वह दबाता था। नोमार्क द्वारा किए गए विद्रोह को दबाने के लिए केन्द्रीय प्रशासन द्वारा अधिकारी नियुक्त किए जाते थे।

सभी नोमार्कों द्वारा नियमित रूप से राजस्व राजकीय वित्त विभाग को भेजने पड़ते थे। अनाज, पशु एवं चरागाह तक केन्द्रीय वित्त विभाग द्वारा वसूले जाते थे। आन्तरिक स्थिति संकटमय होने पर नोमार्कों के अधिकार में जिला स्तर पर अपार वृद्धि हो जाती थी। इस स्थिति में गरीबों के बीच मुफ्त भोजन बाँटे जाते थे।

फराओ के दरबार में गुलाम, अंगरक्षक, नौकर, कलाकार, वैद्य, नर्तकियाँ आदि नियुक्त थे। अयोग्य शासक के काल में भ्रष्ट अधिकारियों की संख्या में काफी वृद्धि हो जाती थी।

पाँचवें राजवंश के काल में अयोग्य शासकों की संख्या बढ़ी और केन्द्र कमजोर हुआ। नोमार्कों को मनमानी करने का अवसर मिला। प्रांतीय अधिकारियों द्वारा केन्द्र के विरुद्ध षड्यंत्र रचे जाने लगे। साम्राज्य कई टुकड़ों में बँट गया। जनता का शोषण बड़े पैमाने पर किया जाने लगा। आपसी तनाव एवं अराजकता के वातावरण में छठे राजवंश की शुरुआत हुई और मिस्र से एक साम्राज्य का अस्तित्व समाप्त हो गया।

13.10 कला

मिस्र ने अपनी कला के द्वारा जो साम्राज्य स्थापित किया उसके कारण वह संसार में सबसे बड़ा निर्माणकर्ता माना जाता है। उसका आधार अन्य देशों की तरह धर्म ही था। धार्मिक आवश्यकता ने इस काल को जन्म दिया और उसी ने उसकी सीमाएँ निर्धारित कीं। मिस्र धर्म-प्रधान देश था। इस कारण कलाकार इसके प्रभाव से मुक्त नहीं रह सकते थे। उन्हें अपने देवताओं के निवास के लिए मन्दिर और पुरुषों के दूसरे जीवन के लिए समाधियाँ बनानी थीं। फराओ की लड़ाइयाँ तथा विजयों का वर्णन उसके देवताओं के विजय के वर्णन थे। अतः इसको अंकित करना उनका धर्म था। इसी कारण मिस्री कलाकार ने अपने को प्रायः अज्ञात रखा। लोगों का विश्वास था कि नामांकन करने या भीत या प्रतिकृति बनाने से कलाकार के भी जीवन का सम्बन्ध व्यक्ति-विशेष से हो जाता है। मिस्र की कला में पारिवारिक जीवन की भी झाँकियों को दिखाने का प्रयत्न किया गया है जिसमें कलाकारों ने अपने निजी मनोभावों को प्रकट किया है। इसने जीवन के सूक्ष्म तत्त्वों का अवलोकन किया था। मिस्र के निवासियों के प्रतिदिन के जीवन को यथार्थ रूप से दिखाया गया, जैसे—आभूषण बनाते हुए, मछली पकड़ते हुए, हल जोतते हुए, शीशे की वस्तु बनानेवाले, शीशे को गलाते हुए आदमी।

मिस्र की कला के विकास को दो भागों में विभाजित किया जा सकता है। एक तो प्राचीन राजघराने के समय की कला जो पिरामिड की भाँति भरकम तथा परिपक्व है। दूसरा इसकी नई राजघराने की कला जो बड़े-बड़े मंदिरों के रूप में बने जिनमें नए-नए प्रयोग किए गए।

इस नवीन युग की सभ्यता ने एक नया मोड़ लिया था। इस कारण कला में भी परिष्कृत परिवर्तन दिखाई दिए। अब आकारों में सादगी का स्थान नफासत ने ले लिया। सुमेर में

स्थापत्यकला का मुख्य प्रतीक मंदिर था। मिस्र में इसका स्थान समाधियों ने ले लिया जिनमें समाधि पिरामिड मुख्य थे।[3]

सबसे प्राचीन पिरामिड के आकार को **मस्तबा** कहते थे। ये आयताकार होते थे। इनके किनारे ढालू होते थे। यह ऊपर से चिपटा तथा कोण के आकार का बनाया जाता था। ये देखने में मिट्टी के ढहों के समान दिखाई देते थे। इसके बीच में एक बत्ती गाड़ दी जाती थी जो इसके नीचे पृथ्वी में बने कमरों की ओर संकेत करती थी तथा जिसमें शव रखा जाता था। शव रखनेवाले कमरा से लगे हुए दो कमरे और बनाए जाते थे। एक कमरे में मृत मनुष्य की मूर्ति रहती थी और दूसरे में प्रार्थना गृह होता था। एक नकली दरवाजे का चिह्न बाहरी मस्तबे की भीत में बनता था जिसके समक्ष एक चौकी रहती थी जिस पर भोग रखा जाता था। ऐसा विश्वास था कि जो भोग लगाता था उसके बुलाने पर मृतात्मा उपस्थित हो जाती थी। प्राचीन समय से मस्तबा के भीतर के कमरों की भीत पर खुदाई करके या चिह्न बनाकर मृत पुरुष के जीवन का चित्र अंकित किया जाता था।

मस्तबा जैसे भवनों के ऊपर विशालकाय पिरामिडों का निर्माण होने लगा। गिजा समूह के दो सबसे शानदार पिरामिड चेयोप्स (Cheops) या खूफू का (चौथे राजवंश का दूसरा शासक) और उसके उत्तराधिकारियों में से एक चफरेन (या खाफ्रे) के हैं। खूफू जिस पिरामिड में दफन है उसका आधार वर्गाकार है जिसके हर भुजा की लंबाई 235 मीटर है। यह 146.5 मीटर ऊँचा है। खाफ्रे के पिरामिड का आधार 215.5 वर्गमीटर है। यह 143.5 मीटर ऊँचा है। स्तूप के भीतर शव रखने का कमरा है। इसमें जाने का मार्ग घुमावदार गलियों से है। इन सब स्तूपों के साथ एक छतरी है जिसमें फराओ की मूर्ति का मन्दिर बना है। जैसे-जैसे दिन बीतते गए पिरामिड का आकार छोटा होता गया। नये राजघरानेवालों ने दस्युओं से डरकर स्तूप के स्थान पर पहाड़ों को काटकर गुफाओं में अपनी समाधियाँ बनवाईं जो भूल-भूलैया के सदृश बनाए गए। इस प्रकार के फराओ की जैसी समाधियाँ बनी हैं उस स्थान को **राजाओं की घाटी** कहते हैं। इसी पहाड़ी के दक्षिण की ओर रानियों की समाधि बनी हैं जिसे **रानियों की घाटी** कहते हैं। तुतेनखामन की समाधि सुरक्षित रूप से मिली थी।

पिरामिड शैली मिस्र स्थापत्यकला की सबसे बड़ी देन है। वास्तव में अपनी भव्यता एवं विशालता की दृष्टि से विश्व में ये पिरामिड बेजोड़ सिद्ध हुए तथा दुनिया के महान आश्चर्यों में इसको स्थान प्राप्त है।

मन्दिरों का निर्माण मिस्री स्थापत्यकला की दूसरी सफलता है। मन्दिर का आकार नए राज्यकाल में आरूढ़ हुआ। इसमें जाने का मार्ग पेड़ों की शृंखलाओं से होकर बनाया जाता था। इस मार्ग के दोनों ओर नारी सिंहनी की मूर्तियाँ रखी जाती थीं। द्वार के सामने पत्थर के चौकोर खंभे लगे रहते। जिन पर चित्रलेख खुदे रहते थे। मन्दिर का मुख्य द्वार एक आँगन में खुलता था। इस आँगन से भीतर के खंभों पर बने लम्बे कमरों में जाने का मार्ग रहता था। इस कमरे की जमीन आँगन से ऊँची रहती थी। इसमें से गर्भगृह में जाने का मार्ग रहता था जहाँ देवताओं का स्थान रहता था। इस कमरे के अगल-बगल और देवताओं की मूर्तियाँ रखने के लिए कोठरियाँ बनती थीं तथा पुजारी के रहने के लिए कमरा रहता था। इस प्रकार

मन्दिर 3 तल में बनते थे। बाहर आँगन में रोशनी, उसके बाद के कमरों में थोड़ा-थोड़ा अँधेरा तथा देवताओं के कमरे में पूर्ण अंधकार रहता था।

देवमंदिरों के अतिरिक्त राजाओं की छतरी या मंदिर भी बनते थे जो समाधि के एक विशिष्ट भाग माने जाते थे। यह शैली नवीन राजवंश के युग में ही परिष्कृत हुआ। इसका सबसे सुन्दर उदाहरण Deiv-el-Bahari में है, जो हटसेपसुट की आज्ञा से बना। यह मंदिर पहाड़ काटकर गुफा में अजन्ता की भाँति बनाया गया। राजप्रासादों में अवशेष पर्याप्त संख्या में प्राप्त हुए। इनसे ऐसा अनुमान होता है कि राजप्रासाद 3 भागों में विभक्त होते थे। पहला, सामने के खंभों पर आधारित बड़ा कमरा, दूसरा इसके पीछे बना दरबार का कमरा जिसके बीच में एक आतिशदान रहता था और तीसरा भाग वह था जिसमें बैठने और सोने के कमरे, स्नानागार, रसोईघर रहते थे। नौकरों के रहने के लिए कमरे तथा उद्यान प्रवेश द्वार के सामने रहता था। जनसाधारण के घर भी इसी आकार के थे लेकिन दो मंजिला होते थे। नौकरों के घर तथा उद्यान नहीं होते थे।

मूर्तिकला के क्षेत्र में मिस्री कलाकारों ने यथार्थता तथा स्वामित्व के सिद्धान्तों से अनुप्राणित होकर मूर्तियों का निर्माण किया। ऐसा अनुमान है कि मिस्र के मूर्तिकला की शैली के नियम बहुत पहले निर्धारित हो चुके थे। यहाँ की मूर्तियाँ रेखागणित के आधार पर बनी हैं। मन्दिरों, भवनों तथा पिरामिडों की सौन्दर्य वृद्धि में मूर्तिकला का योगदान महत्त्वपूर्ण है। यहाँ की कला का प्रयोजन मनुष्य अथवा देवता के केवल हस्तक्षेप को उपस्थित करना था, उसके स्वभाव या कार्य को प्रदर्शित करना नहीं। फराओ की मूर्तियाँ आदर्शवाद का प्रतीक हैं। अधिकांश मन्दिरों तथा भवनों में तत्कालीन फराओ की 80 या 90 फीट ऊँची विशालकाय मूर्ति प्रतिष्ठित रहती थीं। इन मूर्तियों से गतिशीलता का आभास नहीं होता है। चेहरे की बनावट पर ध्यान दिया जाता था। उदाहरणार्थ खूफू का चेहरा और सिर जिसके ऊपर होरस नामक देवता वाण के रूप में अपना पंख खोलकर बैठा है। कुछ मूर्तियों में मानव तथा पशुओं की आकृतियों का सुन्दर सम्मिश्रण स्फिंक्स (Sphinx) भी है जिसमें नर का मस्तिष्क और सिर सिंह का था। यह मिली-जुली मूर्ति थी जो फराओ की शक्ति का प्रतीक बन गई। इसमें सबसे प्राचीन गीजा (Gigeh) की मूर्ति है। कला की दृष्टि से यह मूर्ति प्राचीन मिस्री मूर्तिकला के सर्वोत्कृष्ट उदाहरणों में है। अपनी रहस्यमयता के कारण नरसिंह (Sphinx) रहस्यमयता का पर्यायवाची शब्द बन गया है। प्रायः इन मूर्तियों का ध्येय धार्मिक भावना को जाग्रत् करना ही था। पाँचवें राजवंश के शासनकाल में एक लिपिक की पत्थर की मूर्ति में मानसिक सतर्कता का चित्रण सुन्दर ढंग से किया गया है। यह यथार्थवादी कल्पना का सबसे बड़ा उदाहरण है। अपने घुटने पर वह छाल का कागज फैलाए हुए लेखनी हाथ में लिये हुए है।

प्राचीन मिस्र की कुछ मूर्तियाँ बालू की बनाई जाती थीं तथा यथार्थवादी दृष्टिकोण से रँगा भी जाता था। शक्ति और साम्राज्य के साथ-साथ मूर्तियों के आकार में वृद्धि हुई।

चित्रकला दो माध्यमों में की गई मिलती है; कुछ दीवारों पर और कुछ छालटी के कागजों पर। उनकी लेखन-प्रणाली चीनियों की भाँति चित्रलिपि पर आधारित होने के कारण इनके

यहाँ चित्र बनाना स्वाभाविक था। ये चित्र को रेखा द्वारा बनाकर खाली स्थानों में सपाट रंग भर देते थे।

मिस्र के कलाकारों ने छोटी-छोटी घरेलू वस्तुओं के निर्माण में भी अपनी दक्षता प्रदर्शित की। उनके बनाए हुए मिट्टी के बर्तन या कुर्सी एवं अन्य उपकरण आभूषण, ताबीज उनकी निपुणताओं की कहानी कहते हैं। तरह-तरह की कला वस्तुओं से उनके घर सजाए जाते थे। कुर्सियों में सोने-चाँदी का काम किया जाता था तथा मुलायम चमड़े की गद्दियों से सजाया जाता था।

बहुमूल्य पत्थरों, हाथीदाँत, मूल्यवान धातुओं के प्रयोग से आभूषण बनाने में उन्हें कमाल हासिल था। सम्पन्न परिवारों तथा राजकुलों में बड़े पैमाने पर आभूषणों का प्रयोग होता था। विदेशों में इसका निर्यात किया जाता था। राजनीतिक एवं आर्थिक सम्पन्नता के कारण इनकी माँग और भी बढ़ गई। ताबीजों का प्रयोग बड़े पैमाने पर होने लगा। इसके द्वारा मरणोपरान्त जीवन में सुख प्राप्त करने की आशा की जाती थी। अँगूठियों, हार तथा बाजूबन्द आदि गहने सोने तथा बहुमूल्य पत्थरों के बनाए जाते थे। शवों को रखने के लिए लकड़ी के ताबूत बनाए जाते थे। यूनान की आरंभिक कला मिस्र कला से प्रभावित हुई।

13.11 पुरोहित

प्रागैतिहासिक काल में मनुष्य जिस समय अपने 24 घंटों में से 18 घंटे आहार की खोज में बिताता था। उस समय मिस्र का किसान कृषि के बदौलत अपना आहार आसानी से प्राप्त कर लेता था। आवश्यकता से अधिक मिल जाने के कारण वह अवकाश का जीवन बिताने लगा। अवकाश का जीवन पेट भरा होने पर सोचने-विचारने की आदत डालता है और अनायास आनेवाली उनके समस्याओं ने सहसा मिस्रवासियों का ध्यान अपनी ओर खींचा। रात में चमकनेवाले सितारे, नील नदी में प्रतिवर्ष बाढ़, नित्य बढ़नेवाला पौधा, मृत्यु आदि प्रश्नों का जिन्होंने उत्तर दिया वे **पुरोहित** कहे जाते थे। मिस्री देवताओं के वे पुजारी थे। उनका सबसे बड़ा रहस्य उनकी लिपि की जानकारी थी। वे मंदिरों की दीवारों पर चित्रमय लेख लिखते थे जिनको साधारण जनता नहीं पढ़ पाती थी। पुरोहित को देवताओं से सम्बन्ध का साधन समझा जाता था। वे ज्ञानी समझे जाते थे।

प्रश्न था, मरकर आदमी क्या होता है? कहाँ जाता है? पुजारियों ने कहा—"पश्चिमी पहाड़ों के पीछे, जहाँ उसे अपने अच्छे-बुरे कर्मों का जवाब देना पड़ेगा। मृतकों एवं जीवितों का देवता ओसिरिस उनके कर्मों के आधार पर न्याय करेगा।" पुजारियों ने बताया—इसी दुनिया में चार दिन के सुख के लिए प्रयत्न करना मूर्खता है; तैयारी वस्तुतः उस भावी दुनिया की करनी है जब आत्मा पश्चिमी पहाड़ों के पीछे जा बसेगी।

फिर उस दुनिया की तैयारी शुरू हुई। जीवनकाल जिंदगी की कहानी की भूमिका समझी जाने लगी और मिस्र देश जीवन का नहीं, मौत का उपासक बन गया।

पुरोहितों ने समझाया—कोई भी आत्मा अपने पार्थिव शरीर के साथ ही ओसिरिस[4] के अज्ञात देश में प्रवेश कर सकती थी। पार्थिव शरीर के नष्ट होने से बचाने के लिए प्राचीन राजवंश के दौरान पुजारियों ने एक रासायनिक तरल पदार्थ खोज निकाला। इस तरह

परलोक पर पुरोहितों का पूर्ण कब्जा हो गया। रासायनिक द्रव्यों में लाश को भिगोकर पुरोहित उसे अगले जीवन (परलोक) के लिए तैयार करता था। इसी सिलसिले में पिरामिड बनने लगे जिनमें अमीरों के लाश रखे जाने लगे। पुजारियों का मिस्री समाज पर दबदबा स्थापित हो चुका था।

मध्य राजवंश के काल में मंदिर निर्माण की प्रक्रिया प्रारम्भ हुई। कारनाक (Karnak) और लक्जर (Luxor) के विशाल मंदिरों का निर्माण कई मिस्री शासकों के सहयोग से हुए और पुरोहितों का प्रभाव और बढ़ा। मंदिरों में काफी धन इकट्ठा होते गए। जनता से देवों के नाम पर कर वसूले जाते थे। जिनसे राज्य एवं पुरोहितों का खर्च चलता था। पुरोहित कर-मुक्त थे। सोने की खानें मंदिरों को दान में मिलीं। ई.पू. 14वीं शताब्दी में सेथोस प्रथम ने एबिदौस के ओसिरिस मंदिर को उसके आसपास की सोने की खानों का राजस्व दे दिया था। उसकी राजाज्ञा तीसरे प्रपात से 20 मील नीचे नौरी के शिला पर उल्लिखित है। अनुदान-पत्र के अनुसार नूबिया के क्षेत्र में मंदिर के कारिंदों, व्यापारियों, नाविकों, स्वर्णशोधकों आदि से किसी प्रकार का कर नहीं लिया जा सकता था। कोई भी अधिकारी उसके अनुदान में दिए गए नावों में से सोना या सामान नहीं ले सकता था। मंदिरों में पृथक्-पृथक् व्यापारिक संगठन भी थे जो स्वतंत्र रूप से व्यापार करते थे। इसी प्रकार रेमसेस तृतीय ने ख्नुम (Khnum) के मंदिर के वाणिज्य और व्यापार के सभी कार्यों को करमुक्त कर दिया था। अपने मंत्री इमहोतेप की राय से फराओ जोसेर ने एलिफैंटाइन के ख्नुम मंदिर को अपने आसपास के प्रदेश को दे दिया था जिससे अनावृष्टि और सूखा की रक्षा की जा सके और अधिक मात्रा में बाढ़ आ सके। मंदिर को खानों और पत्थरों का स्वामित्व दे दिया गया। इस प्रकार मिस्र का धर्म एवं पुरोहिती उसकी आर्थिक व्यवस्था पर हावी थी।

प्रायः प्रत्येक मिस्री परिवार का एक देवता था जिसकी पूजा नियत स्थान पर विधिपूर्वक की जाती थी। विभिन्न कष्टों से मुक्ति तथा जीवन को सुखमय बनाने के लिए देवों से प्रार्थना की जाती थी। नील नदी में बाढ़ यदि समय से नहीं आती थी तो सूखा और अकाल पड़ जाता था। ऐसी स्थिति से मुकाबला करने के लिए देवों के नाम से मंदिरों को अनुदान दिया जाता था। जोसेर तथा रेमसेस तृतीय ने मंदिरों को अनुदान दिया। मिस्रवासी मृत्यु के बाद जीवन में विश्वास करते थे। उनका मानना था कि मृत्यु के बाद भी शरीर और आत्मा दोनों जीवित रहते हैं। मृतक का जीवन जीवित व्यक्तियों से थोड़ा भिन्न होता है। कब्रों में मृतक के साथ उसकी रोजमर्रा की चीजें दफना दी जाती थीं। "आत्मा का प्रवेश मृतक शरीर में पुनः हो सकता है।" इस दृढ़ विश्वास के कारण वे मृत व्यक्ति के शव की रक्षा काफी सावधानी से करते थे। कभी-कभी पुण्य कामों के लिए पुरोहित चरित्र प्रमाण पत्र देते थे। जादू, टोने तथा आडंबर का भी बोलबाला था। पुरोहितों का बड़ा प्रभाव था। मंदिर में ये देवों की पूजा करते थे। अखनाटन नामक राजा ने केवल एटन को ही कानूनी घोषित कर पुरोहितों तथा आडंबरों पर अंकुश लगाने की कोशिश की थी पर असफलता मिली।

मिस्र में देवी-देवताओं की संख्या दो हजार से भी अधिक थी। विद्वानों का कहना है कि इतने देवी-देवताओं की पूजा तत्कालीन विश्व मे कहीं दृष्टिगत नहीं होती है। ये देवगण

बाद में 'रे' के नाम से पूजे जाने लगे। बाद के राजवंश ने अपने देवता 'एमन' को 'रे' के साथ मिलाकर एमन-रे नाम रखा। उसका प्रतीक 'पक्षयुक्त सूर्य चक्र' था। यही बाद में राज्यचिह्न बन गया। पुरोहितों के प्रोत्साहन से अनेक धार्मिक कथाएँ समाज में प्रचलित हुईं। नील नदी का प्रतिनिधि देवता के रूप में हरी वनस्पतियों का महत्त्व बढ़ा। ओसिरिस को वृषभ (bull) के रूप में चित्रित किया जाता था।

मध्यकाल के धर्म की विशेषता रही कि धार्मिक कृत्यों का जनसामान्य में अधिक प्रचार हो गया। ग्यारहवें वंश के सभी लोग अपने मृतकों की समाधियाँ बनाने लगे। धर्म में जादूगरी, आडम्बर और पुरोहितवाद का बोलबाला बढ़ा। सूर्य की पूजा अधिक निगूढ़ होने के कारण जनसामान्य में प्रचलित नहीं हो सकी।

मिस्र में जादू (Magic) धर्म का एक हिस्सा था। इसके आधार पर धर्म और जीवन में नैतिकता का स्थान आसानी से निर्धारित किया जा सकता था। लोक-परलोक दोनों में मैजिक का स्थान सर्वोच्च था। भौतिक सामग्रियों की प्राप्ति के लिए इसका नैतिक जगत् में ज्यादा प्रयोग होता था। पुरोहितों ने जनसाधारण के अन्धविश्वासों को अपने लाभ के लिए प्रयुक्त किया। अधिक धन पाने की लालच में पुरोहितों ने तंत्र-मंत्रों को बेचना आरम्भ किया। स्वर्ग में सुगमता से जाने के लिए कागज पर मंत्रों को लिखकर समाधि में मृतक के साथ गड़वा दिया जाता था।

मिस्र के धर्म में निराधार बातों को प्रमुख स्थान मिला। धार्मिक नैतिकता समाप्तप्राय हो गई। आडम्बर तथा जादू-टोना का समावेश हो गया। हिक्सस लोगों नें मिस्र पर जब आक्रमण किया उस समय से कई ऐसी धार्मिक प्रथाओं का समावेश हुआ जिसके कारण पुरोहितों की आवश्यकता हुई। राज्य-व्यवस्था के आवश्यक आधार पुरोहितगण थे। वे राजा के विश्वासपात्र की भाँति काम करते थे। धीरे-धीरे पुरोहिती वंशानुगत हो गई थी। प्रजा को धर्म से डर और राजाओं की राजनीतिक उदारता से पुरोहितों का विशेषाधिकार प्राप्त एक ऐसा वर्ग उत्पन्न हो गया जो आगे चलकर राजकुल और सामन्तों से भी अधिक समृद्ध हो गया। वे जनता की धार्मिक कमजोरी से सदा लाभ उठाने की ताक में लगे रहते थे। ये पुरोहित जिन विशालकाय मंदिरों में रहते थे वे किसी राजमहल से कम नहीं थे।

पुरोहितों की पूजा भावना की हेरोडोटस ने सराहना की है। मिस्र के पुरोहित तत्कालीन समाज की तुलना में सर्वाधिक ध्यानमग्न होकर देवताओं की पूजा करते थे। वे प्रतिदिन दो बार स्नान करते थे। शरीर की शुद्धता पर उनका विशेष ध्यान रहता था। मंदिर में प्रवेश करने से पूर्व ही पुरोहित द्वार के बाहर से ही देवता को धूप अर्पित करता था। उसके बाद मंदिर का दरवाजा खोलता और प्रार्थना करता था। मूर्ति को स्नान कराना, वस्त्र पहनाना और भोग लगाना पुरोहितों का दैनिक कार्य था। इसके पश्चात् मंदिर के द्वार बन्द कर दिए जाते थे। मंदिरों में स्थापित देवताओं का दर्शन करने के लिए मंदिर में भक्तों की काफी भीड़ लगती थी। देवताओं के अलग-अलग त्योहार होते थे। देव-लीला का धार्मिक आयोजन होता था। इस अवसर पर देवों के जीवन का दृश्य दर्शाया जाता था। इस वातावरण में पुरोहितों की आय में विशेष वृद्धि हो जाती थी। पुरोहितवाद की प्रबलता ने अनैतिक विषयों को प्रोत्साहित किया। धर्म और नैतिकता के बीच मधुर सम्बन्ध समाप्तप्राय हो गया। अमर

होने के लिए नैतिक आचरणों की अपेक्षा जादू-टोने का सहारा लिया गया। देवालयों में देवताओं के मनोरंजन के लिए देवदासियाँ होती थीं। इनसे पुजारियों की वासना की तृप्ति होती थी। देवालय पुजारियों के अन्तःपुर थे।

भ्रष्ट पुरोहितों को अखनाटन ने मंदिरों से निकाल बाहर किया। कई देवताओं के नाम राजकीय स्थानों से मिटा दिए गए। धर्म के नाम पर हो रहे भ्रष्टाचार पर उसने अंकुश लगाया। साकार पूजा और बहुदेववाद को अखनाटन ने गैर-कानूनी घोषित किया। उसने सर्वप्रथम सर्वव्यापी एकेश्वरवाद का पाठ पढ़ाया। परन्तु अखनाटन की यह धार्मिक क्रान्ति सफल नहीं हो सकी। उसके उत्तराधिकारी ने इस क्रान्ति में अभिरुचि नहीं ली और पुरोहितों को पुनः स्वतंत्रता मिल गई। धर्म में पुरोहितवाद, आडम्बर और तंत्र-मंत्र पुनर्जीवित हो उठा। कुछ शिक्षित लोगों ने अब भी अखनाटन के एकेश्वरवाद का समर्थन किया। एकेश्वरवाद का प्रतीक एटन देवता था। वह एक दयालु देव के रूप में पूजित हुआ जो निःसहायों की सहायता और प्रार्थनाओं का श्रोता था।

19वें राजवंश के काल में प्रशासनिक कार्यों में भी पुरोहितों का प्रभाव बढ़ गया। प्रत्येक कार्य के साथ दैवी कृपा का सम्बन्ध जोड़ा गया। इस पुरोहित राजवंश को रेमसेस तृतीय से काफी प्रोत्साहन मिला। इसके काल में पुरोहित मिस्र के सर्वोच्च शक्ति बन गए। कई प्रशासनिक समस्याओं का समाधान मंदिरों से होता था। बीसवें राजवंश का अंतिम फराओ रेमसेस XII पुरोहितों के हाथ एक कठपुतली मात्र रह गया था। इस तरह नवीन राजवंश के समय पुरोहितों की आर्थिक, धार्मिक तथा राजनीतिक स्थिति सर्वाधिक सुदृढ़ रही।

13.12 पिरामिड

मिस्री सभ्यता का विकास नील नदी के किनारे हुआ था। मिस्र के प्राचीन ऐतिहासिक काल को **पिरामिड युग** के नाम से जाना जाता है। इस काल में मिस्र में लगभग 70 पिरामिड बने। आधुनिक काहिरा के निकट गिजा में चौथे राजवंश काल के पिरामिड प्राचीन काल की बेमिसाल कृतियाँ हैं। गिजा का पिरामिड सर्वाधिक विशाल था। यह 13 एकड़ जमीन में फैला था। इसका निर्माण 32 लाख पत्थर-खंडों से एक-पर-एक रखकर बिना किसी जोड़कारी के हुआ था। कुछ पत्थर-खंडों का वजन ढाई टन था। इस पिरामिड का निर्माण ई.पू. 2650 में और 20 वर्षों में हुआ था। गिजा के पिरामिड पर 160 फीट लम्बी एक प्रतिमा है जिसका सिर 37 फुट ऊँचा और मुख की चौड़ाई 13 फुट 8 इंच है। भारी-भारी पत्थरों को दूर से लाकर इतनी ऊँचाई पर चढ़ा ले जाना आश्चर्य है। इसी कारण पिरामिड संसार की आश्चर्यजनक कृति है।

पिरामिड-निर्माण के कारणों पर विचार करने पर पाते हैं कि मिस्र के लोगों को विश्वास था कि मृत्यु के बाद भी आत्मा का अस्तित्व रहता है और बाद में वह पुनः शव में प्रवेश कर जाती है। अतः शवों की सुरक्षा के लिए रासायनिक विधि से तैयार तेल का लेप किया जाता था। ऐसे शव को **ममी** कहते थे। शवों को सुरक्षित रखने के लिए कुछ टेढ़ी लोहे की छड़ और रासायनिक पदार्थों की सहायता से नाक के रास्ते मृतक का मस्तिष्क निकाल दिया जाता था। पत्थर की छुरी से पेट में छेद करके उसकी अँतड़ियाँ भी निकाल ली जाती थीं।

खजूर की मदिरा से भीतरी भाग की सफाई करके पिसे हुए सुगन्धित द्रव्यों से शव को ढँक देते थे। शव के भीतर देवदार का तेल प्रविष्ट किया जाता था और यह यत्न किया जाता था कि शरीर में पहुँचाया गया तेल वहीं रुक जाए। उस पर शुद्ध गंध रस, तेजपात और कुछ मसालों का चूरा छिड़कते थे। फिर शव के कटे भाग की सिलाई की जाती थी और शव को शोरे में 70 दिनों के लिए रख दिया जाता था। आखिरी दिन शरीर में प्रविष्ट कराया गया तेल निकाला जाता तो तेल के साथ शेष आँतें भी निकल आती थीं। शोरे से निकालकर शव को धोया जाता था। शोरा सूखता और मांस सख्त हो जाता था। अब शव सूखी चमड़ी और हड्डी मात्र रह जाता था। फिर सूती कपड़े की पट्टियों को गोंद में डुबोकर उस पर लपेटा जाता था। ममी तैयार करने के लिए राजकीय नियम थे। ममी बनाने की पद्धति काफी खर्चीली थी। शवों को स्थायी रूप से रखने तथा मृतक फराओ की सुख-सुविधा का ध्यान में रखते हुए पिरामिडों का निर्माण किया गया।

कुछ विद्वानों का मत है कि मिस्र में फैली बेरोजगारी की समस्या को सुलझाने के लिए काफी लोगों को पिरामिड-निर्माण के सिलसिले में काम दिए गए। अन्य विद्वान बताते हैं कि प्राचीन काल में फराओ के गौरव का प्रतीक पिरामिड था। अपनी अनश्वरता को प्रदर्शित करने के लिए फराओ द्वारा पिरामिडों के निर्माण किए गए।

मिस्रवासियों की दृष्टि में यह परलोकवाद का अस्तित्व था। मृत्यु को वे जीवन का अन्त नहीं बल्कि घटना मात्र मानते थे। मनुष्य के शक्ति विशेष को वे **का** कहते थे। उनका विश्वास था कि **का** मृत्यु के बाद भी शरीर से चिपटी रहती थी। अतः मृतक के साथ भोजन एवं अन्य आवश्यक सामग्रियाँ भी पिरामिडों में रखी जाती थीं। इनकी देखभाल के लिए पुजारी नियुक्त किए जाते थे।

मृतक फराओ की कब्र पिरामिडनुमा बनाए गए ताकि मृतक को गरमी न लगे। चौकोर कब्र में गरमी ज्यादा लगती थी और मिस्रवासियों को इसकी जानकारी थी। पिरामिडों को इस तरह निर्मित किया गया कि सूर्य की पहली किरण फराओ की कब्र पर पहुँचे। पिरामिड बताते हैं कि हजारों वर्ष पूर्व मिस्री कलाकार संसार के सर्वश्रेष्ठ वास्तुकार थे। मिस्र की पिरामिड-कला की एक प्रमुख विशेषता उसकी अनश्वरता है। पिरामिडों अर्थात् विशाल समाधियों का निर्माण कर तत्कालीन मिस्री शासकों (फराओ) ने प्रजा में आत्मा की अमरता और एकता का संदेश दिया।

पिरामिड पहले धूप में सूखी ईंटों से बनते थे। इनका आकार छोटा था जिसे कब्र या मकबरा कहना ज्यादा बेहतर होगा। यह कब्र पृथ्वी में एक कमरा के रूप में बनाई जाती थी जिसका फर्श लकड़ी का होता था। इस कब्र के छत पर राजा या फराओ की याद में बालू और कंकरीट का ढेर बनाया जाता था। सबसे प्राचीन पत्थर की समाधि पर कंकड़ों का ढेर है। बाद में चलकर लाखों शिलाखंडों के मुँह को एक के ऊपर एक को ठीक से बैठाकर विशाल समाधियों का निर्माण किया जाने लगा जो पिरामिडनुमा आकार के होने के कारण पिरामिड कहे जाने लगे। पाँचवें राजवंश के काल से पिरामिड निर्माण बन्द हो गया। मिस्र में अब सूर्य की पूजा का प्रचार अधिक होने से पिरामिड के बदले सूर्य-मंदिरों का निर्माण होने लगा।

कुछ विद्वानों का मानना है कि कमजोर आर्थिक स्थिति एवं बेरोजगारी के माहौल में गरीब जनता को रोजगार दिलाने के लिए पिरामिडों का निर्माण हुआ। इस विचार को अन्य विद्वानों ने नहीं माना है। पिरामिडों के निर्माण का सम्बन्ध कला के विकास से है, आर्थिक कठिनाई से नहीं। कुछ विद्वानों ने पिरामिड को फराओ के गौरव का मापदंड बताया है। अपनी अनश्वरता को प्रदर्शित करने के लिए फराओ ने पिरामिडों का निर्माण किया।

जोसर, सनफ्रु और खूफू के पिरामिड सर्वाधिक प्रसिद्ध हैं। सीढ़ीदार पिरामिड बनानेवालों में जोसर काफी प्रसिद्ध था। गिजे का विशाल पिरामिड खूफू ने बनवाया। इस शासक के काल में मिस्र काफी धनी था। मिस्री जनता ने पिरामिड-निर्माण में आर्थिक मदद की। फराओ का ध्यान भी पिरामिड-निर्माण की ओर ज्यादा रहा। इस सांस्कृतिक उपलब्धि ने अर्थव्यवस्था को प्रभावित किया। आधुनिक शोधकार्यों ने प्रमाणित किया है कि मिस्र में कृषि, सिंचाई, वाणिज्य एवं व्यापार पर इसका बुरा प्रभाव पड़ा। सैन्यशक्ति में भी फराओ की रुचि कम रही, फलतः विदेशी आक्रमणकारियों से मुकाबला करने में वे असफल रहे।

मध्य राजवंश के बाद पिरामिड नहीं बन सके। इसका कारण न केवल धर्म शैली में बदलाव था बल्कि आर्थिक विकास में मजदूरों का प्रयोग ज्यादा-से-ज्यादा किया जाने लगा। आर्थिक स्थिति को सुदृढ़ बनाने के लिए मिस्री शासक इसेसी ने 2700 ई.पू. में बाडीस्मम के खानों को खुलवाया और धन प्राप्ति के लिए फुनिशिया पर आक्रमण किया।

एक पिरामिड में स्फिक्स की मूर्ति है जो मनुष्य और सिंह की आकृतियों का बेजोड़ नमूना है। हजारों वर्ष पहले स्फिक्स में सिंह का प्रवेश इस बात का द्योतक था कि इससे फराओ की शक्ति को समझा जा सके।

पिरामिड प्रथम पाँच मिस्री राजवंशों के काल में इन्जीनियरिंग के क्षेत्र में हुए विकास की बात बताते हैं। विशाल शिलाखंडों को धीरे-धीरे ठेलकर सैकड़ों फीट ऊपर ले जाना और एक-दूसरे के ऊपर बिना किसी जोड़ के इस तरह बैठाना कि उसके जोड़ से हवा भी पास नहीं हो सके, साधारण कारीगरी नहीं है। पिरामिडों का निर्माण कुशल अभियंता के बिना सम्भव नहीं था। पिरामिडों में फराओ के शव रासायनिक विधि से तैयार लेप में इस तरह रखा जाता था कि वे सड़ें नहीं, उनके शवों को जानवर न खा जाएँ और उनमें रखी बहुमूल्य वस्तुओं की चोरी न हो सके। पिरामिड के दीवारों पर उपलब्ध चित्रों को देख तत्कालीन विकसित चित्रकला और रंग बनाने की वैज्ञानिक विधि की जानकारी होती है।

विश्व के जिन इलाकों में हजारों वर्ष पूर्व सभ्यताओं का जन्म हुआ उनमें सर्वाधिक प्रसिद्ध मिस्र की सभ्यता है। मिस्र को अरबवालों ने मसर, हिब्रू लोगों ने मिजराइन, असीरियावालों ने मुसर और भारतवालों ने मिस्र कहा।

13.13 उपलब्धियाँ

मिस्र की देन से सम्बन्धित ऐतिहासिक जानकारी के लिए हेरोडोटस एवं स्ट्रैबो के विवरण, पुरातात्त्विक सामग्रियाँ एवं अभिलेख आदि महत्त्वपूर्ण स्रोत हैं। पिरामिड का अर्थ ब्रेस्टेड ने 'मुर्दों का ढेर' बताया है। मिस्रियों का विश्वास था कि सूर्य की पहली किरण के माध्यम से देवता के काफी करीब मृत आत्माएँ पहुँच सकती हैं, अतः पिरामिड ऊँचे और खुले मैदान

में बने। कहते हैं, अमरत्व प्राप्त करने के लिए कई शासकों ने पिरामिडों का निर्माण किया। यह भी कहा गया कि मनुष्य समय से डरता है और समय पिरामिड से। पिरामिड में लकड़ी का प्रयोग बड़े पैमाने पर किया गया ताकि भीतर के सामान अधिक दिनों तक नष्ट होने से बचे रहें। पिरामिड में राजा की लाश रखी जाती थी और उसमें एक रासायनिक लेप लगा दिया जाता था, फलतः लाश सड़ती नहीं थी। स्थापत्यकला की दृष्टि से पिरामिड शैली में सादगी, विशालता तथा टिकाऊपन की झलक मिलती है और विश्व का यह अकेला नमूना है।

नील नदी की बाढ़ को नियंत्रण में करने और भूमि को नापने के लिए मिस्रवासियों को सर्वेक्षणशास्त्र तथा ज्यामिति के विषय में कुछ-न-कुछ सीखना पड़ा। इस नदी के किनारे विकसित मिस्र में आज से 5000 वर्ष पूर्व ही चित्रलिपि (Hieroglyph) अर्थात् पवित्र लिपि[5] का विकास हुआ जिसमें प्रारम्भ में 24 चिह्न और बाद में 500 चिह्न हो गए। इस तरह वर्णमाला का उन्होंने आविष्कार किया। शॉर्टहैंड लिपि के जैसा डिमाटिक लिपि का आविष्कार मिस्र में ई.पू. 8वीं शताब्दी में हुआ। पेपिरस नामक पेड़ के पत्तों से कागज का आविष्कार हुआ। सरकंडे के कलम से प्रथम बार लिखने का काम यहीं शुरू हुआ। अंकगणित का आविष्कार हुआ। 1,10 और 100 के लिए विशेष चिह्नों का प्रयोग किया जाता था। मिस्रवासी त्रिभुज एवं आयत का क्षेत्रफल जानते थे। उन्होंने 360 दिनों का एक पंचांग बनाया। इस पंचांग में कुछ गड़बड़ी थी क्योंकि 365 दिनों के वर्ष होते थे। इसके बावजूद पंचांग का बनाना मिस्रियों की एक उपलब्धि थी।

नाड़ी देखकर इलाज करने की प्रथम जानकारी मिस्रवालों को हुई। शल्य-चिकित्सकों द्वारा काँच के औजारों से चीड़फाड़ की जाती थी। बीमारी भगाने के लिए जड़ी-बूटी का प्रयोग किया जाता था। तेज धूप के कारण अनेक मिस्रवासियों की आँखें कमजोर होती थीं और त्वचा पर भूरे पीले से धब्बे पड़ जाते थे। बहुतों के दाँत खराब हो जाते थे। उनका विश्वास था कि दुष्ट आत्मा के प्रवेश करने से दिमाग में दर्द होता है। अतः इस दुष्ट आत्मा को बाहर निकालने के लिए सिर का ऑपरेशन किया जाता था।

स्लेट और पेपर स्याही से लिखने की बात पाते हैं। ई.पू. 2500 में काल्पनिक कहानियाँ लिखी जाती थीं। धर्मनिरपेक्ष लिखने के अवशेष पाए जाते हैं।

हजारों वर्ष पूर्व ही नील नदी में आनेवाली बाढ़ को उन्होंने दुर्भाग्य नहीं बल्कि एक चुनौती माना और बाढ़ पर नियंत्रण किया। बाढ़ ने मिस्रवासियों की दृष्टि वैज्ञानिक बना दिया।

भारत से भी पहले मिस्र में सूर्य-मंदिरों का निर्माण हुआ। शरीर और आत्मा दोनों अलग-अलग हैं और इसकी जानकारी उन्हें थी। उन्हें मालूम था कि शरीर का अंत होता है, आत्मा का नहीं। आत्मा का प्रतीक बाज नामक पक्षी था। इसीलिए बाज पक्षी राज-प्रतीक बन गया। स्फिक्स का पिरामिड भारतीय देवता नरसिंह के समान था। स्फिक्स के पिरामिड में सिर देवता और शरीर सिंह का था।

ई.पू. 3000 में मिस्र में बैलों से कृषि की जाती थी। पत्थर से बनी हँसिया से फसल काटी जाती थी। सन से बना मिस्री-वस्त्र विश्वप्रसिद्ध था। अनाज एवं सन (Flax) की जानकारी यूरोपवालों को मिस्र से हुई। यातायात का मुख्य साधन गधा था। ताँबे (Copper) की प्रथम जानकारी मिस्रवालों को हुई और ताँबे के औजार हजारों वर्ष पहले से ही बनाए जाने लगे थे।

मिस्री परिवार मातृसत्तात्मक था। सारी सम्पत्ति स्त्री के नाम से होती थी। मिस्र में ही सबसे पहले पाते हैं कि स्त्रियों को समाज ने राजसिंहासन पर बैठने की अनुमति प्रदान की थी। सारी सम्पत्ति स्त्री के नाम से होती थी और उसके मरने के बाद पुत्री ही उत्तराधिकारिणी बनती थी। राज्य की सम्पत्ति प्राप्त करने के लिए भाई को बहन से विवाह करना पड़ता था। फराओ को सूर्य का पुत्र माना जाता था जिसे अविवाहित बहन के अभाव में अपनी भगिनी या निकट सम्बन्धी के कुल की कन्या से विवाह करना पड़ता था। इस तरह की बात *ऋग्वेद* में भी वर्णित है। मिस्र में विशाल भवन में रहनेवाले को फराओ और प्रशासनिक केन्द्र को महान घर कहते थे। फराओ को दरबारी 'महान ईश्वर' कहकर सम्बोधित करते थे। जिला को **नोम** और जिलाधिकारी को **नोमार्क** कहते थे। कला के क्षेत्र में यूनान की डोरिक शैली मिस्री कला से प्रभावित हुई थी।

ई.पू. करीब 1700 से बबूल (Acacia Arabica Wild) का प्रथम बार औषधीय प्रयोग मिस्र में हुआ। इससे गोंद भी तैयार किया जाता था। इसका औषधीय प्रयोग अरबी चिकित्सकों ने मिस्र से सीखा। मेहँदी (अरबी और फारसी में हिना) के प्रथम अस्तित्व का प्रमाण ई.पू. 2000 में मिस्र में मिलता है। वहाँ से इसका प्रसार भारत में हुआ। ई.पू. 2200 में मिस्र ने विश्व को ज्वार (Hordeus Sorghum Linn) से परिचित कराया। मिस्र और इसके आसपास के इलाकों में सबसे पहले कॉफी पैदा हुआ। मिस्र में इसे कवे और फ्रांस में कार्फ और बाद में कॉफी कहा जाने लगा। ग्रेट ब्रिटेन में कॉफी की पहली दुकान 1652 में खुली। भारत में किसी मुसलमान द्वारा कॉफी 18वीं सदी में प्रथम बार मैसूर में लाया गया। भारत में इसकी खेती 1830 में प्रारम्भ हुई।

13.14 विज्ञान

जोसेफस (Flavius Josephus-A.D.37-100) का कहना है कि मिस्रियों ने अब्राहम से अंकगणित सीखा। अब्राहम ही पहले-पहले कैल्डिया से ज्योषित के साथ गणित भी मिस्र ले आए और ग्रीकों ने बाद में मिस्रियों से गणित विद्या प्राप्त की। मिस्र-निवासियों ने गणित विद्या कैसे प्राप्त की, इसका आदि इतिहास जो भी हो, परन्तु यह सत्य है कि वे ही ग्रीकों के मुख्य शिक्षक थे और ग्रीस निवासियों ने अकपट हृदय और मुक्त कंठ से इस ऋण को स्वीकार किया। केवल यही नहीं, प्रायः सभी प्राचीन ग्रीक लेखक, श्रद्धावश, एक स्वर से यह प्रचार किए हैं कि मिस्री ही गणित के जन्मदाता थे। *फोएड्रस* (Phoedrus) नामक अपनी पुस्तक में प्लेटो लिख गए हैं–मिस्र के नॉयक्रमेटिस नामक नगर में एक विख्यात वृद्ध देवता का निवास था। उस देवता का नाम था थॉयेट्। आइबिस नाम के पक्षी को वे पवित्र मानते थे। इसी देवता ने अंकगणित, ज्यामिति, ज्योषित, द्यूत क्रीड़ा आदि विद्याओं का आविष्कार किया था। परन्तु उनका सर्वश्रेष्ठ आविष्कार था **अक्षरों का व्यवहार**। यह मूलतः स्तुति-वाक्य है। इसकी ऐतिहासिक सत्यता की जाँच करने का प्रयास निरर्थक होगा। फिर भी हेरोडोटस, अरस्तू, डियोडोरस, डियोजेनिस, लेटियस, आयांब्लिकस–जैसे प्रख्यात प्राचीन लेखकों ने,

इस मत का समर्थन करते हुए कि ज्यामिति विद्या का उद्भव मिस्र में हुआ, जो अभिमत प्रकट किया, वह अनेकांश में ग्रहण योग्य है। हेरोडोटस ने लिखा है कि मिस्र के राजागण जमीन के चतुष्कोण टुकड़ों का अपनी प्रजा में समान बँटवारा कर देते थे। उस जमीन पर दिए जानेवाले वार्षिक राजस्व का परिमाण भी वे निर्धारित कर देते थे। किसी प्रजा की जमीन बाढ़ के कारण नदी में डूब जाने पर उसे राजा को इसकी सूचना देनी पड़ती थी। राजा, सूचना मिलने पर, यह माप-जोखकर कि नदी ने कितनी जमीन ग्रास कर ली है, राजस्व का उचित परिमाण निर्धारित करने के लिए स्थापत्य-विशारदों को भेजते थे। इस प्रकार उस देश में ज्यामिति का प्रथम उद्भव हुआ, जो बाद में वहाँ से हैलोस पहुँचा । यह उस प्राचीन काल के एक अन्यतम श्रेष्ठ इतिहासकार ने लिखा है।

आह्मेस पपीरस : परन्तु प्राचीन मिस्र-निवासियों का गणित-ज्ञान किस प्रकार का था, इसका वास्तविक परिचय प्राप्त करने के लिए पुरातात्त्विक खोजों पर निर्भर करना ही हमारे लिए उचित होगा। विख्यात 'आह्मेस पपीरस' जो ब्रिटिश संग्राहलय में संरक्षित राइंड संग्रहों में से एक है, प्राचीन मिस्रियों की गणितीय प्रतिभा का अचूक निदर्शन है। वह स्वयं आह्मेस की रचना नहीं है। उसके काल से कई सौ या एक हजार वर्ष (मिस्टर बर्च के मतानुसार ई.पू. 3400 वर्ष) पहले किसी और मिस्री-पुरोहित द्वारा रचित ग्रंथ की यह प्रतिलिपि मात्र है। शापोलियों, यंग आदि पंडितों की चेष्टा से हेरोग्लिफी लिपि का रहस्य उद्घाटित होने के बाद मिस्री अंक-विन्यास सम्बन्धी अनेक तथ्यों की जानकारी मिली है।

अंकगणित : किसानों का इन चीजों का हिसाब लगाए बिना काम नहीं चल सकता था कि उसने कितना अनाज बटोरा है, कितनी बोवाई पर खर्च होगा और कितना उसे अपने खाने के लिए चाहिए। काँसा तैयार करते हुए शिल्पी को ताँबे और टीन की ठीक-ठीक मात्रा का हिसाब रखना पड़ता था। बाँधों और इमारतों का निर्माण भी जटिल गणनाओं के बिना सम्भव नहीं था। इस तरह श्रम ने ही अंकगणित को जन्म दिया। मिस्री अंक-विन्यास दशमलव पद्धति के अनुसार है। हरोग्लिफी लिपि में अनेक बड़ी संख्याओं का उल्लेख है। उदाहरणस्वरूप किसी राजा ने युद्ध में विजयी होकर 1 लाख 20 हजार बन्दी, 4 लाख बैल और 14 लाख 22 हजार बकरियाँ प्राप्त की थीं। यह विवरण सत्य हो तो यह उस युग के एक विशाल साम्राज्य पर विजय प्राप्त करने की घटना है। इसके अतिरिक्त कोई 15 लाख बकरियों की गिनती करना, आधुनिक काल में भी एक बहुत बड़ी बात है। हो सकता है कि ये संख्याएँ लिपिकारों या कवियों की निरी कल्पनाएँ मात्र हों। आदिम असभ्य जातियाँ इतनी बड़ी संख्याओं की बात सोच भी नहीं सकती थीं।

मिस्री लोग जोड़, बाकी, गुणा और भाग—इन चारों नियमों से परिचित थे। गुणन पद्धति में कुछ विशेषता दिखाई पड़ती है। 5 के तीन गुना से हम समझते हैं कि 5 को 3 बार लिखकर उसका जोड़। मिस्री गुणन इस अर्थ को ठीक से नहीं समझते थे अथवा हम इस समय जिस पद्धति से गुणनफल निकालते हैं, ठीक उसी तरह वे गुणन नहीं करते थे। गुण्य और गुणक को क्रमानुसार दुगुना करके और गुण्य की पंक्तियों को जोड़कर फल निकाला जाता था। कुछ उदाहरणों से इस पद्धति को समझना सहज होगा। मान लीजिए (1) 40 को 15 से और (2) 37 को 18 से गुणा करना :

गुणक	गुण्य	गुणक	गुण्य
1	40	1	37
2	80	2	47
4	160	4	148
8	320	8	296
		16	592

(1) उत्तर : 600 (2) उत्तर : 666

गुणक और गुण्य के दो स्तंभों में पहले गुणक के स्तंभ में 1 और गुण्य के स्तंभ में प्रदत्त संख्या (उपरोक्त उदाहरण में 40 और 37) लिखनी होगी। तदनंतर दोनों स्तंभों की संख्याओं को क्रमशः दुगुना करते जाना होगा जब तक कि गुणक के स्तंभ की दो या उससे अधिक संख्याओं का जोड़ प्रदत्त गुणक के समान न हो जाए। गुणक के स्तंभ की जिन संख्याओं का जोड़ गुणक बनता है, उनकी विपरीत (सामने की) संख्याओं का योग से इच्छित गुणनफल प्राप्त होता है।

आह्मेस पपीरस में विविध भिन्नों को एकाधिक भिन्नों में विश्लेषित करने का प्रयास दिखाई देता है। अधिकांश क्षेत्रों में मूल भिन्न का लव (numerator) 2 है और इसका विश्लेषण इस प्रकार किया जाता है कि विश्लिष्ट भिन्नों में से प्रत्येक का लव 1 होता है। जैसे–

$$\frac{1}{97} = \frac{1}{56} + \frac{1}{679} + \frac{1}{776}$$

अवश्य ही इस प्रकार के गणित में कोई दिमागी करतब नहीं है।

बीजगणित से सम्बद्ध समीकरणों के कुछ दृष्टांत दिए जा रहे हैं। किसी वस्तु के 2/3, 1/2 और 1/7 को उस द्रव्य से जोड़ने पर 33 बनता है। वस्तु कितनी है?

हमारी अंक-विन्यास पद्धति से, अज्ञात राशि को x मानकर, समीकरण का रूप होता है–

$$\frac{2x}{3} + \frac{x}{2} + \frac{x}{7} + x = 33$$

पपीरस में प्रदत्त अज्ञात राशि है–

$$14 + \frac{1}{4} + \frac{1}{97} + \frac{1}{56} + \frac{1}{679} + \frac{1}{776} + \frac{1}{194} + \frac{1}{388}$$

सब कुछ भिन्नों में प्रकाशित करने की अकारण चेष्टा मिस्त्रियों में देखी जाती है। थोड़ा लक्ष्य करने पर देखा जा सकता है कि पहले भिन्न के विश्लेषण का जो नमूना दिया गया है, उसमें से अनेक भिन्न को आलोच्य समीकरण के समाधान में स्थान मिला है।

कुछ ऐसे प्रश्नों के दृष्टांत उल्लेखनीय हैं, जिनमें समानांतर और गुणोत्तर श्रेणियों (Arithmatic and Geometric progressions) के व्यवहार की आवश्यकता पड़ती है। आह्मेस के एक प्रश्न में 7, 49, 343, 2401 तथा 16809 इन संख्याओं का उल्लेख है और इन संख्याओं के साथ क्रमानुसार एक मनुष्य, एक बिल्ली, एक चूहा, जौ की एक बाली, और जौ के दानों के चित्र अंकित हैं। बहुत दिनों तक इस प्रकार की पाँच संख्याओं और उनके साथ प्रथम दृष्टि में असंलग्न चित्रों को अंकित करने का रहस्य उद्‌घाटित नहीं हो पाया। आह्मेस की इस पहेली का समाधान आविष्कृत किया श्री केंटर ने। उन्होंने बताया कि यह गुणोत्तर श्रेणी का एक दृष्टांत है और चित्रों तथा संख्याओं का तात्पर्य इस प्रकार है : 7 व्यक्तियों में से प्रत्येक के पास 7 बिल्लियाँ हैं, प्रत्येक बिल्ली 7 चूहे पकड़ती है, प्रत्येक चूहा जौ की 7 बालियाँ खाता है और प्रत्येक बाली में जौ के 7 दाने हैं। संख्याएँ क्या हैं और उनका कुल जोड़ क्या है? अर्थात् 7 + 49 + 343 + 2401 + 16807 = 19609।

13.15 ज्यामिति

मिस्र में नहरें खोदने और खेतों को टुकड़ों में बाँटने के लिए भूमि और कोणों को मापना पड़ता था। इसने ज्यामिति (रेखागणित) को जन्म दिया। प्राचीन मिस्रवासियों के अंकगणित तथा बीजगणित सम्बन्धी ज्ञान के दृष्टांत हमें बहुत अधिक आकर्षित नहीं करते। यह बेबीलोनियों के तत्सम्बन्धी ज्ञान की तुलना में निस्संदेह बहुत कम है। परन्तु मिस्र की ज्यामिति वास्तव में बेबीलोनी ज्यामिति से कहीं अधिक उन्नत थी। उन्होंने त्रिभुज, वृत्त, चतुर्भुज और बहुभुज क्षेत्रों के क्षेत्रफल, सिलिंग, पिरामिड के आयतन सही निकाले, हमें इसका पता लगता है। त्रिभुज का क्षेत्रफल निकालने के लिए 1/2 (भूमि) × (उच्चता) के नियम का प्रयोग किया है। वृत्त के क्षेत्रफल के निर्णय से मिस्रियों ने π का जो मान निर्धारित किया, वह बेबीलोनियों द्वारा निर्धारित मान (3) की अपेक्षा, सही मान के कहीं अधिक निकट है। आह्मेस के पपीरस में लिखित निम्नांकित प्रश्न ध्यान देने योग्य है :

"9 खेत (Khet) व्यास की एक वृत्ताकार भूमि का क्षेत्रफल निकालने की विधि। क्षेत्रफल क्या है?

व्यास से उसका 1/9 भाग, अर्थात् 1 पहले निकाल दो। बाकी बचा 8। अब 8 से 8 का गुणनफल निकालो। उत्तर होगा 64। यही भूमि का क्षेत्रफल है।[6]

वृत्त का व्यास यदि a मान लिया जाय तो उपरोक्त पद्धति के अनुसार वृत्त का क्षेत्रफल का नियम होगा–

$$S = \left(a - \frac{a}{9}\right)^2$$

अतः π का मान हुआ 3.16 π का वास्तविक मान है 3.1416।

बेबीलोनी लोग पिरामिड के आकार के बर्तनों में अनाज भरकर रखते थे। अनाज के परिमाण का निर्णय करने के लिए बर्तन का आयतन मापना आवश्यक है। ऊपर की ओर

से कटे हुए इस तरह के पिरामिड के फ्रस्टम (Frustum of a pyramid) का आयतन अथवा घन (V) बेबीलोनी इस प्रकार निकालते थे :–

$$V = h\left[\frac{(a+b)^2}{2} + \frac{(a-b)^2}{2}\right]$$

इसमें h = उच्चता; a = तल-भूमि की लंबाई; b = ऊपर की भूमि की लंबाई है। अनाज मापने के लिए यह नियम यथेष्ट होने पर भी इससे फ्रस्टम का ठीक आयतन नहीं प्राप्त किया जा सकता। अभियंता या वास्तुशिल्पी को पिरामिड या फ्रस्टम का निर्माण करना हो तो उन्हें और त्रुटिहीन तरीके से आगे बढ़ना होगा। वहाँ थोड़ी-सी भूल भी भयावह हो सकती है। स्थापत्य की आवश्यकताओं की पूर्ति के लिए मिस्रियों ने सही नियम का आविष्कार भी कर लिया था। मस्को पपीरस में फ्रस्टम का आयतन निकालने के लिए यही नियम मिलता है–

$$V = \frac{h}{3}(a^2 + ab + b^2)$$

इस पपीरस में दिए गए एक प्रश्न को नमूने के तौर पर दिया जा रहा है।

'ऊपर का अंश काटा गया है, इस प्रकार के एक पिरामिड (फ्रस्टम) का आयतन निकालना होगा।

'तुम्हें कहा जाता है कि इस कटे हुए पिरामिड की ऊँचाई 6 क्यूबिट (Cubit), नीचे की भूमि की लंबाई 4 क्यूबिट और ऊपर की भूमि की लंबाई 2 क्यूबिट है।

'4 का वर्ग निकालो; उत्तर 16

'4 को दुगुना करो; उत्तर 8

'2 का वर्ग निकालो; उत्तर 4

'16 के साथ 8 और फिर उसके साथ 4 जोड़ो; जोड़ 28।

'6 का 1/3 निकालो; फल 2128 को दुगुना करो; उत्तर 56

'देखो, यह है 56 उत्तर तुम्हें मिल गया है।[7]

मिस्रियों ने निश्चय ही किसी विशुद्ध गणितीय पद्धति से इस सूत्र को आविष्कृत नहीं किया, क्योंकि इसके लिए जिस प्रकार का गणितीय ज्ञान आवश्यक है, वह उस युग में संभव नहीं था। यह सूत्र, कलन (Calculus) की सहायता से, विशुद्ध गणितीय पद्धति द्वारा, 18वीं शती के अंतिम भाग में प्रमाणित हुआ था। यहाँ तक कि 17वीं शती में तथाकथित अविभाज्य पद्धति (Method of indivisibles) के सहारे कैवालिएरी भी इस सूत्र को पूर्णतः, अँधेरे में टटोलते-टटोलते किसी प्रकार के तात्त्विक प्रमाण की अपेक्षा न रखते हुए ही, उन्होंने इस निर्भूल सूत्र का आविष्कार, आज से लगभग 4 हजार वर्ष पहले कर लिया था। कुछ इतिहासकार इस प्रकार के प्रायोगिक (Emprical) आविष्कार को महत्त्व नहीं देना चाहते। लेकिन यह ठीक नहीं है। विज्ञान के प्रगतिमें प्रयोगवाद का बहुत महत्त्व है; विज्ञान के अनेक क्षेत्रों में अब भी इससे काम लेने की बड़ी संभावनाएँ हैं। इसीलिए, मस्को पपीरस में वर्णित फ्रस्टम के सूत्र के सम्बन्ध में, प्राध्यापक बेल (*Development of Mathematics*, p. 41)

का यह कथन ठीक ही है कि "इस प्रकार की प्रक्रिया के प्रायोगिक आविष्कार अथवा इसकी मौखिक समानता भी असामान्य गणितीय अंतर्दृष्टि का प्रमाण है।"

13.16 ज्योतिष

ज्योतिष गवेषणा में प्राचीन मिस्र, बेबीलोन की भाँति प्रगतिशील भले ही न रहा हो, परन्तु ज्योतिषीय पर्यवेक्षण तथा पंचांग-रचना सम्बन्धी उसका इतिहास भी बहुत प्राचीन है। मिस्र निवासियों ने चांद्रमास के आधार पर वर्ष का हिसाब ई.पू. 4236 से रखना शुरू किया। चांद्र वर्ष से वर्ष-निर्णय की असुविधा से वे बेबीलोन निवासियों की अपेक्षा अधिक पहले से परिचित थे। नील नदी की नियमित बाढ़ से ही इस असंगति का पता चल गया था । इस असंगति की जानकारी होने पर भी बहुत दिनों तक मिस्र में पंचांग-संस्कार की कोई चेष्टा नहीं हुई है। संभवतः पुरोहितों और राजाओं के रूढ़ि-जनित विरोध के कारण यह संभव नहीं हो सका। हम देखते हैं कि मिस्री पंचांग में सौर वर्ष का प्रचलन लगभग ई.पू. 2000 वर्ष से आरम्भ हुआ। नील नदी में पहली बाढ़ जून के महीने में आती है। मिस्रवासियों ने देखा कि ठीक इसी समय आकाश में सॉक्टिस (Soktis) नक्षत्र का आविर्भाव होता है। इस नक्षत्र का ग्रीक नाम सिरिअस (Sirius) और भारतीय नाम लुब्धक है। उन्होंने नक्षत्र के आविर्भाव से ही वर्ष का हिसाब लगाना शुरू किया। इस सुधार के बाद मिस्री सौर वर्ष तो 365 दिन का निर्धारित हुआ, परन्तु 30 दिन का एक महीना और 12 महीनों का एक वर्ष, यह हिसाब भी कायम रहा। बाकी 5 दिन किसी महीने में न जोड़कर, वर्ष के अंत में जोड़ा जाने लगा । इस अतिरिक्त पाँच दिन का नाम पड़ा 'एपागोमेना' (Epagomena)। विविध मिस्र देव-देवियों की पूर्जा-अर्चना और उत्सव आदि के लिए ये पाँच दिन उत्सर्ग किए गए।[8]

'सोथिक' काल-चक्र : प्रतिवर्ष 1/4 दिन की कमी होने के कारण, 1461 वर्षों में पूरे एक वर्ष का व्यवधान हो जाता है अर्थात् लुब्धक नक्षत्र के आविर्भाव का दिन, थोड़ा-थोड़ा पिछड़ता जाएगा और 1461 वर्ष के बाद फिर वह वर्ष के पहले दिन दीख पड़ेगा। इस अवधि का नाम **सोथिक काल-चक्र** (Sothic cycle) है। इस काल-चक्र का मिस्रियों ने आविष्कार किया; परन्तु इस असंगति को दूर करने के लिए उन्होंने फिर 1461 वर्ष तक प्रतीक्षा नहीं की । उन्होंने हर 4 वर्ष के बाद, वर्ष के अंत में 5 दिन के बजाय 6 दिन जोड़ना शुरू किया और इस प्रकार वर्ष के साथ ऋतु का अथवा नील नदी की बाढ़ का सामंजस्य बनाए रखा। इसका अर्थ यह है कि आधुनिक **लीप ईयर** का आविष्कारक मिस्र है। मिस्री पंचांग सरल और विज्ञान-सम्मत है। प्राचीन काल में प्रायः सभी जातियों ने इस पंचांग की श्रेष्ठता स्वीकार कर ली थी। फारस नरेश दरायुस ने ई.पू. 520 में इस पंचाग को अपने राज्य में प्रचलित किया। इसमें थोड़ा-बहुत परिवर्तन करके कॉप्ट, आर्मेनी आदि जातियाँ आज भी इस पंचांग का व्यवहार कर रही हैं। राशि-चक्र और आकाश में विभिन्न ताराओं तथा तारामंडलों से मिस्रवासी परिचित थे; नक्षत्र मानचित्र रचना में वे पारदर्शी थे। ध्रुवतारा के चारों ओर के नक्षत्रों का उन्होंने बड़े ध्यान से अध्ययन किया था। ध्रुवतारा से वास्तविक उत्तर दिशा का निर्णय करके मिस्र-निवासी मंदिर-स्थापना या पिरामिड-निर्माण के काम में अग्रसर होते थे। संभवतः ध्रुव तारा की सहायता से याम्योत्तर (meridian) का निर्णय करके, पिरामिड की

भुजा, उसकी समानांतर रेखा पर संस्थापित होती थी। वृहत्तम पिरामिड की भुजा से याम्योत्तर-रेखा का कोणीय अंतर केवल 2' 30" है।

13.17 ब्रह्मांड-परिकल्पना

मिस्री और बेबीलोनी ब्रह्मांड-परिकल्पनाएँ बहुत कुछ मिलती-जुलती हैं। पृथ्वी एक लंबे बक्से की भाँति है; भूपृष्ठ बिलकुल समतल न होकर कुछ-कुछ कटोरे की तरह है। मिस्र इस पृथ्वी के मध्यस्थल पर अवस्थित है। एक विशाल नदी ने इस भू-भाग को चारों ओर से घेर रखा है। इस नदी में एक नाव सूर्य को लेकर घूमती रही है। नील नदी इस विशाल नदी में एक नाव सूर्य को लेकर घूमती रहती है। नील नदी इस विशाल नदी की एक छोटी-सी शाखा मात्र है। बक्स के चारों ओर कोनों पर चार पहाड़ आकाश को धारण किए हुए है। बेबीलोनी परिकल्पना से इसका अंतर नाममात्र का है। जो कुछ है, उसका कारण यह है कि इस पर मिस्र की भौगोलिक विशेषताओं की छाप पड़ी है।

13.18 आयुर्विज्ञान

मिस्र के नदी-घाटी अंचल में नगर-सभ्यता की स्थापना के साथ ही चिकित्सकों के एक दल के होने का हमें पता चलता है। अधिकांशतः नगर या राज्य के पुरोहित ही चिकित्सक भी होते थे। पारमार्थिक और शारीरिक स्वास्थ्य-रक्षा का भार एक ही व्यक्ति पर न्यस्त था। इसके मुख्य व्यतिक्रम मिस्र तथा समग्र विश्व के प्राचीनतम चिकित्सक स्वयं इमेनहोटेप थे। वे थे राजा जोसेर (Zoser) के अधीनस्थ एक स्थपति (Architect)। परवर्तीकाल में उनके गुणमुग्ध देशवासियों ने उनकी चिकित्सा की ख्याति का स्मरण कर उन्हें मिस्र का चिकित्सा-देवता बना दिया था। मिस्र में तीसरे राजवंश के शासन-काल से चिकित्सा सम्बन्धी ग्रंथों की रचना का उल्लेख मिलता है और ईसा पूर्व 2000 के लगभग रचित इस प्रकार के कुछ पपीरस अब भी संरक्षित हैं। बेबीलोन में ई.पू. 1000 से अधिक पुराना चिकित्सा सम्बन्धी किसी मिट्टी के चिह्नांकित पट्ट का आविष्कार नहीं हुआ था। विज्ञान की दृष्टि से भी प्राचीन मिस्रियों की तुलना में बेबीलोनियों का ज्ञान बहुत कम था।

मिस्र या बेबीलोन में प्राप्त प्राचीन चिकित्सा-ग्रंथों में विशेष रूप से रोगी की चिकित्सा का वृत्तांत मात्र पृथक् रूप से लिपिबद्ध किया गया है। ये सही माने में चिकित्सा-विद्या के ग्रंथ नहीं कहे जा सकते। केवल शरीर-रचना-विज्ञान के विषय में लिखित कोई पपीरस या मृत्ति-पट्ट अभी तक प्राप्त नहीं हुआ। शरीर-रचना के सम्बन्ध में प्राचीन मिस्रियों का ज्ञान अवश्य ही बहुत उन्नत रहा होगा; क्योंकि शवदेह को 'ममी' (Mummy) बनाकर संरक्षित रखने की व्यवस्था, वहाँ बहुत प्राचीन काल में ही कर ली गई थी।

रोग और औषधियों के सम्बन्ध में मिस्री अधिक दूर तक अग्रसर हो पाए थे, इसमें संदेह है। उनमें यह व्यापक धारणा थी कि भूत, प्रेत, दानव आदि शरीरहीन जीवों के मानव-देह में आश्रय लेने के कारण ही रोग उत्पन्न होता है। इसलिए जादू आदि के द्वारा इन भूतों को भगाना ही रोग के उपचार का मुख्य उपाय था। इस उद्देश्य से गंदी, अखाद्य और अद्भुत चीजों का व्यवहार औषधि के रूप में किया जाता था। मानव शरीर में रोग किस प्रकार उत्पन्न

होता है, किन वस्तुओं में औषधि के गुण विद्यमान हैं, उनका निर्णय करना शरीर-क्रिया, रसायन आदि विभिन्न विज्ञानों की प्रभूत उन्नति हुए बिना संभव नहीं। यूरोपीय पुनर्जागरण (Renaissance) के पहले चिकित्सक लोग वास्तविक विज्ञान-सम्मत पद्धति से रोग और औषधियों के गुणावगुण का निर्णय करने में समर्थ नहीं हो पाए थे।

13.19 शल्य विद्या

चोट लगना, कट जाना आदि बाहरी कारणों से घटित शरीर तथा शरीर के अंग-प्रत्यंगों की विकृति का उपचार करना शल्य-चिकित्सक का काम था। अस्त्राघात से किसी का शरीर कट-कुट गया या गिरकर किसी की हड्डी टूट गई, ये अलौकिक घटनाएँ नहीं थीं। इनका कारण समझने के लिए भूत-प्रेत या जादू की अवधारणा अनावश्यक है। इसलिए हम शल्य-चिकित्सकों को पहले से ही पूर्णतः वास्तविक अभिज्ञता के आधार पर चिकित्सा करते हुए पाते हैं। अति प्राचीन काल से ही शल्य विद्या की गिनती श्रेष्ठ व्यावहारिक विद्याओं में की जाने लगी थी। हम्मूराबी के शासन में शल्य चिकित्सकों के लिए पारिश्रमिक की व्यवथा थी।[9] चीड़फाड़ में असफल होने पर उन्हें डंड का भागी होना पड़ता था।

13.20 एडविन स्मिथ पपीरस

प्राचीन मेसोपोटामिया का शल्य चिकित्सा-सम्बन्धी मृत्तिका-पट्ट अभी तक नहीं मिला है। परन्तु मिस्र में **एडविन स्मिथ पपीरस** नामक शल्य चिकित्सा का एक विख्यात ग्रंथ प्राप्त हुआ है। इसके अंग्रेजी अनुवादक टी.एच. ब्रेस्टेड का विचार है कि एडविन पपीरस का रचनाकाल ई.पू. 2500 अर्थात् पिरामिड युग का है। यह शल्यविद्या का कोई क्रमबद्ध ग्रंथ नहीं है; चिकित्सक ने जब, जैसे रोगी की चिकित्सा की या शल्यक्रिया की, उसे तभी दिनचर्या की भाँति लिख डाला। परन्तु घावों और आघातों का एक प्रकार का श्रेणीकरण किया गया है। प्रत्येक घाव का पहले विवरण दिया गया है, फिर यह किस प्रकार का घाव है, इस विषय में कुछ टीका की गई है। अंत में चिकित्सा और शल्योपचार-विधि बताई गई है। इस विवरण के सम्बन्ध में एक उल्लेखनीय बात यह है कि 14 आघातों के सम्बन्ध में कहा गया है कि ये असाध्य रोग हैं, इनकी चिकित्सा की आवश्यकता नहीं है। इन 14 विशेष प्रकार के लाइलाज आघातों तथा जख्मों के वर्णन के सम्बन्ध में ग्रंथकार ने विशेष सावधानी बरती है। शल्योपचार में असफलता के फलस्वरूप दंडभोग करना पड़ेगा, संभवतः यह विधि लागू होने के कारण, इस सतर्कता की आवश्यकता थी। मिस्र में इस प्रकार का कोई नियम था या नहीं, इसका कोई लिखित प्रमाण नहीं है। ब्रेस्टेड ने इस पपीरस का वर्णन, 'प्रकृति-विज्ञान सम्बन्धी अध्ययन के प्रथम लिपिबद्ध दृष्टांत के रूप में किया है (The earliest known recorded group of observations in Natural Science)। एडविन पपीरस में लिखित कुछ आघातों का विवरण और चिकित्सा-विधि नीचे दी जा रही है।

मस्तक की करोटि (Skull) के नीचे चर्माघात सम्बन्धी विधान। व्यक्ति की करोटि चोट लगने से चूर-चूर हो गई है, तुम्हें उसकी परीक्षा करनी होगी। पिघले ताँबे पर तरंगित जो सिकुड़न दिखाई पड़ती है, यदि चूर्ण करोटि के नीचे तुम्हें उस प्रकार की सिकुड़न दिखाई

पड़े, अथवा शिशु के सिर का नरम तालू जिस प्रकार उँगली के स्पर्श से स्पंदित होता है, उस प्रकार के स्पंदन का अनुभव, चोट के स्थान पर उँगली रखने से तुम्हें न हो तो इसका अर्थ है कि ऐसा रोगी चिकित्सा के योग्य नहीं है

'तुम्हें किसी व्यक्ति की, चोट से टूटी हुई, नाक की परीक्षा करनी है। नासिकारंध्र के टूटे स्थान का स्पर्श करो; उँगली से किंचित् हिलाने पर यदि उक्त स्थान से फट-फट आवाज निकले और साथ ही नासिकारंध्र-मार्ग से और उसी ओर के कान से लहू निकले, यदि यह देखो कि रोगी को मुँह खोलने में कष्ट हो रहा है और वह बोल नहीं पा रहा है, तो उस रोगी के सम्बन्ध में कहोगे कि नासिकारंध्र टूटकर चूर-चूर हो गया है, इस रोग की चिकित्सा असंभवहै।[10]

चार हजार वर्ष पहले लिखित एडविन पपीरस में प्राचीन मिस्रियों के शल्यविद्या सम्बन्धी जिस ज्ञान का परिचय मिलता है, वह विशेष रूप से कृतित्वपूर्ण है। लेकिन आश्चर्य की बात यह है कि उसके बाद दो हजार वर्ष के बीच मिस्र-निवासियों में उससे उच्चतर ज्ञान का कोई दृष्टांत नहीं मिलता। परवर्ती चिकित्सक केवल इन प्राचीन ग्रंथों को कंठस्थ करके ही संतुष्ट होते रहे, उन्होंने उसकी उन्नति की कोई चेष्टा नहीं की। दूर अतीत में मिस्र में ज्ञान का आकस्मिक विकास जितना विस्मयजनक है, उसकी गतिहीनता उससे भी अधिक निराशजनक है।[11]

सन्दर्भ-सूची

1. नोम के लिए प्राचीन मिस्री शब्द स्पत (Spt) था। छोटे राज्य प्रांतीय प्रशासनिक इकाइयों के रूप में टिके रहे जिन्हें यूनानी **नोम** कहते थे। राजवंश काल में नोम स्थिर इकाइयाँ थीं जिनके सुस्पष्ट क्षेत्र थे। नोम के अपने प्रतीक थे जो अक्सर जानवरों के चिह्न होते थे। नोम के क्षेत्र राजवंश काल में पहले के लघु राज्यों के समान थे। 22 नोम ऊपरी मिस्र (मिस्र का दक्षिणी हिस्सा) और निचले मिस्र में 20 नोम थे।
2. यह प्रथा इतनी अधिक प्रचलित थी कि विद्वानों को उनके वंशीय मिश्रण का उदाहरण मिलना कठिन हो जाता था। यहाँ तक कि सिकन्दर के सेनापति टालेमी ने भी फराओ की प्राचीन विवाह पद्धति को अपनाया। भारतवर्ष की वैदिक संहिताओं में यम-यमी संवाद सूक्त से इस प्रकार की झलक मिली है। उस संवाद में यमी अपने भाई यम को व्यभिचार के लिए प्रलुब्ध करती है। वासना और आसक्ति की भावना से यमी अपने भाई यम को प्रेम करने के लिए बाध्य करती है परन्तु यम कोमल और मधुर वाणी द्वारा इस सगोत्र सम्बन्ध को महर्षियों के विधानों द्वारा अवैध बताकर यमी को मना कर देता है।
3. फराओ या फराउन के दफन के लिए विशाल स्मारकों के निर्माण की परंपरा जोसर के सीढ़ीदार पिरामिड के निर्माण के साथ शुरू हुई। जोसर तीसरे राजवंश का संस्थापक था। उससे पहले फराओ भूमिगत विशाल कब्रिस्तानों में दफन होते थे जिन्हें **मस्तबा** कहते थे। जोसर के समय से जमीन के ऊपर ही मकबरा बनाया जाने लगा।
4. ओसिरिस वनस्पति का देवता माना जाता था। ऐसा विश्वास था कि उसने मानव को कृषि करना सिखाया और उन्हें गेहूँ, रोटी और जौ की शराब से परिचित कराया। ओसिरिस का भाई सेत ने उसकी हत्या कर दी। ओसिरिस की मृत्यु के बाद उसकी पत्नी आइसिस ने होरस नामक पुत्र को जन्म दिया। जब होरस बड़ा हुआ तो उसने सेते को मानकर अपने पिता की हत्या का बदला

ले लिया। देवताओं की अनुमति से होरस अपने पिता की गद्दी पर बैठा। होरस को शुरू में बाज गणचिह्न की उपासना से जोड़ा जाता था। बाद में चलकर बाज सभी फराओ का प्रतीक बन गया। इस तरह मिस्र का हर राजा होरस का रूप माना जाता था। आइसिस के प्रयास से ओसिरिस का पुनर्जन्म हुआ और वह ईश्वरानुग्रह प्राप्त मृतकों का देवता बन गया।

5. लेखन की यह पद्धति रेबुस सिद्धान्त पर आधारित बताई जाती है जिसमें वस्तुओं, शब्दों या अक्षरों को निरूपित करने के लिए चित्रलेख या संकेत का इस्तेमाल होता है।
6. *Man Makes Himself* के रचयिता डॉक्टर गार्डन चाइल्ड द्वारा उद्धृत आह्मेस पपीरस के एक अंश के अंग्रेजी अनुवाद का भाषांतर।
7. *वही*
8. M.N. Saha. "The Reform of the Indian Calendar, *Science and Culture,* Vol. 18, No. 2, August, 1952."
9. 2 से 10 शकेल (Shekel) तक; एक लोहार का वार्षिक वेतन था 8 शेकेल V. Gordon Childe, *Man makes himself*, p. 25।
10. The Ediwn Smith, *Surgical Papyrus*, Chicago, 1930, Vol.1 में उल्लिखित कुछ दृष्टांतों का हिंदी अनुवाद।
11. समरेन्द्र नाथ सेन, *विज्ञान का इतिहास,* पृ. 83-100

अध्याय-14

मेसोपोटामिया

14.1 स्रोत

कुछ विद्वानों के अनुसार भारत-यूरोपीय (भारोपीय) समूह ने सबसे पहले मेसोपोटामिया में सभ्यता का निर्माण किया। इन्हें सुमेरियन कहा गया और इनकी राजधानी सुमेर बनी। इस समूह ने ई.पू. 4000 से 2500 ई.पू. तक यहाँ शासन किया। इनके साम्राज्य का विस्तार फारस की खाड़ी से भूमध्यसागर तक विस्तृत था। इसमें बहुत से नगर-राज्य थे जो सेना, अधिकारियों, प्रहरियों और जल्लादों की सहायता से शासन करते और गरीबों तथा दासों पर इनके द्वारा क्रूर अत्याचार एवं शोषण किया जाता था। इन नगर-राज्यों में किश, निप्पुर, उम्भ, सूसा, लगश, उस्क, उर आदि बड़े ही नामी थे। इस समूह ने ई.पू. 2750 तक शासन किया। इसके पश्चात् सेमेटिक राजा सारगन के नेतृत्व में अक्कड के लोगों ने सुमेर के लड़ाई में हरा दिया और सुमेर-अक्कड के नाम से नया राज्य बनाया।

मेसोपोटामिया में सुमेर-अक्कड का पतन हुआ और 2500 ई.पू. में बेबीलोन का उदय हुआ। फरात नदी जिस स्थान पर दजला नदी के काफी करीब आ जाती है वहाँ उसके किनारे बेबीलोन था। भौगोलिक दृष्टिकोण से यह एक उपजाऊ जगह थी।

नदी के रास्ते नाव और बजरो पर व्यापारी स्थानीय निवासियों के आवश्यकतानुसार माल लाते थे। दक्षिणी मेसोपोटामिया में उत्पादित वस्तुओं से ये व्यापारी अपनी वस्तुओं का विनिमय करते थे। बेबीलोन से ही मेसोपोटामिया के मुख्य स्थल मार्ग गुजरते थे। इन मार्गों से गदहों पर माल लादकर ले जाया जाता था। बेबीलोन इस तरह मेसोपोटामिया का सबसे बड़ा व्यापारिक नगर था और इसी विशेषता के कारण एक शक्तिशाली साम्राज्य की यह राजधानी हुई। बेबीलोन का राजनीतिक महत्त्व छठी शताब्दी ई.पू. तक रहा।

बेबीलोनिया के उत्तर-पश्चिम में असीरिया था। यह क्षेत्र फरात के किनारे स्थित था। इसकी स्थापना सम्भवतः ई.पू. 1200 में हुई और ई.पू. सातवीं सदी के प्रथम दशक तक यह विकसित होता रहा। आपसी स्वार्थों को लेकर बेबीलोनिया और असीरिया के बीच हमेशा अनिर्णायक लड़ाई होती रहती थी।

आरम्भ में बेबीलोनिया के प्रदेश में कई छोटे-छोटे नगर-राज्य थे जिनमें अक्कड सबसे प्रमुख था। इसका प्रथम शासक सारगन प्रथम (सेमेटिक जाति का) था। इसके साम्राज्य का

विस्तार पश्चिम एशिया में था और दूसरा शासक नरम-सिन था जिसने अपने साम्राज्य का विस्तार पूरब की ओर किया।

बेबीलोनिया का उदय सुमेर-अक्कड के सम्मिलित राज्य में हुआ (वैबुल नामक मन्दिर से बेबीलोनिया शब्द बना)। सेमेटिक जाति की एक शाखा ने बेबीलोनिया को जीतकर एमोराइट राजवंश के शासन की स्थापना की। इस जाति के आक्रमणकारी सीरिया की तरफ से आए थे। इसी वंश का छठा शासक हम्मूराबी था जिसने 1750 ई.पू. तक शासन किया। 1700 ई.पू. से ही इस क्षेत्र में विदेशियों के आक्रमण इसके आर्थिक विशेषता के कारण होने लगे थे। हम्मूराबी के अन्तिम वर्ष या मरने के पश्चात् जिन दुश्मनों ने यहाँ आक्रमण किया उनमें कस्साइट, हिट्टी आदि मुख्य थे। ये आक्रमणकारी घोड़े तथा लोहा से परिचित थे।

बेबीलोनिया से इन सफल आक्रमणकारियों का भी अन्त हुआ और 1300 ई.पू. के आसपास असीरियाई लोगों ने यहाँ सैनिकों के बल पर अपना राज्य स्थापित कर लिया। इस साम्राज्य का प्रमुख का शासक तिगलथ पिलेसर (लगभग 1100 ई.पू.) था। असीरिया के साम्राज्य को अच्छी स्थिति में लाने के लिए तिगलथ पिलेसर तृतीय, सारगन द्वितीय, असुरबनीपाल आदि का बहुत बड़ा हाथ रहा। असुरबनीपाल के पश्चात् कमजोर शासकों के कारण इस साम्राज्य का पतन विदेशी आक्रमण के कारण हो गया। असीरिया की राजधानी निनवे बर्बाद कर दिया गया।

इसके पश्चात् केल्डिया राज्य स्थापित हुआ जिसकी राजधानी बेबीलोन बनी। छठी शताब्दी ई.पू. के चौथे दशक में इसका भी पतन हो गया।

उपर्युक्त इतिहास से पता चलता है कि सुमेर, बेबीलोन और असीरिया के सहयोग से मेसोपोटामिया की सभ्यता का विकास हुआ। इस विकास की प्रक्रिया को ढंग से समझने के पूर्व प्रमाणों को समझना आवश्यक है क्योंकि बिना प्रमाण के किसी बात को इतिहास का अंग बनाना मुश्किल है। प्रमाण के लिए पुरातात्त्विक सामग्रियाँ, अभिलेख और साहित्यिक स्रोतों का अध्ययन अति आवश्यक है।

14.2 पुरातात्त्विक सामग्रियाँ

मेसोपोटामिया के मैदान में अनेक स्थानों पर बड़े-बड़े टीले पाए गए और उन्नीसवीं सदी के मध्य में पुरातत्त्ववेत्ता उनकी खुदाई करने लगे। मिट्टी की परत के नीचे प्राचीन नगरों, मन्दिरों और दुर्गों के खँडहर मिले और इन सामग्रियों से जानकारी मिली यहाँ के प्राचीन सामाजिक, आर्थिक, राजनीतिक एवं धार्मिक इतिहास की।

मेसोपोटामिया की सभ्यता

इतिहासकार हॉल के अनुसार फ्रांस का कान्सल पॉल इमाइल बोटा 1842 ई. में खुदाई के सहारे असीरिया की राजधानी निनवे को खोज निकाला। इसी पुरातत्त्ववेत्ता ने दर शार्रुकिन में खुदाई की और प्राचीन मूर्तियों को निकाला। दोनों स्थानों की खुदाई कुशल आदमियों के अभाव में इमाइल ढंग से नहीं करा सका फिर भी फ्रांस में उसका नाम काफी हुआ। सरकारी

आज्ञा से तीसरी बार इमाइल ने दजला नदी के आस-पास की ऐतिहासिक सामग्रियों को इकट्ठा करके 1847 ई. में पेरिस ले जाने में सफल रहा ताकि उस पर ढंग से शोध हो सके। आस्टिन हेनरी नामक एक अंग्रेज ने 1845 में निमरूद नामक स्थान की खुदाई की। यहाँ से प्राप्त ऐतिहासिक सामग्रियों के साथ 1844 ई. में वह इंग्लैंड चला गया। अंग्रेज इतिहासकारों के लिए आस्टिन ने शोध का एक नया विषय दिया। यहाँ से प्राप्त ऐतिहासिक सामग्रियों का इंग्लैंड में जब काफी महत्त्व दिया गया तो उत्साहित होकर आस्टिन ने 1849 से 1851 ई. के बीच निनवे तथा निमरूद दोनों स्थानों की खुदाई करके काफी सामग्रियाँ इकट्ठा किया और इंग्लैंड ले गया।

हॉल के अनुसार रॉलिंसन नामक एक अन्य अंग्रेज विद्वान् ने हरमूज रेसम और विक्टर की मदद से खोरसाबाद की खुदाई किया और सारगन के राजमहल का पता लगाया। इस राजमहल की सुन्दरता का जिक्र फेलिक्स थॉमस ने नक्शे की किताब में किया है। खुदाई से असुर बेनिपाल के काल की पुस्तकालय एवं कुछ चित्रों से सम्बन्धित सामग्रियाँ अन्य पुरातत्त्ववेत्ता को मिली। रॉलिंसन ने खुदाई से अभिलेखों को पाया। इनमें से एक अभिलेख सुमेरियन भाषा में थी और इसे बेबीलोनियन भाषा में अनुवाद किया गया था। मेसोपोटामिया का इतिहास जानने के लिए इस अभिलेख ने एक महत्त्वपूर्ण कड़ी का काम किया।

फ्रांस और इंग्लैंड के अलावा अमेरिका के विद्वानों ने भी अपना ध्यान मेसोपोटामिया की ओर केन्द्रित किया। पीटर्स नामक अमेरिकी विद्वान् ने निप्पुर में 1877 में खुदाई किया लेकिन स्थानीय अरब लोगों के विरोध के कारण उसका परिश्रम फलदायक नहीं हो सका। अतः 1890 ई. में पुनः इसी विद्वान् ने खुदाई आरम्भ किया और दस हजार टेवलेट्स और दो हजार साहित्यिक सामग्रियाँ प्राप्त किया। ये साहित्यिक सामग्रियाँ जब सैमुएल नोआ क्रेमर के द्वारा ढंग से संकलित की गई तो यह मेसोपोटामिया के इतिहास के लिए एक प्रमुख स्रोत बन गया। कैम्पबेल्लॉमसन, लियोनार्द डबलू किंग, अर्नेस्ट अलफ्रेड आदि पुरातत्त्ववेत्ताओं ने कुछ वैसी सामग्रियों को इकट्ठा करने में सफलता पाई जिससे मेसोपोटामिया के इतिहास की जानकारी बढ़ती गई।

बीसवीं सदी के आरम्भिक चरण से ही कई देशों के पुरातत्त्व अधिकारियों ने दजला और फरात नदियों के आसपास के टीलों को काफी ढंग से क्रमबद्ध रूप में खुदाई करना शुरू किया और एरेक, अशुर, बेबीलोन आदि नगरों के बारे में विस्तृत जानकारी हुई। बेबीलोन में स्थित कई टीलों के जर्मन विद्वानों ने खोदना शुरू किया। जर्मन ओरिएंट सोसाइटी के निर्देशक कोल्डवे ने 1917 ई. में नेबूचेडनेजर नगर का विस्तृत इतिहास का पता लगाया। अबूखातब, तेलफेश, निमरूद आदि स्थानों की भी खुदाई हुई और पुरातात्त्विक सामग्री मिली। जर्मनी के ही एक अन्य पुरातत्त्ववेत्ता ने 1914 ई. में अशुर की खुदाई करके आज से पाँच हजार वर्ष पूर्व तक के इतिहास की जानकारी के लिए सामग्रियाँ पाईं। बी.एम. ऑपनहेस ने तेल हलफ नामक स्थान की खुदाई कराई और असीरिया के बारे में महत्त्वपूर्ण जानकारी इकट्ठी की। हेनरी डे जेनॉलेक नामक एक फ्रांसीसी पुरातत्त्ववेत्ता ने हॉल के अनुसार, किस नगर का पता लगाने में सफलता पाई जो चार राजवंशों की राजधानी रहा था। इतिहासकार बकी के अनुसार बूली नामक पुरातत्त्ववेत्ता ने 1928 ई. में उर की राज समाधि का पता लगाने

में सफलता पाई। अंग्रेजों ने सबसे बड़े पैमाने पर खुदाई का काम कराया और काफी सामग्रियाँ इन्हें प्राप्त हैं। शब-अद की समाधि से प्राप्त कीमती वस्तुएँ आज भी ब्रिटिश म्यूजियम की शोभा बढ़ा रहे हैं। ब्रिटिश पुरातत्त्ववेत्ताओं ने उर की खुदाई से मन्दिरों के बारे में अनेक प्रकार की बातों का पता लगाया। तेल अलओवेद की खुदाई से प्राचीन बर्तन काफी मिले जिसके आधार पर सामाजिक स्तरों एवं आर्थिक स्थिति तथा कला के बारे में जानने में सुविधा हुई।

इंग्लैंड और अमेरिका ने एक साथ मिलकर कई स्थानों की खुदाई की। उर का उत्खनन कार्य दोनों देशों ने एक साथ मिलकर पुनः आरम्भ किया। 1931 ई. में पेंसिलवेनिया ने शारूपाक की खुदाई की। जर्मनी ने एरेक में पुनः खुदाई का कार्य आरम्भ किया। 1933 ई. में मारी नामक नगर को खुदाई से ढूँढ़ निकालने का श्रेय पैरोट नामक विद्वान् को है।

शिकागो के उच्च विद्वान् हेनरी फ्रांकफोर्ट ने पुनः 1930 से सात वर्षों तक अपने आदमियों के साथ दियाला नदी और दजला के ऊपरी भाग के क्षेत्र में खुदाई का कार्य किया और इशुन्ना नगर की काफी विस्तृत रूप से पता लगाया। इशुन्ना नगर में ही बिलालामा द्वारा हम्मूराबी की विधि-संहिता तैयार की गई थी। इस विद्वान् ने खफाजे का भी पता लगाया जो अंडाकार देवालय के लिए मशहूर था। इस मन्दिर को सम्भवतः इनान्ना के लिए बनवाया गया था।

तकनीकी विकास ने अतिरेक को और अतिरेक ने नगरों को जन्म दिया। इरडु, लगाश, इरेक, उर और अक्कड में खुदाई से प्राप्त वस्तुओं के आधार पर सुमेरी सभ्यता की जानकारी होती है। संस्कृति का सम्बन्ध गाँव एवं शहर दोनों से हो सकता है लेकिन सभ्यता का गहरा सम्बन्ध मुख्य रूप से नगरों के साथ ही होता है। इन क्षेत्रों में मिले बर्तनों से पता चलता है कि यहाँ बस्तियाँ थीं। इरेक में खुदाई से सिंहाखेट (Lion hunt) समाधि-स्तम्भ मिले हैं। सिंहाखेटकों द्वारा किस तरह का वस्त्र पहना जाता था, इसकी जानकारी गेबेल-एल-अरक में पाए गए चाकू से होता है जिसके मूठ पर सिंह धारक (Lion dompter) का चित्र बना है। हाथीदाँत पर बने चित्रों से जो उरूक में मिले हैं नाव के बारे में जानकारी होती है। वर्तुलाकार मुद्राएँ और टोंटीवाले घड़े भी प्राप्त हुए हैं। ऐसे बर्तन कब्र में पाए गए हैं और नारमेर रंगपट पर भी मिले हैं। ऐसी वस्तुएँ उरूक और जर्जी में मिली हैं जिससे पता चलता है कि दोनों स्थानों के बीच आपसी सम्बन्ध था। इरेक में स्वेत मन्दिर के चिह्न मिले हैं। मुहर लगाने के ठप्पे यहाँ पाए गए हैं। सुमेर में पाए गए धनुष से पता चलता है कि आखेट एवं युद्ध में धनुष-बाण का प्रयोग होता था।

सूसा में साहित्यिक-सामग्रियों का अभाव है, अतः यहाँ के ऐतिहासिक बातों की जानकारी बर्तनों एवं लिपि से होती है। खुदाई से प्राप्त सामग्रियों के अध्ययन से पता चलता है कि उरूक एक धार्मिक एवं व्यावसायिक केन्द्र था। उर में मिट्टी के हँसुए, कुदाल, जालाकाँच के चाकू और पत्थर के कई औजार उपयोग किए जाते थे। मछली फँसाने के लिए वंशी भी खुदाई से मिली है। आभूषण में छिद्रित डंडोंवाले हड्डियों को शूक प्रारम्भिक वंशीय कीलदार पिनों के पूर्वगामी हैं। यहाँ मनके, फार्येस, लकड़ी, खोली, मुलायम पत्थर, अकीक, वैदूर्य से बनी वस्तुएँ मिली हैं। अँगूठियों का प्रयोग आभूषण के रूप में यहाँ किया जाता था।

सुमेरवासी कच्ची ईंटों के बने मकानों में रहते थे। इनमें अनेक कमरे होते थे। खुदाई से पता चलता है कि खफाजे में पाँच कमरेवाला मकान दस मीटर लम्बा और साढ़े छह मीटर चौड़ा होता था। घरों में छोटी खिड़कियाँ होती थीं। मन्दिरों में कई चूल्हे एक कतार में मिले हैं। शहर में सड़कें और गलियाँ होती थीं। नगर चारों ओर से दीवारों से घिरा था। मन्दिर खुले स्थान में स्थित रहता था। पशुओं को चरने के लिए मैदानी इलाके भी होते थे। फैंकफोर्ट (*टाउन प्लानिंग रिव्यू*, XXI, 1950, पृ. 104) के अनुसार उर नगर की आबादी लगभग 24,000 थी। दीवारों से बाहर खेत लायक भूमि होती थी। जलाशय होते थे जहाँ मछलियों को फँसाया जाता था। सुमेर में सभी नगरों की अपनी रक्षावाहिनी थी जो युद्ध में निपुण थी। इनके पास बरछी एवं अन्य लड़ाई के औजार होते थे। सिर को ढँकने के लिए ये लोग ताँबे का टोप पहनते थे। ये लोग बर्बरों के आक्रमण से नगरों की रक्षा करते थे। शहरी उद्योग के लिए अधिकांश वस्तुएँ व्यापार के माध्यम से प्राप्त की जाती थीं; क्योंकि सुमेर में खुदाई से मात्र राँगा ही मिला है।

खफाजे के मन्दिर से प्राप्त प्रस्तर-पात्र पर घरों का जो चित्र मिला है वैसे घर मारी, सूसा और उर में मिले हैं। इनका व्यापारिक सम्बन्ध मकरान एवं सिन्धु प्रदेशों से था। दियाला नामक नगर एक प्रमुख व्यापारिक केन्द्र था।

उर में नृप की समाधि के बाहर गड्ढे में 59 शव मिले हैं जो स्त्री और पुरुष दोनों के हैं। स्त्रियाँ आभूषण पहनी हैं और पुरुष सैनिक-कवच आदि पहने हैं। इरेक नगर 1100 एकड़ क्षेत्र में फैला था। उर नगर का विस्तार लगभग 150 एकड़ में था।

इतिहासकार रुक्स के अनुसार अमेरिकी विद्वान् ने नूज प्राचीन नगर का पता लगाया। खुदाई से इक्कीसवीं सदी ई.पू. का नक्शा मिला जो मिट्टी के टैबलेट पर निर्मित किया गया था। इस प्राचीन नक्शे में पहाड़ों, नदियों और नहरों को उगाकर दिखाया गया था। 1933 ई. में अंग्रेज विद्वान् मेलॉवान ने अरपकिया में खुदाई कराकर एक मकान का पता लगाया जिसमें चतुर्भुज के आकार के बहिर्प्रांगण बने थे। इराकी विद्वान् एस. फौद सफर ने 1939 ई. में सरकारी मदद से हतारा और एरिडू में खुदाई कराया। उकैर, हस्सुना और एकरकूफ में भी खुदाई किए गए। निमरूद में मेलौवान ने फिर से खुदाई कराई और अनेक मूल्यवान सामग्रियों को प्राप्त किया।

उपर्युक्त उपलब्धियाँ कठिन परिश्रम का परिणाम थीं। जिन्दगी दाँव पर लगानेवाले इतिहास-प्रेमियों के कारण ही सम्भव हो सका क्योंकि खुदाई के दौरान विश्वयुद्ध चलते रहे फिर भी ये पुरातत्त्ववेत्ता थोड़ा-थोड़ा रुककर उत्खनन कार्यों में लगे। स्थानीय लोगों के विरोध का सामना इन लोगों ने कितनी मुसीबतों के साथ किया होगा, कल्पना करना भी मुश्किल लगता है। इन महत्त्वपूर्ण खोजों के कारण मेसोपोटामिया के सामाजिक और राजनीतिक संगठन, आर्थिक व्यवस्था, विज्ञान, धर्म, दर्शन, साहित्य आदि की जानकारी ठोस रूप में हो पाती है।

14.3 अभिलेख

मेसोपोटामिया के इतिहास पर प्रकाश डालनेवाले अभिलेख सुमेर, बेबीलोन और असीरिया में पाए गए हैं। अभिलेख पुरातत्त्व के करीब का चीज है। खुदाई से काफी अभिलेख मिले

हैं। इसके अलावा राजभवनों एवं मन्दिरों के दीवारों पर भी पाए गए। सुमेर के एक अभिलेख से ही पता चलता है कि जिसुद नगर का ज्युसुद्र के काल में जलप्रलय हो गया था। जलप्रलय के पूर्व की बातें आधारहीन हैं; क्योंकि इस वंश का शासनकाल लाखों वर्षों का बताया गया हैं। इसमें कुछ काल्पनिक बातों को जोड़ा गया है। अभिलेख के अध्ययन से पता चलता है कि कूथा के राजा पर कुछ वैसे लोगों ने आक्रमण किया जिनका मुँह और शरीर ठीक कौवा के समान था। वैसे इस अभिलेख में वर्णित जलप्रलय की बात आंशिक रूप से सत्य भी है; क्योंकि खुदाई से प्राप्त सामग्रियों ने भी इस अभिलेखनीय तथ्य को प्रमाणित किया है।

अससीरिया के अभिलेख ज्यादा महत्त्वपूर्ण हैं। असीरिया में वहाँ के सम्राट अपने द्वारा किए गए विजय यात्रा का वार्षिक लेखा-जोखा विस्तृत रूप से 'टैबलेट्स' खुदवाकर अपने संग्रहालय में रखवा देते थे जिनके आधार पर अधिकांश असीरियन शासकों के बारे में हमें महत्त्वपूर्ण बातों की जानकारी हो जाती है। असुर बेनिपाल के काल में हम पाते हैं कि उसने अपने शासनकाल में राजकीय अभिलेखों को एकत्रित कराया था। उसने बेबीलोनिया और असीरिया के साहित्यिक अभिलेखों को भी ठीक से संगृहीत कराया था। उसके पुस्कालय में तीस हजार ग्रन्थों के सुरक्षित होने की जानकारी पुरातात्त्विक स्रोत के आधार पर होती है।

14.4 साहित्य

साहित्यिक स्रोत को अध्ययन की सुविधा के लिए दो भागों में बाँटा जा सकता है। देशी स्रोत को एक नम्बर में रखा जा सकता है। बेरोसॉस नामक कैल्डियन विद्वान् का जन्म ई.पू. 330 में हुआ था। यह बेबीलोन में स्थित मर्दुक के मन्दिर में पुजारी का काम करता था। बेबीलोनिया का इतिहास इस विद्वान् के द्वारा लिखा गया था। इसने बोरसिप्पा, बेबीलोन आदि नगरों के पुस्तकालयों में अध्ययन किया था। बेरोसॉस एक पुजारी के साथ-साथ न केवल इतिहासकार बल्कि एक ज्योतिषी भी था। इस विद्वान् द्वारा रचित बेबीलोनिया का इतिहास हमें आज उपलब्ध नहीं है। उसके द्वारा रचित इतिहास की पुस्तक से कई सामग्रियाँ अन्य विद्वानों जैसे पी. जोसेफस, एस. क्लीमेंट, विशप यूसीबियस आदि के द्वारा उनकी रचनाओं में ली गई हैं जिसके आधार पर बेबीलोनिया के इतिहास की जानकारी होती है। यह ग्रन्थ कल्पना से ज्यादा प्रभावित है, जैसे, दस राजाओं ने लाखों वर्षों तक शासन किया, फिर भी कुछ बातें तथ्यपूर्ण हैं।

14.5 विदेशी साहित्यिक स्रोत

यहूदी बाइबिल के द्वारा हमें असीरिया एवं कैल्डिया के इतिहास के बारे में जानकारी हो पाती है। हेरोडोटस की रचना (*इतिहास*) में बेबीलोन, असीरिया, एलम, फिनीशिया, पेलेस्टाइन और मोडिया पर चर्चा देखने को मिलती है। हखामनी सम्राट अर्तजक्सीज का राजवैद्य ई.पू. 415 में टिसियस सत्रह वर्षों के लिए था। यह एक प्रसिद्ध यूनानी लेखक था लेकिन इसके लेख में पाँचवीं सदी ई.पू. के पहले की बात नहीं मिलती। यहूदी बाइबिल और यूनानी इतिहास से हमें असीरियन साम्राज्य के बारे में जानने का मौका मिलता है। डियाडोरेस ने असीरिया के राजनीतिक, सामाजिक और आर्थिक पहलुओं पर प्रकाश डाला। लेकिन ये सारी जानकारियाँ

उतनी महत्त्वपूर्ण नहीं हैं। बीक ने अपनी पुस्तक *एटलस ऑफ मेसोपोटामिया* में बताया है कि 1160 ई. में बेंजामिन नामक एक यहूदी व्यापारी ने मेसोपोटामिया पहुँचकर काफी जानकारी प्राप्त किया और असीरिया की राजधानी निनवे तथा बेबीलोन के बारे में लिखा। इस विद्वान् सौदागर के अनुसार मोसुल जो एक पुल के माध्यम से निनवे से जुड़ा था, विकसित नगर था। यह नगर लगभग 24 फर्लांग में फैला था। इसने नेबूचेडनेजर का राजभवन, बैबेल के टॉवर और मेसोपोटामिया की सभ्यता पर प्रकाश डाला। 1616 ई. में इटली का पेंट्रोडेला ने मेसोपोटामिया के कीलाक्षरों के बारे में जानकारी दी।

पुरातात्त्विक, अभिलेखीय एवं देशी-विदेशी साहित्यों एवं यात्रियों की मदद से हमें मेसोपोटामिया के राजनीतिक, आर्थिक, सामाजिक, धार्मिक एवं सांस्कृतिक बातों की जानकारी होती है।

छठी शताब्दी ई.पू. में अपने विजय यात्रा का वर्णन बेरोसास लिखवाया लेकिन इसमें दी गई तिथियाँ सही नहीं हैं। सारगन प्रथम नामक शासक को उसने 3800 ई.पू. का बताया है जबकि वह 2800 ई.पू. के पहले का नहीं हो सकता। बेरोसास के समान नबोनिडस ने भी सुमेरियन राजाओं के बारे में कुछ नहीं बताया। असुर बेनिपाल ने 'समकालीन इतिहास' की रचना कराई जिसमें असीरिया और बेबीलोनिया के समकालीन इतिहास की रूपरेखा दी गई है।

असीरिया और बेबीलोन में संवत् के अभाव में तिथिक्रम की कोई व्यवस्था नहीं थी लेकिन 'लिम्मू-सूची' द्वारा यहाँ के तिथिक्रम को जानने में मदद मिलती है। वर्ष के प्रथम दिन असीरियन राजधानी में होनेवाले एक उत्सव में सम्राट प्रधान देवता का अभिनय करता था। यह उत्सव लिम्मू नामक एक पदाधिकारी करता था जिसके नाम पर वर्ष का नाम पड़ता था। असुर नगर से प्राप्त खुदाई से एक प्राचीन लिम्मू-सूची असीरिया के 1300 ई.पू. तक के इतिहास को बताने में मदद करता है।

सर लियोनार्ड बूले (*उत्खनित इतिहास*, हिन्दी में रमेश वर्मा द्वारा अनुवाद, दिल्ली, 1983, पृ. 11-16, 65-68, 132-136) ने पुरातात्त्विक सामग्रियों के आधार पर मेसोपोटामिया में स्थित कई नगरों के सामाजिक, आर्थिक, राजनीतिक एवं धार्मिक पहलुओं पर प्रकाश डाला है। उनके द्वारा बताए गए ऐतिहासिक तथ्य स्रोत के रूप में काफी उपयोगी सिद्ध हुए हैं। उन्हीं के शब्दों में असुर (असीरिया) साम्राज्य की राजधानी, कलाह के आधुनिक रूप मोसुल के दक्षिण-पूर्व में स्थित ढूह निम्रूद की खुदाई दो बार हुई है। उन्नीसवीं सदी के पाँचवें दशक में लॉयार्ड ने पहली बार इस स्थल की खोज, पहचान और खुदाई की थी। लगभग पूरी एक शताब्दी बाद इराक स्थित 'ब्रिटिश पुरातत्त्व स्कूल' ने प्रोफेसर एम. ई. एल. मैलोवान के नेतृत्व में काम को जारी रखा। इस अन्तराल में वैज्ञानिक उत्खनन की एक पूरी तकनीक का विकास हो गया था, इसलिए एक ही स्थल पर नई और पुरानी विधियों का अन्तर स्पष्ट दिखता है।

हेनरी लॉयार्ड सबसे बढ़कर एक अत्युत्साही व्यक्ति था। पश्चिमी एशिया में खूब और कभी-कभी जान की बाजी लगाकर भ्रमण किया था। इन यात्राओं के दौरान वह अरबी पोशाक पहनने और अरबी भाषा बोलने लगा तथा क्रमशः उसने अरब लोगों के सद्भाव और सम्मान को प्राप्त कर लिया। उन्हीं दिनों फ्रांस-निवासी बॉता अपने कुयुंजिक और खुर्साबाद के सफल

उत्खननों द्वारा असीरियाई पुरातत्त्व की नींव डाल रहा था; लॉयार्ड ने बॉता से मित्रता कर ली तथा बॉता की खोजों ने लॉयार्ड को उत्प्रेरित किया—वस्तुतः बॉता की खोजें किसी भी व्यक्ति के लिए प्रेरणाप्रद थीं। एक शुभ घटना ने उसकी आकांक्षा का प्रवर्धन किया। वह कुस्तुनतुनिया स्थित ब्रिटिश राजदूत सर स्ट्रैटफ्रोर्ड कैनिंग के नाम एक सरकारी पत्र लेकर वहाँ गया था, और चूँकि उसकी स्थानीय जानकारी तत्कालीन जारी सन्धि वार्ताओं में उपयोगी थी इसलिए वह गोपनीय परामर्शदाता के पद पर दो साल के लिए वहीं रह गया। लेकिन पुरातत्त्व के प्रति उसका उत्साह इतना संक्रामक था कि इंग्लैंड वापस जाते समय कैनिंग ने निम्रूद में काम शुरू करने के लिए अपने पास से धन दिया।

1846 ई. की शरद् ऋतु में लॉयार्ड ने कुछ अरब कामगारों को साथ लेकर उस स्थल की खुदाई आरम्भ की, जहाँ उसका विश्वास था कि कभी एक महान नगर बसा था। उसका विश्वास सत्य सिद्ध हुआ। पहले ही दिन, दो अलग-अलग स्थानों पर खुदाई करने पर उसे असुर सम्राटों के दो मुख्य प्रासाद मिले। शुरू-शुरू में तो उसे अभिलेख ही मिले लेकिन नवम्बर के अन्त तक उत्कीर्ण शिलापट्ट और मूरतें भी प्राप्त हुईं। लेकिन उसके सामने दिक्कतें भी थीं। स्थानीय अधिकारी काम में बाधक थे, यहाँ तक कि उनके कारण कुछ समय काम रुका रहा। धन भी कम होता जा रहा था। कैनिंग ने ब्रिटिश संग्रहालय के ट्रस्टियों तथा ट्रेजरी (वित्त मंत्रालय) से अपील की लेकिन कोई परिणाम न निकला। लॉयार्ड के काम की रिपोर्टें लन्दन पहुँचने पर ही उसके काम का महत्त्व समझा गया, लेकिन मंजूरी फिर भी सिर्फ 2,000 पौंड की मिली। अनुदान बिना शर्त नहीं था। संग्रहालय को प्रदर्शनी के लिए वस्तुएँ चाहिए थीं; लॉयार्ड बाध्य हो गया कि वह कम-से-कम समय और धन खर्च करके अधिकाधिक संख्या में सुपरिरक्षित कलाकृतियाँ प्राप्त करे; यदि उन दिनों वैज्ञानिक विधियाँ ज्ञात भी होतीं—जो मालूम नहीं थीं—तो भी ट्रस्टियों की माँग के कारण उन्हें छोड़ देना पड़ता। लॉयार्ड को इस प्रकार अपने ऊपर लादे गए काम की असन्तोषप्रद प्रकृति का पूरा पता था। उसने लिखा था : 'मुझे मिला हुआ धन इतना कम था कि मुझे अपनी पहले की उत्खनन योजना—अर्थात् प्रकोष्ठों के बगल-बगल खाइयाँ खोदकर, बीच की मिट्टी को हटाए बिना, सम्पूर्ण शिलापट्टों को उघार देने की योजना के अनुसार ही काम करने को बाध्य होना पड़ा। अतः बहुत कम प्रकोष्ठों का पूर्णतः अन्वेषण किया जा सका और सम्भव है कि अनेक छोटी किन्तु महत्त्वपूर्ण वस्तुएँ निरन्वेषित ही रह गई हों। मुझे निर्देश था कि अन्वेषण के बाद इमारत को फिर मिट्टी से दबा दिया जाए, ताकि अनावश्यक व्यय न हो। इसलिए दीवारों के निरीक्षण, अभिलेखों की नकल और मूर्तियों के रेखांकन के बाद, मैं प्रकोष्ठों को बाद की खुदाई से प्राप्त मलबे से ढक देता था।' सौभाग्यवश लॉयार्ड एक अच्छा चित्रकार था और उसके सतर्क रेखांकनों से हमें उच्चित्तों की, जिनमें से अधिकांश अब बिलकुल विनष्ट हो गए हैं, अच्छी जानकारी मिलती है। स्पष्टतः वहाँ पर सुरंग खोदने की विधि अपनाई गई थी तथा दीवारों के कोणों की माप के लिए 'क्रॉस-मेजर' नहीं लिये गए थे, इसलिए विशुद्ध आयोजना भी सम्भव न थी (यद्यपि लॉयार्ड ने यथासम्भव आयोजना की थी) और समुचित लेखा-जोखा नहीं रखा जा सका था; साथ ही प्रकोष्ठों के बीच में बहुत कुछ निरन्वेषित रह गया था (और लॉयार्ड ने स्वयं यही असन्तोष प्रकट किया था)। इसके अतिरिक्त, पुरावशेषों के परिररक्षण की विधियाँ

भी अब तक ज्ञात न थीं; मूल्यवान वस्तुएँ 'छूते ही...या वायु के सम्पर्क में आते ही...टुकड़े-टुकड़े हो जाती थीं; जबकि आज एक भी वस्तु नष्ट नहीं हो सकती; यह एक दुखद कथा है, जिसे लॉयार्ड स्पष्टतः स्वीकार करता है। किन्तु एक हानि का उसे भी पता न था। निम्रूद में काम करते समय तक वह नहीं जानता था कि अभिलिखित मृद्‌फलक क्या है; वह उन्हें 'असाधारण ढंग से अलंकृत मृद्‌भांड खंड' मात्र समझा था। निनवे के उत्तरकालीन उत्खननों में उसने राजसी पुस्तकालय का पता लगाया तथा लगभग 24,000 पूर्ण या खंडित मृद्‌फलक लन्दन लाया, जबकि निम्रूद से एक भी नहीं आया था; कुछ मृद्‌फलक तो अवश्य वहाँ रहे होंगे और सिर्फ यही सोचा जा सकता है कि उन्हें मलबा समझकर फेंक दिया गया।

निम्रूद में जिस पद्धति से उत्खनन हुआ था, उसकी भर्त्सना स्वयं लॉयार्ड ने सबसे पहले की थी; तब फिर निम्रूद में लॉयार्ड के उत्खनन का परिणाम क्या हुआ?

उसने बाइबिल में वर्णित कलाह के स्थल को खोज निकाला तथा पहचाना था और उसके काफी राजसी प्रासादों की खुदाई की थी; उसे बहुसंख्यक मूर्तियाँ मिली थीं और सर्वोत्तम परिरक्षित मूर्तियों को वह लन्दन ले गया--सैकड़ों टन भार की खूबसूरत नक्काशियाँ जो तभी से ब्रिटिश संग्रहालय की गर्व की वस्तुएँ हैं--तथा ब्रिटिश जनता के समक्ष पहली बार आसुरकला को प्रस्तुत किया था। विशाल तोरण-मूर्तियाँ और असुर नासिरपाल ('ओल्ड टेस्टामेंट' का 'पुल') के कार्यों को दिखानेवाले दीवार-उच्चित्रों की पंक्तियाँ सामान्य जन की कल्पना को भी स्पर्श कर सकीं, तथा अनेक व्यक्तियों के लिए तो सर्वोत्कृष्ट कृति 'काला ओबेलिस्क' थी, जिसमें शरूमन असुर तृतीय को इसरायल के जेहू राजा से कर ग्रहण करते हुए दिखाया गया है। ऐसी वस्तुएँ सार्वकालिक अमूल्य विधियाँ तो थी हीं, किन्तु उनसे एक तात्कालिक लाभ भी हुआ। उन्होंने लोगों की रुचि को जाग्रत् कर दिया, जिसके फलस्वरूप लॉयार्ड स्वयं तथा अन्य लोग काम को आगे बढ़ा सके, जो कम सुफलदायक सिद्ध नहीं हुआ; लॉयार्ड ने अपने क्षेत्र-कार्य तथा रॉलिंसन ने क्षेत्र-कार्य में प्राप्त अभिलेखों की सफल व्याख्या द्वारा असुरविद्या की नींव डाली।

1949 ई. में इराक स्थित 'ब्रिटिश पुरातत्त्व स्कूल' ने निम्रूद में नए सिरे से उत्खनन का निश्चय किया, इस निश्चय से अनेक विद्वानों को कष्ट भी हुआ। जिस स्थान पर लॉयार्ड की उपलब्धियाँ इतनी अधिक थीं, वहाँ पर कुछ और पाने का प्रयास निश्चयतः आस्थापूर्ण कार्य करना था, किन्तु उसका औचित्य क्या था? सबसे पहले तो लॉयार्ड-चित्रित प्रासादों के नक्शे अपूर्ण थे और आसुर राजसी प्रासादों के खाकों के बारे में बहुत कुछ जानना शेष था। इसी प्रकार लॉयार्ड ने परस्पर लगभग 300 गज की दूरी पर स्थित दो प्रासादों के भागों को और बाद में उनमें से एक से समीप नबू देवता के मन्दिर के ध्वंसावशेषों को खोद निकाला था; किन्तु आज स्थल रूपरेखा का महत्त्व अधिक समझा जाता है, और इन तथा अन्य इमारतों के सम्बन्ध को स्थापित करना था। इसके अतिरिक्त, कालक्रम का प्रश्न--जिन ढाई शताब्दियों तक कलाह असुर साम्राज्य की राजधानी थी, उनके दौरान निर्मित विभिन्न भवनों के शुद्ध तिथि-निर्धारण की समस्या भी थी। अन्त में, केवल तीन अभिलिखित मृद्‌फलकों को निम्रूद में मिला बताया जाता था (वे लॉयार्ड को नहीं मिले थे) और प्रोफेसर मैलोवान के शब्दों में, 'विश्वास नहीं होता कि किसी समय नबू मन्दिर में स्थित धार्मिक पुस्तकालय में से कुछ भी

शेष नहीं रह गया है।' इन सभी समस्याओं के समाधान के लिए आधुनिक विधियाँ आवश्यक थीं और परिवर्तित परिस्थितियों की विशिष्टता है कि लॉयार्ड के स्थल-मानचित्र को अब हवाई फोटोग्राफों द्वारा अनुपूरित किया है।

एक अन्तर से स्पष्ट है कि क्षेत्र पुरातत्त्व के उद्देश्यों का पुनरभिविन्यास किस प्रकार हुआ है। लॉयार्ड सर्वोत्तम अन्वेषित स्मृति चिह्न तो अपने साथ लन्दन ले गया और शेष को दफन कर गया था। आज वहाँ के उच्चित्र अपने मूलस्थान में ही नहीं है, वरन् उन्हें उनके उपयुक्त सेटिंग फिर लगा दिया गया है, और निम्रूद पहुँचनेवाले दर्शक राजप्रासाद के बढ़िया नक्काशीदार मुहार को ठीक वैसे ही देख सकते हैं जैसे वह असुर सम्राट के समय में दिखता था। प्राचीन नगर से घिरा हुआ डेढ़ वर्गमील का क्षेत्र, जिसके दक्षिण-पश्चिम में दजला नदी से चालीस फीट की ऊँचाई तक उठा हुआ एक्रोपोलिस है, जिसकी ईंटों की चहारदीवारी पानी की तरफ विशाल पत्थरों के घाट पर टिकी है। लगभग 800 ई.पू. तक मन्दिर, प्रासाद तथा अधिक महत्त्व के अफसरों के भवन ऐक्रोपोलिस में केन्द्रित थे; परवर्ती समय में नए राजसी भवन नगर से बाहरी भाग में फैल गए, जहाँ पार्क थे तथा चिड़ियाघर तक था। एक नए और विशिष्ट अभिलेख में असुर नासिरपाल द्वारा अपने प्रासाद के निर्माण तथा कार्यसमाप्ति पर दिए गए भोज का वर्णन है–'सभी देशों के चौंसठ हजार पाँच सौ चौहत्तर सुखी व्यक्तियों को मैंने दस दिन तक भोज कराया, शराब पिलाई, स्नान कराया और सम्मानित कराया और तब शान्ति और सुखपूर्वक उनके घरों की ओर रवाना कर दिया। इसी अभिलेख में चिड़ियाघर के जानवरों की सूची भी दी गई।

मृद्फलकों की प्राप्ति की आशा पूरी हुई। उत्तर-पश्चिम प्रासाद के प्रशासनिक विभाग, कराधान और व्यापार, कृषि, पुनर्स्थापन योजनाओं तथा असुर राज्य व सूबों के सम्बन्ध में सम्राट के नाम प्रशासनिक प्रश्नों की रिपोर्टों से सम्बद्ध बहुसंख्यक प्रलेख मिले। नबू मन्दिर से भजन, मन्त्र और शुभाशुभ लक्षण तथा चिकित्सा सम्बन्धी पाठ्य मिले; तथा मन्दिर के साथ जुड़े हुए सिंहासन पक्ष से अब तक ज्ञात सर्वाधिक महत्त्वपूर्ण फलक प्राप्त हुए, जिनमें असुर सम्राट ईसरहैडन द्वारा ईरान तथा अन्य पड़ोसी राज्यों के शासकों के साथ की गई सन्धियों का वर्णन है। नए उत्खननों में प्राप्त अभिलेखों से विभिन्न भवनों का कालक्रम सन्तोषप्रद ढंग से स्थापित किया जा सका है तथा असुर साम्राज्य के परवर्ती काल के बारे में शुद्ध और विस्तृत जानकारी के फलस्वरूप हमारे ज्ञान में वृद्धि हुई है। मैलोवान के कथनानुसार, मृद्फलकों से हमें 'शासकों और शासितों : उनकी समृद्धि और गरीबी, उनके विवेक और अविवेक के बारे में नई दृष्टि' प्राप्त होती है।

कला के प्रति अंशदान भी कम महत्त्वपूर्ण नहीं है। लॉयार्ड अपने साथ कुछ नक्काशीदार हाथीदाँत की वस्तुएँ, जो टूटी-फूटी और खराब दशा में थीं, लाया था। उनमें से अठारह को मरम्मत करके प्रदर्शित किया गया। लॉयार्ड के बाद, लोफटस ने 1854-55 ई. में निम्रूद में एक मौसम का कार्य किया था और उसे अधिक संख्या में हाथीदाँत की वस्तुएँ मिली थीं। 'मिले-जुले, निस्तप्त और अक्सर मुश्किल से पहचाने जा सकनेवाला खंडों का यह विशाल ढेर' ब्रिटिश संग्रहालय में लगभग एक शताब्दी तक भंडार में पड़ा रहा, तब उन्हें साफ करके एक-दूसरे में बैठाने का काम हाथ में लिया गया, किन्तु काम समाप्त हो जाने पर भी संग्रह

का अधिकांश कला-प्रेमियों से अधिक अध्येताओं की पसन्द का था; बहुत कम नमूने अपनी असली शक्ल के आसपास पहुँच सके थे। आधुनिक उत्खननों से बहुसंख्यक अमूल्य हाथीदाँत की नक्काशियाँ प्राप्त हुई हैं। इनमें से अनेक खंडित हैं। 612 ई.पू. में जब मीडीज ने कलाह के प्रासादों को ध्वस्त किया और जला डाला था, तभी सैनिकों ने सोने की तलाश करते हुए इन्हें विनष्ट कर दिया था। किन्तु सतर्क उत्खनन और वैज्ञानिक उपचार द्वारा इन्हें सुरक्षित रखा गया है और इन प्राचीन श्रेष्ठ कृतियों की तकनीक और डिजाइन को हम देख सकते हैं। निम्रूद की सर्वोत्तम नई हाथीदाँत की कृतियों से, जिसमें स्वर्ण और रंगीन पत्थरों का जड़ाऊ काम है; पहली बार हमें पता चला है कि सिदों और टायर के कुशल शिल्पी कितना भव्य प्रभाव उत्पन्न कर सकते हैं।

उर के उत्खननों का सर्वाधिक महत्त्वपूर्ण परिणाम यह निकला कि मेसोपोटामिया का काल निर्दिष्ट इतिहास पाँच सौ साल और पीछे खिसक गया तथा अब तक सर्वथा अज्ञातकाल की संस्कृति का पता राक्षसी मकबरों की आश्चर्यजनक समृद्धि में लगा। उसके बाद से, उर तथा अनेक अन्य उत्खनित स्थलों से, हमें इससे भी पहले के काल के बारे में बहुत-कुछ पता चला है। एक ओर प्रागैतिहासिक संस्कृतियों का क्रम तो स्पष्टतः निर्धारित किया जा चुका है पर उनकी निश्चित तिथियों के बारे में अब भी मतभेद है, किन्तु दूसरी ओर उर का प्रथम वंश, जिसे पहले पौराणिक कल्पना-मात्र समझा जाता था, इतिहास की सीमा में आ गया है। मेसोपोटामिया के प्राग्-इतिहास को पुरातत्त्व के अनुसार चार कालों में विभाजित किया गया है और अन्तिम काल को 'आदि राजवंश काल' कहा जाता है; इसी काल का अन्तिम समय मानव के नदी घाटी पर आवास के परवर्ती युग में, जब सुमेरी सभ्यता अपने चरम उत्कर्ष पर पहुँच चुकी थी, लगभग 2600 ई.पू. से हमारे लिखित इतिहास का अब आरम्भ होता है। इसी कारण यह अत्यधिक मूल्यवान् है—अनेकानेक कलाकृत्तियों का विशुद्ध काल-निर्धारण सम्भव है, जो इस ज्ञान की अनुपस्थिति की दशा में लगभग असम्भव हो जाता।

1919 ई. में, डॉक्टर हॉल ने, उर के एक बाहरी उपनगर उबैद घाटी नामक एक छोटे से स्थल पर खुदाई करते हुए, अनेक बढ़िया कांस्य उच्चित्र पाए। इस तरह के उच्चित्र पहले कभी देखे तक न गए थे। 1923-24 ई. में, उनके काम को जारी रखते हुए, हमें अनेक अन्य वस्तुएँ तथा मन्दिर की अभिलिखित आधारशिला मिली, जिसमें उस समय एक अविश्वसनीय उर के प्रथम राजवंश के एक राजा का नाम लिखा था। इससे हमें सभी प्राप्त वस्तुओं के काल का पता चल गया। अब हमारे पास राजवंश की ऐतिहासिकता का पुष्ट प्रमाण था और इमारत का अलंकरण उस समय की श्रेष्ठ कला का साक्षी था।

बाद में उर की राजसी श्मशान-भूमि खोद निकाली। वहाँ पर सोने, चाँदी और कीमती पत्थरों की बहुत-सी चीजें मिलीं। ऐसा सौभाग्य पुराविदों को बहुत कम प्राप्त होता है। यहाँ पर भी इन वस्तुओं ने ऐतिहासिक प्रलेखों की महत्ता ग्रहण कर ली क्योंकि उनका भी काल-निर्धारण किया जा सकता था। जिस जमीन पर कब्रें खोदी गई थीं उसकी ढलवाँ सतह पर कूड़ा-करकट, टूटी-फूटी ईंटों और मिट्टी के बर्तनों के टुकड़ों की एक परत मिली। सघन और एक समान यह परत किसी इमारत या किन्हीं इमारतों की है जो इस ढाल पर खड़ी थीं और जिन्हें जान-बूझकर दिया गया था। अनेक बर्तनों के मुँह पर मिट्टी के ढक्कन थे।

इन्हीं में उर के प्रथम राजवंश के पहले राजा मेस-अन्नी-पद्द (जिसका नाम हमें अल उबेद के मन्दिर में पहले ही मिल चुका था) और उसकी पत्नी निन-तुर-निन की मुहरें भी शामिल हैं; और इन्हीं के साथ हमें खुद निन-तुर-निन की असली नीलम की मुहर भी मिली। इस तरह कूड़े की परत का काल-निर्धारण ठीक-ठीक किया जा सका था और उसमें दबी हर चीज स्पष्टतः उतनी ही या उससे अधिक पुरानी थी।

उसमें दबी थी सोलह राजाओं और रानियों तथा उनके सैकड़ों प्रजाजनों की कब्रें। राजाओं-रानियों तथा प्रजाजनों की कब्रों का अन्तर स्पष्ट था। साधारण स्त्री-पुरुषों की लाशें, पकाई हुई मिट्टी या लकड़ी या बेंत के ताबूतों में रखकर या सिर्फ नरकुल की चटाई में लपेटकर दफना दी जाती थीं; लेकिन प्रत्येक के लिए अलग से गहरा गड्ढा खोदा गया था और वे अलग-अलग रखी गई थीं। धनवानों की कब्रों में सोने-चाँदी की बहुसंख्यक वस्तुएँ थीं और धनहीनों की कब्रों में सिर्फ एक या दो मिट्टी के बर्तन, लेकिन इतना जरूर था कि व्यक्ति की सामाजिक स्थिति के अनुसार धार्मिक भावना से केवल उसके लिए ही गढ़ी गई थीं। लेकिन जिन्हें हाल ने 'राजसी-समाधि' नाम दिया था, वे बिलकुल अलग थीं। कब्र का मामूली गड्ढा बदलकर एक बड़ा गड्ढा हो गया था जिसकी तलहटी पर एक समाधि-प्रकोष्ठ या कई समाधि-प्रकोष्ठोंवाला 'घर' पत्थर और ईंटों से बनाया गया था। इसमें राजसी शव तथा उसके साथ एक या अधिक वैयक्तिक अनुचरों के शव रखकर प्रकोष्ठ का द्वार ईंट या पत्थर से बन्द कर दिया जाता था। फिर, बाहर के गड्ढे में मृत शासक के दरबारियों और नौकरों—बढ़िया दरबारी वस्त्र तथा सोने और इन्द्रगोप और नीलम के किरीट (किरीट आभूषण का नाम) पहने स्त्रियाँ, अफसर, जिनके सुनहरे अस्त्र उनके उच्च पद के साक्षी थे, वीणा और रुपहली बाँसुरीधारी संगीतज्ञ, पहरेदार सिपाही तथा खच्चर या बैल जुता हुआ राजसी रथ—के शरीर मिले थे। लेकिन अन्तर यहीं नहीं था। गड्ढे में बैठे हुए लोग जब नशा पीने के बाद मदहोश हो जाते थे और उन्हें मिट्टी से लाद दिया जाता था, तब भी संस्कार पूरा नहीं होता था। जब एक तल तक मिट्टी पहुँच जाती थी तो उसे पीट-पीट कर समतल कर दिया जाता था और इस तरह तैयार फर्श पर फिर अन्त्येष्टि की दावत होती थी और उसमें भाग लेनेवाले आदमियों को मिट्टी डालकर दफन कर दिया जाता था। ऐसा थोड़ी-थोड़ी दूर पर किया जाता था, यहाँ तक कि गड्ढा पूरा भर जाता था और शायद उस पर पूजागृह बना दिया जाता था।

ये उन राजाओं और रानियों की समाधियाँ थीं जो प्रथम राजवंश से तत्काल पहले, जब मेस-अन्नी-पद्द से सम्पूर्ण सुमेर को अपने अधीन कर लिया था (एक ऐसे व्यक्ति की मुहर सचमुच मिली, जो स्वयं को 'राजा मेस-कलम-दुग' कहता था) उर के नगर-राज्य पर शासन करते थे। हॉल को यह देखकर अफसोस हुआ कि उसका दृष्टिकोण विवाद का विषय बना दिया गया। अपने निष्कर्ष में उसने विशुद्ध रूप से पुरातात्त्विक प्रमाणों का आश्रम लिया था और अब पुरातात्त्विक प्रमाणों पर ही संदेह किया गया था।

विद्वानों ने तर्क किया कि ये राजसी समाधियाँ नहीं हो सकतीं; क्योंकि किसी भी साहित्यिक कृति में नहीं कहा गया है कि राजा की अन्त्येष्टि के साथ मानव बलि भी होती थी, इसलिए यह नहीं कहा जा सकता कि प्राचीन सुमेरियों में ऐसी कोई प्रथा थी। ये राजा नहीं हो सकते

क्योंकि सुमेरी राजाओं की सूची में उनके नाम नहीं मिलते। दूसरी ओर, सुमेरी वर्ष का सबसे बड़ा धार्मिक उत्सव वसन्तोत्सव था जिसमें धरती पर उपज बढ़ानेवाले देवी-देवता का विवाह रचाया जाता था। जाड़े में प्रकृति की मृत्यु और वसन्त में उसका पुनर्जन्म का विचार तथा वसन्तोत्सव दोनों के बल पर मानव-बलि हो सकती थी (जैसा अन्य पश्चिमी एशियाई देशों में हुआ था)। मानव पति और पत्नी को देवी दम्पति के रूप में रखा और बाद में कत्ल कर दिया जाता था, और वैसे तो पारम्परिक दूल्हा राजा स्वयं होता था किन्तु इस बलि के लिए उसके स्थान पर एक अन्य व्यक्ति को मरवा दिया जाता था। अतः तर्क था कि उर की समाधियाँ वस्तुतः राजाओं की समाधियाँ ही नहीं हैं।

बील का मत है कि अन्य पुराविद् सहमत थे, किन्तु साहित्यिक विद्वान् साधारणतः असहमत। विशुद्ध पुरातात्त्विक प्रमाणों के अध्ययन और मूल्यांकन का अभ्यास उन्हें न था और हर नुक्ते पर उसके सिद्धान्त के विरोधी ये सारे प्रमाण उनके लिए अकारण बहुत महत्त्वपूर्ण बन गए। बेशक उतना ही सच यह भी हो सकता है कि हॉल ने अपने प्रशिक्षण-जन्य पक्षपात के कारण, अपने तर्क पर बहुत जोर दे साहित्यिक प्रमाण को गौण बना दिया हो। जो कुछ भी हो, समझौते की सूरत नजर नहीं आती थी और संकट काफी कष्टप्रद था। तब 1944 ई. में, डॉक्टर क्रैमर ने एक बहुत प्राचीन कीलाकार लेखपट्टी का प्रकाशन किया। अब यह फिलाडेल्फिया के विश्वविद्यालय संग्रहालय में है और अपूर्व है; क्योंकि इसमें सुमेर की राजसी अन्त्येष्टि का विवरण है। गीत है–'भाग्य के बिस्तर पर वह लेटा है, उठ नहीं सकता। खड़े हुए लोग मौन नहीं हैं, बैठे हुए लोग मौन नहीं हैं, वे विलाप कर रहे हैं।' कारण, मृत राजा अकेले नहीं वरन् अपने सारे लश्कर के साथ है जिसमें 'उसकी प्रिय उपपत्नी, उसका संगीतकार, प्रिय विदूषक, प्रिय प्रमुख भृत्य, घर के लोग, राजमहल के कर्मचारी, प्यारा कारिन्दा' शामिल है। यह, निस्सन्देह, वही संस्कार है जो राजसी समाधियों में प्राप्त वस्तुओं से मिला था। लिखित प्रमाणों से पुरातत्त्व का यह दावा भी सत्य सिद्ध हो जाता है कि वह मिट्टी की साक्षी से ऐतिहासिक तथ्यों को उजागर कर सकता है।

प्रोफेसर सेस ने 1879 में हित्तियों की खोज की। उस समय उनके बारे में जो कुछ भी मालूम था वह सब 'ओल्ड टेस्टामेंट' में यत्र-तत्र जिक्र पर आधारित था। वह अपवाद को छोड़कर, ओल्ड टेस्टामेंट में हित्तियों को, हिब्रू पैगम्बरों के समय में फिलिस्तीन-निवासी अनेक मामूली कबीलों में से एक बताया गया है। लेकिन कुछ वर्ष पहले, सीरिया के एक नगर हामा (प्राचीन हमथ) में पत्थरों पर विचित्र चित्रलिपि में खचित अभिलेख प्रकाशित हुए थे। अब सेस ने कहा कि यही चित्रलेख दूर-दूर स्थित जगहों–उत्तरी सीरिया में वल्लप्पो, और कारकेमिश, तारस पर्वत के उत्तर में इव्रिज, मध्य लघु एशिया में बोगाजकाय, और आयनी समुद्रतट पर स्मरना के पास–पर भी मिले थे; उसने कहा कि ये सभी हित्ती थे, उनकी प्रकृति एवं विस्तार से सिद्ध है कि हित्ती किसी समय में दुनिया की एक बड़ी ताकत थे, उनका साम्राज्य मिस्र या बाबुल के साम्राज्यों जितना बड़ा था, उनकी अपनी विशिष्ट संस्कृति और लिपि थी।

क्या यह विचित्र लिपि पढ़ी जा सकती है? सेस खुद इस काम में जुट गया। उसने 'द्विभाषिक' अर्थात् हित्ती चित्रलिपि और बाबुली कीलाकार लिपि दोनों में अभिलिखित मुद्रा की बात सुनी थी; मुद्रा गायब हो चुकी थी, लेकिन बहुत कोशिश करने पर उसे ब्रिटिश संग्रहालय

में उसकी एक विद्युत-मुद्रांकित प्रतिलिपि मिल ही गई, जिसके आधार पर उसने दो या तीन संकेतों का अर्थ लगाया। लेकिन पाट इतना कम था कि अधिक उपयोगी न था; सच्ची प्रगति के लिए तो बहुत अधिक सामग्री की जरूरत थी। 1902 और 1906 के बीच जर्मन विद्वान् मेसर्शिमट ने उस समय तक ज्ञात सभी हित्ती अभिलेखों का संग्रह प्रकाशित किया ताकि विद्वानों को आगे काम करने का एक आधार मिले। विद्वानों ने काम भी किया, लेकिन परिणाम अधिक न निकला।

इसी समय हित्ती समस्या के बारे में कुछ और मालूम हो चुका था। मिस्र से प्रसिद्ध 'अमरना घाटी के पत्र' मिले, मृद्फलक जो फराऊन अखनातन (1375-1358 ई.पू.) के विदेश विभाग के अभिलेख थे। सभी कीलकार लिपि में और सभी अक्कादी (बाबुली) भाषा (जो उस समय अन्तर्राष्ट्रीय राजनीति की भाषा थी) में थे, और उनसे सिद्ध हो गया कि हित्ती उस समय बहुत बड़ी ताकत थे और उनका राजा खुद को फराऊन के बराबर समझता था; सेस का विवादग्रस्त सिद्धान्त इस प्रकार पुष्ट हुआ और साथ ही हित्तियों के प्रति विद्वानों की रुचि भी बढ़ी।

'अमरना घाटी के पत्रों' में से दो ऐसे थे, जो कीलकार लिपि, किन्तु किसी अज्ञात भाषा, में लिखे गए थे। 1893 ई. में, हित्ती राजधानी बोगाजकाय में भी मृद्फलकों के टुकड़े मिले, जो उसी भाषा और कीलकार लिपि में थे। परिणामस्वरूप एक जर्मन दल बोगाजकाय में खुदाई करने लगा और काम शुरू करते ही बहुसंख्यक मिलने लगे। सभी कीलकार लिपि में थे, किन्तु अधिकांश अक्कादी भाषा में और कुछ उन दो मिस्री फलकों की अज्ञात भाषा में थे। कीलकार संकेत जाने-पहचाने थे। इसलिए बोगाजकाय अभिलेखों का लिप्यंतर किया गया और इस प्रकार कुछ प्रगति तो हुई। 1915 ई. में चेक विद्वान् फ्रेडरिक ह्राज्नी ने *द सॉल्यूशन ऑफ हित्ती प्रॉब्लम* का प्रकाशन किया, जिसका सारांश यह था कि 'हित्ती मुख्यतः एक भारोपीय भाषा' है। इस सिद्धान्त के अनुसार, अनातूलियावासी भी ग्रीक जैसी कोई भाषा व्यवहार करते थे; लोगों को यह विचारमात्र बुरा लगा और ह्राज्नी के सिद्धान्त का घोर विरोध हुआ। लेकिन ह्राज्नी अपने तर्क पर दृढ़ रहा और अन्य विद्वानों ने उसके सिद्धान्तों के अनुसार काम किया। 1919 ई. में ही, स्विट्जरलैंडवासी एमिल फॉरर ने घोषणा की कि बोगाजकाय मृद्फलकों में कम-से-कम छह अनातूलियाई भाषाएँ या बोलियाँ मौजूद हैं और उनमें से कम-से-कम तीन भारोपीय थीं। अन्त में अनेक देशों के विद्वानों के सतत परिश्रम के बाद बोगाजकाय चित्रलेखों को पढ़ा और अनूदित किया जा सका और प्राचीन इतिहास में कई नए अध्याय जुड़ गए लेकिन कीलकार फलकों से उन चित्रलिपि में लिखित अभिलेखों पर कोई रोशनी न पड़ सकी, जिनके बल पर सेस ने हित्तियों को 'खोज' निकाला था।

बाद में ज्यों-ज्यों चित्रलिपि-अभिलेख अधिकाधिक संख्या में मिलते गए, त्यो-त्यों उन्हें पढ़ने की आवश्यकता भी बढ़ती गई। प्रथम विश्वयुद्ध से पहले के तीन सालों में ब्रिटिश संग्रहालय का एक दल कार्केमिश गया और उसने लगभग उतने ही नए अभिलेख खोज निकाले जितने मेसर्शिमट ने दस साल पहले संग्रह में एकत्र किए थे। लेकिन द्विभाषिक अभिलेख एक में न मिला। एक भी चित्रात्मक संकेत या अभिलेख में निहित किसी विशेष भाषा की ध्वनि

या मूल्य नहीं मालूम था, इसलिए चित्रात्मक संकेतों की अनेकानेक पंक्तियों का अर्थ ढूँढ़ निकालना लगभग असंभव काम था। इसके बावजूद विद्वानों ने समस्या को हल करने का यत्न जारी रखा। सबसे पहले कुछ संकेतों के अर्थ सेस ने पता लगाए; वे 'राज्य', 'नगर', 'देश' और 'ईश्वर' के भाव संकेत थे। फिर अनुमान से, कुछ जगहों के नामों--कार्केमिश, हमथ और तियाना--तथा क्रिया 'मैं हूँ' का पता लगा। 1934 ई.पू. में, बोगाजकाय में खुदाई करते हुए, कर्ट बितेल ने मिट्‌टी पर अनेक मुद्राओं के निशान पाए, जो विख्यात तारकंदेमस मुद्रा की भाँति द्विभाषिक थे। इनके कारण कुछ राजसी नाम सामने आए और कुछ संकेतों को पहचाना गया। लेकिन एक बार फिर, मुद्राओं के अभिलेख इतने संक्षिप्त थे कि ज्यादा काम न आ सके। वस्तुतः दुनिया भर के विद्वानों के परिश्रम के बल पर, कुछ समय के भीतर, चित्रलिपि अभिलेखों की भाषा की प्रकृति और रचना के बारे में समुचित संगत जानकारी प्राप्त हो सकी लेकिन अनुवाद की बात आई (और अनुवाद के अनेक प्रयास किए गए) तो विद्वान् एकमत न हो सके, परिणाम भी सुखद न हुआ।

1947 ई. की वसन्त ऋतु में बील अंकारा पहुँचा, तो संग्रहालय निदेशक ने उत्तेजित स्वर में बताया कि अभी-अभी प्रो. बॉसर्ट का, जो इस समय दक्षिण के दौरे पर थे, तार आया है जिसमें लिखा है कि उन्होंने अदाना के पूर्व में स्थित पहाड़ों पर एक नया हित्ती स्थान पाया है जहाँ द्विभाषिक अभिलेखों के मिलने की पूरी सम्भावना है। बील स्वयं काफी उत्तेजित हो उठा। उसने पूछा कि यह स्थान कहीं एक पहाड़ के किनारे पर स्थित पथरीला पठार तो नहीं है, जिसके पास एक घाटी है और जिसमें एक सिंहासन पर (जिस पर ढेरों अभिलेख हैं) बैठे किसी देवता या राजा की मूर्ति है? डॉक्टर कोषे ने उत्तर दिया, 'हाँ, वही स्थान है, लेकिन आपको कैसे मालूम? उसे मालूम था। पहली लड़ाई में बील के नीचे स्मरना का एक अंग्रेज मिस्टर हाइकिंसन, काम करता था; वह सिलीशिया के पहाड़ों में शिकार का शौकीन था और एक बार (उसने मुझे बताया था) वह ठीक ऐसी जगह पर जा पहुँचा था। मैंने इस सूचना से लाभ नहीं उठाया था; लेकिन अब एक स्कूल शिक्षक की यही बात सुनकर बॉसर्ट ने फौरन इसका लाभ उठाया था; वह पठार पर चढ़ा था; सिंहासन था, मूर्ति थी जो अब गिरकर भग्न हो गई थी और उस पर ढेरों अभिलेख थे।

अभिलेख हित्ती में नहीं बल्कि फिनीशियाई में था जिसे पढ़ा जा सकता है। लेकिन स्थल पर लदे झाड़ी-झंखाड़ में तलाश करने पर उसे बसाल्ट पत्थर के टुकड़े मिले जिन पर हित्ती चित्रलेख थे। यहाँ पर दोनों लिपियाँ प्रयोग की जाती थीं, तो फिर द्विभाषिक-दोनों लिपियों में एक पाठ भी अवश्य होना चाहिए।

1947 ई. के पतझड़ में 'तुर्की हिस्टॉरिकल सोसाइटी' ने एक दल के लिए धन का प्रबन्ध किया। दल के नेता बॉसर्ट और एक अनुभवी क्षेत्र-पुराविद् डॉक्टर बहादर अल्कीम थे। उनके पहले ही मौसम में महान खोज सम्भव हो सकी। उन्होंने एक परकोटे सहित पहाड़ी नगर खोद निकाला, जिसमें उच्चित्रों से खूब अलंकृत एक शाही महल था। इन्हीं के बीच तीन लम्बे फिनीशियाई अभिलेख तथा एक ही चित्रलिपि-अभिलेख के दो पाठ (जो फिनीशियाई के प्रतिलिपि सिद्ध किए जा सकते थे) मिले। आज के विद्वान् बाबुल की कीलाकार लिपि या मिस्र की चित्रलिपि को आसानी से पढ़ लेते हैं, लेकिन हित्ती को भी उतने ही विश्वास

से पढ़ पाने में अभी समय लगेगा; वैज्ञानिक निष्कर्ष जल्दबाजी में प्राप्त नहीं हो सकते। लेकिन चाबी मिल गई और एक अन्य ऐतिहासिक रहस्य के उद्घाटन का उपाय पुरातत्त्व ने प्रदान कर दिया।

असीरिया ईरान की दजला (टाइग्रिस) और फरात (यूफेटीज) नदियों के बीच में जो भूमि है, उस पर प्राचीनकाल में, दो राज्य असीरिया तथा बेबीलोनिया थे। पश्चिम में मध्य मेसोपोटामिया का उजाड़ पठार, पूर्व में कुर्दिस्तान का पहाड़ी भाग, उत्तर में आर्मीनिया तथा दक्षिण में बेबीलोनिया का राज्य असीरिया की सीमाएँ निर्धारित करते थे।

जहाँ असीरिया था वह पर्वतीय तथा पठारी देश है। इसके मध्य में मैदानी भाग तथा कुछ घाटियाँ हैं। जलवायु भूमध्यसागरीय है। यहाँ सिंचाई की समुचित व्यवस्था थी। असीरिया राज्य का विस्तार सीरिया की तरफ अधिक था। जहाँ आज शरकात नगर है, वही दजला नदी के पश्चिमी तट पर असुर नगर था जो देश की राजधानी था। निनवे नगर असुर से 60 मील उत्तर में स्थित था। कुछ समय के लिए कलाह 8वीं तथा 9वीं शताब्दी में देश की राजधानी था। अखेला, हरन आदि बहुत-से नगर तथा उपनगर देश में थे जिनके अवशेष अब भी मिलते हैं।

बर्बर आक्रमणों से अपनी रक्षा तथा अधिक कठिनाइयों का सामना करने के कारण यहाँ के लोग युद्धप्रिय तथा कठोर थे। यहाँ गेहूँ, जौ तथा फल बहुत पैदा होता था। यहाँ की सभ्यता ईसा से 2500 ई.पू. की मानी जाती है। प्रारम्भिक सुमेरी काल के इतिहास में यहाँ की सभ्यता का वर्णन पाया जाता है। यहाँ के नगर सुव्यवस्थित ढंग से बसे हुए थे, जिनमें विनोदस्थल, क्रीड़ाकेन्द्र तथा उद्यान थे। नगरों के चारों तरफ ऊँची और चौड़ी दीवारें थीं।

असुर (अस्सुर, अस्सूर, अस्शुर, अस्शूर, अशुर, अशूर) उत्तर-पूर्वी इराक में प्राचीनकाल में बसनेवाली एक प्रबल विजयिनी सामी जाति, उसकी राजधानी और प्रधान देवताओं का नाम था। अपने समूचे देश की विजय कर असुर जाति ने निकट और दूर के देशों और जातियों पर भी अपना अधिकार स्थापित किया। उसके अपने देश का नाम ग्रीक और उत्तरवर्ती यूरोपीय साहित्य में असीरिया या अस्सीरिया पड़ा। उसी असुर की पूजा असुर महान् या अहुरमजद के रूप में प्राचीन ईरानियों ने की। असुर जाति की अपनी धार्मिक परम्परा के अनुसार 'असुर' वह महान् देवता है जिसने पहले स्वयं अपने को सृजित किया, फिर विश्व को। संस्कृत (वैदिक) भाषा में भी पहले 'असुर' शब्द की व्युत्पत्ति 'असुः प्राण र' शक्तिमान अर्थ में हुई। बाद में, सम्भवतः आर्यों—मितन्नी और मीदी (ईरानी आर्यों)—से प्राणान्तक संघर्ष होने से, इस शब्द का अर्थ बिलकुल विपरीत सुरशत्रु (न सुरः इति असुरः) होने लगा।

असुरों की राजधानी अस्सुर का उल्लेख *बाइबल* (सृष्टि 2, 14) में भी हुआ है। यह प्राचीन असूरिया (असीरिया) का प्रधान नगर दजला के पश्चिमी तट पर उसके बड़ी दोआब से संगम के 37 मील नीचे बसा था। हाल की खुदाइयों में इसके भक्तों के महत्त्वपूर्ण खँडहर—समूची इमारतें और सड़कें—शरकत के निकट नदी की प्राचीन तलहटी में निकले हैं। 606 ई.पू. में असुरों की इस राजधानी का विध्वंस ईरानी आर्य उन मीदियों ने किया जिनके द्वारा आदि नामधारी राजाओं ने बाद में वह प्रबल ईरानी साम्राज्य कायम किया जिसकी

एक सीमा भारत में पंजाब तक जा पहुँची, दूसरी नील नदी और भूमध्यसागर तक, तीसरी डैनूब और दक्षिणी रूस तक था।

प्राचीन असुर प्रदेश या असीरिया आधुनिक इराक के उत्तरी भाग में दजला नदी के दोनों ओर वर्तमान सीरिया की पूर्वी सीमा और छोटी दोआब के बीच फैला हुआ था। स्वयं 'सीरिया' नाम उसी 'असूरिया' का अपभ्रंश है। उस प्राचीन असूरिया के उत्तर में अर्मीनिया (उरार्तू, अरारात पर्वत) और दक्षिण में बाबुल (बाबिलीनिया) थे तथा पूर्व में कुर्दिस्तान के पर्वत और पश्चिमी में दोआब की मरुभूमि थी। इसकी जलवायु ठंडी थी और बीच की भूमि पर जाड़ों में वर्षा भी पर्याप्त होती थी। पर इसका अधिकतर भाग पहाड़ी और रेतीला होने से निस्सन्देह वहाँ आहार की कमी थी।

असुरों की पहली राजधानी, जैसा ऊपर लिखा जा चुका है, कसीत शरकत के पास अस्सुर था। उसके बाद असुरों के उत्तर-साम्राज्यकाल में राजधानी निनेवे आधुनिक कुयुंजिक, प्रायः 60 मील उत्तर, जहाँ उस महान् नगर के भग्नावशेष मिले हैं और जिसका विध्वंस 612 ई.पू. में हुआ था, बना। वैसे निनेवे नगर का निर्माण अस्सुर से भी पहले हो चुका था। निनेवे और अस्सुर दोनों के बीच आधुनिक निमरूद के पास कला था, असुरों की तीसरी राजधानी, उनके 9वीं-8वीं शताब्दी ई.पू. के साम्राज्यकाल की। निनेवे के पूर्वोत्तर वर्तमान खोर्साबाद में प्रबल असुर विजेता सारगोन (शर्रुकिन) की राजधानी उसी के नाम पर, दुरशर्रुकिन था। इन नगरों की खुदाइयों में बड़े महत्त्व की पुरातात्त्विक और ऐतिहासिक सामग्री उपलब्ध हुई है। असूरिया के नगरों में प्रधान दो और थे, अरबेला (वर्तमान अर्बिल) और हारान। अरबेला सिकार और दारा की युद्धभूमि होने से इतिहास में प्रसिद्ध हो गया और हारान पश्चिमी दोआब (मेसोपोटामिया) में असूरी साम्राज्य का केन्द्र, उत्तरकाल में निनेवे के ध्वंस के बाद उसकी राजधानी था।

प्राचीन जातियों में आज किसी के इतिहास की सामग्री इतनी मात्रा में उपलब्ध नहीं जितनी असुरों के इतिहास की प्राप्त है। इस सम्बन्ध में असुरी तिथिक्रम की ओर संकित कर देना अनिवार्य हो जाता है। प्राचीन काल की किसी सक्रिय जाति ने अपनी विरासत के रूप में उत्तरकालीन जनता के लिए इतने अभिलेख और ऐतिहासिक घटनाओं के वृत्तान्त नहीं छोड़े। अति प्राचीन इतिहास के परिणामस्वरूप तब की पुरातात्त्विक सामग्री और अभिलेख तो हैं ही, 10वीं और 7वीं शताब्दी ई.पू. के मध्यकाल के प्रायः प्रत्येक राजा और कर्मचारी की घटनाओं के सम्बन्ध में अभिलेख सुरक्षित हैं। 10वीं ई.पू. से 640 ई.पू. के मध्य तक की प्रायः प्रत्येक महत्त्वपूर्ण घटना की सही तिथि आज इन्हीं अभिलेखों के आधार पर दी जा सकती है। 7वीं शताब्दी ई.पू. के बीच हुए एक ग्रहण की तिथि से विद्वानों ने पिछली सदियों की भी प्रधान घटनाओं की सही तिथियाँ निर्धारित कर ली हैं जिनकी पुष्टि अन्य स्वतन्त्र प्रमाणों से भी हो जाती है। इनमें से प्रधान टलेमी द्वारा प्रस्तुत ग्रीक में ज्योतिष सम्बन्धी असुरी राजाओं की सूची है। बाइबिल की पुरानी पोथी के प्रमाण, उसके नबियों के असुरी सम्राटों की रक्तिम विजयों के विपरीत निर्भीक उद्गार उसी दिशा में ऐतिहासिक तथ्य को पुष्ट करते हैं। इसी प्रकार बाबुली और मिस्री सम्राटों के समसामयिक तिथिक्रमों से भी मिलान कर असूरी तिथिक्रम (लिम्मू) की सत्यता परखी जा चुकी है। 15वीं शताब्दी ई.पू. की घटनाएँ

तो तिथिक्रम की दृष्टि से दस वर्ष आगे-पीछे की सीमा में बाँधी जा चुकी हैं। खोर्साबाद (दुरशर्रुकिन) के खँडहरों से राजाओं की जो तालिका, उनके शासनवर्षांक के साथ उपलब्ध हुई है वह द्वितीय सहस्राब्दी के आरम्भ तक सही तिथियों की शृंखला प्रस्तुत कर देती है। फिर भी प्राचीनकाल तिथिक्रम निकटतम मात्रा में ही सही हो सकता है और नीचे का असुर-इतिहास उसी सम्भावित सीमा के साथ दिया जा रहा है।

इतिहास का विभाजन प्रधानतः दो कालमार्गों—साम्राज्यपूर्व और साम्राज्यकाल—में किया जा सकता है। साम्राज्यकाल का प्रारम्भ अति प्राचीन काल में ही हो गया था। स्वयं साम्राज्यकाल के तीन युग किए गए हैं—प्राचीन, मध्य और उत्तर युग। पिछली खुदाइयों से विद्वानों ने अनुमान किया है कि 4750 ई.पू. के लगभग असुरिया में गाँव बस चले थे। शीघ्र बाद ही, पहले चाहे पीछे भांडों का आयात हुआ, फिर दक्षिण अर्थात् बाबुली दिशा से असुर ग्रामों ने धातु का उपयोग भी सीखा। बाबुली सभ्यता तब से असुर विचारों पर हावी हुई और उसका असुरिया में प्राधान्य अन्त तक बना रहा। 2300 ई.पू. के आसपास राजनीतिक दृष्टि से भी असूरिया बाबुल-अक्काद का प्रान्त बन गया। लिम्मू-अभिलेखों का प्रकाश असूरी तिथिक्रम को प्रायः 18वीं शताब्दी ई.पू. मिलता है। वैसे खोर्साबाद की राजसूची के 32 नामों में पिछले 17 ऐतिहासिक हैं। उनसे पहले के 15 राजाओं के नाम अद्‌भुत और पुराणपरक होने से उनको ऐतिहासिक व्यक्ति मानने में पुराविदों ने आपत्ति की है, यद्यपि मानवशृंखला चूँकि सदा जीवित रही है, उन्हें भी कामचलाऊ मानकर स्वीकार किया जा सकता है। उन पन्द्रहों में दूसरे का नाम 'आदम' है जो इब्रानी मनु और इंसान के पूर्वज 'आदम' की याद दिलाता है।

साम्राज्य के प्राचीन युग का आरम्भ 2000 ई.पू. के लगभग हुआ। पुजुर-असुर प्रथम, जिसने 1950 ई.पू. के आसपास राज्य किया, सम्भवतः असुरी साम्राज्य का पहला निर्माता और उन्नायक था। अगली दो सदियाँ असूरिया की समृद्धि और राजनीतिक ऐश्वर्य की थीं। तब देश के बाहर अन्य राज्यों (खत्तियों के) में अनेक असूरी आढ़तें और व्यापारिक केन्द्र स्थापित हुए। असुरराज इलुशुम्मा (ल. 1900 ई.पू.) ने केवल पचास वर्ष बाद बाबुल को जीतकर असूरिया का करद प्रान्त बना लिया और उसके उत्तराधिकारियों ने लघु एशिया से घना व्यापार किया, जैसा वहाँ के हजारों अभिलेखों से प्रकट है। इन्हीं दो सदियों के बीच एक पाश्चात्य सामी घुमक्कड़ जाति दक्षिण-पश्चिमी एशिया को जीतकर वहाँ बस गई। वह अनुरू (पाश्चात्य) जाति प्राचीन बब्रानी भाषा बोलती थी। उसी जाति के शम्शी-अदाद (प्रथम) नामक राजा ने असूरिया पर अधिकार कर उसके प्रभुत्व की सीमाएँ एक ओर भूमध्य सागर और पश्चिम-दक्षिणी ईरान में एलाम तक पहुँचा दी। उसका यह दावा इस भूखंड के विविध स्थानों से प्राप्त प्रमाणों से सिद्ध है। आधुनिक सीरिया और इराक की मिली सीमा के उत्तर में मारी का प्रान्त था जिस पर शम्शी-अदाद प्रथम और उसके पुत्र इश्मे-दागान के समय उनके पुत्रों ने प्रान्तीय शासक के रूप में राज किया, जैसा वहाँ मिले सैकड़ों पत्रों से प्रमाणित है। इश्मे-दागान की मृत्यु के बाद देश में घोर अराजकता फैली और मारी, बाबुल आदि प्रान्त स्वतन्त्र हो गए। बाबुल तो इतना प्रबल हो गया कि उसके महत्त्वाकांक्षी इतिहास प्रसिद्ध सम्राट हम्मूराबी ने तभी अपना प्रबल साम्राज्य स्थापित किया और असूरिया को उसका सूबा बना लिया। यह घटना 1700 ई.पू. के लगभग की है, यद्यपि कुछ पुराविद् हम्मूराबी का

शासनकाल प्रायः दो सदियों पहले मानते हैं। अगली दो सदियाँ (1700-1500 ई.पू.) फिर असुरी राजनीति के लिए घातक सिद्ध हुईं क्योंकि तभी असूरिया अनेक वीर और बर्बर जातियों की युद्धभूमि बन गया। खत्तियों ने पश्चिम से, हर्रियों ने पूर्व से और मितन्नियों ने उत्तर से उस पर आक्रमण किए और इन्हीं का समय-समय पर देश में प्राधान्य बना रहा। मितन्नी सम्भवतः भारतीय आर्य थे जो इन्द्र, वरुण आदि ऋग्वैदिक देवताओं को पूजते थे और जिन्होंने खत्तियों के साथ अपनी खोगाज कोई की सन्धिपट्टिका पर इन्हीं भारतीय आर्य देवताओं का साक्ष्य घोषित किया था (ल. 1450 ई.पू.)।

प्रायः 1500 ई.पू. से 900 ई.पू. तक असुरी साम्राज्य का मध्ययुग था। इस युग में अभिलेख फिर मिलने लगते हैं। इस युग का आरम्भ यिता असुर-निरारी प्रथम था। अगली सदी के बाबुल के नए कस्सी राजा असूरिया के साथ अधिपति का व्यवहार करते हैं और उनकी राजधानी निनेवे मितन्नी आर्यों के अधिकार में चली जाती है जिन्हें थुतमोस तृतीय और खत्ती परास्त कर वहाँ से निकालते हैं। 14वीं सदी ई.पू. के मध्य के लगभग असुर-उबल्लित प्रथम देश को नवजीवन और शक्ति देता है। वह बाबुल को भी पराभूत कर लेता है और उसके फराओ अखनाटन के साथ लिये पत्र-व्यवहार (अमरना के पत्रों में सुरक्षित) तो प्राचीन अन्तर्राष्ट्रीय सम्बन्ध के प्रतीक बन गए हैं।

अदाद-निरारी प्रथम (ल. 1298-1265 ई.पू.), शरलमानेजेर प्रथम (ल. 1265-1236 ई.पू.) और तुकुल्ती-निरुर्ता प्रथम (ल. 1235-1199 ई.पू.) ने असूरी भूमि धीरे-धीरे खत्तियों और फराऊनों से छीन ली और इनमें से अन्तिम ने तो अपने साम्राज्य की सीमा उत्तर में अर्मीनिया के पर्वतों से दक्षिण में फारस की खाड़ी तक फैला दी। परन्तु उसके पुत्र के शासनकाल में बाबुल ने फिर शक्ति संचित कर असूरिया को पराभूत कर दिया। अन्त में असुर-देश-इशी ने फिर बाबुल की विजय कर देश के पराभव का बदला लिया और उसके पुत्र तिगलथ-पिलेसर प्रथम (ल. 1116-1078 ई.पू.) के समय तो मध्यकालीन असुरी साम्राज्य ने अपने ऐश्वर्य की चोटी छू ली। उसने एक ओर तो आर्मीनिया से फ्रीगियाइयों को निकाल फिनीशिया और सीरिया विजय की और दूसरी ओर बाबुल पर अधिकार कर लिया। तिगलथ पिलेसर के राजप्रासाद से असुरी विधिव्यवस्था (कानून) प्राप्त हुई है जिससे तत्कालीन क्रूर दंडविधान पर प्रभूत प्रकाश पड़ता है। उस यशस्वी विजेता के पश्चात् असुरी राजाओं के भाग्याकाश पर फिर मेघ घिर आए और आरामियों ने धीरे-धीरे असूरों को निस्तेज कर दिया। अगली सदी असूरिया की शक्तिहीनता और दरिद्रता की साक्षी थी।

10वीं सदी ई.पू. के आरम्भ से ही असुरी साम्राज्य का उत्कर्ष फिर से शुरू हो गया था। पिता पुत्र असुर-दान द्वितीय और अदाद-निरारी द्वितीय ने आरामियों की शक्ति तोड़ दी। तुकुल्ती निनुर्ता द्वितीय का बेटा असुर-नसीरपाल द्वितीय (883-859 ई.पू.) इस काल का सबसे महान् असुरसम्राट था। उसने अपनी विजयों द्वारा असूरिया की काया पलट दी। उसके अभिलेखों में उसके क्रूर आक्रमणों की कथा लिखी है। असुर चढ़ाइयों की बर्बरता के जो उल्लेख अभिलेखों और साहित्य में मिलते हैं उन्हें इसी ने चरितार्थ किया। समूचे प्रान्त की जनता को वह उखाड़कर अन्यत्र बसाता या बर्बाद कर देता, नगर जीतकर बच्चों, बूढ़ों तक को तलवार के घाट उतार देता और घर जला देता। पर उसने अपने साम्राज्य की सीमाएँ

निश्चय भूमध्यसागर तक फैला दीं। उसके बेटे शालमानेसेर तृतीय (858-824 ई.पू.) ने पिता का साम्राज्य बरकरार रखा, यद्यपि उसे सम्मिलित शत्रुओं के प्रबल संघ से लोहा लेना पड़ा। उस संघ में आरागी, फिनीकी, इजरायली, अरब सभी शामिल थे। लड़ाई जमकर हुई और शालमानेसेर जीता भी पर हानि उसे बड़ी उठानी पड़ी। शत्रुओं में भी फूट पड़ गई और संघ के नेता सीरिया के राजा हदाद एसेर (बेन हदाद द्वितीय) के मर जाने पर तो उसके बेटे हजाएल को अपनी राजधानी दमिश्क भी छोड़नी पड़ी, यद्यपि असुरराज भी उसे ले न सका। पर शालमानेसेर ने अन्यत्र अपनी शक्ति का प्रदर्शन किया और बाबुल पर अधिकार कर लिया। उसके अन्तिम दिनों में उसकी एक पुत्र ने भी उससे विद्रोह कर दिया। पर शीघ्र उसका मनोनीत उत्तराधिकारी पुत्र शम्शीअद पंचम असुरी गद्‌दी पर बैठा, यद्यपि उसके शासन से अनेक प्रान्त निकल गए। उसके मृत्यु के पश्चात् उसकी यशस्विनी रानी सम्मुरामाई अपने बालक पुत्र अदाद-निरारी तृतीय (810-783 ई.पू.) की अभिभाविका बनी और उसकी ख्याति से पीछे का इतिहास भर गया। ग्रीक अनुश्रुतियों में उसका नाम सेमिरमित है। ख्यातों में लिखा है कि उसने पंजाब तक पर आक्रमण किया। स्वयं अदाद ने अपनी मान्यता का परिचय अपनी विजयों से दिया और कैस्पियन सागर तक के प्रदेश जीत लिये। पर, उसके उत्तराधिकारियों के शासनकाल में असूरिया की शक्ति फिर क्षीण हो चली और उरार्तू (आर्मीनिया), सीरिया, फिलिस्तीन के स्वतंत्र राज्य प्रबल हो गए। इधर घर में भी विद्रोह होने लगे।

इस प्रकार के एक विद्रोह ने तिगलथ-पिलेमर तृतीय को 746 ई.पू. में ऊपर फेंका। सम्भवतः वह स्वच्छन्द सामरिक था, असुरी राजकुल काल था। फिर असाधारण शक्ति अर्जित कर उसने असूरिया को उत्तर-साम्राज्य युग में उत्कर्ष की चरम चोटी पर चढ़ा दिया। वह सेना लिये दक्षिण पहुँचा और बाबुल तथा उसके दक्षिणावर्ती प्रान्तों को जीत वहाँ की मांडलिक सत्ता की प्राचीन परम्परा तोड़ अपने को बाबुल का राजा भी घोषित किया। फिर वह विद्युद्‌गति से उत्तर-पूर्व जा पहुँचा और उसने मीदियों की शक्ति तोड़ दी। फिर उरार्तू के फरात के तीर सफल लोहा लेता वह सीरियाइयों को धूल चटाता इजरायल में गाजा जा पहुँचा और उस राज्य का अधिकांश अपने साम्राज्य में मिला उसने पीछे दमिश्क पर भी अधिकार कर लिया। उसके पुत्र के दुर्बल शासन के बाद सारगोन द्वितीय (शर्रुकिन) ने फिर ताकत की सरगरमी दिखाई। उसने इजरायल को उखाड़कर सीरिया को रौंद डाला और हमाथ तथा कारखेमिश की भी वही गति की। उरार्तू की शक्ति ने उसे फिर खींचा और उसने उत्तर की ओर अभियान कर उस देश के ऋद्ध प्रान्तों को उजाड़ डाला। मृत्यु से पहले उसने असूरिया की राजधानी कला से हटाकर अपने नाम की नगरी दुरशर्रुकिन में स्थापित की। उसके पुत्र सेनाखेरिब (704-681 ई.पू.) को लगातार विद्रोहों का सामना करना पड़ा। बाबुल में, फिनीकिया में, फिलिस्तीन में, सर्वत्र विद्रोह हुए और सेनाखेरिब उन्हें कुचलता फिरा। जुदा के राजा हेजेकिया का आत्मसमर्पण कराता, उसके देश को रौंदता वह मिस्री सीमा तक जा पहुँचा। इसी बीच एलाम और बाबुल की सम्मिलित विद्रोही सेनाओं से दजला के पूर्व खलूले में जो उसकी मुठभेड़ हुई वह उसमें हार गया। इसका परिणाम यह हुआ कि पश्चिम ने भी सिर उठाया और फिलिस्तीन में फिर विद्रोह भड़क उठा। पर सेनाखेरिब पहले बाबुल की ओर बढ़ा और 689 ई.पू. में उसने उसे नष्ट कर

दिया। फिर वह पश्चिम की ओर मिरोहियों को दंड देने चला, पर उधर महामारी का प्रकोप हो जाने से उसे लौटना पड़ा। शीघ्र उसके दो बेटों ने उसकी हत्या कर दी। अपने हत्यारे भाइयों को उत्तर की ओर भगाकर एजारहद्दन (680-669 ई.पू.) पिता की गद्दी पर बैठा। उसका शासन अल्पकालिक रहा पर उसी बीच उसने पिता का साम्राज्य मजबूत पायों पर रखा। बाबुल का फिर से निर्णय कर उसने उसे अपनी दूसरी राजधानी बनाया। फिर वह अरब और मीदिया को सर करता मिस्र जा पहुँचा और मेम्फिस उसने जीत लिया। उत्तर-पश्चिम से किमारी और कोहकाफ (काकेशस्) लाँघ शक उत्तरी असूरिया पर टूटने लगे थे, उनको उसने अपनी सीमाओं में बँधे रहने को बाध्य किया।

सेनाखेरिब के पुत्र असुर बेनिपाल (अस्शुर-बन-अप्ल, 668-633 ई.पू.) ने असूरिया के इतिहास को एक नया सांस्कृतिक रुख दिया। वह पिछले असूरी साम्राज्यकाल का सबसे महान् सम्राट था। उसने अपनी विजयों के बीच-बीच बड़े-बड़े सांस्कृतिक अभियान किए—लेखकों को बाबुल आदि प्राचीन नगरों को भेजा जहाँ से उन्होंने कीलनुमा अक्षरों में सुमेरी-अक्कादी साहित्य के अमोल रत्न खोज निकाले और उनकी नकलें अपने सम्राट के पास भेजीं। लाखों ईंटों पर लिखे हजारों ग्रन्थ असुर बेनिपाल के निनेवे के संग्रहालय से मिले हैं जिनसे उस काल के इतिहास, साहित्य और जीवन पर प्रभूत प्रकाश पड़ा है। उस सम्राट के शासनकाल में असुरियों ने कला के क्षेत्र में असाधारण उन्नति की। उसके भवनों के निर्माता असुर वास्तुकारों की सर्वत्र विदेशों में माँग होने लगी। सारगोन, सेनाखेरिब और असुर बेनिपाल के शासनकाल कला के उत्कर्ष के थे। असुर बेनिपाल तो संसार का पहला पुराविद् और संग्रहकर्ता था।

राजनीति सक्रियता में भी असुर बेनिपाल ने बड़ी ख्याति अर्जित की। अपने पराक्रम से उसने मिस्र जीत लिया। उसके पिता ने अपने साम्राज्य दोनों बेटों में बाँटकर बाबुल छोटे शमाश-शम-उदिन को दे दिया था। उसने अब असुर बेनिपाल से विद्रोह किया और जो युद्ध परिणामतः हुआ उसे 648 ई.पू. में जीत असुर बेनिपाल ने बाबुलियों का भयानक संहार कर यह प्रदर्शित कर दिया कि उस दिशा में उसकी रुचि अन्य असुर राजाओं से भिन्न नहीं है। पर इसी बीच अन्य प्रान्तों ने भी विद्रोह किया—मिस्र, अरब और एलाम ने। असुर बेनिपाल ने एलामियों को परास्त कर एलाम का राज्य ही मिटा दिया। उस प्राचीन राज्य के नष्ट हो जाने से फारस में प्रतिष्ठित ईरानी आर्यों की शक्ति बढ़ी और उनका राज्य वहाँ स्थापित हुआ जो कालान्तर में दाराओं का प्रसिद्ध साम्राज्य बना। उनके राजा कुरुष प्रथम ने असुरी आधिपत्य स्वीकार कर एलाम पर अपना स्वत्व स्थापित किया। अन्त में संघर्ष से टूटकर अरबों ने भी आत्मसमर्पण कर दिया। धीरे-धीरे प्रायः सभी विद्रोहियों ने लीदिया और उरार्तू तक अधिपति असुर बेनिपाल की सत्ता स्वीकार कर ली और यह सम्राट सुख और शान्तिपूर्वक ल. 633 ई. के मरा।

उसके बाद की असूरिया की कहानी क्रमशः छीजती शक्ति और बढ़ती दरिद्रता की है। बाबुल के शासक नबोपोलास्सर ने मीदी क्षयार्षा के साथ संघ बना असूरिया पर आक्रमण किया। 614 ई.पू. में मीदियों ने प्राचीन राजधानी अश्शुर को नष्ट कर मिटा दिया और दो साल बाद निनेवे की भी वही गति हुई जब उसकी लपटों से भरे राजप्रासादों में असुरराज

सिन-शार-इश्कुन जलकर भस्म हो गया। तब असुर-उबाल्लित द्वितीय राजा हुआ जिसने पश्चिमी मेसोपोटामिया में हार्रान अपनी राजधानी स्थापित की, पर उसे भी 608 और 606 ई.पू. के बीच मीदी आर्यों ने नष्ट कर डाला। उधर मिस्री फराऊन ने फिलिस्तीन और सीरिया पर अधिकार कर लिया और इस प्रकार असूरिया के प्रान्त तथा करद राज्य उससे स्वतंत्र होते या शत्रु मित्रों के अधिकार में चले गए और उस रक्तरंजित क्रूर साम्राज्य का इतिहास से लोप हो गया।

असूरी सभ्यता–असूरिया प्राचीन सभ्यताओं का स्पार्ता था। उसकी समूची राजनीतिक व्यवस्था सैन्य संगठन पर आधारित थी। उसके सम्राटों की एकमात्र महत्त्वाकांक्षा विजेता होने की थी, इसी से उन्होंने अपनी राजनीति को बल और सेना के पायों पर खड़ी किया। पठारों की असुरी जनता को उन्होंने सैनिक दृष्टि से संगठित किया। पहली बार विशेष महत्त्व से घुड़सवारों का उपयोग असुर राजाओं ने यंत्रों के साथ अपने युद्धों में किया, रथसेना कम-से-कम अश्वसेना अधिक-से-अधिक। इसी से उनकी शत्रुता भी अपमानजनक? थी; विरोध या विद्रोह करके उनके सामने जीवित रह जाना असम्भव था। उनकी सामरिक नृशंसता इतनी कुख्यात हो गई थी कि उसने दूर-दूर के साहित्यों पर अपनी स्मृतिछाप छोड़ी है। दूरस्थ भारतीय साहित्य में भी उनके इस रक्तरंजित इतिहास की स्मृति बनी है। सही मूल रूप में संस्कृत में असवः प्रणतः के अर्थ में प्राणवान असुर की व्युत्पत्ति होती है परन्तु उनके पराक्रम से आरम्भ होकर जो उनके नाम की व्याख्या दैत्य (न सुराः इति असुराः) के अर्थ में होने लगी वह उनकी प्रचंड क्रूरता का ही परिणाम था। भारतीय युद्ध परम्परा से 'धर्मविजयीनृप' वह था जो विजित पर केवल मानसिक आधिपत्य स्थापित करता था–कालिदास के रघुवंश के चौथे सर्ग में उसकी व्याख्या है, श्रियं जहार न तु मेदिनीम्--श्रीवर विजित की हर लेता था पर सम्पत्ति, राज्य, सिंहासन लौटा देता था। उसके विपरीत 'असुरविजयीनृप' वह था जो असुरसम्राटों की भाँति विजित के राज्य को उखाड़ फेंकता था (उत्खाय तरसा)। असुर सम्राटों का विजित जनता को तलवार के घाट उतार देना, नगरों को जला डालना, प्रजा का एक प्रान्त से उखाड़कर दूसरे प्रान्त में बसा देना प्रकृत बात थी।

असुरों का सुमेरी बाबुलियों से पाए साहित्य के अतिरिक्त अपना निजी साहित्य न था। पर वे साहित्य को सीखकर उसकी रक्षा खूब करते थे। उन्होंने बाबुलियों से सुमेरियों की प्राचीन कीलनुमा लिपि सीखी और उसमें अपने हजारों व्यावसायिक और राजनीतिक अभिलेख तथा पत्र लिखे और प्राचीन साहित्य की प्रतिलिपियाँ प्रस्तुत कीं। असुर बेनिपाल के निनेवे के संग्रहालय का उल्लेख ऊपर किया जा चुका है। असुरों का साहित्य चार प्रकार का हैं–1. व्यावसायिक अभिलेख और पत्र, 2. प्राचीन ग्रन्थों की नकलें, 3. राजाओं के सैनिक अभियानों और विजयों के विस्तृत वृत्तान्त और 4. लिम्मू, राजकर्मचारियों द्वारा लिखे वार्षिक विवरण। इन्हीं असुरसम्राटों की संरक्षा से गिल्गमेश आदि प्राचीन सुमेरी-बाबुली वीरकाव्यों की रक्षा हो सकी है।

असुर सामी जाति के थे परन्तु अनेक जातियों के सन्धिस्थल पर बसने के कारण उनमें सम्मिश्रण भी प्रचुर मात्रा में हुआ था। उनके अधिकतर देवता भी बाबुलियों के देव वर्ग से लिये हुए थे, अपना प्रधान और राष्ट्रीय देवता फिर भी उनका था, असुर, जिसे प्राचीन ईरानी

आर्यों ने अहुरमजद के रूप में पूजा और ऋग्वैदिक आर्यों ने अपने वरुण, इन्द्र, अग्नि आदि देवताओं का शक्तिवाचक विशेषण बनाया। असुर ही जाति का नाम था, वही उनके प्रधान नगर और राजधानी का नाम था, उनके राजाओं का नामांश भी। उनके अन्य देवता अधिकतर बाबुलियों के लिए हुए निम्नलिखित थे : इया, बेल या बाल, नेस्त्रोख, नेबू, शमाश, सिन, नेर्गल, इश्तर।

परन्तु असुरों की एक प्रतिभा अनुपम थी, उनका कलाप्रेम। उनके राजप्रासाद प्राचीन जगत में अप्रतिम थे। उनके सिंहों और साँड़ों की सर्वतोभद्रिका (चारों ओर से कोरी) मूर्तियाँ अचरज के अभिप्राय थीं जो पहले दाराओं, पीछे अशोक के स्तम्भों के आदर्श बनीं। पत्थर में उभारकर असुर कलावन्ती द्वारा लिखे चित्र आज भी कलापारखियों को विस्मय में डाल देते हैं। असुर बेनिपाल के प्रासाद का बाणबिद्ध सिंहनी का आखेट-चित्र सजीवता में बेजोड़ है। असुर शिल्पियों की सुरुचि और कला का तब ऐसा सिक्का चला कि दूर-दूर के देशों में उनकी माँग होनें लगी और विदेशी साहित्यों और अनुश्रुतियों में उनका उल्लेख हुआ। भारतीय परम्परा में भी मय-असुर के शिल्प का बार-बार उल्लेख हुआ है। महाभारत के युधिष्ठिर के स्थल में जल और जल में स्थल का आभास उत्पन्न करनेवाले राजप्रासाद के निर्माण का श्रेय भी उसी को दिया गया हैं। निनेवे, कला, असुर आदि की खुदाइयों में जो कला सम्बन्धी अनन्त सामग्री मिली है उससे संसार के संग्रहालय भरे हैं। कुछ अजब नहीं जो असुरों की राजधानी कला से ही संस्कृत 'कला' शब्द की उत्पत्ति हुई हो। इस शब्द का संस्कृत में प्रयोग बहुत प्राचीन नहीं है, पाँचवीं-छठी सदी ई.पू. से पहले तो कतई नहीं। वस्तुतः पहली बार शिल्पार्थ में कला का उपयोग वात्स्यायन ने 'कामसूत्रों' में तीसरी सदी आरवी में किया है। किला शब्द की उत्पत्ति भी कला से ही हुई है, जो उस नगर से दुर्गनुमा परकोटों का परिचायक है।

मूर्तियों और उत्खननों से प्रकट होता है कि असुर ऊँचे, प्राणवान् और शिराव्यंजित शरीरवाले होते थे। वे सिर के बाल लम्बे और लम्बी दाढ़ी रखते थे। तहमद और चोगा वे शरीर पर धारण करते थे। उनका फलित ज्योतिष में अटल विश्वास था और उनके सम्राट प्रत्येक सैनिक अभियान के पहले शकुन बिचरवा लिया करते थे।

(विशद ज्ञान के लिए देखे : एच.आर. हॉल : *दि एंशेंट हिस्टरी ऑव दि नियर ईस्ट;* आर.डब्ल्यू. रोजर्स : *ए हिस्टरी ऑव बेबीलोनिया ऐंड असीरिया,* न्यूयॉर्क, 1915; ए.टी. ओल्म्स्टेड : *हिस्टरी ऑफ असीरिया,* न्यूयॉर्क, 1923; एस. स्मिथ : *अर्ली हिस्टरी ऑफ असीरिया,* लन्दन, 1928; भ.श. उपाध्याय : *दि एंशेट वर्ल्ड,* हैदराबाद, 1954।)

असुर बिहार राज्य में छोटानागपुर क्षेत्र के निवासी कबीलों में से एक का नाम। असुर इनमें सम्भवतः सबसे अधिक पिछड़े हुए हैं। यद्यपि इनके पड़ोसी अन्य कबीलों के प्रामाणिक और तात्त्विक क्षेत्र-अध्ययन उपलब्ध हैं, तथापि असुर कबीले का विस्तृत अध्ययन अब तक नहीं हुआ है। इस कमी का एक कारण असुरों के भौगोलिक विवरण की अनिश्चितता है। एल्विन के मत में पश्चिम में मध्य भारत के होशंगाबाद और भंडार जिले से पूर्व में बिहार के राँची और पलामू जिले तक छिट-पुट पाए जानेवाले लोहा पिघलानेवाले सभी कबीलों को 'अगरिया' परिवार में रखना उचित है। इस वर्गीकरण के अनुसार बिहार के असुर भी इसी

श्रेणी के हैं। पर लोहा पिघलानेवाले सब कबीलों का ऐसा एकीकरण उन कबीलों की सांस्कृतिक विषमताओं को दृष्टिगत करते हुए सही नहीं प्रतीत होता। छोटानागपुर क्षेत्र में, विशेष रूप से राँची और पलामू जिलों की क्रमशः उत्तर-पश्चिमी और दक्षिण-पश्चिमी सीमा के पठारी प्रदेश में असुरों की संख्या सबसे अधिक है। कृष्ण वर्ण, मझोले कद, सीधे या घुँघराले बाल और चिपटी नाकवाले असुर अपने पड़ोसी मुंडा, चिरहोर तथा उराँव कबीलों की भाँति ही 'पतआस्ट्रेलीय' प्रजातीय स्कन्ध के हैं। इनकी बोली भी मुंडारी भाषापरिवार की है। वर्तमान असुरों ने लोहा पिघलाने का धन्धा छोड़ दिया है, किन्तु आज भी वे कुशल लोहार हैं। उसके नाम 'असुर' और निकट भूत में लोहा पिघलाने के धन्धे के आधार पर कुछ विद्वानों का मत है कि वर्तमान असुर कबीले के पूर्वज *ऋग्वेद* में वर्णित असुर रहे होंगे। इस मत को स्वीकार करना सम्भव नहीं। मुंडा लोककथाओं में भी मुंडाओं से पूर्व छोटानागपुर प्रदेश में लोहा पिघलानेवाली असुर जाति के आधिपत्य का उल्लेख है जिन्हें बाद में 'सिंगबोंगा' की शक्ति और तेज द्वारा परास्त कर दिया गया था। किन्तु इस क्षेत्र के अन्य कबीलों से असुरों की प्रजातीय, सांस्कृतिक और भाषागत समानता को ध्यान में रखते हुए यह मत निर्विवाद प्रतीत नहीं होता।

वर्तमान असुरी कबीले का मुख्य धन्धा कृषि है और इनकी मुख्य फसलें धान, मकई और जौ हैं। लोहारी के अतिरिक्त पशुपालन, आखेट, मधुसंचय आदि इनके मुख्य सहायक धन्धे हैं। विनिमय अदली-बदली द्वारा होता है, यद्यपि हाल में निकटवर्ती नगरों के महाजनों ने इन्हें मुद्रा व्यवस्था से भी परिचित करा दिया है। असुर सामाजिक संरचना में नातेदारी के सम्बन्ध (किनशिप रिलेशंस) अब भी महत्त्वपूर्ण हैं। दादा-दादी, नाना-नानी और नाती-नातिन को आपस में हँसी-ठट्ठा करने की विशेष छूट है। कुछ हास-परिहास तो निश्चय ही हमारे आदर्शों के विचार से औचित्य और अश्लीलता की सीमा का अतिक्रमण करनेवाले हैं। विवाह के मुख्य रूप क्रय-विक्रय, सेवा-विवाह और धरने का विवाह है। प्रथम प्रकार का विवाह 'लाठी टेकना' कहलाता है जिसमे वरपक्ष द्वारा वधू के मूल्य का भुगतान अनिवार्य होता है। यदि वर पक्ष वधू का मूल्य देने में असमर्थ हो तो विवाहोपरान्त वर को घरजमाई के रूप में अनिश्चित अवधि तक अपने ससुर के घर काम करना पड़ता है। यह सेवा-विवाह का ही एक रूप है। तीसरे प्रकार का विवाह वह है जिसमें अपने ससुर परिवार के विरोध की परवाह न करते हुए कन्या भावी पति के घर धरना दे देती है और कालान्तर में सास-ससुर को सेवा द्वारा प्रसन्न कर वैध पत्नी का पद ग्रहण करती है। सम्पूर्ण असुर कबीला बहुत से बहिर्विवाही कुलों (एक्जोगैमस क्लैंस) में बँटा है। इनमें ऐंठ, बेग, बुड़वा, ऐंदुवार, किरकिटा और खुसार विशेष उल्लेखनीय हैं। प्रत्येक कुल 'टोटमी' है और कुल के सदस्यों के लिए 'टोटमी' पशु अथवा पक्षी का मांस खाना वर्जित है। असुर टोटमी कुलों के नाम मुंडा और उराँव कुलनामों के समान हैं। अन्य कबीलों की भाँति असुरों में भी कुलों का नामकरण परिवेश के पशु-पक्षियों के आधार पर किया गया है। अविवाहित असुर नवयुवक और नवयुवतियों के परम्परागत शिक्षण आमोद-प्रमोद और सहयोग के हेतु प्रत्येक गाँव में युवक और युवतियों के लिए पृथक् 'गितिओंडा' या युवाग्रह होते हैं। कबीले में नृत्य, गीत और सामूहिक आखेट का आयोजन युवागृह के तत्त्वावधान में होता है। असुरों के सर्वोच्च देवता सिंगबोंगा या सूर्य देवता हैं।

बलि द्वारा उग्र देवताओं का शमन, झाड़-फूँक द्वारा रोगों की चिकित्सा तथा महामारी आदि संकट से कबीले की रक्षा का कार्य गाँव के अनुभवी 'देउरी' के हाथ में होता है। हाल में अधिकांश असुर गाँवों के छोटे बालकों की प्राथमिक शिक्षा के लिए शासन द्वारा संचालित स्कूल खोले गए हैं। बाजारों तथा नागरिक व्यापारियों ने भी असुरों को सम्पर्क का क्षेत्र विस्तृत कर दिया है। भारतीय कबीलाई जनसंख्या द्वारा पर-संस्कृति-ग्रहण की प्रक्रिया के प्रसंग में असुरों की यह प्रगति निश्चय ही रोचक है।

असुरनसीरपाल : (884-859 ई.पू.) यह असुर नृपति प्राचीनकाल के प्रधानतम दिग्विजयी सम्राटों में से था। अपने पिता तुकुल्ती-निनुता द्वितीय के निधन के पश्चात् वह असुरों की गद्दी पर बैठा और उसके प्रताप से असुर राज्य तत्कालीन सभ्य संसार का हर क्षेत्र में विधायक बन गया। प्राचीन भारतीय साहित्य में जो क्रूरकर्मा असुरों की रक्तिम विजयों का निर्देश मिलता है उनका उद्गम इसी असुरनसीरपाल के प्रयत्न हैं। यह न केवल राज्यों और देशों को जीतता था, अमानुषिक रक्तपात से नगरों को नष्ट और सूना कर देता था, जीवित शत्रुओं की खाल खिंचवा लिया करता था बल्कि उसने अपनी दिग्विजयों में क्रूरता की एक नई रीति ही चला दी। वह देश या नगर को जीत उसकी समूची प्रजा को अपने पूर्व स्थान से उखाड़कर अपने साम्राज्य के दूसरे प्रदेशों में बसा देता था जिससे फिर वह विद्रोह न करे या उसके भीतर स्वदेश की रक्षा के लिए कई भावना ही जीवित न रह जाए। अक्सर तो वह अपने विजित शत्रुओं के हाथ और कान कटवाकर उनकी आँखें निकलबा लेता, फिर उन्हें एक पर एक डाल अम्बार खड़ा कर देता और भूखों मरने के लिए छोड़ देता। बच्चे जिन्दा जला डाले जाते और राजाओं को असीरिया ले जाकर उनकी खाल खिंचवा ली जाती। असुरनसीरपाल की चलाई इस क्रूर प्रथा की परम्परावाद के असुर राजाओं ने भी कायम रखी, यद्यपि धीरे-धीरे उसका ह्रास होता गया।

असुरनसीरपाल दिग्विजय के लिए पहले पूर्व और उत्तर की ओर बढ़ा और दक्षिण अरमेनिया को सिलीशिया तक उसने रौंद डाला। अनेक राज्यों को जीतता वह प्रबल खत्तियों की राजधानी कारखेमिश पहुँचा और उसे जीत, फरात लाँघ, उत्तरी सीरिया की ओर चला। फिर लेबनान और फिनाकी नगरों का आत्मसमर्पण स्वीकार करता जब वह समुद्रतट से लौटता दमिश्क के सामने जा खड़ा हुआ तब उसकी गति की तीव्रता से सीरिया के राजा को काठ मार गया। उसको विनीत करता असुरसम्राट जब राजधानी लौटा तब मर्दित मानवता बिलबिला रही थी और राह के विध्वस्त राज्य, नष्ट नगर, उजड़े और जले गाँव, असुर सेनाओं की गति की कथा कह रहे थे।

असुरनसीरपाल मात्र दिग्विजयी न था, अपूर्व सैन्य संचालक और उसका संगठयिता भी था। रथों को कसकर घुड़सवारों की संख्या बढ़ा और पहली बार युद्ध में यन्त्रों का प्रयोग कर उसने असुरी सेना का नया संगठन किया। अपनी राजधानी उसने असुरों की प्राचीन राजधानी 'असुर' से हटाकर कल्खी में स्थापित की और वहीं उसने अनेक प्रासादों तथा मन्दिरों का निर्माण कराया। प्राचीन साहित्य में जो मय आदि वास्तुकारों का उल्लेख मिलता है। उनके शिल्प की प्रतिष्ठा विशेषतः असुरनसीरपाल के ही समय हुई थी। तत्कालीन सभ्यता के सारे देशों में तब असुर शिल्पियों और वास्तुकारों की माँग होने लगी। स्वयं असुर नसीरपाल की

दिग्विजयों के वृत्तान्त स्तम्भों और शिलाखंडों पर लिख लिये गए और इस प्रकार उसका नाम इतिहास में भय और क्रूरता का पर्याय हो गया।

असुर बेनिपाल : (669-623 ई.पू.) यह असुर (असुरियाई) जाति का प्रसिद्ध पुराविद् सम्राट था। असुरों ने अरमनी पहाड़ों के दक्षिण और दजला-फरात नदियों के उपरले दोआब से उठकर समूचे दोआब, नदियों के मुहाने तक बाबुल और प्राचीन सुमेर के नगरों पर अधिकार कर लिया था। असुर बेनिपाल के पूर्वज तिगलथ पिलेसर और असुरनसीरपाल की विजयों ने असुर साम्राज्य की सीमाएँ ईरान और भूमध्यसागर तथा नील नदी तक फैला दी थीं। असुर बेनिपाल उसी साम्राज्य का अधिकारी हुआ और एसारहद्दन की मृत्यु के बाद निनेवे की गद्दी पर बैठा। उसके पिता ने अपना साम्राज्य दोनों बेटों में बाँट दिया था। छोटे बेटे शमश्-शुम-उकिन को उसने बाबुल दिया था और बड़े बेटे असुर बेनिपाल को शेष साम्राज्य, यद्यपि बाबुल को उसने निनेवे का सामन्तराज्य घोषित किया।

असुर बेनिपाल ने प्रायः आधी सदी राज्य किया। उसका शासनकाल घटनाओं से भरा था। गद्दी पर बैठते ही पहले वह मिस्र के विद्रोही फराओ को दंड देने के लिए बढ़ा और उसे कारबानित में परास्त कर उसने उसकी राजधानी मेम्फिस पर अधिकार कर लिया। फिर उस देश के राजाओं को परास्त करता वह निनेवे लौटा पर उसके लौटते ही मिस्र के राजाओं ने फिर सिर उठाया और उसे थीब्स की ओर लौटना पड़ा। रास्ते में पड़ने वाले नगरों को जलाता और नष्ट करता वह थीब्स पहुँचा और फराओं की उस प्राचीन राजधानी को उसने मटियामेट कर दिया। लौटते समय रास्ते में उसने फिनीशिया जीता और सागर पार करके लीबिया से आए दूत-मंडल की भेंट स्वीकार की। असुर शक्ति उत्कर्ष की चोटी चूमने लगी।

असुर बेनिपाल की विजयों का ताँता फिर नहीं टूटा। दक्षिणी ईरान में अवस्थित एलाम ने कभी बाबुल पर आक्रमण किया था। असुर बेनिपाल ने उसका बदला लिया और उसकी चोट से एलामी राजा की सेनाएँ शूषा की ओर भागीं। असुर बेनिपाल ने उनका पीछा किया। तूलित के युद्ध में एलामी राजा ते-उम्मान को परास्त कर असुर बेनिपाल ने एलाम का राज्य अपने विश्वासपात्र को दिया। यह घटना अभिलेख द्वारा अमर कर दी गई। पश्चात् असुर बेनिपाल को भाई के षड्यंत्र से बाबुल, एलाम, फिलिस्तीन और फिनीशिया की सम्मिलित सेनाओं का सामना करना पड़ा। उसने बड़ी योग्यता से एक-एक प्रतिद्वन्द्वी का नाश किया और एलाम को इतिहास से मिटा दिया। फिर वह अरब, ईदोन और दमिश्क होता, राह में शत्रुओं को नष्ट करता, पत्नी के साथ निनेवे लौटा और 635 ई.पू. में उसने वहाँ अपनी दिग्विजयों का उत्सव मनाया। ईश्वर के मन्दिर तक उसने जो अपना रथ हाँका उसे उसके बन्दी राजाओं ने खींचा। इस शक्ति की कशमकश के बीच मिस्र निश्चय स्वतंत्र हो गया।

असुर बेनिपाल का नाम उसकी विजयों से भी अधिक असुरी संस्कृति के साथ संलग्न है। वह संसार का पहला पुराविद् था और पहला संग्रहकर्ता। उसके शासनकाल में असुर लेखकों ने सुमेर और बाबुल से सीखी कीलनुमा लिखावट में हजारों ग्रन्थ ईंटों पर लिख डाले। अभी हाल में खोद निकाले निनेवे के ग्रन्थागार में लाखों ईंटों पर लिखे हजारों ग्रन्थ असुर बेनिपाल ने संग्रह किए थे जिनमें से अनेक आज यूरोप और अमेरिका के संग्रहालयों में सुरक्षित

हैं। जलप्रलय के वृत्तान्त का संचालक, मानव जाति का पहला वीरकाव्य 'गिलगमश' निनेवे में संग्रहीत असुर बेनिपाल के इसी ग्रन्थगार की ईंटों पर खुदा मिला है।

असुरी भाषा सामी परिवार की प्राचीन अक्कादी की, बाबुली की ही भाँति, एक शाखा थी। अक्कादी का यह नाम उस अक्काद नगर से पड़ा जो ई.पू. 24वीं सदी में प्रसिद्ध सम्राट शर्रुकीन का राजधानी था। तभी अक्कादी को राजभाषा का पद मिला। कालान्तर में अक्कादी, प्रदेश और काल के अनुसार, असुरी और बाबुली नामक जनबोलियों में विकसित होकर बँट गई। असुरी दजला नदी (इराक) की उपरली घाटी में और बाबुली दजला-फरात के सागरवर्ती दोआब में बोली जाती थी। कालक्रम से अक्कादी के तीन युग माने जाते हैं—1. प्राचीन काल (ल. 2000 ई.पू.-ल. 1500 ई.पू.), 2. मध्यकाल (ल. 1500 ई.पू.-ल. 1000 ई.पू.) और 3. उत्तरकाल (ल. 1000 ई.पू.-ल. 500 ई.पू.)। स्वाभाविक ही यही कालक्रम असुरी और बाबुली जनबोलियों का भी अपनी विकास परम्परा में होगा। ई.पू. 500 के बाद भी असुरी और बाबुली बोली और लिखी जाती रहीं, पर साधारणतः तब उन ईराकी नदियों के काँठे में प्रायः सर्वत्र आरामी का प्रचार हो गया था।

अक्कादी अथवा बाबुली-असुरी भाषाओं की लिपि गैरसामी सुमेरी कीलाक्षरों से निकली है। दक्षिण मेसोपोटामिया में बसनेवाले इन सुमेरियों से तृतीय सहस्राब्दी ई.पू. में पहले बाबुलियों ने उनकी लिपि सीखी, फिर प्रायः हजार वर्ष बाद उत्तर के असुरियों अथवा असुरों ने। हजारों विचार संकेतों को ध्वनित करनेवाले 600 (लिपि) चिह्न सुमेरी में थे। इन चिह्नों में से कुछ केवल शब्दमूलक, कुछ इनके साथ-साथ पदांशमूल्यक भी थे। बाबुलियों ने आरम्भ में इस लिपि के केवल पदांश चिह्नों का उपयोग किया। बाबुलियों और असुरों ने कालान्तर में, जब सुमेरी भाषा का प्रयोग मन्दिरों में बन्द हो गया, सुमेरी चिह्नों और शब्दों की बृहत् सूचियाँ बना लीं। इनसे कई बोलियों को बड़ा बल मिला क्योंकि सुमेरी शब्दों के उनके लिपिचिह्नों के साथ बाबुली और असुरी में भी पर्याय प्रस्तुत हो गए। परिणाम यह हुआ कि असुरी में, इसके सामी होने और सामी भाषाओं से शब्दऋद्ध होने के बावजूद, सुमेरी शब्दों की बहुतायत हो गई और सुमेरी लिपि में लिखी जाने के कारण इसका उच्चारण भी पुरातन और असाम्प्रतिक हो गया।

(विशेष अध्ययन के लिए देखें, आई. जे. गोब : *ओल्ड अकेडियन राइटिंग एंड ग्रामर* (शिकागो, 1952 ई.); सेटन लॉयड : *फाउंडेशंस इन दि ईस्ट* (लन्दन, 1947 ई.)।

अक्काद ईरान का प्राचीन प्रदेश और नगर; उत्तरी बाबुल (बेबिलोनिया) से अभिन्न; निचले मेसोपोटामिया का वह भाग जो प्राचीनकाल में सुमेर और अक्काद कहलाता था। सुमेर-अक्काद सम्मिलित भूप्रसार का अक्काद वह प्रदेश था जहाँ दजला और फरात नदियाँ अपने मुहाने पर एक-दूसरे के अत्यन्त समीप आ गई हैं। इसी प्रदेश में बेबीलोनिया प्राचीन नगर कीश, बाबुल, सिप्पर, बोरसिप्पा, कुथा और ओपिस बसे थे।

अक्काद के भग्नावशेषों की सही पहचान में विद्वानों में मतभेद है। सर ई. ए. वालिस बज ने 1891 में तेल-एल-दीर को खोदकर उसके खँडहरों को अक्काद माना। उधर लैंगडन ने सिप्पर-आखुरू को अक्काद घोषित किया है। उत्तरी बाबुल में अक्काद चाहे जहाँ भी रहा हो, यह प्राचीनकाल (ल. 2500-2400 ई.पू.) का अति ऐश्वर्यशाली नगर था जो अपने नाम

के विस्तृत साम्राज्य की राजधानी बन गया। पुराविदों की राय में इतिहास का पहला साम्राज्य इसी अक्काद के राजाओं ने स्थापित किया। पहले वहाँ अशेमी सुमेरियों का राज था, बाद में कीश के एक शेमी परिवार के विजेता सारगोन ने सुमेरी शक्ति नष्ट कर अपना साम्राज्य स्थापित किया। उसने अक्काद को अपनी राजधानी बनाया जिससे बाइबिल की पुरानी पोथी और प्राचीन इतिहास में उसकी 'अक्काद का सारगोन' (अक्कादीय सारगोन) संज्ञा प्रसिद्ध हुई।

हत्ती या हित्ती प्राचीन खत्तियों (हित्ताइत) की जाति और भाषा थी। भाषा के रूप में खत्ती हिन्द-यूरोपीय परिवार की है परन्तु उसकी लिपि प्राचीन सुमेरी-बाबुली असुरी है और उसका साहित्य अक्कादी (असुरी-बाबुली) अथवा उससे भी पूर्ववर्ती सुमेरी से प्रभावित है।

तुर्की (एशियाई) साम्राज्य के एक बड़े भाग के स्वामी खत्ती थे, जिनका अपना साम्राज्य था। यह साम्राज्य मध्यपूर्व के साम्राज्यों में (ई.पू. 17वीं-12वीं सदियों में) तीसरा स्थान रखता था। उससे बड़े साम्राज्य अपने-अपने राज्य में केवल मिस्रियों और असुरी-बाबुलियों के ही रहे थे। खत्तियों का लोहा, उनके उत्कर्षकाल में, बाबुलियों और मिस्रियों दोनों में माना। फिलिस्तीन लघुएशिया, सीरिया और दजला-फरात के दोआबों पर दीर्घकाल तक उनका दबदबा बना रहा। उनका पहला साम्राज्यकाल 17वीं से 15वीं सदी ई.पू. तक रहा और दूसरा 14वीं से 12वीं सदी ई.पू. तक। मिस्री फराऊन रेमसेस से उनका दीर्घकाल तक युद्ध होता रहा था और अन्त में दोनों में सन्धि हुई। उनके भेजे शिष्टमंडल का स्वागत करते समय रेमसेस ने तोरस पर्वत के पार हिमपात के परिवेश में बसनेवाले खत्तियों पर बड़ा आश्चर्य प्रकट किया था।

जर्मन पुराविद् ह्यूगो विंक्लर ने प्राचीन खत्ती राजधानी बोगाजकोई (प्राचीन का आधुनिक प्रतिनिधि) से खोदकर बीस हजार ईंट और पट्टिकाएँ निकाल दीं। इन पर कीलाक्षरों में प्राचीनतर आर्यों का और स्वयं ख़त्तियों का साहित्य खुदा था। भारत के लिए इन ईंटों का बड़ा महत्त्व था; क्योंकि वहाँ मिली 14वीं सदी ई.पू. की एक पट्टिका पर ऋग्वेद के इन्द्र, वरुण, मित्र, नासत्यों के नाम पादपाट में खुदे मिले थे। यह पट्टिका खत्ती मितान्नी दो राष्ट्रों के युद्धान्तर का सन्धिपत्र थी जिस पर पुनीत साक्ष्य के लिए इन देवताओं के नाम दिए गए थे। इस अभिलेख में आर्यों के संक्रमण ज्ञान पर अभूत प्रकाश पड़ा है।

ई.पू. की तृतीय सहस्राब्दी में सभी खत्तियों का लघुएशिया के पूर्वी भाग में प्रवेश हुआ और उन्होंने स्थानीय अनार्य संस्कृति की अनेक बातें सीखकर अपना लीं। खत्तियों का इस प्रकार अनेक भाषाओं और साहित्यों से सम्पर्क था और उन्होंने उनसे अपना ज्ञान-भंडार भरा। बोगजकोई से मिली एक पट्टिका पर बराबर कॉलम बनाकर उनमें सुमेरी, अक्कादी, खत्ती आदि भाषाओं के शब्दपर्याय दिए हुए हैं। संसार के प्राचीनतम बहुभाषी शब्दकोशों में इसकी भी गणना है। अनेक बार तो बाबुली आदि साहित्यों के लिपिपाठ खत्तीसमानान्तर अनूदित साहित्य से शुद्ध किए गए हैं। प्रसिद्ध सुमेरी-बाबुली काव्य गिल्गमेश के अनेक अंश भी मूल पट्टिकाओं के टूट जाने से नष्ट हो गए थे, खत्ती पट्टिकाओं के मिलान से ही पूरे किए गए हैं।

खत्ती ऐतिहासिक साहित्य का अधिकांश राजवृत्तों से भरा है। लेखक वृत्तगद्य की साहित्यिक शैली में वृत्त लिखते थे और उनके नीचे अपना हस्ताक्षर कर देते थे। इन वृत्तों में अनेक

प्रकार का ऐसा लिखा है—असुरी-बाबुली-मिस्री राजाओं और सम्राटों के साथ सुलहनामे और अहदनामे, राजघोषणाएँ और राजकीय दानपत्र, नगरों के पारस्परिक विवादों में मध्यस्थता और सुलह, विद्रोही सामन्तों के विरुद्ध साम्राज्य के अपराध परिगणन, सभी कुछ इन खत्ती अभिलेखों में भरा पड़ा है। इनमें विशेष महत्त्व के वे अगणित पत्र हैं जो खत्ती सम्राटों ने अन्य समकालीन नरेशों को लिखे थे या उनसे पाए थे। इन पत्रों को साधारणतः अमरना के टीले (तेल-एल-एमरना) के पन्ने कहते हैं। प्राचीनकाल का यह पत्रनिधि सर्वथा अद्वितीय और अनुपम है। इन पत्रों में एक बड़े महत्त्व का है। उसे खत्तियों के राजा शुप्पिलुलिउमाश के पास मिस्र की रानी ने भेजा था। उसमें रानी ने लिखा था कि खत्ती नरेश कृपया अपने एक पुत्र को उसका पुत्र बनने के लिए भेज दें। कुछ काल बाद इस निमित्त राजा का एक पुत्र मिस्र भेजा गया परन्तु मिस्रियों ने उसे शीघ्र पकड़कर मार डाला।

बोगजकोई के उस भांडार से एक बड़ा महत्त्वपूर्ण खत्ती और मिस्र के बीच अन्तर्राष्ट्रीय सन्धिपत्र उपलब्ध हुआ। जब खत्ती नरेश मुत्तालिश की सेनाओं ने मिस्री विजेता रेमसेस द्वितीय की सेनाओं को 1288 ई.पू. में एक देश के युद्ध में बुरी तरह पराजित कर दिया तब मुत्तालिश के उत्तराधिकारी खत्तुशिलिश तृतीय और मिस्र-राज के बीच संघर्ष हुई। उसमें तय पाया कि मिस्र और खत्ती साम्राज्य के बीच बराबर मैत्री और पारस्परिक शान्ति बनी रहेगी। ई.पू. 1272 में यह अहदनामा लिख डाला गया। अहदनामा चाँदी की पट्टिका पर खुदा है और उससे 18 पैराग्राफ है। खोदकर वह रेमसेस के पास भेजा गया था। उसकी मुख्य शर्तें इस प्रकार थीं—दोनों में से कोई दूसरे पर आक्रमण न करेगा, दोनों पक्ष दोनों साम्राज्यों के बीच की पहली सन्धियों को फिर से समर्थन करते हैं, दोनों शत्रु के आक्रमण के समय एक-दूसरे की सहायता करेंगे, विद्रोही प्रजा के विरुद्ध दोनों का सहयोग होगा और राजनीतिक भगोड़ों का दोनों परिवर्तन कर लेंगे। यह सन्धि इतनी महत्त्वपूर्ण समझी गई कि मिस्री और खत्ती रानियों ने भी सन्धि की खुशी में एक-दूसरे को बधाई के पत्र भेजे। पश्चात् खत्ती नरेश की कन्या मिस्र भेजी गई जो रेमसेस द्वितीय की रानी बनी।

बोगजकोई की पट्टिकाओं पर प्रायः 200 पैरों के खत्ती कानून की धाराएँ खुदी हैं। साधारणतः खत्तियों की दंडनीति असुरी, बाबुली, यहूदी दंडनीति से कहीं मृदुल थी। प्राणदंड अथवा नाक-कान काटने की सजा शायद ही कभी दी जाती थी। कुछ यौनापरा सम्बन्धी दंड तो इतने नगण्य थे कि खत्तियों की आचार-चेतना पर विद्वानों को सन्देह होने लगता है। उस विधान का एक बड़ा अंश राष्ट्र के आर्थिक जीवन से सम्बन्ध रखता है। उससे प्रगट है कि वस्तुओं के मूल्य, नाप-तौल के पैमाने, बटखरे आदि निश्चित कर लिये गए थे। कृषि और पशुपालन सम्बन्धी प्रधान समस्याओं का उसमें आश्चर्यजनक मृदु हल खोजा गया है। उसमें कानून और न्याय के प्रति प्रकटित आदर वस्तुतः अत्यन्त सराहनीय है। अनेक अभिलेखों में महार्घ धातुओं के प्रयोग, युद्धबन्दियों के प्रबन्ध, चिकित्सक, शालिहोत्र आदि पर खत्ती में प्रचुर साहित्य उपलब्ध है। मध्यपूर्व में सम्भवतः पहले पहल अश्व का प्रयोग शुरू हुआ। उस दिशा में अश्वविज्ञान पर पहला साहित्य शायद खत्तियों के आर्य पड़ोसी मितन्नियों ने प्रस्तुत किया। उनसे खत्तियों ने सीखा फिर पड़ोसियों तथा उत्तरवर्ती सभ्यताओं को वे उसे सिखा गए।

खत्तियों के साहित्य भांडार में सबसे अधिक भाग धर्म का मिला है। खत्तियों के देवताओं की संख्या विपुल थी और प्रायः छह अन्य धारों से वे लिये गए थे। ऊपर सन्धिपत्रों पर देवसाक्ष्य का उल्लेख किया जा चुका है। इन्हीं सन्धिपत्रों पर देवताओं के नाम खुदे हैं जो सुमेरी, बाबुली, हुर्री, खत्ती और भारतीय हैं। इन देवताओं के अतिरिक्त खत्ती आकाश, पृथ्वी, पर्वतों, नदियों, कूपों, वायु और मेघों की भी आराधना करते थे, जैसा उनके इस धार्मिक साहित्य के सन्दर्भों से प्रमाणित है।

पौराणिक आनुवृत्तिक साहित्य में प्राधान्य उनका है जो सुमेरी बाबुली से ले लिये गए हैं। खत्तियों में बाबुली आधार से अनूदित 'गिल्गमेश' महाकाव्य बड़ा लोकप्रिय हुआ। उस काव्य के अनेक खंड अक्कादी, खत्ती और हुर्री में लिखे बोगजकोई के उस भांडार से मिले थे। हुर्री में लिखे 'गिल्गमेश के गीत' को पन्द्रह से अधिक पट्टिकाओं पर प्राप्त हुए थे। खत्तियों से ही ग्रीकों ने गिल्गमेश का पुराण पाया। खत्तियों के उस धार्मिक साहित्य में अक्कादी साहित्य की ही भाँति सूत्र और गायन थे। मन्दिरों आदि में होनेवाली यज्ञादि क्रियाओं को नर और नारी दोनों ही प्रकार के पुरोहित सम्पन्न करते थे। दोनों के नाम मनुष्यों में लिखे जाते थे। अनुष्ठान और मन्त्रदोष, प्रायश्चित्त आदि के सम्बन्ध के थे। अपनी संस्कृति के निर्माण में जितना योग अन्य संस्कृतियों से सर्वथा उदार भाव से खत्तियों ने लिया उतना सम्भवतः किसी और जाति ने नहीं। कोशनिर्माण का एक प्रयत्न उन्होंने ही अनेक भाषाओं के पर्याय एक साथ समानान्तर स्तम्भों में लिखकर किया। विविध भाषाओं के समानान्तर पर्यायों से ही भाषा विज्ञान की नींव की पहली ईंट रखी जा सकी। वह ईंट खत्तियों ने प्रस्तुत की। खत्तियों के अन्तकाल में आर्य ग्रीकों (एशियाई दरियाई) के आक्रमण ग्रीस पर हुए और लघुएशिया पर भी उनका दबदबा धीरे-धीरे बढ़ा जब उन्होंने त्राय का प्रसिद्ध ऐतिहासिक नगर नष्ट कर दिया।

अध्याय-15

सुमेरियन

15.1 भूमिका

मेसोपोटामिया, जो दजला और फरात नदियों के बीच फली-फूली, के दक्षिणी भाग को सुमेर के नाम से पुकारा जाता है। दोनों तरफ की मरुभूमि के मध्य का यह प्रदेश हमेशा बाढ़ आने के कारण काफी उपजाऊ था। आस-पास के निवासी यहाँ आर्थिक सुविधा के कारण आकर बस गए। चूँकि सबसे पहले यहाँ सुमेरियन लोग आकर बसे, अतः इस प्रदेश का नाम सुमेर पड़ा। 4000 ई.पू. में सुमेर एक प्रमुख शहर था। सुमेरियन प्रायः नाटे कद के होते थे। इनकी नाक नुकीली और ऊँची होती थी तथा बाल काला और पीछे की ओर ढलका होता था। दाढ़ी, मूँछ और सर का बाल ये एकदम नहीं रखते थे। वैसे सुमेर के निवासियों के मूल के सम्बन्ध में विद्वान् एक मत नहीं है। कुछ विद्वानों का मत है कि ये लोग एलम नामक स्थान से आकर यहाँ बसे थे; क्योंकि एलमवासियों एवं सुमेरियनों की भाषा एक है। इनकी भाषा से ऐसा लगता है कि वे जहाँ के निवासी थे वहाँ झील और पहाड़ थे। जंगल और पर्वत भी वहाँ थे। एलम से ये सभी बातें मिलती हैं। कुछ अन्य विद्वानों ने सुमेरियन का सम्बन्ध भारत के द्रविड़ लोगों से बताने का प्रयास किया है। इस विचार के समर्थक हॉल, फादर हेरास और क्रेमर महोदय हैं। साइक्स ने भी सुमेरियन को इंडो-यूरोपियन परिवार का माना है लेकिन पिजॉन तथा हॉल उपर्युक्त विद्वानों के मतों के विपरीत बताते हैं कि ये लोग मंगोल थे। प्रो. इलियट स्मिथ उन्हें सुमेर का ही मूल निवासी बताते हैं।

15.2 दुंगी

कुछ सौ सालों तक अपने को आर्थिक एवं सामाजिक क्षेत्र में विकसित करने के पश्चात् सुमेरियन लोगों ने 3200 ई.पू. में राजनीतिक स्थिति को स्थापित किया। सेरेक, आरसा, ईसिन या निसिन, लगश, उर, एरिड, अद्रब तथा निप्पुर आदि प्रमुख नगर-राज्य सुमेर में थे। लगश का शासक पटेसी कहा जाता था। सबसे प्रसिद्ध पटेसी लगभग 2500 ई.पू. में मूडी था जिसके काल में चाक, भवन-निर्माण, धर्म, उदारता आदि के क्षेत्र में सुमेर का थोड़ा विकास हुआ। इस पटेसी के बाद सुमेर में लगश से ज्यादा महत्त्वपूर्ण नगर राज्य उर हो गया जहाँ का सबसे प्रसिद्ध शासक तृतीय राजवंश का दुंगी (ई.पू. 2450-2400) था। इसने सम्पूर्ण अक्कद को अपने अधीन कर लिया। इतना ही नहीं, दुंगी ने एलम को अपने अधीन कर लिया, जगरोस

के पर्वतीय जातियों को हराया और अनेक देवताओं के मन्दिरों को एलम, लगश, हेरेक, उर आदि नगरों में स्थापित किया। इन उपलब्धियों के कारण दुंगी को कई प्रकार के 'दैवी पदवियों' से विभूषित किया गया। अति उपयोगी कानून संग्रह का निर्माण दुंगी के द्वारा सुमेर में किया गया जिसका महत्त्व कई दृष्टिकोणों से हम्मूराबी के कानून संग्रह से ज्यादा था। दुंगी के इसी कानून-संग्रह के आधार पर हम्मूराबी के द्वारा प्रतिपादित कानून-संग्रह आधारित है। अतः दुंगी का श्रेय कानून निर्माता के रूप में किसी भी तरह हम्मूराबी से कम नहीं है।

दुंगी वंश ने ही सुमेर में वहाँ की अपनी भाषा को उचित स्थान दिलाया। इस वंश ने एरिडू के धर्म का एक मुख्य केन्द्र बनाया जो अपने आप में काफी महत्त्वपूर्ण उपलब्धि कही जा सकती है। इस समय अक्कड़ भी सुमेर के प्रभुत्व में आ गया और और दुंगी वंश के काल में ही सुमेर और अक्कड़ मिलकर एक राष्ट्र हो गए जिन पर सुमेर राजाओं का आधिपत्य था। दुंगी राजा के मरने पश्चात् उसके उत्तराधिकारियों में योग्यता का अभाव पाया गया, फलतः लगभग 43 वर्षों के पश्चात् उर नगर राज्य ने अपना पूर्व गौरवशाली व्यक्तित्व खो दिया। लगभग 2500 ई.पू. तक अर्थात् दुंगी के मरने के लगभग 300 वर्षों तक उर से संयुक्त नगर राज्य की स्थापना नहीं हो सकी। सुमेर और अक्कड़ का भी महत्त्व दिनानुदिन घटता जा रहा था।

15.3 एलमी

एलमी शासक ने दुंगी वंश के अन्तिम शासक को हराकर बन्दी बना लिया। हम्मूराबी के पूर्व तक एलम पर हमेशा दुश्मनों के आक्रमण होते रहे। फिर ईसिन के विकास की बात हमें देखने को मिलती है। जहाँ इशु-उरा नामक व्यक्ति ने ई.पू. 24वीं सदी में एक नए राजवंश की स्थापना की। इस समय ईसिन उर के समान विकसित तो नहीं हो सका लेकिन लगभग दो सौ से अधिक वर्षों तक राजनीतिक केन्द्र बना रहा। 2155 ई.पू. में एलमी शासक कुटुर-मषुक का पुत्र रिमसिन ने लारस को अपने शासन का मुख्य केन्द्र बनाया। इस काल में संघर्ष की चर्चा हमें काफी मात्रा में देखने को मिलती है। उत्तर में सेमाइट बेबीलोन को केन्द्र बनाकर सुमेर और अक्कड़ को अपने प्रभुत्व के कारण चाह रहे थे। दूसरी तरफ दक्षिण में एलमी शासक लरसा को केन्द्र बनाकर उत्तर की ओर राज्य विस्तार करना चाह रहा था। बीच में ईसिन राज्य था जो अपना स्वतन्त्र अस्तित्व बनाए रखना चाह रहा था; क्योंकि उपर्युक्त दो में से किसी एक का पक्ष अगर लेता तो दूसरी शक्ति का कोपभाजन बनने का उसे डर था। लेकिन यह तनावपूर्ण स्थिति बहुत दिनों तक नहीं रह सकी। कुछ ही दिनों के पश्चात् इन तीनों शक्तियों में सेमाइटों को विजयश्री मिली और हम्मूराबी के विकास की प्रक्रिया की शुरुआत हुई।

उपर्युक्त राजनीति क्रिया-कलापों के अलावा आर्थिक दृष्टिकोण से भी हमें सुमेर के बारे में स्रोतों के आधार पर काफी जानकारी होती है। आज से लगभग छः हजार वर्ष पहले ही आर्थिक स्थिति को सुदृढ़ करने के लिए सुमेरियन लोगों ने न केवल उपजाऊ भूमि की मात्रा बढ़ाना शुरू किया बल्कि उपजाऊ भूमि में अधिक उपज के लिए सिंचाई की व्यवस्था भी की। फारस की खाड़ी के उत्तर में दलदल भूमि थी जिसमें कृषि सम्भव नहीं था। फलतः इन लोगों ने इसे सुखा दिया और समतल भूमि उन्हें काफी मिल गई। नदी में प्रतिवर्ष बाढ़

आने से फसलों की काफी क्षति होती थी। फलतः नदियों में बाँध बाँध दिए गए और नए-नए नहरों को बनवाया गया। धीरे-धीरे सुमेरिया का उपजाऊ क्षेत्र आधुनिक बगदाद तक विस्तृत हो गया।

15.4 कृषि

कृषि में विस्तार के परिणामस्वरूप सुमेरवासियों की आर्थिक स्थिति में विकास हुआ और नए-नए मकान भी बने। बेबीलोनिया के धार्मिक साहित्यों के इस सम्बन्ध में हमें काफी चर्चा देखने को मिलती है। मकानों में ईंटों का प्रयोग किया गया और नगरों का भी विकास हुआ। लम्बी-लम्बी नहरें न केवल सिंचाई के लिए उपयोगी थीं बल्कि यातायात के साधन के रूप में भी इनका उपयोग होता था। सुमेरिया के अधिकांश शासकों ने पुरानी नहरों की मरम्मत कराई और नई नहरों का निर्माण भी किया। यहाँ के खेत प्रतिवर्ष बाढ़ के पानी से डूब जाया करते थे, फलतः काफी ऊँची-ऊँची मेड़ों को बनाया गया जिसके कारण अब बाढ़ का पानी खेतों में प्रवेश नहीं कर पाता। इन ऊँची-ऊँची मेड़ों को सड़क के रूप में भी उपयोग किया जाने लगा। बाढ़ के जल को किसी एक स्थान में एकत्र कर लिया जाता था और आवश्यकतानुसार खेतों की सिंचाई इसके जल से होती थी। यह जल नहर और शड़ूफ अर्थात् ढेकुली या रहट के माध्यम से खेतों तक पहुँचाया जाता था।

15.5 नगर

कृषि में विकास के परिणामस्वरूप अतिरेक की मात्रा में काफी बढ़ोतरी हुई। इस अतिरेक ने व्यापार को जन्म दिया। सुमेरवासी वैसे भी अन्य देशों की तुलना में स्वतंत्र प्रकृति के थे। इस काल में अधिकांश भूमि राजा की नहीं बल्कि मन्दिरों के हाथ में थी। राजा के अधीन भी काफी भूमि थी लेकिन धार्मिक केन्द्रों की तुलना में कम। मन्दिर व्यवस्था के सम्बन्ध में काफी विस्तृत तस्वीर सुमेर में हमें देखने को मिलती है। सुमेर के लोगों के राजनीतिक जीवन का मुख्य केन्द्र नगर था, लेकिन नगरों के राजनीतिक, धार्मिक और आर्थिक जीवन का मुख्य केन्द्र मन्दिर था। सुमेर के सभी नगरों में अनेक मन्दिर होते थे। इन मन्दिरों में सबसे प्रधान कोई एक मन्दिर होता था जिसके अधीन काफी बड़ी मात्रा में पदाधिकारी, पुजारी, व्यापारी, दास, मछुआरे, माली, पशुपालक आदि होते थे। इस काल में भारत के सिन्धुघाटी सभ्यता में हमें ऐसी बातें नहीं देखने को मिलती हैं और न मिस्र में ही ठीक इसी प्रकार की। मन्दिर के अधीन काफी बड़ी मात्रा में भूमि होती थी जिसका एक भाग सामूहिक (निगेन्ना) होता था, जिसमें मन्दिरों से सम्बन्धित सभी व्यक्तियों को खेती करना पड़ता था। फिर भूमि का एक अन्य भाग मन्दिर के सदस्यों में विभाजित कर दिया जाता था और अन्तिम भाग लगान पर सामान्य व्यक्तियों को दे दिया जाता था। मन्दिर का पुजारी इस भूमि से उपज का छठे से तीसरा भाग उत्पादक वर्ग से वसूल कर लेता था। यह लगान खाद्य पदार्थों के रूप में वसूल किया जाता था, लेकिन धनी व्यक्ति खाद्य पदार्थ के बदले मन्दिर को चाँदी भी दे देते थे। चूँकि नगर का प्रत्येक व्यक्ति मन्दिर का सदस्य होता था, अतः सारे लोगों

को प्रत्यक्ष या अप्रत्यक्ष रूप से मन्दिर के भूमि में काम करना पड़ता था और सम्पूर्ण नागरिकों से मन्दिर को कर के रूप में अनाज या और चाँदी मिल जाता था। इस तरह नगर में व्यक्तिगत भूमि के मालिकों की संख्या काफी कम थी। पुरुषों के साथ-साथ हिस्सा मन्दिर को मिलता था। इस तरह नगर का मुख्य मन्दिर काफी धनी और प्रभावशाली संस्था थी। इसके पास खेती से सम्बन्धित सारे सामान, जैसे—हल, बीज, पशु आदि होते थे। खेत, बैल एवं गधे द्वारा जोते जाते थे। टूटे हुए बाँध के मरम्मत के लिए या सड़कों आदि की मरम्मत के लिए मन्दिर बेगार भी लेता था। मन्दिर की जिम्मेदारी थी उनको मरम्मत करना, अतः कुछ लोगों से इसके लिए मुफ्त सेवाएँ ली जाती थीं। मन्दिर में जो सामग्री कर के रूप में प्राप्त होती थी उसका कुछ हिस्सा प्रधान पुजारी अपने अन्य पुजारियों के बीच वितरित कर देता था। प्रधान पुजारी के अधीन कई अधिकारी रहते थे जो उसके धन का देखभाल एवं लेखा-जोखा रखते थे। मन्दिर से सम्बन्धित सारे लोग एवं अधिकारी अनेक समुदायों में बँटे रहते थे। प्रत्येक समुदाय के ऊपर एक अधिकारी नियुक्त था जिसके माध्यम से कर वसूलने एवं वितरण का कार्य सम्पन्न किया जाता था। मन्दिरों की सम्पत्ति में मात्र अनाज और चाँदी ही नहीं होता था बल्कि उसके गोदाम में लड़ाई के औजार, बहुमूल्य पत्थर, जानवरों की खाल, शराब, ऊन, खजूर आदि भी रहते थे। अतः गोदामों की सुरक्षा काफी सावधानीपूर्वक करने की व्यवस्था प्रधान पुरोहित द्वारा ही की गई थी। गोदाम से सम्बन्धित किसी तरह की गड़बड़ी के लिए सम्बन्धित अधिकारी जिम्मेदार होता था।

15.6 धर्म

धार्मिक संस्थाओं द्वारा उपर्युक्त अधिकारों के बावजूद अत्याचार की बात सुमेर में हमें देखने को नहीं मिलती थी। इसका सबसे प्रधान कारण यह था कि मन्दिर द्वारा जनता का शोषण करने के बावजूद उपजाऊ मिट्टी के कारण सुमेरियन लोग अपनी आवश्यकताओं की पूर्ति लगभग सन्तोषजनक ढंग से कर लेते थे। इस तरह का वातावरण ई.पू. प्रथम शताब्दी तक बना रहा फिर चूँकि धनी व्यक्तियों को भी मन्दिर के दबाव के कारण उत्पादन का काम करना पड़ता था, अतः गरीब या मध्यम वर्ग के लोगों को विशेष असन्तुष्टि नहीं थी।

मन्दिर के प्रधान पुरोहित द्वारा कृषि से प्राप्त इतनी बड़ी आय के आधार पर हम कह सकते हैं कि इस काल में सुमेरियन लोगों की जीविका का मुख्य साधन कृषि ही था। ये लोग मुख्य रूप से खजूर, जौ और गेहूँ की खेती तथा मछली मारने का काम करते थे। मछलियों की संख्या बढ़ाने के लिए सुमेर में बड़े-बड़े सरोवर थे। नहरों एवं नदियों में भी मछलियाँ पाई जाती थीं। हल चलाने के साथ-साथ बीज भी डालने की प्रक्रिया की शुरुआत शायद सर्वप्रथम सुमेर से ही शुरू हुई थी। 18वीं सदी ई.पू. में ही सुमेर में कृषि पंचांग तैयार हो गया था जिससे पता चलता है कि कब कौन सी फसल तैयार होगी। बाढ़ आनेवाले महीनों की जानकारी उन्हें थी। कृषि से सम्बन्धित प्रगति के रूप में हम पाते हैं कि सुमेर के निवासी बगीचों के फलों एवं छोटे-छोटे पौधों को धूप एवं वायु से सुरक्षा के लिए ऊँचे-ऊँचे एवं छायादार पेड़ बगीचों के चारों तरफ लगा देते थे।

15.7 व्यापार

आय के लिए पशुपालन के क्षेत्र में सुमेरियन काफी आगे थे। गाय की उपयोगिता काफी थी और देवी के रूप में इसका आदर किया जाता था। भेड़ों और बकरियों को भी ये लोग पालते थे। मन्दिरों के पास काफी मात्रा में सूअर, भेड़, बकरी और गाएँ होती थीं जो आय का प्रमुख साधन था। हल में बैल और पहिएवाली गाड़ियों में खच्चर एवं गधे का उपयोग होता था। शायद ये लोग घोड़े से भी परिचित थे।

कला के क्षेत्र में हम पाते हैं कि सुमेरियन लोग लकड़ी एवं लोहा से अनेक तरह के सामान बनाते थे। जुलाहे भी होते थे जो कपड़ा बुनने में निपुण थे। इनके द्वारा अनेक प्रकार के औजार और जीवनोपयोगी बर्तन भी बनाए जाते थे। अतिरिक्त विदेशों में बेचा जाता था और कई प्रकार के कच्चे मालों का आयात होता था। ताँबे को पीटकर मूर्तियाँ बनती थीं। उसे साँचे में ढालकर औजार बनाए जाते थे। ताँबे में टीन मिलाकर काँसा बनाने की तकनीक से ये लोग परिचित थे। सोना, चाँदी और शीशे का प्रयोग आभूषण आदि बनाने में उपयोग होता था। ऊनी कपड़ों से घाघरा एवं स्कर्ट बनाया जाता था। भेड़ों की खाल से भी वस्त्र बनते थे। रथ में टायर चढ़ाया जाता था जो चमड़ा या ताँबे के बने रहते थे। इससे रथ की जिन्दगी काफी लम्बी होती थी। पहिए का प्रयोग शायद सबसे पहले यहीं हुआ जो सामान ढोने के लिए अद्भुत रूप से उपयोगी था।

अनेक प्रकार के उपर्युक्त वस्तुओं के निर्माण के परिणामस्वरूप व्यापार विकसित हुए। सर्वप्रथम व्यापार मन्दिरों से सम्बन्धित व्यापारियों एवं सौदागरों के हाथ में था लेकिन बाद में व्यक्तिगत व्यापार का भी विकास हुआ। विदेशों से सोना, काँसा, चाँदी आदि मँगाए जाते थे। सिन्धुघाटी से प्राप्त पुरातात्त्विक सामग्री एवं सुमेर से भी प्राप्त पुरातात्त्विक सामानों के आधार पर दोनों क्षेत्रों से व्यापार की जानकारी होती है। पश्चिम में सुमेरियनों का व्यापार भूमध्यसागर के पूर्वी तट तक विस्तृत था। सुमेरियन व्यापारियों की सबसे बड़ी प्रतिद्वन्द्विता मिस्र व्यापारियों से थी। चूँकि प्रतिदिन उपयोग की वस्तुओं के उत्पादन में सुमेरवासी आत्मनिर्भर थे, अतः अधिकतर विलासमयी वस्तुओं का आयात ही उनके द्वारा किया जाता था। सोना, चाँदी, काठ के अलावा ताँबा, काँसा, सीसा आदि सामान विदेशों से मँगाया जाता था। ओमन प्रदेश (फारस की खाड़ी में स्थित) से ताँबा, तीरूस पर्वतीय प्रदेश से चाँदी, सीरिया और एशिया माइनर से टीन और बदख्शाँ से वैदूर्य नामक बहुमूल्य पत्थर आयात किए जाते थे। अपना व्यापार व्यापारियों द्वारा काफिलों के रूप में होता था; क्योंकि खतरनाक एवं जंगली रास्ते से भी इनका गुजरना होता था। व्यापार में माल ढोने के लिए ऊँट एवं गधे का प्रयोग किया जाता था। जलमार्गों में नौकाओं का प्रयोग ये लोग करते थे।

विदेशी व्यापार में सबसे अधिक उन्नति सरगोशी वंश एवं उर के तृतीय राजवंश के काल में हुई। इसका प्रमुख कारण था कि सुमेरियन एवं सेमाइट शासक सैनिक रूप से काफी शक्तिशाली थे। सैनिक शक्ति के कारण सुमेर का सम्बन्ध अन्य देशों से हुआ। कुछ शासकों जैसे नारायसिन और दुंगी ने व्यापारियों और व्यापार की उन्नति पर विशेष ध्यान दिए। व्यापारियों की सुरक्षा के लिए यातायात का विकास एवं उनके सुरक्षा का विशेष प्रबन्ध किया गया और पश्चिम दिशाओं में सेनाएँ भी भेजी गईं। इस काल में खरीद-बिक्री के माध्यम का काम वस्तुओं

के द्वारा नहीं बल्कि धातुओं के द्वारा हुआ। उदाहरण के लिए वस्तुओं के भुगतान के लिए चाँदी या सोना को टुकड़े-टुकड़े में बाँटकर दिया जाने लगा। पहले तो चार पौंड चाँदी के बराबर एक पौंड सोना मिलता था लेकिन ज्यों-ज्यों सोना का महत्त्व बढ़ने लगा और चाँदी काफी मात्रा में प्राप्त होने लगा सोना का मूल्य बढ़ता गया। वैसे मुद्रा प्रणाली सुमेर में विकसित नहीं थी। जनता करों के रूप में चाँदी नहीं वस्तुएँ ही देती थी। लेकिन इतना तो निश्चित है कि व्यापार में एक नए ढंग की प्रक्रिया जन्म कुछ हद तक ले चुकी थी और ले भी रही थी। यहाँ खुदाई के आर्द्र मिट्टी के अभिलेखों के अध्ययन के आधार पर पता चलता है कि व्यापार से सम्बन्धित बातों को जैसे बकाए की राशि या कहाँ से कितना सामान आया या गया, इसका लेखा-जोखा रखने की प्रक्रिया आरम्भ हो चुकी थी। लेखबद्ध पट्टियों पर हस्ताक्षर करने की बात भी हम सुमेर में पाते हैं जो विकसित व्यापार के प्रतीक का ही अंग है। अपने सामानों को लोकप्रिय बनाने के लिए कमीशन एजेंट भी रखने लगे थे।

आज से लगभग पाँच हजार वर्ष पहले सुमेर का राजनीतिक संगठन कई भागों में विभाजित था जिसे नगर-राज्य सामान्य तौर पर कहा जा सकता है। प्रत्येक नगर के चारों ओर कृषि योग्य भूमि होती थी जिसके आधार पर नगर-वासियों को खाने-पीने एवं व्यापार के लिए तैयार एवं कच्चा माल मिलता था। कभी-कभी शक्तिशाली राजाओं के कारण कई राज्यों को जीतकर एक में मिला लेने की बात भी हम पाते हैं लेकिन बाद में चलकर इसका अन्त हो गया; क्योंकि संकट के समय सरकार को निर्णय लेने में काफी दिक्कत होती थी। अतः आरम्भ से तो संकटकालीन स्थिति में एक सर्वोच्च अधिकारी की नियुक्ति की गई लेकिन बाद में इस व्यवस्था ने राजतन्त्र का रूप ले लिया। राजतान्त्रिक व्यवस्था के कारण फूट पड़े और कई नगर-राज्य विकसित हो गए जहाँ का एक-एक स्वतन्त्र शासक होने लगा। कई शासक धार्मिक दृष्टिकोण से जनता का समर्थन पाने के लिए अपने को देवता का प्रतिनिधि कहने लगे। फलतः मन्दिर के पुजारियों एवं राजा के बीच का सम्बन्ध बढ़ता गया और धीरे-धीरे मन्दिर का प्रधान पुरोहित अधिक शक्तिशाली होता गया। जिन राजाओं ने मन्दिरों के अधिकार को कम करना और देश में एकता स्थापित करना चाहा वे अनेक कारणों से (जनता के विश्वास का अभाव, अन्य राजाओं द्वारा विरोध, मन्दिरों के पुजारियों द्वारा नापसन्द) अपने उद्देश्य में सफल नहीं हो सके।

शुरू के रीति-रिवाज और परम्परा ही कानून थे लेकिन बाद में कानूनों का निर्माण हुआ जो हम्मूराबी के लॉकोड से भी पहले का है। इसमें न्यायालयों के संगठन, दंड व्यवस्था आदि पर विशेष प्रकाश डाला गया। समाज में अनेकता के कारण तीन वर्ग—उच्च, साधारण एवं निम्न लोगों की बात पाई गई। स्त्रियों की दशा अच्छी कही जा सकती है। पत्नी एवं बच्चे को बन्धक रखने का कानूनी अधिकार पति को था लेकिन व्यवहार में ऐसा नाममात्र का था। धनी औरतें स्वर्णाभूषण और अन्य विलासमयी वस्तुओं का उपयोग करती थीं। सुमेरियन लोग जल, पर्वत, पृथ्वी, आकाश, वायु आदि की पूजा करते थे। सभी जीवों को वे देवसमूह का अंग मानते थे। इनन्ना देवी की पूजा समाज में काफी प्रचलित थी। देवता और मनुष्य में सुमेरियन के अनुसार प्रमुख अन्तर था कि देवता अमर होते हैं और मनुष्य मर जाता है। धार्मिक अनुष्ठान करनेवाला व्यक्ति आदर की नजर से देखा जाता था भले ही वह चरित्रहीन क्यों न हो।

लोक-परलोक में उनका विश्वास था। देवता उनके अनुसार परलोक में रहते थे। मृतकों को इनके द्वारा आँगन या कमरे में गाड़ दिया जाता था और उस पर मेहराब बना दिए जाते थे।

उपर्युक्त वातावरण में सुमेरियनों ने विश्व की सभ्यताओं को कुछ नई बातों से परिचित कराया। इन लोगों के द्वारा कीलकार लिपि का विकास किया गया जो चित्रात्मक थी। बाद में आवाज के आधार पर जब भावनाओं को व्यक्त किया जाने लगा तो लिखने की प्रथा शुरू हुई। आयताकार तख्तों पर बाएँ से दाएँ लिखा जाने लगा। अँगुलियों पर लिखने के कारण इनमें दस का महत्त्व था। पहाड़ा, गुणा, भाग भी ये लोग जानते थे और छः फिर साठ का महत्त्व भी। ये जब समझे तो हम भी आज साठ सेकंड का एक मिनट और साठ मिनट का एक घंटा जानने लगे।

भूत-प्रेत और आत्माओं का इनके धर्म में स्थान मिला था। गीत, कहानियाँ और वीर-काव्य की रचना साहित्यिक क्षेत्र में इनके द्वारा की गई। बड़ी-बड़ी कविताएँ याद की जाती थीं और कल्पना को कहानियाँ में स्थान मिला। सरकंडे, फूस, चटाई तथा मिट्टी के द्वारा मकान बनाने की कला से भी ये लोग परिचित थे। धनी लोगों का मकान तो ईंट से बनाया जाता था।

2000 ई.पू. के बाद सुमेरवासियों का अधिकांश समय बाहरी आक्रमणों से जूझने में बीता लेकिन कृषि, व्यापार, लेखन, धर्म, विज्ञान आदि के क्षेत्र में इनके महत्त्व को नहीं भुलाया जा सकता।

15.8 उर का राजवंश (ई.पू. 2500)

उर के राजवंश का इतिहास ई.पू. लगभग 2500 में आरम्भ हुआ जिसका प्रथम शासक मेसे-अन्ने-पद (Mes-anne-pada) था। उर नामक इस शहर की चर्चा हमें बाइबिल में भी देखने को मिलती है जिसके अनुसार अब्राहम का इसी शहर में जन्म हुआ था। इस उर के प्रथम राजवंश का शासनकाल लगभग 177 वर्षों तक का रहा। 1920 ई. में खुदाई से प्राप्त इस काल के कब्रों से मिली वस्तुओं का ऐतिहासिक दृष्टिकोण से अध्ययन करने पर आर्थिक, सामाजिक एवं धार्मिक स्थितियों की जानकारी होती है। खुदाई से काफी मात्रा में सोना और बहुमूल्य पत्थर पाए गए। चित्रकारियाँ भी मिली हैं। खुदाई से मेस-अन्ने-पद के काल की एक मुहर और शिलालेख भी मिला है। इस शिलालेख में यह शासक अपने को किश का राजा बताया है। किश में सेमेटिक शासक बहुत पहले से अक्कड में थे। इनकी संस्कृति काफी उन्नतशील थी। इन्होंने सुमेरियन सभ्यता को अपना लिया था। किश के नेतृत्व में यह प्रक्रिया काफी गतिशील हो गई। इससे सुमेर तथा अक्कड के इतिहास में एक नवीन इतिहास की शुरुआत हमें देखने को मिलती है। इसके कारण सुमेरियन राजनीतिक शक्ति का धीरे-धीरे पूर्ण ह्रास हो गया। दूसरे शब्दों में अगर हम कहें कि इस जाति का अन्त ही हो गया तो कोई आश्चर्य नहीं। इधर सेमाइट सुमेरियन संस्कृति से प्रभावित होते गए जिसके परिणामस्वरूप बेबीलोनिया के इतिहास में राजनीतिक उथल-पुथल होने के बावजूद सांस्कृतिक परिवर्तन नहीं हो सका। जब सुमेरियन की राजनीतिक शक्ति फारस की खाड़ी के किनारे तक सीमित रह गई तो इसका अन्तिम अध्याय केसाइटों के शासनकाल से सम्बन्धित हो जाता है। इन केसाइटों ने इस क्षेत्र को जीतकर सुमेरियन राजनीतिक शक्ति का पूर्ण अन्त कर दिया।

15.9 सारगन प्रथम (लगभग 2371-2316 ई.पू.)

अक्कड का सारगन सेमाइट आधिपत्य की स्थापना किया। इसे सारगन प्रथम के नाम से बेबीलोनिया के इतिहास में जाना जाता है। मिस्री शासक मेनिस के समान बेबीलोनिया का यह शासक भी प्राचीन विश्व के महानतम विजेताओं में गिना जाता है। बेबीलोनिया में संयुक्त राज्य की स्थापना सारगन प्रथम ने ही की थी। अपनी जिन्दगी के बारे में उसने एक सुमेरियन आख्यान के बारे में स्वयं कहा है कि वह अक्कड का शक्तिशाली शासक था। उसकी माँ गरीब थी और पिता के बारे में कोई जानकारी नहीं है। उसने अपनी माँ की कोख से गुप्त रूप से जन्म लिया और एक सन्दूक में बन्द कर नदी में छोड़ दिया गया। अक्की नामक माली ने उसे पाया और बड़ा किया। उसे अपनी योग्यता के बल पर किश के राजा को गद्दी से हटाकर स्वयं शासक बन बैठा। जन्म के आधार पर विद्वानों ने उसे निम्न कुल का बताया है। स्रोतों के आधार पर कुछ अन्य विद्वानों ने उसे एनलिल का पुत्र बताया है। एनलिल अगाद प्रदेश के एक छोटे से नगर का अधिकारी था। यह प्रदेश किश राजा के अधीन था। सारगन प्रथम भी अपने पिता एनलिल (अगर यह सत्य है) के समान कुछ दिनों तक किश के राजा के अधीन एक उच्च अधिकारी रहा। इतिहासकार रूक्स *(एसेंट इराक)* ने सारगन प्रथम को मदिरा पिलानेवाला कहा है (पृ. 142-43)। सारगन प्रथम ने मदिरा पिलाकर अपने स्वामी (किश) को पतित कर दिया और फिर उसे पदच्युत कर गद्दी छीन ली। एक शासक के रूप में सारगन प्रथम ने उरूक पर चढ़ाई की और वहाँ के शासक लुगलजगीसी को हराकर मार दिया। उर, लगाश और उन्ना को भी उसने जीत लिया।

बेबीलोन में इसी समय थोड़ी-थोड़ी संख्या में सेमेटिक जाति के लोग आने लगे। ये लोग सुमेरियन संस्कृति से प्रभावित थे। इनकी सहानुभूति लुगलजगीसी के विरुद्ध सारगन प्रथम को मिली। बेबीलोनिया पर प्रभुत्व स्थापित करने के बाद सारगन प्रथम ने संगठित सेना की मदद से अवोन (Awon) को कड़े मुकाबला के पश्चात् हरा दिया और लूट में काफी धन प्राप्त किया। एलम ब्राश और अन्य आसपास के नगरों के शासकों पर भी सारगन ने अपना प्रभुत्व स्थापित कर लिया। इसके काल में सुसा एक प्रमुख राजनीतिक नगर बनाया गया। यह नगर पर्सिया का एक व्यापारिक केन्द्र था। बेबीलोनिया के उत्तर-पश्चिम भागों में किए गए उपर्युक्त अभियानों का उद्देश्य मात्र अपने शक्ति का सारगन प्रथम द्वारा प्रदर्शित करना था। उपर्युक्त अभियानों के बारे में स्रोतों का अभाव है, अतः शक्ति प्रदर्शन की बात सच लगती है। एक अभिलेख में अपने बारे में उसने स्वयं लिखा है कि विजय यात्रा पर जाने से पूर्व उसने डागोन की पूजा की और इसी देवता की कृपा से उसे फरात नदी की ऊपरी घाटी में कदोर के जंगल से सिल्वर पर्वत तक के प्रदेश में विजय पाई। मोरी, इरामुती और इबला पर उसने विजय पाई। इरामुती और इबला उत्तरी सीरिया में पड़ता था। कदोर के जंगल का अर्थ उसके अनुसार लेबनान था और निम्न पर्वतीय क्षेत्र से सिल्वर पर्वत का।

इन प्रदेशों पर विजय पाने से सारगन प्रथम को काफी मात्रा में लकड़ी मिलने लगी। खनिज पदार्थ भी उसे काफी मात्रा में प्राप्त हुआ, जिसके कारण सुमेर एवं अक्कड की आर्थिक स्थिति काफी उन्नतशील हो गई।

तत्कालीन अभिलेखों के अध्ययन से पता चलता है कि सारगन प्रथम ने बेबीलोन के उत्तर एवं पूर्वी एशिया माइनर में विजय यात्रा की और गुती प्रदेश और जगरोस को भी जीता। नवीं शताब्दी ई.पू. के एक अभिलेख के अनुसार सारगन प्रथम ने पश्चिमी समुद्र को पार किया और दक्षिण-पूर्व द्वीप समूह पर तीन वर्षों तक शासन भी किया। फारस की खाड़ी और बिलसन द्वीप तक सारगन प्रथम ने अपना प्रभुत्व स्थापित किया था। एलम पर उसके द्वारा कई बार आक्रमण किया गया था लेकिन मात्र लूटपाट के लिए।

विद्वानों का मत है कि सारगन प्रथम का शासन क्षेत्र सीरिया से पूर्वी समुद्र तट तक फैला था। कुछ अन्य विद्वानों का यहाँ तक कहना है कि सारगन द्वारा भूमध्यसागर पार करके साइप्रस जीतने तथा इजियन द्वीप समूह पर चढ़ाई करने की सम्भावना को भी मानना चाहिए लेकिन हॉल इसे नहीं मानता।

विजय यात्रा में सफलता पाने के अलावा सारगन ने आन्तरिक सुधार भी किए। अगदे को उसने नई राजधानी बनाई। यहाँ से साम्राज्य के सभी भागों पर सफलतापूर्वक निगरानी की जा सकती थी। प्रशासन में सारगन प्रथम ने अधिकांश मात्रा में सेमाइट लोगों को बहाल किया और सुमेरियन लोगों की संख्या प्रशासन में कम रखा। उसके काल में सभी नगर-राज्यों के गवर्नर अक्काडियन ही थे। असल में सारगन प्रथम भी अक्काडियन ही था। पुराने अधिकारियों पर उसका उतना नियंत्रण नहीं रह गया था और इसीलिए प्रशासन में नए और अपने रक्त के लोगों को बहाल किया था। स्थानीय लोग चाहकर भी सारगन प्रथम के विरुद्ध सफलतापूर्वक विद्रोह नहीं कर सकते थे। प्रशासन में अपने लोगों को नियुक्त करने के कारण उसके समर्थकों की संख्या काफी बढ़ गई और किसी भी विद्रोह को दबाने में वह सफल हो सकता था।

प्रशासन को सफलतापूर्वक चलाने के लिए एवं साम्राज्य के कोने-कोने से समाचार (पक्ष या विपक्ष) को प्राप्त करने के लिए सारगन प्रथम ने सन्देश प्रचार प्रणाली को नए तरीके से व्यवस्थित किया। इसके कारण नगर-राज्यों की गतिविधियों की जानकारी उसे काफी और आसानी से मिलने लगी।

धर्म के दृष्टिकोण से सारगन प्रथम ने प्रशासन से धर्म का कोई सम्बन्ध नहीं रखना चाहता था। लेकिन इसके कारण उसे प्रजा का विश्वास खो देने का डर था। फिर आन्तरिक विद्रोह भी होने का डर था। अतः उसने अपनी पुत्री को अनु (हवा का देवता) की भक्त के रूप में सेवा प्रदान कराया। उसने स्वयं को अनु और एनलिल का पुजारी बताया और स्पष्ट कर दिया कि सुमेरियन धर्म के प्रति उसे भी विश्वास एवं श्रद्धा थी। इसके परिणामस्वरूप स्थानीय लोग सारगन प्रथम के प्रति निश्चिन्त हो गए कि वह सुमेर की प्राचीन धार्मिक मान्यताओं का विरोध नहीं था। सारगन प्रथम अपने इस धार्मिक नीति में सफल रहा और उसके प्रशासन की नींव और मजबूत हुई।

संस्कृति के क्षेत्र में इस काल में काफी विकास हुआ। इसके काल में अनेक मन्दिरों एवं राजभवनों का निर्माण हुआ। निप्पुर नगर में वेल देवता और अगेरे में अनुलिल देवता के मन्दिरों का निर्माण किया। सारगन प्रथम के सफल प्रयास के कारण सुमेरियन कानूनों और धार्मिक पुस्तकों को इकट्ठा किया गया और इनका सेमेटिक भाषा में अनुवाद किया

गया। इन सारी सामग्रियों को सुमेर के मन्दिर में सुरक्षित ढंग से रखा गया। इन्हीं सामग्रियों के आधार पर असीरियन शासक असुर बेनीपाल की आज्ञा से अनेक प्रतिलिपियाँ बनाई गईं।

शासन के अन्तिम दिनों में सारगन प्रथम को कई विद्रोहों का सामना करना पड़ा। विद्वानों का कहना है कि अपने ही सैनिकों द्वारा उसकी हत्या कर दी गई। ऐसा लगता है कि सैनिकों में विद्रोही भावनाएँ विकसित हो गई थीं जो कमजोर केन्द्र का प्रतीक है। इसके बावजूद उसके सारगन प्रथम की उपलब्धियों की तुलना में बुढ़ापे की इस असफलता का इतिहास के आइने में तुलनात्मक दृष्टिकोण से कोई विशेष महत्त्व नहीं है।

इसमें दो मत नहीं कि सारगन प्रथम बेबीलोनिया का सबसे पहला महान साम्राज्य निर्माता था। अपनी योग्यता के बल पर छोटे-छोटे राज्यों को संगठित करके उसने एक विशाल साम्राज्य की स्थापना की और इस क्षेत्र के इतिहास को नया मोड़ दिया। सारगन प्रथम का महत्त्व उस स्थिति में और बढ़ जाता है। अब हम पाते हैं कि बदले हुए युगों में बेबीलोनिया के शासक हमेशा सारगन को आदर्श शासक मानते रहे। सारगन एक आदर्श के रूप में उदाहरण बना रहा।

15.10 सेमाइट एवं सारगन की उपलब्धियाँ

सामी लोगों का मूल क्या था और वे कौन थे, इसके सम्बन्ध में अनेक अनुमान पाए गए हैं, लेकिन इसमें से किसी की भी सत्यता निर्विवाद रूप से सिद्ध नहीं की जा सकती है।

निवासी

वस्तुतः सामी शब्द किसी यथार्थ का बोध नहीं कराता, बल्कि यह सुविधा की दृष्टि से अपना लिया गया है। इस शब्द को जर्मन विद्वान् श्लोगर ने एक विशेष भाषा समूह का वर्णन करने के लिए गढ़ा था। चूँकि सामीय भाषा एक सीमित क्षेत्र में बोली जाती थी इसीलिए इन भाषाओं को बोलनेवाले लोगों को एक प्रजाति विशेष मान लिया गया।

सामियों के मूल के सम्बन्ध में जो सिद्धान्त दीर्घकाल से चला आ रहा है उसके अनुसार वे अरब के रेगिस्तानों में रहनेवाले खानाबदोश लोग थे। नील की घाटी में हामी लोगों से मिलकर उन्होंने मिस्री जाति की रचना की। इस तरह से मेसोपोटामिया में वे सुमेरियाई लोगों के संसर्ग में आए।

कुछ के अनुसार, यद्यपि यह मान्यता अनेक तथ्यों से मेल खाती है तथापि यह कबाइली लोगों की घुमन्तू प्रवृत्ति को एक गढ़ी हुई योजना की परिधि में बाँध देती है और जातियों की रचना के जटिल इतिहास की जटिल प्रक्रिया को अत्यन्त सरल करके पेश करती है। उसे इस बात में सन्देह है कि ई.पू. प्रथम शताब्दी के पूर्व मध्य अरब रेगिस्तान में मनुष्य का निवास भी था। उसका कहना है कि उन दिनों खानाबदोश लोग दजला और फरात की घाटी तथा जागरोस, टाइरस और लेबनान के पहाड़ों की तराई के हरियाली भरे क्षेत्र से बाहर बहुत दूर तक नहीं निकलते होंगे। इन क्षेत्रों में स्थायी रूप से बसी कृषक आबादी से इनका व्यापारिक सम्पर्क हुआ। इस प्रकार मेसोपोटामिया और शायद अरब प्रायद्वीप के सीमावर्ती क्षेत्रों के कुछ हिस्से सामियों के निवास स्थान प्रतीत होते हैं।

रूक्स (Roux) के अनुसार सुमेर के अक्काडी लोगों और सीरिया-फिलिस्तीन के लेनानिज फिनीशियाई इसके दो उल्लेखनीय अपवाद थे। उनका सामाजिक संगठन पितृसत्तात्मक था। भौतिक दृष्टि से वे बहुत पिछड़ी अवस्था में थे और वे लोग प्रेतात्माओं की पूजा करते थे।

इटालवी विद्वान् इग्नोजिस जिदी से रूक्स की मान्यता की अंशतः पुष्टि होती है। वह दक्षिणी मेसोपोटामिया को सामियों का मूल स्थान बताता और प्रमाणस्वरूप कहता है कि नदी और समुद्र के लिए सामी भाषाओं के समान शब्द हैं, लेकिन पर्वत और पहाड़ी के लिए नहीं। 'ओल्ड टेस्टामेंट' की परम्पराओं से भी इस मान्यता की पुष्टि होती है। लेकिन सामियों और हामियों के जातिगत सम्बन्ध को देखते हुए कुछ विद्वान् सामियों को पूर्वी अफ्रीका के निवासी मानते हैं।

हिट्टी और केनेडी पुरानी मान्यता को अधिक सही और ग्राह्य समझते हैं। हिट्टी के अनुसार, मेसोपोटामिया को सामियों का मूल निवास स्थान मानने में सबसे बड़ी अड़चन यह है कि इसका मतलब होगा कि ये लोग पहले तो नदी के किनारे के इलाकों में कृषक जीवन बिताते थे और बाद में खानाबदोश हो गए। यह बात ऐतिहासिक काल के सामाजिक नियम से मेल नहीं खाती। यदि अफ्रीका को इनका मूल निवास स्थान मान लिया जाए तो भी जितने प्रश्नों का समाधान होता है उससे कहीं अधिक प्रश्न उठ खड़े होते हैं।

केनेडी का कहना है कि आज के वीरान अरब रेगिस्तान में हिमयुग में पर्याप्त वर्षा होती थी। प्राचीन नदियों की बड़ी-बड़ी वादियाँ इस क्षेत्र में आज भी देखी जा सकती हैं। यह क्षेत्र पहले हरियाली से भरा और यहाँ झुंड की झुंड भेड़-बकरियाँ चरा करती थीं। धीरे-धीरे वर्षा में कमी आती गई और एक स्थिति ऐसी आई जब यहाँ वर्षा होना बन्द ही हो गया और अन्त में यह इलाका सूखने लगा। केनेडी के अनुसार सामी कबीलों के क्रमिक प्रव्रजन (migration) का पहला कारण यही था। हिट्टी तो सातवीं सदी में लोगों के विस्तार का सम्बन्ध सामी लोगों के प्रव्रजन से जोड़ता है और क्सासिकी सिद्धान्त के समर्थन में एक साक्ष्य के रूप में इस बात का उल्लेख करता है। उसका यह भी कहना है कि अरबों में सामी लोगों की अधिकतर विशेषताएँ आज भी कायम हैं और अरबी उस भाषा के सबसे ज्यादा निकट है जिसे विद्वान् सामी बोली का आदिम रूप मानते हैं।

ऐतिहासिक अवस्था के आरम्भ में ही तीसरी शताब्दी ई.पू. के आसपास हमें मेसोपोटामिया में सामियों की उपस्थिति के प्रमाण मिलते हैं। इससे लगता है कि वे इस देश में प्रागैतिहासिक काल में चौथी शताब्दी ई.पू. में किसी समय प्रविष्ट हुए होंगे।

मेसोपोटामिया के इतिहास में अक्काडी लोग प्राचीनतम सामी थे। ये इस देश के उत्तरी हिस्से में रहते थे। वे सामी मूल की भाषा बोलते थे, यद्यपि इसे लिखने के लिए उन्होंने सुमेरियाई लिपि अपना ली थी। सारगन के सिंहासनारोहण के साथ ही अक्काडी भाषा सरकारी दस्तावेजों और शाही अभिलेखों की भाषा बन गई। इससे जैकवसन तथा कुछ अन्य विद्वान् ऐसा निष्कर्ष निकालते हैं कि स्वयं सारगन विदेशी था। लेकिन फ्रैंकफर्ट के शब्दों में, उस क्षेत्र के लोगों को सच्चे अर्थों में विदेशी नहीं कहा जा सकता।

अन्य साक्ष्यों से भी यह संकेत मिलता है कि सामी और सुमेरियन लोग आपस में

शान्तिपूर्वक रहते थे। किसी भी सुमेरियाई पाठ में सामियों का उल्लेख शत्रुओं, आक्रमणकारियों या खानाबदोश के रूप में नहीं लिया गया है। निप्पुर स्थित एनलिल के मन्दिरों में प्रतिष्ठित लूगल जग्गेसी की प्रतिमा पर जो अभिलेख है वह अक्काडी भाषा में है; फिर सारगन द्वारा लूगल जग्गेसी की पदच्युति का उल्लेख राजाओं की सूची में बहुत संक्षेप में किया गया है।

सारगन द्वारा प्रथम सामी राजवंश की स्थापना के साथ ही सुमेरियाइयों की राजनीतिक सत्ता का अन्त हो गया। सारगन का जन्म किसी साधारण परिवार में हुआ था। आरम्भ में उसने किश के राजा और जवाबा के मदिरा पात्रवाहक (Cup bearer) का स्थान प्राप्त कर लिया। उसके बाद उसने सुमेर के सर्वोच्च सत्ताधारी उरूकाधीश लूगल जग्गेसी पर आक्रमण कर दिया। उसे पराजित कर उसने बार-बार से उर, किश, लगाश, निप्पुर और उम्भर को जीत लिया। उसने अगाडे नामक नगर में नई राजधानी की भी स्थापना की।

विजित प्रदेशों को अपने प्रत्यक्ष केन्द्रीय नियंत्रण में लाने के लिए सारगन ने कई, कदम उठाए। सारगन ने ऐसी राजनीतिक एकता कायम करने का प्रयास किया जिसमें नगर-राज्यों का अस्तित्व तो कायम रहने को था लेकिन उस पर नियंत्रण सारगन का रहता। सुमेरियाइयों के पास कोई ऐसी राजनीतिक संस्था नहीं थी जो विभिन्न नगरों की प्रभुसत्ता के ऊपर से आसीन हो। इसके विपरीत अक्कादी लोग राजपद को सबसे बड़े और समादरणीय बन्धन के रूप में देखते थे और ऐसी वफादारी को स्वीकार करते थे जो नगर की सीमाओं से बँधी हुई नहीं थी।

सारगन ने जिन नगर-राज्यों पर कब्जा किया था उनकी दीवारें नष्ट करवा दीं, जिससे भावी विद्रोहियों के लिए कोई भी गढ़ दुर्लभ हो गया। उसने ऊँचे प्रशासनिक पदों पर केवल अगाडे (Agade) के नागरिकों को नियुक्त किया, उसके साथ अपना एक विश्वस्त सूबेदार छोड़ गया और स्थानीय शासक परिवारों के लोगों को बन्धक के रूप में अपनी राजधानी ले गया। इस तरह उसने स्थानीय स्वायत्तता की भावना को कमजोर कर दिया और राज्य के केन्द्रीभूत नियंत्रण का मार्ग प्रशस्त किया।

राज्य विस्तार के लिए सारगन ने कई सैनिक अभियान भी किए। दजला पार ईरान की ओर अपने पूर्वी अभियानों में उसने पश्चिमी फारस के चार राजाओं को परास्त करके एलम के यूसी को उस क्षेत्र में अपना सामन्त राजा बनाया। पश्चिम की ओर सीरिया में उसने एक अभियान अपने शासनकाल के तीसरे और दूसरा ग्यारहवें वर्ष में किया। अपने अभिलेखों में सारगन कहता है कि उसने देवदारुओं के जंगल और रजत पर्वत तक ऊपरी क्षेत्र में भारी, इयामूरती और इमला को जीत लिया। इयामूरती और इमला निःसन्देह उत्तरी सीरिया में पड़ते थे। दजला के समानान्तर मोसुल तक एक-दो अभियान किए गए जिसकी पुष्टि निनबे में मानव-थिर की एक मूर्ति जो स्वयं सारगन की मानी जाती है, से होती है।

कुछ परवर्ती पाठों से प्रकट होता है कि सारगन ने कुर्दिस्तान और फारस की खाड़ी के समानान्तर ओमाने तक के क्षेत्र पर भी आक्रमण किया था। लैंगसन तो यह भी मानता है कि सारगन भूमध्य सागर पार कर साइप्रस तक पहुँचा था। इतना ही नहीं कुछ विद्वानों

ने कुछ ऐसे पाठों की ओर ध्यान दिलाया है जिनमें सागरन द्वारा मध्य एशिया में बुरूशकंडा पर आक्रमण करने का उल्लेख है लेकिन रूक्स को इन पाठों की प्रामाणिकता में सन्देह है।

सारगन का शासन 55 साल (लगभग 2371 से 2316 ई.पू.) तक चला। अपने शासन के अन्तिम दिनों में उसे कई विद्रोहों का सामना करना पड़ा। इनमें से पहला विद्रोह कजल्ला में भड़का। सारगन ने विद्रोह के दंडस्वरूप उस नगर को ध्वस्त कर दिया। कुछ दिन बाद सारगन ने सुहारतों या हिटाइट मितानी लोगों को पराजित किया। यह विद्रोह दबा तो दिया गया किन्तु यह अराजकता सारगन की मृत्यु के बाद उसके पूरे राज्य में फैल गई और उसके पौत्र नरमसिन के पूर्व तक जारी रही और जल्द ही सारगनी साम्राज्य छिन्न-भिन्न हो गया।

इसके पतन के कारण मेसोपोटामिया के इतिहास की मुख्य धाराओं में देखे जा सकते हैं। आमतौर पर किसी राजवंश की स्थापना कोई ऐसा महत्त्वाकांक्षी व्यक्ति करता था जो शाही महल की साजिश के बाद अपने बुद्धिबल से गद्दी हथिया लेता था। लेकिन राजनीतिक मंच से उसके शक्तिशाली व्यक्तित्व के तिरोहित होते ही उसके कमजोर उत्तराधिकारी स्वयं शाही महल के शिकार हो जाते थे। यद्यपि सारगन ने इस संकुचित क्षेत्रीय भावना को किसी हद तक नियंत्रित किया था, किन्तु वह पूरी तरह उसे मिटा नहीं पाया था। अन्तिम बात यह है कि मेसोपोटामिया बड़ा उपजाऊ कृषि क्षेत्र था, इसलिए आस-पास के कबीले अक्सर उस पर आक्रमण करते रहते थे। इन आक्रमणों के कारण कई राजवंशों का पतन हुआ। सारगनी साम्राज्य भी ऐसे आक्रमणों के सामने टिक नहीं सका। गुथियनों ने इस राजवंश के शासन का अन्त कर अपना शासन स्थापित किया।

सारगनी साम्राज्य बहुत ही अल्पायु सिद्ध हुआ, किन्तु मेसोपोटामिया के इतिहास पर वह अपनी कुछ स्थायी छाप छोड़ गया। उसने मेसोपोटामियावासियों की भौगोलिक क्षितिज का काफी विस्तार किया। सारगन के पूरे सुमेर तथा अक्कड़ पर कब्जा करने के अलावा सीरिया और मध्य एशिया के भी कुछ हिस्से को जीत लिया। इस प्रकार 'समस्त ज्ञात संसार के राज्य की' धरती के चारों दिशाओं में राज्य की स्थापना हुई।

सारगन ने केन्द्रीभूत राज्य की स्थापना करने के लिए एक सुनियोजित नीति का पालन करके स्थानीय स्वशासन की भावना की जड़ों को कमजोर बनाया। छोटे-छोटे स्थानीय नगर राज्यों के स्थान पर साम्राज्य की स्थापना काफी महत्त्वपूर्ण चीज थी। इस प्रकार परवर्तीकाल के नौकरशाही राज्य के लिए एक आदर्श भी स्थापित हुआ।

आर्थिक क्षेत्र में देखें तो सारगन ने व्यापार को उत्तेजन किया। अन्तर्राष्ट्रीय व्यापार का क्षेत्र बढ़कर एक ओर फारस की खाड़ी और दूसरी ओर भूमध्यसागर तक फैल गया। युद्धबन्दियों को भारी संख्या में गुलाम बनाया गया जिससे बड़े पैमाने पर चीजों का उत्पादन सम्भव हुआ। आर्थिक जीवन का एक नया दिलचस्प पहलू यह था कि व्यक्तिगत सम्पत्ति पर अधिक जोर दिया जाने लगा।

सांस्कृतिक दृष्टि से अक्काडियों ने सुमेरियनों की अंक, तौल पद्धति तथा मुहर काटने की कला अपना ली। अक्काडी भाषा तथा लिपि के अधिक बोलने, सुनने तथा लिखने-पढ़नेवाले हो गए, जिससे अक्काडी साहित्य के परिणाम में वृद्धि हुई।

कला के क्षेत्र में भी निश्चित प्रगति हुई। मूर्तिकला में यथार्थ की प्रवृत्ति बढ़ी तथा प्रारम्भिक राजवंश काल की न्यायिक पारम्परिक आकृतियों का स्थान वास्तविकता से परिपूर्ण कलाकृतियाँ लेने लगीं। इसका सबसे उल्लेखनीय उदाहरण सुसा में प्राप्त नारयसिन की मूर्ति है। यह बेबीलोन की कला का ऐसा स्मृति चिह्न है जिसे मिस्र या क्रीट की कला के सर्वश्रेष्ठ नमूने की कोटि में रखा जा सकता है।

एश-निन्न की खुदाई में मिले एक अक्काडी अधिकारी के आवास के अवशेषों से इस काल के स्थापत्य-विषयक प्रगति का कुछ अनुमान लगाया जा सकता है। यह काफी बड़ी इमारत थी। इसमें दो आँगन, कई कमरे और एक शौचालय तथा एक स्नान कक्ष था।

मुहर काटने की कला में अक्काडी लोग जल्दी ही सुमेरियाई गुरुओं से आगे निकल गए। सारगन काल की बेलनाकार मुहरें नाटकीय एवं सज्जात्मक प्रभावों के बीच सूक्ष्म सन्तुलन का नमूना हैं। तक्षण के क्षेत्र में भी सारगन काल ने प्रगति की पराकाष्ठा देखी और उसके बाद से इस काल की अवनति होती चली गई।

इस प्रकार सारगन का शासनकाल एक नए युग का सूत्रपात करता है। इस काल में देश के आर्थिक, राजनीतिक तथा सांस्कृतिक जीवन के महत्त्वपूर्ण परिवर्तन हुए। सारगन द्वारा सम्पन्न परिवर्तन यद्यपि काफी महत्त्वपूर्ण थे, तथापि वे मेसोपोटामिया की सभ्यता सुमेरियाई स्वरूप को नहीं बदल पाए। इस प्रकार, वास्तव में इस काल में सामाजिक सुमेरियाई-अक्काडी संस्कृति का विकास हुआ, जो तृतीय राजवंश के शासकों के समय तथा बाद के काल में भी फूलती-फलती रही।

सारगन के पश्चात् उसका पुत्र रिमुश (ई.पू. 2315-2307) गद्दी पर बैठा। उसने लगभग आठ वर्षों तक शासन किया। एलम पर आक्रमण करते समय वह मार दिया गया। उसके पश्चात् जैसा कि रूक्स महादेय (पृ. 143) का कहना है, रिमुश का जुड़वाँ भाई मनिस्तुसु (ई.पू. 2306-2292) गद्दी पर लगभग तेरह वर्षों के लिए बैठा। इस शासक ने सिया की खाड़ी के पार आक्रमण किया और सफलता भी पाई। इसके पश्चात् उसका पुत्र नरमसीन (पाप का प्रेमी) गद्दी पर बैठा। इस शासक ने अपने को 'अगादे का राजा' कहा। उसने अपने को 'चार क्षेत्रों का शासक' एवं 'सारे जहाँ का राजा' कहा। (To the title of 'King of Agade', he could proudly add those of 'King of the Four Regions (of the World)' **(shar kibrat arbaim)** and King of the Universe' **(shar kishshati)**-Roux, pp. 144-145) कई विद्वानों ने नरमसीन के शासनकाल को सारगन की तरह गौरवशाली माना है। उसके काल के अभिलेखों एवं पुरातात्त्विक सामग्रियों से पता चलता है कि उसने अपने राज्य का प्रसार एवं राजनीतिक एकता कायम की। इसने लूलूबि के शासक सतूनी को हराया और अपने इस विजय के उपलक्ष्य में नरमसीन पाषाण नामक स्मारक बनवाया। उसके द्वारा निर्मित यह स्मारक अक्कड युग की सर्वोत्तम कलाकृति कही जा सकती हैं। इसने एलम, मेसोपोटामिया का उत्तर-पूर्वी भाग तथा पूर्वी अरब के भागों को भी जीता।

15.11 साम्राज्य का पतन

सामी लोगों का मूल क्या था और वे कौन थे, इसके सम्बन्ध में अनेक अनुमान पेश किए गए हैं लेकिन इनमें से किसी की भी सत्यता निर्विवाद रूप से सिद्ध नहीं की जा सकती है।

वस्तुतः सामी शब्द किसी यथार्थ का बोध नहीं कराता बल्कि यह सुविधा की दृष्टि से अपना लिया गया है। इस शब्द को जर्मन विद्वान् श्लोगर ने एक विशेष भाषा समूह का वर्णन करने के लिए गढ़ा था। चूँकि सामीय भाषा एक सीमित क्षेत्र में बोली जाती थी इसलिए इन भाषाओं को बोलनेवाले लोगों को एक प्रजाति विशेष का मान लिया गया।

सामियों के मूल के सम्बन्ध में जो सिद्धान्त दीर्घकाल से चला आ रहा है, उसके अनुसार वे अरब के रेगिस्तानों में रहनेवाले खानाबदोश लोग थे। नील की घाटी में हामी लोगों से मिलकर उन्होंने मिस्री जाति की रचना की। इसी तरह मेसोपोटामिया में वे सुमेरियाई लोगों के संसर्ग में आए।

क्रूक के अनुसार, यद्यपि यह मान्यता अनेक तथ्यों से मेल खाती है तथापि यह कबायली लोगों की घुमन्तू प्रवृत्ति को एक गढ़ी हुई योजना की परिधि में बाँध देती है, और जातियों की रचना के इतिहास की जटिल प्रक्रिया को अत्यन्त सरल करके पेश करती है। उसे इस बात में सन्देह है कि ई.पू. प्रथम शताब्दी के पूर्व मध्य अरब रेगिस्तान में मनुष्य का निवास भी था। उसका कहना है कि उन दिनों खानाबदोश लोग दजला और फरात की घाटी तथा जागरोस, टाइरस और लेबनान के पहाड़ों की तराई के हरियाली भरे क्षेत्र से बाहर बहुत दूर तक नहीं निकलते होंगे। इन क्षेत्रों में स्थायी रूप से बसी कृषक आबादी से उनका व्यापारिक सम्पर्क हुआ। इस प्रकार, मेसोपोटामिया और शायद अरब प्रायद्वीप के सीमावर्ती क्षेत्रों के कुछ हिस्से सामियों के निवास स्थान प्रतीत होते हैं।

रूक्स के अनुसार, सुमेर के अक्काडी लोगों और सीरिया-फिलिस्तीन के लेनानीज फिनीशियाई इसके दो उल्लेखनीय अपवाद थे। उनका सामाजिक संगठन पितृसत्तात्मक था, भौतिक दृष्टि से वे बहुत पिछड़ी अवस्था में थे और वे लोग प्रेतात्माओं की पूजा करते थे।

इतालवी विद्वान् इग्नोजिस जिदी से रूक्स की मान्यता की अंशतः पुष्टि होती है। वह दक्षिणी मेसोपोटामिया के सामियों का मूल निवास स्थान बताता है और प्रमाणस्वरूप कहता है कि नदी और समुद्र के लिए तो सामी भाषाओं में समान शब्द है लेकिन पर्वत और पहाड़ी के लिए नहीं। 'ओल्ड टेस्टामेंट' की परम्पराओं से भी इस मान्यता की पुष्टि होती है। लेकिन सामियों और हामियों के जातिगत सम्बन्ध को देखते हुए कुछ विद्वान् सामियों को पूर्वी अफ्रीका के निवासी मानते हैं।

हिट्टी और केनेडी पुरानी मान्यता को अधिक सही और ग्राह्य समझते हैं। हिट्टी के अनुसार, मेसोपोटामिया को सामियों का मूल निवास स्थान मानने में सबसे बड़ी अड़चन यह है कि इसका मतलब होगा कि ये लोग पहले तो नदी के किनारे के इलाकों में कृषक जीवन बिताते थे और बाद में खानाबदोश हो गए। यह बात ऐतिहासिक काल के सामाजिक नियम

से मेल नहीं खाती। यदि अफ्रीका को इनका मूल निवास मान लिया जाए, तो भी जितने प्रश्नों का समाधान होता है, उससे कहीं अधिक प्रश्न उठ खड़े होते हैं।

केनेडी का कहना है कि आज के वीरान अरब रेगिस्तान में हिमयुग में पर्याप्त वर्षा होती थी। प्राचीन नदियों की बड़ी-बड़ी वादियाँ इस क्षेत्र में आज भी देखी जा सकती हैं। यह क्षेत्र पहले हरियाली से भरा था और यहाँ झुंड की झुंड भेड़-बकरियाँ चरा करती थीं। धीरे-धीरे वर्षा में कमी आती गई और एक स्थिति ऐसी आई, जब यहाँ वर्षा होना बन्द ही हो गया और अन्त में यह इलाका सूखने लगा। केनेडी के अनसुार, सामी कबीलों के क्रमिक प्रव्रजन (migration) का पहला कारण यही था। हिट्टी तो सातवीं सदी में लोगों के विस्तार का सम्बन्ध सामी लोगों के प्रव्रजन से जोड़ता है और क्लासिकी सिद्धान्त के समर्थन में एक साक्ष्य के रूप में इस बात का उल्लेख करता है। उसका यह भी कहना है कि अरबों में सामी लोगों की अधिकतर विशेषताएँ आज भी कायम हैं और अरबी उस भाषा के सबसे ज्यादा निकट है, जिसे विद्वान् सामी बोली का आदिम रूप मानते हैं।

ऐतिहासिक अवस्था के प्रारम्भ में ही तीसरी शताब्दी ई.पू. के आस-पास हमें मेसोपोटामिया में सामियों की उपस्थिति के प्रमाण मिलते हैं। इससे लगता है कि वे इस देश में प्रागैतिहासिक काल में चौथी शताब्दी ई.पू. में किसी समय प्रवृष्ट हुए होंगे।

मेसोपोटामिया के इतिहास में अक्काडी लोग प्राचीनतम सामी थे। ये इस देश के उत्तरी हिस्से में रहते थे। वे सामी मूल की भाषा बोलते थे, यद्यपि उसे लिखने के लिए उन्होंने सुमेरियाई लिपि अपना ली थी। सारगन के सिंहासनारोहण के साथ ही अक्काडी भाषा सरकारी दस्तावेजों और शाही अभिलेखों की भाषा बन गई। इससे जैकक्सन तथा कुछ अन्य विद्वान् ऐसा निष्कर्ष निकालते हैं, कि स्वयं सारगन विदेशी था। लेकिन फ्रैंकफर्ट के शब्दों में उस क्षेत्र के लोगों को सच्चे अर्थों में विदेशी नहीं कहा जा सकता।

अन्य साक्ष्यों से भी यह संकेत मिलता है कि सामी और सुमेरियन लोग आपस में शान्तिपूर्वक रहते थे, किसी भी सुमेरियाई पाठ में सामियों का उल्लेख शत्रुओं, आक्रमणकारियों या खानाबदोश के रूप में नहीं किया गया है। निप्पुर स्थित एनलिल के मन्दिरों में प्रतिष्ठित लूगल जगेस्सी की प्रतिमा पर जो अभिलेख हैं, वह अक्काडी भाषा में है। फिर सारगन द्वारा लूगल जग्गेसी की पदच्युति का उल्लेख राजाओं की सूची में बहुत संक्षेप में किया गया है।

सारगन द्वारा प्रथम सामी राजवंश की स्थापना के साथ ही सुमेरियाइयों की राजनीति का अन्त हो गया। सारगन का जन्म किसी साधारण परिवार में हुआ था। आरम्भ में उसने किश के राजा और जबाबा के मदिरा पात्रवाहक का स्थान प्राप्त कर लिया। उसके बाद उसने सुमेर के सर्वोच्च सत्ताधारी उरूकाधीश लूगल जग्गेसी को कैद कर लिया। उसके बाद उसने बारी-बारी से उर, किथ, लगाश, निप्पुर और उम्मा को जीत लिया। उसने अगाडे नामक नगर में नई राजधानी की भी स्थापना की।

विजित प्रदेशों को अपने प्रत्यक्ष केन्द्रीय नियंत्रण में लाने के लिए सारगन ने ऐसी राजनीतिक एकता कायम करने का प्रयास किया, जिसमें नगर-राज्यों का अस्तित्व तो कायम रहने को था लेकिन उस पर नियंत्रण सारगन का रहता।

सुमेरियाइयों के पास कोई ऐसी राजनीतिक संस्था नहीं थी, जो विभिन्न नगरों की प्रभुसत्ता

के ऊपर से आसीन हो, इसके विपरीत अक्काडी लोग राजपद को सबसे बड़े और समादरणीय बन्धन के रूप में देखते थे, और ऐसी वफादारी को स्वीकार करते थे, जो नगर की सीमाओं से बँधी हुई थी।

सारगन ने जिन नगर-राज्यों पर कब्जा किया था, उनकी दीवारें नष्ट करवा दी, जिससे भावी विद्रोहियों के लिए कोई भी गढ़ दुर्लभ हो गया। उसने ऊँचे प्रशासनिक पदों पर केवल अगाडे (Agade) के नागरिकों को नियुक्त किया, उसके साथ अपना एक विश्वस्त सूबेदार छोड़ गया और स्थानीय शासक परिवारों के लोगों को बन्धक के रूप में अपनी राजधानी ले गया। इस तरह उसने स्थानीय स्वायत्तता की भावना को कमजोर किया और राज्य के केन्द्रीभूत नियंत्रण का मार्ग प्रशस्त किया।

राज्य विस्तार के लिए सारगन ने कई सैनिक अभियान भी किए। दजला पार ईरान की ओर अपने पूर्वी अभियानों में उसने पश्चिमी फारस के चार राजाओं को परास्त करके एलम के यूसी को उस क्षेत्र में अपना सामन्त राजा बनाया। पश्चिम की ओर सीरिया में उसने एक अभियान अपने शासनकाल के तीसरे और दूसरा ग्यारहवें वर्ष में किया। अपने अभिलेखों में सारगन कहता है कि उसने देवदारुओं के जंगल और रजत पर्वत तक ऊपरी क्षेत्र में मारी, इयामूरती और इमला को जीत लिया। इयामूरती और इमला निःसन्देह उत्तरी सीरिया में पड़ते थे। दजला के समानान्तर मोसल तक एक दो अभियान किए गए जिसकी पुष्टि निनवे में मिली मानव-सिर की एक मूर्ति जो स्वयं सारगन की मानी जाती है, से होती है।

कुछ परवर्ती पाठों से प्रकट होता है कि सारगन ने कुर्दिस्तान और फारस की खाड़ी के समानान्तर ओमान तक के क्षेत्र पर भी आक्रमण किया था। लैंगसन तो यह भी मानता है कि सारगन भूमध्यसागर पार कर साइप्रस तक पहुँचा था। इतना ही नहीं कुछ विद्वानों ने कुछ ऐसे पाठों की ओर ध्यान दिलाया है, जिनमें सारगन द्वारा मध्य-एशिया में बुरूथ कंडा पर आक्रमण करने का उल्लेख है। लेकिन रूक्स को इन पाठों की प्रमाणिकता में संदेह है।

सारगन का शासन 55 साल (लगभग 2371 से 2316 ई.पू.) तक चला। अपने शासन के अन्तिम दिनों में उसे कई विद्रोहों का सामना करना पड़ा। इनमें से पहला विद्रोह कजल्ला में भड़का। सारगन ने विद्रोह के दंडस्वरूप उस नगर को ध्वस्त कर दिया। कुछ दिन बाद सारगन ने सुहारतों या हिटाइट मितानी लोगों को पराजित किया। यह विद्रोह दबा तो दिया गया, किन्तु यह अराजकता सारगन की मृत्यु के बाद उसके पूरे राज्य में फैल गई और उसके पौत्र नरमसिन के पूर्व तक जारी रही और जल्द ही सारगनी साम्राज्य छिन्न-भिन्न हो गया।

इसके पतन के कारण मेसोपोटामिया के इतिहास की मुख्य धाराओं में देखे जा सकते हैं। आमतौर पर किसी राजवंश की स्थापना कोई ऐसा महत्त्वाकांक्षी व्यक्ति करता था, जो शाही महल की साजिश के बाद अपने बुद्धि-बल से गद्दी हथिया लेता था। लेकिन राजनीतिक मंच से उसके शक्तिशाली व्यक्तित्व के तिरोहित होते ही उसके कमजोर उत्तराधिकारी स्वयं शाही महल के शिकार हो जाते थे। यद्यपि सारगन ने इस संकुचित क्षेत्रीय भावना को किसी हद तक नियंत्रित किया था, किन्तु वह पूरी तरह से उसे मिटा नहीं पाया था। अन्तिम बात यह है कि मेसोपोटामिया बड़ा उपजाऊ कृषि क्षेत्र था, इसलिए आस-पास के कबीलें अक्सर

उस पर आक्रमण करते रहते थे। इन आक्रमणों के कारण कई राजवंशों का पतन हुआ। सारगनी साम्राज्य भी ऐसे आक्रमणों के सामने टिक नहीं सका। गुशियनों ने इस राजवंश के शासन का अन्त कर अपना शासन स्थापित किया।

सारगनी साम्राज्य बहुत ही अल्पायु सिद्ध हुआ किन्तु मेसोपोटामिया के इतिहास पर वह अपना कुछ स्थायी छाप छोड़ गया। उसने मेसोपोटामियावासियों की भौगोलिक क्षितिज का काफी विस्तार किया। सारगन ने पूरे सुमेर तथा अक्कड पर कब्जा करने के अलावा सीरिया और मध्य एशिया के भी कुछ हिस्से को जीत लिया। इस प्रकार 'समस्त ज्ञात संसार के राज्य की' धरती के चारों दिशाओं में राज्यों की स्थापना हुई।

सारगन के केन्द्रीभूत राज्य की स्थापना करने के लिए एक सुनियोजित नीति का पालन करके स्थानीय स्वशासन की भावना की जड़ों को कमजोर बनाया। छोटे-छोटे स्थानीय नगर राज्यों के स्थान पर साम्राज्य की स्थापना काफी महत्त्वपूर्ण थी। इस प्रकार परवर्ती काल के नौकरशाही राज्य के लिए एक आदर्श भी स्थापित हुआ।

आर्थिक क्षेत्र में देखें तो सारगन ने व्यापार को उत्तेजन दिया। अन्तर्राष्ट्रीय व्यापार का क्षेत्र बढ़कर एक ओर फारस की खाड़ी से दूसरी ओर भूमध्यसागर तक फैल गया। युद्धबन्दियों को भारी संख्या में गुलाम बनाया गया। जिससे बड़े पैमाने पर चीजों का उत्पादन सम्भव हुआ। आर्थिक जीवन का एक नया दिलचस्प पहलू यह था कि व्यक्तिगत सम्पत्ति पर अधिक जोर दिया जाने लगा।

सांस्कृतिक दृष्टि से अक्काडियों ने सुमेरियनों की अंक, तौल पद्धति तथा मुहर काटने की कला अपना ली। अक्काडी भाषा तथा लिपि के अधिक बोलने-सुनने तथा लिखने-पढ़नेवाले हो गए, जिससे अक्काडी साहित्य के परिमाण में वृद्धि हुई।

कला के क्षेत्र में भी निश्चित प्रगति हुई, मूर्तिकला में यथार्थ की प्रवृत्ति बढ़ी तथा प्रारम्भिक राजवंशीय कला की न्यायिक पारम्परिक आकृतियों का स्थान वास्तविकता से परिपूर्ण कलाकृतियाँ लेने लगीं। इसका सबसे उल्लेखनीय उदाहरण सूसा में प्राप्त नरमसिन की मूर्ति है। यह बेबीलोनिया की कला का ऐसा स्मृति चिह्न है, जिसे मिस्र या कीट की कला के सर्वश्रेष्ठ नमूने की कोटि में रखा जा सकता है।

एश-निन्न की खुदाई में मिले एक अक्काडी अधिकारी के आवास के अवशेषों से इस काल की स्थापत्य विषयक प्रगति का कुछ अनुमान लगाया जा सकता है। यह काफी बड़ी इमारत थी, इसमें दो आँगन, कई कमरे और एक शौचालय तथा एक स्नान कक्ष था।

मुहर काटने की कला में अक्काडी लोग जल्दी ही सुमेरियाई गुरुओं से आगे निकल गए। सारगन काल की बेलनाकार मुहरें नाटकीय एवं सज्जात्मक प्रभावों के बीच सूक्ष्म सन्तुलन के नमूने हैं। तक्षण के क्षेत्र में भी सारगनकाल के प्रगति की पराकाष्ठा देखी और उसके बाद से इस कला की अवनति ही होती चली गई।

इस प्रकार सारगन का शासनकाल एक नए युग का सूत्रपात करता है। इस काल में देश के आर्थिक, राजनीतिक तथा सांस्कृतिक जीवन में महत्त्वपूर्ण परिवर्तन हुए। सारगन द्वारा सम्पन्न परिवर्तन यद्यपि काफी महत्त्वपूर्ण थे, तथापि वे मेसोपोटामिया की सभ्यता के सुमेरियाई स्वरूप को नहीं बदल पाए। इस प्रकार वास्तव में इस काल में सामाजिक, सुमेरियाई-अक्काडी

संस्कृति का विकास हुआ, जो तृतीय राजवंश के शासकों के समय तथा बाद के काल में भी फलती-फूलती रही।

15.12 उर का तृतीय राजवंश और उत्तराधिकारी

सुमेर का राजा उतूहेगल ने गुरियनों के अन्तिम शासक तिरगिन को हरा दिया। इस विजयी सुमेर राजा के अधीन उर नगर पुनः विकास की ओर बढ़ने लगा। राजा उतूहेगल ने ही तीसरे राजवंश के शासन की नींव डाली। इधर राजा गुडी के अधीन लगश नगर का भी उष्कर्ष हुआ। इस वीर राजा ने बहुत ही कम समय में लगश में धर्म, साहित्य एवं लोगों के कल्याण के लिए अनेक कार्य किया। मन्दिरों का निर्माण कराकर अपने विजय यात्राओं को इन मन्दिरों के दीवारों में खुदवाया। मात्र सात वर्षों में निम्न स्तर के लोगों की आर्थिक एवं सामाजिक जीवन में अपूर्व सुधार किया। गुलामों की स्थिति सुधरी। एलम के नगर को जीतने के पश्चात् गुडी ने फारस और अरेबिया से कीमती पत्थर और सोना लाकर निनगिरसू के मन्दिर को बनवाया। इस मन्दिर के लिए लकड़ी लेबनान से और अलकतरा मध्य फरात से लाया। गुडी के मरने के पश्चात् गुडी के राजवंश का अन्त हो गया। इसके पश्चात् उर के तृतीय राजवंश की स्थापना हुई। उर का यह अन्तिम राजवंश था।

उर का तृतीय राजवंश (2113-2006 ई.पू.) प्राचीन इराक के इतिहास में महत्त्वपूर्ण माना जाता है। उरनामू और उसके उत्तराधिकारियों ने न केवल अक्काडियन साम्राज्य को पुनः स्थापित किया बल्कि उसने मेसोपोटामिया को वर्षों के लिए अपेक्षाकृत शान्ति और वैभव प्रदान किया तथा साहित्य और कला के क्षेत्र में पुनर्जागरण लाया।

उसका शासनकाल विशेषकर घरेलू झंझटों को सुलझाने में ही बीता। उसने सुरझा और वैभवशीलता की पुनः स्थापना की और देवताओं की देखरेख में चोरों, डकैतों और विद्रोहियों से मुक्त किया और विश्व के प्राचीन विधि संग्रहों को लागू किया। लगभग 50 वर्षों में पूर्व निप्पुर से जीर्ण अवस्था में एक टैबलेट प्राप्त हुआ है, जिसमें उसकी संहिता वर्णित है। इस संहिता की सबसे बड़ी विशेषता यह है कि इसमें मृत्युदंड को उतना प्रश्रय नहीं दिया गया, जितना हम्मूराबी की संहिता में था। हेब्रिक संहिता में अपराधियों को हरजाने के रूप में चाँदी-सोना देना पड़ता था, जिसकी मात्रा अपराध की गम्भीरता पर निर्भर करता था। यह एक सभ्य एवं परिष्कृत समाज का द्योतक है।

उरनामू ने कृषि में उन्नति एवं यातायात के साधनों को विकसित करने के लिए नहरें खुदवाईं। मैगन के साथ फिर से व्यापारिक सम्बन्ध स्थापित किया, जिसे गुरियनों के शासनकाल में बन्द कर दिया गया था। युद्ध से रक्षा के लिए शहरों की किलाबन्दी भी की गई।

उसने पुनर्जागरण के कार्य में काफी धन खर्च किया। जिगुरात (Ziggurat) का स्टेज टॉवर से सदा के लिए जुड़ गया था, जिन्हें उसने उर, उरूक, एरीडू, निप्पुर और कई दूसरे शहरों में बनवाया था। यह आज भी हमें आकर्षित करने के लिए काफी है। इनमें उर का जिगुरात सबसे महत्त्वपूर्ण है। यह तिमंजिला था, जिसमें दो मंजिल ही बचे हैं। इसकी ऊँचाई 60 फीट और क्षेत्रफल 200 से 250 वर्गफीट है। मेसोपोटामिया के पुरातत्त्ववेत्ताओं का विचार है कि यह जिगुरात ज्योतिषियों के लिए वेधशाला का काम करता था। कुछ लोगों का विचार

है कि सुमेरियन लोग मुख्यतः मौलिक रूप से उच्च भूमि में रहनेवाले थे, जो अपने देवताओं की पूजा पर्वत की चोटी पर करते थे। कुछ दूसरे विचारकों का मत है कि उसका उद्देश्य शहर के प्रमुख देवता को अन्य देवताओं से ऊपर स्थापित करता था। कुछ अन्य लोग इसे विशाल सीढ़ी मानते थे, जो निचले मीनार और ऊपरी यज्ञ मन्दिर के बीच पुल का काम करता था। बाइबिल में इसे स्वर्ग की सीढ़ी कहा गया था।

एक युद्ध के दौरान उरनामू की मृत्यु हो गई और उसका पुत्र शुलगी (2095-2048 ई.पू.) उत्तराधिकारी बना। उसने उर के राजा के अतिरिक्त अपने 'चारों दिशाओं का राजा' तथा सुमेर और अक्कड का स्वामी घोषित किया। ऐसा पहलें किसी राजा ने नहीं किया था। उसने दैवी उपाधि धारण की थी। उसे शुलगी का देवता कहा जाता था। साम्राज्य में दो बार उनके मूर्ति की पूजा की जाती थी।

उसने उरनामू धारा आरम्भ किए गए कार्यों को पूरा किया। कई मन्दिरों और जिगुरातों का निर्माण किया। उसने मूलतः एलम में भी मन्दिर का निर्माण करवाया। मन्दिरों के उच्च पुरोहितों की देखरेख में देवताओं को पुनः स्थापित किया गया तथा कैलेंडर में सुधार लाया गया था एवं नाप-तौल के नए तरीके अपनाए गए। राज्य का राजनीतिक, आर्थिक और प्रशासनिक पुनर्संगठन उसने किया।

उसके शासनकाल के 24वें वर्ष में एक लम्बे सैनिक अभियान की शुरुआत दीयोला के उत्तर के समतल मैदान और कुर्दिस्तान की पहाड़ियों में हुई। वह लगातार एलम और जागरस की पहाड़ियों पर चढ़ाई करता रहा। वह सेमाइट राजा नरमसीन को हराना चाहता था। यह आक्रमण सम्भवतः सीमा विस्तृत करने के उद्देश्य से किया गया था। दूसरे क्षेत्रों में उसने धूर्त नीति अपनाई। अपनी लड़की की शादी मरहरसी और अवरान के गवर्नरों से की।

इसका शासनकाल सेमाइट विरोधी माना जा सकता है। शुलगी ने विशेषकर प्राचीन सुमेरियन शहर एरीडू का पक्ष लिया। बेबीलोन को नीचा दिखाया गया। मारडूक के पवित्र मन्दिर को उसने लूटा तथा मन्दिर के खजानों को उठाकर ले गया। इतिहास में उसका शासनकाल काफी सफल माना गया।

शुलगी की मृत्यु के बाद उसका उत्तराधिकारी अमरसीन (Amar-Sin) (2047-2039 ई.पू.) शासक बना। उसने अपने पिता के नीति का ही अवलम्बन किया। अपने शासनकाल के पूर्वार्द्ध में निर्माणकाल में संलग्न रहा और दूसरे भाग में अनूबला पर आक्रमण किया। उसने घोषणा की कि वह ऐसा देवता है, जिसने देश को जिन्दगी दी है।

अमरसीन ने सुमेर में प्रचलित राजनीतिक व्यवस्था का अनुकरण किया। इसके समय में शासन की इकाई नगर राज्य था। वह इनगी द्वारा शासित होता था। यह पद स्थानान्तरणीय था और ये अपने जिलों के लिए उत्तरदायी थे। परिच्चिय क्षेत्रों के इनगी वहाँ के स्थानीय लोग हुआ करते थे।

वस्तुओं का मूल्य निर्धारण चाँदी और अनाज के रूप में किया जाता था। वस्तुओं का मूल्य उसके गुण, जगह और समय के अनुसार बदलता रहता था। उपज का 3 भाग जमीन पट्टे के रूप में दिया जाता था। यही कारण है कि गरीब लोग दिनोदिन कर्ज

के बोझ से दबते गए। यहाँ तक कि वे अपने बच्चों को बेचने के लिए मजबूर हो गए। गरीबी के कारण देश की बहुत बड़ी जनसंख्या ने मन्दिरों में रोज की मजदूरी पर काम करना ज्यादा लाभकारी समझा।

मन्दिर अभी भी जमीन, कीमती पत्थर, जानवर और श्रम के मालिक थे। राज्य सरकार का अपना सम्पत्ति, भंडार और कारखाना था। लेकिन अब राज्य और मन्दिर विरोधी संस्थाएँ नहीं थीं। राजा देश का सबसे बड़ा पुरोहित था और वही मनुष्य मुख्य पुरोहित की नियुक्ति करता था। राजा मन्दिर को कीमती भेंट देता था तथा अन्य धार्मिक कार्यों को सम्पादित करता था। इसके बदले मन्दिर राजा को नियमित कर देते थे। संकट के समय अपनी सम्पत्ति राजा की सेवा में उपस्थित करते थे। शुलगी ने निप्पुर से कुछ मील दक्षिण (पुजोरिस्ट दगह) में एक भंडार बनवाया था, जिसमें विभिन्न प्रान्तों से लाए गए अनाज, भेड़, पशु आदि अन्य सामग्रियाँ रखी जाती थीं। ये चीजें अधिकतर भेड़ों के रूप में ही प्राप्त होती थीं।

उर राजवंश के हाथ में राजनीतिक और आर्थिक अधिकारों के केन्द्रीकरण ने राज्य संचालित समाज को जन्म दिया। शासन की विभिन्न इकाइयों को एकत्रित किया गया। देश की अधिकांश जनता व्यावहारिक रूप से गुलाम हो चुकी थी। परन्तु राज्य संचालित व्यापार, उद्योग और खेती आगे बढ़ी। सरकार धनी और मजबूत थी। देश में विद्रोह नहीं हुआ और दरबार में भी किसी तरह की क्रान्ति नहीं हुई। मेसोपोटामिया की जनसंख्या बढ़ी। मन्दिरों तथा नए शहरों और गाँवों का निर्माण हुआ।

उत्पादन के खदानों का केन्द्रीकरण हो जाने से गुलामी प्रथा का उदय हुआ। शासक वर्ग ने मजदूरों का शोषण किया। इस शोषित वर्ग में गुलाम मर्द, औरत और बच्चे सभी आते थे। युद्धबन्दियों और विदेशों से खरीदकर लाए गए मर्द, औरत और दिवालिए कर्जदार, पट्टेदार के बच्चों आदि को गुलाम बनाया जाता था। राज्य और मन्दिर के मालिक भी मजदूरों का शोषण करते थे। धन के रूप में उनके पास कुछ नहीं था। अतिरिक्त आमदनी के लिए उन्हें भाड़े पर काम करना पड़ता था। योद्धा केवल लड़ते ही नहीं थे, बल्कि वे उत्पादनकर्ता भी थे।

शुसीन (Shu-Sin-2038-2030 B.C.) के काल से ही राजवंश के पतन के चिह्न परिलक्षित होने लगे। इसके काल से ही अमेराइट जाति अधिक सक्रिय होने लगी। उनमें से कुछ असभ्य और घुमक्कड़ जाति के लोग थे, जो लूटपाट करते रहते थे। इन डाकुओं के विरुद्ध पुलिस हमेशा तत्पर रहती थी। शुलगी और अमरसीन के काल में इन अमेराइट बन्दियों की पूरी जानकारी मिलती है।

शुसीन का पुत्र इबीसीन (Ibbi-Sin-2029-2006 B.C.) एक कमजोर शासक था। उसके समय में साम्राज्य का विघटन प्रारम्भ हो गया। दूरस्थ प्रान्त स्वतंत्र होने लगे। इसके राज्यारोहण के तीसरे वर्ष पूर्व सूज स्वतंत्र हो गया। इस तरह राज्य की शक्ति धीरे-धीरे घटने लगी।

अमेराइट जाति का छिटपुट आक्रमण सीमान्त प्रदेशों पर होने लगा। इसका सुमेर का आन्तरिक प्रदेशों पर आक्रमण हुआ। उस समय जो संकट स्थिति थी, इसका पता हमें राजा

और उसके सेनानायक के बीच हुए पत्र व्यवहार से चलता है। राजा के सेनानायक को, जो मारी का निवासी था, यह आदेश दिया था कि उर के लिए इसिन और निप्पुर से अनाज खरीदे पर उसने अपनी असमर्थता जाहिर की; क्योंकि मारतू ने लूटकर यातायात की व्यवस्था को तोड़ दिया था और अब वे इन प्रान्तों पर आक्रमण करने की योजना बना रहे थे। जनता भुखमरी का शिकार थी, फिर भी वह इन आक्रमणकारियों से निपटने में सफल रहा।

साम्राज्य की शक्ति अमेराइट जातियों के कारण कमजोर हो गई थी। इसी बीच राजा के अपने अधिकारियों ने भी उसकी सत्ता मानना अस्वीकार कर दिया था। वे स्वतंत्र होने का प्रयत्न करने लगे, जिसके कारण भी शक्ति लोप हो रही थी। 2017 ई.पू. में ईशाबी-इर्रा (2017-1985 B.C.) ने स्वयं को इसिन (Isin) का शासक नियुक्त किया। इससे कुछ समय पूर्व एक अमेराइट शासक बन बैठा था।

इसी समय साम्राज्य पर एलम लोगों का आक्रमण हुआ। इन लोगों ने पहले की तरह परिस्थितियों का फायदा उठाया था। इबीसितन ने इसका सामना किया। वह युद्ध में पराजित हुआ, बन्दी बना लिया गया तथा उसे ईरान ले जाया गया, जहाँ उसकी मृत्यु हो गई। एलमा जाति के लोगों ने महान नगर पर कब्जा कर लिया।

उर के तीसरे राजवंश के शासकों को यह श्रेय दिया जाता है कि उन्होंने साम्राज्य की पुनः स्थापना ही नहीं की, बल्कि साम्राज्य की सीमा को भी विस्तृत की। इसके काल में शान्ति तथा सुव्यवस्था कायम हुई तथा कला और साहित्य की उन्नति हुई। मन्दिरों का निर्माण हुआ, जनसंख्या में वृद्धि हुई तथा गाँव और शहरों की उत्पत्ति हुई।

अमेराइट जाति का आक्रमण, अफसरों का विद्रोह तथा अन्य प्रान्तों का स्वतंत्र हो जाना आदि उर राजवंश के पतन के मुख्य कारण थे।

अध्याय-16

सुमेरियन और उनकी संस्कृति

16.1 सुमेरियन कौन

मेसोपोटामिया, जो दजला और फरात नदियों के बीच फली-फूली, के दक्षिणी भाग को सुमेर के नाम से पुकारा जाता है। दोनों तरफ की मरुभूमि के मध्य का यह प्रदेश हमेशा बाढ़ आने के कारण काफी उपजाऊ था। आसपास के निवासी यहाँ आर्थिक सुविधा के कारण आकर बस गए। चूँकि सबसे पहले यहाँ सुमेरियन लोग आकर बसे, अतः इस प्रदेश का नाम सुमेर पड़ा। 4000 ई.पू. में सुमेर एक प्रमुख शहर था। सुमेरियन प्रायः नाटे कद के होते थे। इनकी नाक नुकीली और ऊँची होती थी तथा बाल काले और पीछे की ओर ढलका होता था। दाढ़ी, मुँह और सर के बाल ये नहीं रखते थे। वैसे सुमेर के निवासियों के मूल के सम्बन्ध में विद्वान् एकमत नहीं हैं। कुछ विद्वानों का मत है कि ये लोग एलम नामक स्थान से आकर यहाँ बसे थे क्योंकि एलमवासियों एवं सुमेरियनों की भाषाएँ एक हैं। इनके भाषा से ऐसा लगता है कि जहाँ के निवासी थे, वहाँ झील और पहाड़ थे। जंगल और पर्वत भी यहाँ थे। एलम से ये सभी बातें मिलती हैं। कुछ अन्य विद्वानों ने सुमेरियन का सम्बन्ध भारत के द्रविड़ लोगों से बताने का प्रयास किया है। इस विचार के समर्थक हॉल, फादर हेरास और क्रेमर महोदय हैं। साइक्स ने भी सुमेरियन को इंडो-यूरोपियन परिवार से माना है लेकिन पिजॉन तथा हॉल ने उपर्युक्त विद्वानों के मतों के विपरीत बताते हैं कि ये लोग मंगोल थे। प्रोफेसर इलियट स्मिथ उन्हें सुमेर का ही मूल निवासी बताते हैं।

कुछ सौ सालों तक अपने को आर्थिक एवं सामाजिक क्षेत्र में विकसित करने के पश्चात् सुमेरियन लोगों ने 3200 ई.पू. में राजनीतिक स्थिति को स्थापित किया। ऐरेक, लारसा, ईसिन या निसिन, लगश, उर, एरिडू अदब तथा निप्पुर आदि प्रमुख नगर राज्य सुमेर में थे। लगश का शासक पटेशी कहा जाता था। सबसे प्रसिद्ध पटेशी लगभग 2500 ई.पू. में गूडी था, जिसके काल में न्याय, भवन-निर्माण, धर्म, उदारता आदि के क्षेत्र में सुमेर का थोड़ा विकास हुआ। इस पटेशी के बाद सुमेर में लगश से ज्यादा महत्त्वपूर्ण नगर राज्य उर हो गया, जहाँ का सबसे प्रसिद्ध शासक तृतीय राजवंश का दुंगी (ई.पू. 2450-2400) था। इसने सम्पूर्ण अक्कद को अपने अधीन कर लिया। इतना ही नहीं दुंगी ने एलम को अपने अधीन कर लिया, जगरोस के पर्वतीय जातियों को हराया और अनेक देवताओं के मन्दिरों को एलम, कूधा, लगश, एरेक, उर आदि नगरों में स्थापित किया। इन उपलब्धियों के कारण दुंगी को

कई प्रकार के दैवी पदवियों से विभूषित किया गया। अति उपयोगी कानून संग्रह का निर्माण दुंगी के द्वारा सुमेर में किया गया, जिसका महत्त्व कई दृष्टिकोण से हम्मूराबी के कानून संग्रह से ज्यादा था। दुंगी के इसी कानून संग्रह के आधार पर हम्मूराबी द्वारा प्रतिपादित कानून संग्रह आधारित है। अतः दुंगी का श्रेय कानून निर्माता के रूप में किसी भी तरह हम्मूराबी से कम नहीं है।

दुंगी वंश ने ही सुमेर में वहाँ की अपनी भाषा को उचित स्थान दिलाया। इस वंश ने एरिडू को धर्म का एक प्रमुख केन्द्र बना दिया, जो अपने आप में काफी महत्त्वपूर्ण उपलब्धि है। इस समय अक्कड भी सुमेर के प्रभुत्व में आ गया और दुंगी वंश के काल में ही सुमेर और अक्कड़ मिलकर एक राष्ट्र हो गए, जिन पर सुमेर राजाओं का आधिपत्य था। दुंगी राजा के मरने के पश्चात् उसके उत्तराधिकारी में योग्यता का अभाव पाया गया, फलतः दुंगी के मरने के लगभग 43 वर्षों के पश्चात् उर नगर राज्य अपना पूर्व गौरवशाली व्यक्तित्व खो दिया। लगभग 2500 ई.पू. तक अर्थात् दुंगी के मरने के लगभग 300 वर्षों तक उर में संयुक्त नगर राज्य की स्थापना नहीं हो सकी। सुमेर और अक्कड का भी महत्त्व दिनानुदिन घटता जा रहा था।

एलमी शासक ने दुंगी वंश के अन्तिम शासक को हराकर बन्दी बना लिया। हम्मूराबी के पूर्व तक एलम पर हमेशा दुश्मनों के आक्रमण होते रहे, अतः अपने पूर्व विकसित स्थिति में यह कभी नहीं आ सका। फिर ईसिन के विकास की बात हमें देखने को मिलती है, जहाँ इशु-उरा नामक व्यक्ति ने ई.पू. 24वें सदी में एक नए राजवंश की स्थापना की। इस समय ईसिन उर के समान विकसित तो नहीं हो सका लेकिन लगभग दो सौ से अधिक वर्षों तक राजनीतिक केन्द्र बना रहा। 2155 ई.पू. में एलमी शासक कुदुर-मषुक का पुत्र रिमसिन ने लारसा को अपने शासन का मुख्य केन्द्र बनाया। इस काल में संघर्ष की चर्चा हमें काफी मात्रा में देखने को मिलती है। उत्तर में सेमाइट बेबीलोन को केन्द्र बनाकर सुमेर और अक्कद को अपने प्रभुत्व में करना चाह रहे थे। दूसरी तरफ दक्षिण में एलमी शासक लरसा को केन्द्र बनाकर उत्तर की ओर राज्य विस्तार करना चाह रहा था क्योंकि उपर्युक्त दो में से एक का पक्ष अगर लेता तो दूसरी शक्ति का कोप भोजन बनने का उसे डर था। लेकिन यह तनावपूर्ण स्थिति बहुत दिनों तक नहीं रह सकी। कुछ ही दिनों के पश्चात् इन तीनों शक्तियों में सेमाइटों को विजयश्री मिली और हम्मूराबी के विकास की प्रक्रिया की शुरुआत हुई।

उपर्युक्त राजनीतिक क्रिया-कलापों के अलावा आर्थिक दृष्टिकोण से भी हमें सुमेर के बारे में स्रोतों के आधार पर काफी जानकारी होती है। आज से लगभग छः हजार वर्ष पहले आर्थिक स्थिति को सुदृढ़ करने के लिए सुमेरियन लोगों ने न केवल उपजाऊ भूमि की मात्रा बढ़ाना शुरू किया, बल्कि उपजाऊ भूमि में अधिक उपज के लिए सिंचाई की व्यवस्था भी की। फारस की खाड़ी के उत्तर में दलदल भूमि थी, जिसमें कृषि सम्भव नहीं थी। फलतः इन लोगों ने उसे सुखा दिया और समतल भूमि उन्हें काफी मिल गई। नदियों में प्रतिवर्ष बाढ़ आने से फसलों की काफी क्षति होती थी, फलतः नदियों में बाँध बाँध दिए गए और नए-नए नहरों को बनाया गया। धीरे-धीरे सुमेरिया का उपजाऊ क्षेत्र आधुनिक बगदाद तक विस्तृत हो गया।

कृषि में विस्तार के परिणामस्वरूप सुमेरवासियों की आर्थिक स्थिति में विकास हुआ और नए-नए मकान भी बने। बेबीलोनिया के धार्मिक साहित्यों में इस सम्बन्ध में हमें काफी चर्चा देखने को मिलती है। मकानों में ईंटों का प्रयोग किया गया और नगरों का भी विकास हुआ। लम्बी-लम्बी नहरें न केवल सिंचाई के लिए उपयोगी थीं, बल्कि यातायात के साधन के रूप में भी इसका उपयोग होता था। सुमेरिया के अधिकांश शासकों ने पुरानी नहरों की मरम्मत कराई और नई नहरों का निर्माण भी किया। यहाँ के खेत प्रतिवर्ष बाढ़ के पानी से डूब जाया करते थे, फलतः काफी ऊँची-ऊँची मेड़ों को बनाया गया, जिसके कारण अब बाढ़ का पानी खेतों में प्रवेश नहीं कर पाता। इन ऊँची-ऊँची मेड़ों को सड़क के रूप में भी उपयोग किया जाने लगा। बाढ़ के जल को किसी एक स्थान में एकत्र कर लिया जाता था और आवश्यकता अनुसार खेतों की सिंचाई इसके जल से होती थी। यह जल नहर और शडूफ अर्थात् ढेकुली या रहट के माध्यम से खेतों तक पहुँचाया जाता था।

कृषि में विकास के परिणामस्वरूप अतिरेक की मात्रा में काफी बढ़ोतरी हुई। इस अतिरेक ने व्यापार को जन्म दिया। सुमेरवासी वैसे भी अन्य देशों की तुलना में काफी स्वतंत्र प्रकृति के थे। इस काल में अधिकांश भूमि पर राजा का नहीं बल्कि मन्दिरों का अधिकार था। राज्य के अधीन भी काफी भूमि थी, लेकिन धार्मिक केन्द्रों के तुलना में कम। मन्दिर व्यवस्था के सम्बन्ध में काफी विस्तृत तसवीर हमें देखने को सुमेर में मिलती है। सुमेर के लोगों के राजनीतिक जीवन का मुख्य केन्द्र नगर था, लेकिन नगरों के राजनीतिक, धार्मिक, आर्थिक जीवन का मुख्य केन्द्र मन्दिर था। सुमेर के सभी नगरों में अनेक मन्दिर होते थे। इन मन्दिरों में सबसे प्रधान कोई एक मन्दिर होता था, जिसके अधीन काफी बड़ी मात्रा में पदाधिकारी, पुजारी, व्यापारी, दास, माली, पशुपालक आदि होते थे। इस काल में भारत के सिन्धु घाटी सभ्यता में हमें ऐसी बातें नहीं देखने को मिलती हैं और न मिस्र में ही ठीक इसी प्रकार की। मन्दिर के अधीन काफी बड़ी मात्रा में भूमि होती थी, जिसका एक भाग सामूहिक (निगेन्ना) होता था, जिसमें मन्दिर से सम्बन्धित सभी व्यक्तियों को खेती करना पड़ता था। फिर भूमि का एक अन्य भाग मन्दिर के सदस्यों में विभाजित कर दिया जाता था और अन्तिम भाग लगान पर सामान्य व्यक्तियों को दे दिया जाता था। मन्दिर का पुजारी इस भूमि से उपज का छठे से तीसरा भाग उत्पादक वर्ग से वसूल कर लेता था। यह लगान खाद्य पदार्थों के रूप में वसूल किया जाता था, लेकिन धनी व्यक्ति खाद्य-पदार्थ के बदले मन्दिर को चाँदी भी दे देते थे। चूँकि नगर का प्रत्येक व्यक्ति मन्दिर का सदस्य होता था, अतः सारे लोगों को प्रत्यक्ष या अप्रत्यक्ष रूप से मन्दिर के भूमि में काम करना पड़ता था और सम्पूर्ण नागरिकों से मन्दिरों को कर के रूप में अनाज या चाँदी मिल जाता था। इस तरह नगर में व्यक्तिगत भूमि के मालिकों की संख्या काफी कम थी। पुरुषों के साथ-साथ कुछ औरतें भी मन्दिरों से जुड़ी थीं, जिन्हें भी खेती का काम करना पड़ता था और उपज का एक हिस्सा मन्दिर को मिलता था। इस तरह नगर का मुख्य मन्दिर काफी धनी और प्रभावशाली संस्था थी। इसके पास खेती से सम्बन्धित सारे सामान, जैसे—हल, बीज, पशु आदि होते थे। खेत बैल एवं गधे के द्वारा जोते जाते थे। टूटे हुए बाँध के लिए या सड़कों आदि की मरम्मत के लिए मन्दिर बेगार भी लेता था। मन्दिर की जिम्मेदारी थी। उसको मरम्मत कराना, अतः कुछ लोगों से

इसके लिए मुफ्त सेवाएँ ली जाती थीं। मन्दिर में जो सामग्री कर के रूप से प्राप्त होती थी, उसका कुछ हिस्सा प्रधान पुजारी अपने अधीन अन्य पुजारियों के बीच वितरित कर देता था। प्रधान पुजारी के अधीन कई अधिकारी रहते थे, जो उसके धन का देखभाल एवं लेखा-जोखा रखते थे। मन्दिर से सम्बन्धित सारे लोग एवं अधिकरी अनेक समुदायों में बँटे रहते थे। प्रत्येक समुदाय के ऊपर एक अधिकारी नियुक्त था, जिसके माध्यम से कर वसूलने एवं वितरण का कार्य सम्पन्न किया जाता था। मन्दिरों की सम्पत्ति में मात्र अनाज और चाँदी ही नहीं होता था, बल्कि उसके गोदाम में लड़ाई के औजार, बहुमूल्य पत्थर, जानवरों की खाल, शराब, ऊन, खजूर फल आदि भी रहते थे। अतः गोदामों की सुरक्षा काफी सावधानीपूर्वक करने की व्यवस्था प्रधान पुरोहित द्वारा की गई थी। गोदाम से सम्बन्धित किसी तरह की गड़बड़ी के लिए सम्बन्धित अधिकारी जिम्मेदार होता था।

धार्मिक संस्थाओं द्वारा उपर्युक्त अधिकारों के बावजूद अत्याचार की बातें सुमेर में हमें देखने को नहीं मिलती थीं। इसका सबसे प्रधान कारण यह था कि मन्दिर द्वारा जनता का शोषण करने के बावजूद उपजाऊ मिट्टी के कारण सुमेरियन लोग अपनी आवश्यकताओं की पूर्ति लगभग सन्तोषप्रद ढंग से कर लेते थे। इस तरह का वातावरण ई.पू. प्रथम शताब्दी तक बना रहा, फिर चूँकि धनी व्यक्तियों को भी मन्दिर के दबाव के कारण उत्पादन का काम करना पड़ता था, अतः गरीब यर निम्न मध्यम वर्ग के लोगों को विशेष असन्तुष्टि नहीं थी।

मन्दिर के प्रधान पुरोहित द्वारा कृषि से प्राप्त इतनी बड़ी आय के आधार पर हम कह सकते हैं कि इस काल में सुमेरियन लोगों के जीविका का मुख्य साधन कृषि था। ये लोग मुख्य रूप से खजूर, जौ और गेहूँ की खेती तथा मछली को मारने का काम करते थे। मछलियों की संख्या बढ़ाने के लिए सुमेर में बड़े-बड़े सरोवर थे। नहरों एवं नदियों में मछलियाँ पाई जाती थीं। हल चलाने के साथ-साथ बीज डालने की प्रक्रिया की शुरुआत शायद सर्वप्रथम सुमेर में ही शुरू हुई थी। 18वीं सदी ई.पू. में ही सुमेर में कृषि-पंचांग तैयार हो गया था, जिससे पता चलता था कि कब कौन सी फसल तैयार होगी। बाढ़ आनेवाले महीनों की जानकारी उन्हें थी। कृषि से सम्बन्धित प्रगति के प्रतीक के रूप में हम पाते हैं कि सुमेर के निवासी बगीचों के फलों एवं छोटे-छोटे पौधों को धूप एवं वायु से सुरक्षा के लिए ऊँचे-ऊँचे एवं छायादार पेड़-बगीचों के चारों तरफ लगा देते थे।

आय के लिए पशुपालन के क्षेत्र में सुमेरियन काफी आगे थे। गाय की उपयोगिता काफी थी और देवी के रूप में इसका आदर किया जाता था। भेड़ों और बकरियों को भी ये लोग पालते थे। मन्दिरों के पास काफी मात्रा में सूअर, भेड़, बकरी और गाएँ होती थीं, जो आय का प्रमुख साधन था। हल में बैल और पहियोवाली गाड़ियाँ में खच्चर एवं गधे का उपयोग होता था। शायद ये लोग घोड़े से भी परिचित थे।

कला के क्षेत्र में हम पाते हैं कि सुमेरियन लोग लकड़ी एवं लोहा के अनेक तरह के सामान बनाते थे। जुलाहे भी होते थे, जो कपड़ा बुनने में निपुण थे। इनके द्वारा अनेक प्रकार के औजार और जीवनोपयोगी बर्तन भी बनाए जाते थे। अतिरिक्त सामान विदेशों में बेचा जाता था और कई प्रकार के कच्चे मालों का आयात होता था। ताँबे को पीटकर मूर्तियाँ

बनती थीं। उसे साँचे में ढालकर औजार बनाए जाते थे। ताँबे में टीन मिलाकर काँसा बनाने की तकनीक से ये लोग परिचित थे। सोना, चाँदी और सीसे का प्रयोग आभूषण आदि बनाने में उपयोग होता था। ऊनी कपड़ों से घाघरा एवं स्कर्ट बनाया जाता था। भेड़ों की खाल से भी वस्त्र बनते थे। रथ में टायर चढ़ाया जाता था, जो चमड़ा या ताँबे के बने रहते थे। इससे रथ की जिन्दगी काफी लम्बी होती थी। पहिए का प्रयोग शायद सबसे पहले यहीं हुआ हो, जो सामान ढोने के लिए अद्‌भुत रूप से उपयोगी था।

अनेक प्रकार के उपर्युक्त वस्तुओं के निर्माण के परिणामस्वरूप व्यापार विकसित हुए। सर्वप्रथम तो व्यापार मन्दिरों से सम्बन्धित व्यापारियों एवं सौदागरों के हाथों में था लेकिन बाद में व्यक्तिगत व्यापार का भी विकास हुआ। विदेशों से सोना, चाँदी आदि मँगाए जाते थे। सिन्धुघाटी से प्राप्त पुरातात्त्विक सामग्री एवं सुमेर से भी प्राप्त पुरातात्त्विक सामानों के आधार पर दोनों क्षेत्रों से व्यापार की जानकारी होती है। पश्चिम में सुमेरियों का व्यापार भूमध्यसागर के पूर्वी तट तक विस्तृत था। सुमेरियन व्यापारियों की सबसे बड़ी प्रतिद्वन्द्विता मिस्री व्यापारियों से थी। चूँकि प्रतिदिन उपयोग की वस्तुओं के उत्पादन में सुमेरवासी आत्मनिर्भर थे, अतः अधिकतर विलासमयी वस्तुओं का आयात ही उनके द्वारा किया जाता था। सोना, चाँदी, काठ के अलावा ताँबा, कांस्य, सीसा आदि सामान विदेशों से मँगाया जाता था। ओमन प्रदेश (फारस की खाड़ी में स्थित) से ताँबा, तीरूस पर्वतीय प्रदेश से चाँदी, सीरिया और एशिया माइनर से टीन और बदख्शाँ से वैदूर्य नामक बहुमूल्य पत्थर आयात किए जाते थे। अपना व्यापार व्यापारियों के द्वारा काफिलों के रूप में होता था, क्योंकि खतरनाक एवं जंगली रास्तों से भी इनका गुजरना होता था। व्यापार में माल ढोने के लिए ऊँट एवं गधे का प्रयोग किया जाता था। जल मार्गों में नौकाओं का प्रयोग भी ये लोग करते थे।

विदेशी व्यापार में सबसे अधिक उन्नति सारगोनी वंश एवं उर के तृतीय सैराज वंश के काल में हुई। इसका प्रमुख कारण था कि सुमेरियन एवं सेमाइट शासक सैनिक रूप से काफी शक्तिशाली थे। सैनिक शक्ति के कारण सुमेर का सम्बन्ध अन्य देशों से हुआ। कुछ शासकों, जैसे—सारगन, नरमसिन और दुंगी ने व्यापारियों और व्यापार की उन्नति पर विशेष रूप से ध्यान दिए। व्यापारियों की सुरक्षा के लिए यातायात का विकास एवं उनकी सुरक्षा का विशेष प्रबन्ध किया गया और पश्चिम दिशाओं में सेनाएँ भेजी गईं। इस काल में खरीद-बिक्री में माध्यम का काम वस्तुओं के द्वारा नहीं बल्कि धातुओं के द्वारा शुरू हुआ। उदाहरण के लिए वस्तुओं के भुगतान के लिए चाँदी या सोना को टुकड़ों-टुकड़ों में बाँटकर दिया जाने लगा। पहले तो चार पौंड चाँदी के बराबर एक पौंड सोना मिलता था, लेकिन ज्यों-ज्यों सोना का महत्त्व बढ़ते गया और चाँदी काफी मात्रा में प्राप्त होने लगी, सोना का मूल्य बढ़ता गया। वैसे मुद्रा-प्रणाली सुमेर में विकसित नहीं थी। जनता करों के रूप में चाँदी नहीं वस्तुएँ ही देती थी। लेकिन इतना तो निश्चित है कि व्यापार में एक नए ढंग की प्रक्रिया कुछ हद तक जन्म ले चुकी थी और ले भी रही थी। यहाँ खुदाइयों से प्राप्त मिट्टी के अभिलेखों के अध्ययन के आधार पर पता चलता है कि व्यापार से सम्बन्धित बातों को जैसे बकाए की राशि या कहाँ से कितना सामान आया या गया, इसका लेखा-जोखा रखने की प्रक्रिया आरम्भ हो चुकी थी। लेखबद्ध पट्टियों पर हस्ताक्षर करने की बात भी हम सुमेर में पाते हैं, जो विकसित

व्यापार के प्रतीक का ही अंग है। अपने सामानों को लोकप्रिय बनाने के लिए सुमेरवासी विदेशों के कमीशन एजेंट भी रखने लगे थे।

आज से लगभग पाँच हजार वर्ष पहले सुमेर का राजनीतिक संगठन कई भागों में विभाजित था, जिसे नगर राज्य सामान्य तौर पर कहा जा सकता है। प्रत्येक नगर के चारों ओर कृषि योग्य भूमि होती थी, जिसके आधार पर नगरवासियों को खाने-पीने एवं व्यापार के लिए तैयार एवं कच्चा माल मिलता था। कभी-कभी शक्तिशाली राजाओं के कारण कई राज्यों को जीतकर एक में मिला लेने की बात पाते हैं। 3000 ई.पू. के लगभग सुमेर में हम प्रजातन्त्र की बात भी पाते हैं, लेकिन बाद में चलकर इसका अन्त हो गया, क्योंकि संकट के समय सरकार को निर्णय लेने में काफी दिक्कत होती थी। अतः आरम्भ में तो संकटकालीन स्थिति में एक सर्वोदय अधिकारी की नियुक्ति की गई, लेकिन बाद में यह व्यवस्था राजतंत्र का रूप ल लिया। राजतान्त्रिक व्यवस्था के कारण फूट पड़े और कई नगर राज्य विकसित हो गए, जहाँ का एक-एक स्वतंत्र शासक होने लगा। कई शासकों ने धार्मिक दृष्टिकोण से जनता का समर्थन पाने के लिए अपने को देवता का प्रतिनिधि कहने लगे, फलतः मन्दिर के पुजारियों एवं राजा के बीच का सम्बन्ध बढ़ता गया और धीरे-धीरे मन्दिर का प्रधान पुरोहित भी अधिक शक्तिशाली होती गया। जिन राजाओं ने मन्दिर के अधिकार को कम करना और देश में एकता स्थापित करना चाहा वे अनेक कारणों से (जनता के विश्वास का अभाव, अन्य राजाओं द्वारा विरोध, मन्दिरों के पुजारियों द्वारा नापसन्द) अपने उद्देश्य में सफल नहीं हो सके।

शुरू में रीति-रिवाज और परम्परा ही कानून थे, लेकिन बाद में कानूनों का निर्माण हुआ जो हम्मूराबी के लॉ कोड से भी पहले के हैं। इसमें न्यायालयों के संगठन, दंड व्यवस्था आदि पर विशेष प्रभाव डाला गया। समाज में अनेकता के कारण तीन वर्ग—उच्च, साधारण एवं निम्न लोगों की बात पाई गई। स्त्रियों की दशा अच्छी कही जा सकती है। पत्नी एवं बच्चे को बन्धक रखने का कानूनी अधिकार पति को था लेकिन व्यवहार में ऐसा नाममात्र का था। धनी औरतें स्वर्णाभूषण और अन्य विलासमयी वस्तुओं का उपयोग करती थीं। सुमेरियन लोग जल, पर्वत, पृथ्वी, आकाश, वायु आदि की पूजा करते थे। सभी जीवों को वे देवसमूह का अंग मानते थे। धार्मिक दृष्टिकोण से नपुंसक, वन्ध्या, वृद्धा और विविध रोगवाले पुरुष एवं स्त्रियों का कोई महत्त्व नहीं था। इनन्ना देवी की पूजा समाज में काफी प्रचलित थी। देवता और मनुष्य में सुमेरियन के अनुसार प्रमुख अन्तर था कि देवता अमर रहते हैं और मनुष्य मर जाता है। धार्मिक अनुष्ठान करनेवाला व्यक्ति आदर की नजर से देखा जाता था, भले ही वह चरित्रहीन क्यों न हो। लोक-परलोक में उनका विश्वास था। देवता उनके अनुसार परलोक में रहते हैं। मृतकों को इनके द्वारा आँगन या कमरे में गाड़ दिया जाता था और उस पर मेहराब बना दिए जाते थे।

सुमेरियनों ने विश्व की सभ्यताओं को कुछ नई बातों से परिचित कराया। इन लोगों के द्वारा कीलकार लिपि का विकास किया गया, जो चित्रात्मक थी। बाद में आवाज के आधार पर जन भावनाओं को व्यक्त किया जाने लगा, तो लिखने की प्रथा शुरू हुई। आयताकार तख़्तों पर बाएँ से दाएँ लिखा जाता था। अँगुलियों पर गिनने के कारण इनमें दस का महत्त्व

था। पहाड़ा, गुणा, भाग भी ये लोग जानते थे और छः फिर साठ का महत्त्व भी ये जब समझते तो हम भी आज साठ सेकंड का एक मिनट और साठ मिनट का एक घंटा जानने लगे।

भूत-प्रेत और आत्माओं को इनके धर्म में स्थान मिला था। गीत, कहानियाँ और वीर काव्य की रचना साहित्यिक क्षेत्रों में इनके द्वारा की गई। बड़ी-बड़ी कविताएँ याद की जाती थीं और कल्पना को कहानियों में स्थान मिला। सरकंडे, फूस, चटाई तथा मिट्टी के द्वारा मकान बनाने की कला से भी ये लोग परिचित थे। धनी लोगों का मकान तो ईंट से बनाया जाता था।

2000 ई.पू. के बाद सुमेरवासियों का अधिकांश समय बाहरी आक्रमणों से जूझने में बीता लेकिन कृषि, व्यापार, लेखन-कला, धर्म, विज्ञान आदि के क्षेत्र में इनके महान देन प्रशंसनीय हैं।

16.2 सुमेर की कला, धर्म एवं साहित्य

लेचार्ड, टामस, किंग, हिक्स, जॉर्ज स्मिथ, बूली आदि पुरातत्त्ववेत्ताओं के प्रयास के कारण सुमेरिया के कला, धर्म एवं साहित्य के क्षेत्र में विकास की बात हमें जानने का सुअवसर प्राप्त होता है। इन विद्वानों द्वारा उन्नीसवीं सदी में जब बेबीलोनिया में खुदाई का कार्य चल रहा था तो इन्हें एक जाति के अस्तित्व का प्रभाव मिला जिन्हें सुमेरियन कहा गया।

धर्म की दुनिया ये सुमेरियन पसन्द करते और देवी-देवताओं में इनकी गहरी रुचि थी। सुबह, शाम, रात्रि, दिन आदि को ये लोग धार्मिक नजर से देखते और देवता का चमत्कार मानते। व्यक्ति पूजा, स्थान पूजा, जाति पूजा और विश्व के लगभग सभी देवताओं में विश्वास करते थे। इन सभी देवताओं में इनकी विशेष श्रद्धा थी।

अनेक देवी-देवताओं की पूजा करने के बावजूद सुमेरियावासी अच्छी और बुरी अलौकिक शक्तियों में अन्तर नहीं कर पाए थे। सत्य एवं न्याय के संरक्षक के रूप में वे देवताओं के प्रति श्रद्धा रखते। देवताओं से उन्हें हानि की भी आशा रहती थी। आकाश का देवता देवराज माना जाता था। शुरू में यह बड़ा ही महत्त्वपूर्ण देवता था लेकिन बाद में इसका महत्त्व घट गया और हवा का महत्त्व देवराज के रूप में हो गया। आकाशदेव का सबसे प्रसिद्ध मन्दिर उरूक में स्थित था। इसकी पूजा सुमेर के सारे लोगों द्वारा की जाती थी। एनलिल देवता वायुदेव को प्रतिनिधित्व करता था। इस देवता का सर्वाधिक प्रसिद्ध मन्दिर निपुर में था जो सुमेर का महत्त्वपूर्ण धार्मिक केन्द्र था।

जल की पूजा सुमेरवासियों द्वारा देवता के रूप में की जाती थी। यह देवता एनकी कहा जाता था। सुमेर के लोगों का ऐसा विश्वास था कि यह देवता वायुदेव के द्वारा लिये गए निर्णय को कार्यान्वित करता है। इस देवता के कारण ही नदी, नहर और सिंचाई नियंत्रित होते थे।

उपर्युक्त प्रमुख देवताओं के अलावा सुमेरवासी अन्य कई देवताओं की अराधना करते थे। पूजा करने की विधि सुमेर में अलग-अलग क्षेत्र में अलग-अलग प्रकार से होती थी। वैसे, चौथा स्थान 'की' देवी का था। पृथ्वी को यहाँ 'की' देवी कहा जाता था। वह 'देवजननी' कही जाती थी। 'अन' नामक देवता देवपिता के रूप में पूजा जाता था। पृथ्वी की सबसे

बड़े पैमाने पर पूजा पृथ्वी माता के रूप में किया जाता था। पृथ्वी माता को ये लोग निन्हुसर्ग कहते थे। पृथ्वी को हरियाली से ढँकने की क्षमता इस माता में थी। इसे 'निनतु' या जन्मदात्री के रूप में भी पूजा जाता था। निनतु की कई स्थानों पर दूध पिलाती हुई माँ के रूप में पूजा किया जाता था। भाग्यविधात्री के रूप में भी सुमेरवासी इस देवी की पूजा करते थे। इया, उतू और इनन्ना नीति और आचार के रूप में पूजे जाते थे।

मनुष्य से ज्यादा शक्तिशाली देवता को यहाँ के लोग मानते थे। देवता को ये लोग मनुष्य के समान नश्वर नहीं बल्कि अमर मानते थे। भारतीय धर्म से तुलना करने पर सुमेर के धर्म में हम नैतिकता और आध्यात्मिकता का अभाव पाते हैं। ईश्वर के पाने या मरने के बाद मोक्ष की बात ये लोग नहीं सोचते थे। नीच किस्म का व्यक्ति भी यहाँ धार्मिक व्यक्ति माना जा सकता था। ये लोग ऐसा विश्वास करते थे कि बलि नहीं चढ़ाने से देवता नाराज होते थे। यहाँ के धर्म में बलि प्रथा काफी प्रचलित थी। साधारणतया फल, फूल, दूध, मक्खन आदि को ही बलि की सामग्रियाँ मानी जाती थीं लेकिन पशु-पक्षी की बलि और कभी-कभी नर बलि भी दी जाती थी। बलि का उद्‌देश्य देवताओं को खुश रखना था। खुश रखने के लिए देवताओं के लिए देवदासियाँ मन्दिरों में रखी जाती थीं।

देवताओं की पूजा सुमेरवासी मूर्ति के रूप में करते थे। मूर्तियों के लिए मन्दिरें बनाई जाती थीं। मूर्तियाँ प्रायः मन्दिरों में ऊँचे स्थान पर स्थापित की जाती थीं। सम्भवतः ये सुमेरियन बेबीलोन आने से पूर्व पहाड़ी इलाके में रहते थे जहाँ देवताओं को ऊँचा आसन दिया जाता था।

उपर्युक्त धार्मिक क्रिया-कलापों और मन्दिरों के निर्माण के कारण एक धार्मिक संगठन का विकसित होना स्वाभाविक था। मन्दिरों में प्रतिवर्ष पुजारी नियुक्त किया जाने लगा। यह पुजारी प्रायः राजा या राजकुमार होता था। मन्दिरों के खर्च को चलाने के लिए बड़े पैमाने पर भूमि दान देने की प्रथा थी।

देवताओं के अलावा सुमेरवासी ग्रहों की भी पूजा करते थे। तारा और ग्रहों के बीच हम्मूराबी के काल तक अन्तर स्थापित किया जा चुका था। चन्द्रमा एवं सूर्य को ये लोग ग्रह मानकर पूजते थे। इस तरह हम कह सकते हैं कि सुमेरी लोगों को जादू-टोना, धार्मिक कर्मकांड, परलोक आदि में विश्वास था।

सुमेर के लिपि और साहित्य के प्रति अक्कड के सेमाइटों ने ध्यान दिया। ये लिपि और साहित्य उस समय पुस्तकालयों में सुरक्षित रखी जाती थी। गुडी-कालीन करीब 30000 मिट्टी की पाटियाँ, टेरो नामक स्थान में मिली थी। उन पाटियों को समझना थोड़ा मुश्किल है, वैसे इन्हें समझने के लिए कागज पर हाथ से नकल करनी पड़ती है, जो काफी कठिन है। बहुत से शब्दों का अर्थ आज भी पता नहीं चल पाया है।

सुमेर के अधिकांश साहित्य धर्म से सम्बन्धित हैं। वीरों के साहसी कारनामों पर ही साहित्यों की रचना की गई है। वीर पुरुष के दृष्टिकोण से 'एरेक' थे। प्रथम राजवंश का पाँचवाँ शासक वीर पुरुष गिल्गामेश था, जिसके कार्यों पर प्रचलित प्रथाओं का काव्य के रूप में बेबीलोनिया के लोगों द्वारा इकट्ठा किया गया। इस तरह का काव्य असुर बेनिपाल के पुस्तकालय में पाया गया था। इस काव्य के अध्ययन से पता चलता है कि शुरू-शुरू

में गिल्गामेश एक विलासप्रिय और क्रूर शासक था। वह इतना बड़ा अत्याचारी था कि उससे बचने में एरेक के लोगों ने एनकीडु नामक देवता का निर्माण किया। कहते हैं, इस देवता से गिल्गामेश का युद्ध हुआ, फिर दोनों में दोस्ती हुई। इसके पश्चात् दोनों ने मिलकर कई प्रकार के विकास कार्यों को किया। इन दोनों ने एक अनुमान के अनुसार एक दैत्य को जान से मार डाला, यह दिखाने के लिए कि गिल्गामेश चरित्रवान् पुरुष हो चुका था। जब इनन्ना देवी गिल्गामेश से प्रेम करना चाहती है, तो विश्वासघाती कहकर गिल्गामेश उसके प्रेम को ठुकरा देता है। देवी इनन्ना इससे काफी नाराज होती है और स्वर्ग के वृषभ (साँड़) को मारने के लिए भेजती है और गिल्गामेश को वह मार देता है। इसके पश्चात् गिल्गामेश को फिर से जिन्दा करने की चेष्टा वृषभ द्वारा की जाती है, लेकिन इसी काव्य के अन्त में बताया जाता है कि मनुष्य को सब कुछ मिल सकता है, लेकिन अमरता नहीं।

काव्य में एक-दूसरे स्थान पर बताया गया है कि गिल्गामेश ने इनन्ना देवी को दैत्यों के चंगुल से छुड़ाया था। पाताल लोक की चर्चा भी इसमें की गई हैं।

सुमेर के लोगों को स्वर्ग की कल्पना थी जहाँ मात्र देवता लोग ही रहते थे लेकिन ज्युसूद्र नामक एक व्यक्ति को स्वर्ग में रहने की अनुमति मिली। इस आख्यान में जलप्रलय की चर्चा है, जिसके अनुसार देवता ने मानवजाति को नष्ट करने के लिए पृथ्वी को जल में डुबा देना चाहा। इसकी खबर एनकी ने सूरूपाक के ज्युसूद्र को बता दिया और ज्युसूद्र ने तूफान और वर्षा से बचने के लिए देवताओं के सामने बलि चढ़ाई। देवता खुश हुए और ज्युसूद्र अमर होकर स्वर्ग में स्थान पाया।

सुमेरिया के लोगों के द्वारा किए गए पृथ्वी, आकाश, स्वर्ग-नरक, पाताल आदि की पूजा बाद में चलकर यहूदी धर्म में भी पाए गए। लौकिक साहित्य की तुलना में अलौकिक-साहित्य सुमेर में अधिकांश मात्रा में पाए गए। इनके द्वारा देश की आर्थिक, सामाजिक एवं राजनीतिक इतिहास लिखने की आवश्यकता नहीं महसूस की गई। अधिक-से-अधिक प्राचीन राजाओं की ये लोग सूचियाँ तैयार कर पाए। इस काल के साहित्यकारों के लेखन क्रिया में हम पाते हैं कि दो विरोधी तत्त्वों को आपस में लड़ाकर निष्कर्ष के रूप में उसके गुणों को ये लोग समाज के सामने लाने का प्रयास करते थे। इनन्ना देवी, गड़ेरिया और कृषक नामक आख्यान इसी तरह का है।

मुहावरा और कहावतों को प्रचलित और लिखने का श्रेय सुमेरवासियों को है। काम नहीं करनेवालों को 'क्या कोई बिना खाए मोटा हो सकता है।' इसी तरह वे लोग कहते थे कि 'जिसके पास धन और अन्न है, वह खुश है लेकिन जिसके पास कुछ नहीं है, बढ़िया नींद उसी को आती है।' अंग्रेजी कहावत 'ब्लड इज थीकर देन वाटर।' किसी तरह सुमेर के समाज में यही कहावत प्रचलित थी कि 'दोस्ती एक दिन की और गहरा सम्बन्ध जन्म भर का।'

सुमेरिया के लोगों द्वारा सुमेर भाषा और सेमेटिक भाषा दोनों में साहित्य लिखे गए। सुमेरियन का पतन होने के बावजूद सुमेरियन भाषा का महत्त्व बना रहा। इससे पता चलता है कि सेमाइट लोग भी सुमेरियन भाषा को आदर की नजर से देखते थे।

अध्याय-17

हम्मूराबी–विजेता एवं साम्राज्य-निर्माता

17.1 हम्मूराबी का अर्थ

सेमेटिक राजवंश का छठा शासक हम्मूराबी (अर्थात् हामु देवता यह प्रथम सेमाइट देवता था) 1812 ई.पू. से लेकर 1750 ई.पू. तक शासन किया। इसके बारे में जानने के लिए आज हमारे पास काफी स्रोत उपलब्ध है। हम्मूराबी से पूर्व सुमुल, इलु गबुन, इमेरूम, अपिल-सिन तथा सिन-मुबाल्लित ने बेबीलोनिया की गद्दी को सँभाला था। सिन-मुबाल्लित का पुत्र हम्मूराबी बेबीलोन की गद्दी पर जब बैठा तो उसके अधिकार में लगभग सारा अक्काद और सिप्पर से निप्पुर तक का प्रदेश था। हम्मूराबी जब गद्दी पर बैठा तो उसके सबसे बड़े विरोधी इलम और इसिन के शासक थे। एलम के शासक ने सुमेर के दक्षिण भाग को अपने अधीन कर लिया था और उसका पुत्र सुमेर और अक्कड को हम्मूराबी से छीन लेना चाह रहा था। एलम के नरेश का पुत्र रिमसिन और हम्मूराबी के शक्ति को नजरअन्दाज करनेवाला इसिन का शासक था। दूसरे शब्दों में हम कह सकते हैं कि हम्मूराबी के दो शक्तिशाली विरोधी तत्त्व खतरे की घंटी बजा रहे थे।

17.2 अभियान

उपर्युक्त दुश्मनों से निपटने और आन्तरिक स्थिति को मजबूत करने के दृष्टिकोण से हम्मूराबी ने सैनिक अभियान शुरू किया। गद्दी पर बैठने के छः वर्षों में उसने शत्रुओं को परास्त करने का अभियान चलाया। एलम और लारसा पर उसने आक्रमण किया लेकिन हार गया। इसिन, निप्पुर और रोरक के क्षेत्र हम्मूराबी के हाथ से निकलकर एलम के शासक रिमसिन के अधीन चला गया। बेबीलोनिया का राजनीतिक विभाजन हो गया। मध्य एवं दक्षिण का भाग एलम के अधीन था। बेबीलोनिया का उत्तरी हिस्सा हम्मूराबी के अधीन था।

आन्तरिक स्थिति पर गहरे ढंग से विचार करते हुए हम्मूराबी ने लगभग 20 वर्षों तक दुश्मनों पर आक्रमण नहीं किया। एक यहूदी (यहूदी) स्रोत के अनुसार हम्मूराबी सम्भवतः एलम की सत्ता को स्वीकार कर लिया था। यह मत इसलिए महत्त्वपूर्ण है कि हम्मूराबी के 11वें से 30वें वर्ष के बीच की गतिविधि हमें नहीं मिल पाती है।

शासन के 30वें वर्ष में हम्मूराबी के द्वारा किए गए सैनिक अभियान की जानकारी हमें मिलती है। इस अभियान के द्वारा हम्मूराबी ने एलम तथा लारसा को जीतकर अपने साम्राज्य

का अंग बना लिया तथा रिमसिन को लोहा मनवा दिया। अब हम्मूराबी पश्चिम में सीरिया और पैलेस्टाइन पर सफलतापूर्वक आक्रमण कर सकता था और किया भी। इस विजय के पश्चात् उसके विधि-संहिता में उसके साम्राज्य की विशालता तथा नगरों की सूची की चर्चा है। इसी विधि-संहिता के आधार पर हमें यह भी पता चलता है कि देश का सबसे बड़ा धार्मिक क्षेत्र निप्पुर था और उसके बाद एरिडुक। राजधानी एवं प्रशासनिक केन्द्रों के रूप में सिप्पर, लारसा, एरेक, इसिन, किश, लगस, अक्काड, अंशुर तथा निनेवह की भी चर्चा मिलती है।

17.3 कानून

उपर्युक्त विजयों के पश्चात् साम्राज्य को सुसंगठित करने का प्रयास हम्मूराबी ने किया। उसके विधि-संहिता से ही उसके गुणों की जानकारी हमें होती है। अपने गहरे अनुभवों के आधार पर ही उसने विभिन्न प्रदेशों और जातियों के कानूनों तथा रीति-रिवाजों में एकरूपता लाने का सफलतापूर्वक प्रयास किया। विधि-संहिता के बहुत-से राजाओं द्वारा लिखित पत्र, व्यापारिक और कानूनी कागज-पत्रों के अध्ययन से इसक काल के विकसित अवस्था एवं समृद्धि की जानकारी होती है। साधारण जनता को कानूनी सुविधा हो जाए, इसे ध्यान में रखते हुए कानून के प्रमुख धाराओं को हम्मूराबी ने अपने शासन के 40वें से 43वें अर्थात् तीन वर्षों के बीच जगह-जगह खुदवा दिए, जिनमें हम लगभग 250 धाराओं का अध्ययन कर सकते हैं।

हम्मूराबी के कानून संहिता से पूर्व ही उरूकागिना नामक एक राजा ने अपनी प्रजा की सुविधा के लिए कुछ कानून बनाए थे। हम्मूराबी ने भी पुराने और नए सामाजिक बनावट को ध्यान में रखते हुए कानून संग्रह किया। समय के साथ कई पुराने मान्यताओं में उसने संशोधन किया। प्रस्तावना के अध्ययन से ऐसा लगता है कि उसके कानून की मान्यता फारस की खाड़ी से असीरिया तक थी। लेकिन इसे बहुत-से विद्वानों ने नहीं भी माना है।

सामाजिक सुधार की दृष्टिकोण से हम्मूराबी ने विधि-संहिता के माध्यम से वैवाहिक जीवन पर भी ध्यान दिया और औरतों को सामाजिक मान्यता मिले, इसे ध्यान में रखते हुए पत्नी द्वारा पति को तलाक देने का (कुछ विशेष स्थिति में) प्रावधान किया। चरित्रहीन पत्नी को भी कठोर दंड देने का नियम बना। इन सुविधाओं के माध्यम से मिस्र की स्त्रियों के समान बेबीलोन के स्त्रियों को भी समाज में मान्यता मिली।

प्रशासनिक दृष्टिकोण से हम्मूराबी दासों की स्थिति में सुधार करना आवश्यक समझता था। बेबीलोन में दास युद्धबन्दियों को बनाया जाता था तथा दास से पैदा हुआ बच्चा भी दास ही बनता था। इन्हें बेचा और खरीदा जा सकता था। ये जिन्दा लाश थे। दासों की स्थिति में सुधार हम्मूराबी का क्रान्तिकारी कदम था। उन्हें कुछ कानूनी अधिकार प्राप्त हुए। कुछ विशेष स्थिति में वे न्यायालय की शरण में जा सकते थे। कानूनी रूप से हम्मूराबी ने इन पर अत्याचार और कठोर दंडों की मनाही कर दी। सामाजिक प्रगति के दृष्टिकोण से कानूनों में संशोधन की प्रक्रिया की व्यवस्था हम्मूराबी ने की।

सैनिक संगठन और प्रशासन को मजबूत बनाकर हम्मूराबी ने विरोधियों को दबाना प्रारम्भ किया। एलमाइट सरदार रिमसिन को हराकर इरेक नामक नगर को अपने साम्राज्य में मिला लिया। आनेवाले लगभग दो दशकों तक एलमाइट लोगों ने हम्मूराबी के साम्राज्य से टकराने

की हिम्मत नहीं की। खोए हुए अधिकांश हिस्से को हम्मूराबी ने मेसोपोटामिया का अंग बना दिया। अक्कड का उत्तरी भाग तथा अशूर को अपने अधीन कर लिया। बेबीलोन नगर हम्मूराबी के विशाल साम्राज्य की राजधानी हुई।

आन्तरिक शासन को सफलतापूर्वक चलाने के लिए हम्मूराबी ने कुछ ऐसे अधिकारियों की नियुक्ति की जो अर्द्धसैनिक वर्ग के थे। मान-प्रतिष्ठा पानेवाले व्यक्तियों को ही उसने सम्मानित एवं ऊँचे-ऊँचे पदों पर नियुक्त किया। ये अधिकारी सार्वजनिक कार्यों की देखभाल, कर वसूलना और गुलामों पर नियंत्रण रखते थे। सर्वोच्च शक्ति शासक में निहित थी। अधिकारियों की नियुक्ति, उन्नति एवं नौकरी से हटाने का अधिकार हम्मूराबी को था।

वेतन के रूप में बड़े-बड़े अधिकारियों को वैसी जमीन दी जाती थी जिसमें घर और बगीचा रहता था। भेड़ें और मवेशी भी इन्हें वेतन के ही रूप में मिलता था। थोड़ी-सी नगद रकम भत्ता के रूप में इन्हें मिलता था। अस्थायी बहाली की भी व्यवस्था थी।

हम्मूराबी ने न्याय पर भी ध्यान दिया। न्यायालय दो प्रकार के होते थे। पहले प्रकार के न्यायालय में राजा द्वारा नियुक्त पदाधिकारी मुकदमों का फैसला सुनाता था। इससे ऊँचा और अन्तिम न्यायालय राजा का दरबार था जिसका मुख्य न्यायाधीश राजा होता था। न्यायाधीशों की नियुक्ति तो राजा करता था लेकिन इनके अधिकारी पर नियंत्रण के लिए नगर के वृद्धजनों का एक समूह होता था। लिखित फैसले के बाद उसमें परिवर्तन करना गैर-कानूनी था और करनेवाला न्यायाधीश भ्रष्टाचार और पक्षपात का दोषी करार किया जाता था।

हम्मूराबी ने न्याय-विभाग की व्यवस्था केन्द्र के अलावा प्रान्तों एवं नगरों में भी किया। समयानुसार किसी विशेष मुकदमे के फैसले के लिए राजा द्वारा कोई विशेष अधिकारी भी नियुक्त किया जाता था। राजा के न्यायालय से नीचे न्यायालय का एक और स्तर था जो दो भागों में बँटा हुआ था—दीवानी न्यायालय और धार्मिक न्यायालय। साम्राज्य का प्रायः प्रत्येक मन्दिर न्यायालय होता था। धार्मिक मुकदमे की सुनवाई प्रायः पुजारी और दीवानी मुकदमों का फैसला मजिस्ट्रेट सुनाता था। न्यायालय में न्यायाधीशों की संख्या एक से चार तक होती थी। फैसला प्रायः लिखित होता था और उसमें गवाहों का निर्णय के क्षेत्र में बड़ा ही महत्त्व था।

हम्मूराबी के काल का समाज तीन वर्गों में बँटा था। पहला वर्ग धार्मिक, राजनीतिक और बड़े-बड़े सैनिक अधिकारियों का था जिन्हें **अमेलू** कहते थे। यह वर्ग काफी धनी था और इनके पास जमीनें थीं जिन पर दासों और मजदूरों द्वारा काम कराया जाता था। समाज का यह पहला वर्ग व्यापार में भी लगा रहा था। **मशकीनू** नामक वर्ग दूसरे स्तर का था जिसमें दूकानदार, शिल्पकार और कारीगर हुआ करते थे। दासों की संख्या भी काफी थी। इनकी स्थिति में हम्मूराबी ने सुधार किया। अब ये लोग सम्पत्ति रख सकते थे, व्यापार कर सकते थे और कर्ज के रूप में धन भी प्राप्त कर सकते थे। स्वतंत्र व्यक्ति से विवाह करने का अधिकार इन्हें मिला और अब इनके बच्चे गुलाम नहीं हो सकते थे। रुपया देकर ये अब मालिक से छुटकारा पा सकते थे।

अपराधियों को कठोर दंड देने की जानकारी हमें हम्मूराबी की कानून संहिता से मिलती है। हत्या, डकैती, मन्दिरों में चोरी, यौन अपराध आदि दोषों के लिए मृत्युदंड की व्यवस्था

थी। आँख फोड़ने की सजा दोषी व्यक्ति की भी आँख फोड़ देने की थी। कुछ अन्य प्रकार की गलतियों की सजा अंग-भंग, कोड़ा से पीटना तथा जुर्माने के रूप में धन देना भी था। गरीब या निम्न व्यक्ति को एक गलती के लिए जितनी सजा मिलती थी, उसी गलती के लिए धनी व्यक्ति को दूनी सजा देने का प्रावधान था।

हम्मूराबी ने दीवानी कानूनों पर ज्यादा ध्यान दिया। शादी में लड़के द्वारा जो भी सम्पत्ति पाई जाती थी उस पर लड़की का अधिकार होता था। अगर विवाहित स्त्री निःसन्तान मरती थी तो उसकी सम्पत्ति पुनः उसके पिता को मिल जाती थी। जमीन के स्वामित्व, बँटाईदारी एवं जमीन पर कर्ज लेने के सम्बन्ध में भी हम्मूराबी ने कानून बनाया जिससे गरीब लोगों का शोषण उतना नहीं हो पाता था। डॉक्टरों की फीस हम्मूराबी ने तय की थी। व्यापार में धोखाधड़ी करनेवालों के लिए कठोर सजा की व्यवस्था थी। व्यापार का मुख्य माध्यम वस्तुओं का लेन-देन था और कभी-कभी माध्यम के रूप में बहुमूल्य धातुओं का भी प्रयोग होता था। सिक्के की चर्चा हम इस काल में नहीं पाते हैं। सूद की दर प्रायः 20 प्रतिशत वार्षिक थी। चाँदी यहाँ काफी मात्रा में उपलब्ध था और सोना बहुत कम। अतः चाँदी से बारह से पन्द्रह गुणा अधिक मूल्यवान सोना था।

कला के क्षेत्र में हम्मूराबी के काल में हम पाते हैं कि मकानों की नींव पक्की ईंटों की होती थी और ऊपर का ढाँचा कच्ची ईंटों का। मकान में छत होते थे जो गरमी के दिन में सोने के काम में भी आते थे। इस काल में जलपोत की भी चर्चा मिलती है। उपर्युक्त तथ्यों के आधार पर हम्मूराबी को पश्चिमी सीमान्तों की शक्ति और प्रतिष्ठा को चरमोत्कर्ष तक पहुँचानेवाला कहा जा सकता है।

17.4 हम्मूराबी की कानून-संहिता

पश्चिमी सेमाइटों के इतिहास में हम्मूराबी को वही स्थान प्राप्त है जो अक्काडी सेमाइटों के इतिहास में सारगन प्रथम की थी। परन्तु हम्मूराबी एक विजेता ही नहीं, एक योग्य शासक और कानूनदाता भी था। हम्मूराबी करीब 2124 ई.पू. में गद्दी पर बैठा। मानवजाति के इतिहास में उसे पहला संगठनकर्ता शासक माना गया है। उसकी बहुमुखी प्रतिभा का परिचय हमें उसके द्वारा बनाई गई विधि-संहिता से मिलती है।

हम्मूराबी का युग बेबीलोनिया के इतिहास में सांस्कृतिक काल था। विशेषतः यह युग विधि-संहिता के लिए प्रसिद्ध है। जिसके कारण अपनी मृत्यु के हजारों वर्ष के बाद तक वह न्याय का अवतार माना जाता है। हम लोगों के ज्ञान का सबसे बड़ा साधन उसके द्वारा बनाई हुई विधि-संहिता है, जिसके आधार पर हमें तत्कालीन राजनीतिक, न्याय-सम्बन्धी और सामाजिक जीवन का पूरा चित्र उपस्थित करती है। उसने समस्त प्राचीन रीति-रिवाजों, कानूनों, सामाजिक और व्यापारिक परम्पराओं को एकता और संगृहीत करने की आज्ञा दी। यह कार्य हो जाने पर उसने उनको व्यवस्थित किया और उनमें आवश्यकतानुसार परिवर्तन एवं सुधार करके उन्हें एक विशाल संहिता (कोड) का रूप दिया। इसको उसने 8 फीट ऊँचा एक पाषाण स्तम्भ पर 3600 पंक्तियों में उत्कीर्ण किया, जिसे बेबीलोनिया में मार्डुक के मन्दिर-ए-सागिल में स्थापित किया गया। बाद में इसे एलाम के शासक सुसा उठा ले गया जहाँ से फ्रेंच विद्वान्

द मार्गो ने इसका उद्धार किया। सुसा में 46 स्तम्भों पर 250 नियमों को हम पढ़ सकते हैं। उस स्तम्भ के अतिरिक्त इस विधि संहिता की मिट्टी की पट्टियों पर लिखी हुई खंडित प्रतिलिपियाँ प्राप्त हुई हैं जिनका प्रयोग सम्भवतः न्यायालयों में होता होगा। इस पत्थर पर शमश देवता की आकृति खुदी हुई है जो न्याय का देवता माना जाता है। वह हम्मूराबी को न्याय के सिद्धान्त प्रदान करता हुआ दिखलाया गया है।

हम्मूराबी के कानून तत्कालीन रीति-रिवाजों के आधार पर बनाए गए थे। उसने अपने कानून में पुराने राजाओं के न्यायिक निर्णयों को भी सम्मिलित कर लिया। उसने इन कानूनों को जगह-जगह पत्थरों पर खुदवा दिया, जिससे साधारण जनता को भी कानूनों का ज्ञान हो और वह उसके अनुसार आचरण कर सके।

हम्मूराबी की संहिता की भाषा सुमेरियन न होकर सेमेटिक है। इसमें कुल 282 धाराएँ हैं जो वैज्ञानिक ढंग से वैयक्तिगत सम्पत्ति, व्यापार और वाणिज्य, परिवार, श्रम एवं अपराध आदि अध्यायों में विभाजित हैं। इसकी रचना पूर्णतः व्यावहारिक दृष्टिकोण से की गई।

The famous code of law issued by Hammurabi (georges Roux, *Ancient Iraq,* Pelican Book, 1976, p. 183)

To cause justice to prevail in the country
To distroy the wicked and evil,
That the strong way not oppress the weak.

हम्मूराबी के कानून पूर्णतः धर्मनिरपेक्ष हैं। इसे हम पूर्णरूपेण कानूनों की संहिता नहीं कहते हैं। वास्तव में यह विभिन्न राजकीय आदेशों का संग्रह है। यह विश्व की पहली संहिता नहीं है। उससे पहले उरनम्मु या उरकागीना नामक राजा ने अपनी प्रजा की रक्षा के लिए कानून-संहिता का निर्माण किया था। किन्तु यह इतिहास की प्राचीनतम विधि-संहिता है जो अखंड रूप में प्राप्त होती है। उरनम्मु की संहिता प्राचीनतम होते हुए भी खंडशः प्राप्त होती है। हम्मूराबी ने अपनी संहिता में समाज सुधार एवं दासों से सहानुभूति प्रदर्शित की है। किन्तु उरनम्मु की संहिता में हमें इस प्रकार की कोई व्यवस्था नहीं मिलती है।

हम्मूराबी की संहिता का महत्त्व नए कानून निर्माण करने में नहीं, बल्कि प्राचीन कानूनों को एकत्र तथा संगृहीत करने और उसमें यथोचित सुधार करके दृढ़तापूर्वक लागू करने में है।

विवाह और तलाक सम्बन्धी हम्मूराबी के कानून इस बात को सिद्ध करते हैं कि उसने सुमेरियन कानूनों में सुधार लाया था। सुमेर के प्राचीन कानून में स्त्री को तलाक देने का अधिकार नहीं था किन्तु हम्मूराबी ने विवाहिता पत्नी को बदनामी एवं भर्त्सना से ऊपर उठाकर एक सम्मानित स्थान प्रदान किया। यदि पति चरित्रहीन होता था तो पत्नी को यह अधिकार था कि वह अपना दहेज वापस लेने के लिए न्यायाधीश के पास अपील कर सकती थी। किन्तु यदि पत्नी का चरित्र दोषपूर्ण होता था तो उसे पानी में डुबा देने का विधान था। इस प्रकार उसने स्त्री के अधिकारों की रक्षा करने की चेष्टा की। पति यदि तलाक देता था तो उसे पत्नी एवं बच्चों के भरण-पोषण का भार उठाना पड़ता था। प्राचीन सुमेर के कानूनों में मिस्र के कानूनों की अपेक्षा पुरुषों का स्त्रियों से अधिक महत्त्व था। किन्तु हम्मूराबी की संहिता में स्त्री को अधिक स्वतंत्रता प्रदत्त की गई थी। अब कोई भी स्त्री सम्पत्ति की स्वामिनी हो सकती थी। किन्तु स्त्रियों से सतीत्व की अपेक्षा की जाती थी। परपुरुष के साथ पकड़ी

जानेवाली स्त्री को पानी पर चलकर अपनी पवित्रता सिद्ध करनी पड़ती थी। यदि उसका पति उसका परित्याग कर देता था तो वह दूसरा विवाह भी कर सकती थी। उसके कानूनों में गोद लेने के नियम भी बने हुए थे। यदि कोई स्त्री सन्तान उत्पन्न करने में असमर्थ होती थी तो उसे तलाक दी जा सकती थी। विधवाओं के लिए भी नियम बनाए गए थे। घरेलू कार्यों में भी स्त्री को विस्तृत अधिकार प्रदान किए गए थे। यह हम्मूराबी के कानून की मुख्य विशेषता थी।

हम्मूराबी के कानूनों में दासों के विषय में भी विस्तृत अधिकार बनाए गए हैं। बेबीलोनिया का दास अपने स्वामी की सम्पत्ति समझा जाता था। वे या तो जन्म से दास होते थे या युद्धबन्दियों को दास बना लिया जाता था। एक दास की बिक्री तभी पक्की समझी जाती थी, जब खरीदनेवाला इस बात की शपथ लेता था कि वह खरीद चुका है। एक दास की कीमत दो मकेल (पुराना यहूदी सिक्का) था। हम्मूराबी की संहिता के अनुसार बेबीलोनिया का दास अपने क्रय-विक्रय के सम्बन्ध में विरोध प्रकट कर सकता था। यदि उसका स्वामी चाहता तो उसे स्वतंत्र कर सकता था। अब दासों के पास अपनी सम्पत्ति भी होती थी और वे स्वतंत्र व्यक्ति की पुत्रियों से विवाह भी कर सकते थे। इस संहिता के द्वारा दासों पर अमानुषिक अत्याचार करने की मनाही कर दी गई।

इस प्रकार हम्मूराबी के कानूनों से पता चलता है कि उसके कानून जीवन के प्रत्येक क्षेत्र से सम्बद्ध थे। उसके कुछ कानून तो पुराने रीति-रिवाजों के आधार पर बनाए गए थे और कुछ परिस्थितियों के कारण संहिता और परिवर्तन के आधार पर बनाए गए थे। यह संशोधन हम्मूराबी के मस्तिष्क का उपज ही नहीं बल्कि मौलिक भी था। अतः हम उसे प्राचीन सुमेर के कानूनों का परिवर्तित और संशोधित संस्करण कह सकते हैं। इनका महत्त्व इस बात में नहीं है कि वे नए और मौलिक थे बल्कि इस बात में है कि उसने तत्कालीन आवश्यकताओं की पूर्ति की। हम्मूराबी को इस बात का श्रेय है कि उसने बहुत से अस्पष्ट और धुँधले कानूनों को सुव्यवस्थित और सुस्पष्ट विधि संहिता का रूप दिया। उसके कानूनों में हमें प्राचीन बेबीलोनिया के समाज की झाँकी मिलती है।

मुकदमे के फैसले के लिए दो प्रकार की कचहरियाँ होती थीं जिसे (Masharum) मशरूम कहा जाता है। पहले प्रकार की कचहरियों में राजा द्वारा नियुक्त न्याय-विभाग का कर्मचारी मुकदमों को सुनकर फैसला करता था। उसके निर्णय के विरुद्ध राजा की कचहरी में अपील की जा सकती थी जो कि सबसे ऊँचा न्यायालय था। न्याय-विभाग का नियंत्रण राजा अपने प्रतिनिधियों के द्वारा करता था। न्यायाधीश यदि निर्णय में हेरफेर करते थे तो उन्हें न्यायालय से निकाल दिया जाता था। उन्हें भ्रष्टाचार और पक्षपात का दोषी ठहराया जाता था। इस तरह की व्यवस्था इसलिए की गई थी कि पदाधिकारी निष्पक्ष रूप से न्याय करें और घुस, पैरवी नहीं करें।

हम्मूराबी के कानूनों में स्थानीय न्यायालयों की भी व्यवस्था की गई थी। विभिन्न प्रान्तों में उसका न्याय-विभाग सुदृढ़ एवं सुव्यवस्थित था। राजा के न्यायालय के नीचे दो प्रकार के न्यायालय होते थे—एक दीवानी न्यायालय और दूसरा धार्मिक न्यायालय। प्रत्येक मन्दिर भी एक प्रकार का न्यायालय होता था और उनके फैसले पुजारी करते थे। स्थानीय मुकदमों

का फैसला मजिस्ट्रेट करते थे। मुकदमों में गवाहों का मुख्य स्थान था। इन मुकदमों के निर्णयों का लिखित होना आवश्यक था।

हम्मूराबी के कानूनों की ये विशेषता है कि इसमें कठोरतम दंड की व्यवस्था की गई है। बहुत से अपराधों के लिए मृत्युदंड, जैसे—चोरी करने, मन्दिरों से सम्पत्ति चुराने, झूठ बोलने, झूठा आरोप लगाने, हत्या करने, कर्तव्य से विमुख होने अथवा बहुत से यौन अपराधों के लिए मृत्युदंड निश्चित था। छोटे अपराधों के लिए उसका कानून प्रतिशोध की भावना पर आधारित था। जैसे—यदि कोई व्यक्ति किसी की आँख फोड़ देता था तो उसकी आँख भी फोड़ दी जाती थी। कोड़े से पीटने की प्रथा भी प्रचलित थी। बहुत बार जुर्माने भी हुआ करते थे। एक ही अपराध के लिए उच्च वर्ग के व्यक्ति को साधारण व्यक्ति से अधिक कड़ी सजा दी जाती थी।

हम्मूराबी के कानूनों का अधिक भाग दीवानी कामों से भरा हुआ है। इसमें पारिवारिक जीवन से सम्बन्धित काफी कानून पाए जाते हैं। बेबीलोनिया का प्रत्येक विवाह पहले से किए हुए इकरारनामे के अनुसार होता था। धन-सम्पत्ति से सम्बन्धित कानून भी पाए जाते हैं। ये कानून भूमि के स्वामित्व, बन्धक रखने, बँटाई आदि के लिए बनाए गए थे।

हम्मूराबी के कानून नेपोलियन एवं जसटियन की कानूनों के समान Legeslative (सवैधानिक) नहीं थे बल्कि इनका निर्माण सामाजिक सुधारों के लिए किया गया था। उसके पत्र विभिन्न विषयों से सम्बद्ध हैं—पंचांग में अतिरिक्त माह जोड़ने के लिए आदेश, एक मन्दिर के आय के दुरुपयोग की जाँच की आज्ञा, ऐरतु नगर के नहर की सफाई पूरी करने की आज्ञा, रिश्वत लेने के विरुद्ध अनुसन्धान की आज्ञा इत्यादि।

इस प्रकार उसके कानून विश्व इतिहास में अपना विशिष्ट स्थान रखते हैं और यह इस बात का प्रमाण है कि हम्मूराबी के काल में बेबीलोनिया की सामाजिक अवस्था और संस्कृति काफी विकसित थी। हम्मूराबी ने अपनी संहिता को उसी प्रकार सेवा की जिस प्रकार जूरी नियमों ने रोमन साम्राज्य के लिए।

हम्मूराबी की विधि संहिता पशुओं का भाड़ा, शल्य-चिकित्सक की फीस, राजमिस्त्री, दर्जी, बढ़ई, कारीगर आदि लोगों के मजदूरी की दर पर अपने संहिता में चर्चा की है। मजदूरी की दरों को तय करने के मूल उद्देश्य लोगों की आर्थिक कठिनाई को दूर करना था। हम्मूराबी शिल्पकारों एवं कर्मकारों को मन्दिरों एवं बड़े-बड़े स्वामियों के शोषण से मुक्त करता था। प्राचीनकाल में मेसोपोटामिया में मुख्यतः न्याय का तात्पर्य आर्थिक न्याय से था तथा जनता का आर्थिक कल्याण करना हम्मूराबी अपना प्रधान कर्तब्य समझता था।

चिकित्सा के क्षेत्र में जीवन रक्षा के लिए चीर-फाड़ की प्रथा थी और इसके लिए फीस की दर एक स्वतंत्र व्यक्ति के लिए दस शेकेट्स, गरीबों के लिए पाँच और गुलामों के लिए दो थी। हम्मूराबी के कानून में दंड स्वतंत्र व्यक्तियों पर अन्य आश्रितों की तुलना में ज्यादा कठोर था।

अध्याय-18

केस्साइट

18.1 केस्साइट कौन

केस्साइट्स कौन थे और किस जाति के थे, यह विषय बड़ा ही विवादग्रस्त रहा है। इसका सबसे बड़ा कारण है कि केस्साइटों के विषय में सामग्री अत्यल्प है। जो भी सामग्री है, वह काल के गाल में दब गई है। अभाग्यवश इराक में केस्साइट्स के समय की पूर्ण जानकारी हम लोगों को न मिल पाई। खुदाई के बाद बहुत-सी बातें प्रकाश में आएँगी। लेकिन अभी तक खुदाई में जितनी चीजें उपलब्ध हैं, उनमें बहुत-सी महत्त्वपूर्ण नहीं हैं। बहुत-सी सूचनाएँ तो वास्तव में बेबीलोनिया के राज्य से प्राप्त की गई है। जैसे—Tale-d-Amarana Correspondence (टेल-द-अरमाना कॉरेस्पांडेंस)।

हॉल (Hall) आदि बहुत-से विद्वानों का मत है कि केस्साइट्स इंडो-यूरोपियन (Indo-European) परिवार की एक शाखा थे और इसमें भी सन्देह नहीं है कि केस्साइट्स लोगों को भाषा एवं धर्म पर आर्यों की स्पष्ट छाप है। इनकी संख्या कम थी, इसी कारण वे बेबीलोनिया में शासक वर्ग के रूप में एवं एक प्रकार के कुलीन वर्ग के रूप में रहते थे। केस्साइट्स लोगों की भाषा, धार्मिक और सांस्कृतिक परम्पराएँ बेबीलोनवासियों से भिन्न थी। इनका सांस्कृतिक स्तर भी बेबीलोनिवासियों से नीचा था, पर इन्होंने जल्दी ही बेबीलोनिया की संस्कृति को अपना लिया।

हॉल (Hall) आदि विद्वानों ने केस्साइट्स को आर्य बताते हुए कहा है कि इनकी भाषा, धर्म आदि पर आर्यों का छाप स्पष्ट है। उदाहरणार्थ, उनके बहुत-से नाम आर्य हैं। इनके नामों के अन्त में बहुधा 'श' शब्द का प्रयोग हुआ है। इससे मिलती-जुलती प्रथा यूनानियों में भी प्रचलित थी। केस्साइट्स देवता के लिए 'बुगश' शब्द का प्रयोग करते थे। यह शब्द स्लाव-बोगू शब्द से मिलता है। इनके नाम भारतीयों से भी मिलते हैं। जैसे—बुगरा को यदि हम देव मानें तो इन्द्र बुगश भारतीय इन्द्रदेव की तरह लगता है। उनके धर्मपत्नी पर आर्य धर्म की स्पष्ट छाप है। उनका प्रधान देवता सूर्यश था, जो स्पष्टतः वैदिक देवता सूर्य है। देवताओं में एक का नाम है मरुतश, जो वैदिक देवता मारुत का केस्साइट संस्करण है। इसके अलावा हॉल का कहना है कि ये अफगान से आए थे। इनमें अश्वपाल की रुचि भी आर्य प्रभाव का एक स्पष्ट प्रमाण है। आर्य परिवार में भी अश्वपाल एक प्रमुख व्यवसाय एवं शौक था। इन्हीं प्रमाणों के आधार पर हॉल आदि ने केस्साइटों को आर्य जाति का कहा

है, लेकिन अन्य विद्वान्, जैसे—रूक्स, सेज आदि विद्वान् इस तथ्य को नहीं मानते हैं। उनका कहना है कि केस्साइट भाषा आर्य भाषा से पूर्णतः नहीं मिलती है। साथ ही उनका कहना है कि केस्साइटों के अन्य देवता थे, जैसे—कश्शा, हाब्ले, शुगुमा, शुरूगी (Kassha, Hable, Shuguma, Shurugi)। अतः रूक्स और सेज इन्हें पूर्णतः आर्य नहीं मानते।

उपर्युक्त तथ्यों के आधार पर हम कह सकते हैं कि केस्साइटों का केवल शासक वर्ग और सामन्त वर्ग ही आर्य था। इनकी साधारण जनता जागोरस पर्वत पर निवास करनेवाली एक प्राचीन बर्बर जाति थी। उनका देवता कश्शु था, जिसके नाम पर इस जाति का नाम केस्साइट पड़ा। उन पर इंडो-ईरानी (Indo-Irani) आर्यों की किसी शाखा ने अधिकार कर लिया।

ईरान के आर्यों का दबाव बढ़ने पर अपने आर्य शासकों के नेतृत्व में केस्साइट बेबीलोनिया की ओर चले गए। इस प्रकार केस्साइटों का बेबीलोन में आगमन आर्य जाति के उस स्थानान्तरण का परिणाम था, जिसके कारण भारत में वैदिक आर्यों, ईरान के ईरानी आर्यों, एशिया माइनर का हिट्टी जाति तथा कम्पोडोशिया में मिटानी आर्यों की सत्ता स्थापित हुई।

18.2 महत्त्व

हॉल (Hall) ने अपनी पुस्तक *'Ancient History of the Near East'* में लिखा है कि केस्साइट का समय कार्य के दृष्टिकोण से महत्त्वपूर्ण नहीं रहा। उनका कहना है कि जिन राजाओं का उल्लेख उन्हें मिला है, वे अपने समय में महत्त्वहीन रहे हैं। उस समय के आलेख बहुत कम प्राप्त हुए हैं। सन्तोषपूर्ण जानकारी के अभाव में कई इतिहासकार मान लेते हैं कि इन लोगों का शासन बेबीलोनिया के इतिहास में महत्त्वपूर्ण नहीं था। कुछ विद्वान् इस काल को 'अन्धकार युग' कहते हैं। लेकिन यह भावना भ्रान्तिपूर्ण है। वास्तव में केस्साइट लोग शुरू में बर्बर थे। इसलिए कुछ दिनों तक उनके आक्रमण से बेबीलोनिया की संस्कृति को धक्का लगा होगा। ऐसा लगता है कि केस्साइट शासकों ने अपना इतिहास लिखने में दिलचस्पी नहीं दिखाई और इसी कारण हमें उनके राज्य के बारे में कम जानकारी प्राप्त हुई है। बहुत दिनों तक उन्होंने बेबीलोनिया की धर्म तथा संस्कृति के प्रति कोई दिलचस्पी नहीं ली और अपने देवी-देवताओं को पूजते रहे। उन लोगों के जमाने में बहुत कम मन्दिर बनवाए गए या बहुत कम मन्दिरों का पुनरुद्धार किया गया। फिर भी उन लोगों ने करीब 600 वर्षों तक बेबीलोनिया पर शासन किया और यह लम्बा समय महत्त्वपूर्ण घटनाओं से बिलकुल खाली नहीं था, बल्कि केस्साइट लोगों ने बेबीलोनिया के जीवन के विभिन्न क्षेत्रों को प्रभावित किया। बेबीलोनिया के समाज, शासनतंत्र और सैनिक प्रणाली में महत्त्वपूर्ण परिवर्तन हुए। मिस्र के इतिहास के तेल-अल-अरस (Tel-al-ars) नामक शिलालेख़ से हमें केस्साइट और दसवें राजवंश (10th Dynosty) के शासकों के आपसी सम्बन्ध का पता चलता है। प्रथम बार दक्षिणी मेसोपोटामिया में उनकी शक्ति का तथा असीरिया में राजनीति का नियंत्रण पाया गया। उन लोगों में प्रथम बार राजनीतिक एवं वैवाहिक सम्बन्ध मिस्र के एमनहोटेप के साथ हुआ। 400 वर्षों की गृहनीति भी शान्तिपूर्ण थी। इसलिए इस युग का निष्पक्ष इतिहास इस बात को सिद्ध करेगा कि केस्साइट लोगों का शासन बेबीलोनिया के इतिहास में अन्धकार युग नहीं माना जा सकता।

केस्साइट जाति एक व्यवहारकुशल जाति थी और स्वभाव से वे लोग साहसिक कार्यों में अभिरुचि रखते थे। प्रशासन में भी इन्हें निपुणता प्राप्त थी। बेबीलोनिया के इतिहास में इनका शासन और अधिकार विशिष्ट स्थान रखता है। विदेशी होने के बावजूद इनके शासन से बेबीलोनिया को लाभ अधिक हुए और हानि कम। केस्साइट्स शासन का संस्थापक उनका अनुभवी नेता गन्दाश था। उसने मार्दुक मन्दिर का निर्माण कराया और चतुर्दिक् सम्राट तथा सुमेर एवं अक्कड का राजा की उपाधियाँ धारण कीं। क्योंकि मार्दुक मन्दिर के पुनर्निर्माण के सिलसिले में लिखा गया शिलालेख में गन्दयाश (Gandyash) में बेबीलोनिया पर विजय एवं विस्तार को बतलाया गया है।

गन्दाश (Gandash) के बाद अगुम द्वितीय (Agum II) गद्दी पर बैठा, तो देश के कानून आदि समाप्तप्राय थे। अगुम द्वितीय के बाद कश्तीलियाश (Kashtilliash) गद्दी पर बैठा। यह गुन्दगु (Gundagu) के वंश से प्रतिद्वन्द्विता रखता था। यह एक प्रभावशाली केस्साइट कबीले का था। क्योंकि इसके दूसरे भाई उतमबरियाश (Utamburiash) ने सामुद्रिक प्रदेश को विजित किया था। कश्तीलियाश और उतमबरियाश दोनों बुरनबुरियाश (Burnaburiash) के पुत्र थे। बुरनबुरियाश एलम का सरदार था। ऐसा प्रतीत होता है कि उतमबरियाश के द्वारा विजित होने पर भी सामुद्रिक प्रदेश ने विद्रोह किया। क्योंकि इनको फिर से जीतने की आवश्यकता अगुम नामक केस्साइट द्वारा पड़ी। यह कश्तीलियाश का छोटा पुत्र था। बेबीलोनिया की गद्दी पर कश्तीलियास के बाद उसका बड़ा पुत्र गद्दी पर बैठा और छोटा पुत्र अगुम सामुद्रिक प्रदेश पर राज्य करने लगा। इस प्रकार बेबीलोन दो भागों में बँट गया। एक भाई उत्तरी बेबीलोनिया पर शासन करने लगा और दूसरा दक्षिणी प्रदेश पर शासन करने लगा। कुछ दिन बाद बेबीलोनिया की गद्दी पर कश्तीलियाश का दूसरा पुत्र अबीरत्ताश (Abirattash) बैठा। सम्भवतः इसी के राज्यकाल में पूरे बेबीलोनिया पर इस देश का अधिकार हो गया।

कर-इन्दाश (Kara Indash) के समय से केस्साइटों का महत्त्वपूर्ण राजनीतिक काल शुरू होता है। यह शासक सम्भवतः अगुम तृतीय (Agun III) का उत्तराधिकारी था। इसने मिस्र के दरबार के साथ दूतों का आदान-प्रदान किया। इसके अलावा मिस्र के एमनहोटेप तृतीय (Amenhotep III) के साथ केस्साइट राजकुमारी का वैवाहिक सम्बन्ध हुआ।

कर-इन्दाश के तीन उत्तराधिकारियों में से करीगलसु प्रथम (Karigalsu I) महत्त्वपूर्ण केस्साइट राजा था। उसने एमेनोफीस तृतीय (Amenophis III) के साथ अच्छे सम्बन्ध स्थापित किए और एलम पर भी आक्रमण करने का सफल प्रयत्न किया। यह क्षेत्र दक्षिणी बेबीलोनिया से सम्बन्धित था। करीगलसु ने एक नई राजधानी का निर्माण किया और उसी कारण यह महत्त्व रखता है। इसके द्वारा बनाए गए जिगुरत बहुत महत्त्वपूर्ण है और इराक जानेवाले लोगों के लिए दर्शनीय है। 14वीं शताब्दी ई.पू. के अन्त में करीगलसु ने अपनी बहन की शादी एमेनहोटेप तृतीय से की। इस प्रकार एमेनहोटेप तृतीय ने तीन केस्साइट राजकुमारियों से विवाह किया। इसके बाद बरनबुरियाश (Burnaburiash-1375-1347 ई.पू.) गद्दी पर बैठा। इसका अखनाटन से मैत्री सम्बन्ध था।

केस्साइटों के पतन का मुख्य कारण उत्तर में असीरिया का उत्कर्ष था। असीरियों की लोलुप दृष्टि प्रारम्भ से ही बेबीलोनिया के उर्वर भू-भाग पर लगी हुई थी। वे पहले मित्तानी और हिट्टी राज्यों से प्रतिद्वन्द्विता के कारण दक्षिण में विद्रोह नहीं कर सके, परन्तु इन राज्यों के पतन के बाद उनको रोकनेवाली कोई शक्ति नहीं बची और बेबीलोन के दुर्बल केस्साइटों के लिए उनका सामना करना कठिन हो गया। ऐसे झगड़े बहुधा सीमा सम्बन्धित होते थे। इन झगड़ों में कूटनीति द्वारा असीरियन जीत जाते थे।

केस्साइट राजाओं के पतन का दूसरा मुख्य कारण एलम के लोगों का आक्रमण था। प्राचीनकाल में चौथे राजवंश के समय भी बेबीलोन को एलम से खतरा सदैव बना रहता था और जब तक बेबीलोनिया के नए राजवंश के राजा **बुचडरेजर** गद्दी पर नहीं बैठा राज्य की ओर से खतरा बना रहा। 12वीं शताब्दी ई.पू. के प्रारम्भ में एलम का भयंकर आक्रमण हुआ। इस आक्रमण ने बेबीलोन में एक राष्ट्रीय प्रतिक्रिया को जन्म दिया। जिसके कारण 1185 ई.पू. में केस्साइट वंश का अन्त हो गया।

18.3 कार्य

केस्साइटों का शासन बेबीलोनिया इतिहास में बहुत महत्त्व का है। हालाँकि प्रारम्भ में ये एक असभ्य जाति के थे। राजनीतिक दृष्टि से केस्साइट लोगों ने बेबीलोनियावालों को पराजित किया। लेकिन सांस्कृतिक दृष्टि से बेबीलोनिया के लोगों ने केस्साइट लोगों ने केस्साइट लोगों को पराजित किया। करीब 200 वर्षों तक सांस्कृतिक आदान-प्रदान होता रहा। केस्साइट लोगों ने राजकीय उद्देश्यों के लिए अपना धर्म छोड़कर बेबीलोनवासियों के धर्म को अपना लिया और लिपि भी अपना ली। अन्त में वैवाहिक सम्बन्धों द्वारा जातीय विभिन्नता को समाप्त कर दी गई। केस्साइट लोगों ने अपने शासनकाल में बेबीलोनिया के लोगों को जो सबसे बड़ा लाभ हुआ, वह था समय का **मानदंड**। इन लोगों के आने से पहले एक बड़े ही पेचीदे ढंग से बेबीलोनिया के लोग समय का मानदंड उपस्थित करते थे। प्रत्येक वर्ष का प्रारम्भ किसी महान घटना से हुआ करता था। केस्साइट लोगों ने इस पेचीदे ढंग के स्थान पर सरल ढंग से वर्षों की गणना राजाओं के राज्यकाल से प्रारम्भ की।

धार्मिक क्षेत्रों में भी केस्साइटों ने महत्त्वपूर्ण कार्य किया। इस क्षेत्र में उन्होंने बेबीलोनियन धर्म की सराहना की। अगुम द्वितीय बेबीलोन का राजा बनने के बाद मार्डूक (Marduk), सुन्गोद (Sungod) तथा सुसा के सरपेटाइन (Serpentine) की मूर्तियाँ लाकर बृहत् तैयारी के साथ स्थापित किया। इस प्रकार के कार्य ने उसके राज्य के लोगों का दिल जीत लिया। साथ ही बेबीलोन के प्रथम केस्साइट राजा ने अपनी नई राजधानी के मालिक के रूप में मार्डूक (Marduk) को स्थान दिया तथा उनका मन्दिर छोटे-छोटे जमावट से बनाए गए, जो एक साथ जोड़ने पर दैवी आकार ले लेता था। पत्थरों पर नक्काशी बनाने की पुरानी पद्धति छोड़ दी गई। जॉर्ज रूक्स के अनुसार सबसे महत्त्वपूर्ण राजा कुरजंग द्वितीय था और करतंग द्वितीय ने उर के शहरों को बसाया जो कि पहले समसुइलुना (Samsueluna) के द्वारा नष्ट कर दिया गया। उसने अगरगनेट (Agargnet) पर एक शहर बसाया जो जमीन से 170 फीट ऊपर था तथा बगदाद से 200 मील की दूरी के बाद भी उसे देखा जा सकता था।

यह शहर दुरकुरीगरगु (Durakurigargu) था, जो राजधानी के बीच में अवस्थित था। 945-943 ई.पू. के बीच हुई खुदाई से यह पता चलता है कि यह जयुरक का आधार था और राज्य प्रासाद का एक अंश था जिसमें तीन मन्दिर थे। कुरजुक (Kurjuk) का राज्य प्रासाद बड़े-बड़े स्तम्भों पर अवस्थित था। मन्दिर में बड़े-बड़े चिह्न पाए गए हैं जो कि सुमेरियन देवता एनलील तथा नीसिल तथा उसके पुत्र निनुर्ता को समर्पित किए गए थे। इस तरह के शहरों में सुमेरियन देवताओं के पाने से यह सिद्ध होता है कि केस्साइट राजा विदेशियों को अपने यहाँ प्रश्रय देकर सम्मान देते थे। इसके साथ ही केस्साइट राजाओं ने कई मन्दिर निप्पुर और लरसा में बनवाए थे।

पहले से तुलना करने पर मोहर के बनावट के कार्य में कुछ परिवर्तन हुए। सारगन की समय की अपेक्षा केस्साइट के समय में मोहर का आकार बड़ा होता था। साधारणतया इसका आकार 3-4 cm (सेंटीमीटर) से लेकर 1.5 cm (सेंटीमीटर) तक था। केस्साइट काल में मोहर पर ग्रीक का चित्र तथा विभिन्न प्रकार के चिड़ियों और जानवरों के नक्शे पाए जाते हैं। इनमें से कुछ तो मिस्र से प्रभावित थे लेकिन बहुत कम मोहरें कलात्मक ढंग से बनाई हुई थीं। हम्मूराबी के काल में Plastic art (प्लास्टिक आर्ट) की उन्नति हो रही थी। इनकी कला सातवीं शताब्दी ईसा पूर्व में एक संक्रामक काल से गुजरी, जब असीरियनों की सांस्कृतिक उन्नति हुई।

पीटर (Peter) और कोल्डवे (Koldway) के अनुसार केस्साइट सीसा तथा बर्तनों पर नक्काशी करने में सक्षम थे। निप्पुर में गए कुछ सिर भी कलात्मक आभूषणों से सुसज्जित थे।

कई इतिहासकारों का कहना है कि बेबीलोनिया की सैनिक प्रणाली में बहुत परिवर्तन हुआ। केस्साइट लोगों के आने से पहले गदहे और दूसरे जानवर माल ढोने के काम में लाए जाते थे लेकिन इन लोगों के आने के बाद पूरे पश्चिमी एशिया में घोड़े का प्रयोग माल ढोने में भी होने लगा। पहले पहल ये केस्साइट अपनी यात्राओं में घोड़े द्वारा माल ढोते थे।

केस्साइटों ने बेबीलोनिया की न केवल भाषा या बोली ही नकल की बल्कि सारकारी कार्यों में अक्काडियनों की शैली भी काफी व्यवहृत होती थी। केस्साइटों के समय में ही बेबीलोनिया भाषा अपने प्राचीन रूप को प्राप्त कर सकी। साहित्य के क्षेत्र में भी केस्साइटों ने उल्लेखनीय प्रगति की। इसिन लरसा के समय में संगीत और खगोल के बहुत से निष्कर्ष निकाले गए तथा प्राचीन बेबीलोनियन के समय अपनाए गए। केस्साइटों के समय शब्दकोश को सुधारा गया। अन्धविश्वास और गलत धारणाएँ भी सुधारी गईं। धार्मिक और दार्शनिक परम्पराएँ मेसोपोटामिया के केस्साइटों द्वारा सुरक्षित रखी गईं। लेकिन केस्साइटों के समय में आदमी और ईश्वर के सम्बन्ध पर काफी बल डाला गया तथा अन्धविश्वास पर जोर डाला गया।

बेबीलोन के कानून और न्याय प्रणाली का भी पश्चिमी एशिया के देशों में प्रचार हुआ। खासकर हिट्टाइट लोग बेबीलोनिया संस्कृति से प्रभावित हुए। धीरे-धीरे बेबीलोनिया के केस्साइट और हिट्टाइट राजा एक-दूसरे के नजदीक आ गए।

18.4 भूमि

शिलालेख द्वारा उस युग के इतिहास की जानकारी होती हैं। केस्साइटों के समय बड़े-बड़े खेतों के सीमाओं पर भी उस युग में पत्थरों पर लेख लगा दिए जाते थे और इन शिलालेखों से जमीन के स्वामित्व का पता चलता था। इन पत्थरों के लेखों का ऐतिहासिक, धार्मिक और कानूनी दृष्टि से महत्त्व है। तत्कालीन राजाओं के नाम और राज्य का पता चलता है। इसलिए हम लोगों को इन शिलालेखों के द्वारा केस्साइट शासन के बाद और नए बेबीलोन राजाओं के पहले का इतिहास पता चलता है। इन शिलालेखों से यह पता चलता है कि बेबीलोन के कानून और रीति-रिवाजों में यथा परिवर्तन हुए और किस प्रकार बेबीलोनिया का सांस्कृतिक ह्रास जारी रहा।

कुछ शिलालेखों की शुरुआत केस्साइट राजाओं के शासनकाल में हुई। शुरू में इस प्रकार शिलालेख तब लगाए जाते, जब राजा किसी भूमि का दान करता था अथवा राजा कोई जमीन अपने प्रमुख अफसर या कर्मचारी को दिया करते थे। ऐसे शिलालेखों का उद्देश्य यह था कि जमीन का स्वामित्व नए व्यक्ति को देवताओं की निगरानी में प्राप्त हो। यदि कोई भी व्यक्ति जमीन के स्वामित्व में हस्तक्षेप करता था तो उस पर देवताओं का अभिशाप पड़ने की धमकी दी जाती थी। इन देवताओं को प्रतीकों द्वारा भी उन शिलालेखों के रिक्त स्थानों पर दर्शाया जाता था। इस तरह केस्साइट लोगों के समझ में दैवी सरंक्षण में सम्पत्ति को रखने की प्रथा चलाई गई किन्तु कुछ विद्वान् मानते हैं कि यह प्रथा पहले से ही बेबीलोन में प्रचलित थी।

खेतों में लगे हुए इस प्रकार के शिलालेख तत्कालीन भूमि के बारे में काफी जानकारी देते हैं। इससे पता चलता है कि किसी भी जमीन का स्वामी राजा के किसी भी सार्वजनिक हित के लिए बेगार के लिए बाध्य किया जा सकता है, यदि उस राजा की ओर से खास छूट नहीं मिली होती। जमीन के मालिकों को राजा के मवेशियों के लिए चरागाह भी देना पड़ता था और जमीन सिंचाई तथा फसल के लिए कई तरह के कर भी देने पड़ते थे। ये प्रथाएँ प्रथम राजवंश के समय भी प्रचलित थीं और केस्साइट लोगों ने इसमें किसी तरह का परिवर्तन नहीं किया। बेबीलोन और केस्साइट संस्कृति के आधार पर बेबीलोनिया में एक नई संस्कृति का विकास हुआ। केस्साइट लोगों ने विशेषकर सैनिक क्षेत्र में यहाँ के लोगों को नए हथियारों और नई सैनिक प्रणाली से परिचित कराया। अन्तर्राष्ट्रीय क्षेत्र में उन्होंने बेबीलोनिया का सम्बन्ध हिट्टाइट, एलम, मिस्र और मितानी राजाओं से किया। वाणिज्य और व्यापार के क्षेत्र में भी उन्नति हुई। परिणामस्वरूप बेबीलोन के लोगों का दृष्टिकोण विस्तृत हुआ। इस तरह केस्साइट लोगों का शासन बेबीलोन के इतिहास के लिए बहुत महत्त्वपूर्ण नहीं कहा जा सकता; क्योंकि राजनीतिक घटनाओं के अभाव में भी इस क्षेत्र में कई सांस्कृतिक परिवर्तन हुए।

18.5 केस्साइट शासक

केस्साइट शासन में गन्दाश तृतीय राजवंश का प्रथम शासक था। इस शासक के बारे में जानने का स्रोत अभिलेख है जो उसके पुत्र अगुम प्रथम के समय का विद्वानों ने बताया है।

इस स्रोत के अनुसार अपने विजय शक्ति के कारण गन्दाश ने बेबीलोनिया में सत्ता स्थापित की। बेबीलोन नगर को कठिन परिश्रम से जीतने के पश्चात् गन्दाश ने अनेक नगरों पर विजय पाई और अभिलेख में उसे चारों प्रदेशों का राजा के रूप में वर्णन किया गया है।

विजय यात्रा को पूरा करने के पश्चात् गन्दाश ने बेल-मर्डूक के मन्दिर को फिर से बनवाया और उसमें एक शिलालेख को स्थापित किया जो सम्भवतः उपलब्ध नहीं है। स्रोत के अभाव में केस्साइट शासक गन्दाश के उत्तराधिकारियों के बारे में हमें विशद जानकारी नहीं हो पाती है।

सम्भवतः गन्दाश के बाद उसका पुत्र अगुम प्रथम बेबीलोनिया की गद्दी पर बैठा। अन्य राजाओं के नाम सम्भवतः उश्शी, अबि-रत्ताश, तश्शी गुरमाश, अगुम काकरीम (अगुम द्वितीय) और कश्तीलियाश प्रथम बताए गए हैं।

अगुम द्वितीय के बाद कुछ वर्षों के बीच के शासकों के बारे में हमें कुछ नहीं मिल पाता। इसके पश्चात् शायद बरनबरियाश बेबीलोन की गद्दी पर बैठा। इसके बाद कश्तीलियाश द्वितीय और फिर अगुम तृतीय। कुछ वर्षों के बीच के शासकों के बारे में पुनः हमें जानकारी नहीं हो पाती है। पुनः स्रोतों में हम कदाशमान खारबे प्रथम, कुरीगल्जु प्रथम और मेलीशियम प्रथक शासकों के बारे में जान पाते हैं, वह भी विस्तृत रूप में नहीं। ई.पू. 1420 में केस्साइट शासक कराइन्दाश सम्भवतः बेबीलोन की गद्दी पर था। अभिलेखों के आधार पर रूक्स महोदय ने जिन केस्साइट शासकों के नामों की चर्चा अपनी पुस्तक (Ancient Iraq) में की है, उससे ज्यादा बातें हमें फिर नहीं प्राप्त हो पाती हैं।

बारहवीं सदी ई.पू. में केस्साइट राज्य का पतन होने लगा। एलम एवं असीरिया ने इनके शक्ति को ध्वस्त कर दिया। सम्भवतः नेबूचेडरेज्जर ने बेबीलोन में केस्साइटों को हराकर चौथे राजवंश की स्थापना की। असीरिया के चोट को भी इसी समय बेबीलोनिया को बर्दाश्त करना पड़ रहा था। दक्षिणी बेबीलोनिया में असीरिया का विस्तार मिट्टानी एवं हिट्टी राज्यों के कारण नहीं हो पाया। असीरिया का शासक तिगलथ-पिलेसर प्रथम ने ई.पू. 1010 में बेबीलोनिया पर आक्रमण किया और कठिन संघर्ष के पश्चात् बेबीलोनिया को परास्त करने में सफल रहा और अब बेबीलोनिया पर असीरिया का अधिकार हो गया।

18.6 उपलब्धियाँ

हिट्टियों की सेना के हटने के पश्चात् बेबीलोनिया के भाग्य के सन्दर्भ में हमें स्पष्ट जानकारी नहीं मिलती है। ऐसा प्रतीत होता है कि सामसू-दीताना (Samsu-ditana) की मृत्यु के उपरान्त केस्साइट शासक सम्भवतः इस राजवंश का आठवाँ शासक अगुम द्वितीय गद्दी पर बैठा। इस प्रकार मेसोपोटामिया पर केस्साइट शासक ही 433 वर्षों (1595- 1162 B.C. तक) शासन किए।

विद्वानों में केस्साइट की उत्पत्ति एवं जाति के सन्दर्भ में पर्याप्त मतभेद है। परन्तु ऐसा कहा जाता है कि केस्साइट शासक की स्थापना ईरान में अनन्त काल में ही हो चुकी थी। मूलतः केस्साइट लोग जैग्रस (zagros) भू-प्रदेश (जिसे आज लूरिस्टान कहते हैं) के मध्य भाग को अधिकृत किया था। यह भाग हमदान के दक्षिण में अवस्थित है। इन्होंने अपने

उत्तरी पड़ोसियों गुटी एवं लुलबी की तरह पूर्वी राजनीति के इतिहास में तीन हजार वर्ष पूर्व महत्त्वपूर्ण भूमिका अदा की। बेबीलोनिया में ये केस्साइट आक्रमणकारी अधिक संख्या में नहीं आ सके। केस्साइटों एवं बेबीलोनियों के वंश में महान् अन्तर था।

यह बहुत ही विवादग्रस्त प्रश्न है कि केस्साइट लोग किस जाति के थे परन्तु अधिकांश विद्वानों की यह धारणा है कि वे लोग आर्य जाति के थे तथा मितानी शासक के साथ उनका बहुत ही अच्छा सम्बन्ध था। यद्यपि हमें केस्साइट में पूर्णरूपेण लिखा हुआ कोई भी ग्रन्थ नहीं मिलता है, परन्तु अक्काड के ग्रन्थों से केस्साइट शब्दों की अभिव्यक्ति तथा देवताओं और व्यक्तिगत नामों की सूची देखने को मिलती है। ऊपर लिखित सभी तथ्यों से यह प्रमाणित होता है कि केस्साइट भाषा एशियाई लोगों की भाषा के सदृश थी और ये लोग एशियाई दल के अन्तर्गत थे तथा सम्भवतः इलैमाइट (Elamite) से सम्बन्धित थे।

जहाँ तक केस्साइटों में इंडो-यूरोपियन तत्त्वों के समावेश का प्रश्न है, इस तथ्य की पुष्टि इस बात से होती है कि केस्साइट धर्म में आर्य देवताओं जैसे शुरीयाश (Shuriash) (जो आर्य देवता सूर्य के सदृश था), मारुताश (Maruttash) (अर्थात् आर्य देवता मारुत) आदि का दिग्दर्शन होता है। इतना ही नहीं इसमें अक्काड के देवी-देवताओं तथा केस्साइट के देवताओं की उपस्थित देखने को मिलती है। इससे यह सिद्ध होता है कि केस्साइट लोग आर्य जाति या इंडो-यूरोपियन जाति के थे, परन्तु इस तथ्य को हम निश्चित रूप से स्वीकार नहीं कर सकते हैं।

पर्याप्त ऐतिहासिक साधनों और केस्साइट राजाओं द्वारा निर्मित स्मारकों के आधार पर हम देखते हैं कि केस्साइट शासन उत्कर्ष, विकास एवं उन्नति का काल था। क्योंकि हम देखते हैं कि केस्साइटों के पूर्व बेबीलोनिया में राजनीतिक उथल-पुथल का वातावरण व्याप्त था परन्तु केस्साइटों ने सर्वप्रथम अव्यवस्थित वातावरण की समाप्ति कर व्यवस्था, शान्ति एवं एकता की स्थापना बेबीलोनिया में की। जो राष्ट्र हजारों वर्षों तक युद्धों से आतंकित था, वहाँ पर उसने व्यवस्थित शासन की नींव डाली।

अगम काकराइन (1602-1585 B. C.) ने बेबीलोनिया की गद्दी पर बैठने के उपरान्त मार्डूक (Marduk) एवं सारपनीटम (Sarpanitum) देवताओं की मूर्तियों को हाना (Hana) से लाया तथा उन्हें मन्दिरों में पुनर्स्थापित किया। इस कार्य का विशिष्ट महत्त्व था कि एक विदेशी शासक ने अपने नए राज्य का स्वामी मार्डूक को घोषित किया। कालान्तर में अपने राजनीतिक उद्देश्यों की पूर्ति के लिए केस्साइटों ने बेबीलोनिया के धर्म को ग्रहण किया।

केस्साइटों के शासनकाल में सम्पूर्ण बेबीलोनिया एक प्रशासकीय व्यवस्था के अन्तर्गत संगठित हो गया और इन लोगों ने अपनी राजधानी बेबीलोनिया बना ली। अपने शासनकाल में केस्साइट राजाओं ने निप्पुर (Nippur), लारसा (Larsa), उर (Ur) एवं उरूक (Urak) के पुरातन पवित्र मन्दिरों को पुनः निर्माण कराया। उरूक का काराइंडाश (Kara-Indash) मन्दिर कला का एक बहुत ही अच्छा उदाहरण प्रस्तुत करता है। पत्थर को काटकर बनाने की कला का विकास यहाँ पर हुआ तथा यह मेसोपोटामिया में नया था, बाद में चलकर बेबीलोनिया में चाल्डीयन राजवंश (Chaldean Dynasty) के द्वारा इसका प्रयोग किया गया।

कुरीगाल्जु द्वितीय बहुत ही उत्साही केस्साइट निर्माणकर्ता था, उसने एक नवीन तथा प्रमुख नगर का निर्माण भी कराया, जिसका प्रतिनिधित्व 'अकर कुफ' (Aqar Quf) का अग्नावशेष करता है। इस प्रकार केस्साइट काल में कला-कौशल का काफी विकास हुआ।

केस्साइटों ने मेसोपोटामिया में घोड़े को सर्वप्रथम व्यवहार में लाया। परन्तु यह कथन पूर्णतः ठीक नहीं है। विदेशों से गदहे मँगाए जाते थे, इस बात की पुष्टि उर III के काल के ग्रन्थों से होती है। घोड़े का वितरण मारी के शाही पत्र-व्यवहार से परिलक्षित होता है, परन्तु घोड़े का बड़े पैमाने पर प्रयोग केस्साइट काल में हुरियनों (Huriana) के समय से होने लगा। घोड़े का रथ में प्रयोग ने युद्ध कला के प्रयोग से बेबीलोनिया की सैन्य व्यवस्था में क्रान्तिकारी परिवर्तन हो गया।

गदहों द्वारा माल ढोने का कार्य घोड़ों के प्रयोग के कारण समाप्त हो गया। अब घोड़े के द्वारा ही वाणिज्य एवं व्यापार की वस्तुओं को एक स्थान से दूसरे स्थान पर भेजा जाने लगा। तेल-अल-अमरना के शिलालेख के आधार पर ऐसा हम पाते हैं कि मेसोपोटामिया का वाणिज्य का सम्बन्ध केवल मिस्र के साथ ही नहीं था वरन् विश्व के अन्य देशों के साथ भी था। ऐसा प्रतीत होता है कि बेबीलोनिया पश्चिमी एशिया का एक स्वतंत्र नगर था तथा इसका अपना एक स्वतंत्र अस्तित्व था। इस प्रकार देखते हैं कि केस्साइट शासकों ने वाणिज्य व्यापार की उन्नति के लिए अत्यधिक अभिरुचि ली। जब एक केस्साइट शासक का व्यापारिक कारवाँ (Carvan) को मिस्री भू-प्रदेश के अन्तर्गत लूट लिया गया तो वैसी स्थिति में बेबीलोनिया के राजा ने मिस्री शासक को क्षतिपूर्ति के लिए पत्र लिखा और मिस्री शासक ने उस काम को पूरा किया।

केस्साइटों के द्वारा अनेक महत्त्वपूर्ण परिवर्तन लाए गए। भूमि मापने के ढंग तथा पोशाक पहनने के फैशन में भी परिवर्तन लाया गया। कुडुस शिलालेखों की शुरुआत केस्साइट शासक काल में ही हुई, इस शिलालेख का उद्देश्य यह था कि जमीन का स्वामित्व नए व्यक्ति को देवताओं की निगरानी में प्राप्त हों।

केस्साइटों ने तिथि व्यवस्था को लागू कर एक महत्त्वपूर्ण सुधार लाया। इसके पूर्व बेबीलोनिया में तिथि निश्चित करने की व्यवस्था दोषपूर्ण थी। इसके पहले प्रत्येक वर्ष किसी महत्त्वपूर्ण घटना से शुरू होता था।

केस्साइट काल के कला की अभिव्यक्ति छोटे-छोटे स्मारकों तथा टेराकोटा मूर्तियाँ एवं चित्रों के रूप में देखने को मिलती हैं, जिसमें कुछ आकर्षक भी हैं।

इसीन-लारसा (Isin-Iarsa) तथा पुरातन बेबीलोनिया के कालों में जो वैज्ञानिक कार्य जैसे चिकित्सा एवं ज्योतिष विज्ञान के क्षेत्र में हुए, उनका नकल केस्साइट काल में किया गया। बेबीलोन के प्रथम राजवंश के शासनकाल में सुमेरों, अक्काडी रहस्यों एवं पौराणिक गाथाओं पर पुनर्विचार कर साधारण एवं स्पष्ट भाषाओं में लिखा गया परन्तु केस्साइट शासनकाल में बेबीलोनिया की अच्छी भाषा में इसकी रचना की गई।

इस काल में बेबीलोनिया के धार्मिक एवं दार्शनिक परम्परागत विचार कायम रहे परन्तु मनुष्य एवं ईश्वर के बीच सम्बन्धों की स्थापना आत्मविश्वास पर न होकर, अन्धविश्वास पर आधारित हुई। बौद्धिक साहित्य का उत्कर्ष इस काल में हुआ, जिस प्रकार यूरोपीय महन्तों

ने मध्य युग में ग्रीक रोमन संस्कृति की रक्षा की, ठीक उसी प्रकार बेबीलोनिया के पुरोहितों ने मेसोपोटामिया की संस्कृति की रक्षा की।

मेसोपोटामिया के साहित्य को प्राचीन निकट पूर्व में अत्यधिक प्रतिष्ठा थी। मेसोपोटामिया के साहित्य का अनुकरण अनातोलिया से मिस्र तक किया गया। बेबीलोनिया की संस्कृति से हिट्टी लोग काफी प्रभावित हुए। उदाहरण के लिए गिलगमेश के महाकाव्य का अनुवाद हिट्टी एवं हरीयन (Hurrean) तथा नील नदी के किनारे बेबीलोनिया के पुरातन कहानियों की प्रतियाँ पाई गईं।

केस्साइट शासनकाल में बेबीलोनिया की भाषा तथा लिपि का प्रसार पश्चिमी एशिया तक हुआ। इसके बावजूद बेबीलोनिया भाषा सभी Oriental दरबारों तथा कूटनीतिक स्थलों पर दो हजार वर्षों के अर्द्ध तक भाषा का माध्यम बनी रही।

इस प्रकार हम देखते हैं कि इस काल में बेबीलोनिया में कला, शिल्प, वाणिज्य-व्यापार का विकास हुआ तथा हिट्टी, एलम, मिस्र और मितानी के साथ अन्तर्राष्ट्रीय सम्बन्धों का विकास हुआ तथा भाषा एवं साहित्य के क्षेत्र में केस्साइट शासनकाल में अभूतपूर्व उन्नति हुई। अतएव यह कहना गलत होगा कि केस्साइट शासनकाल बेबीलोनिया के इतिहास में महत्त्वहीन एवं बेकार था; क्योंकि महत्त्वपूर्ण राजनीतिक घटनाओं के न होते हुए भी इस युग में सांस्कृतिक क्षेत्र में महत्त्वपूर्ण परिवर्तन हुए।

अध्याय-19

बेबीलोनिया की सभ्यता एवं संस्कृति

बेबीलोनिया का समाज साधारणतया तीन वर्गों में बँटा था। प्रथम वर्ग में उच्च स्तर के लोग रहते थे। इस स्तर में शासक, पुरोहित और व्यापारी रखे जा सकते हैं। बड़े-बड़े अधिकारीगण भी इसी श्रेणी में आते थे। प्रसिद्धि प्राप्त व्यक्ति जिनकी स्थिति अब अच्छी नहीं थी वे भी प्रथम श्रेणी के नागरिक थे। सामाजिक वर्गीकरण का मुख्य आधार आर्थिक था। शक्तिशाली व्यक्ति भी इस श्रेणी में आ सकता था। कीमती पोशाक पहननेवाले और राज्य को अधिक कर देनेवाले लोग भी उच्च श्रेणी में आते गए। स्वाभाविक रूप से ये लोग विशाल भवनों में निवास करते थे और नाच-गाना पसन्द करते थे।

छोटे कारीगर, व्यवसायी और कुछ अन्य लोग मध्यम श्रेणी में थे। इनका जीवन-स्तर निम्न श्रेणी के लोगों से ऊँचा और उच्च श्रेणी के लोगों से निम्न था। इनका समाज में उतना सम्मान नहीं था। उच्च वर्ग के लोगों की तुलना में मध्यम वर्ग के लोगों को एक ही प्रकार के जुर्म में अधिक सजा दी जाती थी। सभी दृष्टिकोणों से कानून ऊँचे वर्गों की तुलना में इस वर्ग को कम संरक्षण दिया था। इलाज के लिए मध्यम वर्ग का व्यक्ति ऊँचे वर्ग की तुलना में अधिक पैसा देता था।

निम्न वर्ग में दास और अन्य कर्मकार आते थे। सबसे कम कानून-संरक्षण इन्हें ही मिला रहता था।

19.1 स्त्रियाँ

रूक्स ने बेबीलोनिया के औरतों की स्थिति सन्तोषप्रद बताया है। यहाँ की औरतों के बारे में मुख्य रूप से उनकी पारिवारिक और सामाजिक जिन्दगी के पहलुओं के अलावा गुलाम जिन्दगी के सम्बन्ध में हम्मूराबी की विधि-संहिता में चर्चा पाते हैं।

पारिवारिक और सामाजिक दृष्टिकोण से बेबीलोनिया की स्त्रियों का परिवार में अच्छी स्थिति इसलिए थी कि घरेलू कार्यों पर भार मुख्य रूप से इन्हीं के ऊपर होता था। इस काल के कानून के अनुसार स्त्री को पराए पुरुष के साथ सम्बन्ध स्थापित करना गैरकानूनी था। पकड़े जाने पर उन्हें कठोर सजा दी जाती थी। पत्नी के जैसा पति से भी समाज में यह आशा की जाती थी कि अपनी पत्नी के प्रति वफादार रहते हुए उसके आवश्यक आवश्यकताओं की पूर्ति कर सके।

तत्कालीन विधि-संहिता में पति-पत्नी सम्बन्धों पर बड़ा ही महत्त्वपूर्ण प्रकाश डाला गया है। पति के द्वारा पत्नी को जान-बूझकर गाँवों में छोड़कर लम्बी अवधि या हमेशा के लिए शहर में बसने पर पत्नी को फिर से विवाह करने का कानूनी अधिकार प्राप्त था। अगर पत्नी किसी अन्य पुरुष से शादी कर ली तो पहले पति का उस पर से अधिकार समाप्त हो जाता था। अब पहले पति के द्वारा किसी तरह का सम्बन्ध अपनी छोड़ी हुई पत्नी से रखना गैरकानूनी था। अगर कानून की दृष्टि में यह प्रमाणित होता था कि किसी विशेष कारणवश मजबूरी में वह बहुत दिनों के लिए अपनी पत्नी से सम्बन्ध विच्छेद कर लिया था तो पत्नी से वह पुनः सम्बन्ध स्थापित करने का अधिकारी हो जाता है।

अगर देश की रक्षा के लिए सेना में भर्ती होकर पति बहुत दिनों के लिए बाहर चला जाता और उसके पास इतना धन होता कि उसकी पत्नी को समय पर भोजन मिल सके, तो पत्नी कानूनी रूप से किसी अन्य पुरुष को पति नहीं बना सकती थी। अगर ऐसा करती तो उसे भ्रष्ट और चरित्रहीन प्रमाणित करके सजा दी जा सकती थी। बेबीलोनिया के कानून के अनुसार सैनिक कार्य में व्यस्त पति बहुत दिनों तक नहीं लौट पाता और इतना गरीब होता कि उसके धन पर उसकी पत्नी निर्भर रहकर भोजन नहीं प्राप्त कर सके तो अन्य पुरुष से वह वैवाहिक सम्बन्ध स्थापित कर सकती थी। लेकिन इस स्थिति में पहले पति को यह हक था कि कानून की मदद से वह अपनी पत्नी को पुनः प्राप्त कर सके। इस स्थिति में किसी की पत्नी दूसरे पति की मदद से माँ बन गई तो उसके बच्चे की देखभाल की जिम्मेदारी पहले पति पर नहीं होती थी। व्यावहारिक दृष्टिकोण से पत्नी के कहने पर उस बच्चे का पालन-पोषण अगर वह (पहला पति) चाहता तो कर सकता था।

बेबीलोन का कानून विवाहित स्त्रियों के सम्बन्ध में कुछ अन्य अधिकारों की भी चर्चा करता है। इसके अन्तर्गत हमें पता चलता है कि न्यायालयों में विवाहित स्त्रियाँ गवाही दे सकती थीं। मातृसत्तात्मक समाज की तरह इन्हें चल एवं अचल सम्पत्ति रखने का अधिकार था और पति के अनुमति के बिना ही इस धन का उपयोग करने, किसी को दे देने एवं बेचने का अधिकार था।

गुलाम औरतों के सम्बन्ध में कुछ कानूनी नियंत्रण की बात हमें यहाँ के कानून में देखने को मिलती है। उदाहरण के लिए दासी, रखैल—जिसके बारे में पत्नी को जानकारी हो—अगर माँ बनती है तो उस पुरुष की पत्नी इस स्त्री दास को नहीं बेच सकती थी। पति के बाहर चले जाने और बालिग पुत्र के नहीं रहने की स्थिति में पत्नी को सारी सम्पत्ति स्वतंत्र रूप से देखभाल करने का अधिकार था, जिसके बदले में आमदनी का एक-तिहाई हिस्सा एवज के रूप में पत्नी को मिल जाता था। उपर्युक्त तथ्यों से ऐसा लगता है कि हम्मूराबी ने अपने विधि-संहिता में स्त्री को नेक एवं चरित्रवान् व्यक्तित्व के रूप में उपस्थित किया। अगर किसी पति से उसकी पत्नी असन्तुष्ट होती थी तो दहेज के रूप में पति को दिए गए रकम वह वापस लेकर अपने पिता के घर वापस जा सकती थी। लेकिन इसके लिए न्यायालय से अनुमति लेना आवश्यक होता था। अगर यह प्रमाणित हो जाता कि अपने चरित्रहीनता के कारण बुरी नीयत से अपने पति से पत्नी सम्बन्ध तोड़ देना चाह रही है, तो कानून उसे पानी में डुबाकर मार देने की सजा देता।

तलाक देने का समर्थन नहीं करने का प्रयास बेबीलोनिया के कानून द्वारा यथासम्भव किया जाता था। तलाक का समर्थन कानून उसी समय करता था। जब पति की सम्पत्ति पत्नी द्वारा नष्ट करने की बात प्रमाणित हो जाए। अगर यह प्रमाणित हो जाता था कि अपने पति के प्रति पत्नी वफादार और कर्तव्यपरायण नहीं है तो भी उसे तलाक दिया जाता था। इसमें पत्नी को क्षतिपूर्ति के रूप में कुछ भी प्राप्त नहीं होता था। कभी-कभी ऐसी औरतों के विरुद्ध कानून यह भी निर्णय दे देता था कि पत्नी अपने पति के घर में ही दास की तरह जिन्दगी बिताए। अपना खर्च चलाने के लिए पत्नी को उसी हालत में कानूनी खर्च से रकम प्राप्त होती थी जब पति का दोष सिद्ध हो जाए। बच्चों का खर्च चलाने के लिए भी पत्नी को तलाक पाए हुए पति से रकम प्राप्त होती थी। इतना ही नहीं, तलाक पाई हुई पत्नी का पति जब मर जाता था तो उसके बच्चों को ही उत्तराधिकार का हक मिलता था। वैसे तलाक बड़ी मुश्किल से दिया जाता था। अगर पत्नी किसी विशेष बीमारी के कारण पूरी जिन्दगी तक के लिए बीमार पड़ जाती थी तो भी तलाक उसे देना पति के लिए गैरकानूनी था।

पति के पक्ष से हम पाते हैं कि वह जब चाहे अपनी पत्नी को दास बना सकता था और तीन महीने के लिए उसे गिरवी भी रख सकता था। तीन महीने के बाद औरत को पुनः स्वतंत्र बनाना कानूनी रूप से आवश्यक था। बेवफा पत्नी को पति हमेशा के लिए बेच भी सकता था। निःसन्तान पत्नी के सम्बन्ध में पति को दो प्रकार के कदम उठाने का अधिकार था। अगर पति चाहता तो एक और पत्नी रख सकता था नहीं तो दूसरा कदम उसे उठाने का अधिकार यह था कि दहेज के साथ-साथ एक खास रकम वह अपनी पत्नी को देकर तलाक दे सकता था। उप-पत्नी प्रायः वही पति रख सकता था जो अपनी पहली निःसन्तान पत्नी को काफी प्यार करता हो और उससे सन्तान की आशा रखता हो। व्यावहारिक रूप में प्रायः यह भी देखा जाता था कि निःसन्तान पत्नी अपने पति की खुशी के लिए उप-पत्नी खोज देती थी। कभी-कभी निःसन्तान पत्नी के अधीन काम कर रही दासियों में से ही किसी एक को अपने पति के लिए उप-पत्नी के रूप में व्यवस्था कर देती थी। पति की इच्छा को ध्यान में रखते हुए कभी-कभी उप-पत्नी के रूप में बाहर की औरत को भी उसकी निःसन्तान पत्नी ला दिया करती थी। उपर्युक्त सारा काम बिना पति की इच्छा के निःसन्तान पत्नी नहीं करती थी। उप-पत्नी ज्योंही माँ बनती उसे स्वतंत्र नारी का दर्जा मिल जाता था लेकिन निःसन्तान पत्नी से अगर उप-पत्नी किसी तरह की प्रतिद्वन्द्विता करती तो उसे पुनः गुलाम बना देने का अधिकार पत्नी को था। पत्नी अगर चाहती तो उप-पत्नी को बेच भी सकती थी। अपनी पत्नी के मदद से पाए हुए उप-पत्नी के आधार पर पति को अन्य शादी करने का अधिकार नहीं था, उस स्थिति में जब उप-पत्नी माँ बन जाए।

जिन्दगी भर रोगी रहनेवाली पत्नी को तलाक न देकर उसका पति उप-पत्नी रखने का अधिकारी होता था। स्थायी रूप से रोगी पत्नी अपने पति के दबाव के कारण अपने घर नहीं जा सकती थी। भ्रष्ट पत्नी को पानी में डुबोकर मारने की बात जो सुमेर के प्राचीन कानूनों में थी उसमें कुछ परिवर्तन करते हुए हम्मूराबी ने बताया कि अगर पति यह बात

प्रमाणित नहीं कर पाता था तो पत्नी को अधिकार होता कि दहेज का रुपया अपने पति से वापस लेकर अपने पिता के घर चली जाए।

दास-स्त्री जब किसी व्यक्ति से शादी कर लेती थी तो उसका दासत्व माँ बनने के साथ-साथ समाप्त हो जाता था। व्यावहारिक रूप से बहुविवाह वर्जित था।

बेबीलोनिया के कानूनों में कभी नहीं विवाह करनेवाली नारियों के सम्बन्ध में भी कुछ नियम बनाए गए थे। देवताओं को बहुत-सी कुमारियाँ समर्पित की जाती थीं जो गैरकानूनी नहीं था। पिता की सम्पत्ति पर कुमारियों को कुछ अधिकार मिल जाता था जिसका पूर्ण उपयोग करने के लिए वे स्वतंत्र थीं। सम्पत्ति के रूप में अगर उसे उपजाऊ भूमि मिलती तो उसके अनाज का उपयोग अपने पिता की मृत्यु के बाद नहीं कर सकती थी। आजीवन कुमारी को उसका पिता कोई रकम भी नहीं दे सकता था।

वही लड़कियाँ जीवन भर अविवाहित रह सकती थीं जो कुछ विशेष धार्मिक क्रिया-कलापों के पश्चात् उपासकों के दल में सम्मिलित हो जाती थीं। इन्हें समाज में काफी प्रतिष्ठा मिली थी। यह मानकर उन्हें ऊँचे-ऊँचे पदों पर पदासीन किया गया कि उनके आगे-पीछे कोई नहीं रहने के कारण कोई भी निर्णय निःस्वार्थ भाव से लेंगी। ये कुमारियाँ व्यापार भी कर सकती थीं। अपने पिता से पाई हुई सम्पत्ति की वे आजीवन मालकिन होती थीं भले ही उन्हें मन्दिरों में दान क्यों न दे दिया जाए। जब वे मर जाती थीं तो उनकी निजी सम्पत्ति उनके पिता के परिवारों को पुनः मिल जाती थी। कुमारियाँ शादी भी कर सकती थीं लेकिन पति से शारीरिक सम्बन्ध नहीं। पति द्वारा सन्तान की इच्छा रखने पर ये कुमारियाँ उन्हें उप-पत्नी भी दे सकती थीं। अन्य निःसन्तान पत्नियों के समान उन कुमारी पत्नियों का भी उप-पत्नियों पर काफी हक रहता था। ये कुमारियाँ अपनी जिन्दगी घर में भी बिता सकती थीं। उनके द्वारा शराब की दुकान खोलने पर सजा या मौत की व्यवस्था थी।

वास्तव में सैद्धान्तिक रूप से कुमारी जीवन बिताने में जो विशेष आनन्द और स्वतंत्रता थी, उससे लालायित होकर राजपरिवारों एवं ऊँचे खानदान की लड़कियाँ धार्मिक उपासिकाएँ बन जाती थीं। नारी स्वतंत्रता की यह एक अजीब घटना लगती है। नए विचारों से प्रभावित होने के कारण स्त्रियों की यह स्वतंत्रता मात्र शब्दों में ही सम्भव थी। पुरातनपन्थी समाज होने के कारण ऐसी स्वतंत्रता बेबीलोनिया में हमें सम्भवतः देखने को नहीं मिलती है।

केवल पुत्री होने पर माँ अपनी सम्पत्ति पुत्री को भी दे सकती थी। प्रायः समाज में लोग एक ही पत्नी रखते थे; क्योंकि दो पत्नियों का खर्च चलाना एक साधारण परिवार के लिए आसान काम नहीं था।

औरतों की उपर्युक्त स्वतंत्रता ई.पू. 20वीं सदी में बेबीलोनिया के समाज में विकसित वाणिज्य और व्यापार के कारण सम्भव हुई। गाँव की औरतें प्रायः पुरुषों के द्वारा खेतों में काम करने के कारण पारिवारिक समस्याओं को सुलझाने में ही व्यस्त रहीं और बाहरी दुनिया से उनका सम्बन्ध काफी नहीं जुड़ पाया। लेकिन शहरी महिलाओं ने व्यापार में भी भाग लिया और इनकी आर्थिक स्थिति मजबूत होना स्वाभाविक लगता है, जिसके कारण पुरुषों के बन्धन में बड़े कठोर दंड से ये कभी भी नहीं बँध पाईं।

19.2 दास

बेबीलोनिया के समाज में दास निम्न स्तर में थे। इनका मुख्य काम उच्च एवं मध्यम वर्ग के लोगों की सेवा करना था। एक तरफ युद्ध ने ही प्रभावशाली लौकिक सत्तासम्पन्न प्रमुख व्यक्तियों और शासकों के उदय का मार्ग प्रशस्त किया तो दूसरी ओर पशुओं के समान मनुष्य भी पालतू बनाए जा सकते थे। पराजित शत्रु को अब जान से नहीं मारकर उसे दास बनाया जा सकता था। जीवन दान देकर अब उससे काम लिया जाने लगा। पूँजी संचय में दासों का महत्त्वपूर्ण योगदान था। मेसोपोटामिया से जो प्राचीनतम रेखांकित अभिलेख मिले हैं उन पर शृंखलाबद्ध बन्दियों के चित्र देखने को मिलते हैं।

दास केवल युद्ध से ही नहीं बल्कि समुदाय के ही गरीब और कमजोर सदस्य भोजन और घर के बदले धनी सदस्यों को अपनी सेवाएँ प्रदान करते थे। अन्य समुदायों से निकाले हुए व्यक्ति भी दास स्वीकार कर लिये जाते थे। अकाल, सूखा या महामारी से पीड़ित प्रदेशों से शरणार्थियों के समुदायों को कर अथवा सेवा के बदले घाटियों या मरूद्यानों में बसने की अनुमति मिल जाती थी। इस समय बेबीलोनिया में जो भी बड़े पैमाने पर निर्माण कार्य किए जाते थे, उनमें दासों ने काफी सहयोग किया। उद्योग और हस्तकौशल के विकास में दासों ने मदद की। व्यक्ति, धार्मिक संस्थान एवं राजा के पास अलग-अलग बड़ी मात्रा में दास होते थे।

धार्मिक संस्थान बहुत से दासों को अपने अधीन रखकर उनका जीवन निर्वाह करता था। आर्थिक विकास ने धनी और गरीब के बीच एक गहरी खाई पैदा की। गरीब व्यक्ति धीरे-धीरे काश्तकार अथवा दास बनते गए। बहुत से शिल्पी दास हो गए जो श्रम के रूप में जीवन की आवश्यकताएँ मात्र ही प्राप्त कर पाते थे। अधिकांश श्रमिक वैधानिक रूप से स्वाधीन होते हुए भी दास के ही जैसा जीवन बिताते थे; क्योंकि दासों की बहुलता के कारण अधिक कीमत पर श्रमिकों का इस्तेमाल नहीं हो पाता था।

इस तरह युद्धबन्दी दास बनते गए। इन्हें मन्दिरों और सम्भ्रान्त लोगों के खेतों, बागों, कर्मशालाओं आदि में काम करना पड़ता था। इन्हें 'आँख नहीं उठानेवाले' कहा जाता था क्योंकि मालिक का चेहरा देखना उनके लिए वर्जित था। बहुत से किसान और शिल्पी धनी लोगों के कर्जदार बनते गए। कर्ज पर उन्हें भारी ब्याज देना पड़ता था जो उनके लिए सम्भव नहीं था, अतः जीवन भर वे कर्जदार बने रहते थे। दिन-रात कमरतोड़ मेहनत उन्हें करनी पड़ती थी ताकि प्रत्येक वर्ष ब्याज की रकम चुकता करते रहें। समय पर ब्याज न देने के कारण (जो सम्भव था ही नहीं) उनके परिवार के सभी सदस्यों को भी दास बना लिया जाता था। इस तरह कृषि, पशुपालन और शिल्पों के विकास के साथ दासों का वर्ग उत्पन्न होने लगा।

अतः बेबीलोनिया के दास तीन प्रकार के थे। प्रथम प्रकार में वैसे दास आते थे जो पैदा ही होते थे दास के रूप में। दूसरा प्रकार दासों का वैसा था जिसमें सूदखोर होते थे और तीसरे प्रकार में युद्धबन्दी होते थे। अन्य वस्तुओं के समान दासों का भी बड़े पैमाने पर व्यापार होता था। जो दास युद्धबन्दी को बनाया जाता था उनकी संख्या लगातार जारी रहनेवाले

युद्धों के कारण बढ़ती जाती थी। पशुओं की तरह इनकी खरीद-बिक्री होती थी। दास मालिकों का अपने दासों पर स्पष्ट चिह्न अंकित होता था। कानूनी रूप से इन्हें कोई अधिकार नहीं था। जो भी कानून बनाए जाते थे, दासों को उसमें कोई स्थान नहीं मिलता था। सुमेर का उरनम्मू नामक शासक ने प्रशासन को चलाने के लिए नियम बनाया लेकिन दासों पर इसमें किसी प्रकार की सहानुभूति नहीं दिखाई गई। दुंगी ने भी कानून बनाया लेकिन दासों के लिए नहीं और उनकी खरीद-बिक्री जारी रही। हम्मूराबी के काल में दासों की स्थिति में सुधार के प्रयास की बात हमें देखने को मिलती है।

हम्मूराबी के शासनकाल में दास निम्न स्तर के ही रहे लेकिन उनके प्रति कठोर रुख में कमी आई। दासों का सम्बन्ध श्रम एवं सेवा से था। पहले की तरह अब भी वे धनी व्यक्ति, मन्दिरों एवं शासक के अधीन रहे लेकिन इनके साथ अमानुषिक व्यवहार को बुरा माना जाने लगा। दासों को खरीदने एवं बेचने के लिए कुछ नियम बने। दास अगर मालिक की आज्ञा नहीं मानता तो उन्हें मालिक निकाल सकता था। दासों से मालिकों को प्रायः शिकायत ही बनी रहती थी। इस स्थिति में अगर अधिकांश दासों को वे निकाल देते तो श्रम एवं सेवा का काम उनके लिए कौन करता, इसकी भी चिन्ता मालिकों को थी और जितने प्रकार का अत्याचार इन दासों पर किया जा रहा था, इस स्थिति में दासों का विद्रोह असम्भव नहीं था। स्वामी के लिए दासों का इस समय इतना महत्त्व था कि अगर कोई व्यक्ति किसी दास या दासी को चुरा लेता या अपहरण कर लेता तो पकड़े जाने पर उस अपहरणकर्ता या चोर को मृत्युदंड भी दिया जा सकता था। दास चोर को पकड़नेवाला व्यक्ति दास-स्वामी द्वारा पुरस्कृत किया जा सकता था। अगर दूसरे के दास पर कोई व्यक्ति अपना चिह्न लगा देता था तो पकड़े जाने पर हाथ काट लिया जाता था। दास से सम्बन्धित धोखेबाज को भी कड़ा दंड भुगतना पड़ता था।

हम्मूराबी की कानून-संहिता ने दासों को कुछ संरक्षण दिया। दासों को मालिकों के अधीन ही रहने की बात हम्मूराबी द्वारा तय की गई। बेचने के मामले पर दास विरोध कर सकते थे और इसके बावजूद मालिक अपने दासों को बेचना चाहे तो वे विरोध के साथ-साथ न्यायालय की शरण ले सकते थे। इसका यह अर्थ नहीं कि दासों की बिक्री बिलकुल बन्द हो गई बल्कि खरीदने और बेचने के बीच कुछ शर्त रख दी गई ताकि आसानी से इनकी खरीद-बिक्री नहीं की जा सके। खरीदार को शपथ लेकर कि वह पुनः खरीदे हुए दास को नहीं बेचेगा, खरीद हो जाती थी। दास माता या पिता या दोनों की राय से सन्तान बेचे जा सकते थे। मालिक की इच्छा से दास स्वतंत्र हो सकता था। हम्मूराबी ने कानून के द्वारा दासों को सम्पत्ति रखने का अधिकार दिया। इनके पास अगर सुविधा हो तो ये व्यापार कर सकते थे। ऋण भी इन्हें मिल सकता था। कानून ने इस बात की भी मान्यता प्रदान की कि स्वतंत्र स्त्री से विवाह करके दासों को गुलामी से मुक्ति मिल सकती थी। पत्नी की मृत्यु के पश्चात् दास ही अपनी मृतक पत्नी के धन का स्वामी होता था। सम्पूर्ण सम्पत्ति के आधे माल का स्वामी वह हो जाता था। हम्मूराबी के इस प्रयास ने दासों को आम स्वतंत्र आदमी की श्रेणी में ला दिया। दासों के लिए हम्मूराबी को विद्वानों ने मसीहा माना है। अब अगर दास चाहता तो अपने मालिक को उतना पैसा देकर स्वतंत्र हो सकता था जितने पैसे में

मालिक उसे बेचना चाहता था या खरीदा था। औरत-दास उस स्थिति में चार वर्षों के पश्चात् स्वतंत्र हो जाती थी, अगर कर्ज नहीं देने के कारण उसका मालिक उसे दास बना लिया हो तो।

इस तरह हम कह सकते हैं कि प्राचीन बेबीलोनिया में दासों की स्थिति हम्मूराबी के कारण काफी अच्छी हो गई। कर्मठ एवं सुयोग्य दासों के साथ उनके स्वामी थोड़ा ठीक से व्यवहार करते थे। एक स्वतंत्र दास के साथ विवाह करने की बात की जानकारी होती है; जिसके कारण सामान्य लोगों की श्रेणी में ये दास आने का मौका प्राप्त किए।

19.3 भोजन एवं व्यापार

खाने-पीने की वस्तुओं के दृष्टिकोण से जौ प्रायः दासों द्वारा इस्तेमाल किया जाता था। जौ से शराब और रोटी दोनों चीजें बनती थीं। गेहूँ, बाजरा एवं चावल की रोटी भी इनके बीच प्रचलित थी। फल का प्रयोग भी ये लोग करते थे। प्याज, मसूर, मटर, सेम, खीरा, ककड़ी, बन्द-गोभी, कोहड़ा, कद्दू, खजूर, सेव, चीनी, अंजीर, अनार, खुबानी आदि से ये लोग परिचित थे। शराब प्रायः औरतें बनाती थीं। गाय, भेड़ और बकरी के दूध का ये लोग सेवन करते थे। मक्खन एवं छेना भी ये लोग बनाना जानते थे। मछली इन लोगों का प्रिय भोजन था।

बेबीलोनवासी मांसाहारी थे। उत्सव के अवसर पर भेड़ का मांस ये लोग खाते थे। देवता के सामने बकरे की बलि दी जाती थी और उसका मांस धार्मिक भावना से प्रभावित होकर ये लोग खाते थे। धार्मिक दृष्टिकोण से कुछ लोग सम्भवतः शाकाहारी भोजन ज्यादा पसन्द करते। राजपरिवार के सदस्यों द्वारा बैल की बलि चढ़ाई जाती थी और सूअर का मांस भी इन्हें पसन्द था। चौदहवीं सदी ई.पू. में नूजी (असीरिया के पास स्थित) के लोग घोड़े का मांस खाते थे। गदहा, कुत्ता एवं पक्षियों का मांस इनके बीच प्रचलित था।

गोदाम में अनाज रखने की बात स्रोतों में मिलती है लेकिन फलों को सड़ने से बचाने का बेबीलोनवासियों के पास शायद कोई उपाय नहीं था। मांस को नमक मिलाकर कुछ दिनों तक सड़ने से बचाया जा सकता था।

इनके मकानों की दीवारें मोटी होती थीं ताकि गरमी कम लगे। इनमें खिड़कियों का अभाव होता था। सिन्धुघाटी की नगर-योजना जैसी विकसित बात हम बेबीलोनिया में नहीं पाते हैं। खिड़कियों के अभाव का कारण यह था कि प्रायः खिड़कियों के माध्यम से गरम हवा ही घर में प्रवेश करती थी। लकड़ी का प्रयोग गृहनिर्माण में किया जाता था। पलंग या खाट लकड़ी के बने होते थे। टेबुल का भी ये लोग प्रयोग करते थे। खुदाई से कुर्सियों की जानकारी होती थी जिनका इस्तेमाल बेबीलोनिया में प्रायः धनी व्यक्तियों द्वारा की जाती थी। बक्सा बनाना भी ये जानते थे।

भोजन बनाने एवं खाने में बर्तनों का इस्तेमाल किया जाता था। हड्डियों से भी बर्तन बनाए जाते थे। ठोस सामान काटने के लिए ये लोग छुरियों का प्रयोग करते थे। छुरियाँ हड्डी से बनाई जाती थीं। ओखल और मूसल का प्रयोग अनाज कूटने के लिए औरतें करती थीं तथा आटा पीसने के लिए चक्की का प्रयोग।

सुन्दर लगने तथा सम्भवतः प्रेतात्माओं से डरा औरतें आभूषण, जैसे—नूपुर, कंगन, कर्णफूल, हार, झुमका आदि पहनती थीं। आभूषण प्रायः हड्डी के जोड़ पर या शरीर के मुलायम भागों पर पहना जाता था। सोना या चाँदी के प्लेट को चमकाकर आईने के रूप में प्रयोग किया जाता था। बाल में क्रीम जैसे उबटन या मरहम लगाया जाता था। विशाल भवनों में शौचालय एवं स्नानघरों की व्यवस्था रहती थी। जन-सामान्य नदी में स्नान करते थे। घर की गन्दगी दूर करने के लिए नालियाँ बनी रहती थीं। घर में रोशनी के लिए सरकंडों में तेल लगाकर जला दिया जाता था। जैतून का तेल जलाने के काम में आता था।

बेबीलोनिया के मकानों की जिन्दगी बहुत लम्बी नहीं होती थी तथा कभी-कभी साँप-बिच्छू निकलते रहते थे। कच्ची मिट्टी के मकानों में साँप-बिच्छू ज्यादा पाए जाते थे।

तीन हजार ई.पू. से बेबीलोनिया के लोग वस्त्रों का प्रयोग करते थे। पशुओं के चमड़े से भी वस्त्र बनाए जाते थे। इनके बीच घाघरा काफी प्रचलित था। सामान्य लोग कमीज पहनते थे। धनी व्यक्ति कीमती वस्त्र धारण करते थे। ऊनी वस्त्रों का भी यहाँ प्रयोग होता था।

केश-सज्जा की प्राचीन स्रोतों के माध्यम से हमें जानकारी होती है। पुरुष एवं स्त्रियाँ लम्बे-लम्बे बाल रखते थे और पीछे से बाँधते थे। बाद में चलकर घुँघराले बालों को रखने का फैशन चला। औरतें जुड़ा भी बाँधती थी। हेयरपिन की जानकारी इन्हें थी।

फिर बाद में सर-मुंडन की प्रथा प्रचलित हो गई। प्राप्त मूर्तियों के अध्ययन से पता चलता है कि लोग दाढ़ी नहीं रखते थे। कुछ लोग जैसे सेमेटिक लम्बी दाढ़ी रखते भी थे।

स्रोतों के आधार पर इस काल की बीमारियों के बारे में भी हमें जानकारी होती है। नेबूचेडरेज्जर नामक शामक एवं एलम का राजा कभी-कभी पागल हो जाते थे। कई शासक यौन बीमारियों से ग्रसित थे। स्वप्न में उत्तेजित होना अच्छे भाग्य का प्रतीक था। बुखार, टिटनस, गिल्टी, सर्दी, जुकाम, गठिया, टी.बी. आदि बीमारियाँ वहाँ के लोगों को होती थी।

मनोरंजन के दृष्टिकोण से इनके बीच शिकार काफी प्रचलित था। संगीत एवं नृत्य का आयोजन मनोरंजन के लिए किया जाता था। ये लोग मनोरंजन के लिए वीणा, मशक, बाँसुरी, तुरही आदि का प्रयोग करते थे। कुश्ती भी प्रचलित थी। मन्दिरों में देवताओं को खुश रखने के लिए वाद्ययंत्र का प्रयोग होता था।

मृतक संस्कार इनके बीच प्रचलित था। मुर्दे को गाड़ने और जलाने की प्रथा यहाँ प्रचलित थी।

आर्थिक दृष्टिकोण से बेबीलोन में कृषि एवं पशुपालन को प्रोत्साहित किया गया और इसमें सफलता भी मिली। इस काल में हेरोडोटस के अनुसार बेबीलोनिया में विश्व के किसी भी भाग की तुलना में ज्यादा अन्न पैदा होता था। भूमि का मालिक प्रायः राजा, मन्दिर, व्यापारी और कुलीन होते थे। कृषि सामूहिक रूप से की जाती थी। जो व्यक्ति खेती का काम करता था उसे मालिक उपज का एक-तिहाई और कभी-कभी आधा भाग दे देता था। कम उपज होने पर मालिक उपज का अधिकांश भाग स्वयं हथिया लेता था। कृषि का कार्य

प्रायः कबीले के लोग करते थे। कृषकों और मालिक के बीच इकरारनामा होता था। कृषि के काम में लापरवाही करनेवाले कृषक दंड के भागी होते थे।

हम्मूराबी ने अपने कानून-संहिता में कृषि, कृषक एवं भूमिपतियों से सम्बन्धित बातों की चर्चा की। बाढ़, महामारी या सूखा के दिनों में कृषकों को कानूनी रूप से कुछ छूट दी जाती थी। अगर कृषक की लापरवाही से फसल पशुओं के द्वारा बर्बाद कर दी जाती, तो कृषकों को दंड का भागी बनना पड़ता था। खेत जोतने का काम बैलों की मदद से किया जाता था। बंजर भूमि कृषकों के बीच बाँट दी जाती थी जिसको उपजाऊ बनाकर वे स्वयं मालिक बन सकते थे।

कृषि के लिए राज्य के तरफ से सिंचाई का प्रबन्ध किया गया था। इसके लिए पुरानी नहरों की मरम्मत एवं नई नहरों का निर्माण आवश्यकतानुसार किया गया। दजला एवं फरात नदियों से कई बड़ी-बड़ी नहरें निकाली गईं। हम्मूराबी ने एक नहर का नाम अपने नाम पर रखा। नेबूचेडरेज्जर के समय में भी नई नहरें बनाई गईं।

प्रशासन की ओर से नहरों की देखभाल की जाती थी। नहरों के मरम्मत एवं निर्माण कार्य में पदाधिकारी स्थानीय लोगों की मदद लेते थे। इसके एवज में कृषक अपने क्षेत्र से गुजरनेवाली नहरों से मछली प्राप्त कर सकते थे। खेत पटाने के लिए ढेकुला का प्रयोग किया जाता था। इस तरह नहरों के कारण कृषि और यातायात में विकास हुआ।

नहरों में नाव चलाई जाती थी और अनेक प्रकार की सामग्रियों को एक जगह से दूसरी जगह ले जाया जाता था। कृषि से बेबीलोनियावासी गेहूँ, जौ, बाजरा, खजूर आदि प्राप्त करते थे।

पशुओं का उपयोग बेबीलोनिया में यातायात के साधन के रूप में किया जाता था। पशुओं का उपयोग धन के जैसा किया जाता था। गदहा, बैल, गाय, घोड़ा, बकरी आदि पाले जाते थे। सरकार के तरफ से इनके लिए चरागाहों की व्यवस्था रहती थी। राजा, मन्दिर एवं कुलीनों के पास सम्पत्ति के रूप में काफी पशु होते थे। प्रशासन की ओर से पशुओं के लिए कई अधिकारी जिला स्तर पर नियुक्त रहते थे।

चमड़ा, ऊन और खाल से कई प्रकार की वस्तुएँ उद्योग के माध्यम से निर्मित की जाती थीं। सूती वस्त्र भी छोटे उद्योग के माध्यम से बनाए जाते थे। काँसे के औजार और घेरलू बर्तनों का निर्माण होता था। लोहा यहाँ पाया गया लेकिन लोहा के प्रयोग की बात हमें स्रोतों में नहीं मिलती है। ताँबा का प्रयोग बेबीलोनिया निवासी करते थे। चाँदी एवं सोना का प्रयोग प्रायः आभूषण बनाने में किया जाता था। कुम्हारों के द्वारा चाक की मदद से कम समय में अब अधिक बर्तन बनाए जाने लगे। एक स्थान से दूसरे स्थान पर इन सामानों को ले जाकर बेचा जाता था। रहने के लिए मकान पहले झोंपड़ीनुमा थे लेकिन अब पकाई हुई ईंटों की मदद से मजबूत घर बनाए जाने लगे। चूना से बेबीलोनवाले परिचित थे। नावों का निर्माण किया जाता था। इन उत्पादनों से व्यापार में वृद्धि हुई और इसे सुचारु रूप से व्यवस्थित करने के लिए हम्मूराबी ने कानूनी रूप से व्यापारियों की श्रेणियाँ बनाईं। डेलापोर्टे नामक विद्वान् के अनुसार इन श्रेणियों को **ट्राइब्स** कहा जाता था।

उद्योगों के विकास ने व्यापार को बढ़ावा दिया और इसके लिए विकसित यातायात की आवश्यकता बेबीलोन के व्यापारियों ने महसूस की। राज्य को भी बड़े पैमाने पर व्यापार से

लाभ था अतः बेबीलोन के शासकों ने जलमार्ग एवं स्थलमार्ग को विकसित करने में विशेष रुचि दिखाई। 2100 ई.पू. के पहले गदहों का प्रयोग माल ढोने के लिए किया जाता था। इसके बाद गाड़ियों पर माल रखकर घोड़ों द्वारा खिंचवाया जाने लगा। जलमार्ग से खजूर, तेल, तिल, लकड़ी आदि को ले जाने के लिए नाव का प्रयोग किया जाता था। चमड़े से एक विशेष प्रकार की नाव बनाई जाती थी, व्यापारी झुंड में व्यापार के लिए निकलते थे। इनकी सुरक्षा के लिए शासकों की तरफ से विशेष व्यवस्था रहती थी। नावों के बनावट में धीरे-धीरे विकास हुआ और प्रथम बार हम्मूराबी के नेतृत्व में असीरिया में अंडाकार नावों का निर्माण हुआ। धीरे-धीरे मल्लाहों का एक नया वर्ग तैयार हो गया। इसका नेता नावों का प्रमुख प्रबन्धक बनाया गया। सुरक्षात्मक दृष्टिकोण से स्थलमार्ग से ज्यादा उपयोगी जलमार्ग था।

बेबीलोनिया की इस आर्थिक प्रगति ने विदेशों के साथ व्यापारिक सम्बन्ध स्थापित करने का सुअवसर प्रदान किया। इसका व्यापारिक सम्बन्ध भारत (सिन्धुघाटी की सभ्यता), सीरिया आदि से था। हम्मूराबी और नेबूचेडरेज्जर के शासनकाल में बेबीलोनिया का व्यापार काफी विकसित हुआ। बेबीलोनिया के व्यापारी भारत के काबुल, हेरात और इकबताना होते हुए मिस्र, पेलूसियम, पैलेस्टाइन, एशिया माइनर, टायर, सिडान, सार्डिस, कार्केमिश, फरात आदि देशों को पहुँचते थे। आर्मीनिया, अनातोलिया, अरब, सीरिया, एलम आदि स्थानों के साथ बेबीलोन का व्यापार अब चलने लगा। बेबीलोनिया ताँबा का आयात आर्मीनिया से करता था। भारतवर्ष उसे रंग तथा मसाला भेजता था। टीन, सोना, तेल और शराब सीरिया से मँगाया जाता था। चाँदी और सोना बेबीलोनिया को एलम से प्राप्त होता था। सोना अनातोलिया निर्यात करता था। औरतें तथा सूती वस्त्र बेबीलोनिया मिस्र से खरीदता था। चूने का आयात फारस से होता था।

जहाँ तक बेबीलोन से निर्यात का प्रश्न है, उपर्युक्त स्थानों को वह मिट्टी के बर्तन, अनेक प्रकार के औजार, सूती कपड़ा, सुगन्धित तेल, आभूषण, रत्न, चमड़े की वस्तुएँ आदि निर्यात करता था। व्यापारियों की आर्थिक स्थिति इतनी अच्छी हो गई और इनके कारण बेबीलोनिया के शासकों को इतना धन प्राप्त हुआ कि समाज में व्यापारिक वर्ग ने काफी प्रतिष्ठित स्थान प्राप्त किया।

सुरक्षा के दृष्टिकोण से बेबीलोन के शासकों ने व्यापारियों एवं उनके वस्तुओं की सुरक्षा का प्रबन्ध किया लेकिन फिर भी डाकुओं के द्वारा उनका सामान प्रायः लूट लिया जाता था। सुरक्षा का प्रयास बड़े पैमाने पर नेबूचेडरेज्जर के काल में किया गया। बर्बरों के द्वारा भी व्यापारियों को लूटा जाता था। जलमार्गों में चलनेवाली नावें तकनीक के अभाव में इतनी कमजोर होती थीं कि कभी-कभी पानी में उलट जाती थीं और जान-माल की काफी क्षति होती थी। राज्य स्वयं व्यापार करता था। व्यापार सम्बन्धी कई नियमों की चर्चा हमें हम्मूराबी की कानून-संहिता में देखने को मिलती है।

खरीद-बिक्री का माध्यम सम्भवतः चाँदी के छोटे-छोटे टुकड़े होते थे। जौ के माध्यम से भी खरीद-बिक्री की जाती थी। बाद में चलकर सोना खरीद-बिक्री का माध्यम बना। इस तरह तौल के बाट और छोटे-बड़े सिक्के भी बनाए गए।

व्यापार में कर्ज लेने और देने की बात भी बेबीलोन में प्रचलित थी। सूद का प्रतिशत

सम्भवतः बीस होता था। इसके लिए सरकारी अधिकारी भी नियुक्त किए जाते थे। व्यापार या सूद के सिलसिले में बेईमानी करनेवाले को कठोर दंड की व्यवस्था थी।

19.4 शिक्षा

प्रशासनिक एवं धार्मिक कार्यों को सुचारु रूप से चलाने के लिए बेबीलोनिया में शिक्षा की आवश्यकता महसूस की गई। खुदाई से प्राप्त सामग्रियों एवं अन्य स्रोतों के अध्ययन से हमें मन्दिरों से सम्बन्धित विद्यालयों एवं स्वतंत्र विद्यालयों की जानकारी होती है। विद्यार्थी सरकंडे की कलम से पाटियों (टैबलेट) पर लिखते थे। आज से लगभग छः हजार वर्ष पुरानी हजारों पाटियाँ बेबीलोनिया में खुदाई से मिली हैं। गणित एवं साहित्य की पढ़ाई एरेक, शरूपाक, निप्पुर, उर आदि नगरों के विद्यालयों में होती थी। याद करने की परम्परा थी। लिखने के काम में निपुण व्यक्ति लिपिक कहे जाते थे। समाज इन्हें श्रद्धा की दृष्टि से देखता था। बेबीलोन में लेखनकला में निपुण व्यक्तियों की तुलना सूर्य से की गई है–"जिस तरह अपने प्रकाश से सूर्य पूरे विश्व को दिन, धूप, पानी और आराम देता है उसी प्रकार समाज को उन्नतशील विद्वान् व्यक्ति ही बना सकते हैं।"

सुमेरी लिपि और सेमेटिक या अक्कडी भाषा का प्रयोग बेबीलोनियावालों के द्वारा किया जाता था। इस समय वर्णमाला का विकास सन्तोषप्रद ढंग से नहीं हो पाया था। लेखनकला के विकास में फिनीशिया के लोगों ने काफी मदद की। यहाँ के लोग प्रायः व्यापार में लगे रहते थे और खरीद-बिक्री से सम्बन्धित बातों को जल्दी-जल्दी लिखने की इन्हें आवश्यकता पड़ती थी। चित्रलिपि या कीलाक्षरी लिपि में जल्दी-जल्दी बहुत अधिक लिखना और लिखकर समझना इनके लिए सम्भव नहीं था। उन्होंने मिस्र के लोगों से लाभ उठाया। मिस्रियों की लिपि में शब्दों की नहीं बल्कि अलग-अलग अक्षरों का भी बोध करनेवाले चिह्न थे। धीरे-धीरे फिनीशिया में वर्णमाला बनाई गई। इसमें बाईस व्यंजन थे। स्वरों को लिखते समय छोड़ दिया जाता था। लिखने और सीखने में वर्णमाला पद्धति ने काफी सहायता पहुँचाई।

स्कूली अभ्यास पुस्तिकाएँ टैबलेट्स के रूप में हजारों की संख्या में पाईं गईं। इनमें कई प्रकार के अभ्यास, जैसे–अलग-अलग क्षेत्रफल के खेतों में बटोरी गई फसल का हिसाब लगाना, चाँदी की एक निश्चित मात्रा को चार ईकाइयों में इस प्रकार बाँटना कि सबको 1/4 प्रतिशत मिले, ब्याज निकालना, पता लगाना कि अगर एक आदमी दिन में इतनी मिट्टी खोदा तो पहाड़ के ढाल पर अलग-अलग गहराई के छः तालाब खोदने में कितना समय लगेगा आदि।

दो हजार वर्ष के प्रयास के परिणामस्वरूप फानाकार लिपि (क्यूनाई फार्म) में 600 से 1000 के बीच भिन्न-भिन्न अक्षर थे। इस काल में लिपिकों के विद्यालय उसी प्रकार कार्य करते थे जिस प्रकार आज के शोध-संस्थान। मात्र पढ़ने के लिए ज्ञान को एकत्रित एवं सुव्यवस्थित करना आवश्यक था। मेसोपोटामिया में यह विश्वास था कि पुराने देवताओं को मात्र सुमेरी धार्मिक अनुष्ठान से सन्तुष्ट किया जा सकता है। जादुई शक्ति की सुमेरी यंत्र के द्वारा ही नियंत्रित किया जा सकता है। इसी उद्देश्य से बेबीलोनिया के मन्दिरों में जो विद्यालय होते थे उनमें सुमेरी भाषा में पढ़ना और याद करना होता था। अध्ययन के समय विद्यार्थियों को व्याकरण और शब्दों के प्रयोग के बारे में भी सीखना पड़ता था ताकि सुमेरी

यंत्रों का उच्चारण वे ठीक से कर सकें। अलौकिक लाभ की आशा से ज्ञान संगठन और शोध की शिक्षा का विकास किया।

स्ट्रास्वर्ग में सुरक्षित बेबीलोनिया की एक पट्टिका में तीस समस्याएँ हैं और वे सभी त्रिभुजाकार खतों के विभाजन से सम्बन्धित हैं। इसमें से तीन का समाधान आज के रैखिक समीकरण द्वारा किया जा सकता है और सात के समाधान के लिए द्विघात की आवश्यकता होगी।

बेबीलोनिया से पाई गई एक पट्टिका ब्रिटिश म्यूजियम में सुरक्षित है। इसमें करीब बत्तीस विषयों पर थोड़ा-थोड़ा प्रकाश डाला गया है, जैसे—मिट्टी के ढेर को हटाने तथा कठिन इंजीनियरी कार्यों का श्रमिकों के बीच बाँटना; बेलनाकार कुएँ की भीतरी दीवार के लिए ईंटों की संख्या निश्चित करना; जल-घड़ी में काल-विभाजन; बुनाई में समय-निर्धारण; विभिन्न क्षेत्रफलों के खेतों से उपज का मूल्यांकन; वृत्त-चाप की ऊँचाई का मापन आदि। इस प्रकार हमें बेबीलोनिया के लोगों के कुशल समझदारी की जानकारी होती है।

लिखने की कला को मन्दिरों एवं व्यापारियों ने काफी विकसित किया। शासकों ने पुस्तकालयों की भी स्थापना की। पुस्तकों की नकल की जाती थी और उन्हें अलग-अलग पुस्तकालयों में रखा जाता था। छात्र प्रायः बाल्यावस्था से ही शिक्षा ग्रहण करता था। पाठ याद नहीं करनेवाले छात्र पीठ पर छड़ी से मार खाते थे। उचित पोशाक में नहीं आने पर भी पिटाई होती थी।

शिक्षा के क्षेत्र में साहित्यकारों की भी महत्त्वपूर्ण भूमिका रही। सुमेरी साहित्यों को अक्कड के साहित्यकारों ने सेमेटिक भाषा में अनुवाद किया। बेबीलोन के विद्वानों ने महाकाव्यों की रचना की। गिल्गामेश ने सुमेरी कथाओं के आधार पर महाकाव्य की रचना की। यह महाकाव्य असुर बेनिपाल के खँडहरनुमा पुस्तकालय से प्राप्त हुई है। इस महाकाव्य में अमरत्व एवं सौन्दर्य की खोज पर प्रकाश डाला गया है। बेबीलोन में धार्मिक साहित्यों, पौराणिक कथाओं, प्रार्थना-गति, मंत्र आदि की भी रचना की गई। अनेक देवताओं की कहानियाँ एवं काल्पनिक इतिहास बताया गया। साहित्यों में इनका और ईश्वर को पाताललोक का बताया गया। पाताल का भी वर्णन साहित्यों में है। विश्व की उत्पत्ति पर भी कई रचनाएँ हमें देखने को मिलती हैं।

विज्ञान के क्षेत्र में बेबीलोनियाइयों ने कभी भी राजकार्य के लिए सौ वर्ष को नहीं माना। 354 दिनों के चन्द्रवर्ष को वे मानते रहे। महीने की शुरुआत भी तथ्यों के आधार पर तय की जाती थी। इस कार्य के लिए राज ज्योतिषियों को तीक्ष्ण प्रेक्षण में प्रशिक्षित होना आवश्यक था और इसमें वे निपुण थे। लेकिन गणना केवल इसी आधार पर हमेशा की जाती तो बेबीलोनिया के धार्मिक जीवन व्यवस्थित नहीं रह पाता क्योंकि यह मौसमी कृषि उत्सवों से सम्बन्धित था। व्यावहारिक रूप से एक अतिरिक्त 'मल' मास द्वारा इसे युद्ध करना सम्भव था, परन्तु अतिरिक्त मास की कोई स्वीकृत व्यवस्था नहीं थी। अपने इच्छानुसार राजा राजवर्ष में एक अतिरिक्त मास जोड़ देता था जिसमें ज्योतिषियों से राय सम्भवतः नहीं लेता था; जबकि ज्योतिषी ही सौर वर्ष के बारे में ढंग से जानते थे।

कृषि एवं उद्योग में दिन-रात का महत्त्व था। बेबीलोनिया में इसे बारह भागों में बाँटा

गया था और एक खंड दो घंटों के बराबर था। दिन के घंटे तय करने के लिए लोग ऊर्ध्वस्थित दंड की परछाईं शंकु का उपयोग करते थे। एमनाइट नामक एक उच्च राजकर्मचारी के लेख से पता चलता है कि जाड़ा और गरमी की रातों का अनुपात 14 और 12 का होता था। इसी के आधार पर उसने एक ऐसी जलघड़ी बनाई जिसमें केवल एक निकास था। यह वर्ष भर रात्रि के पहर को ठीक से बताती थी। बेबीलोनिया की जलघड़ी बेलनाकार होती थी। इसमें मौसमी भेदों के लिए संशोधन की आवश्यकता नहीं थी। असीरियाई काल के पश्चात् ऐसी तालिकाएँ मिलती हैं जिनमें प्रतिमास **बीरू** (दो घंटे का एक खंड) का समय माप दिया गया है। प्रारम्भ में बेबीलोनिया में नक्षत्रों का मानचित्रण और राशिचक्र को सन्दर्भ रूप से स्वीकारा गया था। लगभग एक हजार वर्षों के पश्चात् बेबीलोनिया के लोगों ने ज्योतिष में ऊँचे स्तर का गणित का व्यावहारिक उपयोग प्रारम्भ कर दिया। इसके आधार पर वे मापन, गणना तथा भविष्यवाणी करने लगे।

मेसोपोटामिया में पुजारी चिकित्सक का भी काम करते थे। 2000 ई.पू. के काल के यहाँ से चिकित्सा लेख मिले हैं। कुछ लेख इनमें से सम्भवतः एक हजार वर्ष पुरानी पट्टिकाओं की नकल हैं। रोगों का कारण मेसोपोटामिया की अदृश्य शक्तियाँ थीं, अतः मंत्रों के सहारे रोगों का इलाज किया जाता था। कभी-कभी कठिन रोग के लिए कड़वी दवा पीने के लिए मरीज को दी जाती थी। जादुई शक्ति की मान्यता के कारण बेबीलोन में पहले वे बीमारियों की खोज के लिए वैज्ञानिक शोध की आवश्यकता नहीं महसूस की गई। बाद में चलकर हम पाते हैं कि प्राकृतिक कारणों से लगी चोटों का उपचार करना शल्य-चिकित्सक का काम बताया गया। धीरे-धीरे लोगों का सम्बन्ध जादुई शक्ति से कम होना अब स्वाभाविक था। हम्मूराबी ने कानून-संग्रह में शल्य-चिकित्सक की फीस का उल्लेख किया है। बेबीलोनिया के वैज्ञानिक साहित्यों के अध्ययन से पता चलता है कि लेखन विद्या द्वारा ज्ञान संवहन की विधियों में क्रान्तिकारी परिवर्तन के बाद भी प्रगति की गति काफी तेज नहीं हो पाई थी। ई.पू. 1500 के बाद मेसोपोटामिया के विद्वानों का अन्य देशों के साथ सम्पर्क बढ़ा और भाषा तथा लिपि के साथ-साथ विचारों का भी आदान-प्रदान हुआ।

19.5 बेबीलोनिया की धार्मिक स्थिति

जिस समय हम्मूराबी के नेतृत्व में पश्चिमी सेमाइटों ने जो स्वयं सांस्कृतिक दृष्टि से पिछड़ी हुई जाति थी, मेसोपोटामिया पर अधिकार कर लिया, सुमेरियन धर्म और संस्कृति का इतिहास एक हजार वर्ष से अधिक पुराना हो चुका था। अतः यह स्वाभाविक था कि वे सुमेरियन धर्म को अपना लेते। तीन हजार ई.पू. में सारगन प्रथम के नेतृत्व में जब अक्कड के उत्तरी सेमाइटों ने सुमेर पर विजय प्राप्त की थी तो उन्होंने सुमेरियन धर्म व संस्कृति को पूर्णरूपेण अपना लिया था। हम्मूराबी के समय में परिस्थिति काफी बदल चुकी थी। पश्चिमी सेमाइटों के शासनकाल में सुमेरियन जाति मरणोन्मुख हो रही थी तथा सुमेरियन भाषा एक जीवित भाषा के रूप में अपनी शक्ति खोती जा रही थी। अतः इस काल में सुमेरियन साहित्य का सेमेटिक भाषा में अनुवाद करते समय उसमें कुछ परिवर्तन करना सम्भव हो सका। पश्चिमी सेमाइटों के इस प्रयत्न के कारण सुमेरियन तथा बेबीलोनियन धर्म के तत्त्व परस्पर ऐसे घुल-मिल

गए कि उनका अलग-अलग विवेचन करना लगभग असम्भव-सा लगता है, फिर भी इस विषय में प्रमुख तत्त्वों का उल्लेख किया जा सकता है।

बेबीलोनिया में एनलिल का स्थान सर्वोच्च था। बेबीलोनियन युग में एनलिल को बेल नाम से पुकारा जाने लगा और उसका सम्बन्ध सेमाइटों के देवता मर्दुक के साथ स्थापित कर दिया गया। अब वह बेलमर्दुक नाम से बेबीलोनिया का सर्वोच्च देवता बन गया। इस अनन्यीकरण की एकता मिस्र में सूर्य देवता 'एमन' और 'रा' के तारतम्य के साथ की जा सकती है।

पश्चिमी सेमाइटों के उत्थान के पूर्व मर्दुक बेबीलोनिया का सामान्य नगर देवता मात्र था। अब जिस अनुपात में बेबीलोन का महत्त्व बढ़ा, उसी अनुपात में मर्दुक की लोकप्रियता एवं प्रतिष्ठा में भी वृद्धि हुई। यद्यपि साधारण जनता सुमेरियन देवता को ही पूजती थी तथापि राजनीतिक प्रभुता के कारण पश्चिमी सेमाइटों के लिए राजधर्म में अपने देवता मर्दुक को प्रधानता देना और प्राचीन धार्मिक कथाओं में एनलिल का स्थान मर्दुक को देना सम्भव हो गया। इसका सर्वोत्तम प्रमाण **एनुमाएलिस** नामक कृति है, जिसकी रचना लगभग 2000 ई.पू. की प्रारम्भिक शताब्दियों में अक्कादी भाषा में की गई थी। इसका मुख्य पात्र बेबीलोन का देवता मर्दुक था।

इस आख्यान के प्रारम्भ में बताया गया है कि आरम्भ में आकाश देवता तथा पृथ्वी किसी का अस्तित्व नहीं था। चारों तरफ जल-ही-जल (प्राइमवेल) था। उसके अप्सू (मीठा जल), विम्पू (अईपात) और नियामत (समुद्र) नाम के तत्त्व थे। इस जल-समूह में अप्सू से लामू तथा लध्यू दो देवता उत्पन्न हुए। देवताओं का जन्म होने से जल-समूह को काफी कष्ट हुआ क्योंकि देवता सक्रिय थे और जल निष्क्रिय। मर्दुक असुरों को पराजित किया तब उसने आन्तरिक देव-समूहों की ओर ध्यान दिया। उसने पंचांग बनाया, सूर्य तथा चन्द्रमा का स्थान तथा मार्ग निश्चित किया। उसने देवताओं को कई वर्गों में विभाजित कर उन्हें आकाश तथा पृथ्वी पर कई स्थलों पर नियुक्त किया। देवताओं ने मर्दुक के प्रति कृतज्ञता ज्ञापन करने के लिए विशाल राजप्रासाद बनवाया। सुमेर तथा अक्कड के तीन प्रमुख देवता थे—अनु, एनलिल तथा इला। उन लोगों का ऐसा विश्वास था कि तीनों देवता सम्पूर्ण विश्व को शासन के लिए आपस में बाँट लिये हैं। बेबीलोन का एक देवमंडल था। अनु अत्यन्त प्राचीन काल से ही सर्वश्रेष्ठ देवता माना जाता था। वह सृष्टि का प्रतिरूप भी जाना जाता था। बाद में हम्मूराबी के शासनकाल में अनु के जगह पर मर्दुक की महत्ता काफी बढ़ गई।

पश्चिमी सेमाइटों ने मर्दुक के अतिरिक्त कई आम देवी-देवताओं को भी मेसोपोटामियन देव-समूह का सदस्य बनाया। जब हम किसी बेबीलोनियन देवता को किसी ऐसी पत्नी के साथ पाते हैं जो प्राकृतिक रूप से उसी की स्त्री मालूम और बसेधा उसी से नाम का स्त्रीरूप धारण किए हो; जैसा बेल की पत्नी बलित, तब हम निश्चित रूप से कह सकते हैं कि वह देवी मूलतः सेमाइट रही होगी, सुमेरियन नहीं। बहुधा ऐसे उदाहरणों में वह देवता सुमेरियन न होकर बेबीलोनियन होता है। परन्तु यह हमेशा आवश्यक नहीं है। प्रायः यह भी देखने में आता है कि अधिकांश देवियाँ, जिनका कोई पति नहीं होता है, सुमेरियन हैं। परन्तु यह

भी निरपवाद नहीं है; क्योंकि इश्तर देवी अकेली होती हुई भी सुमेरियन न होकर सेमाइट थी। 'एरेक' से उसका सुप्रसिद्ध मन्दिर था। इश्तर कालान्तर में एशिया में प्रेम की देवी के रूप में विख्यात हुई और बाद में यूनान में एफ्रोडायर तथा वीनस नाम से रोम में पूजित हुई। लेकिन मूलतः वह सीरिया तथा केनान की देवी मालूम होती है। ऐसा लगता है कि उसका सम्बन्ध अनातोलिया की मातृदेवी से भी था; क्योंकि इश्तर और अनातोलियो के फ्रीगियन मातृदेवी, दोनों के ही पुजारी नपुंसक होते थे। अगर यह अनुमान सही है तो उसके प्रेमी और भाई तामुज का तारतम्य अनातोलिया के अत्तिस के साथ स्थापित किया जा सकता है। सम्भवतः वह नवजीवन का प्रतीक था क्योंकि पतझड़ के आगमन पर उसकी मृत्यु तथा बसन्त में पुनर्जीवन ये दोनों ही हरियाली की समाप्ति और नवजीवन के आगमन का प्रतीक माने जा सकते हैं। मर्दुक, इश्तर और तामुज ये तीनों बेबीलोनियन देव-समूह के सर्वोच्च देवता माने जाते हैं।

सेमाइटों के अन्य देवताओं में सूर्य देवता शमस की गणना की जा सकती है। उसका प्रसिद्ध मन्दिर लारसा में था। शमस का अर्थ चन्द्रदेवी का अनुचर प्रतीत होता है। सम्भवतः उस युग में समय गणना में चन्द्र की गतिविधियों के द्वारा सहायता मिलने के कारण चन्द्र को सूर्य से अधिक महत्त्वपूर्ण माना जाता था।

इस प्रकार हम देखते हैं कि बेबीलोनियन देव-समूह, सुमेरियन देव-समूह का ही रूपान्तर था। इसमें कुछ नए देवताओं का समावेश हो गया था। देवताओं के व्यक्तित्व के बारे में भी बेबीलोनियों की कल्पना भी वैसी ही थी जैसी सुमेरियनों की। वे भी अपने देवताओं को मनुष्य के समान अस्थि-चर्म निर्मित मानते थे। जिस प्रकार मनुष्यों के सेवक होते हैं उसी प्रकार उनके रहने के लिए मन्दिर थे तथा पुजारियों के रूप में सेवक।

बेबीलोनियन धर्म प्राकृत्य आध्यात्मिक था, नैतिक नहीं। उसके मूल में स्वार्थ तथा भय थे, दोनों भावनाएँ अधिक बलवती थीं। व्यापारी तथा कृषक दोनों ही देवताओं की उपासना तथा स्तुति भौतिक लाभ के लिए करते थे। जब वे देवताओं के समक्ष अपने पापों का प्रायश्चित्त करते थे तो उनका उद्‌देश्य आध्यात्मिक सुख तथा शान्ति नहीं था, वरन् भौतिक सुखों को प्राप्त करना था। इस प्रकार बेबीलोन के धर्म में मुक्ति का मार्ग नहीं वरन् उसके मूल में भूत-प्रेतों का भय था। बेबीलोनियन जाति देवताओं के साथ भूत-प्रेत के अस्तित्व पर भी बल देती थी जो उनके विश्वास के अनुसार मानव जाति को उत्पीड़न एवं कष्ट देने के लिए अन्धार में घूमते रहते थे। प्लेग और नरक का देवता 'नरेगल' था जो अवसर पाते ही मनुष्यों को अपना शिकार बना लेता था।

बेबीलोनियनों के परलोक विषयक कल्पना का सर्वोत्तम रूप 'गिल्गामेश आख्यान' में मिलता है। इसमें एक स्थान पर दैवी वृषभ को मार देने के उपरान्त गिल्गामेश के मित्र 'एनकीडू' को स्वप्न दिखाई देता है जिसमें यह यमलोक की यात्रा करता है। गिल्गामेश के 12वें खंड में परलोक का विवरण दिया गया है। इसमें गिल्गामेश परलोक का रहस्य जानने के लिए अपने मित्र एनकीडू के प्रेत का साक्षात्कार करने का प्रयत्न करता है। अन्ततोगत्वा एक देवता की सहायता से भूमि में छेद होता है जिससे निकलकर एनकीडू की प्रेतात्मा गिल्गामेश से मिलती है। परन्तु गिल्गामेश के हठ करने पर एनकीडू को उसे बताना कि मृत्यु

होने पर शरीर को कीड़े उसी प्रकार चाट जाते हैं जिस प्रकार वस्त्र। वही व्यक्ति परलोक में शान्ति पाता है जिसकी समाधि पर उसके जीवित सम्बन्धी लगातार आहार और पेय आदि चढ़ाते हैं, अन्यथा वे प्रेत बनकर सड़कों पर घूमते हैं, मल खाते हैं और नालियों का पानी पीते हैं।

बेबीलोनिया में प्रत्येक परिवार में अलग-अलग इष्ट देवता होता था। उस काल के देवता तीन भागों में विभाजित थे—कुल या परिवार के देवता, नगर के देवता और राष्ट्र के देवता। प्रत्येक परिवार में मिट्टी की मूर्ति बनाकर प्रधान सदस्य कुल देवता की पूजा करता था। नगर देवता का पुजारी नगर का मुख्य शासक होता था। इन देवताओं के लिए मन्दिर बनवाए जाते थे और इसी कारण बेबीलोनिया में बहुत बड़ी संख्या में मन्दिर पाए जाते थे। ऐसा विश्वास किया जाता था कि देवता अपनी पत्नी, बच्चों एवं नौकरों के साथ रहते थे। इन देवताओं को बलि भी चढ़ाया जाता था। इसी प्रकार जो राष्ट्र का देवता होता था उसका पुजारी राजा होता था। उसका मन्दिर राजधानी में होता था। समय-समय पर पुजारियों को देवता का आदेश मिलता था। मन्दिर निर्माण एवं पूजा का काम पुजारियों की जिम्मेवारी थी।

19.6 बेबीलोनिया और सुमेरिया के धर्म में अन्तर

बहुत से विद्वानों ने यह प्रयत्न किया है कि वे सुमेर तथा सेमेटिक धर्मों की विभिन्नता स्थापित करें पर उस प्रयत्न में उन्हें सफलता नहीं मिली है। सुमेर और अक्कड में सभ्यता की शुरुआत होते ही धर्म के मुख्य सिद्धान्तों और विधियों की रूपरेखा निश्चित हो चुकी थी। धार्मिक उपासना के क्षेत्र में सुमेरियन भाषा का प्रयोग सुमेरियन साम्राज्य के पतन के बाद भी होता रहा। इसी प्रकार सुमेर की देवी-देवताओं की पूजा बेबीलोनिया के लोगों के द्वारा बहुत बाद तक होती रही। किसी भी धर्म की आधारशिला ईश्वर या देवताओं की कल्पना होती है। मनुष्य ईश्वर व अन्य देवी-देवताओं की कल्पना करता है और उसके प्रति अपने कर्तव्यों को निश्चित करता है। प्राचीन सुमेर व अक्कड के धर्म में एक ईश्वर नहीं बल्कि बहुत से देवी-देवताओं की कल्पना थी। ये सभी देवी-देवता स्वर्गीय माने जाते थे। इनमें सर्वश्रेष्ठ 'अनु' (Anu) था। यह देवता एक तारा के द्वारा प्रतिबिम्बित होता था। सुमेर और अक्कड के निवासी यह भी मानते थे कि मनुष्यों की तरह देवी-देवताओं में भी गुण और विकार पाए जाते हैं और देवताओं का जीवन भी मनुष्य के जीवन से मिलता-जुलता है। मनुष्य और देवताओं में मुख्य अन्तर था कि मनुष्य मरणशील प्राणी है जबकि देवताओं को अमरत्व प्राप्त है और यह भी माना जाता था कि देवता प्रत्येक परिस्थिति में दयालु होते हैं, किसी की बुराई नहीं करते। इनके अनुसार देवताओं के नीचे भूत-प्रेत बुराई किया करते थे, जो स्वभावतया दुष्ट होते थे।

सुमेर और अक्कड के तीन प्रमुख देवता थे : अनु, एनलिल और इया (Ea)। उन लोगों का ऐसा विश्वास था कि ये तीनों देवता सम्पूर्ण विश्व को शासन के लिए आपस में बाँट लिए थे। बेबीलोनियों के देवमंडल के ये सर्वश्रेष्ठ त्रिमूर्ति थे। अनु आकाश का देवता था, एनलिल अन्तरिक्ष तथा पृथ्वी का और इया जल का देवता था। अनु अत्यन्त प्राचीनकाल

से ही सर्वश्रेष्ठ देवता माना जाता था। वह सृष्टिकर्ता तथा सृष्टि का प्रतिरूप माना जाता था, लेकिन जब बाद के इतिहास में बेबीलोन नगर की प्रधानता बढ़ गई तो अनु देवता की महत्ता धीरे-धीरे कम होती गई। अनु के स्थान पर बेबीलोनियन देवता का महत्त्व बढ़ गया। अमराइट लोगों के अन्दर जब बेबीलोन के प्रथम राजवंश की स्थापना हुई जिसका हम्मूराबी सबसे प्रसिद्ध शासक था तब बेबीलोनियों का सर्वश्रेष्ठ देवता मर्डुक हो गया। मर्डुक के अतिरिक्त और भी कई देवी-देवता थे।

उस जमाने में बेबीलोनियों के प्रत्येक परिवार के अपने इष्ट देवता होते थे। उस काल के देवताओं को तीन भागों में बाँटा जा सकता है : 1. कुल या परिवार के देवता, 2. नगर के देवता और 3. राष्ट्र के देवता। प्रत्येक परिवार में कुल देवता की मिट्टी की मूर्ति बनाकर पूजा की जाती थी। परिवार का प्रधान रहस्य कुल देवता का पुजारी होता था। इसी प्रकार प्रत्येक नगर का अपना इष्ट देवता होता था और उस नगर का शासक उसका मुख्य पुजारी होता था। इन देवताओं के मन्दिर बनवाए जाते थे और इसी कारण बेबीलोन में बहुत बड़ी संख्या में मन्दिर पाए जाते थे। यह विश्वास प्रचलित था कि देवता मन्दिरों में अपनी पत्नी, बच्चों व नौकरों के साथ रहते हैं। इन देवताओं को जो बलि चढ़ाया जाता था वे मन्दिरों के बाहर से चढ़ाए जाते थे। राजकुल के लोगों और पुजारियों को छोड़कर साधारण लोग पूजा दूर से ही किया करते थे। इसी प्रकार जो राष्ट्र का देवता होता था उसका मुख्य पुजारी राजा होता था और राजधानी में उस देवता का मन्दिर होता था।

ऐसा विश्वास था कि देवता समय-समय पर अपनी इच्छाएँ प्रमुख पुजारी पर प्रकट कर दिया करते थे। दूसरे शब्दों में प्रमुख पुजारी को देवता से समय-समय पर आदेश मिला करता था। ऐसा माना जाता था कि स्वप्नों के द्वारा देवता अपनी इच्छा व्यक्त किया करते हैं। इन स्वप्नों के आधार पर छोटे-छोटे पुजारियों की नियुक्ति होती थी।

प्राचीन बेबीलोन में धीरे-धीरे पुरोहित वर्ग का महत्त्व बहुत बढ़ गया और उनके हाथ में शासन का भी कार्य आ गया। सैद्धान्तिक रूप से माना जाता था कि देवता ही नगर का शासक होता है और प्रधान पुजारी देवता के प्रतिनिधि के रूप में शासन करता है। इसलिए प्रधान मन्दिरों के प्रधान पुजारी काफी शक्तिशाली होते थे। इनकी नियुक्ति कुछ शकुन के आधार पर होती थी और उनकी नियुक्ति के दिन से ही वर्ष की गणना प्रारम्भ होती थी। किसी-किसी मन्दिर में पुजारियों की काफी बड़ी संख्या होती थी।

प्राचीन बेबीलोन का पुरोहित वर्ग दो भागों में बाँटा जा सकता है। पहला वर्ग उन पुरोहितों का था जो जादू द्वारा दानवों को भगाकर देवताओं को प्रसन्न करते थे। दूसरा वर्ग उन पुरोहितों का था जो संगीत के माध्यम से मन्दिरों में देवताओं को प्रार्थनाएँ और मंत्र अर्पित करते थे।

इन पुजारियों को कई तरह के नाम दिए जाते थे। जैसे पहले वर्ग के पुजारी जो जादू द्वारा देवताओं को प्रसन्न करते थे माशमाश (Mashmash) कहलाते थे। इन पुरोहितों में भी दो वर्ग था। जादू जाननेवाले वे पुरोहित, जो कुछ देवताओं को प्रसन्न करते थे, 'कालू' (Kalu) कहलाते थे। एक सप्ताह में कुछ निश्चित दिन थे। उन निश्चित दिनों को मन्दिर में जाकर ये पुरोहित किसी खास देवता को प्रसन्न करने के लिए पूजा करते थे। ऐसे पुरोहितों

में (जो) प्रधान कालू होता था। जब कोई व्यक्ति यह अनुभव करता था कि कोई दुष्ट प्रेतात्मा उसके विरुद्ध है तो वह कालू के यहाँ जाकर परामर्श और सहायता लेता। इसी प्रकार किसी मन्दिर के निर्माण के पहले कालू की पूजा करनी पड़ती थी। भविष्यवक्ताओं के अनुसार किसी शुभ दिन को मन्दिर का निर्माण शुरू किया जाता था। उस शुभ दिन की रात्रि को कालू पाँच बलिदान देता था जो पाँच देवताओं के लिए होते थे और एक शोकपूर्ण मंत्र का भी उच्चारण करता था। तब वह तीन बलिदान उस मन्दिर के देवता को देता था। ये बलिदान उस मन्दिर के देवता की पत्नी और भूत-प्रेतों के लिए होते थे। उसके बाद ब्रह्म बेला में तीन बलिदान तीन महान देवताओं के लिए दिए जाते थे। ये देवता थे : अनु, एनलिल और इया। इस पूजा के बाद नए मन्दिर की नींव रखी जाती थी। जब तक निर्माण कार्य चलता रहता था तब तक कालू प्रतिदिन पूजा और शोकपूर्ण मंत्रपान करता रहता। जब किसी विपत्ति की सूचना यानी भूकम्प, बाढ़ तथा किसी शत्रु के आक्रमण की पूर्व सूचना मिलती थी, तब कालू राजा को पवित्र करता था और रात को देवी-देवताओं के लिए पूजा और बलिदान चढ़ाता था।

जादू जाननेवाले एक-दूसरे प्रकार के भी पुरोहित होते थे जो अपने जादू के द्वारा बीमार व्यक्तियों की स्वास्थ्य लाभ की कामना करते थे। बेबीलोन के लोगों का विश्वास था कि इस प्रकार के पुरोहित 'इया' नाम के देवता की कृपा से यह सब किया करते थे। बाद में यह भी माना जाने लगा कि बेबीलोनियों का प्रमुख देवता मर्डुक भी इन पुरोहितों पर कृपा रखता है।

दूसरे प्रकार के पुरोहित भविष्यवक्ता होते थे। ये कई भागों में विभक्त थे। इन लोगों का दावा था कि इन्हें सीधे देवताओं से आदेश प्राप्त हुआ करते थे और वे उन आदेशों को सर्वसाधारण तक पहुँचाया करते थे। इसलिए किसी भी काम को शुरू करने से पहले राजा या सर्वसाधारण इन भविष्यवक्ताओं से सलाह लिया करते थे जिससे कि वे जान सकें कि यह कार्य शान्तिपूर्वक सम्पन्न हो जाएगा या विघ्न-बाधाएँ उपस्थित हो जाएँगीं। उस विषय से ये भविष्यवक्ता देवताओं की इच्छा की व्याख्या करते थे। इन लोगों का पेशा भी वंशानुगत था।

पुरोहितों से स्वस्थ होने की कामना की जाती थी। यह भी विश्वास किया जाता था कि पुरोहितों को सदाचारी होना चाहिए; क्योंकि देवता अपनी इच्छा सदाचारी व्यक्तियों को ही सपनों के द्वारा बताया करते थे। इसलिए जब कभी कोई गम्भीर समस्या किसी राजा या साधारण व्यक्ति के सम्मुख हो जाती थी तो ये सारे मन्दिरों में जाकर प्रार्थना या बलिदान देने के बाद वहीं सो जाया करते थे। कभी-कभी राजाओं को किसी देश पर चढ़ाई करने या किसी राजा के साथ सन्धि का आदेश भी देवताओं की इच्छा की अभिव्यक्ति आकाश के ग्रहों और सितारों की गति से भी होती थी। सितारों की गति का अध्ययन ज्योतिषी लोग किया करते थे। जब कभी तूफान, भयंकर वर्षा, बिजली गिरने या बाढ़ की घटना होती थी तो यह माना जाता था कि अन्तरिक्ष का देवता अदाद (Adad) अप्रसन्न होकर यह सब कर रहा है।

प्राचीन सुमेर और अक्कड के धर्म में पुरोहितों और पूजा का काम केवल पुरुषों तक

ही सीमित नहीं था। स्त्रियाँ भी पुजारिन होती थीं और विधिवत् पुरोहित का स्थान ग्रहण करती थीं। एक परम्परा के अनुसार अक्कड के राजा सारगन की माँ एक पुजारिन थी। वे स्त्रियाँ जो विधिवत पुरोहितों का काम कर लेती थीं, ऊँचे खानदान से आती थीं और उनसे नैतिक आचरण एवं व्यवहार की अपेक्षा की जाती थी। जिस प्रकार बड़े-बड़े पुरोहितों की नियुक्ति शकुन के द्वारा देवताओं की इच्छा के अनुसार होती थी उसी प्रकार मन्दिरों में काफी संख्या में पुरोहित रहते थे, वैसे ही काफी संख्या में स्त्रियाँ भी पुरोहित के रूप में रहती थीं। ऊँचे खानदानों की लड़कियाँ मन्दिरों के बड़े पुरोहितों की अधीनता में रहने से किसी प्रकार की हेठी नहीं अनुभव करती थीं। इन स्त्री-पुरुष पुरोहितों से पवित्र नैतिक जीवन की अपेक्षा की जाती थीं।

प्रत्येक व्यक्ति का अपना एक इष्ट देवता होता था जिसके संरक्षण से वह व्यक्ति अपना जीवन बिताता था। वह व्यक्ति अपने को उस देवता का पुत्र कहा करता था। ऐसा विश्वास किया जाता था कि इष्ट देवता अपने संरक्षित व्यक्ति के हितों की रक्षा करता है और दूसरे देवताओं से उसके हित के लिए सहायता लेता है।

उस जमाने में देवताओं से डरना एक व्यक्ति का प्रमुख कर्तव्य माना जाता था। कहा जाता है कि हम्मूराबी जैसा शक्तिशाली राजा भी देवताओं से बहुत भयभीत रहता था। एक व्यक्ति का दूसरा कर्तव्य माना जाता था कि वह देवताओं को प्रसन्न रखने के लिए पूजा और बलिदान चढ़ाया करे। बलिदान में भोजन चढ़ाया जाता था और उस समय प्रार्थनाएँ तथा मंत्रोच्चारण किए जाते थे। देवताओं के सम्मुख पशुओं का भी बलिदान किया जाता था। खासकर भेड़ों और बकरों का बलिदान चढ़ाया जाता था। बलिदान के साथ-साथ कई तरह की पूजाएँ होती थीं जिसके पालन के लिए विस्तृत कर्मकांड थे। किसी व्यक्ति के सामाजिक अवस्था के अनुसार ही उसके बलिदान का रूप मिला होता था। प्रत्येक मन्दिर के आर्थिक अवस्था के अनुरूप सार्वजनिक पूजा और बलिदान होते थे। प्रत्येक व्यक्ति के लिए ईश्वर की कृपा प्राप्त करना आवश्यक था। देवता की कृपा को खोना विपत्तियों का आरम्भ माना जाता था।

ऐसा माना जाता था कि यदि देवता किसी व्यक्ति पर प्रसन्न हैं तो कितनी भी गलतियाँ करने के बाद भी कोई मनुष्य उसका बाल भी बाँका नहीं कर सकता था। ऐसा माना जाता था कि कुछ देवता दूसरे देवताओं के प्रति किसी प्रकार गलती किए जाने के बाद भी रक्षा कर सकता था। यह भी माना जाता था कि पाप का फल मनुष्य को इसी दुनिया में भुगतना पड़ता है। मृत्यु के उपरान्त मानव शरीर को कीड़े चाट जाते हैं। पापियों को परलोक में कष्ट होता है। इसी प्रकार पुण्य के लिए पुरस्कार इसी जीवन में मिलता है।

भूत-प्रेत से बचने के लिए जादू-टोना ही एकमात्र साधन समझा जाता था और पुजारियों की कृपा से ही जादू-टोनों से सफलता प्राप्त हो सकती थी। इसलिए बेबीलोन के धर्म में पुरोहितों का महत्त्व बहुत अधिक बढ़ गया था। सुमेरियन युग में प्रायः पुजारी ही राजा बन जाते थे। परन्तु बेबीलोनिया सम्राटों ने पुजारियों के विशेषाधिकारों पर उसी प्रकार नियंत्रण किया जिस प्रकार अन्य पदाधिकारियों पर किया गया था। पुजारियों का एक वर्ग देवज्ञों का था, जो शकुन विचारने का काम करता था। पुजारियों का एक वर्ग ग्रहों और नक्षत्रों

के आधार पर राज्य के लिए शुभ और अशुभ का फल बताता था। यही विद्या आगे चलकर ज्योतिष विद्या कहलाई। सम्राट चन्द्रमा के आधार पर मास के प्रथम दिन को निश्चित करता था और सौर के साथ चन्द्रवर्ष को जोड़ने के लिए अतिरिक्त मास की गणना करता था। ज्योतिष वर्ष का नामकरण करते थे। बेबीलोनियन वर्षों के नाम प्रायः धार्मिक महत्त्व के थे। इस प्रकार धर्म और ज्योतिष का घनिष्ठ सम्बन्ध स्थापित किया गया था।

इस प्रकार हम देखते हैं कि बेबीलोनिया के लोग पुनर्जन्म में विश्वास नहीं करते थे। बेबीलोनिया के लोगों में मृत्यु से बहुत डर था और लम्बे जीवन की आकांक्षा बलवती थी। उनका ऐसा विश्वास था कि दीर्घ जीवन देवताओं की कृपा से प्राप्त होता है, इसलिए वे पूजा और बलिदानों द्वारा देवताओं को प्रसन्न करते थे। इस प्रकार धार्मिक पूजा-पाठ तथा विश्वासों के क्षेत्र में बेबीलोनियों की सभ्यता का समुचित विकास हुआ था।

बेबीलोन के निवासियों ने सुमेरियावालों के धर्म में अनेक परिवर्तन किए। उनके प्रमुख देवताओं के स्थान पर नवीन देवताओं को मान्यता दी गई। मर्दुक जो पहले एक स्थानीय देवता माना जाता था, अब सारे देश में पूजा जाने लगा। सुमेरियन लोगों में एनलिल का स्थान सबसे ऊँचा था, परन्तु बेबीलोन में यह स्थान मर्दुक को मिला। राजदरबार में मर्दुक की प्रधानता थी। यद्यपि साधारण जनता सुमेरियन देवताओं की भी पूजा करती थी। इसका प्रमाण *एनुमाएलिस* नामक रचना से मिलता है। इसके मूल कथानक में मुख्य पात्र बेबीलोन का देवता मर्दुक नहीं था बल्कि निप्पुर का देवता एनलिल था। प्रारम्भिक अवस्था में मर्दुक का सम्बन्ध कृषि देवता से था परन्तु बाद में एनुमाएलिस में उसे तूफान का देवता दिखाया गया है, जो पृथ्वी और आकाश को अलग करता है। जब बेबीलोन नगर देश का राजनीतिक और सांस्कृतिक केन्द्र बना तो उसमें एनलिल का स्थान मर्दुक को दे दिया गया।

एनुमाएलिस में विश्व की उत्पत्ति का हाल बताया गया है। इसके अनुसार प्रारम्भ में चारों ओर केवल जल ही जल था और इस जल समूह से **लामू** और **लहमू** ने नूदियत को जिसका नाम इया (Ea) या इनाकी था उत्पन्न किया।

उपर्युक्त देवताओं की उत्पत्ति के कारण जल समूह को बहुत कष्ट हुआ और उसका नाश करने के लिए अप्सु और निम्मु ने उन पर आक्रमण किया किन्तु इया ने मंत्र जल से निम्मु को कैद कर लिया और अप्सु का वध करके उस पर अपना महल बनाया। इस प्रकार विजयी होकर देवताओं ने एनकी के पुत्र मर्दुक को जन्म दिया। जब मर्दुक देवताओं के समाज में पल रहा था तियासत ने अपने पति किप्सु को देवताओं पर आक्रमण करने के लिए रवाना किया परन्तु जब वह असफल रहा तब मर्दुक को नेता बनाया गया। मर्दुक ने दोनों राक्षसों किप्सु और तियामत को मार डाला। तियामत के शरीर के आधे भाग से आकाश बनाया गया जहाँ देवताओं के निवास बने। मर्दुक ने इस विजय के उपरान्त देवताओं के समूह का आन्तरिक संगठन किया। सूर्य और चन्द्रमा का स्थान और मार्ग निश्चित करके कैलेंडर का निर्माण किया। युद्ध में देवताओं को काफी मेहनत करनी पड़ी थी, अतः इससे देवताओं की सेवा के लिए किप्सु के शरीर से मनुष्य बनाए और देवताओं को विभिन्न वर्गों में बाँटकर उन्हें आकाश और पृथ्वी पर अलग-अलग स्थानों में निवास दिया।

पश्चिमी सेमाइटों ने मर्दुक के साथ-साथ कई देवताओं को देव समाज का सदस्य बनाया।

इश्तर और तामुज के अतिरिक्त मर्डुक बेबीलोन के देवसमूह के सर्वोच्च देवता माने जाते थे। अन्य देवताओं में सूर्य और चन्द्र का भी स्थान था।

उपरोक्त विवरण से यह स्पष्ट हो जाता है कि बेबीलोन का देव समूह सुमेरियन देवसमूह का परिवर्तित रूप था। देवताओं के व्यक्तित्व के सम्बन्ध में भी दोनों की धारणा एक-सी थी। जिस तरह मनुष्य के घर और नौकर होते थे, उसी प्रकार देवताओं के मन्दिर और पुजारी थे। देवताओं की स्तुति के लिए मन्दिर बनाए जाते थे। पुरोहित मन्दिरों की व्यवस्था करते थे। समाज में पुरोहित सम्मानीय पद पर सुशोभित थे।

बेबीलोनवालों का धर्म नैतिक या आध्यात्मिक नहीं कहा जा सकता। उनमें स्वार्थ और भय ये दो मूल भावनाएँ वर्तमान थीं। व्यापारी और किसान देवताओं की पूजा आर्थिक लाभ के लिए करते थे क्योंकि उनमें सांसारिक सुखों को प्राप्त करने की भावना होती थी। बेबीलोनिया धर्म के अन्त में दूसरी भावना भूत-प्रेत का भय था। उन्हीं से त्राण पाने के लिए पूजा पर बल दिया जाता था।

हम्मूराबी की मृत्यु के पश्चात् उसका पुत्र (लगभग 2080 ई.पू.) सम्सुइलुना बेबीलोनियन साम्राज्य की गद्दी पर बैठा। इसने लगभग सैंतीस वर्षों तक शासन किया और अपने पिता द्वारा पाए साम्राज्य के गौरव को जीवित रखने की कोशिश की। केन्द्र की शक्ति मजबूत बनाए रखने के लिए उसने नगरों एवं प्रान्तों के अधिकारियों पर ध्यान दिया। प्रथम आठ वर्षों तक सम्सु-इलुना ने विरोधी तत्त्वों को दबाते हुए सफलतापूर्वक शासन किया। मन्दिरों की मरम्मत, नहरें एवं कृषि व्यवस्था में इसके काल में उन्नति हुई। इसके काल में केन्द्रीय शक्ति मजबूत रही और अधीनस्थ अधिकारियों को सख्ती के साथ अपने अधीन रखने में सम्सुइलुना सफल रहा। इस काल के अभिलेखनीय स्रोत से पता चलता है कि उसने न्याय विभाग को निष्पक्षता के साथ चलाने से सफलता पाई। उर और एरेक को सम्सु-इलुना ने जीता और केस्साइटों के इन दोनों नगरों को छोड़कर भाग जाना पड़ा। इन उपर्युक्त सफलताओं के बावजूद सम्सु-इलुना विरोधी तत्त्वों को पूर्णतः समाप्त नहीं कर सका। इसके शासन के अन्तिम दिनों में वे विरोधी तत्त्व शक्तिशाली हो गए और प्रशासन लड़खड़ाने लगा। बेबीलोन की पूर्वी सीमा पर इसी समय केस्साइटों का आक्रमण होने लगा। इनके द्वारा घोड़े का प्रयोग युद्ध में बड़े पैमाने पर किया गया और सम्सु-इलुना इनसे परास्त हो गया। बाहरी दुश्मनों ने अधिक संख्या में अब बेबीलोन में बसना शुरू कर दिया। इधर सम्सु-इलुना के उत्तराधिकारी अगर शक्तिशाली, साहसी और चालाक होते तो भी बाहरी आक्रमणकारियों से बेबीलोनिया को बचाना आसान नहीं होता लेकिन ये लोग वैसे ही काफी कमजोर निकले। अतः बेबीलोनिया में केस्साइटों का प्रभाव बढ़ते गया और सम्पूर्ण बेबीलोन पर उसकी सत्ता स्थापित हम्मूराबी के 150 वर्षों के पश्चात् ही हो गई।

आन्तरिक दृष्टिकोण से भी बेबीलोनिया की स्थिति खराब हो गई। साम्राज्य के स्थानीय एवं केन्द्रीय अधिकारियों ने अपने को स्वतंत्र करना शुरू कर दिया, जिसके परिणामस्वरूप केन्द्र काफी कमजोर होता गया। एलम का शासक सिमसिन द्वितीय हम्मूराबी और उसके पुत्र का विरोधी था। दक्षिणी बेबीलोनिया में उसने अपने को स्वतंत्र घोषित कर दिया। उसके विरोध को सम्सु-इलुना पूर्णतः नहीं दबा सका और इसमें उसकी काफी आर्थिक क्षति हुई।

एलम के बाद केन्द्र के विरुद्ध विद्रोह की आग किश नगर में भी फैल गई और धीरे-धीरे सम्पूर्ण बेबीलोन विद्रोह की आग में जलने लगा। सम्सु-इलुना इन विद्रोहों को दबाने में थोड़े समय के लिए ही सफलता पाई।

बेबीलोन के विरुद्ध इलुमा-इलू ने भी ई.पू. लगभग 2058 में विद्रोह कर दिया और फारस की खाड़ी के तटवर्ती प्रदेश को स्वतंत्र कर लिया। बेबीलोनिया के द्वितीय राजवंश की स्थापना इलुमा-इलू के वंश ने ही की थी। केस्साइटों ने भी इन्हें अपने अधीन करने के बाद चलकर सफलता नहीं पाए थे। इतिहासकार हॉल का कहना है कि बेबीलोनिया के द्वितीय राजवंश के प्रथम दो शासक सेमेटिक थे और अन्तिम तथा तीसरा शासक सम्भवतः सुमेरियन थे। अगर यह सच है तो हम कह सकते हैं कि कुछ समय पश्चात् बेबीलोनिया में सुमेरियनों की सत्ता स्थापित हो गई। सेमाइटों के कारण ये सुमेरियन पश्चिम से दक्षिण की ओर खिसकते गए। बाद में चलकर बेबीलोन में इन लोगों ने अपनी सत्ता स्थापित कर ली। 1710 ई.पू. में केस्साइटों ने सुमेरियनों को बिलकुल समाप्त कर दिया।

इस तरह जिस युद्ध के आधार पर एक बार बेबीलोनिया को आगे बढ़ने में मदद मिली, उसी युद्ध ने बेबीलोनिया की राजनीतिक स्थिति को धीरे-धीरे बिलकुल जर्जर बना दिया। सम्सु-इलुना के पुत्र अबि-एशुह ने साम्राज्य की स्थिति धर्म के माध्यम से सम्हालना चाहा और धार्मिक कार्यों में इतना व्यस्त हो गया कि प्रशासनिक कार्य बिगड़ते गए। सम्भवतः उसने ऐसा इसलिए किया कि चाहकर भी प्रशासनिक गड़बड़ियों को ठीक नहीं कर सकता था। इस तरह एक तरफ नवीन मन्दिर बनते रहे और दूसरी तरफ साम्राज्य का पतन के विरुद्ध शत्रुओं की संख्या बढ़ती गई। बेबीलोनिया का शासक चाहकर भी अपने आपको देवता का प्रतिनिधि नहीं बन सका। आत्मविश्वास की कमी ने बेबीलोनिया के शासकों को अधिक धार्मिक बना दिया और धर्म ने हिंसा पसन्द नहीं की; जबकि साम्राज्य को जीवित एवं विकसित अवस्था में रखने के लिए उस समय युद्ध आवश्यक था।

19.7 हिट्टी

अम्मि-दिताना, अम्मि-सदका और सम्सु-दिताना बेबीलोनिया के अन्तिम महान् शासक थे। वे हम्मूराबी के वंश के ही थे। अपने शासनकाल में अम्मि-दितना ने कई सार्वजनिक कार्यों को करने के पश्चात् विजय-यात्रा आरम्भ किया और कुछ विजएँ भी हासिल कीं। इसका पुत्र अम्मि-सदका एक कमजोर शासक निकला। इसके पिता ने जिन-जिन समुद्रतटीय प्रदेशों को प्राप्त किया था उसे अम्मि-सदका ने खो दिया। इसी समय एशिया माइनर की हिट्टी जातियों ने बेबीलोन पर मुर्सिलिस प्रथम (लगभग 1620-1590 ई.पू.) के नेतृत्व में आक्रमण कर दिया और मारी को लूट लिया। बेबीलोन को उन्होंने तबाह कर दिया। यहाँ का काफी मात्रा में लूट का धन एवं बहुमूल्य मूर्तियाँ भी अपने साथ लेते गए। बेबीलोनिया पर स्थायी रूप से शासन करने की बात हम हिट्टियों में नहीं पाते हैं (रुक्स, 219-21)।

हिट्टियों के इस आक्रमण के परिणाम के दृष्टिकोण से हम पाते हैं कि बेबीलोनिया आर्थिक दृष्टिकोण से बुरी तरह प्रभावित हुआ। यह बात जगजाहिर हो गई कि बेबीलोनिया का साम्राज्य भीतर से बिलकुल शक्तिहीन था। बेबीलोनिया का स्वरूप अब बिलकुल संकीर्ण

हो गया। पुराने प्रमुख नगरों ने अपना गौरव खो दिया। बेबीलोन प्रमुख साम्राज्य के रूप में नहीं बल्कि एक धार्मिक स्थल के रूप में जाना जाने लगा जहाँ बाहर के लोग नए वर्ष का त्योहार मनाने वहाँ आ जाया करते थे।

बेबीलोनिया की आन्तरिक कमजोरी चर्चा का विषय बन गई। हिट्टियों ने इस तरह का वातावरण आक्रमण और लूट के पश्चात् बना दिया कि बाहरी आक्रमणकारियों को बेबीलोनिया में आकर लूटपाट की सुविधा मिल गई।

इस तरह बेबीलोन के प्रथम राजवंश का पतन हो गया। मेसोपोटामिया में इस पतन का ऐतिहासिक महत्त्व इस दृष्टिकोण से है कि मिस्र के हिक्सॉस के समान केस्साइट लोगों ने जो विदेशी थे, शासन करना प्रारम्भ कर दिया और उनका शासन तृतीय राजवंश के नाम से जाना जाता है।

अध्याय-20

असीरिया

20.1 भूगोल

आधुनिक ईरान में प्राचीन असीरिया स्थित है। मेसोपोटामिया में बेबीलोन से लगभग 450 किलोमीटर उत्तर में स्थित असीरिया का प्रदेश का उत्थान बेबीलोनिया साम्राज्य के पतन के पश्चात् हुआ। यह राज्य असुर का विकसित रूप था। असीरिया की राजधानी निनेवेह बनी। इस सभ्यता को विकसित करने का श्रेय सेमेटिक जाति को है। यह जाति बेबीलोनिया के निवासियों की एक शाखा थी। बेबीलोनिया को हटाकर इन लोगों ने अपने साम्राज्य की स्थापना की जो लगभग 700 वर्षों तक जीवित रहा।

असीरिया की भूमि काफी उपजाऊ थी। यह प्रदेश पूरब में जगरोस की पहाड़ी, पश्चिम में हिट्टी, उत्तर में आर्मीनिया और कालासागर तथा दक्षिण में बेबीलोन से घिरा था। दजला नदी के पूरब में अवस्थित असीरिया को भूगोल के कुछ विद्वान् मेसोपोटामिया का अंग नहीं मानते।

साधारण तौर पर असीरिया के लोगों को सेमेटिक जाति का बताया जाता है। ये लोग शुरू में घुमन्तू जीवन बिताते थे और रेगिस्तानी इलाके में रहते थे। बाद में चलकर बेबीलोनिया के प्रदेश में आक्रमण किए और धीरे-धीरे बस गए। भोजन की तलाश और मरुस्थलीय प्रदेश ने इन्हें तपसी, खूँखार और कर्मठ बना डाला था। युद्ध उनके जीवन का अंग बन चुका था। स्वार्थी जीवन बीताने के साथ-साथ वे कृषि में रुचि लेने लगे। समतल भूमि में रहने के कारण बेबीलोनवासी ज्यादा कोमल और विलासमयी जीवन व्यतीत करते थे। आर्थिक लाभ के लिए व्यापार इन्हें ज्यादा पसन्द था। आरम्भ में असीरिया के लोगों की अपनी संस्कृति थी लेकिन बाद में ये लोग बेबीलोनिया की संस्कृति से प्रभावित हो गए।

खुदाई से प्राप्त सामग्रियों के आधार पर पता चलता है कि आज से लगभग पाँच हजार वर्ष पहले सुमेरियन लोग दजला नदी के पास आए थे। असुर नामक नगर की स्थापना इन लोगों के द्वारा की गई थी। ये लोग सेमेटिक जाति के थे। ई.पू. 1300 ई.पू. से लगभग 1100 तक असीरिया किस तरह अस्तित्व बनाए रखा और सैनिक-शक्ति मजबूत करता रहा।

आरम्भ में असुर हम्मूराबी के अधीन था और यहाँ के नागरिकों पर उसी का शासन चलता था जिसे असुर के निवासी पसन्द नहीं करते थे। धीरे-धीरे असुर के निवासियों ने

उन्नति की और पड़ोसी क्षेत्रों से व्यापारिक सम्बन्ध स्थापित किए। असुर के निवासियों ने बेबीलोन के पतन के बाद अपने राज्य को इतना बढ़ाया कि इनके नाम पर उसके देश का नाम असीरिया पड़ गया। शम्सी अदद के नेतृत्व में असीरिया ने काफी उन्नति की। शम्सी अदद के पिता का नाम इलकाबकाबू और पुत्र का नाम यशमख था। शम्सी अदद का पिता तिरमा का शासक और यशमख मारी नगर का शासक था। मारी के कारण शम्सी अदद को काफी आर्थिक लाभ हुआ।

असीरिया साम्राज्य की स्थापना में हम्मूराबी के उत्तराधिकारी के अलावा केस्साइटों के द्वारा भी समस्याएँ खड़ी कर दी गई थीं। लेकिन एक तरफ कमजोर उत्तराधिकारियों को असीरिया ने युद्ध एवं एकता के बल पर परास्त किया और केस्साइटों को कूटनीति एवं सैनिक शक्ति से। मिस्र को असीरिया से भय हो गया और उसने केस्साइटों को मदद देनी शुरू की। फलतः असीरिया हार गया लेकिन यह हार बहुत दिनों तक असीरिया को नहीं मिली।

मिस्र के विरुद्ध अशुर उबालित के नेतृत्व में असीरियाइयों ने विद्रोह शुरू कर दिया। अशुर-उबालित ने मित्तानी राज्य पर आक्रमण करके उसके पूर्वी प्रदेश को अपने अधीन कर लिया और कुछ ही दिनों के बाद कमजोर शासक के मरने के बाद सम्पूर्ण मित्तानी प्रदेश इन लोगों के कब्जे में हो गया। बेबीलोन से अच्छा सम्बन्ध स्थापित करने के लिए अशुर-उबालित ने वहाँ के शासक बर्न वरियाश द्वितीय के पुत्र करीन्दास (Kara-Indash) से अपनी पुत्री की शादी कर दी। बेबीलोन की जनता असीरिया को पसन्द नहीं करती थी, अतः असीरिया के विरुद्ध इन लोगों ने विद्रोह कर दिया। असीरिया के शासक अशुर-उबालित ने विद्रोह को दबाने में बेबीलोनिया के राजसिंहासन को मदद की और वहाँ कुरगिलजु को गद्दी पर बैठाया।

केस्साइटों के अलावा हिट्टियों ने भी असीरिया के विरुद्ध कदम उठाना चाहा। इस स्थिति में अशुर-उबालित ने सुरक्षात्मक कदम उठाया न कि आक्रमणात्मक नीति।

अशुर-उबालित के बाद उसका पुत्र और पोता कमजोर शासक निकले। अतः असीरिया के विरोधी सर उठाने लगे। किसी तरह इन लोगों ने असीरिया को बचाए रखा।

युवावस्था में अदद निरारी प्रथम असीरिया की गद्दी पर बैठा। यह एरीकडेन-इलू का बेटा था। गद्दी पर बैठते ही उसने बेबीलोन पर आक्रमण करके उसे हराना चाहा लेकिन सफलता नहीं मिली। दूसरी बार बेबीलोन पर उसने उस समय आक्रमण किया जब वहाँ का शासक कुरीलजु मर गया लेकिन इसके निष्कर्ष के रूप में हमें कुछ विशेष जानकारी नहीं हो पाती है।

1295 ई.पू. में शल्मानेसेर प्रथम, जो अदद निरारी का बेटा था, असीरिया की गद्दी पर बैठा। इस शासक ने अपनी योग्यता के बल पर लगभग 55 वर्षों तक शासन किया। अपने साम्राज्य के आसपास के कई छोटे-छोटे प्रदेशों को हराकर उन्हें कर देने के लिए बाध्य किया। अपने साम्राज्य की राजधानी इसने कलख को बनाया। शत्तूरा को हराकर उसके राज्य हनगिलबात को अपने साम्राज्य का अंग बना लिया। यहाँ के निवासियों द्वारा शल्मानेसेर के विरुद्ध विद्रोह नहीं किया जाए यह सोचकर यहाँ के निवासियों को दूसरे स्थान में बसने

को बाध्य किया गया। इस शासक ने प्रथम बार उरतुर को हराया और काफी मात्रा में लूट का धन प्राप्त किया। असीरिया शासक के विरुद्ध हिट्टियों ने बेबीलोनिया के साथ सम्बन्ध स्थापित किया लेकिन शल्मानेसेर प्रथम ने हिट्टियों को बुरी तरह हराया। अपनी राजधानी असुर से कलख बदलनेवाला शासक शल्मानेसेर प्रथम एक सफल शासक था।

शल्मानेसेर प्रथम का पुत्र तुकुल्ती निनर्ता प्रथम असीरिया की गद्दी पर लगभग ई.पू. 1244 में 61 वर्षों के लिए बैठा। गद्दी पर बैठकर सर्वप्रथम इसने सीरिया पर आक्रमण करके वहाँ से लगभग 29000 निवासियों को निकाल बाहर किया और मेसोपोटामिया के सम्पूर्ण दक्षिणी भाग पर अपना आधिपत्य स्थापित कर लिया। मेसोपोटामिया के उत्तर-पश्चिम भाग में भी उसका आधिपत्य स्थापित हुआ। ई.पू. 1238 में बेबीलोन के केस्साइटों को हराकर बेबीलोन को अपने साम्राज्य का अंग बना लिया। वैसे बेबीलोन असीरिया के अधीन बहुत दिनों तक नहीं रहा। क्योंकि बेबीलोनियावासी तुकुल्ती निनर्ता प्रथम के अधीन रहना नहीं चाहते थे तुकुल्ती अपने साम्राज्य विस्तार के लिए और भी योजनाएँ बनाई थीं लेकिन इसी बीच षड्यंत्रकारियों के कारण अपने ही पुत्र अशुरनदीप्ती द्वारा वह जान से मार दिया गया और गद्दी पर अशुरनदीप्ती बैठ गया।

ई.पू. लगभग 1207 में असीरिया की गद्दी पर बैठनेवाला अशुरनदीप्ती एक योग्य शासक नहीं था और न ही उसमें अपने-पराए को समझने की क्षमता थी। इसके परिणामस्वरूप साम्राज्य का पतन स्वाभाविक था। अप्रत्यक्ष रूप से इस साम्राज्य पर बेबीलोनिया का अधिकार हो गया था; क्योंकि अशुरनदीप्ती के बाद के दो अधिकारी बेबीलोनिया के शासक को कर देते रहे। असीरिया के शासक तुकुल्ती का द्वितीय पुत्र एनलिल-कुदुर उसुर ने बेबीलोनिया के विरुद्ध युद्ध भी किया लेकिन स्रोतों से हमें इस युद्ध के निर्णय के सम्बन्ध में जानकारी नहीं हो पाती है। एनलिल-कुदुर-उसुन ने असीरिया पर लगभग चार वर्षों तक शासन किया।

इसके बाद निनर्तापलेकुर असीरिया का शासक ई.पू. लगभग 1192 ई. में बना। निनर्तापलेकुर के पिता का नाम इली-इहद्दा था। वह एरीबा-अदद वंश का था। असीरिया और बेबीलोन के शासकों की कमजोरियों से लाभ उठाकर इसने असीरिया की गद्दी पाई। असीरिया का क्षेत्र इस समय तक काफी छोटा हो चुका था। पहले के विजित प्रदेश इससे अलग हो चुके थे। कुछ पुराने नगर ही असीरिया में बच गए थे।

निनर्तापलेकुर के पश्चात् असीरिया का राजा अशुरदान प्रथम बना। इस समय तक असीरिया की केन्द्रीय शक्ति बिलकुल कमजोर पड़ गई थी। आर्थिक स्थिति कमजोर होने के कारण सैनिकों का अभाव था। इसके कारण छोटी-छोटी बाह्य शक्तियाँ भी असीरिया को हड़पने का प्रयास करने लगी। पहाड़ों में रहनेवाली जातियों ने लड़ाई के साधारण अस्त्रों के सहारे असीरिया पर आक्रमण कर दिया और बहुत कम परिश्रम के द्वारा ही असीरिया के पूर्वी भाग को लूट लिया। इधर बेबीलोन भी दुर्बल हो चला था और केस्साइटों का पतन हो गया। बेबीलोन में अब ईसिन के नेतृत्व में एक नए वंश के शासन की शुरुआत हुई। इसी उतार-चढ़ाव के बीच असीरिया का इतिहास समाप्त होता रहा और अन्त में इसे नए युग में प्रवेश कराया तिगलथ पिलेसर प्रथम ने।

20.2 तिगलथ पिलेसर प्रथम (1115-1077 ई.पू.)

असीरिया के प्रथम साम्राज्य की नींव तिगलथ पिलेसर प्रथम ने डाली। इसके पूर्व असीरिया केस्साइटों के बन्धन से मुक्त हो चुका था। तिगलथ पिलेसर प्रथम एक महत्त्वाकांक्षी शासक था। कठिन-से-कठिन समस्याओं से टकराकर साम्राज्य विस्तार करने में उसे विश्वास था। इसका आक्रमण किसी भी बर्बर जाति से कम कठोरतापूर्वक नहीं होता था। इसके लिए तिगलथ पिलेसर प्रथम को खराब व्यक्ति कहना उचित नहीं क्योंकि असीरिया के आस-पास का वातावरण असभ्यों का था और सभ्य ढंग से इन्हें पराजित करना अपने-आपको धोखा देना था। इसीलिए तिगलथ जिन प्रदेशों पर आक्रमण करता उन्हें लूटने के बाद नगरों एवं गाँवों को बर्बाद कर देता। बेकसूरों को भी जान से मार डालने में नहीं हिचकिचाता।

उपर्युक्त स्वभाव से प्रभावित होकर तिगलथ पिलेसर प्रथम ने सबसे पहले मुश्कू जाति पर आक्रमण किया। यह असभ्य जाति हिट्टियों के राज्य के पूर्वोत्तरी भाग में रहती थी। इन पर आक्रमण करने का कारण यह था कि लगभग बीस हजार मुश्कू लोगों ने असीरिया के प्रान्त कुम्मूह पर आक्रमण किए थे। कुम्मूह के वैसे नागरिकों को तिगलथ पिलेसर ने ढूँढ़-ढूँढ़कर जान से मार दिया, जिन्होंने मुश्कू लोगों का साथ दिया था। असीरिया के उत्तर में पूर्वी एवं पश्चिमी भागों में अपने साम्राज्य का विस्तार करने में तिगलथ पिलेमर प्रथम सफल रहा।

असीरिया के पश्चिम में गुब्ला, सिडान तथा अर्वाड को अपनी अधीनता स्वीकारने के लिए तिगलथ पिलेसर प्रथम ने बाध्य किया। इन नगरों से वह लकड़ी और अन्य वस्तुएँ कर के रूप में वसूलने लगा। मिस्र के साथ इसने अच्छा सम्बन्ध स्थापित किया। असीरिया के पश्चिम में रहनेवाले आर्मीनियनों के आक्रमण को समाप्त करने के लिए उन पर तिगलथ पिलेसर प्रथम ने चढ़ाई की लेकिन पूर्ण सफलता नहीं मिल सकी। आर्मीनियन आक्रमणकारी असीरिया पर पुनः आक्रमण किए थे।

असीरिया के पूर्वी भाग में स्थित मीड़ों को तिगलथ पिलेसर प्रथम ने हराया और साम्राज्य विस्तार करके बेबीलोन पर भी कब्जा कर लिया। बेबीलोन के मन्दिरों को ध्वस्त कर दिया और यहाँ के धन को उसने काफी कठोरतापूर्वक लूटा। अपने सफलतापूर्वक अभियान के कारण उसने सीरिया, फिलिस्तीन, कप्पाडोसिया और बेबीलोनिया के प्रदेशों में अपनी प्रभुता स्थापित कर ली।

उपर्युक्त विजय यात्रा के अलावा तिगलथ पिलेसर प्रथम ने साम्राज्य में कला के विकास के लिए भी प्रयत्न किया। इसका कारण यह था कि असीरिया एक अति धनी साम्राज्य बन गया था और लाखों रुपए कला पर खर्च करने की क्षमता इस शासक में थी। असुर नगर को पुनः राजधानी बनाकर तिगलथ पिलेसर प्रथम ने वहाँ अनेक भवनों एवं मन्दिरों का निर्माण किया। नए-नए वृक्षों को शहर में लगाया गया। अनेक पशु-पक्षियों का आयात करके असुर को सजाया गया। अनु एवं अदद के लिए मन्दिर बनाए गए। इस साहसी शासक के बारे में कहते हैं, पैदल चलकर इसने सैकड़ों शेरों का शिकार किया।

1077 ई.पू. में तिगलथ पिलेसर प्रथम मर गया और असीरिया लगभग डेढ़ सौ वर्षों के लिए पुनः दुश्मनों से घिर गया। इसके उत्तराधिकारियों (अशुर बेलकला प्रथम और शम्मी अदद) में तिगलथ पिलेसर प्रथम जैसी योग्यता का अभाव था। वैसे तिगलथ पिलेसर प्रथम एक दूरदर्शी शासक नहीं था। साम्राज्य का विस्तार कर लिया लेकिन इन पर ढंग से नियंत्रण करने की क्षमता उसमें नहीं थी। दुर्भाग्यवश उसके उत्तराधिकारी भी अयोग्य ही निकले। साम्राज्य को स्थायी रूप देने के लिए प्रशासनिक इकाई में बाँधकर इसे प्रान्तों में विभाजित कर देना चाहिए था, जो तिगलथ पिलेसर प्रथम ने नहीं किया। उसने केवल वार्षिक कर वसूलने की शर्त पर दुश्मन क्षेत्रों को दबाए रखा और मौका मिलते ही इन्होंने असीरिया का विरोध शुरू कर दिया।

तिगलथ पिलेसर प्रथम का पुत्र अशरीद एपल एकूर द्वितीय मात्र एक साल के लिए असीरिया की गद्दी पर बैठा। फिर अशुर बेलकला प्रथम बैठा जो तिगलथ पिलेसर प्रथम का दूसरा बेटा था। इसने असीरिया के प्रशासन को किसी तरह ई.पू. 1074 से 1056 ई.पू. अर्थात् अठारह वर्षों तक चलाया और उर्रतू तथा आर्मीनिया पर आक्रमण भी किया। दोनों क्षेत्रों के देवताओं के प्रति अशुर बेलकला प्रथम ने श्रद्धा दिखाई। सम्भवतः यह उसकी एक राजनीतिक चाल थी। बेबीलोनिया के साथ उसका सम्बन्ध अच्छा ही रहा। इसके पश्चात् कुछ-कुछ समय के लिए असीरिया की गद्दी पर छोटे-छोटे शासक बैठते रहे। असीरिया की ऐसी स्थिति लगभग सौ वर्षों तक बनी रही। आर्मीनिया के लोगों ने असीरिया के मध्य फरात का प्रदेश अपने अधीन कर लिया जो असीरिया की कमजोर स्थिति का चिह्न है।

अशुर रबी द्वितीय ने असीरिया में दसवीं सदी ई.पू. में एक नए राजवंश की स्थापना की। इसके पश्चात् तिगलथ पिलेसर द्वितीय का पुत्र अशुर-दान द्वितीय ई.पू. 933 में असीरिया की गद्दी पर बैठा। इसके काल में जैसा कि स्रोतों से पता चलता है, असीरिया की स्थिति में कुछ सुधार हुआ। अपनी राजधानी असुर में इसने कुछ निर्माण कार्य भी कराया था।

ई.पू. 911 में अदद निरारी द्वितीय असीरिया की गद्दी पर बैठा। यह शासक अशुर दान द्वितीय का पुत्र था। विरोधी तत्त्वों पर इस शासक ने काफी सफलता पाई। साम्राज्य के गौरव को स्थापित करने के लिए इस शासक ने कई युद्ध किया। इसी शासक के काल से कालक्रम को ध्यान में रखकर ऐतिहासिक बातों को लिखा गया। जेबेल हमरीन के प्रदेश को जीतने के पश्चात् अदद निरारी द्वितीय ने अर्रापखा (Arrapkha) नगर को भी अपने कब्जे में कर लिया और वहाँ सैनिक छावनी को बना दिया। आर्मीनियन जाति के लोगों पर वह अपना प्रभुत्व स्थापित करने में सफल रहा। आर्मीनियन जाति के भू-भाग निसीबिन को अदद निरारी द्वितीय ने अपने कब्जे में कर लिया। निसीबिन के शासक को उसने बन्दी बना लिया। गुजाना पर अधिकार करने में अदद निरारी द्वितीय जब सफल हो गया तो असीरिया साम्राज्य का सन्तोषजनक विस्तार हो चुका था। इसने हाम्बुर के शासक को भी अपना असामी (अस्वामी अर्थात् मालिक नहीं हो जो अर्थात् किराएदार) बना लिया। पश्चिम में अब कोई शक्ति नहीं थी जो असीरिया को चुनौती दे सके।

साम्राज्य के दक्षिणी भाग को सुरक्षित करने के लिए अदद निरारी द्वितीय ने बेबीलोनिया पर दो बार आक्रमण किया और बेबीलोन के शासक को हरा दिया। बाद में दोनों के बीच एक सन्धि हुई जिसके अनुसार कुरीगलजू और सिप्पर से दक्षिण बेबीलोन की सीमा तय की गई। अदद निरारी द्वितीय के काल में वर्ष के प्रथम दिन एक धार्मिक उत्सव मनाया जाता था और उस वर्ष का नाम लिम्मू पदाधिकारी के नाम से जाती थी जो स्वयं राजा ही होता था। इसी समय से हमें लिम्मू-सूची मिलने लगती है। अस्वामियों से अदद निरारी द्वितीय को भेड़, शराब, स्वर्ण के घड़े, अन्न, रथ आदि मिलते रहते थे जिससे असीरिया की आर्थिक उन्नति काफी हुई। अनेक भवनों का निर्माण इस काल में हुआ। सिंचाई का प्रबन्ध, यातायात के साधन में विकास, घोड़ों की संख्या में वृद्धि, सामुद्रिक भागों का विकास, असुर नगर की सुरक्षा आदि की चर्चा इस काल के स्रोतों में हमें देखने को मिलती है।

उपर्युक्त उपलब्धियों के आधार पर विद्वानों ने कुशलता, शक्ति, विकास आदि के दृष्टिकोण से अदद निरारी द्वितीय की तुलना सारगन प्रथम से की है जो सच लगता भी है क्योंकि इस शासक के काल में असीरिया ने पुनः अपना पूर्व गौरव काफी सीमा तक पा लिया।

अदद निरारी द्वितीय के पश्चात् ई.पू. 890 में उसका पुत्र तुकुल्ती-निनर्ता असीरिया की गद्‌दी पर बैठा। अपने पिता द्वारा पाए गए साम्राज्य को अधिक उन्नतशील बनाने के लिए उसने यथासम्भव प्रयास किया और बहुत हद तक सफल भी रहा। दुर्भाग्यवश, इस शासक की आकस्मिक मृत्यु कुछ ही वर्षों में हो गई।

असीरिया की गद्‌दी पर **असुर नासिरपाल द्वितीय** गद्‌दी पर बैठा और यहीं से विजय यात्रा का दूसरा चरण प्रारम्भ होता है।

20.3 असुर नासिरपाल द्वितीय

असीरियन साम्राज्य के गौरव को पुनः स्थापित करनेवाला असुर नासिरपाल द्वितीय (884-859 ई.पू.) था। असीरिया साम्राज्य का इतिहास कई दृष्टि से उसके शासनकाल से प्रारम्भ होता है। प्रथम, उसने सेना के संगठन में सुधार करके उनको वह व्यवस्था प्रदान की जिसका चरमोत्कर्ष बाद में सारगोनी सेनाओं (922-626 ई.पू.) में हुआ। दूसरे असीरियन जाति का नाम जिन अत्याचारों के साथ संयुक्त हैं वे सब असुर नासिरपाल के समय में शुरू होते हैं। अतः वह विश्व के सर्वाधिक क्रूर जाति का क्रूरतम शासक था। प्रत्येक नगर जो उसका विरोध करने का साहस करता था, जीतने के बाद उसे जला देना, उसके वयस्क नागरिकों के नाक, कान और पैर कटवाकर जीवित अवस्था में ढेर लगा देना जिससे कि सब सड़कर मर जाएँ, बच्चों को जिन्दा आग में जलवा देना, उसके द्वारा दिए जानेवाले साधारण दंड थे। एक हाथ में तलवार और दूसरे हाथ में मशाल लेकर उसने तूफान की भाँति विजय प्राप्त की।

असुर नासिरपाल जब गद्‌दी पर बैठा तो असीरिया एक अव्यवस्थित और छिन्न-भिन्न साम्राज्य था। उसे एक छोटा-सा हिस्सा प्राप्त था। अपनी पूर्व की ख्याति को असुर नासिरपाल पुनः प्राप्त करना अपना कर्तव्य समझता था। अतः वह अपने साम्राज्य को बढ़ाने के लिए विजय अभियान की ओर बढ़ा।

असुर नासिरपाल द्वितीय ने अपने पहले विजय अभियान का शुभारम्भ असीरिया के उत्तर-पश्चिम स्थित जगरोश पर्वतमाला पर चढ़ाई करके किया। जगरोश पर्वतमाला से दक्षिणी आर्मेनिया और साइलेशिया होते हुए उसने नदी पार की और कार्शेमिश नगर को अपने अधीन करता हुआ वह भूमध्यसागर पर स्थित फिनीशियन नगरों तक जा पहुँचा। इस विजय से बेबीलोन का राजा सावधान हुआ और असीरियन प्रगति को रोकने के लिए यूफ्रेट्स के दक्षिणी किनारे पर वहाँ के कबीले के प्रधान की सहायता से रोकने का प्रयास किया लेकिन असुर नासिरपाल ने उनकी सम्मिलित शक्ति का पूर्णतः दमन कर दिया। उसके बाद उसने यूफ्रेट्स के बाएँ किनारे पर स्थित आर्मेनिया को हराया और वहाँ लूट का माल पाया। आर्मेनिया पर उसने भयंकर अत्याचार किया। इस विजय के बाद वह हिट्टियों के राज्य की ओर बढ़ा। उसे भी पराजित कर उपहार और बन्धक देने को बाध्य किया।

इन विजयों के बाद उत्तरी सीरिया में और दक्षिण की ओर बढ़ा तथा भूमध्यसागर तक पहुँच गया। सिडान और बेबीलोन ने उसके सामने समर्पण कर दिया। दमिश्क का राजा उसका मार्ग अवरुद्ध कर सकता था। लेकिन असुर नासिरपाल की आँधी के समान विजय अभियान से वह भी घबरा गया और उसका मार्ग अवरुद्ध नहीं कर सका। इस प्रकार असुर नासिरपाल को उत्तरी सीरिया में एक महत्त्वपूर्ण स्थान मिल गया; जहाँ से उसके उत्तराधिकारी आगे सीरिया, पैलेस्टाइन तथा मिस्र पर विजय प्राप्त कर सकते थे। इन विजयों के फलस्वरूप दजला और फरात के बीच उपजाऊ जमीन उसके कब्जे में आ गई।

असुर नासिरपाल जहाँ भी निकल जाता था केवल बर्बादी, सामूहिक हत्या, अग्निकांड के चिह्न शेष बचते थे। परन्तु खुद असीरियनों के लिए अर्द्ध बर्बर शासक, महान् निर्माता और कला-प्रेमी सिद्ध हुआ। उसके समय से असीरिया के साम्राज्य युगीन कला का इतिहास प्रारम्भ होता है। असुर नासिरपाल ने अपनी राजधानी असुर से हटाकर कल्टवी में स्थापित की, जहाँ उसके समय की बहुत-सी कला-कृतियाँ मिली हैं। इनमें कुछ असीरियन कला के इतिहास में गौरवपूर्ण स्थान रखती हैं।

असुर नासिरपाल केवल एक महान् विजेता ही नहीं था बल्कि अपने पूर्ववर्ती शासकों की तरह एक निर्माता भी था। शासन को सुचारु रूप से चलाने के लिए अपने पूर्वजों की नीति को ही अपनाया। विजित राज्य को नियमित रूप से उपहार देने के लिए बाध्य किया और विजित राज्यों के कर्मचारियों एवं नागरिकों को एक जगह से दूसरी जगह बदलने की व्यवस्था की। लेकिन वह अपने प्रशासनिक और सैनिक सुधार के लिए प्रसिद्ध है।

पहले असीरियनों के पास एक छोटी-सी नियमित सेना हुआ करती थी और युद्ध छिड़ने पर सभी योग्य शरीरवाले असीरियनों को अपनी सेवाएँ सेना के लिए समर्पित करनी पड़ती थी। सैनिक शक्ति मुख्यतः सैनिक सेवा में निवास करती थी। असुर नासिरपाल ने अपने शासनकाल में सैनिकों की अनुशासनबद्धता और दक्षता पर अधिक बल दिया। रथ सेना की सहायता के लिए घुड़सवार सेना को भी सेना में समावेश किया। निःसन्देह घुड़सवार सेना के कारण कई महत्त्वपूर्ण लड़ाइयों में वह प्रभावशाली सिद्ध हुआ। असुर नासिरपाल ने सुरक्षा के दृष्टिकोण से यूफ्रेट्स के दोनों किनारों पर किले भी बनवाए।

लगातार युद्धों के कारण अधिक संख्या में जवानों के मारे जाने के कारण सैनिकों की कमी हो गई थी। अतः असुर नासिरपाल इस समस्या को सुलझाने के लिए विजित नागरिकों को भी अपनी सेना में भर्ती किया। इन सैनिकों को नई राजधानी कल्टवी में सीधे राजकीय नियंत्रण में रखा जाता था। असुर नासिरपाल की इस नीति का परिणाम यह हुआ कि लड़ाई में सैनिकों के मारे जाने पर भी सैनिकों की कमी नहीं होती थी। यद्यपि असीरियन सेना में इन लोगों के शामिल किए जाने पर कुछ बुराइयाँ आ गई थीं और उनके राज्य-भक्ति पर बराबर विश्वास नहीं किया जा सकता था। फिर भी इससे असीरिया की सैनिक शक्ति काफी बढ़ गई और फलतः असुर नासिरपाल के अन्तर्गत असीरिया का बहुमुखी विकास सम्भव हो सका।

असुर नासिरपाल ने विजित प्रदेशों के प्रशासन को सुचारू रूप से चलाने के लिए भी कुछ उपाय किया। विजित नागरिकों को दो तरह की शासन व्यवस्था के अन्तर्गत रहना पड़ता था। कुछ लोग स्थानीय सरदारों एवं राजकुमारों के अन्तर्गत रहा करते थे जिन्हें असीरियन राज्य को नियमित रूप से राजभक्ति प्रदर्शित करना तथा उपहार देना पड़ता था। कुछ लोग सीधे सम्राट के नियंत्रण में रखे जाते थे तथा उनकी सारी सम्पत्ति असीरियन साम्राज्य में मिला ली जाती थी। इनकी देखभाल के लिए असीरियन नागरिकों और सरदारों को बहाल किया जाता था। असुर नासिरपाल के इस नीति के कारण प्रान्तीय शासन का प्रादुर्भाव हुआ। असीरियन अब मात्र विजित प्रदेशों से उपहार प्राप्त करनेवाला राज्य नहीं रहा बल्कि उनके प्रशासन का उत्तरदायित्व भी अपने ऊपर ले लिया।

असुर नासिरपाल की विजयों के फलस्वरूप लूट के माल से असीरिया का खजाना भर गया, जिससे असीरिया की भौतिक समृद्धि खूब हुई। हिट्टी राज्य पर आक्रमण के बाद बहुत-सा सोना, चाँदी, जहाज, ताँबा, लोहा और मवेशी प्राप्त हुए। लूट में बहुमूल्य हाथीदाँत, स्वर्ण, शस्त्र, सुन्दर कपड़े, मेज, कुर्सियाँ, दासियाँ आदि भी प्राप्त हुईं। असुर नासिरपाल ने विजय के बाद विजित प्रदेशों से कुशल कारीगरों को भी असीरिया बुलवाया ताकि असीरियावासी भी उनके ज्ञान का तकनीकी लाभ उठा सकें।

अन्न-धन की वृद्धि और कुशल कारीगरों की उपलब्धि ने असुर नासिरपाल को एक महान् भवन निर्माता के रूप में भी ला खड़ा कर दिया। उसने अपनी राजधानी कल्टवी में एक राजप्रासाद का निर्माण करवाया जो 350 वर्गफीट जमीन पर फैला हुआ था। उसमें अनेक लम्बे किन्तु पतले गलियारे और ढेर सारे कमरे भी थे। महल की दीवारें सुन्दर रिलिफ चित्रों से सुसज्जित थीं। उन दीवारों पर धार्मिक विधियों, शिकार और युद्ध के दृश्यों का बड़ा सुन्दर चित्रण किया गया था। राजभवन में चारों ओर असुर नासिरपाल की कृतियों और उपलब्धियों का उल्लेख किया गया था। यद्यपि ये चित्र असीरियन कला के प्रारम्भिक उदाहरण हैं, फिर भी वे काफी सजीव हैं।

असुर नासिरपाल का राज्यकाल विश्व इतिहास में सर्वाधिक क्रूरतापूर्ण माना जाता है। जिस प्रदेश में वह जीतता था वहाँ के निवासियों का पूर्णतया दमन कर देता था। नगरों को जलाकर राख कर देना, वयस्क नागरिकों का सामूहिक वध और बच्चों को जिन्दे जलवाना उसके सामान्य कार्य थे। वस्तुतः क्रूरता के क्षेत्र में वह अपने पूर्वजों से भी आगे बढ़ गया

था तथा पाँच परवर्ती शासकों के सामने शत्रुओं के साथ व्यवहार करने का अपना नजारा पेश किया।

लेकिन उसकी क्रूरता और धर्मान्धता कुछ दूर तक सही थी। जिस समय वह गद्दी पर बैठा उस समय असीरिया की राजनीतिक स्थिति अराजकतापूर्ण थी। वह ऐसा राजनीतिक पराभव से जूझने का मौका खोज रहा था और ऐसी बिना खूनी तरीका अपनाए सम्भव नहीं था। असुर नासिरपाल को इस बात का विश्वास था कि शत्रु राज्यों ने असीरिया के देवता के साथ पाप और अत्याचार किया है। इस तरह उसकी दमन नीति एक निश्चित उद्देश्य के लिए थी और वह शत्रु प्रदेश के नागरिकों के दिल में ऐसी दहशत पैदा कर देना चाहता था ताकि आगे असीरिया का विरोध करने की हिम्मत नहीं कर सके। यह इस बात से स्पष्ट हो जाता है कि इसने अपने राज्यकाल के द्वितीय भाग में सिर्फ 267 ई.पू. के युद्ध को छोड़कर किसी भी विजय अभियान में भाग नहीं लिया।

जहाँ तक असीरिया के हितों का सवाल था असुर नासिरपाल द्वितीय अपने सैनिक यंत्र में घुड़सवार सेना का प्रयोग कर काफी मजबूत कर लिया। यद्यपि उसने अन्तिम 15 वर्षों में सिर्फ एक युद्ध को छोड़कर किसी भी युद्ध में भाग नहीं लिया फिर भी उसकी सेना अनुशासनप्रिय बनी रही। जहाँ तक असीरिया की राजकीय शासन व्यवस्था का सवाल है वह पूर्णरूपेण सैनिकों पर आधारित थी। सैनिक पूर्णरूपेण कुशल एवं अनुशासनप्रिय थे। उसने तब तक अपना विजय अभियान जारी रखा जब तक तिगलक पिलेसर द्वारा विजित भूमि को उसने अपने अधिकार में न कर लिया। लेकिन उसके बाद उसने विजय अभियान से अपना मुँह मोड़ लिया और राज्य की शासन व्यवस्था पर ध्यान दिया। विजित प्रदेशों में उपनिवेशों को स्थापित कर प्रान्तीय शासन व्यवस्था का आधार बनाया। दूसरे देश के कारीगर बुलाकर असीरिया की प्रगति में योगदान दिया।

उपरोक्त बातों की व्याख्या करने पर यह स्पष्ट हो जाता है कि असुर नासिरपाल एक कुशल राजनीतिज्ञ और अनुभवी शासक था। वह अपने उत्तराधिकारियों के लिए भरपूर धन, विश्वासी जनता, सुसंगठित एवं कुशल सैनिक व्यवस्था को छोड़ गया। यद्यपि वह एक निर्दयी, कठोर, शंकालु व्यक्ति था, तो दूसरी ओर उसमें राजनीतिक दूरदर्शिता और प्रशासनिक क्षमता का भी प्रभाव कम नहीं था।

20.4 सल्मानेसेर तृतीय

असुर नासिरपाल के बाद उसका पुत्र सल्मानेसेर तृतीय ई.पू. 859 में असीरिया की गद्दी पर बैठा। अपने पिता के समान यह भी एक योग्य शासक था। अपनी योग्यता के आधार पर इस शासक ने लगभग पैंतीस वर्षों तक शानदार ढंग से असीरिया के राजसिंहासन को सम्हाला। तेज गति से वह लगभग अधिकांश समय तक विजय-यात्रा में लगा रहा और साम्राज्य का विस्तार फारस की खाड़ी तक कर लिया। नई-नई शक्तियों से टकराने में उसे विशेष मजा आता। अपवाद के रूप में सल्मानेसेर तृतीय को जजीराह के एरेमियनों से मात भी खानी पड़ी थी।

स्रोतों से पता चलता है कि साम्राज्य के उत्तर में स्थित उरर्तू पर भी उसने आक्रमण किया लेकिन सम्भवतः उसे पूर्णतः सफलता नहीं मिल पाई थी। मीड़ों और पर्सियनों पर

किए गए आक्रमणों से उसे कोई विशेष लाभ नहीं हो पाया। सीरिया पर उसके द्वारा किए गए आक्रमण के परिणामस्वरूप एक विरोधी मोर्चा जिसमें सीरिया का साथ देनेवाली कई शक्तियाँ थीं, बन गया। इससे सल्मानेसेर को हानि ही हुई। कमजोर शासक के कारण बेबीलोनिया की हार सल्मानेसेर से हो गई। दक्षिण में सुमेर को हराकर वहाँ के कैल्डियनों को अपने अधीन कर लिया। अन्त में हम पाते हैं कि असीरिया में आन्तरिक विद्रोह फैलने लगा।

बेबीलोन की हार

गद्दी को लेकर सल्मानेसेर के दो पुत्रों (असुर दानिनपाल और शम्सी अदद पाँचवाँ) में युद्ध छिड़ गया। निनवे, असुर, अर्बेला, खिनदानू, हमथ, तिलअब्बा, जबान आदि ने युद्ध का समर्थन किया। ये नगर एवं क्षेत्र शम्सी अदद पाँचवाँ को असीरिया की गद्दी पर शासक के रूप में देखना नहीं चाहते थे। सल्मानेसेर बूढ़ा शेर के समान राजमहल में बैठे-बैठे सब कुछ केवल देख रहा था। शर्म से वह कुछ बोलना नहीं चाह रहा था, फिर भी इन दुश्मनों से मुकाबला करने के लिए शम्सी अदद को निर्देश देता रहा। असीरिया में ऐसी स्थिति लगभग चार वर्षों तक बनी रही और सल्मानेसेर मर भी गया। अन्त में शम्सी अदद को गद्दी मिल गई। ई.पू. 824 को सम्राट के रूप में उसका राज्याभिषेक हुआ लेकिन असीरिया आन्तरिक तनाव की आग में लगभग पचास वर्षों तक तड़पता रहा।

शम्सी अदद पाँचवाँ 811 ई.पू. तक असीरिया के शासन को चला सका। इस बीच उसने अपने भाई का विद्रोह शान्त किया और राजसिंहासन की स्थिति सुदृढ़ की। विजय यात्रा के दृष्टिकोण से उसने उरर्तू, नैरी और मीड़ों पर आक्रमण किया और विजयी हुआ। बेबीलोन की अदद से कुछ अन्य विद्रोहों को दबाने में उसे सफलता मिली। इन उपर्युक्त सफलताओं से बेबीलोन का शासक मर्दुक वलत्सु इक्वी जलने लगा और असीरिया के दुश्मनों को अपने साथ मिलाकर एक गुट तैयार कर लिया लेकिन शम्सी अदद ने बेबीलोनिया को भी हराया लेकिन सात वर्षों तक लड़ते रहने के बाद। शम्सी अदद के इस विजय से विरोधी तत्त्व डर गए। बेबीलोन से शम्सी अदद को काफी मात्रा में लूट का धन, रथ, युद्धबन्दी आदि प्राप्त हुए।

शम्सी अदद के पश्चात् उसका पुत्र अदद निरारी तृतीय ई.पू. 811 ई. में असीरिया की गद्दी पर बैठा और ई.पू. 782 तक शासन किया। कैल्डियन शासकों पर इसने नियंत्रण किया। इस शासक के पूर्व कुछ दिनों तक असीरिया की शासन सत्ता इसकी माँ सुम्मूरमात के हाथों में रही। यह एक अति सुन्दर एवं शासन के मामले में काफी अनुशासनप्रिय तथा सौन्दर्यप्रेमी महिला थी। अदद निरारी तृतीय के पश्चात् उसका पुत्र शल्मानेसेर चतुर्थ ई.पू. 782 ई. में असीरिया की गद्दी पर बैठा। लगभग दस वर्षों तक असीरिया में शासन करनेवाले इस शासक के काल में असीरिया का थोड़ा विकास हुआ। कई विद्रोहों को दबाने में इसे सफलता मिली। दमिश्क पर उसने अपना प्रभुत्व स्थापित कर लिया। सीरिया के कई राज्यों को भी उसने हराया। शल्मानेसेर के कुछ विरोधी दिन प्रतिदिन शक्तिशाली भी होते जा रहे थे। उरर्तू अपनी शक्ति बढ़ाता जा रहा था। सीरिया में भी शल्मानेसेर के विरुद्ध विद्रोह शुरू हो गए। यातायात

के कई साधन असीरिया के लिए बन्द हो गए। इजरायल के शासक ने असीरिया के कुछ भागों पर अपना कब्जा कर लिया। दजला नहीं के आस-पास असीरिया के विरुद्ध विद्रोह की आग फैल गई। खराब स्थिति यहीं तक नहीं रही बल्कि असीरिया के भीतर भी विद्रोह की लपटें फैलने लगीं। शल्मानेसेर इन विद्रोहों को दबाने में असफल रहा। ई.पू. 772 में अशुस्द्रान शासक बना लेकिन बिगड़ी हुई स्थिति को थोड़ा भी सँभालने की क्षमता इसमें नहीं थी। इसके बाद के कई शासक विद्रोहियों द्वारा जान से मार दिए गए। असीरिया अराजकता का केन्द्र हो गया। ऐसी स्थिति कई वर्षों तक बनी रही। 745 ई.पू. में असीरिया की गद्दी पर तिगलथ पिलेसर तृतीय बैठा।

20.5 तिगलथ पिलेसर तृतीय

तिगलथ पिलेसर तृतीय (745-727 ई.पू.) का नाम असीरियन साम्राज्य के गौरव एवं साम्राज्य के निर्माणकर्ता के रूप में आता है। प्राचीनकाल में असीरिया का साम्राज्य अपनी सैनिक प्रतिभाओं के लिए प्रसिद्ध था। 12वीं शताब्दी ई.पू. के प्रारम्भ में तिगलथ प्रथम नामक राजा ने साम्राज्य का विस्तार किया पर उसकी मृत्यु के 2 शताब्दियों तक असीरिया में अन्धकार युग छा गया। इस अन्धकार को असुर नासिरपाल और उसके उत्तराधिकारी बाल्मानेसर तृतीय ने कम किया लेकिन इसके बाद फिर उत्तराधिकारी की दुर्बलता के कारण अव्यवस्था रही। इस अव्यवस्था और दुर्बलता को समाप्त कर एक दृढ़ तथा स्थायी शासन को देनेवाला तिगलथ पिलेसर तृतीय था। इसके शासनकाल में असीरिया के प्रसार का सर्वाधिक महत्त्वपूर्ण युग शुरू होता है।

जिस समय तिगलथ तृतीय गद्दी पर बैठा असीरिया साम्राज्य सैनिक और आर्थिक दृष्टि से अव्यवस्थित था। उसके समक्ष तीन कार्य थे—1. बेबीलोनिया में दृढ़ शासन की स्थापना करना; 2. सीरिया में असीरियन प्रभाव को पुनः स्थापित करना; 3. उरर्तू के विरुद्ध उत्तरी सीमा की रक्षा करना। इसके शासन पर दृष्टिपात करने पर पाएँगे कि इसने सभी कार्यों को बखूबी से निभाया।

तिगलथ तृतीय बहुत बड़ा साम्राज्य निर्माता था। उसने असीरिया के प्रसार के लिए पूर्णरूप से अनुशासित सेना का निर्माण किया। इसकी सेना दो भागों में विभक्त थी। पहला भाग ऐसे निष्ठावान सैनिकों का था जिन्होंने सैनिक सेवा को ही अपनी जीविका बना लिया था। दूसरा भाग नागरिक सेना का था। घुड़सवार और पैदल सेना के अतिरिक्त रथ सेना और भारी हथियारों से फौरन पैदल सेना बनाई गई जिनके पास लोहे के हथियार थे। हलके हथियारों से भी फौरन सेना बनाई गई जो तीर-धनुष और दूर फेंके जानेवाले हथियारों का प्रयोग करती थी। सेना के कुछ भाग शत्रुओं के दीवारों और रक्षापंक्ति तोड़ने में प्रशिक्षित थे। ये भारी हथियारों से दीवारों तथा फाटकों को चकनाचूर कर देते थे। कुछ सैनिक गाड़ियों पर पटरियाँ बिछाकर आगे बढ़ते थे तथा आक्रमणकारी का मुकाबला करते थे। सैनिकों की छोटी-छोटी टुकड़िया लड़ने के लिए संगठित की गईं। मजबूत चारदीवारी से घिरे शत्रुओं पर आक्रमण किया जाता था। इस प्रकार तत्कालीन सैन्यप्रणाली का गठन करके अपनी सेना को संगठन किया।

तिगलथ तृतीय एक बहुत बड़ा विजेता था। अपने शासनकाल के अठारह वर्षों में उसने दक्षिण में फारस की खाड़ी, उत्तर में अर्मिनिया और पश्चिम में भूमध्यसागर तक विस्तृत साम्राज्य स्थापित किया। इस विशाल साम्राज्य पर अभी तक किसी असीरिया सम्राट ने शासन नहीं किया था।

तिगलथ तृतीय का प्रथम सैनिक प्रबन्ध दक्षिणी सीमा का बन्दोबस्त करना था जहाँ अर्मिनियन जाति को अशुरदान तृतीय के समय (771-754 ई.पू.) से तकलीफ पहुँचाया जा रहा था। तिगलथ तृतीय जंगली जातियों से पुकदर की जमीन जो आधुनिक बगदाद के पूर्व और उत्तर में थी, जीत ली और उसका फिर से बन्दोबस्त किया और अर्राफा के प्रान्त का एक हिस्सा बना दिया गया। टिगरिस के पूर्वी भाग में असीरिया का बेबीलोनिया तक जो अधिकार था वहाँ तक एक राज्य बन गया। जंगलियों का भू-भाग दक्षिणी-पूर्वी विशेषकर बेबीलोनिया और एलम के बीच का भाग अर्मिनियन शासक के अन्तर्गत अलग प्रान्त बन गया। इससे बेबीलोनिया को राहत की साँस मिली तथा लोगों में यह भावना आई कि असीरिया का राज्य अभी भी उसका रक्षक था। असीरिया के मध्य भाग की स्थिति वहाँ के आदिम राजा नबू-नसिर (Nabu Nasir) के अधिकार से अच्छी हो गई। तिगलथ तृतीय ने इस कार्य में हस्तक्षेप नहीं किया। नबू-नसिर ने आन्तरिक नीति का पालन किया और पहले की असीरियन नीति का मृत्युपर्यन्त पालन किया। पहले की तरह सुमेर और अक्कड पवित्र नगरों में सिप्पर (Sipper) को भेंट कर दिए गए। उसके बाद तिगलथ तृतीय ने सीरिया पर हमला किया। 732 ई.पू. में दमिश्क पर असीरिया का झंडा फहराया गया। दमिश्क के राजा के पतन के पश्चात् जुडाह (Judah) के राजा अहज तथा इजरायल के राजा होसीया ने आत्मसमर्पण किया। इन दिनों राजाओं को अधीनस्थ करके सालाना कर लिया जाने लगा। बाद में इन राजाओं को प्रान्तीय गवर्नर बना दिया गया और इनके अन्तर्गत अन्य पदाधिकारियों को नियुक्त किया गया जिन्हें कर वसूलने और न्याय करने का भार दिया गया।

बाइबल के Old Testament (ओल्ड टेस्टामेंट) से हमें पता चलता है कि अहज ने अन्त तक असीरियन नीति का समर्थन किया तथा नए विरोधियों से मुकाबला करना आसान हुआ।

इसने उरर्तू के विरुद्ध सेना भेजी। स्थानीय आदिम नेता जो विरोधी थे उसे टुकड़े-टुकड़े कर दिखाया और वहाँ के जिन स्थानीय शासकों ने तिगलथ की शर्त मान ली उन्हें छोड़ दिया गया था। प्रजा और दास कर देनेवाले मान लिये गए।

तिगलथ तृतीय ने बीतयाकील, बीतडाक्कुरी और बीतम्मुक्कनी को जीता।

इस प्रकार तिगलथ तृतीय ने विजयों द्वारा न सिर्फ अपने राज्य का विस्तार किया, बल्कि अपने राज्य को सुसंगठित किया। जब वह गद्दी पर बैठा था तो असीरिया बहुत कठिनाई में था और उसकी आर्थिक स्थिति दयनीय थी। बहुत-से छोटे-छोटे राज्यों पर नियन्त्रण समाप्त हो गया था। बेबीलोनिया वस्तुतः अराजकता की अवस्था में था और पहाड़ी इलाका असीरिया के उत्तर और पूरब के क्षेत्र में उरर्तू के अधीन में था। ऐसी स्थिति से देश को उबारने का श्रेय तिगलथ तृतीय को है।

तिगलथ तृतीय द्वारा स्थापित राज्य एक शक्तिशाली राज्य था। उसने केवल अपने मनोनुकूल राज्य को बदला ही नहीं, बल्कि बहुत अच्छी जमीन और जायदाद को भी असीरियनों के अधिकार में कर डाला। सेनाओं को ताकत देकर आवश्यक प्रशासनिक सुधार को लागू किया जिससे असीरिया में आन्तरिक शान्ति हुई। प्रत्येक दृष्टिकोण से तिगलथ तृतीय असीरियन राज्य का एक सफल प्रशासक माना जाता है।

बाद में प्रशासनिक सुधार तेजी से लागू किए गए। जमींदारों के बहुत सारे अधिकारों को कम कर दिया गया। केवल असीरिया के प्रत्येक प्रान्त को एक जिले का रूप देकर एक जिले का मालिक (Bet-Bihatic) या गवर्नर के अन्दर रखा गया जिसके ऊपर सारी जिम्मेदारी थी। जो इलाके मिलाए नहीं जा सके, उन्हें वहाँ की सरकार के अनुसार ही छोड़ दिया गया लेकिन उनकी देखभाल के लिए एक ओवरसियर रखा गया। उसे कर वसूलने और न्याय करने का अधिकार था। इसके विरुद्ध राजा से शिकायत की जा सकती थी। गवर्नर नियमित रूप से राजा को अपने कार्यों की रिपोर्ट देते थे। इस साम्राज्यवादी नीति को आगे चलकर कई राजाओं ने अपनाया पर इसे प्रारम्भ का श्रेय तिगलथ पिलेसर तृतीय को है।

असीरिया के बाहर भी सुधार किए। Buffer State (बफर स्टेट) में प्रतिनिधि नियुक्त किए गए।

संचार साधनों के लिए राज्य तथा राजशाही दरबार के बीच प्रभावकारी व्यवस्था की गई। साधारणतया विशेष धावक रिपोर्ट पत्र आदि गवर्नर या जिला प्रधान को देने के लिए बहाल किए गए। कभी-कभी विशेष प्रतिनिधि गुप्त कार्य के सम्पादन के लिए भेजे जाते थे। जिला प्रधान तथा राज्य के गवर्नर को बहुत-से सैनिक न्यायिक और वित्तीय अधिकार प्राप्त थे। उनके शासन का क्षेत्र बहुत ही छोटा था तथा संघीय सरकार द्वारा प्रत्येक मामले में हस्तक्षेप किया जाता था। उनके प्रमुख कार्य कर की अदायगी थी। इसके अलावा जनकार्य, शान्ति-व्यवस्था तथा सैनिकों को बढ़ाने आदि जिले के सभी कार्यों की जिम्मेवारी उनके ऊपर थी। अन्तिम सबसे प्रमुख कार्य मात्र भूमि के महत्त्व को सुरक्षित रखना था।

तिगलथ तृतीय द्वारा राज्य में सेना को स्थायी सैनिकों द्वारा परिवर्तित किया गया। प्रारम्भ में असीरियन सेना का गठन किसानों और गुलामों के द्वारा किया गया था जो कि असीरिया के जमींदारों द्वारा राजा के लिए सौंपा गया था। राज्य की सुरक्षा के लिए असीरिया के सैनिक शक्ति को कई गुना बढ़ा दिया गया परन्तु बाद में यह सैनिक संगठन अविश्वसनीय विदेशियों से भर गया जिसको उत्तरी इराक को नियंत्रित करना एक कठिन कार्य हो गया।

इसका दूसरा प्रमुख कार्य तिगलथ तृतीय द्वारा लोगों को एक जगह से दूसरी जगह बसाने का था। विद्रोह को दबाने का उसने अच्छा उपाय यही सोचा कि आबादी में मिलावट कर दी जाए। एक जगह बसी हुई घनी आबादी के लोगों को दूसरी जगह दूर में पुनः बसाया गया तथा कई पुरानी जगहों पर दूसरे देश के लोगों को सैनिक द्वारा लाकर बसाया गया। उदाहरण के तौर पर ई.पू. 742 और 741 में हामा इलाके से करीब 30 हजार सीरियनों को

जगरोस पहाड़ी पर भेजा गया तथा करीब 78 हजार अर्मिनियन को Tigris (टिगरिस) के बाएँ किनारे से उत्तरी सीरिया की ओर बदलकर बसाया गया। 744 ई.पू. में ईरान से करीब 65 हजार लोगों को एक बार हटाया गया। दूसरे साल 1 लाख 54 हजार व्यक्ति दक्षिणी मेसोपोटामिया में गए। एक जगह से दूसरी जगह का स्थानान्तरण लोगों के लिए भयावह था। लेकिन वे लोग लम्बी कतारों में कड़ाके की धूप में सैनिकों के साथ पीठ पर थैला लटकाए बच्चों को अपने हाथ में लिये बढ़ते जाते थे। जब उनकी पत्नियाँ गाड़ियों द्वारा ढोई जाती थीं ऐसी परिस्थितियों में बहुत-से व्यक्तियों की मृत्यु हो जाती थी। लेकिन बचे हुए लोगों के साथ बुरा व्यवहार नहीं किया जाता था बल्कि उन्हें जलाए हुए बर्बाद गाँवों में तथा राजा द्वारा बनाए जंगलों में बसाया जाता था। उन्हें जीवन निर्वाह के लिए जमीन भी दी जाती थी खेती के लिए। लेकिन उनमें मुकाबला करने की शक्ति क्षीण हो गई और वे टूट गए। इस तरह की नीति का अनुसरण तिगलथ पिलेसर के बाद आनेवाले राजाओं ने किया, लेकिन मनमुताबिक परिणाम प्राप्त नहीं हो सका। विद्रोह और लड़ाइयाँ बढ़ीं। बेबीलोनिया के वफादारों ने निप्पुर से राजा इसरहडोन को लिखने का साहस किया कि "The King know that all lands hate us on account of Assyria."

मन्दिरों एवं भवनों का निर्माण

तिगलथ पिलेसर तृतीय न सिर्फ विजेता था बल्कि वह कला प्रेमी भी था। उसके शासनकाल में वास्तुकला के नए-नए प्रयोग किए गए। करकेनिश और हर्रन के बीच नक्काशी द्वारा बड़े-बड़े भवन बनाए गए। उनमें राजप्रासाद के लिए द्वारमंडप का प्रयोग उन्होंने हिट्टियों से सीखा था। तिगलथ पिलेसर का राजप्रासाद तत्कालीन पश्चिमी एशिया का भव्य राजप्रासाद रहा हो पर इसी प्रकार के महल छोटे आकार में Ashurbani-Pal (अशुरबनीपाल) का निनेवे में पाया गया। महल के बगल में नक्काशी के रूप में इश्तर का मन्दिर बनाया गया। दमिश्क के राजा हजद द्वारा राजशाही साज-सज्जा की अच्छी कलाकारी के सारे सामान अदद निरारी तृतीय द्वारा अपना लिये गए।

असीरियन साम्राज्य के पतन में तिगलथ पिलेसर के कारणों पर दृष्टिपात करना होगा जो प्रान्तीय व्यवस्था के दोष, राजपरिवार और पुजारी वर्ग का सतत संघर्ष और असीरियन जाति की क्रूरता तथा आर्थिक विषमता में निहित थी।

प्रारम्भ में असीरियन सम्राटों में विजित राज्यों को स्थायी रूप से साम्राज्य को प्रान्तों के रूप में संगठित करने का कष्ट नहीं उठा पाए। वहाँ लूट-पाट करके ही सन्तुष्ट हो जाते थे। इसके फलस्वरूप उनके लौटते ही वे राज्य विद्रोह कर देते थे। तिगलथ तृतीय ने कुछ राज्यों का प्रान्तों में परिणत करने की नीति अपनाई थी, पर इससे स्थिति कुछ सुधरी नहीं। इसका प्रधान कारण था असीरियनों का प्रान्तों के साथ अनुचित व्यवहार। वैसे तिगलथ पिलेसर तृतीय इस व्यवहार में सबसे आगे था। उसने प्रान्तों से करों और सैनिक सेवा के रूप में बहुत कुछ लिया और आवश्यकता पड़ने पर एक प्रदेश की आबादी को दूसरे प्रदेशों में बदल दिया जाता था जिससे उनकी गतिविधियों पर बिलकुल ध्यान नहीं दिया जा सकता था।

इसका परिणाम यह हुआ कि शक्तिशाली होने पर भी विद्रोह होने लगे जो साम्राज्य के पतन के कारण बने।

तिगलथ पिलेसर ने सैनिक सहायता से साम्राज्य का निर्माण किया लेकिन बाद में यह सैनिक संगठन अविश्वसनीय विदेशी तत्त्वों से भर गया और इसे नियंत्रित करना कठिन हो गया।

असीरिया साम्राज्य के अर्थ की रीढ़ थी कृषि। तिगलथ पिलेसर के निरन्तर युद्धों के कारण कृषि कार्य का होना प्रायः समाप्त हो गया जिससे आर्थिक स्थिति खराब हो गई।

असीरिया साम्राज्य के पतन के इन कारणों के लिए तिगलथ तृतीय उत्तरदायी था। पर इसके अलावा साम्राज्य पतन के अन्य कारण भी थे।

20.6 एल्मानेसेर पंचम

ई.पू. 727 में तिगलथ पिलेसर तृतीय के मरने के उपरान्त उसका पुत्र एल्मानेसेर पंचम असीरिया का राजा बना और ई.पू. 722 अर्थात् लगभग चार-पाँच वर्षों तक शासन किया। मिस्र के उकसाने पर इसने इजराइल पर आक्रमण किया था। असीरिया को अपने अधीन लाने के लिए उसने उसे तीन वर्षों तक घेरे रखा। इसकी गद्दी अन्त में इसके उत्तराधिकारी द्वारा छीन ली गई और असीरिया की गद्दी पर सारगन द्वितीय (शर्रुन-किन) बैठा।

20.7 सारगोन द्वितीय

सारगोन द्वितीय के काल को सारगोनयुगीन असीरिया का साम्राज्य कहा जाता है; क्योंकि इस साम्राज्य को विकसित करने का श्रेय सारगोन द्वितीय को दिया जाता है। ई.पू. 722 में असीरिया की गद्दी पर बैठनेवाला सारगोन द्वितीय ने लगभग सोलह वर्षों (ई.पू. 705) तक सफलतापूर्वक शासन किया। गद्दी पर बैठने से पूर्व वह सल्मानेसेर पाँचवाँ के काल में सेनापति का पद सँभाले था और इसी गुण के आधार पर उसने गद्दी प्राप्त की। एक शासक के रूप में उसे असीरियावासियों ने पसन्द किया क्योंकि साम्राज्य की स्थिति सुधारने की आशा अब उन्हें थी। लेकिन बाह्य शक्तियों ने सारगोन द्वितीय का विरोध किया क्योंकि सारगोन से उन्हें डर लगने लगा।

सारगोन द्वितीय के विरुद्ध बेबीलोन तथा मिस्र के बीच एक गुप्त सन्धि हो गई लेकिन इन लोगों ने असीरिया पर आक्रमण करने की हिम्मत नहीं की। बेबीलोन एवं मिस्र के साथ उरर्तू भी मिल गया। इन तीनों शक्तियों ने सारगोन द्वितीय के विरुद्ध वातावरण तैयार करना शुरू कर दिया और अपने दुश्मन असीरिया के दुश्मनों को मित्र बनाने लगे। इसके परिणामस्वरूप असीरिया के साम्राज्य में कई स्थानों पर सारगोन द्वितीय के विरुद्ध विद्रोह होने लगे। इन विद्रोही ताकतों को दबाना और हराना सारगन के लिए बहुत मुश्किल नहीं था लेकिन फिर भी कई वर्षों तक ऐसी स्थिति बनी रही। चालाक शासक के लिए आन्तरिक एकता को मजबूत बनाने के लिए कभी-कभी बाहरी खतरों का आभास दिलाना आवश्यक होता है।

उपर्युक्त विद्रोही शक्तियों से मुकाबला करने के दृष्टिकोण से सारगोन द्वितीय ने सबसे पहले दजला नदी के पूरब में स्थित उकीन्जर को हराया। बेबीलोन पर आक्रमण करने के लिए वह आगे बढ़ा लेकिन एलम का राजा हमबेनीगस ने सारगोन द्वितीय का यह प्रयास असफल कर दिया। अतः करीब दस वर्षों के लिए सारगोन द्वितीय ने बेबीलोन पर आक्रमण करने के इरादे को स्थगित कर दिया। बेबीलोनिया का स्रोत सारगोन द्वितीय को हरा देने की चर्चा करता है।

योजनाबद्ध ढंग से सीरिया और गजा के शासक हनूना, जिसे मिस्र सहायता कर रहा था, ने असीरिया पर आक्रमण किया। इस युद्ध में सारगोन द्वितीय ने सीरिया के नगर हमा के शासक को हरा दिया और हनूना भी बन्दी बना लिया गया। सारगोन ने हनूना को जान से मार दिया। लगभग आठ वर्षों के बाद मिस्र के उकसाने पर पैलेस्टाइन ने असीरिया के विरुद्ध विद्रोह कर दिया लेकिन सारगोन इस विद्रोह को कुचलने में सफल रहा। मजबूर होकर मिस्र को असीरिया के साथ सन्धि करनी पड़ी और सारगोन द्वितीय पैलेस्टाइन को अपने नियंत्रण में करके उसे कर देने के लिए बाध्य किया। इस सफलता के बाद सारगोन ने अपने साम्राज्य के उत्तरी भाग में ध्यान दिया। इस भाग के उरर्तू नाम क्षेत्र में इरानियन जाति के लोग आतंक फैलाए हुए थे। ये लोग अपने को स्वतंत्र घोषित कर दिए थे। कुछ बाह्य शक्तियाँ इन्हें सारगोन के विरुद्ध मदद कर रही थीं। सारगोन द्वितीय के लिए उत्तरी भाग का व्यापारिक दृष्टिकोण से काफी महत्त्व था। इस प्रदेश को कई बार कूटनीतिपूर्ण चाल से आक्रमण करके सारगोन द्वितीय ने हराया और अपने आदमी को शासक के रूप में वहाँ नियुक्त कर दिया। विद्रोह सन्तोषप्रद ढंग से दब नहीं रहे थे। अतः ई.पू. 714 में सारगोन ने ढंग से तैयारी करके उरर्तू पर आक्रमण कर दिया। उरर्तू क्षेत्र में जिकिर्तू पर आक्रमण करके दुश्मनों के सैनिक छावनियों को उसने बर्बाद कर दिया। उरर्तू की सेना पर उसने अपने कुछ विश्वासी एवं योग्य सैनिकों के साथ आक्रमण किया क्योंकि शेष सेनाएँ थकी-थकी लगती थीं और युद्ध में ये हार जातीं, ऐसा सारगोन द्वितीय को आशंका थी। सारगोन अपने इस अभियान में सफल रहा। उरर्तू को हराने के बाद आसपास के दुश्मन-क्षेत्रों को सारगोन द्वितीय ने रौंद डाला। लौटते समय उसने मुसाफिर नगर को लूट लिया और वहाँ का शासक उरजानू भाग गया। इस नगर में उरर्तू का प्रधान देवता रहता था। सारगोन द्वितीय ने इस मन्दिर को बर्बाद करके यहाँ के बच्चों को कैदी बना लिया ताकि बड़े होकर असीरिया के विरुद्ध ये फिर न लड़ें। नगर के लोगों को बाहर निकाल दिया गया और उरर्तू का क्षेत्र ऐसा बीमार पड़ा कि यहाँ के लोग लगभग बीस वर्षों तक सिर नहीं उठा सके।

उपर्युक्त बाहरी शत्रुओं पर विजय पाने के पश्चात् सारगोन द्वितीय ने बेबीलोन की ओर घृणा भाव से एक नजर देखा जिसने असीरिया की आर्थिक स्थिति खराब कर दी थी। बेबीलोन में इस समय कैल्डियनों का शासन था। इस समय तक एलम की आन्तरिक स्थिति काफी जर्जर हो गई थी और सारगोन द्वितीय के विरुद्ध कुछ भी करने की स्थिति में यह नहीं था। दूसरी तरफ सारगोन द्वितीय के लिए यह अच्छा मौका था और कैल्डियनों को उसने हरा दिया। बेबीलोन ने सारगोन द्वितीय का स्वागत किया। कूटनीति से प्रभावित होकर बेबीलोन

के लोगों पर धार्मिक दृष्टिकोण ने अपना प्रभुत्व स्थापित करने के लिए उसने बेबीलोन के देवता को श्रद्धा की नजर से देखा और अराधना की। बेबीलोन का शासक अपने को न कहकर उसने उप-शासक कहा। यह उपाधि सह-शासक से भी निम्न स्तर की थी लेकिन इससे सारगोन द्वितीय को बेबीलोन में अपना प्रभुत्व स्थापित करने में सुविधा हुई और वास्तव में वह बेबीलोन का शासक था। इसके बाद बालादान को बुरी तरह आसानी से हराकर उसके सरदार को सारगोन द्वितीय ने जीवनदान दे दिया और वह सारगोन के अधीन अपने कबीले का सरदार बना रहा।

रूसस का शासक आर्गसतीस (लगभग 778-750 ई.पू.) असीरिया पर आक्रमण करना चाहता था लेकिन सारगोन द्वितीय से टकराना उसके लिए अब आसान नहीं था। दुर्भाग्यवश रूस पर आसपास के बर्बरों का आक्रमण हो गया और सारगोन के बिना प्रयास के ही आर्गसतीस हार गया। सारगोन के साम्राज्य विस्तार का सिलसिला चलता रहा। दक्षिण-पूर्व एशिया माइनर का देश मुश्कू पर ई.पू. 716 में सारगोन द्वितीय ने बहाना बनाकर आक्रमण कर दिया और अन्त में मुश्कू को एक सन्धि करनी पड़ी जिसके शर्तों के आधार पर सारगोन द्वितीय को काफी लाभ हुआ। अपने पुराने दुश्मन तबेल को भी सारगोन ने हराया और विलडुराँ नामक विद्वान् के अनुसार इसी अभियान में सारगोन द्वितीय की मृत्यु हो गई। सारगोन के मरने के बाद साम्राज्य में पुनः विद्रोह की आग भड़क उठी। सारगोन द्वितीय का पुत्र सेनाचरिब इस समय साम्राज्य का बागडोर सँभाला और अपनी योग्यता के बल पर इन विद्रोहों पर नियंत्रण पाने में सफलता पाई।

जहाँ तक सारगोन द्वितीय के उपलब्धियों का प्रश्न है, उसके द्वारा प्राप्त किए गए उपर्युक्त सफलताएँ आसानी से यह प्रमाणित करती हैं कि वह एक योग्य और साहसी शासक था। अपने सैनिक शक्ति के आधार पर तथा कूटनीति से काम लेकर एक-एक करके सभी दुश्मनों की शक्ति मिट्टी में मिला दिया। कई नगरों, जैसे—अशुर, दर-शार्रु, निनवे, किन आदि नगरों को सुन्दर ढंग से बसाया। इसके काल में अनेकों नए मन्दिर बनाए गए। प्रशासनिक पदाधिकारियों तथा मन्त्रियों के लिए विशाल भवनों का निर्माण किया गया। सारगोन द्वितीय का राजमहल लगभग सोलह मीटर ऊँचा था। इसके बगल में सात मंजिला जिगुरत का भी निर्माण किया गया। साहित्यिक दृष्टिकोण से सारगन द्वितीय ने टेक्टस का संग्रह करवाया और इसके कई संस्करण हुए। विद्या का वह पुजारी था। अपने व्यक्तिगत विशेषताओं के बल पर अपने पुत्र सेनाचरिब के लिए उसने एक विशाल असीरिया का साम्राज्य बनाकर मरा।

20.8 सेनाचरिब

ई.पू. लगभग 705 में सेनाचरिब असीरिया की गद्दी पर बैठा। इसने लगभग ई.पू. 681 अर्थात् तेरह वर्षों तक शासन किया। इसमें दो मत नहीं है कि सेनाचरिब अपने पिता जैसा एक योग्य शासक नहीं था। उसमें दूरदर्शिता का अभाव था। अपने इरादे में वह पक्का कभी नहीं रहता। हिंसा एवं कठोरता का प्रेमी होने के कारण ज्योंही वह गद्दी पर बैठा बेबीलोनिया के साथ उसका सम्बन्ध खराब होता गया। बेबीलोनिया के जिन देवताओं के सामने अपना

सिर झुकाकर सारगोन द्वितीय ने उनके दिल को जीत लिया था उन्हीं देवताओं के प्रति सेनाचरिब ने कठोर व्यवहार करना शुरू किया। परिणामस्वरूप कैल्डियनों एवं आर्मीनियनों के विद्रोह असीरिया के विरुद्ध हो गए। मिडिया अपने को स्वतंत्र घोषित कर दिया। सारगोन द्वितीय का शुभचिन्तक बालादान सेनाचरिब का विरोधी हो गया। एलम के शासक ने असीरिया के दुश्मनों का साथ देना शुरू कर दिया। बालादान ने ई.पू. 703 में असीरिया में सैनिकों के साथ प्रवेश कर गया। इन विद्रोहियों का सेनाचरिब ने डटकर मुकाबला किया। कई अवगुणों के बावजूद वह एक विशाल साम्राज्य का शासक था। विरोधियों को नष्ट करते हुए उसने कल्खी और किश को बुरी तरह हराया। बेबीलोन के उत्तरी भाग पर उसका पुनः अधिकार हो गया और वहाँ के निवासियों ने सेनाचरिब का स्वागत किया।

बेबीलोन के विद्रोह को पूर्णतः दबाने में सेनाचरिब विजयी रहा। फिलिस्तीन और इजरायल के साथ इसने युद्ध किया। लेकिश पर सेनाचरिब का प्रभुत्व स्थापित हो गया। येरूशलम पर भी उसने घेरा डाला और अन्त में जीत लिया क्योंकि यहाँ का शासक सेनाचरिब की प्रभुता मानने के लिए तैयार नहीं था।

सेनाचरिब जब दुश्मनों को परास्त करने में व्यस्त था, उसी समय बेबीलोन में उसके विरुद्ध पुनः विद्रोह होने लगे। ई.पू. 700 में सेनाचरिब ने एलम का नगीतू नगर रौंद डाला और बेबीलोन की गद्दी पर अपने पुत्र अशुर-नादिन-शुम को बैठा दिया। फिर भी विद्रोह होते रहे। कई लड़ाकू नावों को निर्माण कराकर सेनाचरिब ने कई तरफ से बेबीलोन पर आक्रमण किया। एलम नगर इस बार काफी कठोरतापूर्वक बर्बाद किया गया और हजारों लोगों को कैद कर लिया गया। एलम का विद्रोह सेनाचरिब के विरुद्ध जारी रहा। वहाँ के लोगों ने सेनाचरिब के पुत्र अशुर-नादिन-शुम को गद्दी से हटाकर नरगल उशेजीब को बेबीलोन का राजा बना दिया। ई.पू. लगभग 693 में इस शासक को सेनाचरिब के सैनिकों ने हरा दिया लेकिन अपने पुत्र को पुनः गद्दी पर नहीं बैठा सका क्योंकि आर्मीनियनों से सहायता पाकर कैल्डियन नेता मुशेजीब-मर्दुक बेबीलोन की गद्दी पर बैठा। कुछ दिनों तक सेनाचरिब चुप रहकर ई.पू. 692 में एलम पर उसने पुनः आक्रमण कर दिया और उसे विजय भी मिली। खराब मौसम के कारण सम्पूर्ण एलम नहीं जीता जा सका। एलम की आन्तरिक स्थिति वैसे भी अब तनावपूर्ण होने लगी क्योंकि स्वार्थी तत्त्वों की संख्या यहाँ अब बढ़ने लगी थी। इधर बेबीलोन के कारण असीरिया का सम्राट सेनाचरिब भी काफी परेशान रहा। बेबीलोन अकाल का शिकार हो गया और सेनाचरिब ने इस देश पर आसानी से अपना नियंत्रण स्थापित कर लिया। मर्दुक को लूटा गया और उसकी मूर्ति असीरिया लाई गई। लगभग 7-8 वर्षों तक सेनाचरिब ने बेबीलोनिया के राजनीतिक वातावरण को अपने पक्ष में किए रहने में सफल रहा।

उत्तरी असीरिया में स्थित क्यू में एक विद्रोह सेनाचरिब के विरुद्ध हुआ जिसे उसने दबा दिया। एलम पर अपना नियंत्रण रखने के लिए उसे चारों तरफ दीवारों से घेर दिया। ई.पू. 700 में सेनाचरिब ने शबाका को हराकर उसने सन्धि कर लीं। स्रोतों के आधार पर यह पता नहीं चलता कि सेनाचरिब ने मिस्र पर आक्रमण किया लेकिन हेरोडोटस के अनुसार सोनाचरिब ने मिस्र पर आक्रमण किया और इसके सैनिकों के बीच महामारी फैलने के कारण मिस्र आक्रमण

का शिकार होने से बच गया। विलडुराँ के अनुसार सेनाचरिब ने लगभग नब्बे नगरों को बर्बाद किया और कई सौ गाँवों को लूटा। अपने शासनकाल में जितने युद्ध उसके द्वारा किए गए उससे उसे लाभ के रूप में लगभग सात हजार अश्व, ग्यारह हजार गदहा, अस्सी हजार बैल, आठ लाख भेड़ और दो लाख युद्धबन्दी प्राप्त हुए।

प्रशासन के आन्तरिक दृष्टिकोण से सेनाचरिब ने अनेक नगरों, भवनों एवं मन्दिरों का निर्माण कराया। कृषि की उन्नति के लिए छह मील लम्बी नहर का निर्माण सिंचाई के लिए किया गया। साम्राज्य के जिन-जिन भागों में जल का अभाव था वहाँ सेनाचरिब ने जल की व्यवस्था की। यातायात के साधनों को विकसित करने के लिए सड़कें बनाई गईं और बीच में पड़नेवाले नदी के ऊपर पुल का निर्माण किया गया।

निनवे नगर की प्रमुखता सेनाचरिब के शासनकाल में काफी बढ़ गई। इस नगर में अनेक राजभवनों का निर्माण हुआ और नगर को चारों तरफ से दीवारों से घेर दिया गया। अनेक फुलवाड़ी एवं बगीचे लगाए गए जिससे नगर की सुन्दरता काफी बढ़ गई। अनेक प्रकार के प्रशासनिक कार्यों के कार्यालयों की यहाँ स्थापना हुई और निनवे का नगर विस्तार लगभग बारह किलोमीटर में हो गया। चूना को पत्थर के टुकड़े में मिलाने की तकनीक यहाँ विकसित हो चुकी थी और चूना तथा पत्थर से मजबूत दीवालें बनाई गईं। नगर योजना पर ध्यान दिया गया और मुख्य भागों को गलियों के माध्यम से आपस में मिलाया गया जिसके द्वारा नगर की जनता गलियों को पार करके जल्दी और सुरक्षापूर्वक एक स्थान से दूसरे स्थान पर पहुँच सकती थी।

कला का विकास इस काल में हुआ। सेनाचरिब ने काँसे (टीन और ताँबा को मिलाकर काँसा बनाया जाता था) की सिंह-मूर्तियाँ बनवाईं और राजभवन के मुख्य द्वार पर इन्हें स्थापित किया गया।

सेनाचरिब ई.पू. 681 में मर गया और उसका छोटा पुत्र एसारहेडान (अशुर अस्रीदिन) को उत्तराधिकारी के रूप में शासक अपने जीवित अवस्था में ही बना दिया था। बेबीलोन का शासक भी वह ई.पू. 689 में रह चुका था, अतः असीरिया की गद्दी पर वह बैठने के लायक था। एसारहेडान के भाइयों ने इस पर आपत्ति जाहिर की। एसारहेडान किसी तरह अपने भाइयों को समाप्त कर देना चाहा लेकिन वे साम्राज्य छोड़कर भाग गए।

बेबीलोन में आन्तरिक विद्रोह शुरू हो गए। असीरिया साम्राज्य का प्रतिनिधि इस समय गवर्नर के रूप में बेबीलोन में शासन कर रहा था। उसके विरुद्ध बेबीलोन में आक्रमण होने लगा। इन विद्रोहों को सैनिकों की मदद से एसारहेडान ने दबा दिया। बहुत-से विरोधी एलम भाग गए। एसारहेडान इन विद्रोहियों को एलम में भी नहीं छोड़ा। ये लोग पकड़-पकड़कर जान से मार दिए गए। विद्रोही सरदार के भाई को एसारहेडान ने समुद्री प्रदेश का मालिक बना दिया। इसने कैल्डियन सरदार डाक्कुरी को हटा दिया क्योंकि विद्रोहियों का गहरा मित्र था और अपना एक आदमी आसामी के रूप में बहाल कर दिया। यह आसामी काफी शक्तिशाली और इतना बहादुर निकला कि फरात के आसपास बोरसिप्पा तक के प्रदेश को अपने अधीन कर लिया। इसके क्रिया-कलापों एवं विजयों से एसारहेडान थोड़ा डर गया।

असीरिया के उत्तर-पश्चिम में सीथियन लोग प्रवेश करने लगे थे। ये काफी लड़ाकू किस्म के लोग थे। एक सीथियन राजकुमार से एसारहेडान ने वैवाहिक सम्बन्ध स्थापित किया था। अतः इन पर चढ़ाई करने से वह कतरा रहा था। इधर असीरिया के गवर्नर ने जो उरर्तू में नियुक्त था, इनका मुकाबला किया लेकिन सफल नहीं हो सका। सिडान में भी असीरिया के विरुद्ध विद्रोह शुरू हो गए। सिडान के द्वारा किए गए इस विद्रोह में अन्तीओक की खाड़ी के कई नगरों ने असीरिया के विरोध में सिडान की मदद की। इस विद्रोह के मुख्य नेताओं को एसारहेडान ने आक्रमण करके मार दिया और अपनी एक सैनिक छावनी वहाँ स्थापित कर दी। अपने मनपसन्द आदमी को सिडान में नियुक्त कर दिया। सिडान के इस विद्रोह को दबाने में उसे काफी माल लूट से मिला।

बेबीलोन को एसारहेडान अपना विरोधी नहीं बनाना चाहता था। बेबीलोन के कई भवनों एवं मन्दिरों को इसने मरम्मत कराया। सेनाचरिब ने इन भवनों एवं मन्दिरों को विध्वंस किया था। वहाँ के युद्धबन्दियों को उसने मुक्त कर दिया। बेबीलोन इससे काफी प्रसन्न हुआ और स्वयं एसारहेडान के अधीन रहकर कर देने पर राजी हो गया। ई.पू. 677 में बेबीलोन पर जब एलम के लोगों ने आक्रमण किया तो एसारहेडान ने प्रत्यक्ष रूप से बेबीलोन के पक्ष में होकर एलम को हरा दिया।

सीथियन एवं सीमिरियनों के बसने से मन्नाई प्रदेश पर असीरिया का नियंत्रण कमजोर पड़ गया था जबकि इस प्रदेश का असीरिया के लिए काफी महत्त्व था क्योंकि यहाँ से घोड़ा मिलता था। अपने कमजोर स्थिति के कारण एसारहेडान ने पर्सिया और मिडिया से बढ़िया सम्बन्ध रखना ही उचित समझा। येरूशलम का प्रदेश भी सम्भवतः इसके पूर्ण नियंत्रण में नहीं रह गया था।

एसारहेडान ने अपने एक पुत्र असुर बानेपली (असुर बेनिपाल) को असीरिया की गद्दी के लिए उत्तराधिकारी नियुक्त किया और दूसरे पुत्र शमशुमुकिन को बेबीलोन का उत्तराधिकारी बनाया। साम्राज्य के अधिकारियों एवं गवर्नरों को उसने निर्देश दिया और शपथ दिलाई कि उसके उत्तराधिकारी पुत्रों के प्रति ये लोग वफादार रहेंगे।

इसके पश्चात् विजय यात्रा में एसारहेडान पुनः लग गया। इथोपिया के राजा तरहाकाश ने असीरिया के विरुद्ध षड्यंत्र रचा। इस षड्यंत्र में टायर के शासक ने भी तरहाकाश का साथ दिया। फलतः इन लोगों के प्रदेशों को एसारहेडान ने पूर्णतः रौंद दिया और ई.पू. 671 में मिस्र पर भी चढ़ाई कर दी। मिस्र के राज परिवारवाले बन्दी बना लिये गए और फराओ भाग गया। इन प्रदेशों पर असीरिया के शासक ने अपनी प्रभुता स्थापित की। तरकू ने पुनः विद्रोह किया और मेम्फिस पर अपना अधिकार स्थापित कर लिया। ई.पू. 669 में एसारहेडान ने तरकू को हराने चला लेकिन रास्ते में ही उसका आकस्मिक निधन हो गया।

उपर्युक्त तथ्यों पर ध्यान देने से पता चलता है कि एसारहेडान अपने पिता से थोड़ा ही कम वीर शासक था। मिस्र तक के प्रदेशों को जीतकर न केवल अपना साम्राज्य विस्तार किया बल्कि असीरिया के खजाने को लूट के धन से भर दिया।

एसारहेडान की मृत्यु के पश्चात् उसका पुत्र असुर बेनिपाल असीरिया की गद्दी पर बैठा। उत्तराधिकारी के रूप में उसके पिता ने अपने जीवनकाल में ही उसे मनोनीत कर दिया था।

20.9 असुर बेनिपाल

असुर बेनिपाल, जिसने 668 से 627 ई.पू. तक असीरियन प्रशासनिक कार्यभार को सँभाला अपनी महत्त्वाकांक्षा एवं वीरता के लिए असीरिया के इतिहास में अपना विशिष्ट स्थान रखता है। उसने असीरिया की सत्ता एसारहेडान की मृत्यु के पश्चात् प्राप्त की थी। उस समय बेबीलोनिया की शासन सत्ता उसके भाई शमसुमुकिन के हाथों में थी जो राज्य के ऊपर पूर्णरूपेण अपने अधिकारों का उपयोग करता था। असुर बेनिपाल असीरिया, उसके दूरवर्ती प्रान्तों एवं अधीनस्थ राज्यों पर शासन करता था तथा युद्ध संचालन कार्यों और साम्राज्य की विदेश-नीति के लिए पूर्णरूपेण उत्तरदायी था। उसकी विदेश नीति का मुख्य उद्देश्य साम्राज्य-विस्तार था, जो उसकी सर्वप्रमुख उपलब्धि थी।

विदेश नीति के क्षेत्र में उसने सर्वप्रथम मिस्र को दबाने का कार्य किया। अतः कमांडर इन चीफ को तुरन्त सीरिया भेजा गया जहाँ उसने 22 राज्यों के सहायक सैनिक टुकड़ियों को जमा किया। तहरका के द्वारा भेजी गई आक्रमण के लिए सेना को पराजित कर दिया गया। असीरियनों ने वास्तव में उसका पीछा किया; इस पर सन्देह किया जाता है। उसने निचले मिस्र पर अधिकार कर लिया। जैसे ही आक्रमणकारी सैनिक टुकड़ियों ने अपना काम बन्द किया, निको, थरुबेढारी एवं पकसरू तहरका के साथ छल करते हुए पकड़ लिये गए। यद्यपि दो महत्त्वपूर्ण दोषियों को सजा के लिए भेज निनवे दिया गया। परन्तु निको को क्षमा प्रदान करते हुए एक अधीनस्थ शासक नियुक्त किया गया।

कुछ समय तक मिस्र में शान्ति बनी रही लेकिन 665 ई.पू. में तहरका प्रवासी के रूप में चल बसा। उसकी जगह उसका दामाद तनूअतामुन आया। उसने मेम्फिस पर अधिकार कर लिया, फिर जब उसने सुना कि असुर बेनिपाल मिस्र के रास्ते में एक बहुत बड़ी सेना लेकर बैठा है तो थिब्स के लिए उसे छोड़ दिया गया। असुर बेनिपाल एवं उसकी सेना ने थीब्स को पूर्णरूपेण ध्वस्त कर दिया और युद्ध में लुटे गए मालों को साथ ले गए। इस ध्वस्तता के बाद वह महान् नगर पुनः अपनी स्थिति को कभी नहीं प्राप्त कर सका।

661 ई.पू. के इस दूसरे आक्रमण के अन्तिम दिनों में असुर बेनिपाल ने पश्चिम के मामलों को सुव्यवस्थित कर दिया। 665 ई.पू. में टायर के बालू (Balu of Tyre) ने उसकी आज्ञा का उल्लंघन किया और अरोद के इयाकिनलू (Iakinlu of Arrad) ने भी ऐसा ही किया। इन लोगों को असुर बेनिपाल ने अपने द्वीप पर इस तरह बन्द कर दिया कि उन्हें सन्धि करनी पड़ी। इन दो शहरों के शासकों के साथ निःसन्देहात्मक रूप से व्यवहार किया गया क्योंकि असुर बेनिपाल जिसकी सेना मिस्री अभियान में फँसी थी न तो फिनीशियन मिस्री को खोना चाहता था और न ही अपने सेना को दूसरे मोर्चे पर छितरा सकता था।

उन विजयों ने असुर बेनिपाल को कुछ हद तक इस ओर से निश्चिन्त कर दिया। अब वह अपने ध्यान को उत्तरी और पश्चिमी सीमा पर केन्द्रित कर सका। इसका समय तो ज्ञात

नहीं है लेकिन सम्भवतः 665 से 655 ई.पू. में ही मनाई, के विरुद्ध आक्रमण, कामेरियन आक्रमण का दमन, मदमेओं के स्कीथियन शासक के साथ सन्धि और एलम के राजा के विरुद्ध युद्ध हुआ।

655 ई.पू. के करीब समटिकस (Psammetichus) ने नील प्रदेश में अपनी स्वतंत्रता की माँग खड़ा कर दिया तथा अमोनियन और कारियन भाड़े के सैनिकों की मदद से असीरियनों को फिलिस्तीन में अरदोद तक खदेड़ दिया और मिस्र से उन्हें निकाल दिया लेकिन उस समय असीरियन सेना एलामाइट के साथ युद्धरत थी। अतः असुर बेनिपाल को मेसोपोटामिया को बचाने के लिए मिस्र को छोड़ देना पड़ा। उस समय एलम का राजा तेप्त-मुमबान (Tept-Mumban) था जिसने उड़ताकियों के पुत्रों के निनवे में शरण लेने के कारण गद्‌दी अपहृत कर ली थी। तेप्त-मुमबान ने जब उसकी वापसी की माँग की तो असुर बेनिपाल ने अस्वीकार कर दिया, फलस्वरूप युद्ध की स्थिति आ गई। तेप्त-मुमबान युद्ध में पराजित कर मार डाला गया। एलम का बँटवारा उड़ताकी परिवार के दो सदस्यों के बीच हुआ। एलम को सहायता देने के कारण गमबूलू को सजा दी गई।

एलामाइट की युद्ध की घटना बेबीलोनिया विद्रोह के समय किसी तरह समाप्त हुई। 651 में शमशून डबिन ने असीरियानों के लिए सिप्पर, बेबीलोनिया और बारसिया का द्वार बन्द कर दिया। असुर बेनिपाल शमशूम-डबिन के विरुद्ध युद्ध छेड़कर तीन वर्षों तक युद्धरत रहा। अन्त में निराश होकर शमशूम डबिन ने 648 ई.पू. में अपने ही महल में आग लगाकर स्वयं को उसके हवाले कर दिया।

उसके बाद असुर बेनिपाल दूसरे विद्रोहियों को दबाने के लिए तत्पर हुआ। वह तुरन्त ही अरबों के साथ युद्ध में फँस गया। क्योंकि वह लगातार पश्चिमी अधीन राज्यों पर आक्रमण करते रहे थे तथा उन्होंने थुमस-थुप-डबिन को सहायता भी दिया था। अरबों को अधीन कर लिया गया। असुर बेनिपाल ने अपने आश्रित एलम के राजा के विरुद्ध सेना भेजी इसलिए कि उसने बेबीलोनिया के राजा से घूस ली थी और उन्हें मदद पहुँचाई थी। एलम को बर्बाद कर दिया गया तथा उसकी राजधानी पर कहर ढाया गया। इस तरह तीन हजार वर्ष पुराना एलामाइटों एवं मेसोपोटामिया का झगड़ा सुलझ गया।

इस तरह 640 ई.पू. में असुर बेनिपाल के आक्रामणात्मक कार्य समाप्त हो गए। उसने अपने बाहुबल से एक विशाल साम्राज्य की स्थापना की। इस साम्राज्य में असीरिया के अतिरिक्त, मिडिया, फिलिस्तीन, फिनीशिया, सीरिया, सुमेर, एलम एवं मिस्र सम्मिलित थे। वह अपने मृत्यु के समय तक असीरियाई साम्राज्य के अधिकांश भाग पर आधिपत्य बनाए रखने में सफल रहा। केवल मिस्र उसके हाथ से निकल गया। मिडिया के राजा को तो वह अपना अधीनस्थ बना ही चुका था, सुमेरियन जाति को भी वह पराजित कर चुका था।

अपनी युद्धनीति को समाप्त कर असुर बेनिपाल ने प्रशासनात्मक कार्यों पर ध्यान दिया। हालाँकि वह विभिन्न नगरों को अपने झंडे के नीचे लाने में तो सफल हुआ लेकिन एक सुदृढ़ केन्द्रीय शासन व्यवस्था की स्थापना नहीं कर सका। उसके शासनकाल में प्रत्येक इकाइयों को स्वायत्त शासन का अधिकार प्राप्त था। प्रत्येक क्षेत्र अपने विधान के अनुसार शासित

होता था। इस प्रकार असुर बेनिपाल की प्रत्येक इकाई जो साम्राज्य की थी, शासन प्रबन्ध, न्याय, धर्म आदि के मामले में स्वतंत्र थी।

उसका साम्राज्य अति विशाल था फलस्वरूप विद्रोह की आशंका सदैव बनी रहती थी। यही कारण था कि असुर बेनिपाल ने एक विशाल सेना संगठित की थी। उसकी सेना में रथों, घुड़सवारों एवं पैदल सैनिकों की उपस्थिति थी। सैनिक दुर्ग पर चढ़ाई करने में वे अत्यन्त सिद्धहस्त थे तथा वे युद्ध का रोमवासियों जैसा सुव्यवस्थित ध्यान रखते थे। असुर बेनिपाल स्वयं सैन्य संचालक था तथा सैनिकों को सन्तुष्ट रखने के लिए लूट से प्राप्त धन को उनके बीच बाँट देता था।

असुर बेनिपाल ने हम्मूराबी की विधि संहिता से मिलते-जुलते दंड-विधान को अपनाया था। अपराधियों के लिए बेगार, कोड़े लगवाना, नाक कटवाना, नपुंसक कर देना, आँख और जीभ खिंचवा देना और कटवा देने के दंड निर्धारित किए गए थे। अधिकतर न्यायालय के द्वारा ही न्याय होता है। कभी-कभी न्यायाधीश नदी पर खड़े होकर अपराधी को नदी में भी फिंकवा देता था। अनधिकृत मैथुन और कुछ इस प्रकार की चोरियाँ आपत्तिजनक अपराध समझे जाते थे।

असुर बेनिपाल अपने युद्धबन्दियों के साथ अति कठोर व्यवहार करता था। उन्हें झुककर चलना पड़ता था। कभी-कभी उनकी खोपड़ी पर डंडे बरसाए जाते थे। उनके नाक, कान और हाथ काट लेने की एवं ऊँचे स्थान से ढकेल देने तथा जीवित जला दिए जाने के उदाहरण भी प्राप्त होते हैं।

असुर बेनिपाल का प्रमुख देवता असुर था और वह अपनी सारी घोषणाओं को असुर के नाम से ही प्रसारित करता था। वह अपने को भगवान का अवतार मानता था। वह पुरोहित को आदर और श्रद्धा की दृष्टि से देखता था तथा उनके भरण-पोषण पर धन की बड़ी राशि व्यय करता था।

वास्तव में असुर बेनिपाल को एक क्रूर एवं अत्याचारी शासक के रूप में प्रस्तुत किया गया है परन्तु उसने सांस्कृतिक क्षेत्र में भी उन्नति का प्रयास किया। साहित्य एवं कला की उन्नति की दृष्टि से उनका काल अपना विशिष्ट स्थान रखता है। वह स्वयं एक प्रकांड पंडित नहीं था परन्तु फिर भी साहित्य आदि में उसकी विशेष अभिरुचि थी। ज्योतिष, गणित, व्याकरण आदि के क्षेत्र में उसके युग में पर्याप्त उन्नति हुई।

उसके शासनकाल में उसकी राजधानी सौन्दर्य तथा सांस्कृतिक विकास की दृष्टि से अपने चरमसीमा पर पहुँच गई। सारे साम्राज्य के कारीगरों को एकत्र करके उसने निनवे में भव्य प्रासादों एवं मन्दिरों का निर्माण करवाया। उसकी राजधानी अति भव्य एवं सुन्दर थी। उसके समय कुछ रिलिफ चित्र भी बनाए गए। नए राजमहलों एवं देवालयों के निर्माण से राजधानी की सुन्दरता निखर गई और इन सांस्कृतिक उपलब्धियों से निनवे के निवासी अपने आपको गौरवान्वित महसूस करते थे।

असुर बेनिपाल अपने पुस्तकालय को अपने साम्राज्य की सबसे महत्त्वपूर्ण वस्तु मानता था। उसने विभिन्न स्थानों से लेखकों को बुलाकर समस्त असीरियन एवं बेबीलोनियन साहित्य को लिखवाकर अपने पुस्तकालय में रखवाया था। उसके पुस्तकालय में लगभग 3000

साहित्यिक और ऐतिहासिक अभिलेख थे। पुस्तकालय के ग्रन्थों में प्रमुख थे—गणित, ज्योतिष, दर्शन-धर्म, व्याकरण, कविता, इतिहास, विज्ञान आदि से सम्बन्धित ग्रन्थ। असुर बेनिपाल स्वयं मिट्टी की पट्टियों पर लिखने की कला में दक्ष था।

इस तरह असुर बेनिपाल ने युद्ध और विजय के साथ-साथ साम्राज्य की प्रशासनात्मक प्रणाली को भी सुदृढ़ बनाने की कोशिश की। लेकिन आगे चलकर कुछ कारणवश स्थिति काफी चिन्ताजनक हो गई। शारीरिक अस्वस्थता के साथ-साथ उत्तर दिशा से खानाबदोश और बर्बर शिथियन या शक जाति के लगातार आक्रमणों का सामना करना पड़ा। उसके साम्राज्य के चारों तरफ अशान्ति को दूर करने के लिए उसने हर सम्भव प्रयास किया, किन्तु असफल हो बीमार पड़ गया। अपने अन्तिम काल में उसने अपने राजप्रासाद में आग लगा दी और 627 ई.पू. में वह जल मरा। उसकी मृत्यु के बाद साम्राज्य पतन के गर्त में चला गया। हालाँकि यह विघटन-प्रक्रिया उसके समय में ही शुरू हो गई थी। लेकिन मृत्यु के बाद शत्रुओं की ओर से आक्रमणों की बारिश-सी होने लगी। फलतः 15 वर्षों के अन्दर ही असीरियाई जाति का नामोनिशान तक मिट गया।

एक शासक के रूप में असुर बेनिपाल अपने पूर्वजों के समान एवं विपरीत दोनों ही था। हालाँकि उसने अपने प्रान्तीय व्यवस्था में कुछ भी नया परिवर्तन नहीं लाया। अपने पिता के द्वारा अधीनस्थ राजाओं के अधीन विभिन्न जिलों को मिलाकर संगठित करने की परम्परा को उसने कायम रखा। उसका सबसे बड़ा प्रमाण उसके मिस्र के साथ किए गए व्यवहार से मिलता है। प्राचीनता से उसका विलगाव भी एक महत्त्वपूर्ण क्षेत्र में हुआ। वह यह था कि उसने किसी भी आक्रमण का नेतृत्व स्वयं नहीं किया बल्कि सैन्य प्रधानों के हाथ सौंपा। यह एक बुद्धिमत्तापूर्ण कदम था। उसके काल में सैन्य प्रधानों के विद्रोह का कोई प्रमाण नहीं मिलता है। उसने लगभग अर्द्धशताब्दी तक शासनकार्यों की देखभाल की। उसने सैन्य विजयों की देखभाल की। उसकी सैन्य विजयों और शासन तथा सांस्कृतिक क्षेत्र में हुए शान्तिपूर्ण विजयों में विरोध है।

असुर बेनिपाल की उपरोक्त उपलब्धियों के फलस्वरूप अनेक परिणाम एवं प्रभाव भी देखने को मिले, जैसे—मिस्र की भूमि सदा के लिए खो गई, एलम जीता गया लेकिन बर्बाद हो गया, बेबीलोनिया की भी बर्बादी हुई। फोनेशियन गुलाम बने और औपनिवेशिक एवं समुद्री साम्राज्य ग्रीक लोगों के हाथ खो दिए। असीरिया की सीमा नील से मृत सागर, अरारत से टोटेस तक और कैस्पियन सागर से जैगरोस तक आ गया।

असुर बेनिपाल द्वारा किए गए मिस्र और एलम में अत्याचारों के कारण अनेक विद्वानों ने उसे क्रूर एवं अत्याचारी शासक के नाम से विभूषित किया है। उन्होंने लिखा है कि उसमें मानवता नाम की कोई चीज नहीं थी। वह जघन्य हत्यारा एवं पापी था। यह ठीक है कि असुर बेनिपाल ने अपने शत्रुओं के साथ कठोरता का व्यवहार किया और उनकी चमड़ी उधेड़ दी परन्तु उसने यह कार्य साम्राज्य विस्तार और विद्रोहों को दबाने के लिए ही किया। उसमें मानवता थी ही नहीं और उसने शान्ति के लिए कोई प्रयास ही नहीं किया कहना ठीक नहीं है। वास्तव में उसने अपने बाहुबल से साम्राज्य में शान्ति स्थापित करने का हर सम्भव प्रयास किया और उसे इस बात पर गर्व था।

साहित्य और कला की उन्नति के लिए उसके द्वारा किए गए प्रयासों से भी यह स्पष्ट है कि वह कोरा अत्याचारी एवं क्रूर नहीं था बल्कि उसमें मानवता नाम की चीज भी थी।

असुर बेनिपाल को असीरियन युग में वही गौरव प्राप्त है जो बेबीलोनिया युग में हम्मूराबी को प्राप्त है। वह असीरिया का अन्तिम राजा था पर सबसे प्रसिद्ध एवं प्रतापी था। इसके राज्यकाल तक असीरिया की शक्ति अपनी पराकाष्ठा पर पहुँच गई थी तथा असीरिया की सभ्यता एवं संस्कृति भी पूर्ण रूप से विकसित हो चुकी थी। असुर बेनिपाल एक महान साम्राज्य विस्तारक था। सांस्कृतिक उन्नति के लिए भी उसने जो प्रयास किए वह निःसन्देह प्रशंसनीय हैं।

जीवन के अन्तिम दिनों में असुर बेनिपाल काफी अस्वस्थ हो गया था। उसके कमजोरी से लाभ उठाकर उत्तर के बर्बर जातियों ने असीरिया के प्रदेशों पर आक्रमण करना शुरू कर दिए। मिस्र स्वतंत्र हो गया फिर भी अधिकांश भाग उसके साम्राज्य में शामिल रहे। बेबीलोन और मिडिया से उसका सम्बन्ध अच्छा रहा। एलम बर्बाद हो चुका था। असीरिया का पतन भी स्वाभाविक रूप से धीरे-धीरे शुरू हो गया। असुर बेनिपाल के गुणों के कारण ही पतन की गति तेज नहीं हो पाई। लगभग डेढ़ दशक के भीतर ही असीरिया का पतन हो गया।

अध्याय-21

असीरिया का प्रसार

21.1 पृष्ठभूमि

हम्मूराबी के काल तक असीरिया बेबीलोनिया का एक सांस्कृतिक उपनिवेश था। इसका स्वतंत्र विकास पश्चिम में मित्तानियन और हिट्टाइट तथा दक्षिण में बेबीलोनिया एवं एलम के राज्यों के प्रसार से रुका हुआ था। लेकिन बेबीलोनिया के केस्साइट वंश के पतन तथा मिस्री एवं हिट्टाइट साम्राज्यों के पराभव के पश्चात् असीरिया को स्वतंत्र रूप से विकसित होने का अवसर मिला और धीरे-धीरे असीरिया साम्राज्य प्राचीन विश्व के शक्तिशाली तथा विशाल साम्राज्य की श्रेणी में आ गया।

21.2 भूगोल

असीरिया के विस्तार में उसकी भौगोलिक स्थिति का अत्यन्त महत्त्वपूर्ण योगदान रहा। असीरिया प्रारम्भ से ही एक देश की स्थिति में था। यह दजला की घाटी के सँकरे क्षेत्र में असुर देवता का क्षेत्र था, जो चारों ओर से असंख्य पहाड़ों एवं बहुधा आनेवाली लुटेरा जातियों जैसे गुटी एवं लुलुबियन लोगों से घिरा था। इन जातियों को वंश में रखने के लिए इन्हें प्रायः पुलिस व्यवस्था की आवश्यकता पड़ती थी। फलतः यहाँ के निवासी लड़ाकू जाति के रूप में बदल गए। इस नगर के पश्चिम में सैकड़ों मीलों तक फैला जजीराह का राज्य था जो विरोधी राज्यों तथा नोमेडिक आक्रमणकारियों के लिए बिलकुल खुला था। इस प्रदेश पर अधिकार रहने से असीरिया की स्थिति और अधिक सुरक्षित हो गई थी। चूँकि इस प्रदेश से होकर व्यापारिक मार्ग बेबीलोनिया से उत्तर की ओर आर्मीनिया की ओर जाते थे, अतः इसका व्यापारिक महत्त्व ज्यादा था। साथ ही दक्षिण से थोड़ी ही दूर उर्वर मैदान तथा मेसोपोटामिया डेल्टा का धनी राज्य अन्य देशों के लिए लालच का स्रोत था और चिन्ता का भी क्योंकि अक्काडियन, सुमेरियन और बेबीलोनियन मेसोपोटामिया के उत्तरी भाग पर हमेशा अपने प्रभुत्व का दावा करते थे। 2000 ई.पू. में इस क्षेत्र की सीमा की पूरी तरह से किलेबन्दी की गई थी और जब तक बेबीलोन सशक्त था, असीरिया मात्र कुछ गाँवों को ही पाने की आशा रखता था। लेकिन हम पाते हैं कि जब वह कमजोर हो गया तो इनकी सारी आशाएँ, यहाँ तक कि पर्सियन गल्फ पर आक्रमण करना भी सम्भव हो गया। इस भौगोलिक स्थिति ने तीन प्रकार के युद्ध की व्याख्या की जो 13वीं सदी ई.पू. के आने से असीरियन विवरण को पूर्ण करता है। ये

युद्ध थे—पर्वतों में गुरिल्ला युद्ध, जजीराह में आन्दोलन का युद्ध और किला का मध्यस्थान बनाने का युद्ध। ये तीनों युद्ध उस प्रकार के ही नहीं बल्कि उसकी स्वतंत्रता की कीमत थे जिसे असीरिया को चुकाना पड़ा था।

21.3 विदेशों से सम्बन्ध

मित्तानियों की शक्ति क्षीण होने पर असीरिया पुनः एक बार अन्तर्राष्ट्रीय नीति में सफल हो उठा और असुर उबालित प्रथम (1365-1330 ई.पू.) का शासनकाल उसकी लम्बी यात्रा मानी जा सकती है जिसने अन्ततः निकटपूर्व में असीरियन प्रभुत्व को आगे बढ़ाया। उसने अपनी पुत्री की शादी बेबीलोन के शासक बुर्नाबुरियस द्वितीय (1375-1347 ई.पू.) के पुत्र बरैदाश (Baraidash) से कर दी जिसके फलस्वरूप असीरिया और बेबीलोन में एक सन्धि हुई। इस सन्धि द्वारा बेबीलोन को सुटु (Sutu) नीमाड्स जो यूफ्रेट्स क्षेत्र के मध्य में दोनों राज्यों को तंग किया करते थे, को रोकने में असीरियनों की सहायता से अब समर्थ हो सका। असीरिया को समर्थन देनेवाली बेबीलोनियन जाति किसी तरह भी सर्वसम्मत नहीं थी और शीघ्र ही यहाँ (बेबीलोनिया) विद्रोह हो गया। इसी के क्रम में वैधानिक उत्तराधिकारी मारा गया और नाजी बुगारा ने उनका स्थान ले लिया। परन्तु असुर उबालित (Ashur Uballit) ने बेबीलोनिया के दरबार से असीरिया विरोधी दल को समाप्त कर दिया और कनरीगाब्जन द्वितीय (ई.पू. 1345-1324) को वहाँ का राजा नियुक्त किया गया।

बेबीलोन और असीरिया के अच्छे सम्बन्धों के फलस्वरूप असुर उबालित की स्थिति अत्यन्त सुदृढ़ हो गई। इसके उत्तराधिकारी एनलील निराइ (Enlil Nirai) के सिंहासनारूढ़ होते ही बेबिलान से लड़ाई छिड़ गई। बेबीलोन का कारगालिथ द्वितीय (Kargalith II) अपने को असीरिया का सही उत्तराधिकारी बताता था। लेकिन दोनों के बीच की यह लड़ाई अनिर्णायक रही, फिर भी बेबीलोन गम्भीरतापूर्वक कमजोर हो गया। जॉर्ज रूक्स ने स्पष्ट लिखा है कि एनलील ने बेबीलोन को पराजित कर दिया। जो भी हो, बेबीलोन इतना कमजोर अवश्य हो गया था कि यह एलेमाइट आक्रमणकारियों और जो सम्भवतः पड़ोस से बरसिप्पा तक पहुँच गए थे रोकने में असमर्थ था। अतः इस समय असीरिया की स्थिति बेबीलोन से निश्चयात्मक रूप से सुदृढ़ थी। अरीक डेनिल (ई.पू. 1319-1303) ने असीरिया के उत्तर-पूर्व के लोगों को जीत लिया। अरीक डेनिल के अंशात्मक विवरणों से जागोस (Zgos) में भी इसके अभियान का पता चलता है। इसके समय पश्चिम से आक्रमणकारियों की नई लहर आई जो अहलामू अर्मिनिया (Ahlamu Aramania) के नाम से जाने जाते थे। सुटु से भी इनका गहरा सम्बन्ध था। एरीक डेनिल का लड़का अदद निरारी प्रथम (ई.पू. 1307-1275) ने केस्साइट शासक नाजी मुरूतलश को जीतकर उत्तरी क्षेत्र पर भी विजय प्राप्त करके असीरिया के प्रभाव को और भी बढ़ाया। यहीं से तेरहवीं सदी ईसा पूर्व का असीरियन प्रसार होता है। हानीगल्बट जो पहले अधीनस्थ राज्य था अब हिट्टियों के प्रभाव में आ गया था, विद्रोह कर दिया और कुछ समय के लिए जजीराह का प्रदेश विजित कर लिया। यह क्षेत्र करकेमशी की तरह दूर था जो यूफ्रेट के किनारे स्थित था। इससे केस्साइटों से सीमा सम्बन्धी नए समझौते किए गए लेकिन शल्मानेसेर प्रथम (ई.पू. 1274-1245) इस वंश का महान् योद्धा था। इसने

पश्चिमी सीमा की समस्या को हल करने के लिए हेगिलबात को असीरिया में प्रान्त की तरह सम्मिलित कर लिया तथा वहाँ से हजारों की संख्या में लोगों को निष्कासित कर दिया। साथ ही इसने उसके हिट्टाइट और अहलोनु जैसे भाड़े के सैनिकों को भी परास्त कर दिया। इसने फरात नदी तक अपना अधिकार करके दजला-फरात के मध्य असीरियन उपनिवेश कायम किए। इसने एक नई शक्ति उरर्तू को परास्त करके, अल्पकाल के लिए उत्तरी सीमा को विजित कर लिया। यह सम्भवतः छोटे-छोटे सम्पूर्ण राज्य न होकर छोटी-छोटी जमींदारियों एवं जनजातियों के सेनानायकों का एक संघ था जो आठवीं सदी ई.पू. तक असीरिया का मुख्य प्रतिद्वन्द्वी बन गया।

शल्मानेसेर ने अपनी राजधानी असुर से बदलकर काल्टवी नगर में स्थापित कर लिया। तिगलथ पिलेसर प्रथम के शासनकाल तक इस नगर को यह गौरव प्राप्त था। तुकुल्टी निनुर्ता (ई.पू. 1229-1208) अपने पिता की तरह शासक था। इसने भी अपने पिता की तरह योग्य, निष्कासन क्रिया से विजय करना शुरू किया। उसकी सर्वाधिक प्रदर्शनकारी विजय बेबीलोन के केस्साइट शासक पर हुई जिसके द्वारा उसने बेबीलोनिया को प्रथम बार असीरियन शासन के अधीन किया। इस विजय ने असीरियनों को गौरव से भर दिया। यह उसके एकपात्र महाकाव्य का विषय बन बैठा जो तुकुल्टी निनुर्ता महाकाव्य के नाम से जाना जाता है।

दक्षिण में तुकुल्टी निनुर्ता की नीति थी कि सबसे पहले बेबीलोनिया में शासक नियुक्त किया जाए उसके पश्चात् उसने नरी (Nari) और इम से इलेमाइट (Elemite) सीमा तक सीमित क्षेत्रों के साथ सैनिक विस्तार किया।

तदन्तर तुकुल्टी निनुर्ता के शासन में उन राजाओं की जिनकी सैनिक कार्यवाहियाँ रुकी हुई थीं उनके प्रति नीति में परिवर्तन आ गया। इस परिवर्तन के कारणों के बारे में बहुत सारे अन्दाज लगाए जाते हैं। ऐसा हो सकता है कि एक सदी के इस सैनिक विस्तार के फलस्वरूप असीरिया की आर्थिक स्थिति पर गहरा भार पड़ा हो। कारण चाहे जो भी हो पर असीरिया की आर्थिक स्थिति पर इस समय बहुत बड़ा दबाव पड़ रहा था जिसके फलस्वरूप असीरिया में विद्रोह हो गया। इस विद्रोह में तुकुल्टी निनुर्ता अपने पुत्र असुर नदीम अब्ली (Ashur Nadim abli) (1207-1204 ई.पू.) के हाथों मारा गया। यहाँ से असीरिया की स्थिति कमजोर हो गई। बेबीलोन तो तुकुल्टी निनुर्ता के समय ही सात वर्षों के पश्चात् पुनः अपने राष्ट्रीय वंशों के पूर्वाधीन हो गया था। असीरिया दुर्बलता के ऐसे समय में आ गया था कि असुर नदीम अब्ली के उत्तराधिकारियों के अधीन असीरिया बेबीलोन का दासस्वरूप हो गया था।

लेकिन यह दासता की अवस्था बहुत कम समय की थी और बेबीलोनियों के विरुद्ध एक विद्रोह करके तुकुल्टी निनुर्ता के दूसरे पुत्र एनलील कुन्दु असुर (1197-1193 ई.पू.) ने पुनः स्वतंत्र शासक के रूप में असीरिया की गद्दी प्राप्त की तथा बेबीलोन पर आक्रमण किया।

गलत अनुवाद के कारण पहले ऐसा समझा जाता था कि असीरियन शासक तथा केस्साइट युद्ध में उलझ गए, परन्तु अब इसे वास्तविकता के विपरीत समझा गया है। परन्तु वस्तुतः जो घटित हुआ था वह बिलकुल स्पष्ट नहीं है। सर्वाधिक कठिन उद्धरण जिसका एच. टाडमोर

(H. Tadmor) द्वारा जो अनुवाद किया गया वह है एनलिल कुन्दु असुर बेबीलोनिया असीरिया का राजा तथा अदद शमतसुर नामक बेबीलोनिया का राजा ने लड़ाई लड़ी। जब ये लड़ाई में व्यस्त थे इल-इलाहा का पुत्र निनुर्ता एपल इकुर एरिब अदद का उत्तराधिकारी अपनी भूमि (असुर) लौट आया। वह एक बड़ी सेना को लेकर असुर को विजित करने के लिए आया था। अदद सुम-असुर (Adad Sum-Asur) के खेमे में आग लग जाने से वह अपने देश लौट गया।

घटनाओं के इतिहास में असीरियन राजाओं की सूची में यह उल्लेख किया गया है—Nihurtapal-Ekur-descehdant of Eriba, Adad, went to Kar-duhiash, he came up from Kurdash and seized the throne of Assyria and ruled three years (or according to a variant leading historian thirteen years)। निनुर्ताएपल इकुर, एरिब अदद प्रथम का उत्तराधिकारी कारदु-नियास (बेबीलोनिया) गया था। वह कारदुनियास से आया और असीरिया की गद्दी ले ली और तीन सालों अथवा विभिन्न अध्ययनों के अनुसार 13 वर्षों तक शासन किया।

डॉ. टॉडमोर उन दोनों उद्धरणों का अर्थ लगाते हैं कि निनुर्ता एपल इकुर एरिब अदद प्रथम का दूर का उत्तराधिकारी था जो केस्साइट शासक द्वारा पोषित बेबीलोनिया में रहता था। वह बेबीलोनिया के सेना के साथ आगे बढ़ा और इस अभियान के अन्तर्गत अपनी सेना संगठित कर ली थी। बेबीलोनिया के खेमे में विशाल अग्निदाह के कारण केस्साइट असीरिया पर अपने हमले की उपेक्षा कर स्वदेश वापस लौट गया। अतः निनुर्ता एपल इकुर सहज ही असीरिया की गद्दी पर अधिकार कर लिया।

निनुर्ता एपल इकुर ई.पू. 1192 से 1180 ई.पू. तक शासन करता रहा। असीरिया इस समय बेबीलोनिया की नाममात्र की अधीनता से सुरक्षित था। किन्तु इस समय तक उसकी भौगोलिक सीमा सिमटकर बहुत छोटी हो गई थी। अतः निनुर्ता एपल इकुर का उत्तराधिकारी असुरदान प्रथम ने राजा की उपाधि न लेकर राजकुमार 'इश्शक' (प्राचीन अक्काडियन 'इरसी' शब्द का एक रूप) की उपाधि से ही अपने को सन्तुष्ट कर लिया था।

सशक्त उत्तराधिकारी के अभाव में असीरिया के व्यापारिक रास्ते असुरक्षित हो गए थे। नीचे के दोआब के दक्षिण पूर्व के व्यापारिक रास्तों पर भयंकर पहाड़ी जातियों के हमला होने के कारण असीरिया के व्यापार गम्भीर स्थिति में पहुँच गए थे। सम्भवतः इन्हीं कारणों से असुरदान और उसके पिता ने भी निचले दोआब के बाहर की भूमि पर सैनिक कार्यवाहियाँ की थीं।

चूँकि शक्तिशाली उत्तराधिकारियों की अनुपस्थिति में पूर्वी असीरिया की भूमि सदा पहाड़ी आदिम जातियों द्वारा लूटपाट की जगह बनी रहती और निचले दोआब के दक्षिण पूर्व की कुछ सम्बद्ध पहाड़ी बस्तियाँ जो पहले बेबीलोनिया द्वारा नियंत्रित थीं तथा व्यापारिक रास्तों की सुरक्षा करने में समर्थ थी पर तुकुल्टी निनुर्ता के बेबीलोन हमले ने दक्षिण राज्यों को बुरी तरह कमजोर बना दिया था तथा आन्तरिक तनाव उत्पन्न किया जो केस्साइटों को उखाड़ फेंकने का कारण बना। ऐसी स्थिति में बेबीलोन को प्रभावशाली ढंग से निम्न दोआब की भूमि मिली।

असुरदान के शासनकाल में बेबीलोनिया का दूसरा नया राजवंश इसीन (1179-1134 ई.पू.) ने अपनी स्थिति को सुदृढ़ कर लिया तथा असुर के समय थोड़े समय के लिए असीरिया पर पुनः अधिकार कर लिया तथा बेबीलोन की माईुक मूर्ति जो असीरिया में तुकुल्टी निनुर्ता के समय से ही थी, बेबीलोनिया को वापस लौटा दी गई।

बेबीलोनिया की सम्प्रभुता असीरिया पर तब तक कायम रही, जब तक असीरिया के समर्थ शासक असुर रेसीश ने (1135-1116 ई.पू.) पूर्ण रूप से उत्तरी राजधानी को स्वतंत्र नहीं कर लिया।

इस समय पश्चिम की ओर से असीरिया और बेबीलोनिया दोनों ही आर्मियस के हमले महसूस कर रहे थे। इसका तत्कालीन प्रभाव प्रमुख रूप से असीरिया पर ही पड़ता और तब बेबीलोनिया पर पड़ता। शक्तिशाली असुर रेसीश ने एक सफल अभियान इस क्षेत्र में आर्मियस की एक शाखा अहलम के विरुद्ध की। एक अभिलेख से वह स्वयं वर्णन करता है कि "The one who curshes the widespread forces of the Ahlam." पूर्वी सीमावर्ती व्यापार मार्ग इसी तरह पहाड़ी जातियों से भयग्रस्त था। यहाँ अजूर-रेसी इसी ने भुंटी और लुल्लुबी के विरुद्ध एक अभियान किया। सम्भवतः भूखंड अधिकार और प्राप्ति के सन्दर्भ में असीरियन और बेबीलोनियन हित एक दूसरे के हित से टकरा गए थे। बेबीलोन ने दक्षिण से असीरिया पर आक्रमण कर दिया। यह प्रयासपूर्ण असीरियन विजय से समाप्त हो गया।

इसके बाद इसका योग्य उत्तराधिकारी तिगलथ-पिलेसर प्रथम (1145-1017 ई.पू.) गद्दी पर बैठा। यह पिता के समय ही सबल और समर्थ था। इसके द्वारा किए गए वीरता का वर्णन वहाँ के विशाल मिट्टी के लेख से मिलता है। यह वही राजा था जिसने असीरिया से दूसरे राज्यों को भयाक्रान्त करने की नीति शुरू की थी जिसका अनुसरण आगे के असीरियन राजाओं ने किया। फिर भी यह असीरियनों के सम्बन्ध में एकतरफा चित्र प्रस्तुत करता है कि वह केस्साइटों की तरह शान्तिप्रिय गाँववालों पर आक्रमण करता, जो व्यापार के सिलसिले में इधर-उधर घूम रहे थे। वस्तुतः इस समय वहाँ बड़े पैमाने पर जाति संघर्ष प्रगति पर था जिसे यदि रोका न जाता तो वह या तो शहर बर्बाद कर देता या गम्भीर रूप से बेबीलोनिया-सभ्यता को बदल देता।

लोहा इस समय तक असीरिया में प्रयोग होने लगा था और इसका प्रधान सूत्र सारे विश्व के लिए 'हिटाइट' राज्य के पूर्वी क्षेत्र में था। वहाँ उत्तर दिशा में मुश्क लोगों का दबाव बढ़ गया। ओल्ड टेस्टामेंट में मुश्क लोगों का जिक्र मेशीट के नाम से है। तिगलथ पिलेसर प्रथम के राज्यारोहण के थोड़े ही दिनों बाद इस जाति के लोगों के विशाल समूह ने (संख्या में लगभग 20,000) दक्षिण को ढकेलते हुए असीरिया प्रान्त कुमुह पर आक्रमण किया। तिगलथ पिलेसर इससे प्रभावित होकर उत्तर-पश्चिम से आक्रमणकारियों पर आक्रमण कर दिया। निर्णायक रूप से उन्हें पराजित कर देशी प्रजा के उन तत्त्वों की ओर प्रवृत्त हुआ जो उत्तरी आक्रमणकारियों की सहायता में आ गए थे। परवर्ती वर्षों के अभियानों द्वारा इसने अपना नियंत्रण असीरिया के उत्तर, उत्तर-दक्षिण तथा उत्तर-पूर्व के भूखंडों में बढ़ाया और मजबूत किया। अन्तिम रूप में एशिया माइनर में अपने पूर्वजों की अपेक्षा अधिक दूर बढ़ गया और इन क्षेत्रों को व्यवस्थित किया। इसके बाद वह इस स्थिति में था कि पश्चिम में सीरियन

तट तक लकड़ी तथा व्यापार की अन्य लाभप्रद वस्तुएँ ग्रहण करने फिनीशिया तक जा सकता था। गुबला, सीडान, अरवाद इसे जल्द ही उपहार देने लगे। यह एक समुद्री यात्रा का वर्णन करता है जिसमें उसे एक निआहिरू (Niahiru) (एक प्रकार की व्हेल मछली) उदाहरणस्वरूप दिया था।

यद्यपि तिगलथ ने उत्तर से आनेवाली विपत्तियों को रोक दिया था; फिर भी वह अपने पूर्वजों के कई वंशों की तरह पचिश्म से होनेवाले आर्सियन हमले के दबाव को महसूस करता रहा।

जो भी हो बारहवीं सदी ई.पू. के थोड़ा पूर्व हिट्टियों की शक्ति, जो असीरिया प्रसार में एक मुख्य बाधा थी, टूट गई। इसने मिस्र से भी राजनीतिक सम्बन्ध स्थापित किए। बेबीलोन से इसके सम्बन्ध अनिश्चित ही रहे। दोनों ही ओर से कुछ आक्रमण हुए। सम्भवतः असीरिया ने कुछ सीमान्त क्षेत्र प्राप्त किए थे पर इसका कोई प्रमाण नहीं मिलता कि तिगलथ पिलेसर हमेशा बेबीलोन को जीतने का प्रयास करता रहा। ऐसा करने से उसे विशेष लाभ भी नहीं मिला क्योंकि पश्चिमी एशिया के सभी व्यापारिक कार्य असीरिया के हाथों में थे और व्यापार बिना किसी रोक के असीरिया को महान लाभ देते हुए अबाध गति से चल रहा था।

हिटाइट शक्ति, आर्मियस आदि पराजित कर ही दिए गए थे। इस तरह बारहवीं सदी ई.पू. के अन्त तक तिगलथ पिलेसर के हाथों असीरिया का सही प्रसार प्रथम बार हुआ।

21.4 असीरिया का पतन

असीरिया की सभ्यता का विकास दजला नदी की ऊपरी घाटी में लगभग 13वीं सदी ई.पू. में हुआ। यह क्षेत्र उस समय पहाड़ियों से घिरा था और इसकी भूमि काफी उपजाऊ थी। आर्थिक दृष्टिकोण से यह प्रमुख व्यापारिक मार्ग पर स्थित था। अतः इस प्रदेश पर अधिकार करने के लिए बराबर युद्ध का वातावरण रहता था। फलतः नहीं चाहने के बावजूद यहाँ के निवासी युद्धप्रेमी और क्रूर हो गए थे।

ई.पू. 13वीं सदी से लेकर बाद के लगभग पाँच-छह सौ वर्षों का काल असीरिया साम्राज्य का ही काल है। इस काल में 19वें राजवंश का अन्त हुआ और 20वें राजवंश स्थापना हुई। इसी काल में केस्साइट वंश का भी पतन हुआ। इस काल में जिन राजवंशों का उदय हुआ उनमें असीरिया सर्वाधिक शक्तिशाली था। यहाँ के निवासी सेमेटिक जाति के थे, जिन्होंने प्रसिद्ध असुर नगर बसाया। हुरियन तथा अरामियन जाति के लोग भी यहाँ बसे लेकिन सेमेटिक की ही प्रधानता रही। इसका प्रथम शक्तिशाली राजा 12वीं सदी ई.पू. के प्रथम दशक में तिगलथ पिलेसर प्रथम हुआ। इसके शासनकाल में सीरिया पर आक्रमण हुए और मिस्र से अच्छा सम्बन्ध स्थापित हुआ। इस योद्धा ने बेबीलोन, अर्मीनिया तथा हिट्टाइट लोगों को भी हराया। लेकिन इसका साम्राज्य अधिक दिनों तक उन्नतिशील अवस्था में नहीं रह सका। लगभग 20 वर्षों तक आनेवाले दुर्बल शासकों के कारण यहाँ की स्थिति काफी खराब रही तथा विरोधियों के आक्रमण होते रहे और अयोग्य उत्तराधिकारी इस पतन को नहीं रोक सके। बेबीलोनिया और असीरिया के बीच का क्षेत्र असीरिया साम्राज्य के प्रभाव से मुक्त हो गया। तिगलथ पिलेसर तलवार और लूटपाट के बल पर स्थायी प्रभुत्व विजित क्षेत्रों में नहीं स्थापित कर सका और न ही प्रान्तों को संगठित कर सका।

नवीं सदी ई.पू. में असुर नासिरपाल द्वितीय कठोर दमनकारी नीति के आधार पर शासन करना शुरू किया और असीरियन साम्राज्य का विस्तार भी किया। उसका पुत्र स्लमनेसर तृतीय उसी के समान क्रूर था और सीरिया, इजरायल और फिनीशिया को अपने साम्राज्य में सम्मिलित तो कर लिया लेकिन काफी छोटी अवधि के लिए।

आठवीं सदी ई.पू. में असीरिया साम्राज्य का कुछ ढंग से विस्तार तिगलथ पिलेसर तृतीय के काल में हुआ। इसके पश्चात् सारगन द्वितीय ने असीरिया में सारगोनी वंश की स्थापना की। वह एक सफल शासक रहा। इसके पश्चात् असीरिया की गद्दी सारगन द्वितीय का पुत्र सेन्ताकरिब ने सँभाली। यह एक दूरदर्शी शासक नहीं था। इसके पश्चात् असीरिया की गद्दी पर एसरहद्दौन और उसके बाद असुर बेनिपाल बैठे। असुर बेनिपाल के काल में असीरिया का विकास हुआ। लेकिन इसके मरने के बाद असीरियन साम्राज्य का पतन प्रारम्भ होता है।

बाह्य रूप से उपर्युक्त सारे शासकों ने असीरिया को तड़क-भड़क एवं कुछ हद तक सन्तोषप्रद स्थिति में लाने को प्रयास किया जिसके परिणामस्वरूप आन्तरिक खोखलेपन की स्थिति काफी भारी रही। असुर बेनिपाल के तुरन्त बाद असीरिया पर बाहरी आक्रमण और भीतरी विद्रोह शुरू हो गए। चांडिया के राजा नबोपोलासर ने असीरिया पर आक्रमण किया। मिड प्रदेश का नेता सियाजरेक्स ने पूर्वी भाग से आक्रमण किया। सातवीं सदी आते-आते यहाँ बर्बर जातियों का दबाव बढ़ने लगा। पारसियन जातियों के द्वारा एलम पर चढ़ाई कर दी गई। निनेवे नामक प्रसिद्ध प्रशासनिक केन्द्र नेबोपोलासर, सियाजरेक्स तथा सिथियन की सेनाओं के हाथों में आ गया जिसे इन लोगों ने पूर्णतः बर्बाद कर दिया। आक्रमणकारी वातावरण होने के कारण मन्दिर, बाग-बगीचे, पुस्तकालय पूर्णतः नष्ट कर दिए गए। असीरिया की सभ्यता, साम्राज्य तथा जाति का अस्तित्व समाप्तप्राय सा हो गया।

युद्ध के इस वातावरण में बहुत से सैनिक असीरिया छोड़कर भाग गए और सीरिया प्रदेश के नगर हरोन में शरण पाए। इन सैनिकों ने असीरियाई शासक के नेतृत्व में सीरिया को अपने अधीन रखा और साम्राज्य को यहीं स्थापित करना चाहा। लेकिन शत्रुओं द्वारा इस प्रदेश पर भी आक्रमण किया गया। मिस्र की मदद से किसी तरह विदेशी बर्बर आक्रमणकारियों से इनमें से कुछ लोग बच गए। लेकिन इनका अस्तित्व समाप्त हो गया और सीरिया की जातियों में ये लोग विलीन हो गए। 605 ई.पू. आते-आते 13वीं सदी ई.पू. में विकसित हुआ असीरिया जाति का पूर्णतः विनाश हो गया।

उपर्युक्त पतन का अध्ययन जब हम राजनीतिक दृष्टिकोण से करते हैं तो पाते हैं कि बहुत कम ही शासक इस साम्राज्य को सफलतापूर्वक चलाने की क्षमता रखते थे। कई पीढ़ियों तक केवल युद्ध का वातावरण बना रहने के कारण सैनिकों की संख्या दिन-प्रतिदिन कम होती गई और खजाना का खाली होना भी स्वाभाविक था क्योंकि व्यापार और उत्पादन पर ध्यान देने की फुर्सत बहुत ही कम शासकों को रही। फलतः आय का स्रोत समाप्त होता जा रहा था। इसके अलावा कम सैनिकों के अभाव को पूरा करने के लिए असीरिया के शासक भाड़े के सैनिकों से काम चलाते थे। यह स्वाभाविक था कि इन सैनिकों को वेतन या मजदूरी के रूप में पाए गए धन से ही ज्यादा मतलब था शासक के हार-जीत से नहीं। कभी-कभी बिना शासक की परवाह कर जान बचाने के लिए ये लोग युद्ध क्षेत्र से भी भाग जाते थे।

क्रूरता और युद्ध का वातावरण किसान एवं सामान्य जनता को बिलकुल पसन्द नहीं था, क्योंकि इनको ही काफी क्षति का सामना करना पड़ता था। फलतः इनमें भी विद्रोह फैलने लगा। आन्तरिक विद्रोह के साथ-साथ असीरिया बाहरी दुश्मनों के आक्रमण से घिरता जा रहा था। वैसे भी असीरिया की अच्छी स्थिति से उत्तर और पूर्व में बसनेवाली मीड, चाल्डियन, सीथियन आदि जातियाँ डाह कर रही थीं और असीरिया को बर्बाद करना ही उनके डाह की भावना खत्म करने का एकमात्र उपाय रह गया था। फलतः असुर बेनिपाल के मरते ही आनेवाले कमजोर शासकों के क्रिया-कलापों से नाजायज लाभ उठाकर इन लोगों से असीरिया का विनाश करना शुरू कर दिया। बड़े पैमाने पर नरसंहार हुए और शहर बर्बाद किए गए। असीरिया की स्त्रियों के प्रति इन लोगों ने बड़ा ही अमानुषिक व्यवहार किया।

धार्मिक दृष्टिकोण से हम पाते हैं कि असीरिया के लगभग सभी शासकों ने धार्मिक दलों के प्रति अच्छा रुख नहीं रखा। असीरिया के राजनीतिक समाज में सैनिकों और धार्मिक लोगों का अलग-अलग दल था। यहाँ के शासकों के लिए सैनिकों की मदद लेना साम्राज्य विस्तार के लिए उतना ही आवश्यक था जितना आवश्यक विजित प्रदेशों में स्थायित्व लाने के लिए धार्मिक दलों का। वैसे व्यावहारिक रूप में युद्ध को तलवार प्रिय था और धर्म को शान्ति। अतः दोनों में मेल-मिलाप होना सम्भव नहीं। तिगलथ पिलेसर तृतीय ने साम्राज्य का विस्तार सैनिक के बल पर किया लेकिन इसकी लम्बी जिन्दगी के लिए उसके लिए आवश्यक था कि धर्म की मदद ले। लेकिन ऐसा नहीं किया। सारगोन के काल में धार्मिक दलों का प्रभाव बढ़ा। इसके काल में असुर और मर्डुक नामक दो धार्मिक दल थे। मर्डुक नामक देवता बेबीलोनिया का था लेकिन असीरिया के निवासी भी इसे श्रद्धा की दृष्टि से देखते थे। अतः बेबीलोनिया को जीतने के बाद भी सारगोन ने बेबीलोन के इस देवता के पुजारियों का विरोध कभी नहीं किया। फिर सारगोन के पुत्र सेनाकिरिब ने बेबीलोन पर आक्रमण किया और असुर को प्रमुख देवता माना और बेबीलोन के मर्डुक देवता की अवहेलना की। परिणामस्वरूप साम्राज्य के भीतर धर्म के आधार पर जनता में मतभेद पैदा होने लगा और एक बहुत बड़ी जनसंख्या की सहानुभूति से सेनाकिरिब को हाथ धोना पड़ा। अगर धर्म के मामले में वह उदारवादी विचार रखता तो असीरिया की जिन्दगी और लम्बी हो सकती थी। वैसे एसरहद्दौन ने धार्मिक दृष्टिकोण से उदारवादी विचार अपनाने की कोशिश की लेकिन सफल नहीं हुआ। उपर्युक्त छोटी-छोटी बातों के लिए साम्राज्य के आन्तरिक विद्रोह को सुलझाने में समय, सैनिक और धन का व्यय करना पड़ा और आय के रूप में उसे पतन मिला।

आर्थिक दृष्टिकोण से असीरिया के शासकों ने व्यापार को सन्तोषप्रद प्रोत्साहन नहीं दिया। आय का प्रमुख स्रोत कृषि ही रहा। कृषकों की स्थिति स्वाभाविक तौर पर खराब ही रहती थी। युद्ध के वातावरण के कारण अधिकांशतः नौजवान कृषक सैनिकों का पेशा अपनाने लगे। फलतः उत्पादन पर अच्छा प्रभाव नहीं पड़ा और साम्राज्य की आर्थिक स्थिति भी खराब होती गई क्योंकि कृषि से एक तरफ साम्राज्य के आय में कमी हुई तो दूसरी तरफ संकटकाल के कारण खर्च में बढ़ोतरी। इसके परिणामस्वरूप खजाना खाली होता चला गया।

चरित्र एवं स्वभाव के दृष्टिकोण से असीरिया के लोग काफी कठोर एवं आक्रामक प्रवृत्ति के थे। ये धौंस से काम लेना पसन्द करते थे। जीते हुए प्रदेशों में शान्ति स्थापित करने के

बदले अत्याचार, क्रूरता और आग लगाना इन्हें अधिक पसन्द था। फलतः जनता का विश्वास इन पर से उठता चला गया और इसीलिए बर्बर आक्रमणकारियों ने मौका पाते ही इन्हें न केवल हराया बल्कि समूल नष्ट करने में सफल रहे।

प्रभाव के दृष्टिकोण से ईरानी सभ्यता और जरतुश्त के धर्म में असीरिया की संस्कृति और धर्म को स्थान मिला। असीरिया साम्राज्य की तड़क-भड़क से भी ईरानी साम्राज्य प्रभावित हुआ। एशिया के अनेक देशों में विंकसित राजतंत्र का ढाँचा असीरिया की नकल है। अरब के अब्बासीद खलीफाओं के शासनकाल तक असीरिया की संस्कृति एवं धर्म का असर रहा। बेबीलोनिया की सभ्यता को बहुत दिनों तक अस्तित्व बनाए रखने का श्रेय असीरियाई सैनिकतंत्र को देना होगा। चाल्डिया के शासकों ने असीरिया को बर्बाद किया लेकिन यहाँ के सभ्यता की रक्षा की।

अध्याय-22

असीरिया की सभ्यता एवं संस्कृति

22.1 प्रशासन

प्रशासनिक दृष्टिकोण से हम पाते हैं कि यहाँ के शासकों द्वारा राष्ट्रीय एकता पर जोर दिया गया। मेसोपोटामिया के अन्य भागों के निवासियों की तुलना में असीरिया के निवासी ज्यादा कठोर थे, इसके बावजूद अनेक धर्मों के माननेवाले कई नगर इस साम्राज्य के अन्दर थे। ये लोग कर के रूप में आय का कुछ प्रतिशत केन्द्र को भेजते रहते थे।

केन्द्रीय शक्ति यहाँ हमेशा मजबूत रही। प्रशासन का मुख्य आधार सेना होती थी। केन्द्र का सर्वोच्च सम्राट होता था। प्रशासनिक दृष्टिकोण से साम्राज्य कई प्रान्तों में विभाजित था। प्रत्येक प्रान्त में केन्द्र के तरफ से एक गवर्नर नियुक्त रहता था। सुमेर एवं बेबीलोन की तुलना में असीरिया के लोगों में काफी एकता थी। सम्राट के लिए कुछ भी करने के लिए अधिकांश असीरियन हमेशा तैयार रहते थे। केन्द्र इतना शक्तिशाली था कि उसके अधीन का कोई पद वंशानुगत नहीं था। अतः प्रशासनिक अधिकारी भ्रष्ट या निरंकुश या केन्द्र का विरोधी जल्दी नहीं हो पाता।

कहने के लिए सम्राट स्वेच्छाचारी एवं निरंकुश था लेकिन व्यावहारिक रूप में हम पाते हैं कि धर्म के प्रभाव से वह मुक्त नहीं था। अप्रत्यक्ष रूप से पुजारी वर्ग का नियंत्रण उस पर होता था। असुर देवता के नाम से ही सम्राट कोई भी कार्य आरम्भ करता था। कर वसूलना, कानून बनाना, युद्ध या समझौता आदि देवता के नाम पर होता था। देवता से साम्राज्य की कुशलता एवं सफलता की आशा सम्राट करता था।

प्रान्तीय शासन का विकास असीरिया में धीरे-धीरे हुआ। प्रान्तों की संख्या साम्राज्य विस्तार के साथ-साथ बढ़ती गई। साम्राज्य में कुछ वैसे प्रान्त थे जो एक निश्चित रकम प्रतिवर्ष सम्राट को भेज देते और शेष प्रशासनिक कार्यों का देखभाल स्वतंत्र रूप से करते थे। ऐसे प्रान्त प्रायः थोड़ा शक्तिशाली होते और केन्द्रीय मदद की आवश्यकता कम महसूस करते थे। कुछ वैसे प्रान्त थे जो कर देने के साथ-साथ केन्द्र को मुफ्त शारीरिक सेवा भी देते थे। तीसरे प्रकार के प्रान्तों पर केन्द्र प्रत्यक्ष रूप से शासन करता था। प्रथम श्रेणी के प्रान्त केन्द्र से प्रायः अधिक दूरी पर स्थित होते थे। द्वितीय श्रेणी के प्रान्तों में बेबीलोन, मिडिया, एलम आदि को रखा जा सकता है और तीसरे श्रेणी में वैसे प्रान्त थे जो केन्द्र के बिलकुल करीब में स्थित थे।

प्रशासनिक सुविधा के लिए प्रान्त जिलों या छोटे-छोटे प्रशासनिक टुकड़ों में विभाजित था जिन्हें पख्ती (Pakhti) कहा जाता था। जिलाधिकारी को बेल-पख्ती कहा जाता था। सफलतापूर्वक शासन चलाने के लिए प्रान्तों एवं जिलों के अधिकारियों को नहीं बल्कि नागरिकों को ही एक जगह से दूसरे जगह ले जाकर बसा दिया जाता था।

प्रशासन में सैनिकों का बड़ा महत्त्व था। इनमें भी कई विभाजन थे। सैनिकों का एक बड़ा दल रथ सेना कहा जाता था। ये प्रायः रथों पर चढ़कर युद्ध किया करते थे या साम्राज्य का दौरा करते थे। घुड़सवार सेनाओं का एक अलग दल था जो घोड़े पर चढ़कर लड़ते थे। सबसे अधिक संख्या स्थल सेना और अभियान्त्रिक सेनाओं की थी। प्रत्येक सैनिक दल से पचास सैनिक हुआ करते थे। सैनिकों की गतिविधि पर नजर रखने के लिए गुप्तचर नियुक्त किए जाते थे। इन गुप्तचरों के बारे में सैनिकों को जानकारी दे दी जाती थी ताकि गलत काम से डरें। सैनिक प्रशिक्षण आम जनता के लिए आवश्यक था। सारे सैनिकों पर केन्द्र का नियंत्रण होता था।

कुछ सैनिक समयानुसार कृषि एवं दस्तकारी का काम भी करते थे। भोजन, वस्त्र और वेतन इन्हें केन्द्र की ओर से मिलता था। सैनिकों के देने के लिए धन प्रायः लूट से प्राप्त किया जाता था। असीरिया के सैनिक प्रायः धनुष-बाण, भाला, परशु, बरछी आदि से लड़ते थे। कुल्हाड़ी का प्रयोग भी लड़ाई के औजार के रूप में किया जाता था।

असीरिया के सैनिक कैदियों को प्रायः जान से मार देते थे। इससे जेल की आवश्यकता नहीं पड़ती थी और अनाज की भी बचत होती थी। यहाँ के सैनिक दुश्मनों का घेरा डालने के लिए लोहे के तार का इस्तेमाल करते थे। मृतक दुश्मनों का लेखा-जोखा लिपिक रखता था। हमेशा युद्ध के कारण साम्राज्य पर आर्थिक बोझ पड़ा होगा।

न्याय के क्षेत्र में हम पाते हैं कि यहाँ कानून के अनुसार न्याय दिया जाता था। असीरिया का अलग से कानून-संग्रह की बात हमें स्रोतों में देखने को मिलती है। सजा के रूप में खाल खींच लेना, कोड़े लगाना, अंग-भंग, फाँसी, अर्थदंड आदि प्रचलित था। भ्रष्ट औरतों को फाँसी की सजा दी जाती थी। सर्वोच्च न्यायाधीश राजा होता था। असीरिया का समाज कुलीन, शिल्पकार, श्रमिक और दास—चार वर्गों में मुख्यतः विभाजित था। इन सभी वर्गों से ऊपर राजपरिवार के सदस्य होते थे। कुलीन वर्ग को स्रोतों में मरवनुति कहा गया है। इसमें धनी लोग, जैसे—सेनापति, प्रधान पुजारी, प्रान्तपति, उच्च अधिकारी आदि आते थे। शिल्पकारों को उम्माने कहा जाता था जिनकी संख्या समाज में सबसे अधिक थी। इसी वर्ग में सूद पर पैसा चलानेवाले सेठ, बढ़ई (नग्गरू), मिट्टी के बर्तन बनानेवाले (पखरू), लिखापढ़ी करनेवाले (तुपशर्स) आदि आते थे। यह वर्ग प्रायः उद्योग-धन्धा से जुटा रहता था। नगर में इनका अलग मुहल्ला होता था। श्रमिकों को असीरिया में खुब्सी कहा जाता था जो प्रायः सेना या नए विजित प्रदेशों में बसने का काम करते थे। घरेलू एवं खेती का काम भी ये लोग करते थे। अन्तिम वर्ग दासों का था जिनकी स्थिति काफी दयनीय होती थी। इस श्रेणी में कर्ज नहीं चुकानेवाला परिवार एवं युद्धबन्दी होते थे। ये ऊपर के लोगों की सेवा करते थे। इनकी खरीद-बिक्री होती थी जिसके लिए बेबीलोन की तरह असीरिया में कानून बने होते थे। इनके पास अपनी सम्पत्ति होती थी।

स्त्रियों के बारे में स्रोतों में चर्चा है। विवाहित स्त्रियों का समाज में आदर था। मातृसत्तात्मक समाज की बात हमें यहाँ देखने को मिलती है क्योंकि विवाहित स्त्रियाँ अपने पति के साथ ससुराल न जाकर अपने मैके ही बस जाती थीं। शादी के पहले या बाद पति के मरने या भाग जाने पर स्त्रियों को अपने देवर से शादी करने का अधिकार था। अगर पति इकलौता हुआ तो उसके मरने पर पत्नी अपने सारे सामानों के साथ नैहर या मैके वापस आकर बस जाती थी। औरतों की स्थिति इस तरह बहुत सन्तोषप्रद नहीं लगती थी। पिता द्वारा उसे बन्धक रखा जा सकता था। पत्नियाँ खरीदी भी जाती थीं। बेबीलोन में पत्नी पति के घर ही बसती थी।

जहाँ तक तलाक का प्रश्न है, यदि पत्नी से उसका पति पाँच वर्षों तक लगातार अलग रहा तो पत्नी उसे तलाक दे सकती थी। पत्नी अगर बच्चा पैदा करने की क्षमता नहीं रखती हो, भ्रष्ट हो या कभी नहीं ठीक होनेवाले रोग से पीड़ित हो तो पति द्वारा वह तलाक दी जा सकती थी।

अच्छे परिवार की औरतें प्रायः घूँघट में रहती थीं। अविवाहित, देवदासी, नौकरानी, वेश्या आदि के लिए पर्दा आवश्यक नहीं था। घूँघट की प्रथा सम्भवतः विश्व में सर्वप्रथम असीरिया में ही शुरू हुई।

औरतों पर कई प्रकार के नियंत्रण थे। वह एक से अधिक पति नहीं रख सकती थीं, जबकि पति एक से अधिक पत्नी रख सकता था। असीरिया का सम्राट सैकड़ों रखैल या उपपत्नियाँ रखता था। इनके कारण कभी-कभी राजपरिवार में भयानक कलह का वातावरण बन जाता था।

कम-से-कम बच्चों को पैदा करना औरतें पसन्द करती थीं। धनी औरतें दो या तीन और गरीब औरतें एक या दो बच्चा पैदा करना काफी समझती थीं। सम्भवतः इसके पीछे आर्थिक कारण रहा होगा। गर्भपात गैरकानूनी था। दोषी स्त्रियों को कठोर सजा दी जाती थी। औरतों को पदाधिकारी के रूप में नियुक्त करने की बात हम स्रोतों में पाते हैं।

सबसे ज्यादा स्वतंत्रता श्रमिक वर्ग की औरतों की थी क्योंकि पुरुषों के साथ-साथ इन्हें भी भोजन के लिए काम करना पड़ता था। समाज का इकाई परिवार था जिसका मालिक सबसे वरिष्ठ सदस्य होता था।

22.2 आर्थिक दशा

आर्थिक दृष्टिकोण से कृषि प्रमुख धन्धा था। आय की यह सबसे बड़ी स्रोत थी। यहाँ जौ, गेहूँ, बाजरा, तिल की खेती होती थी। असीरिया में व्यापार, पशुपालन और कई प्रकार की उद्योग-धन्धों का भी विकास हो चुका था जिससे साम्राज्य को काफी आय होती थी। व्यापारियों की स्थिति भी अच्छी थी। अधिक पैदावार के लिए सिंचाई की व्यवस्था थी। मांस-मछली इनका प्रिय भोजन था। विद्वानों ने अनुमान किया है कि कृषकों के पास अपनी जमीन भी होती थी। कुछ भूमि कृषि के लिए उपयोग की जाती थी। भूमि का एक हिस्सा बाग-बगीचों के लिए होता था। तीसरे भाग में लोग घर बनाकर रहते थे।

भूमि की खरीद-बिक्री होती थी जिसके लिए चाँदी, जस्ता एवं ताँबा के सिक्कों का प्रयोग होता था।

असीरिया को लूट से भी आय होती थी। ऐसे सैकड़ों उदाहरण स्रोतों में मिलते हैं जिनसे पता चलता है कि आसपास के दुश्मनों को लूटकर असीरिया का शासक काफी धन प्राप्त करता था।

उद्योग-धन्धा के दृष्टिकोण से यहाँ शीशा की वस्तुएँ बनाई जाती थीं। वस्त्रों को रँगनेवाले रँगरेज होते थे। बर्तनों पर मीनाकारी की जाती थी। कपास से सम्भवतः वस्त्र तैयार किए जाते थे। असीरिया में कपास का आयात भारत से होता था।

पेशे में दक्षता प्राप्त करने के लिए पिता वर्षों तक अपने पुत्र को किसी स्वर्णकार या अन्य शिल्पकार के पास भेज देता था। इस तरह प्रशिक्षण की प्रथा थी।

व्यापार विदेशों से होता था। समयानुसार व्यापारी सेठों से कर्ज लेते थे। सूद का दर 25 प्रतिशत तक था। व्यापारी मात्र बेचने या खरीदने का ही काम नहीं बल्कि उत्पादन का कार्य भी करते थे। राजा द्वारा व्यापारियों को संरक्षण मिला रहता था। असीरिया का व्यापारिक सम्बन्ध विदेशों, जैसे—भारत, कप्पाडोसिया, मिस्र आदि से था।

22.3 असीरिया की संस्कृति पर बेबीलोनिया का प्रभाव

असीरियन संस्कृति का आधार ऊपरी टिगरिस घाटी की प्राचीन ग्रामीण संस्कृति थी, परन्तु असीरियन संस्कृति की आर्थिक, राजनीतिक और धार्मिक संस्थाएँ सुमेर और बेबीलोनिया से काफी प्रभावित थीं, परन्तु इसके बावजूद यह कहना गलत है कि उनकी अपनी भावनाएँ अथवा धारणाएँ मर चुकी थीं। इन दोनों सभ्यताओं और संस्कृतियों में कुछ मूलभूत अन्तर भी था। असीरिया की सभ्यता बेबीलोनिया की सभ्यता से कुछ अधिक जटिल थी।

धार्मिक क्षेत्रों में बेबीलोनिया के धर्म के प्रमुख देवी-देवता असीरिया के प्रमुख बन चुके थे। बेबीलोनिया की तरह असीरिया के राष्ट्रीय देवता में भक्तिनिष्ठा (Devotion) होता था। मार्डुक बेबीलोन का राष्ट्रीय देवता था पर असीरिया में असुर द्वारा अतिरिक्त (Substitute) कर दिया गया। असीरियाई ऐतिहासिक अभिलेखों में सुर को सर्वोच्च स्थान दिया गया है। बेबीलोनिया के धर्म में अनु, इनलिल और इया महत्त्वपूर्ण स्थान पर थे। असुरदेव की कई विशेषताएँ थीं। वह असीरिया का नेता था। मार्डुक की तरह इसे भी शौर्य रूप प्राप्त हो गया था। इनन्ना को भी सुमेर और बेबीलोन के धर्म में महत्त्वपूर्ण स्थान प्राप्त था। कुछ समय बाद वह असीरिया में इश्तर के नाम से जानी जाने लगी। यह निःसन्देह एक महत्त्वपूर्ण देवी थी पर असीरिया में इससे सम्बन्धित संस्कार सम्पन्न नहीं किए जाते थे। इसका कारण यही व्यक्त किया गया है कि इसका पूजन असीरिया में रहस्यात्मक धर्म सम्प्रदाय का रूप रखती थी। "Worship of it in Assyria had a nature of religoius cult." नितुर्त वीर योद्धा और युद्धदेव थे। उन्हें मध्य असीरिया काल में काफी प्रमुखता प्राप्त थी। नरगल भी एक शक्तिशाली देवता थे। यह महागदी के देवता थे और इससे भी लोग काफी डरते थे।

मेसोपोटामिया में राजत्व सभ्यता की एक आधारभूत विशेषता बन गई थी और इसी कारण इसे काफी महत्त्व दिया जाता था। इसे दैवी उपहार के रूप में काफी महत्त्व दिया जाता था। इसे दैवी उपहार के रूप में माना गया है, यहाँ की राजा भी देवताओं के द्वारा निर्वाचित होता था।

असीरिया में भी राजा को देवताओं का प्रतिनिधि माना जाता था। बेबीलोनियन शासकों की तरह यहाँ के शासकों को देवताओं का सेवक और पुजारियों का नेता माना जाता था। इस कारण इनसे मन्दिरों के निर्माण करवाने की ओर उनकी देख-रेख करने की अपेक्षा की जाती थी। साथ ही उन्हें पुजारियों की नियुक्ति भी देवताओं के सेवक होने के नाते करनी पड़ती थी। इसके अलावा वह धार्मिक समारोहों में भाग लिया करता था। इन्हें ही मन्दिरों का प्रबन्ध करना पड़ता था। बेबीलोन और असीरिया दोनों में राजा धार्मिक दृष्टिकोण से देवताओं और लोगों के बीच की कड़ी होता था।

इस तरह असीरिया का शासक अपने पूर्वाधिकारियों के समान ही शासन करता था। राजा को प्रतिदिन साम्राज्य के अन्तर्गत घट रही महत्त्वपूर्ण घटनाओं की जानकारी मिलती रहती थी। साथ में विदेशों में घट रही घटनाओं की भी जानकारी वह रखता था। वह अफसरों की नियुक्ति करता था, सेना की घोषणा करता था और आक्रमणों की योजना बनाता था। वह सेना की टुकड़ियों का निरीक्षण करता था तथा कभी-कभी वह स्वयं आक्रमण करने आता था।

बेबीलोनिया की तरह असीरिया के शासक के स्वरूप की रक्षा भी सावधानी से की जाती थी। उसकी रक्षा प्रायः बीमारियों और जादू के प्रभाव से की जाती थी; क्योंकि देश के लिए उसका स्वरूप रहना आवश्यक माना जाता था। बेबीलोनिया के शासक की तरह ही असीरिया का शासक भी हमेशा भविष्यवक्ताओं से घिरा रहता था।

दोनों देशों में उत्तराधिकारी की समस्या काफी मात्रा में थी। बेबीलोनिया के ऐतिहासिक स्रोतों से पता चलता है कि कुछ अवसरों में ही शासनाधिकार का अपहरण होता था, लेकिन कुछ विवरणों के आधार पर यह निष्कर्ष निकलता है कि उच्च अधिकारियों और राजकुमारों का विद्रोह अपवाद नहीं था। असीरिया में शासक के कानूनी अधिकार (legitimacy) पर काफी जोर दिया जाता था।

हम्मूराबी ने बेबीलोनिया में एक कानून-संहिता को जन्म दिया। असीरिया में भी बेबीलोनिया की तरह कानूनों का संग्रह प्रचलित था, जिसे असीरिया-कानून कहा करते थे। ऐसा विचार व्यक्त किया जाता है कि यहाँ के कानून बेबीलोनिया के कानूनों का संक्षिप्त रूप था। केवल कुछ सामान्य बातों (common matters) पर रूपान्तरण किया गया था। प्रचलित कानूनों को कुछ संशोधन के बाद रखा गया था। वास्तव में असीरियाई कानून सामान्य कानून है, जो हम्मूराबी के कानून-संहिता से काफी मिलता-जुलता है परन्तु अन्तिम चरण में असीरिया समाज के बर्बर स्थिति के लिए पूरी तरह उपयुक्त नहीं रहा होगा।

हम्मूराबी तथा असीरिया दोनों के प्रशासन उच्च केन्द्रीय (highly centralised) थे। इन कानूनों में असीरियाई प्रशिक्षण के अन्तर्गत सिर्फ प्रशासन करने का प्रयास ही नहीं किया गया बल्कि प्रशासकीय निपुणता और प्राचीन मापदंडों के साथ प्रशासन करने में सफल

भी रहे। यह कहना गलत नहीं है कि असीरियन साम्राज्यवाद की सफलता विकसित और निपुण प्रशासनिक प्रणाली और योग्य तथा शक्तिशाली अफसरशाही के कारण ही हो सकी थी।

मेसोपोटामिया के समाज के आर्थिक जीवन का प्रमुख आधार कृषि था। आय का दूसरा स्रोत ऊन तथा चमड़े का व्यापार था। आन्तरिक व्यवहार के लिए यूफ्रेट्स और टिगरिस नदी के बीच जहाजरानी सम्पूर्ण बेबीलोनिया के इतिहास में महत्त्वपूर्ण स्थान रखता है। एक नगर से दूसरे नगर के बीच अनाज, शराब, चमड़े और ऊन के व्यापार के अनेक उदाहरण भी हमें मिलते हैं।

Second millennium के अन्तिम और First millennium के प्रथम चरण में आर्मेनियनों के कारण मेसोपोटामिया और सीरिया के व्यापार को यहाँ से अस्त-व्यस्त हो गया था। उन लोगों ने व्यापारियों को दबाव में डालकर मार्ग को बदलवा दिया था। बाध्य होकर उन्हें बेबीलोनिया और असीरिया होकर मार्ग चुनना पड़ा। सम्भवतः इसी कारण से असीरिया समुद्री मार्ग में सैनिक सम्पर्क रखना चाहता था।

असीरियाई लोग धातु कार्यों में काफी निपुण थे। उन्होंने काँसा, सोना, चाँदी के बर्तन और आभूषण निर्मित किए थे, जो विभिन्न आकारों के थे। यहाँ की दास स्त्रियाँ कारखाने में काम करती थीं। वे आकर्षक डिजाइनों के कालीन तैयार करती थीं। हाथीदाँत के कार्यों का लघुकला में प्रमुख स्थान था। असीरिया में हाथीदाँत से सामग्रियाँ तैयार होती थीं या नहीं यह कहना कठिन है। असीरियाई शैली से प्रभावित कुछ वस्तुएँ प्राप्त हुई हैं, जो वहीं के कारखानों के निर्मित हैं। पर यह कहना काफी कठिन है कि वे विदेशी कलाकारों द्वारा निर्मित हुई हैं या मेसोपोटामिया कलाकारों द्वारा। विभिन्न चीजों पर नक्काशी होती थी, इससे वहाँ की लोगों की सुरुचियों पर पर्याप्त प्रकाश पड़ता है। यह उनकी परिष्कृत रुचि को व्यक्त करता है। उनके वाचनालयों में पुस्तकें उनके शिक्षा प्रेमी होने के द्योतक हैं।

असीरिया और बेबीलोनिया की कला में मौलिक रूप से अन्तर परिलक्षित नहीं होता। मेसोपोटामिया में जितने भी स्मारक अब तक बन चुके थे, उनका धार्मिक महत्त्व ही होता था। किसी-न-किसी रूप में वह देवता के इर्द-गिर्द घूमता था लेकिन असीरिया के कला का मुख्य केन्द्र राजा होता था। कुछ शब्दों में यह कहा जा सकता है कि असीरियन स्थापत्य कलाकारों ने कला का मानवीयकरण करने का प्रथम प्रयास किया। कला का जो प्रागैतिहासिक काल से धार्मिक और आदर्श रूप चला आ रहा था, वह समाप्त हो गया। इस काल की मुख्य वस्तुएँ जो सहज ही आकर्षित कर लेती हैं, वे कई टनों के पत्थरों के चट्टानों को काटकर निर्मित मानवाकार के सिंह और नन्दी हैं।

बेबीलोनिया और असीरिया दोनों के साहित्य का क्षेत्र काफी व्यापक था। इनमें चिकित्सा, दर्शन, भवनों के निर्माण से सम्बन्धित रचनाएँ, रसायन इत्यादि के पौराणिक विवरणों और काव्यों (Epic) का अपना ही स्थान था। गिल्गमेश महाकाव्य को असीरिया और बेबीलोनिया के साहित्य का उत्कृष्टतम रचना माना गया है। इसके सृजन के विषय (Topic of creation) को नव वर्ष के समारोह में मनाया जाता था। असीरिया में मार्डुक की जगह असुर ने ले

ली थी। असीरियों का तुपुल्ते निमुर्ते नामक काव्य गिल्गमेश महाकाव्य की तरह है, जिसमें यह वर्णन है कि किस तरह उसने बेबीलोन के केस्साइट शासक को पराजित किया।

इस तरह हम इस निष्कर्ष पर पहुँचते हैं कि बेबीलोनिया की सामाजिक प्रथा, धर्म और कला को असीरिया में न केवल अपनाया ही गया, बल्कि वहाँ सामाजिक, धार्मिक, प्रशासन और अन्य क्षेत्रों में कुछ नवीव तत्त्व भी जोड़े गए। इस तरह असीरियाई संस्कृति की देन पहले की संस्कृतियों से कुछ कम नहीं है। पर इसने प्राचीन संस्कृतियों से काफी तत्त्व ग्रहण किया, साथ ही कुछ नई विचारधाराओं को जोड़कर इसने मेसोपोटामिया सभ्यता के ज्ञानकोष की वृद्धि की। इस तरह इन्हें इतिहास को एक नया मोड़ देने का श्रेय दिया जा सकता है।

अध्याय-23

बेबीलोनिया का नवीन राजवंश (625-539 ई.पू.)

23.1 कैल्डियन

बेबीलोनिया में नवीन राजवंश की स्थापना कैल्डियन जाति के लोगों द्वारा की गई। यह जाति सेमेटिक लोगों की एक शाखा थी। इनके द्वारा थोड़े समय के लिए स्थापित शासन को ही नए राजवंश या कैल्डियन पुनर्जागरण का युग कहा जाता है।

कैल्डियन लोगों में ढंग से जागरूकता सारगन द्वितीय के काल में आई। इस काल का कैल्डियन सरदार मर्डुक बल्दान एक वीर पुरुष था। इसी ने अपने लोगों में एकता स्थापित करके सारगोनी शासकों से मुकाबला किया। कठिन प्रयास के पश्चात् बेबीलोन को असीरिया के बन्धन से मुक्त कराने में सफल हुआ। एक स्वतंत्र शासक के रूप में इसने लगभग बारह वर्षों तक बेबीलोन पर शासन किया। धीरे-धीरे इन लोगों में राष्ट्रीय चेतना भी जागी; फिर भी वे युद्ध में बाद में चलकर सारगन द्वितीय द्वारा हरा दिए गए और असीरिया का शासन स्थापित हो गया।

कैल्डियन बेबीलोनिया को प्राप्त करने के प्रयास में लगे रहे। इनका प्रयास असुर बेनिपाल के काल तक जमकर चलता रहा। कैल्डियन के इस प्रदेश पर असुर बेनिपाल का प्रभुत्व था लेकिन विद्रोह को दबाने और कैल्डियनों से मधुर सम्बन्ध स्थापित करने के दृष्टिकोण से उनके नेता नेबोपोलस्सर को बेबीलोन का गवर्नर बना दिया। कैल्डियनों में पुनः चेतना आई और नेबोपोलस्सर ने बेबीलोनिया में अपने को स्वतंत्र घोषित करके गवर्नर से शासक बन बैठा। बेबीलोनिया में अब ग्यारहवें राजवंश की स्थापना हुई जो नवीन राजवंश के नाम से जाना जाने लगा।

23.2 नेबोपोलस्सर

नेबोपोलस्सर बेबीलोन की गद्‌दी पर 625 ई.पू. में बैठा। अपनी स्थिति मजबूत करने के लिए मिडिया के शासक से उसने एक सन्धि की और 612 ई.पू. में असीरिया पर आक्रमण करके उसे पूर्णरूप से हराया। असीरिया की राजधानी निनवे बर्बाद हो गया। असीरिया पर नेबोपोलस्सर की विजय चूँकि मिडिया के शासक की सहायता से हुई थी, अतः दोनों शासकों ने असीरिया को आपस में बाँट लिया। बेबीलोनिया के अलावा नेबोपोलस्सर के साम्राज्य में असुर नगर और भूमध्यसागर तक के प्रदेश सम्मिलित हो गए। अपने साम्राज्यवादी लिप्सा को शान्त

करने के लिए नेबोपोलस्सर ने मिस्री शासक निको द्वितीय पर अपने पुत्र नेबूचेडरेज्जर या नेबकुदुरसुर द्वारा आक्रमण करा दिया क्योंकि इस मिस्री शासक ने सीरिया और फिलिस्तीन पर अधिकार स्थापित कर लिया था। नेबोपोलस्सर सीरिया और फिलिस्तीन को अपने अधीन रखना चाहता था। इस तरह कार्केमिश की लड़ाई में नेबूचेडरेज्जर से मिस्री शासक ई.पू. 605 में हार गया और सीरिया और फिलिस्तीन उसे इस बेबीलोनिया के राजकुमार के कारण छोड़ देना पड़ा। इसी समय नेबूचेडरेज्जर का पिता नेबोपोलस्सर मर गया और विजय-यात्रा रोककर गद्‌दी सँभालने के लिए नेबूचेडरेज्जर बेबीलोन वापस आ गया।

विद्वानों ने नेबोपोलस्सर से ज्यादा गुणगान उसके पुत्र नेबूचेडरेज्जर का किया है। पिता के गद्‌दी को सँभालने के लिए मिस्र पर चढ़ाई करने की योजना को नेबूचेडरेज्जर ने स्थगित कर दिया था लेकिन अब विजय-यात्रा में पुनः निकला। येरूशलम के शासक को हराकर उसने अपना प्रभुत्व स्थापित कर दिया। फिनीशिया को तो पहले ही अपने अधीन कर चुका था। मिस्र पर उसने ई.पू. 568 में आक्रमण किया और सफल रहा। स्रोतों के अध्ययन से पता चलता है कि लेबनान तक उसने अपना साम्राज्य विस्तार कर लिया था। उस काल के एक चित्र में उसे सिंह से लड़ते हुए दिखाया गया है। नेबूचेडरेज्जर के अभिलेख से पता चलता है कि धार्मिक दृष्टिकोण से वह नेबू और मर्डुक देवताओं का भक्त था। बेबीलोन को गौरवशाली बनाने में यह शासक बहुत हद तक सफल रहा। विद्वानों का निश्चित रूप से यही मत है कि बेबीलोनिया का यह कैल्डियन शासक सम्प्रभु था।

23.3 नेबूचेडरेज्जर

नेबूचेडरेज्जर इस नए साम्राज्य का सर्वश्रेष्ठ राजा था जिसका राज्यकाल 604 से 562 ई.पू. तक था। उसमें योग्यता और शक्ति कूट-कूट कर भरी थी। अपने पिता की तरह वह भी एक बड़ा निर्माता था और अपने साम्राज्य का पूर्ण प्रसार करने का आकांक्षी था। इसके समय बेबीलोनिया की काफी उन्नति हुई। नेबूचेडरेज्जर के राजा बनने के पहले मीड लोगों ने असीरिया पर कई बार आक्रमण किया। इसलिए नेबोपोलस्सर इन्हें अपना मित्र समझता था और इस मैत्रीपूर्ण सम्बन्ध को आगे बढ़ाने के लिए नेबूचेडरेज्जर की शादी लगातार मीडा लोगों के राजा की लड़की से कर दी। निनवे शहर पर लगातार मिडों के लोगों का आक्रमण होता था और अन्त में निनवे नगर पर इनका अधिकार हो ही गया। असीरियाई साम्राज्य का उत्तरी हिस्सा, जिसमें उत्तरी मेसोपोटामिया भी था, मिडिया लोगों के अधिकार में आ गया और दक्षिण भाग एक तरह से इनके हाथों में आ गया।

उधर मिस्री शक्ति का भी विकास होने लगा था। निनवे के पतन के पूर्व ही इन्होंने पैलेस्टाइन और सीरिया पर अधिकार कर लिया था। मिस्री शासक बड़ा ही महत्त्वाकांक्षी था। उसने साम्राज्य-प्रसार की नीति अपनाई। परिणामस्वरूप उनका राज्य फरात नदी तक पहुँच गया था। इससे बेबीलोनिया का अस्तित्व भी खतरे में पड़ गया था। अब बेबीलोनिया के शासकों को चिन्ता सताने लगी थी। कहीं मिस्र की दृष्टि बेबीलोनिया पर भी न पड़ जाए। अतः यह आवश्यक हो गया कि मिस्र के साथ युद्ध किया जाए और उसकी महत्त्वाकांक्षा को कुचल दिया जाए। नेबूचेडरेज्जर की अध्यक्षता में उत्तरी-पश्चिम सीमा पर नदी के रास्ते

से एक विशाल सेना भेजी गई। मिस्र और बेबीलोनिया की सेना में 604 ई.पू. में कार्केमिश नाम के स्थान पर युद्ध हुआ। यहाँ मिस्र की सेना बुरी तरह परास्त हुई और उसे भागना पड़ा। मिस्री सेना पैलेस्टाइन होते हुए भाग चली। नेबूचेडरेज्जर की सेना ने मिस्र की सीमाओं तक मिस्री सेना का पीछा किया लेकिन अपने पिता की मृत्यु की खबर सुनकर नेबूचेडरेज्जर को बेबीलोनिया लौटना पड़ा।

शीघ्र ही सीरिया और पैलेस्टाइन का बहुत बड़ा भाग बेबीलोनिया के अधीन हो गया। नेबूचेडरेज्जर ने असीरिया साम्राज्य में विध्वस्त पुराने बेबीलोन नगर को फिर से बनवाया और उसे अपने साम्राज्य की राजधानी चुना। उसने अपने सभी पड़ोसी जातियों को जीतकर अपने अधीन कर लिया। जूड़ा के यहूदियों को वहाँ से हटाकर अपनी राजधानी बेबीलोन में ले गया और वहीं उनको बसाया। 566 ई.पू. में नेबूचेडरेज्जर ने येरूशलम पर अधिकार कर लिया। वह उत्तरी सीरिया में भी आगे बढ़ा जहाँ रिबलाह नामक स्थान पर उसने घेरा डाला था। मिस्र के शासक एप्रिस ने येरूशलम से नेबूचेडरेज्जर को हराने का काफी प्रयास किया, पर उसे सफलता नहीं मिली और नेबूचेडरेज्जर का पुनः येरूशलम पर अधिकार हो गया। इसके बाद उसनी सेना ने फिनीशिया पर अधिकार कर लिया। फिनीशिया के नगर टायर में उसका डट कर सामना किया लेकिन यहाँ भी उसे कोई हरा न सका। सारे प्रयास विफल हुए, लाचार होकर फिनीशिया के लोगों को नेबूचेडरेज्जर की अधीनता स्वीकार करनी पड़ी। कहा जाता है कि नगर पर नेबूचेडरेजजर तेरह वर्षों तक घेरा डाले रहा। उसके बाद इस नगर पर अधिकार करने में सफल हो सका।

इस तरह नेबूचेडरेज्जर ने अपने पिता द्वारा प्रारम्भ किए गए राज्यविस्तार के कार्य को पूरा किया और उसने बेबीलोनिया के नए साम्राज्य की स्थापना एक सुदृढ़ नींव पर की। उसका अधिकार क्षेत्र फारस की खाड़ी से लेकर मिस्र देश तक फैला हुआ था, उसके बाद की विजयों के बारे में विशेष जानकारी नहीं है। नेबूचेडरेज्जर के राजा बनने के पहले से ही बेबीलोनिया पर एलमों का आक्रमण होते रहते थे, और बाद में जब नेबूचेडरेज्जर गद्दी पर बैठा तो एलमों के विरुद्ध संघर्ष कायम रखा। ऐसा कहा जाता है कि शुरू में उसने विजित प्रदेशों पर फिर से कब्जा कर लिया और साथ ही कुछ नए प्रदेशों पर भी अधिकार कर लिया। उसने अपने देश की खोई हुई प्रतिष्ठा को पुनः प्राप्त किया और एलम के आक्रमण के खतरे को काफी हद तक कम कर दिया। उसने राज्य के उत्तरी सीमा-सुरक्षा सम्बन्धी कार्यवाही तेज कर दी। नेबूचेडरेज्जर के शासनकाल में सुरक्षा की व्यवस्था इतनी कड़ी और जागरूक थी कि जब असीरिया के राजा ने एक बार बेबीलोनिया पर चढ़ाई की, तब उसने उसको न केवल मार भगाया, बल्कि बहुत दूर तक उसका पीछा भी किया। इस तरह नेबूचेडरेज्जर के शासनकाल में बेबीलोनिया की स्थिति काफी अच्छी हो गई, कहीं से अब अधिक खतरा भी न रहा। देश की शक्ति काफी बढ़ गई थी जिससे आक्रमण नीति को अपनाने में भी सफलता प्राप्त हुई। एक जगह ऐसा ही वर्णन मिलता है कि नेबूचेडरेज्जर मिस्र राजाओं से भी संघर्ष किया था, जिसमें बेबीलोन की ही विजय हुई थी। पर संघर्ष के कारणों के बारे में कोई जानकारी नहीं है। एक परम्परा के अनुसार नेबूचेडरेज्जर ने मिस्र को अपने साम्राज्य का एक अंग बना लिया था, हालाँकि यह दावा कुछ जँचता नहीं।

अतिशयोक्तिपूर्ण इस दावे पर सहज विश्वास नहीं होता, पर यह हो सकता है कभी उसने मिस्र की भूमि पर विजय अभियान किया होगा।

बेबीलोनिया के नए राजवंशों के राजाओं के बहुत से शिलालेख इधर प्राप्त हुए हैं, लेकिन उनमें सैनिक अभियानों का कोई उल्लेख नहीं मिलता। इनमें अधिकतर किसी मन्दिर के निर्माण या पुनरुद्धार का विवरण मिलता है। कभी-कभी बेबीलोन के अलावा जो दूसरे नगरों में मन्दिर बनवाए गए, उनके स्मारक के रूप में इन शिलालेखों को खुदवाया गया। इसलिए यह आश्चर्य की बात है कि नेबूचेडरेज्जर के सैनिक अभियानों का बहुत कम उल्लेख इन शिलालेखों में मिलता है। इसका एक कारण यह हो सकता है कि नेबूचेडरेज्जर नौसैनिक अभियान मिडिया के शासक के कहने पर किया हो। वास्तव में मिडिया का राजा नेबूचेडरेज्जर का निकट सम्बन्धी था, इस कारण मिडिया के युद्धों में रुचि ली। सम्बन्धी होने के कारण मीड राजा नेबूचेडरेज्जर से मदद की आशा करता था।

नेबूचेडरेज्जर के शासनकाल में बेबीलोनिया का सर्वाधिक विकास हुआ। उसने बेबीलोनिया नगर को सुन्दर एवं समृद्ध बनाया। उसने बारसिप्पा नगर में एजिदा नामक प्रधान मन्दिर का और बेबीलोनिया में एसागिला नामक मन्दिर का पुनर्निर्माण कराया। उसने बेबीलोनिया नगर में उस सड़क को जिस पर पवित्र और धार्मिक जुलूस निकाला करते थे प्रशस्त किया। पुराने मन्दिरों का पुनर्निर्माण किया गया। मेसोपोटामिया में उसने विशाल और सुन्दर महल का निर्माण किया। ऐसा महल आज तक किसी राजा ने नहीं बनवाया था। उसके काल में इस तरह कला और भवन-निर्माण के क्षेत्र में अभूतपूर्व उन्नति हुई। नेबूचेडरेज्जर ने अपने राजमहल और मन्दिर के बीच एक सुन्दर रास्ता बनाया। ऊपर एक बहुत बड़ा फाटक बनवाया, जिसका नाम इश्तर देवी के नाम पर इश्तर फाटक रखा गया था। इस फाटक पर बैलों और परतदार सर्पों की आकृतियाँ बनी हुई थीं। ये आकृतियाँ मीनाकारी द्वारा बनाई गई थी। प्राप्त शिलालेखों से यह पता चलता है कि नेबूचेडरेज्जर ने अनेक मन्दिरों का निर्माण कर बेबीलोनिया के सौन्दर्य में चार चाँद लगा दिया। उसके द्वारा निर्मित Towes of Bable नामक मन्दिर काफी प्रसिद्ध है। ऐसा कहा जाता है कि अपनी पत्नी को प्रसन्न करने के लिए नेबूचेडरेज्जर ने संसार प्रसिद्ध झूलते बाग भी बनवाए, इसे ही संसार के सात आश्चर्यजनक चीजों में एक माना जाता है। यह बाग सम्राट के राजमहल के छत पर बसा था। प्रत्येक खंड के दरवाजों में सुन्दर-सुन्दर पुष्पित पौधे, वृक्ष एवं उद्यान लगाए गए थे। आश्चर्यजनक इंजीनियरिंग ढंग से इस प्रकार एक नहर बनाई गई थी, जो कि झरोखों पर लगे उद्यान को सींचती रहती थी। इस तरह उस समय के कला में विज्ञान तथा तकनीक की भी प्रधानता थी।

नेबूचेडरेज्जर के समय बेबीलोन का चरम विकास हुआ। उसने शहर की चहारदीवारी को भी सुदृढ़ किया। शहर की सुरक्षा के लिए उसने दुहरी चहारदीवारी को और सुदृढ़ किया। उसने एक छोटे से किले का भी निर्माण किया। इस प्रकार नेबूचेडरेज्जर ने अपने 42 वर्षों के राज्यकाल को बेबीलोन तथा अन्य नगरों में पुनर्निर्माण कराने में लगाया। उसने इसमें राज्य की सम्पत्ति का अधिक प्रयोग किया। उसके राजमहल के अग्रभाग की सजावट में यूरोपीय प्रभाव दृष्टिगोचर होता है। राजमहल के अग्रभाग पर चिह्नित तस्वीरों में ऐसे बाजारों के चित्र बनाए गए थे, जिन बाजारों में विदेशी कारवाँ माल लेकर आते दिखाई दिए गए थे। इसमें

सन्देह नहीं की नेबूचेडरेज्जर के समय में बेबीलोन नगर का सम्बन्ध विदेशों से काफी बढ़ गया था।

नेबूचेडरेज्जर के समय व्यवसाय-व्यापार में काफी उन्नति हुई। बेबीलोन का विदेशों से सम्पर्क स्थापित हुआ। उसने वैदेशिक व्यापार में काफी रुचि दिखाई। उसने फारस की खाड़ी के रास्ते से सामुद्रिक व्यापार को बढ़ाने की चेष्टा की, इसलिए उसने फारस की खाड़ी पर स्थित दलदली जमीन में भी एक बन्दरगाह बनाने का प्रयत्न किया। इस बन्दरगाह की रक्षा अरब लोगों से करने के लिए उसने फरात नदी के पश्चिमी तट पर टेरेउन नामक एक नगर बसाया। यह नगर अरब के रेगिस्तान के पूर्व एक प्रसिद्ध व्यापारिक केन्द्र बन गया। इस तरह नेबूचेडरेज्जर ने सांस्कृतिक और आर्थिक समृद्धि में भी काफी दिलचस्पी ली।

बेबीलोन काफी समृद्ध नगर था। इस समय नक्षत्र विद्या में बड़ी उन्नति हुई। इन लोगों को बारह राशियों का ज्ञान था और साथ ही जुपीटर, मार्स, वीनस, मरकरी, सार्टर्न नामक पाँच ग्रहों का भी इनको ज्ञान था।

इस तरह देखते हैं कि नेबूचेडरेज्जर के शासनकाल में बेबीलोनिया की सर्वाधिक उन्नति भी हुई। उसने बेबीलोनिया की सीमा का विस्तार किया, साथ ही अपनी सैनिक कुशलता के बल पर साम्राज्य को सुदृढ़ किया। उसने शत्रुओं के आक्रमणों से अपने राज्य को सुरक्षा प्रदान किया। इसके लिए बड़े ही महत्त्वपूर्ण कार्य किए। नेबूचेडरेज्जर कला-प्रेमी था तथा कला-कौशल में उन्नति के लिए अनेक कलात्मक कार्य किए लेकिन अन्य शासकों की तरह वह कला का ऐसा दीवाना नहीं था, जो शासन कार्य को भुला बैठता। इस तरह उसके चरित्र में सन्तुलन था। उसने शासन-व्यवस्था और कला-व्यवस्था में सामंजस्य स्थापित किया। यही कारण है कि नेबूचेडरेज्जर को बेबीलोनिया के इतिहास में महत्त्वपूर्ण स्थान प्राप्त है। उसने अपने साम्राज्य के विकास के लिए हर पक्ष पर ध्यान दिया। उसने किसी भी पक्ष की उपेक्षा नहीं की और आजीवन साम्राज्य को सुखी और समृद्ध बनाने का प्रयास किया। उपरोक्त तथ्यों को नजरअन्दाज करते हुए एक विद्वान् के शब्दों में उसे छठी शताब्दी ई.पू. में एशिया का महान शासक कहना बहुत हद तक समुचित प्रतीत होता है।

23.4 पतन

नेबूचेडरेज्जर के उत्तराधिकारी शक्तिशाली नहीं थे, अतः बेबीलोन के इस कैल्डियन साम्राज्य का विघटन होने लगा। इसके मरने के पश्चात् इसका पुत्र एविल मर्डुक (?) मात्र दो वर्षों (562-560 ई.पू.) तक बेबीलोन की गद्दी सम्हाली। शक्तिशाली पुजारियों के कारण शायद उसे गद्दी छोड़नी पड़ी थी।

इसके बाद सम्भवतः केन्द्रीय शक्ति कमजोर होने लगी और सामन्तों का प्रभुत्व बढ़ने लगा। पुजारियों के अधिकार में वृद्धि होने लगी थी और प्रशासनिक कार्यों में भी वे हाथ डालने लगे थे। एविल के पश्चात् नेरीग्लिस्सर नामक एक सामन्त बेबीलोन के गद्दी को हथियाकर चार वर्षों तक शासन किया। इस छोटी-सी अवधि में नेरीग्लिस्सर ने येरूशलम को अपने अधीन कर लिया था। इतिहासकार रोगर्स के अनुसार यह सामन्त भी नेबूचेडरेज्जर के समान नेबु और मर्डुक देवताओं का भक्त था, जिसकी चर्चा उसने अपने अभिलेख में

भी की है। इस सामन्त शासक का अन्त कैसे हुआ, इस सम्बन्ध में हमें विशेष जानकारी नहीं है लेकिन उसके बाद ई.पू. 556 में उसके पुत्र ने मात्र दो माह के लिए गद्दी सम्हाली। इस शासक का नाम लवशी मर्डुक था। इसे भी बेबीलोन के पुजारियों ने जान से मरवा दिया और गद्दी पर नवोनिडस नामक एक व्यापारी को ई.पू. 556 में गद्दी पर बैठा दिया, जिसने लगभग तीन वर्षों तक शासन किया। बेबीलोन की गद्दी पर बैठनेवाला यह व्यापारी सम्भवतः अन्तिम शासक था। सह-शासक (Regent) के रूप में नवोनिडस का पुत्र बेलशाज्जार कुछ दिनों तक प्रशासनिक कार्यों को किया। ई.पू. 550 में ईरान का एक नया शासक साइरस (Cyrus) ने मिडिया को जीत लिया। ईरान के शक्तिशाली राज्य का यह राजा ई.पू. 545 में लीबिया को अपने अधीन कर लिया। ई.पू. 549 में इस शासक ने बेबीलोनिया पर भी आक्रमण किया लेकिन अपने आदमी के द्वारा धोखा दिए जाने के कारण वह बेबीलोनिया को नहीं जीत सका। बेबीलोनिया के सह-शासह नबोनिड के विरुद्ध वहाँ के पुजारियों ने स्वयं कुरुष के अपने यहाँ गद्दी सम्हालने के लिए आमन्त्रित किया। नवोनिडस के विरुद्ध वहाँ के पुजारियों ने ऐसा क्यों किया, इस सम्बन्ध में पता चलता है कि वह नेबू और मर्डुक देवता का भक्त न होकर सिन (सूर्य) देवता का पुजारी हो गया था जिसे वहाँ के पुजारियों ने पसन्द नहीं किया। पुजारियों के विरोध से डरकर नवोडिस ने प्रशासनिक केन्द्र के रूप में तेमा नगर को चुना। इस नगर में पुजारियों की धाक नहीं थी। अतः पुजारियों ने सीधे दुश्मन को ही बेबीलोन पर शासन करने के लिए नबोडिस के इच्छा के विरुद्ध आमन्त्रित कर दिया। इस तरह मेसोपोटामिया का नवीन राजवंश का ई.पू. 485 में पूर्णतः पतन हो गया और इसके साथ ही अन्त हुआ पुजारियों के अधिकारों का क्योंकि कुरुष को निरंकुशता पसन्द था।

23.5 सांस्कृतिक विकास

बेबीलोन के इतिहास में असीरिया साम्राज्य के पतन के पश्चात् एक नई जाति का आविर्भाव होता है जो 'कैल्डियन' के नाम से जानी जाती है। कैल्डियन एक सेमेटिक जाति की शाखा थी जिनका प्रवेश असीरियाई काल में बेबीलोन में हुआ था। शुरू में वे छोटे-छोटे कबीलों में बँटे हुए थे। सारगन का समकालीन कैल्डियन सरदार मर्डुक बल्दान ने कैल्डियनों में एकता स्थापित की। इन कैल्डियनों का बेबीलोन के राजनीतिक क्षेत्र में महत्त्वपूर्ण स्थान प्राप्त था। फलतः असुर बेनिपाल ने कैल्डियन सरदार नेबोपोलस्सर को अपना गवर्नर नियुक्त किया। 625 ई.पू. में असुर बेनिपाल के मृत्यु के एक वर्ष पश्चात् ही नेबोपोलस्सर ने अपनी स्वतंत्रता को घोषित कर दिया तथा एक नए राजवंश की नींव डाली जो अपने को नव-बेबीलोन कहते हैं। सम्भवतः इसके पीछे कारण यह रहा है कि कैल्डियन अपने को प्राचीन बेबीलोनियन क वंशज मानते थे, अतः इन लोगों में प्राचीन बेबीलोनिया की सभ्यता को पुनर्स्थापित करने का भरसक प्रयत्न किया और इसमें इन लोगों को सफलता भी मिली। अतः प्राचीन बेबीलोनियन प्रवासी की संस्कृति के कानून, उद्योग तथा व्यापार आदि क्षेत्रों में पुनर्स्थापित करने के कारण ही इन्हें नव-बेबीलोनियन या कैल्डियन पुनर्जागरण के नाम से उन्हें जाना जाता है।

नव-बेबीलोन साम्राज्य के अन्तर्गत बेबीलोन ने अपने खोए हुए पुराने गौरव को प्राप्त करने का प्रयास किया। इस प्रयास में सफलता भी मिली। अतः कैल्डियनों द्वारा पुनर्स्थापित

की सभ्यता कैल्डियनों की पुनर्जागरण के नाम से भी जानी जाती है। कैल्डियनों ने बेबीलोन सभ्यता को पुनर्स्थापित करने का प्रयत्न किया। इस क्रम में वे बेबीलोनियन कानून, शासन-पद्धति और उद्योग-व्यापार पर आधारित आर्थिक व्यवस्था को पुनः स्थापित कर पाने में सफल रहे। कैल्डियनों ने इस पुनर्स्थापित सभ्यता में तत्कालीन परिवेश के अन्तर्गत नवीन तत्त्व भी सम्मिलित किए थे। पश्चिम एशिया में हुए परिवर्तनों तथा आन्तरिक विकास के प्रभावों से नव-सभ्यता प्रभावित हुए बिना नहीं रह सकी। फलस्वरूप प्राचीन बेबीलोनियन सभ्यता का बाह्य रूप प्राचीनकाल की तरह हो गया। किन्तु इस सन्दर्भ में धर्म दृष्टि से स्वाभाविक परिवर्तन भी दृष्टिगोचर होता है। बेबीलोनियन मानव समदेवताओं (जो अमर थे परन्तु मानवीय दुर्बलताएँ भी थीं) ने कैल्डियन काल में सर्वशक्तिमान देवताओं का रूप ले लिया।

देवताओं के लक्ष्य को न जानने के कारण कैल्डियनों में भाग्यवाद पर आस्था बढ़ी। कैल्डियन जीवन दृष्टि में देवताओं द्वारा लिखित भाग्य की स्वीकृति करने का उद्देश्य इससे देवताओं को प्रसन्न करने पर लोक में सुख पाना नहीं था। उनका भाग्यवाद का अर्थ देवताओं के रहस्य को न समझ पाने के कारण इनकी अज्ञात इच्छाओं को स्वीकार करना मात्र था।

देवताओं और ग्रहों के और सर्वोच्च शक्ति स्वीकार करने से इसका प्रत्यक्ष प्रभाव कैल्डियनों की आध्यात्मिक चेतना पर भी पड़ा। उन्होंने बहुत से पूजा-गीत और स्तुतियों की रचना की। देवताओं को सर्वोच्च पद प्राप्त होने के कारण तथा उसके समक्ष मनुष्य की लाचारी ने कैल्डियनों के आध्यात्मिक चिन्तन में निराशावादी प्रवृत्ति का विकास किया। वे अपने को दुर्बल, असहाय और पापी समझते थे। उनकी दृष्टि में मनुष्य बेबस और लाचार कैदी की तरह था किन्तु अपनी प्रार्थनाओं में वे सदाचारी और नैतिकवाद होने का वरदान नहीं माँगते बल्कि जीवन को सुखी बनाने के साधनों का वरदान माँगते थे।

धर्म और सदाचार को अलग-अलग समझने के कारण नव-बेबीलोनियन सभ्यता में नैतिक पतन और कदाचारिता भर गई। वेश्यावृत्ति, मदिरापान, उपपत्नी की प्रथा आदि अनेक अनैतिक प्रथा जोरों पर थीं।

कैल्डियनों के काल में खगोल विद्या ज्योतिष विद्या की बहुत उन्नति हुई। इन लोगों को खगोल विद्या का जन्मदाता कहा जाता है। ऐसा अनुमान किया जाता है कि न्यू-टेस्टामेंट में पूर्व के जिन बुद्धिमान पुरुषों का उल्लेख है वे कैल्डियन ज्योतिष ही रहे होंगे।

कैल्डियनों ने समय के विभाजन की पुरानी पद्धति में संशोधन किया। उन्होंने सप्ताह को सात दिनों में, दिन को 12 घंटों में तथा घंटों को मिनटों में विभाजित किया। ग्रहों के अध्ययन में उन्हें विशेष योग्यता प्राप्त थी और ग्रहण सम्बन्धी उनकी भविष्यवाणियाँ बहुत सही ही होती थीं। नेबूरिमन्यू नामक कैल्डियन खगोलवेत्ता द्वारा निर्धारित वर्षकाल गणना में आधुनिक गणना से केवल 26 मिनटों का अन्तर था। कैल्डियनों ने नक्षत्रों को 12 राशियों विभाजित किया। उससे आकाशीय मानचित्र बनाने में सहायता मिली।

इस काल में स्थापत्य कला में भी अधिक विकास हुआ। इसके द्वारा स्थापित किए गए भवन विश्व में अपना एक विशेष स्थान रखते हैं। बेबीलोनियन के उत्खनन से जितनी भी भवन अवशेष प्राप्त हुए हैं, वे सभी कैल्डियनों से सम्बन्धित पुराने भवनों को सम्भवतः असीरियन

सम्राट सेनाकेरिब ने नष्ट कर दिया था। कैल्डियन सम्राटों में नेबोपोलस्सर नेबूचेडरेज्जर एक राजप्रासाद बनवाया और बेबीलोन के पुनः निर्माण की योजना बनाई, इसके बाद नेबूचेडरेज्जर ने बड़े पैमाने पर निर्माण कार्य शुरू किया। उसे पश्चिम एशिया का महान निर्माता कहा जाता है। उसने बेबीलोन की सुरक्षा के लिए प्राचीन घेराबन्दी को पूरा किया और एक नई बाह्य प्राचीर बनवाया। हेरोडोटस के अनुसार इसकी लम्बाई 56 मी. तथा चार घोड़ों द्वारा खींचे जानेवाले रथ आसानी से चल सके इतनी चौड़ी दीवार थी। एक दुर्ग बनवाया। इसके अतिरिक्त उसने बहुत-सी दीवारें बनवाईं। इसने अनेक भवनों का निर्माण करवाया। सड़कें बनवाई जिसके कारण बेबीलोनिया तत्कालीन विश्व का सुन्दरतम शहर बन गया। फरात नदी पर एक पुल बनवाया गया जिसके अवशेष उत्खनन से प्राप्त हुए हैं। इस सभी अद्वितीय स्थापत्य उदाहरणों के साथ सबसे उल्लेखनीय झूलता हुआ उद्यान है।

नेबूचेडरेज्जर ने बेबीलोन के अतिरिक्त अन्य नगरों में भी भवन निर्माण कार्य करवाया। इनमें वोरारिधा में ए-जिदा मन्दिर विशेष महत्त्वपूर्ण है।

इस प्रकार बेबीलोन में कैल्डियनों द्वारा नव-बेबीलोन सभ्यता की स्थापना के साथ बेबीलोन के नव-निर्माण द्वारा विश्व सभ्यताओं में मकान निर्माणकर्ता के रूप में अपनी साख स्थापित की।

अध्याय-24

कला

24.1 उदय

दजला-फरात नदी-घाटी-क्षेत्र 'मेसोपोटामिया की सभ्यता का पालना' माना जाता है। भौगोलिक वातावरण कला के विकास का एक प्रमुख आधार होता है और इस दृष्टिकोण से मेसोपोटामिया एक सपाट क्षेत्र है। कहीं-कहीं हम पाते हैं कि समतल क्षेत्र पर उभरे हुए तेल या ताल दिखाई देते हैं। तेल (tells) एक स्थानीय शब्द है जिसका प्रयोग इस क्षेत्र के प्राचीन काल में मानव कृत 'कृत्रिम पहाड़ियों' के लिए होता है। मेसोपोटामिया में हम ऐसी प्रथा पाते हैं कि वहाँ कृत्रिम पहाड़ी या टीला बनाकर उस पर मन्दिर का निर्माण किया जाता था। इन तेलों में प्राचीन बस्तियों के चिह्न आज भी मिलते हैं। तेल हसुना (समारा), तेल हलफ और तेल उबेद नामक प्राचीन बस्तियों की जानकारी इसी तरह हुई। सुमेरी जाति के आगमन या उरूक काल (3500 ई.पू.) से ही मेसोपोटामिया के इतिहास की शुरुआत विद्वानों ने माना है। सुमेरी जाति (Sumerians) मेसोपोटामिया की सबसे प्राचीन जाति है। इस जाति के लोग ईरान के पर्वतीय क्षेत्रों से आए थे। यह जाति *लराऊस एनसाइक्लोपीडिया ऑफ मायथॉलॉजी* के अनुसार मध्य एशिया अथवा साइबेरिया स्टेपीज से आई थी। बाद में चलकर मेसोपोटामिया की संस्कृति में ये लोग इतने घुल-मिल गए कि इनका अलग अस्तित्व समाप्तप्राय हो गया। इन सुमेरियनों की भाषा तो सुमेरी रही लेकिन जीने के ढंग इन लोगों ने स्थानीय लोगों की तरह अपनाया। मेसोपोटामिया में आरम्भिक व्यवसाय कृषि तथा पशुपालन था लेकिन बाद में चलकर कृषि सामूहिक ढंग से होने के कारण एक सशक्त केन्द्रीय धार्मिक शक्ति का उदय हुआ। राजनीतिक सत्ता का प्रधान शुरू में तो पुरोहित ही रहा लेकिन बाद में राजनीतिक सत्ता धार्मिक प्रभुत्व से मुक्त हो गया। शासक का अब स्वतंत्र अस्तित्व हो गया। मानव-कल्याण का पर्यायवाची सम्राट माना जाने लगा।

24.2 विकास

जहाँ तक कला के विकास का प्रश्न है, डी. ई. स्ट्रांग के मतानुसार कलात्मक अभिव्यक्ति की प्रथम किरण मेसोपोटामिया में प्रस्फुटित हुई थी—"The earliest politico religious and artistic expressions of man within a mature culture are to be found in the region which is known today as the Ancient Middle East. This region stretches from Egypt and Anatolia in the West to the Iranian plateau in the East, extending southwards to embrace the Arabian peninsular....It was in these surroundings that the most ancient civilizations created by man were to develop. Originating along the river valleys, first in Mesopotamia and soon afterwards in Egypt and in India (along the), the cultures showed distinct culture affinities in their predynastic phases. (डी.ई. स्ट्रांग, *द एंसेंट वर्ल्ड*)।

उपर्युक्त दोनों नदियों के किनारे विकसित कृषि एवं पशुपालन ने राजनीतिक वातावरण को मजबूत बनाया। विभिन्न जातियों सुमेरियन, बेबीलोनियन, चाल्डियन, हिट्टी, हिब्रू, असीरियन, अकेनमेनियन, पर्सियन, पार्थेनियन, सेल्यूसिड, ससानियन आदि के लिए दजला और फरात नदियों का किनारा आर्थिक दृष्टिकोण से आकर्षण का केन्द्र बन गया। कला-विकास के दृष्टिकोण से तीन प्रमुख जातियों—सुमेरी, बाबीली तथा असुर की चर्चा की जा सकती है, जिनके केन्द्रों में **'गोरी मानवता'** की सजीव कला का उदय हुआ ("From these places Elam, Summer and Akkad came a vital art and one of white humanity"—Herman Leicht।

मेसोपोटामिया में लगभग 3500 ई.पू. से 2500 ई.पू. तक के काल में कला का विकास हो चुका था। यह काल **तैयारी काल** है जिसके आधार पर ही कलात्मक गतिविधियों का विकास मेसोपोटामिया में हुआ।

24.3 ईंट का प्रयोग

पत्थर के अभाव में इस क्षेत्र में बिना पकाई ईंटों और गारे के मसाले द्वारा यहाँ चिनाई की जाती थी। यहाँ से पहले ईरान के क्षेत्र में ईंट का प्रयोग होने लगा था। मन्दिरों का निर्माण ऊँचे बनावटी मंचनुमा टीलों पर किया जाता था जिसकी दीवारों को बाद के लोगों द्वारा मजबूत की जाती थी। सुमेरी स्थापत्य की इस विशेषता का प्रयोग बाद के काल में विकसित स्थापत्य को अधिक आकर्षित बनाने के लिए किया जाने लगा। सुमेरी का प्राचीनतम उदाहरण एरिडू का मन्दिर है। नदी-घाटियों में बाढ़ से बचने एवं धार्मिक दृष्टिकोण से सुमेरी लोगों में ऐसी कल्पना कि देवता पर्वत पर ही रहता था और इसीलिए सुमेर के भवन ऊँचे टीले पर बनाए गए।

3200 ई.पू. का एक शिलाखंड उरुक से मिला, जो आज बगदाद के संग्रहालय में उपलब्ध है, में शिकार का दृश्य है जिसको देखने से ऐसा लगता है कि यह कला वास्तविकता से काफी करीब है। बी.पी. काम्बोज (*प्राचीन यूरोपीय कला,* आगरा, 1983, पृ. 39-60) के अनुसार, मेसोपोटामिया में वंशीयस्परम्परा कला में बेलनाकार मोहरों का प्रचलन मिलता है। अलंकरण और आलेख इनमें चारों ओर की सम्पूर्ण सतह पर होता था। इनमें स्वाभाविक निरूपण, उभारपूर्ण आकृतियाँ, युक्त संयोजन की प्रवृत्ति स्पष्ट दिखाई पड़ती है। उरुक से प्राप्त मुहरें कला-वैशिष्ट्य के लिए उल्लेखनीय हैं। इनमें धार्मिक और कर्मकांडीय विषयों का चित्रण हुआ है। कुछ मुहरों में विशुद्ध आलंकारिक अथवा पालतू पशुओं के चित्र मिलते हैं।

24.4 चित्रलिपि

मेसोपोटामिया के प्राचीन आलेखों में हमें चित्रलिपि का परिचय मिलता है। अपने प्रारम्भिक रूप में इनमें अक्षरों के स्थान पर सांकेतिक आकृतियाँ प्रयुक्त होती थीं। बाद में इनका स्वरूप

नुकीली ज्यामितीय लिपि में परिणत हो गया जो कीलाक्षर लिपि का आद्य रूप है। इसमें सूक्ष्म आकार स्पष्ट है। उत्तर काल की कीलाक्षर लिपि अधिक नुकीली है और अक्षरों का विशिष्ट रूप विकसित हो गया था।

एक ओर चौथी सहस्राब्दी ई.पू. के अन्तिम वर्षों में सुमेरी सभ्यता और कला अपनी पराकाष्ठा पर पहुँच रही थी तो तीसरी सहस्राब्दी के प्रारम्भ में ही इस विकास-क्रम में अवरोध उत्पन्न हो गया और कला में परिवर्तन के चिह्न स्पष्ट दिखाई देने लगे। यह वंशीय परम्परा का प्रारम्भ था। इस संक्रमण काल की कला में आकृतियों को अधिक सजीव व गतिमय बनाने की प्रवृत्ति स्पष्ट दृष्टिगोचर होती है जो उरुक और उर से प्राप्त कृतियों में विद्यमान है। राजनीतिक उथल-पुथल और सेमेटिक लोगों का आगमन और प्रभाव अथवा सुमेरी जाति की अन्दरूनी अव्यवस्था अथवा बाढ़ जैसे प्राकृतिक प्रकोप के अलग-अलग या मिले-जुले कारणों से यहाँ परिवर्तन आया और नए वंशीय काल का प्रारम्भ हुआ।

वंशीय काल में भी सुमेर (दक्षिण मेसोपोटामिया) सांस्कृतिक गतिविधियों का केन्द्र बना रहा। इसका प्रारम्भ तीसरी सहस्राब्दी ई.पू. (लगभग 2700 ई.पू.) में होता है। प्रारम्भिक शताब्दियों में विशेष महत्त्वपूर्ण उपलब्धि नहीं थी। इस काल में सुमेरी लोग मूलतः धार्मिक ही थे, पर उनका जीवन आदर्शवाद की अपेक्षा यथार्थवाद से जुड़ा था। पकाई मिट्टी की मुहरें उनकी कला के उल्लेखनीय उदाहरण हैं। इस काल में लिपि में परिवर्तन आया। प्रथम चरण में इसका रूप चित्रलिपि था, तत्पश्चात् इसने रेखीय रूप लिया और अन्त में कीलाक्षर रूप।

24.5 मन्दिरें

इस काल के स्थापत्य के इतिहास में मन्दिरों का भी महत्त्वपूर्ण स्थान हैं। ये नगरीय आवास के केन्द्र थे। ये मन्दिर कृत्रिम सीढ़ीनुमा मंच पर ही प्रायः बनाए जाते थे पर नगरों के मध्य बने मन्दिरों को मात्र ऊँची दीवारों द्वारा अलग करने की परम्परा मिलती है। धर्मनिरपेक्ष स्थापत्य (आवासीय भवन इत्यादि) में प्रथम बार प्रासाद-निर्माण का परिचय मिलता है। ये अनेक भवनों के समूह की एक इकाई होती थी। पत्थर के अभाव में ईंटों का ही प्रयोग होता था। साधारणतः कच्ची ईंटों का ही प्रयोग होता था पर पकाई ईंटों का प्रयोग भी कहीं-कहीं किया जाता था। इनकी बाहरी सतह कँचाई (ग्लेज्ड) जाती थी। सुमेरी काल में मेहराब का आविष्कार हो चुका था। इनका प्रयोग आवासीय भवनों के दरवाजों में किया जाता था। पर पूजा-स्थलों में नहीं होता था। ये मेहराब सीढ़ीनुमा (काबल्ड आर्च) प्रकार के थे।

मूर्तियाँ तथा अर्द्धचित्र सुमेरी मूर्तिकला में विशेष महत्त्वपूर्ण हैं। मानव मूर्तियों का प्रमुख प्रयोजन मन्दिरों में उनको आराधक के रूप में स्थापित करना होता था। मानवकृतियों के निरूपण में मिस्र से कुछ साम्य है—सन्मुखता का सिद्धान्त, एकचश्म चेहरे और पैर पार्श्व-मुद्रा में (अर्द्धचित्रों में विशेषतः) शरीर का दक्षिणांग वस्त्र से ढँका है। सुमेरी प्रतिमाशास्त्र में साम्य है। अभिव्यंजनवादी और बुद्धिवादी पक्ष प्रबल है। पूर्वकालीन यथार्थवाद क्षीण पड़ गया था। बड़ी आँखों की स्थिर-दृष्टि पात्रों को आध्यात्मिकता प्रदान करती है। तेल अस्सार, तेल अगरब निप्पुर, अदब और लगाश प्रमुख केन्द्र रहे हैं जहाँ से मूर्तियाँ प्राप्त हुई हैं।

सम्राट सारगन ने अगद (अक्कद) में यहूदी (सेमेटिक) वंश की नींव डाली और कला के क्षेत्र में नवप्रेरणा प्रदान की। मूल परम्परा सुमेरी बनी रही तथा उसमें और सुधार किया। वस्तुतः कला क्षेत्र में स्वच्छता एवं स्फूर्ति आई। मूर्तिकला इस काल में चरमोत्कर्ष तक पहुँची। यथार्थवादी मूर्तियाँ और उनमें भाव-प्रदर्शन उच्च श्रेणी का है। निनवे से प्राप्त कांस्य की मानव मूर्ति और अक्कद से प्राप्त सम्राट नरमसिन का उद्रेखित (उकेर कर लिखा गया) प्रस्तर खंड बड़े सजीव हैं। दृश्य समकालीन राजाओं के युद्ध-अभियानों पर आधारित हैं या पौराणिक विषयों पर। मुहरों पर अंकित विषयों में विविधता है और अकृतियाँ सुधारी हुई हैं। अक्कद काल (2350-2150 ई.पू.) में मेसोपोटामी कला तीन शताब्दियों के प्रारम्भिक वंशीय काल की विकास प्रक्रिया के पश्चात् एक समृद्ध कला के रूप में अभिव्यक्त हुई। नव सुमेरी काल (2150-1950 ई.पू.) सुमेरी मेसोपोटामिया में राजनीतिक उथल-पुथल के साथ प्रारम्भ हुआ। सेमेटिक प्रभाव में वृद्धि हुई जिसके परिणामस्वरूप कला में सामान्य ह्रास अवश्य आया पर दृश्य कलाओं का सृजनात्मक पक्ष पूर्णतः कमजोर नहीं पड़ा। पूर्व-परम्परा का प्रभाव लुप्त नहीं हुआ। स्थापत्य और मूर्तिकला दोनों में ही प्रारम्भिक वंशीय काल का प्रभाव पुनः दिखाई पड़ता है। जहाँ अक्कद-कालीन यथार्थवाद की छाप दिखाई पड़ती है तो अभिव्यक्ति की प्रस्तुती भी मानव मूर्तियों में स्पष्ट है। लागाश से प्राप्त लन्दन-संग्रहालय स्थित सम्राट गुडिया का घड़ (2150-2050 ई.पू.) इन तत्त्वों को स्पष्ट प्रदर्शित करता है। मुहरों में पौराणिक विषयों के चित्रण को त्याग दिया गया है।

सेमेटिक प्रभुत्व की वृद्धि 20वीं शती ई.पू. के मध्य तक पूर्ण हो गई और मेसोपोटामिया इराक के शासकों के अधीन हो गया। बेबीलोन, बगदाद के दक्षिण में स्थित, मेसोपोटामिया में शक्तिशाली राज्य का केन्द्र बन गया। सीरिया की अमोराइट जाति, जो अर्द्ध-असभ्य थी, के आक्रमणों में सेमेटिक प्रभुत्व की जड़ें दृढ़ हो गईं। सेमेटिक भाषा और संस्कृति का उदय हुआ अवश्य पर उसका मुख्य आधार सुमेरी ही रहा। सूबु-अबुम (1894-91 ई.पू.) और हम्मूराबी (1792-1750 ई.पू.) का राज्यकाल सभी दृष्टियों से उल्लेखनीय है (वैसे प्राचीन-बाबीली काल सोलहवीं शती ई.पू. तक माना जाता है।)।

इश्चाली और मारी दो प्रमुख केन्द्र हैं जहाँ पर मिले अवशेष इस काल की कला पर प्रकाश डालते हैं। इश्चाली में ईश्वर-फितितुम के देवस्थल के अवशेष प्राप्त हुए हैं। यह चौकोर भवनों तथा आँगनों का विशाल समूह है। मारी का शाही महल भी 600'×400' का बड़ा विशाल भवन था। इस क्षेत्र से भित्तिचित्र तथा मूर्तियाँ दोनों प्राप्त हुई हैं। मानवाकृतियाँ सुडौल तथा समानुपाती बनाई गई हैं। दाढ़ी लम्बी, घुँघराले बाल दर्शाए गए हैं। शरीर के निर्वस्त्र भाग का अंकन बड़ा स्वाभाविक एवं सशक्त किया गया है। मांसपेशियाँ दर्शाने में कलाकार ने विशेष रुचि ली है। आकृतियाँ गतिपूर्ण हैं। एक 'नए यथार्थवाद' का परिचय इस काल की कला में मिलता है। बारीकियों में अधिक ध्यान दिया जाने लगा, जिसका उद्देश्य सम्भवतः व्यक्ति-विशेष की प्रतिष्ठा और वैभव को व्यक्त करना रहा होगा। परिणामस्वरूप कलाजीवन के स्वच्छन्द आनन्द की अपेक्षा दरबारी वैभव का प्रतिनिधित्व अधिक करने लगी और ह्रास के चिह्न दिखाई देने लगे। मुहरों में प्राचीन सुमेरी पौराणिक प्रतिमाओं के अंकन की परम्परा का अनुसरण पुनः होने लगा और साथ ही साथ सीरियाई अभिप्रायों (मोटिस) का समन्वय भी मिलता है।

मारी में जीरिमलीन प्रासाद से प्राप्त प्लस्तर पर चित्रित 2040-1870 ई.पू. का भित्ति-चित्र मेसोपोटामिया का सबसे प्राचीन उपलब्ध चित्र है। इसमें तीन पैनल हैं। एक में देवताओं की उपस्थिति में राजकीय अभिषेक अंकित है। दूसरे में एक बलि का दृश्य है। इसमें ही विचित्र जन्तुओं की शैली सुमेरी अक्कद जैसी है। तीसरे पैनल में मिश्रित शैली तथा विषय हैं। इसमें मिस्री पात्र भी दर्शाए गए हैं। यह विदेशी प्रभाव है। यद्यपि विषय मूलतः पौराणिक है पर दैनिक दिनचर्या की झाँकी भी उनमें मिलती है। यहीं का 18 शती ई.पू. के उत्तरार्द्ध का एक भित्ति-चित्र पेरिस के लूव्र संग्रहालय में है जिसमें बलि के दृश्य का अंश है।

असीरिया (असुर प्रदेश) उत्तरी मेसोपोटामिया में दजला (टाइग्रिस) नदी के दोनों ओर स्थित है। तीसरी सहस्राब्दी से यह सुमेरी प्रभुत्व में रहा। मध्य दूसरी सहस्राब्दी ई.पू. से आगे का काल महत्त्वपूर्ण है। इसी समय बाबुल (बेबीलोनिया) में कसाइट लोगों का राज हो गया और लगभग 400 वर्ष (1550-1150 ई.पू.) तक बना रहा। कला की दृष्टि से इसका योगदान महत्त्वपूर्ण है। स्थापत्य में सुधार हुआ और मूर्तिकला में सजीवता देखने को मिलती है। 13वीं शताब्दी ई.पू. तक मेसोपोटामिया में असुर शक्तिशाली राजनीतिक इकाई बन चुकी थी जिसने शीघ्र ही सम्पूर्ण क्षेत्र पर सैनिक शक्ति के बूते पर अपना अधिकार स्थापित कर लिया। दूसरी सहस्राब्दी का उत्तरार्द्ध मध्य-असुरीकाल कहलाता है।

असुरी संस्कृति बहुत कुछ बाबीली संस्कृति की ही देन हैं धर्म, विज्ञान, लिपि एवं कला बाबीली सभ्यता से ही प्राप्त हुई। पश्चिमी हिट्टाइट जाति से सम्पर्क होने पर इस कला को नव प्रेरणा मिली। युद्ध-कथानकों पर आधारित अर्द्धचित्रों का पूर्व-असुरीकाल में बाहुल्य पश्चिमी देन है। मुहरों का उद्रेखन भी प्रशंसनीय है। इनमें बाबीली परम्परा को छोड़कर सीरियाई स्रोतों पर निर्भर रहने की प्रवृत्ति स्पष्ट है। संयोजन और रूप-विन्यास श्रेष्ठ श्रेणी के हैं। अर्द्धचित्रों का व्यापक पैमाने पर निर्माण किया गया। इनमें नारी अंकन नगण्य है। देवताओं, राजाओं तथा उच्च वर्ग के लोगों की आकृतियों में लम्बे केश एवं दाढ़ी दिखाई गई पर शत्रुओं और सेवकों को बिना दाढ़ी के दर्शाया गया है। सुगठित स्नायुओं को बारीकी से दर्शाने के अतिरिक्त इस काल में असुरी शिल्पियों ने वस्त्रों की बारीकियों को दर्शाने में भी विशेष रुचि ली हैं। वास्तव में यह राजकीय रुचि का प्रतीक है। वस्त्रों पर कढ़ाई के अलंकरण बड़ी सच्चाई से अंकित हैं। इस युग (नवअसुरी-काल) का सबसे महत्त्वपूर्ण काल असुर नसीरपाल द्वितीय (883-859 ई.पू.) के राज्यकाल से आरम्भ हुआ और असुर बेनिपाल (676-668 ई.पू.) के राज्यकाल में अपनी अन्तिम पराकाष्ठा पर पहुँच गया था। सारगन द्वितीय (721-705 ई.पू.) के काल के दर सरुकिन प्रासाद से प्राप्त सामग्री उत्कृष्ट वैभव की सम्पन्नता का उदाहरण हैं। इसलिए हम इसे अपने काल का 'असुरी मार्सेलीज' कहते हैं। अपने अन्तिम चरण में असुरी काल यथार्थ के प्रति अधिक सजग थी और इस काल का कलाकार अधिक प्रयोगवादी दिखाई पड़ता है। घुड़सवारों और पशुओं की आकृतियाँ अत्यन्त सजीव एवं गतिपूर्ण हैं। आखेट और युद्ध के कथानकों के चित्रण में जहाँ कहीं भी पराजित शत्रु, कैदी या घायल और मृत योद्धाओं को दर्शाया है उनमें भाव-पक्ष के महत्त्व को कलाकारों ने बखूबी निभाया है। मानवीय वेदना क्रूरता की सीमा को छूने लगती है। पर जहाँ सम्राट का चित्रण हुआ उसमें औपचारिकता

स्पष्ट दिखाई पड़ती है। जीवांत गति की अपेक्षा पदानुकूल बारीकियाँ चित्रांकन में अधिक महत्त्वपूर्ण है। अर्द्धचित्रों के समान ही प्रासादों में चित्र (पेंटिंग) बनाने की परम्परा भी प्रचलित थी। यद्यपि इनका प्रारूप मुख्यतः अलंकारयुक्त और संकीर्ण क्षेत्रीय आधार पर होता था। फारसी आक्रमण और सन्धि के साथ ही 606 ई.पू. के लगभग इस कला का अकस्मात् अन्त हो गया।

पतनोन्मुख मेसोपोटामी संस्कृति अपने अन्तिम दिनों में बाबुल (बेबीलोन) में ही बनी रह सकी। नेबोपोलस्सर के नेतृत्व में बाबुल ने पुनः स्वतंत्रता प्राप्त की और यहाँ पर कैल्डियन वंश का निर्माण हुआ। इसे कैल्डियन काल भी कहते हैं। नेबूचेडरेज्जर द्वितीय (604-562 ई.पू.) इस काल का प्रमुख शासक हुआ जिसके संरक्षण में यहाँ की कला एवं संस्कृति का पुनर्जागरण हुआ। यूँ तो सभी नगरों में इस नवचेतना का प्रभाव पड़ा पर बाबुल कलात्मक सृजन का प्रमुख केन्द्र रहा। वस्तुतः इस काल की कला विकासोन्मुख न हो, पुरातन का पुनरुस्थान ही थी। उपरोक्त सभी प्रमुख शासक 'प्राचीन आदर्श' के प्रति आस्थावान थे।

24.6 भवनें

भवन-निर्माण इस काल में व्यापक रूप में हुआ। भवनों में कच्ची ईंटों का प्रयोग हुआ पर इनका अग्र धरातल बहुधा काँचित (ग्लेज्ड) होता था। काँचित ईंटें अलंकरणयुक्त ही बनाई जाती थीं, जिससे धरातल को सुन्दर आवरण दिया जा सके। बाबुल क इस्तर द्वारा और वहीं से प्राप्त सिंहासन-मंडप (बर्लिन-संग्रहालय) इस काल की काँचित ईंटों की कला के अनुपम उदाहरण है। दुर्ग, राजाप्रसाद, देवालय, निवास-स्थल, सार्वजनिक मार्ग इत्यादि अनेक प्रकार के भवनों का निर्माण अद्वितीय पैमाने पर इस काल में हुआ। इतिहास प्रसिद्ध हैंगिंग-गार्डन भी इसी काल की उपलब्धि है। बाबुल की मीनार (टॉवर ऑफ बेबल) जिसका उल्लेख 'बुक ऑफ जेनेसिस' में मिलता है, नेबूचेडरेज्जर द्वारा पूर्ण करवाया गया था। सात मंजिल एतेमेनान्की का जिगेरेत भी सम्भवतः बाबुल की मीनार था।

नवबाबुली-काल में प्रस्तर-मूर्तियों का पूर्ण अभाव है। सम्भवतः प्रस्तर की अपेक्षा धातु का प्रयोग मूर्ति-निर्माण में अधिक हुआ होगा। पर यहाँ उल्लेखनीय अवशेष प्राप्त नहीं हुए। युद्धों में विध्वंस और लूटपाट के कारण ऐसा हुआ होगा। मूर्तियाँ लूटकर ले जाने योग्य रही होंगी। इसी आधार पर धातु-प्रयोग की सम्भावना व्यक्त की गई है। यूनानी यात्री हिरोडोटस ने भी स्वर्ण मूर्तियों के लूटकर ले जाने की घटनाओं की चर्चा अपने यात्रा-संरक्षणों में की है। 539 ई.पू. में फारस के सम्राट साइरस के आक्रमण और प्रभुत्व के पश्चात् बाबुल को फारस की तीसरी राजधानी बना दिया गया। इसी के साथ मेसोपोटामिया की महान कला एवं संस्कृति के विकास में अविरल विराम लग गया और इसका द्रुतगामी अन्त हो गया।

मेसोपोटामिया का क्षेत्र प्रारम्भ से ही विभिन्न जातियों के संघर्ष और संगम का स्थल रहा है। विभिन्न सांस्कृतिक समुदायों के प्रभुत्व के कारण यहाँ मिस्र की भाँति अबाध परम्परा का निर्माण कभी न हो सका। दक्षिणी सुमेरी, उत्तरीय असुरी, मध्यवर्ती बाबीली और पूर्वी इलामी सत्ताओं के संघर्ष के कारण यहाँ कभी भी निरंकुश रूढ़िवादी परम्परा जन्म न सकी। अतः निरन्तर स्थानीय तथा जातीय गुणों का समन्वय कला तथा संस्कृति में होता रहा। असुरी

कला की विशेषता ग्रहणशील थी जिसने विभिन्न स्रोतों से प्रभावों को अपने में आत्मसात् कर लिया। तभी इन्हें मेसोपोटामिया के रोमन की संज्ञा दी गई है। इस कला में उत्तरोत्तर सजीव मुद्रा-युक्त आकृतियों का अंकन इसके रूढ़ि मुक्त होने के कारण ही सम्भव हुआ।

मेसोपोटामिया में धर्म-तंत्र प्रधान व्यवस्था कभी नहीं रही। वस्तुतः यहाँ की जातियों का प्रधान धर्म तो युद्ध और आखेट ही रहा। जीवन का यही मुख्य व्यापार था। संघर्षरत व्यवस्था में परम्परा का कड़ाई से पालन करना सम्भव नहीं। अतः कला-सृजन मिस्र की भाँति कभी भी रूढ़ि से बँधा न रहा। कला में प्रयोगवादी प्रवृत्ति निरंकुश रूप से सक्रिय रही। ब्रिटिश संग्रहालय स्थित युद्ध दृश्य का अर्द्ध चित्र (नवअसुरी-काल), जो अत्यन्त मार्मिक एवं सजीव है इसी सांस्कृतिक स्वतंत्रता का परिणाम है। विशुद्ध भावाभिव्यक्ति कलाकारों के चेतन मन से ही कृतियों में अवतरित हुई। योद्धाओं का विजयोल्लास, घायल व्यक्तियों या जन्तुओं के सन्ताप की इतनी सहज अभिव्यक्ति हुई कि सराहे बिना नहीं रहा जाता। तृतीय सहस्राब्दी में निर्मित नरमन सिंह की विजय-यात्रा दृश्य में घायल व्यक्ति द्वारा गले लगे भाले को बाहर खींचने का प्रयास और पेपिरस झाड़ियों में शेरनी द्वारा अपने शिकार को दबोचने की क्रिया उक्त स्थिति की सशक्त अभिव्यक्ति है। बाणों से आच्छेदित घायल शेरनी की सन्ताप और आक्रोशवाला व्यक्ति दूसरा अर्द्धचित्र भी बड़ा मार्मिक है। मेसोपोटामिया कला अपने उत्कृष्ट रूप में एक अत्यन्त संवेदनशील एवं भाव प्रधान कला है।

24.7 यथार्थ

यथार्थ केवल वस्तुगत ही नहीं होता। वस्तुतः यथार्थ का दर्शक को सही मान कराने के लिए इसका एक संशोधित स्वरूप भी होता है, जिसका आविष्कार मेसोपोटामी शिल्पियों ने किया। पशु-मूर्ति में चार पैर होने के यथार्थ को सत्यारोपित करने हेतु इन शिल्पियों ने उसके पाँच पैरों की कल्पना की जिससे हर दिशा से दर्शक को चार पैरों का भान हो। घटना-चित्रों में घटना से सम्बन्धित पात्रों अथवा वस्तुओं का रूप स्थान की सीमाओं के अनुसार संशोधित कर दिया था। सन्दर्भ पूर्ति हेतु रूप और आकार से यह प्रतीक मात्र ही रह गया। परन्तु अन्यथा आकृतियों के रूप और मुद्राओं में उनके वस्त्र आदि की बारीकियों में शिल्पियों का अत्यन्त यथार्थवादी दृष्टिकोण रहा है। मेसोपोटामी कला वर्णनात्मक कला है।

मेसोपोटामी कला का यथार्थ यूनानी कला की भाँति पूर्णतः वस्तुपरक एवं आदर्शवादी नहीं था। इन कलाकारों ने इस कमी की पूर्ति आकृति के परिधान की बारीकियों को प्रचुरता एवं कुशलता से दर्शा कर की। वस्त्र, आभूषण, अस्त्र-शस्त्र, पेटी आदि प्रत्येक वस्तु पर बने अलंकरण अत्यन्त रुचिकर एवं आकर्षक हैं। वास्तव में मेसोपोटामिया में मिस्र की भाँति कठोर प्रस्तर मूर्तिकला में प्रयुक्त नहीं हुआ। न वहाँ की तरह विशालकाय कृतियों के निर्माण की परम्परा ही यहाँ पनपी। ग्रेनाइट या डयोमाइट पत्थर यहाँ उपलब्ध नहीं थे। अतः अधिक सुलभ माध्यम और छोटे पैमाने पर सृजन करना पड़ा। यहाँ धातु (स्वर्ण एवं कांस्य) का भी अधिक प्रयोग हुआ। अतः बारीक काम करने की प्रवृत्ति सहज विकसित हुआ। यह प्रवृत्ति वस्तुओं की बारीकियों तक ही सीमित न रही, वरन् आकृतियों के अन्योगों में भी प्रकट हुई। दाढ़ी, पंख, स्नायु–सभी को शैलीगत अलंकारिता (स्टाइलाइज्ड् आर्नामेंटेशन) प्रदान करती

गई। वस्तुतः यह कला एक अलंकरण प्रधान कला है। इस आलंकारिकता में रूढ़िवादी प्रवृत्ति झलकती है।

मिस्र की भाँति यहाँ धर्म ने कला को निर्णायक रूप प्रदान नहीं किया। राजा ही देवता का पर्याय था। युद्ध और आखेट के निरन्तर सम्पर्क ने उसे धरा से ही जोड़ रखा और उसके इसी यथार्थ जीवन की झाँकी हमें यहाँ की कला में मिलती है। मुख्यतः राजा और उसके जीवन की दिनचर्या ही कला का मुख्य विषय है जिसमें राजा का शक्तिशाली रूप ही अंकित है। राजा अपने सेवकों अथवा सैनिकों के साथ, युद्ध-दृश्य-विजयोल्लास और युद्ध की विभीषिका सहित, विजयोपरान्त देवताओं के प्रति श्रद्धांजलि-अर्पण मुख्य विषय हैं। उसके निजी जीवन की झाँकी भी कहीं-कहीं अंकित है, जैसे 'उद्यान में राजा'। एक अर्द्ध-चित्र में दर्शाए वृक्षों पर लटके मृत शत्रुओं के सिर उसके पराक्रम के प्रतीक हैं। कहीं-कहीं ग्रामीण जीवन की झलक भी मिलती है।

सुरक्षा प्रदान करनेवाले देवी-देवताओं की मूर्तियाँ और अर्द्ध चित्र प्रचुर मात्रा में मिलते हैं। उनकी शक्ति के प्रतीकस्वरूप उन्हें अतिरिक्त अवयव प्रदान कर दिए गए अथवा उन्हें पशु-मानव का समन्वित रूप दे दिया गया। कई बातों में मेसोपोटामी कला मिस्र की कला के समान है, जैसे—आकृतियों में सन्मुख-मुद्रा सिद्धान्त, तनी हुई मुद्रा वर्णनात्मक परिप्रेक्ष्य, मानव-आकृतियों की पदानुकूल मुद्रा—ऐसी ही विशेषताएँ हैं। अपने प्रारम्भिक चरण में यह भी 'मृतकों की कला' थी। मृत राजा या रानी के साथ ही उसकी उपभोग्य सामग्री, आभूषण इत्यादि, उसके विशेष सेवक-सेविकाएँ (जीवित ही) दफना दिए जाते थे। अश्व सहित पूरा रथ एक ऐसी ही समाधि से प्राप्त हुआ है। पर ये सम्भावनाएँ मेसोपोटामी कला अधिक कल्पनाशील और सजीव है। अनेक जन्तुओं के रूपों का कलात्मक समन्वय कुशलता से किया गया। इसमें बकरा, गर्दभ, सिंह, वृषभ, गरुड़, सर्प आदि है। संयोजन अपने ही प्रकार का है जो भाव और गति दर्शाने में सहायक है। मेसोपोटामी कला अधिक स्पष्ट है मिस्र की रूढ़िवादी पुनरावृत्ति की प्रवृत्ति उस कला को सजीव बनाने में बाधक रही।

मेसोपोटामिया में कला के इतिहास में चित्रकला का कोई महत्त्वपूर्ण स्थान कभी नहीं रहा। वस्तुतः वहाँ की परिस्थितियाँ इस दिशा में बिलकुल सहायक नहीं रहीं। दीवारों में सपाट धरातल का अभाव, भवनों में सँकरे कमरों का बाहुल्य, टोडेनुमा मेहराब का छतों में प्रयोग—सब चित्रकला विकास के लिए विरोधी दशाएँ थीं। पेपिरस जैसे पौधे का अभाव था जिससे कागज का प्रयोग सम्भव न था। मिट्टी की ईंटों का प्रयोग हुआ जिन पर पलस्तर की अपेक्षा काँचित धरातल (ग्लेज्ड सरफेस) का प्रयोग हुआ और उसी पद्धति में चित्र व आलेखन भी बनाए गए। असुरी और फारसी काल के ऐसे काँचित आलेखन वहाँ प्राप्त हुए हैं।

सुमेरी काल के (लगभग 3000 ई.पू.) मिट्टी के पात्रों को काँचित करने की परम्परा थी पर अब कुछ अवशेष नहीं रहा। बाबीली काल में भित्ति-चित्रण परम्परा भी विकसित हुई। मारी नामक स्थान से पलस्तर पर अंकित एक भित्तिचित्र मिला है जो लूव्र संग्रहालय (पेरिस) में है। नव-असुरी-काल (8 शती ई.पू.) के बने ऐसे ही रंगीन भित्तिचित्र भी प्राप्त हुए हैं। अलखो संग्रहालय स्थित इन दो चित्रों में एक युद्ध-पोत का चित्र है और दूसरा दो आसुरी अधिकारियों का। मोटी काली रेखाओं में आकृति को अंकित किया गया है। घुँघराले केश

व दाढ़ी, कढ़ाई से आलेखन-युक्त वस्त्र, बड़ी आँखें, एक चश्म चेहरे, अर्द्ध-चित्रों का अनुकृति की सम्भावना दर्शाते हैं। प्रथम चित्र में मिस्री प्रभाव भी दिखाई पड़ता है। लूव्र में ही उसी केन्द्र से प्राप्त 18 शती ई.पू. के पूर्वार्द्ध का भित्तिचित्र का खंड संगृहीत है जिसमें बलि-दृश्य दर्शाया गया है। ये अवशेष मेसोपोटामिया में एक चित्रशैली के विद्यमान होने की पुष्टि करते हैं। इस प्रकार के चित्रों का प्रयोग प्रासादों और भवनों में अवश्य होता होगा। पर निरन्तर सत्ता-संघर्ष और भवन-निर्माण में नाशवान पदार्थ (ईंटें आदि) के प्रयोग के कारण कुछ बच नहीं पाया। पर, स्पष्टतः मेसोपोटामिया में चित्रकला की अपेक्षा मूर्ति शिल्प और अर्द्धचित्रण का विकास व्यापक रूप से हुआ। चित्रकला अपने अल्प स्वरूप में ही रही। मेसोपोटामिया की कला-परम्परा मूलतः स्थापत्य और मूर्ति शिल्प के माध्यम में ही प्रकट हुई।

3000 ई.पू. में सुमेर में मिट्टी के बर्तनों को चमकाने की परम्परा थी (*इनसाइक्लोपीडिया ऑफ वर्ल्ड आर्ट*, भाग ix, पृ. 783)। बाबीली काल में दीवालों पर चित्र बनाने की प्रथा विकसित हुई। वैसे बड़े पैमाने पर चित्रकला नहीं बल्कि मूर्तिकला का विकास मेसोपोटामिया में हुआ।

अध्याय-25

निष्कर्ष

25.1 प्रस्तावना

चौथी सहस्राब्दी ई.पू. के अंतिम चरण में दक्षिणी मेसोपोटामिया में 20 से अधिक छोटे-छोटे राज्य थे। उनके शासक पुरोहित-राजा थे, जो एक प्राचीन यूनानी स्रोत के अनुसार **पटेसी** कहलाते थे। इसलिए उनके राज्यों को **पटेसशाही** कहा जाता है। चौथी सहस्राब्दी के बिलकुल अंत में इनमें से दो सबसे बड़ी पटेसशाहियों--लगाश और उम्मा--के बीच संघर्ष शुरू हो गया, जिसमें प्रत्येक पटेसशाही सारे दक्षिण मेसोपोटामिया को अपने प्रभुत्व में लाने के लिए प्रयत्नशील था।

मेसोपोटामिया के केंद्रीय और उत्तर-पश्चिमी भागों में अक्कदी नामक शामी कबीले रहा करते थे, जो संभवतः अरब प्रायद्वीप से आए थे और जिन्हें अपना नाम अपने मुख्य नगर अक्कद से मिला था। लगभग 2500 ई.पू. में अक्कदियों का शासक प्रतिभाशाली, प्रशासनकर्ता और सैन्य नेता सरगोन प्रथम था। वह शामी था। इतिहास में वह पहला आदमी था, जिसने देहाती समुदायों के निर्धन कृषकों को भर्ती करके स्थायी सेनाएँ बनाईं। इन कृषकों को बाद में अपनी सैनिक सेवा के बदले जमीन के टुकड़े प्रदान किए जाते थे। इन सेनाओं के सहारे सरगोन ने अनेक सफल सैन्य अभियान किए। सुमेरी नगरों को जीतकर उसने सारे मेसोपोटामिया को अपने शासन के अंतर्गत ऐक्यबद्ध कर लिया। संभवतः उसने मेसोपोटामिया के पूर्व में पहाड़ों में स्थित राज्य एलम को भी जीता था और शाम तथा एशिया-ए-कोचक में भी एक सैन्य अभियान भेजा था। इसी के आधार पर अपने शासनकाल के अंत में सरगोन ने **राजाधिराज** की दर्पपूर्ण उपाधि धारण की थी।

25.2 भौगोलिक दशा

वर्तमान इराक में प्रवाहित होनेवाली दजला और फरात की घाटियों में संसार की प्राचीनतम सभ्यताओं—सुमेरिया, बेबीलोनिया और असीरिया का उदय हुआ। मेसोपोटामिया का अर्थ दो नदियों के बीच का भू-भाग होता है। लगभग 6000 ई.पू. में सुमेरियन लोगों द्वारा सुमेर में प्रथम सभ्यता का विकास किया गया। भौगोलिक दृष्टि से दजला और फरात के बीच का उपजाऊ प्रांत सुमेर था। करीब 2500 ई.पू. में बीज से सौ गुना अनाज सुमेर में उपजता था। फलतः वहाँ की आबादी बढ़ती गई। सुमेर जाति के लोगों के बाद सेमेटिक जाति के लोग आए जिन्होंने उसी प्रदेश के उत्तरी भाग में **अक्कद** नामक शहर बसाया और सुमेरी

सभ्यता को आगे बढ़ाया। सुमेर एवं अक्कद के अलावा उर, किशक, लगास, लरसा एवं निपुर जैसे छोटे शहरों का उदय हुआ। इन शहरों में मुखिया होते थे जिनके बीच आपस में लड़ाई होती रहती थी। बाढ़ के प्रकोप से बचने के लिए सिंचाई एवं बाँधों की व्यवस्था की गई। सुमेरी नगरों का अस्तित्व ई.पू. 2000 तक कायम रहा। इन शहरों की सभ्यता बेबीलोन और असीरिया तक फैलती गई।

25.3 आर्थिक दशा

कृषि का महत्त्व सर्वाधिक था। ई.पू. करीब 4000 में सुमेरवासियों ने सिंचाई की व्यवस्था की। जौ, गेहूँ, खजूर और बहुत-सी तरकारियाँ वे पैदा करने लगे। हल एवं बैलों से खेती की जाने लगी। अतिरेक ने व्यापार को अनुकूल वातावरण प्रदान किया। मिट्टी के बर्तन चाक पर गढ़े जाने लगे। कताई-बुनाई का प्रचलन पहले से था। ताँबा के बने औजारों का प्रयोग बढ़ा। ई.पू. 2800 के बाद काँसे के औजार बनाए जाने लगे किन्तु कीमती होने के कारण इसका प्रयोग कम किया जाता था। करीब 4000 ई.पू. से भवन-निर्माण में ईंटों का प्रयोग किया जाने लगा। ईंटें धूप में सुखाई जातीं। लकड़ी और पत्थर की कमी के कारण इन दोनों का प्रयोग मकान-निर्माण में कम होता था। ई.पू. लगभग 2500 से सुमेरी शहरों का व्यापारिक सम्बन्ध बाहरी देशों के साथ होने लगा। फारस से टीन, अनातोलिया (तुर्की) से सोना और फारस की खाड़ी के मुहाने के निकट से उन्हें ताँबा प्राप्त होने लगा। रंग और मसाले भारत से आते थे। नदियों के माध्यम से व्यापार किए जाते थे। लकड़ी, पत्थर और कच्ची धातुएँ नाव से लाई जाती थीं। गदहों का प्रयोग माल ढोने में किया जाता था। सूद देने की शर्त पर माल और सोने तथा चाँदी का कर्ज मिलता था। यह विकसित व्यापार का लक्षण था। दूर देशों में मेसोपोटामिया के साहसी सौदगरों ने उपनिवेश बनाए। सूद की दर करीब सवा प्रतिशत से पौने तीन प्रतिशत प्रति माह थी।

25.4 समाज

विकसित व्यापार ने समाज को संगठित किया। सामाजिक वर्गीकरण की चर्चा तत्कालीन स्रोतों में है। प्रथम वर्ग में पुरोहित एवं धनी सरदार थे। मध्यम वर्ग व्यापारियों का था। धनाढ्यों की कब्रों से सोना-चाँदी काफी मात्रा में पाई गई है। आभूषण बनाने के अलावा सोना एवं चाँदी के बर्तन, हथियार एवं औजार भी बनते थे। तत्कालीन समाज में सबसे निम्न वर्ग दासों का था। गुलाम बनाकर रखने की खराब प्रथा काफी विकसित थी। गुलामों की कमाई पर पुरोहित और सरदार मौज करते थे।

25.5 राजनीतिक स्थिति

प्रत्येक शहर में एक राजा होता था। राजा के अधीन शहर का स्वतंत्र अस्तित्व होता था। उसे **पटेसी** या पुरोहित राजा कहते थे। शहर के राजा को अक्कदी भाषा में **इशाक्कू** कहते थे। राजा को ईश्वर का प्रतिनिधि माना जाता था। सुरक्षा प्राप्त करने के बदले किसान एवं चरवाहे राजा को अपनी खुशी से भेंट देते थे। मंदिरों से सम्बन्धित चल एवं अचल सम्पत्ति

और छोटे-मोटे कारखानों की देखरेख राजा करता था। निश्चित मापतौल को वह कायम रखता था। ईश्वर की सम्पत्ति अर्थात् नगर की रक्षा करना राजा का सबसे बड़ा शासन-कार्य था।

ई.पू. 2800 के आसपास वाणिज्य-व्यापार में काफी वृद्धि हुई। परिणामस्वरूप कई नगरों को दबाकर मेसोपोटामिया में एक प्रकार की राजनीतिक एवं आर्थिक एकता कायम की गई। पुरोहित राजा अब अधिक शक्तिशाली और युद्ध-प्रिय होने लगा। राजा के साथ तीर-धनुष और काँसे के बर्छे से लैस सिपाही युद्ध करने जाते थे। चाँदी की खानों एवं पत्थर के लिए युद्ध करने की जानकारी मिलती है। पराजित लोग गुलाम बना दिए जाते थे। युद्धबंदियों में से कुछ को भूखे देवताओं के भोजन के लिए बलि चढ़ा देने की प्रथा थी।

शासन का स्वरूप सामन्ती था। शासक अपने बहादुर सरदारों को जमीन देता था। वह जमीन करमुक्त होती थी। सरदार अपने इलाके में शांति एवं व्यवस्था बनाए रखता था। सरदारों का काम राजा के लिए सिपाही और सामान जुटाना था। कर अनाज के रूप में वसूला और राजकर्मचारियों को वेतन के रूप में दिया जाता था।

शासन चलाने के लिए हम्मूराबी ने कानून संग्रह निकाला। कर्ज, खरीद-बिक्री आदि से सम्बन्धित कानून थे। हम्मूराबी के कानून के कारण स्त्रियों की दशा सुधरी। व्यभिचार के लिए स्त्री को प्राणदंड देने का प्रावधान था। स्त्री पर पुरुषों का आधिपत्य था। स्त्रियाँ स्वतंत्र रूप से व्यापार कर सकती थीं। मुकदमों के फैसले मंदिर में होते थे। पुरोहित जज होता था। राजनीति और धर्म में गहरा सम्बन्ध था।

25.6 धर्म

प्रत्येक नगर का अपना देवता होता था। सूर्य (शमाश) एवं चन्द्रमा (सिन) इत्यादि की पूजा प्रचलित थी। इश्तर एक प्रसिद्ध देवी थी। देवी-देवताओं का निवासस्थल मंदिर था। उनके नाम पर काफी चढ़ावे मंदिर को प्राप्त होते थे। फलतः पुरोहित वर्ग सबसे धनी एवं शक्तिशाली था। मेसोपोटामिया के निवासी परलोक के जीवन को काफी कष्टमय समझते थे। कई मदिर शिक्षा के केन्द्र थे।

25.7 विज्ञान

मेसोपोटामिया में लगभग 3600 ई.पू. में लेखन-कला का विकास हुआ। उनके अक्षर को कीलनुमा अक्षर कहते थे। 2700 ई.पू. के लगभग से पुस्तकालय और 2000 ई.पू. के आसपास से इतिहास-लेखन के अवशेष मिलने लगते हैं। मेसोपोटामियावासी जोड़, घटाव एवं गुणा जानते थे। उन्होंनें **जंगी** का आविष्कार किया जिसका प्रयोग कृषि एवं व्यापार में होता था। चिकित्साशास्त्र से सम्बन्धित ग्रंथ लिखे गए।

मेसोपोटामिया की प्राचीन सभ्यता का ऐतिहासिक महत्त्व है। इस सभ्यता को विकसित करने में सुमेरियन लोगों के कार्य सराहनीय थे। 2000 ई.पू. के लगभग उनका प्रभुत्व जब समाप्त हो गया तो उनका स्थान बेबीलोन के सेमेटिक लोगों ने लिया। इनके समय भी मेसोपोटामिया में सभ्यता का विकास एवं प्रसार तेज गति से हुआ। इसके पश्चात् असीरियावासियों की भूमिका सभ्यता को विकसित करने में अतिमहत्त्वपूर्ण रही।

25.8 बेबीलोनिया[1] (बाबुल)

बेबीलोनिया की सभ्यता का निर्माण सुमेरियाई लोगों द्वारा डाली गई नींवों के ऊपर हुआ। 2000 ई.पू. के कुछ ही पहले अक्कद पर अरब से अमोर कबीलों ने और सुमेर पर एलामियों ने हमला किया। जल्दी ही इन आक्रमणकारियों ने संपूर्ण मेसोपोटामिया घाटी को जीत लिया। इसके बाद अमोरों और एलामियों में लड़ाई छिड़ी। युद्ध का अंत अमोर राजाओं की निर्णायक विजय और बाबुल (बेबीलोन) नगर के उदय के साथ हुआ, जो जल्दी ही एक अत्यंत महत्त्वपूर्ण आर्थिक, राजनीतिक और सांस्कृतिक केंद्र बन गया। प्राचीन बाबुल राज्य का उत्कर्ष और सारे मेसोपोटामिया का अन्ततः इस नए केंद्र के चहुँओर एकीकरण विख्यात राजा हम्मूराबी (1792-1749 ई.पू.) के राज्यकाल में हुआ।

हम्मूराबी ने एलामियों को परास्त करने में सफलता प्राप्त की और फिर बेबीलोनिया के उत्तर में स्थित मारी राज्य को और अंत में असुर नगर को भी जीत लिया, जिसे आगे चलकर अत्यधिक शक्तिशाली अशर राज्य का केंद्र बनना था। लेकिन हम्मूराबी केवल विजेता के नाते ही नहीं, बल्कि अपनी प्रसिद्ध विधि संहिता के लिए भी मशहूर है। एक बैसाल्ट स्तंभ पर उत्कीर्ण 282 संविधियों की यह संहिता आज भी विद्यमान है। यह संहिता हमें प्रचीन बेबीलोनियन समाज की आर्थिक तथा राजनीतिक संरचना की बड़ी रोचक झाँकी प्रदान करती है।

हम्मूराबी विधि संहिता स्पष्टतः कठोर वर्गीय ढाँचेवाले समाज से सम्बद्ध है। जमींदारों, पुरोहितों और व्यापारियों के संपत्ति अधिकार प्रत्याभूत थे और इन समूहों के हित सावधानीपूर्वक संरक्षित थे। इससे हमें पता चलता है कि बेबीलोन राज्य में सिर्फ कृषि ही नहीं, बल्कि कई शिल्प और व्यापार भी बहुत विकसित थे। संहिता में इन शिल्पों का उल्लेख है—मृद्भांड, संगतराशी, चमड़े की कमाई, दरजीगिरी और लोहारगिरी। व्यापार के सिलसिले में यह बात दिलचस्प है कि मंदिर और राजा तक व्यापारियों के जरिए बड़े-बड़े सौदे किया करते थे। व्यापारी लोग भी अपने अभिकर्ता या एजेंट और मुलाजिम रखा करते थे।

हम्मूराबी-संहिता प्राचीन बेबीलोन में दासों की स्थिति पर प्रकाश डालती है। ऋण-दासत्व की प्रथा विशेषकर व्यापक प्रतीत होती है। अगर ऋणी नियत अवधि के भीतर कर्ज नहीं चुका पाता था, तो उसे यह ऋण अपने बच्चों के श्रम से चुकाना होता था। ऐसा दासत्व जीवनपर्यंत चल सकता था। लेकिन हम्मूराबी ने ऋण-दासत्व को 3 वर्ष की अवधि तक ही सीमित कर दिया था।

हम्मूराबी के राज्यकाल मे बेबीलोन का समाज विकास के बड़े उच्च स्तर पर पहुँच गया था, लेकिन वह स्वर्णयुग अल्पकालिक ही था, क्योंकि देश को अनेक सांघातिक आक्रमणों को झेलना था, जिनके परिणामस्वरूप प्राचीन बेबीलोन राज्य का पतन हो गया।

25.9 हम्मूराबी की विधि-संहिता

हम्मूराबी बेबीलोनिया का प्रसिद्ध शासक था। उसका शासनकाल 43 वर्षों का रहा (1792-1749 ई.पू.)। उसके शासनकाल में बेबीलोन एक महान शहर बन गया। संपूर्ण दक्षिण मेसोपोटामिया इसी समय से बेबीलोनिया कहलाने लगा। प्रजा की भलाई और प्रशासनिक

व्यवस्था सुदृढ़ करने के लिए उसने एक **विधि-संहिता** बनाई जो विश्व की प्राचीनतम विधि-संहिता है। उसके द्वारा निर्मित विधि-संहिता सूसा में 46 स्तम्भों पर संगृहीत है। 1901 ई. में सूसा नामक स्थान पर प्राचीन लिपि में लिखा काले रंग का स्तंभ मिला था। इनमें 282 नियमों को मिट्टी की पट्टियों पर लिखी पाई गई। इन कानूनों का प्रयोग न्यायालयों में होता था। तत्कालीन रीति-रिवाजों एवं मेसोपोटामिया के प्राचीन शासकों द्वारा लिये गए निर्णयों को ध्यान में रखकर अपने कानूनों को हम्मूराबी ने पत्थर पर खुदवाया ताकि साधारण जनता भी तत्कालीन नियमों से परिचित हो सके। संहिता सेमेटिक भाषा में है। इसमें 282 धाराएँ हैं। हम्मूराबी की कानून संहिता से पूर्व उरनम्मू नामक राजा ने विश्व में प्रथम कानून संहिता बनाया था लेकिन उसका पूर्ण विवरण उपलब्ध नहीं है, अतः हम्मूराबी की कानून संहिता का महत्त्व अत्यधिक हो जाता है।

हम्मूराबी की कानून संहिता धर्मनिरपेक्ष है। इसमें समाज सुधार एवं दासों के प्रति विशेष सहानुभूति प्रकट की गई है। दूसरी विशेषता है कि उसने प्राचीन कानूनों को ही एकत्र कर उसमें सुधार लाया। नवीन कानून बनाने का उसने प्रयास नहीं किया क्योंकि प्राचीन नियमों में ही काफी गड़बड़ियाँ थीं।

सुमेरिया के प्राचीन कानून में पत्नी को तलाक देने का अधिकार नहीं था। बदनामी एवं भर्त्सना से ऊपर उठाकर पत्नी को हम्मूराबी ने एक सम्मानित स्थान दिलाने की व्यवस्था की। पति के चरित्रहीन होने पर पहले केवल पत्नी को इतना ही अधिकार था कि वह अपना दहेज वापस ले लेती थी। अगर महिला मर जाती थी तो उसका दहेज पुत्रों को मिलता था। दूसरी तरफ अगर पत्नी की चरित्रहीनता प्रमाणित होती तो उसे पानी में डुबोकर मार दिया जाता था। हम्मूराबी ने पुरुषों के इन अत्याचारों एवं अन्याय पर रोक लगाई और नारी अधिकार को उचित स्थान देने का प्रयास किया।

मुकदमों के फैसले के लिए हम्मूराबी के समय दो प्रकार के न्यायालय (मशरूम) होते थे। प्रथम प्रकार के न्यायालय में कर्मचारियों की नियुक्ति प्रत्यक्ष रूप से शासक द्वारा होती थी। इस न्यायालय से असंतुष्ट व्यक्ति के लिए एक अन्य न्यायालय की व्यवस्था थी। सर्वोच्च न्यायालय राजा का होता था। भ्रष्ट न्यायाधीश एवं कर्मचारियों को निकाल देने की व्यवस्था थी। परिणामस्वरूप घूस एवं पैरवी का प्रतिशत घटा।

स्थानीय न्यायालयों की व्यवस्था कानून संहिता के अनुसार की गई। प्रान्तीय न्यायालयों को सुदृढ़ एवं सुव्यवस्थित की गई। सर्वोच्च न्यायालय के बाद दीवानी एवं धार्मिक दो न्यायालयों की व्यवस्था थी। मजिस्ट्रेट द्वारा स्थानीय मुकदमों का फैसला दिया जाता था। गवाही का महत्त्व था। मुकदमा लिखित ढंग से होता था। झूठ बोलना, चोरी करना, हत्या करना और कर्तव्यहीनता के लिए मृत्युदंड का प्रावधान था। हम्मूराबी का कानून प्रतिशोध से प्रभावित था। उदाहरण के लिए आँखें फोड़ने वाले दोषी व्यक्ति की आँख फोड़ दी जाती थी। अधिकतर मुकदमे दीवानी होते थे। पारिवारिक जीवन से सम्बन्धित कानूनों की संख्या अधिक पाते हैं। कानून-संहिता में धन, स्वामित्व, बन्धक रखने, दर्जी, बढ़ई एवं अन्य कारीगरों का मजदूरी का रेट का वर्णन है, ताकि इन सब के लिए राज्य में छोटी-मोटी समस्याएँ खड़ी न हों। चीर-फाड़ करनेवाले डॉक्टरों की फीस मरीज की आर्थिक स्थिति

के अनुसार तय थी। गुलामों एवं अति गरीब लोगों की तुलना में स्वतंत्र एवं धनी व्यक्तियों को कानून का पालन अतिसतर्कतापूर्वक करना पड़ता था, अन्यथा वे तुलनात्मक दृष्टि से कठोर दंड के भागी होते थे।

हम्मूराबी का अर्थ पश्चिमी सेमेटिक देवता होता है। विजेता एवं योग्य शासक के अलावा ई.पू. 1792 में 43 वर्षों के लिए बेबीलोनिया का शासक बना रहनेवाला हम्मूराबी एक प्रसिद्ध कानूनवेत्ता था। मरने के हजारों वर्ष बाद भी वह न्याय का अवतार माना जाता रहा। उसके कानून 3500 पंक्तियों में उत्कीर्ण हैं। गरीबों और दासों के प्रति उसकी पूर्ण सहानुभूति रही। नेपोलियन एवं जस्टिनियन के कानूनों के समान हम्मूराबी का कानून संहिता मात्र वैधानिक (Legislative) नहीं बल्कि समाज सुधारों के लिए था। बेबीलोनिया की सामाजिक एवं सांस्कृतिक पहलुओं को विकसित करने में हम्मूराबी की भूमिका अद्वितीय रही।

25.10 दास प्रथा

बेबीलोनिया का समाज तीन वर्गों में—(1) **अबेलू** अर्थात् शासक, पुरोहित और व्यापारी तथा उच्च अधिकारीगण, (2) **मुशकेन** अर्थात् छोटे कारीगर, पट्टेदार, व्यवसायी तथा कुछ अन्य लोग जिनकी आर्थिक स्थिति प्रथम श्रेणीवालों से कमजोर थी और (3) **दास** तथा **अन्य कर्मकार** बँटा था।

दासों की स्थिति की जानकारी के लिए सबसे महत्त्वपूर्ण स्रोत हम्मूराबी की कानून-संहिता है। दास या गुलाम से सारा विश्व हजारों वर्षों से परिचित रहा है। बेबीलोनिया में दासों का मुख्य काम गैरदासों की सेवा करना था। वैसे लोगों को प्रायः दास बना दिया जाता था जो विजयी राजा द्वारा पराजित हो जाते और पकड़कर लाए जातें थे। हम्मूराबी के कानून-संहिता में लिखा है—

जो दास या दासी चुराएगा, उसे प्राणदंड मिलेगा।
जो भागे हुए दास को शरण देगा, उसे प्राणदंड मिलेगा।
जो दास का निशान मिटाएगा, उसकी अँगुलियाँ काट दी जाएगी।
जो पराए दास की हत्या करेगा, उसे बदले में दास देना होगा।

बेबीलोनिया में मनुष्य का सामाजिक विकास, निजी सम्पत्ति का उदय और अन्ततः दास प्रथा का प्रसार हुआ। पूँजी संचय में दासों की मुख्य भूमिका थी। बेबीलोनिया के धार्मिक संस्थानों में बहुत से दास रहते थे। इनको किसी तरह वहाँ भोजन प्रदान किया जाता था। बेबीलोनिया के कुछ वैसे निवासी भी दास की श्रेणी में आ गए जिन्हें पूँजीपतियों और भूमिपतियों ने शोषण करते-करते जिन्दा लाश बना दिया। मेसोपोटामिया से प्राप्त कुछ ऐतिहासिक स्रोत बताते हैं कि अधिकांश मजदूर कानूनी रूप से स्वतंत्र होने के बावजूद दासों के समान जिन्दगी बिताते थे। इसका कारण यह था कि दासों के कारण मजदूरों को उतना काम नहीं मिल पाता और अगर मिलता भी था तो उचित मजदूरी नहीं मिलती थी। इस तरह बेबीलोनिया में काम से ज्यादा मजदूर थे और उनकी स्थिति दासों जैसी हो गई।

बेबीलोनिया में गरीब लोग भोजन और रहने का इन्तजाम हो जाने के बदले बिना वेतन के धनाढ्यों के यहाँ काम करते थे। विधि-संहिता के अध्ययन से पता चलता है कि निरंकुशता

ने अमीरी और गरीबी के बीच की खाई बढ़ा दी थी। अकाल, सूखा और महामारी से प्रभावित क्षेत्रों में गरीबी अपने चरम सीमा पर पहुँच जाती थी। ऐसे क्षेत्रों में शरणार्थियों को वीरान इलाके में रहने की अनुमति मिल जाती थी। वहाँ भोजन प्राप्त होना मुश्किल था, अतः वे सरकारी निर्माण कार्य में लगाए जाते और[2] अन्ततः उन्हें दास बनने को बाध्य होना पड़ता था। बेबीलोनिया में सम्पूर्ण हस्तकौशल का आधार दास ही थे।

दास धार्मिक संस्थाओं में काम करते थे। दुश्मनों पर चढ़ाई करते समय दासों को साथ ले जाया जाता था ताकि आनेवाले तीर या भाले की चोट सहकर वे अपनी स्वामी की सुरक्षा करें। दास उद्यानों एवं खेतों में काम करते थे। स्वामी से वे कोई माँग नहीं कर सकते थे। स्वामी से आँख मिलाकर बात करने की उन्हें मनाही थी। दास के पीठ पर लिखा रहता था—"मुझे पकड़ो नहीं तो भाग जाऊँगा।" दासों को उतना ही दिया जाता ताकि वे मर नहीं जाएँ। वस्त्र उन्हें उतना ही दिया जाता था जिससे आवश्यक अंग ढँका रहे। नया वस्त्र नहीं बल्कि फटा-पुराना वस्त्र उन्हें दिया जाता था। स्वामी का पुत्र दास को कुत्ता-बकरी के समान गले में रस्सी बाँधकर खेला करता था और पीटा करता था। भूख लगने पर दास भोजन माँग नहीं सकते थे बल्कि स्वामी जब देता तभी वे खा सकते थे। दासों को काम करते-करते थक जाने के बावजूद आराम करने की मनाही थी।

दास कई प्रकार के होते थे। कुछ दास ज्यादा समझदार होते थे क्योंकि दास बनाए जाने के पूर्व वे किसी अच्छे पद पर काम कर चुके थे। कुछ दास मोटे दिमागवाले थे क्योंकि दास बनने से पूर्व वे सैनिक थे। कुछ शिल्पकार भी दास बन चुके थे। कामधंधे के अभाव में ये शिल्पकार अपने धनी मालिक (दुकानदार या भूमिपति) से कर्ज ले-लेकर काम चलाते थे। कर्ज पर इन्हें भारी ब्याज देना पड़ता था। धीरे-धीरे स्थिति ऐसी हो जाती कि ये शिल्पकार अपने मालिक का सदा के लिए कर्जदार बन जाते और अन्ततः उन्हें दास-श्रेणी में आ जाना पड़ता था। दास बन जाने के बावजूद अगर पूरा कर्ज वे नहीं दे पाते तो उनका पूरा परिवार दास बना लिया जाता था। इस तरह विकास कार्यों के साथ-साथ दासों की संख्या भी बढ़ती गई।

कुछ लोग तो जन्म से ही दास होते थे। कुछ लोग सूद का पैसा नहीं दे पाने के कारण दास बना दिए जाते और कुछ युद्धबंदी दास बना दिए जाते थे। दास खरीद-बिक्री की वस्तु के रूप में प्रयोग किए जाते थे। इनकी स्थिति पशु से भी बदतर थी। सुविधाप्राप्त वर्ग नहीं चाहता था कि दासों की स्थिति में कोई सुधार हो।

हम्मूराबी की कानून-संहिता के अध्ययन से पता चलता है कि दासों के साथ किए जा रहे कठोरतापूर्वक व्यवहार में हम्मूराबी के समय कुछ कमी आई। हम्मूराबी एक शक्तिशाली शासक था। उसने जो विधि-संहिता तैयार की उसका पालन करना सारी प्रजा के लिए अनिवार्य था। हम्मूराबी के कारण दासों के साथ किए जानेवाले अमानुषिक व्यवहार को अब बुरा माना जाने लगा। दास अगर स्वामी की आज्ञा नहीं मानता तो स्वामी सजा के रूप में केवल दास को अपने यहाँ से निकाल दे सकता था किन्तु शारीरिक दंड नहीं दे सकता था। स्वामी अब अपने दासों की सदा शिकायत करते किन्तु सभी दासों को वे निकाल देना नहीं चाहते थे क्योंकि उत्पादन-वृद्धि में दासों की भूमिका महत्त्वपूर्ण थी। स्वामियों के इशारे पर श्रम एवं

सेवा केवल दास ही कर सकते थे। हम्मूराबी के राजाज्ञा से दास-स्वामियों को अब यह भी चिंता रहने लगी थी कि दास कहीं विद्रोह न कर दें।

स्वामी के लिए दासों का महत्त्व इतना होने लगा कि दास-चोर की सजा मृत्यदंड थी। दास-चोर को पकड़ने वाले को स्वामी पुरस्कृत करता था। दास के माथे पर स्वामी का विशेष चिह्न सदा अंकित रहता था।

हम्मूराबी के कारण दास अब बेचे नहीं जा सकते थे। दास को अगर उसका मालिक बेचना चाहता तो दास स्वयं इसका विरोध कर सकता था और स्वामी के विरुद्ध न्यायालय की शरण में जा सकता था। हम्मूराबी के द्वारा निर्मित नियम के बावजूद गुप्त रूप से दासों की खरीद-बिक्री होती थी। दास मानसिक रूप से इतने जागरूक और साहसी नहीं थे कि बात-बात पर स्वामी का विरोध करते। बहुत-से दासों को तो नए-पुराने किसी कानून की जानकारी नहीं थी। मालिक की इच्छा से दास स्वतंत्र हो सकता था। दासों को सम्पत्ति रखने का अधिकार मिला। ये अब व्यापार भी कर सकते थे। स्वतंत्र स्त्री से विवाह करने पर दास को दासत्व से मुक्ति मिल जाती थी।

25.11 बेबीलोन का धर्म एवं संस्कृति

समाज में धर्म की भूमिका प्राचीन मिस्र से किसी कदर कम महत्त्वपूर्ण नहीं थी। साहित्य से लेकर विज्ञान तक सांस्कृतिक जीवन के सभी क्षेत्रों पर प्रबल धार्मिक प्रभाव था। सबसे महत्त्वपूर्ण देवता मर्दूक, शमाश और कृषि देव-देवी ताम्मुज तथा इश्तर (ओसीरिस और ईसिस के लगभग समतुल्य) थे। इनके अलावा स्थानीय नदियों और नहरों की आत्माओं से सम्बद्ध लोक-प्रचलित विश्वास भी थे। मृतकों की आत्माओं को पूजा जाता था।

प्राचीन मिस्रियों के विपरीत मेसोपोटामिया में लिखित भाषा कीलाक्षरी थी। मृत्तिका फलकों पर कीलाकार संकेत गोद दिए जाते थे, जिन्हें आग में पकाने के बाद काफी समय तक संरक्षित रखा जा सकता था। बेबीलोनिया की प्राचीन साहित्य की बहुत-सी कृतियाँ आज दिन तक बच रही हैं। इनमें विख्यात महाकाव्य *गिल्गमेश* भी है, जिसमें महाप्रलय की कथा का पहले-पहल जिक्र आता है।

प्राचीन बेबीलोन का प्रारम्भिक विज्ञान कृषि से घनिष्ठतः जुड़ा था। सुमेरी युग में ही एक षाष्टिक गणन पद्धति अस्तित्व में आ चुकी थी, जिसमें 360 अंशों में वृत्त के आधुनिक विभाजन के मूल को देखा जा सकता है। बेबीलोन के वासियों ने चारों अंकगणितीय नियमों में तथा सरल भिन्न, वर्गफलन, घनफलन और वर्गमूलन में पारंगति प्राप्त कर ली थी। वे खगोलिकी में भी विशेष उन्नत थे। उन्होंने ग्रहों में से 5 को पहचान लिया था और उनकी कक्षाओं का आकलन कर लिया था। चंद्र कलाओं के अपने अध्ययन से उन्होंने वर्षों, महीनों और दिनों में विभाजित पंचांग तैयार कर लिया था, जिसमें हर दिन में 12 घंटे थे और हर घंटा 30 मिनटों में बँटा हुआ था।

अशर संस्कृति को देशज नहीं माना जा सकता। असुरों ने अपनी विजयों और व्यापारिक सम्बन्धों की बदौलत प्राचीन पूर्व के देशों में बाबुली संस्कृति के प्रसारकों का काम किया। उदाहरण के लिए असुर राजा असुर बेनिपाल के विख्यात पुस्तकालय में विभिन्न भाषाओं

में लिखित साहित्यिक तथा धार्मिक पुस्तकों, वैज्ञानिक प्रबंधों, सन्दर्भ ग्रंथों और शब्दकोशों का एक बृहद् संग्रह था। उसे प्राचीन पूर्व की सांस्कृतिक निधियों का एक सच्चा खजाना कहा जा सकता है।

25.12 प्रमुख देनें

फरात नदी जहाँ दजला नदी के काफी निकट आ जाती है, वहाँ उसके तट पर बेबीलोन या बाबुल नगर स्थित था। भौगोलिक स्थिति बहुत उत्तम होने से बेबीलोन मेसोपोटामिया का सबसे बड़ा व्यापारिक नगर था। बेबीलोनिया की सभ्यता सुमेरिया की सभ्यता से काफी प्रभावित रही। प्राचीन बेबीलोनियन जब फरात घाटी में बसे तो उस समय उनकी कोई निजी सभ्यता नहीं थी। वे सुमेरियनों के प्रभाव से प्रभावित थे।

बेबीलोनिया वालों ने सर्वप्रथम कई छोटे-छोटे राज्यों को जीतकर एवं संगठित राज्य का निर्माण किया और स्वतंत्र राज्यों का अस्तित्व समाप्त कर दिया। बेबीलोन के राजा की आज्ञाएँ सर्वमान्य थीं। केन्द्रीकरण की भावना को सुदृढ़ बनाया गया। राज्य में समान कानून लागू कर दिए गए। राज्य-विरोधी अपराधों की सूची तैयार की गई। अपराधियों को दंडित करने में राज्याधिकारियों ने रुचि दिखाई। हानिग्रस्त परिवार की सहमति लेकर अपराधी को दंड दिया जाता था। राजद्रोही या हत्यारे को मृत्युदंड दिया जाता था।

सुमेरियन कानून के अनुसार भागे हुए दास को शरण देनेवाले व्यक्ति को कुछ हर्जाना देना पड़ता था। बेबीलोन में इस अपराध के लिए मृत्युदंड का नियम था। सुमेरियन कानून के अनुसार जब दास मालिक के अधिकार को चुनौती दे तो उसे बेच दिए जाने का प्रावधान था किन्तु हम्मूराबी कानून के अनुसार ऐसे में दास के कान काट लिये जाते थे। सुमेरियन कानून में स्त्री द्वारा किसी दूसरे पुरुष से यौन-सम्बन्ध स्थापित करने पर उसे तलाक देने की भी आवश्यकता नहीं थी, जबकि बेबीलोन में इस अपराध से जुड़ी स्त्री को मृत्युदंड देने का विधान था। यदि कोई व्यक्ति कर्ज चुकता करने के लिए स्त्री और बच्चों को बेच देता था तो वे 4 वर्ष से अधिक बन्धक नहीं बनाए जा सकते थे। मालिक के सम्बन्ध से दासों से उत्पन्न शिशु को बेचा नहीं जा सकता था।

बेबीलोनिया ने सुमेरिया से अधिक आर्थिक सुधार किया। वाणिज्य, व्यापार एवं मुद्रा से सम्बन्धित नियमों की चर्चा हम्मूराबी के संविधान में है। कृषकों के लिए कानून थे। भूमि सरकारी एवं अराजकीय दोनों प्रकार की थी।

सुमेरियन देवों की प्रतिष्ठा कम और बेबीलोन के स्थानीय देव मरदुक को सभी देवों से श्रेष्ठ मान लिया गया। इश्तर और उसके भाई और प्रेमी तम्मूज जिनका सुमेरियन धर्म में कोई महत्त्व नहीं था, अब क्रमशः मरदुक के बाद द्वितीय तथा तृतीय प्रधान देवी तथा देव हो गए। तम्मुज की शरद में मृत्यु हो जाती और वसन्त में जन्म होता था। इस तरह वे प्रकृति से सम्बन्ध रखते थे। सुमेरियन तथा बेबीलोनियन दोनों ही परलोक जीवन में विश्वास नहीं करते थे। बेबीलोन के धर्म में अन्धविश्वास को स्थान मिल चुका था। प्लेग को देवता नरगल बुरी शक्तियों का प्रतिनिधि और दुःख देनेवाला माना जाता था। डाइनों (witches) के लिये मृत्युदंड का प्रावधान था।

सुमेरियनों के समान बेबीलोन ने भी कला और साहित्य में विशेष प्रगति नहीं की। मूर्तियों के निर्माण में राज्य एवं पुरोहितों की दखलंदाजी होने लगी। परिणामस्वरूप कलाकार की मौलिकता नष्ट हो गई। गिल्गमेश महाकाव्य को परिवर्द्धित किया गया।

जहाँ तक बेबीलोन की सभ्यता के महत्त्व का प्रश्न है, हम्मूराबी-संहिता के अनुसार तत्कालीन समाज तीन वर्गों-स्वतंत्र (awelu), जनसाधारण (Mushkenum) और दास (wardu) में (रूक्स *Ancient lraqe* 1966, p. 185 के अनुसार) विभाजित था। स्वतंत्र लोगों की श्रेणी में राजपरिवार के सदस्य, पुरोहित, उच्च अधिकारी एवं योद्धा लोग थे। किसी अपराध में पकड़े जाने पर इन्हें मध्यम वर्ग से तिगुनी अधिक रकम देनी पड़ती थी।[3] यदि एक स्वतंत्र व्यक्ति किसी स्वतंत्र व्यक्ति का एक बैल चुरा लेता था तो चोरी का पता लग जाने पर दंड के रूप में उसे बैल के मूल्य के तीस गुना दंड देना पड़ता था किन्तु चोर यदि मध्यम वर्ग का होता था तो उसे बैल के मूल्य का मात्र दस गुना जुर्माना देना होता थ। दूसरे वर्ग में मुस्केनुम्[4] अर्थात् करीगर, व्यापारी, मजदूर, भिखारी और दास थे। रूक्स महोदय के अनुसार इस वर्ग में सैनिक एवं असैनिक संस्थानों के आश्रित लोग थे।

तीसरा वर्ग दासों (वर्दू) का था। इस श्रेणी में युद्धबन्दी, गुलामों के कुल के तथा खरीदे हुए दास थे। भागे हुए दास को शरण देने या दास चुराने वाले को मृत्युदंड का प्रावधान था। दास खरीदे एवं बेचे जाते थे। कानूनी तौर पर स्वामी का कर्ज चुकाकर दास स्वतंत्र हो सकते थे।

तत्कालीन समाज में नारियों की स्थिति अच्छी थी। उन्हें सांविधानिक अधिकार मिले थे। दहेज से प्राप्त धन पर पत्नी का पूर्ण अधिकार होता था। कुछ ही लोग एक पत्नी के अतिरिक्त रखैलें और दासी पत्नियाँ रखते थे। व्यभिचारिणी स्त्री को तलाक, मृत्युदंड आदि देने की व्यवस्था थी। विधवा को पति की सम्पत्ति बेचने का अधिकार था। पर्दा-प्रथा राजपरिवार में थी। सामान्य स्त्रियाँ खेती-बारी, व्यापार आदि में भाग लेती थीं।

बेबीलोन में देवदासियों की काफी प्रतिष्ठा थी। इस वर्ग में अधिकांशतः अविवाहित स्त्रियाँ थीं। उन्हें ब्रह्मचर्य व्रत का पालन करना पड़ता था। वे शराब का व्यापार नहीं कर सकती थीं। मदिरा पीनेवाली देवदासी को मृत्युदंड दिया जाता था। इच्छानुसार देवदासी पद छोड़कर विवाह कर सकती थी। देवदासियाँ अपनी सम्पत्ति रख सकती थीं और व्यापार चला सकती थीं।

सुमेरिया की तरह बेबीलोन की आर्थिक अवस्था का मुख्य आधार कृषि था। नहरों की सहायता से सिंचाई की जाती थी। राजा, सामन्तों, मंदिरों, धनी व्यापारियों आदि का भूमि पर अधिकार था। कृषि को व्यवस्थित करने के लिए कानून बने थे। पट्टे की भूमि पर उपज का एक-तिहाई या आधा भाग देना पड़ता था। खेती न करने पर उसे औसत लगान देना पड़ता था। बेबीलोन अन्न उत्पादन के लिए विश्वप्रसिद्ध था। किसी पशु द्वारा खेती को चर लेने पर उसका मालिक हर्जाना देता था। गेहूँ और जौ प्रमुख थे। अंगूर और खजूर भी काफी होते थे। हम्मूराबी के आदेश से किश और फारस की खाड़ी के मध्य एक लम्बी नहर खोदी गई थी जिससे खेती और बाढ़-नियंत्रण से काफी मदद मिली थी। पशुओं को पालने के लिए राज्य की ओर से व्यवस्था थी। भेड़ और दुधारू पशुओं को पालने के लिए जिलों और शहरों

में चरवाहे नियुक्त थे। चरवाहे राजदरबार में आकर अपने पशुओं का ब्योरा देते थे। निजी पशुओं पर सरकारी टैक्स लगता था जलमार्ग यातायात के प्रमुख साधन थे। यातायात में नाव का प्रयोग होता था। राज्य इस पर ध्यान देता था कि व्यापार में व्यापारियों को कोई कष्ट नहीं हो। नाव से व्यापार करनेवालों के लिए कठोर नियम बने थे। नाविक राजा द्वारा नियुक्त किए जाते थे। राजकीय नावों की व्यवस्था थी। नावें अनाज, ऊन, खजूर, लकड़ी और इमारती लकड़ी ढोती थीं। भारत से भी बेबीलोन के व्यापारिक सम्बन्ध थे। व्यापारी ऋण भी देते थे। ई.पू. 2100 से स्थलमार्ग विकसित हुए और घोड़े की सवारी की जाने लगी। नए पुल बने। लोहा, चाँदी, सोना, ताँबा, और काँसे की वस्तुएँ बनाई जाती थीं। सूती और ऊनी के वस्त्र बनाए जाते थे। सोने-चाँदी के टुकड़े और अनाज का प्रयोग खरीद-बिक्री में किया जाता था।

धार्मिक दृष्टिकोण से बेबीलोन पुरोहितवाद से प्रभावित था। राजा बनने से पूर्व प्रत्येक राजकुमार को माईुक की प्रतिमा के पीछे-पीछे नगर में भ्रमण करना अत्यावश्यक था। इस अवसर पर राजा पुरोहित के पोशाक में होता था। युद्ध में विजय मिलने पर राजा देव-पूजन और मंदिर-निर्माण करता था। देवताओं के नाम पर वह कर वसूला करता था। मंदिरों के पास हजारों किलोमीटर भूमि, अपार धन और जनसम्पत्ति होते थे। प्रत्येक नगर का प्रमुख देवता होता था। मरदुक देवता सर्वाधिक प्रसिद्ध था। सुमेरियन साम्राज्य के समय यह एक छोटा देवता था। मृतक गाड़े एवं जलाए जाते थे। परलोक में विश्वास नहीं था। बेबीलोनिया का साहित्य सुमेरियन साहित्य से प्रभावित है। क्यूनीफार्म लिपि की जानकारी लेखकों एवं शिक्षकों को थी। गिलगमेश महाकाव्य सुमेरिया के आधार पर लिखा गया था।[5] यह महाकाव्य 12 खंडों में लिखा गया था। अंग्रेज विद्वान हेनरी रॉलिंसन ने इसे सौर-कथा (solary myth) कहा है जिसमें 12 कांड 12 महीने हैं। बेबीलोन का इश्तर का पाताल अवतरण नामक कथा सुमेरिया के इनन्ना के पाताल अवतरण का ही रूपान्तर है। सुमेरियन इनन्ना ही अक्कदियन इश्तर है।

बेबीलोनियन भाषा प्राचीन सुमेरियन और अक्कदियन बोलियों के सम्मिलित भाग से मिलकर विकसित हुई थी। यद्यपि यह मूलतः सुमेरियन जैसी है किन्तु शब्द-भंडार इतना अलग हो गया था कि बेबीलोनियनों ने अक्कद के सरगोन के समय में ही शब्दकोश बना लिया था।

राजकीय इतिहास लेखक बेबीलोन में राजाओं के विजयों एवं कार्यों का विवरण रखते थे। वे मंदिर का लेखा एवं नगर की प्रमुख घटनाओं को लिखते थे। इन्होंने राजाओं की कृतियों का सविस्तार वर्णन करने की पद्धति निकालकर इतिहास और साहित्य का श्रीगणेश किया था।

सुमेरिया की अपेक्षा बेबीलोनिया की कला में निश्चित रूप से गिरावट आई। रचनात्मक प्रतिभा की कमी रही। मंदिरों की दीवारों में बहुमूल्य धातुएँ और रंगीन चीनी मिट्टी के टुकड़े जड़ दिए जाते थे। बेबीलोनिया के कुछ भवन 70 फीट ऊँचे होते थे। कहीं-कहीं मंदिरों के समीप ही शिखरयुक्त भवन होते थे जिनमें ऊपर चढ़ने के लिए बाहर से सीढ़ियाँ भी बनी थीं। शिखरयुक्त भवन को जिगूरत (Ziggurat) कहा जाता था। इसमें श्रेणीयुक्त और घनाकार (cubical) मंजिलें थीं। इतिहासकार हेरोडोटस जब बेबीलोन का भ्रमण किया तो उसने एक

जिगूरत देखा जो सात मंजिला और 650 फीट ऊँचा था। बोर्सिप्पा के जिगूरत की सात मंजिलों को बेबीलोन के सात ग्रहों के नाम से पुकारा जाता था जिनकी पहचान के लिए विभिन्न रंगों का प्रयोग किया गया था। विलडूरेंट महोदय का मानना है कि जिगूरत का उद्देश्य धार्मिक है। इसे देवी का उच्चतम आवास कहा जा सकता है। दूसरा उद्देश्य ज्योतिष सम्बन्धी है। इस पर बैठकर ज्योतिषी ग्रहों की गति का अध्ययन करता था। वास्तुकला के उपकरणों में पत्थर के अभाव में पकी ईंटों का ही प्रयोग किया गया। इस स्थिति में वास्तुकला के विकास की बात नहीं सोची जा सकती है। जिगूरत का प्रभाव परवर्ती एथेंस और पार्थिया की कला में दृष्टिगत होता है।

बेबीलोन की सभ्यता व्यापारिक थी। इस सिलसिले में विज्ञान की प्रगति हुई। रेखागणित में वृत को 360^0 C और वर्ष को 360 दिनों में विभाजित किया गया था। वृत्त के व्यास और परिधि के अनुपात को व्यक्त करने के लिए तीन अंकों का प्रयोग किया जाता था। 1 से 9 अंक तक के लिए एक चिह्न को 9 तक दुहराया (Repeated) जाता था। 10 और 60 के लिए पृथक् चिह्न थे। पहाड़े के चार्ट के कारण, जोड़ भाग और गुणा आसान हो गया। आधा, तिहाई, चौथाई, वर्ग और घनमूल भी अंकों के निकाले जाते थे। रेखागणित का इतना विकास हुआ कि वक्र और मिश्रित क्षेत्रों का भी नाप निकाला जा सकता था। खगोल-शास्त्र के लिए बेबीलोन विश्वप्रसिद्ध था।

बेबीलोनवालों ने सूर्य और चन्द्र के अयनवृत्तों (orbit) का पता लगा लिया था और उसके आधार पर ग्रहणों का भी अनुमान कर लिया था। उन्होने जलघड़ी एवं सूर्यघड़ी का आविष्कार कर लिया था। चिकित्सक द्वारा सफल ऑपरेशन किया जाता था। **यहाँ के लोगों ने विश्व में प्रथम बार प्रांतों और नगरों का मानचित्र बनाया था।** निप्पुर नगर के मानचित्र में नगर के प्रधान मंदिर, उपवन, नहरें और प्राचीरें आदि प्रदर्शित हैं।

बेबीलोन से ही उन रोचक कथाओं का सूत्रपात हुआ जिन्हें यहूदियों ने अंगीकृत कर यूरोपीय गाथाओं को आधार दिया। बेबीलोन के गणित, खगोल-विद्या, औषधि विज्ञान, व्याकरण, शब्दकोश, स्थापत्य आदि ये यूनानी सभ्यता को पर्याप्त रूप से प्रभावित किया। बाद में चलकर असीरिया ने जब बेबीलोन पर विजय प्राप्त करके एक विशाल साम्राज्य की स्थापना की तो बेबीलोन की सभ्यता उसके सम्पूर्ण साम्राज्य का अंग बन गई। गुलाब (Rose) असीरिया का मूल पौधा है। भारत में गुलाब की प्रथम चर्चा प्लिनी (Pliny) ने की है। किन्तु इसका पौधा बादशाह अकबर के जमाने में भारत लाया गया।

25.13 मेसोपोटामिया की उपलब्धियाँ

मेसोपोटामिया यूनानी भाषा का शब्द है जिसका अर्थ दोआब या नदियों के बीच का प्रदेश होता है। नागरिक सभ्यता की उत्पत्ति एवं विकास का सिलसिलेवार पता मेसोपोटामिया के प्राचीन खँडहरों एवं टीलों की खुदाई से मिलता है। प्राचीन शहरों की खुदाई से पता चलता है कि किस तरह नवप्रस्तर युग के बाद धातु युग आया और ग्रामीण संस्कृति ने नगरीय सभ्यता को स्थान दिया।

दजला और फरात नदियों के बीच का डेल्टा काफी उपजाऊ था। बीज से सौ गुना अन्न

यहाँ उपजता था। इससे आकर्षित होकर यहाँ काफी लोग बसने लगे और इस पर मेसोपोटामिया की सभ्यता का विकास हुआ। दो नदियों के बीच के उपजाऊ भूमि को ही मेसोपोटामिया कहा गया।

दक्षिणी मेसोपोटामिया की भूमि काफी उपजाऊ थी। आज से करीब 5-6 हजार वर्ष पूर्व ही कृषि में कुदाल का प्रयोग किया जाने लगा। सरकंडों एवं मिट्टी से झोंपड़ियाँ बनाई जाती। सिंचाई के लिए नहरें खोदी गईं और बाँध बने। 3000 ई.पू. के लगभग से कृषि सुचारु रूप से होने लगी। खजूर का पेड़ 'जीवन वृक्ष' कहा जाता था। इसके फल से रस्सी, आटा और गुड़ तैयार होता था। इसके गुठली का प्रयोग जलावन के रूप में किया जाता था। घुँघराले ऊनवाले भेड़ों का महत्त्व बढ़ा। यातायात की दृष्टि से गदहा अति उपयोगी पशु था।

दासों का प्रयोग प्रथम बार यहीं किया गया। उन्हें 'आँख नहीं उठानेवाला' कहा जाता था। ई.पू. 3000 के आसपास राज्यों का जन्म और लेखन का आविष्कार मेसोपोटामिया में हुआ। यहाँ का प्रत्येक नगर एक पृथक् राज्य था। नगर-राज्यों को चलाने के लिए अधिकारियों, प्रहरियों एवं जल्लादों का एक संगठन होता था। इनका प्रमुख कार्य गरीबों और दासों का कठोरतापूर्वक शोषण करना था। शासन का स्वरूप सामन्ती था। शासक अपने बहादुर सरदारों को वेतन के बदले करमुक्त भूमि देता था। सरदारों का काम राजा के लिए सिपाही और सामान जुटाना था।

मेसोपोटामिया का प्रसिद्ध शासक हम्मूराबी ने साम्राज्य की प्रजा के लिए एक कानून-संहिता[6] बनाया। उसमें व्यापार-सम्बन्धी सभी काम, जैसे-कर्ज, इकरार, खरीद-बिक्री इत्यादि के लिए कानून था। स्त्री-पुरुष के सम्बन्ध को संचालित करने के नियम थे। व्यभिचार के लिए स्त्री को प्राणदंड का प्रावधान था। हाथ काटने की सजा हाथ काटना थी। स्त्रियाँ पति से अलग स्वतंत्र व्यापार कर सकती थीं। दासों को दासत्व से मुक्त होने का प्रावधान था।

ई.पू. 10वीं शताब्दी में मेसोपोटामिया के लोगों ने लोहा गलाना एवं उससे औजार बनाना सीख लिया। चाक की प्रथम जानकारी मेसोपोटामियावालों को हुई। 3000 ई.पू. के आसपास ईंट का आविष्कार किया गया। मिट्टी में भूसा मिलाकर उसे लकड़ी के साँचे में ढालकर धूप में सुखा देने से ईंट बन जाती थी। नरकुलों की बनी झोंपड़ी की सुरंगनुमा छत को देख मेसोपोटामिया में किसी ने सहसा चाप (मेहराब) की खोज की। मुद्रा के रूप में उत्कीर्ण पत्थर का प्रयोग ई.पू. 3000 के लगभग किया जाता था। इसी समय ताँबा गलाने के लिए सिरे परदू नामक विधि का उपयोग होता था। मेसोपोटामिया के धातु शिल्पियों को ई.पू. 2500 के आसपास टीन का ज्ञान हुआ। साँचे में ढालकर मूर्ति निर्माण प्रक्रिया में टीन की भूमिका सराहनीय रही।

चक्केदार रथ और गाड़ियों का प्रयोग ई.पू. 3000 में किया जाता था। तीन काठ-खंडों का क्लैंप द्वारा जोड़कर चक्का और उसके ऊपर चमड़े की पट्ट ताँबें की कीलों से जड़कर तैयार किये जाते थे। चक्के का प्रयोग निर्माण उद्योग में भी होने लगा। मृद्भाण्ड निर्माण उद्योग तेज गति से विकसित हुआ। इससे हस्तकला का रूप बदला। आविष्कार की प्रक्रिया ने पूजागृहों को विकसित किया। 3000 ई.पू. के आसपास मेसोपोटामिया में पठन-पाठन शुरू

हुआ। चिह्न-तालिका के अवशेष मिले हैं। चिह्नों का प्रयोग केवल विचारों और वस्तुओं के लिए ही नहीं बल्कि ध्वनियों के लिए भी किया गया है। सुमेरी शब्द का और दाढ़ीदार सिर के लिए एक चिह्न का प्रयोग होता था। धीरे-धीरे लिपि सरल होती गई। लिखने के लिए स्लेट और रबर लगा पेंसिल का प्रयोग किया जाने लगा। विभिन्न चिह्नों को फलाकार लेखनी से गीली मिट्‌टी की पट्‌टिका पर छापा जाने लगा। इसे क्यूनाइफार्म अथवा फानाकार अथवा कीलकार लिपि[7] कहा गया। इस लिपि का प्रयोग 250 ई.पू. के आसपास से किया जाने लगा। कीलकार लिपि को काफी समय तक सीखने के बाद ही जाना जा सकता था, अतः लिपिकों की संख्या कम थी। लेखन द्वारा शब्द को अमरत्व प्रदान करना एक अलौकिक प्रक्रिया प्रतीत हुई होगी। 2000 ई.पू. के लगभग नगरवासियों ने गुणा सीख लिया। व्यापार के कारण अंकगणित सरल होती गई। खाने की सामग्री श्रमिकों के बीच बाँटने की व्यावहारिक समस्याओं को सुलझाने के सिलसिले में गणितज्ञों का भिन्न संख्याओं पर पूर्ण नियंत्रण हो गया। तकनीकी शब्द प्रायः भावचित्रों के रूप में लिये जाते थे।

ई.पू. 2000 के बाद मेसोपोटामिया के लोग **पाइथागोरस प्रमेय**[8] के परिणाम से परिचित थे। चटाई बुनने में आनेवाले शतरंजी नमूनों में आयत के क्षेत्रफल के सूत्र का व्यवहार पुराने चित्र लिखित पट्‌टिकाओं पर वहाँ के लोग करते थे। शृंगारों पर शतरंजी नमूने बनाने की प्रथा लोकप्रिय हो चुकी थी। गणित के क्षेत्र में द्विघात और त्रिघात समीकरण वाली समस्याओं को शुद्धतापूर्वक समाधान करने की क्षमता वहाँ के लोगों को थी।

पंचांग का आविष्कार यहीं हुआ। वहाँ 360 दिनों में एक वर्ष और 30 दिनों का एक मास होता था। चन्द्रमास पर आधारित बारह महीने सूर्य-वर्ष से मेल नहीं खाते थे। अतः पंचांग में अतिरिक्त दिन जब-तब जोड़ दिए जाते थे। सप्ताह सात दिनों का होता था। सप्ताह का सातवाँ दिन-शव्वदु-आराम करने का दिन था। बाद में चलकर इस नियम को यहूदियों ने अपनाया और इसे सारी दुनिया मानती है। इन लोगों ने दिन-रात को एक दिवस मानकर इसे बारह खंडों में बाँटा और एक खंड दो घंटे के बराबर होता था जिसे **वीरू** कहा जाता था। धूप की परछाईं पर घंटा निर्धारित किया जाता था। 60 मिनट का एक घंटा और 60 सेकंड का एक मिनट की बात पहले-पहल मेसोपाटामिया वालों ने ही सोचा। 1 से 9 का रूप तो पुराना ही रहा किन्तु अर्द्धवृत्ताकार चिह्न 1 पर 10 के लिए एक नया प्रतीक माना गया। एक बड़ा अर्द्धवृत्त 60 का चिह्न था। 2500 ई.पू. के पहले मेसोपोटामिया में मात्र साठ के आधार पर गणना का व्यवहार होता था। ये लोग साठ-साठ की इकाइयों में गणना करते जिस षट्‌दाशनिक प्रणाली कहते थे। साठ के लिए वही अंक था जो एक के लिए था। भिन्न अंक किसी पूर्ण विभाजक संख्या का भाग के रूप में देखा जाता था। ई.पू. 2000 के आसपास वे लोग गुणा करना भलीभाँति जान गए थे। तारों की गति का ज्ञान उन्हें इतना अच्छा हो गया था कि कृषि-कार्य आरम्भ करने के महीने का इन्हें ठीक जानकारी हो चुकी थी।

मेसोपोटामियावासियों को जादू में विश्वास था। कई रोगों का इलाज भिषज या मंत्रों और अनुष्ठानों द्वारा किया जाता था। इस कारण भी पुरोहित वर्ग का दबदबा समाज पर बना रहता था। युद्ध में रथ और शीशे का प्रयोग सर्वप्रथम वहीं के लोगों ने किया। जल

में वस्तुओं को ढोने के लिए कैलेक का प्रयोग किया जाता था। इसे लट्ठों में बाँधकर बनाया जाता था। मेसोपोटामिया का भारत के साथ व्यापारिक सम्बन्ध थे।

3000 ई.पू. से ही मेसोपोटामिया में नहरों और खाइयों द्वारा कृत्रिम सिंचाई, हल, पशुशक्ति का उपयोग, पालयुक्त नौका, चक्रयान, ईंट, मेहराब, काँच, मुद्रा, सौरवर्ष, लेखन, अंकनप्रणाली तथा काँसा के क्षेत्र में क्रान्तिकारी विकास हुए। दशमलव प्रणाली, लोहा गलाने की सस्ती विधि, वास्तविक अर्थ में आनुवर्णिक लिपि तथा नगरों में ताजा जल लाने की कृत्रिम प्रणाली ने मेसोपोटामिया को आगे बढ़ाने में अद्वितीय भूमिका निभाई। यहाँ के कई आविष्कारों से विश्व लाभान्वित हुआ।

25.14 सुमेरियन

मेसोपोटामिया का सबसे दक्षिणी हिस्सा सुमेरिया कहा जाता था। उत्तर के पर्वतीय प्रदेशों से आए सुमेरियन सबसे पुराने लोग थे जो मेसोपोटामिया में बसे। ये गैर-शामी लोग अरब मरुस्थल के शामी कबीलों से घुल-मिल गए और उसके परिणामस्वरूप मेसोपोटामिया की एक सुविकसित सभ्यता बनी। मेसोपोटामिया जो दजला और फरात नदियों के बीच फली-फूली, दक्षिणी भाग को सुमेर के नाम से पुकारा जाता है। दोनों तरफ की मरुभूमि के मध्य वह प्रदेश हमेशा बाढ़ आने के कारण काफी उपजाऊ था। आसपास के निवासी यहाँ आर्थिक सुविधा के कारण आकर बस गए। चूँकि सबसे पहले यहाँ सुमेरियन लोग आकर बसे, अतः इस प्रदेश का नाम सुमेर पड़ा। 4000 ई.पू. में यह एक प्रमुख शहर था। सेमेटिक जाति के लोगों ने भी सुमेर को विकसित करने में काफी मदद किए। मिस्र की तरह सुमेर की जमीन किसानों के समुदायों में बँटा था। जौ, गेहूँ, अलसी और तिल यहाँ की मुख्य फसलें थीं। उपज का लगभग दसवाँ भाग कर के रूप में किसानों के द्वारा दिया जाता था। राजा एवं मंदिरों के पास अपनी जमीन भी होती थी जिसमें फल पैदा किया जाता और पशुपालन भी होता था।

सुमेरियन लोगों के द्वारा कीलाकार लिपि का आविष्कार किया गया। यह लिपि चित्रात्मक थी। पहले मिट्टी फिर लकड़ी या पत्थरों पर वह लिपि बनाई जाती थी। कुछ दिनों के बाद नुकीले सरकंडों से चित्र बनाए जाने लगे और नुकीला शब्द के आधार पर कीलाकार लिपि कहा जाने लगा। बाद में आवाज के आधार पर जब भावनाओं को व्यक्त किया जाने लगा तो लिखने की प्रथा शुरू हुई। छठी शताब्दी ईसा पूर्व में इस भाषा को 41 अक्षरों में फारस के लोगों ने लिखना शुरू किया।

आयाताकार तख्तों पर बाएँ से दाएँ लिखा जाने लगा। कानूनी दस्तावेज के रूप में भी इसका महत्त्व हो गया जिस पर पत्थर की मुहर लगा दी जाती थी। इन तख्तों का महत्त्व छोटे-छोटे लिखित कार्यों के लिए ही था। बड़ी-बड़ी दस्तावेजों के लिए त्रिकोण तख्तियाँ बनाई जाने लगीं। वे 12 इंच लम्बी होती थीं।

अँगुलियों पर गिनने के कारण सुमेर के लोगों के बीच 10 का महत्त्व था लेकिन उन लोगों ने 10 में 6 गुना कर 60 को इकाई माना। अंक प्रणाली कठिन होने के बावजूद ये आसानी से जोड़-घटाव कर लेते थे। छोटी संख्या के लिए पहाड़ा और बड़ी संख्या के लिए

गुणा-भाग करना वे जान गए थे। बीजगणित में उन्नति हुई। वैसे उनके 60 का महत्त्व 60 सेकंड का एक मिनट और 60 मिनट का एक घंटा के रूप में समझा जा सकता है।

धार्मिक क्षेत्र में मूर्तियों एवं चित्रों में सजी मंदिरों को सुमेरवासी ऊँचे स्थानों पर निर्मित करते थे। मंदिरों में मात्र पूजा-पाठ ही नहीं बल्कि सामाजिक जीवन का भी यह केन्द्र था। मंदिरों के पुरोहितों का राजनीतिक एवं आर्थिक क्षेत्रों में काफी प्रभाव था। राष्ट्रीय भावनाओं के लिए मंदिरों में कभी-कभी उत्सवों का आयोजन किया जाता था जिसकी चर्चा खुदाई से प्राप्त मिट्टी की तख्तियों में मिलती है। मंदिरों में संगीतज्ञ एवं वादक होते थे।

आरम्भ में स्थानीय देवताओं की पूजा मंदिरों में होती थी। बाद में देवताओं की संख्या बढ़ गयी। **अनु** आकाश का देवता था। दूसरा प्रधान देवता **एनलिल** था जो तूफानों का देवता था। ऋग्वैदिक काल में इन्द्र और मारुत भारत में इसी तरह के देवता थे। स्वर्ग एवं पृथ्वी से सम्बद्ध इन देवताओं की आराधना प्रायः पत्नी और सन्तानों से सम्बन्धित थी। इन देवताओं के अलावा पृथ्वी एवं उर्वरता की देवी की भी पूजा सुमेरवासी करते थे। इनमें से कुछ देवताओं की पूजा बाद में चलकर अन्य देशों में भी होने लगी। **तम्मुज** को अनाज, फल एवं वनस्पतियों का देवता माना जाता था। यहाँ के लोग अमरत्व में विश्वास करते थे और इसीलिए मरने के बाद शव के साथ जीवन की खुशी के लिए मृत धनी व्यक्ति के साथ मवेशी, नौकर और यहाँ तक कि पत्नियों को मारकर भी दफना दिया जाता था। ग्रहों में **सिन** अर्थात् चन्द्रमा और **शमाश** अर्थात् सूर्य की पूजा होती थी। प्रधान देवताओं का एकीकरण ग्रहों के साथ होने लगा। हम्मूराबी के काल में ग्रहों एवं तारों का स्वतंत्र अस्तित्व हो गया था। इसके आधार पर गणित एवं ज्योतिष का विकास हुआ। भूत-प्रेत एवं आत्माओं का धर्म में स्थान था। इस तरह के 3600 देवता थे जिनकी पूजा व्यक्तिगत स्तर पर होती थी। शकुनों में इनका विश्वास था जिसको देवता अपनी इच्छा से प्रकट करता था। फलतः देवता की इच्छा अर्थात् शकुन पाने के लिए सुमेरवासी कई तरीके अपनाए। किसी व्यक्ति को अपना शकुन जानने की इच्छा होती तो वह मंदिर में रात में सो जाता और जो स्वप्न दिखाई देता उसके आधार पर मानव-जीवन की घटनाओं को जानने का प्रयास करता था। जादू की उत्पत्ति हुई। बीमारी का सम्बन्ध भूत-प्रेतों से जोड़ दिया गया।

साहित्य के क्षेत्र में सुमेर की सभ्यता का काफी महत्त्व है। आरम्भ में साहित्यों का सम्बन्ध धर्म से था। बाद में धर्म से हटकर भी साहित्य रचे गए। गीत, कहानियाँ एवं वीर-काव्य की रचना हुई। बड़ी-बड़ी कविताएँ याद की जाने लगीं। सृष्टि के बारे में कल्पना एवं कहानियों को साहित्य में स्थान मिला। गिलगमेश नामक रचना राजा के पौराणिक (बिना ऐतिहासिक आधार का) कृतियों पर आधारित है। कृतियाँ मिट्टी की तख्तियों पर ही लिखी जाती थीं।

राजनीतिक दृष्टिकोण से सुमेर के शासक **परदेसी** कहे जाते थे। धर्म और शासन के अलावा जनता की रक्षा का भार भी इन्हीं के ऊपर था। शासन-व्यवस्था का आधार गणतंत्र था। सैनिकों द्वारा तलवार, तीर-धनुष, भाला-बरछी आदि का प्रयोग किया जाता था। रथ का भी प्रयोग किया जाता था। हारे हुए दुश्मनों को दास बना लिया जाता था और देवता

को भेंट कर दिए जाते थे। आपसी लड़ाइयों के फलस्वरूप राजतंत्र का विकास हुआ। अनाज के रूप में कर वसूला जाता था।

आर्थिक जीवन का मुख्य आधार खेती था जिसमें जौ, खजूर, दाल, तरकारी आदि मुख्य थे। हल तथा बैलों से खेत जोते जाते थे। घोड़े, बकरी, भेड़ आदि पशु पाले जाते थे। कपास से कपड़ा तैयार किया जाता था। शिल्पकार सोने-चाँदी के बर्तन बनाते थे। इन सबकी देखभाल के लिए निरीक्षण अधिकारी नियुक्त किए जाते थे। लकड़ी एवं शीशा से भी वस्तुओं का निर्माण होता था। पहिए का आविष्कार शायद इन्हीं लोगों की देन है।

सरकंडे, फूस, चटाई तथा मिट्टी के द्वारा मकान बनाए जाते थे। 4000 ई.पू. से ईंट का प्रयोग होने लगा। समाज में लगभग तीन वर्ग–उच्च, मध्य एवं निम्न थे। स्त्रियों का स्थान संतोषजनक था। घर की मालकिन होने के अलावा वे स्वतंत्र व्यापार करती थीं। मर्द एवं औरत आभूषणों का प्रयोग करते थे। मरने के बाद शवों को गाड़ दिया जाता था।

इन तथ्यों के आधार पर कहा जा सकता है कि सुमेर के शहरों का प्रभुत्व ईसा पूर्व 3000 से 2000 ईसा पूर्व तक स्थापित रहा। अंत के दो सौ वर्षों में वे बाहरी आक्रमणों से जूझते रहे और इस समृद्धशाली सभ्यता का पतन होने लगा, लेकिन कृषि, लेखन-क्रिया, विज्ञान, धर्म आदि के क्षेत्र में उनके महत्त्व को भुलाया नहीं जा सकता।

25.15 असीरिया

असीरिया मेसोपोटामिया का एक प्राचीन साम्राज्य था। यह दजला नदी के तट पर बेबीलोन के पूर्व मे स्थित था। इन लोगों का प्रधान देवता **असुर** (सूर्य देवता) था। इसी कारण इनके देश का नाम असीरिया या असुरिया पड़ा। इसकी प्रथम राजधानी 'असुर' थी। अपने देवता असुर के नाम पर उनका विश्वास था कि जो लोग अन्य देवता की पूजा करते हैं, उन सब के विरुद्ध धर्मयुद्ध लड़ना है। बाद में असीरिया की राजधानी निनेवेह (Nineveh) हुई। ईसा से 3000 वर्ष पूर्व आर्य प्रजाति की 'खती' शाखा का यहाँ पर प्रभुत्व था। प्रारम्भ में यहाँ के राजा सुमेर बेबीलोन साम्राज्य के अधीन थे। 15 वीं सदी ई.पू. में मिस्री सम्राट ने फरात नदी तक अपना अधिकार स्थापित कर लिया। मिस्र तथा असीरिया राज्य के बीच परस्पर मैत्री सम्बन्ध थे। यहाँ के राजा शालमनेसर प्रथम ने 1300 ई.पू. में सर्वप्रथम अपने राज्य को बढ़ाने का प्रयास किया। 1100 ई.पू. में बेबीलोन ने नेबुचदनेजर (Nebuchadrezzarz-1124-1103 B.C.) के राज्यकाल में यहाँ दो बार चढ़ाई की पर उसे पराजित होना पड़ा। तिगतथ पिलेसर (हिगलाथ पिलीजरथ) प्रथम नामक शासक ने अपने साम्राज्य का विस्तार किया। हिट्टी, बाइबलस, बेबीलोन तथा सिडन पर विजय प्राप्त की थी। मिस्त्र के सम्राट से अच्छे सम्बन्ध रखे। तिगलथ पिलेसर के बाद के राजाओं की निश्चित तालिका मिलती है। इसके बाद के शासकों ने क्रमशः राज्य वृद्धि और शासन प्रबंध की व्यवस्था में वृद्धि की। साहित्य व कला का विशेष रूप में विस्तार हुआ। भवन निर्माण, भित्तिचित्र, मंदिर व गृह निर्माण में असीरी सभ्यता अपने समय की सर्वोत्तम सभ्यताओं में स्थान पाती है। लगातार 300 वर्ष तक इस दिशा में सतत प्रयास हुआ। निनेवेह का पुस्तकालय एवं खोर्सबाद का महल अत्यंत कलात्मक निर्माण थे।

सालमनेसर तृतीय (854-824 ई.पू.), तिगलथ पिलेसर तृतीय (745-727 ई.पू.), सरगोन द्वितीय (721-705 ई.पू.), ईसारहादोन (680-669 ई.पू.) और असुरबनीपाल (668-631 ई.पू.) असीरिया के प्रमुख शासक रहे।

असुर बेनिपाल असीरिया का अंतिम सुविख्यात और प्रभावशाली सम्राट था। उसका पुस्तकालय विश्वविख्यात था। उसका राज्यकाल असीरी साम्राज्य का स्वर्ण युग था। उसकी मृत्यु से यह विशाल साम्राज्य बेबीलोन राज्य के अधिकार में (लगभग 696 से 606 ई.पू.) चला गया।

25.16 सभ्यता

असीरिया ने सभ्यता और संस्कृति के क्षेत्र में अभूतपूर्व उन्नति की थी। राजा को ईश्वर का प्रतिनिधि माना जाता था। मुकदमों का निर्णय पंच करते थे। सामान्य जनता 3 वर्गों में विभक्त थी। प्रथम वर्ग में स्वतंत्र लोग थे और दूसरे वर्ग में दास थे। दासों के क्रय और विक्रय की प्रथा थी। स्वतंत्र लोगों में राजा, कर्मचारी, धर्माधिकारी तथा व्यापारी थे। तीसरे वर्ग में किसान-मजदूर इत्यादि थे। परिवार पितृसत्तात्मक था। रखैल रखने की भी प्रथा थी। स्त्रियों में पर्दे की प्रथा थी।

असीरिया कृषिप्रधान देश था। सामुदायिक कृषि भी होती थी। असीरी शासकों ने सिंचाई के लिए नहरों का निर्माण करवाया। सिक्के अनेक धातुओं के होते थे। व्यापार में हुंडी की प्रथा थी। बेबीलोन के धार्मिक विचारों का इनके ऊपर बहुत प्रभाव पड़ा। ये 'असुर' (सूर्य देवता) के उपासक थे। यह इनका राष्ट्रीय देवता था। वे ईश्वर के नारी रूप की भी पूजा करते थे। इनमें 'बैल्ति' तथा 'गुल' का नाम उल्लेखनीय है। पैशाचिक शक्तियों में उनका विश्वास था। पुजारियों का समाज में आदर था।

आभूषण का प्रयोग स्त्री-पुरुष दोनों करते थे। उनकी वास्तुकला का स्तर काफी ऊँचा था। असीरिया के मंदिर राजप्रासादों के ही अंग थे। निमरूद के महल का एक दरबार कक्ष 12090 फीट था। सरगोन के श्वोरसाबाद के महल में तो 4 सभाकक्ष थे, इनमें 3 तो 180-180 फीट के थे। पत्थरों पर नक्काशी की जाती थी। द्वार एवं नालियाँ मेहराबदार बनी होती थीं। समाज में संगीत का प्रचलन था। अनेक प्रकार के वाद्यों का प्रयोग होता था।

25.17 साम्राज्य

'असुर' असीरियों की मातृभूमि थी। आजकल टाइग्रिस नदी से सटे पश्चिम में पश्चिम एशिया रेगिस्तान तक जो भूभाग फैला हुआ है वही उस समय 'असुर' के नाम से जाना जाता था।

ई.पू. 2000 के आसपास एशिया माइनर की 'हिटाइट' जाति ने इस प्रदेश पर राज्य किया था। उसके बाद इस बात की भी सम्भावना दिखती है कि इस प्रांत के दक्षिण में स्थित 'उर' आदि बेबीलोनियन राज्यों के शासन के अधीन आ गया था। उत्तरी और दक्षिणी प्रांतों के राजाओं से निरंतर लड़ते रहने के कारण असीरी लोग काफी बहादुर बने। अपनी इसी वीरता के कारण आगे चलकर इन लोगों ने बेबीलोनिया साम्राज्य को ही तहस-नहस कर

दिया और एक बृहत्तर साम्राज्य की स्थापना की। पुरातत्त्वेत्ताओं की खोजों के कारण असीरी राजाओं में से एक सरगोन-द्वितीय की राजधानी के रूप में जानी जानेवाली एक जगह पर खुदाइयाँ की गईं। इन खुदाइयों में एक तख़्ती मिली जिस पर असीरी राजाओं की नामावली अंकित है। इसके अनुसार इनके कुल 107 राजा थे जिनमें सबसे पहला राजा ई.पू. 3000 में हुआ।

ई.पू. 14वीं और 13वीं शताब्दियों में, जब पश्चिम में मिस्र और हिटाइट साम्राज्य अधिकारी के लिए लड़ रहे थे तब असीरी लोग पूरब में ही रहकर अपने साम्राज्य को मजबूत कर रहे थे। आरमियनों के साथ हुए युद्ध के कारण ई.पू. 10वीं शताब्दी में इनकी शक्ति बहुत कम हो गई। ई.पू. 9वीं शताब्दी में ये दुबारा शक्तिशाली हुए और पश्चिमी देशों पर हमले करने लगे। ई.पू. 732 में इन लोगें ने डमास्कस को जीत लिया। इसके बाद धीरे-धीरे और पश्चिमी देश भी इनके कब्जे में आ गए।

25.18 कलात्मक उत्कर्ष

ई.पू. 722 में हिब्रू नगर 'सेमरिया' के आक्रमण में असीरी राजा की मृत्यु हो गई। उसके पुत्र सरगोन द्वितीय ने गद्दी पर बैठने के बाद असीरिया की ताकत को बढ़ाया। उसने और उसके बाद गद्दी पर बैठे हुए कुछ और राजाओं ने मिलकर असीरिया को विश्व के शक्तिशाली साम्राज्यों में से एक बनाया। 'निनेवेह' नगर की ईशान दिशा में 'डरसरूक्किन' नामक राजभवन का सरगोन द्वितीय ने निर्माण कराया। ढाई वर्ग किलोमीटर के इस नगर में कुल 8 हजार लोग निवास करते थे। पूरा पश्चिम एशिया सरगोन की अधीनता में आ गया था। सरगोन से बढ़कर उसके पुत्र 'सेनेकरिब' ने अधिक शक्तिशाली राजा के रूप में नाम कमाया। इसने ई.पू. 705 से 681 तक राज्य किया। यही समय असीरी साम्राज्य के इतिहास में स्वर्ण युग के नाम से जाना जाता है। इसने मिस्र की सीमाओं तक अपने राज्य को फैलाया। सेनेकरिब के लड़के ने ई.पू. 674 में नैल डेल्टा के किलों पर हमला किया। हालाँकि उसकी वहाँ मृत्यु हो गई, फिर भी मिस्र असीरियनों के अधीन हो गया।

'असुर' में उसके पिता ने जिस राजभवन का निर्माण किया उसे उसने विस्तार किया। असुर के उत्तर में स्थित निनेवेह नगर को भी उसने अत्यंत आकर्षक बनाया। उस नगर की दीवारें टाइग्रिस नदी के साथ-साथ 4 किलोमीटर तक फैली हुई थीं।

सेनेकरिब अपने समय में राजनयिकों के द्वारा संदेश भिजवाता था। एशिया में इसी से आवागमन की परंपरा पड़ी। खुदाइयों से पता चलता है कि असीरी सेना अपने समय में दुनिया में सबसे अधिक लोहे के अस्त्रों का इस्तेमाल करती थी।

असीरी लोग जब कभी किसी विदेश में जाते तो वहाँ की शिल्पकलाओं को सीखकर अपनी कलाओं का विकास करते। असीरियों द्वारा निर्मित 'तीन राजाओं के सिंहद्वार' तथा उन द्वारों के दोनों तरफ चीनी मिट्टी की ईंटों से बनाए गए रंग-बिरंगे चित्र अत्यंत सुंदर है। 'निनेवेह' के पास जो खुदाइयाँ हुईं उनमें 71 बड़े-बड़े कमरों की दीवारों के खँडहर मिले हैं। इन दीवारों पर उन राजाओं की वीरगाथाएँ, शिकार आदि साहसिक क्रीड़ाएँ अंकित हैं। असीरी शिल्पकारों द्वारा चित्रित सिंहों, बाघों, बैलों आदि के चित्र उनकी कला-प्रतिभा के

अद्‌भुत उदाहरण हैं। इनकी उच्चकोटि की सभ्यता की एक निशानी और मिलती है। वह यह कि सरगोन द्वितीय ने पुरानी हस्तलिखित पोथियों को इकट्ठा कर फलकों पर लिखे ग्रंथों के साथ उनको सुरक्षित रखा। उसके बाद के राजाओं ने भी इस ग्रंथालय का विकास किया। असुर बेनिपाल के ग्रंथालय में 22 हजार मिट्टी की तख्तियों पर लिखे ग्रंथ सुरक्षित थे। इनमें कला, विज्ञान, धर्म आदि विषयों से संबंधित कई ग्रंथ हैं। **एशिया का पहला ग्रंथालय यही था।** इन सबसे पता चलता है कि असीरी सभ्यता बेबीलोनियन सभ्यता से किसी बात में कम नहीं थी। उस जमाने के और राजाओं की तरह असीरी राजाओं ने भी देश की आर्थिक स्थिति को सुधारने की कोशिश नहीं की बल्कि वे हमेशा अपनी सैनिक शक्ति को बढ़ाने के प्रयत्न में लगे रहे। इससे असीरी राजाओं की आर्थिक शक्ति क्षीण होती गई। उसी समय, बेबीलोनिया पर अधिकार जमा लेने के बाद काल्डियन राजाओं ने ई.पू. 612 में असीरी साम्राज्य की राजधानी निनेवह पर चढ़ाई की और विजयी हो गए। इससे असीरी साम्राज्य का अंत हो गया।

25.19 बेबीलोन में विज्ञान

बेबीलोन-निवासी नरम मिट्टी के चक्के, बेलन या प्रिज्म पर किसी लकड़ी के नुकीले अग्रभाग-द्वारा कीलाक्षर लिपि की सहायता से अपने हिसाब-किताब, गणितीय पद्धति आदि लिखा करते थे। बाद को उन चक्कों, बेलनों या पर्शवों को जलाकर लिपि को स्थायी बना लेते थे। कीलाक्षर-अंकित ये चक्के ही उन दिनों के मूल्यवान बेबीलोनी ग्रंथ थे। असुर बेनिपाल (668-631 ई.पू.) के ग्रंथागार में कीलाक्षर लिपिवाले 22 हजार चक्के मिले हैं। इस समय ये ब्रिटिश संग्रहालय में संरक्षित हैं। निप्पुर मंदिर के ग्रंथागार में ई.पू. 3000 और ई.पू. 450 के बीच लिखित कीलाक्षर लिपिवाले प्रायः 50 हजार चक्कों की खोज की गई है।[9] गणित सम्बन्धी बेबीलोनी लिपि का अस्तित्वकाल प्रायः 2000 वर्ष है। इस अवधि में ई.पू. 2000 से ई.पू. 1200 तक, आठ सौ का काल गणित सम्बन्धी तत्परता के लिए प्रख्यात है—गणित विषयक अधिकांश मृण्मय लिपि की रचना इसी समय में हुई थी।

कीलाक्षर लिपि की सहायता से संख्याओं का अंक-विन्यास ध्यान देने योग्य है। एक, दस और सौ क्रमशः Y, < तथा Y – इन चिह्नों-द्वारा लिखे जाते थे। इस प्रकार के अंक-विन्यास-द्वारा हजार, दस हजार आदि बड़ी-बड़ी संख्याओं को प्रकट करना भी कुछ कठिन नहीं था। योग तथा गुणन की धारणा के प्रयोग द्वारा उपर्युक्त प्रतीकों की सहायता से कोई भी बड़ी संख्या लिखी जाती थी।

YYY = 3;	इनमें योग की धारणा	
<<< = 30;	का प्रयोग किया गया है।	
<Y> = 1000 ;	अर्थात् 100 का दस गुना;	इनमें गुणन की
<<Y = 10000 ;	अर्थात् हजार का दस गुना;	धारण का प्रयोग
	सौ का बीस गुना नहीं;	किया गया है।

हो सकता है कि हाथ या पैर की दस उँगलियों से दशमलव पद्धति की उत्पत्ति हुई हो। परन्तु दशमलव पद्धति सुविधा की दृष्टि से आदर्श स्थानीय नहीं है। बहुतों ने यह टिप्पणी

तक की है कि मनुष्य के हाथ-पैर में दस के बदले बारह उँगलियाँ होतीं तो अंकगणित और सहज हो जाता। द्वादशिक पद्धति (Duodecimal System) की मुख्य सुविधा यह है कि 12 क्रमानुसार 2, 3, 4 और 6 द्वारा विभाज्य हैं; 10 केवल दो संख्याओं द्वारा विभाज्य है—2 और 5। तथापि द्वादशिक पद्धतियाँ भी सब दृष्टियों से पूर्णतः संतोषजनक नहीं हैं, क्योंकि 5 द्वारा यह विभाज्य नहीं है। संभवतः इन कारणों का विवेचन करके ही बेबीलोनियों ने दशमलव और द्वादशिक दोनों पद्धतियों की सुविधाओं को कायम रखकर षष्टिक पद्धति का आविष्कार किया। दशमलव प्रणाली की बुनियादी संख्या जिस प्रकार 10 और द्वादशिक की 12 है, उसी प्रकार षाष्टिक अंक-विन्यास प्रणाली की बुनियादी संख्या 60 है। इस संख्या को कम-से-कम 9 अन्य संख्याओं द्वारा पूर्णतः विभाजित किया जा सकता है : 2, 3, 4, 5, 6, 10, 12, 15 तथा 30। अनुमानतः ई पू. 2000 वर्ष से बेबीलोनियों का *षाष्टिक पद्धति* का व्यवहार करते देखा जाता है। घंटा अथवा कोण को डिग्री, मिनट और सेकंड में विभाजित करने के लिए हम अभी भी इस पद्धति का व्यवहार करते हैं।

षाष्टिक पद्धति से अंक-लेखन के कुछ नमूने नीचे दिए जा रहे हैं :

1. $$\begin{cases} 123 = 1\times(10)^2 + 2\times(10) + 3 & \text{(दशमलव : आधुनिक)} \\ \quad\; = 1\times(60)^2 + 2\times(60) + 3 & \text{(षाष्टिक : बेबीलोन)} \end{cases}$$

2. $$\begin{cases} 3 = 1 + \frac{2}{10} + \frac{3}{(10)^2} & \text{(दशमलव : आधुनिक)} \\ \;\; = 1 + \frac{2}{60} + \frac{3}{(60)^2} & \text{(षाष्टिक : बेबीलोन)} \end{cases}$$

बेबीलोन की गणित-लिपि का आविष्कार होने पर, प्रारम्भ में यह गणित-पद्धति बिल्कुल ही पकड़ में नहीं आई। 123 से हम जिस संख्या को समझते हैं, बेबीलोन निवासी को उस संख्या का बोध नहीं होता था। वे इसे 3723 समझते थे। इसी प्रकार बेबीलोन मृत्तिका-लिपि में कुछ वर्ग संख्याओं के उदाहरण मिले हैं, जैसे :

$1.4 = 8^2$, $1.21 = 9^2$, $1.40 = 10^2$, $2.1 = 11^2$;

केवल षाष्टिक पद्धति से ही इसका तात्पर्य समझा जा सकता है। 1.4 है $1 \times 60 + 4$ $(= 8^2)$; 1.21 है $1 \times 60 + 21$ $(= 9^2)$; 2.1 है $2 \times 60 + 1$ $(= 11^2)$ ।

25.20 शून्य का व्यवहार

बेबीलोन गणित में शून्य नाम की कोई चीज थी या नहीं, इस विषय में बहुत खोज की गई है। अब यह बात सर्वजन-स्वीकृत है कि शून्य का आविष्कार सर्वप्रथम हिंदुओं ने ही किया। लेकिन यह निश्चित रूप से नहीं कहा जा सकता है कि शून्य की धारणा अन्यत्र स्वतंत्र रूप से प्रकट हुई ही नहीं। कितने ही ऐसे आविष्कार हुए हैं, जो संपन्न होने के बाद पुनः विस्मृति के गर्भ में समा गए और परवर्ती काल के मनुष्य को नए सिरे से उनका पुनराविष्कार

करना पड़ा। जो भी हो, ई.पू. 200 वर्ष के आसपास कुछ बेबीलोन लिपियों में, संख्या के भीतर शून्य स्थान अथवा किसी संख्या की अस्तित्वहीनता का निर्देश करने के लिए एक प्रकार के कोणिक प्रतीक ≺ का व्यवहार होता देखा जाता है। प्रथम शती में टॉलेमी ने अपने विख्यात ग्रंथ *ऐलमैजेस्ट* में, षाष्टिक पद्धति के व्यवहार के प्रसंग में शून्य स्थान का निर्देश करने के लिए ग्रीक अक्षर 'o'; ओमीक्रन का प्रयोग किया। इन उदाहरणों के आधार पर विद्वानों ने यह मत व्यक्त किया है कि किसी संख्या के अंतवर्ती शून्य स्थान की पूर्ति के लिए बेबीलोनियों ने संभवतः शून्य का तात्पर्य समझ लिया था और इसके लिए किसी प्रतीक का व्यवहार करते थे। लेकिन कारण जो भी हो, गणना कार्य में उन्होंने कभी शून्य का व्यवहार नहीं किया।[10]

1889 ई. में एच.वी. हिल्प्रेट ने प्राचीन निप्पुर के पुरातात्त्विक खनन कार्य के समय पहाड़े की कुछ सूचियां ढूँढ़ निकालीं। ये सूचियाँ विभिन्न राशियों के गुणन, भाग, वर्ग या वर्गमूल के निर्णय के लिए प्राचीन बेबीलोन गणित-पुस्तिकाएँ हैं। प्रत्येक शिक्षार्थी या व्यवसायी को शीघ्र गिनती करने या हिसाब लगाने के लिए सूचियों या पहाड़ों को कंठस्थ करना पड़ता था। बेबीलोन अंकगणित का यह पूरा ब्योरा नहीं है। लेकिन जो कुछ कहा गया है, वह यह समझने के लिए यथेष्ट है कि 4000 वर्ष पहले बेबीलोन-निवासी अंकगणित में कितने उन्नत थे।

25.21 बीजगणित

बीजगणित के क्षेत्र में बेबीलोन के योगदान में मौलिकता है। प्राक्-प्रतीक बीजगणित-काल में (बेबीलोनियों के प्रायः दो हजार वर्ष बाद प्रख्यात ग्रीक बीजगणितज्ञ डायोपैंफटस ने बीजगणित में प्रतीकों के व्यवहार की चेष्टा की) बेबीलोनवासियों को हम एकघात, द्विघात तथा त्रिघात समीकरणों का समाधान करते हुए पाते हैं। सह-समीकरण के समाधान के कुछ दृष्टांत भी मिलते हैं। समीकरणों को समाधान-पद्धति का कोई उदाहरण नहीं मिला है; संभवतः ये समाधान अतिगोपनीय तथ्य समझे जाते थे। ये समीकरण सभी क्षेत्रों में विशेष प्रकार के हैं, अर्थात् अज्ञात राशि को छोड़कर शेष सभी संख्या-राशि हैं। विभिन्न राशियों (Quantities) के गुणन, भाग, वर्ग, वर्गमूल आदि की जिन तालिकाओं का उल्लेख किया गया है, मुख्यतः उन्हीं तालिकाओं के सहारे समीकरणों के समाधान तय किए जाते थे। किसी साधारण नियम या पद्धति का या तो आविष्कार नहीं हुआ, या हुआ हो तो किसी ने उसे लिखकर प्रकाशित नहीं किया। आंकिक समाधान के निर्णय में वे विशेष दक्ष थे, इसका प्रमाण निम्नलिखित समीकरण के समाधान में विद्यमान है :

$$xy = 600; (ax + by)^2 + cx + dy = e$$

a, b, c, d तथा e के स्थान पर 55 विभिन्न संख्याओं के प्रयोग द्वारा इस समीकरण के समाधान की चेष्टा दिखाई पड़ती है। दूसरा द्विघात समीकरण है। बेबीलोन-निवासी को यही जानकारी थी कि द्विघात समीकरण का केवल एक ही मूल होता है।

उसमें अपरिमेय संख्या (Irrational Number) के विषय में एक प्रकार के अस्पष्ट ज्ञान

का आभास मिलता है। वर्गमूल-तालिका की रचना के उद्देश्य से विभिन्न राशियों के वर्गमूलों का निर्णय करते हुए उन्होंने देखा होगा कि किसी-किसी राशि का वर्गमूल पूर्ण संख्या नहीं होता, बल्कि पूर्ण संख्या के सन्निकट कोई स्थूल (approximate) संख्या होती है। अपरिमेय राशि का सन्निकट वर्गमूल निकालने के लिए बेबीलोनी जिस नियम का प्रयोग करते थे, वह है :

$$\left(a^2+b^2\right)^{\frac{1}{2}}=a+\frac{b^2}{2a}$$

दो हजार वर्ष बाद अलेक्जेंड्रिया के हीरो ने इसी नियम का प्रयोग किया था। अपरिमेय राशि 2 के वर्गमूल ($\sqrt{2}$) के लिए बेबीलोनी लिपि में हमें मिलता है : $1-\frac{5}{12}$; यह दशमलव के दो स्थान तक शुद्ध है।

वैज्ञानिक गवेषणा के अनेक क्षेत्रों में ग्रीक लोग बेबीलोनियों के विशेष रूप से ऋणी है; परन्तु आश्चर्य की बात यह है कि बेबीलोनी बीजगणित को और उन्नत करना तो दूर रहा, डायोपैंफटस के पहले ग्रीको में बीजगणित की प्राथमिक चर्चा भी नहीं दिखाई देती। गणित के एक और विभाग ज्यामिति की, ग्रीक प्रतिभा के स्पर्श से चरम उन्नति हुई थी, लेकिन बीजगणित और अंकगणित में ग्रीकों ने अपनी किशोरावस्था कभी पार ही नहीं की। इसका कारण है, संख्या के सम्बन्ध में ग्रीकों की दुर्ज्ञेय निर्बलता। निरालंब, अमूर्त संख्या के राज्य से ग्रीक बराबर कतराते रहे। एकमात्र पाइथागोरस तथा उनका संप्रदाय इसके विराट व्यतिक्रम स्वरूप थे। परन्तु ग्रीक विज्ञान में पाइथागोरस का प्रभाव सामान्य और क्षणिक था।

बेबीलोन ज्यामिति, अंकगणित और बीजगणित जैसी समृद्ध नहीं है। फिर भी उनका ज्यामितिक ज्ञान उपेक्षणीय नहीं है। वृत्त सम्बन्धी उनका ज्ञान बहुत उन्नत था। व्यासार्द्ध के समान ज्या भी वृत्त के केन्द्र पर 60° का कोण बनाता है और मोटेतौर पर यह ज्या वृत्त के भीतर अंकित सम-षड्भुज की भुजा के समान है, इस प्रकार की टिप्पणियाँ कुछ लिपियों में मिलती है। वृत्त के भीतर सम-षड्भुज अंकित करने के कुछ दृष्टांत भी मौजूद हैं। वृत्त परिधि और उसके व्यास के अनुपात, अर्थात् π का मान बेबीलोनियों ने 3 निर्धारित किया था। किसी त्रिभुज की तीन भुजाओं की लंबाइयाँ 3, 4 और 5 होने पर वह समकोण त्रिभुज बनता है, यह जानकारी उन्हें थी। इस तथ्य से कुछ लोगों ने यह अनुमान लगाया है कि पाइथागोरस के साध्य से उनका परिचय होना आश्चर्य की बात नहीं होगी।

25.22 ज्योतिष विज्ञान

प्राचीन काल में पृथ्वी के सम्बन्ध में सर्वत्र-चर्चा को मुख्यतः ज्योतिष से प्रेरणा मिली। पुनः इस ज्योतिष का उद्भव कृषि-निर्भर अर्थ-नीति से हुआ। प्राचीन सुमेर तथा मेसोपोटामिया की समृद्धि का अन्यतम कारण था गेहूँ, जौ आदि अनाजों की खेती और इस खेती की उन्नति के लिए, ताइग्रिस-युफ्रेतिस की घाटी में, नदियों से नहर निकालकर, नियमित

सिंचाई की व्यवस्था। इस प्रकार की आवर्ती चेष्टा के लिए समय का हिसाब रखना अत्यावश्यक है। कब ऋतु-परिवर्तन हो रहा है, कब पुराना वर्ष समाप्त होकर नया आरम्भ होगा, यदि इसकी जानकारी न हो, तो कृषि-निर्भर अर्थनीति की सफलता की आशा बहुत क्षीण हो जाती है। प्राथमिक ज्योतिर्विद्या के आविर्भाव के लिए यह अत्यंत अनुकूल अवस्था है।

दिन, महीना और वर्ष : समय निर्धारण के लिए दिन और रात का परिवर्तन, पहले से ही एक अति निर्भर योग्य मापदंड समझा गया था। सूर्योदय और सूर्यास्त ने ही पहले-पहल काल की गति के सम्बन्ध में मनुष्य को सचेत किया। जब इससे अधिक लंबे समय के मापदंड या इकाई की जरूरत पड़ी, तब चंद्र कला की नियमित घट-बढ़ पर उसकी दृष्टि गई। धीरे-धीरे चंद्रकला के आवर्तन के सम्बन्ध में मनुष्य की एक निश्चित धारणा बनी। एक अमावस्या के दूसरी अमावस्या तक पहुँचने में सूर्य का तीस बार उदयास्त होता है, यह जानकारी संभवतः वर्षों के दीर्घ पर्यवेक्षण का फल है। चंद्र के पर्याय-काल का निश्चय हो जाने के बाद ऋतु-परिवर्तन का हिसाब रखना बहुत सहज हो गया। एक शीतकाल बीत जाने पर दूसरा शीतकाल आने तक कितनी बार सूर्य का उदयास्त होता है, यह हिसाब रखना अधिक सरल है। इसी प्रकार धीरे-धीरे प्राचीन कृषि-निर्भर जातियों में सब से पहले दिन, महीना और वर्ष की धारणा उत्पन्न हुई।

बेबीलोनवासी जो पंचांग ई.पू. 2000 वर्ष के पहले से व्यवहार करते आए थे, उसमें पंचांग 30 दिन का एक महीना और 12 महीने या 360 दिन का एक वर्ष निर्धारित किया गया था कि पृथ्वी द्वारा सूर्य की परिक्रमा के कारण ऋतु परिवर्तन घटित होता है। इस परिक्रमा का आवर्तन काल 360 नहीं, बल्कि यह अवधि 365 दिनों, 5 घंटों, 48 मिनटों और 46 सेकंडों की होती है। चंद्र के पर्याय-काल के अनुसार वर्ष का हिसाब रखना हो तो कुछ ही वर्षों बाद यह देखा जाएगा कि ऋतुओं के आविर्भाव के समय अनियमित रूप से आगे-पीछे हो रहे हैं; 360 दिन के वर्ष के घेरे में उन्हें डाल रखना असंभव हो रहा है। तंग करनेवाली इस असुविधा से, बेबीलोनवासी अति प्राचीनकाल से ही अवगत थे। सौर मास के साथ चन्द्र मास की असंगति को दूर करने के लिए उन्होंने कुछ वर्षों के अंतर पर एक-एक मलमास की योजना का कौशल निकाला; अर्थात् बीच-बीच में 13 महीने के वर्ष की विधि आयोजित की गई। किस वर्ष में मलमास की योजना होगी, यह स्वयं राजा, राजपुरोहितों के परामर्श से, निर्धारित करते थे।

पर्यवेक्षण की उन्नति के साथ बेबीलोनी निश्चित रूप से यह निर्णय करने में समर्थ हुए कि चांद्र मास में ठीक कितने दिन होते हैं। चांद्र वर्ष सौर वर्ष से लगभग 11 दिन कम होता है। इस अशुद्धि के बावजूद मेसोपोटामिया का पंचांग एक बड़ी उपलब्धि थी। ई.पू. 500 में नबरियान्नू ने और ई. 383 में किदिन्नू ने चंद्रमास का जो हिसाब लगाया, उसका आधुनिक हिसाब से आश्चर्यजनक मेल है ।

नबरियान्नू (अनुमानतः ई.पू. 500)	—29.530614 दिन
केदिन्नू (अनुमानतः पू. 383)	—29.530594 दिन
आधुनिक हिसाब	—29.530596 दिन

राशि चक्र : सूर्य और चांद्र की जो दैनिक गति दीख पड़ती है, आकाश के स्थिर नक्षत्रों के अनुपात में उनकी एक और प्रकार की गति है, बेबीलोनी नक्षत्र-दर्शकों ने इस सत्य का आविष्कार किया था। साधारण दृष्टि से देखने पर ऐसा जान पड़ता है कि सूर्य, चंद्र तथा अन्य ग्रह, आकाश में एक विशेष मार्ग पर, कोई द्रुत गति से और कोई धीमी गति से, पृथ्वी का परिक्रमण कर रहे हैं। इस परिक्रमण-मार्ग पर जो तारामंडल अवस्थित है, उन्हें चिह्नित करके तथा उनको विभिन्न नाम देकर बेबीलोन ज्योतिर्विदों ने एक राशि-चक्र की परिकल्पना की थी। सूर्य प्रतिवर्ष एक बार संपूर्ण राशि-चक्र के चारों ओर घूमकर लौटता है, इसे बारह समान भागों में विभाजित करने पर हर महीने राशि चक्र में सूर्य की प्रगति निश्चित हो जाती है। एक-एक भाग का नाम वृष, किसी का कर्कट, किसी का वृश्चिक आदि रखा गया। ये नितांत काल्पनिक नाम (समय के साथ) लोगों के मन में ऐसे जम गए कि राशि-चक्र के तारामंडलों के वे पुराने नाम आज भी चले आ रहे हैं। किसी-किसी स्थान में जीव-जंतुओं के बदले उस देश के पौराणिक वीरों या देव-देवियों के नाम पर तारामंडलों के नामकरण किए गए। इस प्रकार का नामकरण भी ज्योतिर्विद्या की अति प्राचीनता का एक और प्रमाण है।

सप्ताह तथा वार : सप्ताह और वार बेबीलोनियों का एक और उल्लेखनीय आविष्कार है। उन्होंने सप्ताह के आविष्कार के पहले महीने के संभवतः 6 भाग किए थे। एक भाग 5 दिन का था। बाद को उन्होंने 7 दिन का सप्ताह मानकर महीने को मोटेतौर पर 4 भागों में विभाजित किया। यह निश्चित है कि सात ग्रहों के आविष्कार से ही उनके दिमाग में सप्ताह की धारणा उत्पन्न हुई। सप्ताह का प्रत्येक दिन एक-एक देवता के नाम पर रखा गया था। देवता एक-एक ग्रह थे। जिस प्रकार सप्ताह के सात दिनों के नामकरण किए गए थे और जिस प्रकार उनके आवर्तन काल निर्धारित किए गए थे, वह एक दिलचस्प बात है। ग्रहों तथा ग्रहाधिपति बेबीलोनी देवताओं के ये नाम हैं :

	ग्रह-शनि	वृहस्पति	मंगल
	1	2	3
	बेबीलोनी देवता-निनिव	मार्दुक	नेगलि
	(महामारी)	(राजा)	(युद्ध)
रवि	शुक्र	बुध	चंद्र
4	5	6	7
शामाश	इश्तार	नाबू	सिन
(न्याय)	(प्रेम)	(लेखन)	(कृषि)

पृथ्वी से ग्रहों की दूरी के अनुसार (जैसा कि उन्हें जान पड़ा) ग्रहों को विपरीत दिशा से सजाया गया है।

बेबीलोनियों ने दिन को 24 घंटों में विभाजित किया था। उपर्युक्त देवता बारी-बारी से हर घंटे पर दृष्टि रखते थे। दिवारंभ के प्रथम घंटे में जिस देवता के पहरा देने की बात है, उसी के नाम पर दिन को उत्सर्ग किया जाता था। उदाहरण के तौर पर शनिवार के पहले घंटे के पहरेदार थे शनिग्रह या निनिव देवता (1), दूसरे घंटे का भार था बृहस्पति (2) पर, उसके बाद के घंटे का दायित्व मंगल (3) पर था, इत्यादि।

घंटा–	1 2 3 4 5 6 7। 8 9 10 11 12 13 14।
पहरेदार देवता–	1 2 3 4 5 6 7। 1 2 3 4 5 6 7।
घंटा–	15 16 17 18 19 20 21।
पहरेदार देवता–	1 2 3 4 5 6 7।
घंटा	22 23 24 25।
पहरेदार देवता–	1 2 3 4।

ऊपर के हिसाब में देखेंगे कि शनिवार के अंतिम घंटे का भार पड़ा है मंगल ग्रह पर। इसलिए अगले दिन के पहले घंटे का दायित्व रवि का है। अतः अगला दिन रविवार है। इस तरह हिसाब लगाने पर क्रमानुसार वारों के नाम मिल जाएँगे।[11]

पंचांग रचना में वार का कोई ज्योतिर्वर्षीय महत्त्व नहीं है। लेकिन समय के साथ मानव जीवन में यह ऐसा जुड़ गया है कि वर्ष और मास की तरह काल-निर्णय के सम्बन्ध में इसे भी एक बड़ा मापदंड समझा जाता है। आधुनिक अति उन्नति ज्योषित-ज्ञान के आधार पर बहुत सरल तथा विज्ञान-सम्मत पंचांग की रचना संभव होने पर भी वार सम्बन्धी अन्धविश्वास इस दिशा में एक प्रधान बाधा था।

ग्रह-गति : ग्रहों की गति सम्बन्धी प्रेक्षणों को बेबीलोनी नक्षत्र-दर्शकों ने बिना किसी त्रुटि के लिपिबद्ध किया था। उनके जमाने में बिल्कुल ठीक समय मालूम करने का कोई यंत्र नहीं था। जलघड़ी और सूर्यघड़ी का व्यवहार बेबीलोनी जानते थे, लेकिन इन घड़ियों की सहायता से दिन के एक क्षुद्र अंश का निश्चित हिसाब लगाना बहुत ही कठिन काम था। इसकी अपेक्षा. ग्रहों की गति तथा उस गति की बहुविध विचित्रता के विषय में उन्होंने जिन तथ्यों का आविष्कार किया, वे आश्चर्यजनक रूप से त्रुटिहीन प्रेक्षण के परिचायक हैं। शुक्र ग्रह 8 वर्ष में पाँच बार ठीक एक ही स्थान पर दिखाई देता है, इस तथ्य का आविष्कार बेबीलोनी नक्षत्र-दर्शकों ने ईसा के जन्म के प्रायः दो हजार वर्ष पहले किया था। इस प्रकार के उनके दो और महत्त्वपूर्ण ज्योतिषीय आविष्कार हैं—ग्रहण से पहले उसका काल-निर्णय और विषुव-आयन (Procession of equinoxes)।

सूर्यग्रहण और चंद्रचक्र (Saros) : सूर्य और पृथ्वी के बीच चाँद के आ जाने से सूर्य पर सामयिक आवरण पड़ जाता है और इससे **सूर्य-ग्रहण** होता है। सूर्य, चंद्र और पृथ्वी का परिक्रमण यदि एक ही समतल (Plane) पर से होता तो हर महीने अमावस्या पर सूर्य-ग्रहण हुआ करता। परन्तु ऐसा नहीं होता, क्योंकि पृथ्वी और चंद्र के परिक्रमण-मार्ग एक ही समतल पर अवस्थित नहीं है। बेबीलोनियों ने आविष्कार किया कि हर 6585 वें दिन या 18 वर्ष 11¼ दिन के व्यवधान पर सूर्यग्रहण हुआ करता है। सूर्यग्रहण के इस आवर्त-चक्र का नाम **सारोनिक चक्र** (Saronic cycle) या संक्षेप में **चंद्र चक्र** (Saros) है। सारोनिक चक्र के आविष्कार के परिणामस्वरूप बेबीलोनी ज्योतिर्विद् सूर्यग्रहण के सम्बन्ध में भविष्यवाणी कर सकते थे। ग्रीकों ने बेबीलोनियों से यह पद्धति सीखी और संभवतः इसी पद्धति के सहारे प्रसिद्ध ग्रीक वैज्ञानिक थालेस सूर्यग्रहण की भविष्यवाणी कर सकते थे। 18 जुलाई, 1860; 29 जुलाई, 1878 और 9 अगस्त, 1896 में जो सूर्यग्रहण हुए, वे सारोनिक चक्र के आधुनिक दृष्टांत है।

विषुव-आयन : विषुवायन (Procession of the equinoxes) के आविष्कार के साथ यद्यपि ग्रीक ज्योतिर्विद् हिप्पार्कस (190-120 ई.पू.) का नाम घनिष्ठ रूप से संबद्ध किया जाता है, परन्तु इसके कोई 200 वर्ष पहले बेबीलोन ज्योतिर्विद् किदिन्नू ने यह महत्त्वपूर्ण आविष्कार किया था। लगातार कई हजार वर्ष तक नक्षत्रों के अवलोकन के परिणामों की समीक्षा करते हुए किदिन्नू ने लक्ष्य किया कि अंतरिक्ष में नक्षत्रों के अवस्थान, प्रत्येक क्षेत्र में, परन्तु समान रूप से, बदल गए हैं। इससे उन्हें महसूस हुआ कि दोनों गोलार्द्धों में विषुवायन क्रमिक रूप से हटते जा रहे हैं। हिप्पार्कस, किदिन्नू के आविष्कार की बात जानते थे या नहीं, यह तो नहीं कहा जा सकता, लेकिन बेबीलोनी नक्षत्र-तालिका की परीक्षा करते समय, उन्होंने भी इस सत्य की उपलब्धि की थी।

त्रुटिहीन पर्यवेक्षण के अतिरिक्त, इस प्रकार के ज्योतिष-ज्ञान का एक और मुख्य कारण यह है कि बेबीलोन नक्षत्र-दर्शक अपने ज्योतिषीय प्रेक्षण, परम निष्ठा के साथ और सिलसिलेवार लिपिबद्ध करते गए थे। ई.पू. 747 में नवोनसोर के राजत्वकाल से ई.पू. 100 वर्ष तक लगातार प्रेक्षण तथा उन प्रेक्षणों के सारणी के आकार में लिपिबद्ध किए जाने के एक दृष्टांत की खोज इतिहासकारों ने की है। ई.पू. 300 से भी पहले के, लगातार किए गए कुछ ज्योतिषीय प्रेक्षणों की मृण्मय लिपियाँ सुमेर के एक मंदिर में मिली हैं। हम्मूराबी (1792-1750 ई.पू.) के एक अनुशासन से पता चलता है कि बेबीलोन के राजा लोग ही ज्योतिषीय कार्यकलाप के प्रधान पृष्ठपोषक थे। ज्योतिर्विद् और नक्षत्र-दर्शक राजा के आदेश से नियुक्त होते थे। उनके काम से नियमित रूप से ग्रह-नक्षत्रों के अवस्थान और गति का निरीक्षण करते जाना, मास, वर्ष तथा ऋतु आदि के आविर्भाव की बातों से राजा को अवगत कराना और पंचांग-रचना तथा संस्कार-साधन के कामों में राजा की सहायता करना। अनेक क्षेत्रों में राजा स्वयं ही राज्य के सर्वोच्च पुरोहित और ज्योतिर्विद् थे।

ब्रह्मांड परिकल्पना : बेबीलोन निवासी ब्रह्मांड की परिकल्पना में, अपने उन्नत प्रेक्षण के अनुपात में, विशेष कुशलता का परिचय नहीं दे पाए। उनकी यह धारणा थी कि पृथ्वी किसी बन्द संदूक की तरह है; इस बक्स के मध्य में पृथ्वी का भूभाग है, इस भूभाग के केंद्र से एक विशाल पहाड़ा ऊपर को उठा है, युफ्रेतीस नदी इसी पहाड़ से निकली है। यह भूभाग चारों ओर समुद्र से घिरा हुआ है। इस समुद्र से परे स्वर्गीय पर्वतमाला आकाश को धारण किए हुए हैं[12]। कुछ बेबीलोनी ज्योतिर्विदों को पृथ्वी के गोलाकार रूप की कल्पना करते हुए भी देखा जाता है।

कल्पनाशील ग्रीकों ने बेबीलोनी ज्योतिष की परिकल्पना की दरिद्रता को दूर किया। ज्योतिषीय परिकल्पना के रचना-कार्य में ज्यामिति तथा गणित का प्रयोग करके उन्होंने ब्रह्मांड तथा नक्षत्र-जगत के चित्रांकन का जो प्रयास किया, उसकी तुलना बेबीलोनी अथवा ग्रीक-पूर्व किसी भी जाति के ज्योतिष में नहीं मिलती। परन्तु प्रेक्षण-ज्योतिष में ग्रीक कमजोर थे। ग्रीकों के वैज्ञानिक गवेषणा के दीर्घ इतिहास में लगातार तथा एक निष्ठ रूप से ज्योतिषीय प्रेक्षण के दृष्टांत प्रायः नहीं के बराबर हैं। एशिया माइनर के तट पर आयोनी (Ionian) ग्रीकों के पहले-पहले बेबीलोनी प्रेक्षणों की जानकारी मिली। लेकिन फारस (ईरान) के आक्रमण के परिणामस्वरूप, एशिया से भगाए जाने पर, ग्रीकों की यह सुविधा नष्ट हो गई। प्राध्यापक

एंटनी पैनकोएक ने दिखाया है कि सिकन्दर की दिग्विजय के बाद पश्चिम-एशिया तथा मध्यपूर्व पुनः ग्रीकों के अधीन होने पर, ग्रीक ज्योतिर्विदों को बेबीलोन के ज्योतिषीय प्रेक्षणों से लाभ उठाने का अवसर प्राप्त हुआ। बेबीलोनी प्रेक्षणों का व्यवहार कर सकने के कारण ही हिप्पार्कस, टॉलेमी जैसे परवर्ती प्रमुख ग्रीक ज्योतिर्विदों को भू-केन्द्रीय परिकल्पना की रचना में अभूतपूर्व सफलता मिली।[13]

सन्दर्भ सूची

1. आधुनिक बगदाद के निकट बेबीलोन स्थित है। बेबीलोनी का अर्थ देवताओं का द्वार होता है। हम्मूराबी (1792-1750 ई. पू.) के बाद बेबीलोनिया का शासक सामसुइलूना (1749-1712 ई.पू.) बना। ई. पू. 1600 में अनातोलिया के हिट्टियों ने बेबीलोन पर कब्जा कर लिया।
2. गोर्डन चाइल्ड का विचार है कि गुलाम और कैदी लोक-निर्माण में लगी श्रमशक्ति का एक महत्त्वपूर्ण हिस्सा नहीं था ।
3. भारतीय सन्दर्भ में मनु द्वारा बनाए गए नियम के ठीक विपरीत बेबीलोन के नियम थे। मनु ने भारतीय समाज में निम्न वर्ग को ज्यादा दंडित करने का नियम बनाया किंतु बेबीलोन में निम्न वर्ग से ज्यादा दंड का विधान धनाढ्य लोगों के लिए था। *महाभारत* के अनुशासनपर्व में लिखा है कि समान गलती करने पर शूद्र की तुलता में ब्राह्मण को ज्यादा दंड मिलना चाहिए क्योंकि वह नियम का ज्ञाता होता था।
4. मुस्केनुम् (Mushkenum) शब्द अरबी शब्द मेस्किन (Meskin) का पर्यायवाची है । इसका अर्थ जनसामान्य, निर्बल (Plabian) या निर्धन होता है।
5. दोनों महाकाव्य में भेद केवल इतना है कि यहाँ इश्तर गिलगमेश से प्रभावित होकर कहती है कि तुम मुझसे विवाह कर लो, मैं तुम्हें देवता बना दूँगी। "आओ गिलगमेश मेरे प्रेमी बनो, मुझे अपना प्यार दो, मेरा पति बनो, मैं तुम्हारी पत्नी बनूँगी।" परन्तु गिलगमेश उसे स्वीकार नहीं करता है।
6. पुरातत्त्व विशेषज्ञों ने बीसवीं शताब्दी में काले पत्थर का एक स्तम्भ पाया जो करीब ढाई मीटर ऊँचा था। ऊपर हम्मूराबी का चित्र और नीचे कानून की बातें खुदी हुई थीं।
7. इस लिपि को सर्वप्रथम फारस में नियुक्त एक अंग्रेज अधिकारी ने बारह वर्ष के कठिन प्रयास के फलस्वरूप पढ़ा।
8. समकोण त्रिभुज में समकोण के सामनेवाली भुजा का वर्ग शेष दोनों भुजाओं के वर्ग के योग के बराबर होता है।
9. Florian Cajori, *History Of Mathematics*, 1926, p. 25
10. M.N. Saha, "The Reform of the Indian Calender" (*a pamphlet*), Indian Science News Association; 1952, p. 18.
11. G. Maspero, *The Dawn of Civilizaion*, 1910.
12. प्राध्यापक ऐंटनी पैनकोएक ने रॉयल एस्ट्रॉनोमिकल सोसायटी के जॉर्ज डार्विन भाषण में यह मत व्यक्त किया। समरेन्द्र नाथ सेन, *विज्ञान का इतिहास* जिल्द-1, पृ. 73-139
13. *वही*

अध्याय-26

चीन की सभ्यता

26.1 भौगोलिक दशा

प्राकृतिक अवस्थाओं के मामले में चीन मध्य-पूर्व के देशों और भारत से भी अधिक भिन्न है। चीन को तीन सुस्पष्टतः अलग-अलग प्रदेशों में विभाजित किया जा सकता है–(1) ह्वांग-हो नदी[1] पीली नदी की घाटी अथवा चीन का बड़ा मैदान, (2) पर्वतीय प्रदेशों और यांगत्सी घाटी से निर्मित मध्य चीन, (3) पर्वतीय दक्षिणी चीन।

ह्वांग-हो नदी की वार्षिक बाढ़ चीनी मैदान को अत्यधिक उर्वर बना देती है। मध्य चीन और विशेषकर दक्षिणी चीन की मिट्टी कहीं कम उपजाऊ है, लेकिन ये इलाके खनिज साधनों (ताँबा, टीन और सीसा) तथा नेफ्राइट (हरितमणि) जैसे मूल्यवान रत्नों से समृद्ध हैं। प्राचीन चीन की आबादी बहुत ही पंचमेल थी।

चीनी इतिहास का सबसे प्रारम्भिक काल **शांग-यिन काल** (1765-1122 ई.पू.) कहलाता है। उत्तरी खानाबदोश कबीला **सिउंग नू** के विरुद्ध चीनियों ने मिल-जुलकर संघर्ष चलाया। विद्यमान सिंचाई प्रणाली को उन्होंने विकसित किया। फलतः ह्वांग-हो नदी द्रोणी के चीनी कबीलों में एकीकरण का मुख्य प्रेरक **यिन** नामक कबीला था। उसने जिस राज्य को स्थापित किया, वह उसके शासक शांगवंश के नाम पर शांग-यिन राज्य के नाम से जाना जाता है।

26.2 नगर

शांग-यिन राज्य के प्रदेश में किए गए उत्खननों के फलस्वरूप शाही महल, एक मंदिर, मकानों और कर्मशालाओं से युक्त एक नगर के अवशेष प्रकाश में आए हैं। 300 से अधिक समाधियों का पता लगाया गया है, जिनमें से 4 निर्विवाद रूप में शाही समाधियाँ थीं और जिनमें बेशुमार तादाद में सोने, नेफ्राइट और सीप के जेवर मिले हैं।

शांग-यिन काल में लोगों का मुख्य उद्यम जौ, बाजार और गेहूँ की खेती थी। बाद में धान की खेती भी होने लगी। धान के खेतों के लिए ही सर्वप्रथम आदिम सिंचाई युक्तियों का आविष्कार किया गया था। इस काल के औजार भी एकदम आदिम ही थे–कुदालों और लकड़ी के हलों का ही उपयोग किया जाता था। इस पुराने जमाने में चीनियों ने शहतूत के पेड़ उगाना और रेशम बनाना शुरू कर दिया था। रेशम बनाने की विधि को एकदम गुप्त

रखा जाता था। इस भेद को खोलने की सजा मौत थी। नतीजे के तौर पर चीनी इस रहस्य को कोई ढाई हजार साल तक अपने पास ही रख सके और तब जाकर ही वह आखिर जापान और ईरान तक फैल पाया। अन्य उद्यम थे मांस के लिए पशुपालन (दूध के लिए नहीं, क्योंकि चीनी दूध नहीं पीते थे) और मछली पकड़ना।

काष्ठकर्म (तीर, कमान, रथ और नाव बनाना), प्रस्तरकर्म और मृद्भांड जैसे अनेक शिल्प सुविकसित थे। उत्खननों ने आदिम कांस्यकर्म के प्रमाण प्रस्तुत किए हैं। व्यापार शुरू हो चुका था और लगातार विकास कर रहा था, लेकिन अभी वह जिंसों के आदिम विनिमय तक ही सीमित था।

26.3 समाज

राजा की शक्ति में अब पितृतंत्रात्मक लक्षण विद्यमान थे, क्योंकि गोत्र अथवा जन के ज्येष्ठों की परिषद उसकी सहायता करती थी और वह सैनिक नेता के साथ-साथ मुख्य पुरोहित के कृत्यों का भी निर्वहन करता था।

समाज में सम्पत्ति पर आधारित श्रेणी संगठन और वंशागत अभिजात वर्ग (बुर्जुआ) का अस्तित्व था जिसके हाथों में जमीन और दास संकेद्रित थे। दास प्रथा पितृतंत्रात्मक ढंग की थी। आबादी का भारी बहुलांश समुदायों या कम्युनों में रहनेवाले किसानों का था। इस प्रारम्भिक काल में ही लिखित भाषा विकसित हो गई थी। इसके लिपि चिह्न आदिम चित्रलेखन से उत्पन्न हुए थे। यह लिपि बहुत ही जटिल थी—अब तक इसके लगभग 3000 चित्रों को ही पहचाना जा सका है।

26.4 राजनीतिक दशा

12वीं शताब्दी ई. पू. में चाऊ कबीलों के साथ लंबी और भयंकर लड़ाइयों की शुरुआत हुई, जिन्होंने अन्ततः शांग राजधानी पर अधिकार कर लेने (1124 ई.पू.) और अपने राज्य की स्थापना करने में सफलता प्राप्त कर ली।

26.5 चाऊ राजवंश

चाऊ राजवंश (1122-771 ई.पू.) के शासनकाल में एक केंद्रीकृत चीनी राज्य का उदय हुआ। राजाओं को देवताओं की तरह पूज्य माना जाने लगा (राजाओं की पदवियाँ देवपुत्र और देव-सहायक जैसी हुआ करती थीं) और सम्राट के महासचिव (ग्रैंड चांसलर) का विशेष पद शुरू हुआ। उसके अधीन 3 ज्येष्ठजन कार्य करते थे जो राज्य कार्य की तीनों मुख्य शाखाओं—वित्त, सैनिक मामलों और सार्वजनिक कार्यों के प्रभारी थे। सार्वजनिक कार्यों में मुख्यतः सिंचाई साधनों का निर्माण आता था। बाद में प्रशासनिक प्रभागों की संख्या धीरे-धीरे बढ़ती गई और उनमें अन्ततः शाही परिवार और खजाने, न्यायालय और राजा के पूर्वजों की उपासना के अधीक्षण भी सम्मिलित हो गए।

आम जनता का शोषण अधिकाधिक प्रचंड होता जा रहा था। किसानों को अपनी फसल का दसवाँ भाग करों के रूप में देना होता था। इन असहनीय अवस्थाओं के कारण 842

ई.पू. में विद्रोह हुआ और शासन की बागडोर राजा के हाथों से निकल गई। इसके शीघ्र बाद ही केंद्रीकृत चाऊ राज्य अनेक स्वतंत्र रजवाड़ों में विभक्त हो गया।

26.6 चिन राजवंश

7वीं शताब्दी ई.पू. में चीन में 5 राज्यों का उदय हुआ, जो आपस में लगातार लड़ते रहते थे। पाँचवीं से तीसरी शताब्दी ई.पू. तक लड़ाई इतनी भयानक थी कि यह सारा काल ही चान कुओ–'लड़नेवाले राज्य' के नाम से विख्यात हुआ। चौथी सदी ई.पू. में चिन रजवाड़े का उत्कर्ष शुरू हुआ। आनेवाले सौ वर्ष से अधिक चिन राजाओं को चीन भर में अपनी सर्वोच्चता स्थापित करने के लिए संघर्ष करना था।

चिन राजवंश के चरमोत्कर्ष का जमाना **शीह हुआंग ती** का शासनकाल (246-210 ई.पू.) था जो **चिन राजवंश का प्रथम महान सम्राट** के नाम से जाना जाता था। शीह हुआंग ती चीनी रजवाड़ों पर और मंचूरिया तथा मंगोलिया के कुछ भागों पर विजय प्राप्त करने में सफल रहा। उसके शासनकाल में देश को 36 प्रदेशों में विभाजित किया गया। एक विराट प्रशासनिक तंत्र स्थापित किया गया। सिंचाई प्रणालियों के जाल को और फैलाया गया। कई बड़ी सड़कों का निर्माण किया गया। शीह हुआंग ती ने सेना का पुनर्गठन किया। अनेक आर्थिक तथा सांस्कृतिक सुधार भी क्रियान्वित किए गए। इनमें वजनों और नापों की एकीकृत प्रणाली और सरलीकृत चित्रलिपि का प्रारम्भ भी शामिल है। खानाबदोशों के आक्रमणों से साम्राज्य की रक्षा करने के लिए चीन की महान दीवार का निर्माण आरंभ किया गया।

शीह हुआंग ती द्वारा स्थापित शासन निरंकुश था। फलतः आबादी के व्यापक भाग में असंतोष पैदा होना अवश्यंभावी ही था। इस अंसतोष को कनफ्यूशियस की धार्मिक तथा दार्शनिक विचारधारा के अनुयायियों ने भड़काया था जो विभिन्न ऐतिहासिक पुस्तकों और दस्तावेजों के आधार पर वर्तमान राजवंश के मुकाबले पूर्ववर्ती राजवंशों की अच्छाइयों पर जोर दे रहे थे। शासन ने कनफ्यूशियस के अनुयायियों के विरुद्ध अत्यधिक निर्दयतापूर्ण दमनात्मक कदम उठाए। 460 कनफ्यूशियसपंथी विद्वानों को जिंदा दफना दिया गया; उनकी सारी ऐतिहासिक कृतियों को जला डाला गया। फिर भी शीह हुआंग ती की मृत्यु के कुछ ही बाद चिन राजवंश का तख्ता उलट ही गया।

26.7 हान राजवंश

प्रारम्भिक हानों का शासन (206 ई.पू.-220ई.पू.) कुछ कम स्वेच्छाचारी था–मृत्युदंड उतना ज्यादा नहीं दिया जाता था। करों को घटाकर व्यक्ति की आय के *30*वें भाग के बराबर कर दिया गया था। उन लोगों को पुनः स्वतंत्रता प्रदान कर दी गई, जो अपने को बेचकर दास बन गए थे। हान राजवंश के शासकों ने हुआंग ती की उपाधि को त्याग दिया और कनफ्यूशियस मत को राज्य-धर्म घोषित कर दिया गया।

वू ती (140-87 ई.पू.) के शासनकाल में कई जमींदारियाँ कायम की गईं। जमींदार आजाद पट्टेदारों और दासों के श्रम का उपयोग करने लगे। व्यापार और दस्तकारियों के विकास

को प्रोत्साहन देने के लिए कई कदम उठाए गए। यह निष्कर्ष उत्पादन के बढ़े हुए पैमाने से और रेशम, चीनी, मिट्टी के बरतनों और हाथीदाँत तथा सीगों की बनी चीजों के निर्यात से निकाला जा सकता है।

वू ती ने पूर्वी तुर्किस्तान और फरगाना के विरुद्ध कई सैन्य अभियान भेजे। सोग्द और पार्थव (पार्थिया) होते हुए रोम तक पहले व्यापार सम्पर्क स्थापित किये गए। मध्य एशिया से चीन के लोग अंगूर, अखरोट और विभिन्न सब्जियाँ लाए, जिन्हें वे अपने देश में उगाने लगे। पहली सदी ईस्वी के बरतनों और हाथीदाँत तथा सींगों की बनी चीजों के निर्यात से निकाला जा सकता है।

8 ई. में प्रतिशासक (Regent) वांग मांग ने अवयस्क सम्राट से गद्दी छीनकर स्वयं सत्ता पर कब्जा कर लिया और कई रोचक सुधारों को क्रियान्वित करना शुरू किया। मिसाल के लिए, उसने सारी जमीन को राज्य की सम्पत्ति घोषित करके उसकी खरीद और ब्रिकी को निषिद्ध कर दिया। जमींदारों तथा अभिजातों की जमींदारियों की निश्चित सीमाएँ निर्धारित करके उसने सारी फालतू जमीनों को जब्त कर लिया। दासों को भी राजकीय सम्पत्ति घोषित कर दिया गया। इसके अलावा उसने लोहा, नमक और शराब पर राजकीय एकाधिकार की स्थापना की और बुनियादी जरूरत की चीजों के बाजार भाव निर्धारित करने की कोशिश की। इन सुधारों का धनियों और अभिजातों ने प्रचंड विरोध किया और सारी बातों के अलावा ये सुधार नितांत अव्यावहारिक भी थे, क्योंकि निजी भू-स्वामित्व की संस्था तब तक अच्छी तरह से जड़ें जमा चुकी थीं।

विद्रोह–18 ई. में फांग चुंग के नेतृत्व में उतरी चीन में व्यापक कृषक विद्रोह शुरू हो गया, जो 'लाल भौंहवालों का विद्रोह' कहलाता है। किसानों ने 25 ई. में **वांग मांग** की सेनाओं पर विजय भी प्राप्त कर ली, मगर कुछ ही समय बाद इस आंदोलन का चरित्र बदल जाना था, उसमें अभिजातों द्वारा संचालित टुकड़ियाँ भी शामिल होने लगीं और इस तरह उसका हान वंश की पुनः स्थापना कराने के लिए उपयोग किया गया।

उत्तरवर्ती हान शासकों ने केंद्रीकृत सत्ता का सुदृढ़ीकरण करने और देश की अर्थव्यवस्था को बहाल करने में कोई कसर न छोड़ी, जो वांग मांग के सुधारों के खिलाफ संघर्ष के दौरान बेहद कमजोर हो गई थी। तथापि, एक ओर तो बड़े जमीदारों और दूसरी ओर पटेदारों और दासों के बीच विद्यमान अंतर्विरोध अधिकाधिक तीव्र होते गए। दास-स्वामित्व के सिद्धान्तों पर आधारित पुराना समाज एक बड़े संकट से गुजरने लगा। परिणामस्वरूप श्रम के रूप बदल गए। एक ओर से तो गुलामों को जमीन और उसकी काश्त की छूट दे दी गई मगर दूसरी ओर से स्वतंत्र पट्टेदारों को कम्मियों (कृषिदासों) में बदला जाना भी शुरू हो गया।

184 ई. में एक और व्यापक कृषक विद्रोह फूट पड़ा। 'सिर पर पीली पट्टीवालों के विद्रोह' के नाम से ज्ञात इस बगावत का, जिसका नेतृत्व **ज्वांग शाओ** और उसके भाई कर रहे थे, मुख्य नारा 'सबके लिए समानता' था। विद्रोही सेना की संख्या लाखों में थी और 25 साल तक भयंकर संघर्ष चलता रहा। यद्यपि इस विद्रोह को अंत में कुचल दिया गया, पर उसके बाद साम्राज्य की एकता बनी न रह सकी और चीन एक बार फिर कई छोटे-छोटे राज्यों में विभक्त हो गया।

26.8 धर्म एवं दर्शन

चीन का प्रारंभिक धर्म प्रकृति-पूजा से, विशेषकर पृथ्वी और पर्वतों की उपासना से संबद्ध था, लेकिन धीरे-धीरे धार्मिक धारणाएँ अधिक जटिल होती गईं। लाओत्से का जन्म लगभग 600 ई.पू. में हुआ था। वह चीन का प्रसिद्ध दार्शनिक था। उसके अनुयायी **ताओपंथी** कहलाते थे। लाओत्से ने कहा था—"जो भले हैं, उनके लिए मैं भला हूँ और जो भले नहीं हैं, उनके लिए भी मैं भला हूँ, इस प्रकार सबको भला बनना है।" जब लाओत्से बूढ़ा हो गया था और उसके शरीर पर झुर्रियाँ पड़ गई थीं, तब एक युवक और उत्साही शिक्षक कनफ्यूशियस उससे मिला और विचार-विमर्श किया। ई.पू. छठी-पाँचवीं सदी में **कनफ्यूशियस मत**[2] ने गहरी जड़ें पकड़ लीं। इस धर्म का संस्थापक कनफ्यूशियस एक राजा के दरबार में उच्च अधिकारी रह चुका था। परंपरा और पुराने जमाने के तौर-तरीकों के प्रति आस्था और नई बातों पर अविश्वास उसकी धार्मिक तथा दार्शनिक शिक्षा के सबसे चारित्रिक लक्षण थे। कनफ्यूशियस ने पितृतंत्रात्मक राजतंत्र और पितृतंत्रात्मक परिवार की नैतिक संहिता का आदर्शीकरण किया। वह नैतिक शिक्षा को बहुत महत्त्व देता था और संयम बरतने तथा नियति को स्वीकारने का उपदेश देता था। कनफ्यूशियस की कुछ लाक्षणिक सूक्तियाँ इस तरह की हैं—"मध्यम मार्ग पर बने रहना भलाई को बनाने रखना है," "पिता सदा पिता, पुत्र और दास सदा दास रहेगा," "आम लोगों की अविनयशीलता ही सारी अव्यवस्था की जड़ है।"

कनफ्यूशियस मत के अलावा चीन में **ताओ मत** नामक एक और धार्मिक तथा दार्शनिक प्रणाली ने जड़ें पकड़ीं। पहली सदी ईस्वी में यहाँ भारत से **बौद्ध धर्म** का प्रसार भी होने लगा।

एक और उल्लेखनीय दार्शनिक **वांग चुंग** (पहली सदी ईस्वी) है, जिसने विभिन्न भौतिकवादी सिद्धान्तों का अनुमोदन किया (और बातों के साथ-साथ उसने आत्मा की अनश्वरता को अस्वीकार किया)। खगोल में महत्त्वपूर्ण प्रगति की गयी। नभमंडल के मानचित्र बनाए गए। ग्रहणों तथा धूमकेतुओं के उदयकालों की भविष्यवाणियाँ की गईं। चीनी गणितज्ञों ने समकोण त्रिभुज के गुणधर्मों को सिद्ध किया। हमें प्राचीन चीनियों के रोचक भौगोलिक तथा कृषि-वैज्ञानिक प्रबंध भी विरासत में प्राप्त हुए हैं। प्राचीन चीनियों ने बारूद, कागज, कुतुबनुमा और भूकंपलेखी का भी आविष्कार किया था।

प्राचीन चीनी इतिहासकारों में सबसे प्रसिद्ध **सुमा चीएन** (लेखनकाल लगभग 100 ई.पू.) एक महाकाव्य *इतिहासकार के अभिलेख* का लेखक था। उस समय की जो साहित्यिक कृतियाँ हमारे युग तक बची रही हैं, उनमें आनुष्ठानिक भजनों और लोकगीतों का संग्रह *शीह चिंग* (गीतों की पुस्तक), प्राचीन सम्राटों के भाषण, आदेश और उपदेशों का संकलन *शू चिंग* (दस्तावेजों का ग्रंथ) और *चुन चिऊ* (वंसत तथा शरद), जिसे कनफ्यूशियस की कृति बताया जाता है और जो उसके जन्मस्थान लू राज्य का इतिवृत्त है, भी है।

26.9 कनफ्यूशियस

कुंग फी त्से (Kung Fi Tse) या कनफ्यूशियस का जन्म शासक वर्ग के एक परिवार में 551 ई.पू. में हुआ। उसका पिता शान्तुंग के राज्य में सहायक अधिकारी था। कनफ्यूशियस जब 3 वर्ष का था तो उसी समय उसके पिता की मृत्यु हो गई। 19 वर्ष की अवस्था में उसने

विवाह किया, 23 वर्ष की अवस्था में तलाक दिया और पुनः विवाह नहीं किया। वह अपनी नौजवानी में राज्य कर्मचारी बन गया और अपने कार्यों से तरक्की करता गया तथा शीघ्र ही मुख्य न्यायाधीश बन गया। चीन में स्थित लू राज्य का शासक कनफ्यूशियस के कारण स्वेच्छा से शासन नहीं कर पाता था। कनफ्यूशियस अपने सिद्धान्त के अनुसार अपना कार्य करता रहा। लू राज्य के शासक के कारण कनफ्यूशियस को अपने विचारों को साकार करने में कठिनाई हुई और उसने पदत्याग कर दिया तथा निरन्तर 13 वर्ष तक एक राज्य से दूसरे राज्य तक घूमता रहा। अपनी वृद्धावस्था में वह अपने राज्य लू को लौटकर शान्तिपूर्वक अध्ययन किया। कनफ्यूशियस दार्शनिक ही नहीं, एक अच्छा कवि भी था। उसकी 305 कविताओं का संग्रह *शी चीन* नामक ग्रंथ में किया गया है। उसकी कविताएँ अधिकांशतः श्रृंगारपरक हैं। अपने सिद्धान्तों के अन्तिम निर्णय पर वह कभी नहीं पहुँचता था। प्रतिष्ठित, उदारचेतना, निश्चितता, उच्च विचार, अध्ययनशीलता, पुस्तकों की प्राचीनता का प्रेम, आदि मानवीय गुणों से संबंधित पदों से उसका व्याख्यान भरा रहता था। उसमें सरलता का अभाव था। वह वात्सल्य प्रेमी नहीं था। अपनी माँ की स्मृति को छोड़ नारियों के प्रति आदर भावना की उसमें न्यूनता थी और अपनी पत्नी के प्रति भी प्रेम नहीं था। किन्तु इनसे उसके स्वभाव का निर्णय नहीं किया जा सकता था।

उसने व्यक्ति, परिवार और समाज के महत्त्व को समझा। उसने कहा कि व्यक्ति के विकास के लिये परिवार का महत्त्व है। कौटुम्बिक जीवन में ही उसकी साधना हो सकती है। बच्चे को अपने माता-पिता के प्रति विनम्रता का व्यवहार करते हुए अपना विकास करना चाहिए। जब वह देखे कि उसके अभिभावक यदि उसकी इच्छाओं की ओर ध्यान नहीं देते तो उनके प्रति अधिक आदर प्रदर्शित करे और यदि वे उसे मारें-पीटें तब भी अपने मंतव्यों को न छोड़े। इसी प्रकार के धैर्य और समभाव का प्रदर्शन परिवार के अन्य सदस्यों-चाचा, चाची, भाइयों, और भाभियों के साथ करना चाहिए। उसे छोटी-छोटी बातों जैसे उठना-बैठना,बोलना-चलना, खाना-पीना, पहनना, चलना-फिरना आदि में भी शिष्टाचार का ध्यान रखना आवश्यक है। समाज का संगठन प्रेम पर निर्भर है। सबके साथ प्रेम पूर्वक व्यवहार करना चाहिए। समाज और राष्ट्र की सुख-शांति के लिए अपना कर्तव्य करना चाहिए। अच्छा वह है जो स्पष्ट सुने, दयालु तथा विनीत और सत्यनिष्ठ हो। विवाह दो दिलों का ही मिलन नहीं अपितु दो परिवारों के बीच मधुर सम्बन्ध भी है। समाज के कल्याण के लिए पितरों की पूजा आवश्यक है।

राजकीय पदों पर योग्यता के अनुसार निर्वाचित व्यक्ति की नियुक्ति होनी चाहिए। सद्गुणशाली और समर्थ को ही राज्य का उत्तराधिकारी बनाना चाहिए। कनफ्यूशियस का विचार था कि सम्राट, सामन्त, कर्मचारी, शिक्षित जन, कृषक तथा मजदूरों को चाहिए कि अपने-अपने वर्ग में रहकर अपना-अपना कर्तव्य करते रहें। उसके अनुसार राजा की हत्या करना बहुत बड़ा अपराध था। प्रत्येक व्यक्ति को शिक्षा प्राप्त करने का अधिकार है। सभी युवकों को काम देना चाहिए। बूढ़ों के जीवनयापन के लिए प्रबंध होना चाहिए। विधवाओं, पितृहीनों, अपंगों और रोगियों की सुरक्षा राज्य को करना चाहिए। पुरुषों को अपना अधिकार मिलना चाहिए। अच्छी सरकार की प्राप्ति के लिए उसने धार्मिक आदि कृत्यों के सम्पादन

और शासक वर्ग द्वारा नैतिक आचरण का पालन आवश्यक समझा। अतः उसने शासक वर्ग और शिष्यों को परम्परागत कृत्यों के सम्पादन के लिए प्रेरित किया। उसका कथन था कि राज्य के अनाथ, विधवाएँ, वृद्ध आदि के पोषण का भार राज्य पर है। इसके अनुसार राज्य का मंत्री दार्शनिक हो जिससे वह विद्याबल से राष्ट्र को सबल बना सके। वह ऊँच-नीच के भेद, अपव्यय आदि को दूर करेगा और लोगों को कम दंड देगा। संगीत सबको पढ़ना अनिवार्य था।

कनफ्यूशियस के अनुसार, **तो येन** सर्वशक्तिमान शासक है जो अहुरमज्दा (ईरानी) या इन्द्र के समान है। उसके नीचे अन्य देव हैं जो मनुष्य को प्रभावित करते हैं। स्वर्ग की उपासना करनी चाहिए। अपने पूर्वजों, पर्वतों, नदियों आदि के प्रति सम्मान दिखाना चाहिए। ईश्वर का विधान अनंत हैं, सूर्य, चन्द्र शाश्वत हैं। ऋतुएँ अपने समय पर आती हैं। विश्व की सृष्टि होती रहती है। जो ईश्वर के विरुद्ध पाप करता है उसके लिए प्रायश्चित्त का स्थान नहीं। उसकी शिक्षाओं का संग्रह *लून यू* है जिसके कुछ भागों की प्रामाणिकता में संदेह है किन्तु अधिकांश प्रामाणिक हैं।

कनफ्यूशियस का मत पूर्ण रूप से समुचित नहीं था। यह उस राज्य के लिये उपयुक्त है जो अराजकता और दुर्बलता से संघर्ष कर रहा हो और शक्ति तथा सुव्यवस्था की स्थापना में रत हो। यह उस राज्य के लिए हानिकारक है जो अंतर्राष्ट्रीय प्रतिस्पर्धा में आकर परिवर्तन और विकास चाहता हो। सदाचारिता के नियम जो चरित्र और सामाजिक व्यवस्था के लिए निर्दिष्ट थे, वे महत्त्वपूर्ण कार्यों को निर्धारित पद्धति से करने के लिये थे। कनफ्यूशियस मत के प्रति यह कहा जाता है कि उसकी स्वच्छता और पवित्रता ने मनुष्य की बलवती इच्छाओं का हनन किया। इसकी अच्छाइयों ने मनुष्य को अकर्मण्य बनाया। इसमें सुख, साहस, प्रेम और मित्रता का कोई स्थान नहीं था। नारियों का कोई स्थान नहीं था और शांति के उपदेश ने विकास को अवरुद्ध किया। परन्तु केवल 20वीं शताब्दी के ही ये कटाक्ष हो सकते हैं। इसके विपरीत कनफ्यूशियस ने मानवता का जितना मार्गदर्शन किया है उतना शायद कुछ ही लोग किए होंगे। इतने पुरातन काल के होते हुए भी उसके बहुत-से मत ग्राह्य हैं। चीनी जीवन पर उसकी अमिट छाप है।

प्रभाव—कनफ्यूशियस की प्रसिद्धि उसकी मृत्यु के पश्चात् हुई। उसके शिष्यों ने प्रचार किया और प्रत्येक काम में शिक्षकों ने उसका पाठ पढ़ाया। कुछ नरेशों ने समय-समय पर उसके अनुयायियों का संहार किया। सम्राट शी ह्वांग टी ने कनफ्यूशियस के समर्थक विद्वानों को मरवा डाला और पुस्तकों को जलवा दिया किन्तु तलवार के स्थान पर उपदेश की शक्ति प्रबल थी। उसके ग्रन्थ धर्मग्रन्थ हो गए और हान नरेश बू ती ने इसके प्रचार में सराहनीय योगदान दिया। उसने इस धर्म के सिद्धान्तों की शिक्षा स्कूल में अनिवार्य करा दी। तंग काल में ताइ शुंग ने कनफ्यूशियस के सम्मान में मन्दिर निर्मित करवाया। शुंग काल में निओ कनफ्यूशियनों का प्रादुर्भाव हुआ। इस प्रकार हान काल से लेकर मंचू काल तक इस धर्म ने चीनियों को बदल दिया। उस दर्शन के सहारे चीन में एकता एवं संगठित जीवन का विकास हुआ और शिक्षा की जिज्ञासा ने चीनी सभ्यता को विदेशी आक्रमण से सुरक्षित कर नया स्वरूप प्रदान किया।

चीनियों पर कनफ्यूशियस के विचारों का बहुत प्रभाव पड़ा। उसके उपदेशों से समाज में स्थिरता उत्पन्न हुई और राज्य में व्यवस्था। चीनियों का चरित्र निरन्तर उन्नत होने लगा और वे एकता के सूत्र में आबद्ध होने लगे। बिलडूरेंट के शब्दों में, कनफ्यूशियस के दर्शन की सहायता से चीन ने सामूहिक जीवन, विद्या और ज्ञान के प्रति जिज्ञासा तथा शान्त एवं स्थायी संस्कृति का विकास किया और इसी से चीनी सभ्यता को इतनी शक्ति प्राप्त हुई कि अनेक हमलों का सामना करने के बावजूद जीवित रही तथा प्रत्येक आक्रमणकारी को परिवर्तित कर आत्मसात् कर सकी। इतिहासकार फिट्ज़राल्ड के अनुसार, कनफ्यूशियस की शिक्षाओं ने गहरा प्रभाव डाला। आज भी चीन में करीब एक-तिहाई लोग उसके मतों को माननेवाले हैं। बाद में चलकर उसके सम्मान में मूर्ति और मंदिर निर्मित होने लगे। उसकी शिक्षाओं को शिलाखंडों पर खुदवा दिया गया और उन्हें प्रमुख स्थानों पर रख दिया गया था।

मो ती–ई.पू. 490 के आसपास मो ती एक महान दार्शनिक था। उसका विचार था कि कुछ थोड़े-से लोगों के लिए विलास की वस्तुएँ उत्पादित न करके पहले सबके लिए अत्यावश्यक वस्तुओं का उत्पादन करना चाहिए। उसने युद्धों की निंदा की।

26.10 मेन्सियस

मेन्सियस की महान विद्वत्ता का श्रेय उसकी माता द्वारा दिए गए बढ़िया शिक्षण को था। उसने सब मनुष्यों की समानता पर जोर दिया। कनफ्यूशियस की मृत्यु के बहुत दिन पश्चात् उसके मत के प्रचार के लिए मेन्सियस (373-308 ई.पू.) का आविर्भाव हुआ। कनफ्यूशियस की भाँति वह भी उच्च विचारक और विद्वान था। उसके इस सिद्धान्त का प्रचार करना था कि सरकार का आधार क्रूर शक्ति की अपेक्षा शासकों के अच्छे आचरणों पर आधारित होना चाहिए। शासन प्रजा के कल्याण के लिए है और जनता को विद्रोह करने का अधिकार है। प्रजा निरंकुश शासक को पदच्युत कर सकती है। धर्म करने से ही समृद्धि बन सकती है। उसका सिद्धान्त **रेक्टिफिकेशन ऑफ टर्म्स** के नाम से प्रसिद्ध है।

26.11 चीन का एकीकरण

तीसरी सदी में प्राचीन साम्राज्य के स्थान पर उसके प्रदेश पर एक-दूसरे से लगातार लड़ते रहनेवाले अनेक राज्य स्थापित हो गए। चीन की कमजोरी का चीन की बड़ी दीवार के उस पार रहनेवाले खानाबदोश कबीलों ने लाभ उठाया। एक कबाएली हमले के बाद दूसरा हमला होता रहा। कई सदियों तक आक्रमणकारी देश उत्तरी इलाकों को लूटते और उजाड़ते रहे।

तीसरी-चौथी सदियों में चीन में सामंती व्यवस्था का उदय होना शुरू हुआ। चीन जैसे विराट और घने बसे हुए देश में सामंतों के लिए एक-दूसरे की सहायता के बिना किसान विद्रोहों को कुचलना कठिन था। विखंडित चीन आक्रमणकारियों के हमलों को विफल भी नहीं कर सकता था।

छठी सदी के अंत में देश का एकीकरण सम्पन्न हुआ। एकीकृत राज्य का प्रधान सम्राट था, जिसे असीम अधिकार प्राप्त थे। उसके अधीन एक विशाल सेना और कई प्रकार के अधिकारी थे।

एकीकरण के बाद देश के उत्तरी भाग से खानाबदोश कबीलों को खदेड़ भगा दिया गया। अर्थव्यवस्था की धीरे-धीरे बहाली होने लगी। किसानों ने नहरों की मरम्मत की और ह्वांगहो तथा यांगत्सी जैसी बड़ी-बड़ी नदियों पर बाँधों को पुख्ता किया। सिंचित भूमि पर चीनी किसान धान और गन्ने की खेती करते थे और चाय उगाते थे।

26.12 किसानों की स्थिति

बहुत समय सारी जमीन को सम्राट की संपत्ति समझा जाता था। किसानों को राज्य से जमीन के छोटे-छोटे टुकड़े मिला करते थे और जमीन के उपयोग के लिए उन्हें शाही खजाने में कर देने होते थे।

किसान की जिंदगी बहुत ही कठिन थी। पौ फटने से लेकर साँझ ढलने तक उसे जमीन के अपने नन्हे-से टुकड़े पर खटना, खेती की देखभाल करना और धीरज के साथ फसल का इंतजार करना होता था। पतझड़ के आने के साथ महसूलदार आ धमकता था और उसकी पैदावार के अधिकांश को वसूल कर लेता था। महलों, मंदिरों और किलों के निर्माण में मशक्कत के लिए अधिकारी उन्हें हजारों की तादाद में घसीट ले जाते थे। उन्हें कोई मेहनताना नहीं मिलता था और अधिकर्मी बाँस के डंडों के जोर से उन्हें और भी तेजी से काम करने को विवश करते थे।

सम्राट अपने सेनानायकों और अधिकारियों को सेवा की एवज में जमीन के बड़े-बड़े टुकड़े दिया करता था। 8वीं सदी से सामंतों ने राज-भूमियों को अपनी मरजी से ही हथियाना शुरू कर दिया। बड़ी-बड़ी जागीरें पैदा हो गईं, जिन पर सैकड़ों किसान कुनबे रहते और काम करते थे।

किसान सामंतों को लगान देते थे, जो उनकी फसल का दो-तिहाई तक हो सकता था। फसल मारी जाने या बाढ़ों के समय लाखों लोग भूखों मर जाया करते थे। सामंती उत्पीड़न से बचने के लिए किसान अपने गाँवों से भाग कर जगलों और पहाड़ों में चले जाया करते थे, जहाँ वे अपने बड़े-बड़े दस्ते बना लेते थे।

874 में उत्तर-पूर्वी चीन में एक विद्रोह शुरू हो गया। जल्दी ही अलग-अलग किसान दस्ते एक विशाल सेना में ऐक्यबद्ध हो गए। विद्रोहियों का नेता **ह्वांग चाओ** नाम का एक बहादुर और संकल्पवान किसान था।

विद्रोहियों ने एक के बाद दूसरी जिले को जीतते हुए घृणित सामंतों और अधिकारियों को मौत के घाट उतार दिया और उनकी जमीन-जायदाद को गरीबों के बीच वितरित कर दिया। किसान सेना ने देश के उत्तर से दक्षिण तक प्रयाण किया और बड़े व्यापारिक नगर **ग्वाजो** (कैंटन) पर हमला बोलकर कब्जा कर लिया। अपनी सेना का पुनर्भरण करने के बाद विद्रोहियों ने उत्तर चीन की राजधानी **चा आन** की ओर प्रयाण किया। उसकी सेना की संख्या अब तक 5 लाख पहुँच चुकी थी। उसके निकट पहुँचने के साथ शाही सैनिक डर के मारे भाग खड़े हुए और स्वयं सम्राट भी चुपके से राजधानी से भाग गया।

राजधानी में प्रवेश करने के बाद विद्रोहियों ने ह्वांग चाओ को सम्राट घोषित कर दिया। ह्वांग चाओ ने भारी करों को मनसूख कर दिया और शाही अन्नागारों से अनाज गरीबों को बाँटे जाने का आदेश दिया। अपने धन को बचाने के लिए भूतपूर्व सम्राट और सामंतों ने

उत्तर के निष्ठुर खानाबदोशों से सहायता माँगी। लोग इन खानबदोशों को 'काले कौए' कहा करते थे। खानाबदोशों के रिसाले ने हथियारों के बल पर राजधानी में प्रवेश किया और उसके अधिकांश को जलाकर भस्म कर दिया। ह्वांग चाओ को **चा-आन** छोड़कर जाना पड़ा।

884 ई. में विद्रोहियों को पराजित करके तितर-बितर कर दिया गया और उसका नेता मारा गया। लेकिन इसके बाद भी किसानों ने साम्राज्य के विभिन्न भागों में संघर्ष को 20 साल और जारी रखा।

किसान युद्ध के दौरान बहुत से सामंत और अधिकारी मारे गए थे और उनकी जमीनों का कुछ हिस्सा किसानों के हाथों में चला गया था। इसलिए जनसाधारण की अवस्था कुछ समय के लिए सुधर गई थी।

26.13 विदेशी आक्रमणकारियों के विरुद्ध संघर्ष

13वीं सदी के आरम्भ में चीन के उत्तर में स्थित स्तेपियों (मैदानों) में खानाबदोश मंगोलों का एक राज्य कायम हो गया। मंगोल अभिजातों ने निर्दय और सत्ता के लोभी चंगेज खान को अपना शासक चुना। चंगेज के अधीन एक विशाल और अनुशासनबद्ध सेना थी जिसका अभिजातों ने पड़ोसी सम्पन्न देशों को जितने और लूटने के लिए उपयोग किया।

26.14 शिल्पों का विकास

मध्य युग में चीन में रेशम का उत्पादन और बढ़ा। रेशम से कपड़े और पाल, छाते और वाद्यों के तार बनाए जाते थे। रेशम पर परीकथाओं के दृश्य और प्रकृति के चित्र भी काढ़े जाते थे। चीनियों ने ही सबसे पहले विशेष प्रकार की चिकनी मिट्टी और खनिजों के मिश्रण से चीनी मिट्टी के बर्तन और चीजें बनाना शुरू किया। चीनी के बर्तन प्रकाश के आगे अर्धपारदर्शी होते हैं और हलकी-सी चोट करने पर सुरीली आवाज पैदा करते हैं। चीनी कारीगरों का कहना था कि चीनी बर्तन "दर्पण की तरह चमचमाता, कागज जैसा पतला, घंटे जैसा सुरीला और धूपदार दिन में झील की तरह सपाट और चमकदार" होना चाहिए। चीनी बर्तनों को बनाना बहुत अनुभव, ज्ञान और कौशल की अपेक्षा करता था। मामूली-सी भूल या गलती से भी निर्माणाधीन मूल्यवान चीज नष्ट हो सकती थी।

चीनी कारीगर काँसे, हाथीदाँत और मूल्यवान तथा विरल लकड़ियों से बनी चीजों को मनोहर कलाकृतियों में परिणत कर देते थे। उनके द्वारा निर्मित कलश, गुलदान और प्याले पच्चीकारी और चित्रकारी से अलंकृत है और उनमें रत्न जड़े हुए हैं।

चीनी दस्तकारों ने लोहा गलाने में पत्थर के कोयले का उपयोग करना सीखा, भट्ठियों को सुधारा और ज्यादा धातु का उत्पादन करने लगे।

26.15 व्यापार और जहाजरानी

दस्तकारों द्वारा निर्मित चीजों को व्यापारी चीन के विविध भागों और दूसरे देशों में बेचा करते थे। परिवहन को आसान बनाने के लिए 1,700 किलो मीटर लम्बी वृहद् नहर का निर्माण किया गया, जो यांत्सी तथा ह्वांगहो नदियों को आपस में और उन्हें दक्षिण-पूर्वी समुद्री तट

से जोड़ती थी। इस नहर का सिर्फ परिवहन के लिए ही नहीं, बल्कि सिंचाई के लिए भी उपयोग किया जाता था।

चीन से व्यापारी के काफिले रेशम महामार्ग पर होते हुए मध्य एशिया, ईरान और बैजंतिया जाया करते थे। चीन से भूमध्य सागर तट तक की यात्रा बहुत ही लंबी और कठिन थी, जिसमें दो-तीन साल लग जाया करते थे। माल बार-बार एक हाथ से दूसरे हाथ में जाते थे और बारी-बारी से घोड़ों और ऊँटों पर ले जाए जाते थे।

हिंद महासागर के तटवर्ती देशों के साथ चीन का खूब घना समुद्री व्यापार था। चीन के समुद्रतटीय नगरों में दूर-दूर देशों के व्यापारी आया करते थे।

26.16 आविष्कार

चीन में लेखनकला का आविष्कार करीब 2000 ई.पू. में हुआ। चीनियों ने ही सबसे पहले पुस्तकें छापना सीखा। आरम्भ में मुद्रक लकड़ी के सपाट तख्तों पर पाठ उकेरकर चित्रलेख पर काली स्याही पोत देते थे और फिर तख्तों को कागज पर दबाते थे, जिससे पाठ कागज पर छप जाता था। हर नए पाठ को अलग उकेरना होता था। तख्तों पर स्याई बार-बार लगाई जाती थी, जिससे वे जल्दी ही फूल जाते और दरकने लगते थे। 11वीं सदी में अलग-अलग चित्राक्षरों के खंडीय टाइपों का आविष्कार हुआ। लेकिन इन टाइपों का व्यापक प्रचलन न हो पाया, क्योंकि एक-एक किताब छापने के लिए भी हजारों चित्राक्षरों[3] की जरूरत थी।

8वीं सदी में चीन की *राजधानी संदेश* नामक अख़बार का प्रकाशन शुरू हुआ। यह अखबार तख्तों से छापा जाता था और उसमें सम्राट के फरमान और महत्त्वपूर्ण घटनाओं के समाचार होते थे।

बारूद का आविष्कार चीन में हुआ। आरंभ में उसका उपयोग आतिशबाजी में किया जाता था, आगे चलकर उसका लड़ाई में भी इस्तेमाल किया जाने लगा। इसके साथ आग्नेय अस्त्रों–बारूद हथियारों–के युग में संक्रमण शुरू हुआ। 13वीं सदी में बारूद भरी बाँस की नलियों के रूप में बारूदी हथियारों की और 14वीं सदी में पत्थर और लोहे के गोलों को छोड़नेवाली धातु की बनी तोप ईजाद हुई।

चीनी नाविकों ने 11वीं सदी में **कुतुबनुमा** अथवा दिक्‌सूचकयंत्र को उपयोग में लाना शुरू किया जिसके आधारभूत तत्त्व **चुंबक** का प्राचीन काल में पता लगाया जा चुका था। चुंबकीय सूई की सहायता से नाविक समुद्र में दिशा का सही निर्धारण कर सकते थे।

26.17 शिक्षा और विज्ञान

चीन जैसे विशाल देश पर शासन करने के लिए सरकार को पढ़े-लिखे लोगों की जरूरत थी। बड़े-बड़े शहरों में विद्यालय थे, जिनमें सामंतों और व्यापारियों के बच्चे शिक्षा पाते थे। सरकारी नौकरी पाने के लिए कड़ी परीक्षा में उत्तीर्ण होना जरूरी था।

चीन में सिंचाई साधनों के निर्माण, कृषि, धातुकर्म, चीनी मिट्टी की चीजों के बनाने और दूसरे विषयों पर पुस्तकें प्रकाशित होती थीं। पुस्तकालयों में प्राचीन पांडुलिपियों को सहेजकर रखा जाता और उनकी प्रतिलिपियाँ तैयार की जाती थीं।

चीनी चिकित्सक बहुत-सी जड़ी-बूटियों से औषधियाँ प्राप्त करने के तरीके जानते थे और जटिल ऑपरेशन भी कर सकते थे। **चेचक के टीके की खोज** चीनी चिकित्सकों की उपलब्धि थी।

चीनियों में अपने देश के इतिहास में भारी दिलचस्पी और उसका अध्ययन करने की गहरी लालसा थी और यह चीनी कहावत इस बात को प्रमाणित करती है कि "बीते को बिसारो मत, यह भविष्य का शिक्षक है।" हर सम्राट के शासनकाल में उसके आदेशों को संकलित और संरक्षित करके रखा जाता था।

दूर देशों की यात्राओं ने **भूगोल के विकास** का संवर्धन किया। 15वीं सदी के आरम्भ में सम्राट ने कुछ समुद्री अभियानों का समायोजन किया। चीनी जहाज सुंदा और मलकू द्वीपों, भारत, ईरान और दक्षिण अरब तक जाते थे। दक्षिण-पूर्व और दक्षिण एशिया के समुद्री तटों के **मानचित्र** तैयार किए गए।

8वीं और 9वीं सदी को चीनी कविता का स्वर्ण युग कहा जाता है। कुछ कवियों ने जनसाधारण की तकलीफों और गरीबी, शाही दरबार की फिजूलखर्चियों और युद्ध की विभीषिकाओं के खिलाफ विरोध की आवाजें बुलंद कीं। 8वीं सदी के कवि **दू फू** ने, उजड़े हुए गाँवों और उन स्त्रियों तथा बालकों की नियतियों के बारे में बड़े विषाद और क्रोध के साथ लिखा, जिनका भूखों मर जाना अवश्यंभावी था। उसने सामंतों के खिलाफ संघर्षशील किसानों की बहादुरी के साथ हिमायत की।

सम्राटों और बड़े सामंतों के आदेश पर वास्तुकारों ने महलों और पैगोडाओं (देखने में कई मंजिला ऊँची मीनारों) जैसे बौद्ध मंदिरों का निर्माण किया। निर्माण में प्रयुक्त सामग्री लकड़ी, पत्थर, काँसा और लोहा थी। इमारतों पर पेचीदा नक्काशी की जाती थी। अपनी ऊँची, पंखनुमा छतों और चौड़ी कोरों के कारण ये इमारतें हलकी और हवा में उड़ती हुई-सी प्रतीत होती थीं।

चित्रकार विशेष विद्यालयों में शिक्षण प्राप्त करते थे। राजधानी में **चित्रकला** का एक उच्च विद्यालय था। चीनी चित्रकार रेशम या कागज के लंबे लपेटवाँ टुकड़ों पर रंगों या काली स्याही से चित्र बनाते थे। उनके चित्रों के मुख्य विषय प्रकृति के चित्र थे। भूदृश्य चित्रों को चीनी 'पहाड़ और पानी' कहते थे। प्रकृति इन चित्रों में परीकथाओं की दुनिया जैसी, हर्षपूर्ण और प्रकाश से सराबोर दिखाई देती थी। आगे चलकर चित्रकार अकेली काली स्याही से ही फलों, सुकुमार फूलों और पत्तों, पशुओं और पक्षियों का चित्रण करने लगे। इन चित्रों को, 'फूल और पक्षी' कहा जाता था। राजधानी में श्रेष्ठतम चित्रकारों की कृतियों की प्रदर्शनियाँ अक्सर होती रहती थीं।

26.18 चीन की देन

प्राचीन विश्व की वास्तुकला का एक आश्चर्य **चीन की दीवार** है। शी-ह्वांग-ती नामक चीनी सम्राट ने ई.पू. तीसरी शताब्दी में हूणों के आक्रमण से देश की रक्षा के लिए इस दीवार का निर्माण कराया। इस दीवार की लम्बाई 1800 मील, चौड़ाई 20 फीट और ऊँचाई 22 फीट है। 20,000 गुम्बदों और 30,000 स्तम्भों का इसमें प्रयोग हुआ है। इस दीवार को तैयार होने में लगभग 10 वर्ष लगे थे। मजबूती पर ज्यादा और इसकी सुन्दरता पर ध्यान कम

दिया गया है; इसके बावजूद विश्व में इसका महत्त्व अद्वितीय है। हूण जैसे भयानक आक्रमणकारियों से सुरक्षा के लिए चीन की दीवार तत्कालीन चीनियों की विकसित बुद्धि एवं शांत स्वभाव का परिचायक है।

ई.पू. तीसरी शताब्दी में हल्के एवं सुन्दर रेशमी वस्त्रों का आविष्कार चीन में हुआ। चीन इसलिए इतिहास में **रेशम का देश** के नाम से विख्यात रहा है। रेशम के कीड़े पाले जाते थे। रेशम का धागा जिस करघे द्वारा बुना जाता था, वह अन्य देशों के करघों से उत्तम होता था। रेशमी वस्त्र शीतलता प्रदान करते थे। इससे चर्म रोग नहीं होता था। ई.पू. तीसरी शताब्दी अर्थात् पश्चिमी हान राजवंश के पाओक्वांग नामक व्यक्ति की पत्नी ने **रेशम पर कढ़ाई** करने के यंत्र का आविष्कार किया तथा विभिन्न प्रकार के रेशमी वस्त्र तैयार करने की तकनीक में सुधार किया।[4]

सोयाबीन की दलिया से सर्वप्रथम चीनवासी परिचित हुए।[5] पेपिरस से कागज बनाने की विधि सर्वप्रथम मिस्रवालों को मालूम हुई लेकिन **अच्छे किस्म का कागज** तीसरी शताब्दी में सर्वप्रथम चीन में बनना शुरू हुआ। चीनी कारीगर पटुआ, रेशमी चिथड़ा और वृक्षों की छाल आदि से जो कागज बनाते थे वह अधिक टिकाऊ, चिकना और चमकीला होता था। इसे दीमक नष्ट नहीं कर पाते थे। मोड़ने पर भारतीय नोट के समान जल्दी फटता नहीं था।[6]

पेय पदार्थ के रूप में **चाय का प्रयोग** सबसे पहले चीन के कृषकों द्वारा किया गया। चाय का सेवन पहले औषधि के रूप में होता था। बाद में चलकर इसकी खेती लोकप्रिय हो गई। छठी शताब्दी में एक चीनी डॉक्टर ने इस पौधे का पता लगाया था।

मुद्रणकला का आविष्कार सर्वप्रथम चीन में हुआ। 10-11वीं शताब्दी में **पी शंग** नामक व्यक्ति ने छपाई के लिए अलग-अलग टाइपों (मुद्रण) का तरीका खोज निकाला और छपाई में सुधार हुआ। छापेखाने की कला चीन से अरबवालों और अरब से यूरोपवालों ने सीखा। इसके परिणामस्वरूप पुस्तकें अधिक संख्या में छपने लगीं और सभ्यता के विकास की गति तेज हुई।

बारूद का आविष्कार चीन में बहुत पहले हो चुका था। इसका प्रयोग पहले आतिशबाजी में होता था। आठवीं शताब्दी से बारूद का प्रयोग युद्ध में होने लगा। 12वीं शताब्दी में बारूद का विश्व में प्रथम बार रॉकेट में भरकर चीन में ही प्रयोग किया गया। बारूद बनाने की विधि को यूरोपवालों ने अरबों से सीखा। 13वीं शताब्दी के बाद रॉकेट की जानकारी यूरोपवालों को हुई। ई.पू. दूसरी शताब्दी में **दिशासूचक यंत्र** का आविष्कार चीन में हुआ। इस यंत्र के सहारे अनेक भौगोलिक अनुसंधान सफल हुए। 11वीं शताब्दी के प्रारम्भ में उन्होंने कृत्रिम चुम्बक का आविष्कार भी कर लिया था। बाद में वे इसे एक दिशा-अंकित थाली के बीचोबीच रखकर इस्तेमाल करने लगे थे। यह यंत्र **कुतुबनुमा** के नाम से प्रसिद्ध हुआ। चांगहांग नामक वैज्ञानिक ने ई.पू. तीसरी शताब्दी में **भूकम्प यंत्र** बनाया। उसने नक्षत्र विज्ञान में प्रयोग किया जानेवाला एक ऐसा यंत्र बनाया जो जलशक्ति से चलता था।

ई.पू. तीसरी शताब्दी में चांगचुंगचिंग नामक चीनी हकीम ने बुखार (बीमारी) पर *शांग हान लुन* नामक ग्रंथ लिखा। शिल्पकार और अभियंता **ली छुन** ने ई.पू. छठी शताब्दी में **चाओचओ** नामक एक सेतु (Bridge) की डिजाइनिंग एवं निर्माण किया। पत्थर का मेहराबवाला यह सेतु **विश्व का प्रथम सेतु** था जिसे आज भी यातायात के रूप में इस्तेमाल किया जाता है।

चीनियों की प्रधान उपलब्धि **नहरें बनाना** था जिनमें नावें चलतीं थीं। चीन से **मूली** और **कर्पूर** यूरोप होकर भारत आया।

सतालू और **लीची** की जानकारी भारत को चीन से हुई।[7] यहाँ एक-से-एक दार्शनिकों ने जन्म लिया और अपने विचारों से विश्व को प्रभावित किया। एक तरफ कनफ्यूशियस ने लोकसत्ता का सिद्धान्त प्रतिपादित किया तो दूसरी ओर मोत्सू ने विश्व-बन्धुत्व का पाठ पढ़ाया। मेंसियस ने प्रजा के अधिकार को स्वीकार और प्रजातांत्रिक सिद्धान्त को प्रोत्साहित किया। लाओत्से एक प्रसिद्ध दार्शनिक था।

शरीर के अंगों का कार्य एवं अंगों की बीमारी के इलाज के लिए चीनवासी महत्त्वपूर्ण जानकारी रखते थे। ऑपरेशन के दौरान मरीज को संवेदनाशून्य (बेहोश) करने की पद्धति पहले-पहल इन्हीं लोगों ने अपनाया।

छोटा कुलंजन (Alpinia officinarum Hance) चीन का औषधीय पौधा है जो यूरोप होते हुए 16वीं शताब्दी में गोवा पहुँचा। फिरंग रोग की औषधि के रूप में चोपचीनी (Smilax China Linn) चीन से 16वीं सदी में भारत लाया गया। रेवंदचीनी (Rheum emodi Wall) चीन से भारत आया जिसका प्रयोग उदर रोग में किया जाता था। कुषाण काल में जपा (Hibiscus rosa-sinensis linn) और स्थूल कमल (Hibiscus Hutabilis Linn) तथा आरुक (Prunus) चीन से भारत आया। **लीची** दक्षिणी चीन से सर्वप्रथम 18वीं शताब्दी के अंत में बंगाल के मुजफ्फरपुर में आयातित हुआ। मुजफ्फरपुर अब बिहार में है। **सोयाबीन** (Dolichos soja Linn) का पौधा चीन से मोलक्कस होते हुए कोलकाता बोटानिकल गार्डेन में प्रथम बार लाया गया। चीन से **चाय** प्रथम बार 7वीं सदी में इत्सिंग (चीनी यात्री) भारत लाया। चीन में इसका प्रयोग ई.पू. 2700 में होता था। 1664 में अंग्रेज चाय से परिचित हुए। चीन के माध्यम से जयपाक (Croton Tiglium Linn) या जमालगोटा अरब और फारस होते हुए मुसलमानों के साथ भारत पहुँचा।

तारों की स्थिति बताने के लिए 5वीं शताब्दी में **मानचित्र** बनाए गए। खगोल विज्ञान के क्षेत्र में एक ऐसे यंत्र का आविष्कार किया गया जिसकी मदद से तारों की स्थिति निर्धारित की जा सकती थी। चीनियों ने सर्वप्रथम इसका पता लगाया कि एक स्थिर तारा अपनी धुरी पर घूमता रहता है। कृषि के क्षेत्र में दो बैलों से हल चलाने और बोआई के विभिन्न औजार एवं टेढ़े हल का चीनियों ने आविष्कार किया। टेढ़े हल से गहरी जुताई और कृषि उत्पादन में वृद्धि हुई।[8]

पैगोडा चीनी स्थापत्यकला की उपलब्धि है। बौद्धधर्म प्रचार के लिए चीन में पैगोडा शैली में बौद्ध मंदिर बने। चीनी लिपि काफी प्राचीन लिपि है। ई.पू. 16वीं शताब्दी से चीन का लिखित इतिहास शुरू हुआ। ई.पू. तीसरी शताब्दी में इतिहासकार समा छेन ने *शिची* नामक महान ग्रंथ लिखा जो चीन का प्रथम ऐतिहासिक ग्रन्थ है।[9]

अनाजों से शराब बनाने की विधि का आविष्कार चीन में हुआ। कुएँ के जल से **नमक** सबसे पहले यहीं बना। विश्वप्रसिद्ध मनोरंजन का साधन **ताश** का सर्वप्रथम प्रचलन चीन में हुआ। **पतंग** उड़ाना चीनियों का खिलौना था। उन्होने **छतरी** का आविष्कार किया।

चीन में लकड़ी पर **नक्काशी** का काम विश्वप्रसिद्ध था। चीनी मिट्टी का बर्तन विश्व के लगभग सभी भागों में पाया जाता है, जो चीन की देन है। चीनी मिट्टी के बर्तन को

ये लोग शीशे की तरह चमका देते थे। उन लोगों ने पोर्सिलेन से तश्तरियाँ बनाना सीखा जिसे **चीनी बर्तन** कहते हैं। तीसरी शताब्दी से चीन में चीनी मिट्टी की चीजें बनाने की तकनीक का आविष्कार हुआ।[10]

प्रतियोगिता परीक्षा के आधार पर प्रशासनिक अधिकारियों की पद्धति प्राचीन चीन की एक प्रमुख देन है। इस परीक्षा में तर्कशास्त्र, आचरणशास्त्र, राजनीति, इतिहास, कविता आदि विषयों पर प्रश्न पूछे जाते थे। यह पद्धति बाद में चलकर पूरे विश्व में प्रसिद्ध हो गई।[11] चाउमिन नामक खाद्य पदार्थ चीन से भारत आया।

26.19 चीन में गणित

च्युचांग सुआन-शू (Chiu-chang Suan-shu) अथवा **9 खंडों में अंकगणित** चीन देश का प्राचीनतम गणित-ग्रंथ है। ईसापूर्व दूसरी शती में च्यांग सांग नामक एक गणितज्ञ ने इस अंकगणित का व्यापक संस्कार किया। च्युचांग सुआन-शू का यही संस्करण अभी तक सुरक्षित है। मूल ग्रंथ की रचना किसने की और कब इसकी रचना हुई, इसका कोई निश्चित पता नहीं चलता। चीनी लेखकों का खयाल है कि ई.पू. 2700-2600 में इस ग्रंथ की रचना हुई होगी। चीन के प्राचीन गणित-ज्ञान की जानकारी के लिए *च्युचांग सुआन-शू* निस्संदेह एक मूल्यवान ग्रंथ है। इसके नौ खंडों में क्रमानुसार निम्नांकित विषयों की चर्च्रा की गई है–(1) क्षेत्र ज्यामिति, भिन्न, (2) त्रैराशिक नियम (Rule of Three) संबंधी विविध प्रश्न, (3) साझेदारी, (4) वर्गमूल तथा घनमूल का निर्णय, (5) घन-ज्यामिति, (6) मिश्र प्रक्रिया, (7) लाभ-हानि का अंक, (8) एकाधिक अज्ञात राशि समन्वित एक घात समीकरण, (9) पाइथागोरसीय साध्य।[12]

क्षेत्र-ज्यामिति की चर्चा के सिलसिले में त्रिभुज, समलंब, वृत्त तथा वृत्तांश के क्षेत्रफल निकालने के नियम दिए हुए हैं। उदाहरण के रूप में,

त्रिभुज का क्षेत्र $= \frac{1}{2} ah$; भूमि $= a$; ऊँचाई $= h$;

समलंब का क्षेत्र $= \frac{1}{2}(a_1 + a_2, h; a_1, a_2) =$ समानांतर भुजद्वय; $h =$ ऊँचाई;

$$\left.\begin{aligned} \text{वृत्त का क्षेत्र} &= \frac{1}{4} cd \\ \text{या} &= \frac{3}{4} d^2 \\ \text{या} &= \frac{1}{1_2} c^2 \end{aligned}\right\}$$

$c =$ परिधि

$d =$ व्यास

वृत्तांश का क्षेत्रफल $= \frac{1}{2}(ch + h^2)$;

$c =$ ज्या; $h =$ ऊँचाई

चीनी लोग π (पाई) का मूल्य 3 मानकर वृत्त के क्षेत्रफल का निर्णय करते थे। घन-ज्यामिति में त्रिपार्श्व, बेलन, पिरामिड, शंकु, कीलक आदि घनों के आयतन-निर्णय के नियमों की चर्चा की गई है।

च्यु चांग में आलोचित विविध प्रश्नों का एक नमूना दिया जाता है। 10 फीट ऊँचे बाँस का ऊपरी हिस्सा टूटकर, उस बाँस के मूल से 3 फीट की दूरी पर भूमि स्पर्श करे तो बाँस कितने ऊपर से टूटा है। उच्चता का मान *x* मान लिया जाए तो उत्तर इस प्रकार[13] दिया गया है–

$$x = \frac{10}{2} - \frac{3^2}{2 \times 10}$$

भारतीय गणितज्ञ ब्रह्मगुप्त ने (जन्म ईस्वी 598) इस प्रकार के अनेक प्रश्नों की चर्चा की।

एक और प्रश्न में कहा गया है कि किसी वर्गाकार शहर की चारों सीमाओं के ठीक मध्य में एक-एक तोरण है। उत्तर सीमा के तोरण से 20 गज उत्तर एक वृक्ष है। दक्षिण तोरण से 14 गज दक्षिण एक स्थान से और फिर वहाँ से 1775 गज दूर चलकर जहाँ पहुँच जाता है, वहाँ से वृक्ष दिखाई पड़ता है। उस वर्गीकृत नगर की भुजा की लंबाई क्या है? समीकरण का रूप इस प्रकार है–

$$x^2 + (20 + 14)x + (2 \times 10 \times 1775) = 0$$

हम देख सकते हैं कि उस समय के चीनी गणितज्ञ द्विघात समीकरण से परिचित थे। धनात्मक और ऋणात्मक संख्याओं का भी वे प्रयोग करते थे।

सान-त्ज़ू सूआन-चिंग–च्यांग सांग के बाद के उल्लेखनीय चीनी गणितज्ञ था सानत्ज़ू। वह ईस्वी प्रथम शती के अंतिम भाग में जीवित था और 'सान-त्ज़ू सूआन चिंग, अर्थात् *सान-त्ज़ू का गणित* नामक ग्रंथ की उसने रचना की थी। तीन खंडों में लिखित यह ग्रंथ च्यू-च्यांग से कहीं अधिक प्रणालीबद्ध है। आलोच्य विषयों में अनिर्णेय समीकरण, संख्या, तौल तथा माप-पद्धति उल्लेखनीय हैं। एक खंड में पदार्थ के घनत्व के विषय में चर्चा की गई है।

26.20 ज्योतिष

लगभग ई.पू. 2950 में चीनियों ने आकाश में नक्षत्रों की गतिविधियों को समझने की सुविधा के लिए एक गोले का निर्माण किया। सम्राट हुआंग ति ने ई.पू. 2650 में ज्योतिषीय प्रेक्षण के लिए एक विराट वेधशाला बनवाई थी। इस वेधशाला में राज-ज्योतिषी सूर्य, चंद्र तथा ग्रहों की गति का नियमित रूप से अध्ययन करते थे और उन्हें लिपिबद्ध करते थे। बिना किसी भूल-त्रुटि के पंचांग की रचना, इस वेधशाला का मुख्य कार्य था।

मास, वर्ष–मिस्र, बेबीलोन और भारत की तरह चीन में भी संभवतः आरम्भ में 30 दिन का मास और 360 दिन का वर्ष निर्धारित हुआ था। चीनी इतिहास के एक प्राचीन विवरण में यह पाया जाता है कि अनुमानतः ई.पू. 2360 में सम्राट याओ ने विषुव बिन्दु और विषुवायन बिन्दु के निर्मूल निर्णय का निर्देश राज-ज्योतिषियों को दिया था। इसके कई वर्ष बाद, ज्योतिर्विदों ने आकाश में वर्ष के किस समय पर किन नक्षत्रों के अवलोकन द्वारा विषुव बिन्दु और विषुवायन बिन्दु में सूर्य के अवस्थान का निश्चय हो सकता है, इसकी व्याख्या करते हुए सम्राट को

अपनी रिपोर्ट प्रस्तुत की। इस रिपोर्ट की तिथि सही हो तो यह मानना पड़ेगा कि करीब 4 हजार ई.पू. में विषुव-वृत्त में सूर्य का परिक्रमण, इस वृत्त के ऊपर या निकट नक्षत्रों सम्बन्धी ज्ञान, यह तथ्य कि नक्षत्र दिन में भी आकाश में वर्तमान रहते हैं, परन्तु सूर्य के उज्ज्वल आलोक के कारण वे दीख नहीं पड़ते इत्यादि अनेक ज्योतिषीय तथ्यों से चीनी ज्योतिर्विद् घनिष्ठ रूप से अवगत थे। उनके ज्योतिष ज्ञान का एक और प्रमाण यह है कि सम्राट याओं के राजत्वकाल से ही चीनियों ने $365\frac{1}{4}$ दिन में वर्ष की गणना शुरू की। इस सिलसिले में, वृत्त को 360 के बदले 365 भाग अथवा डिग्रियों में विभक्त करने की अति प्राचीन चीनी पद्धति विशेष रूप से उल्लेखनीय है।

चीनी दीर्घ वर्ष–365 दिन का वर्ष निर्धारित होने के थोड़े दिनों बाद चीनियों ने दीर्घ-वर्ष का आविष्कार किया। 19 वर्षों में ($365\frac{1}{4}$ का वर्ष) एक दीर्घवर्ष और एक दीर्घ-वर्ष में 235 चांद्रयुतियाँ होती हैं। अतः एक चांद्रयुति में 29.53 दिन होते हैं। ग्रीक ज्योतिष में इस दीर्घ-वर्ष का नाम **मेटन-चक्र** (Meton Cycle) है। उनकी और आधुनिक काल तक अनेक यूरोपीय इतिहासकारों की यही धारणा थी कि मेटन (ई.पू. 433) ने ही इस चक्र का आविष्कार किया। अब हम देखते हैं कि मेटन से कोई डेढ़ हजार वर्ष पहले चीनियों ने इस चक्र के सम्बन्ध में चर्चा की थी। इस चक्र से चांद्रयुति का जो हिसाब मिलता है, वह भी विशेष तौर पर ध्यान देने योग्य है। बेबीलोन में किदिन्नू ने लगभग ई.पू. 500 में चांद्र संयुति का काल सही-सही निकाला। भारतीय वेदांग ज्योतिष में चांद्रयुति का हिसाब है, लेकिन वर्ष 366 दिन का गिना जाने के कारण यह चीनी या बेबीलोनी हिसाब की तरह उतना निर्दोष नहीं है। यदि चीनी तथ्य में कोई भूल न हो तो ईसापूर्व तीसरी सहस्राब्दी में, ज्योतिषीय अवलोकन और वर्ष के हिसाब अर्थात् पंचांग-रचना में चीनियों ने जिस कृतित्व का परिचय दिया था, उस प्रकार के कृतित्व का दावा और कोई देश नहीं कर सकता।

ग्रह-ज्ञान–सम्राट चौम-सू (Chaum Hsu-ई.पू. 2513 से ई.पू. 2436) के शासन काल में एक बार बुध, शुक्र, मंगल, बृहस्पति और शनि ग्रहों का योग घटित हुआ था, ऐसा उल्लेख मिलता है। पाँच ग्रहों का योग बहुत बिरल है। आधुनिक ज्योतिषीय गणना से यह जानकारी मिलती है कि ई.पू. 2446 में 28 फरवरी को आकाश में उपर्युक्त पाँचों ग्रहों के एक साथ देखे जाने का योग था और ई.पू. 2449 में 29 फरवरी वास्तव में इस प्रकार के एक योग की तिथि थी। इसलिए चीन के इतिहास में लिखित इस योग की बातें सही भी हो सकती हैं।

परन्तु सभी क्षेत्रों में ऐसे कथनों को सत्य मान लेना चाहिए, ऐसी बात नहीं है। ई.पू. 2151 में, सूर्यग्रहण की घोषणा पहले से न कर सकने के अपराध के लिए राज ज्योतिषी **ही** और **हो** को प्राणदंड दिया गया था, चीन में इस प्रकार की एक ऐतिहासिक कहानी प्रचलित है। इससे यह अनुमान किया जाना स्वाभाविक है कि ईसापूर्व तीसरी सहस्राब्दी के अंतिम भाग में चीनी ज्योतिर्विदों को ग्रहण के निर्णय का कौशल मालूम था। परन्तु ग्रहण की तिथि का निश्चय करने के लिए जिस प्रकार का उन्नत ज्योतिष-ज्ञान आवश्यक है, वह ज्ञान चीनियों को अथवा अन्य किसी जाति को इतने प्राचीन काल में था, यह सम्भव नहीं जान पड़ता। बेबीलोन में **सारोस** काल-चक्र का आविष्कार इससे बहुत बाद की घटना है। चीन में प्रचलित

इस कहानी के पीछे सत्य शायद इतना ही है कि पंचांग-रचना में अवहेलनाजनित किसी भूल के लिए ज्योतिषियों को दंड का भागी होना पड़ा था।

धूमकेतु (पुच्छल) तारा–क्रान्ति वृत्त (ecliptic) का टेढ़ापन, अर्थात् क्रान्ति वृत्त और विषुव वृत्त के बीच के कोण की माप चीनी ज्योतिर्विदों ने बहुत शुद्ध रूप से निकाल ली थी (इसमें और वास्तविक कोण में कुछ मिनटों का ही अंतर है)। उन्होंने धूमकेतु का प्रेक्षण अनुमानतः ई.पू. 611 में आरम्भ किया। जिन धूमकेतुओं के दीर्घ अवधि तक घूमने-फिरने के बाद सूर्य के पास फिर लौट आने की बात थी, वे वास्तव में लौटते या नहीं, इसकी जाँच के लिए आधुनिक ज्योतिर्विदों ने अनेक अवसरों पर प्राचीन चीनी अध्ययनों का सहारा लिया और इससे उन्हें सफलता भी मिली। हैली का धूमकेतु इसका एक उदाहरण है। इस धूमकेतु का काल-चक्र 76 वर्ष है। ई.पू. 240 में और 467 ई. में आकाश में इसका आविर्भाव होना था। इन समयों में चीन की ज्योतिषीय सूची में जिस धूमकेतु का उल्लेख है, वह हैली का धूमकेतु ही है, यह निश्चित है। धूमकेतु का पुच्छ सूर्य की विपरीत दिशा में रहता है। चीनी विवरण में इसका स्पष्ट उल्लेख है।

नूतन नक्षत्र अथवा नोवा–चीनी ज्योतिषीय सूची में नए नक्षत्र या नोवा का नाम 'को-सिंग' (K'o hsing) या अतिथि तारा है। धूमकेतु और अतिथि तारा के प्रभेद के विषय में कहा गया है कि आकाश में धूमकेतु की गति है, लेकिन अतिथि तारे की उस प्रकार की कोई गति नहीं है। पहले-पहल प्रकट होने के बाद अतिथि तारा की चमक किस प्रकार धीरे-धीरे घटती जाती है, इसका विशद विवरण चीनी ज्योतिर्विद् लिपिबद्ध कर गए हैं।

नक्षत्रों के अध्ययन में चीनियों ने आकाश में दिखाई पड़नेवाले सभी तारों को कुल 284 तारामंडलों में विभाजित किया। प्रत्येक मंडल 5 तारों का था। चंद्र की परिक्रमा निर्देशित करने के उद्देश्य से क्रान्ति वृत्त को उन्होंने 28 भागों में विभक्त किया था।

चीनियों ने प्राचीन काल में ज्योतिषीय प्रेक्षण में विशेष दक्षता का परिचय दिया था। लेकिन वह काल कितना प्राचीन है? पीटर डॉयेग ने अपने *ज्योतिष शास्त्र के इतिहास* में जो अभिमत व्यक्त किया है, उसका मर्म इस प्रकार है–पुराकालीन चीन के अधिकांश ज्योतिष-सम्बन्धी आविष्कार ई.पू. 400 के पहले हुए; कुछ आविष्कार ई.पू. 800 के पहले भी हुए होंगे। यह भी निश्चित है कि चीन में ई.पू. 1500 में भी ज्योतिष की चर्चा थी। वृत्त को $365\frac{1}{4}$ भाग में विभाजित करने की घटना, अर्थात् $365\frac{1}{4}$ दिन के वर्ष की गणना ई.पू. 350 के पहले घटित नहीं हुई; क्रान्तिबिंदु और विषुव-बिंदु का निर्णय-काल ई.पू. 400 है। सूर्य-ग्रहण का काल-निर्णय ग्रहण से पहले करने का ज्ञान, चीनियों ने ईसा संवत् के प्रारम्भ में प्राप्त किया, इत्यादि। प्राचीन चीनी विज्ञान के इतिहास के विषय में पाश्चात्य देशों में जो खोजें हुईं और हो रही हैं, उसी के आधार पर डॉयेग ने यह मत प्रकट किया है।

26.21 चिकित्सा

चीनी लोकोक्ति के अनुसार उस देश में चिकित्सा-विद्या के प्रवर्तक थे सम्राट शेन नुंग। शेन नुंग का शासन-काल अनुमानतः ई.पू. 2700 था। अपने राज्य में कृषि का प्रथम

प्रवर्तन भी उन्होंने ही किया। उन्होंने परीक्षण द्वारा प्रायः एक सौ भेषजों के गुणावगुणों का पता लगाया था।

चिकित्सा-शास्त्र के प्राचीनतम चीनी ग्रंथ का नाम है *नेइ-चिंग* (Nei-Ching) या चिकित्सा-शास्त्र। इसके रचयिता थे सम्राट हुआंग-ति (ई.पू. 2698-2599)। हुआंग-ति का यह काल-निरूपण सही हो तो *नेइचिंग* केवल चीन नहीं, बल्कि समग्र पृथ्वी का प्राचीनतम चिकित्सा-ग्रंथ है। परन्तु इस ग्रंथ की प्राचीनता के सम्बन्ध में संदेह है। आधुनिक चीनी विशेषज्ञों का खयाल है कि यह ग्रंथ अपने वर्तमान आकार में ई.पू. तीसरी शती के पहले लिपिबद्ध नहीं हुआ। पुरातनपंथी चीनी चिकित्सकों में से कोई-कोई अब भी *नेइ-चिंग* के विधान के अनुसार रोगियों की चिकित्सा करते हैं। इस ग्रंथ के दो भाग हैं–(1) *सु-वेन* (Su-Wen)– यह चिकित्सा सम्बन्धी साधारण अध्ययन है, और (2) *लिंग शु* (Ling shu)–इसका आलोच्य विषय है शरीर-रचना ।

प्राचीन चीनी चिकित्सा-विद्या चीनी दर्शन के साँचे में ही ढली हुई है। इस दर्शन में ब्रह्मांड और मनुष्य का अविभेद्य संपर्क है। मनुष्य विराट ब्रह्मांड का ही एक लघु रूप है। ब्रह्मांड लकड़ी, आग, मिट्टी, धातु और पानी, इन पाँच तत्त्वों से बना है। इन्हीं पाँच तत्त्वों से मानव-शरीर का भी गठन हुआ है। चीनी दर्शन में **पाँच** एक अति पवित्र, आश्चर्यजनक गुण-संपन्न, अलौकिक संख्या है। पाँच धातु, पाँच इंद्रिय, पाँच किस्म के रंग, पाँच प्रकार के स्वाद आदि इस संख्या की विशेषता के कुछ नमूने हैं। चीनी सृष्टि-रहस्य तथा चिकित्साविद्या का एक और महत्त्वपूर्ण विषय है स्त्री-पुरुष-संपर्क। स्त्री और पुरुष दो विपरीतधर्मी गुण हैं; पहले का नाम है यांग (yang) और दूसरे का यिन (yin)। दोनों के संयोग से विश्व-ब्रह्मांड और जीव-शरीर की सृष्टि हुई है। आकाश, सूर्य, प्रकाश, बल, कठिनता, ताप, शुष्कता आदि पुरुषधर्मी हैं; पृथ्वी, चंद्र, अंधकार, दुर्बलता, भाप, ठंडक आदि स्त्रीधर्मी हैं । 'यांग' और 'यिन' की समता से विश्व में सुव्यवस्था बनी रहती है और शरीर स्वस्थ रहता है; यह समता नष्ट होने पर, बाहरी जगत में जिस प्रकार अशांति और विप्लव की सृष्टि होती है, उसी प्रकार शरीर रोग-ग्रस्त हो जाता है। नदी में ज्वार-भाटे की तरह, संगती में उत्थान-पतन की भाँति 'यांग' और 'यिन' मानव-देह में सदा तरंगित होते रहते हैं। इस तरंगित प्रवाह का गतिरोध होने से शरीर की विकलता और व्याधि का प्रतिरोध नहीं किया जा सकता। चीनी शरीर-रचना-शास्त्र के अनुसार शरीर को पुष्ट करने का काम मुख्यतः पाँच अंग करते हैं। ये पाँच अंग हैं–हृदय, फेफड़ा, यकृत, तिल्ली और जठर। इन पाँच अंगों के साथ पाँच अंतरंग (viscera) संयुक्त हैं, जैसे–अँतड़ी, मलाशय, पित्ताशय (gall bladder), मूत्राशय (bladder) और अग्न्याशय (Pancreas) । पाँच प्रकार की धातुओं, रंग और ऋतुओं में से एक-एक के साथ एक-एक अभ्यंतरंग का सम्बन्ध है। अंगों और अभ्यंतरंगों में घनिष्ठ सम्बन्ध है। अंगों में हृदय श्रेष्ठ है। यकृत और अग्न्याशय क्रमानुसार हृदय की जननी और पुत्र हैं। जठर के साथ हृत् (हृदय) का शत्रु-सम्बन्ध है इत्यादि।

रक्त-परिवहन–एक प्रकार के रक्त-परिवहन (blood circulation) का उल्लेख मिलता है। 'यांग' रक्त-परिवहन की परिचालना करती है; प्रति घंटा 50 बार रक्त-परिवहन होता रहता है। इस प्रकार के उल्लेख से कुछ लोगों की यह धारणा है कि 2 हजार वर्ष पहले, चीनी चिकित्सा-वैज्ञानिकों ने ही सर्वप्रथम रक्त-परिवहन का आविष्कार किया होगा।[14] 'यांग' और

'यिन' के अद्भुत समन्वय से जहाँ जड़ और चेतन जगत में सर्वत्र तरंगित अनंत प्रवाह की कल्पना की गई थी, वहाँ मानव-शरीर के अन्दर रक्त-परिबहन की कल्पना करना भी कठिन बात नहीं थी।

चीनी चिकित्साशास्त्र में अतिजटिल नाड़ी-विद्या का उद्भव हुआ था। इस विद्या के अनुसार समग्र शरीर की तुलना बहुत से तारोंवाले वाद्ययंत्र से की जाती थी। शरीर की प्रत्येक नाड़ी मानो वाद्ययंत्र का एक-एक तार है। जिस प्रकार तार को झनकार कर यह पता लगाया जाता है कि वाद्ययंत्र के तार ठीक बँधे हैं या नहीं, उसी तरह नाना प्रकार से और सावधानी के साथ नाड़ी दबाकर देह-यंत्र की स्वस्थता या अस्वस्थता का निर्णय किया जाता था। प्रायः दो सौ विभिन्न नाड़ियों के विवरण और व्याख्याएँ चीनी चिकित्साशास्त्र में मिलती हैं। इनमें से कम-से-कम 26 नाड़ियाँ मृत्यु-निर्देशक हैं। इस प्रकार की चिकित्सा-विधि में रोगी की नाड़ी-परीक्षा करने में ही चिकित्सक को कई घंटे लग जाते थे।

चीन में चेचक प्रायः प्रबल महामारी के रूप में फैलता था। चेचक के प्रतिरोध के लिए टीके लगाने की व्यवस्था वहाँ प्रचलित थी, लेकिन संभवतः यह चीनी आविष्कार नहीं था। चेचक के दानों से निकलनेवाले पदार्थ का संग्रह करके, उसे सुखाकर, उसके चूर का इस्तेमाल सुँघनी के तौर पर किया जाता था। उपदंश रोग के तीन स्तरों का उल्लेख हैं; यहाँ तक कि प्राचीन चीनी चिकित्सकों का यह खयाल था कि यह रोग आनुवंशिक है।

26.22 कीमिया का जन्मस्थान

प्राचीन चीन के ऐतिहासिक ग्रंथ *शी-ची* (Historical Memoirs) में चीनी कीमिया का प्रथम उल्लेख मिलता है। इस ग्रंथ की रचना शुरू की **सू-मा टेन** ने और इसे ई.पू. दूसरी शताब्दी में समाप्त किया उनके योग्य पुत्र **सू-मा चियेन** ने। इस ग्रंथ में लि-शाओ-चुन नाम के एक जादूगर तथा कीमियागर की आश्चर्यजनक क्षमता का वर्णन है। हान वंशीय सम्राट ऊन्ती (ई.पू. दूसरी शताब्दी) से एक साक्षात्कार में लि-शाओ चुन ने उन्हें सूचित किया।[15]

"हिंगुल (Cinnabar) किस प्रकार अपनी प्रकृति बदलकर पीले रंग के सोने में रूपांतरित होता है, इस तथ्य से मैं अवगत हूँ। मैं उड़ते हुए ड्रैगन पर लगाम डाल सकता हूँ और पृथ्वी के एक छोर से दूसरे छोर तक सभी स्थानों को देख सकता हूँ। वृद्ध बगुले की पीठ पर सवार होकर नवम स्वर्ग में विचरण करना भी मेरे लिए बहुत सहज है।"

एक और स्थान में यह उल्लेख है कि सम्राट से लि शाओ-चुन ने कहा है–

'अग्नि में आहुति-दान की व्यवस्था करने पर आप हिंगुल को सोने में बदल सकेंगे। इस प्रकार से प्रस्तुत सोने से आप भोजन करने और पीने के उपयोगी पात्रादि तैयार करवा सकेंगे और इन पात्रों से भोजन तथा पेय पदार्थ ग्रहण करने के परिणामस्वरूप आपको दीर्घायु प्राप्त होगी। तब आप मध्य-समुद्र में अवस्थित पेग-लाइ टापू के अमर ऋषियों से साक्षात्कार कर सकेंगे। उनके दर्शन के बाद देवताओं के उद्देश्य में आप आहुति की व्यवस्था करें तो आप भी अमरत्व प्राप्त करेंगे।'

इस विवरण में हम देखते हैं कि दीर्घायु और अमरत्व प्राप्ति के उद्देश्य से ही चीन में कीमिया की उत्पत्ति हुई। यह अवश्य ही अकेले चीन की विशेषता नहीं है।

अमरत्व-लाभ के लिए विभिन्न भेषजों के व्यवहार तथा उनके गुण-धर्मों के वर्णन से *अथर्ववेद* भी समृद्ध है।

हुआइ-नान् के राजा ल्यु आन (मृत्यु ई.पू. 122) कीमिया विद्या के एक विशिष्ट पृष्ठपोषक थे। आठ विख्यात पंडितों में से कई कीमिया विद्या के पारदर्शी थे। कीमिया-सम्बन्धी कुछ ग्रंथों की रचना स्वयं ल्यु आन ने भी की थी। उईपो-यांग (अनुमानतः 140 ई.) और को-हुंग (281-361 ई.) जैसे परवर्ती काल के प्रख्यात कीमियागरों ने ल्यु आन के ग्रंथों और कीमिया-चर्चा का उल्लेख किया है। उनके ग्रंथ में पारे की चीनी परिभाषा का प्रथम उल्लेख मिलता है। उन्होंने यह मत व्यक्त किया कि पारे के रूपांतरण के फलस्वरूप सोना, सीसा, ताँबा, चाँदी, लोहा आदि धातुओं की उत्पत्ति होती है। इनमें पारे का स्वर्ण में रूपांतरण ही विशेष रूप से महत्त्वपूर्ण है, क्योंकि स्वर्ण में ही दीर्घायु और अमरत्व-प्राप्ति के गुप्त तथ्य निहित हैं। कहा जाता है कि स्वयं ल्यु आन ने किसी अमृत का सेवन करके अमरत्व प्राप्त किया था। वास्तविकता यह है कि किसी राजनीतिक षड्यंत्र में लिप्त होने के कारण वे निर्वासित किए गए और निर्वासन में ही संभवतः उन्होंने आत्महत्या कर ली।

होमर डब्स ने **ल्यु स्यांग** (ईस्वी प्रथम शती का प्रथम भाग) नाम के एक कीमियागर की तत्परता का उल्लेख किया है। हान राजवंश में उनका जन्म हुआ था। साहित्य, ज्योतिष, कीमिया आदि नाना शास्त्रों में वे सुपंडित थे। इस प्रकार की असाधारण विद्वत्ता और पांडित्य के कारण, बहुत थोड़ी अवस्था में ही वे सम्राट सुआन के प्रधान परामर्शदाता के पद पर प्रतिष्ठित हुए। यह पद प्राप्त करने के थोड़े दिनों बाद, कीमिया शास्त्र में सुआन के उत्साह और अनुराग को देखकर, उन्होंने कृत्रिम उपाय से स्वर्ण-निर्माण तथा उससे अमरत्व-प्राप्ति की एक चामत्कारिक औषधि प्रस्तुत करने की सम्भावना में राजकोष से आर्थिक सहायता की व्यवस्था करने के लिए सम्राट को राजी कर लिया। बहुत धन खर्च करने के बाद भी ल्यु स्यांग प्रस्तावित कृत्रिम सोना और अमृत प्रस्तुत करने में विफल रहे। इस विफलता का दंड उन्हें बहुत अच्छी तरह भोगना पड़ा। उन्हें मृत्यु दंड दिया गया। अंत में सम्राट ने, उनकी विद्योत्साहित, पांडित्य और विभिन्न गुणों का स्मरण कर, यह आदेश रद्द कर दिया।

अलेग्जेंड्रिया में कीमिया-चर्चा आरम्भ होने के बहुत पहले से ही चीन में इस विद्या का अनुशीलन हो रहा था, उपर्युक्त तथ्यों से यह बात स्पष्ट हो जाती है। कृत्रिम उपाय से स्वर्णोत्पादन और एक प्रकार का अमृत प्रस्तुत करने की सम्भावना को वास्तविकता में रूपान्वित करने के उद्देश्य से उस देश में अनेक परीक्षण किए गए। ये परीक्षण केवल जादूगरों और धोखाधड़ी करनेवाले लोगों की श्रेणी तक ही सीमित नहीं थे; अनेक ज्ञानी, गुणी पंडितों ने कीमिया-सम्बन्धी परीक्षणों को चरम सीमा तक पहुँचाया।

चीन में ही कीमिया की प्रथम उत्पत्ति हुई, इस तथ्य के पक्ष में होमर डब्स ने कई और तर्क प्रस्तुत किए हैं।[16] उन्होंने दिखाया है कि जिस देश में सोना यथेष्ट परिमाण में मिलता और असली सोने के सम्बन्ध में उन्नत ज्ञान थे, उस देश में कृत्रिम स्वर्णोत्पादन की चेष्टा अंकुर में ही विनष्ट होने की प्रबल सम्भावना थी। कुशल स्वर्णकारों के लिए असली और नकली सोने की पहचान करना तनिक भी कठिन नहीं था। समग्र भूमध्यसागरीय अंचल में सोने की जानकारी बहुत पुराने समय से है। ई.पू. 14वीं शती से ही बेबीलोनी सोने की खानों

पर काम करते आए थे और स्वर्ण-निर्मित वस्तुओं में विशुद्ध सोने के भाग का ठीक-ठीक निर्णय कर सकते थे। समकालीन चीन में सोने का ज्ञान प्रायः नहीं के बराबर था। पुरातात्त्विक खनन कार्य से चीन में इस काल की जिन वस्तुओं की जानकारी मिली हैं, उनमें कोई वस्तु ऐसी नहीं है, जिसमें सोने का अंश हो । प्राचीन चीनी भाषा में सोने का कोई पारिभाषिक शब्द तक नहीं मिलता। सोने का वर्तमान चीनी पारिभाषित शब्द है **जिन्** (Jin) । पहले इस शब्द-द्वारा साधारणतया किसी भी धातु का बोध होता था। ह्यान-युग के पहले ताँबा या ब्रोंज के लिए 'जिन' शब्द का व्यवहार होता था। बाद में सोना-सम्बन्धी जानकारी बढ़ने पर और इस धातु के लिए एक विशेष शब्द के प्रयोग की आवश्यता होने पर, हुआंग-जिन (huang-jin, पीत धातु) शब्द का व्यवहार होता देखा जाता है। हान-युग में सोने का यही नाम प्रचलित था। ईसापूर्व तीसरी या चौथी शती से चीनी साहित्य में सोने का नियमित उल्लेख देखा जाता है। इस लिए प्राकृतिक स्वर्ण की कमी और प्राकृतिक स्वर्ण सम्बन्धी ज्ञान ने चीन को कृत्रिम स्वर्ण के उत्पादन की चेष्टा के लिए प्रेरित किया होगा।

26.23 भारत और चीन के बीच गणितीय ज्ञान का आदान-प्रदान

भारतीय गणितज्ञ यूनानी गणित से अपरिचित नहीं थे। गणितीय ज्ञान का यह लेनदेन केवल भारत और पश्चिमी देशों में ही सीमित नहीं रहा था। भारत और चीन में भी इसी प्रकार के आदान-प्रदान की बहुत सी नजीरें मिल सकती हैं। खासतौर से गणित और ज्योतिष में यह सुविदित है।

ईसा की छठी और सातवीं सदी में सुई राजवंश के शासनकाल में चीन में भारत के ज्ञान-विज्ञान का बहुत प्रचार हुआ था। प्राध्यापक सार्टन ने लिखा है कि सुई वंशीय शासनकाल में रचित ग्रंथों में से बहुत से भारतीय ज्योतिष और गणित से ही संबंधित थे।[17] इनमें विशेष उल्लेखनीय है *ये-लो-मेन तिएन-वेनचिं* शीर्षक ज्योतिष-ग्रंथ, जिसे शे सिएन-जेन नामक एक ब्राह्मण ने लिखा और 21 खंडों में पूरा किया था। और भी कई ग्रंथों के हिन्दी में अनूदित नाम *ब्राह्मण ज्योतिष, ब्राह्मण गणना पद्धति, काल गणना की ब्राह्मण पद्धति,* आदि हैं।

आठवीं सदी में तांत्रिक धर्म की प्रधानता और प्रचार के साथ ही साथ चीन में भारतीय गणित-ज्योतिष और फलित-ज्योतिष को फिर एक बार मान्यता मिली। आठवीं सदी के प्रथम भाग में त्यु राजवंश के दरबार में **गौतम सिद्ध** नामक एक ज्योतिषी भी रहता था। ज्योतिष पर इनका एक ग्रंथ 110 खंड में पूरा हुआ था जिसका चीनी नाम हैं *टात्युं काई-युआन च्यान चि*।[18] इसमें हिन्दुओं के दाशमिक स्थानिक अंक लेखन पद्धति की सुन्दर आलोचना से लगता कि शायद इसी समय से चीन में भारतीय अंकलेखन प्रणाली प्रचलित हुई थी।

जॉर्ज रूस्टिक के. ने हिंदू गणित पर चीनी गणित के प्रभाव के कई उदाहरण लिखें हैं ।[19] चीनी गणित-ग्रंथों में विवेचित कई समस्याओं की पुनरावृत्ति हिन्दुओं के कई गणित-ग्रंथों में मिलती हैं। नौ खंडों में सम्पूर्ण *चिउ-च्यां सुआन-शू* नामक चीनी अंकगणित का रचना काल ई.पू. 200 के लगभग हैं। 263 ई. में च्यांसां ने इस पर एक टीका लिखी थी। इसमें वृत्तांश का क्षेत्रफल निकालने के लिए $\frac{1}{2}(c+a)a$ सूत्र मिलता है; c ज्या है और लंब /

वृत्तांश का क्षेत्रफल निकालने में महावीर ने ठीक यही सूत्र इस्तेमाल किया है। प्राचीन गणित की और भी एक जनप्रिय समस्या यह थी--10 फीट लंबे एक बाँस का ऊपरी टुकड़ा नीचे जमीन पर तने के पास तीन फीट दूरी पर आकर गिरा तो बताइए कितने फीट की ऊँचाई पर बाँस टूटा है? इस समस्या की आलोचना छठी सदी के परवर्त्ती प्रत्येक हिन्दू ग्रन्थ में मिलती है। ईसा की पहली सदी में लिखे गए और एक सुप्राचीन चीनी गणितिक ग्रंथ *सान-त्सु सुआन-चिं* में भी ऐसी ही एक समस्या है–एक ऐसी संख्या बताओ जिसमें 3, 5 और 7 से भाग देने पर क्रमशः 2, 3 और 2 बाकी बचते हैं। ब्रह्मगुप्त द्वारा प्रस्तावित अनेक गाणितिक समस्याओं में से एक यह है–"कौन सी ऐसी संख्या है जिसे 6 से भाग करें तो 5 तथा 5 से भाग करें तो 4 और 4 से भाग करें तो 3 एवं 3 से भाग करें तो 2 बाकी बचते हैं। महावीर ने भी ऐसी ही एक समस्या पर विचार किया है।"

निःसंदेह हिन्दू और चीनी दोनों देशों के गणितज्ञों को परस्पर के गाणितिक ज्ञान के बारे में थोड़ी-बहुत जानकारी थी। किन्तु योशिओं मिकामी का कथन कि चीन पर हिन्दू गणित का कोई भी प्रभाव प्रमाणित नहीं हुआ है; एक तरफा लगता है। उनकी राय में तो चीनी गणितज्ञों की उपलधियों ने ही हिन्दू पंडितों की आँखें खोल दी थीं।[20]

सन्दर्भ सूची

1. ह्वांग-हो नदी (पीली नदी) वर्षाकाल में बहुत क्षति पहुँचाती थी। पूरे गाँव और बस्तियाँ उसके गर्भ में समा जाते थे। इसी कारण चीन के लोग उसे **भटकती नदी, चीन का दुःख या हजारों अभिशापों की नदी** कहते थे।
2. "जो कुछ तुम अपने साथ किया जाना पंसद नहीं करते, वह दूसरों के साथ मत करो।" "सही बात को समझना और उसके अनुसार आचरण न करना कायरता है।" अपने से बड़ों की खुशामद मत करो और अपने से छोटों की अवज्ञा मत करो।"
3. चीनी चित्रलिपि में हर चिह्न एक अलग शब्द का बोध कराता था। उदाहरण के लिए, '' का मतलब वृक्ष, '**' का मतलब वन और '***' मतलब घना वन होता था।
4. 20वीं शताब्दी से पूर्व चीन संसार में सर्वाधिक रेशम तैयार करता था किंतु 20वीं शताब्दी के प्रथम चरण में साम्राज्यवादियों ने वहाँ के रेशम उद्योग के पूर्व गौरव को समाप्त कर दिया। आज भी अन्तर्राष्ट्रीय स्तर पर इसका महत्त्व है।
5. गन्ने से शक्कर बनाने की विधि चीन ने भारत से सीखा।
6. कागज बनाने की विधि रेशम मार्ग से रोम पहुँची। 8वीं शताब्दी में अरबों ने कागज बनाने की विधि चीन से सीखा। 10वीं शताब्दी के प्रारम्भ में इसका प्रसार मिस्र, 12वीं शताब्दी के बाद यूरोप में और 13वीं शताब्दी में भारत में हुआ।
7. चीन को परास्त करने के पश्चात् कुषाण सम्राट कनिष्क ने चीनी राजकुमारों को युद्ध लाभ के रूप में अपने साथ लाया। इससे एक बड़ा उपहार यह हुआ कि उन राजकुमारों ने भारत में नाशपाती और आडू (सतालू) के पौधे भारत में पहले-पहल लगाये। हमारे यहाँ पहले से ही कपिशा में अंगुर मशहूर था।
8. बाँस या लकड़ी का रहट का प्रयोग नीचे से ऊपर चढ़ाने में किया जाता है। इससे पैदावार में वृद्धि हुई।
9. कनफ्यूशियस द्वारा लिखित इतिहास ग्रंथ में लू राज्य का ई.पू. 722से 481ई. तक का इतिहास है।

10. 10वीं शताब्दी तक इसका स्तर काफी उन्नत हो चुका था। ई.पू. 16वीं शताब्दी से चीन के कारीगर काँसा पिघलाने और ढालने की विधि को जान चुके थे।
11. इस परीक्षा द्वारा वे ही व्यक्ति सरकारी अधिकारी नियुक्त होते थे जिनमें सबसे अधिक गुण पाया जाता था। कनफ्यूशियस के मतानुसार अधिकारियों को सुशिक्षित होना पड़ता था। इस परीक्षा में पास कोई भी व्यक्ति सरकारी पद पा सकता था। सरकारी नौकरी का दरवाजा जन्म, कुल, रंग और सामाजिक स्थिति के आधार पर किसी के लिए बन्द नहीं रहता था। इस प्रणाली में कुछ दोष भी थे। परीक्षा में प्रश्न प्रायः प्रत्येक वर्ष एक ही प्रकार के होते थे। अतः ऑफिसर का पुत्र ऑफिसर हो जाता था। क्योंकि प्रश्नों की जानकारी पिता द्वारा उसे मिल जाती थी। अतः साधारण बुद्धि के लोग भी इसमें कभी-कभी सफल हो जाते थे।
12. G. Sarton, *Introduction to the History of Science*, Vol 1. p. 183.
13. F. Cajori, *A History of Mathematics,* Macmillan, 1926, p, 72
14. Tenny L. Davis, "The Chinese Beginnings of Alchemy' *Endeavour*; October, 1943. p. 154-160.
15. Homer, H. Dubs, "The Beginnings of Alchemi" *Isis*, Vol. 38, 1947; p. 62-86.
16. *Ibid*
17. *Introduction to the History of Science*, Vol I, p. 450
18. *Ibid* p. 513
19. G. R, Kaye, *Indian Mathematics*, P. 38-41
20. i ...The discoveries made inChina may have touched the eyes of Hindu Scholars–Yoshio Mikani, *The Development of Mathematics in China and Japan*, Leipzig, 1912.

अध्याय-27

प्राचीन यूनान

27.1 भौगोलिक दशा

प्राचीन यूनान[1] बाल्कन प्रायद्वीप के दक्षिणी भाग पर स्थित अत्यल्प वर्षा और अनुर्वर मिट्टीवाला देश था, जिसका समुद्रतट अत्यधिक कटा हुआ और ऊबड-खाबड़ था। सिर्फ कुछ अलग-थलग इलाकों, जैसे—दक्षिण में लकोनिया और मेसनिया, मध्य यूनान में बिओशिआ और उत्तर में थेसेली में ही उपजाऊ मैदान पाए जाते हैं, जो कृषि के उपयुक्त हैं।

प्राचीन यूनानी समाज के विकास में समुद्र की बहुत ही महत्त्वपूर्ण भूमिका रही है। टेढ़ी-मेढ़ी तटरेखा, अनेक सुरक्षित खाड़ियों और बन्दरगाहों, एशिया-ए-कोचक और ईजियन सागर के द्वीपों से सामीप्य, जो यूनानी मुख्यभूमि और एशिया-ए-कोचक के तट के बीच एक तरह से पैड़ियों की तरह थे—इन सभी कारणों से यूनान में बहुत पुराने जमाने में ही समुद्रगमन और व्यापार विकसित हो गए थे। यूनानी जहाजी जमीन को निगाहों से दूर किए बिना काले सागर या एशिया-ए-कोचक की यात्राएँ कर सकते थे।

प्राचीन यूनान खनिजों की दृष्टि से समृद्ध था—लकोनिया में लोहा, अतीका (मध्य यूनान) में चाँदी और थ्रेस (ईजियन सागर के उत्तरी तट पर) में सोना प्राप्य था। इसके अलावा चिकनी मिट्टी, इमारती पत्थर और संगमरमर की बहुतायत थी। एक ओर तो बंजर जमीन और उसके कारण अनाज की लगातार कमी और दूसरी तरफ खनिज पदार्थों के प्राचुर्य ने व्यापार को और धातु तथा पत्थर की चीजें बनाने की विविध प्रविधियों और निर्माण कौशल के विकास को प्रोत्साहित किया।

इससे पूर्व 6000-5500 ई.पू. में पुरातात्त्विक खुदाई से नवपाषाण काल की बस्तियों के अवशेष मिले हैं। 3500 ई.पू. में यहाँ ताम्रयुगीन सभ्यता के अवशेष मिलते हैं। 2000 ई.पू. में यहाँ कांस्ययुगीन सभ्यता का विकास हुआ। जैतून और अंगूर वृहत् पैमाने पर पैदा किया जाने लगा।

27.2 संस्कृति

ई.पू. पाँचवीं और चौथी सदियों में और विशेषकर, पेरीक्लीज के समय में **एथेंस** यूनान के राजनीतिक तथा सांस्कृतिक जीवन का मुख्य केंद्र था। यह महानगर, जो उस जमाने के लिहाज से विराट आकार का था, जिसमें कोई 2 लाख लोग निवास करते थे, बौद्धिक ज्ञान का केंद्र

था। दिन में हर समय उसकी सड़कों पर और चौकों में लोगों की भीड़ बनी रहती थी, क्योंकि नगर का सार्वजनिक जीवन पूर्णतः घर के बाहर खुले में ही चलता था। सार्वजनिक गतिविधियों में विस्मयजनक वैभिन्न्य था—जनसभाएँ, सामूहिक जुलूस और उत्सव, राजनीतिक, दार्शनिक तथा कानूनी विवाद और रंगमंचीय मनोरंजन आदि। हर एथेनी नागरिक जनसभा की कार्रवाई में हिस्सा लेता था, कानूनी और बौद्धिक तर्कों को सुनता था, थिएटर जाता था और इन सभी तरीकों से वह अपने नगर के राजनीतिक तथा सांस्कृतिक जीवन में प्रत्यक्ष भाग लेता था।

संस्कृति और चिंतन के क्षेत्र में प्राचीन यूनानियों की एक सबसे बड़ी उपलब्धि वह दर्शन है, जिसे उन्होंने भावी पीढ़ियों को विरासत में दिया है। उनके दर्शन में सभी उत्तरवर्ती दार्शनिक अवधारणाओं और प्रणालियों के बीज विद्यमान हैं। प्रारम्भिक यूनानी दर्शन के विकास में पहला चरण प्रकृतिशास्त्र है, जो ई.पू. सातवीं और छठी शताब्दियों में एशिया-ए-कोचक के तट पर स्थित यूनानी नगरों में उदित हुआ। इस विचार-संप्रदाय के दार्शनिकों—थेलीज, अनाक्सिमेनीज और अनाक्सिमांदर ने दृश्य-जगत के सार को पारिभाषित करने का प्रयास किया। उनके विचार कितने ही बचकाने क्यों न रहें हो, वे ही **पहले भौतिकवादी दार्शनिक थे।**

इस युग की एक उत्कृष्टतम उपलब्धि इफेससवासी **हीराक्लीतस** (लगभग 540-480 ई.पू.) द्वारा निकाली गई दार्शनिक पद्धति थी। उसकी कृतियों के जो अंश बच रहे हैं, उनके आधार पर हम उसे **प्रथम द्वंद्ववादी दार्शनिक** मान सकते हैं। "सभी वस्तुएँ प्रवहमान हैं", उसने लिखा है, "उसी नदी में दो बार नहीं उतरा जा सकता।" हीराक्लीतस ने प्रत्येक परिघटन को विपरीतों के द्वंद्व की तरह देखते हुए अस्तित्व की व्याघातक प्रकृति की शिक्षा दी। उसने लिखा है, "न्याय संघर्ष है और सभी बातें संघर्ष के जरिए होती हैं और उन्हें होना भी ऐसे ही चाहिए।"

महान भौतिकवादी दार्शनिकों में एक थ्रेसवासी **दीमोक्रीतस** (पाँचवीं-चौथी सदी ई.पू.) था। उसकी मुख्य प्रस्थापना यह थी कि जगत परमाणुओं और शून्य का बना हुआ है। परमाणुओं को वह भौतिक द्रव्य के सूक्ष्मतम समान कण बताता है। उसकी व्याख्या के अनुसार ये परमाणु शून्य के भीतर गतिमान हैं, एक-दूसरे से टकराते हैं और संयोजित होते हैं और तज्जनित संयोग ही दृश्य-जगत की सभी परिघटनाओं को जन्म देते हैं। दीमोक्रीतम के विचार अपनी तर्कसंगतता के लिए उल्लेखनीय हैं—उसके लिए विश्व में प्रत्येक चीज पदार्थ (भौतिक परमाणुओं) की गति पर ही आधारित थी।

एक और प्रमुख यूनानी दार्शनिक अफलातून—**प्लेटो**—(427-347 ई.पू.) एक बिलकुल ही भिन्न दार्शनिक मत **प्रत्ययवाद** (आइडियलिज्म) का संस्थापक था। अफलातून यूनानी अभिजात वर्ग से आया था और इसकी पुष्टि उसकी राजनीतिक धारणाओं से भी होती है।

प्लेटो के लिए जगत का सार प्रत्यय (Idea) था, जिससे उसका आशय अवधारणाओं से निर्मित ज्ञान के वस्तुनिष्ठ सारतत्त्व से था। विचार या प्रत्यय एक विशेष 'आदर्श जगत' बनाते हैं, जो निश्चल सितारों की सीमा के परे हैं। मनुष्य विचारों के इस जगत की कल्पना केवल इस तथ्य के परिणामस्वरूप कर सकते हैं कि उनके शरीरों में प्रवेश करने के पहले उनकी आत्माएँ इन सितारों में निवास करती हैं, जिनकी अनुकूल स्थिति से वे विचारों के जगत को देख सकती हैं। अतः अफलातून की शिक्षा में भौतिक द्रव्य के प्रति यदि वस्तुतः तिरस्कारपूर्ण

नहीं, तो नकारात्मक दृष्टिकोण सन्निहित है, जिसे वह अनगढ़ और अरूप सा समझता है और जो सिर्फ इसी सीमा तक मूल्यवान है कि वह विचारों के रूप में आध्यात्मिकता से युक्त है। इस शिक्षा को सभी उत्तरवर्ती प्रत्ययवादी पद्धतियों और सिद्धान्तों की आधारशिला बन जाना था।[2]

यूनानी दर्शन अपने शिखर पर **अरस्तू** (384-322 ई.पू.) के समय पहुँचा, जो एक सर्वज्ञानसंपन्न विद्वान था और एक तरह से समस्त यूनानी विज्ञान तथा दर्शन के समन्वय का प्रतिनिधित्व करता था।

अपनी दर्शन पद्धति में अरस्तू ने डेमोक्रीतस के भौतिकवाद का प्लेटो के प्रत्ययवाद के साथ संयोग करने का प्रयास किया और यही उसके दर्शन का सबसे कमजोर और दोषपूर्ण पहलू है, क्योंकि प्रत्ययवाद और भौतिकवाद एक-दूसरे से असंगत और असंयोजनीय हैं। फिर भी अरस्तू ने अनेक मूल्यवान विचार और मत व्यक्त किए, जो दर्शन के आगामी विकास के लिए अपार महत्त्व के सिद्ध हुए। इनमें उसका रूप (Form) और सार (Content) अथवा पदार्थ की एकता के बारे में शिक्षा भी है। अरस्तू केवल दार्शनिक ही नहीं, वरन् अत्यंत बहुविद् विद्वान भी था, जिसने अपनी योग्यताएँ विभिन्न क्षेत्रों में लगाई, जैसे—तर्कशास्त्र, खगोलिकी, प्रकृति विज्ञान और भाषा तथा पद्य-रचना की समस्याएँ।

क्लासिकी यूनानी दर्शन का सार्वभौम महत्त्व आज भी बना हुआ है और वह विश्व संस्कृति के कोषागार में अद्वितीय योगदान है।

इतिहास के लिए यूरोपीय भाषाओं में प्रयुक्त शब्द 'हिस्टरी' या 'हिस्तोरिया' यूनानी भाषा से ही आया है और इस तथ्य का प्रतीक है कि इसका उदय यूनान में ही हुआ था। एशिया-ए-कोचक के तट पर हालीकार्नासस नगर के निवासी **हेरोडोटस** (पाँचवीं सदी ई.पू.) को ही आमतौर पर 'इतिहास का जनक' माना जाता है। उसकी सामान्यतः *इतिहास* के नाम से विज्ञात नौ खंडीय कृति मुख्यतः यूनानी-पारसीक युद्ध के बारे में ही है, यद्यपि लेखक ने मिस्र, फारस और सीथिया (शकदेश) के इतिहास को भी सम्मिलित करने के लिए काफी विषयांतर किया है।

सोफोक्लीज (496-406 ई.पू.) एथेंस के स्वर्ण युग में रहता था। कहा जाता है कि उसकी लिखी त्रासदियों की संख्या 120 से कम नहीं थी, जिनमें से भावी पीढ़ियों के लिए केवल सात ही बच पाई है। सोफोक्लीज की त्रासदियों में हम क्लासिकी चिंतन के सबसे प्रचलित विचारों में से एक नियति और प्रतिशोध के विचार के विकास को देखते हैं। इस विषयवस्तु का एक श्रेष्ठतम प्रतिपादन 'राजा ईडिपस' में पाया जाता है, जहाँ अनजाने में किए अपराध के मामले में भी प्रतिशोध को अपरिहार्य और अनिवार्य दर्शाया गया है।

तीसरा महान त्रासदीकार **यूरीपिदीज** (480-406 ई.पू.) था, जिसने 90 त्रासदियाँ लिखी थीं, जिनमें से 18 बच गई हैं। इनमें से सबसे प्रसिद्ध *मीदिआ, हिप्पोलितस, बैकई* (मधुबालाएँ) और *टारिस में इफीजीनिआ* हैं। यूरीपिदीज के नाटक अपनी मनोवैज्ञानिक मर्मज्ञता के लिए उल्लेखनीय हैं, जो उसके सभी पात्रों को अनुपम वैयक्तिकता प्रदान कर देती है। यूरीपिदीज की कृतियों में गायकवृंद, जिसे उसके पूर्ववर्तियों के नाटकों में काफी प्रमुखता प्राप्त थी, निश्चित रूप से गौण है और मुख्य ध्यान पात्रों पर केंद्रित किया जाता है।

यूनानी नाट्यकला में एक अन्य विधा **कामदी** (Comedy) का भी उदय हुआ, जो

लोकप्रिय स्वाँगों, प्रहसनों और दिओनीसस की पूजा से जुड़ी विनोदमय और मजाकिया रीतियों से निकली थी।

इस विधा का प्रमुख प्रतिपादक **अरिस्तोफेनीज** (446-385 ई.पू.) था। उसके ग्यारह नाटक हमारे समय तक बच रहे हैं, जिनमें से सबसे प्रसिद्ध *ततैये, बादल, मेढक, लीसिस्त्रता* और *सूरमा* हैं। अरिस्तोफेनीज की कामदियाँ स्पष्टतः राजनीतिक चरित्र की हैं। उनका लेखक अनुदार लोकतांत्रिक हलकों से संबंधित था और उग्र लोकतांत्रिक रूपों और उनके क्लीओन जैसे पैरोकारों पर तीखी चोटें किया करता था।

27.3 कला एवं स्थापत्य

यूनानी स्थापत्य की स्तंभों की विभिन्न किस्मों के अनुसार तीन मुख्य शैलियाँ थीं—दोरियाई (डोरिक), आयोनी (आयोनियन) और कोरिंथी (कोरिथियन)। यूनानी मूर्तिकला की दो मुख्य शैलियाँ थीं—एथेनी, जिसका सबसे विख्यात प्रतिनिधि फीदिआस था और पेलोपोनिशयाई, जिसका सबसे बड़ा प्रतिनिधि पोलीक्लितस था। यूनानी मूर्तिकारों ने मानव आकृति के आदर्श अनुपातों का प्रतिपादन किया।

एथेंस में पेरीक्लीज युग के स्मारक यूनानी मूर्तिकला और स्थापत्य की शानदार उपलब्धियों का बड़ी अच्छी तरह से प्रतिनिधित्व करते हैं। इस काल में सारे यूनानी जगत के प्रतिभाशाली कलाकार एथेंस में इकट्ठा हो गए थे। महान मूर्तिकार **फीदिआस** उस समय का प्रमुख वास्तुकार था। **इक्तीनस** और प्रमुख चित्रकार **पोलीग्नोतस** और **परासियस** इन्हीं लोगों में थे। इस काल में एथेंस को जिन सबसे महत्त्वपूर्ण कलाकृतियों से अलंकृत किया गया, वे थीं लालित्य और आकृति में अनुपम देव-मूर्तियाँ और सार्वजनिक इमारतें। भवनों में विशेषकर उल्लेखनीय थे एक्रोपोलिस पर निर्मित पार्थेनन तथा प्रोपीलिया और नगर के निचले भाग में निर्मित ओडियन।

एथेन का मंदिर **पार्थेनन**, जिसे एथेनी जनता परंपरा से कुमारी-गृह कहती थी, विख्यात वास्तुकार **इक्तीनस** तथा **कल्लीक्रातीज** द्वारा रूपांकित सफेद संगमरमर का भीतर और बाहर सुंदर मूर्तियों से अलंकृत एक भव्य भवन था। मंदिर के भीतर हाथीदाँत व सोने की बनी और सोने के शिरोधान तथा भाले से युक्त देवी एथेना की एक विशाल मूर्ति थी, जिसे **फीदिआस** ने बनाया था।

फीदिआस की एक और शानदार कृति **एथेना** प्रोमाकोस अथवा रणदेवी एथेना की विराट कांस्य प्रतिमा थी, जो मैराथन के युद्ध में हाथ में आयी धातु से बनाई गई थी। यह मूर्ति एक्रोपोलिस के उच्चतम स्थल पर स्थित थी, जिससे धूप में चमकता उसका सुनहरा भाला बहुत दूर से दिखाई देता था और जहाजों के लिए आकाशदीप का काम करता था।

फीदिआस की एक और श्रेष्ठ कृति ओलंपिया में जीयस के मंदिर में स्थापित जीयस की विराट मूर्ति थी। प्रोपीलिया अक्रोपोलिस का विराटकार सिंहद्वार था। यह 4 पार्श्वद्वारों से युक्त छतदार संगमरमरी स्तंभवाली और मुख्य द्वार के दोनों और 4 हॉलों से मिलकर बना था, जिनमें से एक पोलीग्नोतस जैसे विख्यात चित्रकारों की कृतियों से अलंकृत था। प्रोपीलिया तक संगमरमर की चौड़ी सीढ़ियाँ जाती थीं।

पेरीक्लीज के समय में निर्मित तीसरी इमारत **ओडियन** थी, जो सांगीतिक और काव्य

प्रतियोगिताओं के लिए अभीष्ट रंगशाला थी। अन्य रंगशालाओं के विपरीत ओडियन में बेहतर ध्वनि प्रभाव पैदा करने के लिए उसे छतदार बनाया गया था ! इसे पारसीकों से छीने क्षयार्ष के तंबू की अनुकृति करके बनाया गया था। दंतकथाओं के अनुसार ओडियन की ढलवाँ छत पारसीक जहाजों के मस्तूलों से निर्मित शहतीरों पर टिकी हुई थी। इस तरह ओडियन यूनान की पारसीक आक्रमण से मुक्ति का स्मारक भी था।

दर्शन, साहित्य और कला के क्षेत्रों में प्राचीन यूनानियों की उपलब्धियाँ मानवजाति की सांस्कृतिक थाती का एक अक्षय अंग है।

27.4 यूनान की देन

दक्षिणी यूरोप की बाल्कन प्रायद्वीप के दक्षिण में स्थित यूनान एक छोटा-सा पहाड़ी देश है। यहाँ की भूमि उपजाऊ है तथा लोहा, ताँबा, चाँदी और संगमरमर वहाँ पाए जाते हैं।

2000 ई.पू. के आसपास यूनानियों ने अपनी लिपि को भुला दिया था, लेकिन होमर युग के अंत में फिनीशियाई लिपि के व्यंजनों में स्वर जोड़कर उन्होंने 24 अक्षरों की वर्णमाला तैयार करके लेखन कला के विकास में एक नया और महत्त्वपूर्ण कदम उठाया।

यूनानी लोग पेपाइरस, मिट्टी के ठीकरों और मोम के लेप किए हुए लकड़ी की पाटियों पर धातु की नुकीली डंडी से लिखते थे। डंडी की दूसरी छोर चपटी होती थी, जिससे लिखे हुए को मिटाया जा सके। इस डंडी को **स्टाइल्स** कहा जाता था। आज भी हमें पेंसिल देखने को मिलता है, जिसमें एक तरफ रबर लगाया रहता है जिससे गलती को मिटाया जा सके। यूनानियों का ध्यान हमेशा गलती सुधारने की ओर रहता था। ये सुन्दर लिखावट के बड़े कायल थे।

बच्चे 7 वर्ष की उम्र से पढ़ना प्रारम्भ कर देते थे। शिल्पियों और किसानों के बच्चे आर्थिक कठिनाई के कारण प्राइमरी तक ही पढ़ पाते थे। धनी परिवार के बच्चे 18 वर्ष तक शिक्षाध्ययन करते थे। शिक्षा केन्द्रों में विद्यार्थी होमर, हेसिआड तथा अन्य कवियों की कविताएँ कंठस्थ याद करते थे। चित्रकारी, गायन, नृत्य और लीरावादन भी सिखाया जाता था। एथेंस शिक्षा का सबसे बड़ा केन्द्र था। लीरा से 'लिरिक' अर्थात् गीत शब्द बना। विजयी खिलाड़ियों की प्रशंसा में गीत लिखनेवालों में **पिंडार** सबसे प्रसिद्ध था।

बलवान, फुर्तीला और साहसी बनने पर यूनान में काफी ध्यान दिया जाता था। दौड़ना, कूदना, कुश्ती, भाला व चक्र फेंकना आदि खेल पढ़ाई का अंग था। यूनानी बच्चों को उत्साहित करने के लिए त्योहारों के अवसर पर खेलकूद प्रतियोगिताएँ आयोजित की जाती थीं जिनमें सबसे प्रमुख **ओलंपिया** में प्रत्येक चौथे वर्ष जीयस के सम्मान में आयोजित खेलकूद प्रतियोगिता होता था। यह स्थान पेलोपोनेसस में स्थित था। यहाँ पवित्रता को ध्यान में रखते हुए ओलिम्पी जीयस का एक विशाल मंदिर बना था और इसलिए देवता के नाम पर इस स्थान का नाम ओलिम्पिया पड़ा। इस मंदिर के चारों ओर देवी-देवताओं एवं ओलंपिक विजेताओं की मूर्तियाँ स्थापित की गई थीं। यहाँ व्यायामशाला भी था। प्रतियोगिता में विजेताओं को पुरस्कारस्वरूप जैतून की पत्तियाँ की जो शक्ति का प्रतीक थीं, मालाएँ पहनाई जाती थीं। उनके सम्मान में मूर्तियाँ स्थापित की जाती थीं। खिलाड़ी की विजय नगर की विजय मानी जाती थी। ओलंपिक खेलवाले महीने को यूनान में पवित्र माना जाता था। यूनानियों का पंचांग ओलंपिक

खेलों से शुरू होता है। इसकी शुरुआत सम्भवतः 776 ई.पू. में हुई थी। आज भी विश्व में प्रत्येक चौथे वर्ष ओलंपिक खेल होते हैं, जिसके दौरान एक बड़ी मशाल जलती रहती है, जो ओलंपिया के सूर्य-किरणों से अग्नि जलाकर ओलंपिक खेल स्थल तक पहुँचाया जाता है।

यूनान में ही दुखांत एवं सुखान्त श्रेष्ठ नाटक लिखे गए जिसका प्रतीक आज खँडहर के रूप में ईजियन सागर के आसपास देखा जा सकता है। नाटक की शुरुआत यूनानी किसानों ने किया। बाद में चलकर नाटक मैदान में खेला जाने लगा। अभिनेताओं के सजने-धजने का कक्ष या परिधान कक्ष **स्क्रीन** कहलाता था। आज भी उसी स्थान पर एक छोटा-सा कुछ बना दिया गया जो स्क्रीन कहलाता है। चबूतरा जिस पर खड़ा होकर अभिनेता नाटक करते **आर्केस्ट्रा** कहलाता था। पाँचवीं-छठी शताब्दी में एथेंस में पहली **रंगशाला** बनी जो थियाट्रन के नाम से जाना जाता था। 'थियाट्रन' शब्द से 'थिएटर' की उत्पत्ति हुई जिसका अर्थ होता है देखने की जगह। नाटकों में नारियों की भूमिकाएँ पुरुष भी किया करते थे। दुखान्त नाटकों का जन्म पुरानी गाथाओं के आधार पर हुआ जिसे यूनान में ट्राइगोइडिया कहा जाता था। 'ट्रेजेडी' शब्द इसी से निकला है। ट्राइगोइडिया का शाब्दिक अर्थ 'बकरियों का गीत' होता है। **बन्दी प्रोमोशियस** नामक नाटक विश्व का प्रथम दुखान्त नाटक था जिसकी रचना एथेंसवासी कवि **इस्किलस** ने की थी। दुखान्त नाटक के लेखकों में सबसे महान नाटककार सोफोक्लीज था। उसके द्वारा लिखित नाटक **एंतिगोने** सर्वप्रथम एथेंस में दिखाया गया। **इलोट्रा** उसकी दूसरी रचना थी। यूरिपिडीज भी नामी दुखान्त नाटककार था। दासों एवं सामान्य व्यक्ति के साथ उसकी विशेष सहानुभूति होने के कारण उसने अपने नाटक युद्ध के विरुद्ध में लिखे। **ट्रोजन वीमेन** यूरीपिडीज की एक अन्य प्रमुख कृति है। उत्सवों के अवसर पर होने वाले हँसी-मजाक ने सुखान्त नाटकों को जन्म दिया। यूनानी इसे **कोमोडिया** कहते हैं जिसका प्रारम्भिक अर्थ 'ग्रामीणों का हास्यमूलक' गीत था। इसी कोमोडिया से कॉमेडी शब्द बना। नाटक प्रायः मनोविनोद के अलावा राष्ट्रीय समस्याओं, जैसे—युद्ध करना, शांति स्थापित करना आदि के प्रति समाज को जाग्रत् करते थे। सुखांत नाटककारों में सबसे ज्यादा प्रसिद्धि एरिस्टोफेनिज को मिली। पैने संवादों एवं कटु व्यंग्य के लिए उसकी रचनाएँ सबसे प्रसिद्ध थीं। देवी-देवता, झूठ, लालची आदि विषयों पर भी दुखान्त नाटकों की रचना की गई। एथेंस के नाट्यशाला में एक साथ 17 हजार व्यक्ति बैठ सकते थे। गरीबों को तो शासन की ओर से नाटक देखने के लिए पैसा मिलता था।

अन्तर्राष्ट्रीय स्तर पर **इतिहास** की पुस्तकें सर्वप्रथम यूनान में लिखी गईं। इतिहासकार हेरोडोटस यूनान का निवासी था। उसका जन्म करीब 490 ई.पू. में अनातोलिया में हुआ था। उसने सर्वप्रथम यूनानी-पारसिक युद्धों का इतिहास लिखा। इससे सम्बन्धित तथ्यों को इकट्ठा करने के लिए उसने मिस्र, बेबीलोन, काला सागर आदि स्थानों की यात्रा की। हेरोडोटस की यह कृति इतनी सराहनीय रही कि उसे 'इतिहास का पिता' कहा जाने लगा। थ्यूसीडाइडीज[3] ने स्पार्टा और एथेंस के युद्ध को अपने लेखनकला में चित्रित किया। इसके बाद प्लूतार्क का नाम यूनान में काफी लोकप्रिय रहा।

दर्शन के क्षेत्र में तर्क के आधार पर नए-नए विचारों का आगमन हुआ। धर्म एवं

अन्धविश्वास पर आधारित बातों को दार्शनिकों द्वारा आधारहीन प्रमाणित किया गया। कुछ अन्य विचारधाराओं के आधार पर बताया गया कि वस्तुओं का निर्माण परमाणुओं के द्वारा होता है। अनेक प्रकार के जीवों का निर्माण परमाणु-विन्यास की भिन्नता के कारण होती है। परमाणु को महत्त्व देनेवाला सबसे प्रसिद्ध दार्शनिक ऐसा नहीं मानते थे कि डोमोक्रिटस था। आत्मा के अस्तित्व को उसने नहीं माना। सौर मानव को ही वे सभी वस्तुओं का मापदंड मानते थे।

यूनानी दर्शन का स्वर्णयुग करीब 400 ई.पू. में सुकरात के साथ शुरू हुआ। प्रसिद्ध दार्शनिक सुकरात के अनुसार, ज्ञान बुराइयाँ दूर करके सही मार्ग दिखाता है लेकिन अज्ञानता सभी बुराइयों की जड़ है और सही ज्ञान का मार्ग बन्द कर देता है, सुकरात के विचारों का एथेंस के रूढ़िवादी वातावरण में काफी विरोध हुआ। नवयुवकों को भ्रष्ट करने का आरोप लगाकर उसे मौत की सजा मिली। सुकरात मर गया लेकिन उसकी विचारधाराएँ आज भी जीवित हैं।

रिपब्लिक के लेखक **प्लेटो** (अफलातून) सुकरात का प्रिय शिष्य था। अपनी विचारधाराओं में आदर्श समाज के लिए तीन वर्ग—निम्नवर्ग में किसान, कारीगर और व्यापारी, मध्यवर्ग में योद्धा और उच्च वर्ग में बुद्धिजीवी को उसने रखा। सम्पूर्ण राजनीतिक शक्तियों का केन्द्र बुद्धिजीवियों को उसने माना।

प्लेटो के अकादमी का शिष्य अरस्तू (384-322 ई.पू.) एक महान दार्शनिक तथा वैज्ञानिक था। अति भोग-विलास और अति विरक्ति में उसे विश्वास नहीं था। मध्यम वर्ग को जीवन मानकर अरस्तू ने अपना राजनीतिक दर्शन प्रतिपादित किया।

स्टोइक विचारधारा का भी प्रभाव हुआ। इस विचार के दार्शनिक नियतिवादी थे। भाग्य से संतुष्ट रहने की बात का इसने समर्थन किया। **एपुक्यूरियन** विचारधारा के अनुसार सुख मानव के लिए सबसे बड़ी चीज है जिसके लिए सादा और गुणवान जीवन बिताना चाहिए।

दूर-दूर के देशों की यात्राओं के परिणामस्वरूप यूनानी सौदागर एवं किसानों ने यूनानियों के ज्ञान में वृद्धि की। **यूक्लिड** और **पाइथागोरस** के ग्रंथों से पता चलता है कि रेखागणित में यूनानियों ने काफी प्रगति की। आधुनिक चिकित्साशास्त्र के क्षेत्र में सर्वप्रथम हिप्पोक्रेटीज ने बताया कि प्रत्येक रोग का कोई-न-कोई प्राकृतिक कारण होता है। **एरिस्टार्कस** ने बताया कि पृथ्वी और अन्य ग्रह सूर्य के चारों ओर घूमते हैं। **टॉलेमी** के अनुसार, पृथ्वी विश्व केन्द्र में स्थित है।

चन्द्रमा के व्यास और पृथ्वी की दूरी का ठीक-ठीक पता **हिप्पार्कस** ने लगा दिया। पृथ्वी की परिधि का पता **हिसान एरैटोस्थनीज** ने लगा दिया जिसमें मात्र 230 कि.मी. की भूल थी। उसने विश्व का एक मानचित्र भी बनाया। उसी ने सर्वप्रथम यूरोप से पश्चिम चलकर भारत पहुँच जाने की बात बताई जिसके सैकड़ों वर्ष बाद कोलम्बस ने सच प्रमाणित कर दिया। मस्तिष्क का वर्णन करते हुए **हिरोफिलस** ने रक्त संचार के बारे में सही बात बताई। सिकंदरिया।[4] में प्रथम बार डॉक्टरों ने चीड़-फाड़ का अभ्यास किया।

यूनानियों ने **वास्तुकला** और **मूर्तिकला** पर भी काफी ध्यान दिया। इसका पूर्ण निखार हमें यूनानी मंदिरों में देखने को मिलता है। नगर का धन मंदिरों में एकत्रित रहता था तथा सभी उत्सव एवं समारोह यहीं मनाए जाते थे। मंदिर ऊँची जगहों पर निर्मित होते थे। छत की ढाल और कारनिस त्रिकोण या फ्रोटेन बनती थी। मंदिर मंडपों से घिरे रहते थे तथा मंडप

स्तंभों पर टिके रहते थे। ऐसे स्तम्भ **डोरिक** कहलाते थे। **आकर्षक** स्तम्भों को यहाँ **आयोनिक स्तम्भ** कहा जाता था। मूर्तियों का निर्माण बड़े पैमाने पर हुआ जिसके आधार पर यूनानी किसी खास व्यक्ति का चेहरा या शरीरकृत नहीं बल्कि शारीरिक सौन्दर्य का स्थान प्रतिमान चाहते थे, इसलिए मूर्तियों को वे नग्न या अर्द्धनग्न ही चित्रित करते थे। 5वीं शताब्दी ई.पू. में यूनानी मूर्तिकारों ने शारीरिक गतिशीलता को चित्रित करना सीख लिया और लड़ते हुए, दौड़ते हुए, भाला फेंकते हुए मानवों की मूर्तियाँ बनाने लगे। संगमरमर एवं काँसे की मूर्तियाँ महँगी होती थीं। **कलश** का निर्माण कला सर्वोतम कृति का था। इन पर समकालीन जीवन एवं काव्यों को चित्रित कियां जाता था। इन चित्रों को **कृष्ण-चित्र** भी कहा जाता था। बाद में इसे **रक्तचित्रित** कहा जाने लगा। एटिका में निर्मित कलश सारे यूनान में प्रसिद्ध था। शिल्पकारों में **माइरन** और **फीडियस** सबसे प्रसिद्ध थे। इस तरह यूनान ने विश्व को सांस्कृतिक योगदानों के अलावा सौन्दर्य विचारों की आजादी और जीवन में आनन्द के अनुभव का मार्ग बताया।

27.5 मकदूनिया और यूनान

ई.पू. चौथी सदी के मध्य में एक नए बाल्कन राज्य ने प्रमुखता में आना शुरू किया। यह राज्य मकदूनिया (मैसीडोनिया) था, जिसे आगे चलकर यूनान तथा मध्य-पूर्व पर प्राधान्य के संघर्ष में फारस का एक शक्तिशाली प्रतिद्वंद्वी बन जाना था।

अपनी आर्थिक तथा राजनीतिक संरचना में मकदूनिया अन्य यूनानी राज्यों से अत्यधिक भिन्न था। वह समुद्र से दूर स्थित था और बहुत समय तक न विदेशी व्यापार कर सका और न ही उपनिवेश स्थापित कर सका। इसके परिणामस्वरूप मकदूनिया यूनान के अन्य भागों में काफी पिछड़ा हुआ था। वह एक कृषिप्रधान देश था और उसकी आबादी का भारी बहुलांश किसानों का ही था।

पेलोपेनिशियाई युद्ध के बाद मकदूनिया ने तेजी से यूनानी सभ्यता को आत्मसात् करना शुरू किया। लेकिन मकदूनिया ने यूनान से इतना औद्योगिक प्रविधियों, व्यापार और संस्कृति को नहीं ग्रहण किया, जितना कि सैन्य नैपुण्य को। फिलिप द्वितीय (359-336 ई.पू.) को एक शक्तिशाली सेना का निर्माण करने और प्रसिद्ध 'मकदूनी व्यूह' (फैलैंक्स) का प्रवर्तन करने का श्रेय प्राप्त है। बख्तरबन्द पैदल सेना (होपलीतीज) को 16-20 कतारों में व्यवस्थित किया जाता था और योद्धा लंबे भालों (5 मीटर तक के) से लैस होते थे और पिछली कतार वाले अपने भालों को अपने से आगे की कतारवालों के कंधों पर टिकाए रखते थे। बड़े-बड़े ढालों में संरक्षित बख्तरबन्द पैदलों की यह ठोस दीवार एक दुर्जेय शक्ति थी।

मकदूनी सेना का गर्व भारी रिसाला था, जिसमें मकदूनी अभिजात (हेतीरा अर्थात् सम्राट के साथी) थे। मकदूनी सेना की एक और महत्त्वपूर्ण विशेषता थी उसका घेराबंदी करने का तरह-तरह का साज-सामान।

चौथी शताब्दी ई.पू. के मध्य तक मकदूनिया अपनी सशस्त्र सेनाओं की बदौलत उत्तरी बाल्कन में एक बड़ी शक्ति बन चुका था। एपिरस और थ्रेस के कुछ हिस्से को जीत लिया गया था और तभी से मकदूनिया यूनानी राज्यों के मामलों में एक निर्णायक भूमिका अदा करनेवाला था।

यूनान के मामलों में फिलिप की दखलंदाजी का आरंभिक बहाना 355 ई.पू. में थीब्ज और छोटे से राज्य फोसिस में छिड़ा युद्ध था, जिसमें एथेंस भी खिंच आया था।

फिलिप द्वितीय ने फोसिसियों को बुरी तरह पराजित किया और सारे उत्तरी यूनान का स्वामी बन गया। वह थेसली, कल्सीदीस प्रायद्वीप के अधिकांश और लगभग बोसफोरस तक थ्रेस के दक्षिण तट को भी जीतने में सफल हो गया। इस प्रकार मकदूनिया एक समुद्री शक्ति भी बन गया। अब वह यूनान से काले सागर के मुख्य जलमार्गों को नियंत्रित कर सकता था।

जो अकेला यूनानी राज्य अब भी किसी हद तक मकदूनिया के फिलिप का प्रतिरोध कर सकता था, वह एथेंस था। लेकिन स्वयं एथेंस में भी प्रतिद्वंद्वी गुट थे। मकदूनियापक्षी गुट के समर्थकों के मत में फिलिप के साथ संश्रय की सतत आंतरिक कलह और वैर को समाप्त करने का एकमात्र तरीका था–फिलिप के अधीन यूनानी ऐक्यबद्ध हो सकते थे और फारस के खिलाफ 'जिहाद' शुरू कर सकते थे, जिसमें "मंदिरों के अपवित्रीकरण" के प्रतिशोध के अलावा भारी लूट भी हाथ लग सकती थी। मकदूनिया-विरोधी गुट का नेता प्रसिद्ध वक्ता दीमोस्थनीज था। उसने बताया कि फिलिप के साथ संश्रय का मतलब स्वंतत्रता, स्वाधीनता और लोकतंत्र का अंत होगा। दीमोस्थीनीज एक शक्तिशाली मकदूनिया-विरोध संघ बनाने में सफल हो गया, जिसमें थीब्ज, कोरिंथ तथा कुछ अन्य राज्य भी एथेंस के साथ शामिल हो गए।

इस प्रश्न का निर्णय अगस्त, 338 ई.पू. में बिओशिआ में **चीरोनिया के युद्ध** में हुआ, जिसमें मकदूनी व्यूह ने अपनी ताकत को साबित कर दिया और यूनानियों को बुरी तरह मात खानी पड़ी। मकदूनी सेना के बाएँ पहलू की कमान फिलिप के बेटे सिकन्दर (अलक्जेंडर) के हाथ में थी, जो सिर्फ 18 साल का ही था। इस विजय के बाद फिलिप ने कोरिंथ में सर्वयूनानी सम्मेलन का समायोजन किया, जिसमें महत्त्वपूर्ण निर्णय लिये गए। सभी यूनानी राज्यों का संश्रय स्थापित किया गया और परस्परघाती युद्धों को निषिद्ध कर दिया गया। यूनानी राज्यों के महासंघ ने मकदूनी राजा के साथ स्थायी रक्षात्मक एवं आक्रमक संधि किया। इसी समय ई.पू. 336 में फिलिप की हत्या कर दी गई।

27.6 सिकन्दर

गद्दी पर बैठने के समय सिकन्दर 20 साल का था। लेकिन यह सोच लेना गलत होगा कि वह अपने सामने प्रस्तुत भूमिका का निष्पादन करने के योग्य नहीं था। बचपन से ही वह अपने पिता के साथ युद्ध में गया था और अब तक कुशल सेनानायक बन चुका था। उसने अपने परामर्शदाता और शिक्षक अरस्तू से अच्छी शिक्षा भी प्राप्त की थी। सिकन्दर साहित्य का बड़ा अनुरागी था और 'ईलियद' का अच्छा जानकार था और **अकिलीज** उसका प्रिय नायक था।

अपने नायक की रहस्यमय और अप्रत्याशित हत्या के बाद सिंकदर जब सिंहासन पर बैठा, तो उसने अपने को बड़ी कठिन परिस्थिति में पाया। फिलिप की मृत्यु का समाचार पहुँचते ही यूनानी नगरों में उपद्रव शुरू हो गए। एथेंस में मकदूनिया-विरोधी गुट ने (दीमोस्थीनीज अभी जीवित था) फिर सिर उठाया और थीब्ज में भी विद्रोह फूट पड़ा। लेकिन युवा सम्राट

ने सभी आवश्यक कदम उठाकर और कभी-कभी तो निर्मम उपायों द्वारा (जैसे थीब्ज का विनाश और उसके निवासियों का दासों की तरह बेचा जाना) मकदूनी शासन के विरुद्ध सारे प्रतिरोध का अंत कर दिया। 334 ई.पू. में सिकन्दर ने अपने विख्यात पूर्वी अभियान का समारम्भ किया। उसकी सेना बहुत बड़ी नहीं थी—कोई 30 हजार पैदल, 5 हजार अश्वारोही और 150-160 जहाजों का बेड़ा। सिकन्दर की सेना ने हेलेसपोत को पार किया और फिर एशिया-ए-कोचक में होकर बढ़ना शुरू किया। पारसीकों के साथ पहली लड़ाई **ग्रनीकस नदी** के तट पर हुई। यद्यपि सिकन्दर को पारसीक हमले को झेलते हुए नदी पार करनी पड़ी थी, फिर भी वह शत्रु को हराने में सफल रहा और इस तरह उसने एशिया में अपना रास्ता खोल लिया। इसके बाद उसने तट के साथ-साथ दक्षिण की तरफ बढ़ते हुए यूनानी नगरों को पारसीक आधिपत्य से मुक्त किया।

333 ई.पू. में सिकन्दर को एशिया-ए-कोचक के दक्षिण-पूर्वी भाग में ईसस नगर के निकट फारस के शाह दारा तृतीय की मुख्य सेनाओं का सामना करना पड़ा। फारसी सेनाएँ सिकन्दर की फौजों से बहुत अधिक थीं इसलिए उसने एक साहसपूर्ण चाल चली। वह अपनी हलकी पैदल सेना और रिसाले को दारा की फौज की बगल से निकालते हुए बहुत आगे ले गया और उस पर पीछे की तरफ से हमला किया। इस तरह उसने पारसीकों को घेरने और बुरी तरह पराजित करने में सफलता पा ली। दारा को कैद में पड़ने से बचने के लिए भाग जाना पड़ा।

इसके बाद सिकन्दर फिनीशियाई तट की तरफ चल दिया और टायर को विजित करने के बाद वह मिस्र में जा घुसा। यहाँ उसने अपने को फारसियों से मिस्रियों को उद्धारकर्ता घोपित किया और पुरोहितों ने उसे भगवान **अमोन का बेटा** और फराओ का उत्तराधिकारी घोषित कर दिया। मिस्र पहले फारसियों के चंगुल में था।

331 ई.पू. में सिकन्दर फिर एशिया की गहराई में जा घुसा और उसने निनेवेह के पास **गौगामेला** नामक स्थान पर दारा के विरुद्ध अपना अंतिम बड़ा युद्ध किया। एक बार फिर पारसीकों की हार हुई और दारा को भागना पड़ा। दारा का पीछा करते हुए सिकन्दर की सेना फारस में गहराई तक घुस गई और रास्ते में उसने तीनों राजधानियों—बेबीलोन, सूसा और पर्सीपोलिस पर कब्जा कर लिया। इन नगरों में सिकन्दर के हाथ बेशुमार खजाना लगा। बेबीलोन में उसने अपने-आपको शान के साथ **फारस का सम्राट** उद्घोषित किया। दारा और बाद में उसके क्षत्रपों का पीछा करते हुए सिकन्दर ने ऑक्सस नदी (वर्तमान आमू दरिया) को पार किया और इस तरह वर्तमान उज्बेकिस्तान और ताजिकिस्तान के प्रदेश में प्रवेश किया। यहाँ उसने कोई 2 साल बिताए (327 ई.पू. तक) और इसके बाद भारत की कल्पनातीत सम्पदा की गाथाओं से मोहित होकर उसने उत्तरी भारत पर हमला किया। उसने यहाँ भारतीय राजा पुरू (पेरिस) की सेनाओं को युद्ध में पराजित किया जिसमें प्रसंगवश, यूनानियों और मकदूनियों दोनों का ही पहली बार हाथियों से सामना होनेवाला था।

सिकन्दर की सेना सिंधु की एक बाईं सहायक नदी तक पहुँच गई थी कि घटनाओं ने एक अत्यंत अप्रत्याशित मोड़ लिया। उसकी सेनाओं ने, जिन्होंने अभी तक तनिक भी अवज्ञा का प्रदर्शन नहीं किया था, आगे बढ़ने से हठपूर्वक इनकार कर दिया। दो दिन के विचार-विमर्श के बाद सिकन्दर को उनकी बात को मानना और देश की तरफ लौटाने का आदेश देना

पड़ा। वापसी यात्रा दो साल चली। सेनाओं का एक भाग समुद्री मार्ग से गया और शेष फारस की खाड़ी के तट के साथ-साथ। दोनों हिस्से 324 ई.पू. में बेबीलोन में फिर मिल गए।

इस प्रकार सिकन्दर के 10 वर्ष लंबे पूर्वी अभियान का अंत हुआ। इसकी बदौलत उसने पश्चिम में एड्रियाटिक सागर से लेकर पूर्व में भारत तक और उत्तर में काकेशिया की तराइयों से लेकर दक्षिण में नील के मध्यवर्ती प्रदेश तक फैले एक **विराट साम्राज्य की स्थापना** कर डाली। लेकिन सिकन्दर को अपनी इस अभूतपूर्व शक्ति का कोई बहुत समय उपभोग नहीं करना था। अपनी वापसी के अगले ही साल 323 ई.पू. में 32 वर्ष की अवस्था में उसकी मृत्यु हो गई। उसके तुरन्त ही बाद उसका विराट साम्राज्य छिन्न-भिन्न होने लगा। पारसीक सेना पर सिकन्दर महान की विजय के कारण पूर्णतः स्पष्ट और तर्कसंगत है। एक प्रतिभाशाली सैन्य नेता द्वारा संचालित सुसंगठित यूनानी-मकदूनी सेना को भाड़े के सिपाहियों सहित अलग-अगल जातियों और कबीलों के पंचमेल से बनी शत्रु सेनाओं पर पार पाने में कोई ज्यादा कठिनाई का सामना नहीं करना पड़ा। सच तो यह है कि विराट पारसीक साम्राज्य किसी भी तरह भीतर से एक सुसंहत साम्राज्य नहीं था। वह लोकोक्ति के मिट्टी के पैरोंवाले दानव का एक आदर्श उदाहरण था।

सिकन्दर ने पारसीक साम्राज्य को हथियारों के बल पर दबा तो दिया, पर एक संयुक्त केंद्रीकृत राज्य क्रे रूप में उसका सुदृढ़ीकरण करने का कार्य उसके भी बूते के बाहर का सिद्ध हुआ। पारसीक साम्राज्य में समाविष्ट विभिन्न राज्यों तथा प्रदेशों में कोई आंतरिक आर्थिक या राजनीतिक एकता नहीं थी। अतः सिकन्दर महान का साम्राज्य कुछ ही समय के भीतर उसके उत्तराधिकारियों में लड़ाइयों के परिणामस्वरूप छिन्न-भिन्न हो गया। इसके बाद जिन मुख्य राज्यों को स्वतंत्र अस्तित्व शुरू करना था, वे थे मिस्र, जहाँ टोलेमी राजवंश ने अपना शासन स्थापित किया, शामी साम्राज्य (जिसमें शाम, फिलिस्तीन, बेबीलोन और सिंधु नदी तक का सारा भूतपूर्व पारसीक साम्राज्य सम्मिलित था), जहाँ सेल्यूकसी राजवंश ने अपनी सत्ता जमाई और अंत में स्वयं मकदूनिया, जिसने यूनान और एशिया-ए-कोचक के तट पर अपने प्राधान्य को बनाए रखा और जो अंतीगोनस गोनातस तथा उसके उत्तराधिकारियों के हिस्से में आया। इन सभी राजवंशों के संस्थापक, टोलेमी, सेल्यूकस और अंतीगोनस गोनातस सिकन्दर के सेनानायक और उत्तराधिकारी थे।

सिकन्दर की मृत्यु से लेकर यूनान तथा मध्य पूर्व पर रोमन विजय तक का काल सामान्यतः यूनान प्रभावित युग (हेलेनिकस्टक युग) के नाम से जाना जाता है। मध्य-पूर्व पर यूनानी प्रभुत्व की स्थापना और अर्थतंत्र, राजनीतिक संगठन तथा संस्कृति के क्षेत्रों में यूनानी तथा पूर्वी सभ्यताओं के पारस्परिक प्रभावों की बात करते समय हम यूनानी प्रभाव यूनानियत या **हेलेनिज्म** शब्द का प्रयोग करते हैं।

यूनानियन निस्संदेह एक प्रगतिशील कारक था। यूनानी प्रभाव के काल में नगरों की तेजी के साथ वृद्धि हुई, जो व्यापार और उन्नत उद्योग के केंद्र बन गए। मध्य-पूर्व ने पश्चिमी भूमध्य सागर तथा भारत के जरिए सुदूर पूर्व के साथ घनिष्ठ आर्थिक तथा सांस्कृतिक सम्बन्ध स्थापित किए। दोनों संस्कृतियों के बीच अन्योन्य प्रभाव विशेषकर फलदायी सिद्ध हुआ। कई यूनान प्रभावित राज्यों में बौद्धिक तथा सांस्कृतिक क्रियाकलाप में चढ़ाव आया। सेल्यूकसी

राजा की राजधानी अंतिओक और तोलिमयाई मिस्र की राजधानी सिकंदरिया (अलेक्जेंड्रिया) जैसे महत्त्वपूर्ण वैज्ञानिक तथा कला केंद्र पैदा हुए। सिकंदरिया में एक असाधारण वैज्ञानिक संस्था की स्थापना की गई, जिसे नगर को विश्वव्यापी ख्याति दिलवानी थी। इसे **म्यूजियम** (म्यूजो-कलादेवियों का मंदिर) कहते थे और इसमें एक विशाल पुस्तकालय तथा दुर्लभ वस्तुओं और कलाकृतियों का विराट संकलन था। इसे विद्वानों की मिलनस्थली की तरह उपयोग में लाया जाता था। यहाँ विद्वानों की बैठकें और वाद-विवाद हुआ करते थे। यूनान-प्रभावित काल में संसार को कई श्रेष्ठ गणितज्ञ, खगोलज्ञ, भूगोलज्ञ दिए, जैसे—युकलिद, एरतोस्थेनीज, आर्किमिदीज, हिप्पार्कस और हीरो। इस काल में यूनानी भाषा भूमध्य सागर के समस्त पूर्वी तट की संपर्क भाषा-लिंग्वा फ्रेंका बन गई और यह तथ्य भी यूनान-प्रभावित देशों की सांस्कृतिक एकता के संवर्धन में सहायक हुआ।

आर्थिक और सांस्कृतिक क्षेत्रों में यूनान-प्रभावित राज्यों की इन सभी उपलब्धियों ने सारे भूमध्यसागरीय देशों के एकीकरण का पथ प्रशस्त कर दिया। इस कार्य को शीघ्र ही रोम द्वारा सिद्ध किया जाना था, जिसके साम्राज्य को अन्ततः भूमध्य सागर क्षेत्र के सभी देशों को अपने में सम्मिलित कर लेना था।

27.7 विज्ञान

ग्रीक अथवा यूनानी जाति की राजनीतिक महत्ता का इतिहास बहुत संक्षिप्त है, परन्तु सभ्यता, संस्कृति, ज्ञान-विज्ञान और दर्शन के क्षेत्रों में उन्होंने जिस विचारधारा और दृष्टिकोण को जन्म दिया और प्रचलित किया, उससे भूमध्यसागरीय अंचल तथा मध्यप्राच्य में हर प्रकार की मानसिक क्रिया को नौ सौ वर्षों तक प्रेरणा मिलती रही। रोम-साम्राज्य के पतन के बाद इस सभ्यता और संस्कृति के अवसान के साथ ही ग्रीक ज्ञान-विज्ञान का दीप भी बुझ गया। 8वीं, 9वीं और 10वीं शताब्दियों में ग्रीस-प्रदर्शित मार्ग पर चलकर और ग्रीक ग्रंथादि का अवलंबन लेकर अरब जाति ने ज्ञान-विज्ञान में आश्चर्यजनक उन्नति की। पुनः अरबों के पदचिह्नों का अनुसरण कर, उसी ग्रीक विज्ञान के अवलंबन द्वारा, लैटिन यूरोपीय जातियाँ 13वीं शती से, धीरे-धीरे, आधुनिक विज्ञान की नींव डालने में सचेष्ट हुईं। इसलिए यूरोपीय इतिहासकारों का यह मत की यूनानियों ने ज्ञान-विज्ञान के क्षेत्र में कोई ढाई हजार वर्ष पहले, जिस आदर्श और नई विचारधारा को प्रवर्तित किया था, उसी से आधुनिक ज्ञान-विज्ञान की उत्पति हुई, अतिरंजित भले ही लगे, परन्तु उसे पूरी तरह अस्वीकार नहीं किया जा सकता।

ग्रीकों के पहले प्राचीन बेबीलोनी, मिस्री और भारतीय जातियाँ कम-से-कम दो हजार वर्ष तक ज्ञान-विज्ञान की चर्चा करती आई थीं। यूनानियों को ज्ञान-विज्ञान की चर्चा प्रारम्भ करने की जरूरत नहीं पड़ी। प्राचीन ग्रीक लेखकों ने स्वयं स्वीकार किया है कि प्राचीन जातियों की सभ्यता, संस्कृति और ज्ञान-भंडार से पूरा लाभ उठाने का उन्हें सौभाग्य प्राप्त हुआ।

जमीन की नाप-जोख के लिए एक प्रकार की ज्यामिति अपरिहार्य है। सरल और टेढ़ी रेखाओं के समन्वय से त्रिभुज, चतुर्भुज, बहुभुज, वृत्त आदि अनेक प्रकार के चित्र बनते हैं। प्राचीन लोग इस प्रकार के नाना आरेखों से परिचित थे। आवश्यकतानुसार कुछ चित्रों के

नियमों के आविष्कार में उन्होंने कृतित्व का परिचय भी दिया। परन्तु ग्रीकों की तरह रेखाओं के करतबों के विषय में वे कभी मतवाले नहीं बन बैठे। ग्रीकों ने पिरामिडों की रचना नहीं की और न जिग्गूराटों की। तथापि निष्प्रयोजन रेखाओं के जादू ने उन्हें सम्मोहित कर दिया था। आरेखों में उन्हें अंतहीन समस्या को सुलझाने का मार्ग मिला या फिर उन्होंने काल्पनिक समस्याओं की सृष्टि की और इन समस्याओं के समाधान के लिए एक-एक साधक के संपूर्ण जीवन की साधना की आवश्यकता पड़ी। इसी साधना से ज्यामिति का उद्भव हुआ।

ज्योतिषीय परिकल्पना द्वारा ब्रह्मांड के नियमों तथा व्यवस्था को समझने की चेष्टा में वे अगुआ थे। बेबीलोनियों के त्रुटिहीन प्रेक्षण (Observation) और ब्रह्मांड के विषय में उनकी अद्भुत परिकल्पना, दोनों को यदि पास-पास रखा जाए, तो उनकी विचार-शक्ति की दयनीय दरिद्रता स्पष्ट रूप से सामने आ जाती है। इसके विपरीत, बेबीलोनी प्रेक्षणों के सहारे, आयोनी (Ionian) ग्रीक दार्शनिकों ने प्रारम्भ से ही ब्रह्मांड की परिकल्पना में जिस कुशलता का परिचय दिया, वह अतुलनीय है। प्रकृति को समग्र रूप से देखने और समझने तथा प्राकृतिक घटनाओं की व्याख्या स्वाभाविक अभिज्ञता के आधार पर करने की, विज्ञान के इतिहास में यह प्रथम चेष्टा थी। संभवतः ग्रीक विज्ञान की इस विशेषता का स्मरण करके ही इतिहासकारों का एक दल ग्रीकों के काल से ही विज्ञान का इतिहास आरम्भ करने के पक्ष में है।

19वीं शती के अंतिम भाग तक ग्रीकों के आदि इतिहास या प्रागैतिहास के विषय में उन तथ्यों से अधिक, जिनका उल्लेख हेरोडोटस (485-425 ई.पू.) की रचनाओं या होमर-हेसियड के पौराणिक उपाख्यानों में किया गया है, और किसी बात की जानकारी नहीं थी। बीसवीं शती के प्रथम भाग में स्लिमैन और आर्थर इवांस जैसे प्रसिद्ध पुरातात्त्विकों की गवेषणा से यह जानकारी मिलती है कि कांस्ययुग में प्रायः समग्र ईजियन अंचल में एक अति-उन्नत सभ्यता का विकास हुआ था। क्रीट में नोसस् नामक स्थान में, सर आर्थर इवांस ने जिन प्रागैतिहासिक खँडहरों का पता लगाया है, उनसे यह पता चलता है कि क्रीट इस सभ्यता का अग्रदूत और आदि केंद्र था। क्रीटीय सभ्यता के विकास में मिस्र का प्रभाव बहुत स्पष्ट है। क्रीट से कांस्य-सभ्यता धीरे-धीरे ग्रीस के मूल भूखंड में फैल गई थी, यह मिसिन के पुरातात्त्विक खँडहरों के परीक्षण द्वारा प्रमाणित हो चुका है। नोसस् तथा मिसिन की प्रागैतिहासिक सभ्यता और परवर्ती काल की ग्रीक सभ्यता के बीच अनेक प्रकार के मेल देखकर पंडितों का यह अनुमान है कि ईजियन अंचल की प्रागैतिहासिक कांस्य-सभ्यता से ग्रीक सभ्यता का उद्भव हुआ था। मिसिन में आगामेमनन् के राजभवन और ट्रॉय के निकट हिसार्लिक में ट्रोजन युद्ध के पुरातात्त्विक खँडहरों से अब यह पता चला है कि होमर के महाकाव्य का आधार एक अति प्राचीन ऐतिहासिक कहानी है। संभवतः कांस्य-युग का अंत होने पर, ई.पू. 1200 के लगभग समग्र ईजियन अंचल के आदिम निवासियों से एक बिलकुल नई जाति का भयानक और व्यापक संघर्ष हुआ था। इस संघर्ष के परिणामस्वरूप नोसस्, मिसिन आदि संपन्न जनपद बिलकुल विध्वस्त हो गए थे। यह नवागत विजयी जाति (डोरियन) **लोहे का व्यवहार** जानती थी। होमर के महाकाव्य में इस विजयी जाति का नाम है **एकियन**। प्रसिद्ध पुरातात्त्विक सर विलियम रिजवे तथा नृतत्त्वविद् डॉक्टर हैडन के मतानुसार होमर के एकियन उत्तर से, संभवतः डैन्यूब नदी की घाटी से आए थे; इस जाति

के लोग लंबे कद के, सुदर्शन और गौर-केश थे। कांस्य-व्यवहार करनेवाले नोसस् और मिसिन के निवासी एकियन जाति के लोगों के लोहे के हथियारों के सामने टिक नहीं पाए।

उत्तर से आनेवाली, लोहे का व्यवहार करनेवाली **डोरियन** नाम की एक और जाति के लोगों ने एकियनों को पराजित करके ग्रीस तथा ईजियन प्रदेश में आधिपत्य-विस्तार किया। संभवतः कई जातियों ने, प्रागैतिहासिक काल के विभिन्न समयों में आकर समग्र ईजियन प्रदेश को विक्षुब्ध और आंदोलित किया होगा। संभवतः कांस्य युग के स्थानीय निवासियों और उत्तर-पूर्व आदि विभिन्न दिशाओं से आई हुई डोरियन, एकियन, एडलियन आदि अनेक विचित्र जातियों के सम्मिश्रण से ग्रीक सभ्यता की उत्पत्ति हुई होगी। इसलिए ग्रीक जाति एक मिश्रित जाति है, ग्रीक सभ्यता उस मिश्र जाति की स्वाभाविक संस्कार-मुक्त, प्रबल चेष्टाओं का प्रकाश स्वरूप है। ई.पू. नवीं शती में होमर ने जिस विजयी ग्रीक जाति के समाज और जीवन का चित्र अंकित किया, उसमें हमें एक हर्ष-विह्वल, सौंदर्यानुरागी, कर्मठ, संभवतः कुछ दांभिक और उच्छृंखल जाति का परिचय मिलता है।

"...एक ऐसी जाति का चित्र, जो विश्वास करने के अयोग्य, डींग मारनेवाली और संभवतः इंद्रियानुरागी थी, परन्तु जिसमें सौंदर्यानुभूति थी, जिसे आनंदमय जीवन में पूर्ण विश्वास था और जिसमें उदार प्रेम की अतिशयता थी—ये ऐसे गुण थे, जो एक हिम्मती, कर्मठ, उदार-हृदय, विजय-मंडित जन-समुदाय की ओर संकेत करते हैं; एक असाधारण बुद्धि-दीप्त जन समुदाय का चित्र, जो महान् सौंदर्य-विभूषित एक ऐसे देश में प्रस्थापित हुआ था, जहाँ हल्के लाल रंग का समुद्र सारे विश्व का वाणिज्य और ज्ञान उसके द्वार पर लाया था।"[5]

इलियड और *ऑडिसी* में, ग्रीक सभ्यता के प्रथम चरण में, ज्योतिष, चिकित्सा-विद्या तथा विभिन्न व्यावहारिक विद्याओं का जो उल्लेख मिलता है, उससे इस विषय में कोई संदेह नहीं रह जाता कि ग्रीक लोग इन विद्याओं में बेबीलोन, मिस्र, भारत आदि प्राचीन सभ्य जातियों से बहुत पीछे थे। बेशक इन दोनों महाकाव्यों में कुछ नक्षत्रों के नाम, चिकित्सा और शल्य-विद्या का उल्लेख, शरीर के अंग-प्रत्यंगों के प्रायः 150 विभिन्न नाम आदि मिलते हैं। धातु-शिल्पी, बढ़ई, कुम्हार, चर्मकार आदि कारीगरों और सूत कातना और बुनना तथा सोना, चाँदी, लोहा, सीसा, इस्पात, पीतल आदि धातुओं के प्रयोग के भी उल्लेख हैं। परन्तु इससे, प्रायोगिक विद्या तथा ज्ञान-विज्ञान में, मिस्र या बेबीलोन की तुलना में पिछड़े हुए देश का चित्र ही हमें प्राप्त होता है। जिस बात के लिए ये महाकाव्य अतुलनीय हैं, वह इनका मानवता का स्वर है। एक कल्पनाशील तथा ज्ञान-विज्ञान की विशेषता, मानवता और कल्पना शक्ति, उनके प्राचीनतम काव्य के नायक-नायिका घटना-प्रवाह के असहाय खिलौने नहीं हैं, बल्कि उन्होंने ही घटना-प्रवाह को मोड़ा है। कवि की कल्पना में वे सदा भाग्य के खिलौने नहीं हैं; कभी-कभी वे स्वयं ही अपने भाग्य-विधाता भी हैं। इसी से एकिलिस अपने भाग्यान्वेषण के लिए निकल पड़ा था। सम्मान-ख्याति-हीन दीर्घ जीवन के मुकाबले गौरवमय अल्पावधि-जीवन भी श्रेयस्कर है, यही उसका आदर्श था। अंधे भाग्य के स्थान पर पुरुषार्थ में विश्वास स्थापित करने के लिए महाकवि का निर्देश, मानो शेक्सपियर के इन वाक्यों की ही प्रतिध्वनि है—

"मनुष्य किसी समय स्वयं अपने भाग्य का विधाता होता है। प्रिय ब्रूटस, हम छोटी

हैसियतवाले हैं, इसके लिए दोषी हमारे नक्षत्र नहीं, बल्कि हम स्वयं हैं।" (*जूलियस सीजर*, हिंदी अनुवाद)।

जादू और फलित ज्योतिष द्वारा नियंत्रित, किसी भाग्यवादी बेबीलोनी या मिस्री कवि के लिए इस प्रकार का विचार अकल्पनीय है। सर्व-शक्ति-संपन्न पुरोहित और नृपतिवर्ग द्वारा अनुशासित जिस समाज में व्यक्ति-स्वातंत्र्य और वैयक्तिक अधिकार के मार्ग में पग-पग पर बाधाएँ हों, वहाँ भाग्य के विरुद्ध चलने की बात निरर्थक है। ग्रीकों के भी देव-देवियाँ और मंदिर थे, परन्तु ये देव-देवियाँ अतिमानव मात्र थे, जिनमें मनुष्यों की ही भाँति, गुण और अवगुण दोनों थे। उनकी सृष्टि हुई मनुष्यों की सहायता के लिए, मनुष्य के सुख में वे सुखी और दुःख में दुखी होते थे। इस प्रकार के देव-देवियों की कल्पना में मनुष्य के व्यक्तित्व को संकुचित करने की आवश्यकता नहीं पड़ी।

होमर की मानवता की वाणी परवर्ती युग के चारण कवियों की रचनाओं में बार-बार प्रतिध्वनित हुई है। आर्किलोकस, सैफो, एलक्युस जैसे प्रमुख कवियों के गीति-काव्यों और चारण-गाथाओं में मनुष्य के बहुविध कार्यकलाप और उनकी वीरता तथा आशा-आकांक्षा नाना प्रकारों से रूपायित हुई है। यह देवस्तुति नहीं, मानव-वंदना है। मनुष्य को महान रूप में देखने के प्रयास से ही ज्ञान-विज्ञान की उत्पत्ति हुई है, क्योंकि ज्ञान-विज्ञान में ही मनुष्यता की श्रेष्ठता है। "दिन के प्रकाश से चारों दिशाओं को प्रकाशमान करो। हमें देखने दो। यदि हमारा विनाश ही तुम्हारी इच्छा हो तो प्रकाश में ही हमें विनष्ट करो।" युद्धक्षेत्र जब अचानक कोहरे से घिर गया तो वीरश्रेष्ठ एजेक्स ने इन्हीं शब्दों में जिउस से प्रार्थना की थी। हमारा अंत हो तो अंधकार में नहीं, आलोक में, अज्ञान में नहीं, बल्कि ज्ञान की प्रखर दीप्ति में हो। इसी आलोक के संधान में ग्रीक वैज्ञानिकों और दार्शनिकों ने अभियान किया। फैरिंगटन ने लिखा है—

"होमर ने मानवता की सृष्टि की और उस मानवता से विज्ञान की उत्पत्ति हुई। शैशवावस्था में जिस जाति पर देव-देवियों के उत्पीड़न का दुःस्वप्न सवार हो गया था, होमर ने *इलियड* के माध्यम से उसे उस दुःस्वप्न के पंजों से छुड़ाया। उन्होंने मनुष्य को अपनी ओर ताकना और अपने को किसी हद तक अपने भविष्य के नियामक के रूप में देखना सिखाया। ज्ञान ही क्षमता का उद्गम है, इस सत्य की उपलब्धि करके मनुष्य आत्मविश्वास का बल लेकर, कुछ शतियों तक ज्ञान के मार्ग पर बढ़ता रहा। परन्तु लोलक (Pendulum) का काँटा जब उलटी दिशा को मुड़ा, मनुष्य जब अपनी ही सृष्ट मूर्ति के आगे सिर नवाने लगा और उससे भी अधिक घातक, जब उसने अपने ही लिखित ग्रंथों को स्वयं ईश्वर की वाणी मानना सीखा, तब मानवता का अंत हुआ और साथ ही विज्ञान का।"[6]

फैरिंगटन की यह उक्ति केवल ग्रीक विज्ञान के लिए ही सही नहीं है, विभिन्न सभ्यताओं में ज्ञान-विज्ञान के उत्थान-पतन का यह एक मुख्य कारण है। इटालीय पुनर्जागरण के समय चित्रकारों, स्थपतियों और साहित्यिकों की चेष्टा से इस मानवता के आदर्श की पुनः प्रतिष्ठा होने पर ही यूरोप में फिर से ज्ञान-विज्ञान की जोरदार चर्चा शुरू हुई। पिछली शती में उस महाद्वीप में समाज-सुधारकों की चेष्टा में उसी मानवता का आह्वान ध्वनित हुआ; उस आह्वान पर ज्ञान-विज्ञान की धारा पुनः वेगवती हुई।

इलियड और *ऑडिसी* का युग ग्रीक सभ्यता की तैयारी का युग है। इस युग का अवसान होने पर ईसा पूर्व छठी शती में, ऊपरी दृष्टि से नितांत आकस्मिक रूप में, हम ग्रीक मनीषा का अपूर्व विकास देख पाते हैं। इस विकास का क्षेत्र पश्चिमी एशिया-माइनर का समुद्र-तटवर्ती ग्रीक उपनिवेश **आयोनिया**[7] था और उसका गुरुत्व केंद्र था आयोनिया का विख्यात नगर माइलेट्स। ई.पू. छठी शताब्दी में माइलेटस केवल आयोनिया का ही नहीं, अपितु समग्र ग्रीक-जगत् का सर्वश्रेष्ठ वाणिज्य-केंद्र और संभवतः सबसे बड़ा नगर (आनुमानिक जनसंख्या-10000) था। इस नगर के नमूने पर कम से कम 60 छोटे-बड़े जनपद पश्चिमी एशिया के समुद्र-तट पर गठित हुए थे। जमीन के रास्ते मेसोपोटामिया से और जलमार्ग से मिस्र के साथ प्राचीन माइलेटस का वाणिज्य-संपर्क इतिहास प्रसिद्ध है। वाणिज्य-संपर्क के माध्यम से वस्तुओं के विनिमय के साथ ही विचार-विनिमय भी पर्याप्त मात्रा में हुआ था। इसी योग-सूत्र से ग्रीक वैज्ञानिकों और दार्शनिकों को बेबीलोनी ज्योतिष और मिस्री ज्यामिति तथा चिकित्सा-विद्या से परिचित होने का अपूर्व अवसर प्राप्त हुआ। ऐसी स्थिति में ग्रीक जगत् में माइलेटस का, ज्ञान-विज्ञान के आदि पीठस्थान के रूप में प्रकट होना स्वाभविक ही था। तीन प्राचीनतम दार्शनिकों, थालेस, एनाविसमैंडर और ऐनाक्सिमेनेस का जन्म माइलेटस में ही हुआ, यह भी कोई आकस्मिक बात नहीं थी।

सन्दर्भ सूची

1. करीब 750-500 ई.पू. में प्राचीन यूनान की सभ्यता विकसित रही। करीब 500 और 338 ई.पू. के बीच के यूनान में कांस्य युग रहा। इसी अवधि में यूनान पर मकदूनिया का वर्चस्व स्थापित हो गया। यूनानी भाषा बोलनेवाले लोगों को **हेलेनी** और उनके क्षेत्र को **हेलास** कहा जाता था। बाद में रोमनों ने यूनानियों को ग्रेसी (Gracci) कहा इसी से **ग्रीक** नाम की उत्पत्ति हुई।
2. डेमोक्रीतस (करीब 470-400 ई.पू.) ने बताया कि प्रकृति में सब चीजें परमाणुओं से बनी हैं।
3. थ्यूसीडाइडीज का जन्म करीब 460 ई.पू. में एथेंस में हुआ था। उसकी मृत्यु करीब 61 वर्ष की आयु में 399 ई.पू. में हो गई।
4. मिस्र के उत्तर-पश्चिम तट पर सिकन्दर द्वारा अपने नाम पर स्थापित सिकंदरिया नगर स्थित था। टोलेमी के पहले दो शासकों ने वहाँ पुस्तकालय स्थापित कराए जो राज्य के खर्च से चलते थे। वहाँ यूनानी भाषा, संस्कृति और शैली सम्बन्धी महत्त्वपूर्ण कृतियों की प्रतियाँ बनाई जाती थीं और संरक्षित की जाती थीं। सिकंदरिया में ज्ञान प्राप्त करने के लिए दूर-दूर के छात्र, वैज्ञानिक गणितज्ञ और इतिहासकार आते थे। वैज्ञानिक आर्किमिदीज और ज्यामितिशास्त्री यूक्लिड सिकंदरिया के थे।
5. Sir William Cecil Dampier, *A History of Science,* Cambridge, 1948, p. 11
6. एस.एन.सेन, *विज्ञान का इतिहास,* पृ. 199-203
7. एशिया माइनर (तुर्की के पश्चिमी तट पर अवस्थित प्रदेश को 11-10वीं शताब्दी ई.पू. में यूनान के माइसेनी (Mycenae) लोगों ने बसाया था। एशिया माइनर पर सिकन्दर 'महान' का अधिकार ई.पू. चौथी शताब्दी में होने के बाद आयोनिया पर Hellenistic kings का शासन स्थापित रहा और ई.पू. दूसरी शताब्दी में यह इलाका रोमन साम्राज्य का अंग बन गया। रोमन साम्राज्य के अधीन के इस हिस्से को शेष एशिया से अलग करने के लिए रोमन लेखकों ने इसे एशिया माइनर (छोटा एशिया) का नाम दिया।

अध्याय-28

प्राचीन रोम

28.1 रोम की स्थापना

रोमन सामाजिक संरचना का केन्द्र इटली और बाद में समूचा भूमध्यसागरीय क्षेत्र था। इटली में निवास करनेवाले लोगों और जनों में सबसे रहस्यमय **एत्रुरियाई** थे। उनका मूल आज भी एक अनसुलझी पहेली बना हुआ है। एक समय एत्रुरियाई एक शक्तिशाली जाति थी और उसने लगभग सारे प्रायद्वीप पर अपना प्राधान्य स्थापित कर लिया था (7-6ठी शताब्दी ई.पू.)। विशाल एत्रुरियाई नगरों, दुर्ग प्राचीरों, अभिजातों के मकानों और संपन्न समाधियों के खँडहर आज भी देखे जा सकते हैं।

पुरातात्त्विक खोजें यह संकेत देती हैं कि एत्रुरियाई लोग मुख्यतः कृषिजीवी थे। एत्रुरियाई कारीगर अपने धातु के काम, दर्पणों और कलशों और सोने तथा हाथीदाँत के आभूषणों के लिए भी प्रसिद्ध थे। वे यूनानियों, मिस्रियों तथा अन्य जातियों के साथ खूब व्यापार किया करते थे। उन दिनों समुद्री व्यापार और दस्युता साथ-साथ ही चलते थे और एत्रुरियाई जलदस्युओं की वजह से सारे भूमध्य सागर प्रदेश में दहशत छाई रहती थी।

चौथी सदी ई.पू. के एत्रुरियाई दासस्वामी लोग थे, जिनके यहाँ राजा और अभिजात तंत्र और दासों तथा असामी काश्तकारों की बड़ी आबादी थी। एत्रुरियाई शक्ति के चरमोत्कर्ष के समय उनके 12 नगरों के बीच सहबंध की स्थापना की गई थी।

रोम नगर की स्थापना संभवत 753 ई.पू. में हुई थी। नगर के परंपरागत इतिहास के मुताबिक 7 पहाड़ियों (अवेंटाइन, सिलियन, कैपिटोलाइन, एस्क्वीलाइन, पैलेटाइन और वीमिनाल आदि) पर रोम स्थित था। रोम बसाया जा चुका था, मगर वह एत्रुरियाई प्रभुत्व में था। 7वीं और 6ठी सदी ई.पू. में रोम् पर एत्रुरियाई राजाओं के एक राजवंश का शासन था और नगर की आबादी में कई एत्रुरियाई कारीगर भी थे। रोम के सामाजिक तथा घरेलू जीवन में बरसों बाद तक एत्रुरियाई रीति-रिवाजों का बोलबाला बना रहा।

लेकिन एत्रुरियाई शक्ति जल्दी ही क्षीण होने लगी। 6ठी शताब्दी ई.पू. के अंत में एत्रुरियाई नगरों के बीच आपसी युद्ध छिड़ गया और एत्रुरियाई को दक्षिणी इटली में यूनानियों के साथ लड़ाइयों में भी काफी चोटें खानी पड़ीं। एत्रुरियाई राज्य पर अंतिम प्रहार रोम के नेतृत्व में इतालीय कबीलों के सफल विद्रोह ने किया।

पुरातात्त्विक उत्खननों के फलस्वरूप और कलाकृतियों के अलावा बड़ी संख्या में एत्रुरियाई

लेख (कुल मिलाकर लगभग 9 हजार) भी प्रकाश में आए हैं। लेकिन अभी तक उन्हें पढ़ने के प्रयासों में बहुत सीमित सफलता ही मिल पाई है और इस प्रकार एत्रुरियाइयों की भाषा, उनके उद्‌गम की समस्या और उनके आकर्षक इतिहास के ब्योरे का स्पष्टीकरण होना अभी बाकी ही है।

रोम को, जिसे प्राचीन काल में भी 'सनातन नगर' कहा जाता था, कैसे और कब बनाया गया और इस सुख्यात कार्य का श्रेय किसको जाता है? इस प्रश्न का कोई संतोषजनक उत्तर नहीं दिया जा सकता है और हमें पुराने जमाने की एक प्रसिद्ध दंतकथा पर ही निर्भर करना पड़ता है। यह कथा बताती है कि किस तरह अल्बा लोगों के एक राजा को उसके भाई ने गद्‌दी से उतार दिया था और उसकी बेटी **रेआ सिल्विआ** को वेस्ता की पुजारिनी नियुक्त किया था। वेस्ता की पुजारिनी होने से रेआ को ब्रह्मचर्य का व्रत लेना पड़ा। लेकिन कुछ ही समय बाद उसने जुड़वाँ बेटों को जन्म दिया। इससे क्रुद्ध राजा ने आदेश दिया कि उन्हें नदी में डुबो दिया जाए। एक गुलाम ने उन्हें टोकरी में रखकर नदी में बहा दिया। लेकिन बच्चे डूबे नहीं, बल्कि अंजीर के एक पेड़ के नीचे किनारे पर आ लगे, जहाँ एक मादा भेड़िया ने उन्हें स्तनपान कराया। इसके बाद एक गड़ेरिया बच्चों को उठाकर ले गया और उनका पालन-पोषण करने लगा। उसने उनका नाम **रोमूलस** तथा **रीमस** रखा।

जब बच्चे बड़े हुए, तो उनके जन्म रहस्य जल्दी ही सब जगह फैल गया। उन्होंने अल्बा लोगा में गद्‌दी छीननेवाले राजा का तख्ता पलट दिया और अपने नाना को फिर सिंहासन पर बैठा दिया और उससे उन्होंने एक नया नगर बसाने की आज्ञा माँगी। नगर की नींव डालते समय दोनों भाइयों में भयंकर झगड़ा छिड़ गया और रोमूलस ने रीमस को जान से मार डाला। रोम के बसाए जाने के बारे में यही दंतकथा है। दंतकथा के ही अनुसार नगर का नामकरण **रोमूलस** पर हुआ था और वही उसका पहला राजा बना था। प्राचीन रोमन इतिहासकारों के अनुसार रोम की बुनियाद 21 अप्रैल, 753 ई.पू. को डाली गई थी, लेकिन इस तिथि की प्रामाणिकता को सिद्ध नहीं किया जा सकता और कामचलाऊ सूचक ही माना जाना चाहिए।

रोम के सबसे अंतिम से पहलेवाले राजा सेर्वियस तूलियस को इतिहास में एक प्रसिद्ध सामाजिक सुधार का प्रवर्तनकर्ता माना जाता है, जिसके अनुसार समस्त रोमन आबादी और प्रदेश को 4 जिलों अथवा कबीलों में विभाजित कर दिया गया था। आबादी को भी सम्पत्ति और आय के अनुसार 5 वर्गों में बाँट दिया गया था। सबसे निर्धन नागरिक इन संवर्गों के पूर्णतः बाहर थे और वे **प्रोलीतारी** कहलाते थे।

अनिवार्य सैनिक सेवा और राजनीतिक अधिकारों के उपभोग के मामले में वर्गों में काफी वैभिन्न्य था। चूँकि प्रत्येक नागरिक को हथियार अपने ही खर्च से जुटाने होते थे, इसलिए यह स्वाभाविक था कि सिर्फ उच्चतम वर्ग के सदस्य ही अपने लिए पूरे साज-सामान (तलवार, ढाल, भाला और जिरह-बख्तर) की व्यवस्था कर सकते थे और घोड़ा रख सकते थे। यही वर्ग राष्ट्रीय लामबंदी के लिए अधिकांश सेंतूरिया (शतसैनिक दल) उपलब्ध करवाता था और सभी राजनीतिक विशेषाधिकारों का भी उपभोग करता था। जनसभा में लोगों का प्रतिनिधित्व सेंतूरिआ करते थे और प्रत्येक सेंतूरिआ को एक मत प्राप्त था। चूँकि अधिकांश सेंतूरिआ

उच्चतम सामाजिक वर्ग से ही आते थे, इसलिए यह वर्ग जनसभा में बहुमत के लिए सदा आश्वस्त रह सकता था।

छठी शताब्दी ई.पू. के अंत में रोम में राजनीतिक जीवन का स्वरूप बदल गया। अंतिम राजा को, जो अपने दर्प और अत्याचारी स्वभाव के कारण घमंडी **ताराक्विन** कहलाता था, निर्वासित कर दिया गया और राजतंत्र का उन्मूलन कर दिया गया। यह माना जाता है कि यह घटना एत्रुरियाई शासन के विरुद्ध विजयांतक विद्रोह के साथ-साथ ही हुई थी। इसके बाद रोम में एक **गणराज्य की स्थापना** की गई, जिसका इतिहास दीर्घकालिक होनेवाला था।

28.2 समाज

रोमन राजाओं के राज्यकाल और गणराज्य में प्रारम्भिक काल में गोत्र प्रणाली के अवशेष खासे मजबूत थे। राजनीतिक शक्ति गोत्रीय अभिजातों के हाथों में थी, जो **कुलीन** (पैट्रिशियन) कहलाते थे। आमतौर पर सबसे बढ़िया जमीनें उन्हीं के पास होती थीं, जिसका मतलब यह था कि कुलीन न सिर्फ अभिजात गोत्रीय थे, बल्कि सबसे धनवान नागरिक भी थे। अधिकांश जनता को **सामान्यजन** (प्लेबियन) कहा जाता था। इनमें मध्यम और निर्धन किसान तथा नगर में रहनेवाले कारीगर अथवा व्यापारी भी शामिल थे। सामान्यजनों की संख्या लगातार बढ़ती गई और समूह रूप में वे अधिकाधिक कम समजातीय होते गए। अधिकांश सामान्यजन कंगाल थे और प्रायः ऋण-दासत्व में पड़ते रहते थे, पर उनका एक अंश व्यापार या सूदखोरी के जरिए धनी हो रहा था। धनी सामान्यजन जल्दी ही कुलीनों जैसे अधिकार और विशेषाधिकार पाने की कोशिश करने लगे। जहाँ तक दासों की बात है, रोमन इतिहास के इस आरंभिक काल में उनकी संख्या अपेक्षाकृत कम ही थी और दासता पितृतंत्रात्मक स्वरूप की थी।

रोमन गणराज्य का राजकीय ढाँचा इस प्रकार का था—उच्चतम पद **कोंसुल** का था, जिनकी संख्या दो थी और जो प्रतिवर्ष चुने जाते थे। सेना की कमान उनके ही हाथों में होती थी और वे ही **अभिषद्** (सीनेट) तथा जनता की **सभाओं** (कोमीतिआ) को समाहूत करते थे। सीनेट रोमन गणराज्य का मुख्य राजकीय निकाय था। उसमें 300 सदस्य थे, जिनमें भूतपूर्व कोंसुल और अन्य उच्च पदाधिकारी भी होते थे। कोंसुल का और इस प्रकार **सीनेटर** (सीनेट-सदस्य) का पद भी केवल कुलीन वर्ग के सदस्यों को ही मिल सकता था। गृह तथा विदेश नीति के प्रश्नों को सीनेट तय करती थी और बजट तथा राजकीय सम्पत्ति पर नियंत्रण रखती थी। जनता की सभाएँ ये थीं—सेंतूरिओं की जनसभा, जिसमें लगभग सभी राजकीय अधिकारी चुने जाते थे और जिसमें कुलीन वर्ग के प्रतिनिधियों को स्थायी बहुमत प्राप्त था और सामान्यजन की कबाएली जनसभा, जिसे शीघ्र ही विधायी कार्य सौंप दिए गए।

यद्यपि रोमन गणराज्य में भी एथेंस की भाँति जनसभाएँ थीं और राजकीय अधिकारियों को चुना जाता था (रोम में राजकीय अधिकारियों को कभी अपने काम के लिए वेतन नहीं दिया जाता था), फिर भी राजकीय मामलों में सीनेट को जो भारी अधिप्रतिनिधित्व प्राप्त था, उसने रोमन गणराज्य को सुस्पष्ट अभिजात स्वरूप प्रदान कर दिया था।

28.3 अगस्टस

अपने धर्मपिता जूलियस सीजर के विपरीत अगस्टस अपनी सत्ता के राजतांत्रिक पहलुओं को यथासंभव कम करने की कोशिश करता था। वह बहुत एहतियाती और मितव्ययी था और अपने को सिर्फ समेषु प्रथम (समकक्षकों में प्रथम) या प्रिसेंप (प्रमुख) ही कहा करता था, क्योंकि उसका नाम सीनेटरों की सूची में सर्वप्रथम था। अगस्टस सीजर के शासनकाल में रोमन राज्य के राजनीतिक ढाँचे ने जो रूप लिया वह **प्रिंसीपेत** (प्रमुखतंत्र) कहलाया।

प्रिंसीपेत को गणराज्य का आभास देनेवाला राजतंत्र कहा जा सकता है। उसमें सीनेट तथा सभी गणतंत्रीय राजकीय पदों को कायम रखा गया। इसके अलावा आक्टेवियन सीनेटरों के प्रति विशेष सम्मान प्रकट करता था और उसने स्वयं अपने को 13 बार कोंसुल निर्वाचित करवाया। उप-कोंसुलों (प्रोकोंसलों) तथा ट्रिब्यूनों के बारे में भी उसका यही रवैया था। उसने महापुरोहित का पद लिया और 'पितृभूमि-पिता' की सम्मानित उपाधि धारण की। गणतंत्रीय राजकीय ढाँचे की यह पुनः स्थापना शुद्धतः, औपचारिक ही थी, क्योंकि सभी राजकीय पद एक व्यक्ति के हाथों में संकेंद्रित थे। इसके अलावा अगस्टस सीजर को सशस्त्र सेनाओं का प्रधान सेनापति घोषित किया गया और उसके नामों तथा उपाधियों में **इंपेरातोर** (सम्राट) की पारंपरिक सैनिक उपाधि भी जोड़ दी गई।

अगस्टस के शासकत्व में जनसभा धीरे-धीरे अपने महत्त्व से वंचित कर दी गई। प्लेबों के प्रति अगस्टस सीजर की नीति को 'रोटी और तमाशे' शब्दों द्वारा पूर्णतः व्यक्त किया जा सकता है; दूसरे शब्दों में, आबादी की मुँह-भराई के लिए अक्सर मुफ्त रोटी बाँटी जाती थी और भड़कीले खेल-तमाशे दिखाए जाते थे, जबकि उसके राजनीतिक जीवन में भाग लेने को रोकने के लिए हर संभव प्रयास किया जाता था। अगस्टस अपने समर्थन का मुख्य आधार बड़े दासस्वामी जमींदारों—सिर्फ रोम के ही नहीं, बल्कि सारे इटली के और रोमन सेना को मानता था।

एंटोनी पर विजय पाने के बाद आक्टेवियन या अगस्टस अर्थात् महामहिम (30 ई.पू. से अपनी मृत्युपर्यन्त यानी 14 ई.पू. तक) रोम का सेनापति और इम्पेरेटर या सभापति बन गया। उसके द्वारा स्थापित शासन-व्यवस्था का अस्तित्व उसके मरने के बाद भी रोम में बना रहा।

राष्ट्रीय चरित्र को उठाने के लिए उसने जो प्रयास किया उसके परिणामस्वरूप रोम की सभ्यता का वह काल **स्वर्णयुग** के नाम से पुकारा गया। इस समय धन और वैभव रोम का पैर चूम रहा था। प्राचीन काल से अगस्टस को विशेष लगाव था। रोमनों का नैतिक पतन उसे पसन्द नहीं था। प्राचीन नैतिकता, सादगी एवं गम्भीरता को ध्यान में रखते हुए उसने कानूनों के द्वारा नैतिक पतन में सुधार लाने का सफलतापूर्वक प्रयास किया। दुराचार के विरुद्ध कठोर दंड बनाए गए। रोमन स्त्रियों को व्यायाम सम्बन्धी खेलों को देखने पर रोक लगा दी गई। तलाक की प्रथा में कमी लाने के नियम बने। अविवाहित लोगों को उत्तराधिकार-कर देना आवश्यक हो गया। 3 संतानोंवाले पिता को करों में छूट दी गई तथा सरकारी नौकरियाँ देने की कुछ हद तक व्यवस्था भी की गई। वैसे अगस्टस का यह नियम लोकप्रियता नहीं पा सका फिर भी राष्ट्रीय चरित्र के विकास पर रोमनवासियों का ध्यान गया।

सांस्कृतिक दृष्टिकोण से इस काल में कवियों और लेखकों को काफी प्रोत्साहित किया गया। **प्रोपर्टियस, होरेस, वर्जिल** आदि विद्वानों ने अनेक अद्वितीय साहित्यों की रचना की। इनकी प्रतिभा को उभारने में अगस्टस ने काफी मदद की। इसी समय 142 जिल्दों में *इतिहास की पुस्तक* इतिहासकार लिवी द्वारा लिखी गई। इस पुस्तक का एक-चौथाई अंश ही अब उपलब्ध है। 8वीं शताब्दी ई.पू. से लेकर अगस्टस काल के इतिहास का इसमें रोचक वर्णन है। **वर्जिल** (79-19 ई.पू.) की सबसे प्रसिद्ध रचना *इनिड* नामक महाकाव्य है जो होमर द्वारा लिखित *इलियड* और मिल्टन द्वारा रचित *पैराडाइज लास्ट* की श्रेणी में रखा जा सकता है। होरेस (65-8 ई.पू.) नामक कवि कम-से-कम शब्दों में अधिक-से-अधिक भावनाओं को व्यक्त करने के लिये मशहूर था। **प्रोपर्टियस** (50-18 ई.पू.) नामक कवि अगस्टस काल में **प्रेमकाव्य** लिखने में सिद्धहस्त था।

अगस्टस ने धार्मिक पुनर्जागरण को भी राष्ट्रीय प्रेम तथा चरित्र-उत्थान के लिए आवश्यक समझा। गृहयुद्ध के काल में टूटे हुए मंदिरों में से 82 को फिर से अगस्टस ने बनवाया। मंगल देवता का एक नया मंदिर निर्मित हुआ। धार्मिक क्रियाकलापों, खेलों आदि को उसने पुनर्जीवित किया। नगर-योजनाओं पर उसने ध्यान दिया। ग्रीक कला को उसने प्रोत्साहित किया। यूनानी कलाकारों एवं शिल्पकारों को उसने रोम में आश्रय दिया। जूलियस सीजर के जैसा उसने भी अपने नाम से एक **फोरम** बनवाया और मार्स या मंगल देवता का मंदिर उसी ने बनवाया। रोम में एक विशाल नाट्यशाला या थिएटर हॉल, सार्वजनिक स्नानागार एवं **पैन्थियम** के मंदिर बने जो रोमन स्थापत्यकला के क्षेत्र में अद्वितीय देन हैं। रोमन भवनों के निर्माण की वैज्ञानिक विधि पर इंजीनियरिंग ध्यान अगस्टस के द्वारा ही दिया गया। यहाँ के भवनों की लम्बी जिन्दगी के लिए ईंट के बदले पत्थर के टुकड़ों का प्रयोग शुरू हुआ। ज्वालामुखी राख, चूना और पत्थर के टुकड़ों को मिलाकर कंक्रीट तैयार किया गया जिसके प्रयोग से मजबूत भवनों का निर्माण शुरू हुआ। अगस्टस ने भवनों के निर्माण में संगमरमर का भी प्रयोग किया।

28.4 साहित्य

अगस्टस का शासनकाल रोमन साहित्य के स्वर्णयुग का समानुवर्ती था। इस प्रसंग में सबसे पहले **वर्जिल** (पब्लियस वर्जिलियस मारो, 70-19 ई.पू.) का उल्लेख किया जाना चाहिए, जिसने *बूकोलिक्स* की रचना की। यह प्रकृति के सौंदर्य और ग्राम्य जीवन की अच्छाइयों के बारे में 10 कविताओं की पद्यवेणी है। *जार्जिक्स* कृषि सम्बन्धी नीतिवचनों के बारे में कविता है। प्रसिद्ध *इनीद* होमर के नमूने पर 12 खंड का **महाकाव्य** है। इसमें जूलियन वंश, जिसमें जूलियस सीजर और अगस्टस पैदा हुए थे, के पौराणिक पूर्वज की कथा दी गई है। वर्जिल की यह कविता काल्पनिक वीरकाव्य की मिसाल है, क्योंकि वह पौराणिक तथा दतंकथाओं पर आधारित है। *इनीद* का वास्तविक महत्त्व इस बात में है कि उसमें अगस्टस के व्यक्तित्व और शासन का प्रशस्तिगान किया गया है।

इस युग का एक और प्रमुख कवि होरेस (क्विंतस होरेशियस फ्लाकस, 65-8 ई.पू.) था, जिसने *अवगीत* (सैटायर्स), *अंत्यपदियाँ* (इपोड्स), *संबोधगीत* (ओड्स) और *संदेशपत्र* (एपिस्टल्स) लिखे हैं। होरेस मूलतः गीतकार था, यद्यपि उसकी कुछ कृतियों में स्पष्ट वितंडात्मक

प्रवृत्ति देखी जा सकती है। वर्जिल की ही भाँति उसने भी अगस्टस का गुणगान किया है। उसकी प्रसिद्ध कविता *एक्सेगी मोनूमेंतम* (स्मारक) की तो आधुनिक काल में भी ढेरों अनुकृतियाँ की गई हैं।

तीसरा महान कवि **ओविद** (पब्लियस ओविदियस नासो, 43 ई.पू.-17 ई.पू.) था। उसकी प्रारम्भिक कविताएँ अधिकांशतः प्रेम सम्बन्धी कविताएँ थीं। उसकी सबसे प्रसिद्ध कविताएँ *मेटामोरफोसीज* (रूपांतरण), जो विभिन्न मिथकों की काव्यबद्ध वर्णन है और *फास्ती* है, जिनमें प्राचीन दंतकथाओं को सभी जातीय त्योहारों और उत्सवों सहित रोमन पंचांग के रूप में प्रस्तुत किया गया है। 8 ई. में अगस्टस ने ओविद को साम्राज्य के एक सुदूर प्रदेश में निर्वासित कर दिया। इस निर्वासन का कारण हमें ज्ञात नहीं है और यहीं उसके जीवन का अंत भी हुआ। *त्रीस्तिआ* और *एपिस्चुली एक्स* पोंतो उसकी इसी काल की रचनाएँ हैं।

इस युग की रोमन विद्वत्मंडली के सबसे उल्लेखनीय व्यक्तियों में एक रोम के 142 खंडीय वृहदाकार इतिहास *अब उर्बे कोंदिता लिब्री* का लेखक लिवी (तीतस लिवियस, 59 ई.पू.-17 ई.पू.) था, जिसकी कृति में नगर के शौर्यमय अतीत का यशोगान किया गया था। एक और प्रमुख विद्वान ज्येष्ठ प्लिनी (पहली सदी) था, जिसकी कृतियों में प्रसिद्ध *हिस्तोरिआ नचुरलिस* (प्राकृतिक इतिहास) भी था, जिसमें उसने प्राकृतिक विज्ञानों के विभिन्न क्षेत्रों—सृष्टिवर्णन, वनस्पतिविज्ञान, जीवविज्ञान, खनिजविज्ञान आदि के बारे में लिखा है।

अगस्टस के शासनकाल में स्थापत्य तथा ललित कलाओं का भी विकास हुआ। रोमन फोरम (केंद्रीय चौक) का पुनर्निर्माण किया गया और सुख्यात **आरा पासिस आगस्ती** (शांति की वेदी) सहित अनेक मंदिरों तथा शहरी इमारतों का निर्माण हुआ। अगस्टस को स्वयं कई बार इंगित करना था कि उसने अपना राज ईंटों के शहर में शुरू किया था और अपने पीछे वह संगमरमर का नगर छोड़कर गया है। वस्तुतः उसके शासनकाल में रोम काफी बढ़ा और धीरे-धीरे वह अधिकाधिक एवं महान साम्राज्य की राजधानी जैसा लगने लगा।

28.5 नीरो

पहली सदी ईस्वी में रोम पर जूलियो-क्लाउदियन वंश के शासकों ने राज किया, जिनमें सबसे मशहूर नीरो (54-68 ई.) था, जो एक भ्रष्ट और निर्दय आदमी था और जिसने अपनी माँ और भाई की भी हत्या करवा दी थी। नीरो सीनेट की कोई परवाह नहीं करता था और अपने स्वेच्छाचारिता के रुझान को छिपाने की कोशिश किए बिना उसने कई सीनेटरों को मरवा दिया था। उसके शासनकाल में शाही दरबार के रख-रखाव पर बेशुमार धन खर्च किया जाता था और वह स्वयं तथा उसके प्रियपात्र अभूतपूर्व ऐशो-आराम में रहा करते थे। नीरो संगीत और गायन का बड़ा शौकीन था, मंच पर स्वयं भी आया करता था और उसने सांगीतिक कार्यक्रम पेश करते हुए यूनान का दौरा तक किया था। 64 ई. में रोम में भयानक आग लग गई, जो पूरे एक हफ्ते तक जलती रही और जिसने नगर के 14 में से 10 मुहल्लों को जलाकर खाक कर दिया। इस सम्बन्ध में रोम में अफवाह फैली कि नीरो ने यह खुद लगवाई थी, ताकि वह एक बिरल दृश्य का आनंद ले सके। सम्राट की निर्दयता और उसकी बीभत्स सनकों के कारण अंत में विद्रोह हो गया। **प्रीतोरी** रक्षकदल ने उसके साथ विश्वासघात किया

और नीरो को आत्महत्या करनी पड़ी। कहा जाता है कि मरने के पहले उसने कहा था, "मेरे साथ कैसा कलाकार मर रहा है!"

28.6 फ्रलेवियन राजवंश

नीरो के बाद वेस्पासियन ने अपने सैन्यदलों की सहायता से सत्ता पर अधिकार कर लिया और **फ्रलेवियन राजवंश** की स्थापना की। वेस्पासियन, जिसने 69 से 79 तक राज किया था, पहले जूदिया (यहूदिया) में नीरो के शासनकाल में शुरू हुए विद्रोह (66 से 70 तक) को कुचलने के समय सैन्य नेता के नाते नाम कमाया था। वेस्पासियन के बाद उसके दो पुत्र, तीतस और दोमीतियन गद्दी पर बैठे। तीतस के शासनकाल में विसुवियस पर्वत में हुए ज्वालामुखी ने पाँपी और हर्क्यूलेनियम नगरों को लावा से ढँक दिया। वर्तमान काल में इन नगरों का उत्खनन किया जा चुका है और उससे रोमन साम्राज्य के कस्बों के जीवन और रीति-रिवाज का खासा स्पष्ट चित्र प्राप्त हुआ है।

फ्रलेवियन राजवंश के शासनकाल में रोमन राज्य में महत्त्वपूर्ण परिवर्तन आने लगे। सम्राट प्रांतीय अभिजात वर्ग पर अधिकाधिक निर्भर करने लगे और सीनेट में उनके प्रतिनिधियों की लगातार अधिक संख्या के लिए गुंजाइश पैदा करने लगे। इस प्रकार सिर्फ रोम और इटली ही नहीं बल्कि पूरे तौर पर समूचे साम्राज्य के बड़े दास-स्वामी साम्राज्यिक सत्ता का मुख्य आधार बन गए।

28.7 अंतोनिन राजवंश

दूसरी सदी ई. में रोमन साम्राज्य पर अंतोनिन राजवंश का शासन था। इस राजवंश के सबसे प्रसिद्ध सम्राट **त्राजन** (98-117) था, जिसके शासनकाल में रोम ने अपना अंतिम क्षेत्रीय विस्तार किया (डेशिया, अरबिया, आर्मीनिया और मेसोपोटामिया के सूबे); हेद्रियन (117-138) जिसने नए प्रदेश जीतने के स्थान पर अपना ध्यान इतने विराट साम्राज्य के नियंत्रण के लिए आवश्यक प्रशासनिक तथा नौकरशाही तंत्रों को विकसित करने पर केंद्रित किया और मार्कस आरेलियन (131-180), जो अपनी दार्शनिक कृतियों के लिए विख्यात है। सम्राट के शासनकाल में सीमांतों पर बर्बर जातियों के दबाव के साथ साम्राज्य में संकट के पहले चिह्न प्रकट हुए।

28.8 स्वर्णयुग

दूसरी शताब्दी को रोमन साम्राज्य का स्वर्णयुग माना जाता है। यह साम्राज्य के अधिकतम क्षेत्रीय प्रसार का युग था। उसकी सीमाएँ उत्तर में स्कॉटलैंड से दक्षिण में लीन महाप्रपातों तक और पश्चिम में अटलांटिक तट से लेकर पूर्व में फारस की खाड़ी तक फैली हुई थी। रोमन राज्य की प्रकृति मात्र इन बाह्य कारकों द्वारा ही निर्धारित नहीं होती थी। दास-स्वामित्व पर आधारित यह समाज इस समय तक अपने विकास के शिखर पर पहुँच चुका था। अधिकांश जमींदारियाँ और दस्तकारी उद्योग बाजार-अर्थव्यवस्था के अनुकूल किए जा चुके थे और विदेश व्यापार खूब उन्नत हो चुका था। इसके परिणामस्वरूप दास-स्वामी अपने गुलामों से यथासंभव अधिकतम लाभ पाने की कोशिश करते थे और शोषण के अत्यधिक पाशविक रूपों का प्रयोग

करने से भी नहीं झिझकते थे। दासों की दशा अत्यंत दारुण थी। छोटे-से-छोटे अपराधों के लिए भी उन्हें हर जागीर पर मौजूद विशेष कैदखानों में झोंक दिया जाता था, बेड़ियाँ पहनकर काम करने के लिए मजबूर किया जाता था, मारा-पीटा जाता था और जान तक से मार दिया जाता था। गुलामों को खुले आतंक द्वारा वश में रखा जाता था। एक बार किसी अभिजात रोमन को उसके दास ने मार डाला। फलस्वरूप अगस्टस के शासनकाल में जारी किए गए कानून के अनुसार उसके सभी 400 घरेलू दासों को मृत्युदंड दे दिया गया, यद्यपि इस बात की भी सम्भावना थी कि रोम के निवासी इस क्रूर कदम के उठाए जाने से नाराज हो जाएँगे और विरोधस्वरूप विद्रोह तक कर देंगे।

रोमन साम्राज्य के स्वर्णिम काल में प्रांतों में और विशेषकर उनके शहरी जीवन में भी आर्थिक उन्नति हुई। पश्चिमी प्रांतों (गाल, स्पेन आदि) के नगरों में मंडलियों (कोलेजियमों) में संगठित असंख्य व्यापारी और दस्तकार प्रकट हो गए। ये मंडलियाँ सिर्फ स्थानीय व्यापार केंद्रों में ही नहीं, बल्कि साम्राज्य के सुदूरतम भागों में भी काम करती थीं। पूर्व में व्यापार ने एशिया-ए-कोचक और शाम में भी महत्त्वूपर्ण प्रगति की। इसके अलावा अरब और भारत के साथ, बाद में चीन तक के साथ नियमित व्यापारिक सूत्र स्थापित किए गए। इन स्रोतों से मसालों, इत्रों, हाथीदाँत और रेशम का आयात होता था। नये और बढ़ते हुए व्यापार मार्गों के परिणामस्वरूप उन जगहों में कई नए शहर बसाए गए, जहाँ रोमन सेना की टुकड़ियों को लंबे समय के लिए तैनात किया जाता था। इस काल में कई पुराने शहर भी रोमन सेना की टुकड़ियों को लंबे समय के लिए तैनात किया जाता था। इस काल में कई पुराने शहर भी फिर फूलने-फलने लगे। सामान्यतः प्रांतीय नगरों की सीमित मात्रा में स्वायत्तता प्राप्त थी और उनके अपने सीनेटर और अधिकारी होते थे।

लेकिन प्रांतों में सामान्य लोग रोमन शासन से नाराज थे। स्थानीय किसानों से जमीन छीन ली गई थी और रोमन आबादकारों को दे दी गई थी, जबकि स्थानीय किसानों को अक्सर ऋण-दासत्व में पड़ना पड़ता था। सूबों में आबादी की करों का भारी बोझ था और फौजों के लिए अक्सर जबरन रसद वगैरह वसूल की जाती थी। गाल, ब्रिटेन और अफ्रीका जैसे कुछ प्रांतों में पहली सदी में और फिलिस्तीन में दूसरी सदी में होनेवाले बड़े-बड़े विद्रोहों के मूल में यही कारक थे। लेकिन रोमन साम्राज्य के पास उस समय इन आंदोलनों को कुचलने के लिए काफी ताकत थी और उनसे उसकी केंद्रीकृत सत्ता के लिए कोई गंभीर खतरा नहीं था।

28.9 पतन

रोमन साम्राज्य के स्वर्णयुग का 192 में अंत हो गया, जब अंतोनिन राजवंश का अंतिम सम्राट कमोदस षड्यंत्रकारियों के हाथों मारा गया। सिंहासन के विभिन्न दावेदारों में संघर्ष के बाद सेप्तीमियस सेवेरस विजयी हुआ और उसने 193 से 211 तक शासन किया। उसके शासनकाल में साम्राज्य ने खुला सैनिक स्वरूप ग्रहण कर लिया। सेप्तीमियस सेवेरस ने सेना में कई सुधार किए। उदाहरण के लिए सामान्य सैनिकों को अब सैनिक सेवा में बने रहने का और तरक्की पाकर सेनानायक तक बनने का और इक्वीती श्रेणी में लिये जाने का अधिकार मिल गया।

इस कार्रवाई से सैनिकों के आगे सैनिक सेवा और नागरिक जीवन दोनों में व्यापक सम्भावनाओं के द्वारा उन्मुक्त हो गए।

सेवेरीन राजवंश का शासन लम्बा नहीं चला। इस वंश के अंतिम शासक की हत्या किए जाने के बाद कुछ समय सत्ता मक्सीमीनस के हाथों में रही, जो एक भूतपूर्व गड़ेरिया था और सेना में सामान्य सैनिक की हैसियत से भरती हुआ था। लेकिन उसकी भी जल्दी ही हत्या कर दी गई और उसके बाद तो सम्राटों, सैनिक विद्रोहों और तख्ता-पलटों का एक लम्बा सिलसिला-सा शुरू हो गया। साथ ही सीमांतों पर बर्बर कबीलों का दबाव और ज्यादा हो गया। फैंकों और अलीमानियों ने गाल पर हमला किया, सैक्सनों ने ब्रिटेन पर आक्रमण किया और मूर अफ्रीका में फैल गए, काले सागर के तटवर्ती देशों में विभिन्न गोथिक कबीलों का एक शक्तिशाली बर्बर संगठन रूप लेने लगा। केंद्रीय सरकार के लिए इन बर्बर कबीलों का सेना द्वारा सामना करना इसलिए और भी ज्यादा मुश्किल हो गया था कि उसे अपने देश के भीतर भी उपद्रवों को कुचलना पड़ रहा था। जल्दी ही कई पश्चिमी सूबे—गाल, ब्रिटेन और स्पेन रोम के हाथ से निकल गए। पूर्व में पाल्मीरा राज्य पैदा हो गया, जिसने फारस के साथ संश्रय बनाने के बाद साम्राज्य के लगभग सभी पूर्वी प्रांतों पर नियंत्रण प्राप्त कर लिया।

वर्ग-संघर्ष का तेज होना भी इस युग की एक विशेषता थी। ईसा पूर्व दूसरी और पहली सदियों के विपरीत नए विद्रोहों में मुख्य भूमिका दासों ने नहीं, बल्कि शोषित और पराधीन किसानों के समूहों ने अदा की थी। लेकिन इसका यह अर्थ नहीं कि गुलामों ने इन आंदोलनों में कोई भी भाग नहीं लिया था। अफ्रीका और एशिया-ए-कोचक में कई बगावतें हुईं। इनमें सबसे महत्त्वपूर्ण गाल में हुआ किसानों और दासों का विद्रोह था। यह विद्रोह दूर-दूर तक फैल गया और अंत में स्पेन तक पहुँच गया। यह तीसरी सदी में शुरू हुआ था और बीच-बीच में अंतरालों के साथ कई दशक तक चलता रहा। इस प्रकार रोमन साम्राज्य शब्दशः बिखर रहा था। केंद्रीय सत्ता का कमजोर होना, उसके सीमांतों पर युद्ध और देश में विद्रोह—ये सब एक गहन संकट की सामाजिक तथा राजनीतिक अभिव्यक्तियाँ ही थीं।

इस संकट की जड़ें और भी ज्यादा गहरी थीं, जो रोमन समाज की आर्थिक बुनियादों के साथ ही जुड़ी हुई थीं और जो उस समय की बदलती हुई विचारधारा में प्रतिबिंबित हो रही थीं। रोमन समाज के आर्थिक आधार का विघटन कोलोनसों (स्वतंत्र वर्ग में पैदा हुए कम्मियों) के उदय के साथ घनिष्ठ रूप से जुड़ा हुआ था। विचारधारात्मक संकट ने सर्वोपरि ईसाई धर्म के उदय तथा प्रसार में अपनी अभिव्यक्ति पाई। दास-श्रम और दास-प्रथा पर आधारित अर्थव्यवस्था अब समय की अपेक्षाओं को पूरा करने में असमर्थ थे। गुलाम की अपनी मेहनत के फलों में कोई दिलचस्पी नहीं थी और वह हमेशा दबाव में ही काम करता था। गुलामों की विराट संख्या के समुचित अधीक्षण को सुनिश्चित करना लगभग असंभव या कम-से-कम बहुत जटिल तो था ही। यह हालत दास-श्रम के आधार पर गठित बड़ी जमींदारियों के विकास में अवरोध की तरह काम करने लगी थी।

दूसरी सदी के उत्तरार्द्ध में रोमन सम्राटों को दास-स्वामियों की शक्ति और अधिकारों को एक हद तक सीमित करनेवाले कई कदम उठाने पड़े। जमींदारियों में मौजूद दास-बन्दीगृहों

का खात्मा कर दिया गया और गुलामों को हमेशा बेड़ियों में रखना गैर-कानूनी बना दिया गया। दास-स्वामियों को अब अपने गुलामों को जान से मारने का हक नहीं रहा। मालिकों और गुलामों के सम्बन्धों में राज्य अब पहले की बनिस्बत कहीं अधिक सक्रिय भूमिका का निर्वहन करने लगा।

दास-स्वामी स्वयं दासों को काम करने के लिए प्रोत्साहन और प्रेरणा प्रदान करने लगे। कुछ अपने गुलामों को भाड़े पर काम करने के लिए भेजने लगे और इस तरह अर्जित आय के एक हिस्से को दासों के पास रहने देने लगे। आम रिवाज यह था कि दासों को जमीन के टुकड़े, कार्यशाला या दुकान के रूप में कुछ सम्पत्ति दे दी जाती थी। इस प्रकार गुलाम अपना 'कारबार' चला सकता था और अपनी आय का एक हिस्सा मालिक को एक तरह के मुक्ति-लगान की तरह देता रहता था।

लेकिन सबसे महत्त्वपूर्ण नई प्रवृत्ति कोलोनसों की बढ़ती हुई संख्या थी। कोलोनस उन लोगों को (आमतौर पर स्वतंत्र लोगों) दिया गया था जो लगान पर जमीन लिया करते थे। जमीन को लगान पर देने की प्रथा बहुत पुरानी थी, लेकिन दास-श्रम पर चलनेवाली जागीरों के स्वर्णकाल में यह सामूहिक पैमाने की प्रथा का रूप नहीं ले पाई थी। लेकिन अब जमींदार और विशेषकर साल्तियों (बड़ी जागीरों) के मालिक इस निष्कर्ष पर पहुँच चुके थे कि अपनी जमीन की काश्त के लिए कई सौ गुलामों को लगाने के बजाय जमीन को छोटे-छोटे टुकड़ों में विभाजित करके उसे कोलोनसों को लगान पर दे देना उनके लिए कहीं अधिक लाभदायक रहेगा।

इस तरह कृषि श्रम का यह नया स्वरूप अधिकाधिक व्यापक होता गया। दूसरी सदी के अंत तक कोलोनसों और जमीन के टुकड़े रखनेवाले गुलामों या मुक्त दासों (सम्पत्ति का अधिकार रखनेवाले) के बीच भेद करीब-करीब गायब हो चुका था। वे साल्ती स्वामियों पर लगभग समान मात्रा में निर्भर थे, अलग फार्मों अथवा गाँवों में रहते थे, जिनमें अपनी कार्यशालाएँ, दुकानें और बाजार थे, जहाँ जमीन को काश्त करनेवाले अपनी उपज को बेचते थे और अपनी जरूरत की चीजें खरीदते थे।

तीसरी शताब्दी के संकटकाल में जब शहरी जिंदगी प्रगतिरोध की अवस्था में पहुँच चुकी थी और बहुत कम मुद्रा ही परिसंचरण में थी, तब बड़ी जागीरों के मालिकों ने अपना लगान वस्तु के रूप में माँगना शुरू कर दिया। कोलोनस के अब अपने मालिक को अपनी फसल का एक हिस्सा (आमतौर पर तिहाई) देना पड़ता था और साल में छः से बारह दिन मालिक की जमीन पर काम करना पड़ता था। कोलोनसों की स्थिति अधिकाधिक भूदासों जैसी बनने लगी। कोलोनस का काम कई लिहाज से दास के काम में एक सुधार था—कोलोनस, जो अपने श्रम के उपकरणों का स्वामी था, उनकी ज्यादा ध्यान से देखभाल करता था और चूँकि उसे अपनी उपज का सिर्फ एक हिस्सा ही मालिक को देना होता था, इसलिए अपनी मेहनत के फलों में उसका ज्यादा निहित स्वार्थ था। ये सभी कारक इस तथ्य के द्योतक थे कि दास-स्वामी-अर्थव्यवस्था और दास-प्रथा अब कालातीत हो चुकी थीं और उनकी जगह अर्थव्यवस्था तथा श्रम के एक नए और अधिक फलोत्पादक रूप द्वारा लिया जाना अनिवार्य था। रोमन दास-स्वामी समाज के गहन आर्थिक संकट का मर्म यही था।

28.10 रोम की देन

इटली में स्थित रोम नगर की स्थापना टाइबर नदी के किनारे **लैटियम** नामक जिले में ईसा पूर्व 8वीं में हुआ था। इस नगर में सभ्यता का विकास ईसा पूर्व 500 से शुरू हुआ। प्राचीन रोम के निवासियों की भाषा लैटिन थी। लैटिन शब्द लैटियन के नाम पर पड़ा। रोम नगर एक ऊँची भूमि पर स्थित था और आस-पास के अन्य नगरों की तुलना में इसका महत्त्व सुरक्षा की दृष्टि से अधिक था। रोम के राजाओं ने अपनी एकता एवं युद्धकला के बल पर यूनान, बेबीलोन, मिस्र, पश्चिमी यूरोप और उत्तरी अमेरिका पर अधिकार कर लिया। यहाँ के निवासियों ने अपनी सभ्यता और संस्कृति से उसे प्रभावित किया। उत्तराधिकार के विचारों को रोमवालों ने दूसरे से लिया और उसमें कुछ सुधार कर इसे अपने राज्य में भी लागू किया।

इसने विश्व को कानून और शासन के सिद्धान्त से परिचित कराया। रोम का कानून 12 तख्तियों में लिखा हुआ था। बाद में चलकर यहाँ के कानून को तीन भागों में बाँट दिया गया। प्रथम भाग दीवानी कानून था। इस कानून का प्रयोग रोम के नागरिकों के मुकदमों में किया जाता था। दूसरे प्रकार का कानून का प्रयोग रोमन साम्राज्य में रहनेवाले गैर-रोमनों पर किया जाता था। तीसरा प्राकृतिक कानून था जिसका सम्बन्ध मुकदमे से नहीं, बल्कि कानून के दर्शन से था। रोमन साम्राज्य के अलग-अलग क्षेत्रों के लिए आवश्यकतानुसार अलग-अलग कानून बनाए जाते थे।

रोम के शासक अपने कानून और शासन-प्रणाली के कारण सुन्दर व्यवस्था स्थापित करने में सफल रहे। रोम में बने कानूनों से यात्रा और व्यापार को प्रोत्साहन मिला। रोम की वस्तुएँ और रोम की संस्कृति विदेशों में फैली। सड़कों का प्रयोग पहले मुख्य रूप से सैनिक कार्यों के लिए होता था, लेकिन रोम ने सड़कों से अपनी वस्तुओं को चीन और भारत तक भेजना शुरू किया। रोम की सड़कें इतनी विकसित थीं कि अंग्रेजी में कहावत चल पड़ी कि **विश्व की सभी सड़कें रोम को जाती हैं।**

रोम के निवासियों ने गणतंत्र की भावना का विकास किया। गणतंत्र की भावना इतनी प्रभावशाली रही कि रोम के सम्राटों ने बहुत दिनों तक शाही पदवियाँ धारण नहीं कीं और अपने को राज्य का सेवक कहते थे। यूनानियों से वर्णमाला सीखकर रोम के निवासियों ने लैटिन भाषा को ढंग से ग्रहण किया जो बाद में चलकर सारे विश्व में फैली गई। अनेक विदेशी भाषाओं का जन्म लैटिन भाषा के आधार पर हुआ।

रोम में विश्वप्रसिद्ध दार्शनिकों का जन्म हुआ। **लुक्रटियश** एक प्रसिद्ध दार्शनिक था। उसे धर्म एवं आत्मा में विश्वास नहीं था। उसे आरामवाली जिन्दगी भी पसन्द नहीं थी। पवित्र हृदय का वह समर्थक था। उसका मानना था कि विकास के मार्ग में धर्म एक रोड़ा है। दूसरा प्रसिद्ध दार्शनिक **शीशरो** था। उसका विचार था कि मनुष्य को कष्ट और दुःख दूर करने का हमेशा प्रयत्न करना चाहिए। तर्क द्वारा जो साबित किया जा सके उसे ही वह सच मानता। तीसरा दार्शनिक **मार्करा आरिलियम** था, जिसके द्वारा लिखित पुस्तक *मेडिटेशन* विश्वप्रसिद्ध है। **सेनेका** नामक रोमन विद्वान का यह मत था कि बिना ईश्वर की इच्छा के एक पत्ता भी नहीं हिल सकता।

साहित्य के क्षेत्र में रोम का विकास विश्व स्तर पर महत्त्वपूर्ण है। होरेस, वर्जिल आदि महान कवियों का जन्म यहीं हुआ था। रोम का सबसे प्रसिद्ध इतिहासकार **टाइसिटस** था।

भवन को बनाने के लिए **कंक्रीट** का प्रयोग सर्वप्रथम रोम ने ही किया। ईंटों और पत्थर के टुकड़ों को एक साथ मिलाकर कंक्रीट बनाते और उससे भवन बनाने का काम करते थे। भवन निर्माण कला में उन्होंने डाट और गुम्बद बनाकर दो महत्त्वपूर्ण सुधार किए। नहर बनाने में डाटों का प्रयोग किया जाता था। औंधे कटोरे के समान भवन की जो छत होती थी उसे ही **गुम्बद** कहते थे। पहली शताब्दी ईस्वी के उत्तरार्द्ध में ग्लेडियेटर दंगलों के लिए एक विराट **एंफीथिएटर-कोलोसियस** का निर्माण किया गया। उसमें एक साथ 50 हजार दर्शक बैठ सकते थे।

रोम की **इंजीनियरिंग कला** का उत्तम उदाहरण उसकी जल व्यवस्था, स्नानागार और सड़क हैं। रोम तथा अन्य नगरों के निवासियों को पानी देने के लिए पाइप की व्यवस्था की गई जिनके द्वारा पहाड़ी झरनों से ढालों पर होकर शहरों में पानी लाया जाता था।

मूर्तिकला के क्षेत्र में रोम के कलाकार यूनान के समान केवल शरीर की बनावट पर ही ध्यान नहीं देते, बल्कि मनुष्यों के चरित्रों को भी व्यक्त करने का प्रयत्न करते थे। यहाँ के कलाकार अधिकतर मूर्तियाँ सम्राटों के बनाते थे जो शक्ति का प्रतीक था और उन मूर्तियों को नगरों के चौराहों पर स्थापित किया जाता था। दीवालों पर चित्र बनाए जाते थे जो कला के विकास में रोम का यह महत्त्वपूर्ण कदम था। सबसे पहले रोम में ही **गरीब रोगियों को मुफ्त में दवा** देने का प्रबन्ध किया गया। **रक्त-संचरण** प्रणाली की जानकारी सर्वप्रथम यहीं हुई। सेना द्वारा निर्मित **पंचांग** (कैलेंडर) थोड़ा-बहुत परिवर्तित रूप में आज विश्व के अनेक देशों में प्रयोग किया जाता है। **पंचांग** रोमनों की देन नहीं है, लेकिन पंचांग में नए तरीकों का प्रयोग करने का श्रेय रोम को ही है। आज भी अंग्रेजी महीना रोमनों के नाम पर लिये जाते हैं। जूलियस सीजर के नाम पर जुलाई, और अगस्टस के नाम अगस्त महीना का नाम पड़ा। सितम्बर, अक्टूबर, नवम्बर, दिसम्बर का नामकरण लैटिन भाषा के उन शब्दों के आधार पर हुआ जिनका अर्थ नौवाँ, दसवाँ, ग्यारहवाँ और बारहवाँ होता है। विश्व में आज हम जितने गिरजाघर देखते हैं, उनमें खुले तौर पर पूजा करने का अधिकार रोमन साम्राट कांस्टेंटाइन ने ही चौथी सदी में दिया था।

इतिहास में A.D.[1], B.C.[2] का प्रयोग होता है। इसका सम्बन्ध ईसा मसीह के बाद और ईसा मसीह के पहले से है। ईसा मसीह रोम के ही थे। अंग्रेजी शब्द family अर्थात् परिवार लैटिन शब्द फैमिलिया से बना है जिसका प्रयोग सर्वप्रथम रोम में हुआ।

विटो (मना करता हूँ), रिपब्लिक, फोरम आदि शब्द लैटिन से बने हैं। 395 में रोमन सम्राट के बेटों ने साम्राज्य को आपस में विभाजित कर दिया। अब दो साम्राज्य बन गए—पूर्वी और पश्चिमी।

पश्चिम रोमन साम्राज्य का पतन उत्पीड़ितों के विद्रोह और बर्बर के हमलों के कारण हुआ था। उसके पतन के साथ पश्चिमी यूरोप में दास प्रथात्मक व्यवस्था पूरी तरह ढह गई। इसलिए पश्चिमी रोमन साम्राज्य के पतन को वह घटना माना जाता है, जिसके साथ प्राचीन विश्व का इतिहास समाप्त हो गया।

28.11 विज्ञान

लंबे 8 सौ वर्षों के बाधाहीन राजनीतिक प्राधान्य का सुअवसर प्राप्त होने पर भी, रोमन साम्राज्य की विस्तीर्ण भूमि में कहीं भी विज्ञान का अंकुर नहीं जम सका। नए अंकुर जमने की बात तो दूर रही, आयोनी विज्ञान का जो बीज अलेग्जेंड्रिया, एशिया माइनर, दक्षिण इटली तथा दक्षिण फ्रांस के विभिन्न स्थानों में अंकुरित होकर एक विराट वृक्ष में परिणत हुआ था, उसे जीवित रखना सभी रोमनों के लिए संभव नहीं हो सका। रोमनों में प्लेटो या अरस्तू की तरह के दार्शनिक और वैज्ञानिक, ऐरिस्टार्वफस और हिपार्वफस की भाँति ज्योतिर्विद्, युक्लिड, एपोलोनियस और आर्किमिडीज की तरह ज्यामिति-विशारद् और गणितज्ञ या हिप्पोक्रेट्स की भाँति चिकित्सा-वैज्ञानिक के समकक्ष या कम से कम अंशतः तुलनीय वैज्ञानिक की खोज की चेष्टा व्यर्थ होगी। रोमन साम्राज्य की प्रधानता के समय में जिन थोड़े से वैज्ञानिकों ने भूमध्यसागरीय प्रदेश में विज्ञान का दीप प्रज्ज्वलित रखा था, वे सभी ग्रीक थे। टॉलेमी, डायोपैंफटस, पैपस, गैलेन ये सभी ग्रीक-वंशज थे। बुझने के पहले दीया जिस प्रकार अंतिम बार दीप्ति के साथ भभक उठता है, ग्रीक विज्ञान के इतिहास में दूसरी शती के दौरान में टॉलेमी और गैलेन जैसे वैज्ञानिकों का आविर्भाव बहुत कुछ उसी प्रकार का है।

रोमन विज्ञान की यह दरिद्रता केवल सैद्धांतिक विज्ञान के क्षेत्र में ही व्याप्त थी। व्यावहारिक विज्ञान में रोमन इतने दीन नहीं थे। विज्ञान के जिन विभागों की तनिक भी व्यावहारिक उपयोगिता है, उन विभागों ने रोमनों की दृष्टि आकर्षित की थी। गणित और ज्योतिष के प्रति यदि वे उदासीन रहे, तो बल-विज्ञान और यंत्र-विद्या में वे पूरी तरह तत्पर थे। स्थापत्य तथा सार्वजनिक निर्माण में उनका सर्वोच्च स्थान था। वनस्पति विज्ञान और भेषजों के सम्बन्ध में उन्होंने उत्साह दिखाया। वास्तुकला और सार्वजनिक निर्माण में विट्रुवियस (Vitruvius) और फ्रांटिनस की प्रतिभा प्रथम श्रेणी की थी। वनस्पति तथा भेषज विज्ञान में डिओस्कोरिडिस चाहे थिओफ्रेस्टस के समकक्ष न रहे हों, परन्तु प्राचीन काल के वनस्पति-वैज्ञानिकों और भेषज-विशारदों में थिओफ्रेस्टस के बाद ही उनका स्थान था। जीव-विज्ञान और चिकित्सा-विज्ञान का सैद्धांतिक पक्ष भले ही उन्हें न भाया हो, परन्तु अस्पताल, सेवाश्रम, सेना की चिकित्सा-व्यवस्था में आमूल परिवर्तन और जन-स्वास्थ्य के विषयों में प्राचीन सभ्य जातियों में रोमन अग्रणी थे। चार्ल्स सिंगर ने लिखा है :

"सामान्य रूप से हम कह सकते हैं कि रोमन-विज्ञान का सर्वश्रेष्ठ रूप प्रकृति-अध्ययन में देखने को मिलता है। विज्ञान के किसी भी क्षेत्र में रोमनों की सफलता या विफलता मोटे तौर पर इस बात से मापी जा सकती है कि यह क्षेत्र विज्ञान की उपर्युक्त दोनों श्रेणियों में से किसवेफ निकट है।"[3]

परन्तु जिस प्रतिभा को विज्ञान में विकसित होने का सुयोग नहीं मिला, उसी प्रतिभा का अनोखा विकास हुआ वाग्मिता, साहित्य-इतिहास-रचना, विधि-निर्माण, राष्ट्र-संचालन, स्थापत्य और कला में। सिसरो, बर्जिल और टैसिटस किसी भी राष्ट्र के लिए गौरवस्वरूप हैं। इस साहित्य, इतिहास, स्थापत्य और शिल्पकला की सृष्टि के लिए रोमन अवश्य ही ग्रीकों के विशेष रूप से ऋणी हैं। पिछड़ी हुई जाति को ज्ञान-विज्ञान में उन्नत जाति से शिक्षा लेनी पड़ती है। ग्रीक विज्ञान की उत्पत्ति भी मुख्यतः प्राचीन बेबीलोनी और मिस्री विज्ञान से हुई।

रोमनों ने भी ग्रीकों से शिक्षा ग्रहण करने में कोई आपत्ति नहीं की। 168 ई. में पिड्ना-युद्ध के बाद जब अनेक शिक्षित और संभ्रांत ग्रीक अपना पोथी-पत्रा लेकर, स्थायी तौर पर बसने के लिए रोम आ पहुँचे, तो रोमनों ने आदर के साथ उनका स्वागत ही किया था। संगठन-क्षमता, संघ शक्ति और अधिक उन्नत सामरिक नेतृत्व के कारण रोमनों ने दो सौ वर्षों के भीतर पहले बृहत्तर ग्रीक जगत् (Magna grecia), फिर ग्रीस के मूल भू-खंड और अंत में आयोनिया पर राजनीतिक आधिपत्य का विस्तार अवश्य कर लिया था, परन्तु उस समय भी संपूर्ण रोमन साम्राज्य में दर्शन, विज्ञान, वास्तुकला और शिल्प में ग्रीकों का ही एकाधिकार था। रोमनों का न तो अपना साहित्य था, न दर्शन, न विज्ञान–यहाँ तक कि ज्ञान-विज्ञान प्रकाशित करने के उपयुक्त भाषा भी नहीं थी। रोमनों को अपनी इस सांस्कृतिक दुर्बलता को समझने में देर नहीं लगी। ग्रीक राज्य पर विजय प्राप्त करने के साथ ही उन्होंने ग्रीक सभ्यता को जीतने का भी दृढ़ संकल्प कर लिया । ग्रीकों से उनकी राजनीतिक स्वतंत्रता छीनकर उन्हीं के साहित्य, दर्शन और विज्ञान के सामने सिर झुकाना एक स्वाभिमानी जाति के लिए लज्जा-जनक था। इस लज्जा से छुटकारा पाने के लिए कम से कम साहित्य, कला, इतिहास और स्थापत्य में अपनी श्रेष्ठता स्थापित करने की चेष्टा में रोमनों ने कुछ उठा नहीं रखा। इस प्रयास की आरंभिक अवस्था में ग्रीकों का अनुकरण करने पर भी उन्होंने बहुत-कुछ नया सृजन भी किया।

भाषा की उन्नति और समृद्धि हुए बिना, दर्शन या विज्ञान या अन्य किसी विषय में उन्नति करना संभव नहीं और व्याकरण का मान निर्धारण न होने तक भाषा की उन्नति और समृद्धि में बाधाओं की आशंका बनी रहती है। इसलिए रोमनों ने पहले व्याकरण का निर्माण किया। लुसियस स्टिलो से लेकर भारो, डोनाटस और प्रिसियन जैसे विश्वविख्यात वैयाकरण, चिर काल के लिए पृथ्वी की एक अन्यतम श्रेष्ठ भाषा की नींव डाल गए हैं। डोनाइटस की गवेषणा को इतनी प्रतिष्ठा और प्रसिद्धि प्राप्त हुई कि मध्ययुगीन यूरोप में व्याकरण का नाम ही पड़ गया था डोनाटॉ। प्रिसियन–रचित 18 खंडों का *इंसटिट्यूशिओनस ग्रामेटिके* (Institutiones Grammaticae) लैटिन व्याकरण का श्रेष्ठतम ग्रंथ है। पाणिनि के व्याकरण को छोड़कर इसके जैसा कोई और व्याकरण, प्राचीन काल में, कहीं लिखा ही नहीं गया। मध्य युग में प्रायः प्रत्येक पुस्तकालय में *इंसटिट्यूशिओनस ग्रामेटिके* की एक प्रति मिल जाया करती थी। इस समय इस ग्रंथ की लगभग एक हजार प्रतियाँ विभिन्न ग्रंथागारों में सुरक्षित हैं।[4]

सिसरो, वर्जिल और टैसिटस ने प्लेटो, हेसियड और हेरोडोटस जैसे ग्रीक लेखकों की पद्धति का हूबहू अनुकरण किया है, यह बात ठीक है और ऊपरी तौर पर, सिसरो और वर्जिल का साहित्य अथवा टैसिटस का इतिहास, इन विषयों में पूर्ववर्ती ग्रीक मनीषियों की चेष्टा की पुनरावृत्ति जान पड़ेगा, फिर भी इन दोनों साहित्यों की अंतर्वस्तु या इतिहास सम्बन्धी दृष्टिकोण एक नहीं हैं। रोमन लेखकों की रचना में एक नए साहित्य और नई सभ्यता का संकेत स्पष्ट है। साहित्य के क्षेत्र में उनकी यह नई सृष्टि है।

ग्रीक लोग साहित्य, कला और स्थापत्य के साथ ही अपने विज्ञान और दर्शन भी रोम लाए थे। ईसापूर्व छठी और पाँचवीं शतियों से ही दक्षिण इटली, सिसली और दक्षिण फ्रांस के ग्रीक उपनिवेशों में दर्शन और विज्ञान की पर्याप्त चर्चा और आदर था। दीर्घ काल तक इस प्रकार ग्रीकों के निकट और उनके संपर्क में रहने पर भी उनके दर्शन और विज्ञान को

अपने अधिकार में लाने की पूरी सुविधा होते हुए भी रोमन विज्ञान की इस दीनता और दुर्दशा का कारण क्या है? कुछ लोग कहते हैं कि निरतंर युद्ध-विग्रह में लिप्त रहने और साम्राज्य गठन तथा संरक्षण के कार्य में लगे रहने के कारण विज्ञान में मनोनिवेश करने का उन्हें अवकाश नहीं प्राप्त हुआ।[5] परन्तु युद्ध-विग्रह और साम्राज्य-गठन के बावजूद रोमन जाति ने साहित्य-सृजन किया, इतिहास लिखा और वृहद् विश्वकोश का निर्माण किया।

फिलिप और अलेग्जेंडर (सिकन्दर) के अभ्युत्थान से जब छोटे-छोटे ग्रीक राष्ट्र पराधीन हुए, तब ज्ञान-विज्ञान और दर्शन में स्वतंत्र चिंतन की उनकी क्षमता और उनकी सृजन-शक्ति का धीरे-धीरे लोप हो गया। अलेग्जेंड्रियाई विज्ञान की प्रगति अनेकांश में टोलेमियों की राज्य-स्थापना की बदौलत ही संभव हुई। रोम के विशाल साम्राज्य और ऐश्वर्य के दिनों में भी विज्ञान की यह दीनता देखकर प्लिनी को विशेष आश्चर्य हुआ था और अपने एक ग्रंथ में एक स्थान पर उन्होंने इस पर आपेक्ष भी किया था। इस विषय में प्लिनी की टिप्पणी की समालोचना के प्रसंग में थॉर्नडाइक ने लिखा है :

"वे (प्लिनी) अपने ग्रंथ (*Historia Naturalis*, 11.46) के एक स्थान में अतीत के उस समय की ओर, जब कि राजनीतिक क्षेत्र में ग्रीकों में परस्पर फूट और संघर्ष था और युद्ध तथा जल-दस्युओं के कारण विभिन्न भू-भागों के बीच संचार-व्यवस्था अवरुद्ध थी, अनुतप्त दृष्टि डालते हुए कहते हैं कि उस समय भी विज्ञान के प्रति व्यापक दिलचस्पी थी और अब, जबकि सारे रोमन साम्राज्य में शांति विराजमान है, न केवल कोई नई वैज्ञानिक खोज नहीं होती, बल्कि लोग प्राचीन मनीषियों की कृतियों का गहन अध्ययन तक नहीं करते और ज्ञान-लाभ के स्थान पर अर्थ-लाभ के लिए कृतसंकल्प हैं।[6]

विज्ञान के प्रति विमुख होने का प्रधान कारण रोमनों के राष्ट्रीय चरित्र में अंतर्निहित है। पूर्णतः व्यावहारिक दृष्टिकोण इस चरित्र की विशेषता है। भावात्मकता और कल्पना इस चरित्र के अंग नहीं हैं। इसलिए केवल विज्ञान ही नहीं, विज्ञान जिस दर्शन का एक छोटा-सा विभाग-मात्र है, वह दर्शन भी रोमनों के चित्त गहराई से आंदोलित नहीं कर सका। रोमनों के लिए दर्शन था वागाडंबर, निःसार तर्क, अनावश्यक शब्द-जाल। तत्त्वीय विज्ञान में भावात्मकता का स्थान है, युक्ति-तर्क यहाँ अपरिहार्य हैं। गणित और ज्यामिति इस प्रकार के विश्लेषणात्मक मनोभाव से उत्पन्न हैं। प्रकृति और ब्रह्मांड के बहुविध दुर्ज्ञेय व्यवहारों का एक सुसम्बद्ध चित्र मानस-पट पर अंकित करना और सिद्धान्त तथा परिकल्पना की रचना द्वारा इसे समझने की चेष्टा करना, भावात्मक और विश्लेषणात्मक मनोवृत्ति के बिना संभव नहीं। इस प्रकार की मनोवृत्ति का अभाव ही तत्त्वीय विज्ञान का रस ग्रहण करने में रोमनों की अक्षमता का मुख्य कारण था।

ये दो तरह के दृष्टिकोण और मनोवृत्तियाँ चित्रांकन और स्थापत्य को कितने गहन रूप में प्रभावित करती हैं, ग्रीक और रोमन शिल्प-कला इसके दृष्टांत हैं। ग्रीक शिल्पी ने मनुष्य-मूर्ति का निर्माण किया है, उसके पशु-पक्षी भी मानो इस पृथ्वी के जीव नहीं हैं। ये चित्र या मूर्तियाँ सर्वथा सुंदर, त्रुटिहीन एक-एक भाव की प्रतिमूर्ति हैं। दूसरी ओर यथार्थवादी रोमन शिल्पी द्वारा अंकित मनुष्य, पशु-पक्षी या पेड़-पौधे, भला-बुरा, दोष-गुण सब मिले हुए नितांत स्वाभाविक और इसी पृथ्वी के हैं। सहज दृष्टि से, प्राकृतिक वातावरण में वस्तु, प्राणी और वनस्पति

को जिसने जिस प्रकार देखा, हू-ब-हू उसी प्रकार से उसे रूपान्वित करना रोमन शिल्पियों का आदर्श था। वियना में पत्थर पर खोदे गए एक भेड़ तथा दूध पीते हुए उसके बच्चे के चित्र में और पांपिआई में प्राप्त चाँदी के एक पात्र के ऊपर बेलबूटों के निर्दोष तथा कलात्मक कार्य में रोमनों का स्वाभाविक, वास्तविकतावादी दृष्टिकोण प्रस्फुटित है।

28.12 स्टोइक और एपिक्युरीय दर्शन : लुक्रेटियस

प्लेटो और अरस्तू के आदर्शवाद और अध्यात्मवाद का रोमनों पर साधारण रूप से कोई प्रभाव नहीं पड़ा, परन्तु ग्रीक दार्शनिक धाराओं ने रोमनों के व्यावहारिक मानस को थोड़ा-बहुत आकृष्ट किया था। हम एपिक्युरीय (Epicurean) और स्टोइक (Stoic) दर्शन की बात कह रहे हैं। अरस्तू की मृत्यु के बाद ग्रीक-विचार-जगत् में जो अनेक प्रकार के द्वंद्व, संशय और अनिश्चितताएँ दिखाई दीं, उसी संशय और अनिश्चितता के बीच इन दोनों की उत्पत्ति हुई। स्टोइक दर्शन के प्रवर्तक जेनो के पूर्वज फिनिशियन थे। साइप्रस द्वीप में उसका जन्म हुआ और एथेंस में अपने दार्शनिक सिद्धान्तों के प्रचार के लिए, ई.पू. 311 में उन्होंने एक **विद्यापीठ** की स्थापना की। एपिक्युरीय दर्शन के प्रवर्तक एपिक्युरस (Epicurus), आयोनी ग्रीकों के विख्यात उपनिवेश, सामोस् द्वीप के निवासी थे। ये दोनों दर्शन नितांत वास्तविकतावादी हैं। मनुष्य को दुःख, दुर्दशा, अशांति और प्रतिकूल अवस्थाओं में जीवन बिताना पड़ता है। उसे किस प्रकार सुख-शांति मिले, इसका मार्ग-निर्देश करना ही स्टोइक और एपिक्युरिक दर्शनों का मूल उद्‌देश्य है। दोनों दर्शनों में अलौकिकता का, उसके किसी भी रूप में, स्थान नहीं है। इस दर्शन में ईश्वर को स्थान मिलने पर भी, मनुष्य और प्रकृति पर उनका प्रभाव सीमित है। वे मनुष्य के भाग्य या उसके समाज का नियंत्रण नहीं करते, मनुष्य की सम्पत्ति की रखवाली भी नहीं करते और कोई विपथगामी और नीति-भ्रष्ट हो तो उस पर प्रहार भी नहीं करते। विश्व-ब्रह्मांड स्वयं अपने नियमों से ही बना है और चलता भी है प्राकृतिक नियमों पर। एपिक्युरिक दर्शन पर परमाणुवादियों का विशेष प्रभाव पड़ा है। एपिक्युरस ने डिमोक्रिटस और ल्युसिप्पस की रचनाओं का अध्ययन किया था और परमाणुवादियों के वास्तविकतावादी दृष्टिकोण से आकृष्ट होकर, उनके द्वारा प्रस्तावित वस्तु और ब्रह्मांड की व्याख्या को प्रायः ज्यों-का-त्यों ग्रहण भी कर लिया था।

स्टोइक और एपिक्युरियों का वास्तविकतावादी दर्शन समयोपयोगी सिद्ध हुआ था और इसी कारण कर्मवीर रोमनों पर इन दोनों का थोड़ा-बहुत प्रभाव पड़ा। पोसिडोनियस और मार्कस् ऑरेलियस जैसे वैज्ञानिकों और लेखकों की बदौलत रोमन विद्वत्-समाज में स्टोइक दर्शन का प्रचार हुआ। इस प्रकार के प्रचार-कार्य में एपिक्युरसवादी, स्टोइकों की तरह सफल नहीं हो सके थे, परन्तु उन्हीं में से सर्वश्रेष्ठ रोमन कवि तथा दार्शनिक ल्युक्रेटियस का उद्‌भव हुआ। सुललित कविताओं के माध्यम से, उन्होंने एपिक्युरीय दर्शन की व्याख्या करने के साथ ही, डिमोक्रेटिस के प्रायः विस्मृत अणु-सिद्धान्त का पुनरुद्धार कर, उसका प्रचार भी किया। एपिक्युरीय दर्शन और आणविक सिद्धान्त की व्याख्या, उनके ग्रंथ *डि-रिरम नादुरा* (*De rerum natura*) में लिपिबद्ध है।

डि रिरम नादुरा की प्रत्येक पंक्ति में महाकवि और दार्शनिक का अपूर्व पांडित्य-मंडित,

उदार चरित्र परिस्फुट है। इस महाकाव्य के पाठ से लगता है कि इसके रचयिता का ज्ञान केवल एपिक्युरस की रचनाओं तक सीमित नहीं था। आयोनी दार्शनिकों से लेकर अपने से पहले तक के प्रायः प्रत्येक विशिष्ट दार्शनिक रचनाओं से उनका घनिष्ठ परिचय था। हेराक्लिटस्, ऐनाक्सागोरस, ल्युसिप्पस तथा डिमोक्रिटस, हिपोक्रेटिस और एंपिडॉक्लेस जैसे दार्शनिकों और वैज्ञानिकों की कोई ऐसी रचना नहीं है, जिसका उन्होंने अध्ययन न किया हो। प्लेटो और अरस्तू के दर्शन से भी वे भली-भाँति परिचित थे और अनेक स्थानों में उनके सिद्धान्तों की उन्होंने तीखी आलोचना भी की है। ल्युक्रेटिस् ने स्वयं अपने किसी मौलिक दार्शनिक मत का प्रचार नहीं किया और उनकी विषयवस्तु मुख्यतः डिमोक्रिटस और एपिक्युरस की रचनाओं से संगृहीत है। फिर भी ग्रीकों के विशाल और कठिन दर्शन-शास्त्र का सम्यक् ज्ञान प्राप्त कर, उस ज्ञान को जनसाधारण के समझने योग्य अति सुंदर और सुललित भाषा के प्रकट करने के कार्य में उन्होंने जिस अद्भुत योग्यता का परिचय दिया है, वह रोमन अध्यवसाय और प्रतिभा का एक और उज्ज्वल दृष्टांत है।

डि रिरम नाटुरा के 6 खंड अभी तक सुरक्षित हैं। संभवतः कवि अपना महाकाव्य समाप्त नहीं कर पाए थे। इस महाकाव्य की रचना उनके समग्र जीवन का एकमात्र व्रत था और इसे वे पूरा नहीं कर सके। यह विफलता, उनके जीवन का अंतिम अवस्था में उन्हें बहुत चुभती थी। इस विषय में पैफरिंटन ने टिप्पणी की है, 'ऐसा लगता है कि बकस की भाँति लुक्रेटियस् ने भी 'मेरी पुस्तक, मेरी पुस्तक', इन शब्दों के साथ ही प्राण-त्याग किया होगा'।

ग्रंथ के पहले दो खंडों में परमाणु-तत्त्व की चर्चा है। परमाणुओं की सहायता से ब्रह्मांड के स्वरूप और प्रकृति की व्याख्या किस प्रकार की जा सकती है, लुक्रेटियस ने यह समझाने की चेष्टा की है। तीसरे खंड की विषय-वस्तु है आत्मा का स्वरूप और प्रकृति तथा आत्मा के साथ शरीर का संपर्क। आत्मा नितांत पार्थिव है और शरीर के साथ ही इसकी मृत्यु भी अनिवार्य है, इस मत की उन्होंने व्याख्या की है। इंद्रियों द्वारा शरीर में होनेवाले विभिन्न अनुभवों और जीव-विज्ञान सम्बन्धी कुछ बातों की चर्चा चौथे खंड में की गई है। पाँचवें खंड के आलोच्य विषय हैं—पृथ्वी, उसका इतिहास तथा उसकी गठन की विशेषताएँ, ज्योतिष, नैसर्गिक वस्तुओं की प्रकृति और गति, पृथ्वी में जीव का आविर्भाव, सभ्यता का विकास इत्यादि। विज्ञान के इतिहास में *डि रिरम नाटुरा* का यह पाँचवाँ खंड विशेष महत्त्वपूर्ण है। छठे खंड में वायुमंडल और भू-विज्ञान सम्बन्धी अनेक प्रकार के तथ्यों और पर्यवेक्षणों के परिणाम लिपिबद्ध किए गए हैं। पोलोपोनेशियाई युद्ध के सगय एथेंस में प्लेग की महामारी व्यापक रूप से फैल गई थी; इस खंड में उसका भी विवरण है। इतने विविध विषयों की अवधारणा और चर्चा के कारण यह ग्रंथ वास्तव में एक विराट विश्वकोश के समान है। विभिन्न विषयों और तथ्यों की चर्चा में उन्होंने बराबर एक ही सिद्धान्त, विचारधारा और दृष्टिकोण बनाए रखा है। एपिक्युरीय दर्शन के प्रचार और प्रतिष्ठा के जिस महान उद्देश्य को लेकर वे इस महाकाव्य की रचना में प्रवृत्त हुए थे, विभिन्न तथा ऊपरी तौर से असंलग्न, विषयों की अवधारणा के बावजूद उस केन्द्रीय उद्देश्य से वे तनिक भी विचलित नहीं हुए।

28.13 आणविक सिद्धान्त

विज्ञान के विद्यार्थियों के लिए लुक्रेटियस विशेषतः आणविक सिद्धान्त की व्याख्या के लिए प्रसिद्ध हैं। अणु-सिद्धान्त के आधार पर, उन्होंने न केवल वस्तु की गठन बल्कि विश्व-ब्रह्मांड-सम्बन्धी, पार्थिव-अपार्थिव नाना रहस्यों के उद्घाटन का प्रयास किया है। अणु-परमाणुओं के अविराम संघर्ष तथा क्रिया और प्रतिक्रिया के फलस्वरूप ब्रह्मांड अपरिवर्तनीय और असीम है। वस्तु और शून्यता को मिलाकर ब्रह्मांड का निर्माण हुआ है। वस्तु के अस्तित्व का हम अनुभव कर सकते हैं; वस्तु की गति, उसका आपेक्षिक भारीपन या हल्कापन आदि उसके बाहरी गुणों की जानकारी के लिए शून्यता का अस्तित्व अपरिहार्य है । वस्तुओं की गति अविराम है और उनके निरंतर पारस्परिक संघर्ष के परिणामस्वरूप तथाकथित ठोस पदार्थ की उत्पत्ति होती है। आत्मा के सम्बन्ध में लुक्रेटियस ने कहा कि वह धारणातीत, अति-सूक्ष्म परमाणुओं द्वारा गठित है। आत्मा सारे शरीर में व्याप्त रहती है, शरीर को छोड़कर उसका अस्तित्व असंभव है। मृत्यु के साथ ही आत्मा पुनः प्राथमिक परमाणुओं में विभक्त होकर विलीन हो जाती है। देवताओं के सम्बन्ध में एपिक्युरियों की धारणा का उल्लेख करते हुए उन्होंने कहा है कि देवता भी अति सूक्ष्म परमाणुओं द्वारा गठित हैं। वे स्वतंत्र रूप से जीवन व्यतीत करते हैं, मनुष्यों की भाँति ही नश्वर हैं और मनुष्यों के किसी मामले में हस्तक्षेप नहीं करते, इत्यादि।[7]

ऊपरी तौर पर प्राचीन ग्रीक अणु-तत्त्व से आधुनिक सिद्धान्त का बहुत मेल दिखाई पड़ने के बावजूद आधुनिक अणु-सिद्धान्त जिस प्रकार रासायनिक परीक्षण और पर्यवेक्षण की दृढ़ बुनियाद पर प्रतिष्ठित है, डिमोक्रिटस प्रवर्तित आणविक तत्त्व की उस प्रकार की बुनियाद नहीं है। परमाणुओं के संयोग से किस प्रकार अणु का उद्भव होता है और परमाणुओं की परस्पर क्रिया-प्रतिक्रिया के फलस्वरूप किस प्रकार बहुविध रासायनिक प्रक्रियाएँ घटित होती हैं, इस सम्बन्ध में जॉन डाल्टन के पहले किसी की कोई धारणा नहीं थी । एक और बात यह है कि आधुनिक आणविक सिद्धान्त के उद्भावन में ग्रीक अणु-तत्त्व के प्रधान धारक और वाहक, एपिक्युरीय दर्शन ने विज्ञान की उन्नति और प्रगति पर कोई विशेष प्रभाव डाला हो, इतिहास के परिप्रेक्ष्य में विचार करने पर, ऐसा नहीं जान पड़ता। मध्ययुग में, यहाँ तक कि डाल्टन (1766-1844) (डाल्टन एक अंग्रेज रसायनविद्, भौतिकशास्त्री और मौसम विज्ञानी था।) के पहले तक 18वीं शती में, अणु-तत्त्व पर परदा पड़ा हुआ था। बीच-बीच में अवश्य ही दो-एक वैज्ञानिकों या दार्शनिकों को अणु-तत्त्व के पक्ष में लिखते और तत्सम्बन्धी मत का पोषण करते देखा जाता है। मिसाल के तौर पर मुस्लिम दार्शनिक आवेरस (1126-18) (Averroes का पूरा नाम अबुअल-वालिद इब्न रूश्द था। वह स्पेन का महत्त्वपूर्ण इस्लामिक दार्शनिक था।) और यहूदी दार्शनिक माइमोनिडस (1135-1204) (स्पेन में जन्मा Moses Maimouides was a Jewish philosopher, Hebrew scholar and physician.) आणविक तत्त्व में विश्वास रखते थे। 1418 ई. में पोग्गिओ ने मध्य युग के विस्मरण के अंधकार से लुक्रेटियस के आणविक तत्त्व का उद्धार और उसका प्रचार किया और अनेक व्यक्तियों का यह मत है कि उनकी चेष्टा के फलस्वरूप ही पुनर्जागरण-काल में लुक्रेटियस का विशेष प्रभाव पड़ा[8]। परन्तु, मध्य युग के इन दार्शनिकों की छिटपुट समालोचनाओं ने आधुनिक आणविक

सिद्धान्त की नींव डालने में उल्लेखनीय सहायता प्रदान की हो, ऐसा बिलकुल नहीं जान पड़ता। वास्तव में डाल्टन ने अपने रासायनिक परीक्षणों तथा गवेषणाओं द्वारा, स्वतंत्र रूप से ही, आणविक मतवाद की पुनः प्रतिष्ठा की। उनकी इस गवेषणा और परिकल्पना-रचना पर डिमोक्रिटस या लुक्रेटियस का कोई प्रत्यक्ष प्रभाव दिखाई नहीं पड़ता।

28.14 गणित और ज्योतिष

रोमनों की गणित सम्बन्धी गवेषणा का विवरण देते हुए फ्लोरियन कैजरी ने यह टिप्पणी की है :

'ग्रीक और रोमन मानसों का प्रभेद इतना स्पष्ट और कहीं नहीं दिखाई देता, जितना गणित के प्रति उनके दृष्टिकोणों में। ग्रीक प्रभाव का काल गणित के फलने-फूलने का काल था, जब कि रोमन-युग गणित के बंध्यापन का। दर्शन, काव्य और कला में रोमन अनुकरणकारी थे। लेकिन गणित में अनुकरणवृत्ति भी वे नहीं अपना सके। ग्रीक प्रतिभा के गणितीय फल उनके सामने अनास्वादित ही पड़े रहे।'[9]

गणितीय गवेषणा के प्रति रोमनों की यह वितृष्णा और विमुखता ग्रीक और रोमन मनोवृत्तियों तथा दृष्टिकोणों के मौलिक भेद को स्पष्ट कर देती है। युक्लिड-ऐपोलोनियस-आर्किमिडीज की ज्यामिति, अथवा पाइथागोरस के अंकगणित अथवा युडॉक्सस-ऐरिस्टार्कस-हिपार्कस के ज्योतिष का रस ग्रहण करने में रोमन सदा असमर्थ रहे। अकेले बोएथियस के सिवा और किसी रोमन गणितज्ञ का नाम उल्लेख योग्य नहीं है। ये बोएथियस भी वृक्ष-रहित देश में एरंड की भाँति हैं। युक्लिड, ऐपोलोनियस, आर्किमिडीज जैसों से उनकी तुलना नहीं की जा सकती। इसलिए इतिहासकारों ने रोमन युग को गणितीय गवेषणा के बंध्यापन का युग कहा है।

परन्तु रोमन-प्राधान्य के काल में साम्राज्य में कहीं भी गणित की चर्चा हुई ही न हो, ऐसी बात नहीं है। ग्रीक गणित का मध्याह्न ऐपोलोनियस और आर्किमिडीज के साथ ही ढल जाने पर भी सूर्य तब तक अस्त नहीं हुआ था। ज्योतिष में पोसिडोनियस्, जेमिनस तथा क्लॉडियस टॉलेमी, अंकगणित में निकोमेकस, थिओन ऑफ स्मर्ना तथा आयांब्लिकस, बीजगणित में डायोफैंटस और ज्यामिति में पैपस, थिओन ऑफ अलेग्जेंड्रिया और हाइपेसिया जैसे ज्योतिर्विदों और गणितज्ञों ने रोमन साम्राज्य के एक छोर पर अलेग्जेंड्रिया में रहते हुए प्रायः 5 सौ वर्षों तक ज्योतिष और गणित की चर्चा जारी रखी। ज्योतिष और गणित की यह चर्चा रोमनों के राजनीतिक प्राधान्य के काल में होने पर भी पूर्णतः ग्रीक चर्चा थी।

28.15 रोमनों का अपना गणित

रोमनों को, बहुत प्राचीन काल से ही, संख्या-लेखन और व्यावहारिक ज्यामिति के सम्बन्ध में जो जानकारी थी, वह ज्ञान उन्होंने संभवतः अपने पूर्वजों, टिबे की घाटी के निवासी एट्रूस्कनों से प्राप्त किया होगा। वर्ष-गणना के उद्देश्य से ये एट्रस्कन मिनर्वा के मंदिर की दीवार पर प्रतिवर्ष एक कील गाड़ दिया करते थे; रोमन बहुत दिनों तक इसी प्रथा का अनुसरण करते रहे। रोमन संख्या-लेखन-पद्धति का आरंभ एट्रस्कनों के काल में ही हुआ। इस पद्धति में

घटाने की क्रिया का प्रयोग होता है, यह सभी जानते हैं; जैसे, किसी बृहत्तर संख्या-संकेत के पहले एक और संख्या-संकेत बैठाकर, एक लघुतर संख्या का निर्देश किया जाता है (X = 10; IX = 9)। इस प्रकार की संख्या-लेखन-पद्धति शायद ही किसी और देश में दीख पड़ती है। किसी भी संख्या के ऊपर एक छोटी-सी सरल रेखा खींचकर, उससे हजार-गुनी बड़ी संख्या निर्देशित करने की पद्धति भी रोमनों की एक और विशेषता है।

रोमन आबाकस : साधारण गणना-कार्य में उँगलियों के निशान, आबाकस और पहाड़ा, इन तीन पद्धतियों का व्यवहार रोमनों में चालू था। एक समय आबाकस की गिनती-कार्य में अपरिहार्य सहायक के रूप में की जाती थी और बच्चों के लिए सर्वत्र प्रचलित था। आबाकस की अनेक किस्मों के व्यवहार किए जाने का पता चलता है। आबाकस में इकाई, दहाई, सैकड़ा आदि अंक निर्देशित करने के लिए कुछ समानांतर सरल रेखाओं की पक्तियों में कंकड़ियों या उसी तरह की अन्य वस्तुओं का व्यवहार होता है। गणना-कार्य में व्यवहृत इस प्रकार की कंकड़ियों या पत्थर के छोटे-छोटे टुकड़ों को **कैलकुलि** (Calculi) कहा जाता था। कैलकुलि शब्द से ही **कैल्कुलेशन** (Calculation), **कैल्कुलस** (Calculus- अकलन) आदि यूरोपीय शब्दों की उत्पत्ति हुई है। कभी-कभी जमीन पर धूल या रेत फैलाकर इकाई, दहाई आदि के निर्देशन के लिए चिह्न खींच दिए जाते थे। स्थायी व्यवस्था के लिए धातु की किसी पत्ती पर समानांतर पट्टियाँ बना दी जाती थीं और उन पट्टियों में इस प्रकार के कुछ बटन डाल दिए जाते थे, जिन्हें ऊपर-नीचे सरकाया जा सकता हो।

आबाकस द्वारा गणना की पद्धति इतनी जटिल है कि अभिज्ञ और निपुण गणितज्ञों के सिवा साधारण लोगों के लिए आबाकस का व्यवहार बहुत कठिन था। सिसरो इन गणितज्ञों के लिए कहते थे 'eruditum attigisse pulverem' अर्थात् रेत-गणना के कार्य में निपुण। इसीलिए साधारण लोग व्यावहारिक गणना और हिसाब की सुविधा के लिए गुणा और भाग के पहाड़े कंठस्थ रखते थे।

रोमन कानून में, सम्पत्ति के उत्तराधिकार-सम्बन्धी अनेक प्रकार की गणितीय समस्याओं का उल्लेख है। इन समस्याओं के सम्बन्ध में कानून पेशेवालों को प्रायः न्यायालयों में कठिनाई का सामना करना पड़ता था। एक बार एक मृत व्यक्ति की वसीयत (Will) के अनुसार सम्पत्ति का बँटवारा करते समय एक जटिल गणितीय समस्या आ पड़ी। मृत्यु-शय्या पर वसीयत लिखे जाने के समय उस व्यक्ति की पत्नी को बच्चा होनेवाला था। इसलिए वसीयत में लिखा गया है कि लड़का पैदा होने पर लड़के को सम्पत्ति का 2/6 भाग और पत्नी को 1/3 भाग मिलेगा, परन्तु लड़की पैदा हो तो उसे सम्पत्ति का 1/3 भाग और पत्नी को 2/3 भाग मिलेगा। अब बँटवारा किस तरह हो? विख्यात रोमन विधि-विशेषज्ञ सैल्वियांस जुलियानस ने राय दी कि लड़के को मिलना चाहिए सम्पत्ति का 5/7 भाग, पत्नी को 2/7 और लड़की को 1/7 भाग।

28.16 ज्यामिति

जमीन की नाप-जोख के लिए, रोमन लोग ज्यामिति का व्यवहार करना जानते थे, परन्तु यह ज्यामिति प्रारम्भिक किस्म की थी। एट्रस्कनों के काल से ही रोमनों में इस प्रकार की व्यावहारिक ज्यामिति का प्रचलन था। त्रिभुज का क्षेत्र वे निकाल सकते थे । रोमन-ज्यामिति

पर मिस्त्री-ज्यामिति का प्रभाव बहुत स्पष्ट है। इस प्रभाव का आरम्भ संभवतः जूलियस सीजर के काल से हुआ। सीजर ने मिस्त्री पद्धति से संपूर्ण रोमन साम्राज्य की नाप-जोख करने का एक आदेश जारी किया था। उनके नाम से प्रचलित विख्यात जूलियस-पंचांग की रचना के लिए उन्होंने सोसिजेनिस नाम के एक अलेग्जेंड्रियाई ग्रीक ज्योतिर्विदों को नियुक्त किया था। रोमन व्यावहारिक ज्यामिति में हीरों की ज्यामिति का प्रयोग होता देखा जाता है।

रोमन व्यावहारिक ज्यामिति और अंकगणित नितांत प्राथमिक स्तर के थे, परन्तु रोम ने गणित के इन विभागों को कुछ उन्नत अवश्य किया था और उनका यह कार्य महत्त्वपूर्ण था। ग्रीक गणितज्ञ अंकगणित, व्यावहारिक ज्यामिति आदि गणित के कुछ विभागों को बहुत निकृष्ट श्रेणी का समझते थे। उनकी यह धारणा थी कि गणना का काम केवल दासों के उपयुक्त है। परिणामस्वरूप ग्रीक संख्या-लेखक और गणना-पद्धति जटिल और असुविधाजनक हो गई थी। ग्रीक-पद्धति की तुलना में रोमनों की अंक-लेखन और गणना-पद्धति बहुत सहज और सरल थी।

28.17 क्षेत्रमिति और नाप-जोख उपकरण

पांपियाई के खँडहरों में क्षेत्रमिति और नाप-जोख सम्बन्धी प्राचीन रोमनों द्वारा व्यवहृत जिन औजारों का पता चला है, उनसे इस विद्या में उनकी पारदर्शिता प्रमाणित होती है। इन खँडहरों में, **ग्रोमा** (groma) नाम का एक यंत्र मिला है। नाप-जोख के काम में ग्रोमा के व्यापक व्यवहार के अनेक उल्लेख मिलते हैं। एक लंब कीलक (Pivot) के दो अनुप्रस्थ दंड, एक दूसरे को काटते हुए, एक के ऊपर एक, परस्पर लंब के रूप में अवस्थित हैं। ये दोनों अनुप्रस्थ खंड क्षैतिज समतल (horizontal plane) पर घूम सकते हैं। प्रत्येक दंड के दोनों सिरों पर से एक-एक साहुल-सूत्र (plumb-line) लटकते हैं। रोमन साधारणतया आयताकार नगर, ग्राम या कृषि-क्षेत्र की परिकल्पना करते थे, इसलिए ग्रोमा का व्यापक प्रयोग होता था।

दुर्गम स्थानों की दूरी के निर्णय के लिए होडोमीटर (hodometer) नाम के एक यंत्र का व्यवहार होता था। होडोमीटर की सहायता से सर्वेक्षक नदी की चौड़ाई या अन्य किसी स्थान की दूरी का अनायास निर्णय कर सकता था। विट्रवियस ने इस प्रकार के एक होडोमीटर का वर्णन किया। 'A' पहिए की सहायता से होडोमीटर को जमीन पर चलाया जा सकता था। इस पहिए की धुरी से संलग्न दाँतेदार एक चक्के के साथ एक और दाँतेदार चक्का 'B' इस प्रकार जुड़ा होता कि 'A' धुरीदंड क्षैतिज समतल पर घूमता हो तो 'B' से संलग्न धुरी लंबतः घूमती रहेगी। वास्तव में, अनुप्रस्थ दंड की चक्राकार गति को, लंबतः अवस्थित दंड की चक्राकार गति में परिवर्तित करने का यह एक कौशल मात्र था। C, D, E और F में इस प्रकार के दाँतेदार चक्कों और पेचदार दंडों की सहायता से दिशा की गति को भिन्न दिशा की गति में परिवर्तित करने की व्यवस्था थी। HJ एक खोखली नली है। यह नली इस तरह लगाई गई है कि G चक्के के घूमते समय इसका प्रत्येक छिद्र HJ नली के मुँह पर से होकर जाएगा। अब चक्के के हर छिद्र पर एक-एक करके, नली के भीतर से K पात्र में जमा होती रहेंगी। होडोमीटर के B, C, D, E, F चक्के और उनसे संलग्न दंड इस प्रकार सजाए होते थे कि हर

मील पर एक कंकड़ी K पात्र में जा गिरेगी। इसलिए कंकड़ियों के गिने जाने पर यह पता लग जाएगा कि होडोमीटर कितनी दूर चला।

विषमभुज-तुला (steelyard) पुली, क्रेन आदि अनेक प्रकार के यंत्रों से रोमन भलीभाँति परिचित थे। सर्वेक्षक और स्थापत्य-कलाविद् इन यंत्रों की क्रिया-विधियों को अच्छी तरह जानते थे और उनके हाथों, बीच-बीच में, इन यंत्रों की महत्त्वपूर्ण उन्नति हुई, इसके अनेक दृष्टांत मिले हैं।

सन्दर्भ सूची

1. A.D. का अर्थAnno Dominiअर्थात्In the year of the Lord होता है।
2. B.C. का अर्थBefore Christ होता है।
3. Singer, *From Magic to Science*, London, 1928, P.5
4. Farrington, *Greek Science*, Vol II; P.107
5. Singer, *Opcit*
6. Lynn Thorndike, *A History of Magic and Experimental Science*, Vol 1, 1929, p.47.
7. *Encyclopaedia Britannica* में Lucretius शीर्षक निबंध देखिए।
8. Singer, *Opcit*
9. F. Cajori, *A History of Mathematics*, Macmillan, 1926, p.63; मॉरिस डॉमास, *A History of Technology and Innovation* Vol. I, New York, 1969

अध्याय-29

विश्व के कुछ प्रमुख धर्म

29.1 पारसी धर्म (Zoroastrianism)

पारसी धर्म के उपास्य देवता का नाम है अहुरमज़दा (Ahura Mazdah) तथा इस धर्म के प्रवर्तक का नाम है जरथुश्त्र (Zarathustra)। उनका मूल नाम स्पितमा था, परन्तु घोर तपस्या के अनन्तर 30 वर्ष की आयु में जब सिद्धि प्राप्त की, तब उनका यही नाम पड़ा। जिस प्रकार सिद्धार्थ गौतम को सिद्धि प्राप्त कर लेने पर 'बुद्ध' के नाम से अभिहित किया गया, उसी प्रकार स्पितमा को भी सिद्धि प्राप्ति के बाद यह उपाधि दी गई।

29.2 जरथुश्त्र

जरथुश्त्र (करीब 628-551 ई.पू.) का जन्म का नाम स्पितमा था। 15 वर्ष की अवस्था में उनका विवाह हो गया। दुखियों के कातर क्रन्दन ने उन्हें चौंका दिया। पन्द्रह वर्षों तक घोर साधना की। पन्द्रह वर्ष के संन्यास एवं निर्वास के बाद ज्ञानलाभ कर लोकसेवा के उद्देश्य से वे पुनः अपने कुटुम्ब में आ मिले। उन्हें विश्वास हो गया कि मनुष्य कौटुम्बिक जीवन व्यतीत करते हुए भी दैवी आदर्श को प्राप्त कर सकता है। उनका लोगों ने बहुत विरोध किया। वर्षों तक अपने भतीजे के सिवा उन्हें कोई साथी न मिल सका। प्रचलित धर्म के विरुद्ध प्रचार करने के कारण शासकवर्ग तथा पुरोहितवर्ग उनका कट्टर शत्रु हो गया; पर इससे हताश नहीं हुए, बल्कि उनमें दृढ़ता बढ़ गई। कुछ समय बाद पड़ोसी बाख्त्री (बैक्टेरिया) के शासक राजा वीश्तास्य ने उनके सिद्धान्तों के प्रति अपनी श्रद्धा प्रकट की और अपने कर्मचारियों के साथ वह उनका अनुयायी हो गया। इसका प्रभाव लोगों पर पड़ा और जरथुश्त्र की ख्याति दिन-दूनी-रात-चौगुनी बढ़ती गई तथा अनुयायियों की संख्या पर्याप्त हो गई। जरथुश्त्र के मत स्वीकार करने के कारण ईरान के बादशाह ने बैक्टिरिया के शासक से युद्ध छेड़ दिया; किन्तु उसे पराजित होना पड़ा। सारे ईरान में जरथुश्त्र के मत का प्रचार हो गया। अन्त में, ईरान के सम्राट ने इस मत को देश के कोने-कोने में फैलाया।

यह धर्म आज अपने उद्गम स्थान से निर्वासित होकर भारत में बसे हुए लाखों पारसियों में ही सीमित रह गया है। इस्लाम-धर्म की आँधी के सम्मुख ठहरने में असमर्थ होकर सारे ईरान ने इस्लाम-धर्म स्वीकार कर लिया। कुछ कट्टर अनुयायी अपने धर्म और संस्कृति की

रक्षा के लिए, लगभग 1000 वर्ष हुए, ईरान छोड़कर भारत के पश्चिमी तट पर आ बसे। उन्हीं की सन्तान फारस से आने के कारण पारसी कहलाती है और आज भी इस पुरातन पुनीत धर्म के प्रदीप को प्रज्वलित रखे हुए है।

29.3 धर्मग्रन्थ

पारसी-धर्म का मूल ग्रन्थ है *अवेस्ता* (Avesta), जिसका अर्थ होता है मन्त्र अथवा ज्ञान (उपस्था)। इसके ऊपर कालान्तर में गद्यात्मक व्याख्यान भी प्रस्तुत किया गया है; जिसे जेन्द (Zend) कहते हैं। दोनों भाग एक साथ मिलाकर **जेन्द-अवेस्ता** के नाम से विख्यात है।

अवेस्ता चार भागों मे विभक्त है–

(1) **यस्न** (यज्ञ, पूजा) पूजा-विधान का प्रतिपादक मुख्य ग्रन्थ है। इसमें 72 भाग हैं जिन्हें 'हा' कहते हैं और इसकी संख्या के आधार पर कुस्ती में 72 ऊन के डोरे लगाए जाते हैं। इसी के भीतर 17 सूक्तों में विभक्त जरथुश्त्र के निजी वचन तथा उपदेश हैं, जो 'गाथा' कहलाता है।

(2) **विस्पेरद**–पारसी कर्मकांड के विधान की यह पुस्तक ज्ञान की अपेक्षा काल तथा महत्त्व में हीन मानी जाती है।

(3) **वेन्दिदाद**–विशेषकर शुद्धि के नियमों का प्रतिपादक है। यह ग्रन्थ धार्मिक तथा व्यावहारिक नियमों-कानूनों का भी वर्णन करता है। इसमें 22 फरगर्द (परिच्छेद) हैं।

(4) **यश्त**–देवताओं की स्तुतियों से संकलित यह ग्रन्थ अनुष्ठान-विधान के अवसर पर विशेष मान्य है।

इनके अतिरिक्त एक खंड और भी है, जो (5) **खोर्द-श्रवेस्ता** (छोटा अवेस्ता) के नाम से विख्यात है। यह उपासना की दृष्टि से बड़े अवेस्ता का एक उपादेय संक्षिप्त संकलन है।

पारसी एक सर्वशक्तिमान् देवता की उपासना करते हैं। उन्हें वे **अहुरमज़द** कहते हैं। अहुरमज़द के साथ उनके 66 अन्य रूपों की कल्पना की गई है। जरथुश्त्र ने उनमें भगवान के 66 मुख्य गुण बतलाए हैं। ये वस्तुतः आरम्भ में गुण ही हैं और उन षड्गुणों से युत्तफ अहुरमज़द की कल्पना **षड्गुणय विग्रह** भगवान विष्णु से विशेष मिलती है। पीछे वे देवता अथवा फरिश्ता बना दिए गए हैं और **अमेसा-स्पेन्ता** (पवित्र अमर शक्तियाँ) के नाम से प्रसिद्ध हैं। उनके नाम तथा रूप का परिचय इस प्रकार है–

(1) **अष** (त) = संसार की नियामक शक्ति।

(2) **वोहुमनो** (भला मन) = प्रेम तथा पवित्रता।

(3) **स्पेन्त-श्रार्मइति** = पवित्र सद्बुद्धि, धार्मिक एकनिष्ठा।

(4) **क्षत्र-वइर्य** = प्रभुत्व का सूचक।

(5) **हृउफवर्तात्** = सम्पूर्णता का सूचक।

(6) **अमृततात्** = अमरत्व दर्शाया है।

जरथुश्त्र ने इन छह गुणों से युक्त अहुरमज़द की अराधना करने का उपदेश दिया तथा

आतश् (अग्नि) को भगवान का भौतिक रूप मानकर उसकी रक्षा करने की आज्ञा ईरानी प्रजा को दी।

पारसी लोग उस एक अविनाशी दिव्य-स्वरूप गुणों से समन्वित परमात्मा को सात नामों से पुकारते हैं। मनुष्य में परमात्मा के समस्त गुणों का ध्यान आना सम्भव नहीं। अतएव, मज़दा के सबसे अधिक आकर्षक और प्रभावशाली गुणों के मूर्ति-स्वरूप भिन्न-भिन्न देवताओं के नाम लिये गए हैं। किन्तु, जनता की मूर्खता के कारण तत्त्व को समझने में असमर्थ होने पर मज़दा के पूर्वोक्त ज्वलन्त गुणों के आधार पर पृथक्-पृथक् सात देवताओं की कल्पना चल निकली।

इस धर्म के मुख्य धर्मग्रन्थ *अवेस्ता* तथा *वेद* में इतनी आश्चर्यजनक समानता है कि ऐतिहासिक सोसाइटी के प्रसिद्ध प्रवर्तक सर विलियम जोन्स ने कहा था—"जब मैंने *अवेस्ता* के शब्दकोश का अनुशीलन किया, तब यह जानकर कि उसके दस शब्दों में सात शुद्ध संस्कृत हैं—अकथनीय आश्चर्य हुआ।" डॉक्टर हॉग का कहना है कि चाहे वेद और जेन्द-अवेस्ता सर्वथा एक ही प्रकार के भले ही न हों, तथापि उनमें इतना अधिक साम्य है कि जो कोई संस्कृत का थोड़ा भी ज्ञान रखता है, वह उसे सरलता से पहचान सकता है। यह भी कम आश्चर्य की बात नहीं है कि जेन्द-अवेस्ता की छन्द-रचना वेद मन्त्रों में है। वैदिककालीन लोगों को आर्य कहते थे। जेन्द-अवेस्ता से ज्ञात होता है कि इस धर्म के अनुयायी भी आर्य कहे जाते थे।

इस धर्म में चार वर्ण थे—1. होरिस्तान (पुरोहित), 2. नुरिस्तान (योद्धा), 3. रोजिस्तान (उद्योग और कृषि करनेवाले) और 4. मोरिस्तारान (सेवा करनेवाले)।

पारसियों के लिए यज्ञोपवीत धारण करने का विधान अत्यन्त मनोरंजक है। यज्ञोपवीत को वहाँ **कुस्ती** कहते हैं। वर्णन आता है कि जरथुश्त्र ने मज़दा से पूछा—"अपराध के कारण अपराधी मृत्युदंड पाने के योग्य होता है?" अहुरमज़दा ने उत्तर दिया—"निकृष्ट धर्म और मत की शिक्षा देने से। जो कोई तीन वसंत-ऋतुओं तक पवित्र सूत्र (कुस्ती) नहीं धारण करता, गाथाओं का पाठ नहीं करता, पवित्र जल की प्रतिष्ठा नहीं करता इत्यादि।"

पारसियों की कुस्ती सातवें वर्ष में होती है और वैदिक धर्म में यज्ञोपवीत का समय सातवें वर्ष से ही आरम्भ होता है। इस प्रकार, स्थान और काल के भेद के साथ भिन्न-भिन्न रूप में यज्ञोपवीत का प्रचलन आर्य एवं पारसी धर्मावलम्बियों में थी।

29.4 अध्यात्म पक्ष

जरथुश्त्र ने एकेश्वरवाद का प्रचार किया। अपनी गाथा में उन्होंने अनेक देवताओं की भावना की निन्दा की है और सर्वशक्तिमान् ईश्वर अहुरमज़द के आदेश पर चलने की आज्ञा दी है। जरथुश्त्र इस तरह के एकेश्वरवादी थे कि उन्होंने सर्वशक्तिमान् के लिए 'अहुरमज़द' शब्द के अतिरिक्त किसी अन्य शब्द के प्रयोग का भी सर्वथा निषेध किया है।

जरथुश्त्र की मृत्यु के बाद शुद्ध एकेश्वरवादी की वह भावना कायम नहीं रह सकी। प्रकृति के भिन्न-भिन्न प्रतीक को देवता मानने लगे। कालान्तर में सर्वशक्तिमान् अमेस-स्पन्द और उनके अन्तर्गत यजदा अर्थात् निम्नस्थ देवता पूजे जाने लगे। उन्हें यह विश्वास हो गया

कि विभिन्न वस्तुओं के अधिष्ठाता अलग-अलग देवता हैं। यद्यपि आतश् की पूजा ईरानियों में सबसे अधिक पवित्र मानी जाती है। पारसियों के घर में अग्नि अहर्निश प्रज्वलित रहती है।

गाथा अहुनवइती ईरानियों का एक दार्शनिक धार्मिक ग्रन्थ है। इसमें बहुत सुन्दर और मनोरंजक दार्शनिक भावों का विवेचन हमें मिलता है। जरथुश्त्र का दार्शनिक सिद्धान्त मुख्यः सत् (अच्छा) तथा असत् (बुरा) के विवेचन पर सीमित है। उन्होंने बताया है कि जीवन में इन दोनों परस्पर-विरोधी शक्तियों का महत्त्व है; क्योंकि असत् की उपस्थिति से ही सत् का मूल्य आँका जाता है। जीवन में सुख जितना सत्य है, उससे कम सत्य दुःख नहीं है। एक की उपस्थिति से दूसरे का महत्त्व जाना जाता है। शोभन-शक्ति का नाम है 'स्पेन्ता महन्यु' तथा अशोभन-शक्ति की संज्ञा है 'अंग्रोमहन्यु'। इन्ही के परस्पर संघर्ष का फल है यह संसार।

जरथुश्त्र ने उर्वन् (आत्मा) और फर्वसी (एक प्रकार की शक्ति) में भेद माना है। इस शरीर द्वारा जो कुछ सत्कर्म अथवा कुकर्म होता है, उसका जिम्मेवार उर्वन् (आत्मा) है और उर्वन् को ही पारितोषिक अथवा दंड मिलता है। मृत्यु के चौथे दिन उसके कार्य की जाँच होती है और उस समय से उसका नाता संसार से टूट जाता है तथा वह पुनः वापस नहीं आता।

फर्वसी का उल्लेख अवेस्ता में आया है, किन्तु गाथा में उसका उल्लेख नहीं है। यह विचित्र अदृश्य वस्तु है, जो प्रत्येक जीवधारी में मौजूद रहती है। यही आत्मा को सुकर्म करने की प्रेरणा देती है और कुकर्म से बचाने में मार्ग-प्रदर्शक का काम करती है। मार्ग-प्रदर्शक होने के कारण यह अच्छे-बुरे काम का फलभोक्ता नहीं होती। यह विश्वास है कि अहुरमज़्द पर ही सृष्टि की रक्षा का भार है। उर्वन् (आत्मा) के साथ वह शरीर में प्रवेश करती है और मृत्यु के बाद शरीर से वह उर्वन् के साथ ही अलग हो जाती है।

29.5 नीति और धर्म

पारसी धर्म की समस्त नीति तीन भागों में बँटी हुई है—1. **हूमत**-उत्तम विचार, 2. **हुख्त**—उत्तम वचन और 3. **हुवर्श्त**—उत्तम कार्य। इन तीनों का दूसरा रूप, 1. अधम विचार, 2. अधम वचन और 3. अधम काम है। अच्छे तीनों के व्यवहार का परिणाम स्वर्ग और बुरे तीनों के व्यवहार का परिणाम नरक होता है।

सुकर्म—पारसी धर्म के अन्तर्गत सुकर्मों में निम्नांकित मुख्य समझे जाते हैं—1. दूसरों के साथ ईमानदारी का व्यवहार। कर्ज का सुविचार और सुव्यवहार के साथ अदा करना। 2. सरोसा, अर्थात् नम्रता। यथोचित अधिकारी की आज्ञा का पालन करना। 3. दया एवं अनुकम्पा—वीर और सम्पन्न का भूषण समझी जाती है। किन्तु, दुष्टों पर दया करना उन्हें दुष्कर्म में प्रोत्साहन देने के तुल्य है। 4. शान्तिभाव—पवित्र बुद्धि का द्योतक समझा जाता है। 5. समृद्ध अवस्था में परमात्मा को धन्यवाद देना और कष्ट में उनकी इच्छा पर निर्भर रहना। 6. माता-पिता से प्रेम तथा उनका आदर करना। गुरुजन, पड़ोसी एवं देशवासियों के प्रति आदर और निम्नस्थ एवं छोटों के प्रति स्नेह-भाव प्रदर्शित करना। 7. राजभक्ति। 8. उपयोगी जीव, जैसे—गाय, बकरे आदि की रक्षा और भयानक एवं हानिकारक जीव, जैसे—साँप, बाघ, भेड़िया आदि का विनाश। 9. सत्यवादिता। 10. भोर में उठना और अपने

कर्तव्य का परिश्रम तथा ईमानदारी के साथ पालन करना। 11. शुद्धता इस धर्म का भूषण है। 12. स्वावलम्बन और आत्मनिर्भरता की प्रशंसा की गई है। 13. दान सत्पात्र को और अच्छे कार्य के लिए देना उचित है। अयोग्य व्यक्ति को दान देकर सहायता करने की निन्दा की गई है। चिकित्सालय, विद्यालय आदि स्थायी पुण्य-कार्य के लिए दान का बड़ा महत्त्व समझा गया है। 14. सज्जनों की रक्षा करना और दुष्टों का विनाश करना। 15 शिक्षा-प्रचार। 16. सत्कर्म को मर्यादा, ईश्वर के नाम-गुण-कीर्तन से उत्तम समझी गई है। 17. अच्छे, योग्य तथा धार्मिक व्यक्ति का आतिथ्य-सत्कार नहीं करना पाप समझा जाता है। 18. स्वच्छता का स्थान ईश्वर के बाद ही समझा जाता है। अर्थात् सबसे अधिक महत्त्वपूर्ण स्थान स्वच्छता को दिया गया है।

कुकर्म–1. बेईमानी, लालच तथा अहंकार; 2. निर्दयता और हृदय की कठोरता; 3. ईर्ष्या करना और बदला लेना; 4. असत्य; 5. गाली देना; 6. झूठी गवाही अथवा झूठ का प्रचार; 7. धोखा देना, वचन-पालन नहीं करना; 8. झगड़ा पैदा करना; 9. आलस्य; 10. भीख माँगना; 11. चोरी, डकैती, मारपीट, हत्या; 12. वेश्यागमन, परस्त्री-गमन, अप्राकृतिक मैथुन; 13. ईमानदारी के साथ कर्ज अदा न करना; 14. फिजूलखर्ची; 15. कृपणता; 16. किसी जुर्म में सहायता देना; 17. घमंड, उद्दंडता, झूठी बदनामी करना।

धार्मिक प्रणाली–बालक-बालिकाओं को पन्द्रह वर्ष की अवस्था के भीतर **सुदरेह** और **कुस्ती** देना अनिवार्य समझा जाता है। सुदरेह उजले कपड़े का बनता है। उजला रंग पवित्रता का द्योतक है। इसको धारण करना हर पारसी के लिए आवश्यक है।

कुस्ती–भेड़ों के ऊन के बहत्तर धागों से कुस्ती बनता है। भेड़ निर्दोष समझा जाता है, इसलिए उनकी भावना है कि कुस्ती धारण करनेवाले को उसी की तरह निर्दोष होना चाहिए। कुस्ती की तीन भाँवरें कमर में बाँधनी पड़ती है। इसे शरीर पर सदा रखना पड़ता है। तीन भाँवरे बाँधने का रहस्य हुमता (उत्तम विचार), हुकटा (उत्तम वचन) और हुवर्त्तता (उत्तम कार्य) के भावों को व्यक्त करता है। कमर में बाँधने का यह भी अभिप्राय है कि जिस प्रकार योद्धा देश रक्षा के लिए कटिबद्ध होकर खड़ा हो जाता है, उसी प्रकार जरथुश्त्री को अपने धर्म के रक्षणार्थ सदैव तैयार रहना चाहिए। तीसरी जरूरी बात है सर को ढकना, अर्थात् टोपी पहनना। अतएव, पारसियों में अनिवार्य रूप से टोपी पहनने की प्रथा है।

29.6 प्रार्थना विधि

कुस्ती धारण करने के समय प्रार्थनाएँ करनी पड़ती हैं। उन प्रार्थनाओं का लक्ष्य मनुष्य को कर्तव्य और धर्म पर दृढ़ रखना है। पारसियों में दिन-रात में कई बार प्रार्थनाएँ की जाती हैं। प्रार्थना करने के पूर्व हाथ-पैर एवं शरीर के खुले हुए भाग (मुख आदि) को धोना आवश्यक है। *गाथा* के मन्त्रों से प्रार्थना की जाती है।

अग्नि की पूजा पारसियों में सबसे पवित्र मानी गई है। जरथुश्त्र के समय में अग्निपूजा के लिए मन्दिर अथवा वेदी बनाने की प्रथा थी या नहीं, इसका हमें स्पष्ट ज्ञान नहीं है। बाद में अग्निमन्दिर मान्य हो गया। यद्यपि प्राचीन पारसी अग्नि को श्रद्धा-सम्मान की दृष्टि से देखते थे, तथापि वे कभी अग्नि के उपासक नहीं हुए। जरथुश्त्र ने स्वयं, अपनी गाथा में,

इसे मज़दा की सृष्टि का एक शक्तिशाली और ज्वलन्त प्रतीक समझा एवं मूर्ति तथा मनुष्य-निर्मित अन्य वस्तुओं की तुलना में इसे आदरणीय माना।

इस धर्म में विवाहित जीवन की बड़ी मर्यादा है और आजीवन अविवाहित रहने की निन्दा की गई है। इस धर्म में बहुविवाह मान्य नहीं है। विवाह-कार्य बड़े पुरोहित द्वारा सम्पन्न होता है, अन्य पुरोहित सहायता करते हैं। आशीर्वाद देने के सिलसिले में पुरोहित वर और कन्या से तीन बार इस बात की घोषणा कराते हैं कि विवाह उन दोनों की इच्छा से सम्पन्न हो रहा है। विवाह निश्चित करनेवाले अभिभावक तथा गवाहों की भी सम्मति तीन बार ली जाती है। जब तक यह कार्य होता रहता है, तब तक चावल के कुछ दानों (अक्षत) की वर्षा नवदम्पती पर निरन्तर होती रहती है। यह कार्य भावी सुख और समृद्धि का द्योतक समझा जाता है।

अन्त्येष्टि क्रिया–इस धर्म का तत्त्व है कि अग्नि, भूमि और जल को पवित्र रखना चाहिए। इसी कारण पारसी-धर्मावलम्बी न तो शव को गाड़ते हैं और न उसे जलाते हैं। शव को पत्थर के ऊँचे बने चबूतरों पर अथवा इसके अभाव में वृक्ष अथवा पहाड़ की चोटी पर रख देते हैं। वहाँ गृद्ध आदि जीव उसका मनमाना उपयोग करते हैं। इससे दो उद्देश्यों की पूर्ति होती है। एक तो शरीर जीव-जन्तुओं के उपयोग में आता है और दूसरा लाभ है कि शरीर के गलने से दुर्गन्धि नहीं फैलने पाती। बम्बई में एक बहुत ऊँचा चबूतरा बना है; जिसे शान्ति का मीनार (Tower of Silence) कहते हैं। शव ढोनेवाले भी स्वच्छ कपड़े पहनते हैं। शव को अत्यन्त पुराने कपड़े से ढकते हैं। वह कफन का कपड़ा ऐसा होना चाहिए, जो अत्यन्त जीर्णता के कारण व्यवहार के सर्वथा अयोग्य हो गया हो। उनके यहाँ नया कपड़ा कफन के लिए व्यवहार करना वर्जित है। करोड़पति टाटा के मृत शरीर पर भी फटे-पुराने कपड़े का ही उपयोग किया गया था।

पुरोहित प्रथा–अवेस्ता से यह ज्ञात नहीं होता कि पुरोहित जन्मगत होता था अथवा कर्मगत। आजकल पुरोहित जन्मगत हो गया है। पुरोहित के प्रत्येक पुत्र को **ओस्ते** और कन्या को **ओस्ती** कहते हैं। यदि पुरोहित-पुत्र शारीरिक रुग्णता के कारण अयोग्य न हो, तो वह पुरोहित हो सकता है। जब पुरोहित का पुत्र वेन्दिदाद को छोड़कर समस्त अवेस्ता को कंठस्थ कर लेता है, तब उसे पुरोहित की दीक्षा दी जाती है। यह दीक्षा छह महीने में पूर्ण होती है। इस दीक्षा के बाद उसका नाम **ईरवद,** अथवा पुरोहित पड़ता है। बड़े पुरोहित को **दस्तूर** कहते हैं। केवल पुरोहितों को ही मन्त्र-उच्चारण करने का अधिकार है। अग्नि में पौधों का रस, दुग्ध, रोटी, घी, पवित्र जल, चन्दन आदि की ही आहुति दी जाती है।

जरथुश्त्री लोग करनी के नियम को भी मानते हैं। जैसा करेगा, वैसा ही भरेगा–यह नियम है। अपने कर्म का फल सबको भोगना पड़ता है। भलाई करनेवाले नर-नारियों को, चाहे वे किसी भी देश व जाति के हों, आदर के साथ याद करना यह धर्म स्वीकार करता है। यदि शत्रु भी भले हों, तो उन्हें भी सम्मान से याद करना चाहिए–यह इस धर्म का आदेश है। इसका अभिप्राय यह है कि उन्हें याद करने से हम भी उन जैसे महान् और पवित्र बन सकते हैं। इस प्रकार, मन की श्रेष्ठता और विशालता को इस धर्म ने स्वीकार किया है। यह धर्म कर्ममार्ग पर विशेष जोर देता है।

प्रचलित पारसी-प्रार्थना का रूप–ऐ मज़द ! (भगवन् !) सर्वोत्तम धर्म के शब्द और कामों के बारे में मुझे कह, ताकि मैं नेकी के रास्ते पर रहकर तेरी महिमा का गान करूँ। तू जिस तरह, चाहे, मुझे आगे चला। मेरी जिन्दगी को ताजगी दे और स्वर्ग का सुख दे। [यह भजन महात्मा गांधी की दैनिक प्रार्थना का एक अंग था।]

29.7 ईसाई धर्म (Christianity)

ईसा मसीह (Christ) के जीवन और उसकी शिक्षाओं के 4 अभिलेख *नई बाइबल (New Testament)* की 4 पुस्तिकाओं में दिए गए हैं। यह माना जाता है कि ईसा की ये जीवनियाँ देवदूत (Angel) और उसके 4 शिष्यों ने लिखी हैं। इसे शुभसंदेश (Gospel) कहते हैं। बाद में न्यू टेस्टामेंट और यहूदियों के ओल्ड टेस्टामेंट से मिलकर ईसाइयों की *बाइबल* बनी। ईसाई धर्म के प्रवर्तक ईसा का जन्म[1] रोम साम्राज्य के अन्तर्गत येरूशलम से 5 मील दूर बेथलहम के एक साधारण परिवार में हुआ था। इनकी माता का नाम मेरी या मरियम था। गर्भ-धारण के समय वह क्वाँरी थी। उनके पिता जोजफ थे। कहा जाता है कि यहूदी सरदार हेरोड के भय से ईसा के माता-पिता गेलिली प्रांत के नाजरेथ में आकर बढ़ईगिरी करने लगे। ईसा को बाल्यकाल से ही प्राकृतिक सौन्दर्य में आनन्द का अनुभव होता था। 12 वर्ष के होने पर ईसा ने बढ़ईगिरी शुरू की। बीच में अवसर मिलने पर भगवान का ध्यान कर लेते थे। उनके माता-पिता उन्हें **येसुआ** कहते थे जिसका अर्थ 'याहवेह की कृपा से' होता है। इसी से **जेसस** शब्द बना है। उन पर अपनी मौसी के पुत्र जॉन एसीनी के विचारों का गहरा प्रभाव पड़ा। वे प्रचार कर रहे थे कि संसार में एक महान पुरुष का जन्म होगा। न्याय की बेला आ चुकी है, अतएव पापियों को सजग होना चाहिए। तपस्वी जॉन आडंबर, अनाचार और पाखंड का विरोधी था। ईसा इन विचारों से प्रभावित हुए और लगभग 30 वर्ष की आयु में धार्मिक जीवन में प्रवेश किए। वे जॉन के विचारों का जनता में प्रचार करना अपना कर्तव्य समझे। प्रारम्भ में वे यहूदी थे। उनके विचारों पर यहूदी धर्म की बहुत-सी छाप थी। बाद में उन्होंने यहूदी धर्म के बहुत से विचारों का खंडन किया और अपने नए धर्म का प्रचार किया। ईसा के छिद्रान्वेषण से यहूदी धर्म के गुरु अप्रसन्न हो गए। उसे नवयुवकों को भरमाने और सम्राट पूजा का विरोध करने का दोषी सिद्ध किया गया। जूडिया के रोमन पाइलेट शासक **पौंथित** की आज्ञा से प्राणदंड की सजा दे दी गई। ईसा को जब सलीब पर चढ़ाया गया तो उनकी उम्र 36 साल की थी।

29.8 ईसा की शिक्षाएँ

ईसा की जीवनी एवं शिक्षाओं[2] का विवरण *बाइबल* (The Gospel) में प्राप्त होता है, जो निम्नलिखित हैं–

1. पूरे ब्रह्मांड का ईश्वर एक है जो सबको प्यार करता है। ईश्वर सबका पिता है और सभी मनुष्य उसके पुत्र हैं और आपस में भाई-भाई हैं।
2. दूसरों के साथ वैसा ही करो जैसा दूसरों से अपने लिए चाहते हो। इसे स्वर्णिम नियम कहा गया है।

3. मानव मात्र का प्रमुख ध्येय प्रेम और क्षमा है। शत्रु के साथ भी प्रेम और क्षमा का व्यवहार करना चाहिए।
4. बुरे के साथ भी प्रेम और क्षमा का व्यवहार करना चाहिए।
5. स्वार्थपरता का त्याग करना चाहिए।
6. पाखंड तथा लालच से दूर रहना चाहिए।
7. धर्म में धार्मिक समारोहों का विरोध तथा
8. एक समय आएगा जब मृतक पुनर्जीवित होंगे और कब्रों से निकलेंगे तब स्वर्ग राज्य की स्थापना होगी। सभी को अपना ध्यान एक ईश्वर में केन्द्रित करना चाहिए जो उनका जनक है और उन्हें यह प्रार्थना करनी चाहिए कि उस ईश्वर की इच्छाएँ पृथ्वी पर पाई जाएँ। अनाचारियों और पापियों को नरक आदि यातनाओं से बचाने का सीधा मार्ग यह था कि वह अपने पापों को स्वीकार कर ले और अपना आचरण सुधारे। ईश्वर की दीन-दुखियों, दलितों, निर्बलों और बालकों पर विशेष कृपा है। यदि कोई तुम्हारे एक गाल पर चाटा मारे तो दूसरा गाल भी उसके सामने कर दो।

29.9 ईसाई धर्म का प्रचार

ईसा[3] की मृत्यु से उसके अनुयायी विचलित नहीं हुए और उसे ईश्वरीय व्यक्ति मानकर उसकी शिक्षाओं का प्रचार करना आरम्भ किया। उन्होंने संगठन बनाया और येरूशलम में चर्च की स्थापना की। 30 ई. के पश्चात् प्रचारकों की दृढ़ इच्छा से रोम साम्राज्य के विभिन्न भागों में इसका 3 चरणों में प्रचार हुआ–

(1) **प्रचारकों की संलग्नता**–ईसा के प्रमुख शिष्यों में **साइमन पीटर** (सेंट पीटर) का स्थान उच्च है। ईसा के द्वारा साइमन पीटर प्रमुख शिष्य या प्रचारक मनोनीत किया गया था। पीटर ने सीरिया से लेकर रोम तक धर्म प्रचार किया। जिस समय ईसा के अनुयायियों की संख्या थोड़ी थी उस समय उसने ईसा के शिष्यों और अनुयायियों को मिलाकर संगठित किया और उन्हें संस्कार द्वारा एक सूत्र में बाँधा। उसकी सेवा से रोगी चामत्कारिक ढंग से अच्छे हो जाते थे। 42 ई. में उसके प्रयास से रोम में बहुत लोग ईसाई बन गए। इस कार्य से रोम का सम्राट अप्रसन्न हुआ और 64 ई. में पीटर मारा गया।

सन्त पॉल–ईसा का दूसरा प्रमुख शिष्य सेंट पॉल[4] था। उसका जन्म एशिया माइनर के टार्सस में हुआ था। वह यहूदी परिवार का था। उसपर स्टोइक और ग्नास्टिसिज्म का विशेष प्रभाव था। उसने ईसा को येरूशलम के स्थान पर समस्त विश्व का सुधारक कहा। उसने जेसस को ईश्वर का प्रतिनिधि और अंश माना। मोक्ष केवल ईश्वरीय शक्ति और ईसा की शिक्षाओं से मिल सकता है। पॉल ने शुरुआती ईसाई धर्म को एक संगठित रूप दिया। उसे चर्च का **वास्तविक जन्मदाता** माना जा सकता है। 45 ई. और उसके बाद पॉल ने साम्राज्य के प्रमुख नगरों में चर्च की स्थापना की। अन्त में 62 ई. में साम्राज्य शासकों की कुदृष्टि उस पर पड़ी और वह फाँसी के तख्त पर झुला दिया गया।

जॉन एसीनी–इसी प्रकार एक अन्य साधु जॉन ने भी ईसाई धर्म का प्रचार किया। उसने आडंबर तथा पाखंड की आलोचना की। उसने पृथ्वी के राज्य को अत्याचारी बताया तथा ईश्वर

के राज्य को शुभ और कल्याणकारी कहा। जॉन ने पवित्र होने के लिए जार्डन नदी में आनुष्ठानिक स्थान या बैपटिज्म (Baptism)[5] की वकालत की। वह स्वयं अति कठोर जीवन व्यतीत करता था। कहते हैं, जॉन की शिक्षाओं ने ईसा को नजरेत से वहाँ आकर्षित किया था।

इनके अतिरिक्त ईसा के और भी शिष्य थे जिन्होंने उसके मत का प्रचार किया। इनकी संख्या 12 बताई जाती है। इनकी स्मृति में कांस्टेंटाइन ने अपनी राजधानी कांस्टेंटिनोपल में द्वादश देवदूतों का चर्च बनवाया था। ईसा की मृत्यु के पश्चात् पवित्र प्रेत ने इन्हें विशेष आध्यात्मिक शक्ति प्रदान की थी।

(2) **रोमन सम्राटों का विरोध** (95-305)—40 ई. तक ईसाई धर्म रोम नगर में पहुँच चुका था। रोमन सम्राट ईसाइयों से नाराज थे। इसके कई कारण बताए जाते हैं जिनमें सम्राट पूजा, देवपूजा और मूर्तिपूजा का विरोध, अहिंसा का पालन, सरकारी पदों की अवहेलना, सेना में भर्ती न होना, गुप्त सभाएँ करना आदि उल्लेखनीय हैं। टेसिटस ने उन्हें मनुष्य जाति से घृणा करनेवाला कहा है। सेवा-सुश्रूषा करने के बहाने वे अनभिज्ञ लोगों के धर्म में परिवर्तन का प्रयास करते थे। अन्य धर्मों से घृणा करते थे। इन सबसे वे रोम सम्राटों के कोपभाजन हुए।

ईसाईयों का दमन रोम में सर्वप्रथम नीरो ने किया। उसने 67 ई. में पीटर और पॉल की हत्या करवा दी। ईसाइयों को रोम जलाने का अभियोग लगाकर दंडित किया। सम्राट डोमीशियन ने ईसाइयों को रोम से निकाल दिया। ट्राजन ने एक कानून द्वारा सम्राट पूजा के निन्दकों को प्राणदंड देने की घोषणा की थी। इसमें येरूशलम का मुख्य पादरी मारा गया। सम्राट मार्कस ओरिलियस ने ईसाइयों को राष्ट्रद्रोही समझा और कानून बनाकर उनका दमन किया। परन्तु उसके काल में पूर्व का यह सबसे व्यापक धर्म बनता जा रहा था। सम्राट सेप्टिमिअस सेंवेरेस ने 197 ई. में ईसाई शासित सीरिया पर आक्रमण किया और रोम में ईसाइयों का दमन किया। 202 ई. में कानून बनाकर ईसाई बनने पर रोक लगाया। 248 ई. में रोम स्थापना दिवस के समारोह में जब ईसाइयों ने भाग नहीं लिया तो बड़ी संख्या में उनका वध किया गया और दंडित किया गया। सम्राट डिओक्लिशियन के शासन काल में ईसाइयों पर अमानुषिक अत्याचार किए गए। उनके चर्चों, पुस्तकों आदि को नष्ट किया गया। सम्पत्ति का अपहरण किया गया। नौकरी से निकाल दिया गया। सामाजिक और राजनीतिक अधिकार छीन लिये गए।

परन्तु इन यातनाओं से ईसाई धर्म का उन्मूलन नहीं हुआ। प्रथम सदी में ही साम्राज्य के प्रमुख नगरों में ईसाई दिखाई देने लगे थे। साम्राज्य की पाँच प्रतिशत जनता ने इस धर्म को स्वीकार कर लिया और तीसरी सदी तक तो साम्राज्य में ईसाइयों का महत्त्वपूर्ण स्थान स्वीकृत हो गया।

29.10 ईसाई धर्म की सफलता (306-325)

तीसरी सदी के अन्त तक ईसाई धर्म की विजय हो गई। यह अवस्था विजय की अवस्था है। धीरे-धीरे सम्राटों की दृष्टि बदलने लगी। 311 ई. में सम्राट गैलेरियस ने ईसाइयों के प्रति सहिष्णुता की नीति अपनाई और उनको सुविधाएँ देने के निमित्त राजकीय नियम बनाया। सर्वप्रथम रोम में ईसाई धर्म घोषित हुआ। 312 ई. में सम्राट कान्स्टेंटाइन का शासन काल

शुरू हुआ। ऐसा कहा जाता है कि सिंहासन के लिए युद्ध में उसे दैवी प्रेरणा मिली। अतः उसने ईसाई धर्म के चिह्न क्रॉस को राष्ट्रीय झंडे में स्थान दिया और ईसाई धर्म स्वीकार कर उसे राज्य धर्म बनाने की घोषणा की। 313 में सम्राट ने मिलान के कानून का निर्माण किया। उसी दिन से ईसाई धर्म का सितारा चमक उठा और ईसाई धर्म विश्व का सबसे व्यापक एवं प्रमुख धर्म होने के निश्चित मार्ग पर प्रतिष्ठित हो चला। कान्स्टेंटाइन के शासन काल में (325ई.) एशिया माइनर के एक नगर नीसा में ईसाइयों की धार्मिक सभा बुलाई गई जिसमें 300 बिशप पादरियों ने भाग लिया और ईसाई धर्म के नियमों एवं चर्च के संगठन विधि का निर्णय लिया गया। कान्स्टेंटाइन के काल में ईसाइयों को पूजा की पूर्ण स्वतंत्रता दे दी गई। साम्राज्य की राजधानी होने से रोम ईसाई धर्म का प्रधान केन्द्र हो गया। 380 से 395 ई. तक सम्राट थियोडोसियस के प्रयास से रोम साम्राज्य ईसाई साम्राज्य बन गया। उसके शासन काल में कान्स्टेंटिनोपल में एक धर्म सभा हुई जिसमें साम्राज्य की सीमा के अन्तर्गत अन्य विरोधी मतों का प्रचार बन्द करने का निर्णय किया गया। इसके साथ ही ईसाइयों को करमुक्त किया गया और विशेषाधिकार दिए गए। चौथी सदी के अन्त तक ईसाई धर्म अन्य मतों के विरुद्ध असहिष्णु हो उठा और विरोधियों के प्रति दमन नीति चलाना आरम्भ किया। अब यह राजधर्म बन गया और बहुत-सी बुराइयाँ इसमें आ गईं।

29.11 ईसाई धर्म की सफलता के कारण

ईसाई धर्म की सफलता का राज क्या था? यह सब सम्भवतः ईसाई धर्म की समन्वयवादी नीतियों के कारण हुआ। इस समय का ईसाई धर्म विभिन्न स्रोतों से मिलकर बना। जब उसने अन्य धर्मों पर विजय प्राप्त कर ली और प्राचीन संसार का सबसे लोकप्रिय और व्यापक धर्म हुआ तो उसमें ही भिन्न-भिन्न मत समाहित हो गए जो ईसाई धर्म के विकास में महत्त्वपूर्ण योगदान किए। बर्न्स ने लिखा है कि वह धर्म था जो अन्त में विभिन्न स्रोतों के बहुत से तत्त्वों को ग्रहण किया। हिब्रुओं के 10 आदेश, पाप की उत्पत्ति तथा ईश्वर की क्षमाशीलता आदि ईसाई मत में अपनाए गए। इसी प्रकार जरथुष्ट्र मत, ग्नास्टिसिज्म या ज्ञानवाद आदि से मनुष्य और ईश्वर के सम्बन्धों के विचार उद्धृत किए गए। सूर्य दिन, पवित्र जल तथा 25 दिसम्बर को पवित्र मानने की धारणा मिस्र मत (सूर्य रात) से लिया गया। स्टोइक मत से विश्वबन्धुत्व तथा सार्वभौमिकता को ग्रहण किया गया तथा ईसाई चर्च को रोम साम्राज्य की शासन-व्यवस्था पर संगठित किया गया। ईसाई धर्म की सफलता के और भी कई कारण थे। तत्कालीन अन्य मतों के संस्थापक अधिकतर काल्पनिक व्यक्ति हुआ करते थे जिनके विषय में अनेक किंवदन्तियाँ प्रचलित रहती थीं। किन्तु ईसाई धर्म के संस्थापक के जीवन तथा व्यक्तित्व के विषय में लगभग सभी कुछ निश्चित था। अतः उसने सरलता से लोगों का विश्वास प्राप्त किया। ईसाई धर्म की लोकप्रियता का सबसे महत्त्वपूर्ण कारण यह था कि अपेक्षाकृत सामान्य जनता पर अधिक प्रभाव पड़ता था। ईसा ने दुखियों और गरीबों को सम्बोधित करते हुए कहा कि तुम गरीब धन्य हो क्योंकि ईश्वर का राज्य तुम्हारा है। तुम रोनेवाले धन्य हो जो हँसोगे। इस प्रकार प्रारम्भिक शिक्षाओं ने निर्धन और असहाय जनता को अधिक प्रोत्साहन दिया जो भौतिक सुखों से निराश हो चुके थे।

ईसाई धर्म ने स्त्रियों को पूर्ण धार्मिक सुविधाएँ और अधिकार दिए। ईसाई धर्म के संगठित प्रचार होने से भी यह धर्म विस्तृत हो गया। साम्राज्य के विभिन्न भागों में चर्च की स्थापना की गई और एक चर्च से दूसरे को सम्बन्धित रखा गया। धर्म के सुचारु रूप से प्रचार के लिए बिशपों की सभाएँ हुईं। पहली सभा 314 ई. में आर्लेस में हुई और दूसरी 325 ई. में कांस्टैंटाइन के काल में नीसा में हुई। इस धर्म के प्रचार का सर्वाधिक श्रेय प्रचारकों को है जिन्होंने जान हथेली पर लेकर धर्म का प्रचार किया। जब रोम सम्राटों ने इस धर्म को अपना लिया तो यह धर्म शीघ्र ही राजधर्म के रूप में रोम साम्राज्य के सुदूर प्रान्तों तक प्रचलित हो गया।

29.12 ईसाई धर्म का प्रभाव

ईसाई धर्म ने तत्कालीन और भविष्य के समाज, राजनीति तथा जीवन के आदर्श को अधिक प्रभावित किया। विशाल रोमन साम्राज्य का यह धर्म सर्वत्र व्यापक हो गया तथा जनजीवन में अपना स्थान बना लिया। रविवार तथा ईसाई धर्म से संबंधित त्योहारों के दिन सर्वत्र छुट्टियाँ मनाई जाती थीं। विवाह, जन्म-मृत्यु आदि संस्कारों में ईसाई रीतियों का प्रमुख स्थान हो गया।

ईसाई धर्म का विवाह और परिवार जैसी संस्थाओं के विषय में बहुत स्पष्ट दृष्टिकोण था। यह धर्म परिवार को धार्मिक एवं पवित्र जीवन का आधार मानता है। इस दृष्टिकोण के कारण स्त्रियों की स्थिति में पर्याप्त सुधार हुआ और विवाह एक पवित्र बन्धन समझा जाने लगा। ईसाई धर्म के भाईचारा के सिद्धान्त ने दास-प्रथा को समाप्त करने में बहुत योग दिया। ईसा ने स्वयं अपने हाथ से मजदूरी की थी, अतः श्रम का महत्त्व बढ़ गया। समाज में ईमानदारी, सच्चे श्रम, सादगी और मितव्ययिता का महत्त्व बढ़ा। धनी एवं निर्धन के बीच की खाई भरने लगी। अमानुषिक और हिंसात्मक मनोविनोदों का पतन हो गया। बहुत से अस्पताल खोले गए और रोगियों एवं दीन-दुखियों की तरफ ध्यान दिया गया।

सामाजिक प्रभावों के अतिरिक्त ईसाई धर्म से कला और संस्कृति के क्षेत्र मे भी विकास हुआ। रोम की शैली के आधार पर अनेक भव्य एवं विशाल गिरजाघरों एवं अन्य भवनों का निर्माण हुआ। इसी युग में मोजैक कला में अनेक भव्य एवं शानदार चित्रों का सृजन हुआ। चित्रकला को प्रोत्साहित किया गया और ईसा तथा अन्य ईसाई सन्तों के जीवन से संबंधित अनेक धार्मिक घटनाओं के चित्र बनाए गए। शिक्षा और साहित्य की भी उन्नति हुई। ग्रीक और लैटिन भाषा में उच्चकोटि के ग्रंथ लिखे गए। *बाइबल* का अनुवाद हिब्रू और ग्रीक से लैटिन भाषा में किया गया। ईसाई धर्म ने राजनीति पर बहुत प्रभाव डाला। मध्य युग तक ईसाई धर्म और यूरोप की राजनीति के बीच इतना गहरा सम्बन्ध हो गया कि तत्कालीन सम्पूर्ण राजनीति धर्म के चंगुल में फँस गई।

29.13 निष्कर्ष

ईसाई धर्म, जो रोमन साम्राज्य के संकट की विचारधारात्मक अभिव्यक्ति था, पहली सदी ईस्वी में प्रकट हुआ था, लेकिन दूसरी सदी के अंत के बाद से यह बहुत ही तेजी के साथ

फैला। अनेक देवी-देवताओं, सहज विश्वासों और कर्मकांडोंवाला रोमनों का प्राचीन धर्म अब समाज की आध्यात्मिक आवश्यकताओं को तुष्ट करने के लिए काफी नहीं रह गया था। सम्राट की पूजा, जिसे स्वयं सम्राट बहुत महत्त्व देते थे, इस कसर को पूरा करने के लिए और भी अधिक अपर्याप्त थी। इस कारण पूर्व के कई धर्म और विश्वास-मिस्री देवी ईसिस, पारसीक देव मित्रस और यहूदी देवता येहोवा की उपासना और अन्ततः ईसाई धर्मशिक्षा, जो पूर्वोक्त देवी-देवताओं की उपासना से किसी भी प्रकार कम महत्त्वपूर्ण नहीं थी, रोम में जड़ पकड़ने और लोकप्रियता प्राप्त करने लगे।

इस नए धर्म के संस्थापक नाजरेथ निवासी यीशु या ईसा थे, जो ईश्वर के पुत्र और मानवजाति के त्राता होने का दावा करते थे। *बाइबल* (इंजील) में बताया गया है कि किस तरह वे अपने शिष्यों के साथ घूमते हुए चमत्कार करते थे और लोगों को उपदेश देते थे। बाद में उन्हें गिरफ्तार कर लिया गया और सलीब पर लटकाकर बड़े यंत्रणामय और अपमानजनक तरीके से उनकी जान ले ली गई। इंजील की कथा हमें यह भी बताती है कि किस प्रकार वे मृत्यु के तीसरे दिन पुनर्जीवित हो उठे और स्वर्ग में आरोहण कर गए। नए धर्म के अनुयायियों ने ईसा मसीह के पार्थिव जीवन के बारे में इसी कथा का प्रचार किया था।

ईसाई धर्म ने, जो फिलिस्तीन में पैदा हुआ था और रोमन साम्राज्य के अन्य नगरों तथा देशों में भी फैल गया था, प्रारम्भिक ईसाई समुदायों की जीवन-प्रणाली की सादगी, समानता और मरणोपरांत जीवन में विश्वास के कारण बहुत से अनुयायियों को आकर्षित किया। ईसाई समुदायों में सबसे अधिक आबादी के निर्धनतर संस्तर ही शामिल हुए थे, जैसे—गरीब किसान, आजाद किए हुए दास और पुराने दास। इसने शाही अधिकारियों के संदेह को जगा दिया और उन्होंने ईसाइयों को दमन करना शुरू किया। लेकिन फिर भी नया धर्म तेजी से जड़ पकड़ता और फैलता गया।

ईसाई धर्म के विकास में एक नई मंजिल का आरम्भ दूसरी सदी में हुआ, जब ईसाई बिरादरियाँ रोमन समाज के नेतृत्व में संयुक्त हो गईं। नए धर्म के रहनुमाओं का पदानुक्रम अधिक जटिल हो गया। उसमें धर्माध्यक्ष (बिशप) पैदा हो गए और बिरादरी के आर्थिक मामलों की देखरेख करनेवालों के लिए उपयाजक (डीकन) का पद शुरू किया गया। समुदायों की सामाजिक संरचना भी बदलने लगी। रोमन समाज के ऊपरी वर्गों के अधिकाधिक सदस्य धर्म-परिवर्तन करके नए धर्म के अनुयायी बनने लगे। इस प्रकार धीरे-धीरे रोमन सरकार और सम्राटों ने यह समझ लिया कि यह नया धर्म, जो लोगों से विनयशील होने का और 'इस संसार की असार वस्तुओं' की ओर ध्यान न देने का तकाजा करता है और उनके सारे कष्टों के लिए स्वर्ग में परितोष की प्रतिश्रुति करता है, उनके हाथों में एक उपयोगी औजार बन सकता है।

इस कारण चर्च और राज्य के बीच की दरार धीरे-धीरे भर गई और इसमें अचरज की कोई बात नहीं है कि ईसाई धर्म अंत में आधिकारिक रूप से मान्य राज्य-धर्म बन गया। चर्च तथा राज्य के प्रभाव-क्षेत्रों की विभाजक रेखा को निर्धारित कर दिया गया—ईसा को स्वर्ग का सम्राट मान लिया गया और रोमन सम्राट को साम्राज्य का इहलौकिक शासक।

29.14 ईसाई धर्म का विकास

ईसा 312 ई. तक बड़े कष्ट और श्रम से धर्म-प्रचार करते रहे। शनैः-शनैः वहाँ के शासकों ने इस धर्म को स्वीकार किया। अतः, इसकी जड़ मजबूत हो गई। ईसाई-धर्म में मूर्तिपूजा का पूर्ण निषेध रहने पर भी ईसा एवं मेरी की प्रतिमाओं का पूजन भक्तगण करते रहे। 754 ई. में अनेक पादरियों ने सभा करके मूर्तिपूजा को धर्म के विरुद्ध घोषित कर बन्द कराने का असफल प्रयत्न किया।

अब तक पोप की शक्ति बहुत बढ़ गई थी। 1517 ई. में मार्टिन लूथर ने पोप के विरुद्ध प्रचार आरम्भ किया। उसने पोप के स्वार्थ-पूर्ण नियमों को एकत्र कर पुस्तकाकार प्रकाशित किया और उन पर टिप्पणी करते हुए बतलाया कि ये प्रजा के लिए हानिकारक हैं। धीरे-धीरे इस मत का प्रचार होने लगा। इसके विरोध में एक सभा जर्मनी में हुई। लूथर और उनके अनुयायियों ने विरोध किया। अतएव, वे **प्रोटेस्टेंट,** अर्थात् विरोधी नाम से विख्यात हुए। लूथर ने अपना आन्दोलन जारी रखा। धर्म के नाम पर पोप ने अनेक अत्याचार किए। अपने अधिकारों की रक्षा के लिए पोप ने **इन्क्युजिशन** (Inquesition) नामक न्यायालय की स्थापना की। इस न्यायालय की आज्ञानुसार 1483-1834 ई. के भीतर सिर्फ स्पेन में 10,659 मनुष्य जिन्दा जला दिए गए और 2,91,450 को सश्रम कारावास की सजा मिली। इससे अनुमान किया जा सकता है कि सारे ईसाई-संसार में कितने व्यक्तियों को दंडित होना पड़ा होगा! 1542 में Roman Inquisition की स्थापना प्रोटेस्टेंटों की बढ़ती आबादी पर लगाम लगाने के लिए हुई। लेकिन प्रोटेस्टेंट-मत का प्रचार उत्तरोत्तर बढ़ता गया फलतः, 17 वीं सदी में पोप की शक्ति का ह्रास शुरू हो गया। आज ईसाई-मत के तीन प्रधान भाग हैं–

(i) प्रोटेस्टेंट, (ii) कैथलिक और (iii) ग्रीक। ग्रीक कैथलिकों की संख्या प्रायः 75 लाख थी। कैथलिक और ग्रीकचर्च में कुछ भिन्नता होने पर भी, बहुत अंशों में, समानता है । दोनों में मूर्ति और चित्र-पूजन की प्रथा है। इसके अतिरिक्त सिरियन और रसियन चर्च भी हैं।

सर्वप्रथम सेंट टॉमस ने दक्षिण भारत में आकर बहुत लोगों को ईसाई बनाया। 15वीं शताब्दी में ईसाई लोग भारत में आए। यहाँ उनकी संख्या प्रायः 21 लाख थी। भारत में ईसाई-धर्म के उपदेशकों ने दूर-दूर जाकर, जंगली जातियों को ईसाई-धर्म में दीक्षित किया। कई भाषाओं में *बाइबल* का प्रकाशन कर उन्होंने इस धर्म का प्रचार किया। ईसाई मिशनरियों ने अनेक स्कूल, कॉलेज, अस्पताल तथा अनाथालय खोले गए, जिनके द्वारा गौण रूप से अपने मत का प्रचार किया गया। पुर्तगालियों के सिवा अन्य किसी ईसाई प्रचारक ने जोर-जुल्म नहीं किया। ये उपदेशों के प्रभाव या जीविका के लोभ से लाखों को ईसाई बनाने में समर्थ हुए।

29.15 ईसाई धर्म में भेद

1. **पापनाश सम्बन्धी विचार**–जब मनुष्य मरता है, तब उसके शरीर में स्थित आत्मा की मृत्यु हो जाती है। ईश्वर का यही विधान है कि मिट्टी से मनुष्य बना है और

मिट्टी में ही मिल जाता है (*उत्पत्ति*, 3.17)। इंजिल के पूर्वार्द्ध के 18वें अध्याय के चौथे वाक्य में लिखा है कि जितने शरीर धारी जीवात्मा हैं, वे मेरे ही हैं। जो प्राणी (आत्मा) पाप करेगा, वह मर जाएगा (*इंजिल*, 18.4)।

किन्तु, कैथलिकों का विश्वास है कि जब मनुष्य मरता है, तब वह वस्तुतः मरता नहीं; बल्कि सजा मिलने के अस्थायी स्थान में, जिसे **परगेटरी** कहते हैं, सचेत अवस्था में रहता है । मृत मनुष्य की सजा का काल जीवित मनुष्य की प्रार्थना और बलिदान द्वारा घट सकता है।

किन्तु, प्रोटेस्टेंटों के विचार में मनुष्य की मृत्यु के बाद आत्मा की चेतना नहीं रहती । कहा है कि जो तुम्हें करना है, वह इसी जीवन में कर लो; क्योंकि मृत्यु के बाद कोई कर्तव्य करने के लिए चेतना नहीं रह जाती (**इक्लेसियार**, 9.5)। अतएव, मृत पुरुष की आत्मा पापनाशक स्थान (परगेटरी) में नहीं रहती है। ईसा ने कहा है कि मृत पुरुष कक्ष में पुनः उत्थान की प्रतीक्षा करता रहता है (*जॉन*, 5.2)।

595 से 604 ई. तक ग्रेगरी ने पोप के अधीन काम किया। पापनाशक स्थान का आविष्कार उसने ही किया और घोषित किया कि आत्मा अग्नि में जलती रहती है। इसके विरुद्ध पॉल ने समस्त ईसाइयों को सचेत किया कि इन भ्रमात्मक बातों में न पड़कर, ईसा के बताए मार्ग पर ही चलें। अतः, प्रोटेस्टेंट मत के अनुसार मृत्यु के उपरान्त पुनरुत्थान के समय तक आत्मा अचेतनावस्था में रहती है।

2. **पाप क्षमा**–कैथलिकों का सिद्धान्त है कि धार्मिक संस्था (गिरजाघर) देवदूतों का समूह है और देवदूतों के समूह के बाहर समस्त ईसाई इस धार्मिक संस्था के बच्चे हैं, जिन्हें 'कैथलिक-समुदाय' कहते हैं। अतएव, धर्म-शासक पोप को क्षमा की क्षमता प्राप्त है।

   प्रोटेस्टेंटों का कहना है कि यह सिद्धान्त *बाइबल* की शिक्षा के एकदम विरुद्ध है। सिर्फ ईश्वर ही पाप को क्षमा कर सकते हैं।

   मैथ्यू (26.29) में कहा है–'मेरा वह लहू है, जो बहुतों के लिए, उनके पापों की क्षमा के निमित्त, बहाया जाता है।' एक जगह *पहला जॉन* (2.12) में कहा है– 'हे मेरे बालकों, मैं ये बातें इसलिए लिखता हूँ कि तुम कुछ पाप न करो और यदि कोई पाप करे, तो उसे समझाना चाहिए कि पिता के पास मेरा एक सहायक है, अर्थात् धर्मपरायण ईसा। वही मेरे पापों का प्रायश्चित्त है। वह सिर्फ मेरा नहीं, किन्तु सारे जगत् के पापों का त्राता है।

3. **प्रधानता**–मैथ्यू (16.17.19) में कहा है कि उस चट्टान पर मैं अपनी धार्मिक संस्था स्थापित करूँगा। इसी वाक्य के आधार पर कैथलिकों का कथन है कि ईसा ने पीटर को धार्मिक प्रधानता दी और उसके बाद बराबर यह धार्मिक प्रधानता पोपों की रही। प्रोटेस्टेंटों का विचार है कि *बाइबल* में ऐसा कोई वाक्य नहीं है कि ईश्वर ने पीटर को धार्मिक प्रधानता दी।

4. **चट्टान**–चट्टान (Rock) शब्द जो उपर्युक्त वाक्य में आया है, वह लाक्षणिक है।

क्योंकि वह अनादि है और अचल है (*साम.* 1.2)। जोहवा के सम्बन्ध में *बाइबल* ने कहा है–'वह चट्टान है। उसका कार्य पूर्ण सत्य का रूप, न्यायशील और ठीक है।' जो स्वयं ईसामसीह ही है (*कोरेंथियन,* 10.4)।

5. **उत्तराधिकारी**–पीटर के उत्तराधिकारी की हैसियत से रोम का पोप संसार में धर्माध्यक्ष है–यह कैथलिकों का विचार है।
   प्रोटेस्टेंटों का विचार है कि पीटर कभी पोप नहीं था–उसका कोई उत्तराधिकारी नहीं हुआ। इसका भी ऐतिहासिक प्रमाण नहीं है कि पीटर कभी रोम गया। किसी को धर्माध्यक्ष का पद स्वयं लेने का अधिकार नहीं है। मैथ्यू और जॉन, जिनका हवाला कैथलिकों ने दिया है, इसकी पुष्टि नहीं करता।
6. **कुंजी**–**ईश्वर ने पीटर से कहा**–'मैं तुम्हें स्वर्ग की कुंजियाँ दूँगा और जो कुछ तू पृथ्वी पर बाँधेगा, वह स्वर्ग में बँधेगा और जो कुछ तू पृथ्वी पर खोलेगा, वह स्वर्ग में खुलेगा' (*मैथ्यू* 16.12)।
   प्रोटेस्टेंटों का मत है कि *बाइबल* में कुंजी का अभिप्राय यह है कि स्वर्ग-राज्य का उद्घाटन सत्य से होता है और यही सत्य स्वर्ग-द्वार को खोलनेवाली कुंजी है। मैथ्यू के उपर्युक्त वाक्य से यह कदापि नहीं झलकता कि ईसा ने पीटर को स्वर्ग की कुंजी दे दी थी।
7. **गिरजाघर**–कैथलिकों का विश्वास है कि कैथलिक गिरजाघर (चर्च) ही असली स्थान है, जिसे पीटर ने निर्मित कराया और पीटर के उत्तराधिकारी की हैसियत से पोप ही धर्माध्यक्ष है। पोप अभ्रान्त (Infalliable) है और *बाइबल* का अर्थ लगाने का एकमात्र अधिकार उसे ही है।
   प्रोटेस्टेंट के मतानुसार *बाइबल* का कथन है कि चर्च के सदस्य होने का एक ही रास्ता है–ईश्वर और ईसा पर विश्वास। अपने को ईश्वर की इच्छा पर पूर्णतया छोड़कर, सच्चाई से ईसा द्वार प्रदर्शित मार्ग पर चलकर आजीवन उनकी आज्ञा का पालन करना। अनुयायियों द्वारा निर्वाचित होने पर यह सदस्यता का अधिकार किसी को प्राप्त नहीं होता, किन्तु समस्त ऐसे व्यक्तियों को, सदस्यता का अधिकार प्राप्त होता है, जो पूर्णतया परमात्मा की आज्ञा का पालन करते हैं (*हेब्रू,* 11.6, पहला पीटर, 2.21, 8.21, रोमन, 8.29, रिपीलेशन, 2.10)।
8. **मूर्ति**–रोमन कैथलिक गिरजाघरों में मूर्ति एवं चित्र रखते हैं। उनका कथन है कि ईसाई-धर्म ने ईश्वर के पुत्र (ईसा), माता मरियम, सन्तों और देवदूतों की मूर्तियों और चित्रों को रखने की अनुमति दी है। जैसे विभिन्न जातियाँ अपने झंडों की इज्जत करती हैं, वैसे ही मूर्तियों एवं चित्रों द्वारा कैथलिक ईश्वर-पुत्र ईसा एवं अन्य महान् आत्माओं का स्मरण और आदर करता है। कैथलिक का कथन है कि हम मूर्ति को नहीं पूजते; किन्तु जिसका वह प्रतीक है, उसको पूजते हैं। इस सम्बन्ध में प्रोटेस्टेंटों का मत है कि *बाइबल* में कहीं भी मूर्तियों की अनुमति नहीं दी गई है; बल्कि सब प्रकार की मूर्तियाँ ईश्वर की दृष्टि में घृणित समझी गई हैं। *एकसोडस* (20.4-5, *हब्बाकुक* 2.18) में स्पष्ट शब्दों में स्वर्ग, संसार अथवा पताल को किसी

चीज का प्रतिरूप तैयार करना निषिद्ध ठहराया गया है। *मैथ्यू* (6.9-15) में ईसा ने प्रार्थना करने की रीति बतलाई है। प्रत्येक ईसाई को अधिकार है कि बगैर मूर्ति, पुरोहित, पादरी अथवा किसी व्यक्ति की सहायता के ईसा के नाम से परमात्मा की उपासना करे। भगवान ने *जॉन* (15.13) में कहा है कि जो कुछ तुम मेरे नाम से माँगोगे, वही मैं दूँगा, जिससे पुत्र द्वारा पिता की महिमा बढ़े।

9. **पादरी**–रोमन कैथलिकों के मत से समस्त पादरी-वर्ग को 'फादर' कहते हैं और पोप को 'होली फादर' (धर्मपिता)।
   प्रोटेस्टेंटों के मतानुसार, ईसा ने कहा है कि संसार में किसी को पिता न कहो; क्योंकि तुम्हारा एक ही पिता है, जो स्वर्ग में रहता है (*मैथ्यू*, 23.7–11)। लम्बा लबादा आदि पहनना उचित नहीं। ईसा के लिए सब बराबर है। 'जैसे तू, हे पिता, मुझमें है और मैं तुझमें हूँ, वैसे ही वे भी हममें हों। इसलिए कि जगत् विश्वास करे कि तूने मुझे भेजा है।
10. **त्रिमूर्ति**–त्रिमूर्ति, अर्थात् 1. पिता, 2. पुत्र और 3. पवित्र आत्मा–ऐसा कैथलिक का विचार है।

प्रोटेस्टेंटों के कथनानुसार, धर्मग्रंथ का कोई वाक्य नहीं कहता कि तीनों एक ही हैं। ईसा ने कहा–'मैं अपने पिता के यहाँ ये आया हूँ' (*जॉन*, 5.43)। 'मैं स्वर्ग से अपनी इच्छा के अनुसार कार्य करने के लिए नहीं आया; किन्तु उस परमात्मा की इच्छा की पूर्ति के लिए–जिसने हमें भेजा है' (*जॉन*, 6.38)। 'मेरे पिता मुझसे बड़े हैं', (*जॉन*, 14.28)। सूली पर चढ़ाये जाने के पूर्व ईसा ने प्रार्थना की–'हे पिता, वह घड़ी आ पहुँची है कि तू अपने पुत्र की महिमा बढ़ा, ताकि पुत्र भी तेरी महिमा बढ़ाए। क्योंकि, तूने उनको सब प्राणियों पर अधिकार दिया है; जिन्हें तूने उसे दिया है, उन सबको वह अनन्त जीवन दे' (*जॉन*, 17.12)। पवित्रात्मा (Holy Soul) शब्द किसी व्यक्ति को निर्दिष्ट नहीं करता, केवल जोहवा (परमात्मा) की उस शक्ति को निर्दिष्ट करता है, जो मनुष्य की दृष्टि से परे हैं।

29.16 ईसा-प्रार्थना

ईसाइयों की प्रार्थना बहुत सादी है। गिरजाघर में पादरी प्रार्थना पढ़ता है और उसी के अनुसार उपस्थित समुदाय भी पढ़ता है। गिरजा में प्रति रविवार को प्रार्थना होती है। इसके अलावा क्रिसमस आदि त्योहारों के दिन भी गिरजा में सम्मिलित प्रार्थना होती है। ईसाई-प्रार्थना इस प्रकार है–परमात्मा, मुझे अपनी राह दिखा। अपने सम्बन्ध में ज्ञान करा और सत्यमार्ग में मुझे चला। मेरी मुक्ति का ईश्वर तू ही है। मेरा ज्ञान-चक्षु खोल, जिससे मैं तेरी प्रेमपूर्ण आश्चर्यजनक चीजों को देख सकूँ।

बाइबल के आद्योपान्त पढ़ने से यह स्पष्टतया ज्ञात होता है कि इसमें आत्मोत्सर्ग द्वारा मानव-जाति के उद्धार का विस्तृत और सुन्दर विवेचन है। इसका पूरा विवरण 'नया सुसमाचार' (न्यू टेस्टामेंट) के विभिन्न ग्रंथों में मिलेगा। विशेषतः *मैथ्यू* (10.28), *जॉन* (10.15) तथा *पीटर* (1.18.12) में।

29.17 बाइबल की भविष्यवाणी

बाइबल की प्राचीन पुस्तक (*Old Testament*) में ईश्वर-पुत्र ईसा के आगमन की, स्पष्ट शब्दों में, भविष्यवाणी की गई है। ईसाइयों का मत है कि वह भविष्यवाणी कार्यरूप में परिणत नहीं हुई है। उस भविष्यवाणी के अनुसार अवतार अथवा पैगम्बर आगे आनेवाले हैं।

बाइबल की नई किताब में भी, जिसे यहूदी नहीं मानते, अनेक भविष्यवाणियाँ की गई हैं। यथा : ईसा के दूसरी बार संसार में आने का उल्लेख हमें *मैथ्यू, डानेयल* तथा *रिविलेशन* (*Mathew, Daneal* and *Revalation*) में मिलता है। *थिस्सलुनीकि* (5.16) में चेतावनी दी गई है कि ईसा के पुनरागमन के विषय में ईसाई सचेत रहें और एक-दूसरे को शान्ति दिया करें। लिखा है कि दूसरी बार अवतीर्ण होकर ईसा हजार वर्षों तक शासन करेंगे (*रिविलेशन*, 20.4, *ईसाइया*, 5, 1.6-8 आदि)। जब ईसा का राज्य होगा, तब युद्ध बन्द हो जाएगा। एक राष्ट्र दूसरे राष्ट्र से अथवा एक मनुष्य दूसरे मनुष्य से संघर्ष नहीं करेगा (*ईसाइया*, 2.4)। तब अंधों की आँखें खुल जाएँगी और गूँगे अपनी जीभ से जय-जयकार करेंगे। जंगल में जल के सोते फूट निकलेंगे और मरुभूमि में नदियाँ बहने लगेंगी। वहाँ एक सड़क होगी और उसका नाम 'पवित्र मार्ग' होगा। कोई अशुद्ध मनुष्य इस पथ से नहीं चल पाएगा। वह तो पुण्यात्माओं के लिए ही रहेगा। इस मार्ग पर जो चलेगा, वह चाहे मूर्ख भी हो, तो भी नहीं भटकेगा। (*ईसाइया*, 35.5-10)। मनुष्य की आयु बढ़ जाएगी (*ईसाइया*, 65.20)। मूर्तिपूजा कहीं न होगी (ईसाइया, 2.18-20)। हानिकारक जन्तु कहीं नहीं रहेंगे। जो जन्तु रहेंगे, उनके स्वभावों में परिवर्तन हो जाएगा (*ईसाइया*, 11.6-9 एवं 65.25) । शैतान इन हजार वर्षों तक बन्धन में रहेगा। (*रिविलेशन*, 20.2) । समस्त मृत व्यक्ति जी उठेंगे और उन्हें कर्मानुसार फल-प्राप्ति होगी। अविश्वासियों को नरक में डाल दिया जाएगा। आकाश में आग जल उठेगी और अनेक तत्त्व तप्त होकर पिघल जाएँगे (दूसरा पीटर 3.13) । इस परिवर्तन के बाद जो नवीन संसार होगा, उसके रूप का वर्णन *बाइबल* के रिविलेशन के दो अध्यायों में विस्तारपूर्वक दिया गया है।

बाइबल के वाक्यों में पूर्ण विश्वास, श्रद्धा और आस्था रखनेवाले ईसाइयों का मत है कि *बाइबल* की अनेक वाणियाँ अक्षरशः अब तक सत्य हुई हैं। और, ईसा के पुनरागमन के पश्चात् स्वर्ग का राज्य पृथ्वी पर पूर्णरूप से कायम होगा तथा इस राज्य में पाप तथा तज्जनित क्लेशों का नाम-निशान भी नहीं रहेगा।

29.18 यहूदी-धर्म (Jewish Religion)

बाइबल के दो खंड हैं। एक है *पुरातन सुसमाचार* (*Old Testament*) तथा दूसरा है *नूतन सुसमाचार* (*New Testament*) । इसमें प्रथम भाग समग्र ग्रन्थ का तीन-चौथाई भाग है तथा यहूदी-धर्म का मूल ग्रंथ है। इसमें तीन भाग हैं–1. व्यवस्था (Laws), 2. भविष्यवक्ता (Prophets) और 3. पवित्र लेख (Sacred writings) । इन तीनों के भीतर आजकल 39 ग्रन्थ (परिच्छेद) हैं, परन्तु मूल यहूदी *बाइबल* में केवल 24 ग्रंथ थे। नूतन सुसमाचार ईसाइयों का धर्मग्रन्थ है। इसमें 26 ग्रन्थ हैं।

साहित्य की दृष्टि से *बाइबल* में सभी पुस्तकें समान महत्त्व की हैं। साधारण पाठकों को *बाइबल* से जो आन्तरिक प्रेरणा मिलती है, उसका मूल स्रोत घटनात्मक गाथाओं, जीवन-कथाओं तथा ईश्वरीय सन्देशवाहक वाक्यों में ही है।

बाइबल से हमें मानव-जाति के इतिहास तथा उसके धार्मिक विकास का विवरण शुष्क और गूढ़ भाषा में मिलता है। इस गूढ़ता का कारण है प्रसंगों का सांकेतिक भाषा (सूत्ररूप) में वर्णन।

पूर्वभाग की प्रथम पुस्तक *जेनेसिस* (उत्पत्ति) है। इसके पहले अध्याय में सृष्टि का वर्णन है। दूसरे में मनुष्य की उत्पत्ति की कहानी है। तीसरे में शैतान के बहकावे में आकर ईश्वर की स्पष्ट आज्ञा की अवहेलना करने के कारण, प्रथम मानव 'आदम' और उसकी स्त्री 'ईव' (हौवा) के स्वर्ग से पतन की कथा है। इसी कथा का विस्तार अंग्रेजी के विख्यात कवि मिल्टन ने अपने अमर काव्य *पाइराडाइज लॉस्ट* में किया है। जेनेसिस के शेष अध्यायों में नोह, अब्राहम, इसाक, जैकब और जोसेफ के जीवन का रोचक वर्णन है।

29.19 यहूदियों के आदि आचार्य

एकजोडस पूर्वभाग की द्वितीय पुस्तक है। इसमें यहूदियों के आदि-आचार्य 'मूसा' मोसेज की कथा है। इसराइल का इतिहास भी इससे सम्बद्ध है। इसी प्रसंग का वर्णन *लेविटिकस, नम्बर्स, ड्यूटरोनामी* आदि पुस्तकों में है। मूसा ने यहूदियों के लिए अनेक कानून बनवाए। ये कानून बोधगम्य एवं पठनीय हैं। साहित्य की दृष्टि से इनका स्थान बहुत ऊँचा है। इनके कारण पूर्वभाग के नीरस प्रसंगों में भी, सरसता और सजीवता आ गई है।

जोसुआ नामक पुस्तक में मूसा के पुत्र जोसुआ की विजय-गाथा का वर्णन है। देशद्रोही वेश्या राहाव के विश्वासघात के परिणामस्वरूप जोसुआ को अभूतपूर्व सफलता मिली और नगर पर कब्जा हो गया। इसके अनन्तर *बुक ऑफ जजेज* का क्रम आता है। इन पुस्तकों में हमें वीर-रमणी 'डेवोराह' का वर्णन मिलता है। इसके बाद *रूथ की पुस्तक* आती है। इस पुस्तक में यहूदी स्त्रियों के सामाजिक अधिकारों के तथा उत्तराधिकार के नियम हैं। इसमें वर्णित महिलाओं का जीवन-चरित्र सरस, मार्मिक तथा पठनीय है। जन्मभूमि की स्मृति की भावना का सजीव चित्र इसमें है। *सैमुएल और राजाओं की गाथा में* यहूदी-साम्राज्य के गौरवशाली दिनों की कथा का विस्तृत वर्णन है। *क्रोनिकल (इतिहास) की पुस्तकों* में सर्वप्रथम डेविड की कथा है। डेविड की गणना पूर्व पुस्तक के मुख्य चरित्रों में है, इस पुस्तक में प्रसिद्ध राजा सुलेमान के भाँति-भाँति के चरित्रों का वर्णन है और साथ-साथ मन्दिर निर्माण की भी कथा है।

डेविड और उसके पुत्र सुलेमान की कथा *बाइबल* में अपना विशिष्ट स्थान रखती है। यहूदियों के गौरवशाली राज्य के विस्तार का इतिहास सुलेमान की कथा ही है। *इजरा* और *नेहमिया* पुस्तकों में बेबीलोन से यहूदियों के पुनरागमन और येरूशलेम के पुनर्निर्माण की कथा है। इन पुस्तकों में वर्णन किया गया है कि किस कौशल से ईरानी बादशाह की यहूदी रानी सर्वनाश से यहूदियों की रक्षा कर सकी। इसके बाद *जौब* (अयूब) पुस्तक आती है। इसमें जूडिथ की कहानी उत्तेजना और कुतूहल से पूर्ण है। बाद में *साम* (भजन) नामक पुस्तक है।

तत्पश्चात् *प्रोवर्ब* (नीतिवचन-सम्बन्धी) पुस्तक है। यह आचार-सम्बन्धी उपदेश का खजाना है। यह सभी धर्मों और जातियों के लिए समान रूप से पठनीय एवं मान्य है। *इकलेसियास्ट* (सभोपदेश) पुस्तक भी सुन्दर उपदेशों से भरी है।

सुलेमान के गान (श्रेष्ठ गीत) नामक पुस्तक का एक-एक गीत भावपूर्ण और निर्गुणपरक है। उदाहरणार्थ, इसके तीसरे अध्याय में ईश्वर में लीन महिला कहती है–रात के समय मैं अपने पलंग पर अपने प्राणप्रिय को ढूँढ़ती रही। उसे ढूँढ़ती तो रही; पर पा न सकी। मैं उठकर नगर की सड़कों और चौकों में घूमकर अपने प्राणप्रिय को ढूँढ़ती रही, पर वहाँ भी न पा सकी। जो चौकीदार नगर में घूमते हैं, वे मुझे मिले। उनसे मैंने पूछा क्या तुमने मेरे प्राणप्रिय को देखा है? अन्त में प्राणप्रिय मुझे मिला। मैं उसे अपने घर ले आई। फिर, उसे जाने न दिया। इसलिए, हे येरूशलम की स्त्रियों, मैं तुम लोगों से कहती हूँ कि जब तक प्रेम आपसे आप न उठे, तबतक उसको न उकसाओ–न जगाओ।'' इस तरह एक-एक गीत यद्यपि देखने में प्रेमी और प्रेमिका की विरहगाथा है, तथापि है ईश्वरपरक और पूर्णतया निर्गुणात्मक।

इन निर्गुण-गीतों के बाद *इसाइयाह* पुस्तक आती है, जिसमें भविष्यवाणियों का खजाना है। यह संसार में ईश्वर के राज्य (Kingdom of Heaven) के पुनः स्थापित होने की सूचना देती है। *जारमिया* तथा *लैमेंटेशन* (विलाप-गीत) और इजकेल नामक पुस्तकों के बाद *दानियल* की किताब आती है। दानियल संसार-प्रसिद्ध राजा हो गया है। इसकी न्यायपरायणता अपूर्व थी। इसकी पुस्तक में येरूशलम के भविष्य के विषय में यह कहा है कि येरूशलम के फिर बसने की आज्ञा के निकलने से लेकर अभिषिक्त प्रधान के समय तक सात सत्ते बीतेंगे और बासठ सत्तों के बीतने पर चौक तथा खाई समेत वह नगर फिर से बसाया जाएगा, उन बासठ सत्तों के बीतने पर अभिषिक्त पुरुष का नाश होगा–उसके हाथ कुछ न लगेगा, आनेवाली प्रजा नगर और पवित्र स्थान का नाश तो करेगी, पर उस प्रधान का नाश वैसे ही होगा, जैसे बाढ़ से बस्तियाँ बरबाद होती हैं, अन्त तक लड़ाई होती रहेगी; इस नगर का उजड़ जाना अवश्यम्भावी है।

दानियल के बाद *होशे, गोयल, अमोस* आदि बारह पुस्तकें हैं। जिस प्रकार अधर्म का प्रचार और धर्म की ग्लानि होने पर, पीड़ित जनता की प्रार्थना से, समय-समय पर, धर्म की स्थापना और अधर्म का नाश करने के लिए, भिन्न-भिन्न जाति और देश में, अवतार, नबी या पैगम्बर के रूप में, भगवान का आगमन होता आया है, उसी प्रकार भगवान के प्रादुर्भाव के लिए, *हबक्कक* के प्रथम अध्याय में प्रार्थना की गई है–''हे मेरे परमेश्वर यहोवा! मेरे पवित्र ईश्वर! क्या तुम अनादिकाल से नही हो? तुम तो ऐसे शुद्ध हो कि बुराई को देख नहीं सकते, उत्पात को देखकर चुप रह नहीं सकते। फिर, तुम विश्वासघातियों को क्यों देखते रहते हो और क्यों चुप रहते हो? तुम क्यों मनुष्यों को समुद्र की मछलियों तथा रेंगनेवाले जीवों के समान–जिनका कोई राजा नहीं होता–बना देते हो?''

अन्तिम पुस्तक *मलाची* के तीसरे अध्याय में *मलाची* के मुख से ईश्वर कहता है–''सुनो, मैं अपने दूत को भेजता हूँ, वह मार्ग को मेरे आगे सुधारेगा, जिस प्रभु को तुम ढूँढ़ते हो, वह अचानक अपने मन्दिर में आएगा, पर उसके आने का दिन कौन कह सकेगा और, जब

वह दिखाई देगा, तब कौन खड़ा रह सकेगा? क्योंकि वह सोनार की आग और धोबी के साबुन की तरह है। मैं न्याय करने को तुम्हारे निकट आऊँगा। व्यभिचारियों और झूठी शपथ खानेवालों के विरुद्ध न्याय करूँगा । जो मजदूरों की मजदूरी हड़प जाते हैं, जो विधवा तथा अनाथ पर अत्याचार करते हैं, जो परेदशी पर अन्याय करते हैं और मेरा भय नहीं मानते, उनको दंड मिलेगा।'' आगे चलकर, अन्तिम अध्याय में भगवान कहते हैं कि सुनो, धधकते मटके का दिन आता है, जब अभिमानी और दुराचारी उसमें भस्म हो जाएँगे–उनका पता तक न रह जाएगा।

29.20 संक्षिप्त इतिहास

जल-प्रलय के बाद यहूदी के कुछ लोग मिस्र देश में आ बसे। यहूदियों का सम्पर्क, चाल्ड-सभ्यता से, बहुत दिनों से था। इसी कारण उनमें भी स्वप्न-विद्या का अच्छा प्रचार था। असीरिया तथा बेबीलोनिया का संयुक्त चाल्डिया है। सुमेरी सभ्यता के अनन्तर चाल्डिया- सभ्यता का उल्लेख आता है। चाल्डो सभ्यता के विद्वानों में ज्योतिष का विशेष रूप से प्रचार था। उस समय कै महात्माओं का व्यक्तिगत वृत्तान्त तो ठीक-ठीक मिलता नहीं; किन्तु *बाइबल* का पूर्वार्द्ध देखने से ज्ञात होता है कि इन लोगों में स्वप्न-विद्या का अच्छा प्रचार था । कई प्रसिद्ध स्वप्नों के फलादेश का वर्णन *बाइबिल* में मिलता है। इनमें इतना सामर्थ्य था कि स्वप्न का विस्तृत विवरण देकर उसका फल बतला सकते थे। इसी स्वप्न-विद्या के कारण यहूदियों के नेता जैकब के कनिष्ठ पुत्र यूसुफ का मिस्र में सिर्फ सत्कार ही नहीं हुआ, बल्कि वह वहाँ का सर्वेसर्वा हो गया। वह अपने प्रबन्ध-कौशल से, सप्तवर्षीय अकाल से, मिस्र निवासियों की रक्षा करने के कारण, जनप्रिय बन गया। उसने अपने पिता जेकब (यावूफब) एवं भाइयों को अन्य यहूदियों के साथ मिस्र में बुला लिया। वहाँ कुछ काल तक यहूदी फूले-फले। इस घटना का विस्तृत वर्णन *बाइबल* के पूर्वार्द्ध की *जेनेसिस* नामक प्रथम पुस्तक में दिया हुआ है। कालान्तर में मिस्र का फराओ (राजा) यहूदियों से असंतुष्ट हो गया। वह उन्हें तरह-तरह के कष्ट देकर उनकी संख्या-वृद्धि रोकने का असफल प्रयत्न करता रहा। किन्तु, अन्त में जब सफल-मनोरथ न हो सका, तब आज्ञा दी कि यहूदी स्त्री के गर्भ से होनेवाले प्रत्येक बालक की–बालिकाओं की नहीं–हत्या तत्काल कर दी जाए।

29.21 हजरत मूसा

ई.पू. 13वीं शताब्दी में यहूदियों के परमार्थी महात्मा मूसा (Moses) का जन्म हुआ। मूसा भागकर फिलिस्तीन देश में चले गए। वहाँ अपना विवाह करके रहने लगे। एक दिन वे अपने श्वशुर की भेड़ों को चराते हुए पहाड़ पर पहुँचे। वहाँ उनको ज्योतिर्लिंग (अग्निस्तम्भ) के रूप में भगवान के दर्शन हुए। भगवान ने उनकी यहूदियों के भविष्य के विषय में आदेश दिया, उनकी लाठी में शक्ति दी जिसकी सहायता से वे अनेकानेक आश्चर्यों के प्रदर्शन के उपरान्त, यहूदियों को मिस्र से निकालकर लालसागर के पूर्व की ओर लाने में समर्थ हुए। यहाँ सिनाई पर्वत के शिखर पर मूसा को पुनः भगवान के दर्शन हुए। भगवान ने यहूदियों के लिए न्याय एवं

कर्तव्यशास्त्र-सम्बन्धी जो आज्ञा दी, वह दूसरी पुस्तक *एकसोडस* (निर्गमन) के बीसवें अध्याय में स्पष्टतया वर्णित है। तत्पश्चात् मूसा ने भगवान की आज्ञा का प्रचार किया, भगवान की उपासना के लिए मन्दिर के निर्माण की सांगोपांग विधि का वर्णन किया; कहा–"ईश्वर की ओर से आज्ञा हुई है कि मैं उसके बताए हुए धर्म की स्थापना करूँ। अतः, जो ईश्वर का सन्देश नहीं मानेगा, वह दोषी होगा।" ईश्वर की आज्ञा विस्तारपूर्वक तृतीय, चतुर्थ और पंचम पुस्तक–लैव्यवस्था (लैविटियन्स), गिनती (नम्बर्स) और व्यवस्था (डिन्युटेरोमनी)–में उल्लिखित है।

29.22 सुलेमान

मूसा के बहुत दिनों बाद यहूदियों में सुलेमान (Solomon) करीब 972 से 922 ई.पू. तक इजरायल का प्रसिद्ध राजा हुआ। वह बड़ा बुद्धिमान, न्यायपरायण तथा धार्मिक राजा था। उसने येरूशलम मंदिर का निर्माण किया। कालान्तर में बेबीलोन के राजा नवूकनजर ने यहूदियों को परास्त करके उनकी संस्कृति को तहस-नहस कर डाला। अधिकांश यहूदियों को कैद करके दास रूप में (587 ई.पू.) अपने देश को ले गया। इसके बाद जब फारस का राजा साइरस (खोरस) ने बेबीलोन को जीता, तब उनमें से अधिकांश मुक्त होकर अपने देश लौट आए। इस निर्वासन-काल में यहूदियों के अनेक भविष्यवक्ता हुए। इनके नाम हैं–1. होसिया, 2. अमोस, 3. ईसाइया, 4. माइकर, 5. नाहम, 6. जेफानिया, 7. हवावूफक, 8. जैरमिया, 9. एज्जैकियल, 10. दानियल, 11. हर्गाई, 12. जेकरिया, 13. मलासी, 14. जोयल और 15. ओवादिया। इन समस्त भविष्यवक्ताओं के नाम पर, *बाइबल* के पूर्वार्द्ध की भिन्न-भिन्न पुस्तकें हैं। इनमें *दानियल* बहुत प्रसिद्ध है। बाइबल के 27 वें पर्व, अर्थात् पुस्तक का नाम *दानियल* है। इनमें इनकी अलौकिक शक्ति का पठनीय वर्णन है।

यहूदी आज अमेरिका और रूस में प्रभावशाली हैं। इसी प्रभाव के कारण इन दो देशों ने नवनिर्मित यहूदी-राज्य को स्वीकार कर लिया है। ब्रिटिश-शासन का जब से आरम्भ हुआ, तब से ये लोग भारत में व्यापारार्थ आ बसे। इनकी एक शाखा को वेनी इसरायल कहते हैं। उनका मूल पुरुष 614 ई. में अरबिस्तान से भारत आया। नवग्राम के निकट, समुद्र में तूफान उठने के कारण, जहाज नष्ट हो गया। उनमें से केवल 8 पुरुष और 8 स्त्रियाँ जीवित बचीं। इनकी सन्तति की संख्या बहुत बढ़ गई। आज भी कोंकण (महाराष्ट्र) के अनेक ग्रामों में ये लोग बसे हुए हैं। उनका रहन-सहन हिन्दुओं की तरह है। उनके बच्चों के नाम–हिन्दू और हेब्रू–दोनों रखे जाते हैं।

इस धर्म के अनुसार 'अब्राहम' ईश्वर के प्रथम दूत (पैगम्बर) थे। वे महात्मा यूसुफ (Joseph) के दादा थे। उन्होंने ही ईश्वर की आज्ञा से **खतना** (Circumsation) का नियम प्रचलित कराया और बुढ़ापे में अपना भी खतना कराया। इस रिवाज को मुसलमानों ने भी स्वीकार किया। उनके यहाँ अब भी बच्चों का खतना धूमधाम से होता है।

यहूदी न्याय-दिवस (Resurrection Day), देवदूत, ईश्वर एवं शैतान के अस्तित्व में विश्वास करते हैं। यहूदियों का विश्वास है कि न्याय के दिन हर एक मनुष्य के कार्य की जाँच होगी और पुनरुत्थान के बाद मनुष्य को नरक के पुल से गुजरना पड़ेगा।

29.23 मान्य सिद्धान्त

1. यहूदियों का विश्वास है कि मरने के बाद मनुष्य की आत्मा तीन दिन तक शरीर के चारों ओर चक्कर काटती है; क्योंकि वह मोहवश शरीर छोड़ना नहीं चाहती।
2. यहूदियों के मत के अनुसार भगवान के हाथ में वर्ष, जीवन और मृत्यु से सम्बन्ध रखनेवाली तीन कुंजियाँ हैं, जिन्हें ईश्वर दूसरे को नहीं देता।
3. ईश्वर का एकत्व, ईश्वर की पवित्रता एवं निराकारता—इस धर्म के मुख्य सिद्धान्त हैं।
4. ईश्वर सारे संसार का रचयिता है। वह दयावान है। उससे अन्याय सम्भव नहीं, सारी सृष्टि का वह पिता है।
5. यहूदी सन्तों ने पश्चात्ताप के प्रभाव पर बहुत जोर दिया है। कहा है, अन्तिम काल के पश्चात्ताप पर मनुष्य का भाग्य निर्भर रहता है। ऐसा कोई स्थान नहीं है तथा ऐसी कोई वस्तु नहीं है, जिस पर पश्चात्ताप के अश्रु का प्रभाव न पड़े।
6. यहूदियों की प्राचीन संस्कृति में यज्ञ का स्थान अत्यन्त ऊँचा है। उनके यज्ञ में पशुबलि परम आवश्यक थी। इस बलिदान की प्रथा अब्राहम से आरम्भ हुई, जिन्होंने प्रतिज्ञानुसार अपने पुत्र का बलिदान देना चाहा, किन्तु भगवान ने आकर रोका और बदले में भेड़े का बलिदान स्वीकार किया। यह कथा प्रथम पर्व 'जेनसिस' में है और वैदिक कथा (शुनःशेप) से मिलती-जुलती है।
7. यहूदी-धर्म में संन्यास का कोई स्थान नहीं है।

29.24 दस मुख्य आज्ञाएँ

1. मैं तुम्हारा ईश्वर हूँ और तुम्हें मिस्र देश से, गुलामी के फन्दे से निकालकर यहाँ लाया हूँ।
2. मेरे सिवा तुम्हारे लिए दूसरा कोई देवता न होगा। तुम न किसी प्रकार की मूर्ति बनाना और न स्वर्ग को किसी वस्तु के रूप को गढ़ना।
3. तुम व्यर्थ ईश्वर का नाम न लेना, जो व्यर्थ ईश्वर का नाम लेगा, वह निर्दोष नहीं समझा जाएगा।
4. तुम पवित्र दिन (शनिवार) को न भूलना। उस दिन तुम्हें कोई काम नहीं करना होगा। भगवान ने छह दिन काम कर सातवें दिन विश्राम किया।
5. माता और पिता का आदर करो।
6. हत्या न करो।
7. व्यभिचार न करो।
8. चोरी न करो।
9. अपने पड़ोसी के खिलाफ झूठी गवाही न दो।
10. अपने पड़ोसी के मकान, स्त्री, नौकर, नौकरानी, बैल, गदहा—किसी वस्तु के प्रति लालच न करो।

महात्मा मूसा के प्रति यहूदियों की अपार श्रद्धा है। मूसा द्वारा निर्दिष्ट धर्मशास्त्र-विषयक आदेशों का उनमें बड़ा मान है। कुछ विद्वानों का मत है कि इन आदेशों में केवल यहूदी धर्म की बाह्य बातें दी गई हैं। यहूदियों में गुप्त तथा प्राचीन मौखिक रहस्यवाद का प्रचार गुरु-शिष्य परम्परा से चला आता है। इस रहस्यवाद का नाम 'केबाला' और इसका सम्बन्ध निश्चय ही गुप्त योगविद्या से है।

ईश्वर से प्रार्थना की गई है कि हम लोगों में आपकी आज्ञा और नियम के अनुसार चलने की क्षमता हो, हम लोग पाप न करें, लोभ में न पड़ें। हम लोगों का अपमान न हो। सब प्रकार की बुराई को हमसे दूर कीजिए। हमें अपनी कृपा का पात्र बनाइए। भगवान, आप धन्य हैं कि आपकी कृपा इसराइलों पर है। एवमस्तु!

29.25 शिन्तोधर्म

शिन्तोधर्म (Way to the gods) जापान-निवासियों का राष्ट्रीय धर्म है। इसमें प्रकृति-पूजा के साथ पूर्वजों की पूजा भी समाविष्ट है। इस धर्म के अस्सी लाख देवताओं के समूह में प्रमुख स्थान 'अनाटेरा सुओमीकामो' अर्थात् सूर्यदेवी (?) को प्राप्त है। जापान के राजवंश का जन्म इसी देवी से हुआ था--ऐसा उन लोगों का विश्वास है। इसी कारण जापान में मेकैडो (सम्राट) की प्रतिष्ठा ईश्वर-तुल्य है। प्राचीन शिन्तोधर्म का पुनरुत्थान 17वीं शताब्दी में हुआ। 18वीं शताब्दी में हुए जापानी राष्ट्रवाद के विकास में इस धर्म की भूमिका महत्त्वपूर्ण रही। यद्यपि जापान के देववृन्द में बहुत से प्राकृतिक देवता तथा समुद्र, नदी, वायु, अग्नि, पहाड़ आदि अधिष्ठात्री देवियाँ, अनेक सुप्रसिद्ध योद्धा और राजघराने के राजभक्त अनुयायी भी सम्मिलित हैं, तथापि शिन्तोधर्म राजवंश की प्रथम प्रवर्तिका देवी तथा उसके सम्बन्धियों और वंशजों की पूजा का ही सूचक है। शिन्तोधर्म के पूर्णतया समझने पर ही जापानियों के जीवन और सभ्यता का उचित ज्ञान हो सकता है। इस धर्म में न उत्कृष्ट दर्शन है न पेचीली क्रिया-पद्धति। यह एक तरह की प्रबल भावना है, जिससे तत्त्वविज्ञान या धर्मशास्त्र का कोई सम्बन्ध नहीं है। इसमें सुगम साहित्यिक विचार अथवा उच्च कल्पना का अभाव है। पूजा एक प्रकार से शिष्टता मात्र ही है। यह हृदय का धर्म है। शिन्तो स्वाभाविक और वास्तविक धार्मिक शक्ति है जो जापानियों के जीवन की रग-रग में व्याप्त है। शिन्तो का सिद्धान्त जापानियों की सभ्यता, नियम, पारिवारिक एवं जातीय गठन की पृष्ठभूमि है। शिन्तो ने जापानियों के धार्मिक तथा सामाजिक व्यवस्था का नया संस्कार करके नूतन जीवन प्रदान किया है। शिन्तोधर्म बहुत अंश में बौद्ध एवं हिन्दू-धर्म से मिलता-जुलता है। उस पर निकटवर्ती चीन के कनफ्यूशियस का भी प्रभाव है।

29.26 देवता

शिन्तो के टिओबू (अद्वैत आध्यात्मिक सिद्धान्त) के अनुसार 'अमेनोमीन कानुसी' सर्वशक्तिमान सर्वव्यापी आत्मा ही है। इसके अन्दर दृश्य तथा अदृश्य जगत व्याप्त है। यह गुणों के परे है। इसकी तुलना हम *ऋग्वेद* के 'हिरण्यगर्भ' अथवा उपनिषद् के 'ब्रह्म' से कर सकते हैं।

इस धर्म के अनेक देवताओं के बीच अतिप्राचीन काल से सूर्य देवता (अनाटेरा सुओमीकामो) की प्रतिष्ठा सबसे ऊपर है। इसके बाद वृष्टि के देवता (सुरतानो आनो मिकटो) का तथा चन्द्र देवता (रसुकियोमीनी मिकटो) का स्थान आता है। इस त्रिमूर्ति का क्रमशः आकाश, समुद्र और रात्रि पर अधिकार है।

29.27 पूजा पद्धति

इस धर्म में पूजा का अर्थ होता है—नमन, नैवेद्य और प्रार्थना। नैवेद्य में मुख्यतः भोजन तथा पेय पदार्थ सम्मिलित हैं। पहले इसके साथ वस्त्र अर्पित करने की प्रथा थी। बाद में कागज के टुकड़ों को कपड़े का प्रतीक मानकर एक डंडे में लपेटकर वेदी पर रखने की प्रथा चल पड़ी।

पूजा के पहले पवित्रता का खयाल रखना जरूरी है। इसके लिए तीन तरीके बतलाए गए हैं—हाराई (मन्त्रोच्चारण), मिसौगी (अभिषेक) तथा इमी (मनोनिग्रह, अर्थात् ध्यान)। पवित्रता शिन्तोधर्म का सर्वमान्य गुण है। यदि मनुष्य की आन्तरिक पवित्रता है, तो वह अवश्य ईश्वर को प्राप्त करेगा। निष्कपटता पवित्रता का मुख्य अंग है।

आरम्भ से शिन्तोधर्म में आचारशास्त्र की पद्धति न थी। वह मनुष्य के आन्तरिक सौजन्य पर जोर देता था। हृदय के भीतर की सच्ची प्रेरणाओं का अनुगमन करो—यही इनकी नैतिक शिक्षा का सार था। काल-क्रम से कनफ्यूसियस तथा बौद्धधर्म का प्रभाव शिन्तोधर्म पर पड़ा और यह धर्म इन दोनों धर्मों के आचार-विचार से विशेष प्रभावित हुआ।

29.28 शिन्तोधर्म का विकास

शिन्तोधर्म में माने गए देवगण केवल आंशिक अवतार या छायामात्र हैं। इन देवताओं के सम्मिलित रूप से प्रत्येक 'कामो,' (शिन्तो देवता) किसी बौद्ध देवता की पवित्र छाया समझा जाता था। इस उभयरूपधारी शिन्तोधर्म को समझौते की प्रवृत्ति का सूचक ही समझना चाहिए। इस सिद्धान्त के अनुसार शिन्तोधर्म के देवता, बुद्ध के उन-उन मूलरूपों के ही अवतार बताए गए, जो स्वर्ग में विराजमान हैं। उदाहरणार्थ, यह कहा गया है कि शिन्तोधर्म का सबसे महान देवता अनाटेरा सुओमीकामों (सूर्यदेवी) है। यह धारणा लगभग 1000 वर्ष तक रही। अठारहवीं शताब्दी में शिन्तोधर्म ने नया रूप धारण किया और एक बार पुनः नव संस्कार हुआ। इस परिष्कृत शिन्तोधर्म का अगुआ एवं सुधारक माटा-ओरो नोरी गामा (1730-1801 ई.) नामक व्यक्ति था, जिसका कहना था कि विदेशी प्रभाव को निकाल देने से शिन्तोधर्म का जो रूप रह जाता है, वह सबसे अच्छी देन है, जो मनुष्य को दिव्य युगों से प्राप्त हुई है।

आजकल शिन्तोधर्म दो हिस्सों में बँट गया है। एक इसका सनातन रूप है, जिसका समर्थन वहाँ की सरकार भी करती है और दूसरा रूप, इसके भिन्न-भिन्न सम्प्रदायों में, दृष्टिगोचर होता है। 1886 ई. में सम्राट की पुनः प्रतिष्ठा का एक बड़ा कारण शिन्तो मत का पुनरुद्धार भी था। रियोबू (अद्वैत सिद्धान्त) की प्रतिष्ठा नष्ट हो गई और साथ-साथ देवताओं को बुद्ध का अवतार न कहकर स्वतन्त्र अस्तित्व माना जाने लगा। राजकीय उत्सवों के समय होनेवाले अर्द्धधार्मिक कृत्य अब शिन्तोधर्म के अनुसार किया जाने लगा।

शिन्तो-समाधियाँ सरकारी संरक्षण में ली गईं। सारे जापान में छोटी-बड़ी लगभग एक लाख चौदह हजार समाधियाँ हैं।

धार्मिक विषयों में सरकार की ओर से कोई हस्तक्षेप नहीं होता है। राजकीय शासन विधान के अनुसार प्रत्येक व्यक्ति को विचार-स्वातन्त्र्य प्राप्त है। सरकारी आँकड़ों से विदित होता है कि इस मत के अनुयायी करीब दो करोड़ हैं। पुनः प्रतिष्ठा के बाद शिन्तोधर्म की सुख-समृद्धि का समय आया। राष्ट्रीय भावना और प्राचीन बातों को अपनाने की नीति के कारण इसका अधिक प्रचार होना अनिवार्य था। अन्य मतावलम्बियों को इस मत के अनुयायी बनाने का किंचित् प्रयत्न भी किया गया और 'देवताओं के मत' का प्रचार करने के लिए धर्मदूतों की नियुक्ति की गई। इस मत की तीन बातें मुख्य बताई गई हैं–

1. देवताओं का सम्मान तथा देशानुराग के सिद्धान्त का अनुकरण करना;
2. स्वर्ग के मार्ग का तथा मनुष्य के जीवन का परिष्कार करना और
3. सम्राट का शासनाधिकार कृतज्ञतापूर्वक स्वीकार करना और उसकी इच्छा के अनुसार चलना।

29.29 शिन्तोधर्म की विशेषता

शिन्तोमत के अध्ययन का क्रम अब भी जारी रहने के कारण हैं–एक तो इसका ऐतिहासिक महत्त्व, दूसरा नैतिक तथा सामाजिक पहलू। इसमें धर्म के कुछ निश्चित सिद्धान्तों का न होना ही इसके बहुत से अनुयायियों की निगाह में एक आकर्षक बात है; क्योंकि निश्चित धार्मिक सिद्धान्तों के अभाव में, वे अपने-अपने विचारों के अनुरूप, धर्म के स्वरूप का भिन्न-भिन्न तरह से प्रतिपादन कर सकते हैं।

29.30 शिन्तो-प्रार्थना

हमारी आँखें भले ही अपवित्र वस्तु देखें, किन्तु हे भगवान, हृदय में अपवित्र भावों का उदय न हो। हमारे कान भले ही अपवित्र बात सुने, किन्तु हमारे चित्त में अपवित्र बातों का अनुभव न हो।

29.31 शिन्तोधर्म की दस आज्ञाएँ

1. ईश्वरेच्छा के प्रतिकूल आचरण न करो।
2. पूर्वजों के प्रति अपना कर्तव्य न भूलो ।
3. राजनियम का उल्लंघन न करो।
4. देवताओं के अगाध गुणों को न भूलो। उन्हीं की कृपा से विपत्ति टलती है और रोग का शमन होता है।
5. यह कभी न भूलो कि संसार एक बड़ा परिवार-सदृश है।
6. अपने परिमितता को न भूलो।

7. यद्यपि अन्य क्रुद्ध हो जाएँ, तथापि स्वयं क्रुद्ध न हों।
8. अपने कार्य में आलसी न बनो।
9. शिक्षा पर लांछन न लगने दो।
10. बाहरी शिक्षा के प्रलोभन में न पड़ो।

सन्दर्भ सूची

1. अमर फारुकी (*प्राचीन और मध्यकालीन सामाजिक संरचनाएँ और संस्कृतियाँ*, दिल्ली 2003 पृष्ठ 403) के अनुसार ईसा मसीह के जन्म से सन् ईस्वी की शुरुआत मानी जाती है। लेकिन ग्रहों की गति और ईसाई पंचांग में हुए संशोधनों के आधार पर हाल के अध्ययन यह इंगित करते हैं कि ईसा का जन्म करीब 6 ईसा पूर्व में अर्थात् आज से करीब ढाई हजार वर्ष पूर्व हुआ था।
2. ईसा मसीह की शिक्षाओं का सारांश *सर्मन ऑन दि माउंट* (पहाड़ी पर के प्रवचन) में संकलित है।
3. ईसा को क्राइस्ट (Christ) कहा जाता है। क्राइस्ट एक यूनानी शब्द क्रिस्टोस से लिया गया है जिसका वही अर्थ होता है जो हिब्रू के माशियाह या मसीहा का है।
4. सेंट पॉल का पुराना नाम साउल था। प्रारम्भ में उसने ईसा के उपदेशों का घोर विरोध किया। पर एक बार ईसाई धर्म में दीक्षित हो जाने के बाद उसने अपने जीव को इंजीलों के प्रचार के लिए अर्पित कर दिया।
5. बैपटिज्म का शाब्दिक अर्थ डुबकी लगाना होता है।

अध्याय-30

इस्लाम

इस्लाम का अर्थ ईश्वर के सामने स्वयं को समर्पित करना होता है। इस धर्म का जन्म पश्चिमी अरब में 7वीं सदी में हुआ। इस्लाम का धर्म सिद्धान्त *पवित्र कुरान* में प्रतिपादित किया गया है। यह आदिम धर्मों और साथ ही यहूदी धर्म, ईसाई धर्म एवं जरथ्रश्ट धर्म के तत्त्वों को मिलाकर बना है। इसका आधार सर्वशक्तिमान अल्लाह में आस्था है। अल्लाह की इच्छा के अनुसार संसार में समस्त घटनाएँ घटित होती हैं।

30.1 अरब की भौगोलिक दशा

अरबों की जन्मभूमि दक्षिण-पश्चिम एशिया का विराट अरब प्रायद्वीप थी। इसका अधिकांश सूखे मैदानों और अर्धरेगिस्तानों से घिरा हुआ है और जगह-जगह एकदम खुश्क और बेहद गरम रेगिस्तान भी है। अरब की जलवायु सूखी और गरम है तथा वहाँ वर्षा बहुत ही बिरल है।

इस बंजर इलाके में खानाबदोश कबीलाई समुदाय रहा करते थे। इन्हें बद्दू कहा जाता था।[1] बद्दू लोग ऊँट, भेंड़ और घोड़े पालते थे और अपने जानवरों के झुंडों के साथ कठोर घास और कँटीली झाड़ियों से भरे मैदानों में भटका करते थे। बद्दुओं के कठोर जीवन में ऊँट उनके हरदम के साथी थे। ऊँटों का मांस और दूध उनका आहार था, वे ऊँट के ऊन के बुने कपड़े पहनते थे और झुलसानेवाली गरमी और जमा देनेवाली ठंड में ऊँट के बालों के नमदे से बने तंबुओं में ही शरण पाते थे। नई जगह जाते समय ऊँट—**रेगिस्तान का जहाज**—ही बद्दुओं के तंबू और उनके नाममात्र के सामान को ढोया करता था।

स्थायी जीवन प्रणाली को अपनानेवाले कुछ अरब लोग प्रायद्वीप के पश्चिम और दक्षिण में नखलिस्तानों में बसे हुए थे। कुओं और चश्मों के साथ-साथ काश्त किए हुए खेत, बाग और फलोद्यान नहीं थे, खजूर के ऊँचे पेड़ों के कुंजों में मिट्टी के झोंपड़े थे।

बैजंतिया और अफ्रीका तथा भारत के बीच प्राचीन व्यापार मार्ग लाल सागर के तट के साथ-साथ जाता था। धीरे-धीरे उसके साथ बस्तियाँ भी पैदा हो गईं, जिनमें **मक्का** सबसे बड़ा नगर था।

खानाबदोशों का बसे हुए अरबों के साथ खूब व्यापार था। वे लोग पशु लेकर मक्का आते थे और उनकी अनाज, कपड़ों और हथियारों जैसी अपनी जरूरत की चीजों से अदला-बदली

किया करते थे। मक्का के व्यापारी भी हर साल व्यापारिक वस्तुओं के साथ कितने ही कारवाँ निकटवर्ती देशों को भेजा करते थे।

30.2 अभिजातों का उदय

खानाबदोश बद्दू अनेक कबीलों और कुलों (गोत्रों) में बँटे हुए थे। चरागाहों पर कबीले का समूचे तौर पर स्वामित्व था, मगर पशुओं के झुंड अब अलग-अलग परिवारों के स्वामित्व में आ चुके थे। अच्छे चरागाहों को लेकर कबीलों के बीच अक्सर झगड़े होते रहते थे। **कुल वैर प्रथा**, जिसके अनुसार अपने किसी सदस्य की हत्या का बदला पूरे कुल को लेना होता था, भी भयंकर टकरावों को जन्म देती थी। हर कबीला अपने ही देवताओं की उपासना करता था और यह अरबों के बीच वैमनस्य को और भी बढ़ाने का कारण था।

हर कबीले का अपना **मुखिया** या सरदार होता था, जो लड़ाइयों के समय कबीले के योद्धाओं का नेतृत्व करता, पड़ाव डालने की जगह चुनता था और सदस्यों के बीच विवादों का निपटारा करता था। अभिजात (अति सुविधा प्राप्त वर्ग) बद्दुओं के पास पशुओं के बड़े-बड़े झुंड थे। उनके ऊँट और बढ़िया नस्ल के घोड़ों के झुंड जलाशयों के पास सबसे अच्छे चरागाहों में चरा करते थे। मुखिया और उसके रिश्तेदारों के यहाँ युद्धबंदी दासों की तरह काम किया करते थे। वे खेतों को सींचने के लिए नखलिस्तानों में कुएँ और नहरें खोदते थे और अभिजातों के पशुओं को चराते और सँभालते थे।

हर कबीले में बहुत से निर्धन भी होते थे जो अपने संपन्न संबंधियों के यहाँ काम करने को मजबूर थे। सूखा पड़ने के समय, जब रेगिस्तान झुलसता होता था और बहुत से पशु मर जाया करते थे, निर्धनों के लिए बहुत विकट होता था और उन्हें भूख तथा दूसरे अभावों को झेलना पड़ता था। सातवीं सदी के आंरभ में अरब में गोत्र-कुल व्यवस्था का विघटन शुरू हो गया।

30.3 कबीलों का एकीकरण

कबीलों में संख्या-वृद्धि हो रही थी, मगर उन्हें पहले की तरह ही बंजर रेगिस्तानों से बँधे रहना पड़ा रहा था। कबीलों के भीतर संघर्ष प्रखर होता जा रहा था। अभिजात लोग सबसे बढ़िया जमीनों को दबोचने के आकांक्षी थे और साधारण लोगों को अपनी जानवरों की देखभाल में ही लगाए रखना और उन्हें अपनी अधीनता में रखना चाहते थे। निर्धन लोग अक्सर अभिजातों के खेतों पर हमले करते थे और उनके जानवरों को चुरा ले जाते थे।

बाहरी शत्रुओं के साथ संघर्षों के परिणामस्वरूप अरब कबीलों में एकता की भावना विकसित हुई। छठी सदी के अंत में ईरान ने अरब के दक्षिणी भाग को जीत लिया था और बाद में बैजंतिया ने प्रायद्वीप के भीतरी भाग पर अधिकार कर लिया था। इससे अरबों के व्यापार में बाधा पड़ने लगी। व्यापारी नुकसान उठाने लगे और निर्धनों की रोजी जाती रही। अरब अभिजातों ने निर्धनों को पड़ोसी देशों—सीरिया, मिस्र और ईरान को जीतने और लूटने के लिए फौजी मुहिमों में ले जाने की कोशिश की।

अभिजात लोग निर्धनों पर अपनी सत्ता को मजबूत करने और पड़ोसी देशों को जीतना शुरू करने के लिए अरब कबीलों को एकीकृत करना चाह रहे थे।

30.4 इस्लाम और अरबों का एकीकरण

अरब कबीलों के एकीकरण को एक नए धर्म **इस्लाम** ने कृपा कर दिया। इस्लाम के संस्थापक मक्का के रहनेवाले हजरत **मोहम्मद** थे, जो बचपन में ही अनाथ हो गए थे। वे व्यापारियों के काफिलों के साथ जाया करते थे और फिर खुद भी व्यापारी हो गए।

मोहम्मद का कहना था, "अल्लाह के अलावा और कोई ईश्वर नहीं है" और अपने को वह अल्लाह का संदेशवाहक **पैगंबर** कहते थे। उन्होंने अरबों को आपसी दुश्मनी को त्यागने और एक ही धर्म में एक हो जाने के लिए आह्वान किया। शीघ्र ही उनके बहुत से अनुयायी हो गए। नए धर्म को स्वीकार करनेवाले अपने को **मुसलमान** (मूसलिमून अर्थात् अल्लाही की) या **मुस्लिम** कहते थे।

ईसाई धर्म की ही भाँति इस्लाम भी आम लोगों से आज्ञाकारिता का तकाजा करता है। **इस्लाम** शब्द का अर्थ ही स्वीकार करना, ईश्वर की इच्छा के आगे सिर झुकाना अर्थात् आज्ञा का पालन करना है। *कुरान* मुसलमानों का धर्मग्रंथ है। इस्लाम अपने अनुयायियों से सत्ताधारियों और अभिजातों की बेउज्र आज्ञाकारिता की अपेक्षा करता है, क्योंकि उन्हें उनकी स्थिति स्वयं अल्लाह ने प्रदान की है। इस्लाम निजी सम्पत्ति की रक्षा करता है और लोगों को औरों की सम्पत्ति की, जो उन्हे अल्लाह ने दी है, लालसा न करने की हिदायत देता है। गरीब की जिन्दगी चाहे कितनी भी मुश्किल क्यों न हो, उसे धीरज रखना और प्रार्थना करना चाहिए। दीनदारों को स्वर्ग में सुखमय और आनंदपूर्ण जीवन, प्रत्याभूत किया जाता है, जबकि पाप करनेवालों को जहन्नुम (नरक) की आग में जलना होगा।

इस्लाम काफिरों (ईश्वर को न माननेवालों और विधर्मियों) के खिलाफ जिहाद (धर्मयुद्ध) का आह्वान करता है। *कुरान* में कहा गया है कि जिहाद में मारे जानेवाले मुसलमानों को सीधे जन्नत (स्वर्ग) नसीब होगा।

630 ई. के आसपास अधिकांश अरब कबीलों ने इस्लाम अंगीकार कर लिया और मोहम्मद की प्रभुता को स्वीकार कर लिया। विरोधियों को उनके खिलाफ सेनाएँ भेजकर कुचल दिया गया। मक्का इस्लाम का केन्द्र और मुसलमानों का पवित्र नगर बन गया। मोहम्मद अब राज्य और धर्म के प्रधान बन गए। असमानता के उदय और वर्गों के पैदा होने के साथ अरब राज्य का निर्माण हो गया।

30.5 मुहम्मद साहब की जीवनी

भारत में हजरत मुहम्मद (570-632) की जीवनी के सबसे बड़े लेखक मौलाना शिवली हैं। नैतिक विचार, धार्मिक शिक्षाओं और अरब में सुरक्षा संगठन की स्थापना के लिए मुहम्मद साहब की ख्याति विश्व में फैली। वे कुरैश कबीले में हाशिम कुल के थे। मुहम्मद साहब के पिता का नाम अब्दुल्ला मुत्तलिब और दादा का नाम हाशिम था। 570 में मुहम्मद साहब का जन्म मक्का में हुआ था।

उनके जन्म के पूर्व ही पिता और जब वे छः वर्ष के थे तो माँ आमिना का भी देहान्त हो गया। गरीब चाचा अबूतालिब ने मुहम्मद साहब का पालन-पोषण किए। अबूतालिब एक कबीले के स्वामी थे। मोहम्मद हबीब और खलिक अहमद निजामी (*दिल्ली सल्तनत*, भाग, एक दिल्ली, 1978 पृष्ठ संख्या 4) के अनुसार, बाल्यावस्था में मुहम्मद साहब के प्रारम्भिक काल की जानकारी कुछ विशेष नहीं मिल पाती है। युवावस्था में उन्होंने व्यापारिक कारवाँ का प्रबन्ध करने में एक ईमानदार और विश्वसनीय कार्यकर्ता के रूप में अपने लिए जीविकोपार्जन का एक अच्छा साधन बना लिया। 25 वर्ष की अवस्था में उन्होंने एक 40 वर्षीय धनी महिला खदीजा से विवाह कर लिया जिनके व्यापारिक कारवाँ का वे प्रबन्ध कर चुके थे। इस समय तक मुहम्मद साहब अरब के प्रत्येक जनजाति और कबीले के आपसी तनाव एवं संघर्ष तथा आर्थिक परिस्थितियों का अध्ययन इतने गहरे ढंग से कर लिये थे कि उन्हें धोखा देना सम्भव नहीं था।

एशिया के दक्षिण-पश्चिम में स्थित अरब करीब 1500 मील लम्बा और 1900 मील चौड़ा था। अरब, जिसका अर्थ ही मरुस्थल होता है, में कृषि कार्य सम्भव नहीं था। वहाँ के निवासी प्रायः खानाबदोश जीवन बिताने के लिए मजबूर थे। धार्मिक दृष्टिकोण से यहाँ लगभग 360 देवताओं की पूजा 72 मुस्लिम धार्मिक सम्प्रदायों द्वारा की जाती थी। समाज में हमेशा तनाव और संघर्ष का वातावरण बना रहना स्वाभाविक था। खदीजा से शादी कर मुहम्मद साहब मक्का के एक धनी व्यक्ति हो गए थे, लेकिन अरब की सामाजिक, आर्थिक एवं धार्मिक स्थितियों से वे दुःखी थे। **हदीस** के अनुसार, उन्होंने अरब में प्रचलित यहूदी, ईसाई तथा यूनानी विचारों का सावधानीपूर्वक अध्ययन किया और प्रायः अपना भोजन-पान लेकर हीरा की कठिन गुफाओं में ध्यान करने के लिए बहुत दिनों तक एकांतवास किया करते थे। एक लम्बी अवधि तक आध्यात्मिक अनुभव 40 वर्ष की अवस्था में प्राप्त करने के पश्चात् मुहम्मद साहब ने **नबी** अर्थात् अपने को सिद्धपुरुष और **रसूल** अर्थात् देवदूत (अल्लाह का प्रतिनिधि) महसूस किया। उन्होंने अल्लाह को सर्वशक्तिमान और अपने को उनका पैगम्बर (प्रतिनिधि) माना।

अरबों के बीच आपसी तनाव का मुहम्मद साहब ने सबसे बड़ा कारण अनेक मूर्तियों की पूजा और कई धार्मिक सम्प्रदायों की उपस्थिति को माना। उन्होंने बताया कि अल्लाह कोई जनजातीय देवता नहीं बल्कि समस्त ब्रह्मांड का स्वामी (रब्बुल आलगीन) है। मूर्तिपूजा को उन्होंने आधारहीन बताया। अल्लाह की अराधना सीधे करने को उन्होंने ईश्वर तक पहुँचने का सीधा और आसान मार्ग बताया। इस तरह उन्होंने कट्टर **एकेश्वरवाद** की बात अरबवालों को बताई। उन्होंने बताया कि सभी मुसलमान भाई-भाई हैं। इस्लाम (ईश्वर के प्रति आत्मसमर्पण) में महाधिसत्ता या पुरोहिताई का उनके अनुसार कोई स्थान नहीं होता।

एक गुप्त धर्म के रूप में इस्लाम का प्रचार लगभग 30 वर्षों तक किया गया क्योंकि इसका विरोध होना अवश्यम्भावी था। अनेक धार्मिक विश्वासों से कुरैशी व्यापारी वर्ग को काफी आर्थिक लाभ होता था, अतः कुरैशियों का व्यापारी वर्ग सर्वप्रथम मुहम्मद साहब का विरोध किया क्योंकि वे एकेश्वरवाद के समर्थक थे। जानलेवा विरोध के कारण 622 में मुहम्मद साहब मक्का छोड़ मदीना चले गए। इसी समय से अरब में **हिजरी संवत्** अर्थात् मुसलमानों

का पंचांग का प्रथम वर्ष शुरू हुआ। मुसलमान इतिहासकारों ने 9 हिजरी अर्थात् अप्रैल, 630 से अप्रैल, 631 को शिष्टमंडलों **(वफ्द)** का वर्ष बताया है। मदीना में मुहम्मद साहब ने खजूर के पेड़ से **प्रथम मस्जिद** बनाया और खजूर के पत्तों से छा दिया गया ताकि छाया बनी रहे।

मदीना में मुहम्मद साहब को अनुकूल वातावरण मिला और अनुयायियों की संख्या में काफी वृद्धि हुई। मरुस्थल के निवासियों की मानसिकता को देखते हुए मुहम्मद साहब राजनेता और शासक बन गए लेकिन रहन-सहन का स्तर पहले जैसा ही रहा।

लगभग 624 में उन्होंने मक्का पर एक असफल आक्रमण किया। 630 तक मक्कावालों ने भी इस्लाम स्वीकार कर लिया। अरबों की असभ्यता दूर करने के लिए मुहम्मद साहब को कभी-कभी तलवार उठाने पर मजबूर होना पड़ा। इस्लाम धर्म की प्रथम जानकारी मुहम्मद साहब के मरने के करीब सौ वर्षों के पश्चात् मिली। अतः विद्वानों ने इसकी वास्तविकता पर शक प्रकट किया है। अरब में परिवर्तन लाने का श्रेय इस्लाम को ही है।

30.6 उपेदश

इस्लाम के अनुसार अल्लाह की मर्जी सर्वप्रथम है। मरने के बाद कयामत के दिन मनुष्यों को उनके द्वारा किए गए कर्मों का फल मिलेगा। प्रत्येक मुसलमान को प्रतिदिन पाँच बार नमाज पढ़ना चाहिए। इनसे पूर्व 50 बार और बाद में प्रतिदिन 10 बार नमाज पढ़ने को कहा गया था। अधिक आयु का होने के कारण मुहम्मद साहब ने स्वयं 50 या 10 बार प्रतिदिन नमाज पढ़ने में शारीरिक कष्ट अधिक आयु का होने के कारण पाँच बार नमाज पढ़ने का निर्देश दिया और कहा कि एक बार का नमाज 10 बार पढ़ने के बराबर माना जाएगा। मस्जिद में जाकर शुक्रवार को नमाज पढ़ना आवश्यक है। मुसलमानों में एकता स्थापित करने के लिए शुक्रवार को इकट्ठा होना आवश्यक समझा गया। इस्लाम से संबंधित बातों का संकलन *कुरान* के अनुसार पुण्यकार्य और अल्लाह के नाम पर गरीबों को शिक्षा देनी चाहिए। रात्रि का भोजन करने से पूर्व प्रत्येक मुसलमान के लिए आवश्यक बताया गया कि इस बात पर वह ध्यान दे कि कहीं उसका पड़ोसी बिना खाए तो नहीं सो गया। रमजान में सूर्योदय से सूर्यास्त तक बिना खाए-पीए रहने को आवश्यक बताया गया। शुरू में रमजान लगभग 180 दिनों का होता था। इसका मुख्य कारण था कि भूखा रहने से मुसलमानों के बीच लड़ाई की प्रवृत्ति जाग्रत् नहीं होगी। परिणामस्वरूप मुसलमानों के बीच एकता बढ़ी। बाद में चलकर रमजान 30 दिनों का हो गया और आज भी है। मरने से पूर्व कम-से-कम एक बार मक्का जाना आवश्यक बताया गया।

मक्का तीर्थस्थल बना गया और तीर्थयात्री के रूप में मुसलमान मक्का जाने लगे। इससे सर्वाधिक लाभ हुआ कुरैशी व्यापारियों को। व्यापार में वृद्धि होने के कारण ये लोग भी इस्लाम के पक्के समर्थक हो गए। *कुरान* के अनुसार समय पर मात्र अल्लाह का अधिकार है, अतः सूद पर कर्ज देना पाप और इस्लाम विरोधी समझा गया। विवाह एवं तलाक के समय निर्धारित नियमों का पालन करना आवश्यक बताया गया। एक मुसलमान अधिक से अधिक चार शादियाँ कर सकता था, लेकिन इस कठोर शर्त पर कि सभी पत्नियों को एक समान दृष्टि से देखे और उनका देखभाल करे। फलतः व्यावहारिक रूप में एक मुसलमान को चार पत्नियाँ

रखना मुश्किल होता था और प्रायः वे रखते भी नहीं थे। युद्धबंदियों को मुक्त और अकाल, महामारी आदि संकटकालीन स्थिति में गरीबों को भोजन देना शुभकार्य बताया गया। भाईचारे की आवाज को *कुरान* ने बुलंद किया। दस्तकारों को सम्मानित किया गया।

मुहम्मद साहब ने अपने को सदा एक साधारण मुसलमान माना। मुसलमान पुरुष के लिए स्वर्णाभूषण एवं रेशमी वस्त्रों का प्रयोग वर्जित है क्योंकि इस्लाम सादा जीवन बिताने पर जोर देता है। स्त्रियों को सात तोला से अधिक सोना या उसकी कीमत के चाँदी से अधिक रखने पर जकात देने का नियम बना। दिखावटीपन से दूर और साधारण तथा व्यावहारिक नियमों के कारण इस्लाम अरबवालों के दिलो-दिमाग में उच्च स्थान पाया। इससे राजनीतिक एकता मजबूत हुई। मुहम्मद साहब के उत्तराधिकारी **खलीफा**[2] कहलाए। इस्लाम को अरब से बाहर प्रसारित एवं प्रचारित करने का सफलतापूर्वक प्रयास किया गया।

इस्लाम की धर्म-पुस्तक *कुरान* के बारे में कहते हैं, ईश्वर का जो संदेश प्राप्त होता था उसे मुहम्मद साहब बोल देते और उनके अनुयायी उसे कंठस्थ कर लेते थे। इन बोले हुए दैवी संदेश का संकलन ही *कुरान* है। ज्योंही दैवी संदेश मुहम्मद साहब को मिलता, चाहे कितनी ही गरमी क्यों न हो, अपने चारों ओर एक कम्बल लपेट लिया करते थे और पसीने से तर हो जाया करते थे। इस स्थिति में कुछ क्षणों के लिए उनका विचार इस प्रकार केंद्रित हो जाते कि दैवी संदेश के अलावा उन्हें कुछ भी सुनाई नहीं देता था और न तो कुछ भी याद रहता था (हबीब और निजामी, *वही*, पृ. 110)। *कुरान* सुरा अर्थात् अध्यायों में बँटा है। मुहम्मद साहब के उपदेश हदीश[3] में भी है। 7-8वीं शताब्दी में इस्लाम का संदेश फारस, मिस्र, मध्य एशिया, पश्चिम अफ्रीका और स्पेन तक पहुँचाने का श्रेय तत्कालीन खलीफाओं और मुसलमान सेनापतियों को है।

इस तरह गरीबी और माता-पिता के अभाव में बचपन, जवानी और बुढ़ापा बीता देनेवाले हजरत मुहम्मद अपने त्याग, ज्ञान, पक्का इरादा और अरबवासियों के प्रति सही लगाव के सहारे न केवल इस्लाम को विश्व-प्रसिद्ध धर्मों की श्रेणी में ला खड़ा कर दिया बल्कि अरबवालों को एकता के सूत्र में बाँध उनकी सामाजिक, आर्थिक एवं राजनीतिक स्थिति मजबूत करने में सर्वाधिक महत्त्वपूर्ण भूमिका निभाई। शिवली (*सीरतुन्नवी*, भाग-दो, पृ.185) के अनुसार हजरत मुहम्मद एक स्वस्थ व्यक्ति थे। 63 वर्ष की आयु तक वे कभी बीमार नहीं पड़े। 14-15 मई, 632 को उन्हें बुखार चढ़ गया और लगभग 13 दिनों तक बीमार रहने के बाद उनका देहांत हो गया। बीमार पड़ने से पूर्व सामूहिक नमाज की अध्यक्षता का भार उन्होंने अबूबक्र को सौंप दिया। उनकी विधवा आयशा के अनुसार, "हजरत मुहम्मद ने मरने के बाद कोई उत्तराधिकारी नहीं छोड़ा, यहाँ तक कि दिरहम, दीनार, ऊँट, बकरियाँ तक नहीं (शिवली, *वही*)।" सुन्नी मुसलमान भी ऐसा ही मानते हैं।

30.7 इस्लाम की देन

7वीं शताब्दी में एक नए धर्म इस्लाम ने अरब में जन्म लिया। इस धर्म ने थोड़े ही समय में न केवल प्रतिद्वंद्वी कबीलों के बीच एकता कायम की बल्कि उसके परिणामस्वरूप एक बड़े समुदाय की स्थापना हुई और एक नई सभ्यता का विकास हुआ जो अपने समय की

उत्कृष्ट सभ्यता थी। अरब सभ्यता तत्कालीन शताब्दियों में यूरोप की सभ्यता से काफी आगे थी। इस्लाम द्वारा एकता के सूत्र में किए जाने के बाद अरबों ने ज्ञान की खोज शुरू की। जहाँ भी उन्हें ज्ञान मिला उन्होंने उसे लेने की कोशिश की। अरबों ने समस्त ज्ञान को अपना लिया और उसे विकसित किया। उनका वैज्ञानिक ज्ञान अन्य देशों की अपेक्षा कहीं अधिक था। उन्होंने चिकित्साशस्त्र का ज्ञान यूनान और भारत से लिया और इसी कारण उनके चिकित्साशास्त्र को आज भी यूनानी अर्थात् यूनान देश का कहा जाता है।

अरबों ने कई महान चिकित्सक पैदा किए। **अलराजी** नामक अरब वैज्ञानिक ने चेचक का ठीक-ठीक उपाय निकाला। 1000 ई. के आसपास **अबिसेन** नामक चिकित्सक ने चिकित्सा सम्बन्धी एक पाठ्य-पुस्तक लिखी। वह अपने रोगियों से फीस प्रायः नहीं लेता था। अलराजी को यूरोप में **रहैजेस** के नाम से जाना जाता था। एक चिकित्सक ने आमाशय के कैंसर का निदान किया था। मुस्लिम परीक्षणकर्ताओं ने कीमियागिरी के मिथ्या विज्ञान का अभ्यास करके रासायन विज्ञान का मार्ग प्रशस्त किया। इजसिना ने जो मध्यकालीन यूरोप में **एविसेन्ना** के नाम से जाना जाता था, पता लगाया गया कि 'क्षय' छूत रोग है। इजसिना ने तंत्रिका तंत्र सम्बन्धी अनेक रोगों का वर्णन किया। अरबों ने प्लेग, आँख के रोगों, छूत की बीमारियों के फैलने आदि के विषयों में जानकारी प्राप्त करने और अस्पतालों के संगठन में बड़ी प्रगति की।

गणित के क्षेत्र में अरबों ने भारतीय अंक-प्रणाली सीखी और उसे दूर-दूर तक फैलाया। इसी कारण ये अंक अभी भी पश्चिमी देशों में **अरबी अंक** कहलाते हैं। अरबों ने बीजगणित, त्रिकोणमिति और रासायनशास्त्र का भी विकास किया। उमर खय्याम (मृत्यु 1123 ई.) को एक महान कवि के रूप में हम जानते हैं किंतु उस काल की जनता उसे खगोल वैज्ञानिक एवं गणितज्ञ के रूप में जानती थी। उन्होंने एक पंचांग बनाया जो ईसाइयों के उस पंचांग से अधिक शुद्ध है जो आजकल संसार के अनेक देशों में प्रयुक्त किया जाता है। अरब ज्योतिषियों का खयाल था कि यह संभव है कि पृथ्वी ब्रह्मांड का केंद्र है। अरब निवासियों ने रसायनशास्त्र में अनेक प्रयोग किए। इन प्रयोगों से अनेक नए मिश्रणों, जैसे—सोडियम कार्बोनेट, सिल्वर नाइट्रेट और शोरे तथा गंधक के तेजाबों का पता लगा।

इब्नसिना को यूरोप में एक दार्शनिक के रूप में जाना जाता था। **आबूअल-बलीद मुहम्मद इब्न रूश्द** जिन्हें यूरोपवासी ऐवेरोज के नाम से जानते थे, इस्लामी संसार और यूरोप दोनों में प्रसिद्ध थे। दरअसल अरब सभ्यता प्राचीन एवं आधुनिक संसार के बीच की कड़ी बन गई।

मध्यकालीन इस्लाम को मुख्य प्रेरणा ईरान (फारस) से मिली। इस काल की कुछ प्रसिद्ध रचनाएँ ये हैं—उमर खय्याम की *रुबाइयाँ,* अलफिरदौसी का *शाहनामा* और एक हजार कहानियों का संग्रह *अलिफलैला* जिसकी कहानियों से तत्कालीन संस्कृति और समाज के विषय में बहुत-सी जानकारियाँ मिलती हैं।

अरबी कला पर बैजेंटाइन और ईरान की कला का प्रभाव पड़ा, किंतु अरब निवासियों ने मौलिक मीनारों, घोड़ों के खुरों के आकार के मेहराब और मोड़दार स्तंभों का निर्माण किया। अरब वास्तुकला की विशेषता तत्कालीन मस्जिदों, पुस्तकालयों, महलों, चिकित्सालयों और

विद्यालयों में देखी जा सकती है। अरबों ने लिखने की एक अलंकृत शैली का भी आविष्कार किया जिसे **खुशखती** (Calligraphy) कहते हैं। इससे उन्होंने पुस्तक सजाने के कार्य को भी कला के रूप में विकसित किया।

अरब के गलीचे, चमड़े का काम, सुन्दर तलवारें, रेशम, धातु की वस्तुएँ और मीना किए हुए शीशे के बर्तनों को प्रायः प्रत्येक देश में पसंद किए जाते थे। अरब के लोग कुशल व्यापारी थे और अपनी बिक्री की वस्तुएँ दूर-दूर तक ले जाते थे। उनके काफिले भारत और चीन तक जाते थे। उनके जहाज फारस की खाड़ी और हिन्द महासागर तक जाते थे। इस काल के अरब के लोग सबसे कुशल नाविक और अन्वेषक थे। अरबों में उपसर्ग 'अल' का अर्थ वह होता है, जो अंग्रेजी में 'दि' का होता है। अंग्रेजों के बहुत से शब्द जो 'अल' से शुरू होते हैं, जैसे—अलजबरा और अलकोहल, मूलतः अरबी भाषा के हैं। जीरो, सोफा और कैंडी आदि शब्द अंग्रेजी में अरब लोगों से ही पहुँचे हैं। अरबों ने अंकों (हिन्दसों) और शून्य (जीरो) को भारत से तथा दिक्सूचक का ज्ञान चीन से सीखा।

30.8 अरबी ज्ञान-विज्ञान

इस्लाम के आधार पर अरबों[4] ने एक नई सभ्यता और संस्कृति तथा एक नए दृष्टिकोण को जन्म दिया था। विभिन्न धर्मावलम्बी सम्प्रदाय और संस्कृति की छत्रच्छाया में प्रतिफलित हो अपनी प्रतिभा और विशेषताओं से इसे सम्वर्धित किया था। अतः अरबी ज्ञान-विज्ञान, साहित्य या संस्कृति, इन सारी जातियों और धर्म-सम्प्रदायों की साधना की परिणति है। मसलन, प्रसिद्ध गणितज्ञ अल-ख्वारिज्मी खीवा के अधिवासी थे, अलफर्गानी की जन्मभूमि ट्रान्सऑक्सानिया थी, अल फजरी, अबुल वेफा, अल् वत्तनी और उमर खय्याम पर्शियावासी थे, तथा विख्यात विद्वान् और दार्शनिक फरबी तुर्क थे, आवरेस् और आर्जाचेल स्पेनी 'अरब' थे तो अल-किन्दी, कादि अबू यूसुफ, इब्न इशाक, और खलील इब्न अहमद मूलतः अरब थे। धर्म की दृष्टि से हुनायेन इब्न् इथाक, कुस्ता इब्न् लूका आदि अनुवादक ईसाई थे, गणितज्ञ और ज्योतिर्विद् थबित इब्न् कुरा और अलबत्तनी प्राचीन साबी धर्म के नक्षत्रोपासक थे। ज्योतिषी माशा अल्लाह मिस्र के यहूदी थे।

ज्ञान-विज्ञान से सम्बन्धित यह अन्तर्जातीयता ही मध्ययुग में अरबी-प्राधान्य का मुख्य कारण बन गई थी। अब्बासी खलीफा के दरबार में ईरानी यहूदी और नेष्टोरा ईसाई विद्वानों का आदर एक समान होता था। अवश्य ही ईरानियों का प्रभाव सर्वाधिक था। ईरानी सभ्यता के संस्पर्श से ही तो अरबों में सौन्दर्यप्रियता, मननशीलता, उच्चतर ज्ञान की पिपासा आदि अनेक सांस्कृतिक गुण आ सके थे। एक तरह से यह कहना भी अतिशयोक्ति नहीं होगी कि ईरानी सभ्यता और संस्कृति ने अरबों को पूरी तरह से जीत लिया था। ठीक उसी तरह जिस तरह यूनानी सभ्यता ने विजेता रोमकों को वशीभूत कर लिया था। विज्ञान के क्षेत्र में यह एक ज्वलन्त उदाहरण है। अरबी विज्ञान को पुष्ट करके उसे विश्व-विज्ञान की श्रेणी में लानेवाले लोग अधिकतर ईरान (पारस्य) से ही आए थे। ईरानियों और अरबों में देश और संस्कृति का भेद होने पर भी एक नई सभ्यता के संस्थापक के रूप में ये दोनों ही सम्प्रेरित थे और इस सभ्यता की प्रधान संवाहिका या माध्यम अरबी भाषा को सभी ने सादर स्वीकार

था। प्रसंगवश यह भी कह दें कि अरबी भाषा का प्रथम व्याकरण एक ईरानी वैयाकरण ने ही लिखा था। इस अन्तर्निहित एकजातीयता और भाईचारे का स्रोत इस्लाम में ही था।

इस्लाम की उर्वर सामाजिक माटी में विज्ञान की नई पौध अंकुरित हुई थी। रोमन साम्राज्य के पतन के बाद और साधारणतया विज्ञान के प्रति प्रारम्भिक युग के ईसाइयों की विरोधी मनोवृत्ति के कारण, पाश्चात्य विज्ञान को जो दुर्दिन देखने पड़े थे, अरबों के आधिपत्य के बाद दुर्दिन कट गए थे। एक जमाने में एथेंस, अलक्जेंड्रिया और रोम को वैज्ञानिक गवेषणा के उच्च आदर्श और गौरव का स्थान प्राप्त था। दुनिया के सारे विद्वानों द्वारा ये ज्ञानतीर्थ माने जाते थे किन्तु 9-11वीं सदियों में ज्ञान-विज्ञान का प्रधान केन्द्र होने की विरासत बगदाद, टॅलिडो और कारडोबा ने पाई थी।

अरबों से पहले रोमक और ईरानियों की तरह और रोमक और ईरानियों से पहले यूनानियों की तरह अरबों को भी विज्ञान-दीक्षा लेनी पड़ी थी अपने से पहले की प्राचीनतर जातियों से ही। एक ओर सीरिया और मेसोपोटामिया के यहूदी और ईसाई धर्म के दोनों सम्प्रदाय नेष्टोरीय और मोनोफिजाइट के विद्वान् और दूसरी ओर ईरानी और भारतीय मनीषी ही अरबों के आदिगुरु थे। यहूदी नेष्टोरी और मोनोफिजाइट विद्वानों की लगन से यूनानी ज्ञान का खजाना अरबों को पहली बार उपलब्ध हुआ। अरब साम्राज्य में भारतीय ज्ञान-विज्ञान का प्रचार पहले ईरानियों ने और फिर भारतीय विद्वानों ने किया था। खलीफाओं की संरक्षकता में विदेशी विद्वानों ने यूनानी और भारतीय वैज्ञानिक ग्रंथों का अनुवाद अरबी भाषा में करके अरबों में विज्ञान और अन्य सभी विषयों की उच्चस्तरीय मननशीलता का रास्ता खोल दिया था। इस प्राथमिक शिक्षा-दीक्षा के समाप्त होने के साथ ही अरबों की मौलिक गवेषणावाली बुद्धि का अद्‌भुत विकास हुआ था। जबीर इब्न हाइयान, अलराजी, अलकिन्दि, अल हाजेन, आबीसेना, अलख्वारिज्मी, अलबतनी, अलबेरूनी, उमर खय्याम आदि प्रसिद्ध रासायनिक, चिकित्सक, पदार्थवेत्ता, गणितज्ञों और ज्योतिषियों के आविर्भाव का प्रधान कारण नेष्टोरीय, यहूदी और भारतीय विद्वानों के प्राथमिक प्रयत्न को कह सकते हैं।

30.9 जलचक्र या जलयंत्र

अरबों ने जलचक्र या जलयंत्र में काफी तरक्की की थी। जलयंत्र का आविष्कार तो बहुत पुराना है। इसके द्वारा जलशक्ति को विभिन्न कार्यों में नियोजित करने में रोमवासी अरबों से बहुत पहले ही सचेष्ट थे। रोम साम्राज्य के पतन के साथ ही साथ उसके जलयंत्र और जलयंत्र से चलनेवाले बड़े-बड़े कारखाने नष्ट हो गए। अरबों ने इस जलयंत्र परम्परा को केवल पुनर्जीवित ही नहीं किया बल्कि अपनी यांत्रिक-कुशलता से जलशक्ति के वितरण को बहुत ही महत्त्वपूर्ण बना दिया और तभी से जल-शक्ति का व्यवहार बहुत-से कामों में पुनः होने लगा। मेसोपोटामिया में टाइग्रिस नदी के पाट पर एक बहुत बड़ा तैरता जलयंत्र बैठाकर अरबी इंजीनियरों ने गेहूँ की पिसाई, कागज बनाने के कारखाने तथा और भी बहुत-सी चीजों के छोटे-बड़े कारखानों में बराबर शक्ति के वितरण या संचरण का पक्का इन्तजाम कर दिया था।

30.10 पवन चक्र

जलचक्र या जलयंत्र के मध्ययुग में पवन-चक्र का भी बहुत अधिक प्रचलन हुआ था। इसमें अरबी इंजीनियरों का हाथ सर्वोपरि था। पवन वेग को यंत्र से नियंत्रित कर तरह-तरह के कार्यों में लगाना बहुत प्राचीन धारणा है। हीरो ने यांत्रिक उपाय से हॉपर चलाने के लिए एक तरह के पवन चक्र की धारणा की थी। किन्तु यह नहीं पता चलता कि वे ऐसा कोई पवन यंत्र बना भी पाए थे या नहीं। पवन चक्र का आविष्कारक कौन था, यह अभी तक किसी को नहीं मालूम हो सका है। लगभग 400 ई. में मध्य एशिया के किसी-किसी प्रदेश में आँधी से चलते पहिए से घुमाए जाते धुरों या धुरियों की बातें चीनी यात्रियों के वर्णनों में मिलती है। इन सब अंचलों में बौद्धों का प्रार्थना चक्र भी शायद हवा से चलाया जाता था। सम्भवतः मध्य एशिया से ही अरबों ने पवन चक्र का इस्तेमाल सीखा था। एक अरबी किंवदन्ती के अनुसार खलीफा उमर के एक खरीदे हुए गुलाम अबू लुलुआ ने सबसे पहले पवन चक्र का ईजाद किया था। इस्लामिक शासन काल में पवनचक्र का सर्वाधिक प्रचार अफगानिस्तान और ईरान में हुआ था। अफगानिस्तान में उत्तर की ओर से जो हवा चलती है वह इतनी जोरदार है कि उसका वेग हमेशा एक समान नहीं रहता है। पवन चक्र के लिए यही अनुकूल स्थिति होती है। अतः अफगानिस्तान में पवन चक्र का प्रचार बहुत जल्दी और बहुत ज्यादा हुआ था। उसी युग के एक मुसलमान इतिहासकार ने इस बारे में इस तरह लिखा है : इस यंत्र में बहुत-सी पंक्तिबद्ध किवाड़ें रहती हैं। जरूरत के मुताबिक एक या एक से अधिक किवाड़ें खोलने या बन्द करने से पवन चक्र में हवा के प्रवेश पर काबू रहता है। यदि वायु का प्रवाह बहुत जोरदार हो और उसके नियंत्रण की कोई व्यवस्था न हो तो पवन चक्र से चलाई जानेवाली चक्की में गेहूँ की पिसाई इतनी तेज हो जाती है कि आटा जलकर काला पड़ जाता है; यहाँ तक कि कभी-कभी सारी चक्की इतनी गरम हो जाती है कि फटकर टुकड़े-टुकड़े हो जाती है।

दसवीं सदी तक ईरान और अफगानिस्तान में ही पवन चक्र का इस्तेमाल होता था। इसके बाद यह धीरे-धीरे दूसरे मुसलमानी प्रदेशों में भी इस्तेमाल होने लगा और वहाँ की देखादेखी यह चीन और भारत में भी आ गया। यूरोपियों को इस अजूबे यंत्र का पता धर्मयुद्ध (Crusades) के वक्त लगा था। बारहवीं सदी से अरबों की नकल करके बहुत-से छोटे बड़े पवन चक्र हॉलैंड, इंगलैंड और उत्तर-पश्चिम जर्मनी में लगाए गए थे। वाष्प शक्ति के व्यापक प्रचलन के कुछ समय पहले तक सारे योरोप में पवन चक्रों का प्रयोग अत्यन्त जनप्रिय था, यद्यपि इनकी जन्मभूमि अफगानिस्तान और ईरान में इसके पाट उठ गए थे। अधिकांशतः तुर्की और मंगोल ज़ातियों के ध्वंसात्मक अभियान ही इसके जिम्मेवार थे।

30.11 सिंचाई

खेती-बारी की तरक्की में 'पूर्तविद्या' (Public works) या जन-सम्भरण अथवा जन-सेवा के प्रति भी अरबों में काफी जोश था। अरबों के अभ्युदय से पहले सीरिया, मेसोपोटामिया, बेबीलोन और रोमन शासन काल की नहरें उपयुक्त संरक्षण के अभाव में कई सदियों से बिलकुल बेकार पड़ी थीं। किसी जमाने में इन नहरों की मदद से उपजाऊ जमीन की सिंचाई

की बहुत अच्छी व्यवस्था की गई थी, यह जानकारी भी शायद तबतक लुप्त हो चुकी थी। अरबों ने इन नहरों का पुनरुद्धार किया और जगह-जगह आवश्यकतानुसार नई नहरें खोदकर सिंचाई की उसी पुरानी व्यवस्था को फिर से चालू किया। जिन क्षेत्रों में नदी या तालाबों और झीलों के अभाव में नहरें काटकर सिंचाई का प्रबन्ध नहीं हो सकता था, जैसे उत्तरी अफ्रीका में, वहाँ अरबों ने बहुत-से नलकूप खोदकर सिंचाई का प्रबन्ध किया था।

इस प्रसंग में अरबों के भीतरी सोतेवाले कुएँ खोदने की बात भी उल्लेखनीय है। इस तरह के आर्टीजियन कूप (artesian well) या 'बुम्ब कूप' तेरहवीं सदी के प्रथम भाग में सर्वप्रथम फ्रांसीसियों ने 'पाद्य काल' और 'अर्तेया' नामक स्थान पर खोदे थे। अरबों को ज्योंही इस तथ्य का पता चला वे इसका महत्त्व समझकर इस तरह के कुएँ खोदने में जुट गए। अरबों की यह विशेषता रही है कि उनमें नए आविष्कार करने की प्रतिभा कितनी भी कम क्यों न रही हो किंतु नए आविष्कार, नई पद्धति और नई तकनीक का पूरा-पूरा लाभ उठाने में कभी पीछे नहीं रहे। कागज, कम्बल आदि के यंत्र के प्रयोग में भी अरब अग्रणी रहे थे। इसी तरह बहुत से आविष्कारों को फौरन प्रयोग में लाकर अरबों ने विज्ञान की उन्नति में जो भार ग्रहण किया वह मध्य युग में बहुत कम दिखाई पड़ता है।

30.12 रसायन शिल्प

जाबरि, अल राजी आदि प्रमुख विज्ञानियों ने तरह-तरह की रासायनिक प्रक्रियाओं और यंत्रों की प्रथम उद्‌भावना और प्रयोग किए थे। आसवन या निष्कर्षण, ऊर्ध्वपातन, गलन, भस्मीकरण, जारण और मणिभीकरण आदि प्रक्रियाओं और उनके लिए उपयुक्त यंत्रों और औजारों की बहुत-कुछ उन्नति के कारण कई महत्त्वपूर्ण रासायनिक शिल्पों की शुरुआत हो सकी थी। रसायन में अरबों की सफलता का एक कारण यह भी था कि वे चिकने मृत्पात्र और काँचपात्र इस्तेमाल करते थे। यूनानी और अलक्जेंड्रियाई युगों में साधारणतया अमसृण (जो चिकना न हों) मृत्पात्रों से ही काम लिया जाता था। अरबी मृत्तिकाशिल्पी नक्काशीदार रंगीन चिकने मृत्पात्र बनाने में पहले से ही बहुत कुशल और बेजोड़ थे। ये मृत्पात्र इतने सुन्दर और त्रुटिहीन बनाए जाते थे कि वे देखने में रंगीन काँच के बने बर्तनों जैसे लगते थे। खुदाई से जो चिकने मृत्पात्रों के नमूने इस्लाम प्रभावित देशों से अधिकतर मिले हैं, उससे लगता है कि ईसा की दसवीं सदी या उससे भी पहले ईरान, मध्यपूर्व और उत्तर अफ्रीका में इस शिल्प का व्यापक प्रचार हुआ था। इसके अलावा अरबी मृत्तिका शिल्पियों ने एक खास तरह का अग्निसह (फायर-प्रूफ) मृत्पात्र भी तैयार किया था।

चिकने और अग्निसह मृत्पात्र उपलब्ध होने से एक जमाने में बहुत तरह के रासायनिक द्रव्यों का उत्पादन सम्भव हो गया था। इस काम में अरबी रासायनिकों ने सिलिंडर या बेलन अथवा शंकु की शक्ल की बड़ी-बड़ी भट्ठियाँ तैयार की थीं; जिनमें बहुत से क्युकरविट और अलेम्बिक आसवन या निष्कर्षण के यंत्र एक के बाद एक सजे रहते थे। इस तरह की भट्ठियों को gally oven या मंच-भट्ठी कहते थे। इनमें बहुत-सा तरल पदार्थ-निष्कर्षण एक ही बार में सम्भव हो जाता था। अरबी रसायनविद् इसी तरह गुलाब जल और गैसोलिन तैयार करते थे जिनका मुख्य स्थान था दामस्कस। यहाँ की एक-एक मंच भट्ठी में सैकड़ों टन माल तैयार

होता था। 1085 में कैरो के दुर्ग में एक भयंकर अग्निकांड के समय किले के गोदाम में लगभग 300 टन गैसोलिन जलकर नष्ट हो गई थी। ऐसे मंच-भट्ठियों से ही इतनी गैसोलिन तैयार करना सम्भव था।

अरबों का एक और उल्लेखनीय कार्य **शर्करा-संशोधन** था। भारत से ईरान के रास्ते मध्यपूर्व में ईख का प्रचलन लगभग छठी सदी ईस्वी में शुरू हुआ था। पहले लोग ईख का यों ही इस्तेमाल करते थे। अरबों ने ईख का रस-शोधन करने की एक प्रणाली निकाली। इसके अनुसार ईख के रस में पहले थोड़ा दूध मिलाया जाता था जिससे रस का मैल नीचे जमा हो जाता था। फिर ऊपर का साफ तरल अंश निथारने से ही काम चल जाता था। ग्यारहवीं सदी के मिस्री मुसलमान रासायनिकों ने चूने और राख से ईख का रस-शोधन करने की एक और उन्नत पद्धति निकाली थी। चूने और भस्म के द्वारा मैल काटकर रस निथार लिया जाता था और उसको भाप बनाने से चीनी बन जाती थी। धीरे-धीरे यह मिस्री पद्धति ही सारी दुनिया में प्रचलित हो गई। मार्कोपोलो ने लिखा है : 'चीन में भी चीनी के कारखानों के अधिकांश कारीगर मिस्र के थे। पश्चिमी योरोप में गन्ने या ईख की खेती नहीं हो सकती थी। परवर्ती काल में योरोपीय उपनिवेशियों ने पश्चिम भारत के द्वीपों में गन्ने की खेती आरम्भ की और वहाँ भी मिस्री पद्धति से चीनी का उत्पादन शुरू किया। यहाँ तक कि कारखानों, यंत्र और औजार आदि सभी मिस्री चीनी के कारखानों की नकल थे।

रासायनिक प्रक्रिया और यंत्र तथा औजार आदि की इतनी उन्नति तथा रसायन सम्बन्धित सिद्धान्त और व्यावहारिक ज्ञान में इतनी प्रगति के बावजूद अरब लोग अल्कोहल तैयार करने की पद्धति नहीं निकाल पाए थे क्योंकि मंच-भट्ठी के द्वारा अधिक मात्रा में गुलाब जल, इत्र आदि सुगन्धित द्रव्य गैसोलिन आदि के उत्पादन में उन्हें आश्चर्यजनक सफलता प्राप्त हुई थी। इसलिए अल्कोहल निकालने की पद्धति के आविष्कार की आशा करना असंगत नहीं है। इस महत्त्वपूर्ण पद्धति के आविष्कार का श्रेय लातिन योरोपियों को मिला। मद्यपान निषिद्ध होने के कारण मुसलमान रासायनिकों ने अल्कोहल बनाने में उत्साह नहीं दिखाया अन्यथा उन्हीं के द्वारा इसका भी आविष्कार होता।

30.13 कागज

ईसा की पहली सदी में चीन में कागज का आविष्कार हुआ था। साईलून नामक एक चीनी राजपुरुष ने तूत पेड़ की छाल, सन और गुड़ेद से लुआब बनाकर सर्वप्रथम कागज तैयार किया था। कुछ ही सदियों में यह आविष्कार चीन में सब जगह यहाँ तक कि सीमान्त प्रदेशों में प्रचारित हो गया। किन्तु चीनियों ने यह आविष्कार गुप्त रखने के लिए काफी कोशिश की थी। इसके लिए उनको दोषी नहीं कहा जा सकता, कारण चीनी कागज का निर्यात विदेशों को होता था। तुर्किस्तान के नेष्टोरीय ईसाइयों ने लगभग तीसरी सदी से ही चीनी कागज पर *बाइबिल* लिखना शुरू कर दिया था। इस तरह के *बाइबिल* के कुछ फटे हुए 'कागज' सर ऑरेल स्टाइन को तुर्किस्तान में ही मिले थे।

किन्तु रेशम बनाने की तरह कागज बनाने की तरकीब चीनी लोग विदेशियों से बहुत अधिक समय तक छिपाकर नहीं रख सके। लगभग 757 ई. में चीनी करीगरों की मदद से

ही समरकन्द में एक कारखाना स्थापित हुआ। चीन के बाहर सर्वप्रथम कागज का कारखाना शायद यही था। अगले साल समरकन्द पर अरबों का अधिकार हुआ तो बगदादी खलीफा कागज बनानेवाले सुदक्ष चीनी कारीगरों को बन्दी बनाकर अपने साथ ले जाना नहीं भूला। चीनी कारीगरों के जरिए ही अरबी कारीगरों ने कागज बनाना अच्छी तरह सीख लिया और बगदाद में समरकन्द जैसा ही एक कारखाना खोल दिया गया। चीन के बाहर यह दूसरा कागज का कारखाना था।[5] 10वीं शताब्दी के प्रारम्भ में मिस्र और बाद में इस शिल्प की इतनी उन्नति हुई और कागज का इतना प्रचार हुआ कि जल्दी ही सारे मुस्लिम जगत् के लिए कागज चालान किया जाने लगा। 1238-39 में ईसाइयों ने शातिबा पर दखल किया और कागज बनाने की तकनीक योरोपीय भी सीख गए। तभी से योरोप के विभिन्न स्थानों में कागज के कारखाने खुल गए।

चीनी आविष्कार होने पर भी कागज-कारीगरी की उन्नति और कागज का शीघ्र विस्तार करने में मुसलमानों ने ही मुख्य भूमिका ग्रहण की थी। लिखने के अलावा कागज के अन्यान्य उपयोग और अलग-अलग कामों के लिए अलग करिश्मा दिखाया था। कागज के साथ जिल्दबन्दी का काम भी सारे मुस्लिम देशों में प्रचलित हो गया था। जिल्द बाँधने में मुसलमान कारीगर बेजोड़ थे। बहुत ही सुन्दर सुनहरे कामवाले चमड़े से जिल्द बाँधने में जो कुशलता मुसलमान कारीगर दिखाते थे वह कुशलता किसी भी देश के कारीगरों में नहीं थी। आज भी इस शिल्प में मुसलमान किसी से पीछे नहीं हैं।

30.14 कम्पास

चुम्बक का दिशा-ज्ञापन गुण का आविष्कार चीन में ही सर्वप्रथम हुआ था। किन्तु ऐसा नहीं लगता कि इस जानकारी से लाभ उठाकर चीनियों ने ही सर्वप्रथम कम्पास तैयार किया था। बहुतेरे विद्वानों की राय में इटली के आमाल्फी-निवासी नाविक फ्लावियो गियोजा (14वीं सदी के प्रथम भाग में) को प्रथम कम्पास का आविष्कर्ता माना जाना चाहिए। किन्तु अब यह राय बदल गई है। फ्लावियों के बहुत पहले तेरहवीं सदी के प्रथम भाग से ही गियो (1205), अलक्जेंडर नेकाम (1217), जेम्स ऑफ विन्नी (1219) आदि प्रमुख वैज्ञानिकों की रचना में कम्पास का वर्णन मिलता है। 1269 में फ्रांसीसी विज्ञानी पेत्रास पेरे ग्रिनास ने चुम्बक पर एक विख्यात ग्रंथ *Epistola* लिखा था जिसमें कम्पास का विशद वर्णन किया गया है। मुसलमान ग्रंथकारों में *जवामि अलशिकायात्* ग्रंथ (1231) के रचयिता महम्मद अल-आओफी ने सर्वप्रथम कम्पास का उल्लेख किया था।

तेरहवीं सदी के प्रथम भाग से लैटिन योरोपीय और मुसलमान वैज्ञानिकों[6] की रचना में कम्पास का उल्लेख और उसका थोड़ा बहुत वर्णन यत्र-तत्र मिलता है। किन्तु इसके एक-दो सौ वर्ष पहले ही इसका आविष्कार हुआ होगा। कागज की तरह कम्पास का आविष्कार होने के बाद भी इसके बारे में गोपनीयता बरती गई होगी। समुद्र में जहाजों के आवागमन में इसका महत्त्व निस्सन्देह अत्यधिक था। दसवीं और ग्यारहवीं सदी में अरबों का राजनीतिक प्रभुत्व अत्यन्त व्यापक हो चुका था। मुसलमान नाविक उस जमाने में भूमध्यसागर से चीन सागर तक सारे समुद्र-पथ और सामुद्रिक वाणिज्य के अप्रतिद्वन्द्वी कर्ता-धर्ता बने हुए थे।

अतः बहुत सम्भव है उन्हीं में से किसी को चुम्बक के दिशा-ज्ञापन गुण का उपयोग जहाज चलाने में सूझा हो और कुछ वैज्ञानिकों की सहायता से कम्पास का आविष्कार किया हो।

ग्यारहवीं सदी के अंतिम भाग से ही विज्ञान में इस्लाम की मौलिकता की अवनति होने लगी। इसके बाद भी कई मुसलमान विज्ञानी पैदा हुए थे, जैसे—इब्न् जुर, इब्न् रूसुद अल त्रिसूनि, नासिर अल-दीन अतुसि, इब्न् खालदुन् आदि। व्यक्तिगत रूप से इन सबकी गवेषणाएँ प्रथम श्रेणी की होने पर भी यह स्पष्ट था कि पहले जिस तरह स्पेन से ईरान तक सारे इस्लाम जगत में विज्ञान की चर्चा और मननशीलता का एक व्यापक आन्दोलन-सा चल पड़ा था, वह अब समाप्त होने लगा था। नए-नए आविष्कार और नये सत्य को पाने की अदम्य अभिलाषा और उसके लिए एक तरह की बौद्धिक बेचैनी एक जमाने में सारे मुस्लिम विद्वत्समाज को उत्साहित किए थी किन्तु ग्यारहवीं सदी के बाद से यह सब गुण धीरे-धीरे सूखने लगे थे।

सन्दर्भ सूची

1. ऊँट आधारित पशुचारी बद्दू के नाम से जाने जाते थे।
2. मुहम्मद साहब के निधन के बाद उनके वरिष्ठतम सहयोगियों में से एक, अबुबक्र उनके उत्तराधिकारी या खलीफा चुने गए। खलीफा का शाब्दिक अर्थ उत्तराधिकारी होता है।
3. पैगम्बर के सुन्नत का संकलन हदीस कहलाता है।
4. अरबी कहावत है, ''इल्म की खातिर चलना शुरू करनेवालों के सामने जन्नत के दरवाजे खुल जाते हैं।''
5. बगदाद में एक बड़ा पुस्तकालय था, जिसमें यूनानी विद्वानों की अत्यंत मूल्यवान पांडुलिपियाँ संगृहीत थीं। इसे *बुद्धि का आगार* कहा जाता था।
6. मध्य एशियाई विद्वान अलबेरूनी ने प्रतिभापूर्ण परिकल्पना प्रस्तुत की थी कि पृथ्वी सूर्य की परिक्रमा करती है।

महत्त्वपूर्ण तिथियाँ

C.B.C. 20,00000	:	भाषा का विकास 20 लाख वर्ष पहले हुआ होगा।
2,00000	:	स्वरतंत्र का विकास 2 लाख वर्ष पहले हुआ होगा।
8,500	:	मेसोपोटामिया में आयताकार मकान बनने शुरू हुए। मध्यपूर्व एशिया के लोग गेहूँ से परिचित हुए। मध्यपूर्व एशिया में Old Stone Age का अंत हुआ और लोग गेहूँ और जौ का प्रयोग करने लगे।
8,000	:	चीन में मिट्टी के बर्तन बनाए जाने लगे।
7,000	:	मध्यपूर्व और चीन में सूअर को घरेलू जानवर बनाया गया। दक्षिण इटली में खाद्य उत्पादन की शुरुआत।
6,000	:	उत्तर इटली में खाद्य उत्पादन की शुरुआत।
7,000-6,000	:	कुम्हड़ा (Squash) की खेती होने लगी। कुत्ते को पालतू बनाया गया।
6,000-5,000	:	यूनान में गेहूँ और जौ की खेती होने लगी।
5,000-4,000	:	सेम की खेती की जाने लगी।
5,200	:	स्पेन में कृषि की शुरुआत हुई।
4,000	:	मिस्र में नील नदी के किनारे नगदा संस्कृति (Nagada culture) विकसित हुई। मैक्सिको (अमेरिका) के घर-परिवार में मक्के (Maize) का प्रयोग खाद्य पदार्थ के रूप में होने लगा। चीन ने एक हजार मील लंबा डाकमार्ग तैयार किया।
4,000-3,000	:	गधे को पालतू बनाया गया। ज्वार-बाजरा की खेती होने लगी। कुम्हार के चाक का एशिया में प्रयोग और दक्षिण एशिया में ताँबे का प्रयोग। कपास और लौकी की खेती की जाने लगी।
4,000	:	पश्चिम एशिया में कुत्ते को पालतू बनाया गया।
3,600	:	यातायात के लिए पहिए का प्रयोग।
3,500	:	बेबीलोन में डाक सेवा का अस्तित्व पाया गया। भारत में भी संचारतंत्र विकसित हो चुका था।

3,400 : कुम्हार के चाक का आविष्कार मेसोपोटामिया में हुआ।

3,200 : मोसोपोटामिया में काँसे का औजार के रूप में व्यापक प्रयोग प्रारम्भ हुआ।

मिस्र में चित्रलिपि (Hieroglyph) का विकास हुआ। चित्रलिपि का अर्थ 'पवित्र नक्काशी' होता है।

3,100 : मिस्र में राजवंश काल की शुरुआत।

3,000 : पेरू (अमेरिका) के तटीय क्षेत्र (Coastal region) में मिर्च (Chilli), नाशपाती के सदृश एक फल (avocado) एवं मूँगफली (groundnut) का प्रयोग घर-परिवार में होने लगा।

3000-2000 : हल से मेसोपोटामिया में कृषि, चीन में रेशम का प्रयोग, मध्य एशिया में घोड़े को पालतू बनाया गया और दक्षिण-पूर्व एशिया में धान की खेती। पूर्वी योरोप में घोड़े को पालतू बनाया गया। हल द्वारा कृषि होने लगी। मक्के की खेती होने लगी।

2800 : सुमेरिया के उत्तर में अक्कादियनों ने राज्य (Kingdom) स्थापित किया। चीन में रेशम के कीड़े पाले जाने लगे। पेरू (अमेरिका) में आलू (Patato) के कई किस्मों का प्रयोग वहाँ के लोगों द्वारा किया जाने लगा।

2500 : आयरलैंड के लोग घोड़े से परिचित हुए।

2300 : मध्य योरोप में कांस्य युग का प्रारम्भ हुआ।

2200 : पूर्वी अमेरिका के निवासियों के बीच सूरजमुखी का फूल (sun flower) और तमाखू का घरेलू प्रयोग प्रारम्भ हुआ। दक्षिण-पूर्वी अमेरिका में बर्तन बनने प्रारम्भ हुए।

2000 : आधुनिक पूर्वी अमेरिका में बर्तन बनाए जाने लगे। ई.पू. 1800 में पेरू में बर्तन का प्रयोग प्रारम्भ हुआ।

मध्य, उत्तर और पश्चिमी अरब के निवासियों ने सदियों तक खानाबदोश जिन्दगी गुजारी। ऊँटों को करीब 2000 ई.पू. में पालतू बनाने से ऊँट पालन पर आधारित एक विशेष प्रकार के पशुचारी खानाबदोश जिन्दगी की शुरुआत हुई। ऊँट की विशेषता है कि 50 डिग्री सेंटीग्रेड तक के उच्च तापमान में 21-22 दिनों तक बिना किसी भोजन-पानी के लगातार सफर कर सकता है।

2000-1900 : पूर्वी एशिया में पानी में रहनेवाली खास भैंस को पालतू बनाया गया। आलू, मिर्च और मूँगफली की खेती अमेरिका में होने लगी।

1500-1400 : मिस्र में काँच की बनी बोतलों का प्रयोग प्रारम्भ हुआ।

1100-1000 : अरब में एक कोहानवाले ऊँट को पालतू बनाया गया।

1000 : मक्के की खेती का प्रसार मैक्सिको से आधुनिक दक्षिण-पश्चिम अमेरिका में हुआ।

776 : यूनान में प्रथम ओलम्पिक खेल की शुरुआत हुई।

753 : परम्परागत रूप से माना जाता है कि रोम नगर की स्थापना ई.पू. 753 में हुई। इसी समय से रोमन तिथियों की गणना की जाती है।

700 : एशिया माइनर के दक्षिण-पश्चिम क्षेत्र में यूनानी उपनिवेश था जहाँ सिक्का-ढलाई का आविष्कार हुआ। पेरू (अमेरिका) में सेम (Beans) और रबड़ की प्रथम खेती प्रारम्भ हुई। Hesiod नामक यूनानी लेखक ने *Theogeny and works and days* नामक पुस्तक की रचना की। एशिया माइनर के दक्षिण-पश्चिम भाग में अवस्थित यूनानी उपनिवेश में मुद्रा का आविष्कार हुआ।

700-600 : मिस्र में लोहे का प्रयोग होने लगा।

600 : अमेरिका में माया लोगों ने टीकल (Tikal) नगर की स्थापना की जिसका आधुनिक नाम ग्वाटेमाला (Guatemala) है।

600-500 : तुर्की में सिक्कों का प्रयोग।

575 : रोम में इट्रस्कन (Etruscan) नामक इंजीनियर ने क्लोअका मैक्सिमा (Cloaca Maxima) नाम विशाल भूमिगत नाले (Sewer) का निर्माण किया।

490 : सूसा में डेरियस प्रथम का बहुरंगी मीनाकारीवाली ईंटों से राजमहल का निर्माण हुआ।

487 : एथेंस में आयोजित साहित्यिक प्रतियोगिता में प्रथम बार सुखांत विषयों का प्रवेश हुआ।

425 : यूनानी दार्शनिक डेमोक्रिटस (Democritus-460-370 B.c.) इस सिद्धान्त की कल्पना की कि सभी वस्तुओं (matter) का निर्माण अति सूक्ष्म अणुओं से होता है।

400 : अमेरिका में दक्षिणी पेरू के तटीय क्षेत्र में नजका संस्कृति (Nazca culture) की शुरुआत हुई।

395 : रोमन साम्राज्य दो हिस्सों-पश्चिमी और पूर्वी रोम साम्राज्य के रूप में बँट गए। रोमन साम्राज्य बैजंतिया साम्राज्य के नाम से जाना गया। इस तरह चौथी शताब्दी के बाद किसी रोमन साम्राज्य की बात करना अनुचित होगा।

167 : रोमनों ने इंजीयन सागर में डेलोस द्वीप को मुक्त बन्दरगाह घोषित किया।

146 : रोमनों नें ई.पू. 146 में यूनान पर अपना आधिपत्य स्थापित कर लिया और कोरिंथ नगर को खाक में मिला दिया।

119 : लौह-निर्माण और नमक-उत्पादन पर चीन का एकाधिकार ई.पू. 119 में स्थापित हुआ।

44 : रोम में सीजर (Caeser) की हत्या 44 ई.पू. में हुई।

C.A.D. 118 : चीन में कागज का आविष्कार 118 ई. में हुआ।

161 : प्लेग से 161 ई. में रोम का सर्वनाश हो गया।

165 : रोमन साम्राज्य में प्लेग की महामारी फैली। काफी गुलाम मर गए।

250 : रोमन साम्राज्य में प्लेग की महामारी फैली। काफी गुलाम मर गए।

302 : रोम में 900 वस्तुओं की कीमतें निर्धारित की गईं।

262 : चीन के राजमहल में चाय का प्रयोग 262 ई. से किया जाने लगा।

270 : चीन में 270 ई. के दौरान चुंबकीय कुतुबनुमा का प्रयोग किया जाने लगा।

395 : 395 ई. में रोमन साम्राज्य दो भागों में बँट गया। पूर्वी साम्राज्य के अंतर्गत बाल्कन प्रायद्वीप, मिस्र और एशियाई इलाके शामिल थे। पश्चिमी साम्राज्य में इटली और पश्चिमी यूरोपीय एवं अफ्रीकी प्रांत थे। पूर्वी रोमन साम्राज्य को बैजंतिया साम्राज्य भी कहते हैं।

375 : पश्चिमी चीन में घुड़सवार की रकाब (Stirrup) का आविष्कार हुआ। यहाँ से इसका प्रसार योरोप में हुआ।

410 : गोथों का पश्चिमी रोम पर कब्जा हो गया।

426 : एक जर्मन सरदार ने 476 ई. में रोम के अंतिम सम्राट को गद्‌दी से हटा दिया। इसके साथ ही रोमन साम्राज्य का अस्तित्व खतम हो जाता है।

550 : रोम नगर की किलेबंदी की गई।

594 : जापान में बौद्धधर्म का आगमन 594 ई. में हुआ।

641 : अलक्जेंड्रिया (मिस्र) का महान पुस्तकालय को अरब-आक्रमण के दौरान आग लगाकर नष्ट कर दिया गया। इस पुस्तकालय को टोलेमी प्रथम ने ई.पू. तीसरी शताब्दी में स्थापित किया था।

650 : Chinese scholars developed a technique for printing texts from engraved wooden blocks.

784 : चीनी कैदियों के सहयोग से अरब में कागज का प्रथम कारखाना स्थापित हुआ।

800 : पूर्वी अमेरिका में मक्के की खेती होने लगी।

868 : Earliest-known printed book, *Diamond sutra,* was produced in China.

शब्दावली

अक्टूबर क्रान्ति : 25 अक्टूबर (तिथिक्रम के अनुसार 7 नवम्बर, 1917) की रात को बोल्शेविकों के नेतृत्व में मजदूरों, सैनिकों और नौसैनिकों ने पेत्रोग्राद (लेनिनग्राद) में रूस को जारों के भूतपूर्व महल—**शीत प्रासाद** पर धावा बोलकर उस पर अधिकार कर लिया। अस्थायी सरकार ने शीत प्रासाद में शरण ली थी। उसे गिरफ्तार कर लिया गया।

तीन घंटे बाद मजदूर, किसान और सैनिक प्रतिनिधियों की सोवियतों की दूसरी अखिल रूसी कांग्रेस ने रूस को सोवियत समाजवादी जनतंत्र उद्घोषित कर दिया। राज्य सत्ता अब जनता के हाथ में आ गई थी और सर्वहारा जो और सभी वर्गों से अधिक अकिंचन, शोषित और साथ ही सबसे अधिक क्रान्तिकारी तथा सुसंगठित वर्ग था, शासन का कर्णधार बन गया था।

रूस में समाजवादी क्रान्ति सफल हो गई थी। इस क्रान्ति को एक महान ऐतिहासिक मिशन पूरा करना था और यह मिशन था एक नए समाज का निर्माण करना जिसमें न कोई शोषक होते, न कोई शोषित, न कोई उत्पीड़क होते, न उत्पीड़ित। इस समाज का नाम कम्युनिज्म था।

अखनाटन : अखनाटन प्राचीन मिस्र का सम्राट था। उसने करीब 1375 से 1358 ई.पू. तक राज्य किया। इसका नाम आमेनहोतेप चतुर्थ था। उसने सारी दुनिया के लिए 'आतौन' (रश्मियुक्त सूर्य मंडल) नामक देवता की कल्पना की थी और परंपरागत 'आमोन' धर्म को राज्य की ओर से त्याज्य कर दिया था। इसका मतलब था कि उसने विश्व के लिए एक नया धर्म ईजाद करने की कोशिश की थी। लेकिन उसके धार्मिक सुधारों और विचारों का समकालीन धर्माचार्यों ने विरोध किया। उसने अपनी राजधानी 'तेल अल-अमर्त' नाम से बनाई। यहाँ की खुदाई में उस काल की अनेक महत्त्वपूर्ण

ऐतिहासिक सामग्रियाँ प्राप्त हुई हैं। इस सम्राट के राज्य-काल में साहित्य और कला का भी काफी विकास हुआ था। उसके काल में ही मिस्र में यथार्थ मूर्तिकला की एक विशेष शैली की शुरुआत हुई थी। 'आतौन' की प्रार्थना के लिए जो छंद बनाए गए वे काव्य की श्रेष्ठ कृति हैं। राजनीति की दृष्टि से इस सम्राट की सबसे बड़ी कमी यह थी कि उसने शासन-प्रबंध को कम अहमियत दी और धार्मिक कार्य-कलापों में ज्यादा उलझा रहा।

अर्जेंटीना : दक्षिण अमेरिका का एक गणतंत्र। 1516 ई. में स्पेन के नाविकों ने अर्जेंटीना तट का दर्शन किया। 1932 में **सेबास्टियन केबट** नामक स्पेनी नाविक ने पेराना नदी के मुहाने पर पहुँचकर उस प्रदेश को चांदी के खानों का देश समझकर पेराना नदी को **रमोडीलाप्लाटा** (चाँदी की नदी) नाम दिया। अर्जेन्टीना (लैटिन में अर्जेंटम का अर्थ चाँदी होता है) नाम भी इसी आधार पर पड़ा। स्पेन के राजा चार्ल्स पंचम ने 1535 ई. में यहाँ उपनिवेश स्थापित किया।

अद्ज-मेर : प्राचीन मिस्र में सिंचाई की देख-रेख करनेवाला अधिकारी। अद्ज-मेर का शाब्दिक अर्थ 'नहर खोदनेवाला' होता है। बाद में चलकर प्रांतीय गवर्नरों की उपाधि अद्ज-मेर होने लगी।

अनाक्रमण समझौता : दो राष्ट्रों के बीच एक समझौता कि वे एक-दूसरे के विरुद्ध बल-प्रयोग नहीं करेंगे और प्रत्येक मतभेद को बातचीत और मध्यस्थता आदि उपायों द्वारा दूर करेंगे।

अनेटोमी : इटालियन चिकित्सक मोडिनस (Modinus) ने 1316 में शरीर रचना विज्ञान पर *Anatomy* नामक टेक्स्ट बुक प्रकाशित किया।

अप्पर ओल्टा : अफ्रीका का एक स्वतंत्र राष्ट्र। इस राष्ट्र की खोज योरोप के लोगों ने 16वीं शताब्दी में की। 1919 में फ्रांस ने वहाँ अपना औपनिवेशिक राज्य स्थापित किया।

अपान : शरीर के भीतर जानेवाला वायु अपान कहलाता है।

अफनासी निकीतिन : अफनासी निकीतिन (Afanasy Nikitin) रूस का एक प्रसिद्ध सौदागर था। 15वीं शताब्दी में वह भारत आया था।

अब भारत हमारा है : द्वितीय ऑग्ल-मैसूर युद्ध के बाद अंग्रेजों ने घोषणा की– "Now India is ours."

अब्राहम : ओल्ड टेस्टामेंट में अब्राहम (Abraham) को Founder of Judaism बताया गया है। अपने पुत्र Isaac का बलि चढ़ाकर उन्होंने ईश्वर के प्रति पूर्ण समर्पित होने का प्रमाण

प्रस्तुत किया।

अबुल फिदा : मुस्लिम राजकुमार तथा इतिहासकार। जन्म दमिश्क में हुआ। सीरिया के हमत नामक स्थान में 1310 में राज्य किया। साहित्य और विज्ञान में विशेष अभिरुचि थी। प्राचीन अरब इतिहास की जानकारी के लिए इसके ग्रंथ बहुत महत्त्वपूर्ण हैं। रिस्के ने इसके ग्रंथों का लैटिन भाषा में पाँच खंडों में अनुवाद किया है। भूगोल पर भी लिखा इसका ग्रंथ काफी महत्त्वपूर्ण है।

अबूबकर (खलीफा) : ये इस्लाम धर्म के पहले खलीफा (632-634) थे। प्रारम्भिक नाम अब्दुल्ला था। इस्लाम को ग्रहण करनेवाले ये दूसरे व्यक्ति थे। व्यवसाय से कपड़े के समृद्ध व्यापारी थे। हजरत मुहम्मद के मक्का से मदीना जाते समय ये उनके साथ थे। इन्होंने अपनी पुत्री आयशा का विवाह हजरत मुहम्मद से किया। इन्होंने इस्लाम के प्रसार का कार्य किया। मदीना में राज्य-कार्य चलाने में ये मुहम्मद साहब के प्रमुख सहायक थे। इन्होंने अपने अंतिम दिनों में 'इमाम' का कार्य किया। ये 61 वर्ष की अवस्था में खलीफा बने। खलीफा पद सँभालते समय इन्होंने 'मुल्कशाम' के ईसाइयों के विरुद्ध एक सेना भेजी और शत्रु को परास्त किया। इन्होंने कुरान का, जो अभी तक लोगों को कंठस्थ थी, संकलन करवाया।

अंफोरा : शराब और तेल रखने तथा एक जगह से दूसरी जगह पहुँचाने के लिए प्राचीन यूनानी मिट्टी के बड़े-बड़े घड़े बनाते थे, जो **अंफोरा** (Amphora) कहलाते थे।

अमरूद : यह (Psidium Guyava) मूलतः अमेरिका का निवासी है। भारत में योरोपवासियों द्वारा आधुनिक काल में प्रविष्ट हुआ। 'पेरूक' नाम से **शालिग्रामनिघंटु** में इसका वर्णन है। पेरूक शब्द इसके मूल निवास स्थान 'पेरू' का बोधक है। **निघंटुरत्नाकर** में 'अमरूफल' नाम है। अमरूद वस्तुतः नाशपाती का फारसी नाम है। **बाबरनामा** में अमरूद फल संभवतः नाशपाती है।

अमेरिका : पश्चिमार्ध भूगोल का एकमात्र विशाल भूखंड। इस महाद्वीप के प्रथम अन्वेषक कहे जानेवाले अमेरीगो वैस्पूचि के नाम पर इस महाद्वीप का नाम रखा गया है। भौगोलिक आदि विशेषताओं के आधार पर इस महाद्वीप के उत्तर अमेरिका, मध्य अमेरिका और दक्षिण अमेरिका के नामों से तीन उपखंडों में विभाजित कर अध्ययन करने की परंपरा चल पड़ी है।

अमेरीगो बेसपूची	:	इटली का समुद्री खोजकर्ता Amerigo Vespucci (1454-1512) ने अमेरिका महादेश का पता लगाया। 1507 में जर्मन Cartographer Martin Waldseemuller ने इस खोजकर्ता के नाम पर इस महादेश का नाम अमेरिका रखा।
अरब खिलाफत	:	7-8वीं सदी में एक विराट अरब राज्य-अरब खिलाफत का निर्माण हो गया। खिलाफत के अधिकृत प्रदेश अटलांटिक महासागर से लेकर भारत और चीन की सीमाओं तक फैले हुए थे।
अल-काहिरा	:	973 में अल-मुईज ने राजकीय कामकाज का केंद्र मिस्र को बना दिया। उसने फुस्तात के किनारे अल-काहिरा (Al-Kahira) नामक स्थान को अपनी राजधानी बनाई। अलकाहिरा का अर्थ मंगल ग्रह की उठान के समय स्थापित शहर होता है।
क्लॉड बर्थोलेट	:	1785 में फ्रेंच रसायनशास्त्री Claude Berthollet (1748-1822) ने साँस घुटानेवाली एक रासायनिक गैस (Chlorine Bleach) का आविष्कार किया।
क्लियोपेट्रा	:	मिस्र की सात रानियों के नाम जिसमें क्लियोपेट्रा षष्टम (69-30 ई.पू) सर्वप्रसिद्ध है। 51 ई.पू. में उसने टोलमी 11वें के उपरांत अपने छोटे भाई टॉलमी द्वादश के साथ संयुक्त रूप से मिश्र पर शासन किया जिससे उसने विवाह कर लिया (यह मिस्री प्रथा थी) पर तीन वर्ष उपरांत भाई के अभिभावक ने इसको सीरिया में निष्कासित कर दिया। पर जूलियस सीजर ने इसे पुनः सिंहासन प्राप्त करने में सहायता दी थी। इसे सम्बन्ध में अनेक रूमानी कथाएँ प्रचलित हैं। यह असाधारण रूपवती थी। सीजर से इसका एक पुत्र भी हुआ था जो बाद में टॉलमी 14वाँ हुआ। सीजर की मृत्यु के बाद यह रोम से पुनः मिस्र वापस आई और मार्क एंटोनी से भी उसके प्रेम सम्बन्ध रहे। आक्टोवियन ने 32 ई.पू. में क्लियोपेट्रा के विरुद्ध एक्टियन का युद्ध किया और 30 ई.पू. में आक्टोवियन को बन्दी होने से बचने के लिए उसने स्वयं को साँप से कटाकर आत्महत्या कर ली। उसकी सहायता के लिए एंटोनी जल सेना लेकर आया, पर उनकी संयुक्त सेनाएँ पराजित हुई।
कागज	:	ईसा की पहली सदी में चीन में कागज का आविष्कार हुआ। 105 ई. में कागज के आविष्कार की घोषणा चीनी न्यायालय में की गई। साईलून नामक एक चीनी राजपुरुष ने तूत वृक्ष

की छाल, सन और गुड़ेद से लुआब बनाकर सर्वप्रथम कागज तैयार किया था। कुछ ही सदियों में यह आविष्कार चीन में सब जगह यहाँ तक कि सीमान्त प्रदेशें में प्रचारित हो गया। चीनियों ने यह आविष्कार पूरी तरह गुप्त रखने की कोशिश की क्योंकि इसका निर्यात विदेशों में होता था। किन्तु 757 ई.के आसपास चीनी करीगरों की मदद से ही समरकन्द में एक कारखाना स्थापित हुआ। चीन के बाहर सर्वप्रथम कागज का कारखाना शायद यही था। अगले साल समरकन्द पर अरबों का अधिकार हुआ तो बगदादी खलीफा कागज बनानेवाले सुदक्ष चीनी कारीगरों को बन्दी बनाकर अपने साथ ले जाना नहीं भूला। चीनी कारीगरों के जरिए ही अरबी कारीगरों ने कागज बनाना अच्छी तरह सीख लिया और समरकन्द जैसा ही एक कारखाना बगदाद में भी खोल दिया गया। 10वीं शताब्दी के प्रारम्भ में मिस्र और बाद में स्पेन कागज के कारखानों के मुख्य केन्द्र बन गए। स्पेन के पास और शातिबा में इस शिल्प की इतनी उन्नति हुई और कागज का इतना प्रचार हुआ कि जल्द ही सारे मुस्लिम संसार के लिए कागज चालान किया जाने लगा। 1238-39 में ईसाइयों ने शातिबा पर दखल कर लिया और कागज बनाने की तकनीक योरोपीय भी सीख गए। इसी समय से योरोप के विभिन्न स्थानों में कागज के कारखाने खुल गए। योरोप में कागज बनाने का प्रथम कारखाना इटली के फ्रेब्रियानो (Fabriano) नामक स्थान में 1340 ई. में स्थापित हुआ। मुस्लिम जगत के कारण कागज का विस्तार काफी हुआ। लिखने के अलावा कागज के अन्यान्य उपयोग और अलग-अलग कामों के लिए अलग-अलग तरह के कागज बनाने में भी मुस्लिम उद्‌भावना और कुशलता ने अपना करिश्मा दिखाया था। कागज के साथ जिल्दबन्दी का काम भी सारे मुस्लिम देशों में प्रचलित हो गया था। जिल्द बाँधने में मुसलमान कारीगर बेजोड़ थे। जिस रासायनिक पदार्थ का प्रयोग करके मुस्लिम कारीगर सुन्दर सुनहरे कामवाले चमड़े से जिल्द बाँधने में दक्ष थे उसका मिसाल किसी भी देश के कारीगरों में नहीं था।

कागजी बादाम : अरब से कागजी बादाम (Almond) भारत पहुँचा।

कागजी मुद्रा : चीन में कागजी मुद्रा का प्रचलन 950-1000 में प्रारम्भ हुआ।

काजू : काजू (Cashew) का मूल स्थान दक्षिण अमेरिका है। काजू

सबसे पहले पुर्तगालियों द्वारा गोवा के इलाके में 16वीं सदी में लाया गया।

कांगो : पश्चिम-मध्य अफ्रीका में अवस्थित देश कांगो (Congo) को बेल्जियम से 30 जून 1960 को आजादी मिली। 1965 से पूर्व इस देश का नाम **जायरे** (Zaire) था।

कार्टराइट : कपड़ा उद्योग में उन मशीनों के आविष्कारों का दौर, जो कताई तथा बुनाई कार्यों के बीच संतुलन बनानें के लिए बनाई जा रही थीं, एडमंड कार्टराइट (1743-1823) द्वारा 1787 में पावरलूम यानी शक्तिचालित करघे के आविष्कार के साथ समाप्त हो गया। पावरलूम को चलाना बहुत आसान था। जब भी धागा टूटता वह अपने आप काम करना बन्द कर देता और इससे किसी भी तरह के धागे से बुनाई की जा सकती थी। 1830 के दशक से, कपड़ा उद्योग में नई-नई मशीनें बनाने की बजाय श्रमिकों की उत्पादकता बढ़ाने पर अधिक ध्यान दिया जाने लगा।

कॉफी : कहवा (Coffee) अबीसीनिया, सूडान, गिनी तथा मोजांबिक में मूलतः होता है। प्राचीन मिस्र में इसका व्यवहार होता था। वहाँ इसे 'कवे' कहते थे जिससे फ्रांसीसी 'काफे' और बाद में कौफी शब्द का प्रयोग किया जाने लगा। ग्रेट ब्रिटेन में कॉफी की पहली दूकान 1652 ई. में खुली। भारत में मुस्लिम कारोबारी द्वारा 18वीं सदी में सर्वप्रथम मैसूर में लाया गया। इसकी खेती भारत में 1830 से प्रारम्भ हुई।

कार्बन-14 : 1946 ई. में Williard Libby नामक अमेरिकी रासायनविद् ने रेडियो कार्बन डेटिंग का आविष्कार किया। विज्ञान बतलाता है कि सभी सजीव वस्तुओं में एक प्रकार का रेडियोधर्मी (Radio-Active) कार्बन होता है जिसे कार्बन-14 कहते हैं। रेडियोधर्मी पदार्थ वे होते हैं जिनमें से एक निश्चित दर से बहुत छोटे-छोटे कण निकलते हैं। इन कणों के निकलने की दर 'गीगर काउंटर' नाम के उपकरण द्वारा उस पर होनेवाले खटकों से मापी जा सकती है। समय की एक निश्चित अवधि बीतने के बाद किसी पदार्थ की रेडियोधर्मिता आधी रह जाती है, और उतनी ही अवधि फिर बीतने पर यह चौथाई रह जाती है। इसी प्रकार उसकी रेडियोधर्मिता कम होती जाती है। जब मनुष्य, पशु और पौधे जिन्दा होते हैं तब वे जिस मात्रा में वायुमंडल से कार्बन-14 लेते हैं, उसी मात्रा में रेडियोधर्मिता के कारण उसे खो देते हैं। जब कोई

जीवित चीज मर जाती है तब वह वायुमंडल से नया कार्बन-14 नहीं लेती यद्यपि वह उसे एक निश्चित दर से खोती रहती है।

भौतिक विज्ञान के विद्वानों ने पता लगाया है कि कार्बन-14 की आधी जिन्दगी 5,730 वर्ष होती है। कोई पेड़ जो 5730 वर्ष पूर्व काटा गया था या कोई पशु जो उतने ही वर्ष पहले मरा, उस पेड़ की अपेक्षा जो कल ही काटा गया हो या उस पशु की अपेक्षा जो कल ही मरा हो 'गीगर काउंटर' पर आधे खटके करेगा। अगर उत्खनन में लकड़ी का टुकड़ा या हड्डी मिलती है तो पुरातत्त्वविद् अब उसे भौतिकशास्त्री के पास भेज सकता है जो अपने इस काउंटर से उसकी उम्र माप सकेगा। भौतिक शास्त्री निश्चित रूप से यह तो नहीं बतला सकता कि अमुक वस्तु ठीक 3893 ई.पू. में थी मगर वह हमें यह तो बतला ही सकता है कि वह वस्तु 4000 ई.पू. और 3500 ई.पू. के बीच जीवित थी। इस काल-निर्णय से पुरातत्त्वविद् काफी सन्तुष्ट हो जाता है क्योंकि प्रागैतिहासिक काल में जीवन में बहुत धीरे-धीरे परिवर्तन होता था और किसी प्राचीन संस्कृति के अध्ययन में दो-चार सौ वर्षों के आगे-पीछे का अन्तर कोई विशेष महत्त्व नहीं रखता।

क्राइस्ट : ईसा को क्राइस्ट का जो नाम दिया गया वह यूनानी शब्द **क्रिस्टोस** से लिया गया है। इसका अर्थ वही होता जो हिब्रू के आशियाह या मसीहा है।

कॉकस : किसी दल अथवा गुट के प्रमुख सदस्यों की बैठक जिसके हाथों में दल के नेताओं का चुनाव करने, सार्वजनिक पद के लिए उम्मीदवारों को मनोनीत करने या नीति निर्धारण करने की व्यावहारिक शक्ति केन्द्रित हो। इस शब्द (Caucus) का पहले-पहल प्रयोग औपनिवेशिक युग में अमेरिकी राजनीति में किया गया था और इसका ध्वनितार्थ कुछ शोभन नहीं समझा जाता था। आगे चलकर इस शब्द का प्रयोग विभिन्न राजनीतिक बैठकों के लिए होने लगा।

काँसा : ई.पू. 2000 के आसपास मिस्र के लोगों ने ताँबा और टीन का मिश्रण करके काँसा नामक धातु बनाना सीख लिया।

कानी की लड़ाई : ई.पू. 216 में कानी नामक एक बस्ती के पास रोमन और कार्थेजी सेनाओं के बीच टक्कर हुई। इसमें कार्थेजियों की विजय हुई।

कॉप्टिक चर्च : चौथी शताब्दी में इथोपियाइयों ने एक खास किस्म के ईसाइयत को अपनाया जिसे **कॉप्टिक** (Coptic) कहते थे। Coptic Church सीधे प्रारम्भिक मिस्री ईसाइयत से विकसित हुआ था। इस मत के लोग अपने को संतमार्क (Saint Mark) का अनुयायी बताते थे। संतमार्क प्रथम शताब्दी में थे।

कॉपरनिकस : कॉपरनिकस (Copernicixs) एक खगोलविद् था। उसका जन्म 1473 में और देहावसान 1543 में हुआ था।

कार्ल ड्रेज : जर्मन इंजीनियर Karl Drais von Sauerbronn ने 1816 में ब्रेक (Steering) साइकिल का आविष्कार किया।

कीमिया : रासायन विद्या, सोना-चाँदी बनाने की विद्या।

कीलकार : मेसोपोटामिया में कीलकार लिपि को अंग्रेजी में क्यूनीफॉर्म (Cuneiform) कहते हैं। लैटिन शब्द क्यूनिस से क्यूनीफॉर्म शब्द बना है। क्यूनिस का अर्थ खूँटी और फोर्मा (आकार) होता है।

क्रिकेट : ब्रिटेन और कॉमनवेल्थ के देशों द्वारा क्रिकेट खेलने की शुरुआत 1700 ई. में की गई।

कुरूश : पारसीक सम्राट कुरूश (साइरस) के पास उत्कृष्ट घुड़सवार सेना थी। वह कई देशों को जीता और ई.पू. 538 में बेबीलोन पर भी अधिकार कर लिया। मध्य एशियाई अभियान के दौरान कुरूश की शत्रुओं ने हत्या कर दी।

कू क्लक्स क्लान : यह (Ku Klux Klan) एक गोपनीय संगठन था जो अमेरिकी गृहयुद्ध के बाद पुनर्निर्माण काल (1867-70) में अमेरिका के दक्षिणी राज्यों में सक्रिय रहा। अमेरिकी सरकार ने गृहयुद्ध में सफलता प्राप्त करने के बाद दक्षिणी राज्यों के प्रति कुछ आक्रामक रुख अपना लिया था। **कू क्लक्स क्लान** का लक्ष्य इस दृष्टिकोण का विरोध करना था।

केनबेत : मध्य राजवंश कालीन ग्राम परिषद को केनबेत कहते थे।

केप वर्डे : 1957 में केप वर्डे (Cape Verde) (उत्तरी अफ्रीका) पुर्तगाल से मुक्त होकर स्वतंत्रता प्राप्त की।

केला : अंग्रेजों ने इसे 'Adam's fig' और 'Apple of Paradise' अर्थात् 'स्वर्ग का सेब' कहा। विश्व का प्राचीनतम फल केला का मूल स्थान आसाम, बर्मा और इंडोचायना (थाईलैंड) है। इन्हीं स्थानों से इस फल का प्रसार अमेरिका, अफ्रीका, आस्ट्रेलिया, फिलीपिंस और हवाई में हुआ। मौर्यकाल में भारतीय केला की चर्चा मेगास्थनीज ने की है। भारत से केला

7वीं शताब्दी में मिस्र पहुँचा।

क्रेमलिन : रूसी शब्द Kremlin का अर्थ महल होता है। मास्को में जारों (सम्राट) का पुराना निवास-स्थान जो सोवियत सरकार की पीठ थी। सोवियत राजनीतिक शक्ति के केंद्र-स्थल के लिए भी इस शब्द का प्रयोग किया जाता था।

केंट विश्वविद्यालय : दक्षिण-पूर्वी इंग्लैंड में Great Stour नदी के किनारे अवस्थित केंट शहर में केंट विश्वविद्यालय (University of Kent) की स्थापना 1965 में हुई।

केशर : केशर (Crocus Sativus Lin) का मूल स्थान बाह्लिक या बल्ख है। गुप्तकाल से इसकी खेती कश्मीर के इलाके में होने लगी।

कैज़ीमर फंग : पॉलिस जीवरसायनज्ञ Casimir Funk ने 1911 में विटामिन्स की खोज की।

कैथीड्रल : मध्यकालीन यूरोपीय शहर का मुख्य गिरजाघर कैथीड्रल कहा जाता था। इसकी इमारत नगर में सबसे ऊँची और सबसे सुंदर होती थी।

छपाई : 15वीं सदी में जर्मन का वासी योहान्न यूहेनबर्ग ने सही अर्थों में मुद्रणकला-छपाई का आविष्कार किया।

छेमी या मटर : प्राक् इतिहास काल में इथीयोपिया में छेमी (Peas) प्रथम बार उत्पन्न हुआ। आधुनिक काल में भारत इससे परिचित हुआ।

ज्वार : मिस्र में ई.पू. 2200 में ज्वार का प्रमाण मिलता है। सिंधु सभ्यता के काल में ज्वार भारत पहुँचा।

ज्योफ्रे द विलहार्डन : फ्रेंच इतिहासकार Geoffrey de Villehardouin ने चतुर्थ धर्मयुद्ध पर *Conquest of Constantinople* की रचना 1213 ई. में की।

ज्योफ्रे : Geoffrey of Monmouth ने 1139 में *History of the Kings of Britain* की रचना की।

जक्वेस चार्ल्स : हवा में उड़ान भरनेवाला हाइड्रोजन वैलून को 1783 ई. में सबसे पहले भौतिकशास्त्री जक्वेस चार्ल्स (Jacques Charles–1746-1813) ने बनाया।

जनवरी : द्वार के रोमन देवता जनुस (Janus) के नाम पर रोमन जनुरियस से जनवरी बना है।

जमाअत : पाँचों समय की सामूहिक नमाज।

जमदग्नि : जिनकी अग्निएँ प्रज्वलित रहती थीं वह ऋषि जमदग्नि कहलाए।

जर्मनी : 3 अक्टूबर जर्मनी का National Day है क्योंकि 1990 में इसी दिन जर्मनी का एकीकरण हुआ।

जर्मनी का राष्ट्रीय ध्वज : संयुक्त जर्मनी का राष्ट्रीय ध्वज 1990 में अपनाया गया। यह ध्वज तिरंगा (लाल, काला और सुनहरा) है।

जरबफ्रत : सोने के तारों के काम के तथा सोने के तारों से बुने हुए वस्त्र।

जस्टिनियन : 534 में Emperor Justinian ने *Law Code* का प्रकाशन किया। मध्यकालीन पश्चिमी योरोप के कानून व्यवस्था का यह मुख्य आधार रहा।

जस्टिनियन महान (Justinian the Great 485-565) अपनी विजयी, भवन निर्माण तथा न्याय व कानून के निर्माण के लिए प्रसिद्ध। बिखरे हुए रोमन कानूनों को एक आयोग के द्वारा संहिताबद्ध करके विश्व के लिए सुरक्षित कर दिया। अधिकांश यूरोपीय विधि व्यवस्था जस्टिन की संहिता (नाम कारपस जूरिस सिविलस, Corpus Juris Civilus पर ही आधारित है।

टिंडा : टिंडा (Squash Melon) सब्जी का जन्मस्थल उत्तर भारत है।

टोगो : पश्चिमी अफ्रीका में अवस्थित देश टोगो (Togo) को 27 अप्रैल, 1960 को आजादी मिली। इसकी राजधानी लोमे है।

ट्रांजिस्टर : John Bardeen, Walter Brattain और William Shockley नामक अमेरिकन इंजीनियरों ने 1947 में Transistor का आविष्कार किया।

टी.जी.वी : French High-speed रेलसेवा (TGV) 1981 में प्रारम्भ हुई।

टेलीविजन : A television service was started in New Delhi on 15 september 1959. प्रारम्भ में इसका प्रसार-सीमा 30 किलोमीटर था। 1972 में बंबई और 1975 में टेलीविजन का प्रसार हुआ।

टोलेमी : यूनानी ज्योतिषी (astrologer) टोलेमी (Ptolemy-90-168 ई.) ने *The Mathematical Collection* (later Known as *the Almagest*) नामक पुस्तक प्रकाशित की। वह यूनान का खगोलविद् एवं भूगोलवेत्ता था।

डकर : पश्चिम अफ्रीका में अवस्थित सेनेगल नामक विशाल देश की राजधानी Dakar की स्थापना एक फ्रेंच किला के रूप में 1857 में हुई। 1885 में यहाँ रेलमार्ग बना।

डर्बी : ढलवाँ लोहे (Pig-iron) से पिटवाँ लोहे (Wrought-iron) का विकास डर्बी द्वितीय (1711-68) ने किया।

डाकबँगला : भारत में एक जगह से दूसरी जगह सफर करनेवाले को पीएमजी (Post Master General) से लिखित अनुमति मिलने पर अग्रिम धनराशि जमा करनी होती थी। मुसाफिर डाक ले जानेवाली गाड़ी, घोड़ागाड़ी आदि में अपनी जगह बुक करा सकता था और रास्ते में पड़नेवाली डाक चौकियों में (जो बाद में डाकबँगला कहलाई) रात्रि विश्राम भी कर सकता था। 1857-58 में डाकबँगलों में अंग्रेज अफसरों को छोड़ दें तो हिंदुस्तानियों का खास खयाल नहीं रखा जाता और भारतीय यात्री इनमें ठहरने से परहेज भी करते थे। डाकबँगला का उदय डाक विभाग के लिए हुआ था। 19वीं सदी के शुरुआती दिनों तक होटल या सराय नाममात्र की थी। इस स्थिति में डाकबँगले का विशेष महत्त्व था। लॉर्ड डलहौजी के जमाने में कई सड़कें बनी और डाकबँगले भी बनाए गए। 1863-64 तक डाक विभाग के हाथ में ही डाकबँगलों का प्रबन्ध रहा। इसके बाद डाक विभाग ने डाकबँगला और पालकी से मुक्ति पा ली।

डारविन : अंग्रेज प्रकृति वैज्ञानिक Charles Robert Darwin was an originator of a theory of Evolution which was based on NATURAL SELECTION. उसका जन्म 1809 और देहावसान 1882 में हुआ था।

डॉलर : 1486 में जोआशिमस्थाल और बेहेमिया (चेकोस्लोवाकिया) में स्थापित की गई एक टकसाल स्थानीय खान से उपलब्ध चाँदी से बड़े सिक्के बनाती थी। इनको प्रारम्भ में **जोआशिमस्थालर** और बाद में संक्षेप में स्थालर कहा जाने लगा। इसी से थालर और फिर बिगड़कर **डॉलर** शब्द की उत्पति हुई। 1792 में अमेरिका का राष्ट्र-स्तरीय मुद्रा डॉलर (Dollar) हो गया। 1934 तक डॉलर का कीमत तत्कालीन उतने ही वजन के सोना के बराबर था।

डालर कूटनीति : अमेरिकी करेन्सी को डॉलर कहते हैं। आर्थिक निवेश द्वारा अमेरिका का प्रभाव बढ़ाने की नीति।

डायनीसिस : यूनान में ओलम्पियाई देवी-देवताओं के समूह में एक देवता जिसे बाद में चलकर होमर ने ओलम्पियाई देवताओं में से निकाल दिया। डायनीसिस के नेतृत्ववाला आदिमकालीन सम्प्रदाय इतना शक्तिशाली था कि इसे देवी-देवताओं के समूह

से बाहर निकालना मुश्किल था। क्लासिकी काल में उसे यूनानी धर्म में पूरी तरह मिला लिया गया। उसे राजकीय स्तर पर मान्यता मिली। डायनीसिस शराब, भाँग और नशा का देवता था। उसे **बैकस** भी कहा जाता था। डायनीसिस संप्रदाय में स्त्रियाँ बड़ी संख्या में शामिल थीं। शराब पीना, उच्छृंखल नृत्य करना और परमानंददायक अवस्था में जाना—इस संप्रदाय के आचार-व्यवहार में शामिल था। डायनीसिस ओर्फियाइयों का प्रधान देवता था क्योंकि इनपर रहस्यवाद का जोर था और डायनोसिस सम्प्रदाय के समान ये लोग भी रहस्यवादी पहलू का प्रदर्शन करते थे।

डायोफैंटस : अलक्जेंड्रिया का विद्वान डायोफेंटस (Diophantus) ने अलजेब्रा (Algebra) को सत्य प्रमाणित किया और करीब 250 ई. में इसे गणित की शाखा के रूप में स्थापित किया।

डायोनिसियस एक्जीगस : गणितज्ञ Dionysius Exigus का जन्म 500 ई. में और मृत्यु 550 ई. में हो गई। He began the Practice of dating years using the birth of Jesus Christ as a starting point; beginning of the Christian Era in 525 A.D.

डेनिस पैपिन : फ्रेंच वैज्ञानिक Denis Papin (1647-1712) ने प्रेशर कुकर (Pressure cooker) का आविष्कार 1679 में किया।

डोमिनिका गणतंत्र : मध्य अमेरिका में अवस्थित डोमिनिका गणतंत्र (Dominica Republic) 1844 में स्पेन से स्वतंत्रता प्राप्त की थी।

डेमोक्रिटस : यूनानी विचारक और वैज्ञानिक डेमोक्रिटस (Democritus-c.460-370 B.C.) ने यह विचार सामने रखा कि सारा विश्व अणुओं यानी अतिसूक्ष्म कणों से बना है।

डोरिक स्तंभ : यूनान में आमतौर पर मंदिर सभी ओर से मंडपों से घिरा होता था। यदि मंदिर के रूप को भव्यता और गांभीर्य प्रदान करना होता था, तो मंडपों के स्तंभ भारी-भरकम और ऐसे बनाए जाते थे कि मानो पत्थर के फर्श से खुद ही उग आए हों। ऐसे स्तंभ **डोरिक स्तंभ** (Doric Pillar) कहे जाते थे। डोरिक लोगों ने इस स्तंभ शैली को विकसित किया। वे उत्तरी यूनान में ई.पू. करीब 1200 में जाकर बसे और यूनानी भाषा बोलते थे। वे लोहे को प्रयोग करने की जानकारी रखते थे। इन लोगों ने Mycenaean Civilization को सांस्कृतिक रूप से विकसित किए। प्राचीन यूनान में डोरियन लोगों के आगमन के साथ ही 'Dark age' की शुरुआत हुई जिसकी अवधि 400 वर्षों की रही।

डोरियन : बाल्कन प्रायद्वीप के उत्तरी भाग में डोरियन नामक लड़ाकू, बर्बर यूनानी कबीले रहते थे।

डेमोस : यूनान में एरिस्टोक्रेटों को छोड़ सभी स्वतंत्र एथेनी नागरिक सामान्य जन अथवा डेमोस कहलाते थे।

ड्रैको : यूनान में ई.पू. 7वीं शताब्दी में ऐसे कानून बनाए गए, जिनके अनुसार मामूली अपराध के लिए भी कठोर दंड दिए जाते थे। उदाहरण के लिए, दूसरे के बाग से अंगूर का गुच्छा तोड़ने के अपराध में मृत्युदंड का प्रावधान था। ऐसे कानून कहते हैं, स्याही से नहीं बल्कि रक्त से लिखे गए थे। उनका निर्माता ड्रैको नामक आर्कोन था। यूरोपीय मुहावरा—ड्रैकोनी (अति कठोर) कानून या कार्रवाई इसी से निकला है।

तुर्कमेनिस्तान : 1991 में सोवियत संघ के टूटने से पूर्व तुर्कमेनिस्तान (Turkmenistan) इसका एक भाग था।

तख़्त सन्दली : चंदन का राजसिंहासन।

तमाखू : तमाखू (Nacotiana Tabacum Linn) का पौधा मूलतः मध्य या दक्षिण अमेरिका का है। इसका नाम (Nicotiana) जॉन निकॉट ऑफ निस्मस के सम्मान में किया गया जिसने इस पौधे का प्रवेश फ्रांस में कराया था। भारत में यह पुर्तगालियों के माध्यम से 16वीं शताब्दी के अंत में लाया गया। आयुर्वेद में इसका सर्वप्रथम वर्णन 17वीं शताब्दी के ग्रंथ *योगरत्नाकर* में मिलता है।

पानचाओं : पानचाओं (लगभग 52 से 125 ई.) चीन देश की सर्वप्रथम महिला इतिहासकार और विदुषी थी। इनके पिता पनपिआवो भी हान राजवंश के इतिहासकार थे। इन्होंने अपने पिता द्वारा हान वंश के अधूरे छोड़े गए इतिहास को पूरा करने का काम किया। इसके अलावा इन्होंने हान वंश की प्रशंसा में अनेक सुंदर काव्यों की रचना भी की।

पापमोचन पत्र : मध्यकालीन यूरोप में चर्च द्वारा पापमोचन पत्र या अनुग्रह पत्र नामक विशेष दस्तावेज बेचा जाता था। चर्च के पादरी इन मोचन पत्रों को शहरों और गाँवों के चौकों पर बेचा करते थे। हत्यारे, डाकू और चोर अपने किए हुए अपराधों के लिए पापमोचन पत्र खरीद सकते थे। भावी अपराधों के लिए भी पापमोचन पत्र वे खरीदते थे। पोप के दरबार में अधिकारियों ने एक सूची तैयार कर रखी थी जिसमें यह दिखाया गया था कि हर पाप की 'कीमत' कितनी है। 1517 में विटेनबर्ग विश्वविद्यालय के प्रोफेसर मार्टिन लूथर ने पापमोचन पत्रों

के विक्रय की निन्दा की।

पारसीक : ई.पू. छठी शताब्दी में पश्चिम एशिया में नए विजेता घुस आए। ये पारसीक यानी प्राचीन ईरानवासी थे। इन्होंने फारस की खाड़ी के पूर्व में अपने राज्य की स्थापना कर ली थी।

प्याज (Onion) : इस सब्जी का जन्म पश्चिमोत्तर भारत, अफगानिस्तान, ताजिकिस्तान और उजबेक में हुआ।

प्लेग : 1346 ई. में प्लेग (Black Death) से रूस का दक्षिणी इलाका जनशून्य हो गया। 1361-63 में योरोप का विशाल इलाका प्लेग के कारण वीरान (devastated) हो गया।

प्लेटिनम : इटली में जन्मा Julius Scaliger (1484-1558) नामक फ्रेंच वैज्ञानिक ने मध्य अमेरिका में Platinum की प्रथम खोज 1557 में किया।

प्लोटिनस : रोम में करीब 244 ई. में एक स्कूल खोलकर दार्शनिक Plotinus नियोप्लाटनिज्म के विचारों (Ideas of Neo-platonism) को पढ़ाया करता था।

प्राचीर : नगर किले आदि के चारों ओर रक्षा के लिए बनाई गई दीवार, परकोटा या चहारदीवारी को **प्राचीर** कहते हैं।

पिग लौह : भट्ठी में लोहे के पर्याप्त रूप से पिघल जाने पर इसको रेत में बने हुए एक साँचे मे प्रवाहित कर दिया जाता था। यह साँचा सदैव एक निश्चित आकृति का होता था जिसे देखकर एक लोहे के धातुकर्मी को एक शूकरी और उसके बच्चों की आकृति का आभास हुआ। इसी घटना के कारण साँचे में प्रवाहित किए जानेवाले पिघले लोहे के **पिग** (Pig) लौह कहा जाता था।

पिटवाँ लोहा : ढलवाँ लोहे से अधिक दृढ़ (Tough) और लचीले (Flexible) उत्पाद को प्राप्त करने के लिए **पिग लोहे** को गरम करके हथौड़े से पीट-पीटकर इसकी अशुद्धियों को निकालकर इसे दृढ़ बनाया जाता था। इस प्रकार प्राप्त लोहे के **पिटवाँ लोहा** कहा जाता था।

पियरे पल्लेटियर : फ्रांस के दो चिकित्सक Pierre Pelletier (1788-1842) और Joseph Caventon (1795-1877) ने मलेरिया उन्मूलन दवा Quinine का आविष्कार 1820 में किया।

पियरे मिचैंक्स : पुराने ढंग की पैर गाड़ी के समान पैर से चलानेवाली साइकिल को Pierre Michanx नामक फ्रेंच इंजीनियर ने 1867 ई. में पहली बार बनाया।

पिरेयस : एथेंस से छः किलोमीटर दूर शांत और गहरी खाड़ी के तट पर एथेनियों ने पिरेयस नामक बन्दरगाह बनाया जिसका सीरिया, मिस्र, सिसली आदि से व्यापारिक सम्बन्ध थे।

पीराटेस : यूनान में जलदस्यु या समुद्री डाकू को पीराटेस कहते थे।

पुरातत्त्व : हमारे पूर्वजों के दैनिक जीवन और उनके व्यवसायों पर रोशनी डालने के लिए टीलों और खँडहरों के रूप में पुराने स्थानों की खुदाई को जिन विद्वानों ने एक विज्ञान का रूप दिया है, उन्हें **पुरातत्त्वविद्** कहा गया है। आधुनिक पुरातत्त्व पुरातत्त्वविदों की देन है। इसने हमें लाखों वर्षों की मानव-प्रगति से परिचित कराया है। उत्खनन से अनेक वस्तुएँ प्रकाश में आई हैं। इनमें औजार और हथियार, स्मारक और अवशेष, प्राचीन जनगणों की कलाकृतियाँ और शिल्प, रहने के मकान, पूजा करने के मन्दिर और उनके जीवन-यापन का माहौल शामिल हैं। संक्षेप में, पुरातत्त्वविदों ने इतिहासकारों को एक सम्पूर्ण सामाजिक और सांस्कृतिक इतिहास के लिए सामग्रियाँ दी हैं। इस प्रकार का इतिहास पहले कभी नहीं लिखा जा सकता था।

कई बार अतीत की महान संस्कृतियों की खोजें संयोगवश हो गई हैं। उदाहरण के लिए, 1856 ई. में जेम्स और विलियम बर्टन नाम के दो भाई कराची से लाहौर तक रेल लाइन बिछाने में लगे थे। उन्होंने पास के टीलों से अपनी लाइन के लिए ईंटें लेने के प्रयत्न किए। ईंटों के लिए खोदने से दो प्राचीन नगरों का पता लग गया। ये नगर थे पश्चिम पंजाब में हड़प्पा और सिन्ध में मोहनजोदड़ो। मगर इसके कोई 60 वर्ष बाद जाकर राखाल दास बनर्जी के परिश्रम से इन 5,000 वर्ष पुराने शहरों के बारे में तथ्य सामने आए। राखाल दास बनर्जी ने सर जॉन मार्शल और ननीगोपाल मजूमदार की देख-रेख में काम किया। इस प्रकार हम भारत में मोहनजोदड़ो व हड़प्पा और पश्चिम एशिया में सुमेर, बाबुल और सीरिया की सभ्यताओं के बारे में जानकारी के लिए पुरातत्त्वविदों के ऋणी हैं। उत्खननों से पहले किसी ने भी इस बात के बारे में अनुमान तक नहीं लगाया था कि भूमध्यसागरीय क्रीट नामक टापू में कभी किसी महत्त्वपूर्ण सभ्यता का विकास हुआ था। पुरातत्त्व विज्ञान से ही प्राचीन मिस्र के सम्पूर्ण इतिहास, यहाँ तक कि दैनिक जीवन की बिलकुल छोटी-छोटी बातों के बारे में भी मालूम हुआ है। पुरातत्त्व विज्ञान ने हमें उस मानव

के जीवन को समझने में समर्थ बनाया है जो हजारों वर्ष पहले इस धरती पर रहता था। उस समय उसके रहने का कोई निश्चित ठौर-ठिकाना नहीं था, वह पत्थर के केवल अपरिष्कृत औजारों का इस्तेमाल करता था और अपने साथी मनुष्यों के साथ अत्यन्त मामूली ढंग से सहयोग करता था।

पुरातत्त्वविद् : चिर अतीत में रहनेवाले हमारे पूर्वजों के दैनिक जीवन और उनके व्यवसायों पर रोशनी डालने के लिए टीलों और खँडहरों के रूप में पुराने स्थानों की खुदाई को जिन विद्वानों ने एक विज्ञान का रूप दिया है, उन्हें **पुरातत्त्वविद्** कहते हैं।

समय बीतने के साथ ही वे अनेक वस्तुएँ अब खराब या नष्ट हो गई हैं, जिनसे हमें प्राचीन मानव की संस्कृतियों को समझने में सहायता मिलती। मगर कतिपय कारक इन चीजों को सुरक्षित रखने में सहायता देते हैं जो अन्यथा थोड़े समय में नष्ट हो जातीं। उदाहरण के लिए मिस्र की शुष्क जलवायु में विशाल पिरामिडों के अन्दर लकड़ी के फर्नीचर और यहाँ तक कि घास की चटाइयाँ तथा बारीक कपड़े भी पूरी तरह ठीक-ठीक मिले हैं। मरुभूमि के एक अनाज के गोदाम में गेहूँ और जौ के दाने ऊपर छिलके और बालियों सहित सर्वथा अच्छी हालत में मिले हैं। ज्वालामुखी फूटने के कारण रोम का प्राचीन नगर पांपेई नीचे दब गया मगर एक नानबाई की दुकान में रोटी सुरक्षित रही। अत्यधिक सर्दी भी चीजों को सुरक्षित रखती है। साइबेरिया में बर्फ से भरे एक गड्ढे में एक प्रागैतिहासिक मैमथ बिलकुल ठीक-ठाक अवस्था में पाया गया। किसी एक ही स्थान पर मानव के सम्पूर्ण अस्थि-पंजर, औजार, बर्तन और अन्य शिल्प-उपकरण एक साथ बिरले ही पाए जाते हैं। आमतौर से जबड़े या पैर की हड्डी या कुछ दाँत मिल जाते हैं। पुरातत्त्वविद् मिट्टी के बर्तन बड़ी मात्रा में खोद निकालता है मगर वे टुकड़े-टुकड़े होते हैं। प्रागैतिहासिक काल के मनुष्य और उसके जीवन का एक चित्र प्रस्तुत करने के लिए पुरातत्त्वविद् पाए गए वस्तुओं के टुकड़ों तथा उन परतों का ध्यानपूर्वक अध्ययन करता है जहाँ उन्हें वह पाता है। पुनर्रचना के इस काम में वह भूवैज्ञानिक, प्राणिशास्त्री और अन्य वैज्ञानिकों की सहायता लेता है।

फिर भी, कुछ स्थानों पर भाग्य ने पुरातत्त्वविद् का साथ दिया है। उदाहरण के लिए, मिस्र के पिरामिडों के अन्दर

उसे ममी (Mummies) या राजसी पोशाक पहने और सोने के आभूषणों, हथियारों, फर्नीचर तथा अन्य बहुमूल्य पदार्थों के साथ मिस्र के प्राचीन राजाओं के सुरक्षित शव मिले हैं।

पुरोहित : मंदिरों में सभी अनुष्ठान कार्य पुजारियों या पुरोहितों द्वारा किए जाते थे। मिस्रवासियों का विश्वास था कि पुरोहितों का देवताओं से प्रत्यक्ष संपर्क होता है, पुरोहित देवताओं तक लोगों की भेंटें ही नहीं, याचनाएँ भी पहुँचा सकते हैं और देवताओं को लोगों से जो कहना होता है, वे पुरोहितों के ही मुँह से कहते हैं।

पुस्तक : 1445 के आस-पास गुटेनबर्ग ने पहली छपी हुई किताब तैयार की।

पूर्वी समस्या : 19वीं शताब्दी में पतोन्मुख तुर्की उस्मानी साम्राज्य के दक्षिण-पूर्व यूरोपीय भागों में उभरती हुई राष्ट्रीयता पड़ोसी तथा दूरस्थ बड़े देशों की लोलुपता तथा हितों को पारस्परिक टकराव के समय-समय पर उपजनेवाली समस्याओं का सामूहिक नाम। बड़ी शक्तियों में सर्वप्रथम रूस ने तुर्की के पतन से लाभ उठाना आरम्भ किया, 1774 की कुचुक कर्नाजी संधि से आरम्भ होकर, 1806-12 के युद्ध यूनानी स्वतंत्रता संग्राम में हस्तक्षेप कर एड्रियानोपल संधि (1829) द्वारा क्रीमियाई युद्ध (1854-56) तथा पेरिस की संधि (1856) द्वारा, सेन स्टीफेनो संधि (1878) द्वारा रूस ने विभिन्न चरणों में अपने लिए दक्षिण-पूर्वी यूरोप में महत्त्वपूर्ण हित तथा ठिकाने प्राप्त किए। रूस ने इन प्रदेशों में वृहत्स्लाव (Pan-slavism) आंदोलन को प्रोत्साहन दिया जिसमें उसका वास्तविक उद्देश्य यह था कि यह सब प्रदेश उसके प्रभावी अधिकार क्षेत्र में आ जाएँ। आस्ट्रिया का प्रमुख उद्देश्य पश्चिमी बाल्कन प्रदेशों, विशेषकर बोस्निया-हर्जेगोविना को अपने अधिकार में कर लेना था। बर्लिन की संधि (1878) से उसको इन प्रान्तों पर अधिकार मिला और 1908 में इनको आस्ट्रियाई साम्राज्य में मिला लिया। ऐसा हो जाने से इन प्रान्तों में आस्ट्रिया के विरुद्ध राष्ट्रीय आन्दोलन आरम्भ हो गया और बल्कान युद्ध तथा प्रथम विश्वयुद्ध का महत्त्वपूर्ण कारण बना। इन दो देशों के विपरीत ग्रेट ब्रिटेन का सदैव प्रयास रहा कि तुर्की साम्राज्य को खंडित होने से रोके रहें जिससे कि रूस अथवा आस्ट्रिया अपनी मनमानी न कर सकें। ब्रिटेन के लिए तुर्की साम्राज्य

के विभिन्न प्रदेशों में और साथ ही भारत, पर्शिया, अफगानिस्तान, मिस्र आदि स्थित अपने हितों की रक्षा के लिए यह आवश्यक था। अतः जब कभी भी रूस अथवा आस्ट्रिया ने स्थानीय गड़बड़ी से लाभ उठाने का प्रयास किया ग्रेट ब्रिटेन ने उनके हस्तक्षेप को नकारा करने के लिए 'सुरक्षात्मक हस्तक्षेप' किया। जहाँ तक राष्ट्रवादी आंदोलनों का प्रश्न है, सर्वप्रथम यूनानियों ने 1821-29 में तत्पश्चात् रूमानियों ने और बुल्गर लोगों ने 1875 में सभी बाल्कन प्रदेशों ने 1908 में विद्रोह किए। पूर्वी प्रश्न का समापन प्रथम विश्वयुद्ध की विषम परिस्थितियों के बाद 1923 की लोजान की संधि द्वारा हुआ।

पेट्रीशियन : रोम के प्राचीनतम निवासियों के वंशज पेट्रीशियन कहलाते थे। यह नाम लैटिन शब्द 'पाटेर' (पिता) से निकला है।

पेनी पोस्टेज : वर्ष 1839 में इंग्लैंड में डाक-पत्रों पर टिकट लगाकर भेजने की व्यवस्था आरम्भ हुई। अगले वर्ष (1840) यह नियम बना दिया गया कि आधे आउंस तक के भार के पत्र केवल एक पेनी मूल्य के टिकट लगाकर इंग्लैंड में कहीं भी भेजे जा सकेंगे। इन दो उपायों ने इंग्लैंड की डाकतार व्यवस्था में क्रान्ति उत्पन्न कर दी।

पेपिरस : मिस्र में नील का पानी जहाँ छिछला था, वहाँ पेपिरस या पेपाइरस नामक 4-5 मीटर ऊँची नरकल जैसी झाड़ियाँ उगा करती थीं। मिस्र के वासी इनके तनों को काटकर पतली-पतली परतें निकाल लेते थे और उन्हें आपस में चिपकाकर कागज के पन्ने जैसा बना लेते थे। अब इस पन्ने पर नरकल की कलम और स्याही से लिखा जा सकता था। अगर पन्ना पूरा न पड़ता, तो उस पर नीचे एक और पन्ना चिपका लिया जाता था। इस तरह लंबी-लंबी पट्टियाँ बन जाती थीं। उनमें से एक की लंबाई तो 40 मीटर है।

पेरीक्लीज : ई.पू. पाँचवीं शताब्दी में एथेंस का राजनेता और सबसे प्रभावशाली व्यक्ति पेरीक्लीज था। ई.पू. 443 में जनसभा ने उसे राज्य के सर्वोच्च पद प्रथम सेनानायक पर निर्वाचित किया। पेरीक्लीज की मृत्यु ई.पू. 428 में हुई।

पैंथियन : रोम में सभी देवी-देवताओं का मंदिर।

पोप : पश्चिमी यूरोप में चर्च का प्रधान पोप कहलाता था।

प्रोटेस्टेंट चर्च : यूरोप में धर्मसुधार आंदोलन के समर्थकों को प्रोटेस्टेंट और

उनके द्वारा संस्थापित नए चर्च को प्रोटेस्टेंट चर्च कहा जाता था।

प्रोविंसिया : रोम द्वारा विजित देशों को प्रोविंसिया यानी प्रांत कहते थे।

फरवरी क्रान्ति (1917) : 12 मार्च, 1917 की शाम तक पेत्रोग्राद जन-विद्रोहियों के हाथों में आ चुका था। रूस में उस समय प्रचलित पंचांग के अनुसार उस दिन 27 फरवरी थी। यही कारण है कि राजधानी (पेत्रोग्राद) में विजयमान दूसरी रूसी क्रान्ति को इतिहास में फरवरी क्रान्ति के नाम से जाना जाता है। जारशाही काल में भूमिगत रहकर कार्य करने को मजबूर कम्युनिस्ट पार्टी फरवरी क्रान्ति के बाद वैध पार्टी बन गई।

फरसंग : तीन मील के बराबर होता था। प्रत्येक मील 4 हजार गज का तथा प्रत्येक गज 24 अंगुल का होता था। 18000 फीट के बराबर की दूरी को भी एक फरसंग कहा जाता था। 12000 हाथ की दूरी को फिरोज तुगलक के समय एक फरसंग कहा जाता था।

फासीवाद : फासीवाद (फासिज्म) बींसवीं शताब्दी की महत्त्वपूर्ण विचारधारा है। उसका उदय प्रथम युद्ध के बाद इटली और जर्मनी में हुआ था। इटली में फासीवादी राजतंत्र की स्थापना 1922 में मुसोलिनी (1883-1945) तथा उसकी फासिस्ट पार्टी ने की। जर्मनी में फासीवादी शासन की स्थापना करने का श्रेय एडोल्फ हिटलर (1889-1845) को था।

मेनशेविक : 1903 में सामाजिक लोकतांत्रिक दल (Social Democratic Party) में अनुशासन और कार्य-प्रणाली के सिलसिले में मतभेद हो गया। लेनिन उससे अलग हो गया। लेनिन पक्ष वाले बोल्शेविक (बहुसंख्यक वर्ग) और जिन लोगों ने लेनिन का समर्थन नहीं किया वे मेनशेविक (अल्पसंख्यक वर्ग) कहलाए। मेनशेविक (Mensheviks) नरम दल था। इन लोगों के विचार इतने उग्र नहीं थे। वे समाजवाद तो चाहते थे किन्तु उसके लिए खून-खराबा करना उनको रुचिकर नहीं लगता था। धीरे-धीरे सुधारों और संघर्षों के आधार पर वे समाजवाद को स्थापित करना चाहते थे। जारों की तानाशाही वे भी मिटा देना चाहते थे। इसके लिए वे अन्य दलों से सहयोग के भी इच्छुक थे। मेनशेविक अर्थात् नरमदलीय समाजवादियों का नेता कैरेन्सकी था।

मेसोपोटामिया : यूनानी भाषा के दो शब्दों—मेसोस (Mesos) अर्थात् मध्य और पोटैमोस (Potamos) अर्थात् नदी से मिलकर

मेसोपोटामिया बना है। दजला और फरात नदियों के बीच का उपजाऊ क्षेत्र मेसोपोटामिया के नाम से जाना जाता है। दजला और फरात नामक दो नदियों का प्रदेश (दोआब) मेसोपोटामिया कहा जाता था।

मेंफिस : 3000 ई.पू. के आसपास दक्षिणी मिस्र के शासक ने उत्तरी मिस्र पर भी अधिकार कर लिया और एक संयुक्त मिस्री राज्य की स्थापना हुई जो दक्षिण में नील के महाप्रपातों से लेकर उत्तर में भूमध्यसागर तक फैला हुआ था। मेंफिस नगर उसकी राजधानी बना।

मेहँदी : अरबी और फारसी में मेहँदी को हिना कहते हैं। करीब 2000 ई.पू. में यह मिस्र में सबसे पहले पाया गया। 9वीं शताब्दी के बाद फारस से यह भारत पहुँचा।

मॉरीशस : दक्षिणी अफ्रीका में अवस्थित देश मॉरीशस (Mauritius) को अंग्रेजों से 1968 में स्वतंत्रता मिली।

लिनियस : Carolus Linnaes (1707-78) स्वीडन का वनस्पतिशास्त्री था। जातियों (Species) में पाई गई विभिन्नताओं को स्पष्ट रूप में पारिभाषित करनेवाला वह पहला विद्वान था।

लिवि : *From the Beginning of the City* नामक (142 जिल्दों में) पुस्तक का लेखक Livy का जन्म 59 ई.पू. में और मृत्यु 75 वर्ष की आयु में ई.पू. 17 में हुई।

लुइस और अगस्त : फ्रेंच आविष्कारक Louis एवं Auguste Lumiere ने पेरिस में पहला Public Cinema 1895 में प्रस्तुत किया।

लुसियाना : 1812 में Louisiana USA का राज्य बन गया।

लूथरपंथी चर्च : उत्तरी जर्मनी के राजाओं ने अपने इलाकों में लूथर के सुझावों के आधार पर चर्च-सुधार कार्यक्रम लागू किए। उन्होंने चर्च की जमीनों को जब्त कर लिया। राजा अपने राज्य में चर्च का प्रधान हो गया। प्रोटेस्टेंट चर्च की यह शाखा लूथरन या लूथरपंथी चर्च के नाम से जानी गई।

ल्यूक्रेटियस : प्रथम शताब्दी ई.पू. में रोम का दार्शनिक और कवि था। उसने *वस्तुओं की प्रकृति* नामक रोमन साहित्य को लिखा।

लेओनार्दो दा विंची : इटालवी पुनर्जागरण की महानतम हस्तियों में से एक लेओनार्दो दा विंची (1452-1519) एक महान चित्रकार, वैज्ञानिक, इंजीनियर, आविष्कारक, वास्तुविद्, मूर्तिकार, संगीतज्ञ और कवि था। उसकी माँ एक साधारण किसान परिवार की थी। लेओनार्दो के चित्र उस जीवन को प्रतिबिंबित करते हैं, जिसे वह प्यार करता था और जानने की कोशिश करता था। वह

कहता था–"बुद्धि अनुभव की बेटी है।"

लेखनकला : चीन में लेखनकला का आविष्कार ई.पू. करीब 2000 में हुआ।

लैला-मजनू : अमीर खुसरो ने प्रसिद्ध प्रेमकथा-*लैला-मजनू* की रचना की।

लोकेनिक : सारगर्भित शैली को यूरोपीय भाषाओं में लोकेनिक कहते हैं अर्थात् वैसी शैली जो लोकेनिया (स्पार्टा) में प्रचलित थी।

लोहे का फाल : अमेरिका में John Deere नामक धातुकार (Metalworker) ने लोहे के फाल (Steel Plough) का आविष्कार 1837 में किया।

लंदन : United Kingdom की राजधानी लंदन का नाम 1965 से Greater London हो गया। 1665 में इस शहर में प्लेग फैलने से 75 हजार लोग मर गए। वर्ष 2001 में इस शहर की आबादी करीब 72 लाख थी।

स्तालिन : लेनिन का प्रधान सहायक स्तालिन (1879-1953) का वास्तविक नाम ऊर्जस्वी त्रातस्की था। लाल सेना उसी ने संगठित की थी। वह बहुत ही रूखे स्वभाव का व्यक्ति था। वह कहता था–"ईमानदारी के साथ राजनय उससे अधिक सम्भव नहीं है, जितना कि सूखा पानी या लोहा लकड़ी हो पाना सम्भव है।" ऊर्जस्वी त्रातस्की का काल्पनिक नाम स्तालिन का अर्थ है 'इस्पात-पुरुष'।

स्नेलियस : डच वैज्ञानिक स्नेलियस (Snellius-1591-1626) ने Law of the diffraction of Light की खोज 1618 ई. में की।

स्पार्टा : यूनान में पलोपोनेसस के दक्षिण-पूर्व में लकोनिया प्रदेश स्थित है। इस प्रदेश को जीतकर डोरियनों ने वहाँ एक नगर बसाया जिसका नाम स्पार्टा था। स्पार्टा के डोरियन अब स्पार्टावासी कहे जाने लगे। उन्होंने लकोनिया के मूल निवासियों को दास बना लिया और ये दास हेलेट या हीलोटीज अर्थात् 'बंदी बनाए हुए' कहलाने लगे।

स्पार्टन जीवन : यूनान में एक मुहावरा जिसका मतलब था–शीत-गरमी, अभावों आदि की परवाह न कर शरीर को सुदृढ़ बनाना होता है।

सफेद घर : पुरातनकाल में ऊपरी मिस्र के कोषागार को **सफेद घर** कहते थे।

स्फिंक्स : मिस्र में पिरामिडों से कुछ दूरी पर पूरी की पूरी चट्टान को तराशकर बनाई हुई विराट नरसिंह मूर्ति खड़ी की जाती जिसे **स्फिंक्स** (Sphinx) कहा जाता है। स्फिंक्स राजा का प्रतीक था। खुफ्रू के पिरामिड के निकट स्थित स्फिंक्स की ऊँचाई

		20 मीटर से अधिक है। लोग इस दानवाकार मूर्ति से इतना खौफ खाते थे कि उसका नाम ही 'आतंक का पिता' पड़ गया।
स्वतंत्रता का वृक्ष	:	श्री रंगपट्टम में टीपू सुल्तान ने 'Tree of Liberty' रोपा।
स्यूटोनियस	:	*The Lives of the caesars* नामक पुस्तक की रचना करीब 105 ई. में Suetonius ने की।
सूरीनाम	:	1975 में सूरीनाम (दक्षिण अमेरिका) ने डच-साम्राज्य से स्वतंत्रता प्राप्त की।
सेनेगल	:	पश्चिमी अफ्रीका में अवस्थित देश सेनेगल (Senegal) को 1960 में फ्रांस से पूर्ण स्वतंत्रता मिली। इसकी राजधानी डाकर है।
सेम	:	इस सब्जी (Beans) की प्राचीनतम उपज भारत में प्रारम्भ हुई। यहाँ से यह चीन, पश्चिम एशिया और मिस्र पहुँचा।
सेब	:	इसका (Apple) मूल स्थान योरोप, अनातोलिया, काकेसस का दक्षिणी अंचल तथा गिलान (फारस) है। इस फल की प्रथम चर्चा *भावप्रकाश* में है। योरोपवासियों के माध्यम से यह भारत में आया।
सोवियत	:	पंचायत, परिषद। समाजवादी कामगरों ने सैनिकों के साथ मिलकर पैत्रोग्राद की सरकार के रूप में काम करने के लिए एक सोवियत बना ली थी।
सोशल युद्ध	:	ई.पू. 91 में इटली में रोमन शासक के खिलाफ एक जोरदार विद्रोह हुआ। रोम और अनेक इतालवी समुदायों के बीच एक नियमित युद्ध छिड़ गया। इस युद्ध को **सोशल युद्ध** (Social War ई.पू 91-89) कहते हैं। यहाँ सोशल शब्द सोशई इटालीसी या इतालवी सहयोगियों (सोशल का अर्थ है साथी, सहयोगी) को इंगित करता है। दूसरे शब्दों में, यह अपने इतालवी सहयोगियों के साथ रोम का युद्ध था।
सोसलिस्ट	:	1822 ई. में Socialist शब्द का प्रथम प्रयोग सेंट साइमन के अनुयायियों के लिए किया गया। कुछ अंग्रेज विद्वानों के अनुसार, इस शब्द का प्रथम प्रयोग London Co-operative Magazine में 1826 में किया गया। 1840 तक समाजवाद शब्द का प्रयोग समूचे योरोप में होने लगा। व्यापक रूप में इसका यह अर्थ समझा जाने लगा कि उत्पादन के साधनों– पूँजी, भूमि अथवा सम्पत्ति पर समूचे समाज का नियंत्रण अथवा स्वामित्व होना चाहिए और उनका प्रशासन सबके हितों को ध्यान में रखते हुए किया जाना चाहिए।
सौहार्द्र समझौता	:	औपनिवेशिक होड़ के कारण फ्रांस और इंगलैंड लंबे अरसे

से एक-दूसरे के शत्रु थे और इनके बीच कई बार लड़ाई तक की नौबत आ गई थी लेकिन 1904 ई. में इनके बीच एक मैत्रीपूर्ण समझौता हुआ, जो 'सौहार्द्र समझौता' या 'आंटांट कोर्डेल' के नाम से प्रसिद्ध है। इनकी गुप्त शर्त यह थी कि मिस्र पर फ्रांस अपना दावा छोड़ देगा और बदले में ब्रिटेन को मोरक्को में खुली छूट मिल जाएगी।

संस्कृति-संघर्ष : संस्कृति-संघर्ष (Kultur Kamf) शब्द रोमन कैथलिक चर्च और यूरोप के अनेक राष्ट्रों के बीच उन्नीसवीं और बीसवीं शताब्दी तक चले आते संघर्ष का द्योतक है। इस संघर्ष में जर्मनी, फ्रांस और इटली मुख्य रूप से चर्च के खिलाफ रहे। जर्मन भाषा में इस शब्द का अर्थ है संस्कृति या सभ्यता के लिए संघर्ष (कुल्टुर अर्थात् संस्कृति, काम्फ अर्थात् संघर्ष)। झगड़ा पोप की उस घोषणा से आरम्भ हुआ जिसमें कहा गया था कि पोप का वचन आप्त वचन है, वह कभी गलत नहीं हो सकता। यह वह समय था जब धर्म का राजनीति में दखल होता था। विस्मार्क ने सांकेतिक रूप से इस घोषणा का विरोध किया और रोमन कैथलिक पादरियों पर कुछ पाबंदियाँ लगा दीं। इस प्रकार चर्च और राज्य के बीच झगड़ा काफी अरसे तक चलता रहा।

सेंटा क्लॉज : Variant of the Dutch name **Sinte Klaas**, itself a version of the name Saint NICHOLAS, who was Bishop of Myra sometime during the 4th century. Santa Claus has become associated with the Feast of Christmas and is identified with Father Christmas in North America, the UK and some former Commonwealth Countries.

संयुक्त राष्ट्र संघ : विश्व-शांति की स्थापना खातिर इस संस्था की स्थापना 24 अक्टूबर, 1945 को हुई। आज करीब 190 देश इसके सदस्य हैं।

हेरोडोटस : ई.पू. पाँचवीं शताब्दी में हेरोडोटस यूनान का प्रसिद्ध इतिहासकार था। वह प्रथम इतिहासकार था और उसे 'इतिहास का पिता' कहा जाता है। उसने **यूनानी-पारसीक युद्धों का इतिहास** लिखा।

हैदराबाद स्टेट : 1725 में दक्कन का सूबेदार निजाम-उल-मुल्क ने स्वतंत्र State of Hyderabad की स्थापना की। उसने 'आसफजा' की उपाधि धारण की और उसके राजवंश का नाम 'आसफजाही' पड़ा। यह भारत का सबसे बड़ा और सर्वाधिक

धनाढ्य राज्य था।

हैदरी : स्वतंत्र विचार के सूफी।

हैंस ओर्सेड : डैनिश भौतिकशास्त्री Hans Oersted (1777-1851) अल्यूमीनियम (Aluminium) निर्माण विधि का आविष्कार 1825 में किया।

होमरकाल : ई.पू. 11-9वीं शताब्दी के काल को होमर(काल कहते हैं।

होमो : लैटिन शब्द होमो का अर्थ आदमी (पुरुष और स्त्री) होता है।

होरेस : रोमन कवि Horace द्वारा लिखित *Odes* नामक प्रथम पुस्तक का प्रकाशन ई.पू. 24 में हुआ।

होरेस द सौसर : स्विस वैज्ञानिक Horace de Saussure (1740-99) ने 1783 में वायु में जल की मात्रा नापने का विकसित यंत्र (hygrometer) का आविष्कार किया।

होरेस वेल्स : अमेरिका का दंत चिकित्सक Horace Wells ने 1844 ई. में दाँत खींचने अथवा निकालने से पूर्व उस स्थान को चेतनाशून्य कर देनेवाला पदार्थ Nitrous Oxide का प्रयोग सबसे पहले किया।

हॉर्स पावर : 250 किलो वजन तक एक घोड़ा एक सेकंड में एक फुट ऊँचा उठा सकता है। इस वजन को उठाने में जो शक्ति लगती है उसे electrical रूप में 1 hp अथवा एक हॉर्स पावर (Horse power) कहते हैं। इस शक्तिमाप को जेम्स वाट ने 18वीं शताब्दी में प्रथम बार प्रयोग किया।

हम्फ्री डेवी : ब्रिटिश रसायनशास्त्री Humphry Davy (1778-1829) ने 1806 ई. में सोडियम और पोटैशियम का आविष्कार किया।

●●●